清代达斡尔族档案辑录

黑龙江将军衙门达斡尔族满文档案选编

乾隆朝

4

中国第一历史档案馆
内蒙古自治区少数民族古籍征集研究室
呼伦贝尔市民族事务委员会
莫力达瓦达斡尔族自治旗人民政府
编

辽宁民族出版社

目 录

三二九　黑龙江将军衙门为解送雍正十三年出征西路布特哈索伦达斡尔等官兵花名册以备赏赐银两事咨兵部文
乾隆十年七月二十一日 ……1
三三〇　黑龙江将军衙门为解送布特哈正白旗达斡尔托多尔凯佐领源流册家谱事咨值月镶黄三旗都统衙门文
乾隆十年八月初五日 ……8
三三一　理藩院为解送布特哈正黄旗达斡尔密济尔世管佐领家谱源流册事咨黑龙江将军等文
乾隆十年八月初六日 ……38
三三二　黑龙江将军衙门为令解送布特哈正黄旗达斡尔密济尔世管佐领家谱源流册事札布特哈总管乌察喇勒图等文
乾隆十年八月初九日 ……60
三三三　值月镶蓝旗为解送布特哈正黄旗达斡尔世管佐领密济尔家谱源流册事咨黑龙江将军文
乾隆十年八月十二日 ……88
三三四　正白满洲旗为送回正白旗达斡尔达彦世管佐领源流册并令重造新册解送事咨黑龙江将军衙门文
乾隆十年八月十二日 ……110
三三五　黑龙江将军衙门为镶黄旗达斡尔三等侍卫锡通阿探母期间感染

伤寒现已痊愈回京事咨兵部文
乾隆十年八月十九日 ……114
三三六 黑龙江将军衙门为报布特哈索伦达斡尔等捕貂丁数并派员赴京解送貂皮事咨理藩院文
乾隆十年八月十九日 ……119
三三七 黑龙江将军傅森等奏请查明齐齐哈尔正蓝旗达斡尔喀勒扎佐领源流折
乾隆十年九月初二日 ……124
三三八 黑龙江将军衙门为解送齐齐哈尔正蓝旗达斡尔喀勒扎世管佐领源流册家谱事咨正蓝旗满洲都统衙门文
乾隆十年九月初二日 ……142
三三九 黑龙江将军衙门为解送齐齐哈尔镶蓝旗达斡尔固伦保等世管佐领源流册家谱事咨兵部文（附名单一件）
乾隆十年九月初五日 ……144
三四〇 黑龙江将军衙门为查报正白旗索伦达斡尔等世管佐领及世袭官员数目事咨正白旗满洲都统衙门文（附名单一件）
乾隆十年九月初五日 ……150
三四一 黑龙江将军衙门为查报镶红旗索伦达斡尔等世管佐领及世袭官员数目事咨镶红旗满洲都统衙门文（附名单一件）
乾隆十年九月初五日 ……165
三四二 黑龙江将军衙门为查报正蓝旗索伦达斡尔等世管佐领及世袭官员数目事咨正蓝旗满洲都统衙门文（附名单一件）
乾隆十年九月初五日 ……176
三四三 黑龙江将军衙门为查报镶白旗索伦达斡尔等世管佐领及世袭官员数目事咨镶白旗满洲都统衙门文（附名单一件）
乾隆十年九月初五日 ……187
三四四 黑龙江将军衙门为查报镶黄旗索伦达斡尔等世管佐领及世袭官

员数目事咨镶黄旗满洲都统衙门文（附名单一件）
乾隆十年九月初五日 ……199
三四五　黑龙江将军衙门为布特哈正白旗达斡尔索希纳承袭世管佐领并解送源流册家谱事咨值月镶红三旗都统衙门文
乾隆十年九月初九日 ……217
三四六　黑龙江将军衙门为报黑龙江索伦达斡尔等佐领下领催前锋内堪以升补骁骑校人员事咨兵部文
乾隆十年九月初十日 ……225
三四七　黑龙江将军衙门为布特哈正黄旗达斡尔密济尔承袭世管佐领并解送源流册家谱事咨值月镶蓝三旗都统衙门文
乾隆十年九月十二日 ……233
三四八　黑龙江将军衙门为齐齐哈尔正白旗达斡尔布拉尔等承袭佐领并解送源流册家谱事咨值月正蓝三旗都统衙门文
乾隆十年九月十二日 ……257
三四九　兵部为遵旨办理墨尔根镶白旗达斡尔安泰世管佐领源流事咨黑龙江将军等文
乾隆十年九月二十九日 ……274
三五〇　镶白满洲旗为查明齐齐哈尔镶白旗达斡尔塔里乌勒佐领世袭情形事咨黑龙江将军衙门文
乾隆十年十月初十日 ……280
三五一　镶白满洲旗为查明墨尔根镶白旗达斡尔安泰佐领承袭情形事咨黑龙江将军衙门文
乾隆十年十月初十日 ……284
三五二　值月镶蓝满洲汉军旗为查明镶黄旗达斡尔托尼逊佐领承袭情形事咨黑龙江将军衙门文
乾隆十年十月二十三日 ……287
三五三　值月镶黄三旗为查明达斡尔托多尔凯等世管佐领承袭情形事咨

黑龙江将军文
乾隆十年十一月二十五日 ……290
三五四　布特哈索伦达斡尔总管纳木球为报布特哈索伦达斡尔鄂伦春酌编旗分事宜暂缓情由事呈黑龙江将军衙门文
乾隆十年十一月二十六日 ……296
三五五　正红满洲旗为齐齐哈尔正红旗达斡尔斐色佐领议定世管佐领事咨黑龙江将军衙门文
乾隆十年十二月初八日 ……301
三五六　黑龙江将军衙门为造送出征西路布特哈索伦达斡尔等官兵花名册赏赐银两事咨兵部文
乾隆十年十二月十六日 ……341
三五七　黑龙江将军衙门为镶黄旗达斡尔托尼逊等承袭世管佐领并解送源流册事札护理墨尔根副都统印城守尉博罗纳文
乾隆十年十二月十七日 ……347
三五八　黑龙江将军衙门为查明镶黄旗达斡尔托尼逊佐领源流并解送源流册家谱事札布特哈索伦达斡尔总管纳木球等文
乾隆十年十二月十七日 ……352
三五九　黑龙江将军衙门为查报达斡尔塔里乌勒世管佐领源流事咨镶黄旗满洲都统衙门文
乾隆十年十二月二十日 ……357
三六〇　镶黄满洲旗为遵旨查明镶黄旗达斡尔阿弥拉等世管佐领源流事咨黑龙江将军文
乾隆十年十二月三十日 ……368
三六一　正红满洲旗为转催黑龙江巴里克萨佐领下达斡尔披甲额哩尼解送马匹事咨黑龙江将军衙门文
乾隆十年十二月三十日 ……407
三六二　黑龙江副都统衙门为查报布特哈达斡尔托多尔凯佐领承袭源流

事咨黑龙江将军衙门文
乾隆十年十二月三十日 ……409
三六三　黑龙江将军衙门为令查报巴里克萨佐领下达斡尔披甲未解送马匹缘由事咨暂署黑龙江副都统印副都统文
乾隆十一年正月二十一日 ……418
三六四　黑龙江将军衙门为解送镶黄旗达斡尔佐领阿弥拉等家谱事咨镶黄旗满洲都统衙门文
乾隆十一年正月二十二日 ……420
三六五　黑龙江将军衙门为令查明布特哈达斡尔佐领托多尔凯等源流事咨值月镶黄三旗都统衙门文
乾隆十一年正月二十二日 ……447
三六六　值月正白三旗为查送达斡尔佐领布拉尔等源流事咨黑龙江将军衙门文
乾隆十一年二月初一日 ……457
三六七　正蓝满洲旗为查明齐齐哈尔正蓝旗达斡尔佐领喀勒扎源流事咨黑龙江将军衙门文
乾隆十一年二月初四日 ……460
三六八　户部为布特哈索伦达斡尔等贡貂数目足额照例赏赐事咨黑龙江将军文
乾隆十一年二月初五日 ……486
三六九　黑龙江将军衙门为布特哈索伦达斡尔等贡貂数目足额照例赏赐事札布特哈索伦达斡尔总管纳木球等文
乾隆十一年二月初八日 ……492
三七〇　黑龙江将军衙门为令查明达斡尔佐领布拉尔等源流事咨黑龙江副都统文
乾隆十一年二月十二日 ……499
三七一　黑龙江将军衙门为令报本年布特哈索伦达斡尔等贡貂数目事札

布特哈索伦达斡尔总管纳木球等文
乾隆十一年二月十五日 ……503
三七二 黑龙江副都统衙门为正红旗达斡尔佐领塔尔萨哈尔等缺照例拣员补放事咨黑龙江将军衙门文
乾隆十一年二月十六日 ……504
三七三 黑龙江副都统衙门为查报达斡尔佐领布拉尔等源流事咨黑龙江将军衙门文
乾隆十一年三月初三日 ……508
三七四 黑龙江将军衙门为拣选镶红旗骁骑校图什默勒补放齐齐哈尔正红旗达斡尔佐领事咨兵部文
乾隆十一年三月初七日 ……513
三七五 黑龙江将军衙门为令查明墨尔根正黄旗达斡尔佐领丹巴等源流事札布特哈索伦达斡尔总管纳木球等文
乾隆十一年三月初七日 ……515
三七六 黑龙江将军衙门为令详查布特哈镶黄旗达斡尔佐领托尼逊等源流并解送源流册家谱事咨墨尔根副都统文
乾隆十一年三月初七日 ……518
三七七 黑龙江将军衙门为齐齐哈尔正白旗达斡尔科塔雅等承袭世管佐领并解送源流册事咨正白旗满洲都统衙门文
乾隆十一年三月十一日 ……538
三七八 黑龙江将军衙门为复查布特哈正白旗达斡尔索希纳佐领源流造送家谱事札布特哈索伦达斡尔总管纳木球等文
乾隆十一年三月二十五日 ……543
三七九 布特哈索伦达斡尔总管纳木球等为墨尔根正黄旗达斡尔丹巴等补放佐领查明源流事呈黑龙江将军衙门文
乾隆十一年三月二十六日 ……546
三八〇 布特哈索伦达斡尔总管纳木球等为镶黄旗达斡尔托尼逊等承袭

世管佐领解送源流册家谱事呈黑龙江将军衙门文
乾隆十一年三月二十六日 ……555
三八一 墨尔根副都统衙门为详查布特哈镶黄旗达斡尔佐领托尼逊等源流解送源流册家谱事咨黑龙江将军衙门文
乾隆十一年三月二十七日 ……561
三八二 黑龙江将军衙门为不便即时解送布特哈镶黄旗达斡尔托尼逊佐领源流册事咨值月镶蓝满洲汉军旗文
乾隆十一年三月二十九日 ……585
三八三 黑龙江将军衙门为令墨尔根正黄旗达斡尔佐领丹巴等前来以便询问佐领源流事咨墨尔根副都统文
乾隆十一年三月二十九日 ……603
三八四 黑龙江将军衙门为令查明布特哈镶黄旗达斡尔托尼逊等佐领源流并造册送来事札布特哈索伦达斡尔总管纳木球等文
乾隆十一年三月二十九日 ……605
三八五 黑龙江将军衙门为令复查镶白旗达斡尔安泰佐领源流事咨墨尔根副都统文
乾隆十一年三月二十九日 ……608
三八六 黑龙江将军衙门为查明齐齐哈尔镶白旗达斡尔塔里乌勒佐领源流解送家谱事咨镶白旗满洲都统衙门文
乾隆十一年闰三月初五日 ……628
三八七 布特哈索伦达斡尔总管纳木球等为查报布特哈镶黄旗达斡尔托尼逊等佐领源流事呈黑龙江将军衙门文
乾隆十一年闰三月十二日 ……638
三八八 黑龙江将军衙门为令总管厄尔济苏到衙查明镶黄旗达斡尔托尼逊佐领源流事札布特哈索伦达斡尔总管纳木球等文
乾隆十一年闰三月十六日 ……642
三八九 黑龙江将军衙门为正蓝旗达斡尔喀勒扎佐领源流册不详并令重

新造送事咨黑龙江副都统文
乾隆十一年闰三月十七日 ······643
三九〇 黑龙江副都统衙门为重新造送齐齐哈尔正蓝旗达斡尔喀勒扎佐领源流册事咨黑龙江将军衙门文
乾隆十一年闰三月二十七日 ······650
三九一 墨尔根副都统衙门为驿送齐齐哈尔正蓝旗达斡尔喀勒扎佐领下驻墨尔根人画押源流册事咨黑龙江将军衙门文
乾隆十一年闰三月二十七日 ······655
三九二 黑龙江将军衙门为墨尔根正黄旗达斡尔丹巴等承袭世管佐领解送源流册家谱事咨值月镶蓝旗满洲汉军都统衙门文
乾隆十一年四月初二日 ······660
三九三 墨尔根副都统衙门为复查镶白旗达斡尔安泰佐领源流事咨黑龙江将军衙门文
乾隆十一年四月初七日 ······686
三九四 黑龙江将军衙门为知会未能查明墨尔根镶白旗达斡尔安泰佐领源流事咨镶白旗满洲都统衙门文
乾隆十一年四月十二日 ······712

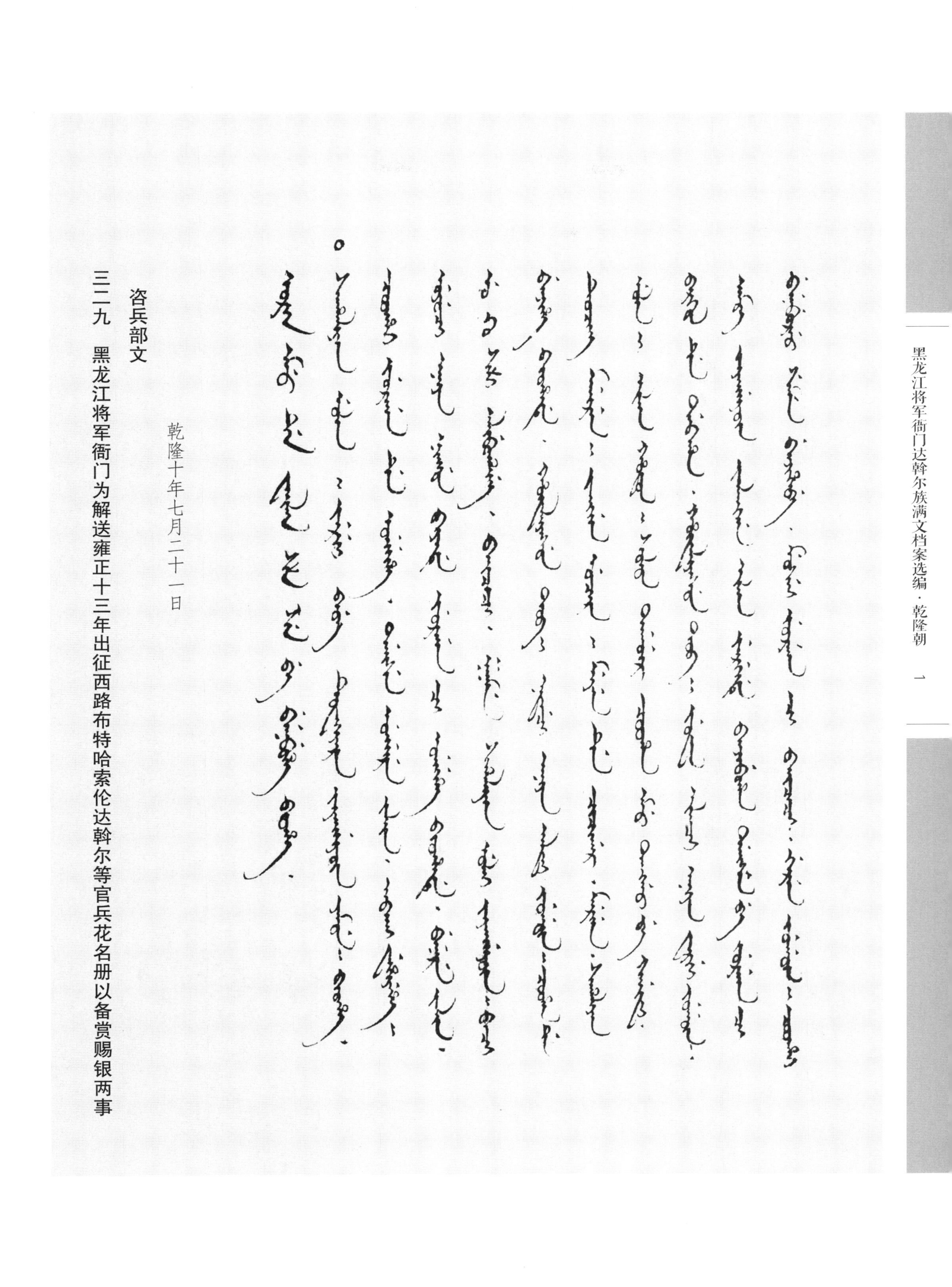

三二九　黑龙江将军衙门为解送雍正十三年出征西路布特哈索伦达斡尔等官兵花名册以备赏赐银两事咨兵部文

乾隆十年七月二十一日

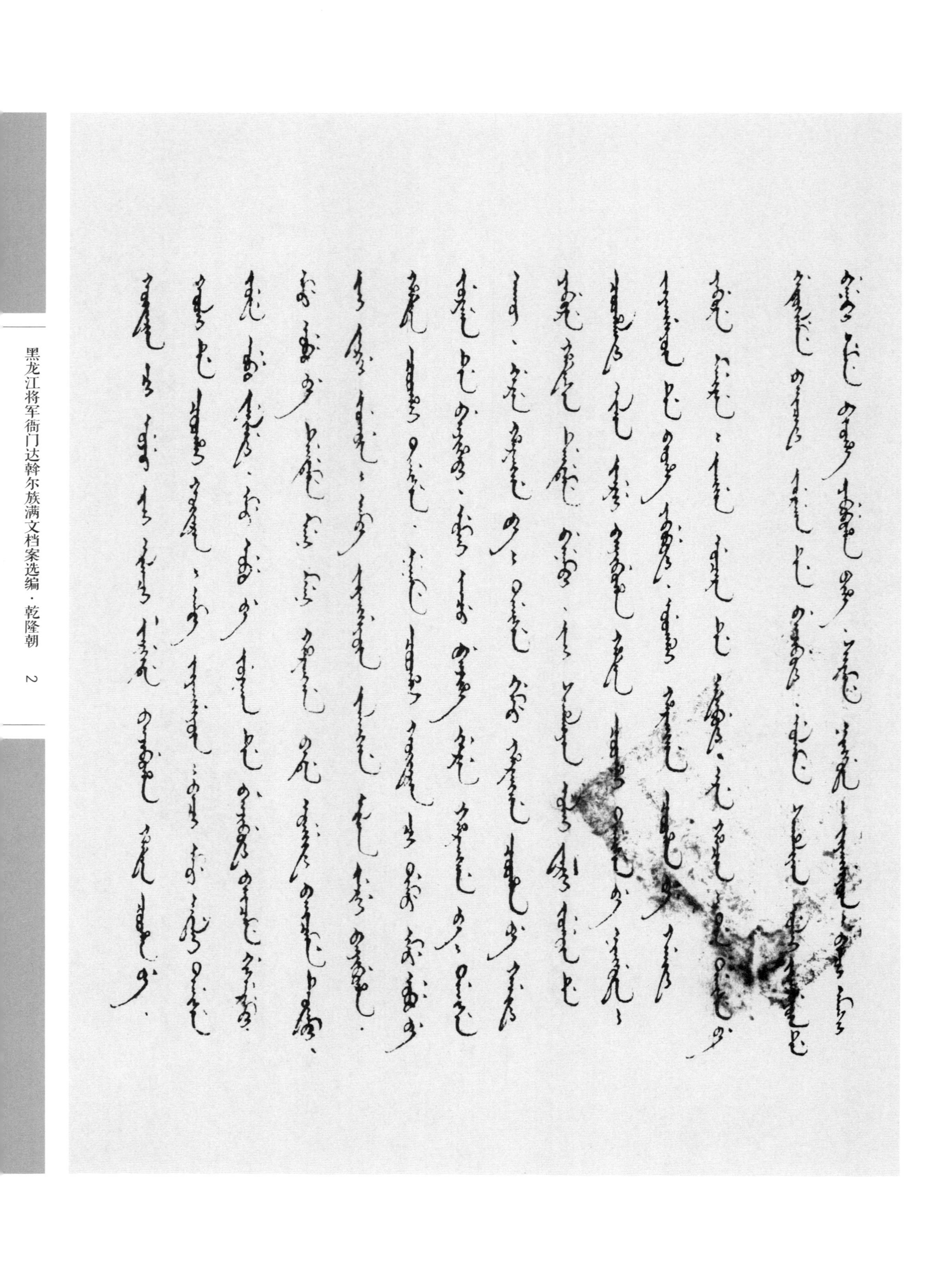

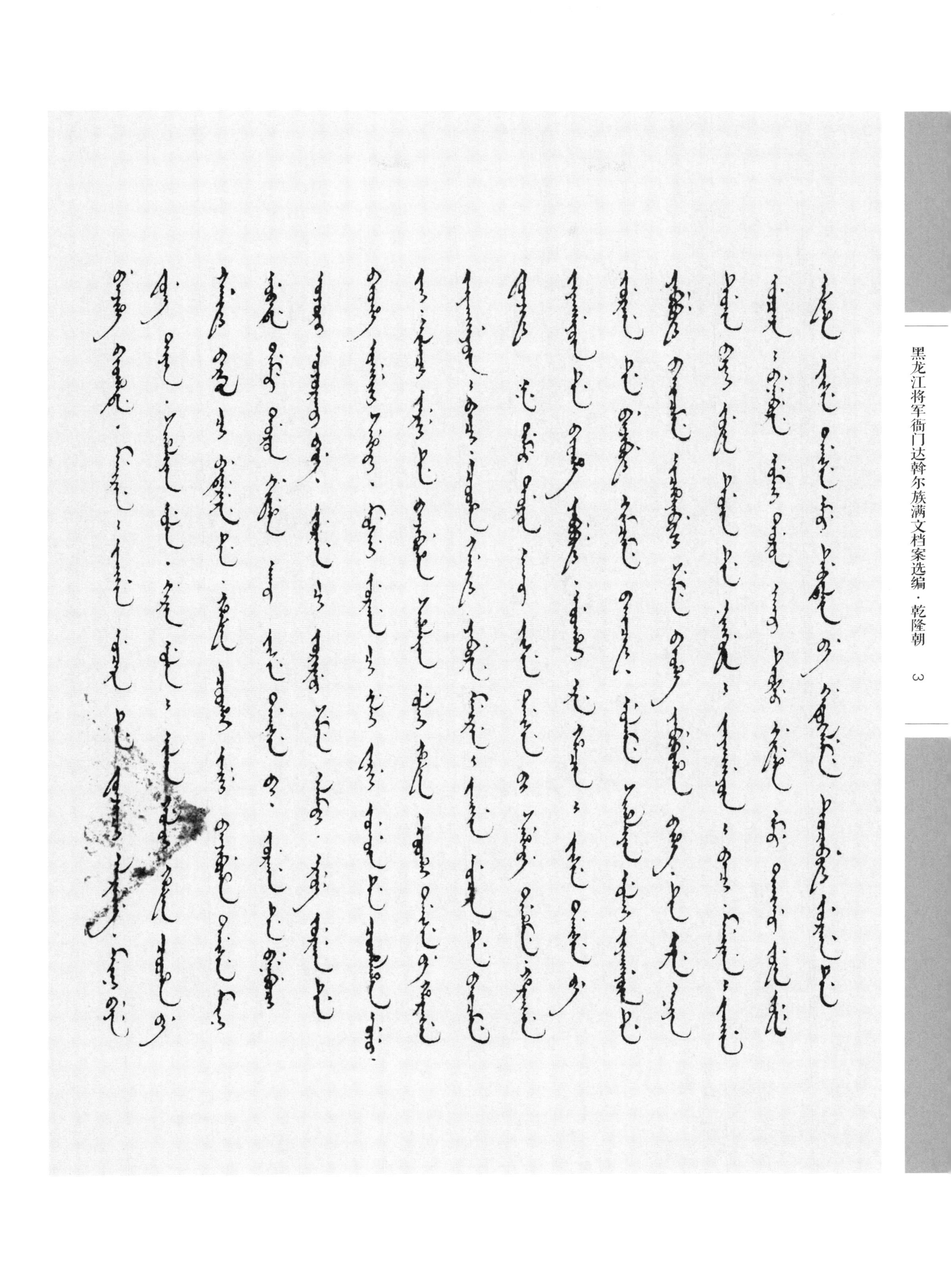

[illegible]

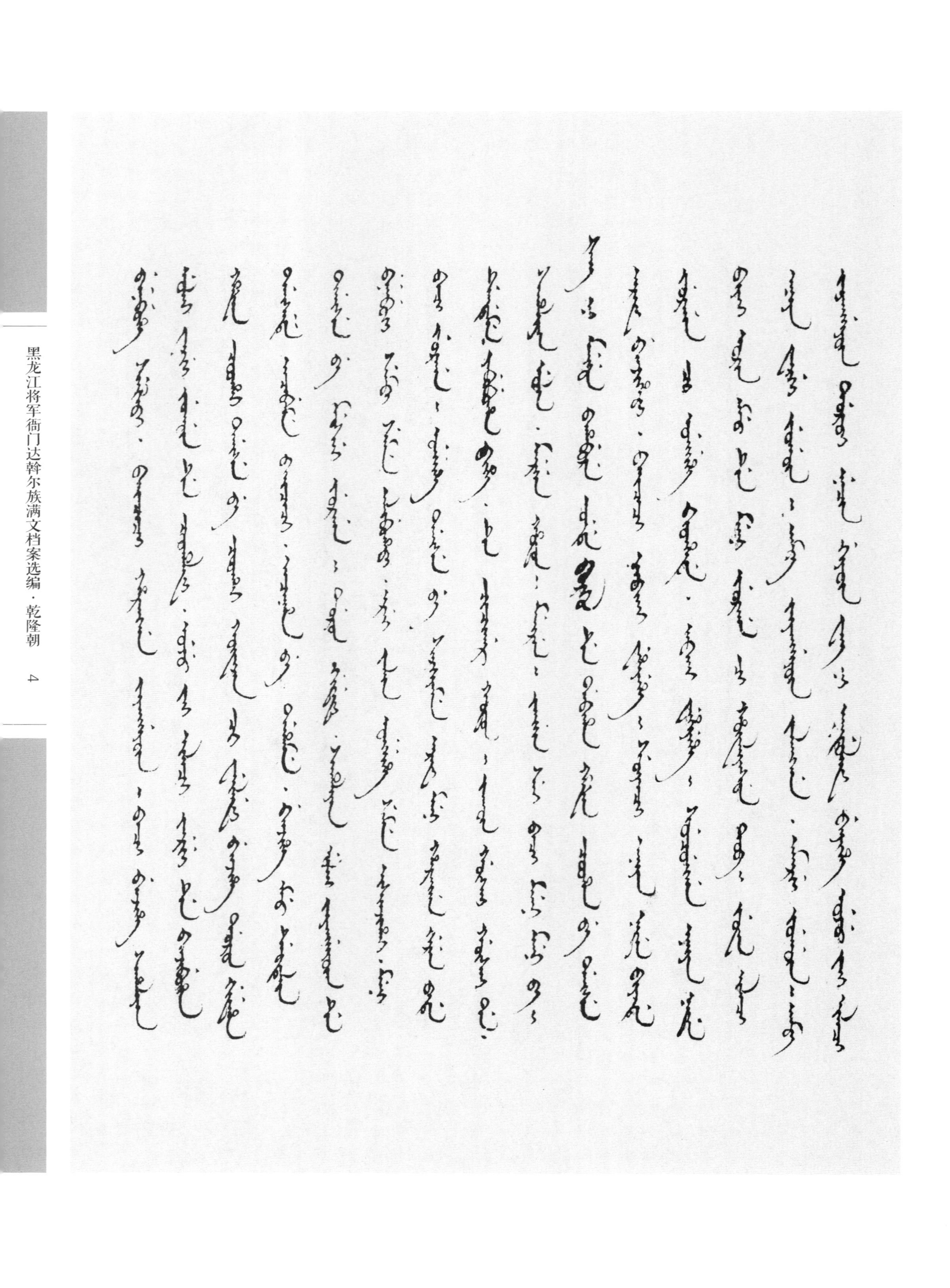

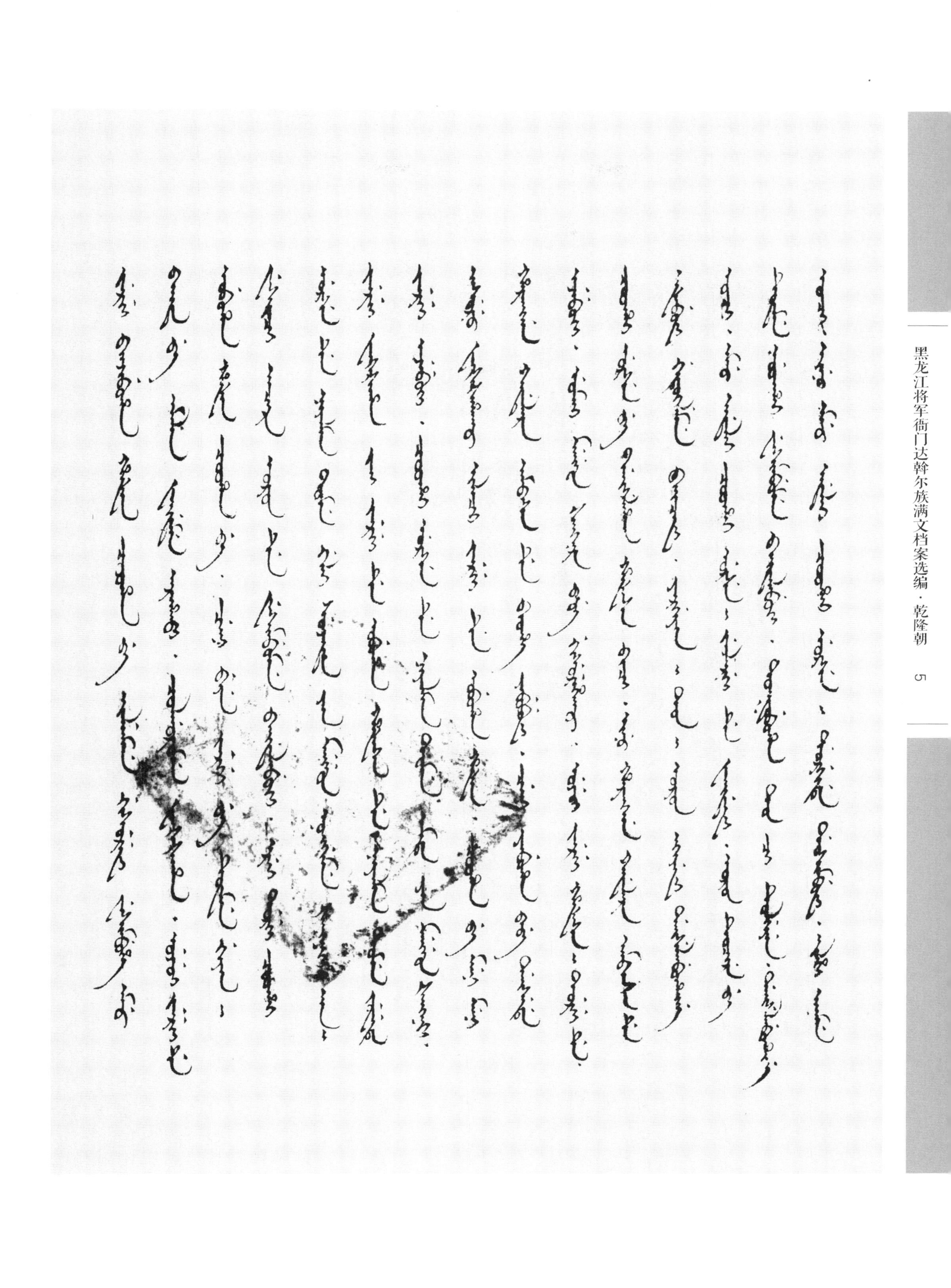

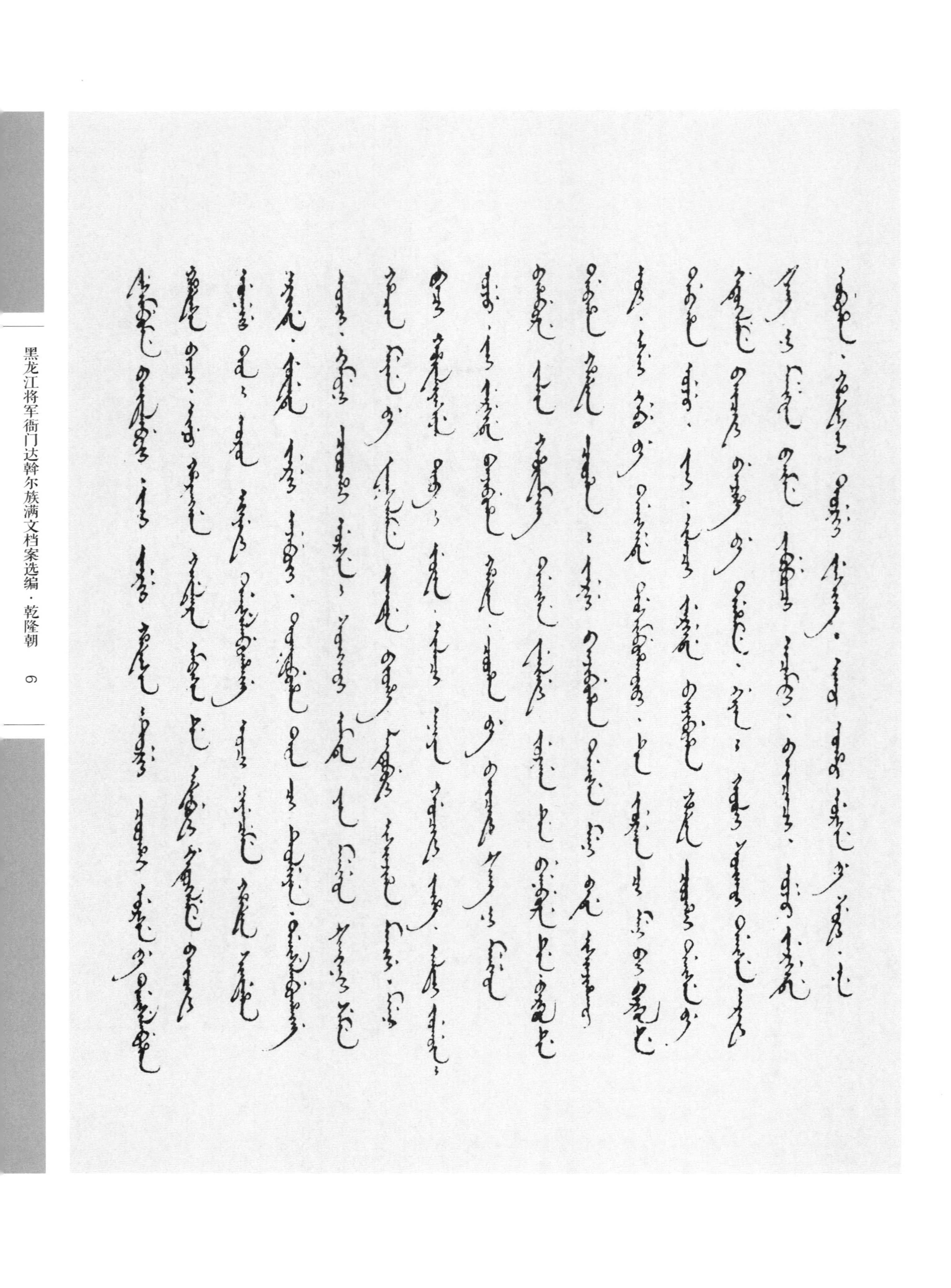

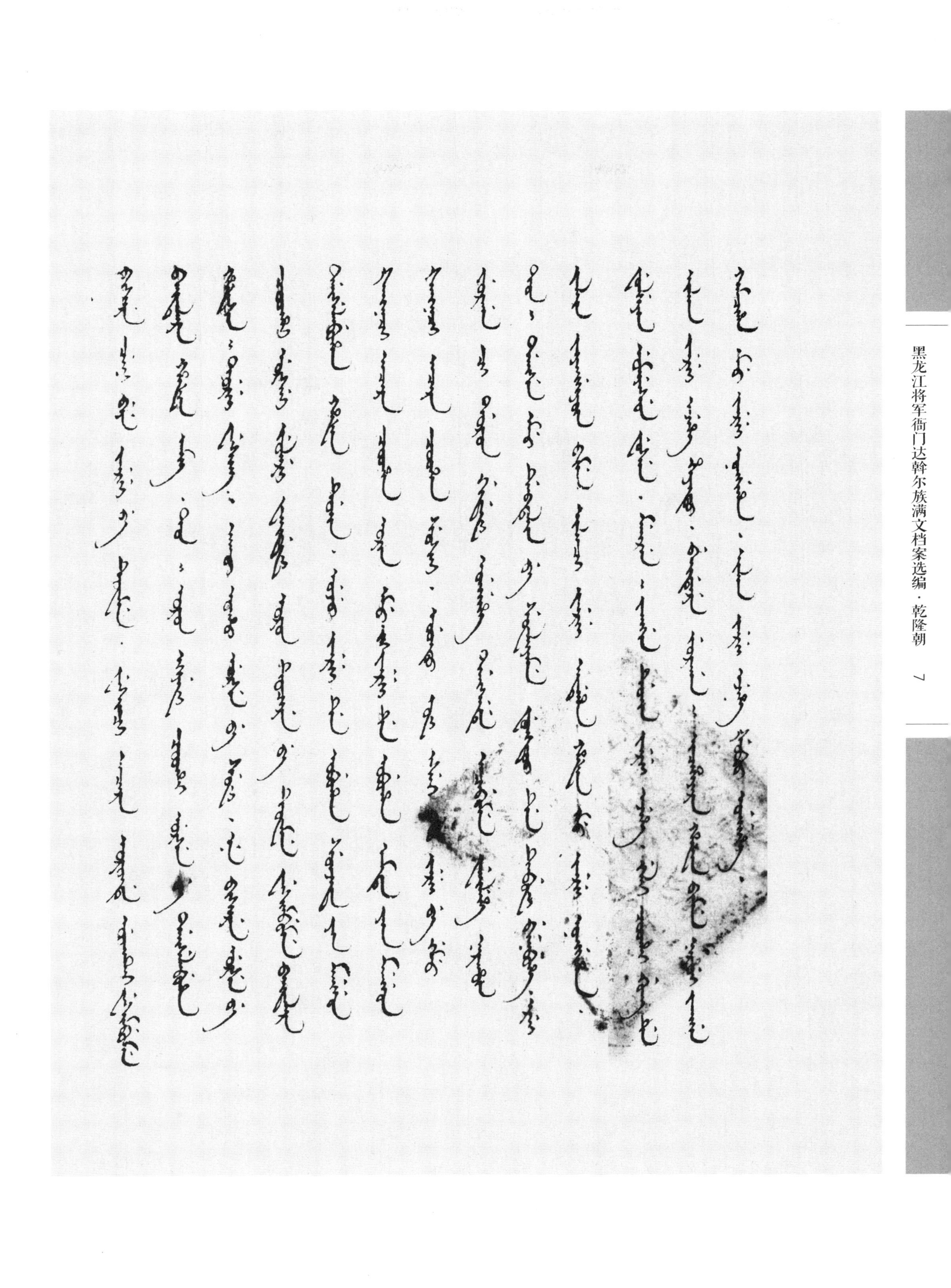

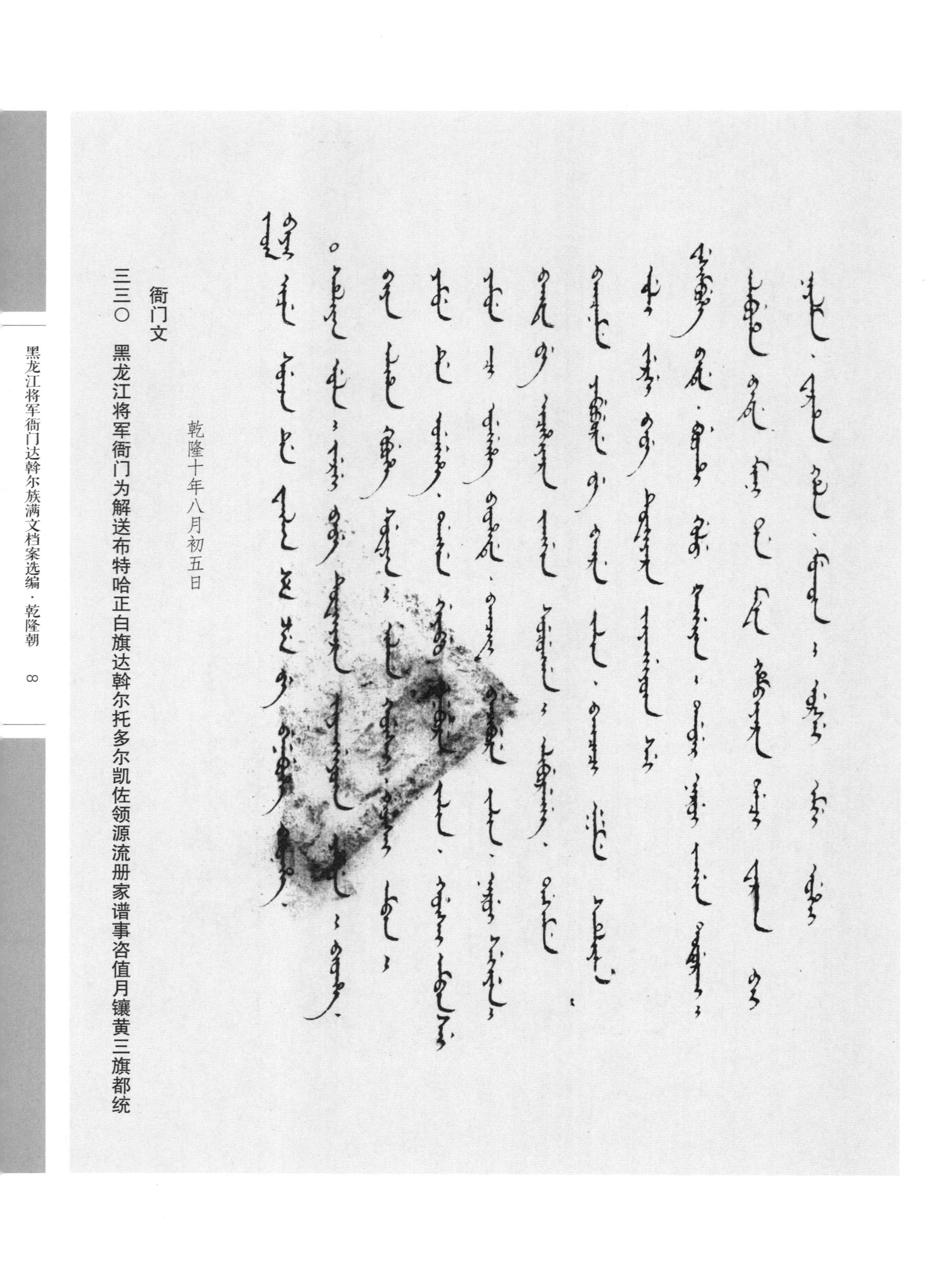

三三〇 黑龙江将军衙门为解送布特哈正白旗达斡尔托多尔凯佐领源流册家谱事咨值月镶黄三旗都统

衙门文

乾隆十年八月初五日

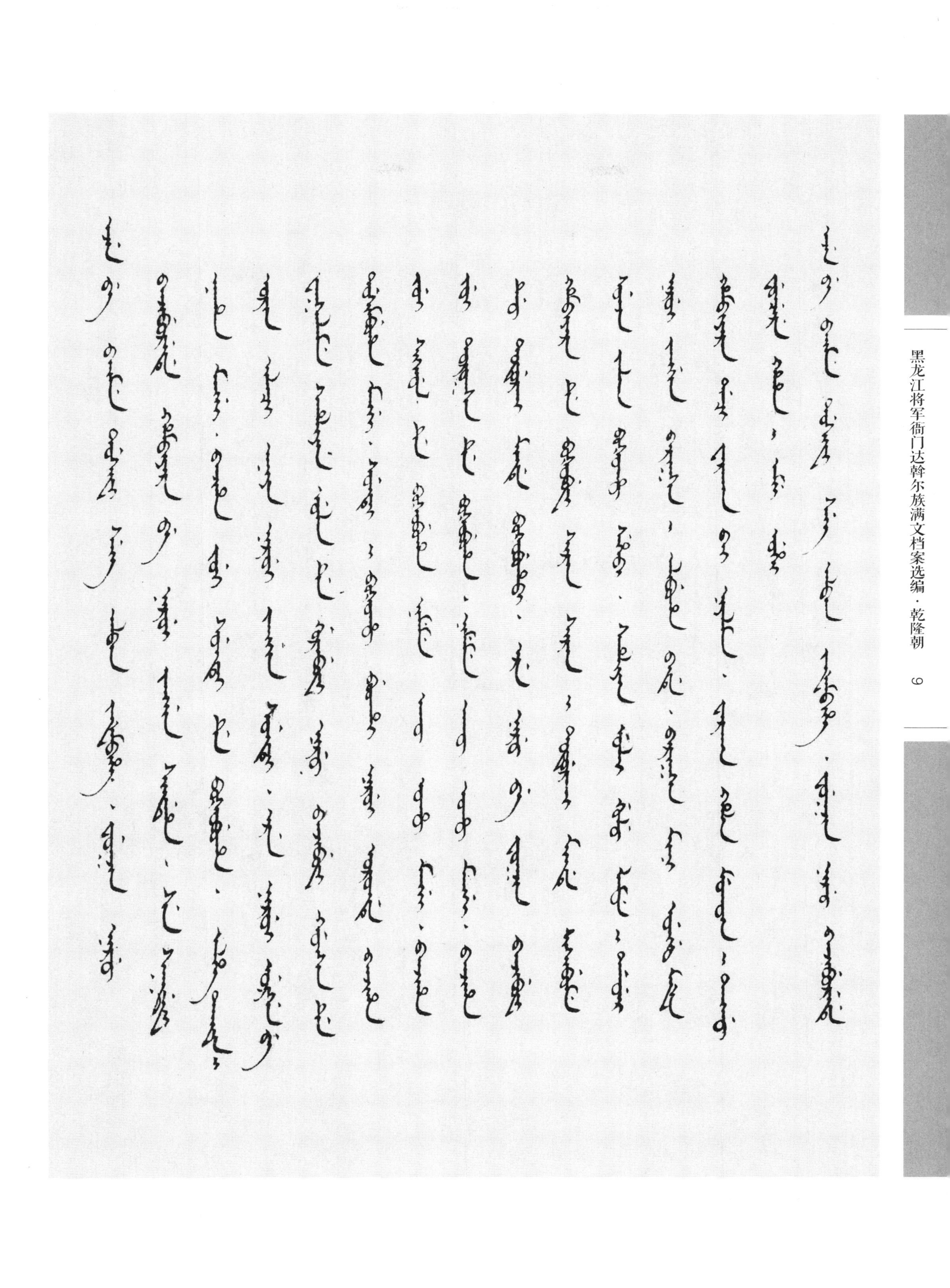

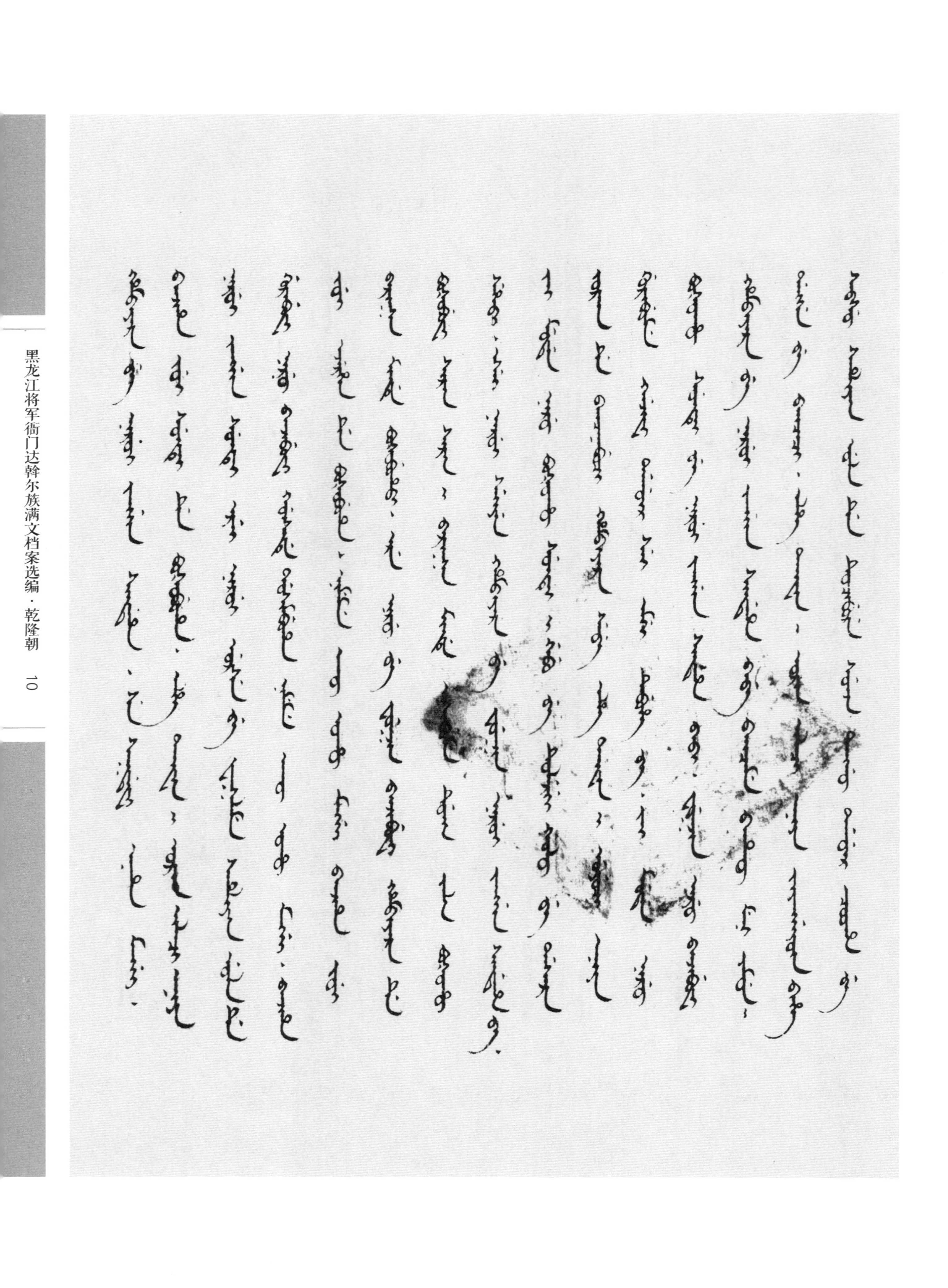

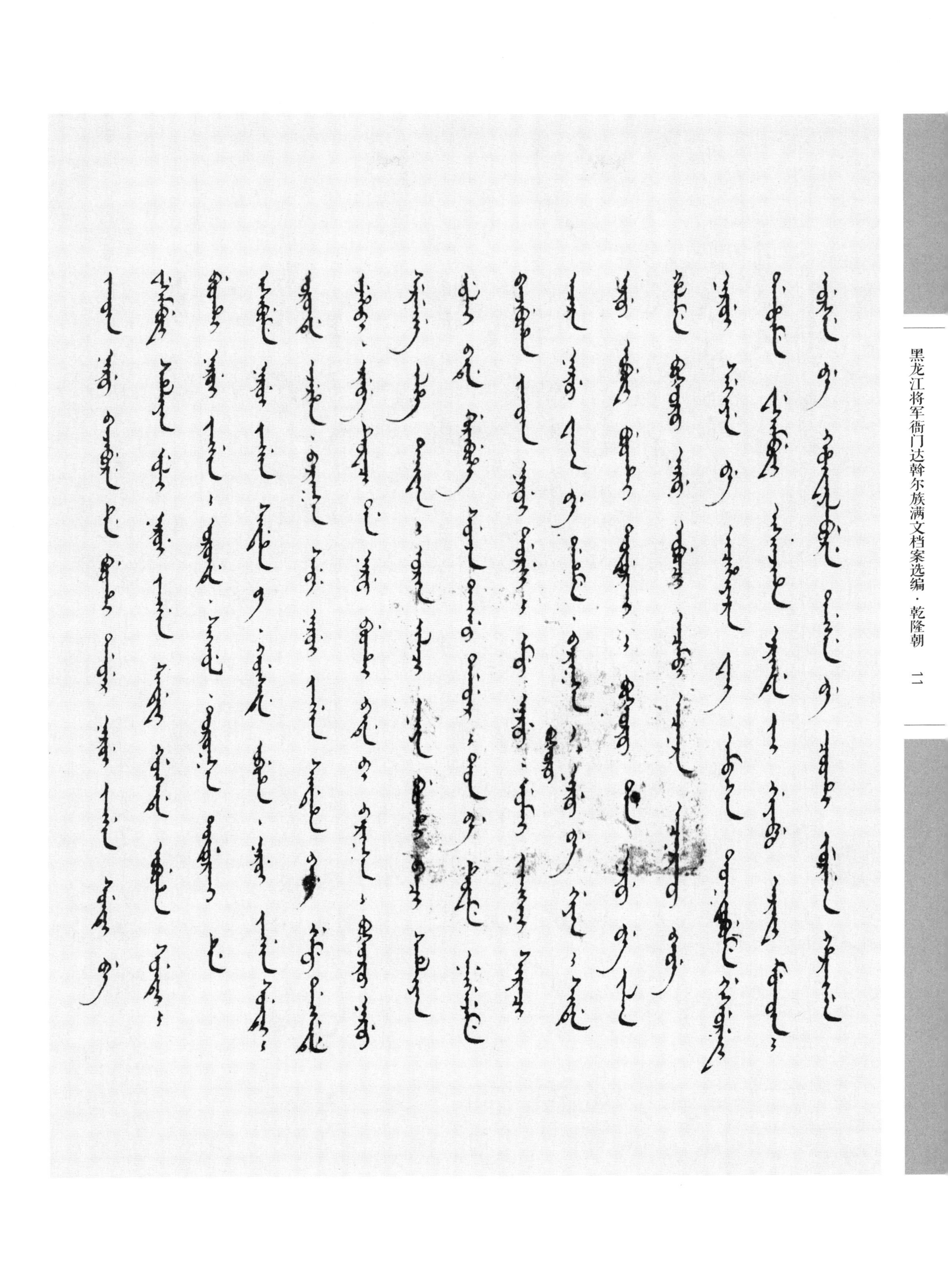

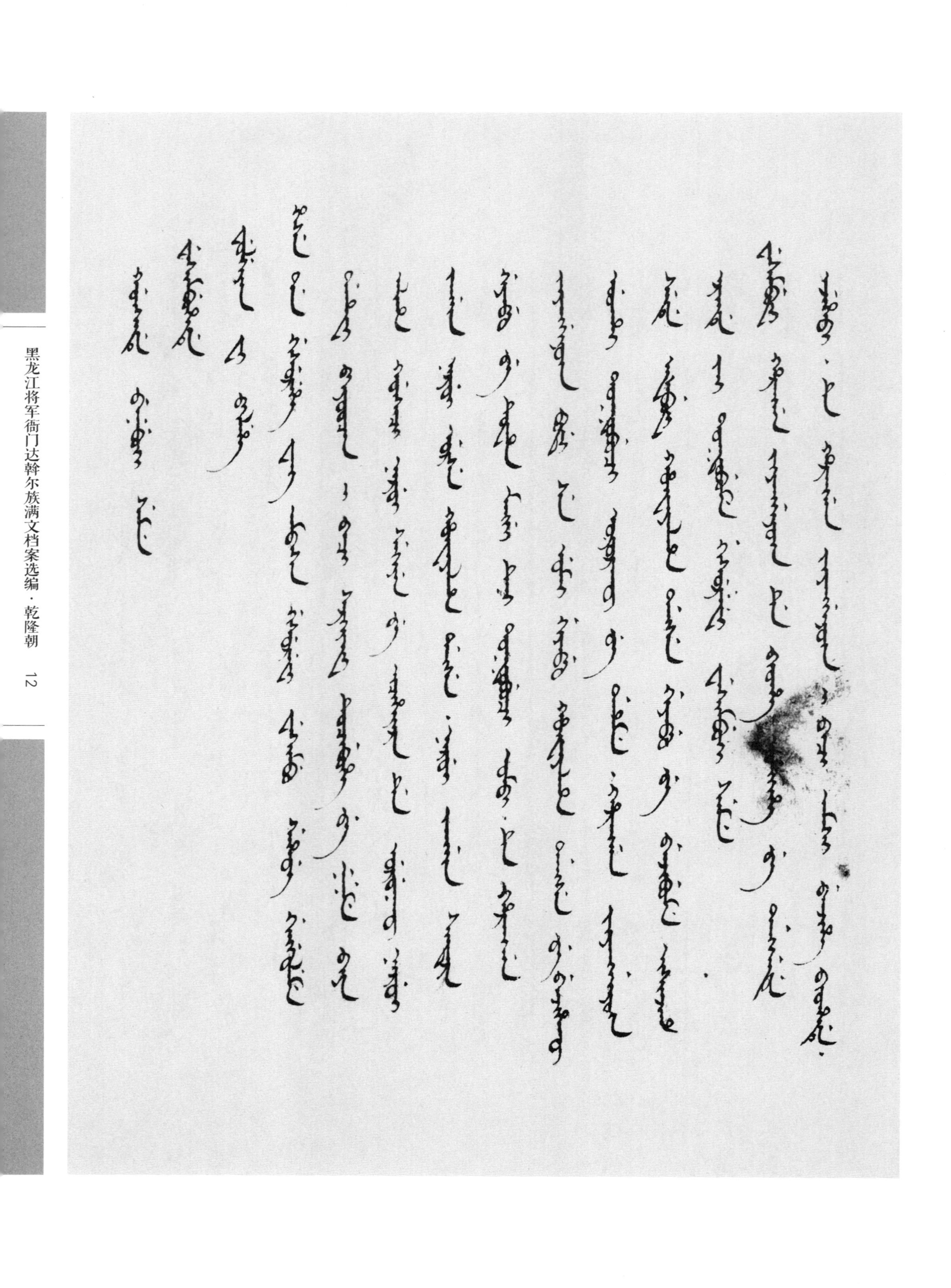

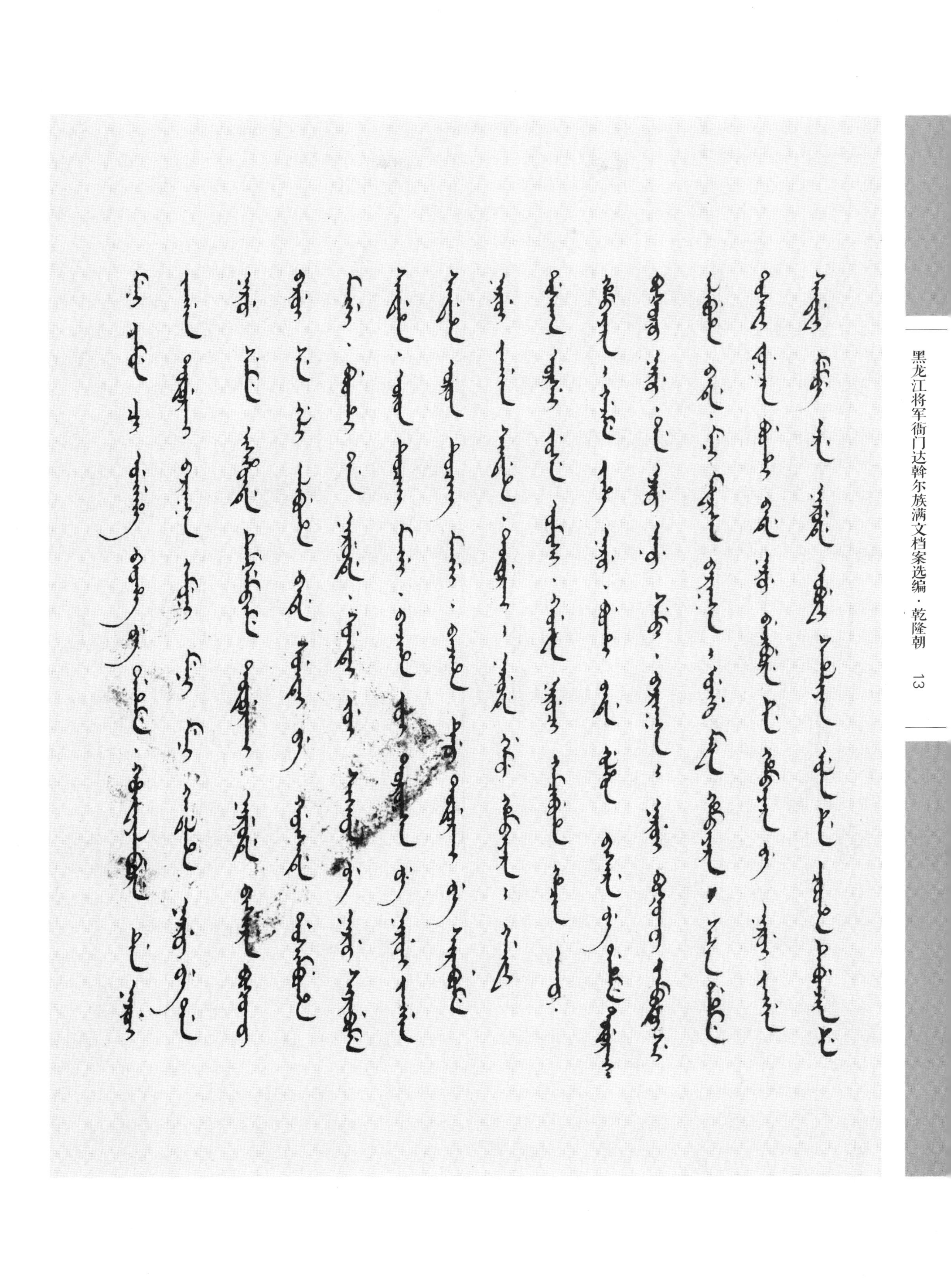

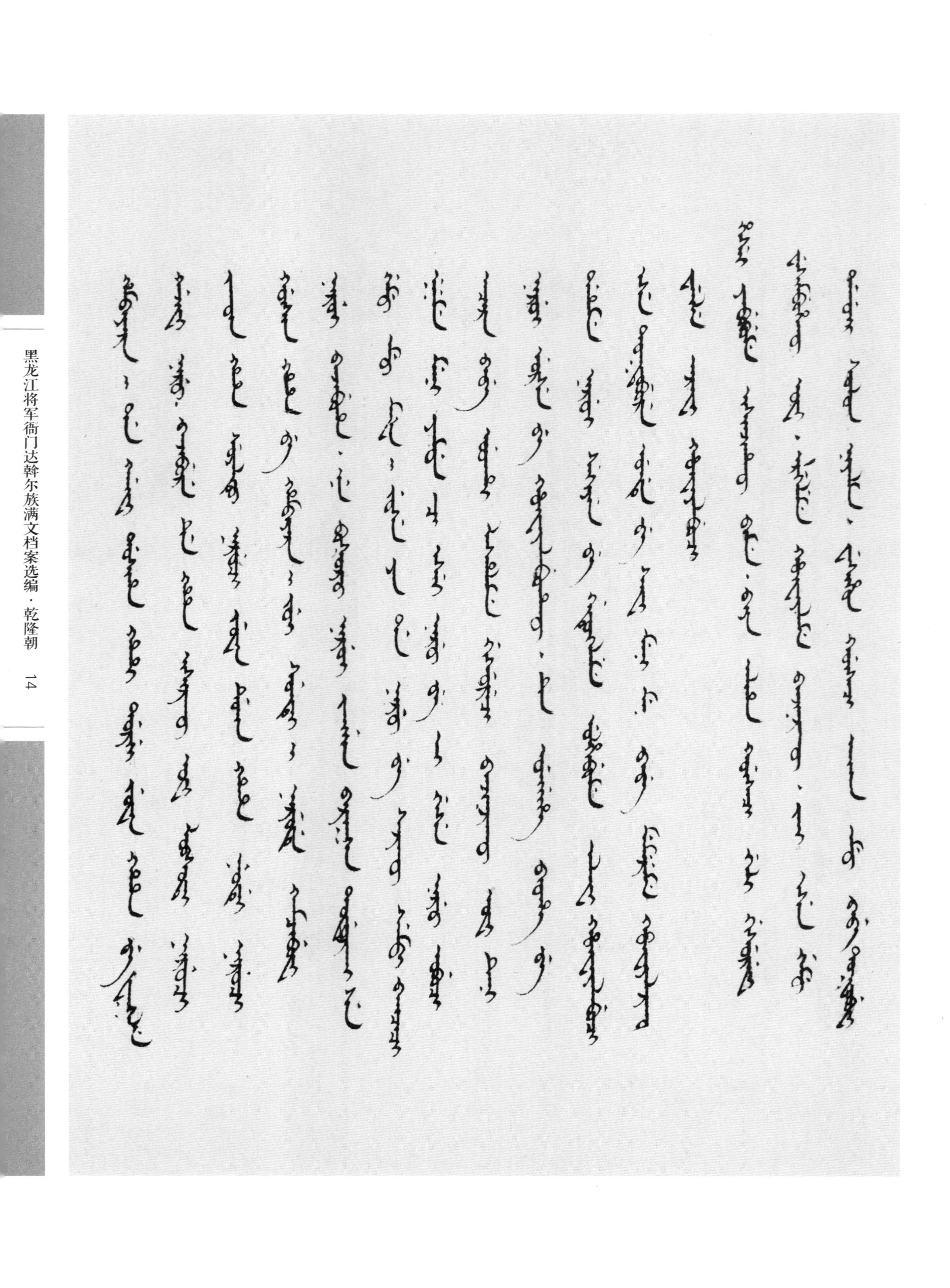

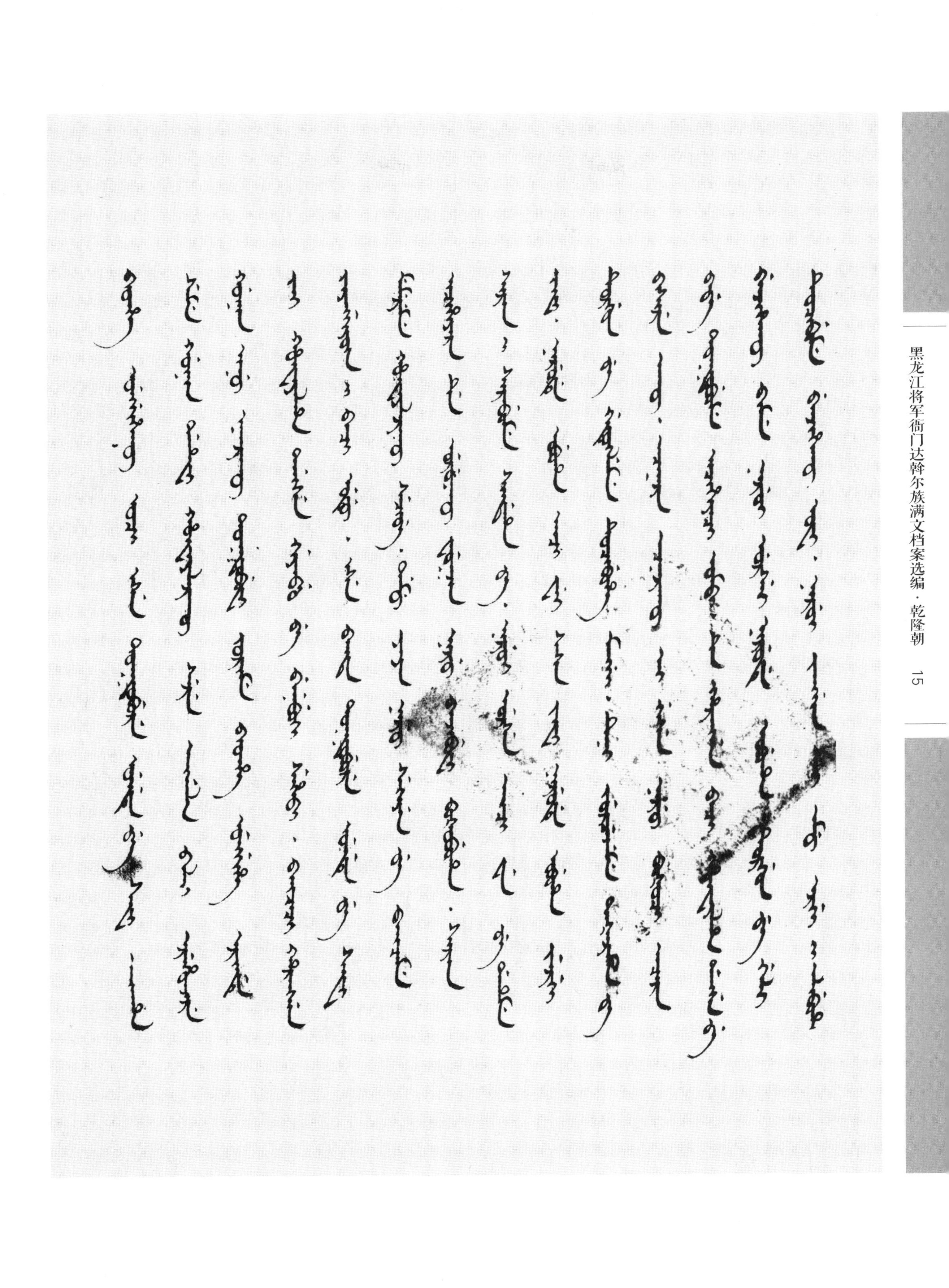

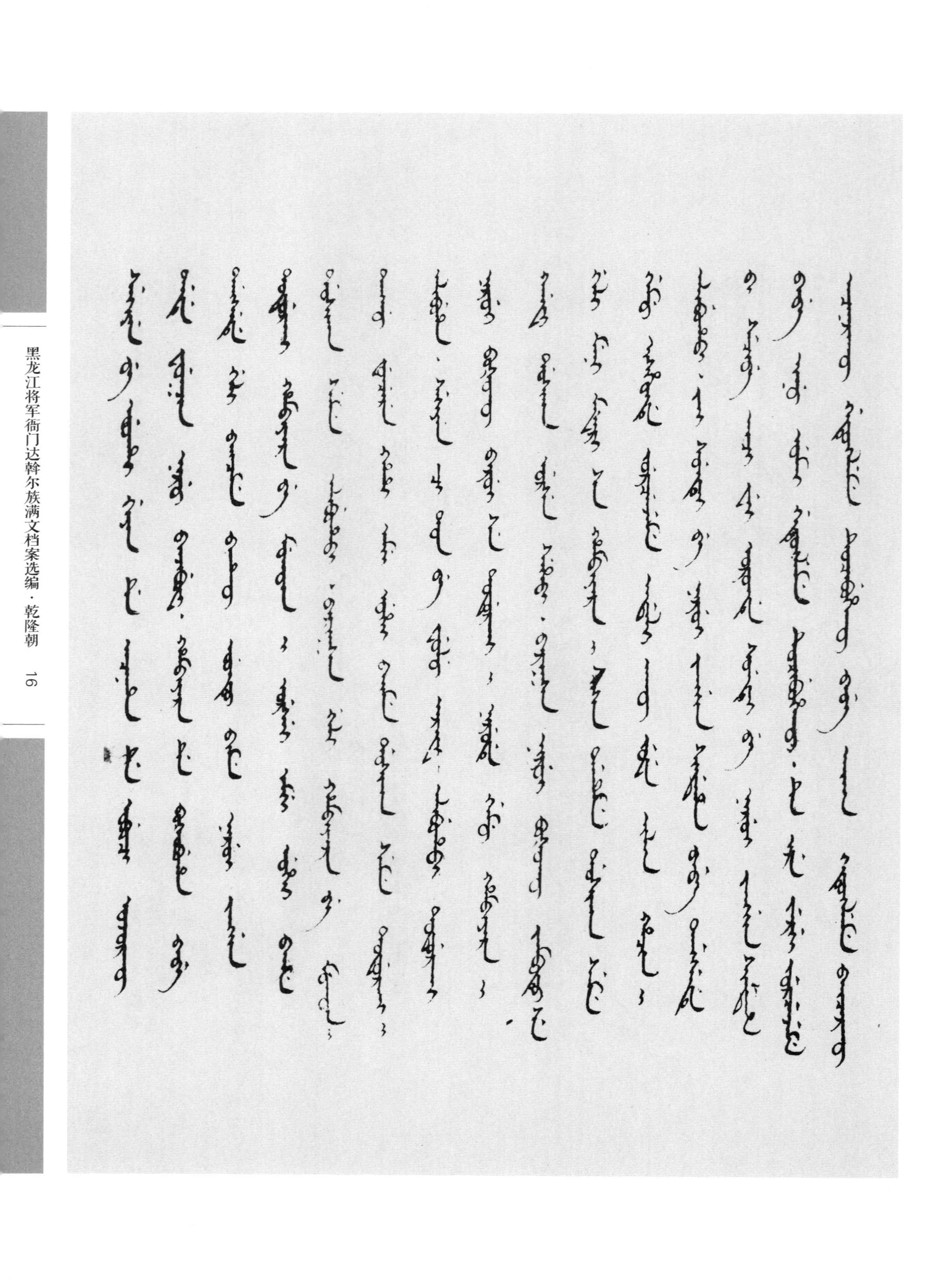

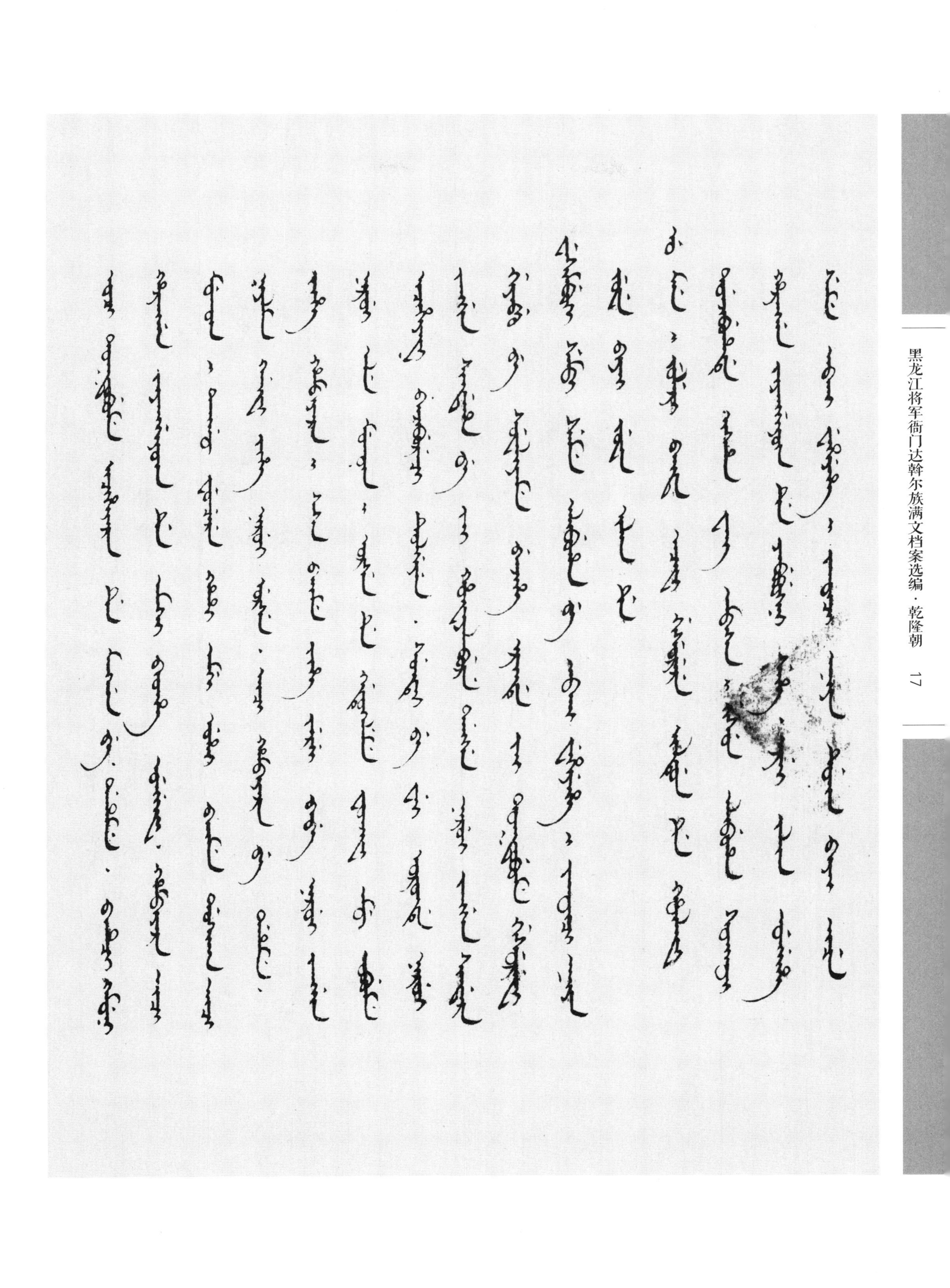

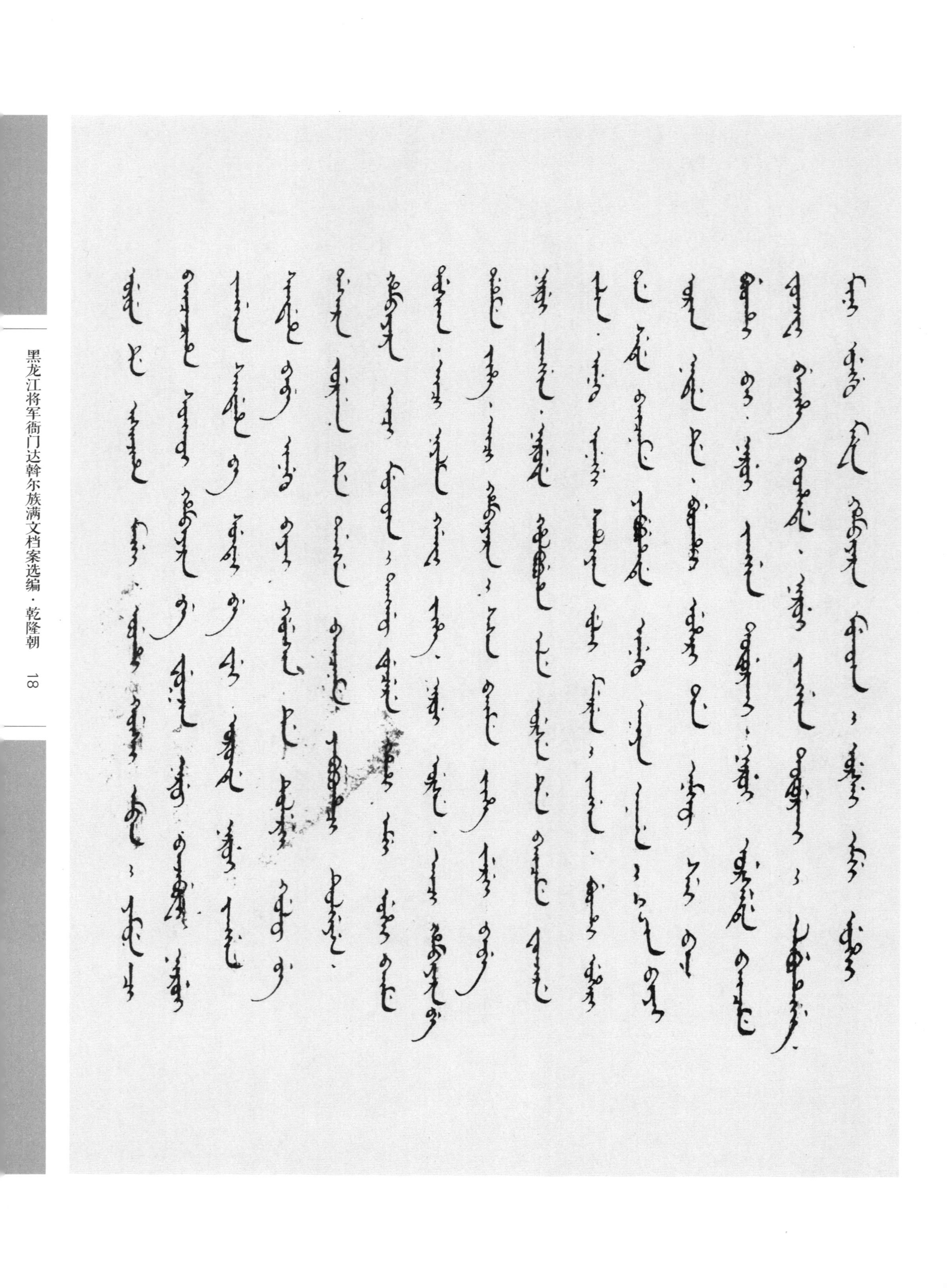

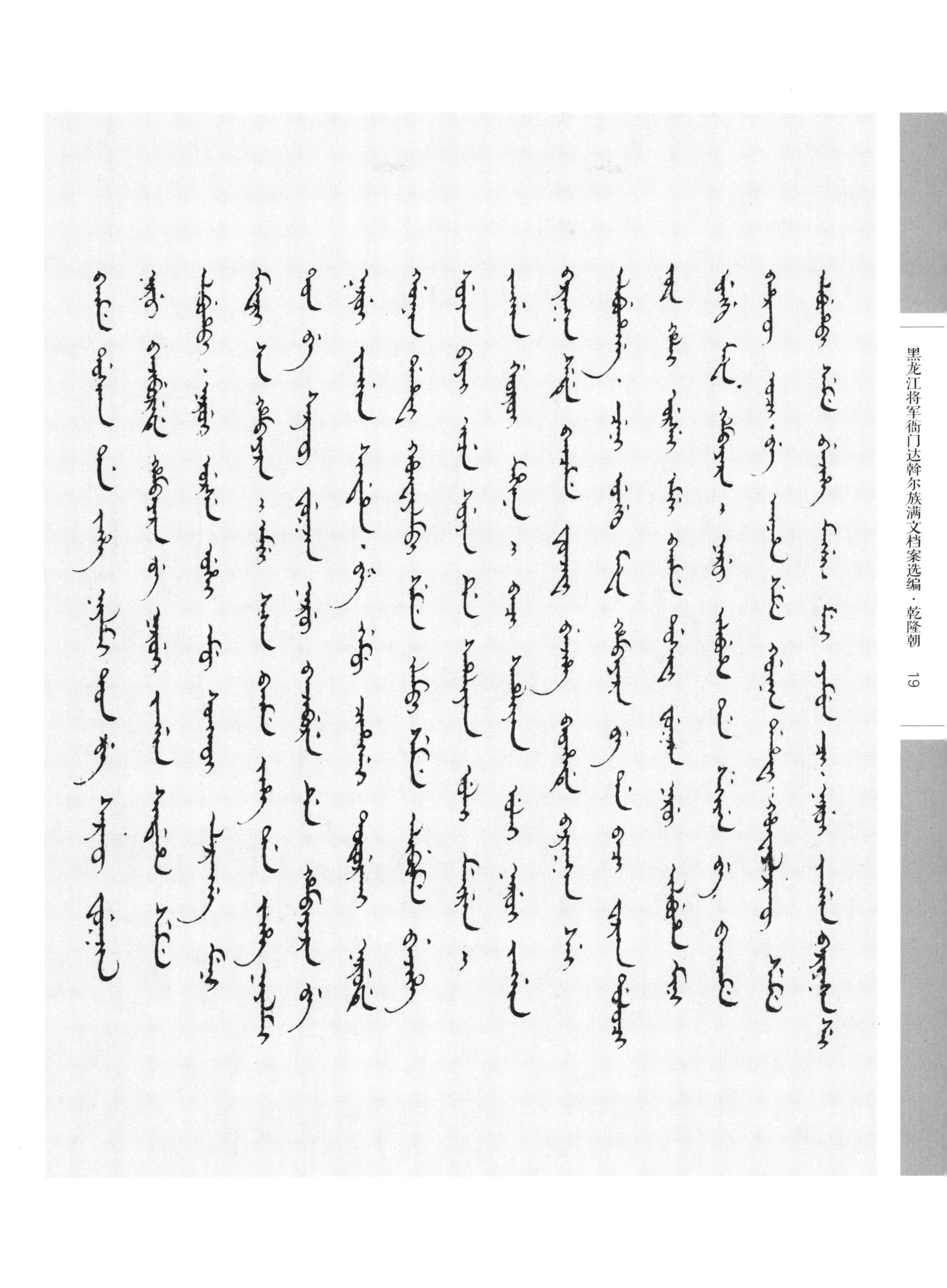

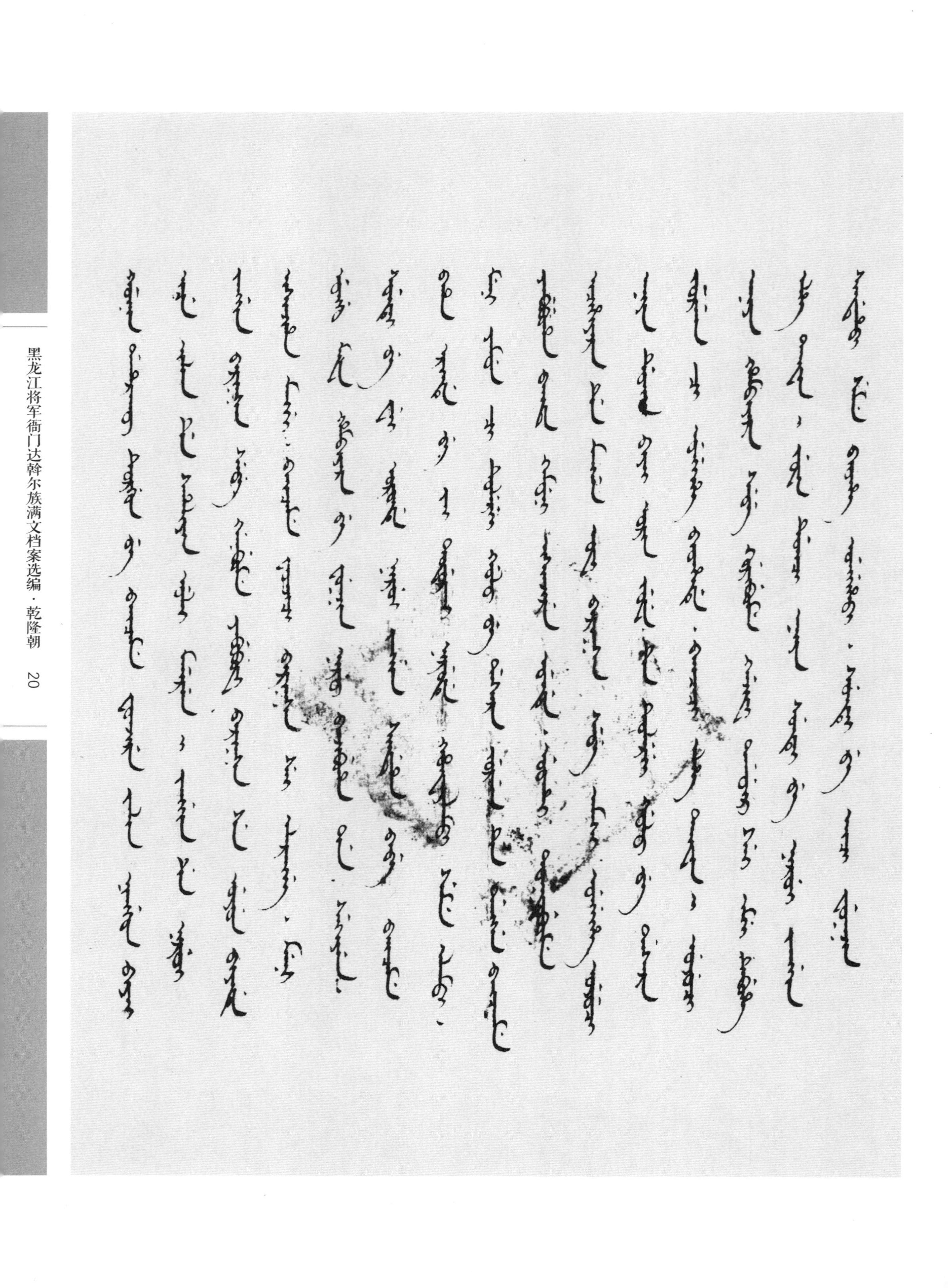

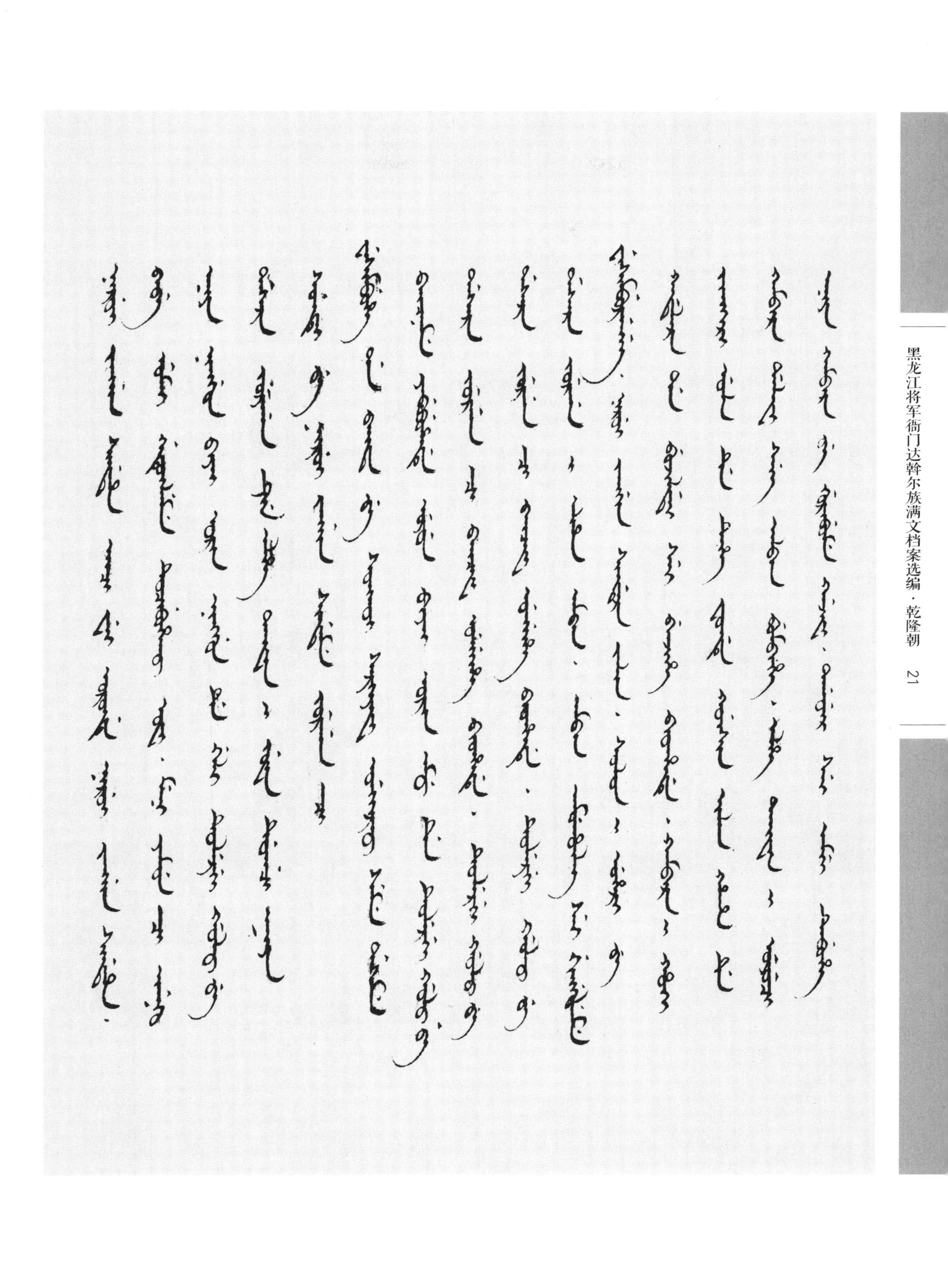

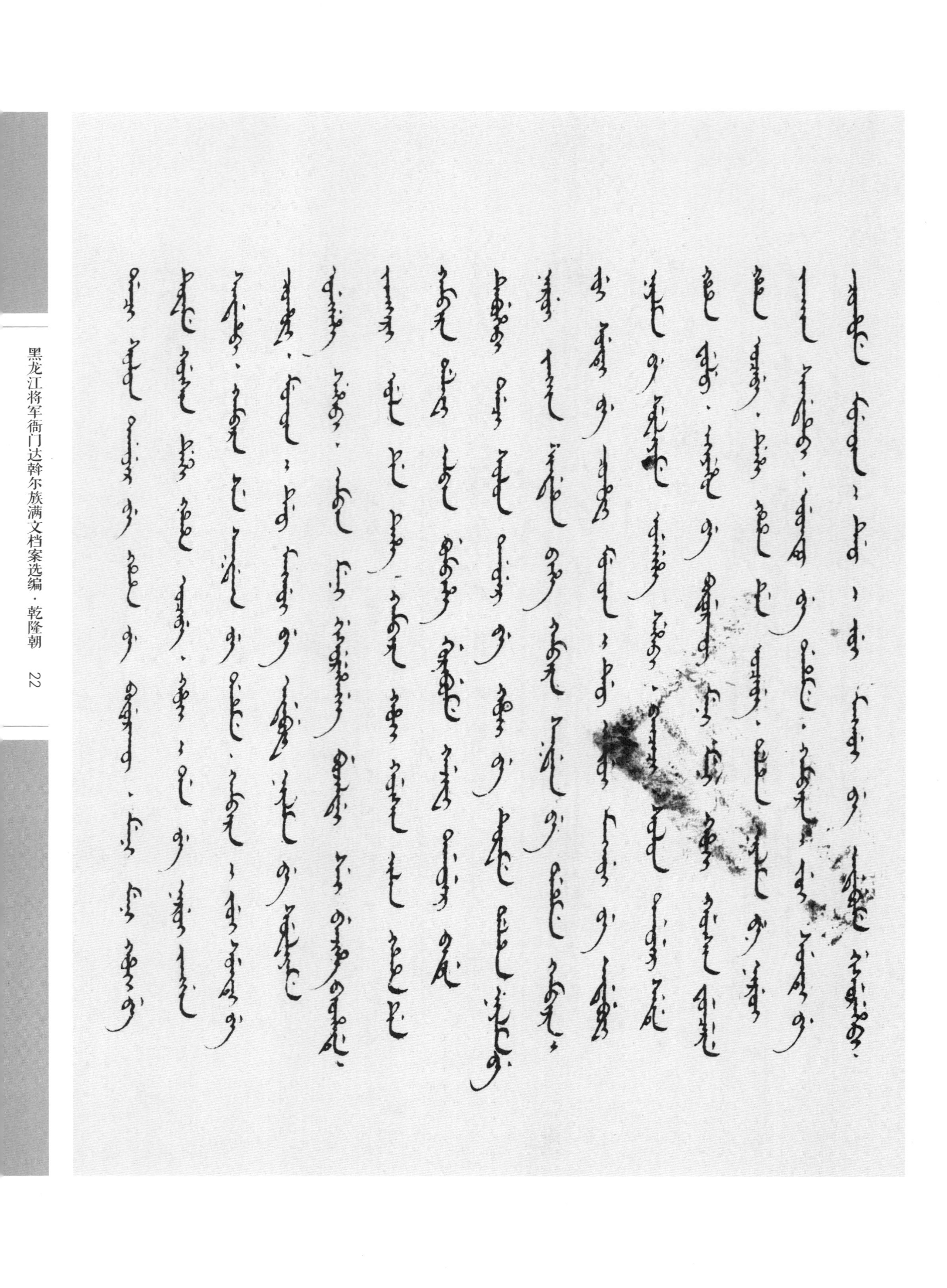

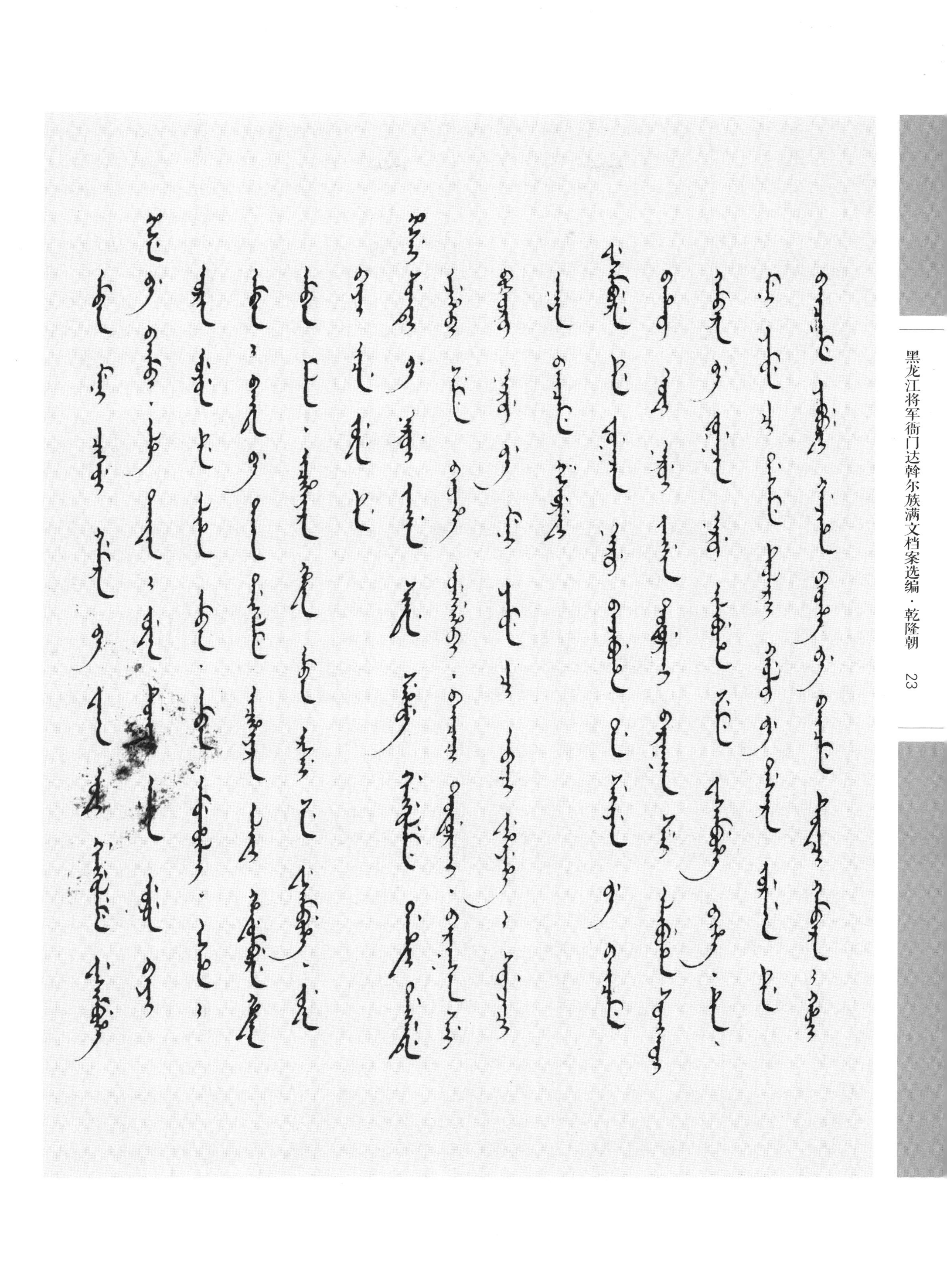

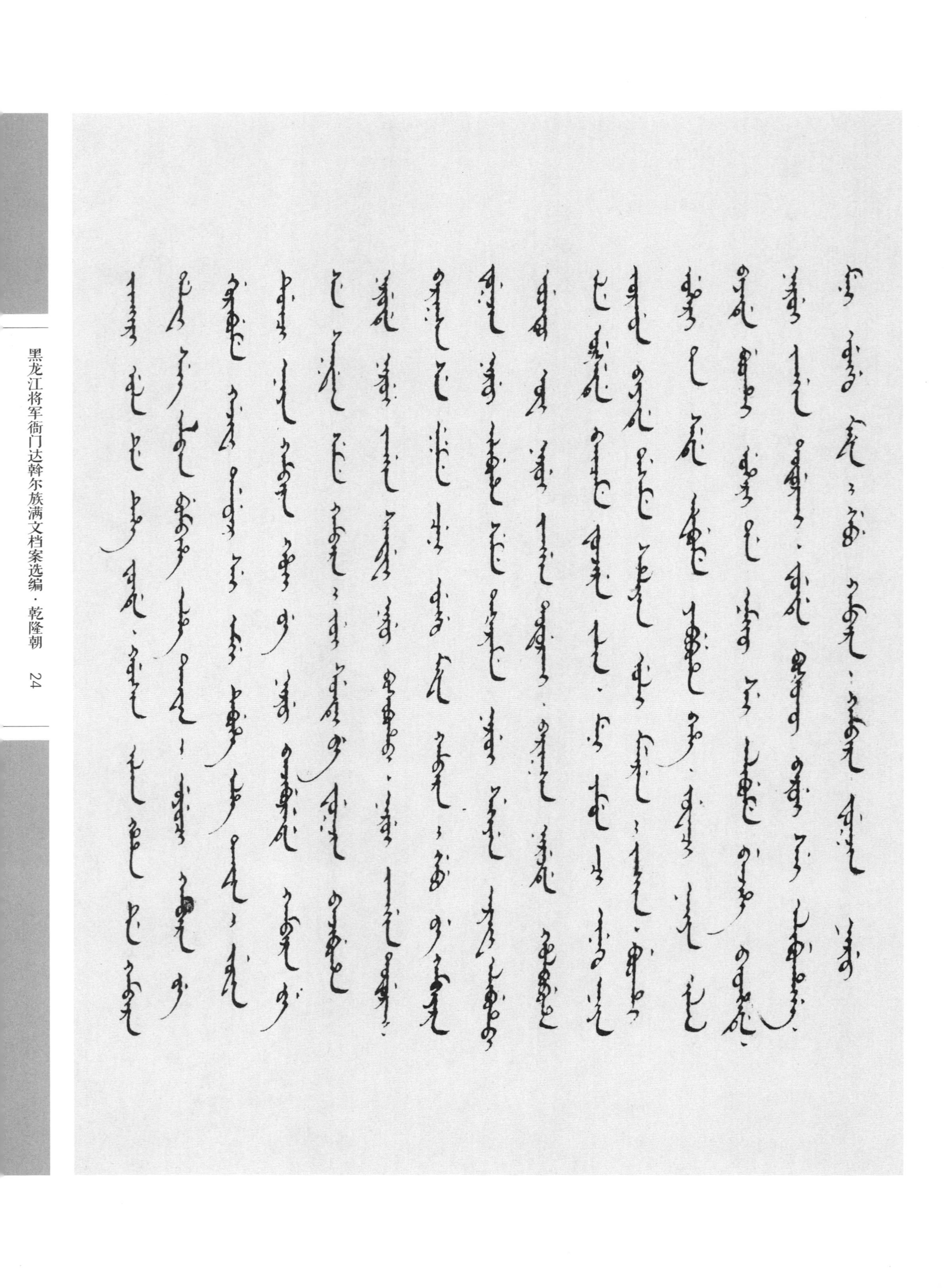

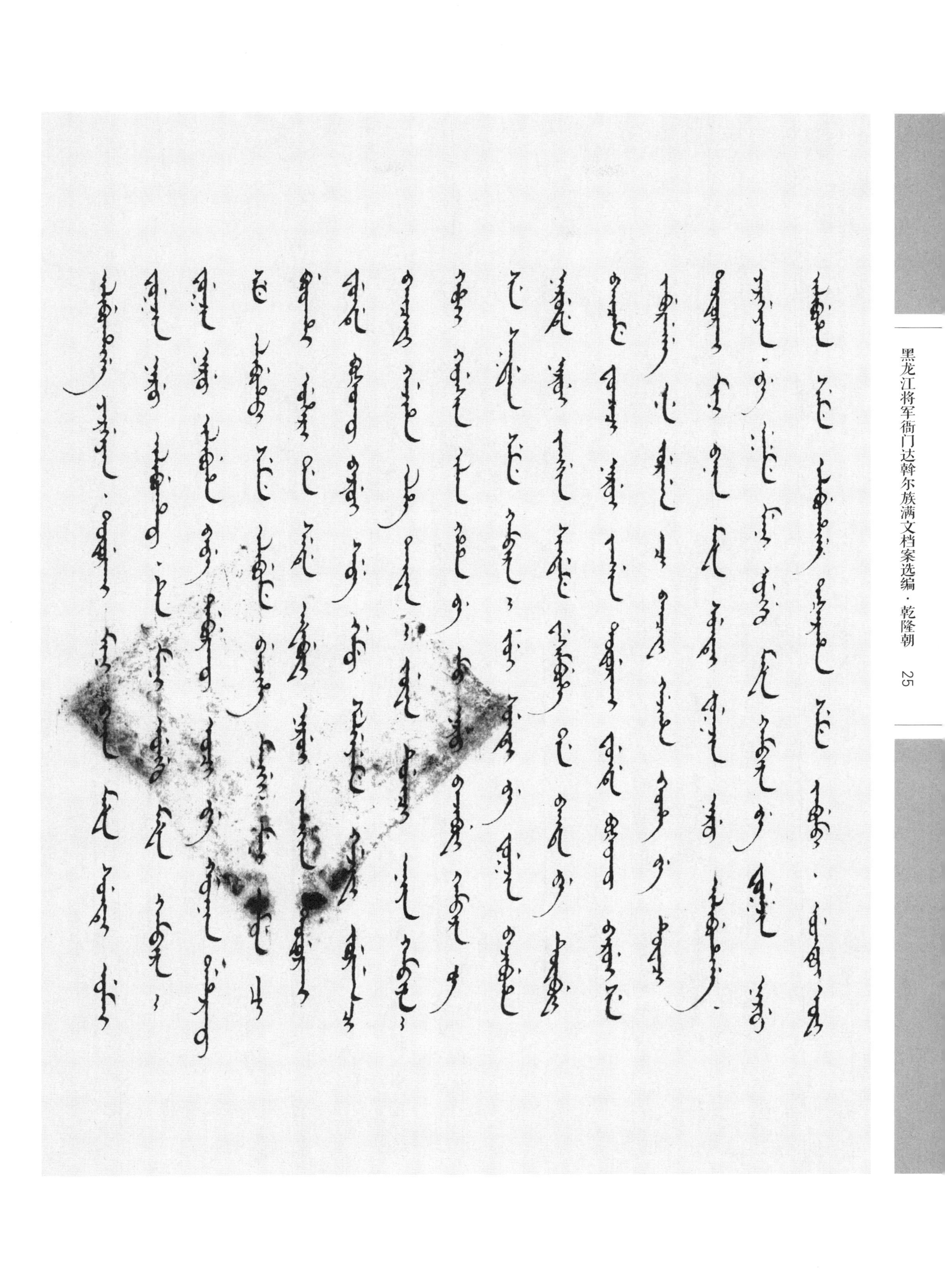

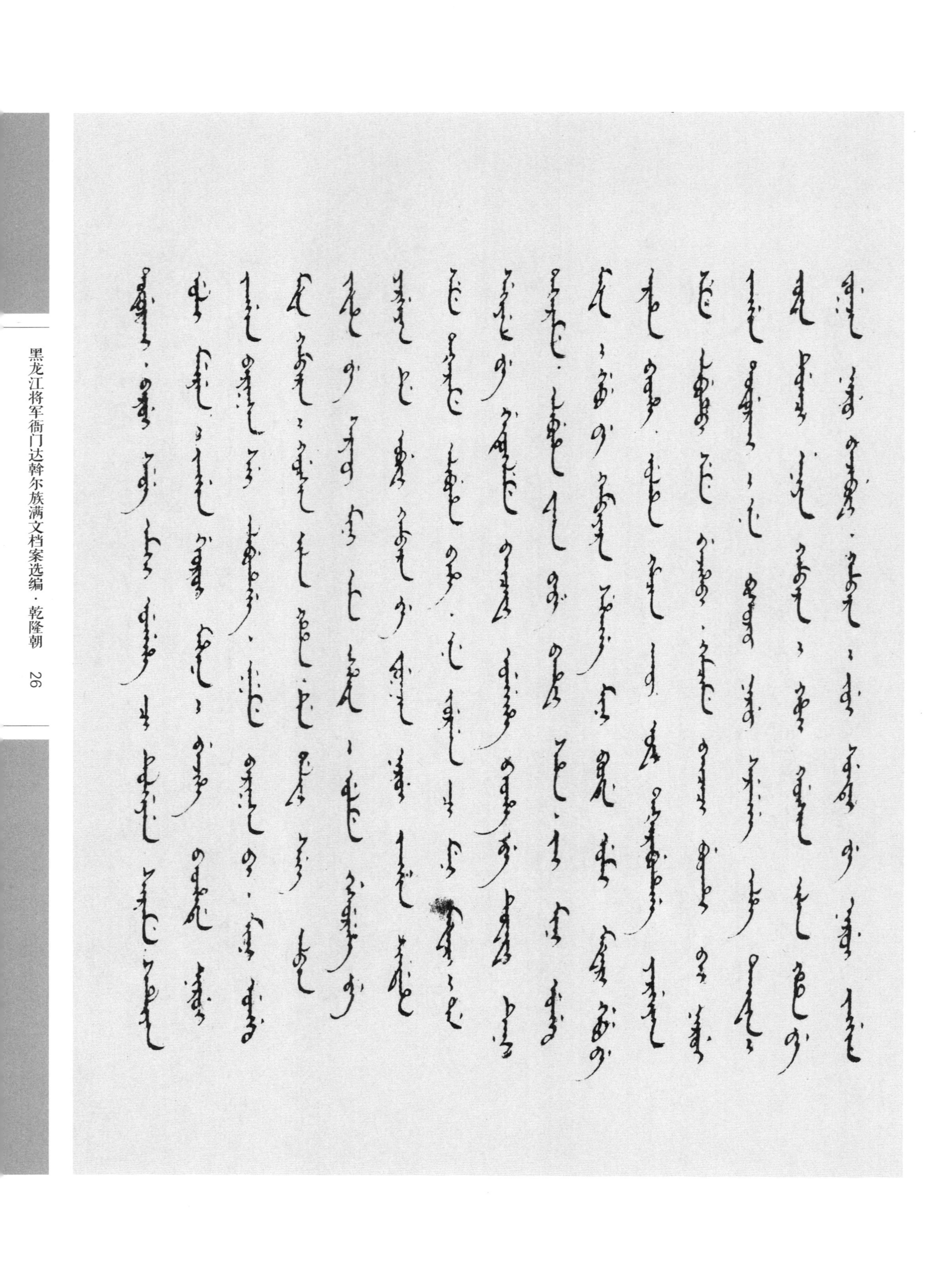

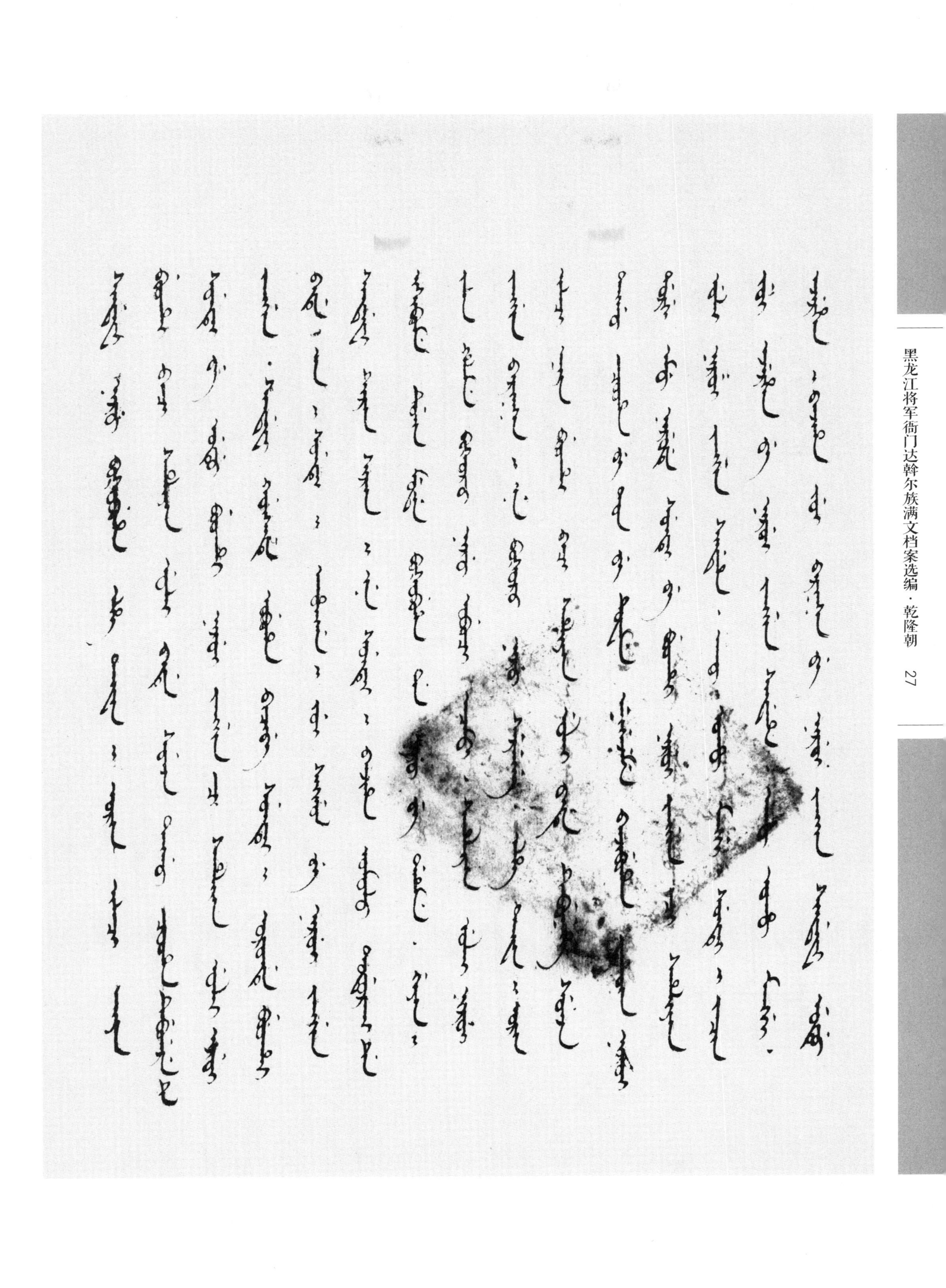

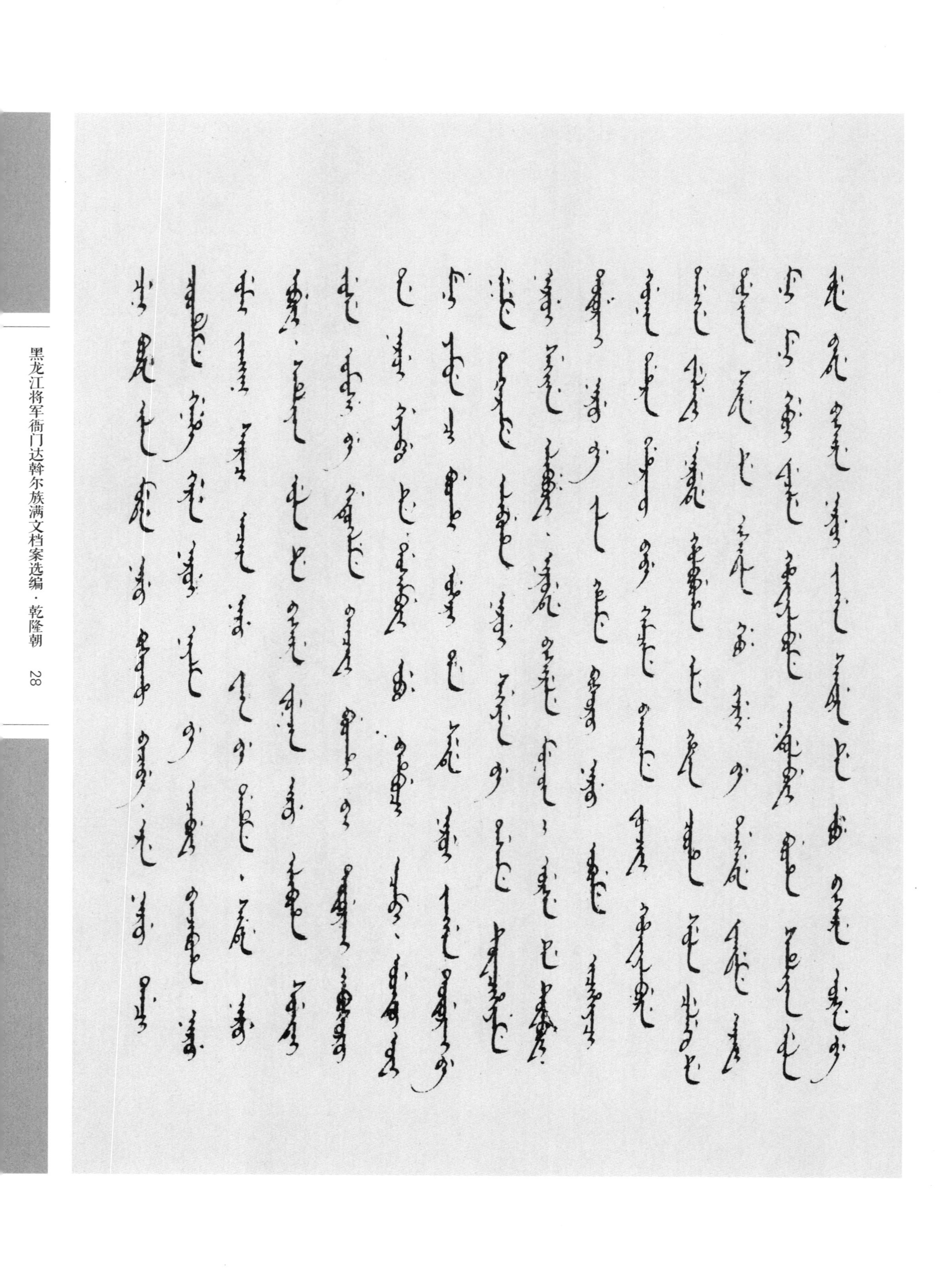

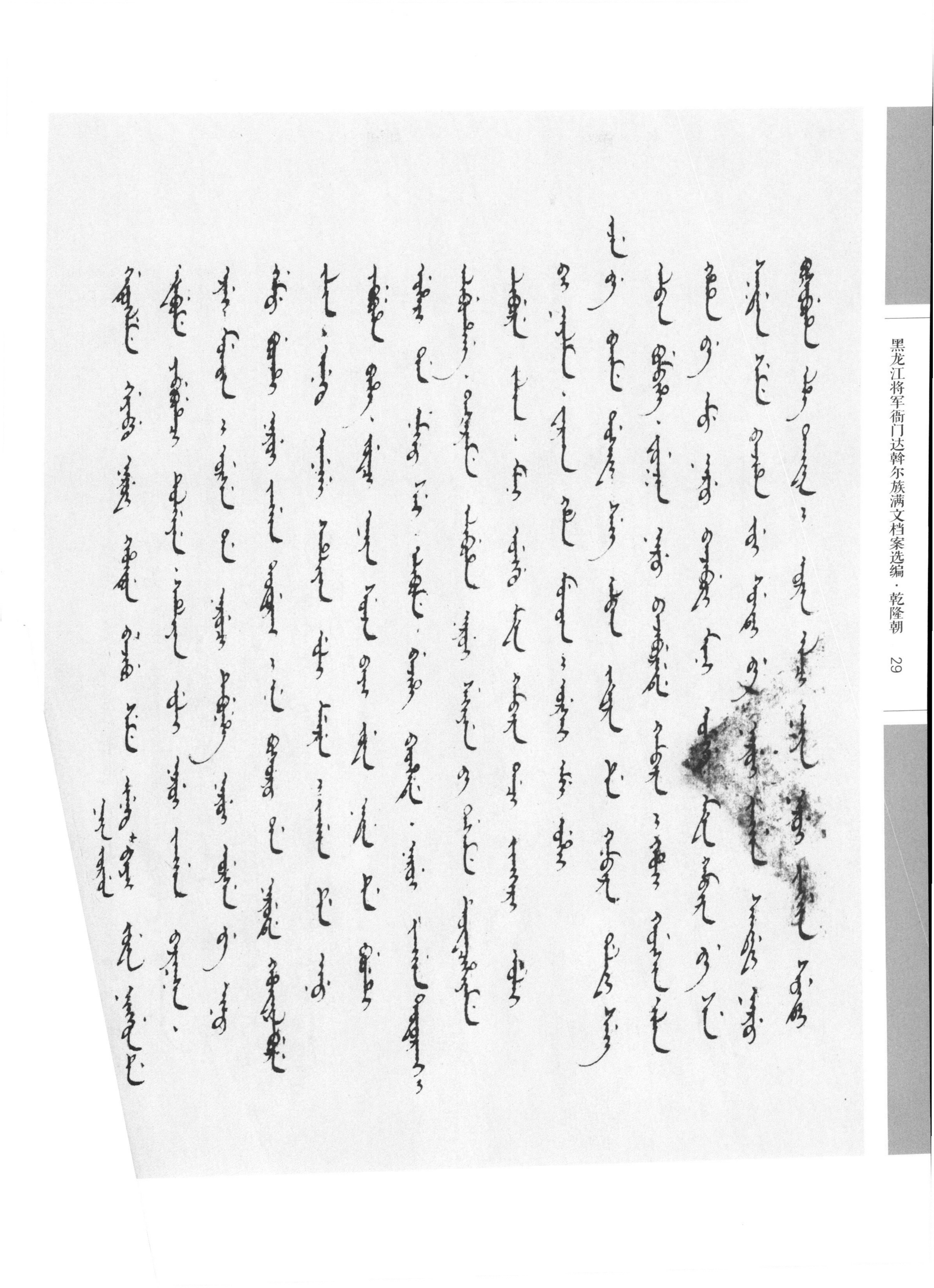

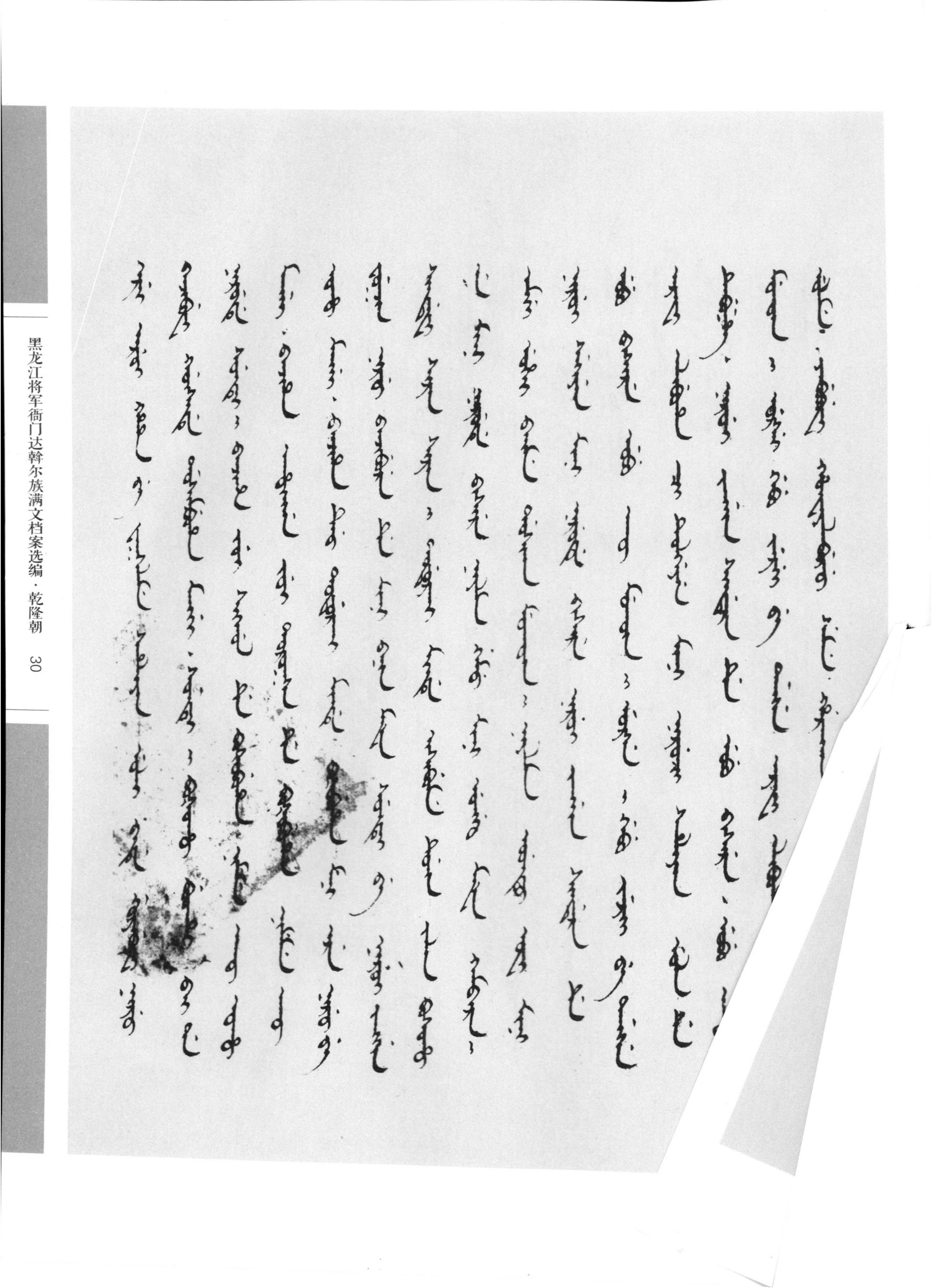

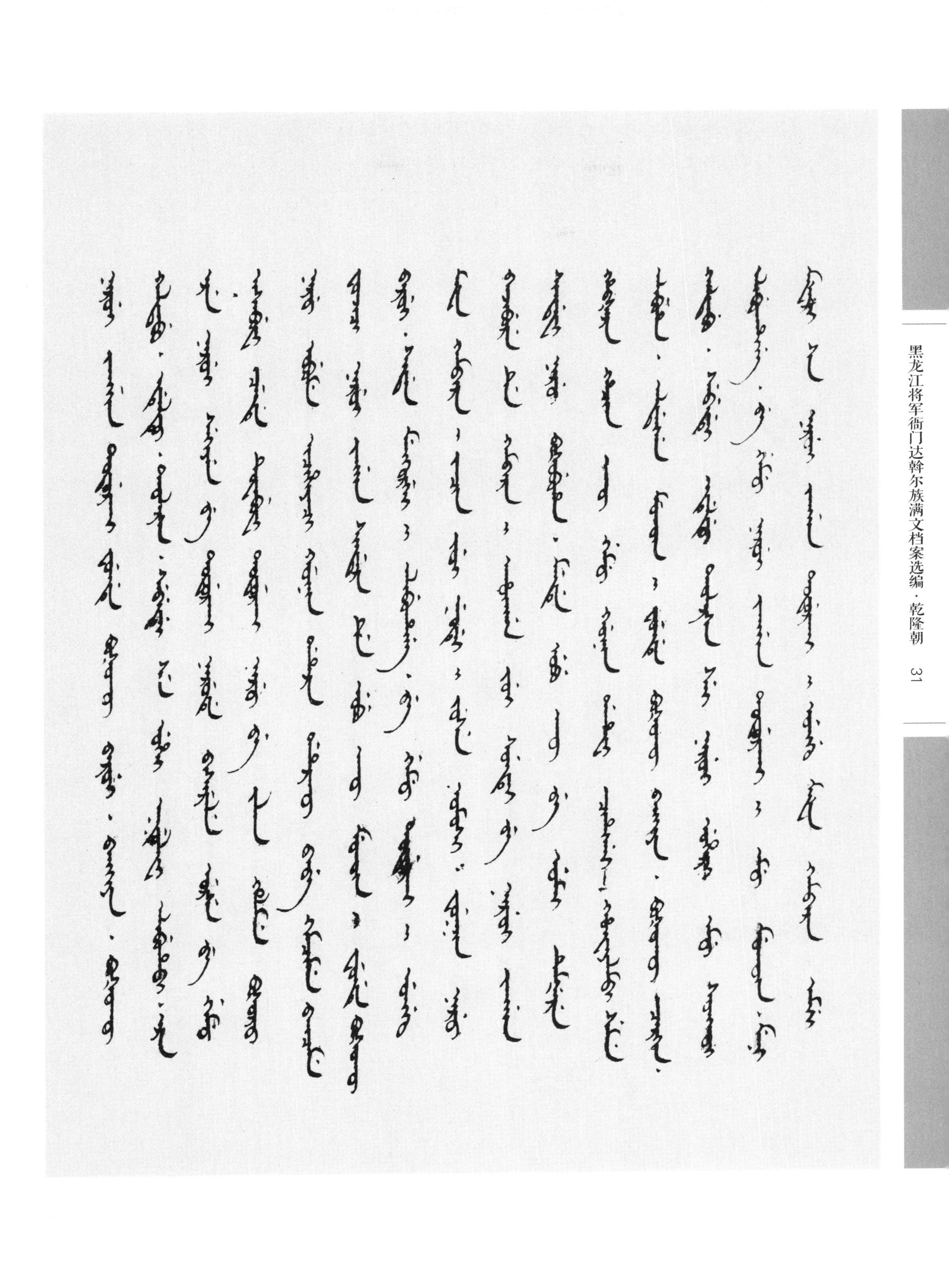

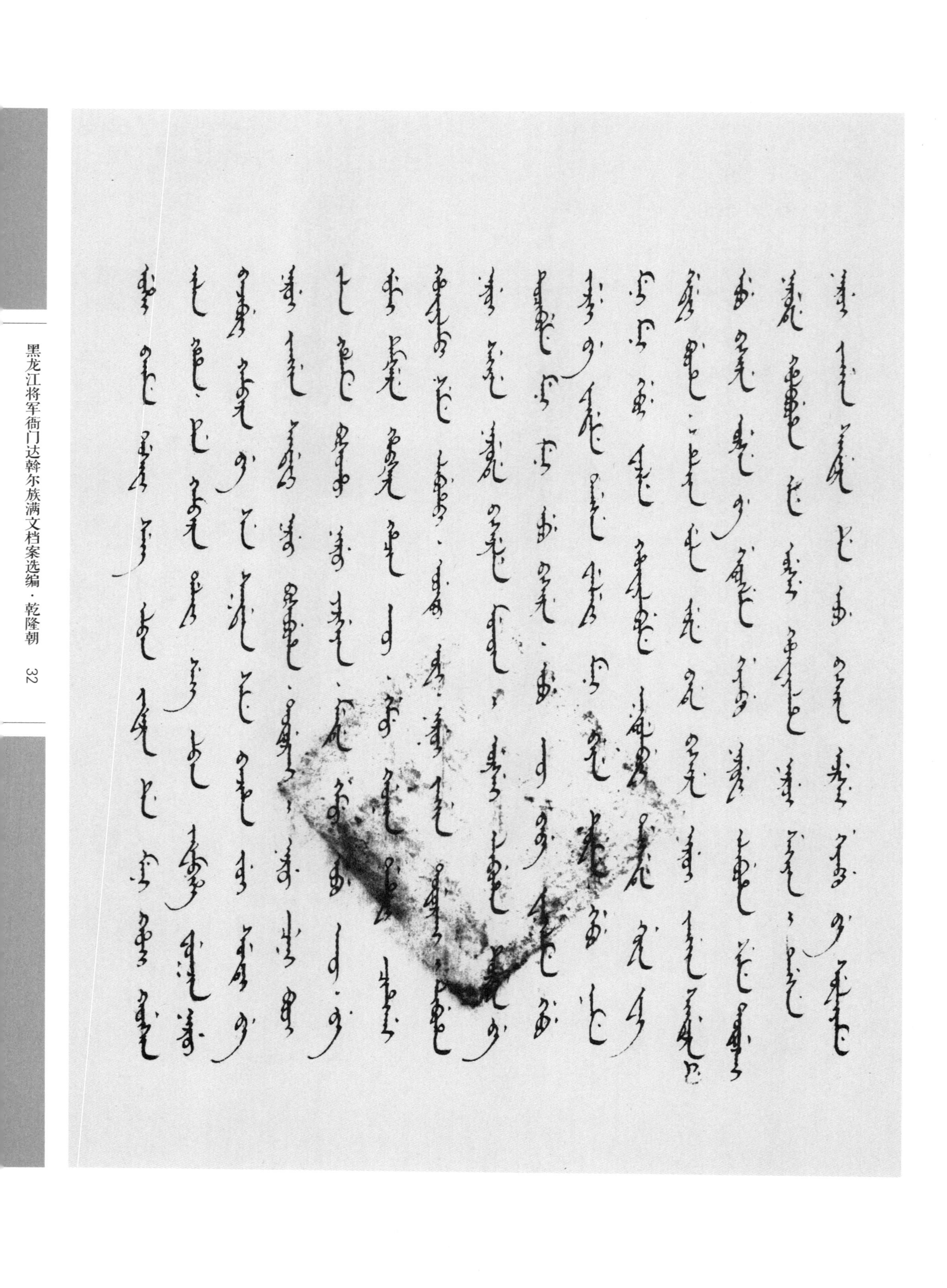

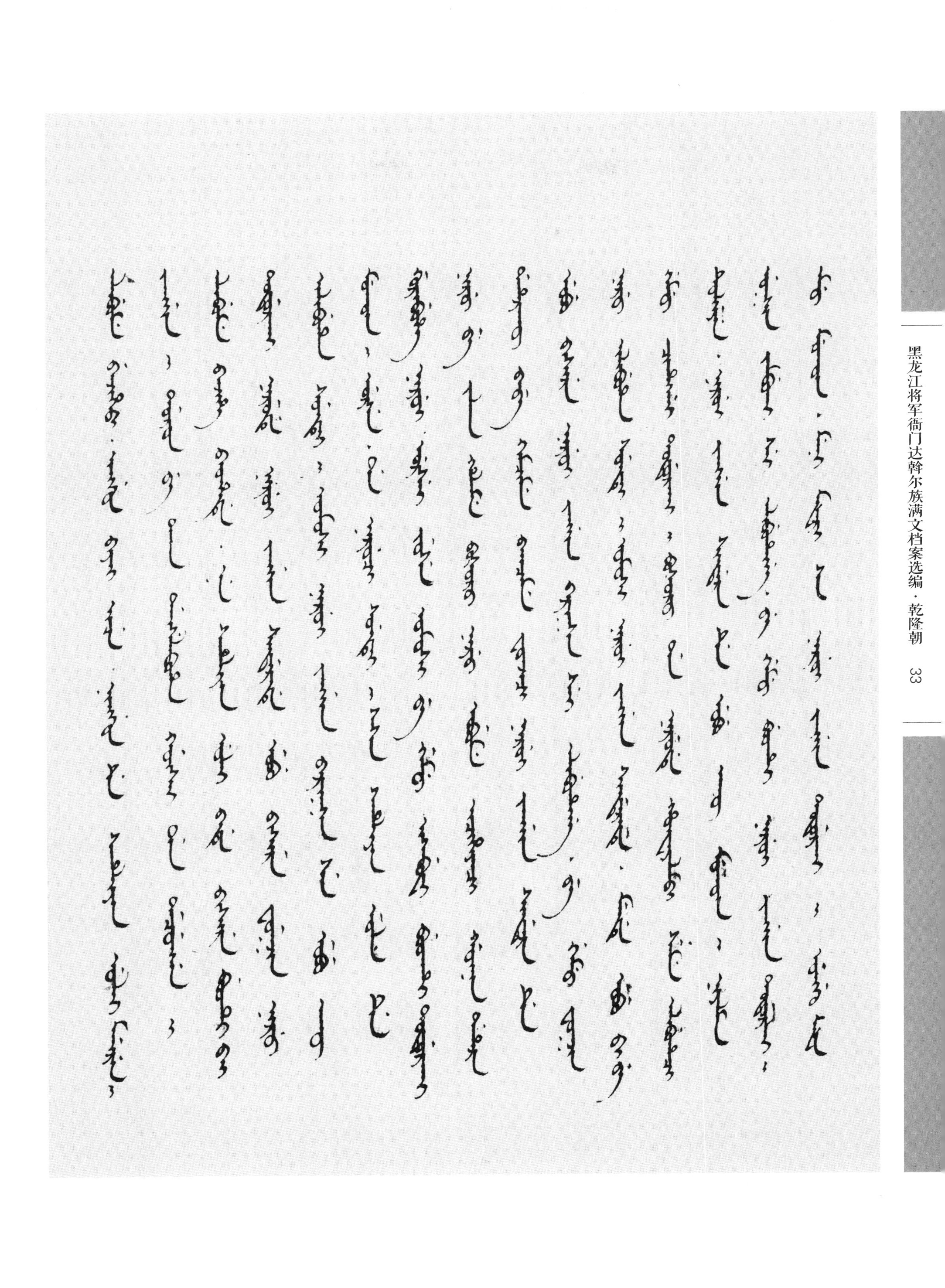

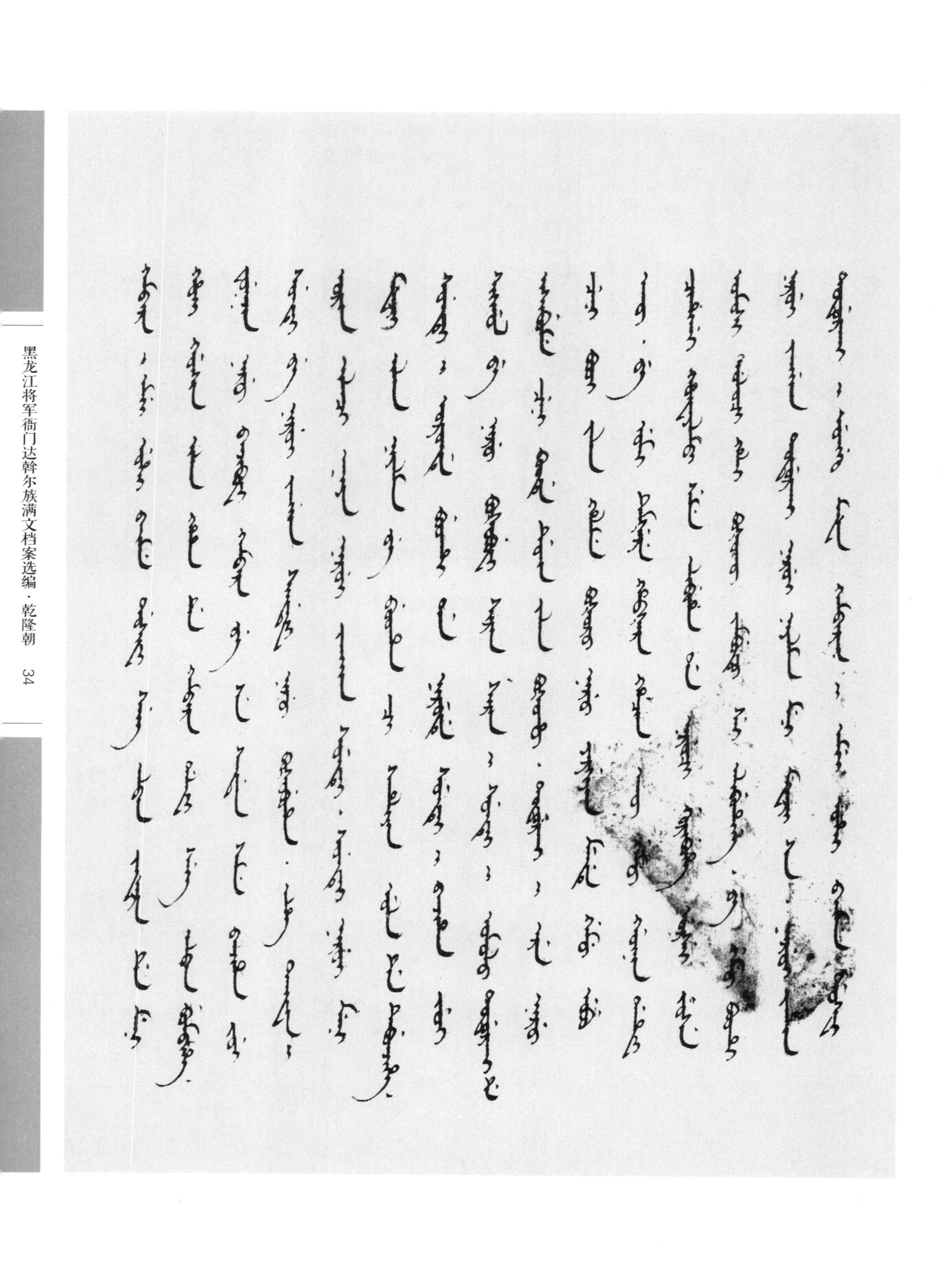

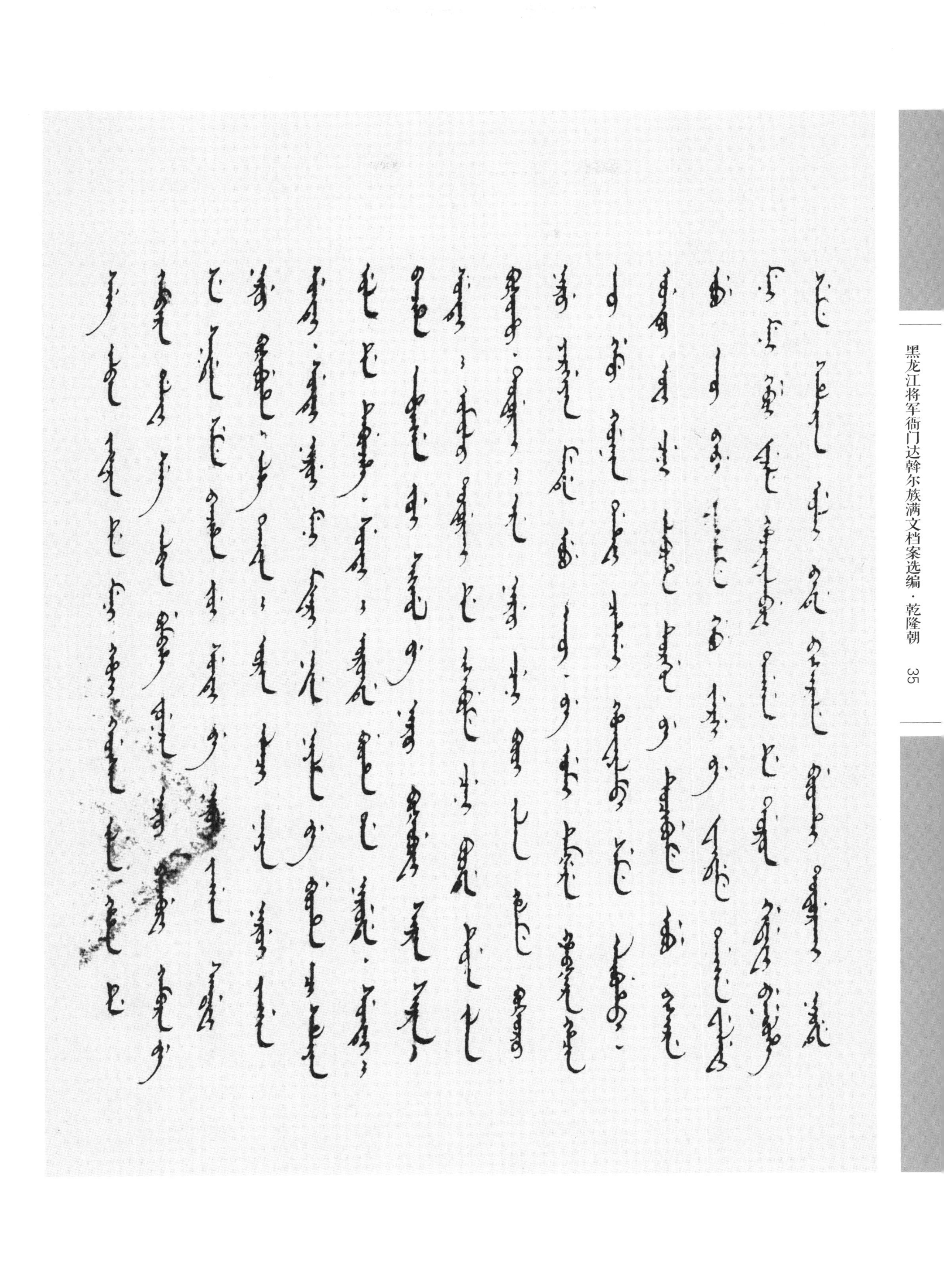

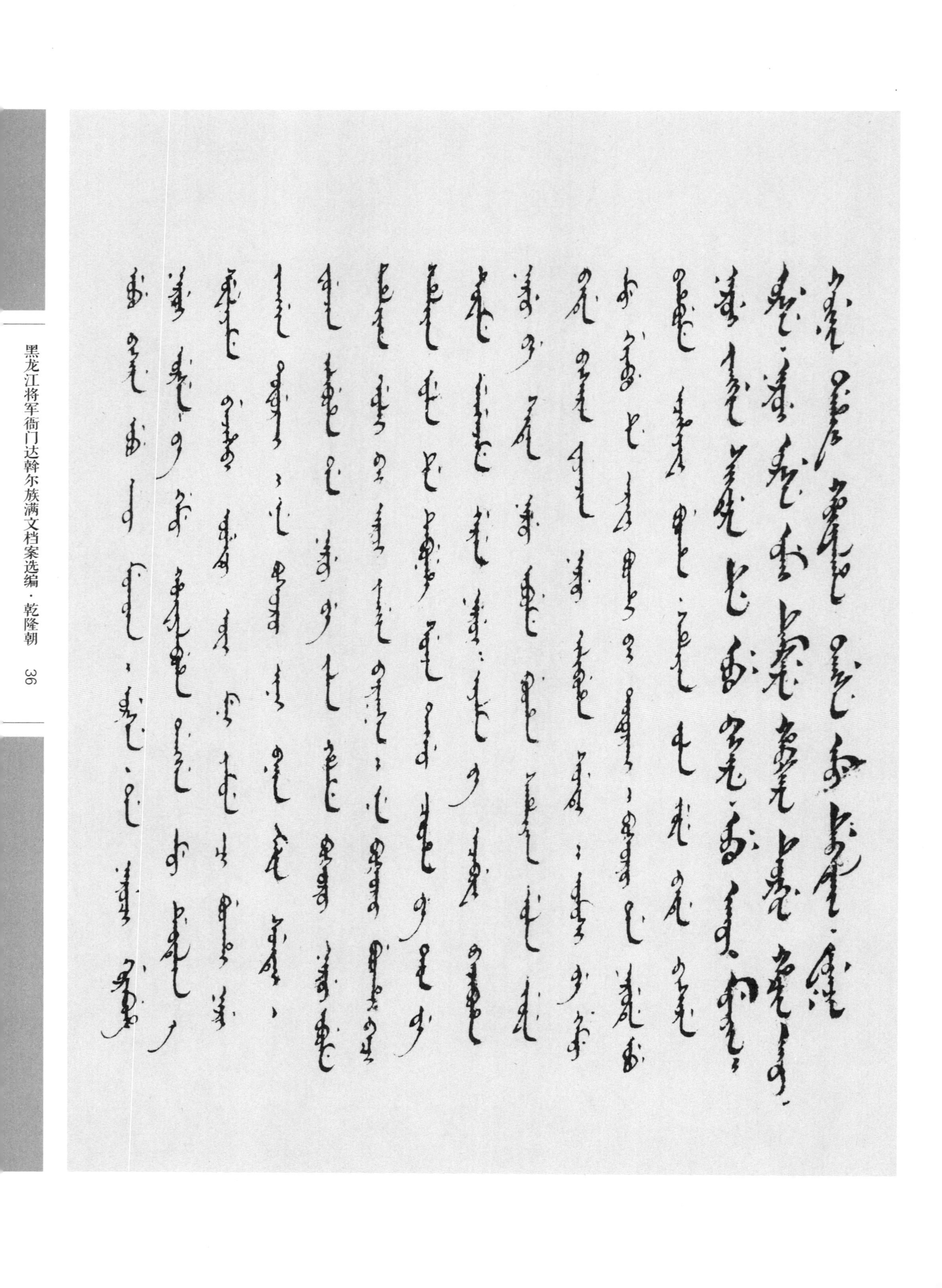

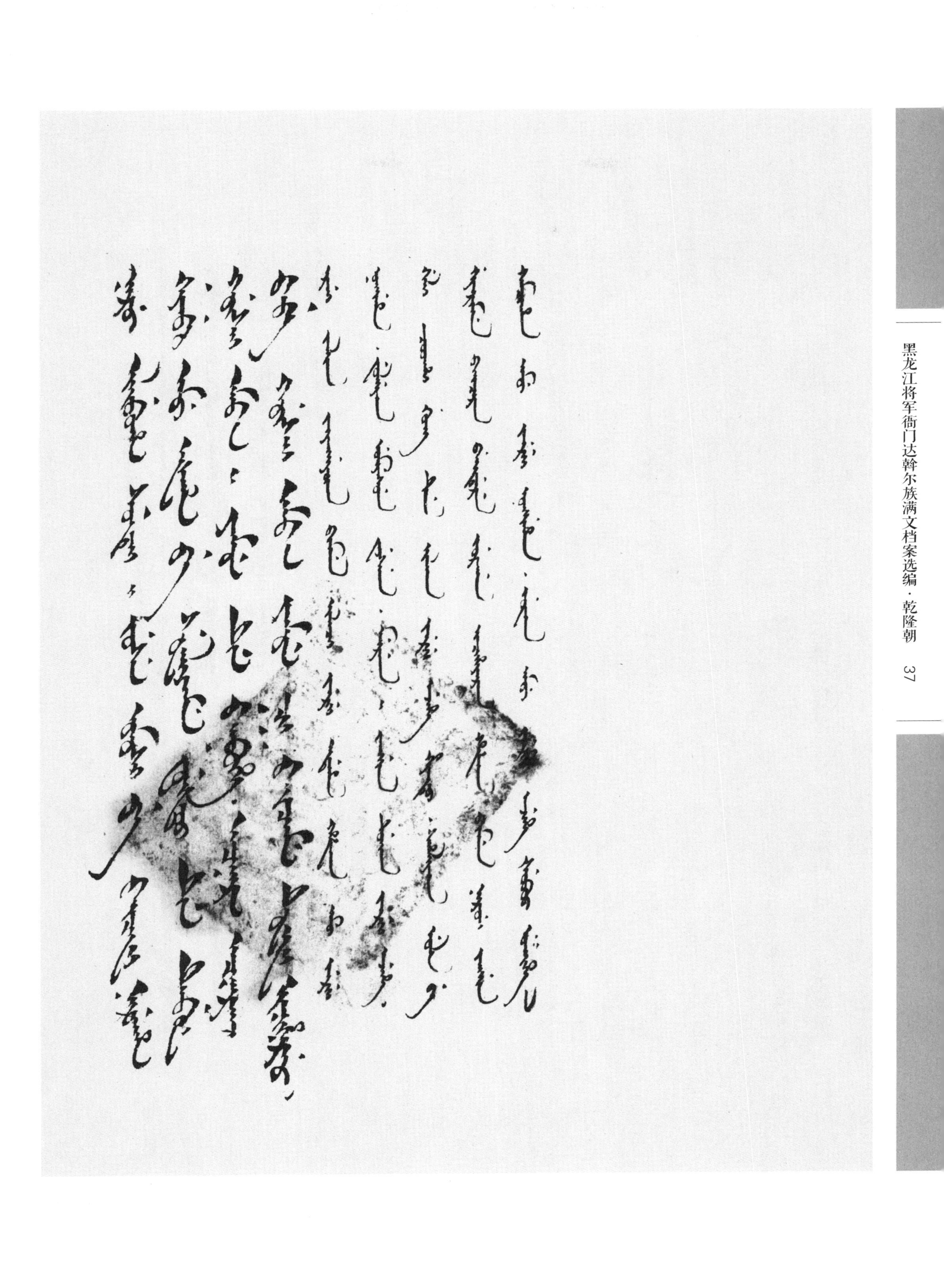

三三一 理藩院为解送布特哈正黄旗达斡尔密济尔世管佐领家谱源流册事咨黑龙江将军等文

乾隆十年八月初六日

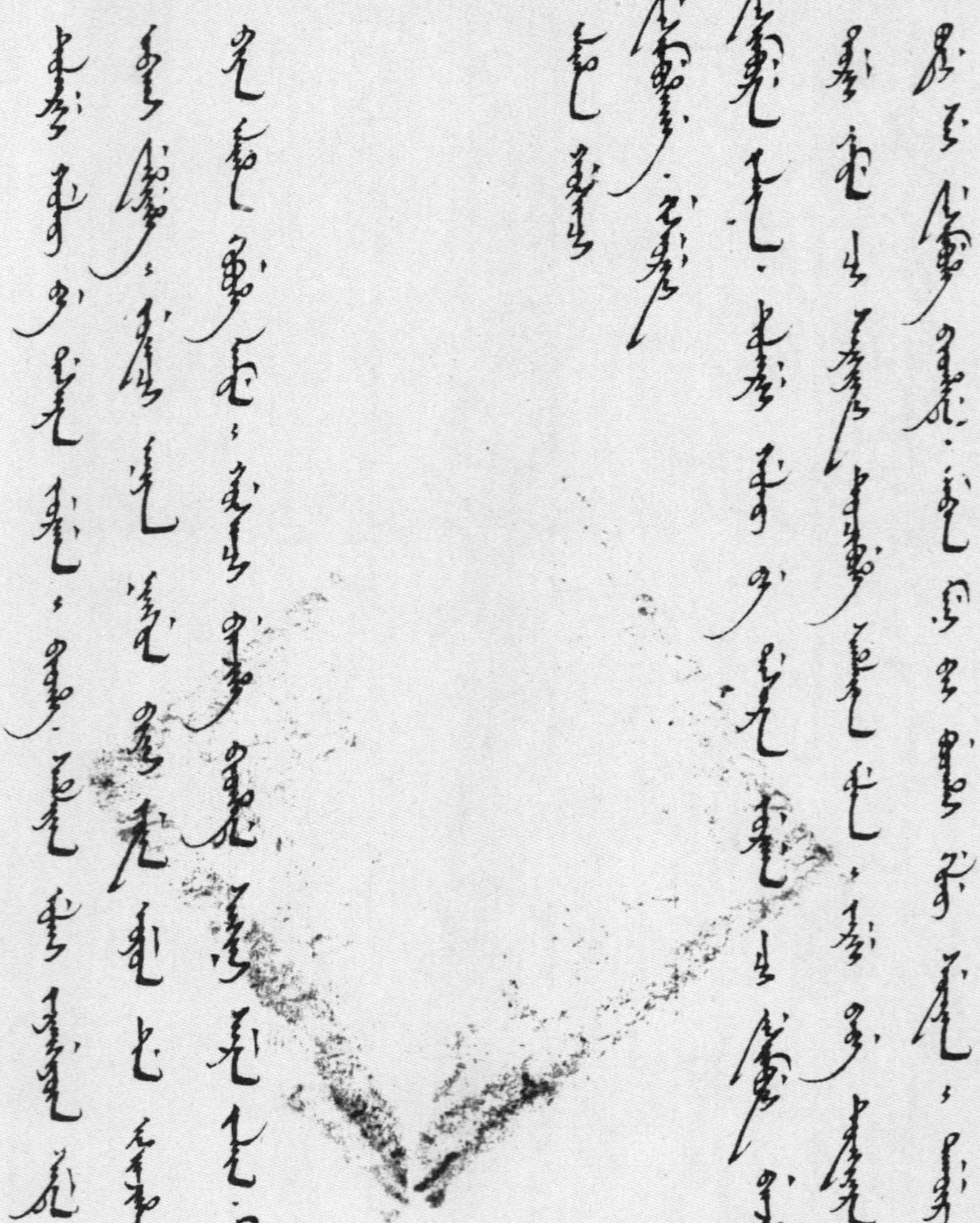

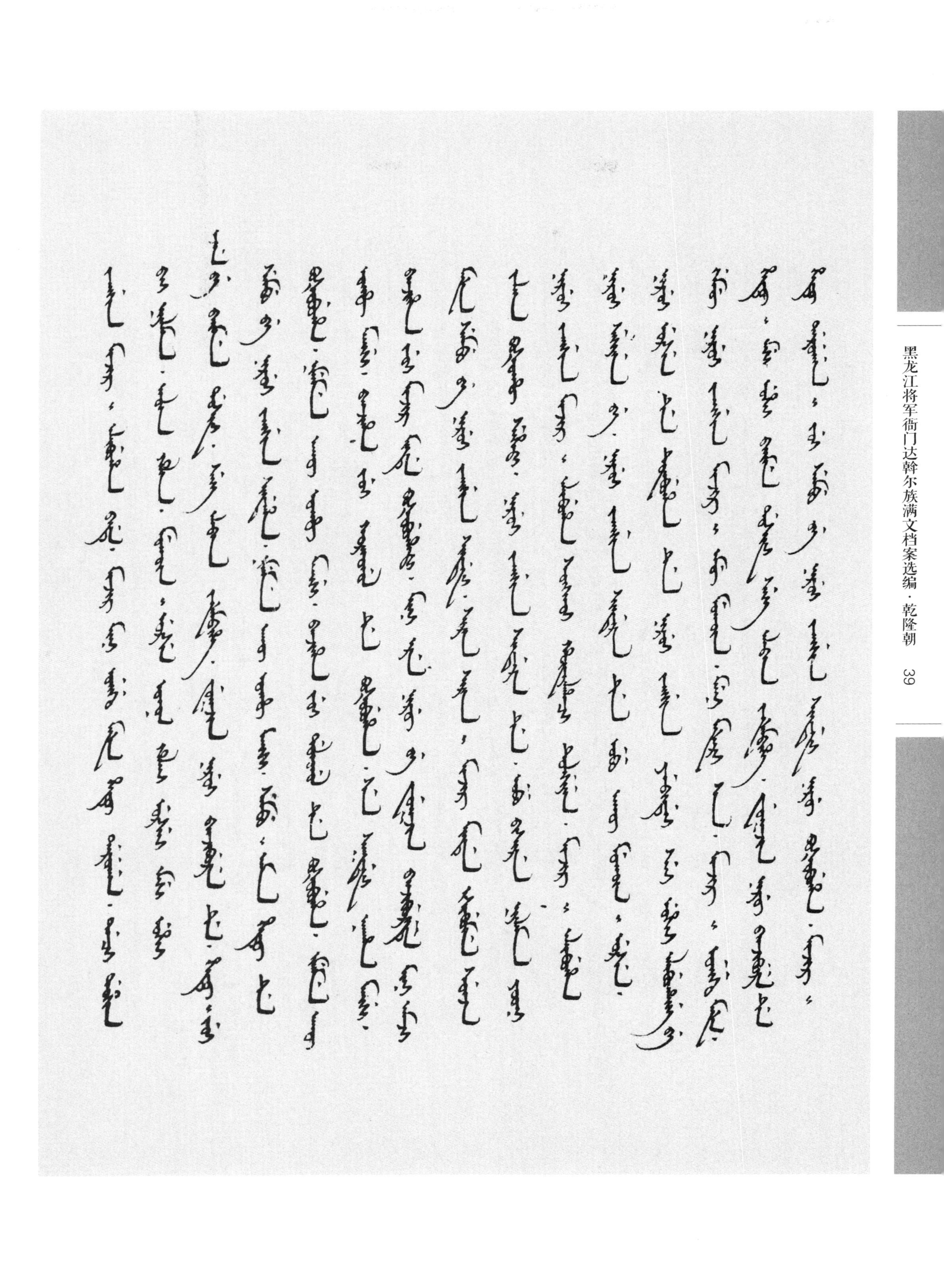

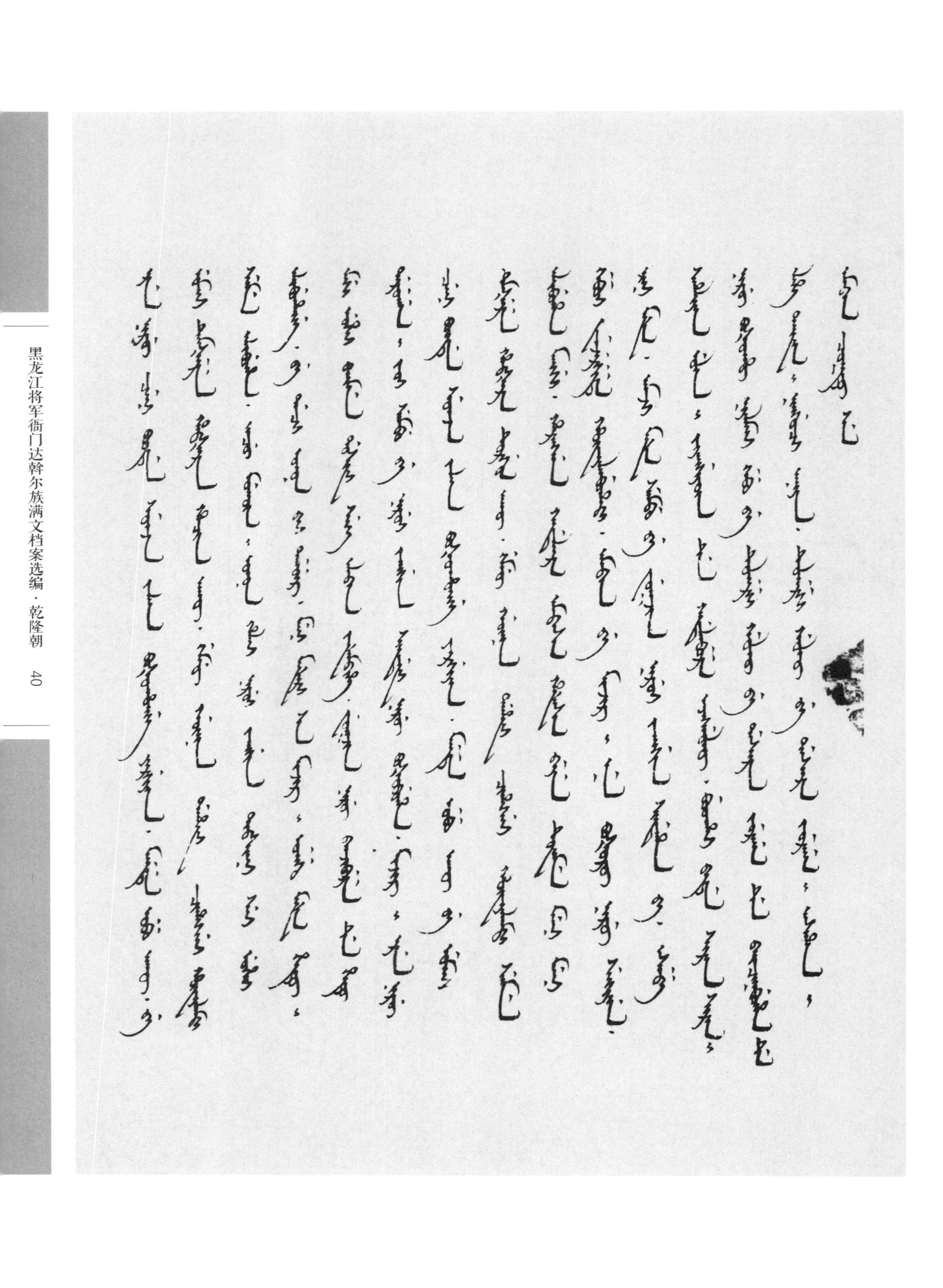

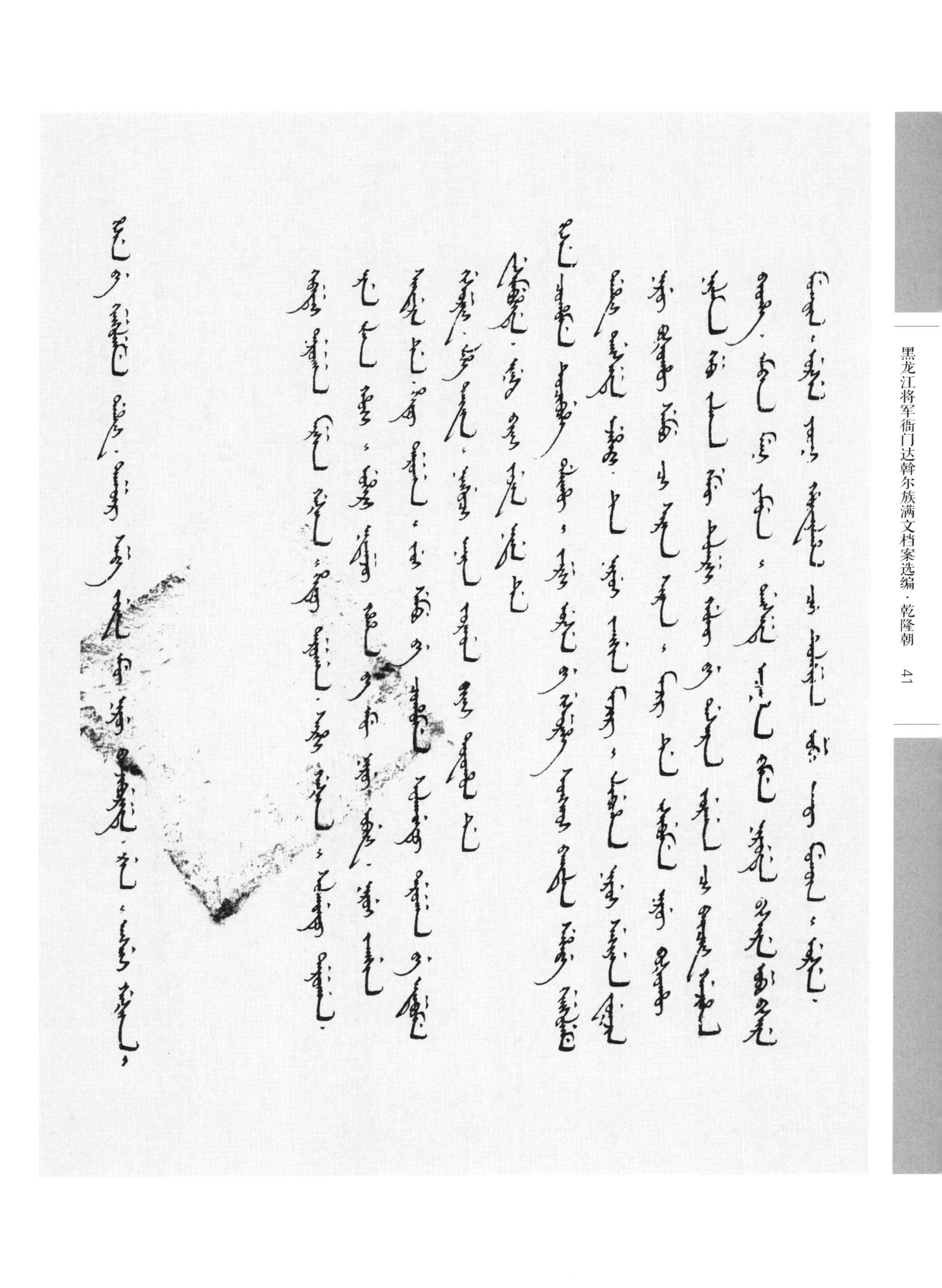

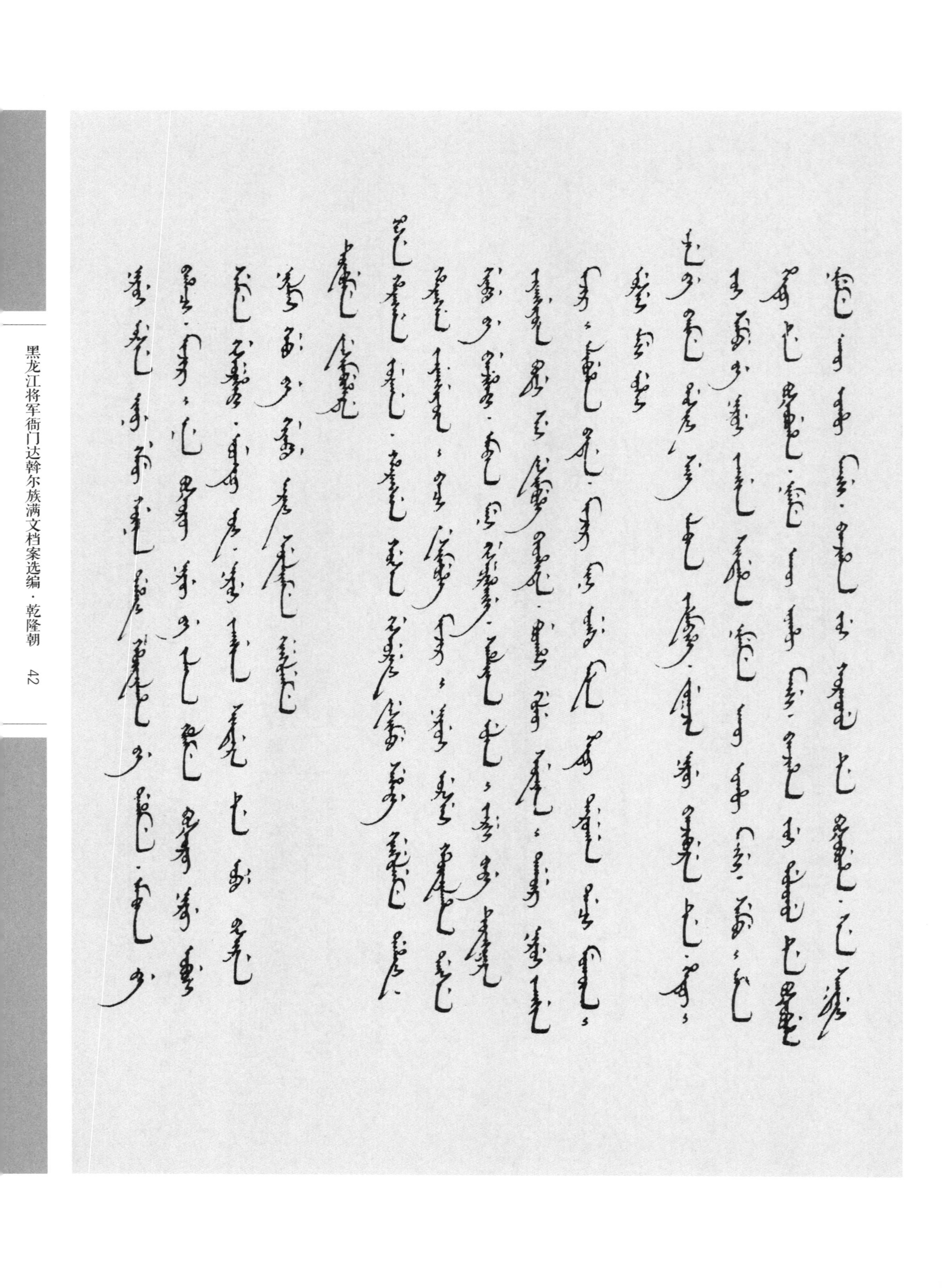

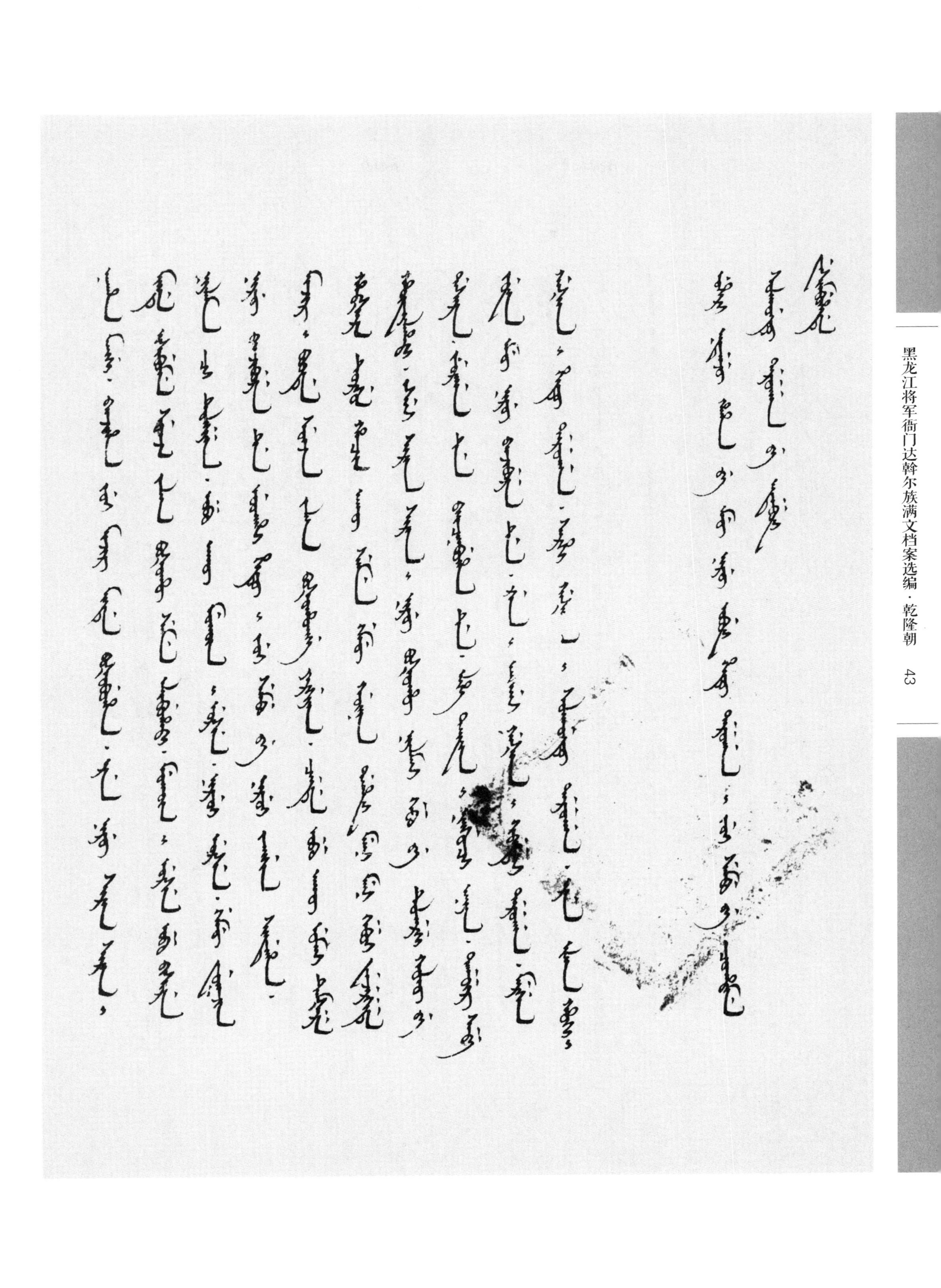

[illegible]

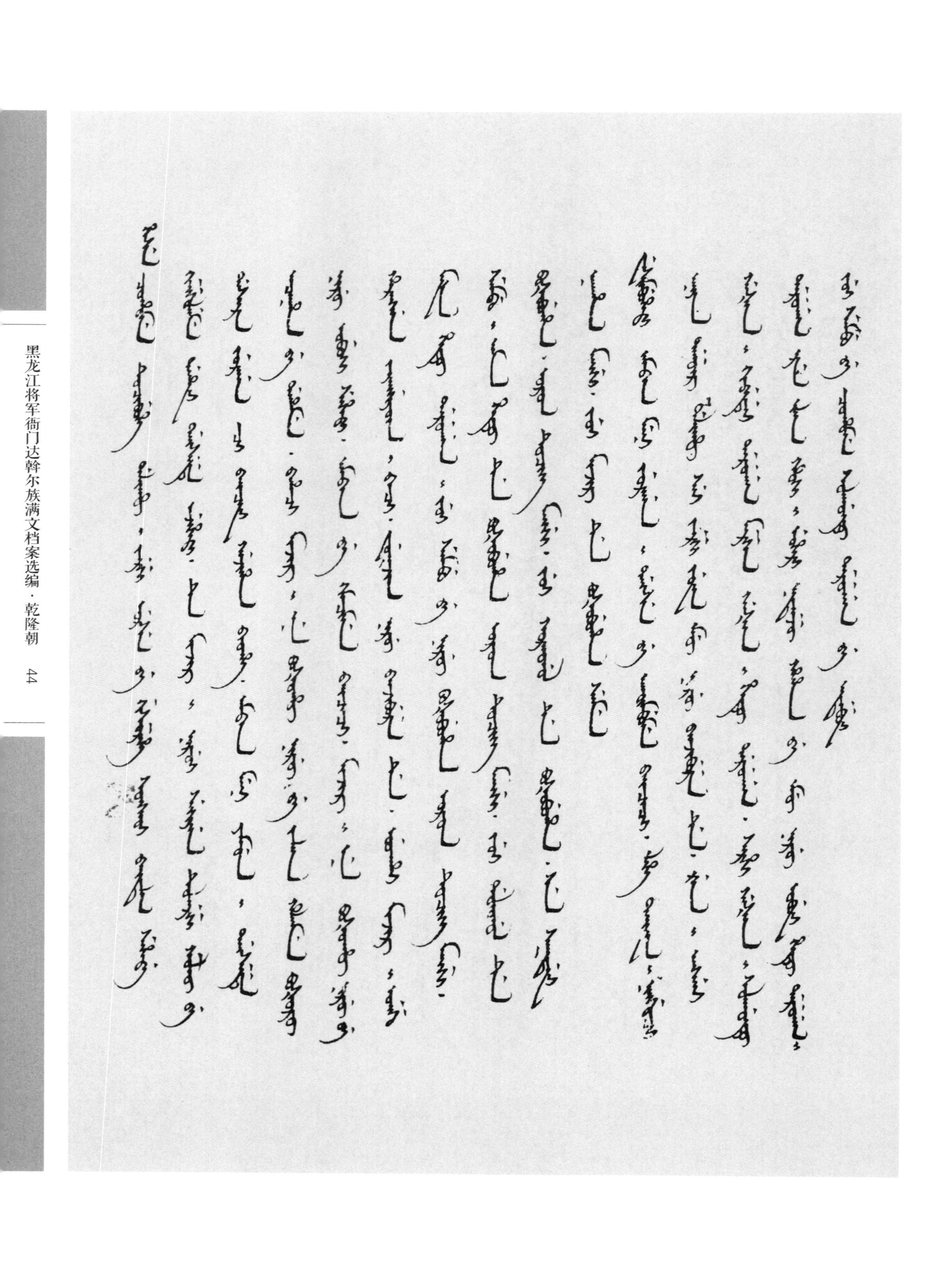

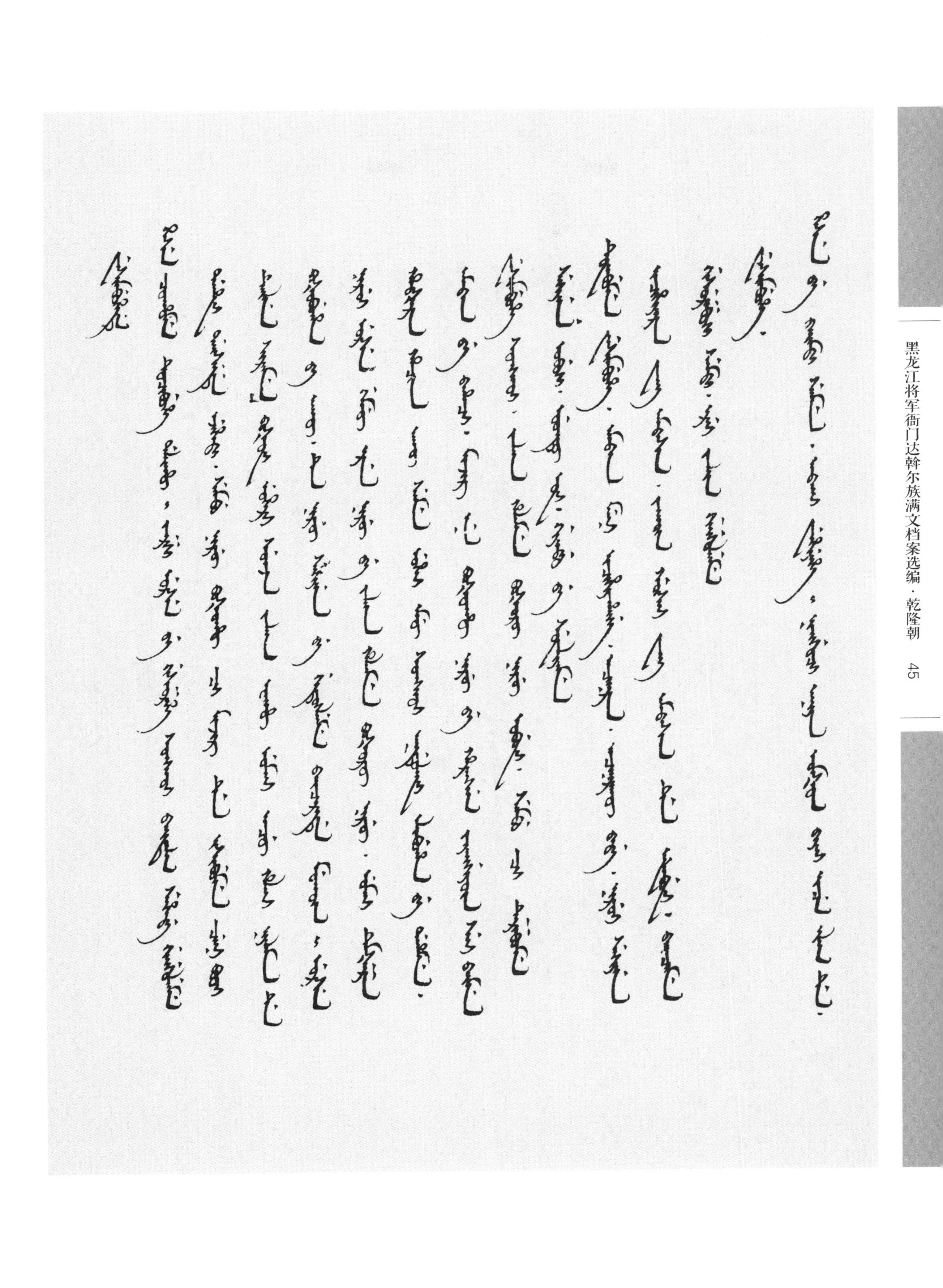

[illegible]

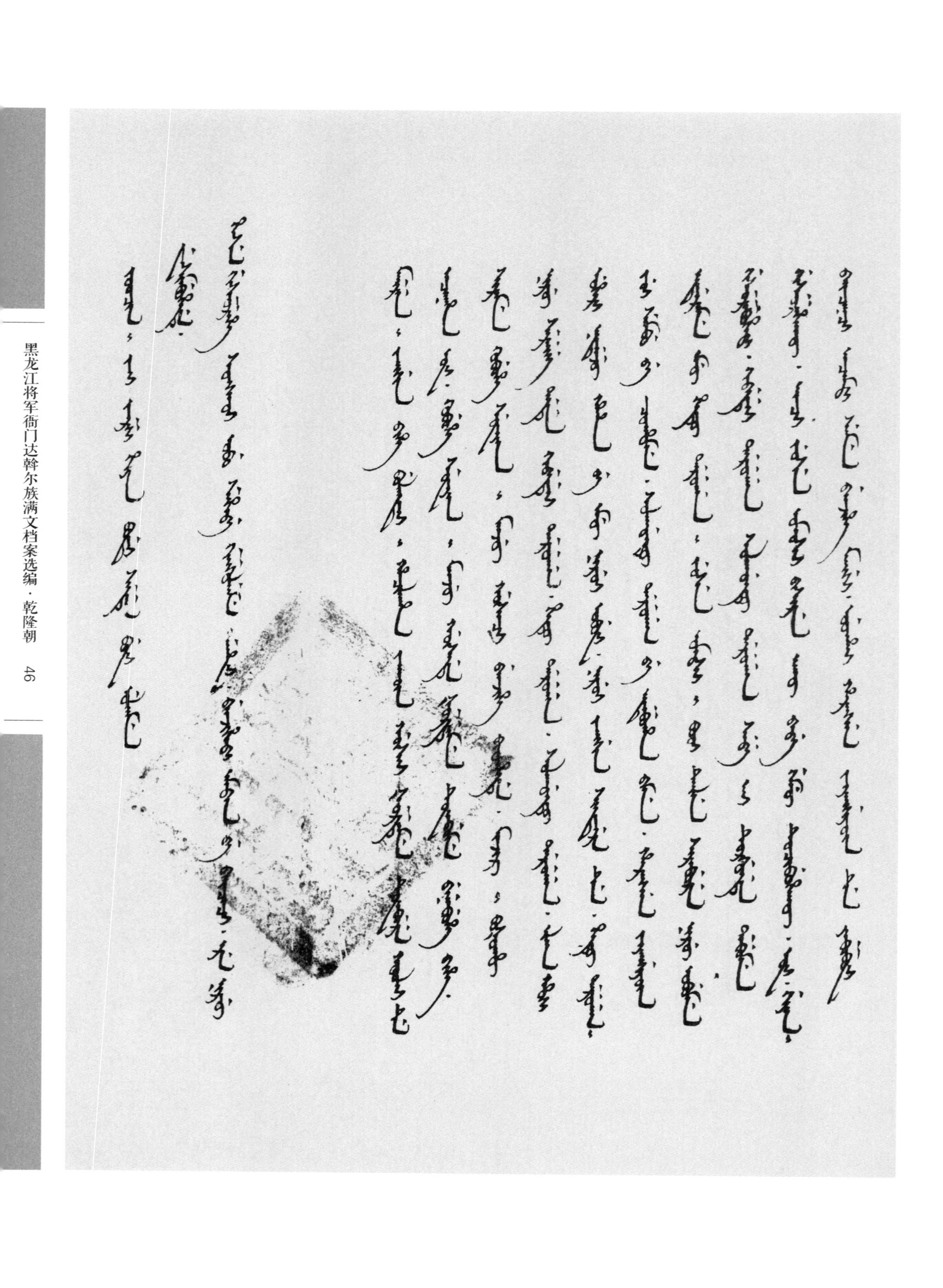

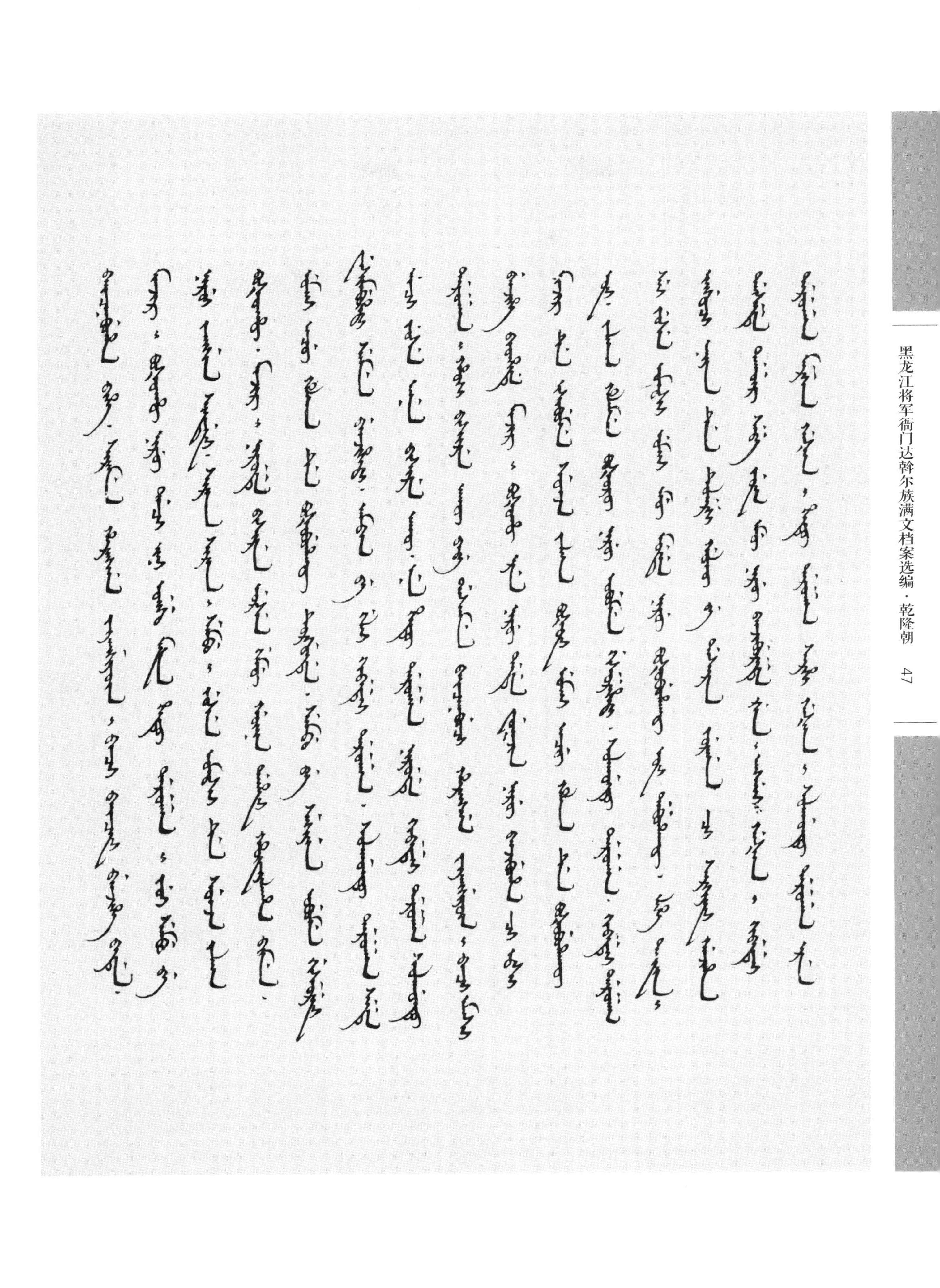

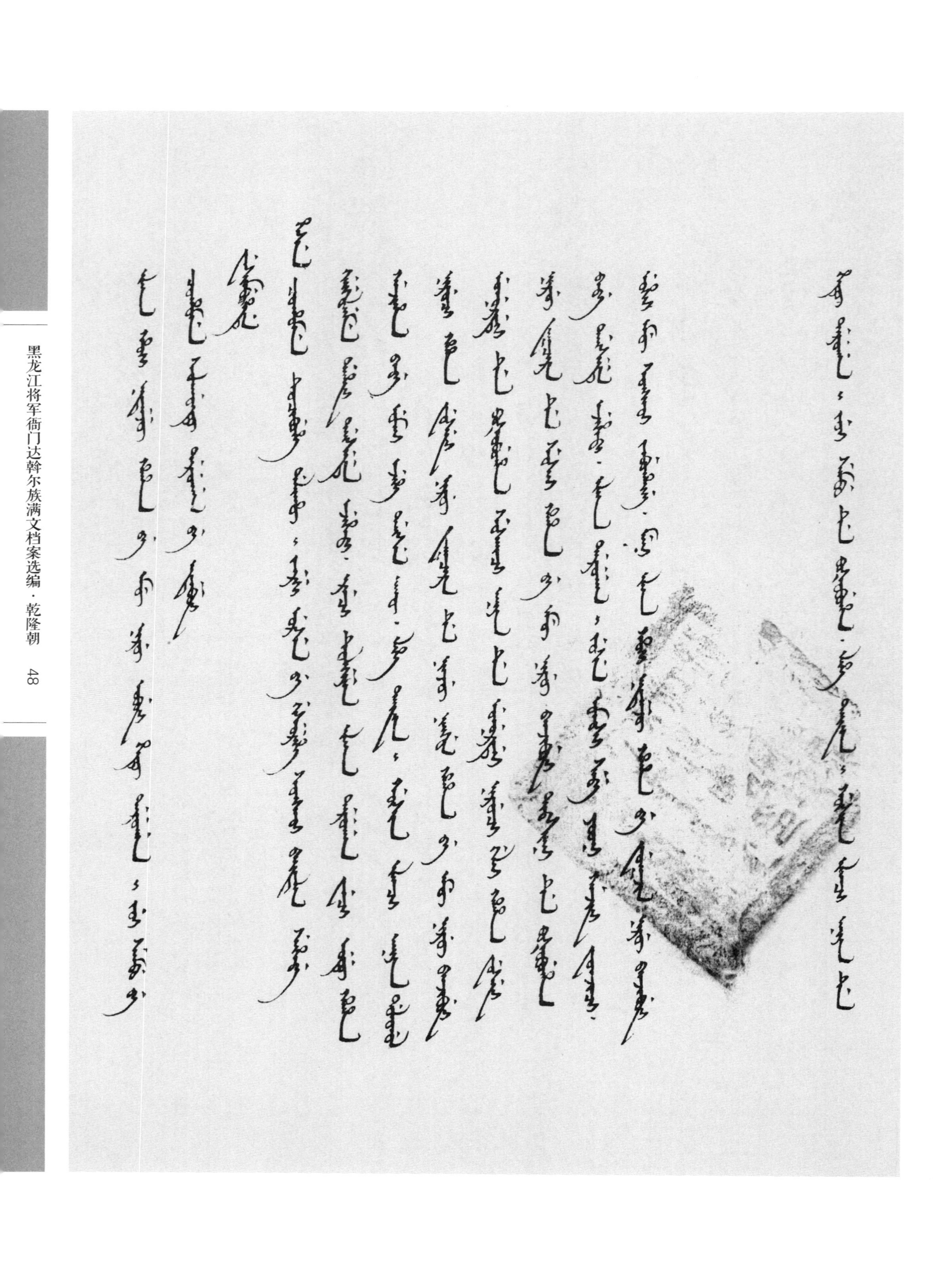

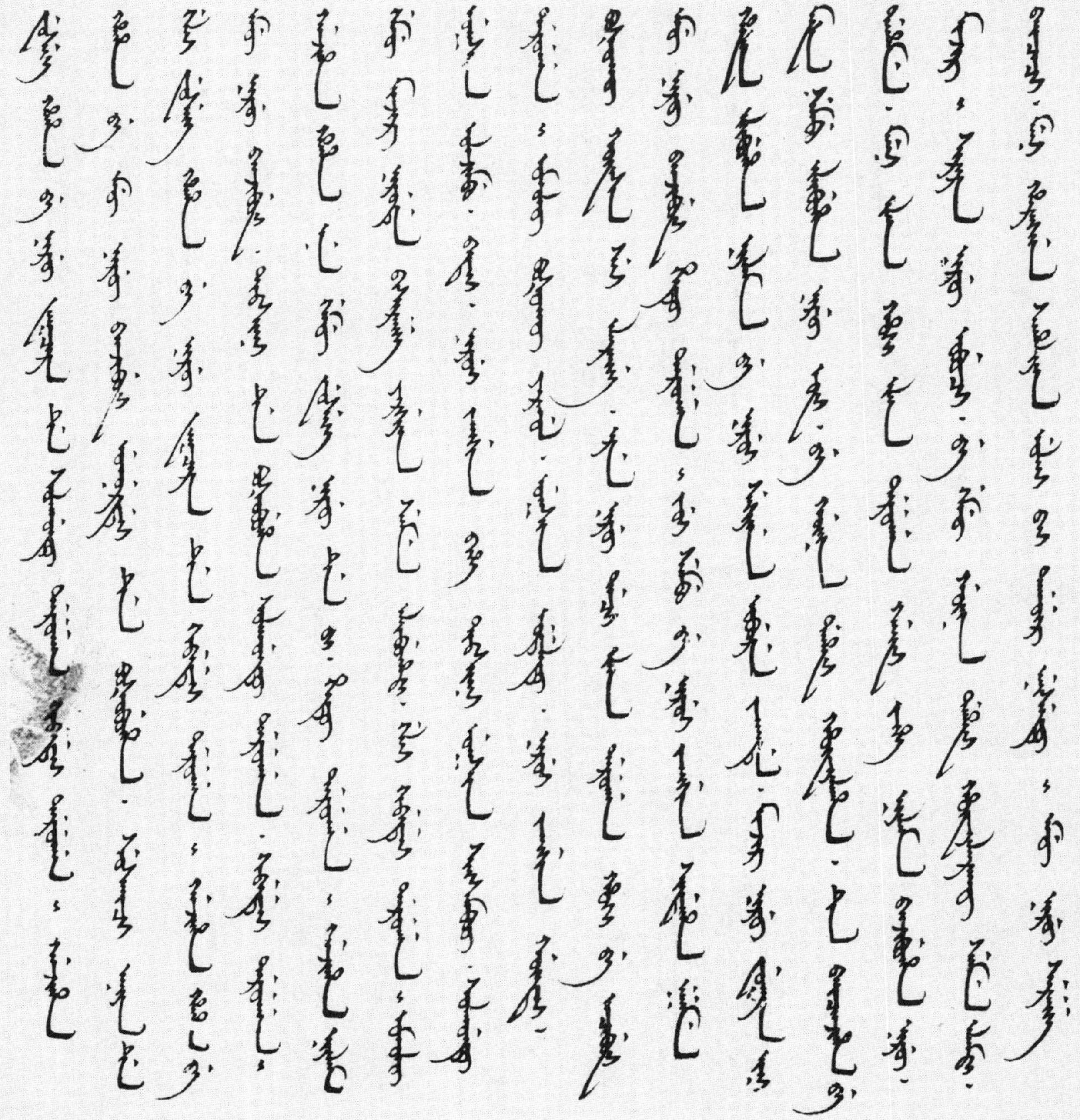

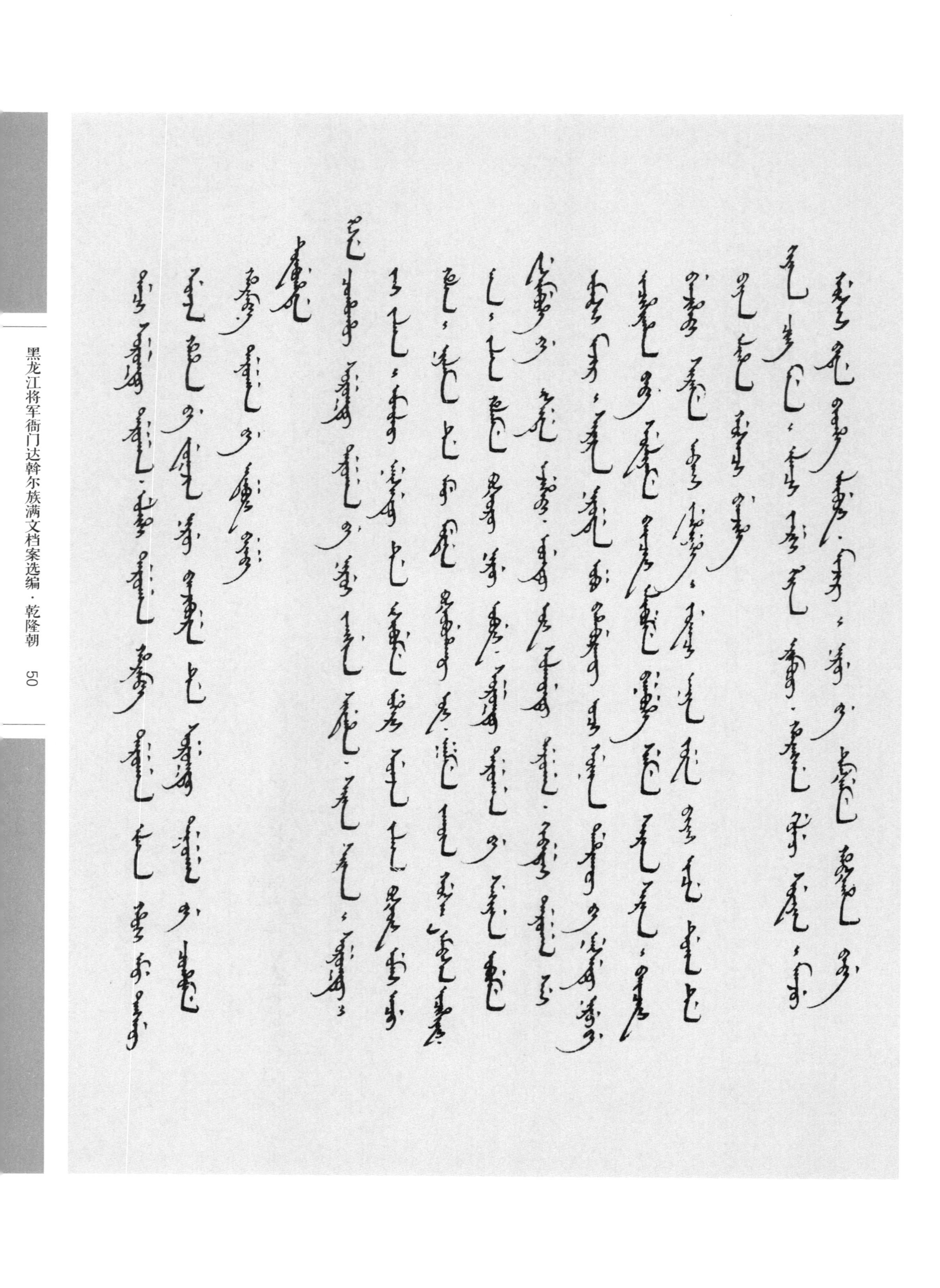

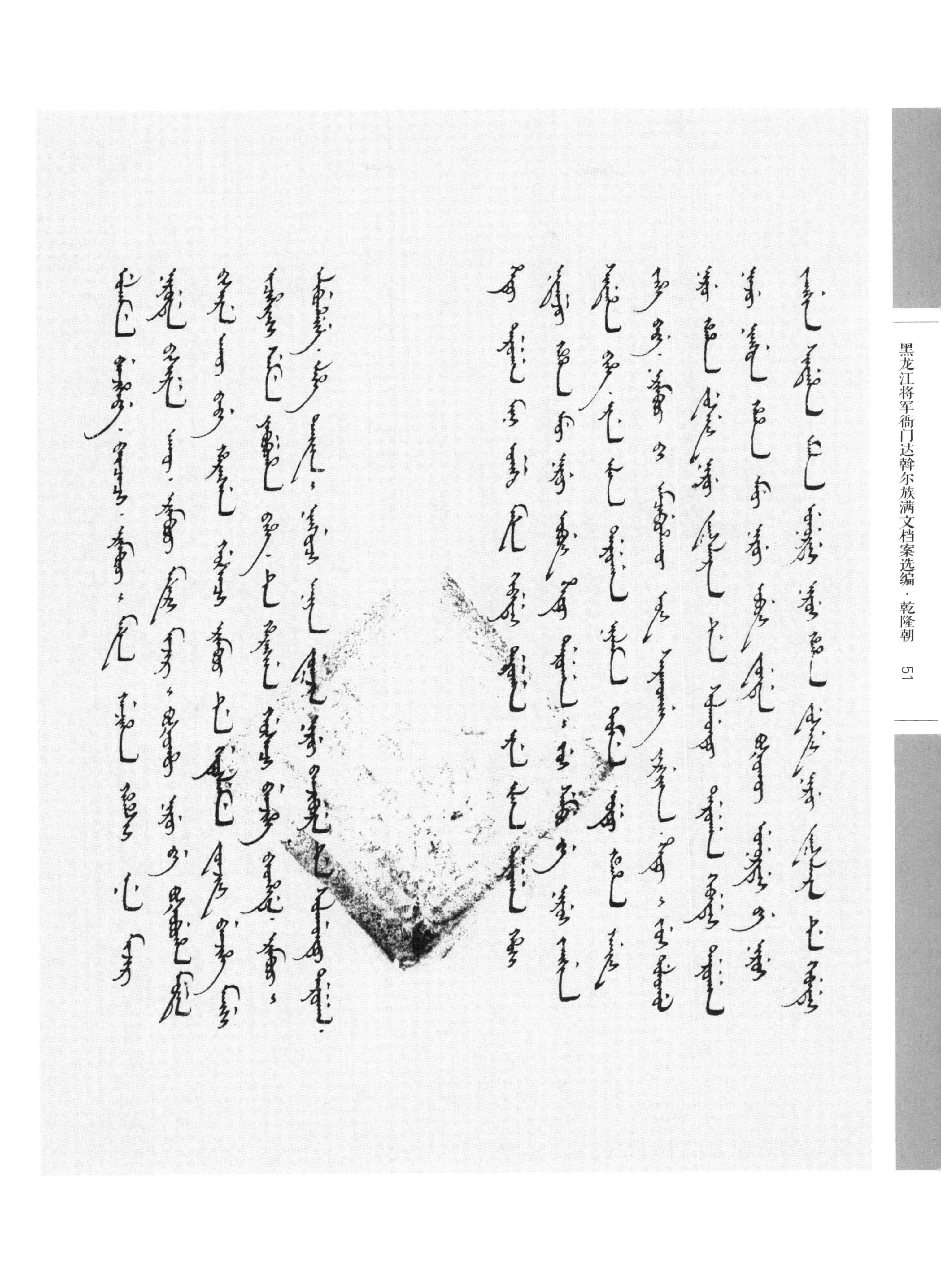

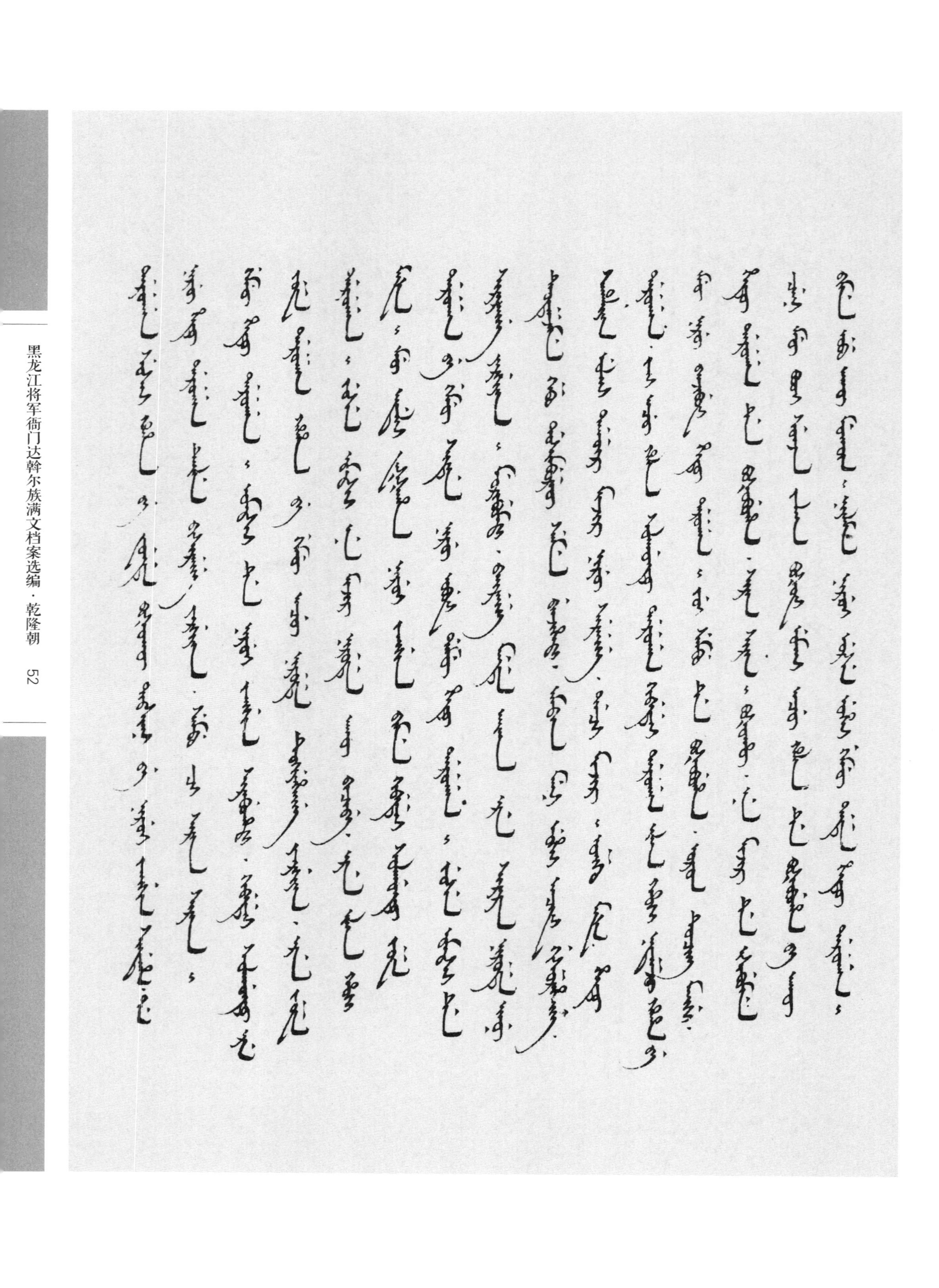

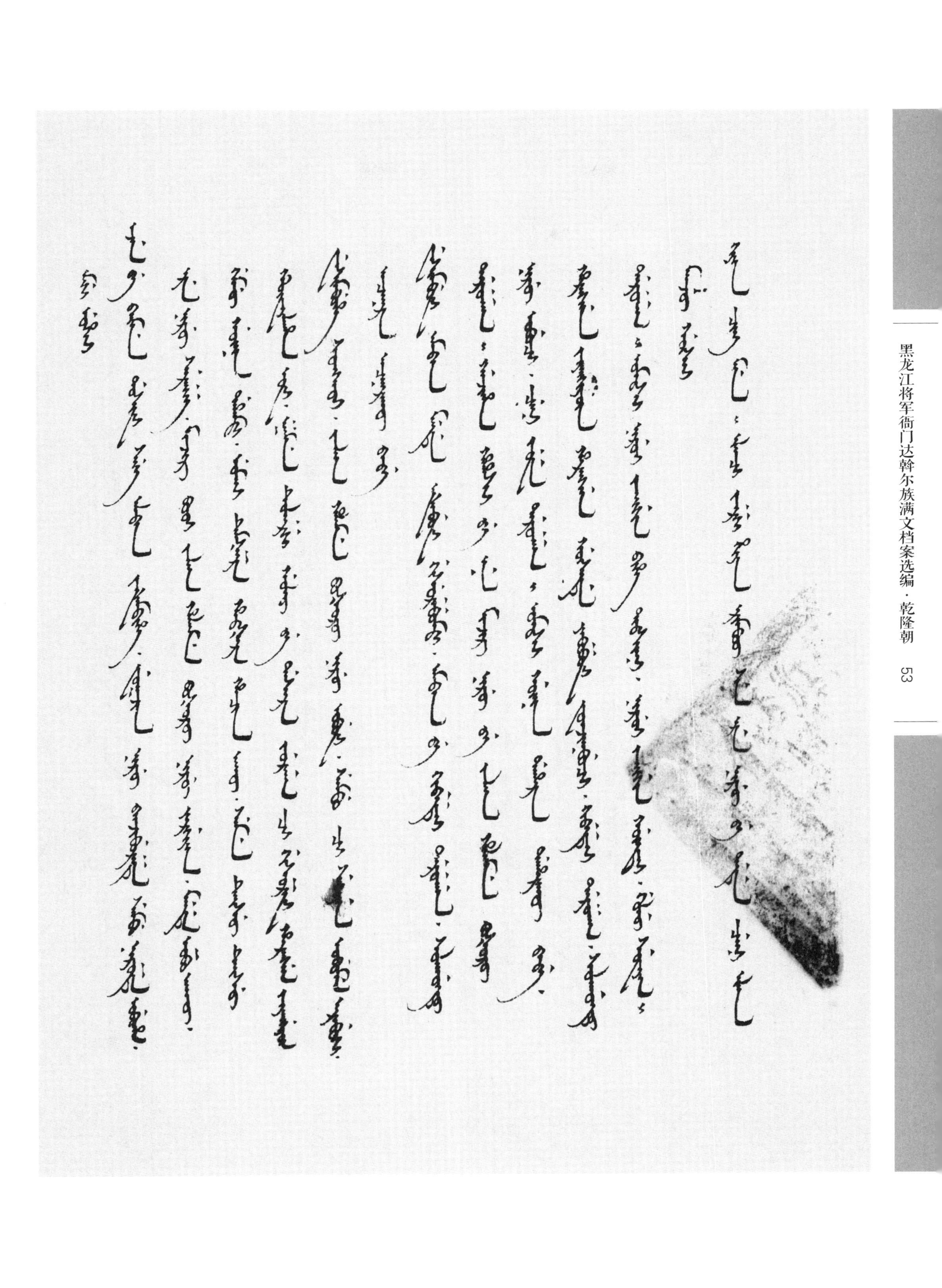

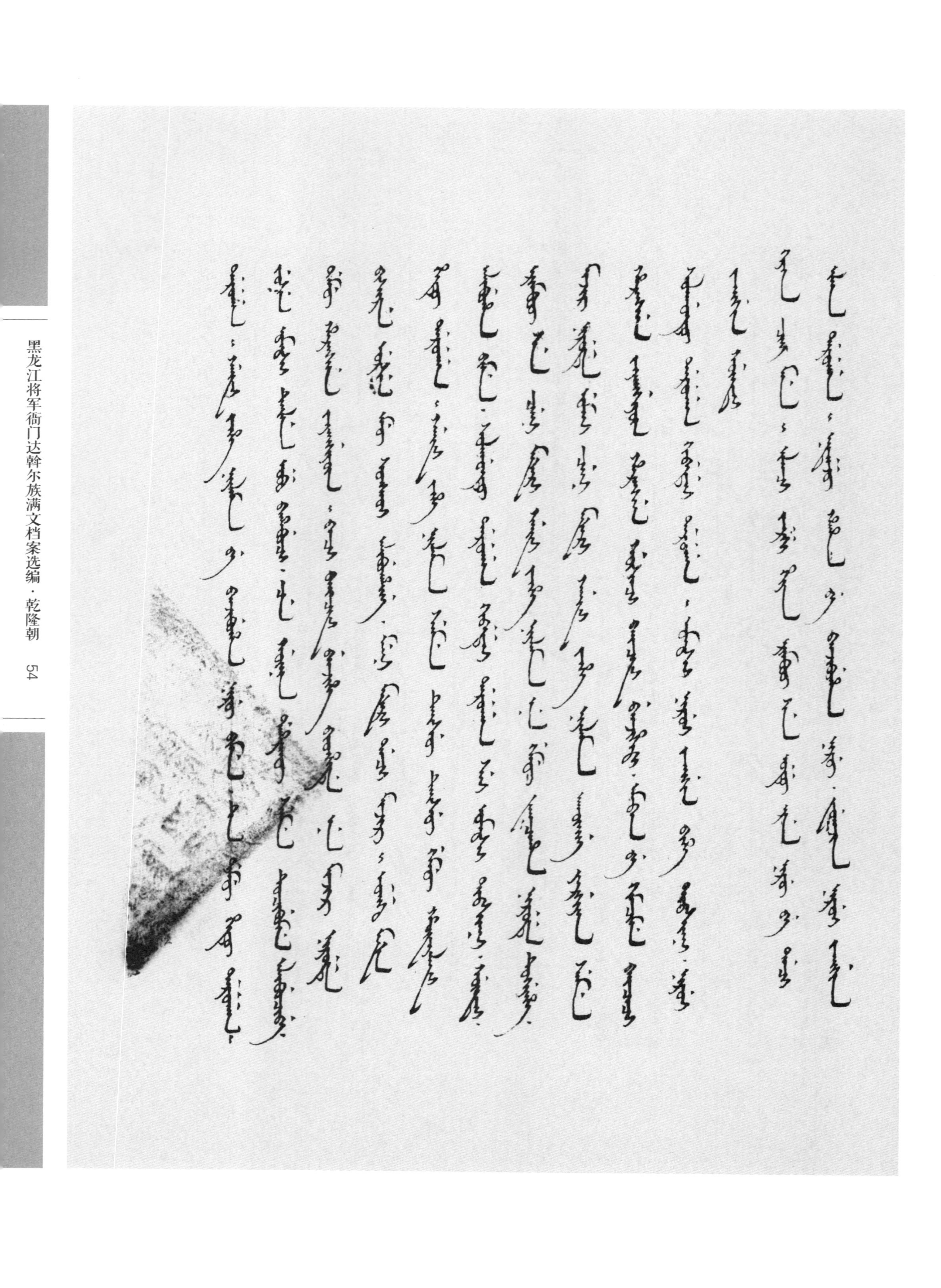

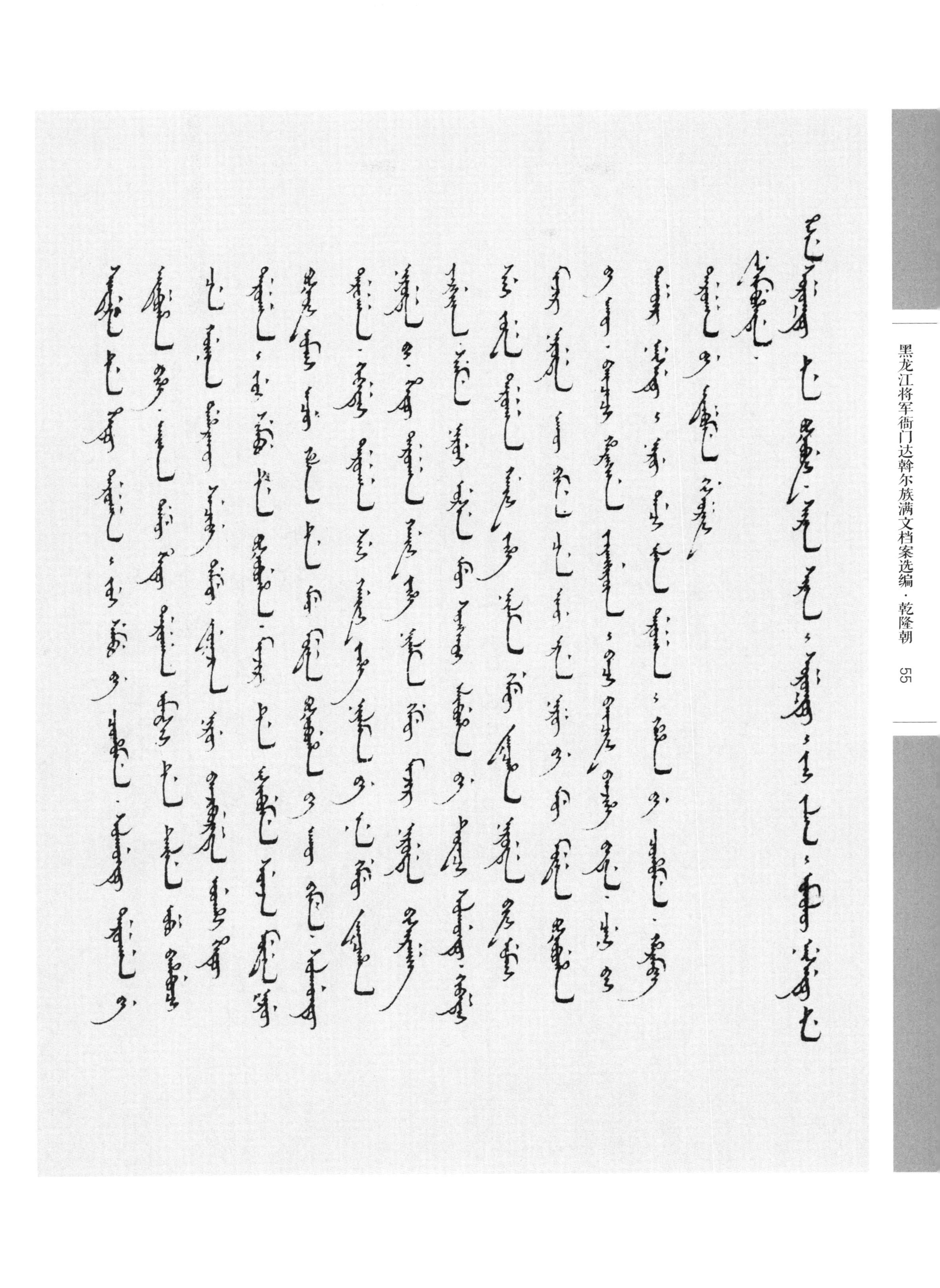

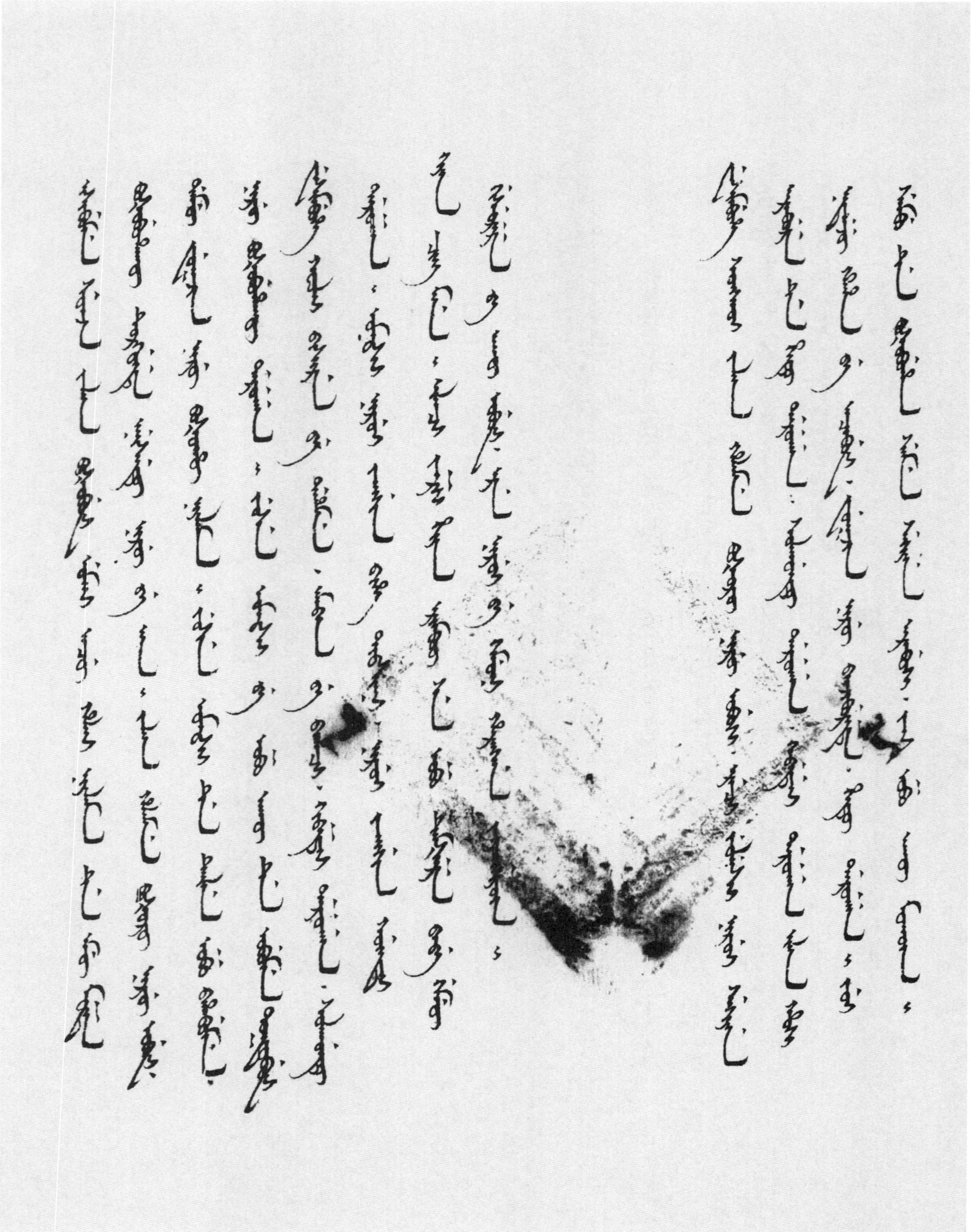

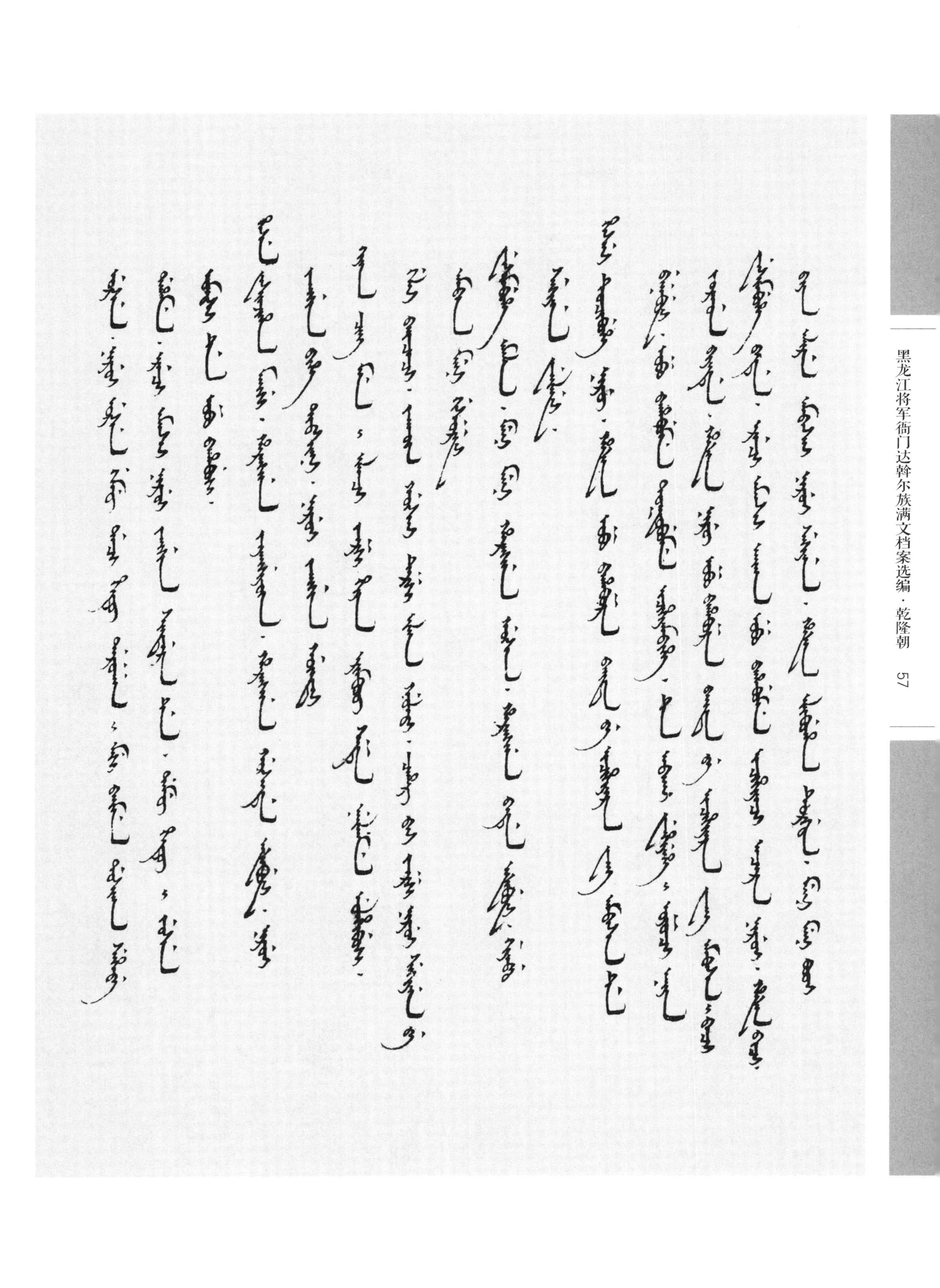

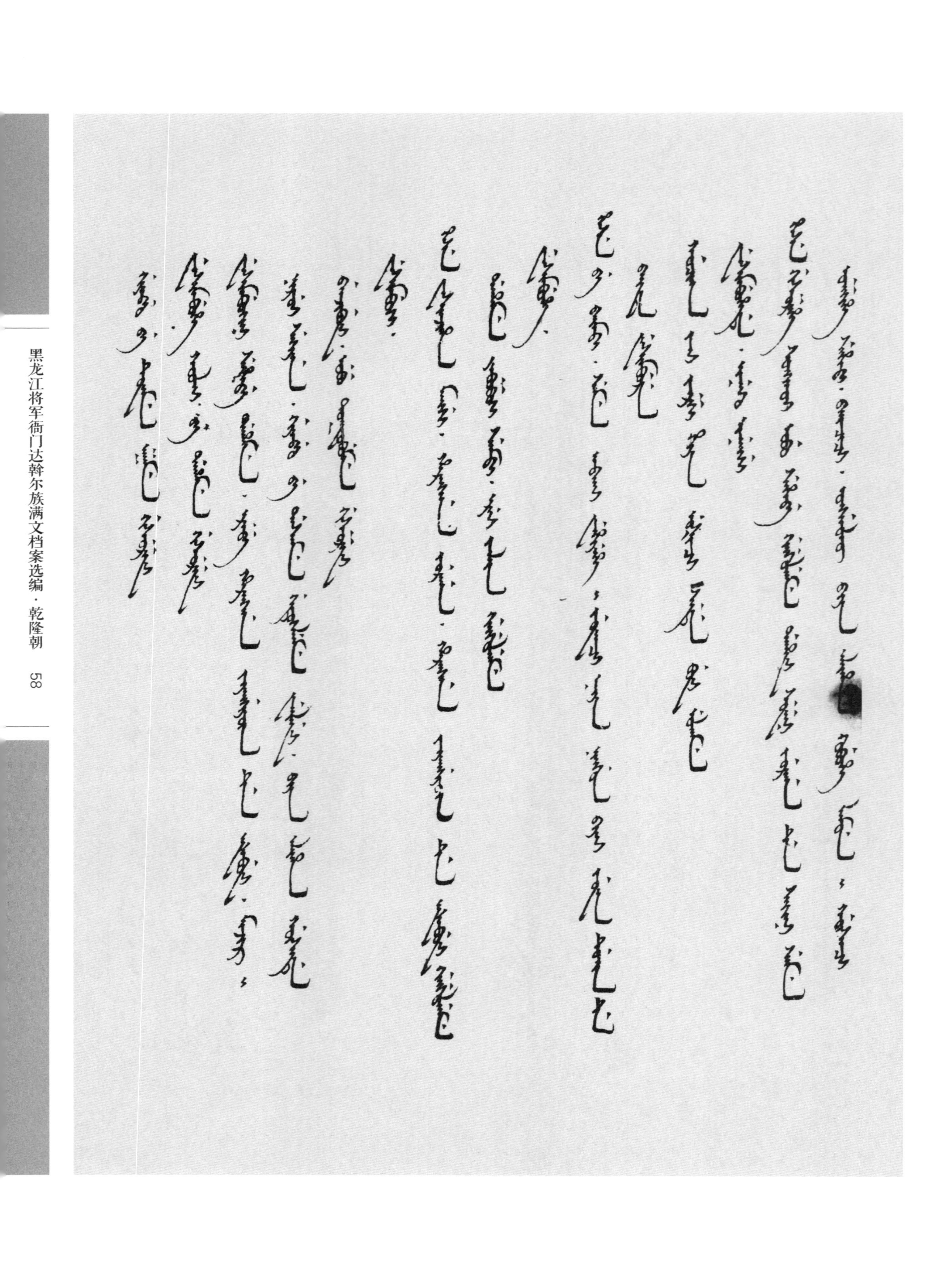

三三二　黑龙江将军衙门为令解送布特哈正黄旗达斡尔密济尔世管佐领家谱源流册事札布特哈总管乌察喇勒图等文

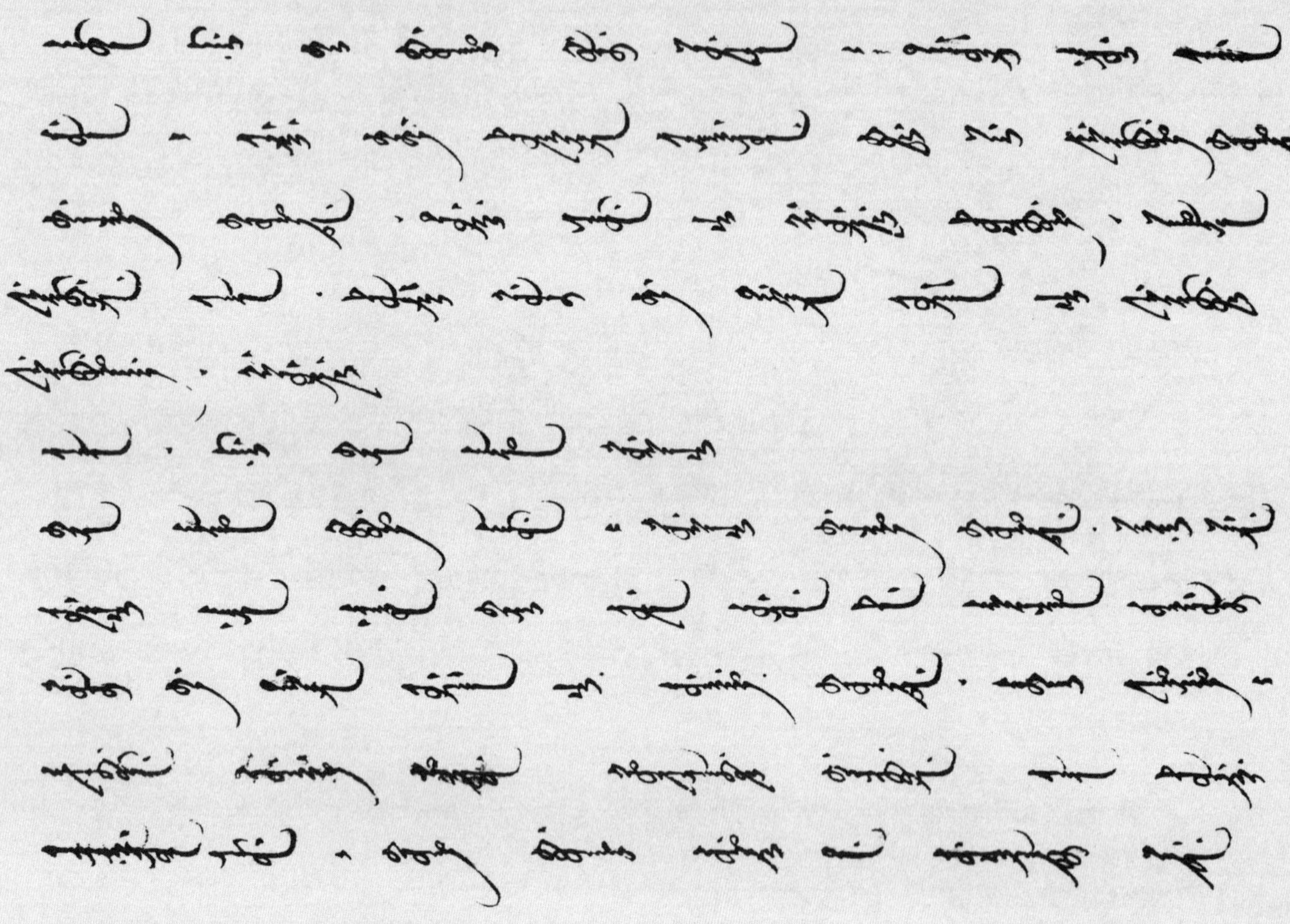

乾隆十年八月初九日

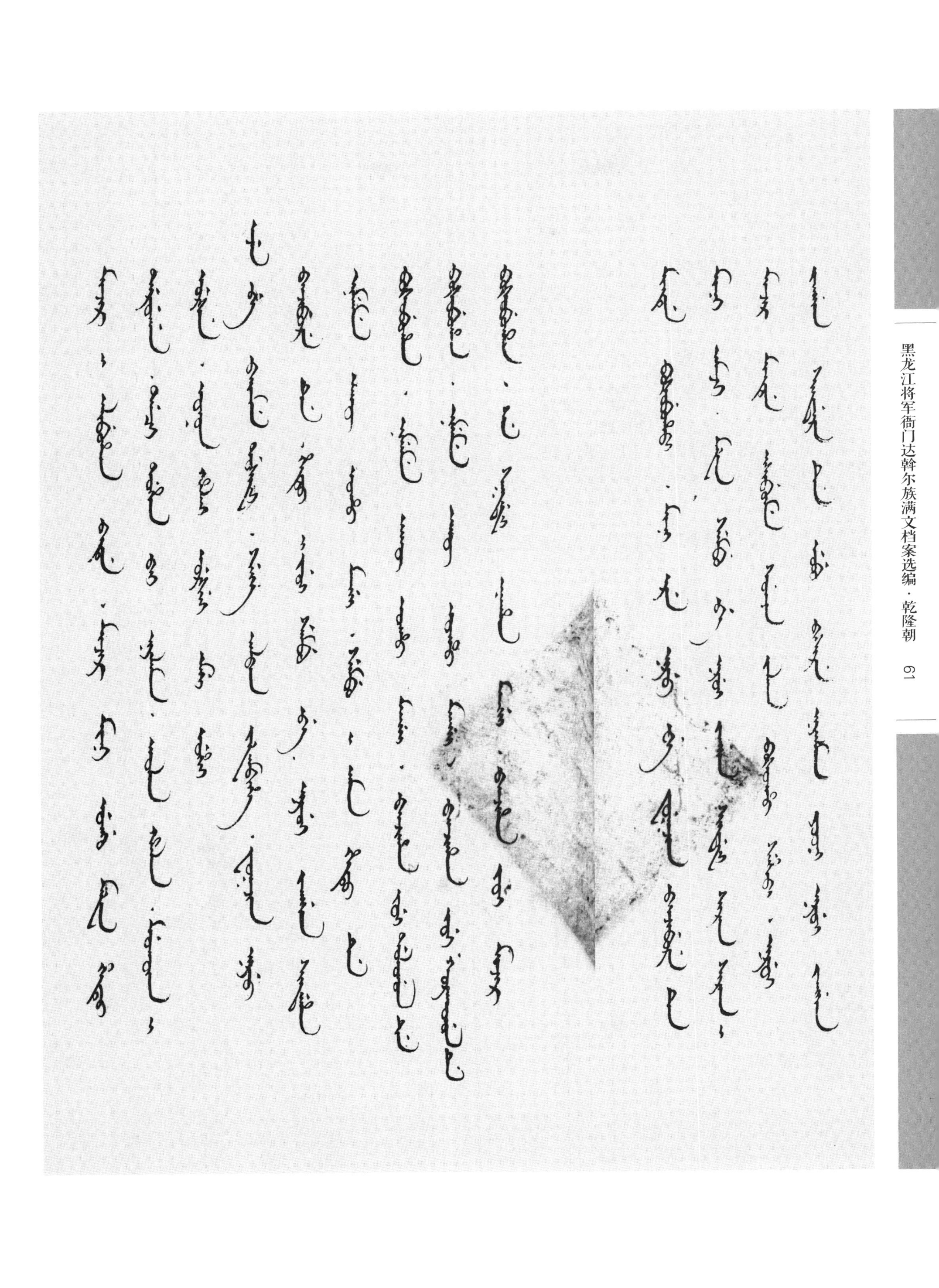

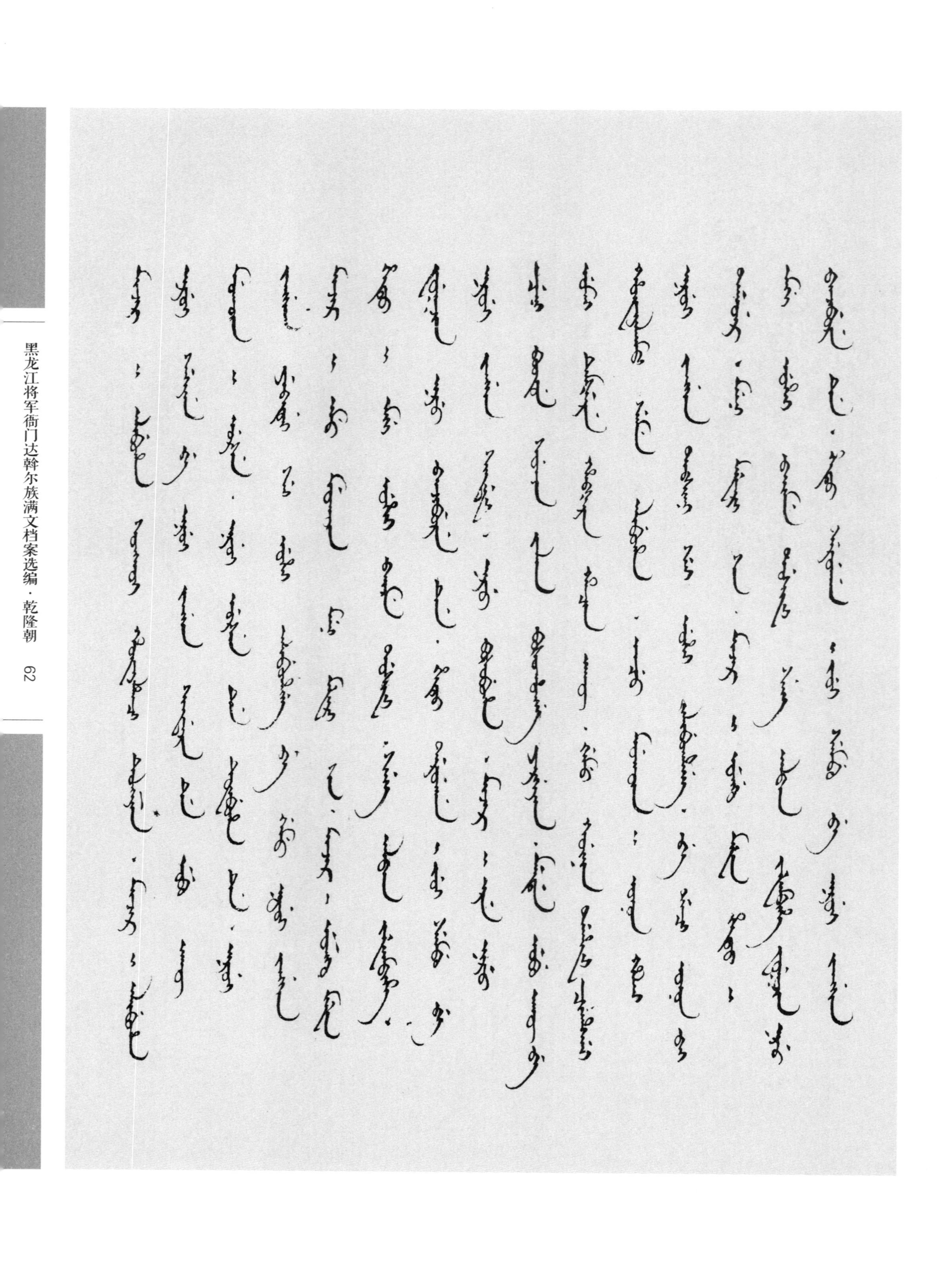

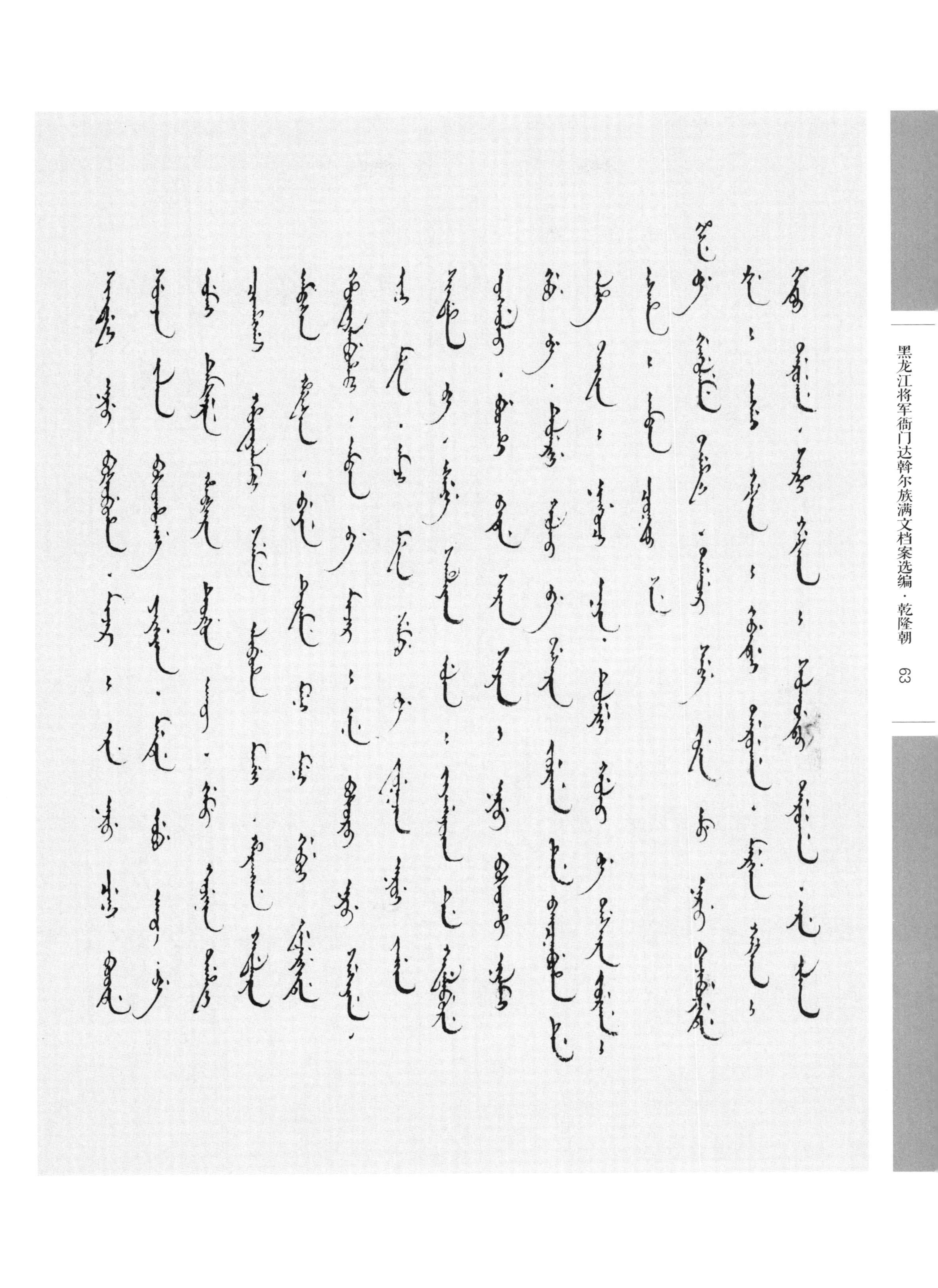

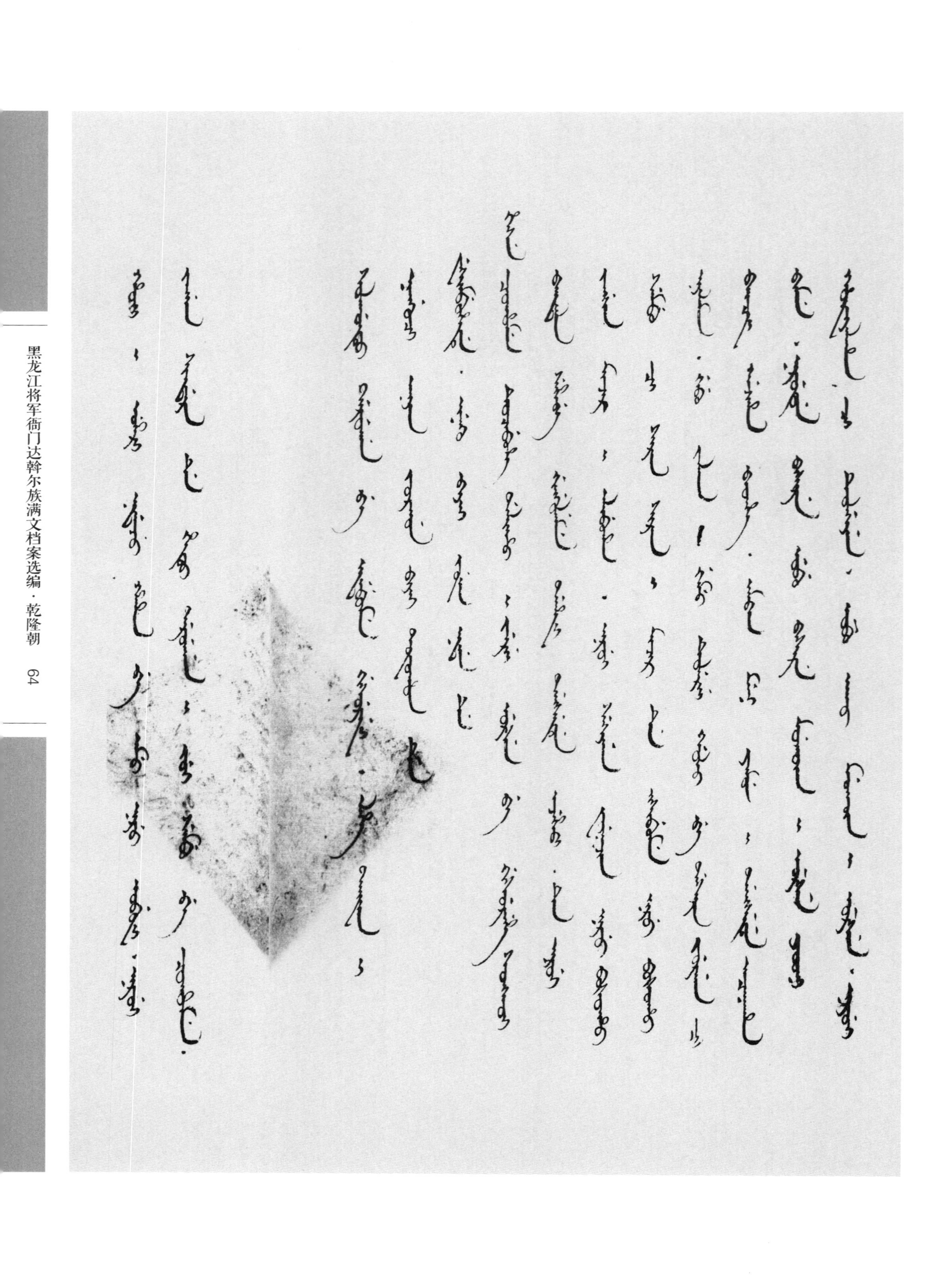

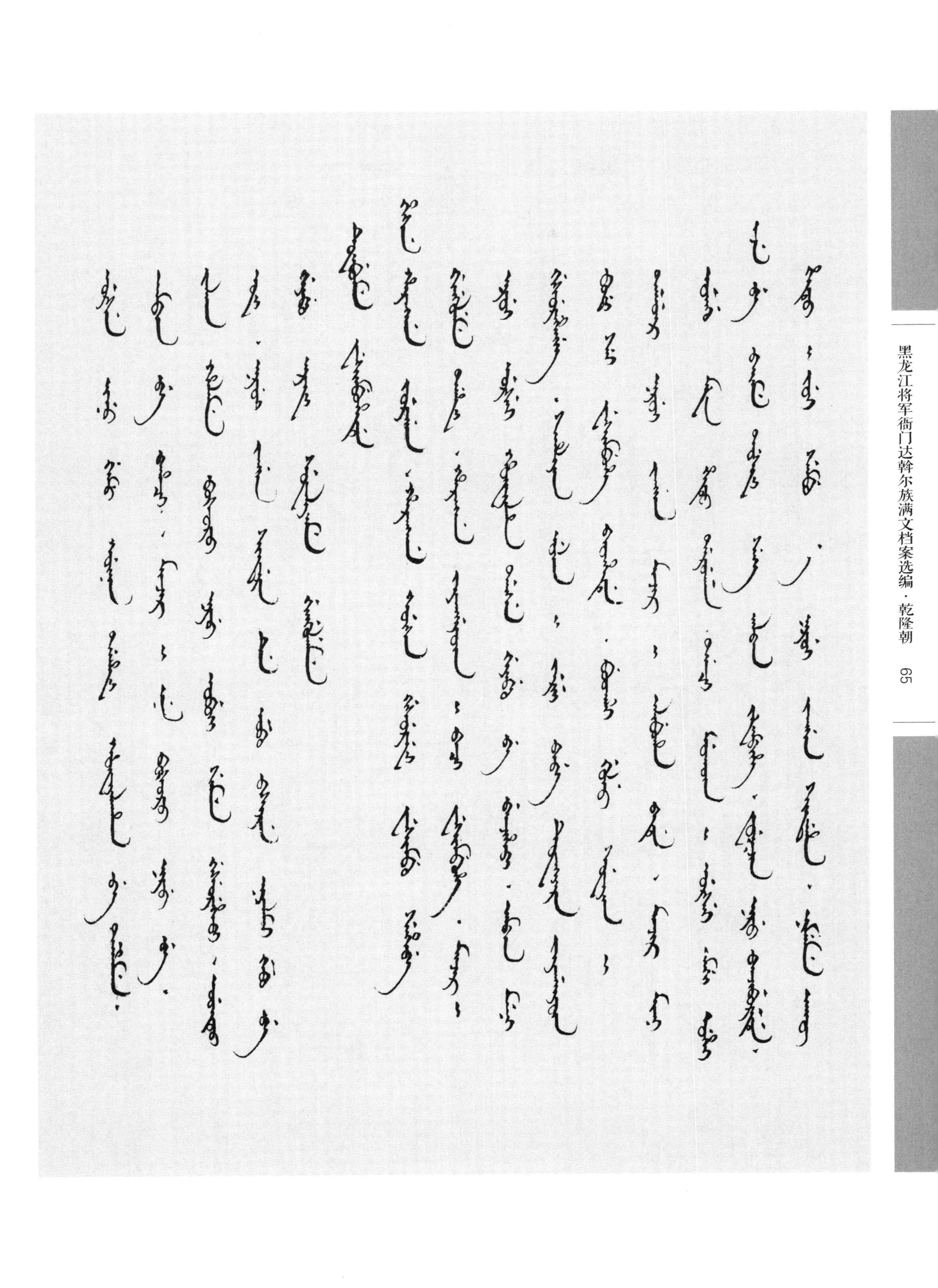

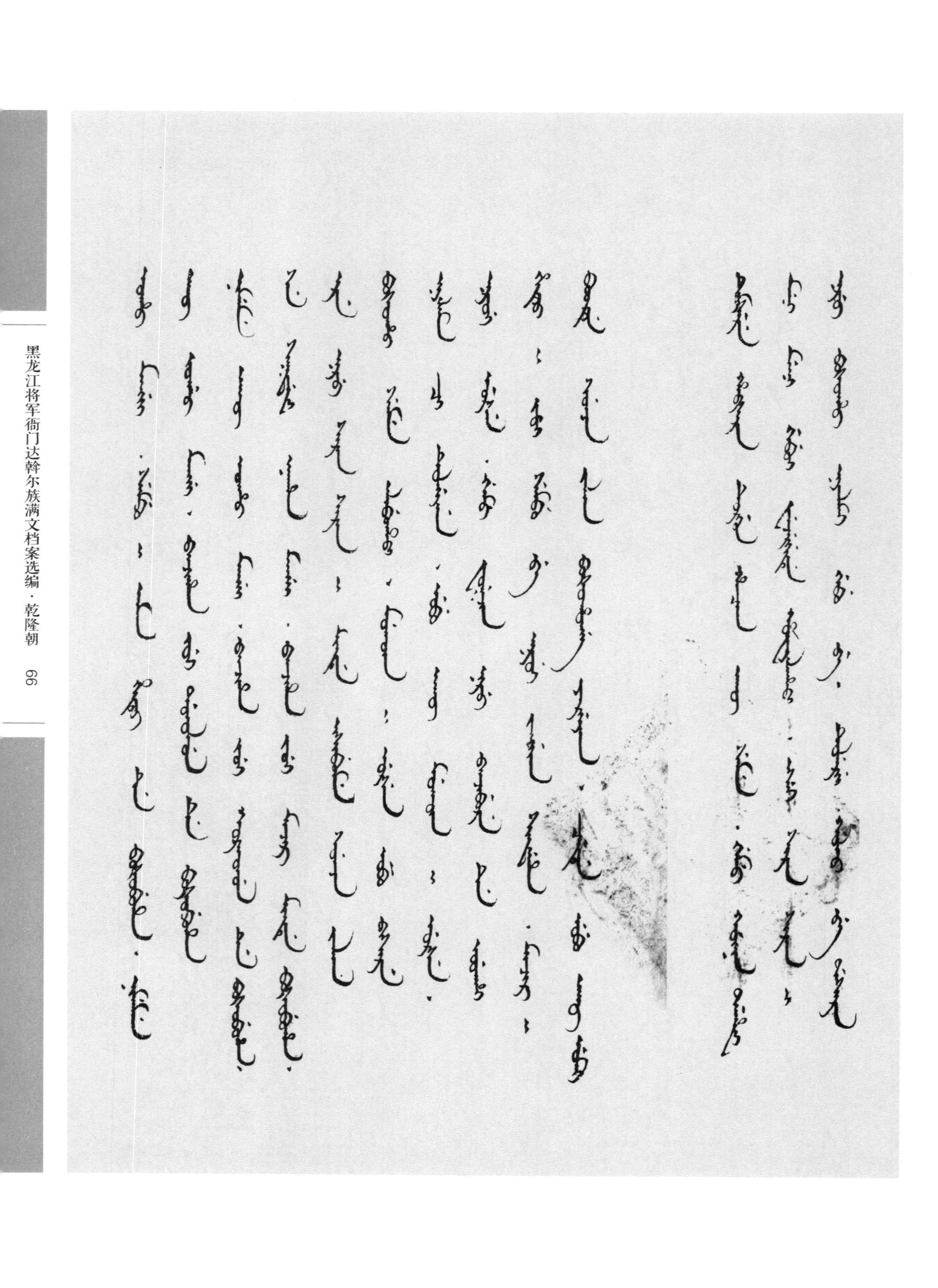

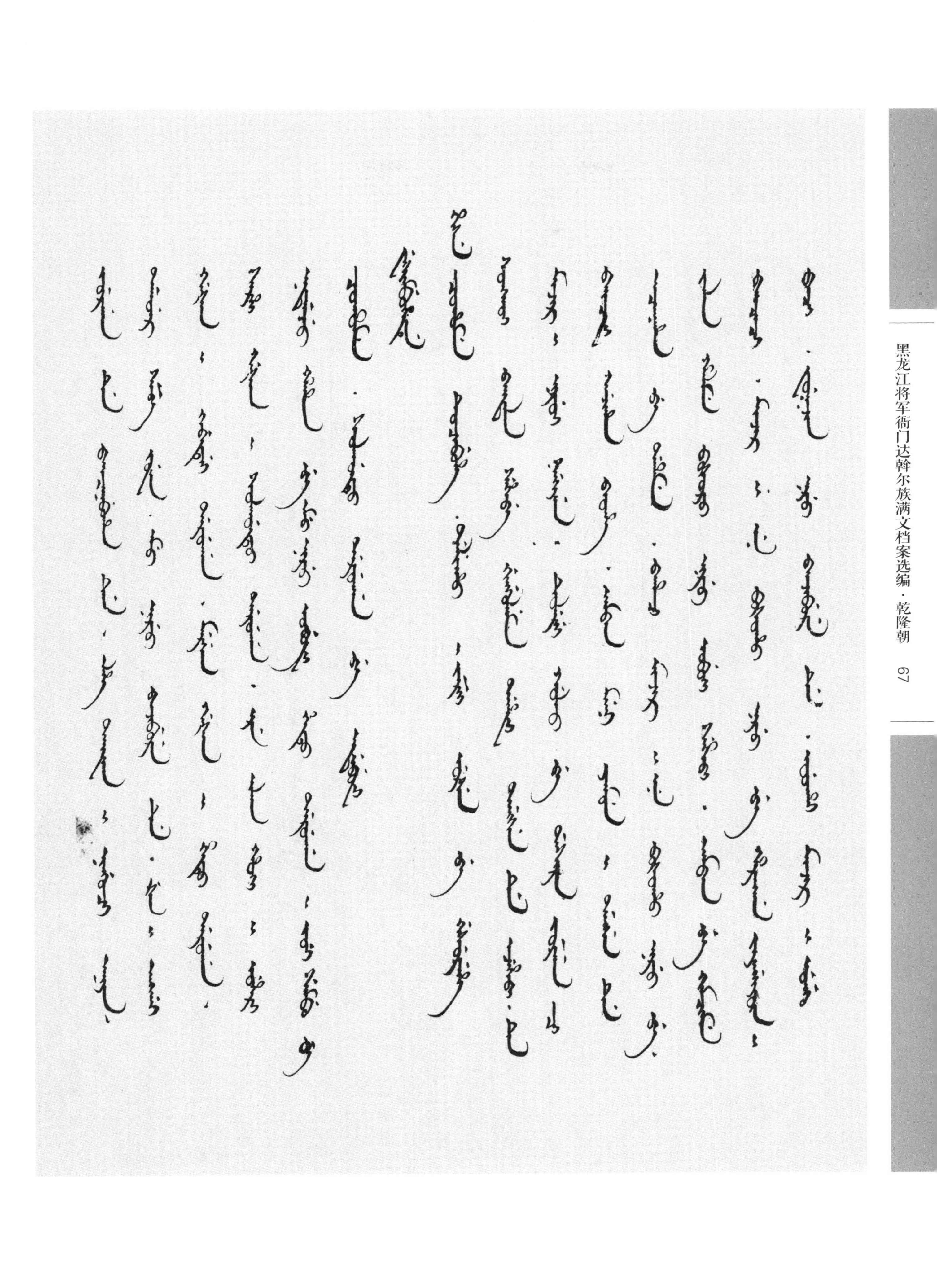

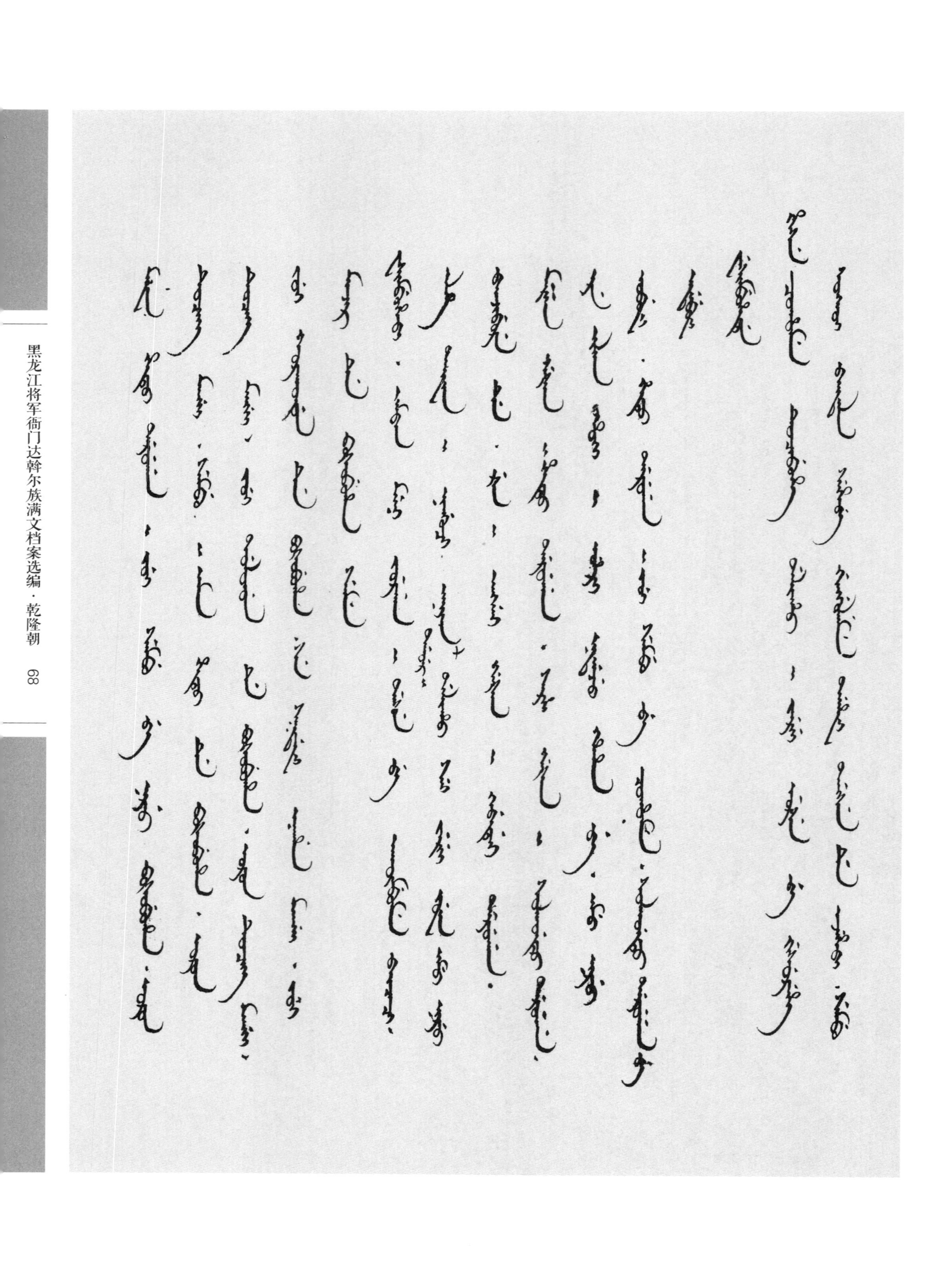

[illegible]

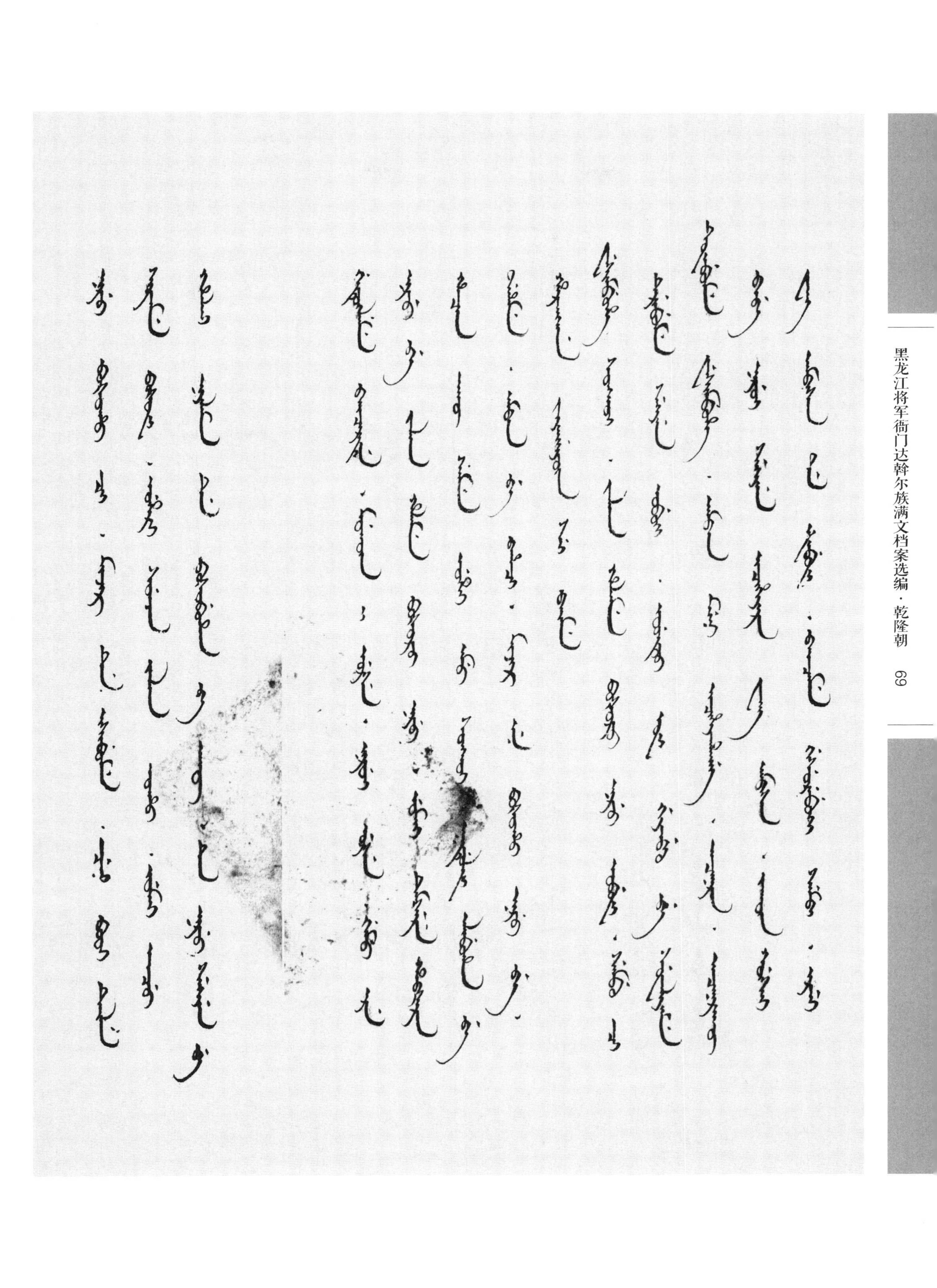

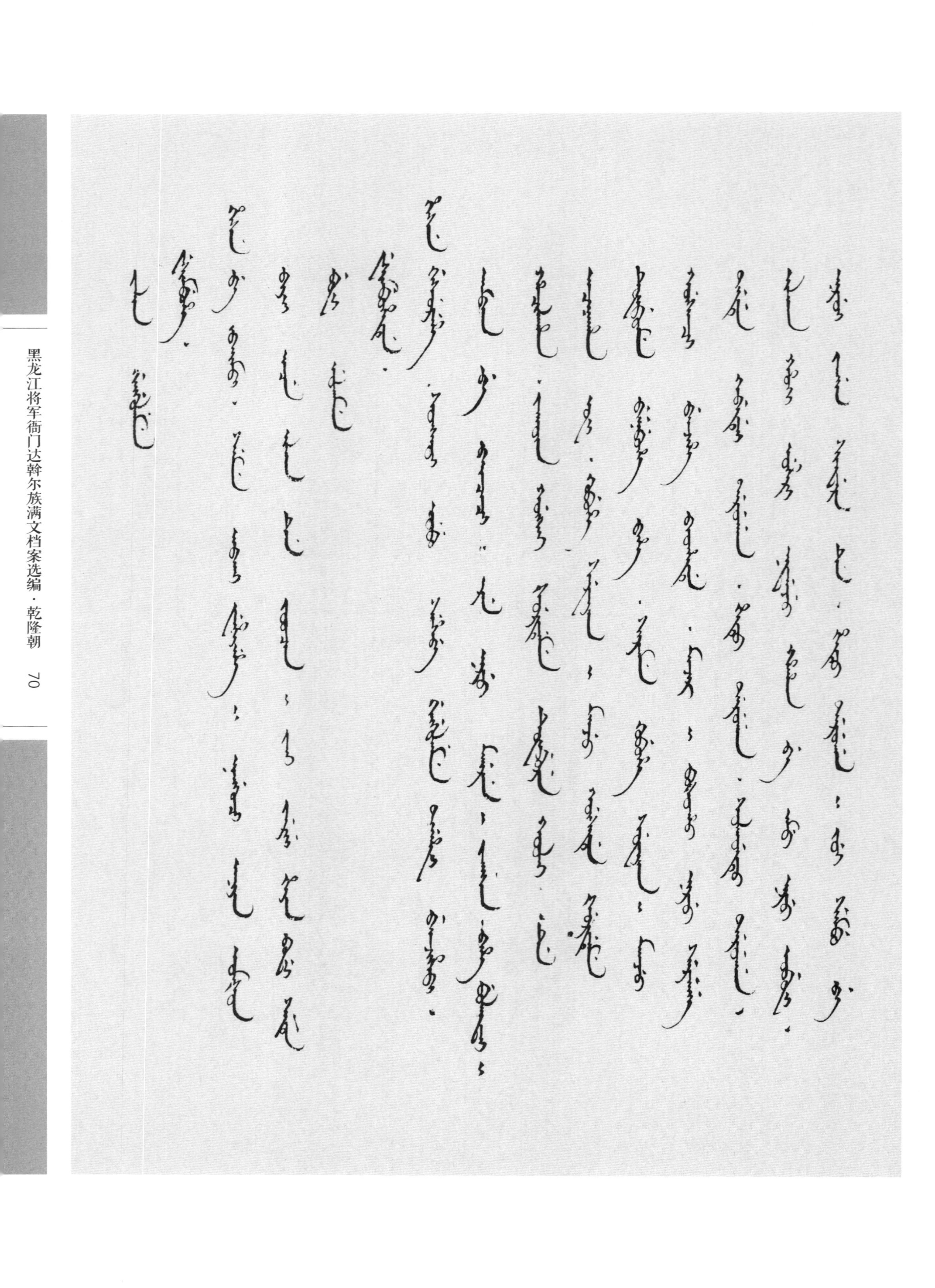

[illegible]

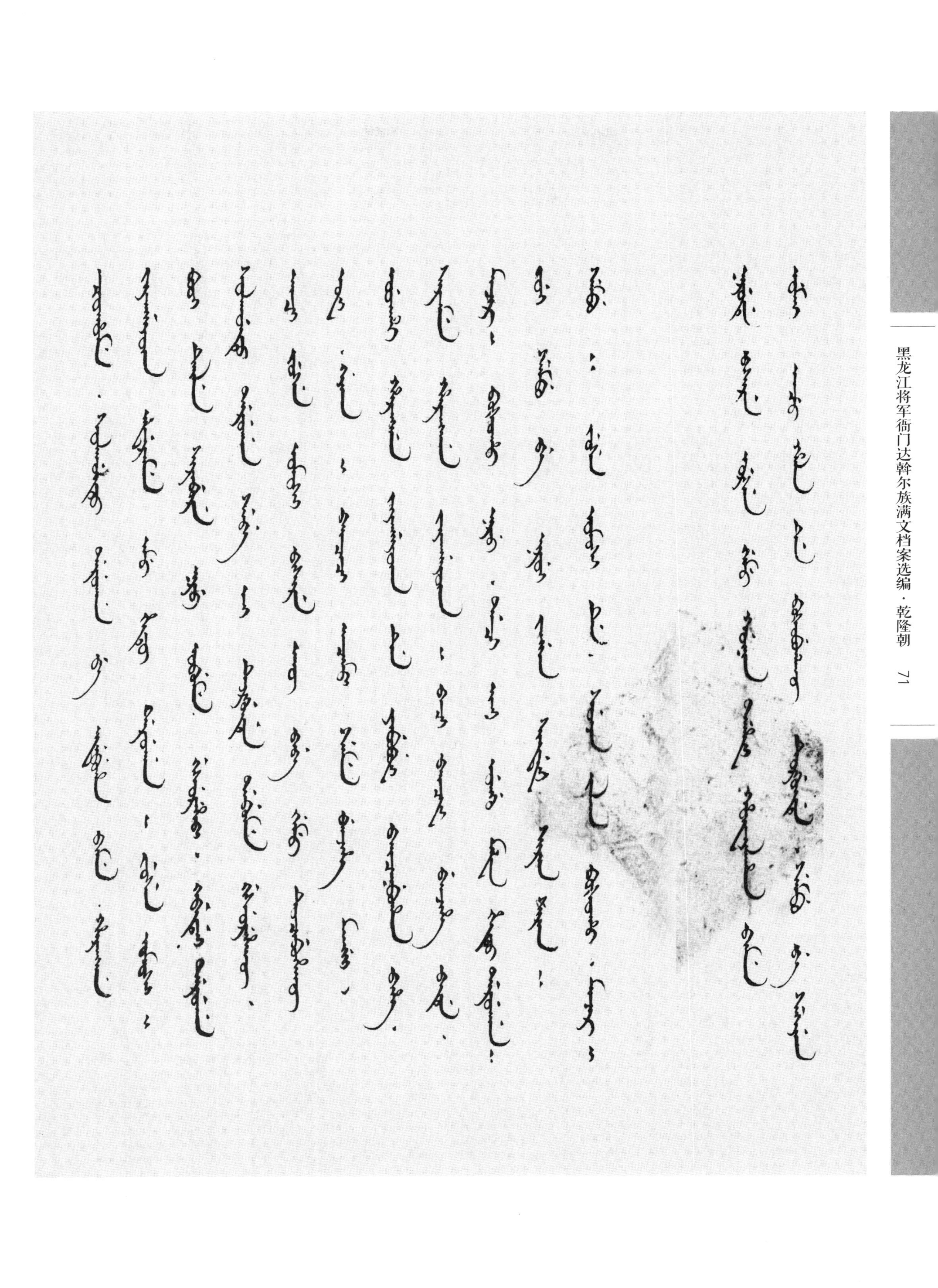

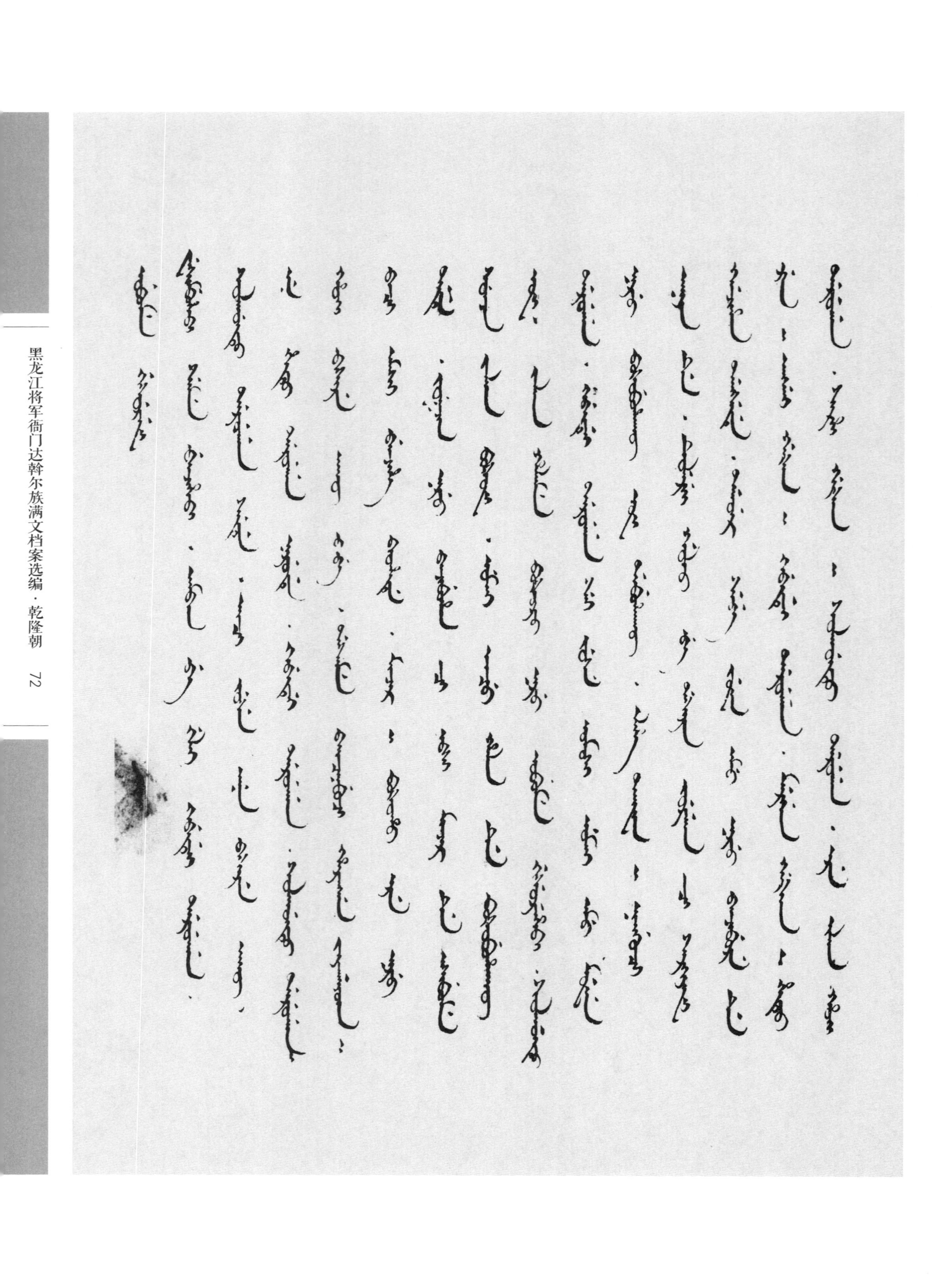

[illegible]

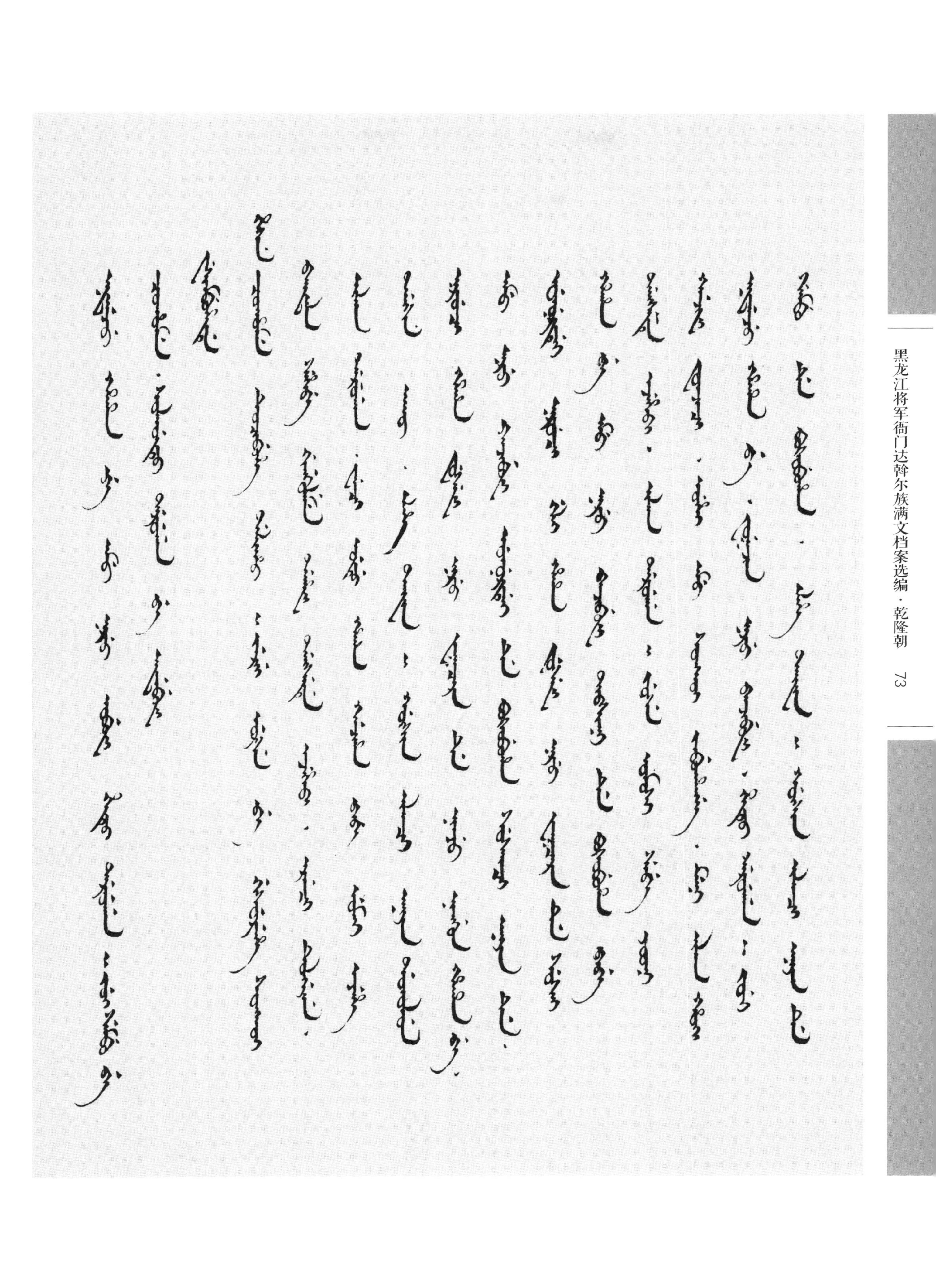

[illegible]

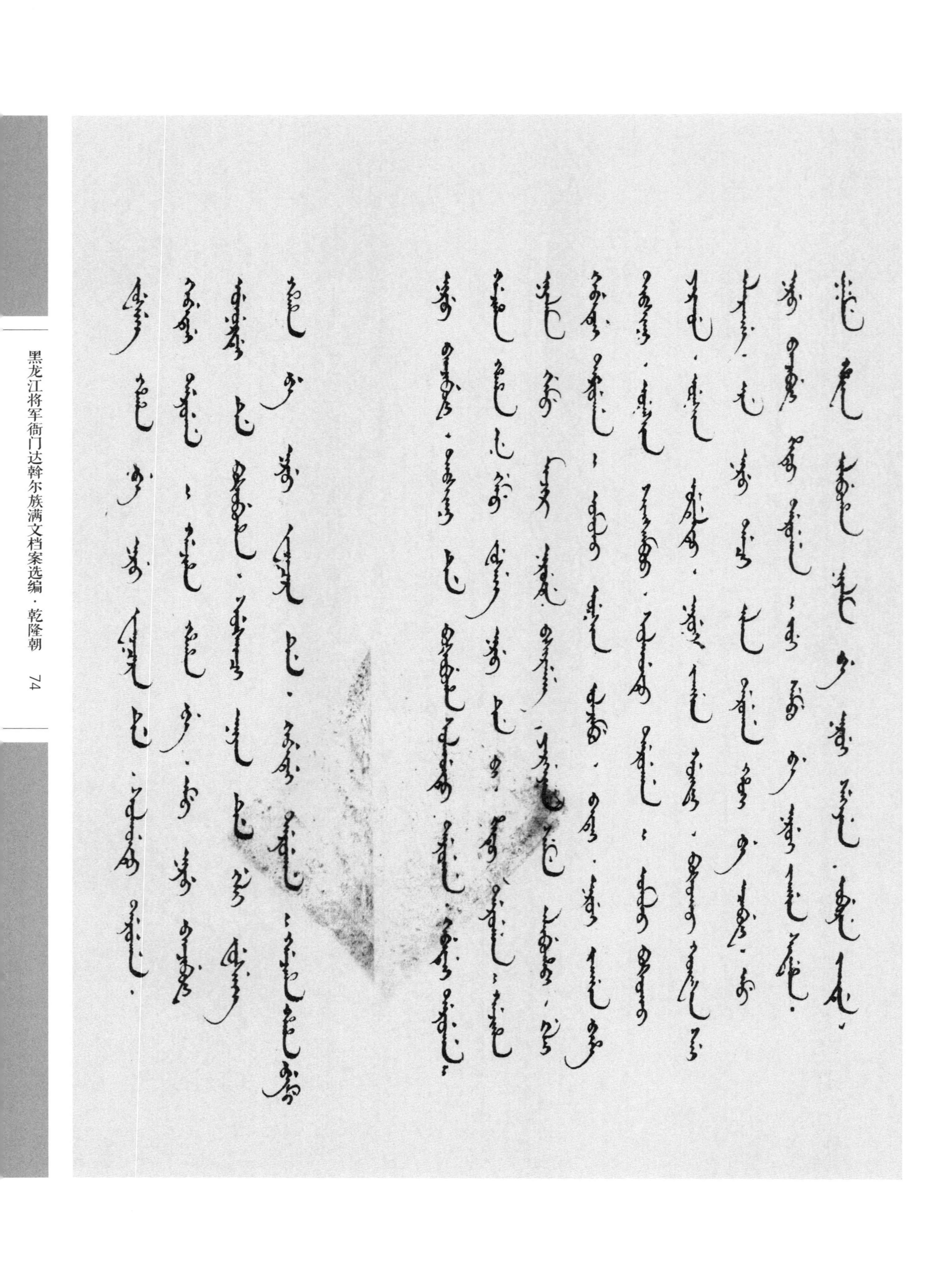

[illegible]

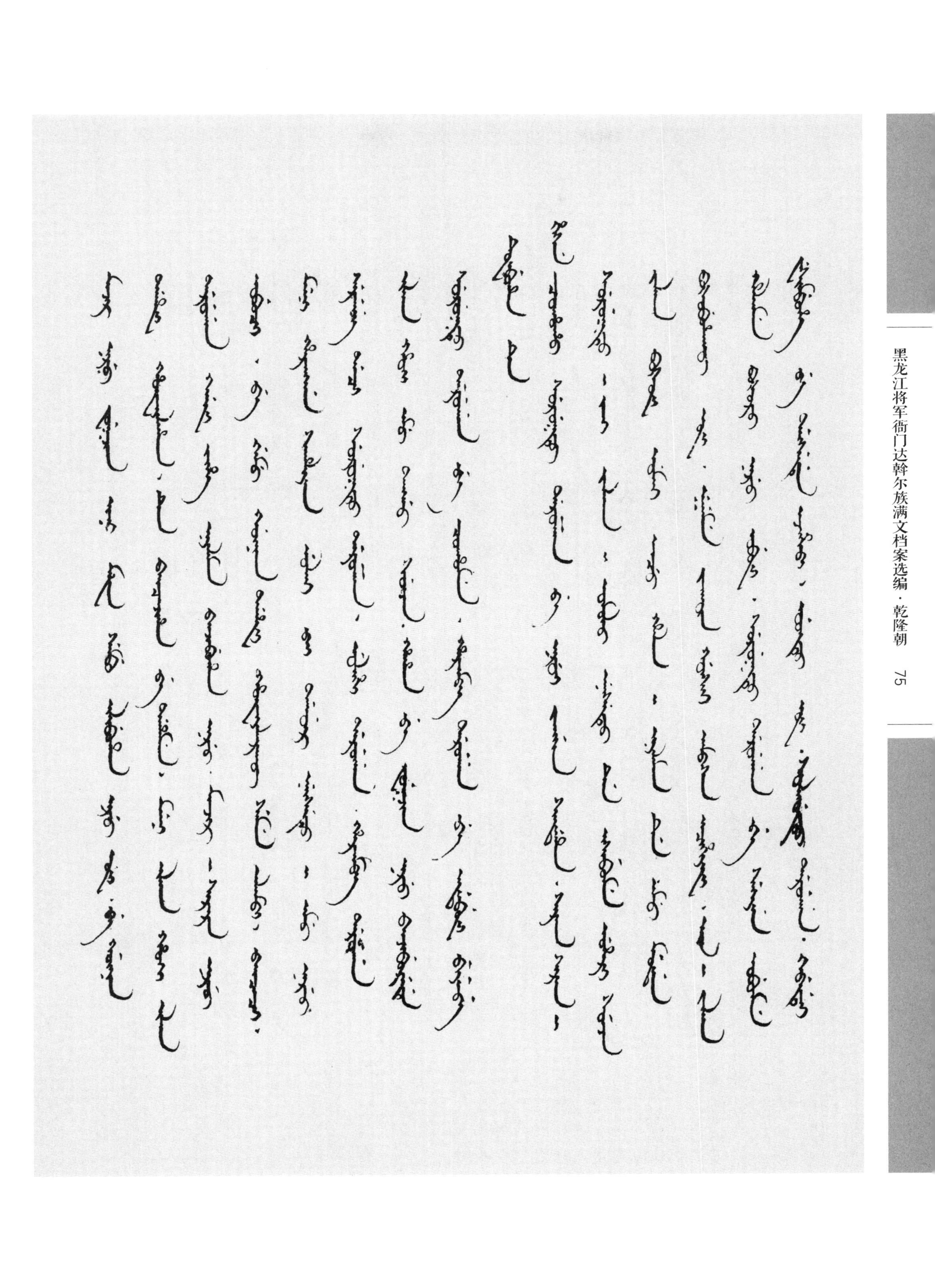

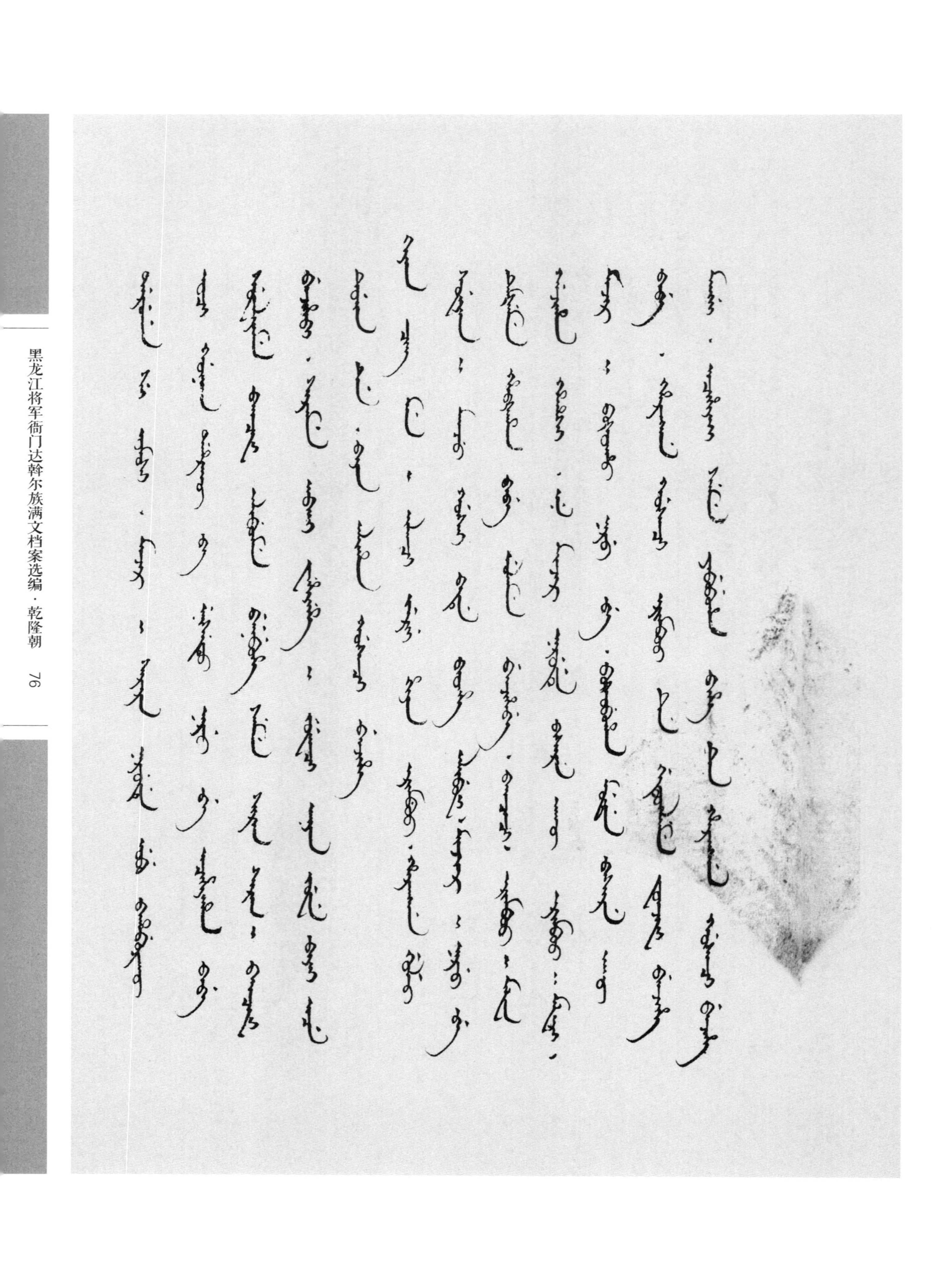

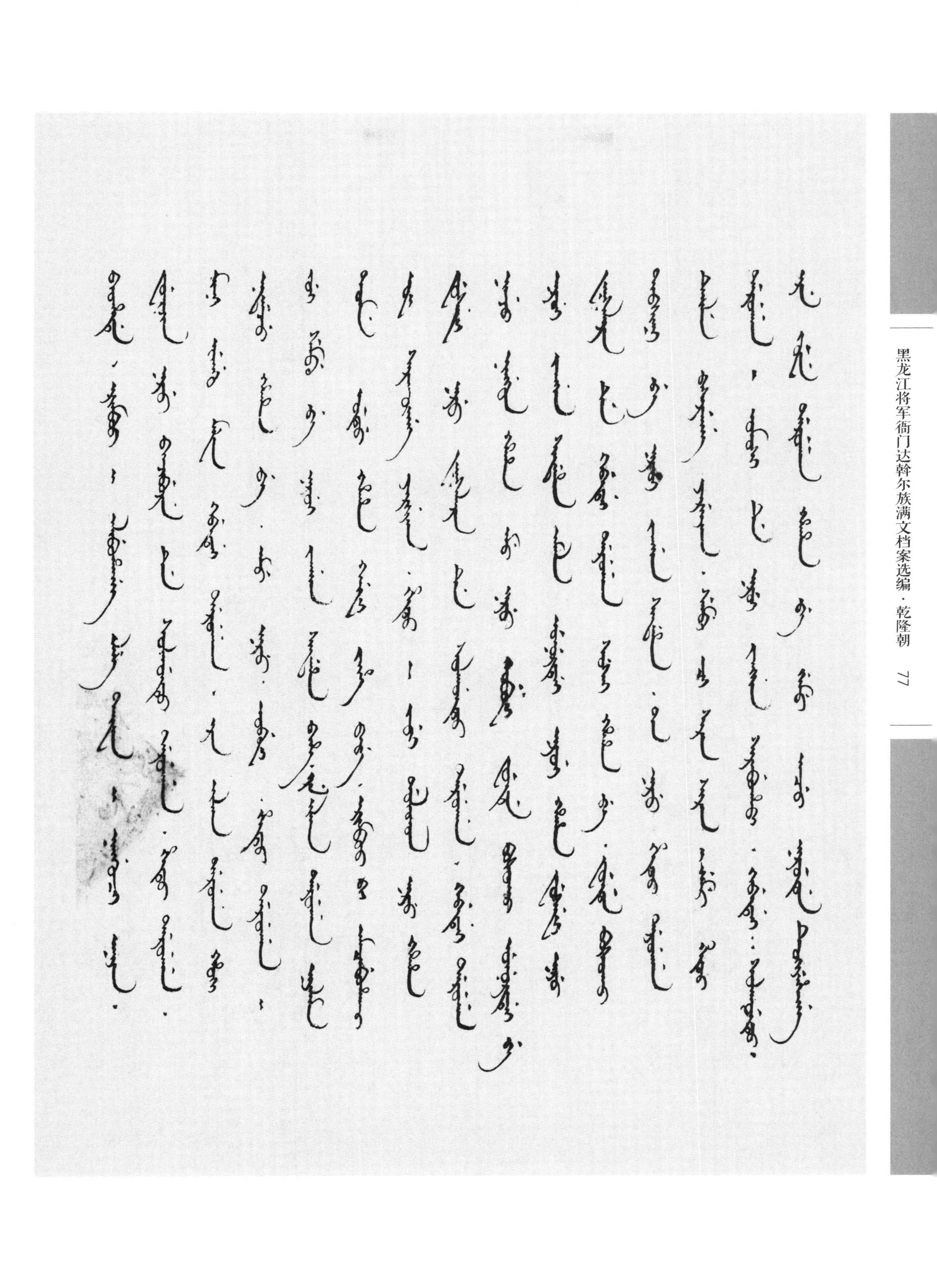

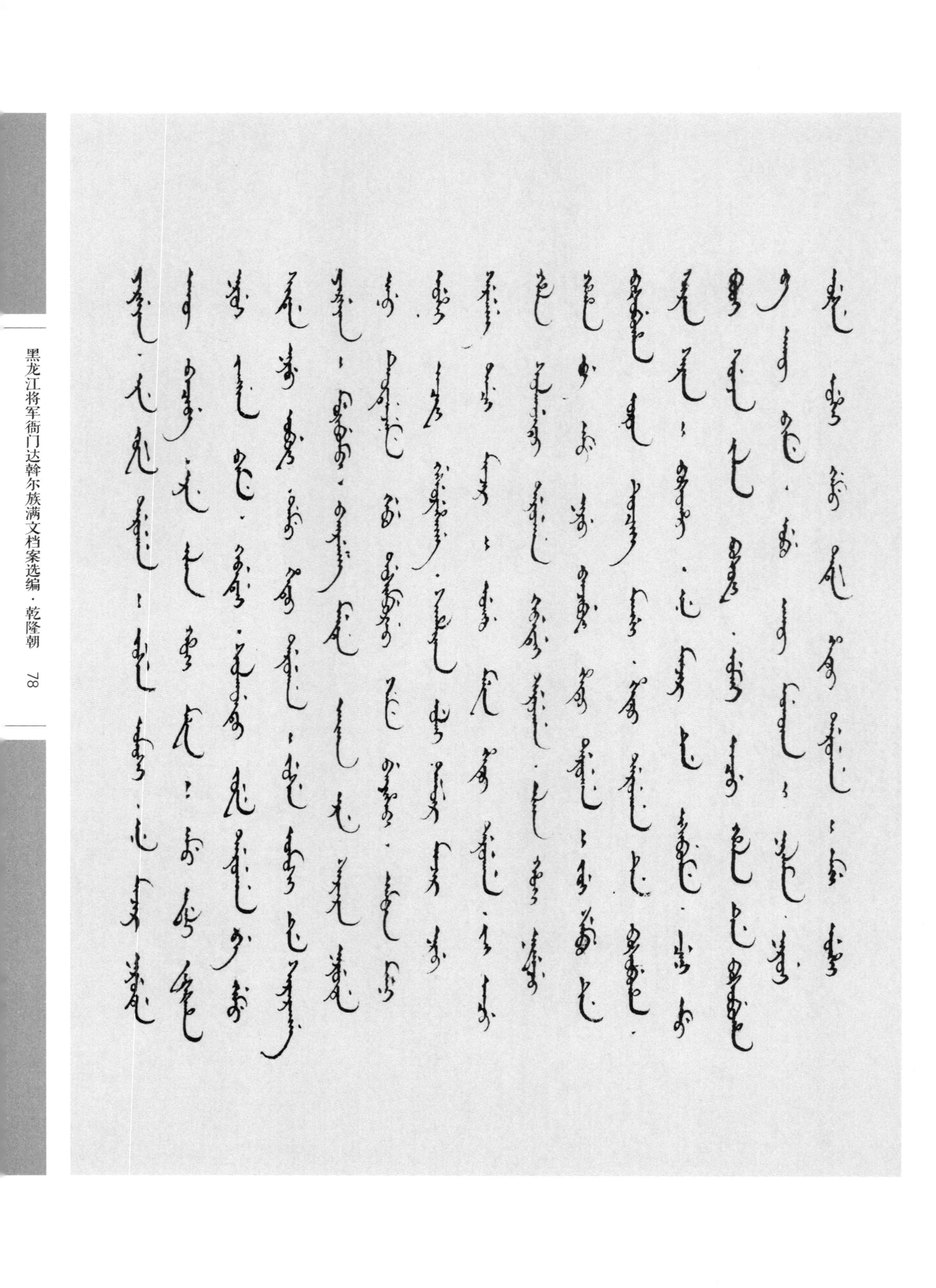

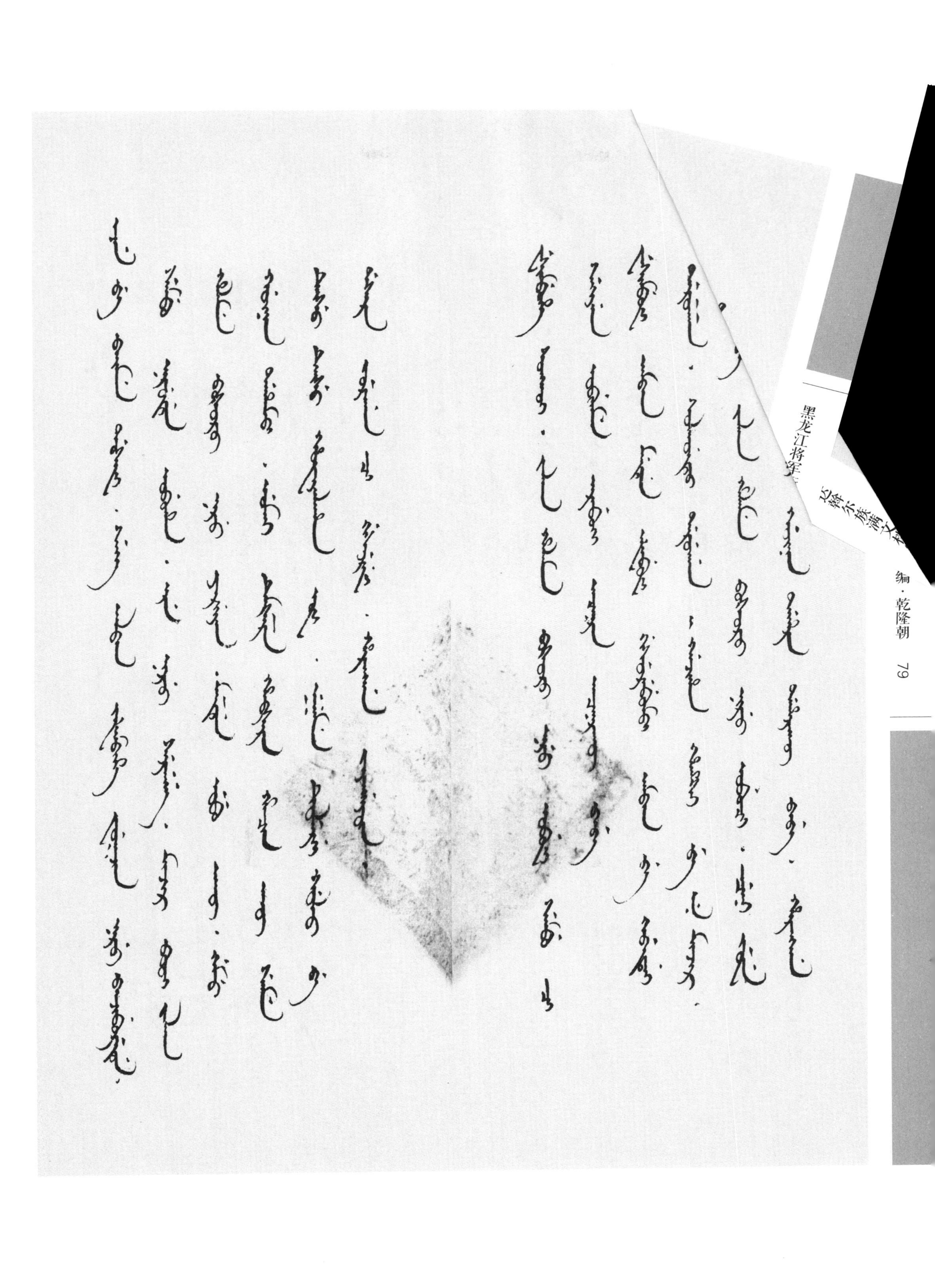

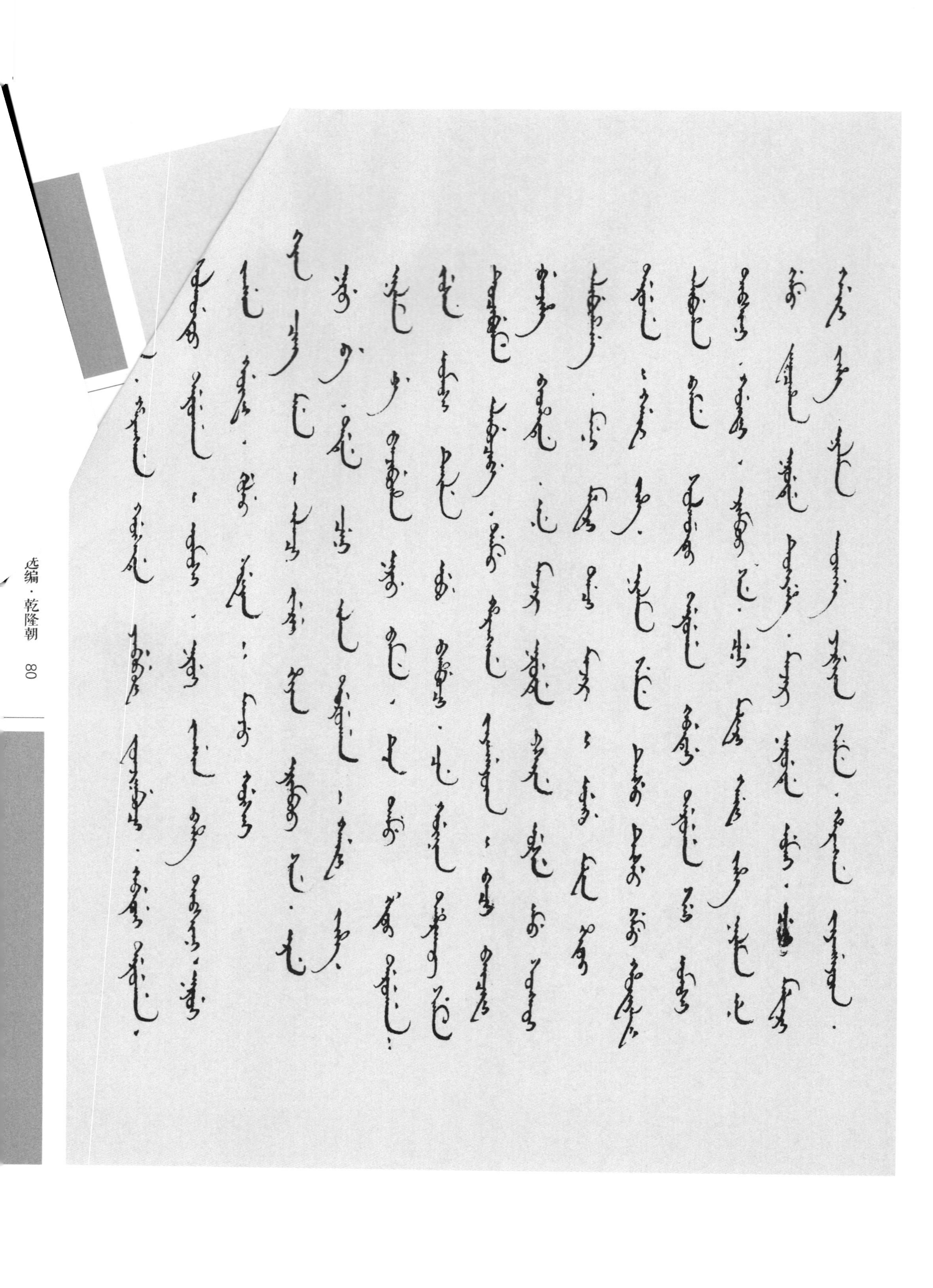

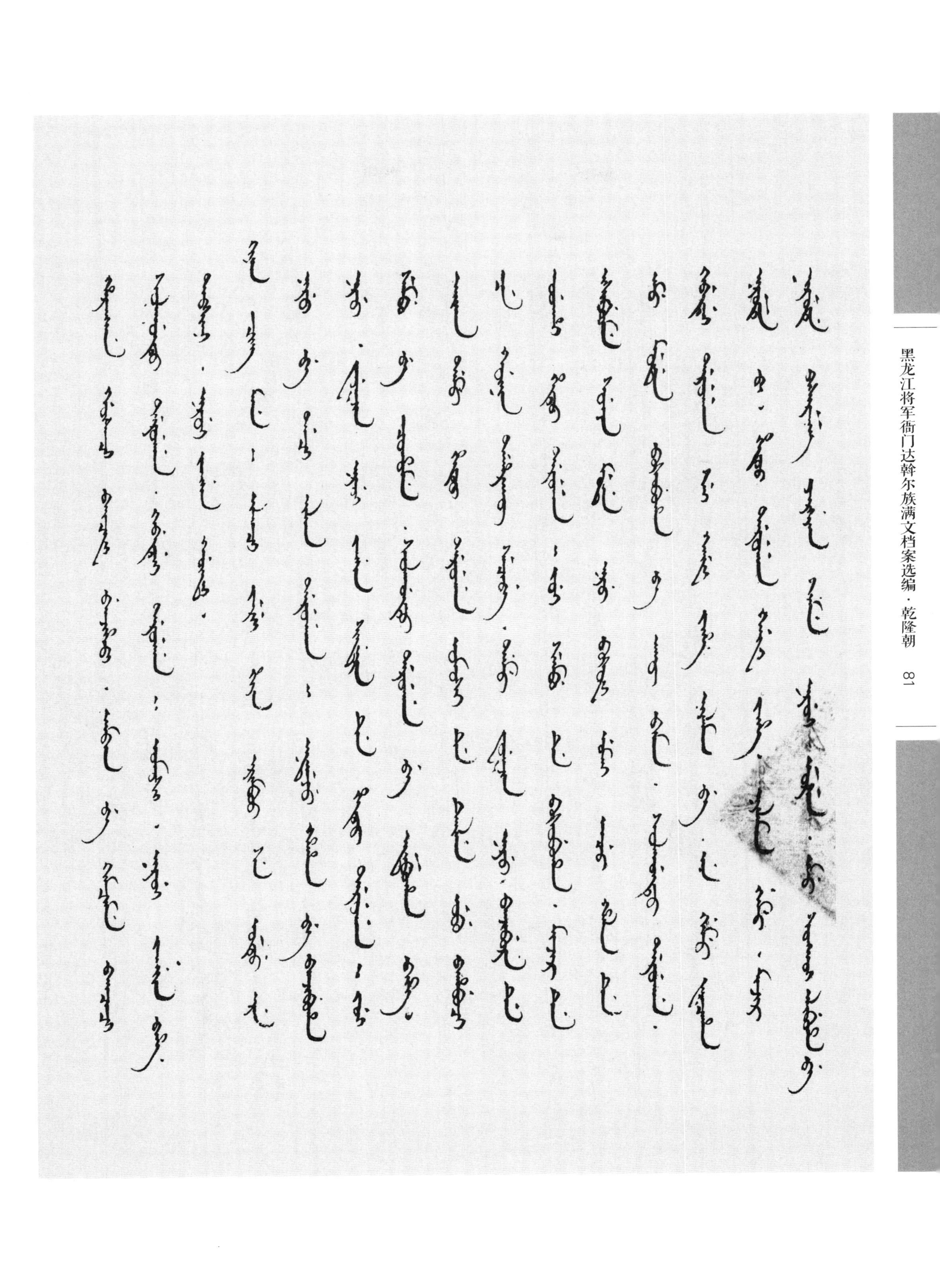

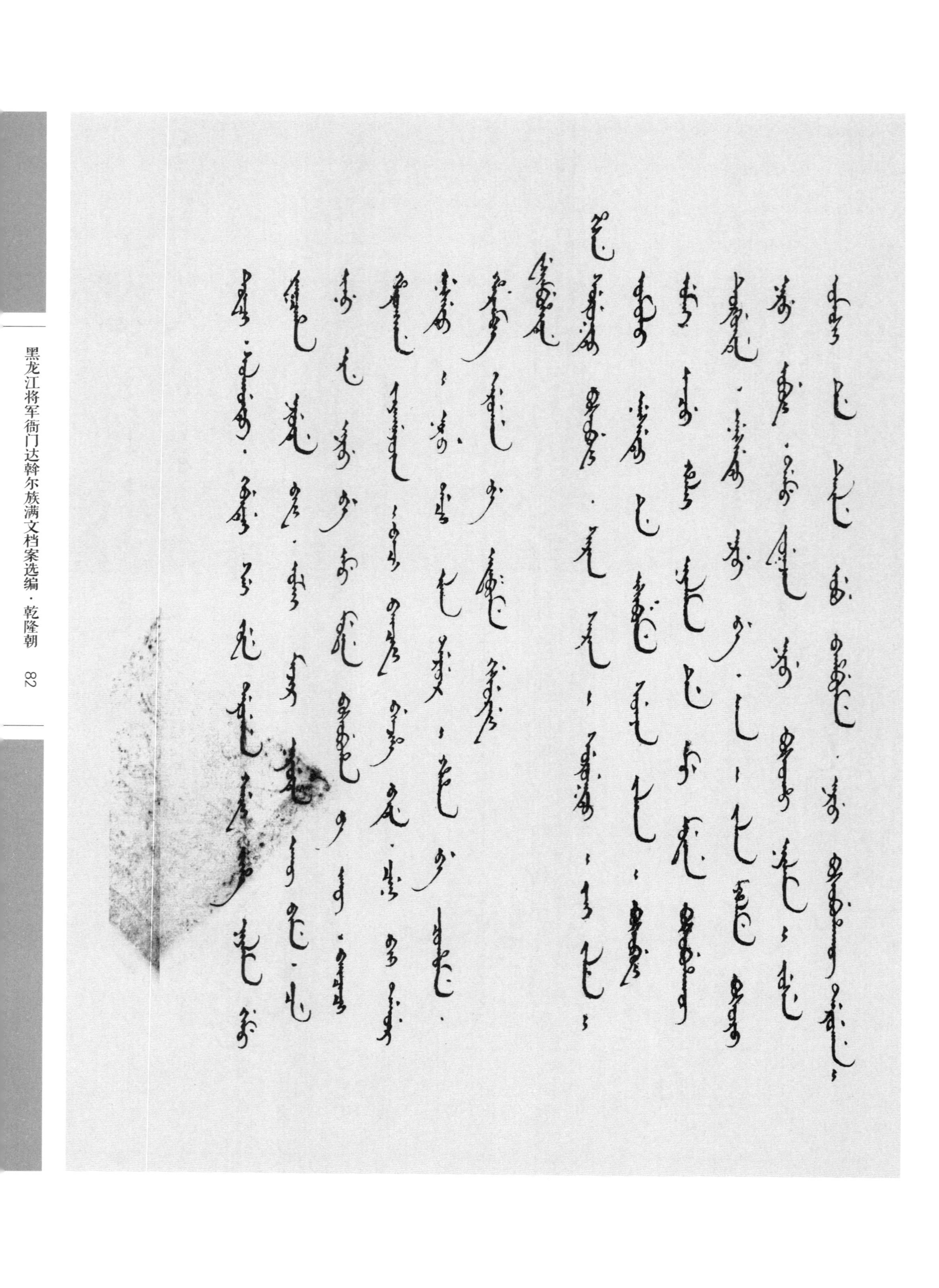

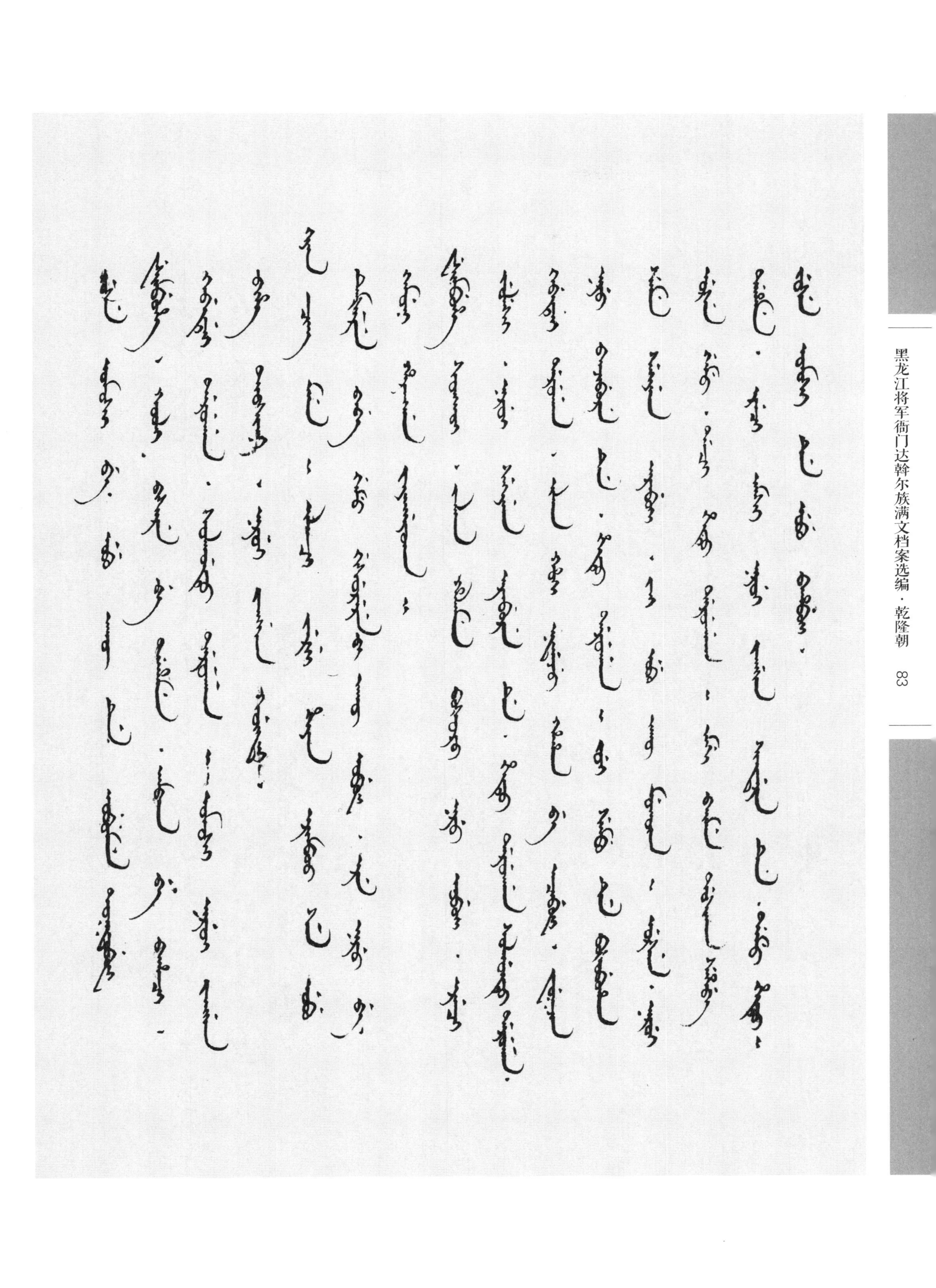

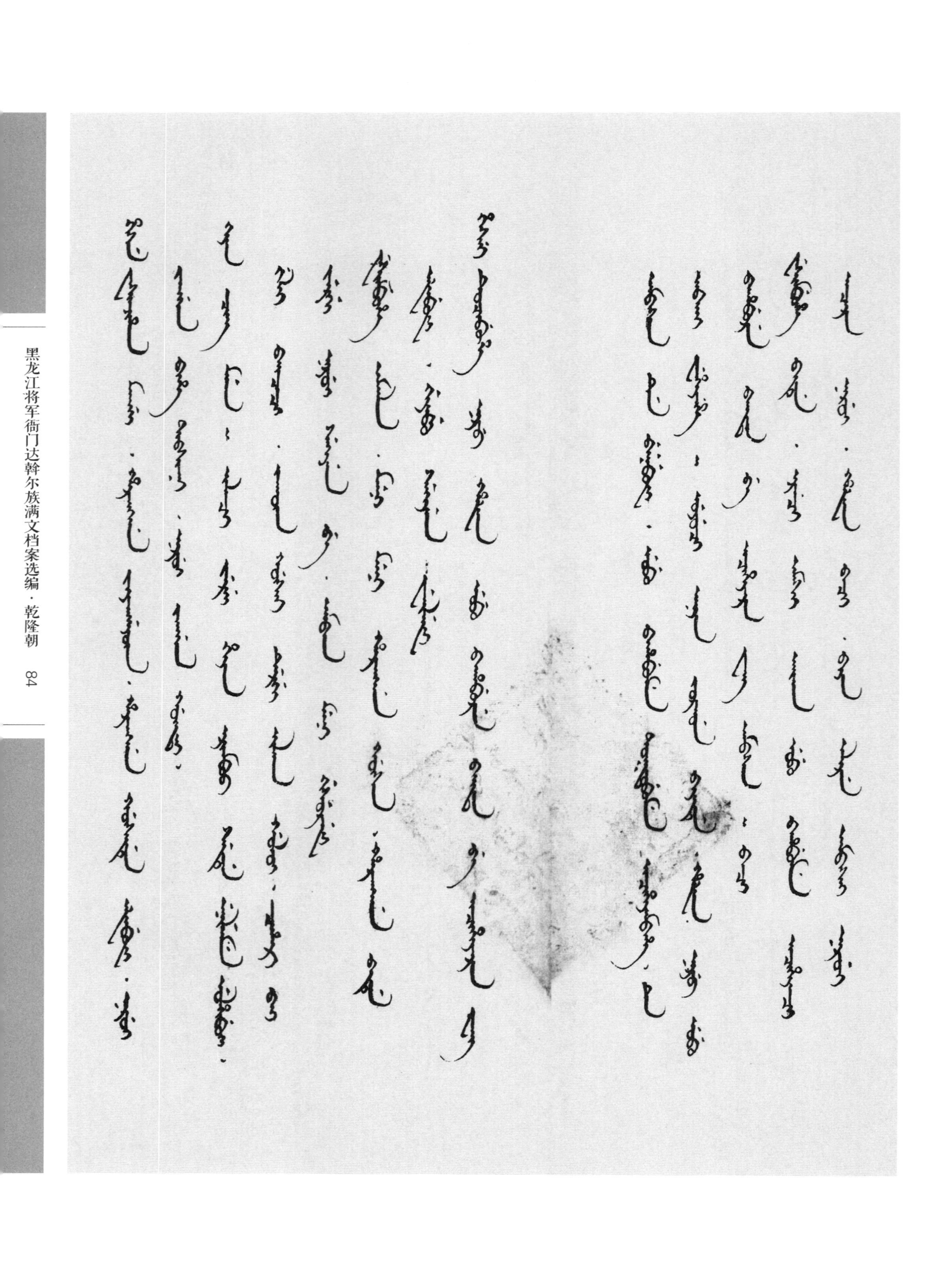

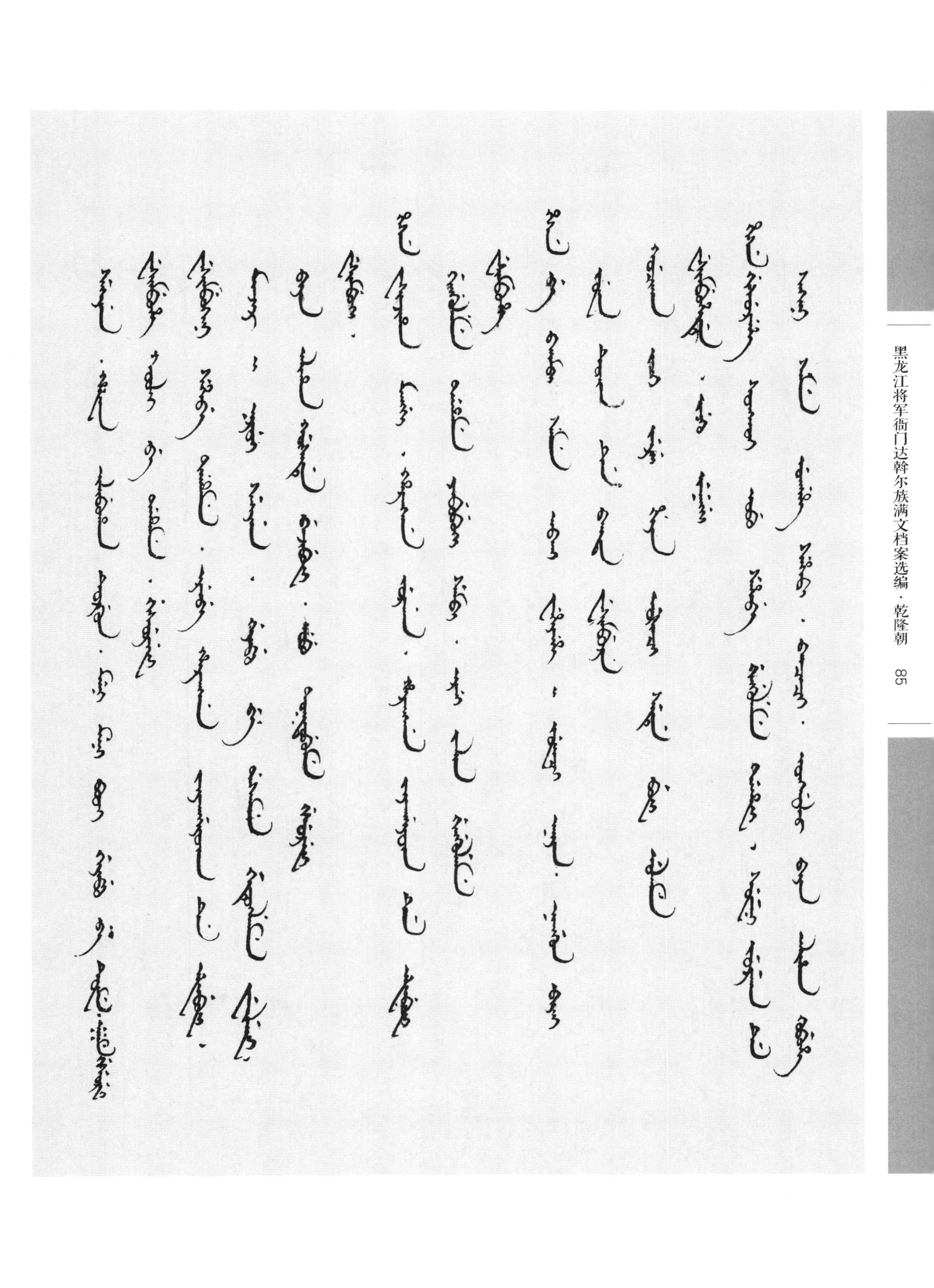

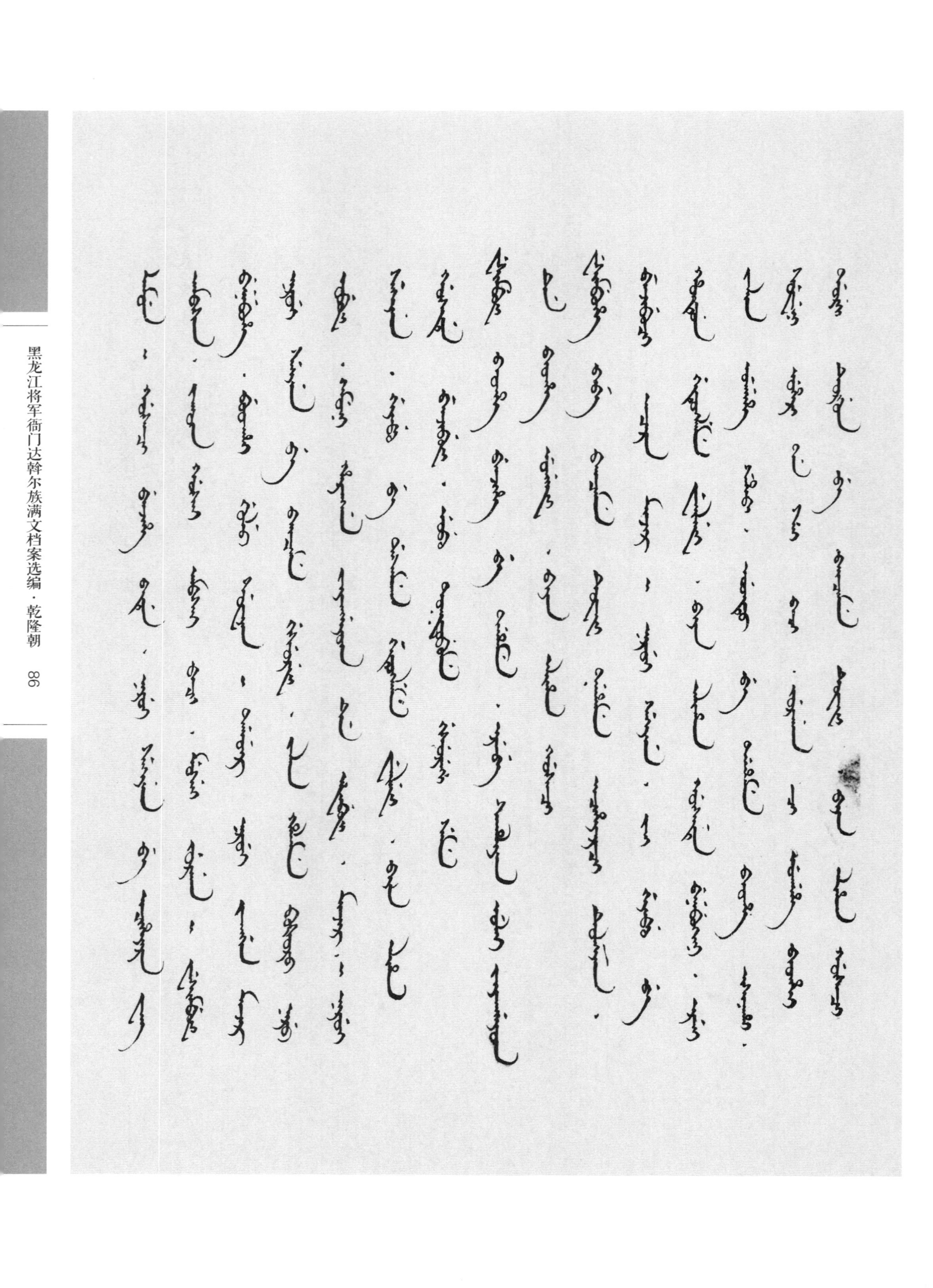

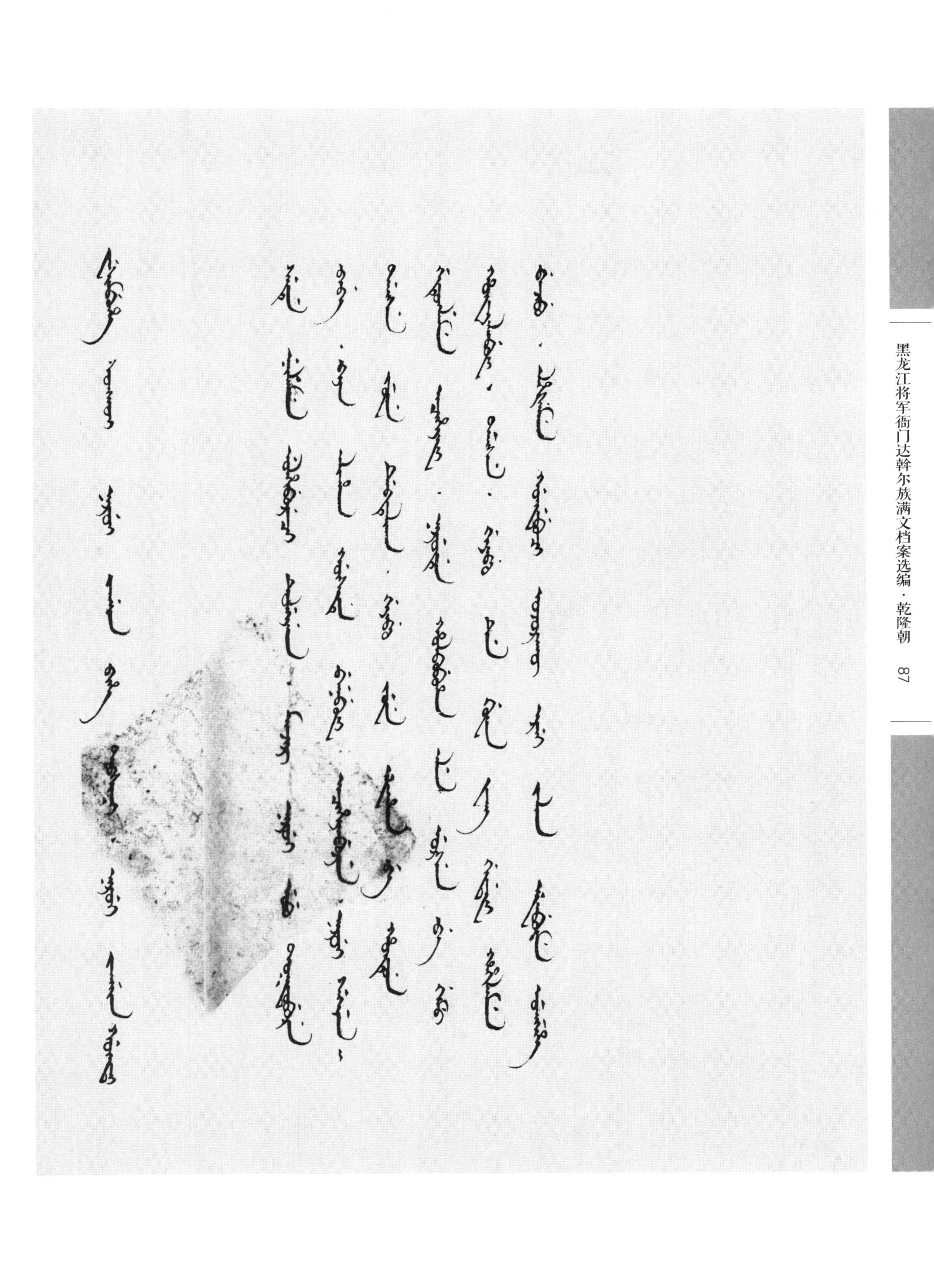

三三三 值月镶蓝旗为解送布特哈正黄旗达斡尔世管佐领密济尔家谱源流册事咨黑龙江将军文

乾隆十年八月十二日

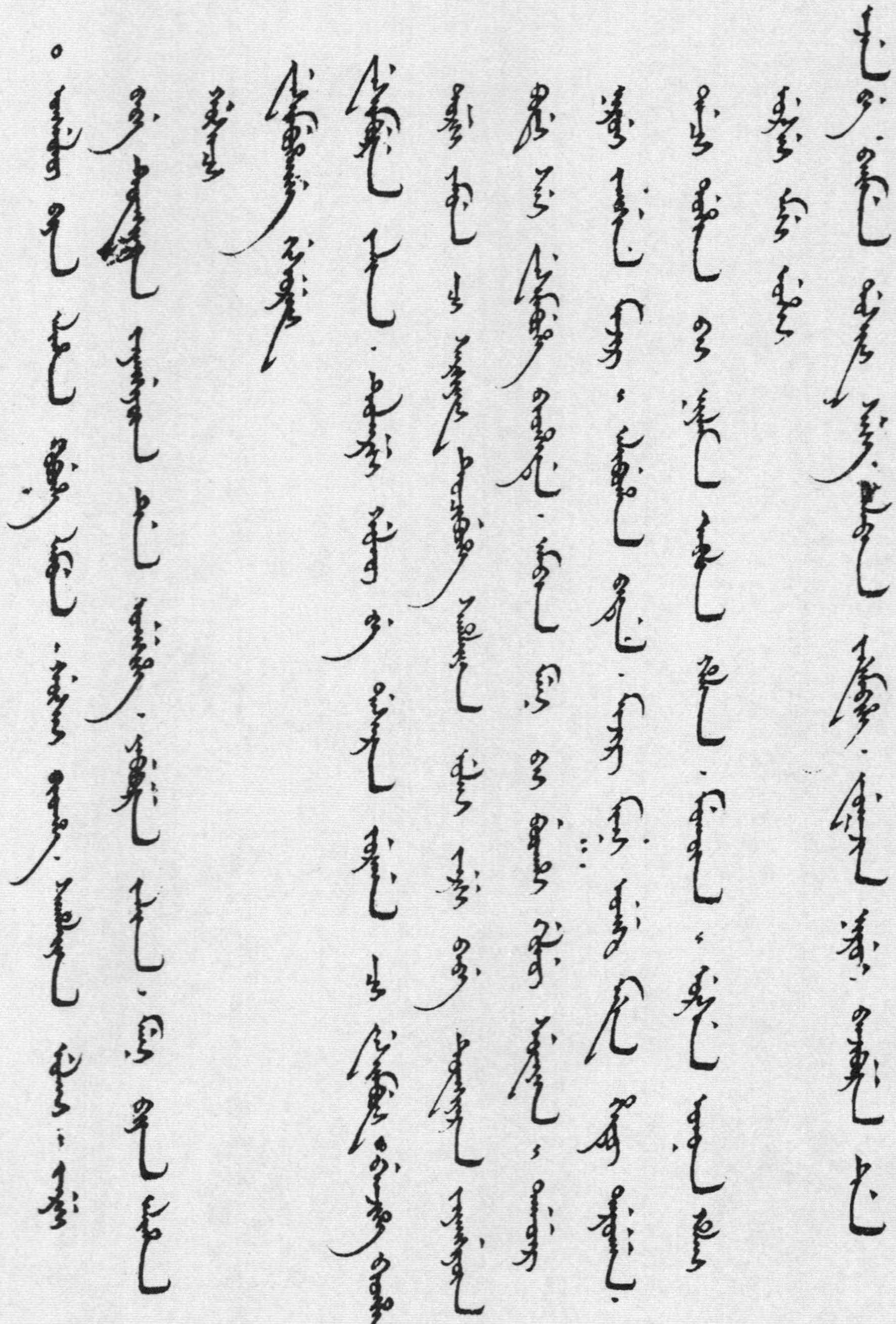

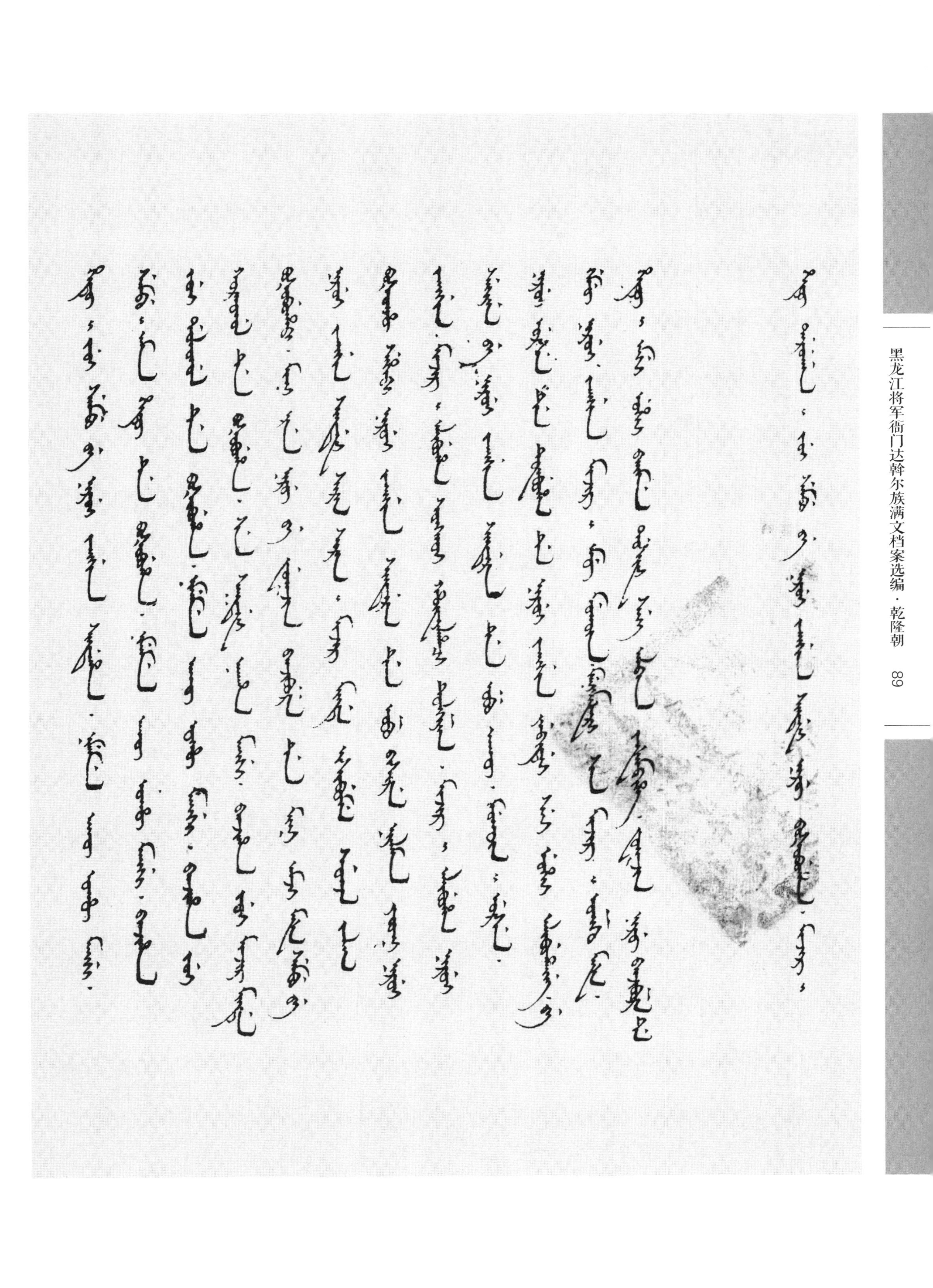

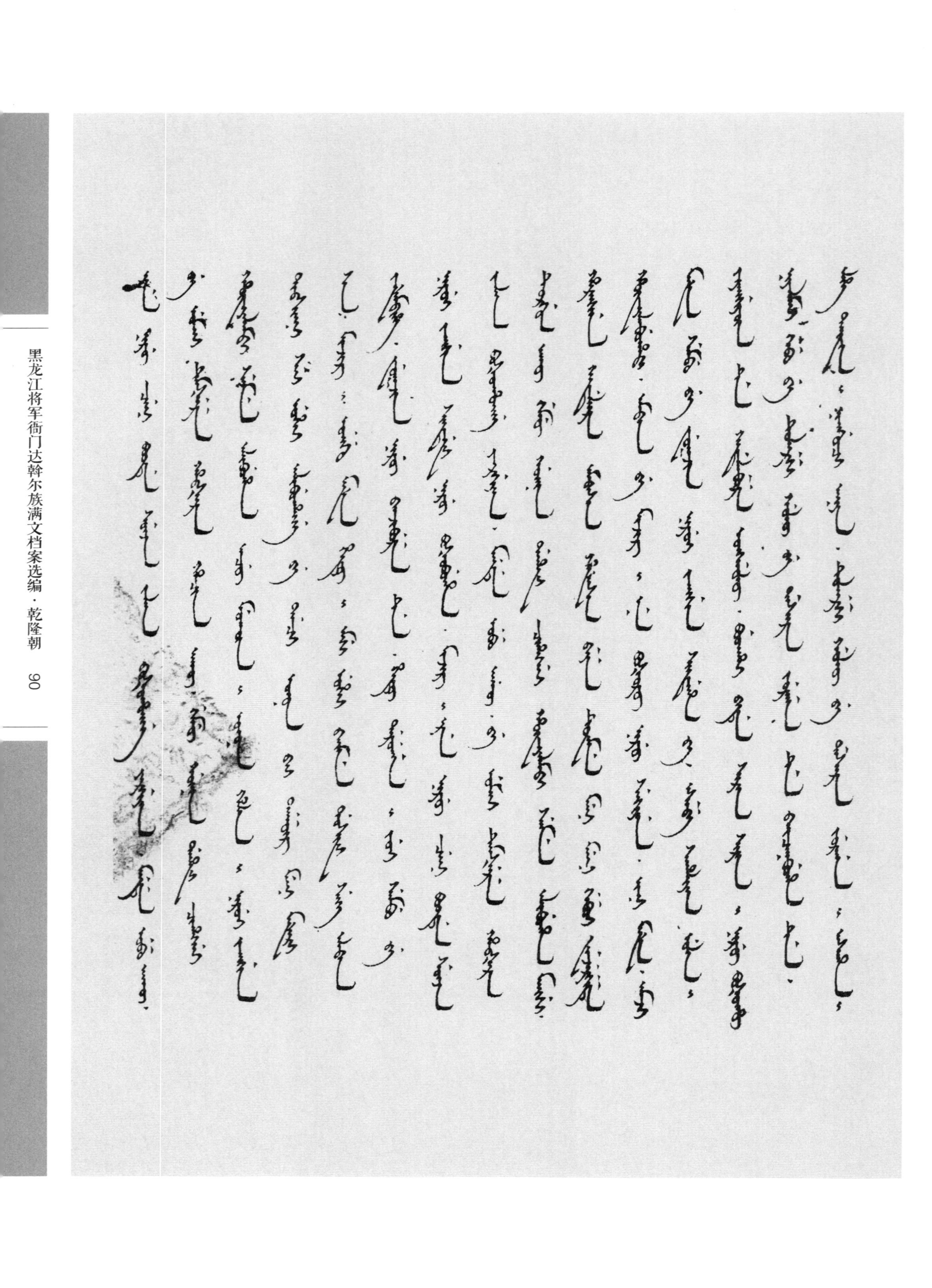

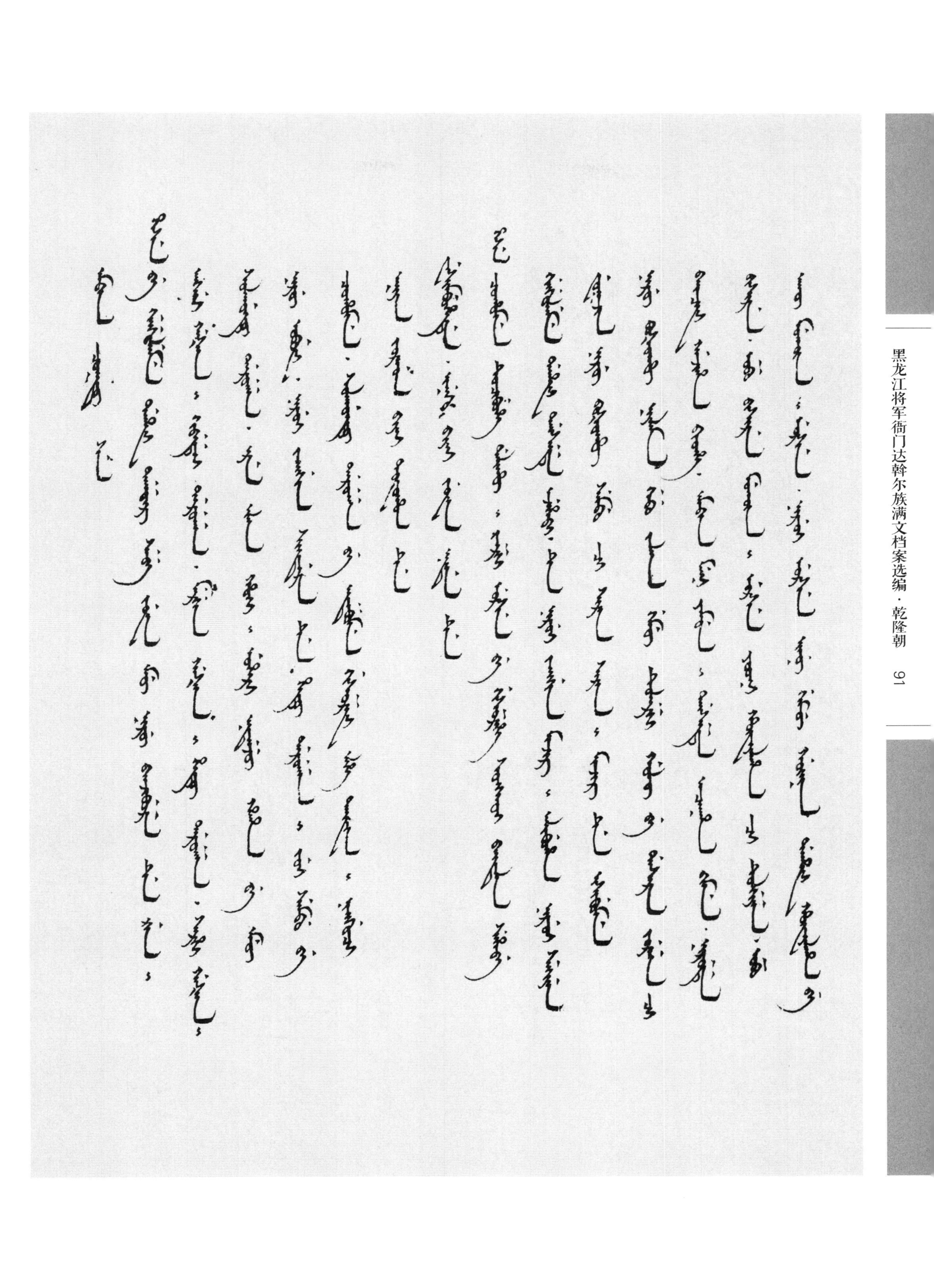

[illegible]

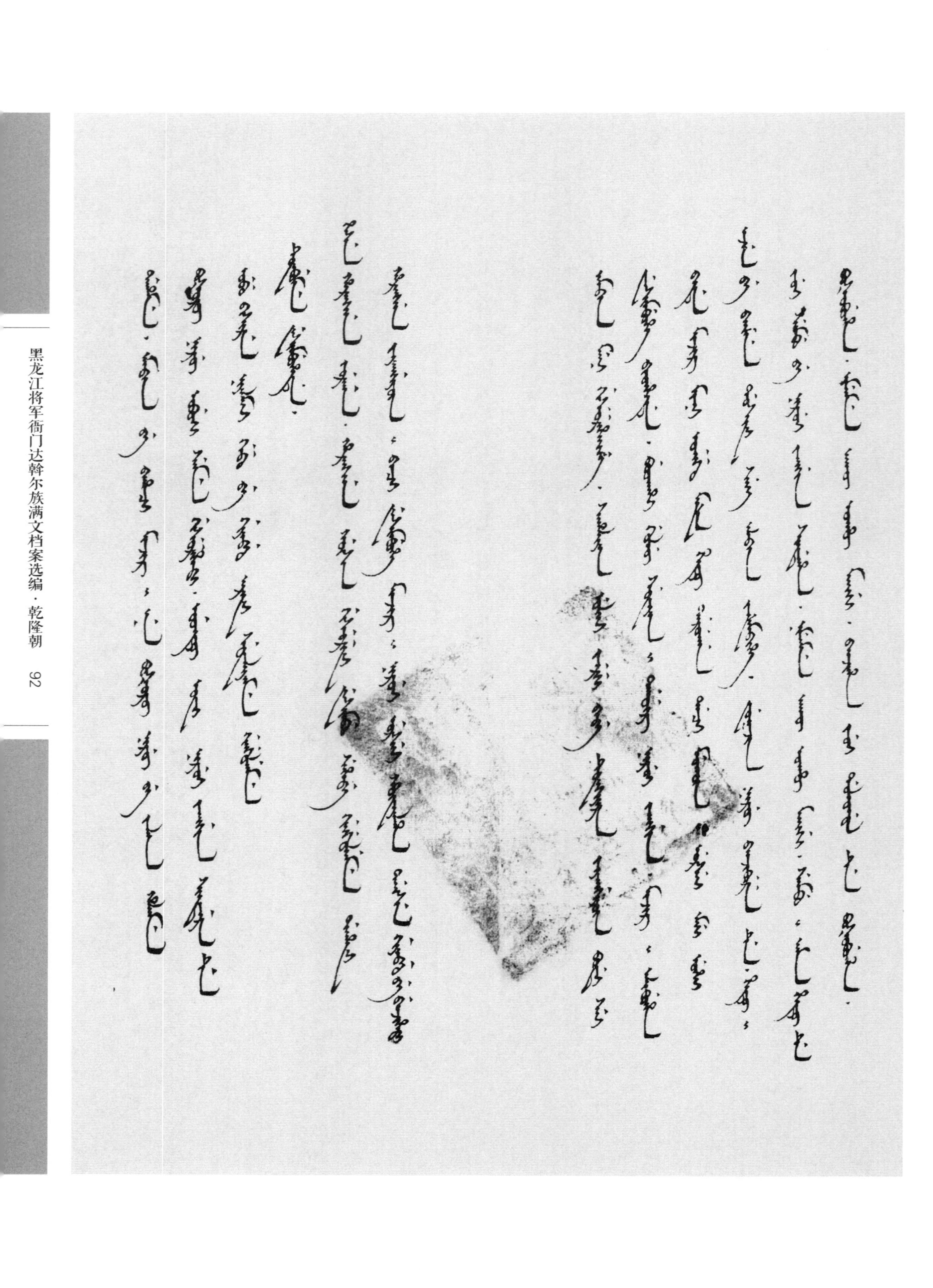

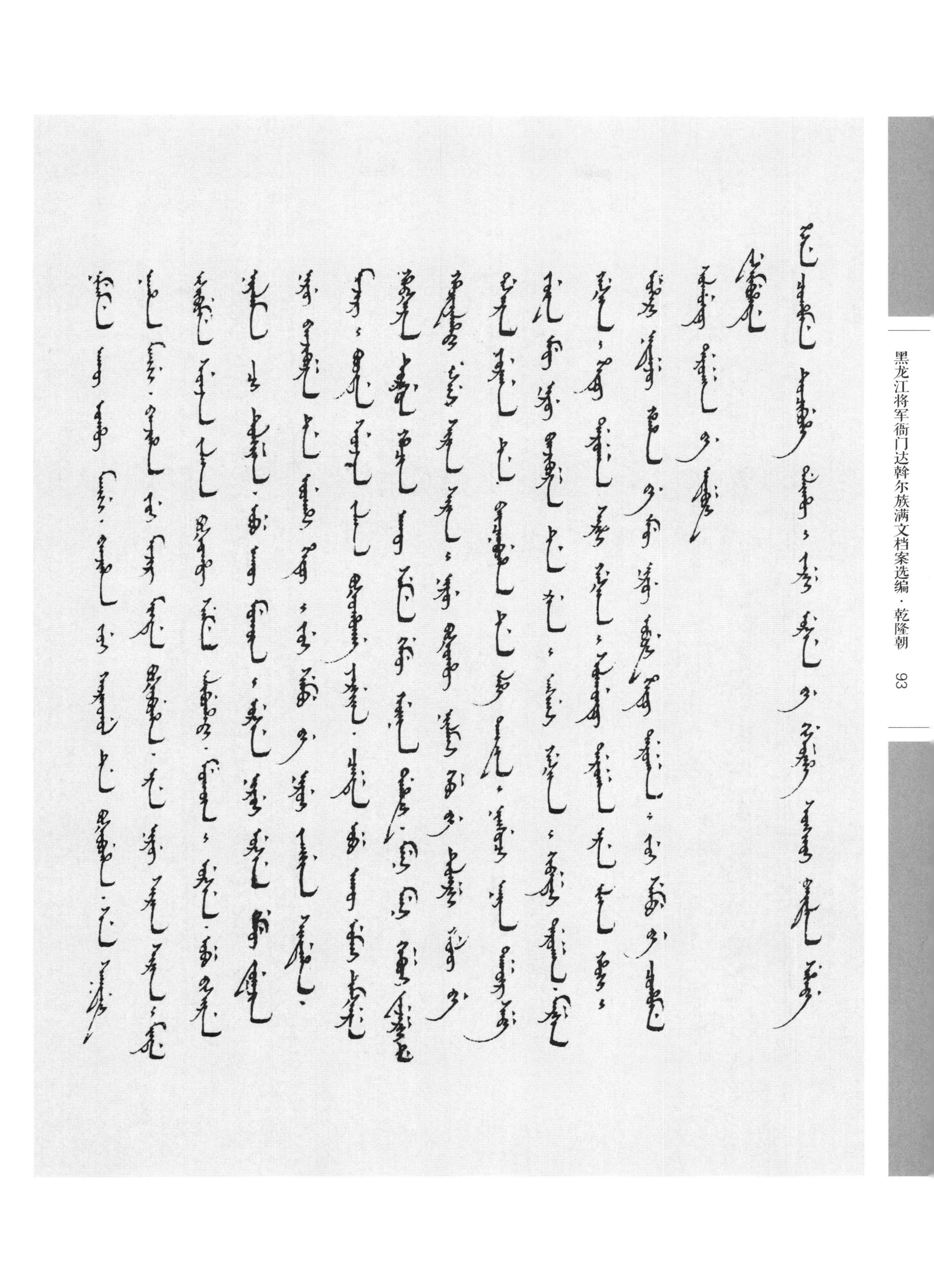

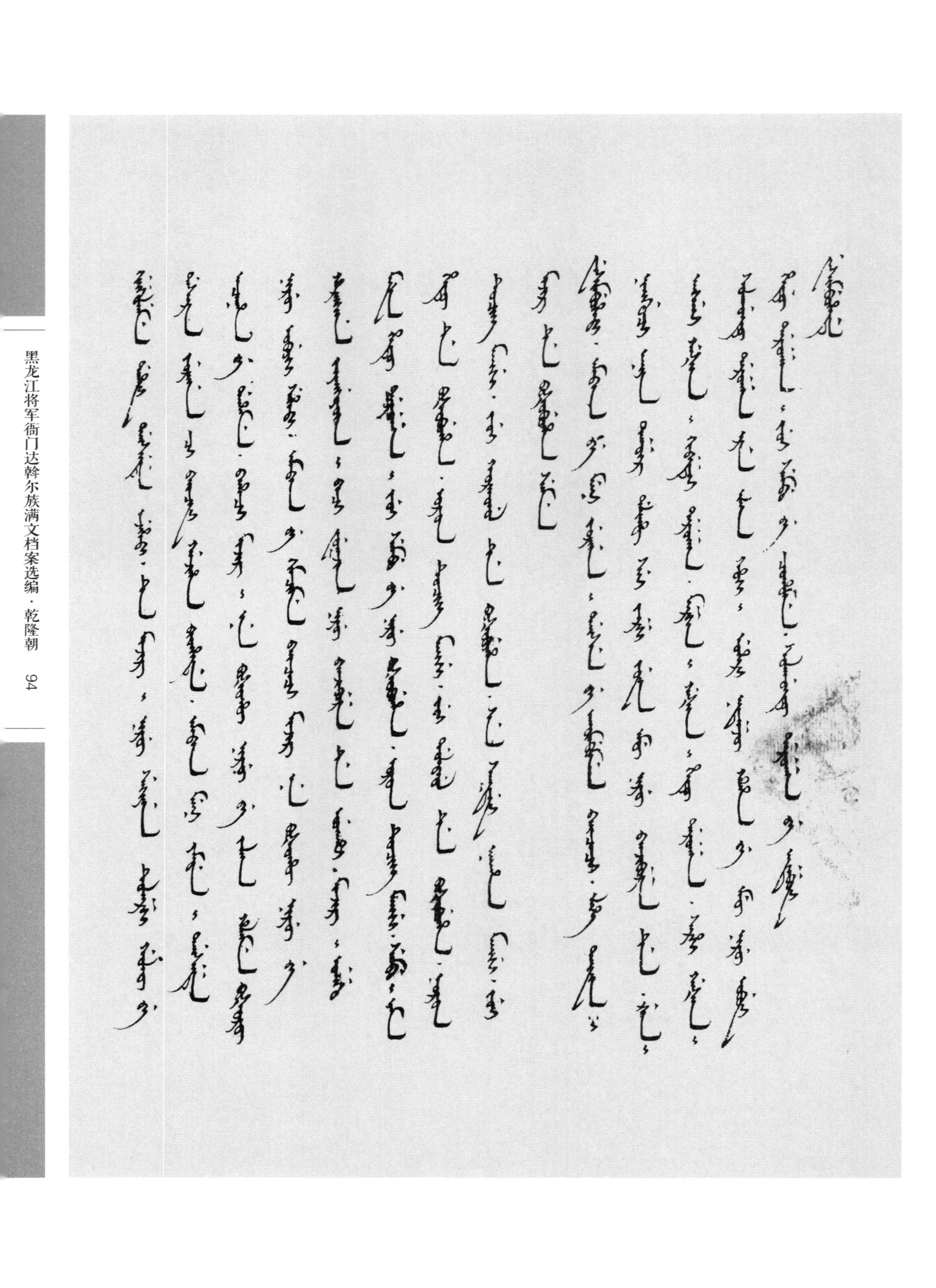

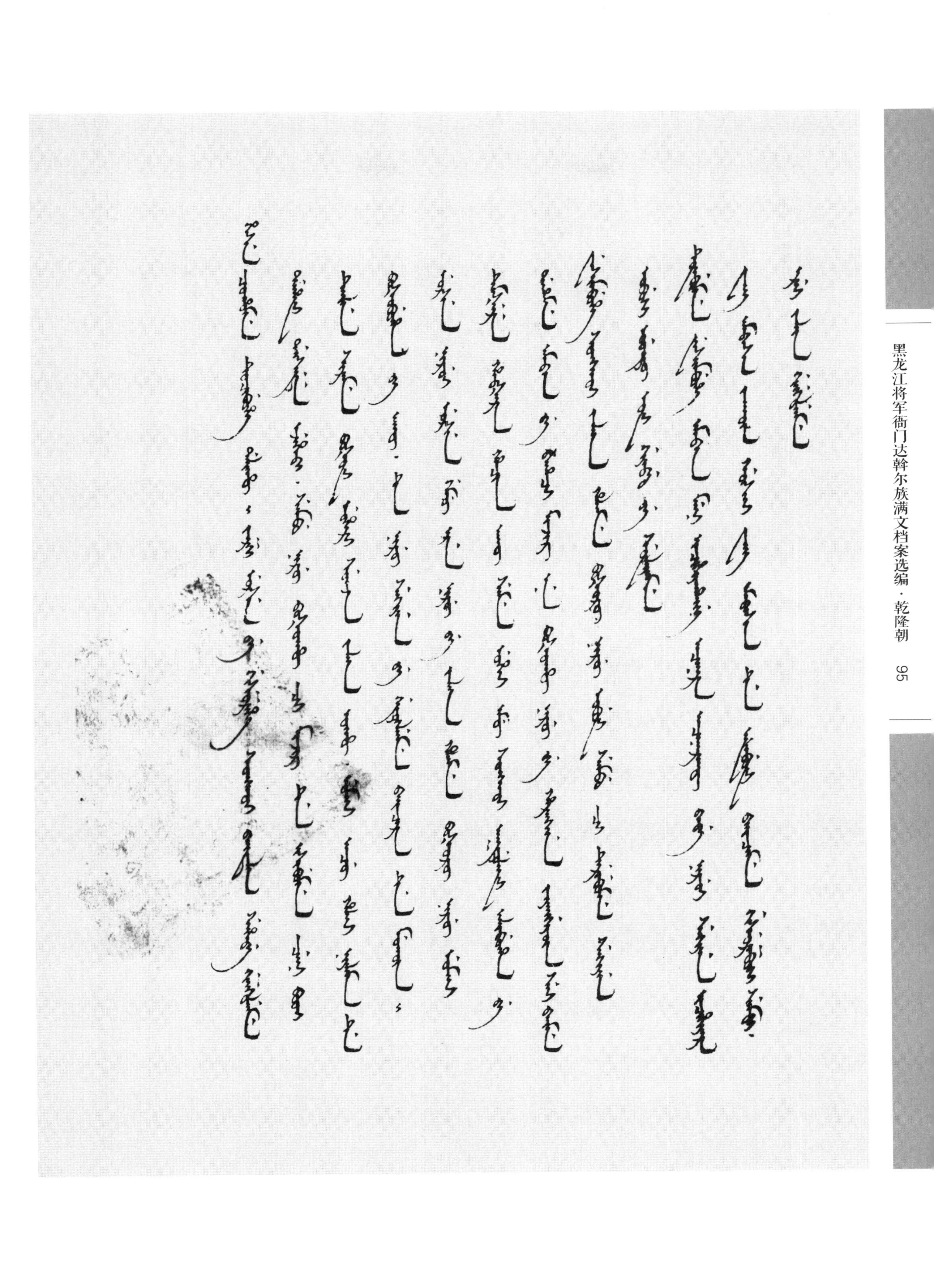

[illegible]

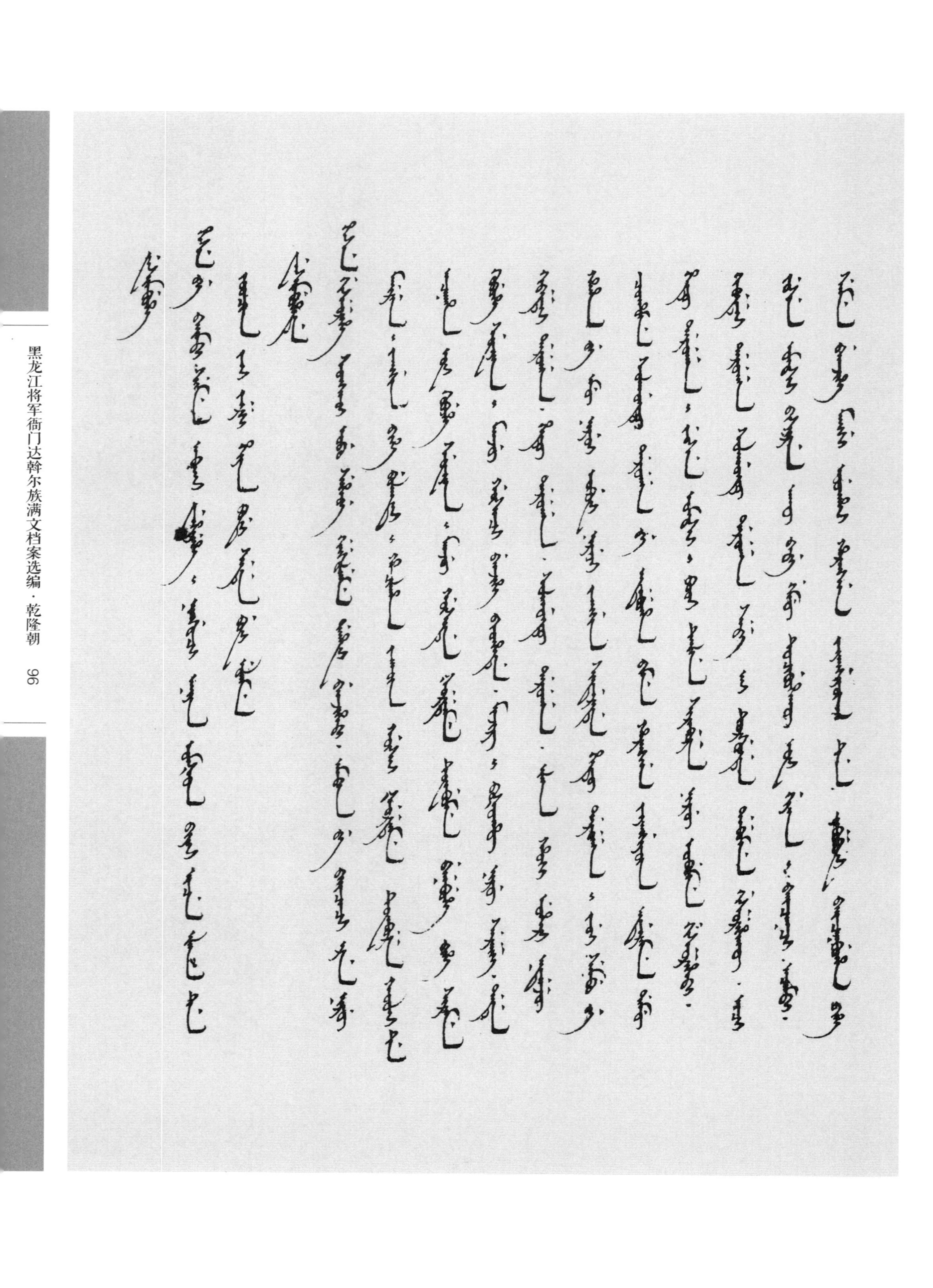

[illegible]

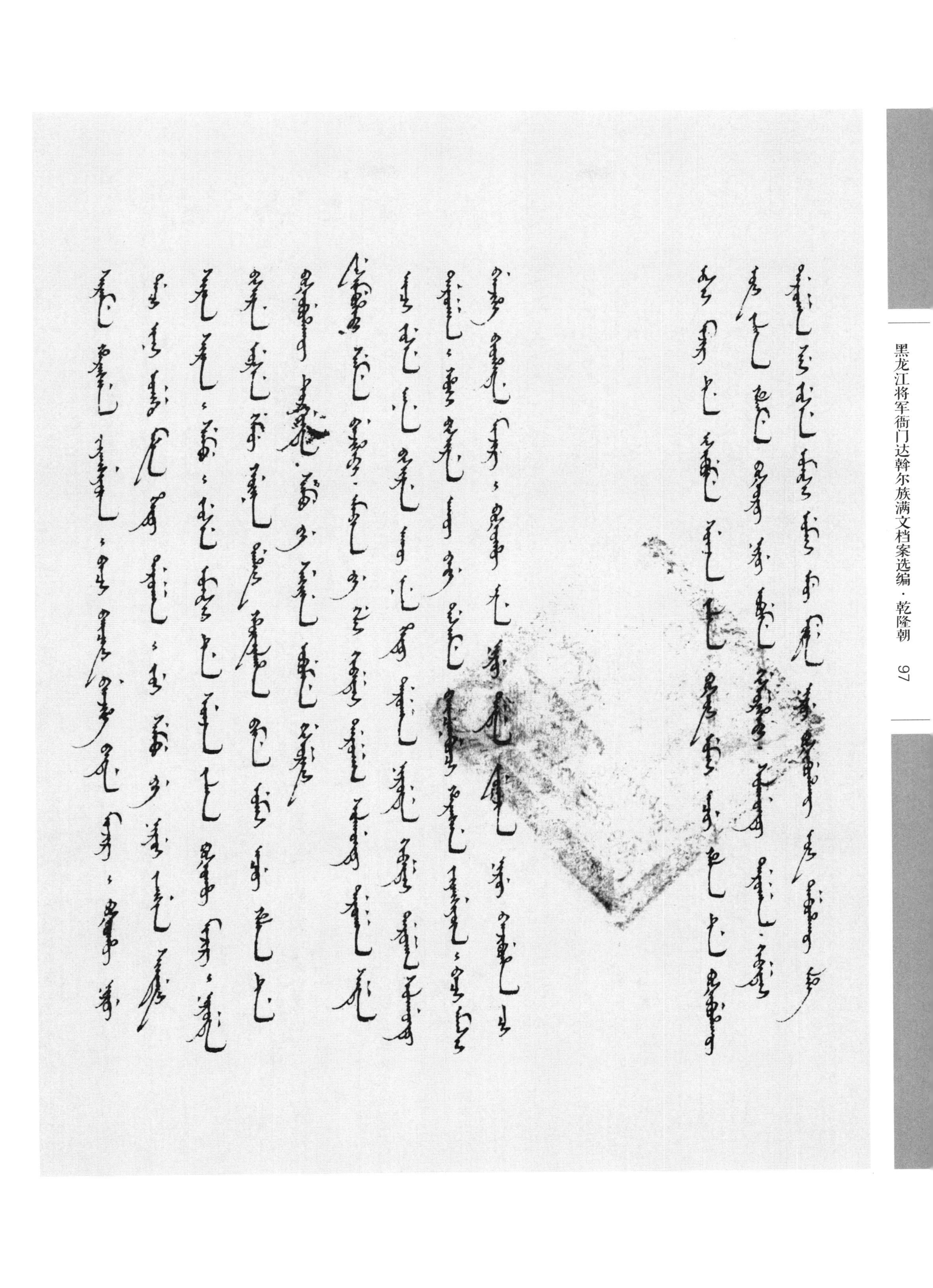

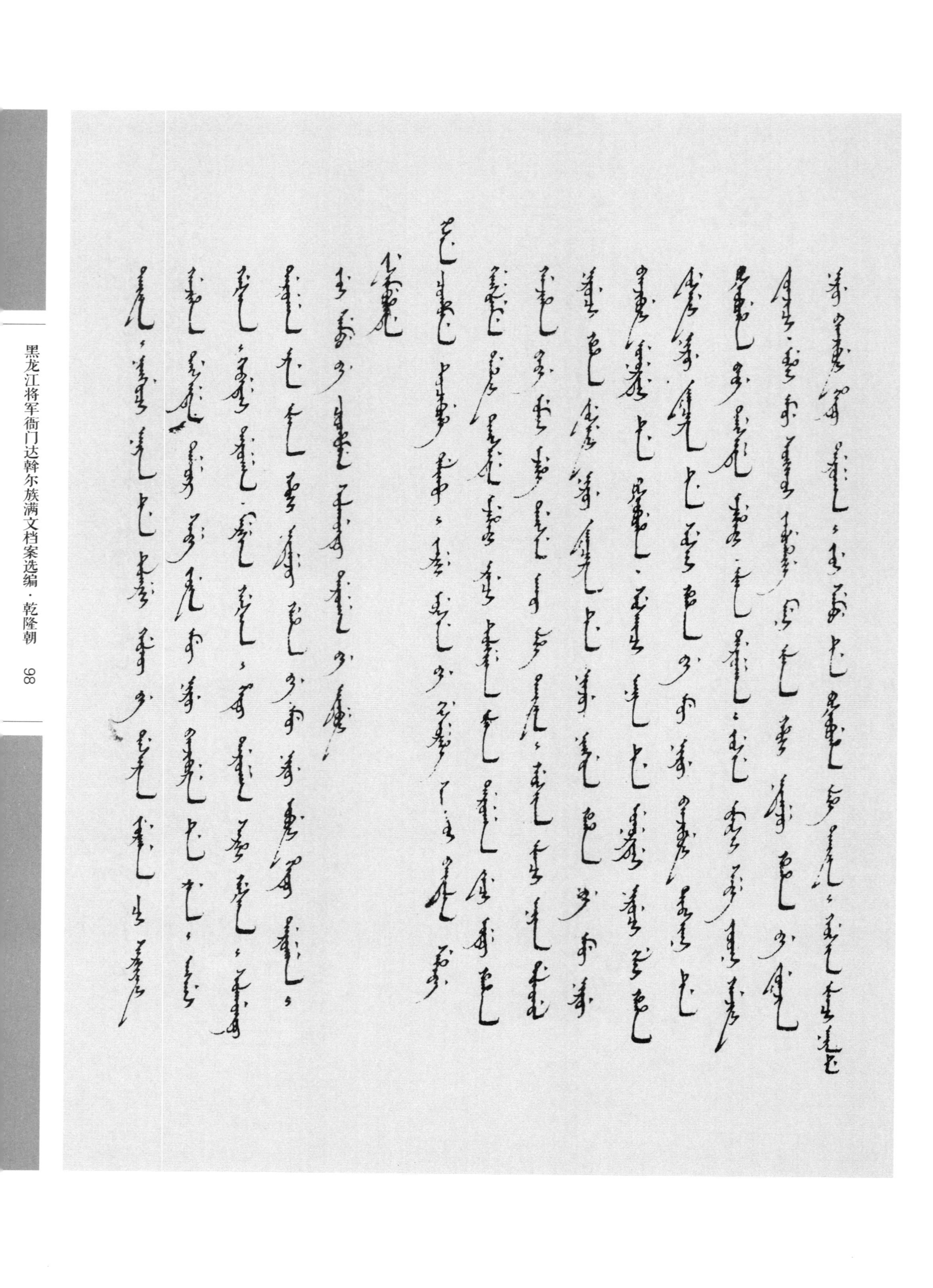

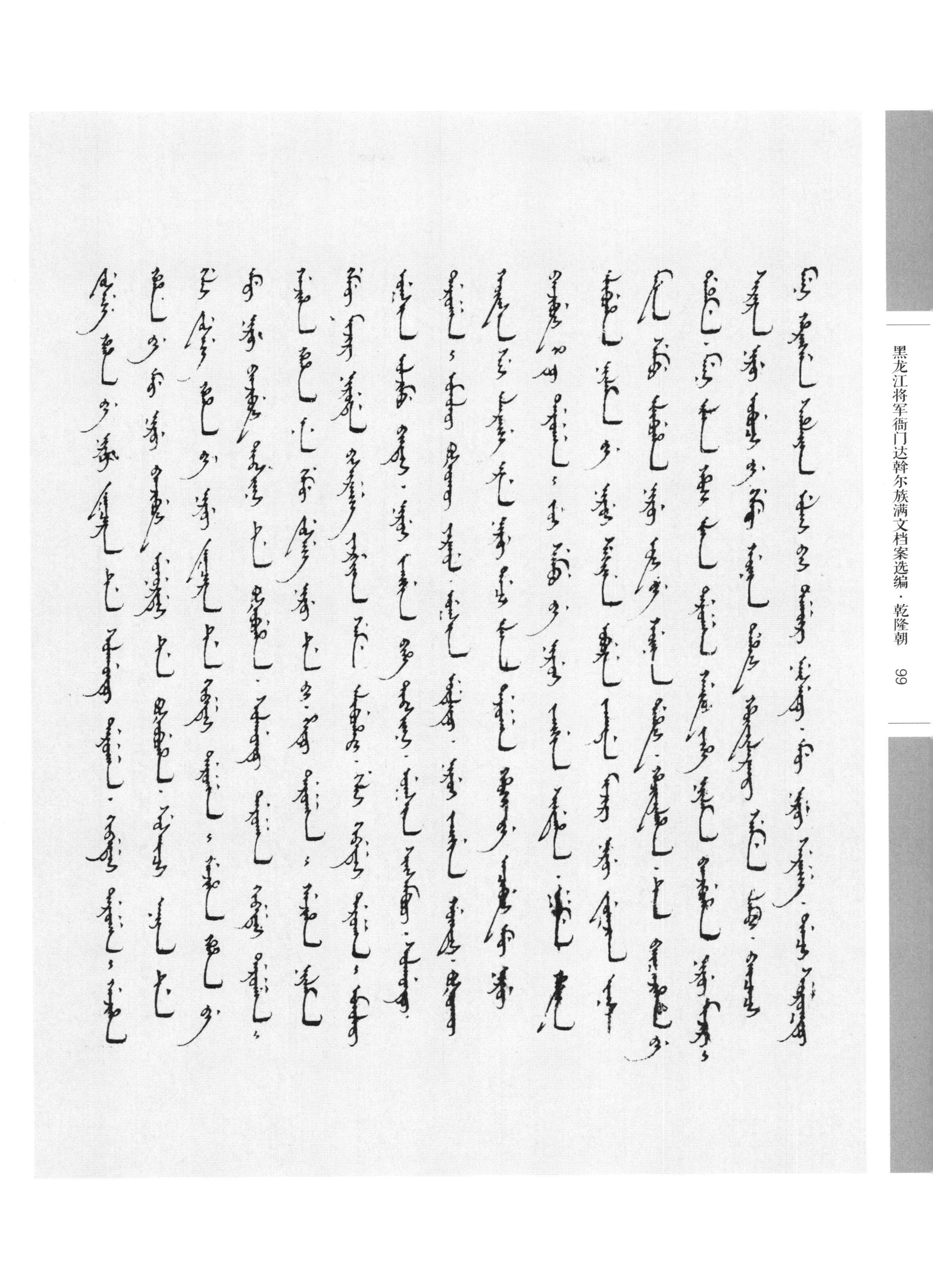

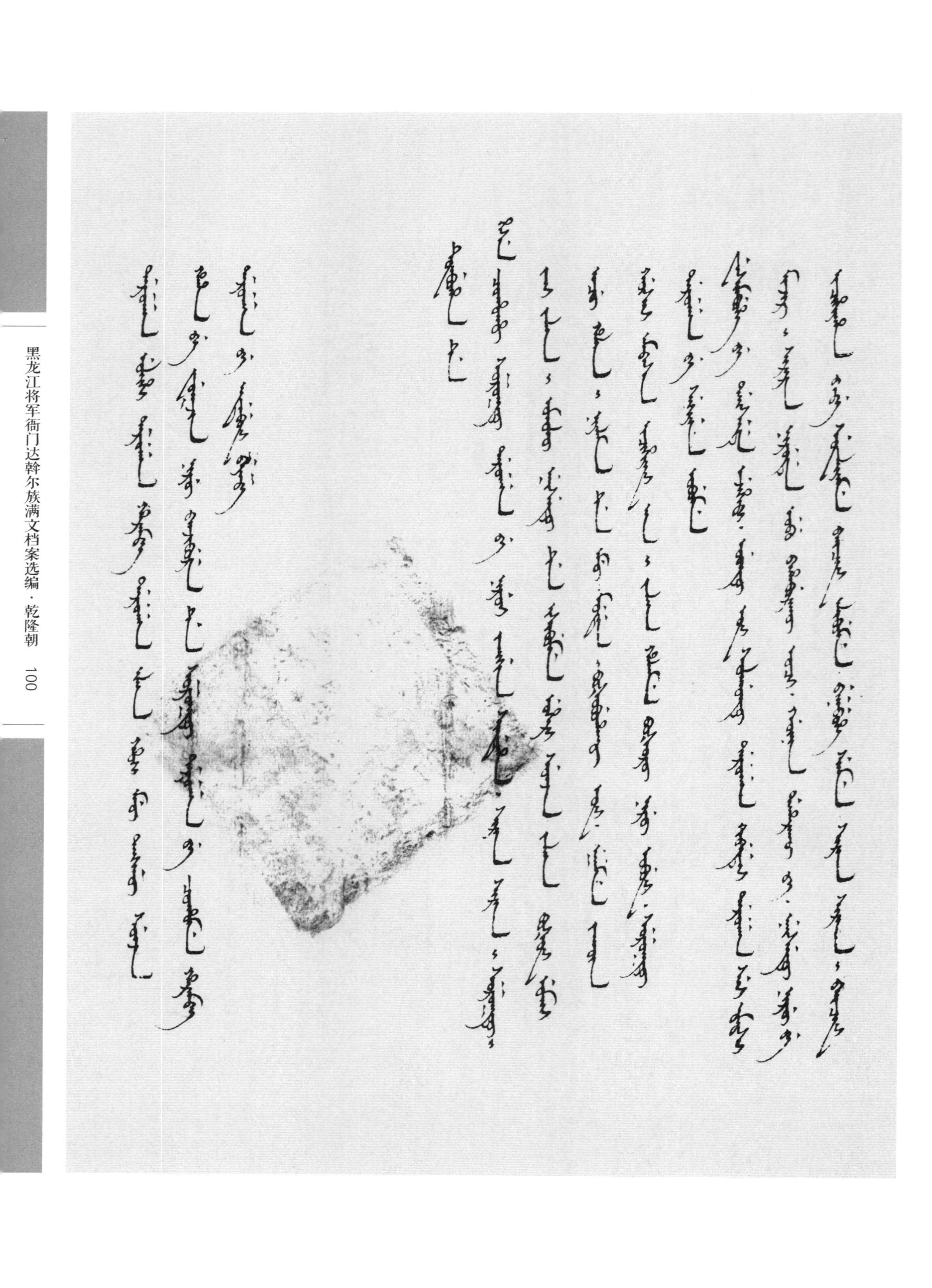

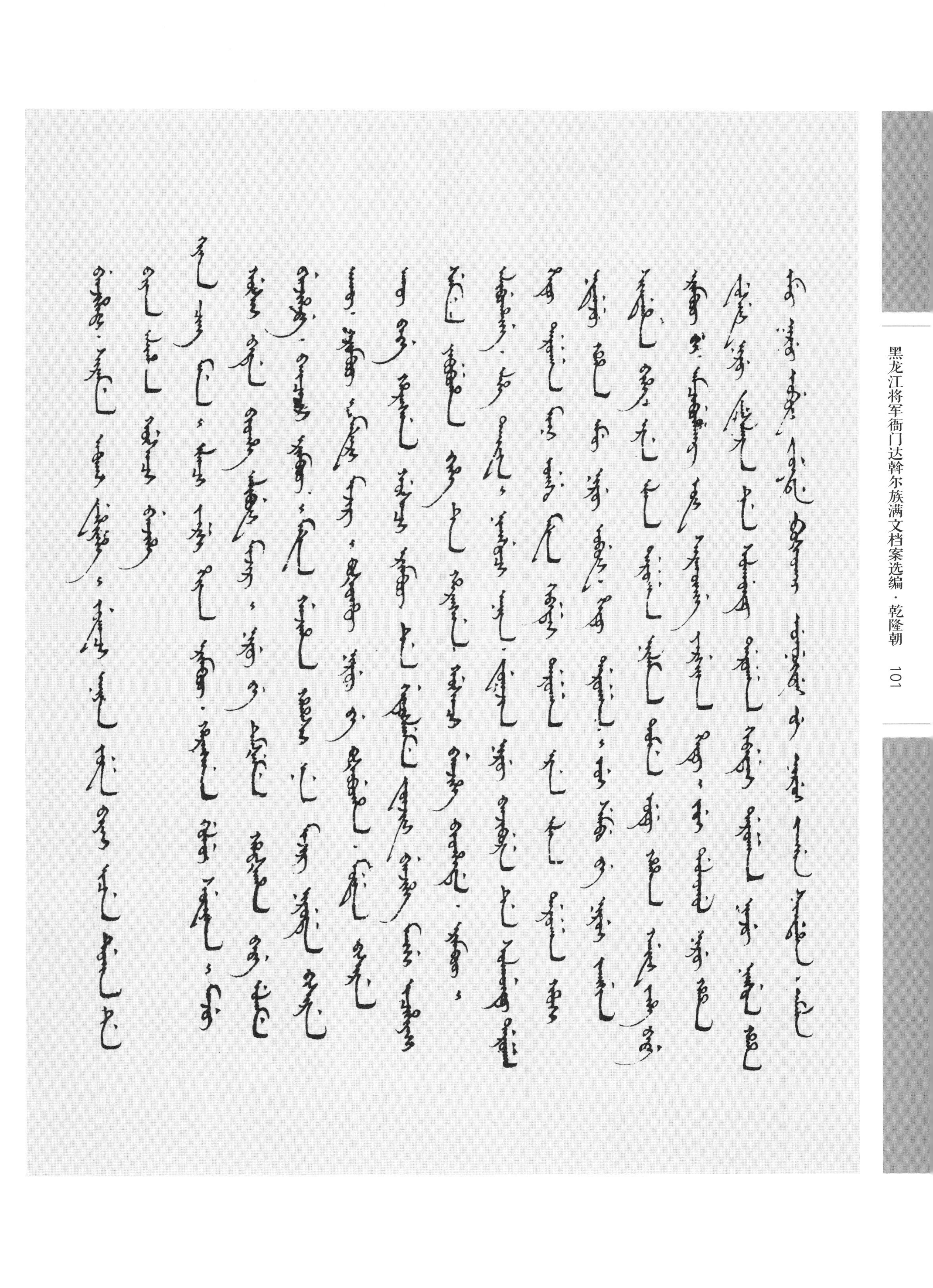

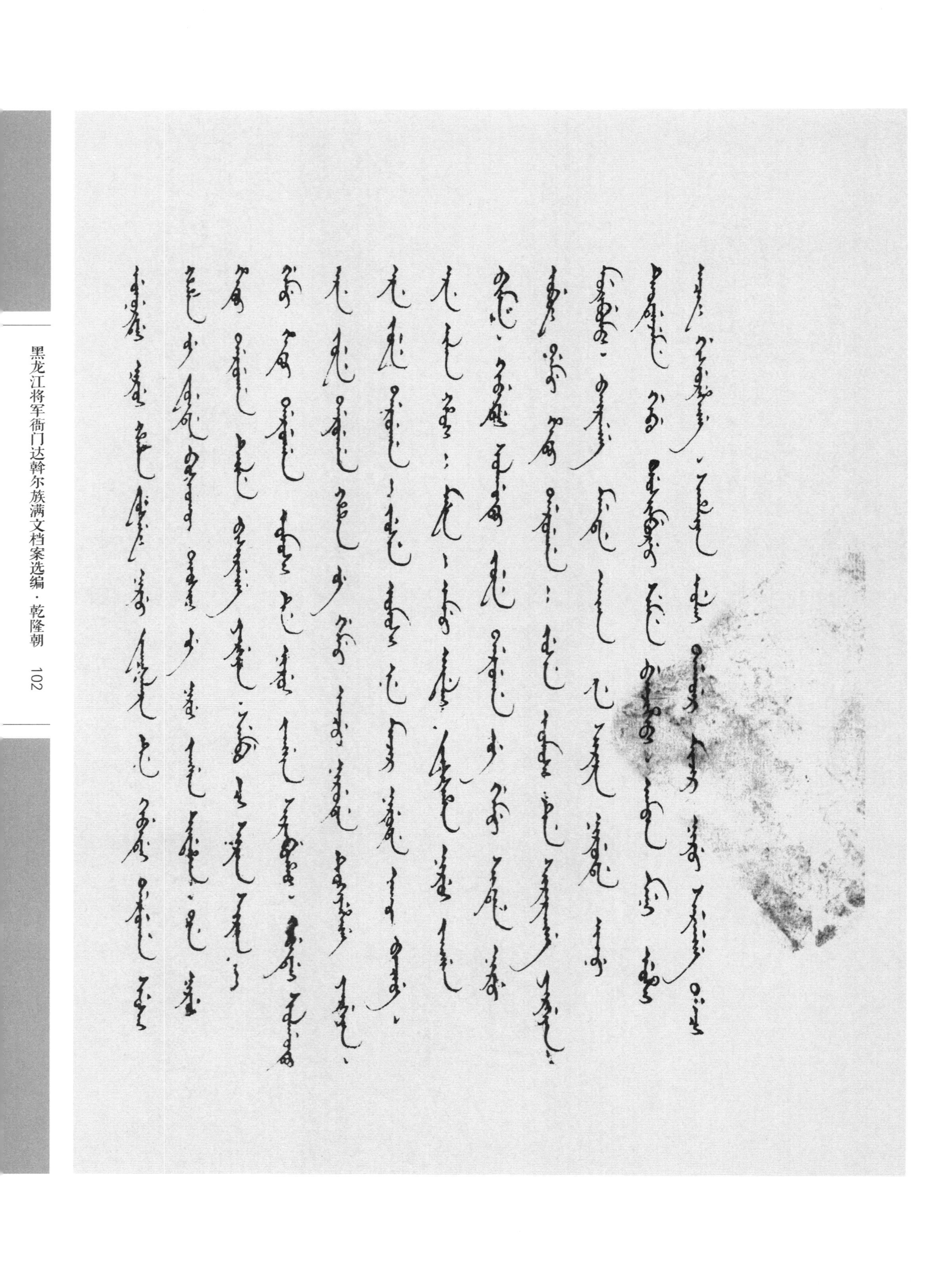

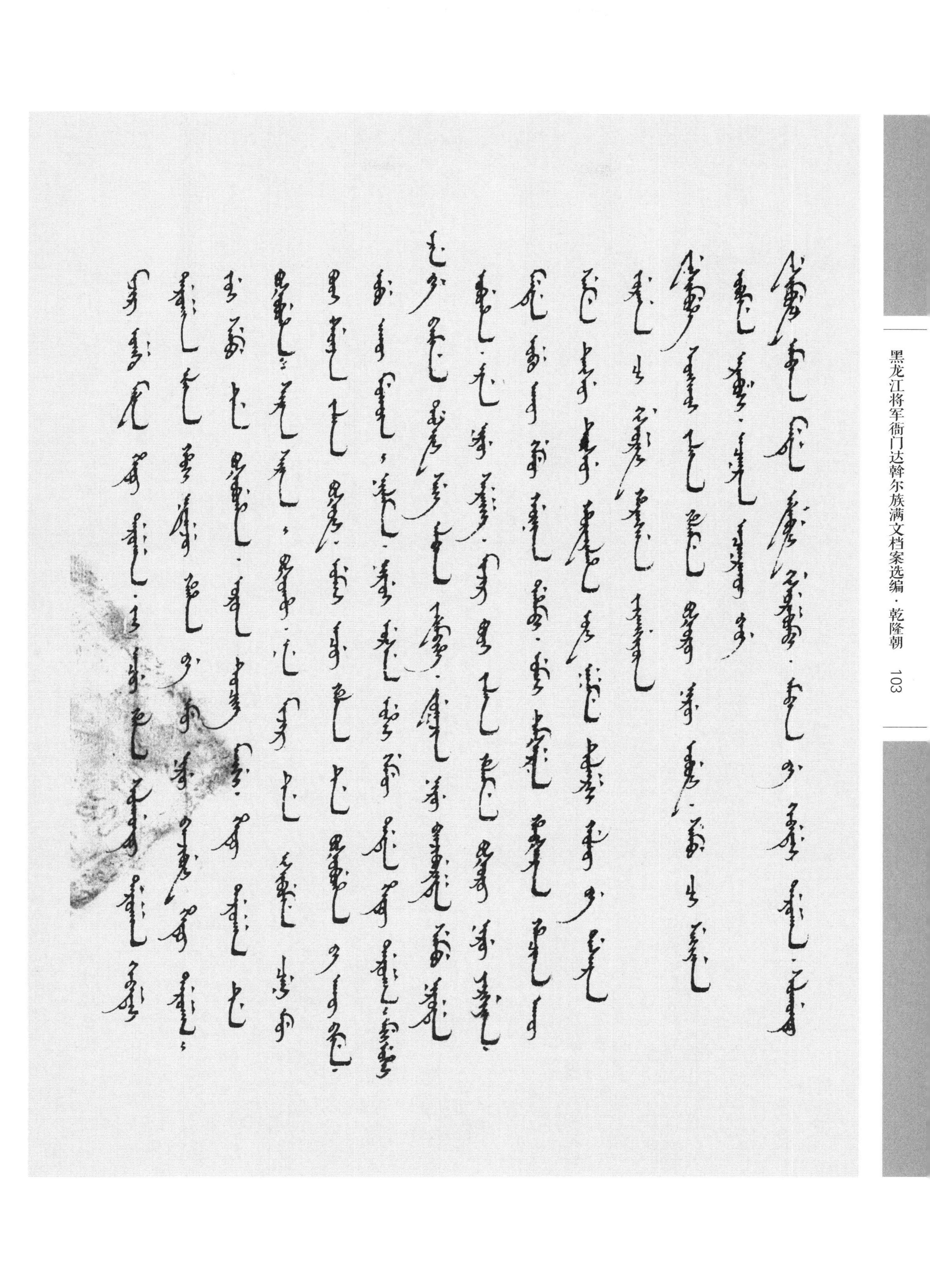

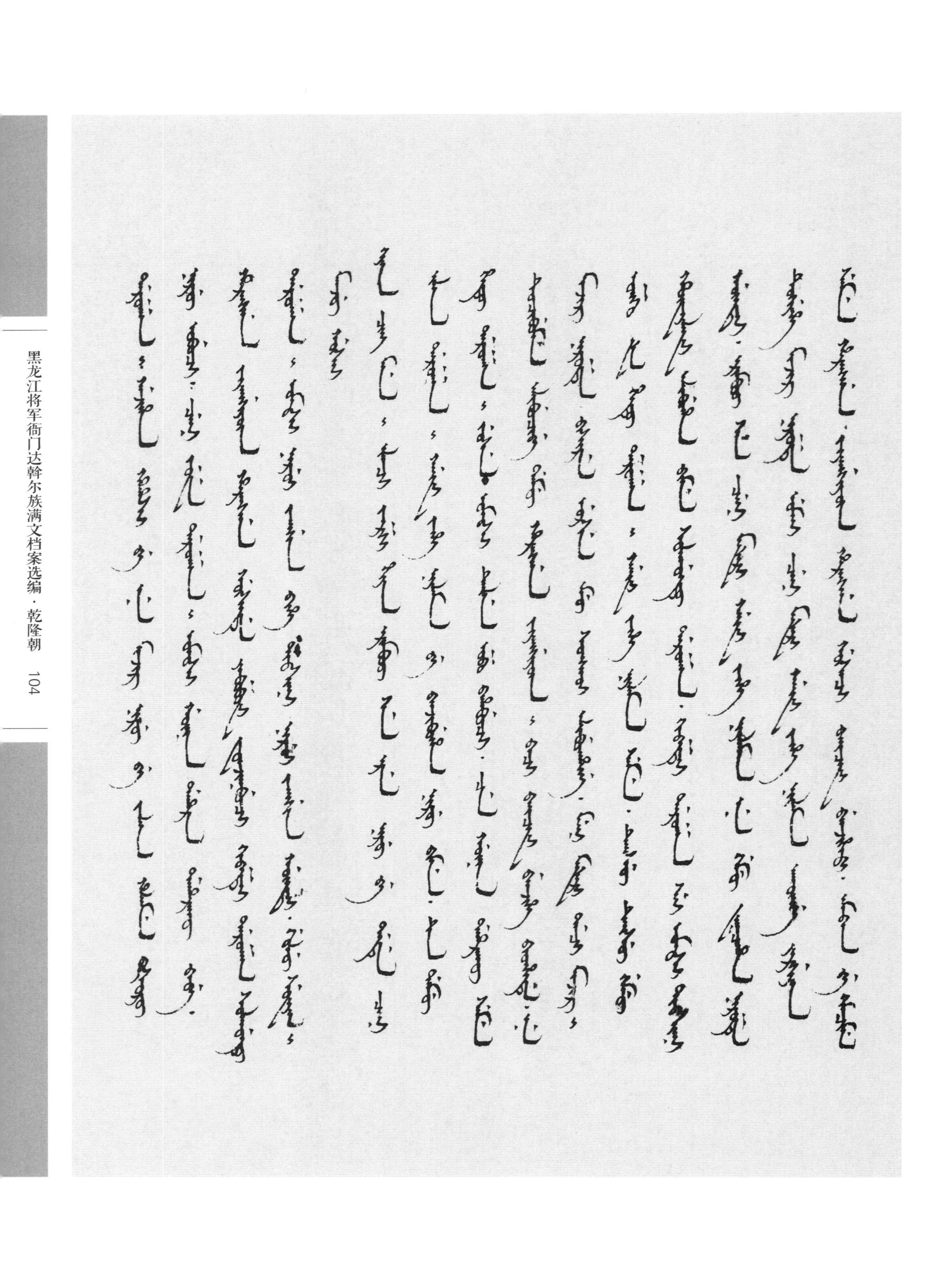

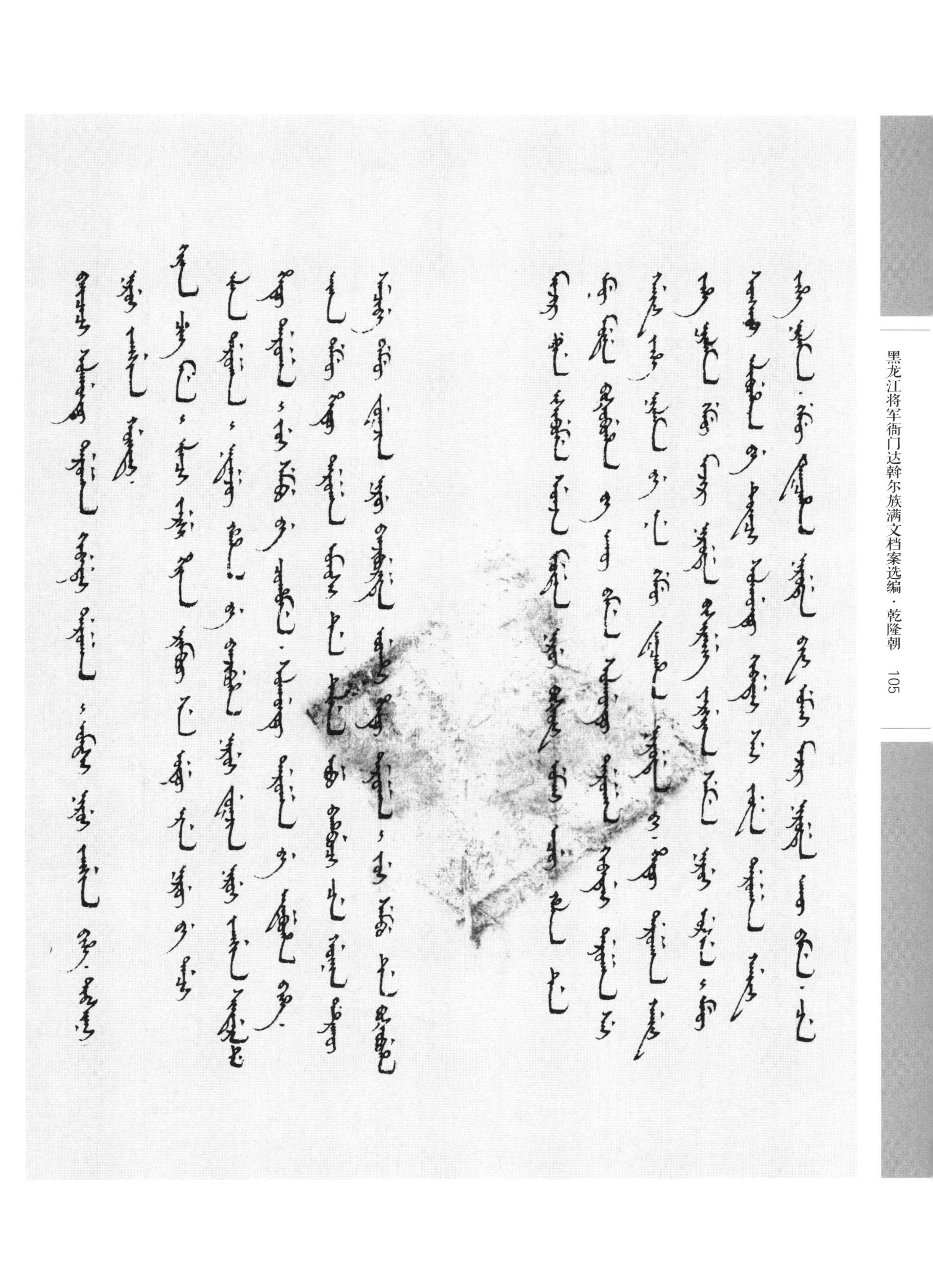

[illegible]

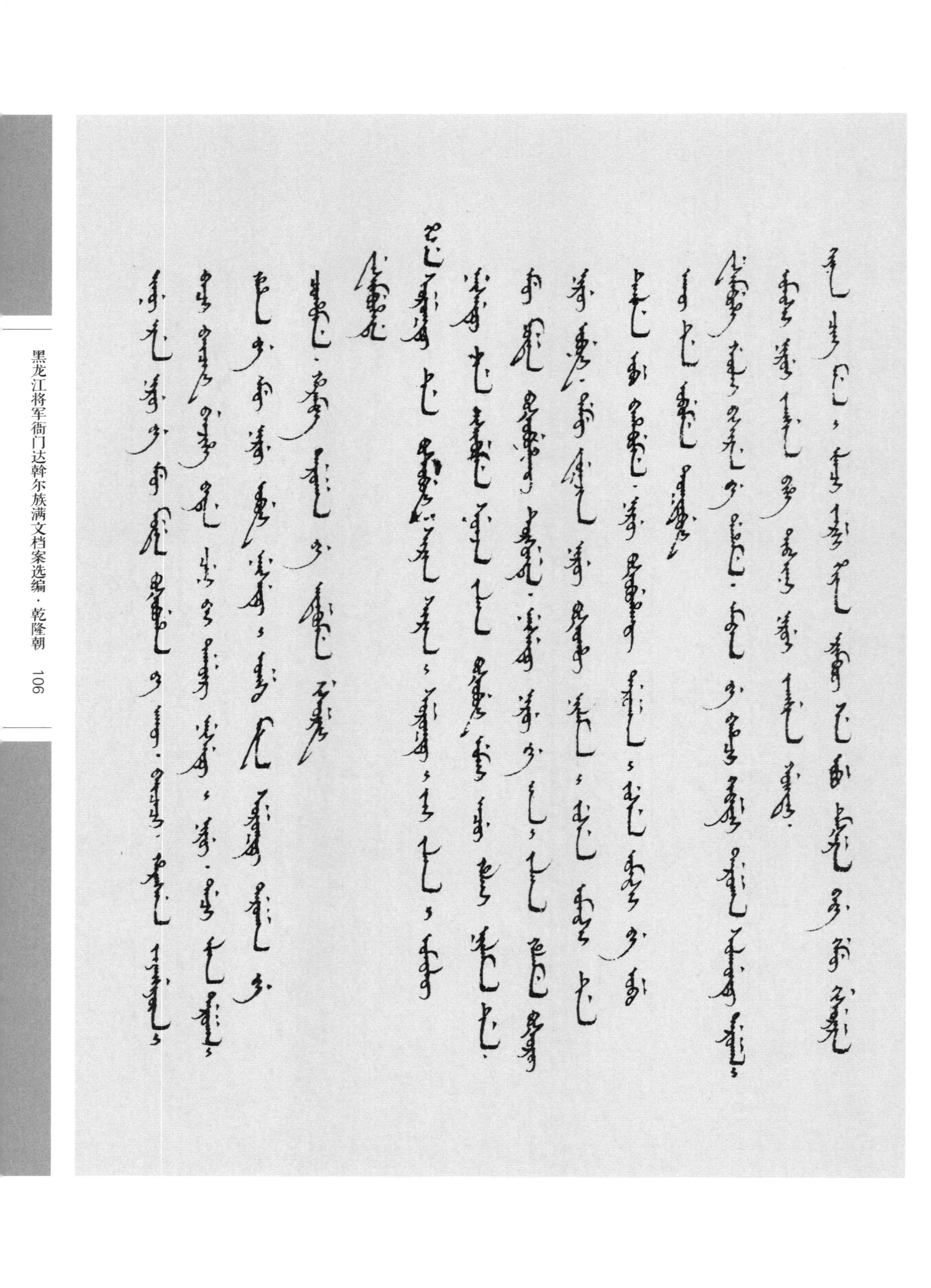

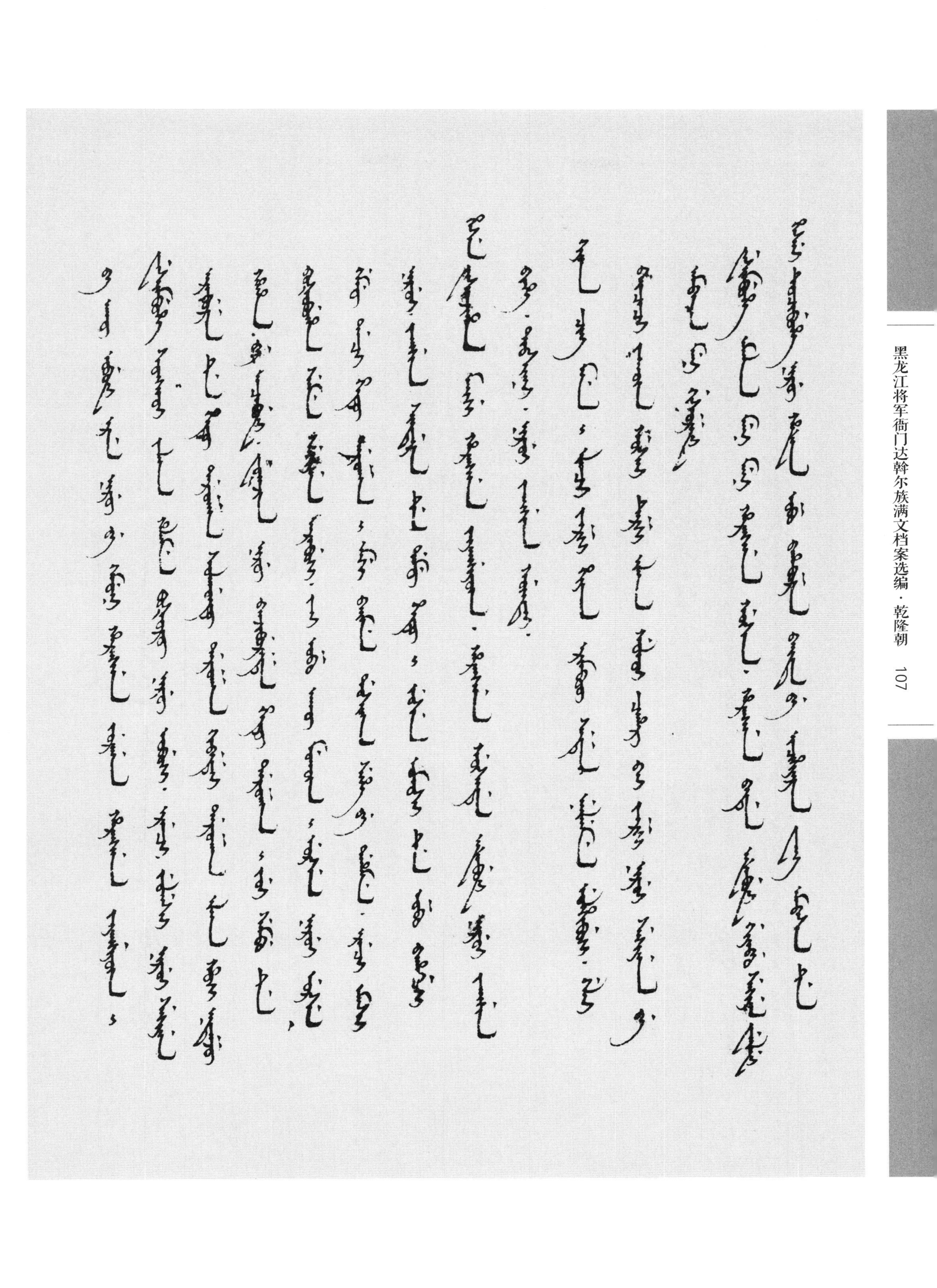

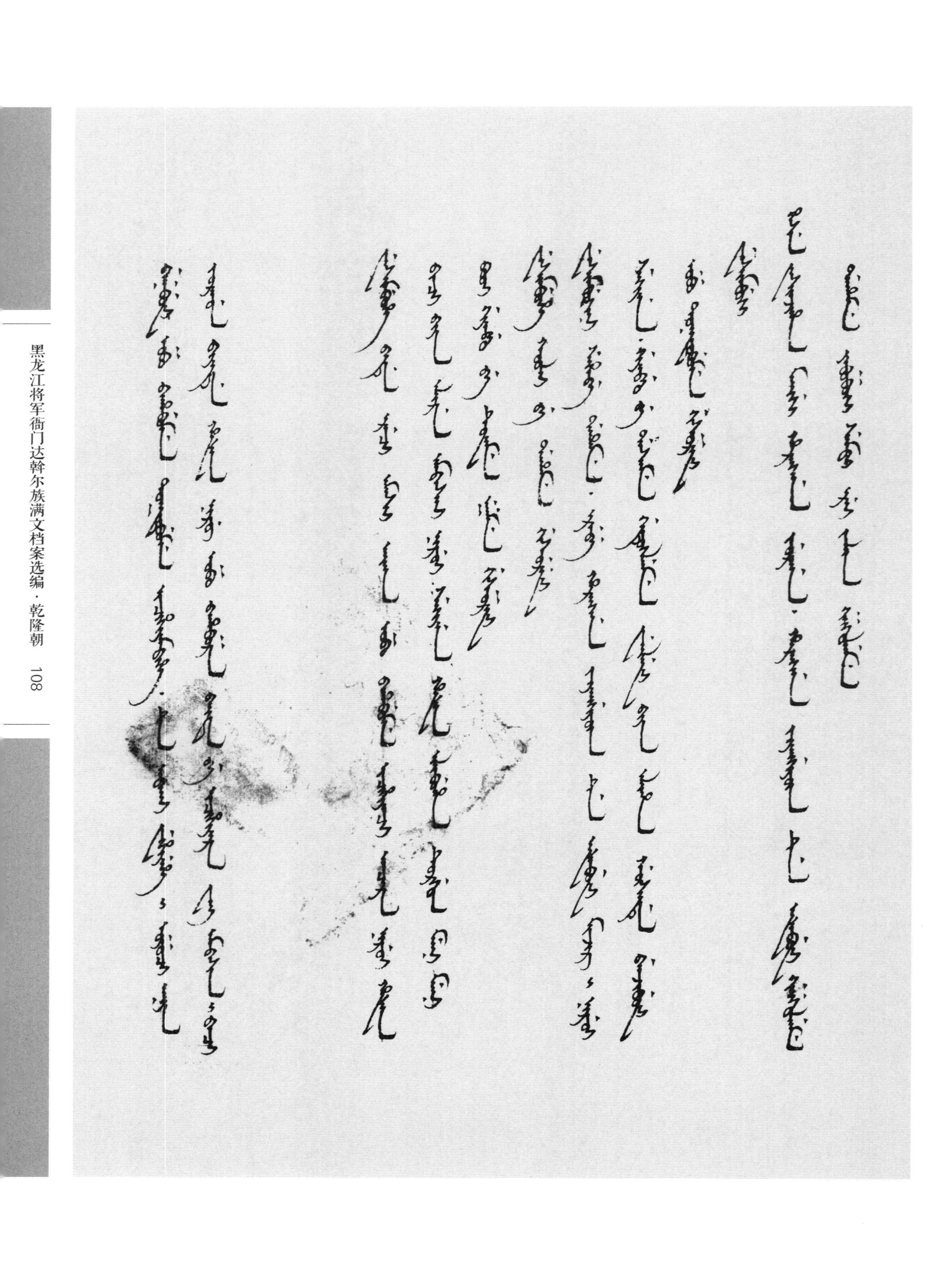

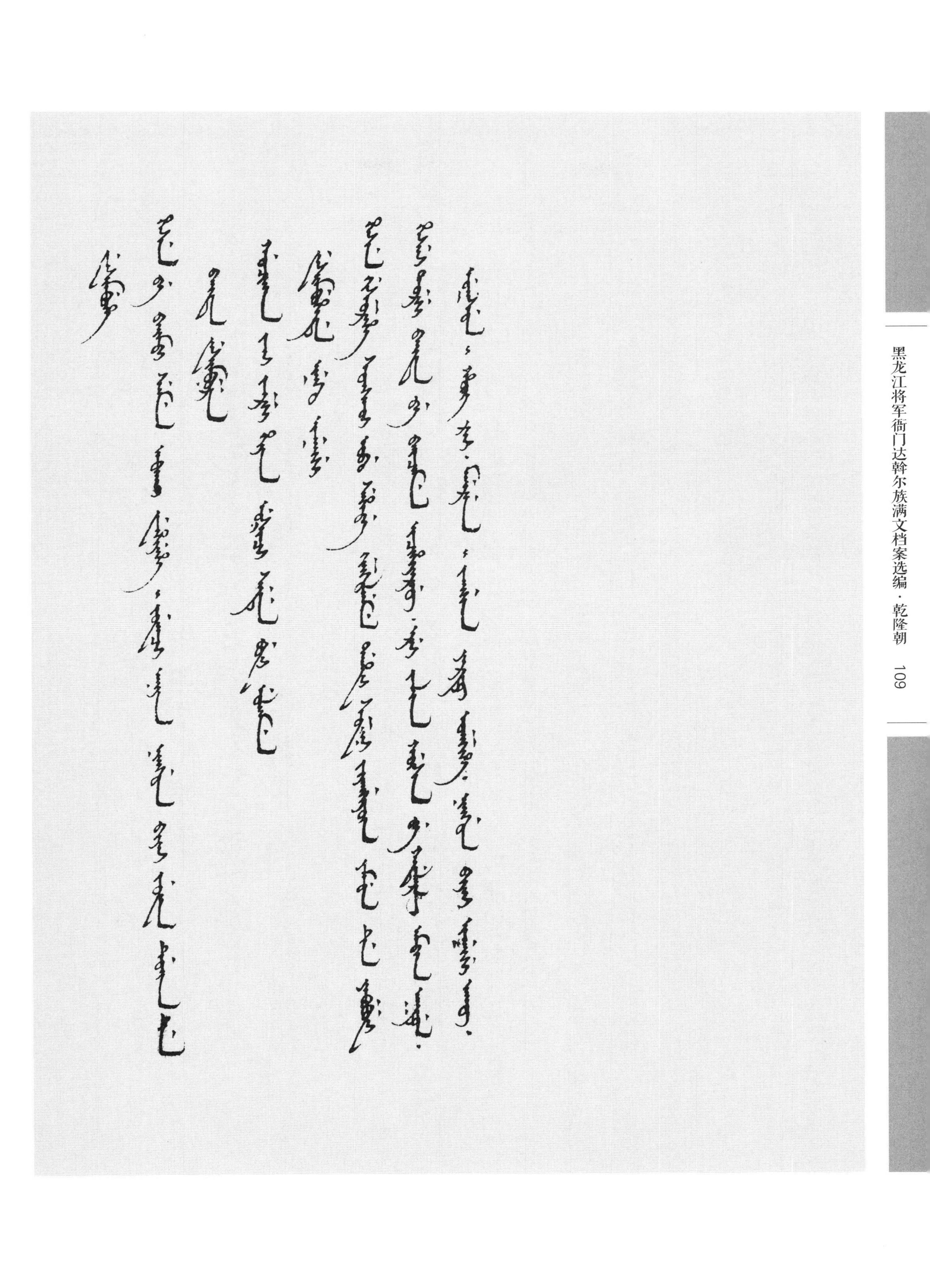

[illegible]

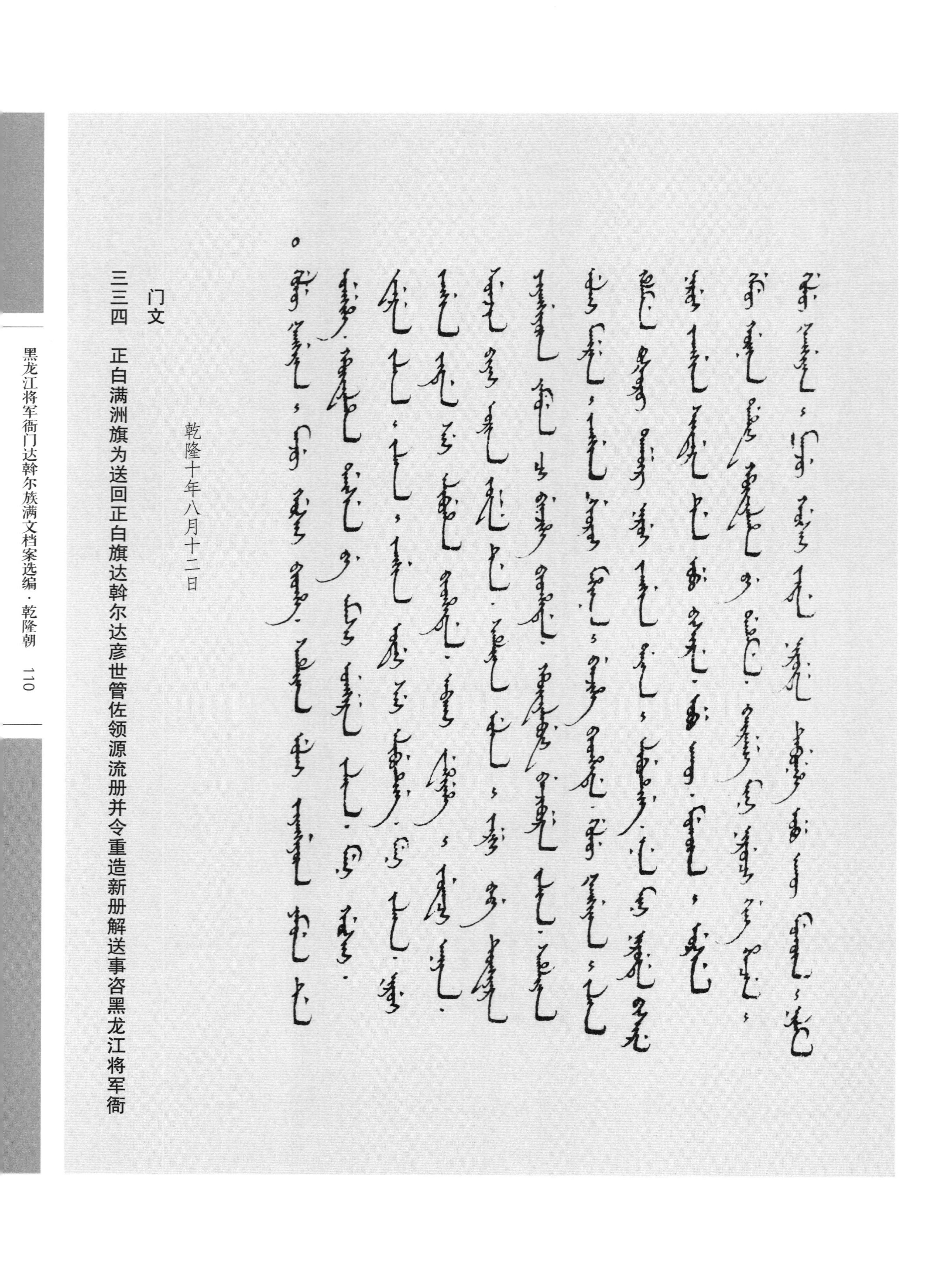

三三四 正白满洲旗为送回正白旗达斡尔达彦世管佐领源流册并令重造新册解送事咨黑龙江将军衙门文

乾隆十年八月十二日

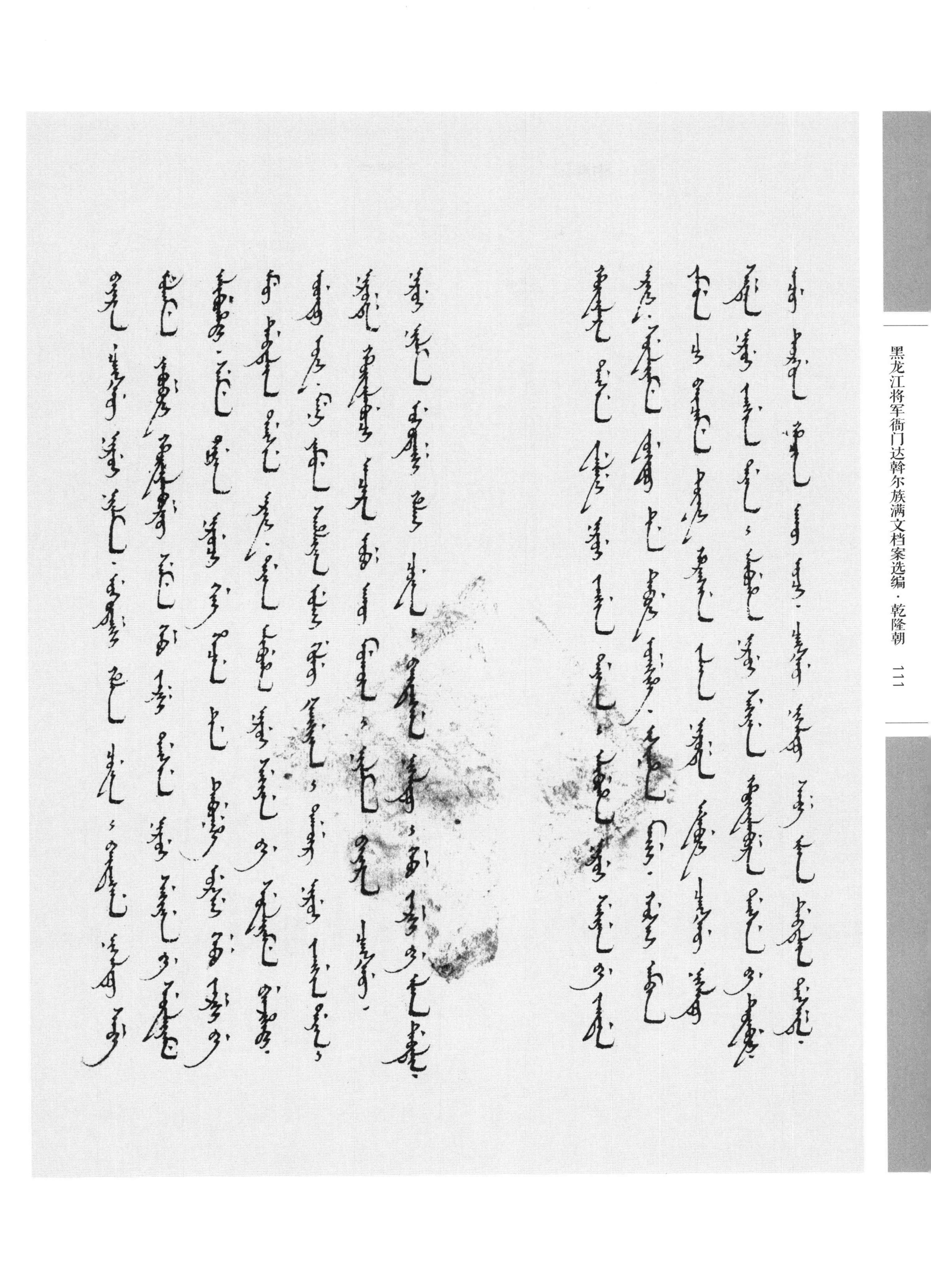

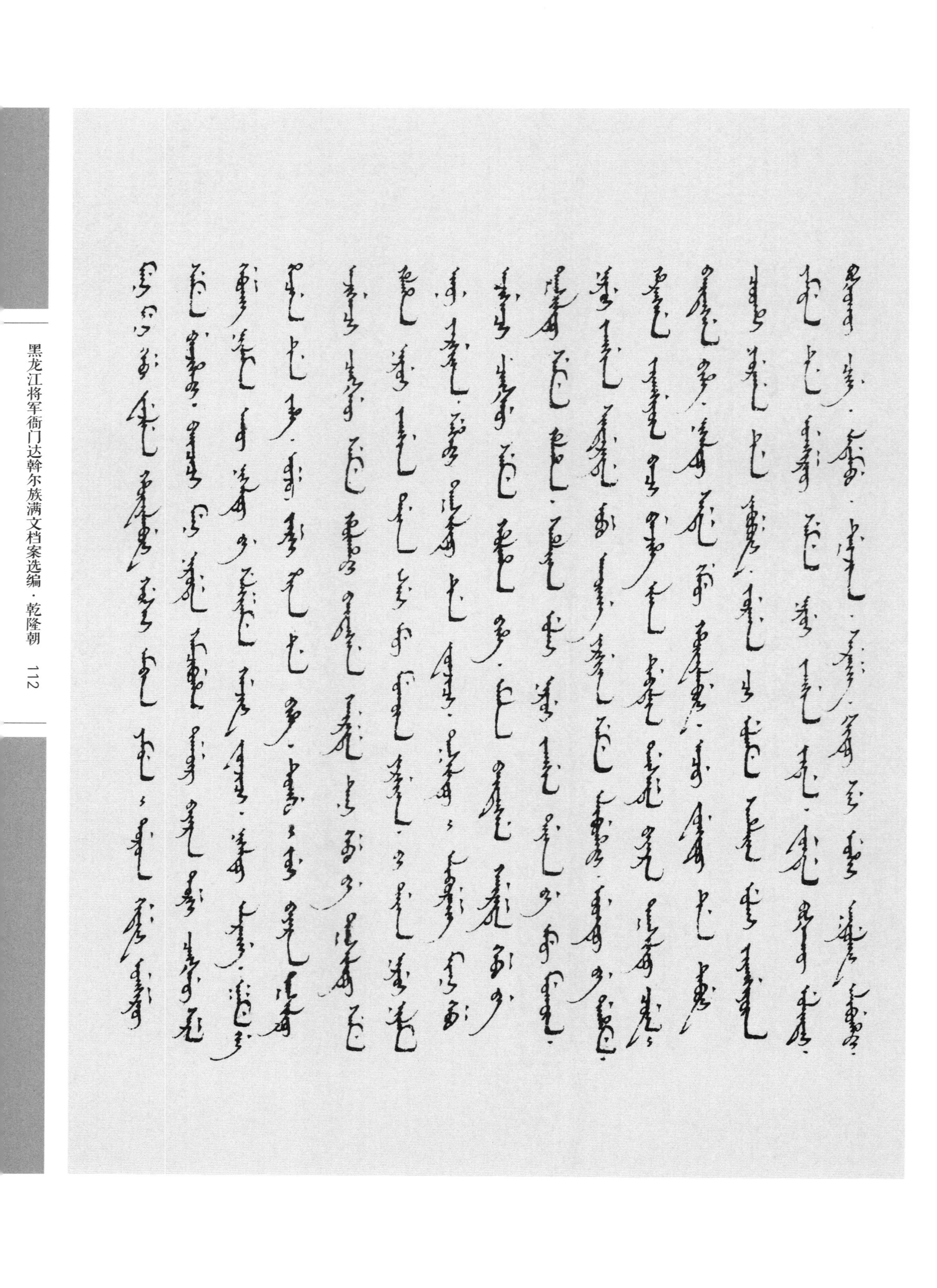

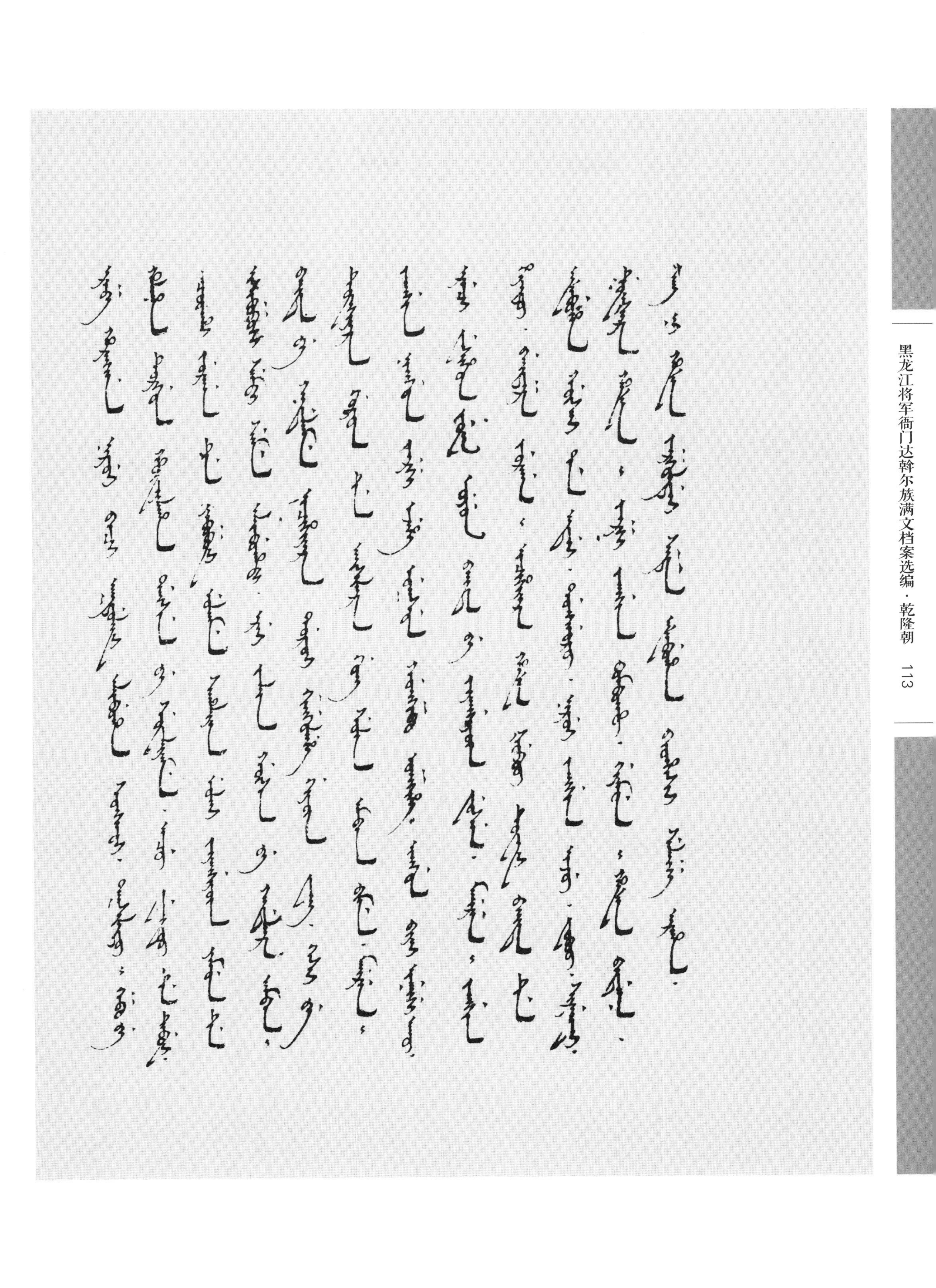

三三五 黑龙江将军衙门为镶黄旗达斡尔三等侍卫锡通阿探母期间感染伤寒现已痊愈回京事咨兵部文

乾隆十年八月十九日

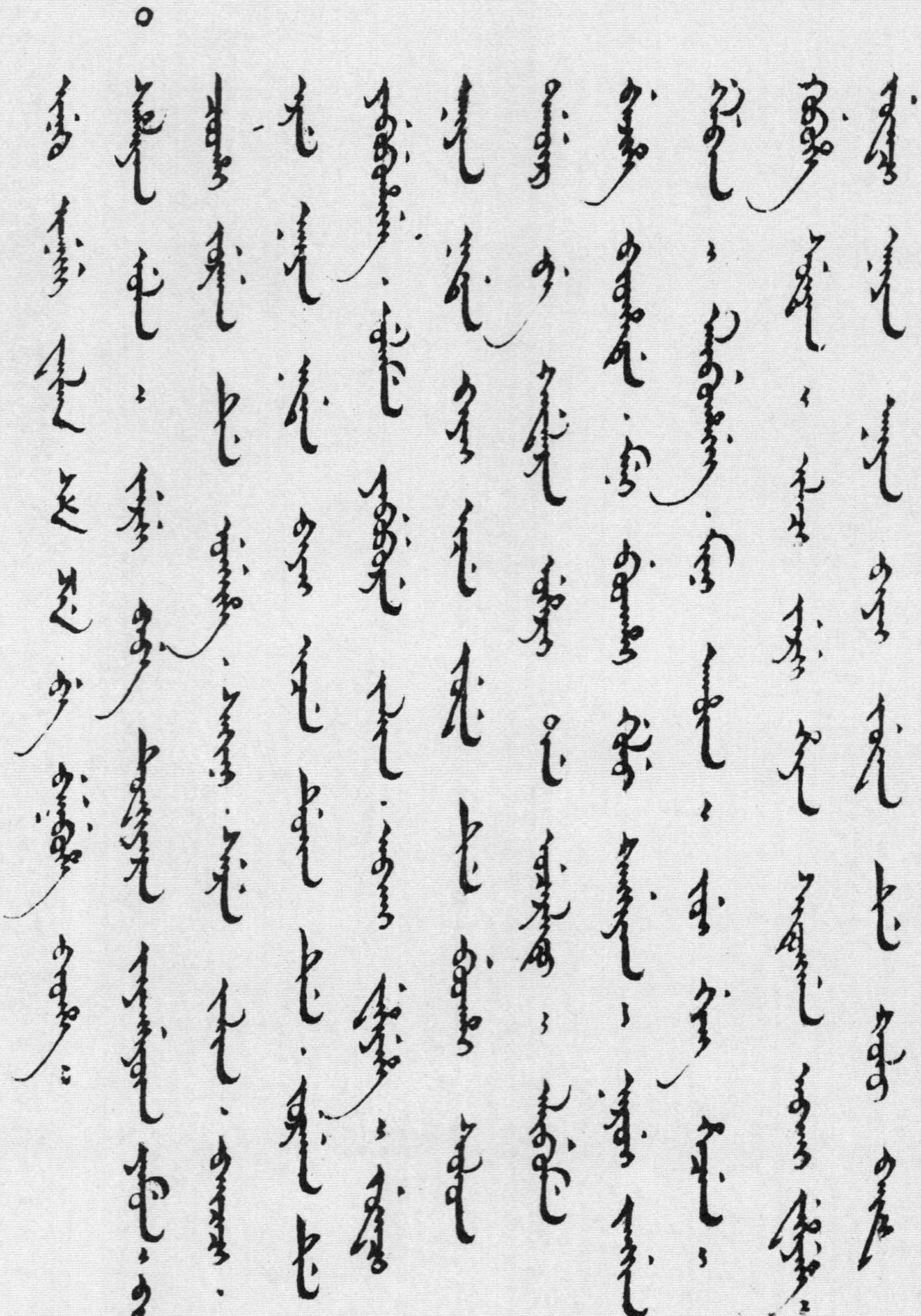

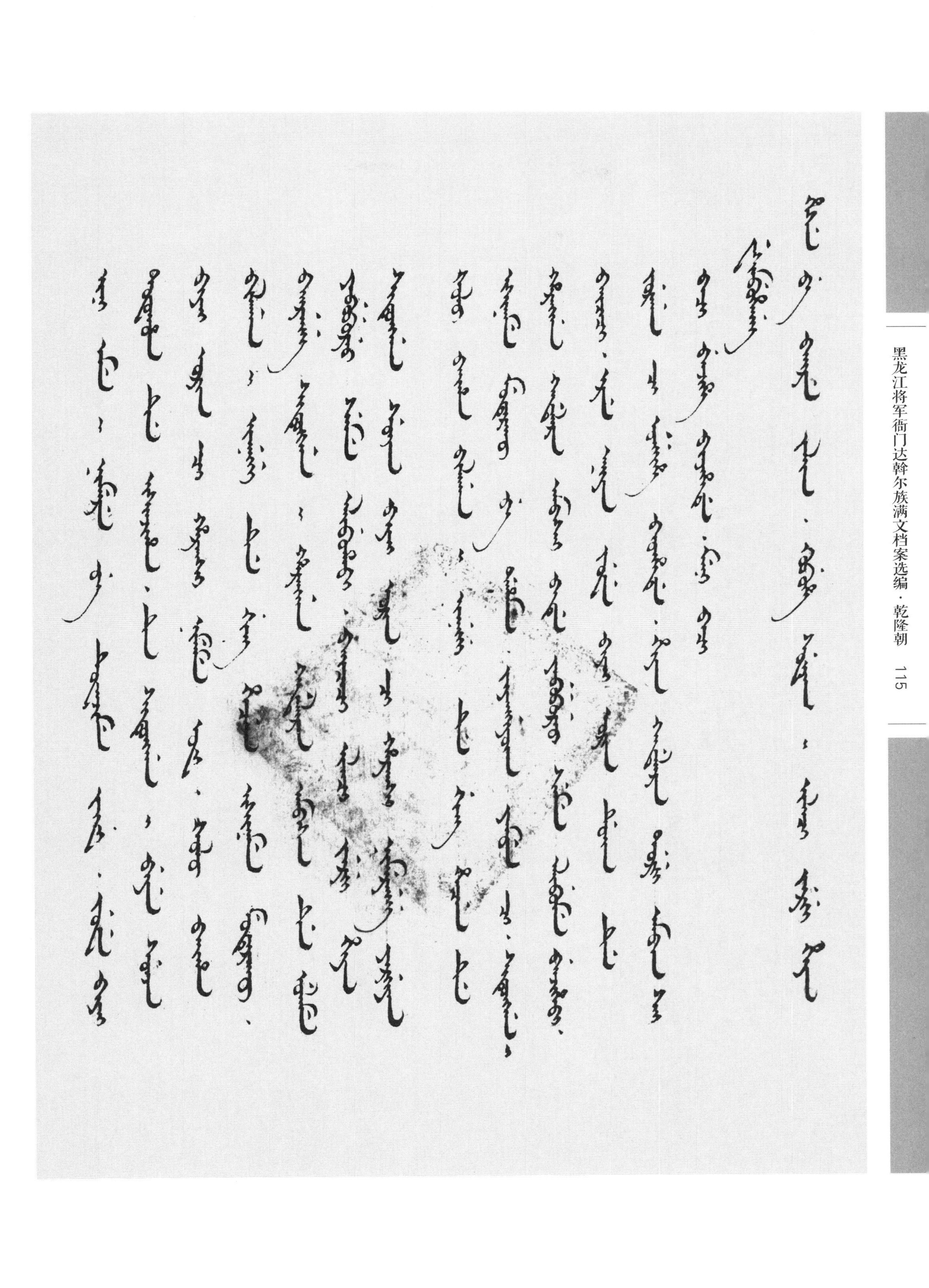

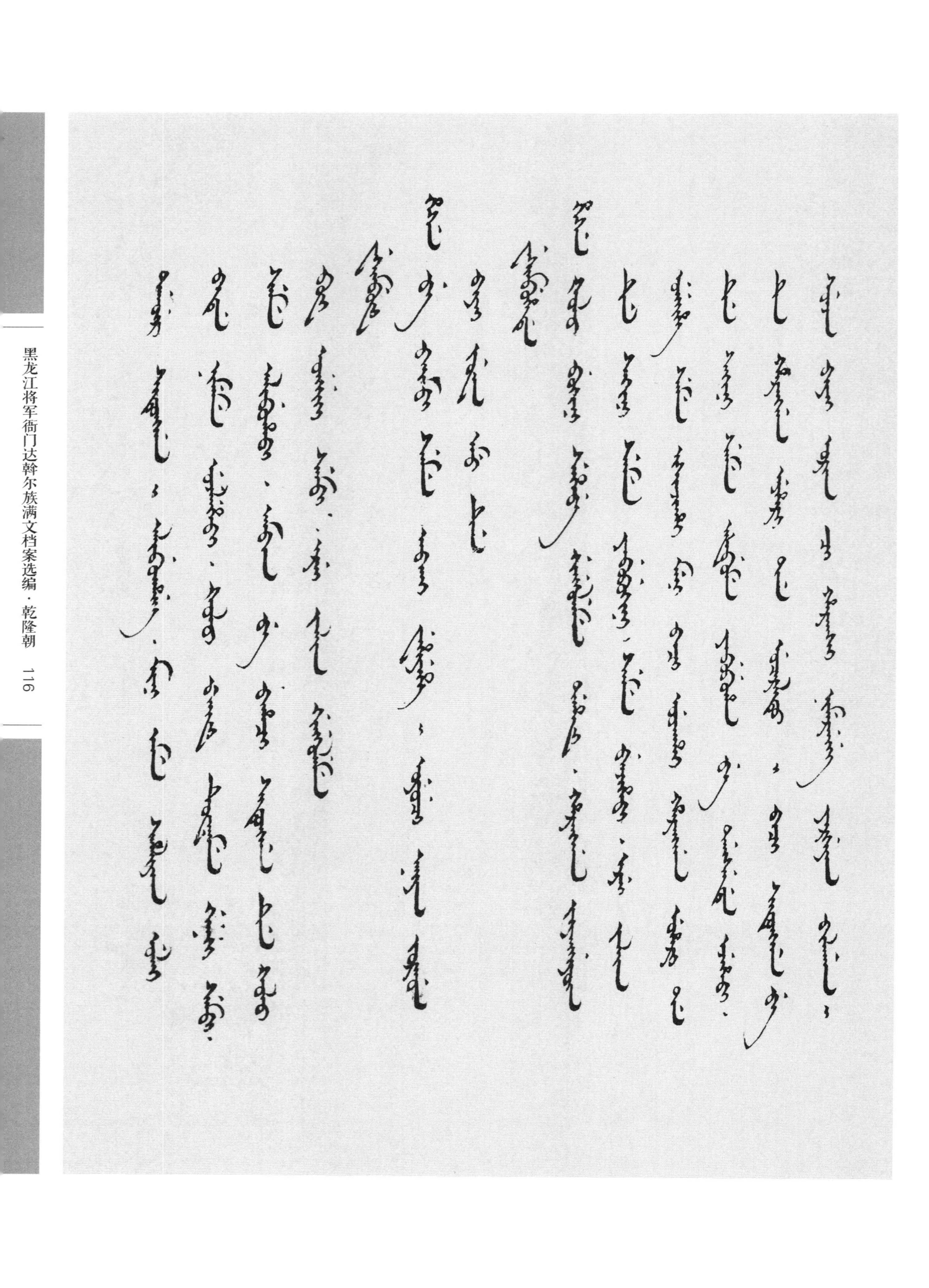

[illegible]

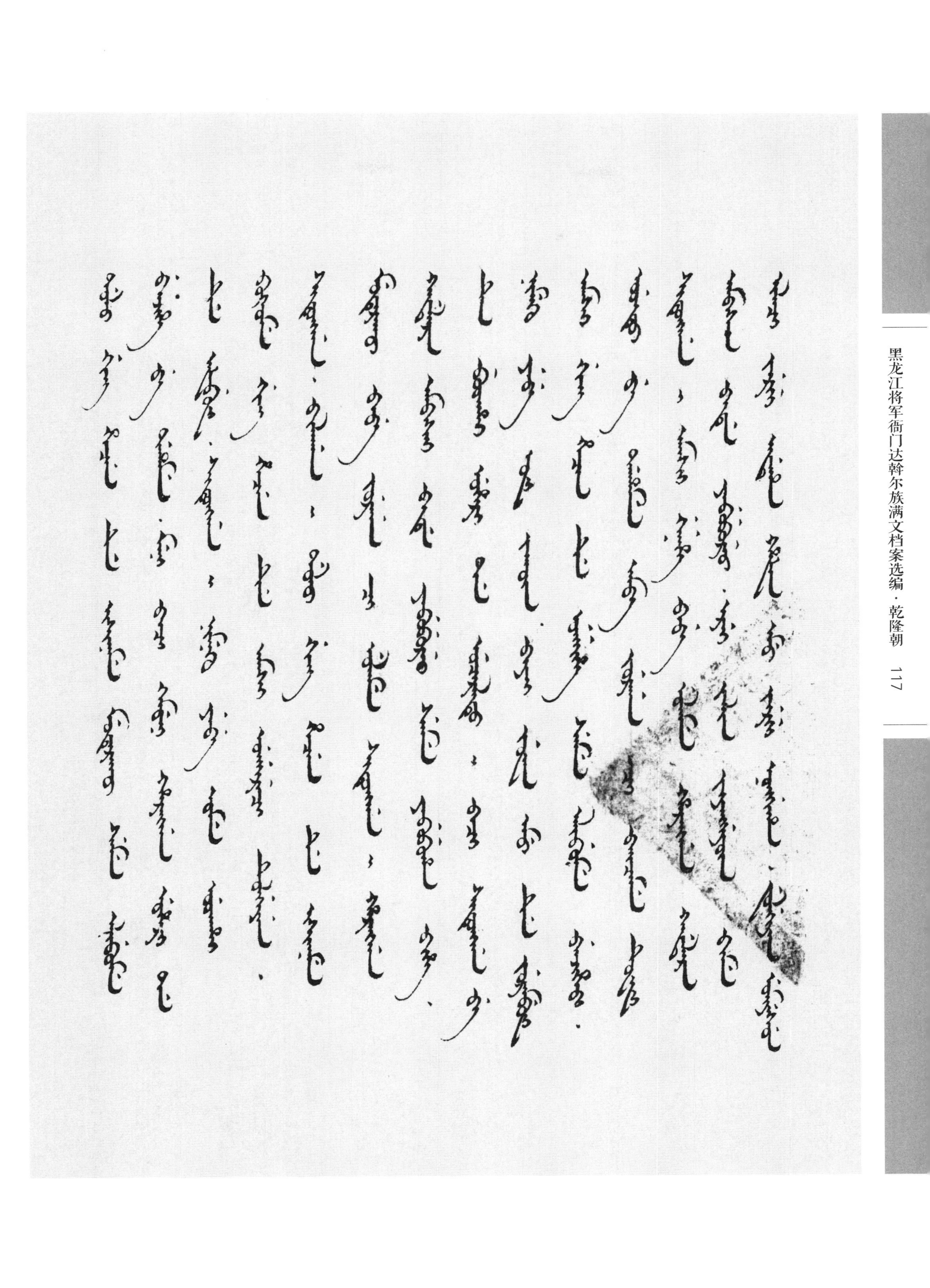

[illegible]

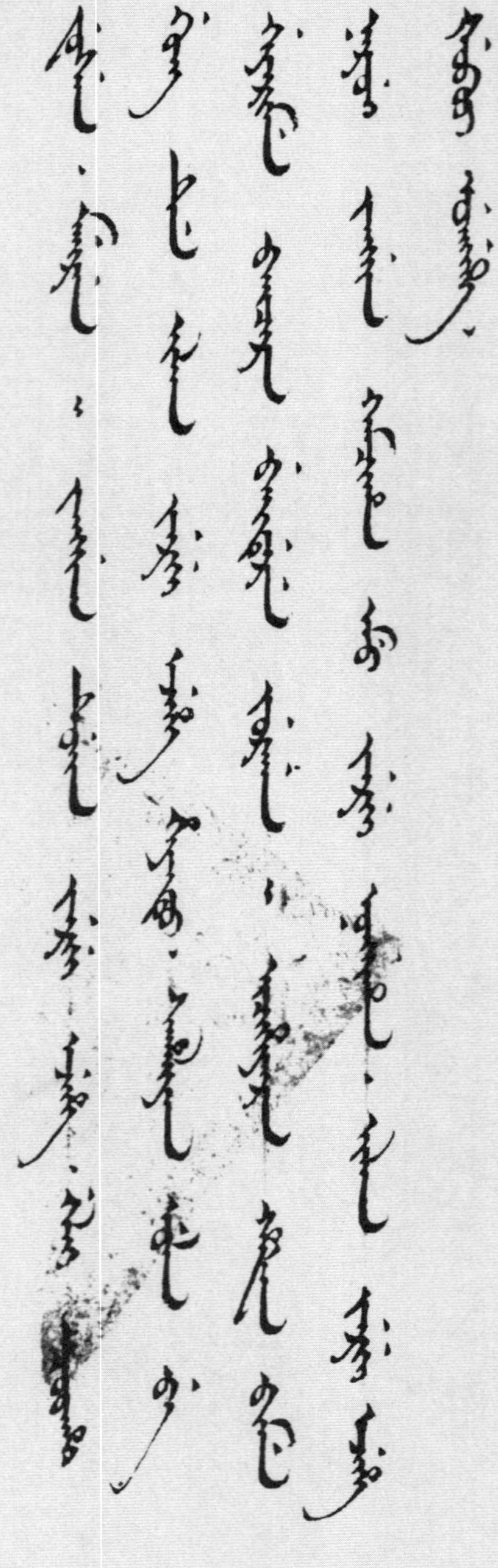

三三六　黑龙江将军衙门为报布特哈索伦达斡尔等捕貂丁数并派员赴京解送貂皮事咨理藩院文

乾隆十年八月十九日

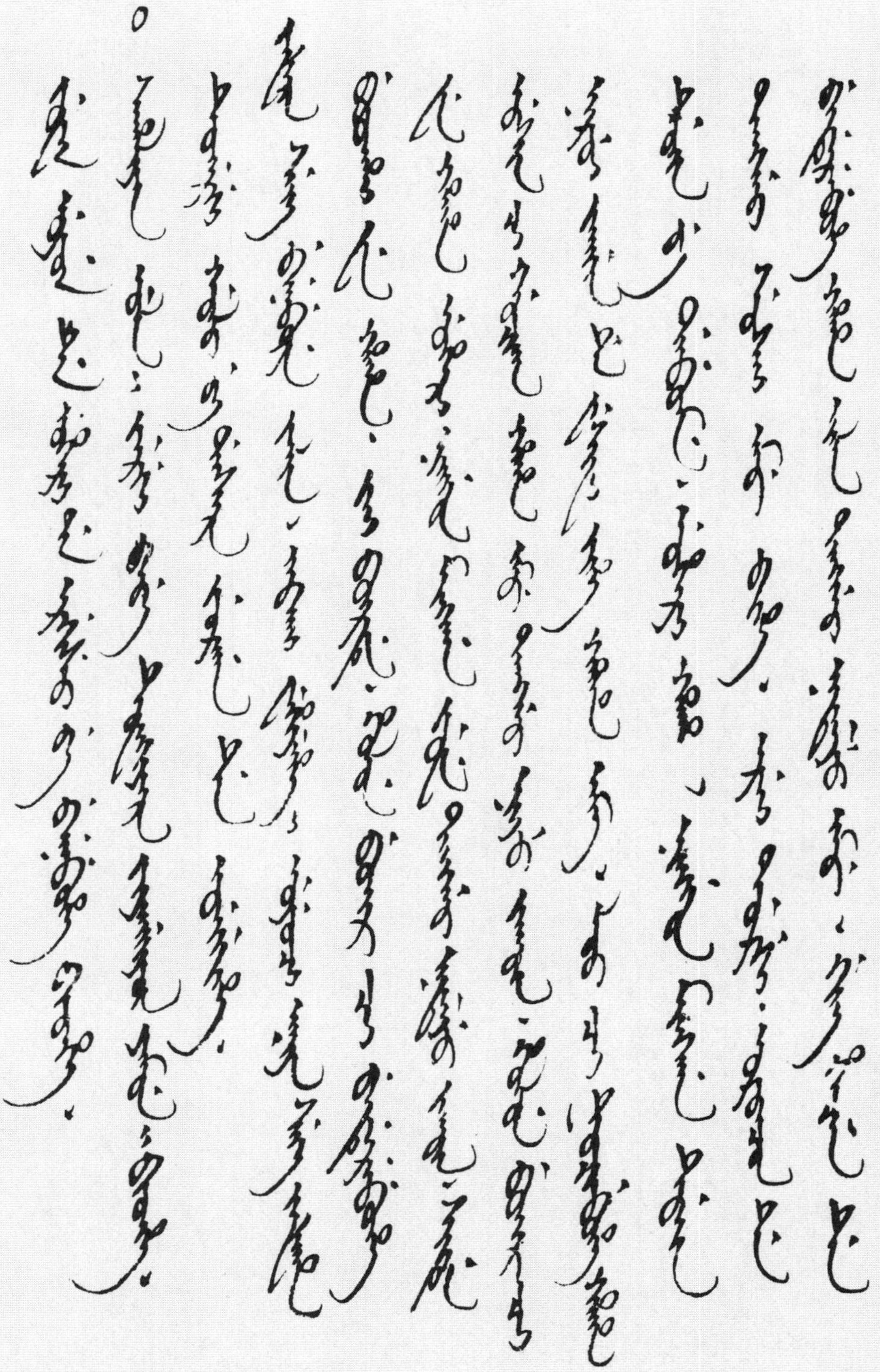

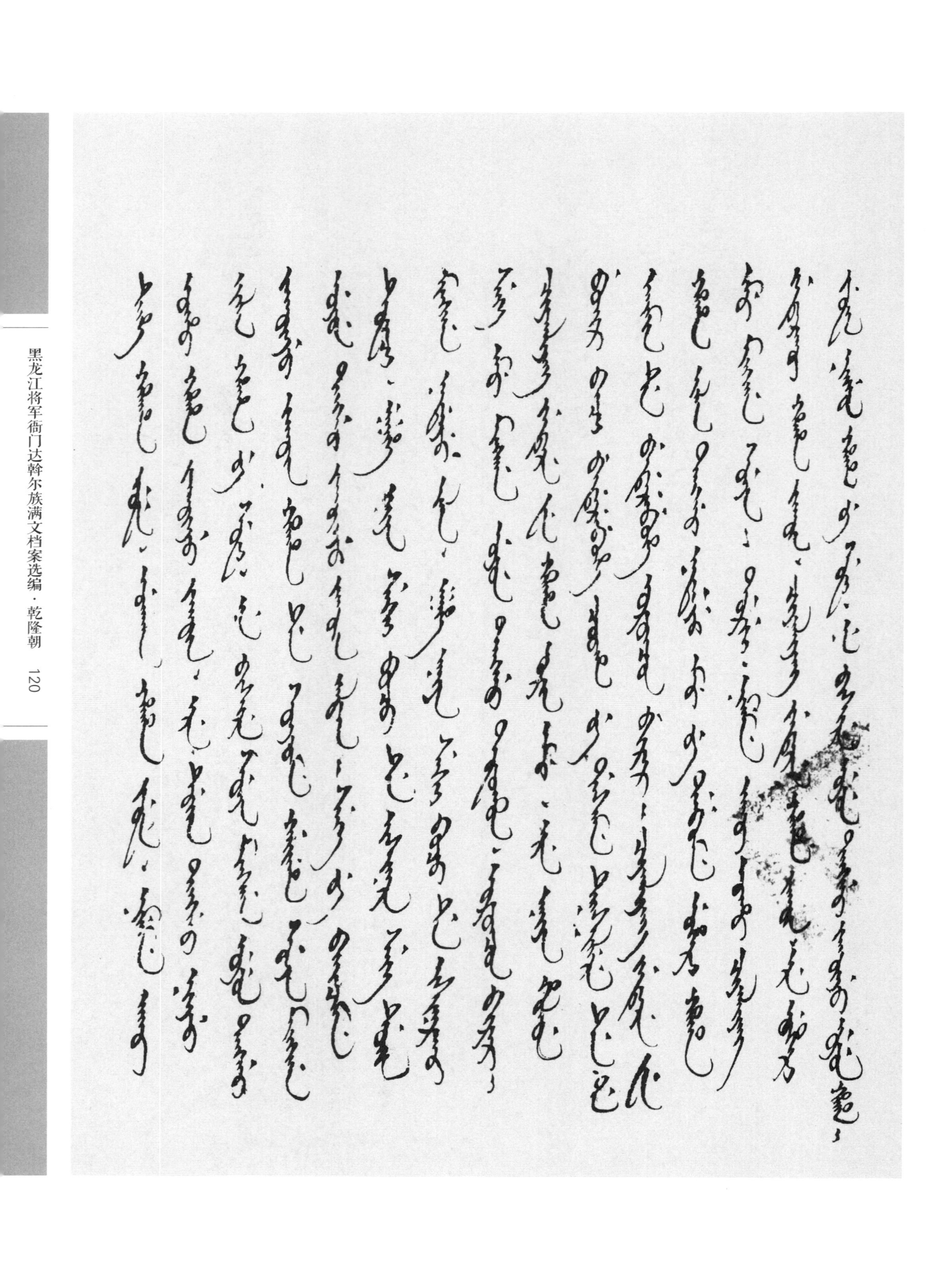

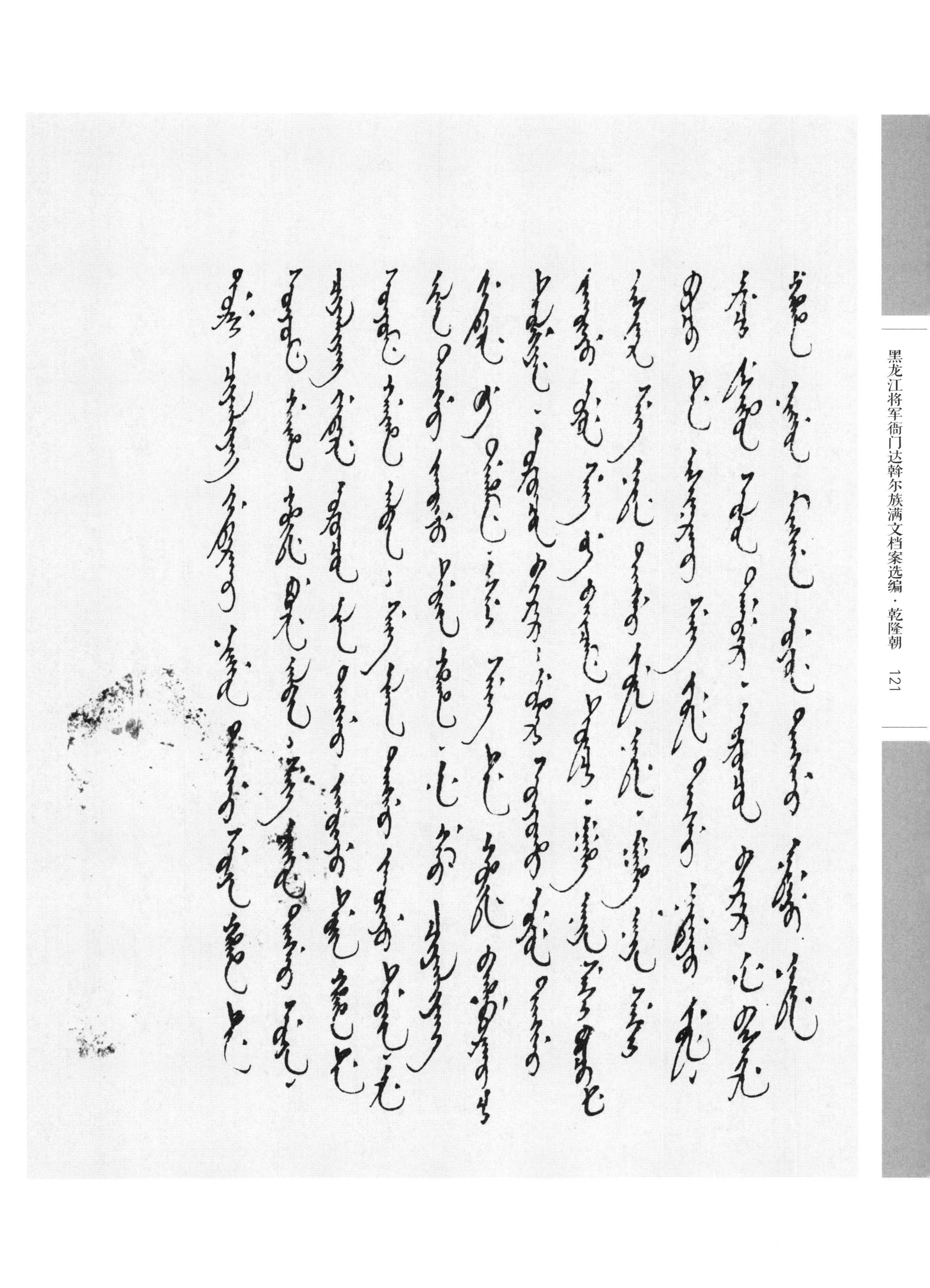

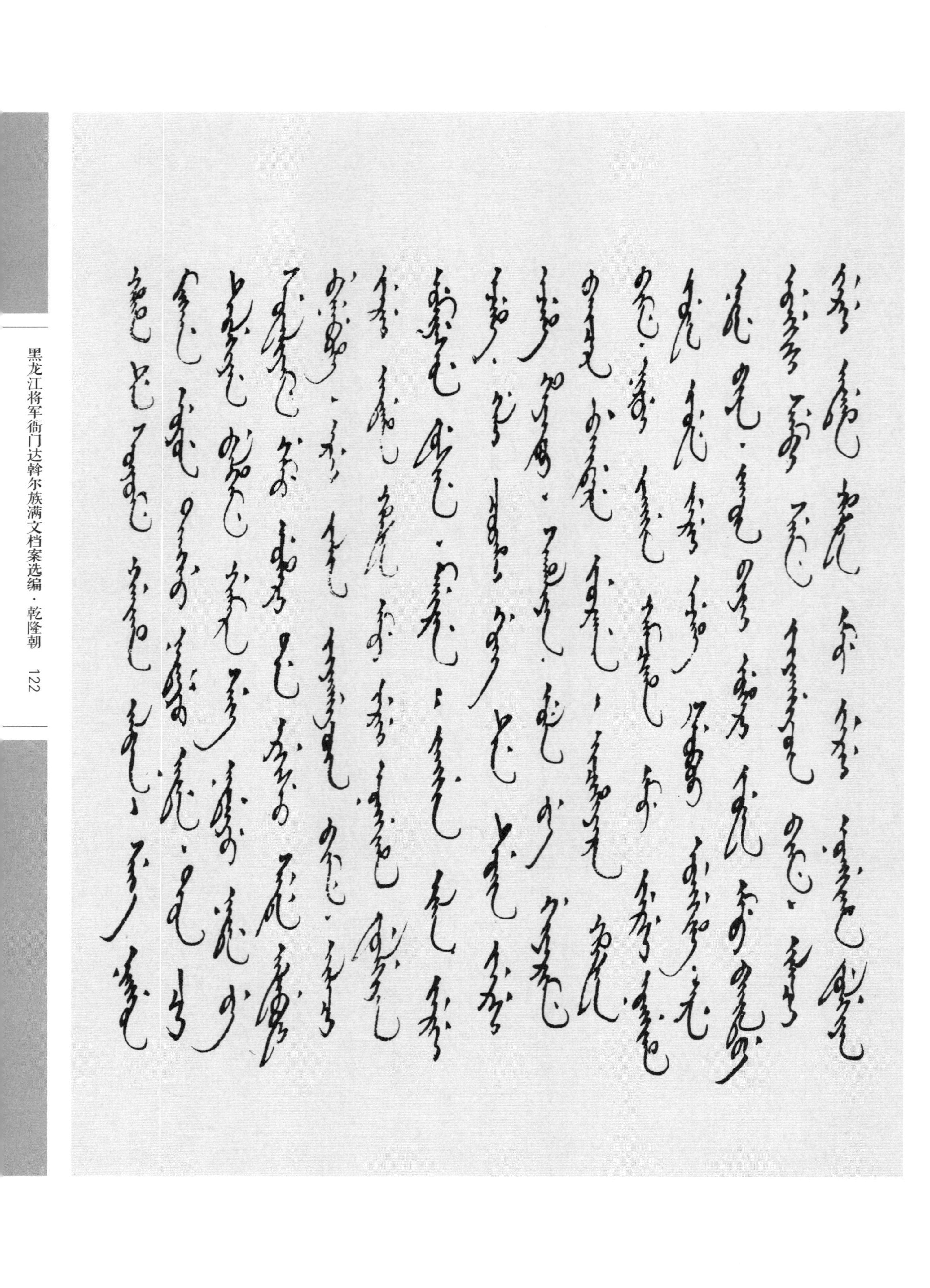

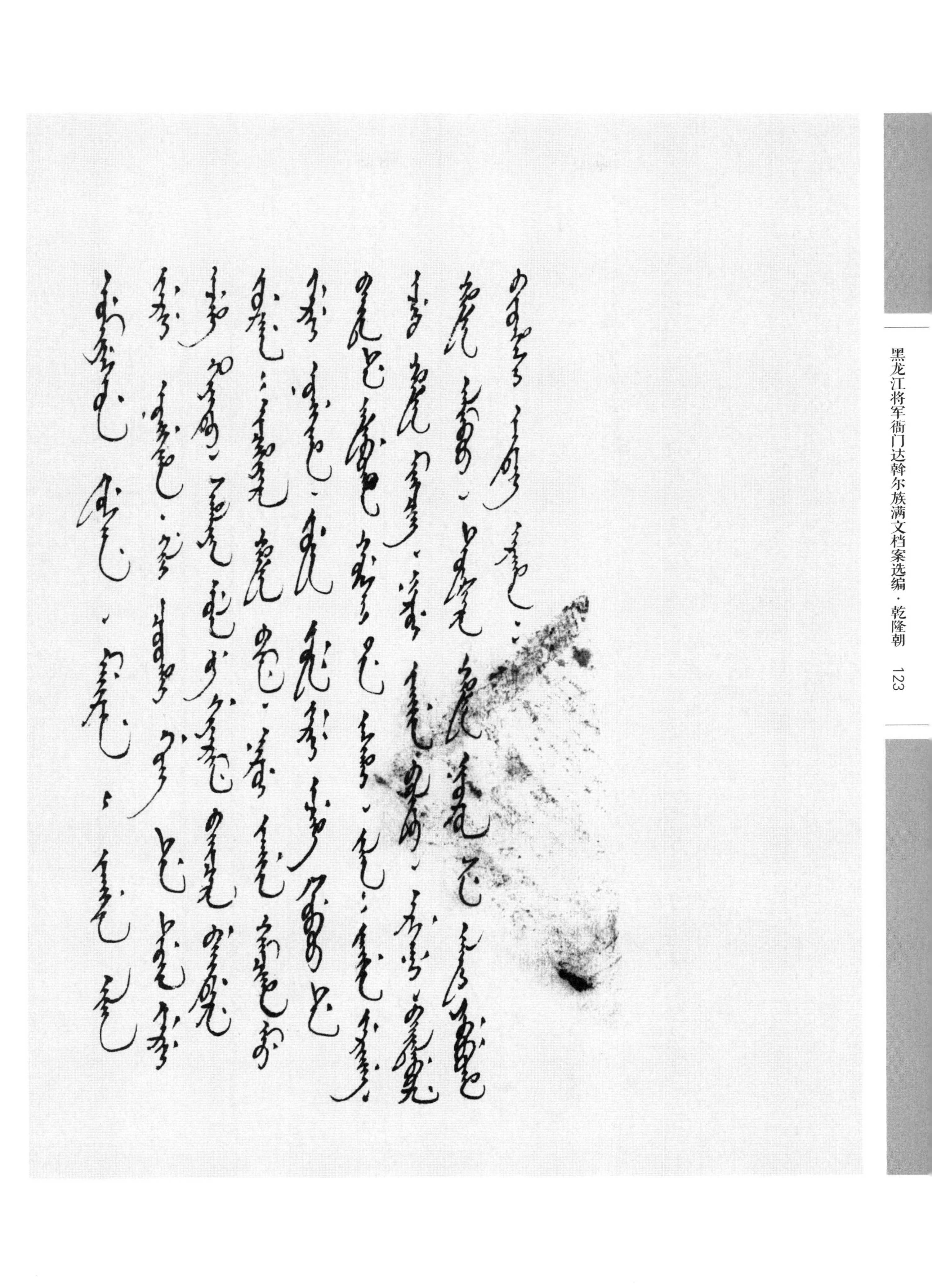

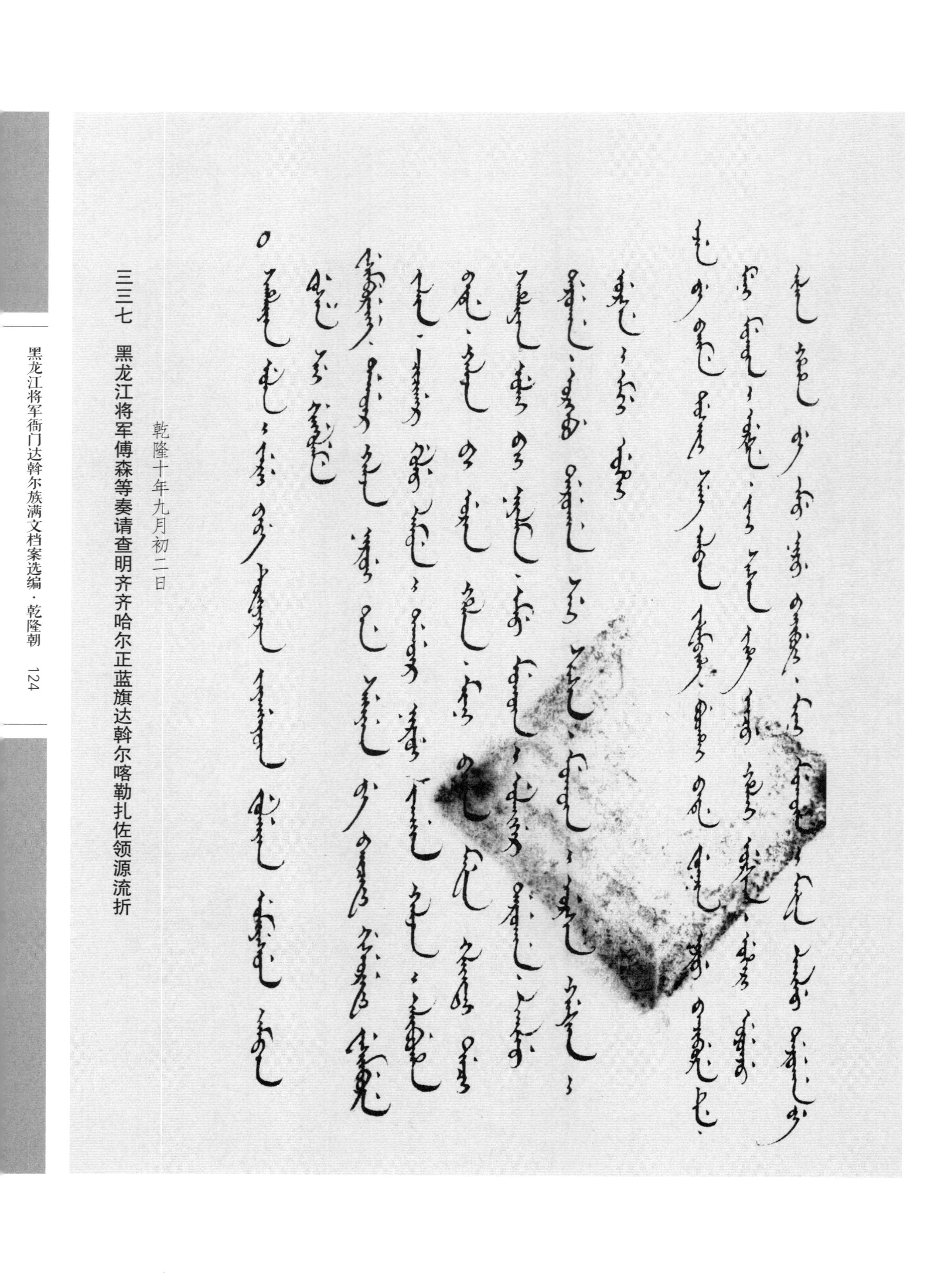

三三七 黑龙江将军傅森等奏请查明齐齐哈尔正蓝旗达斡尔喀勒扎佐领源流折

乾隆十年九月初二日

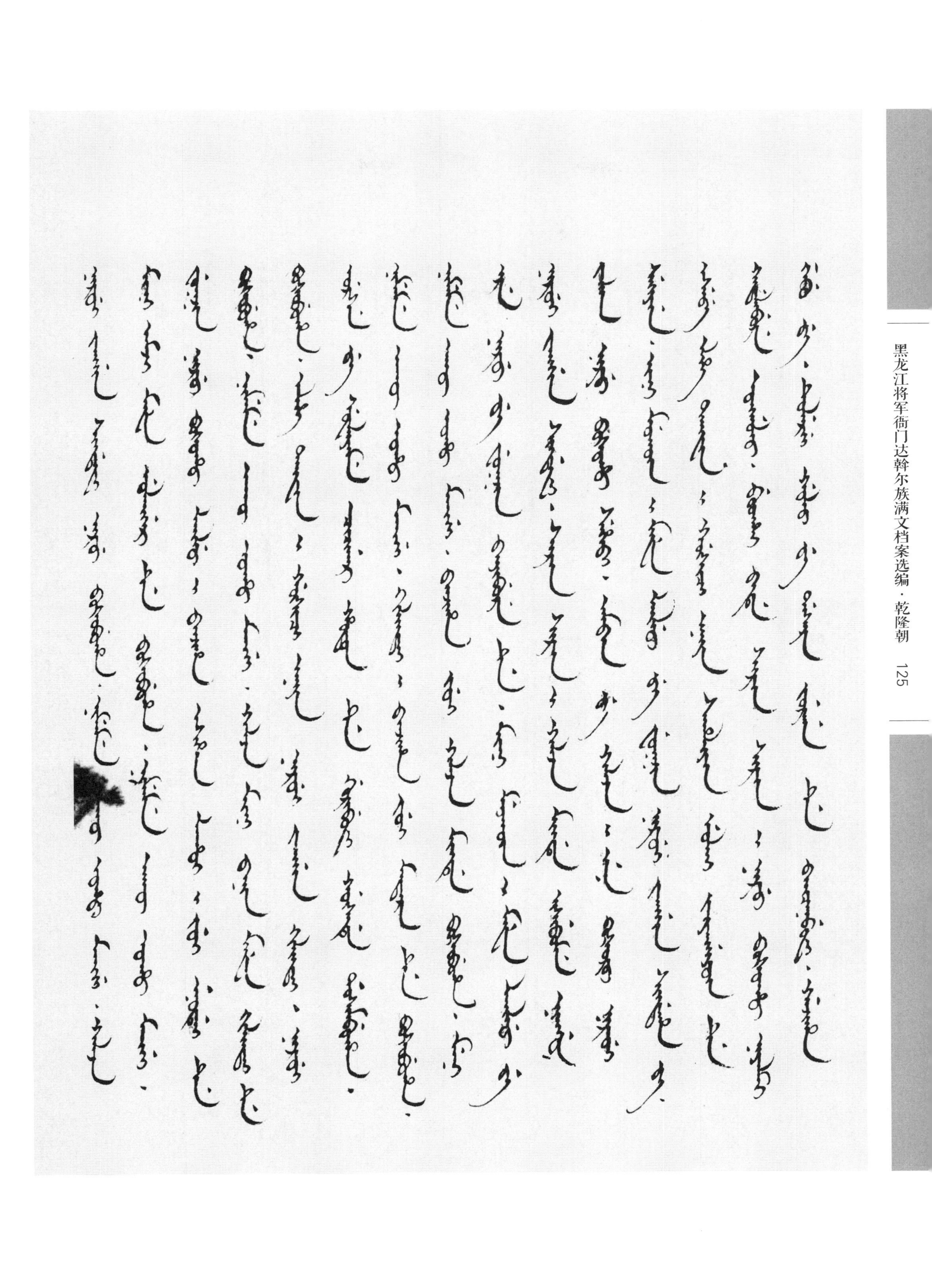

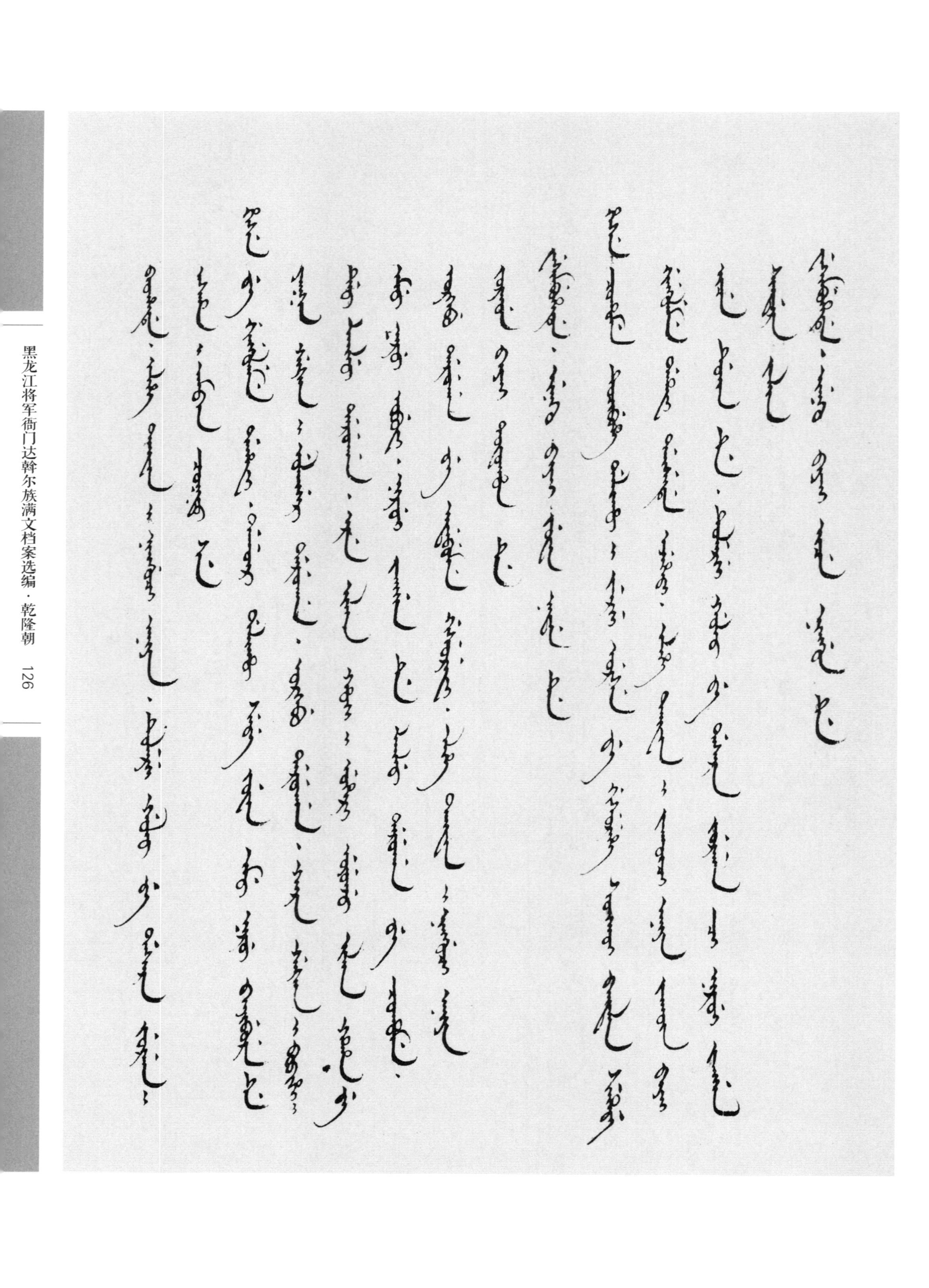

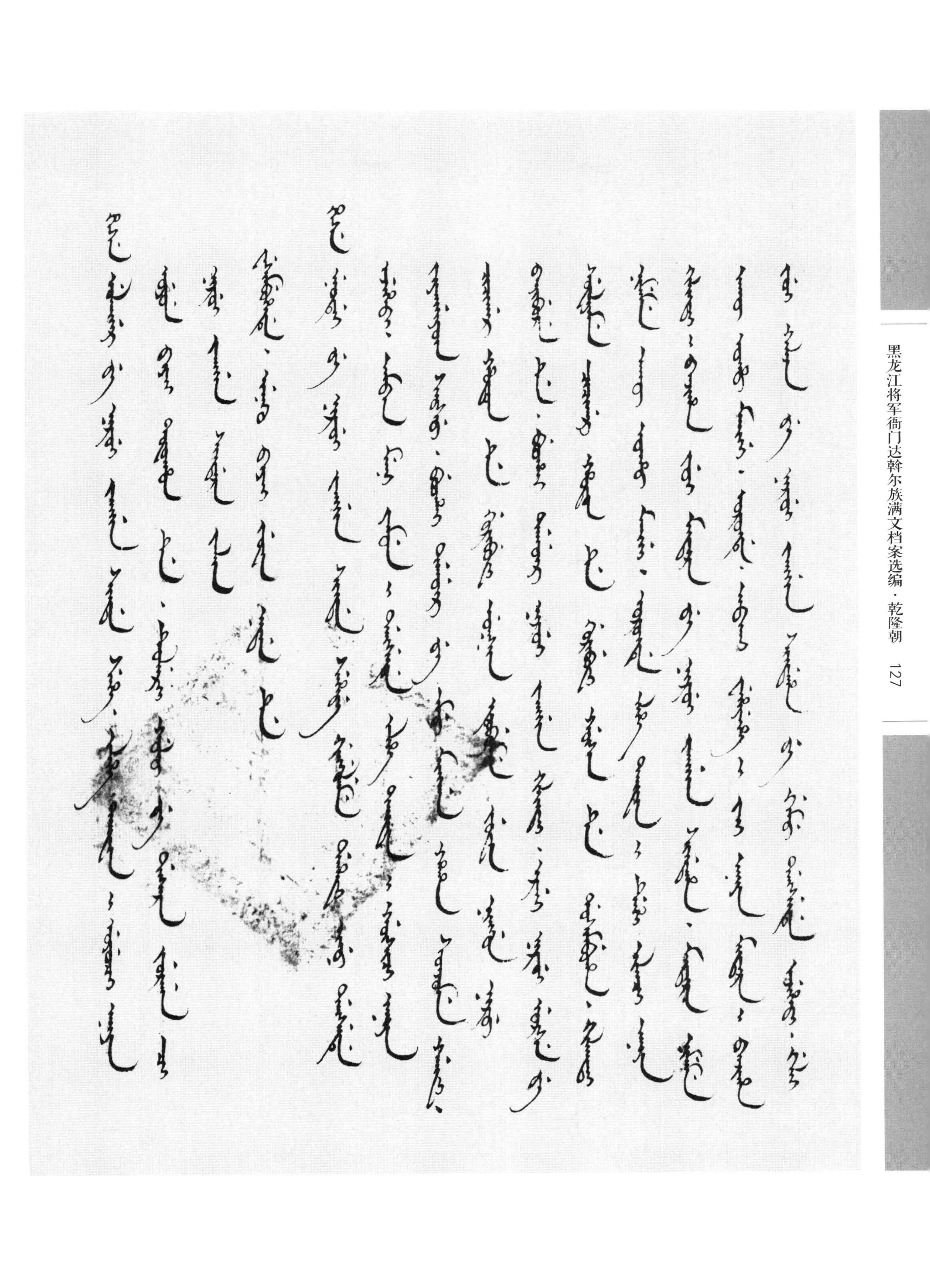

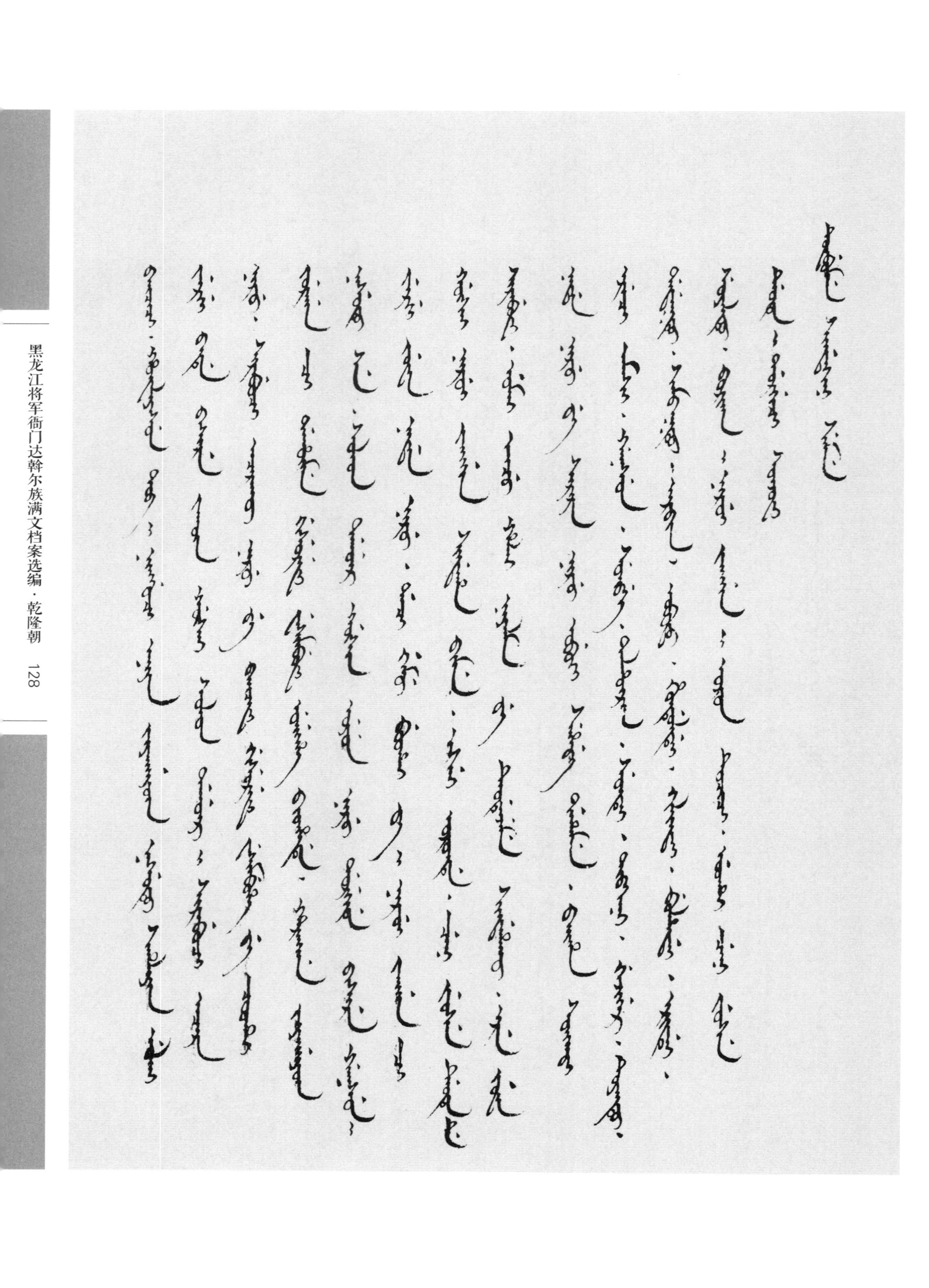

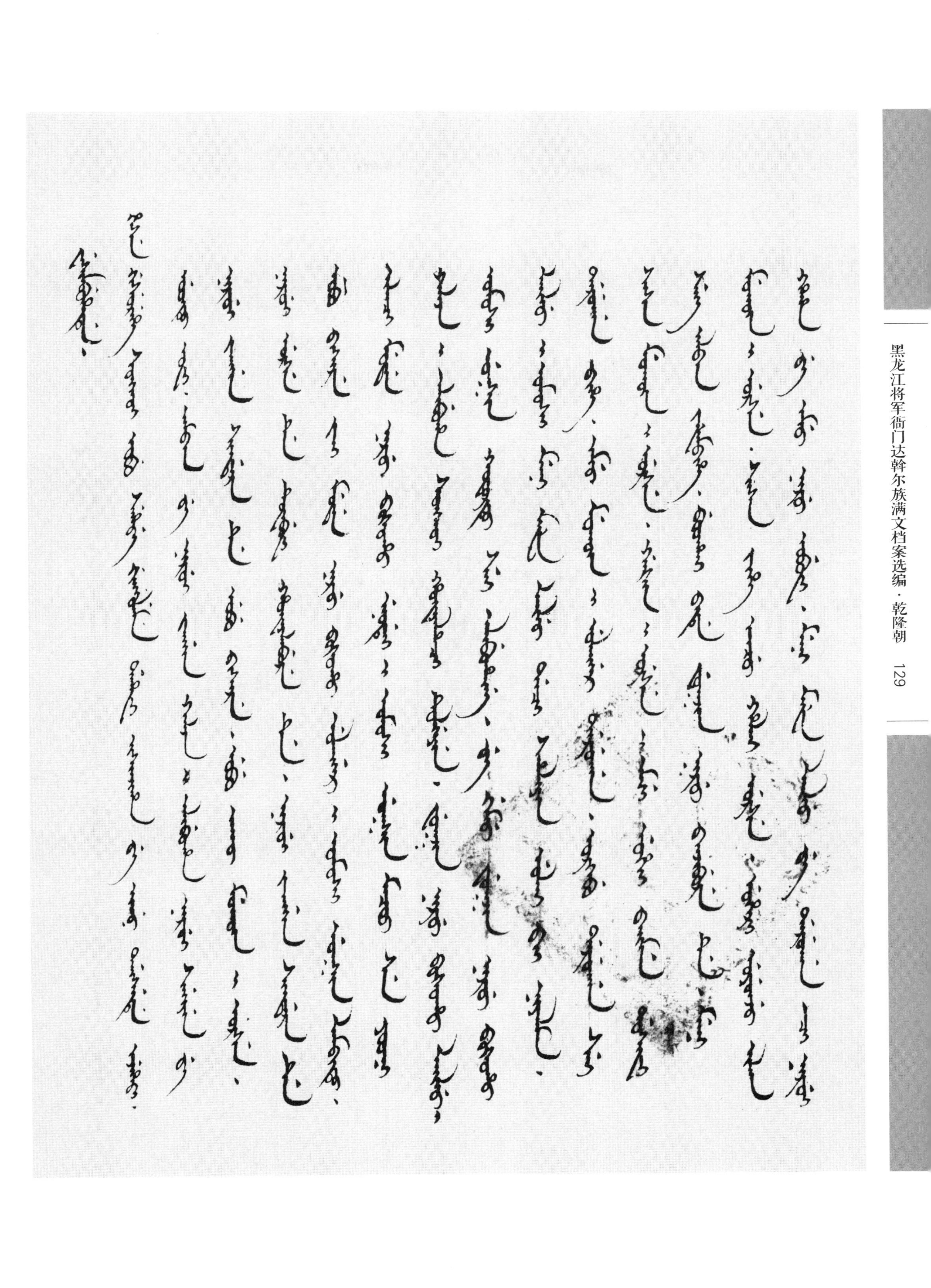

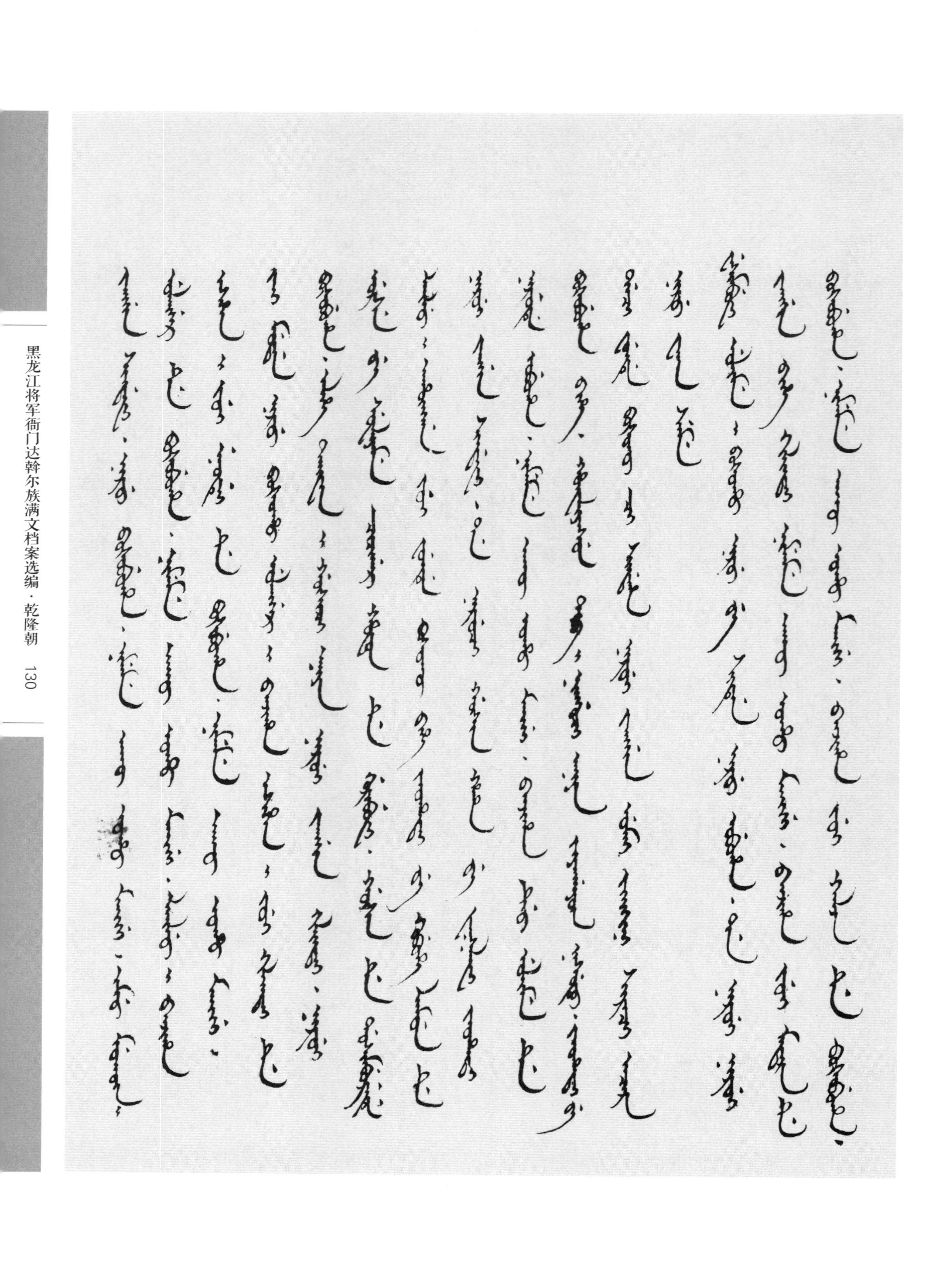

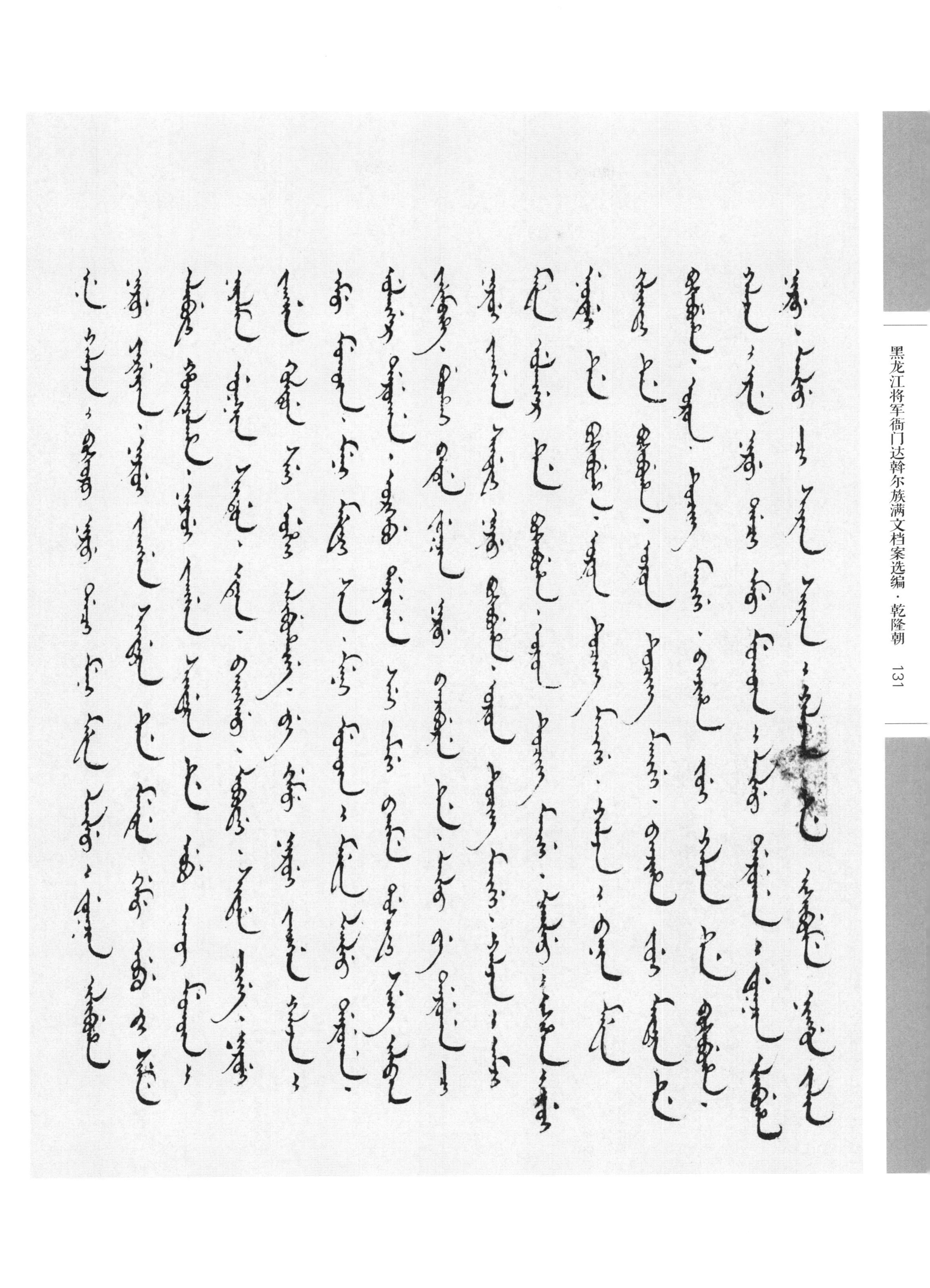

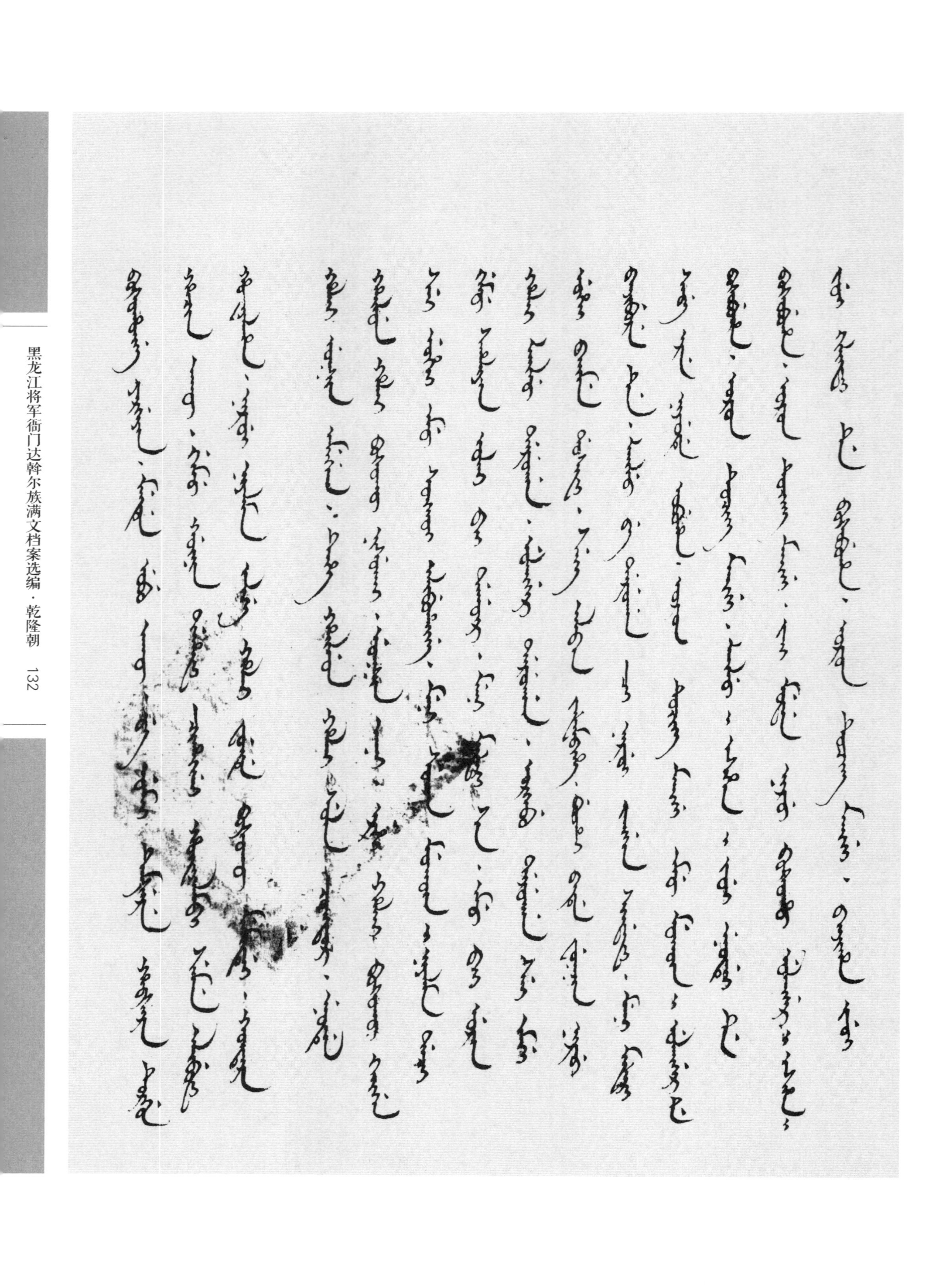

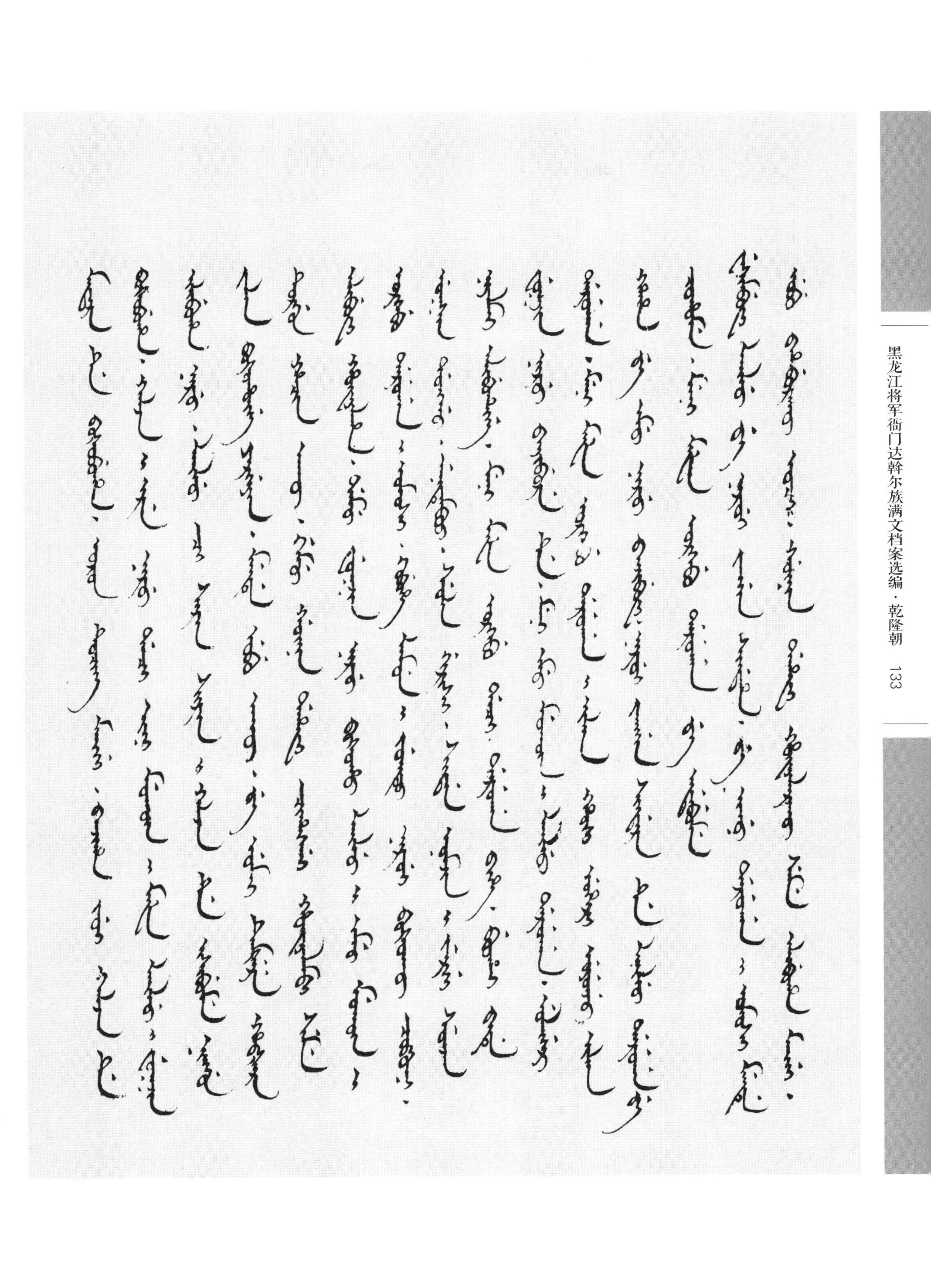

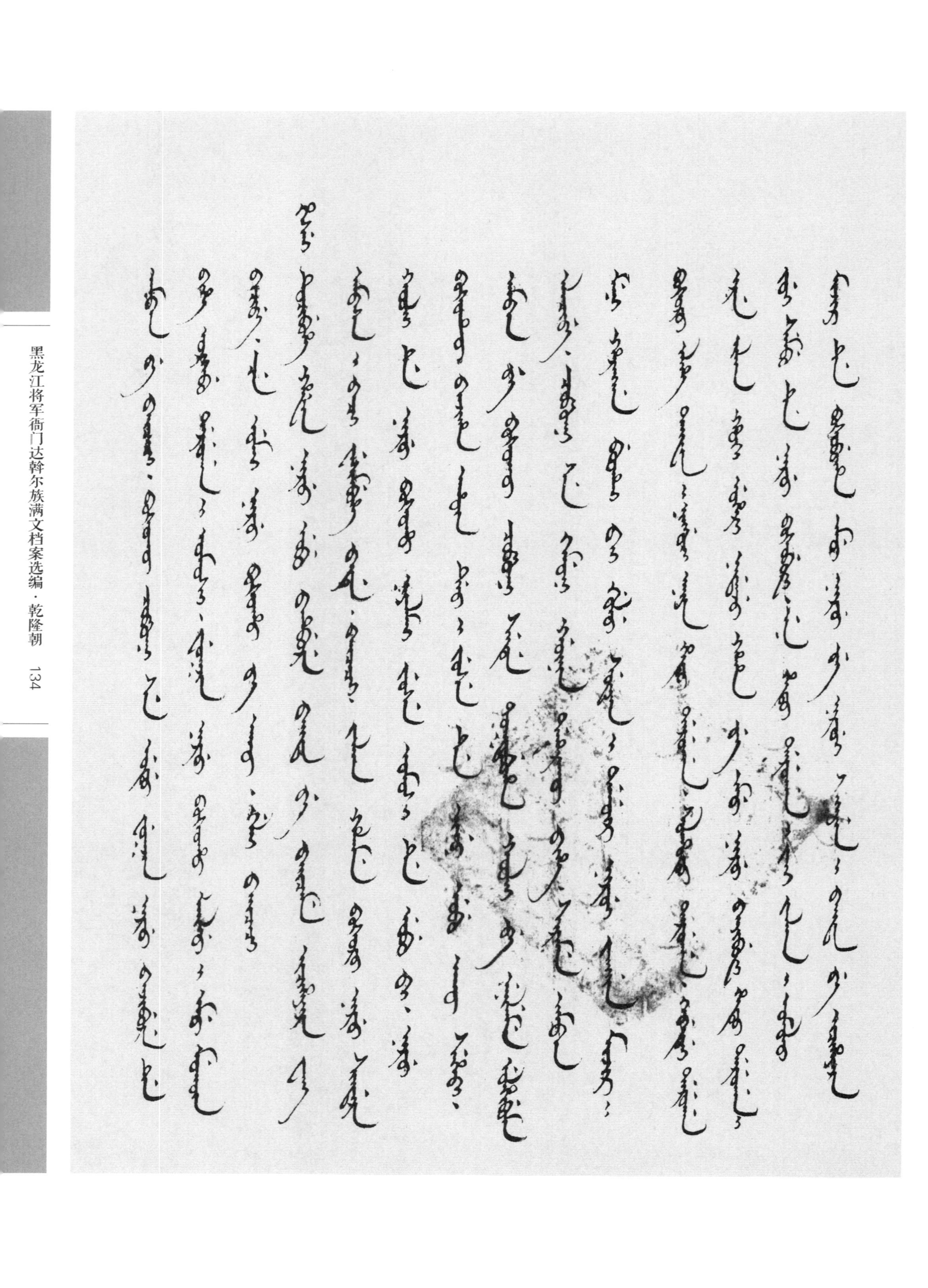

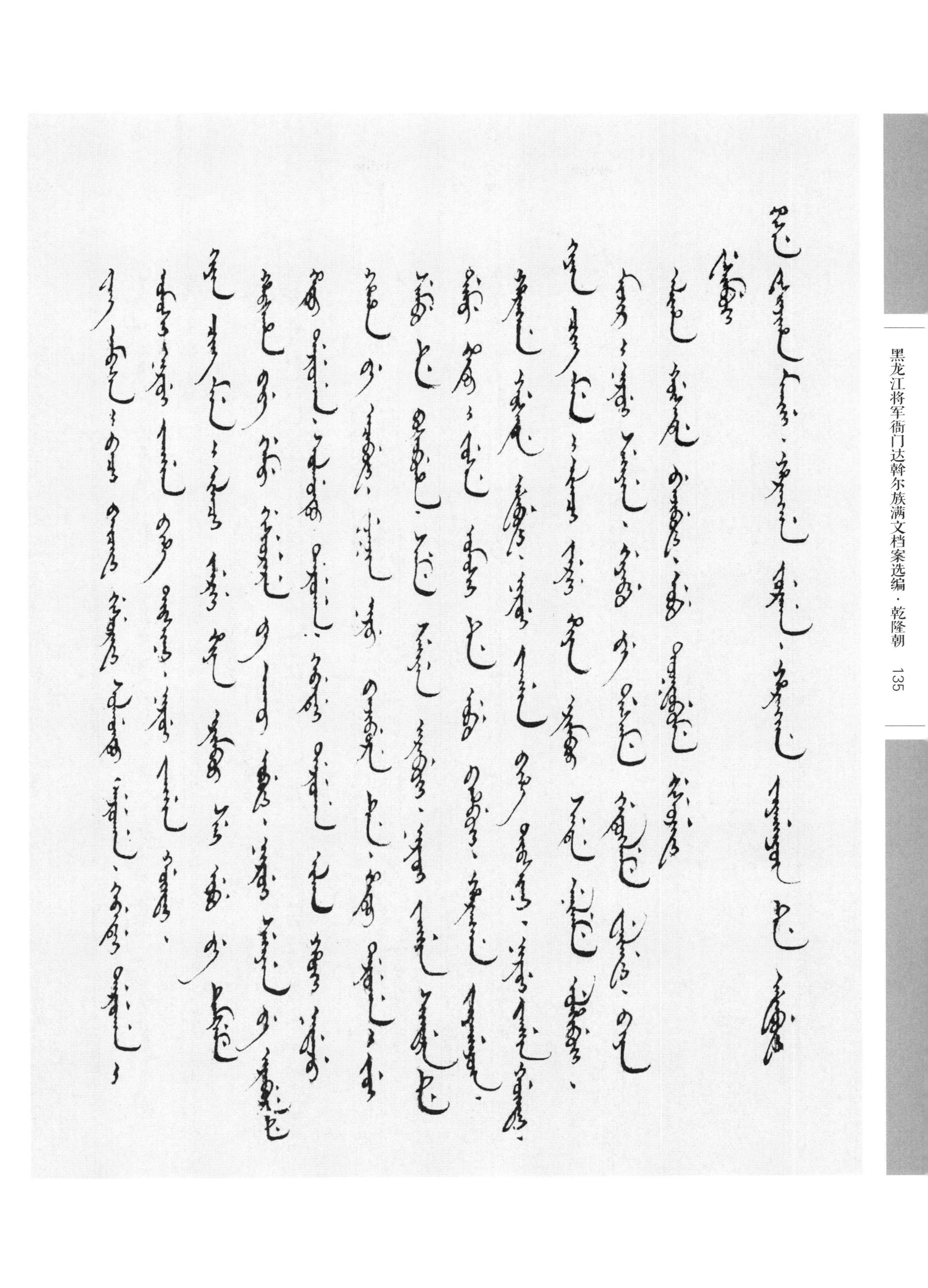

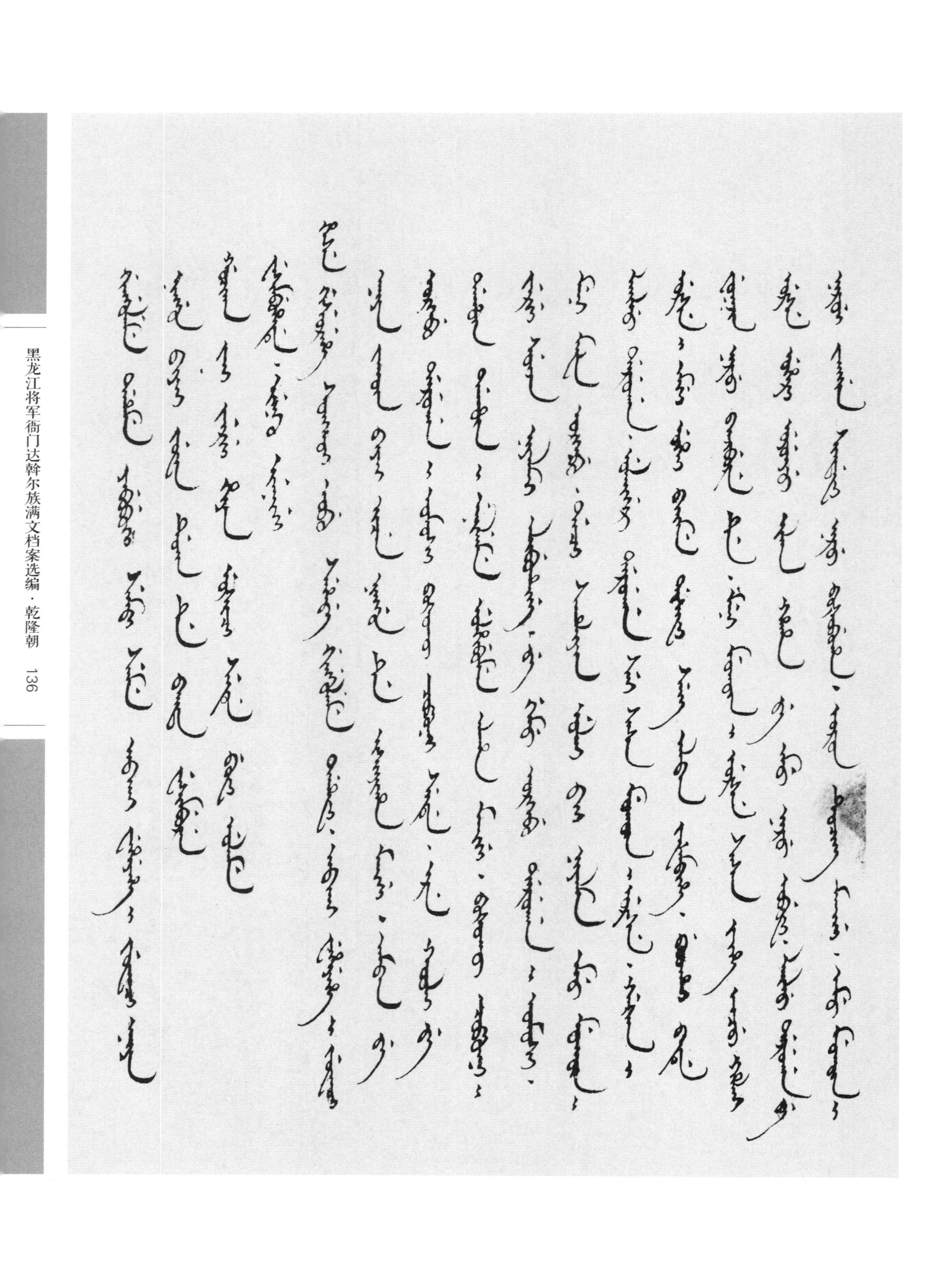

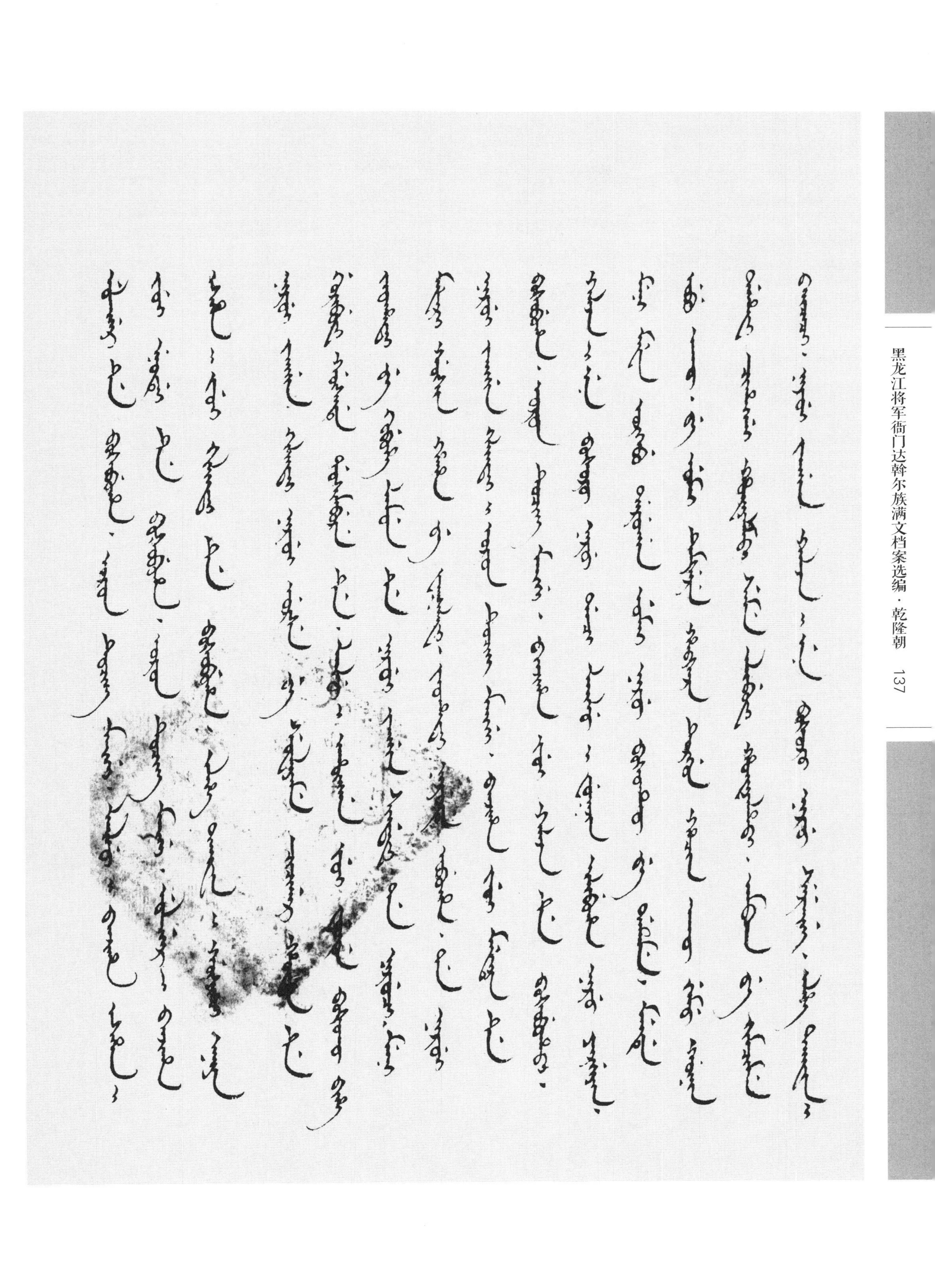

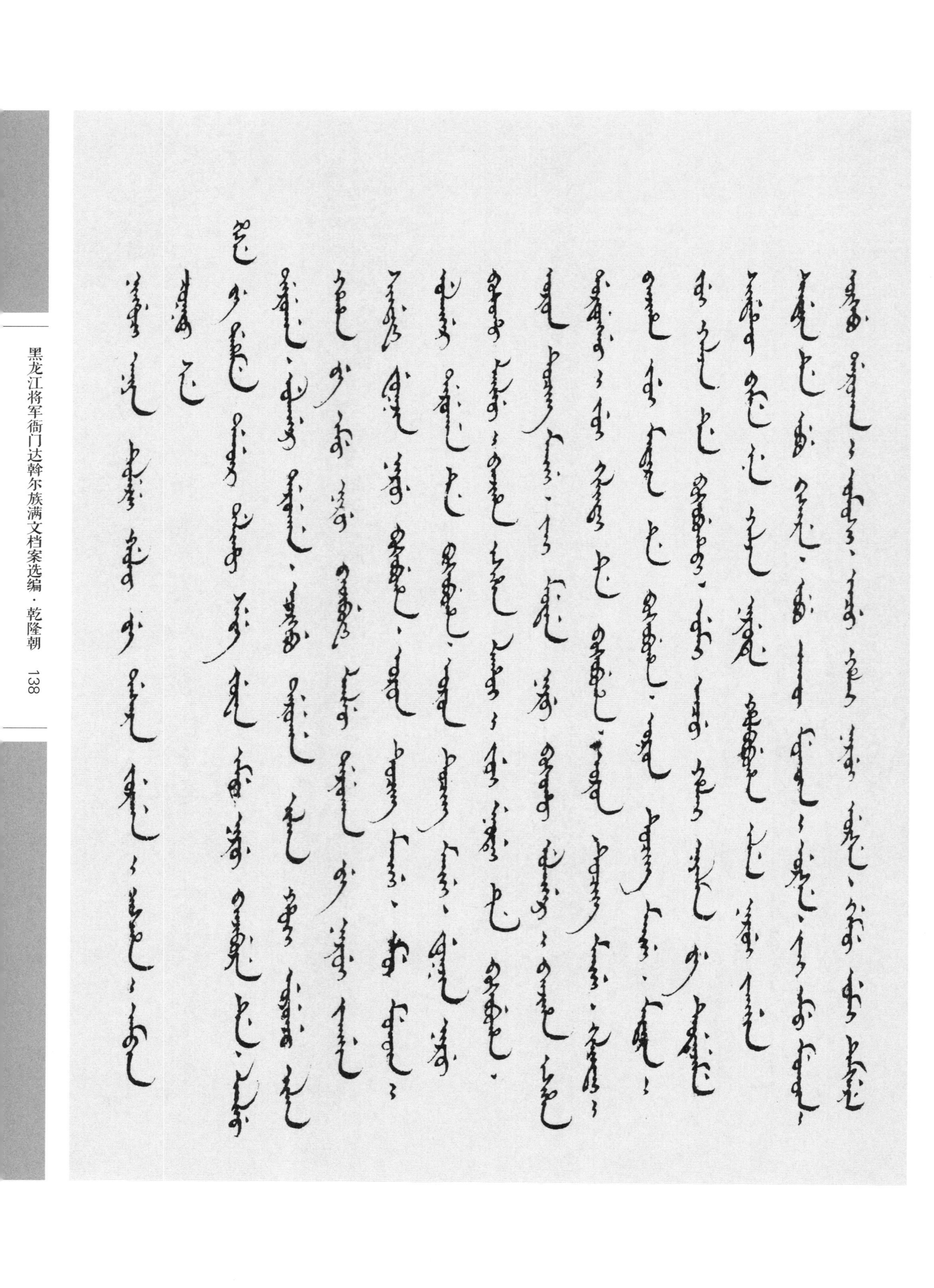

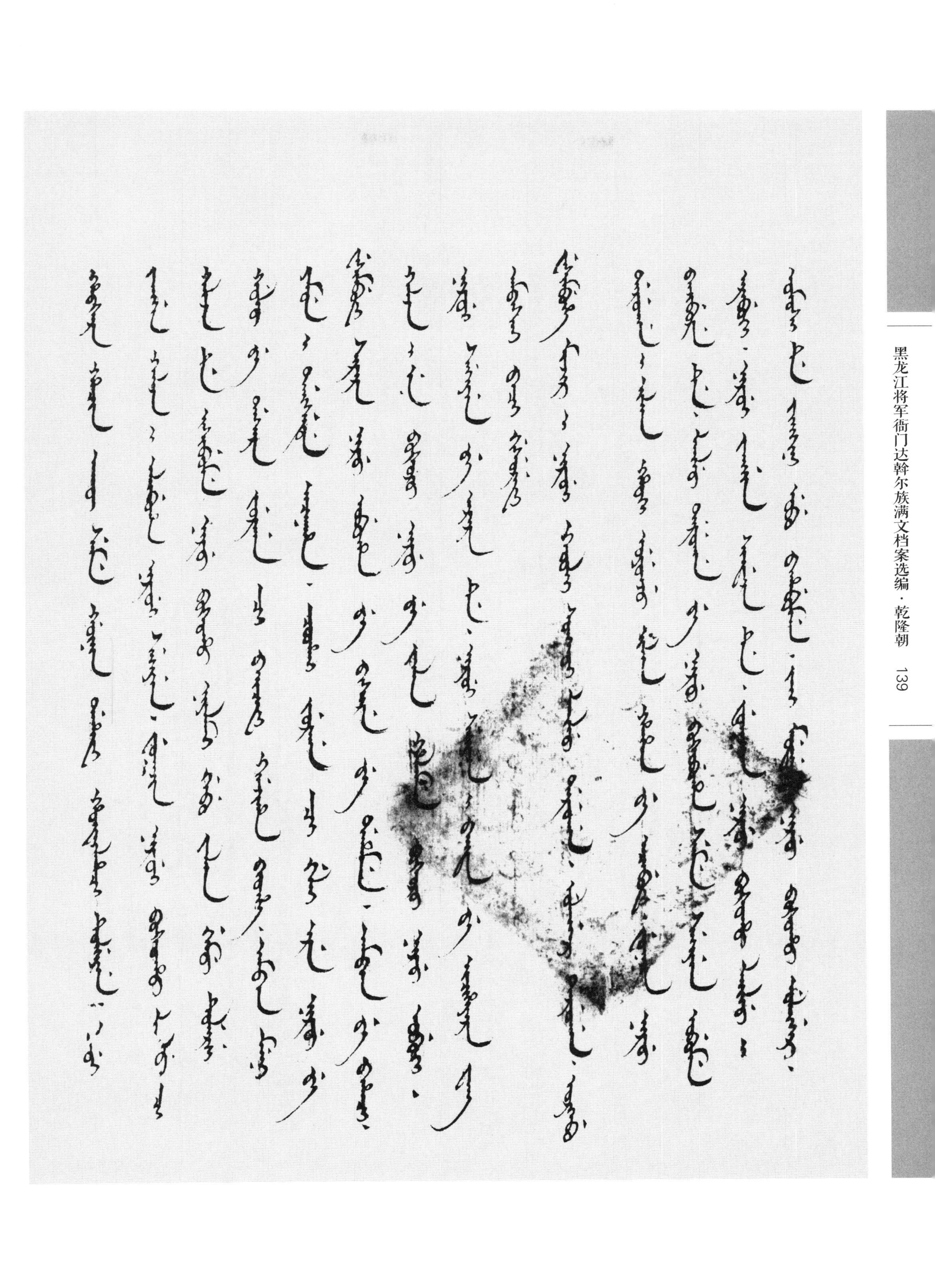

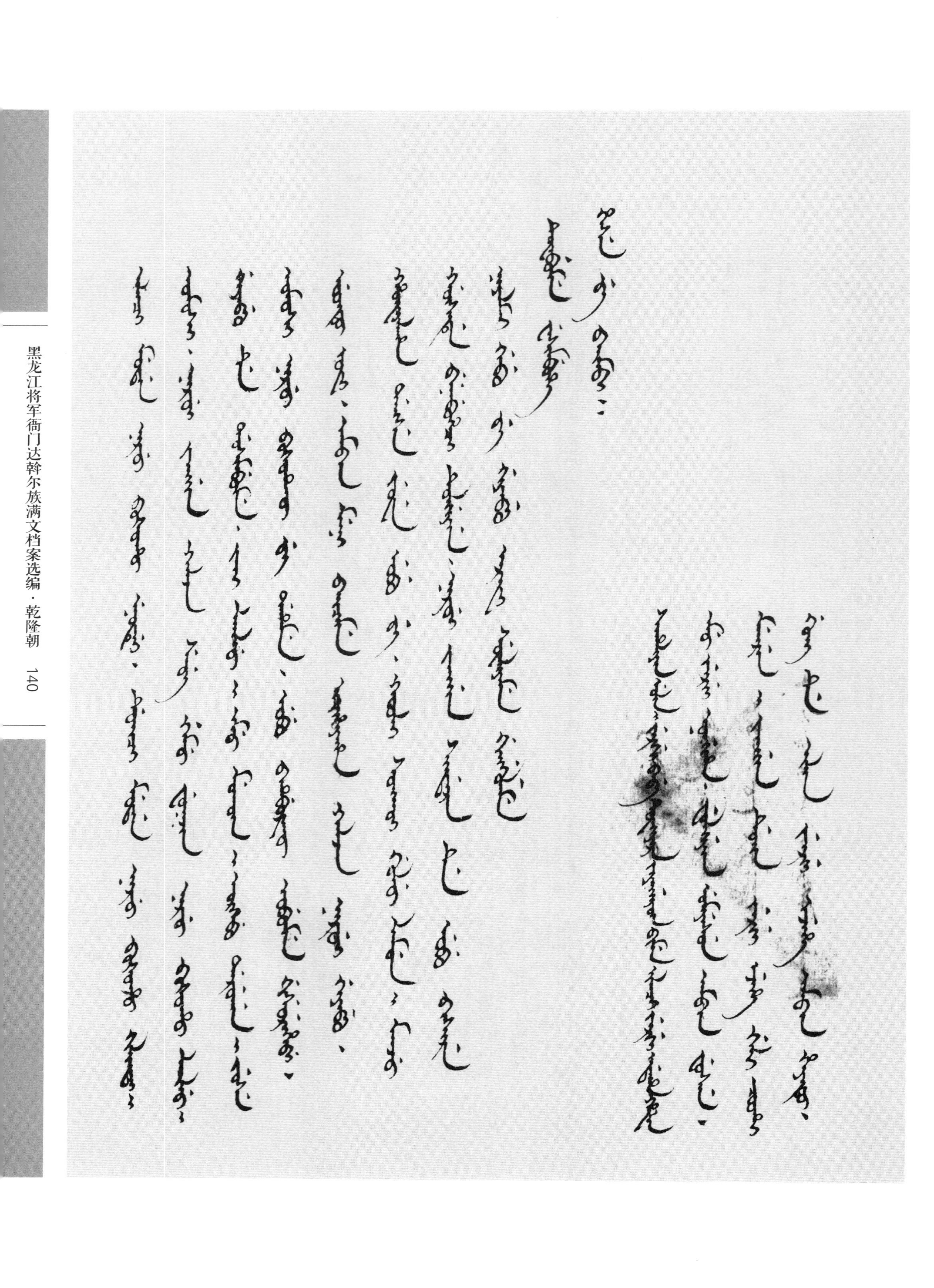

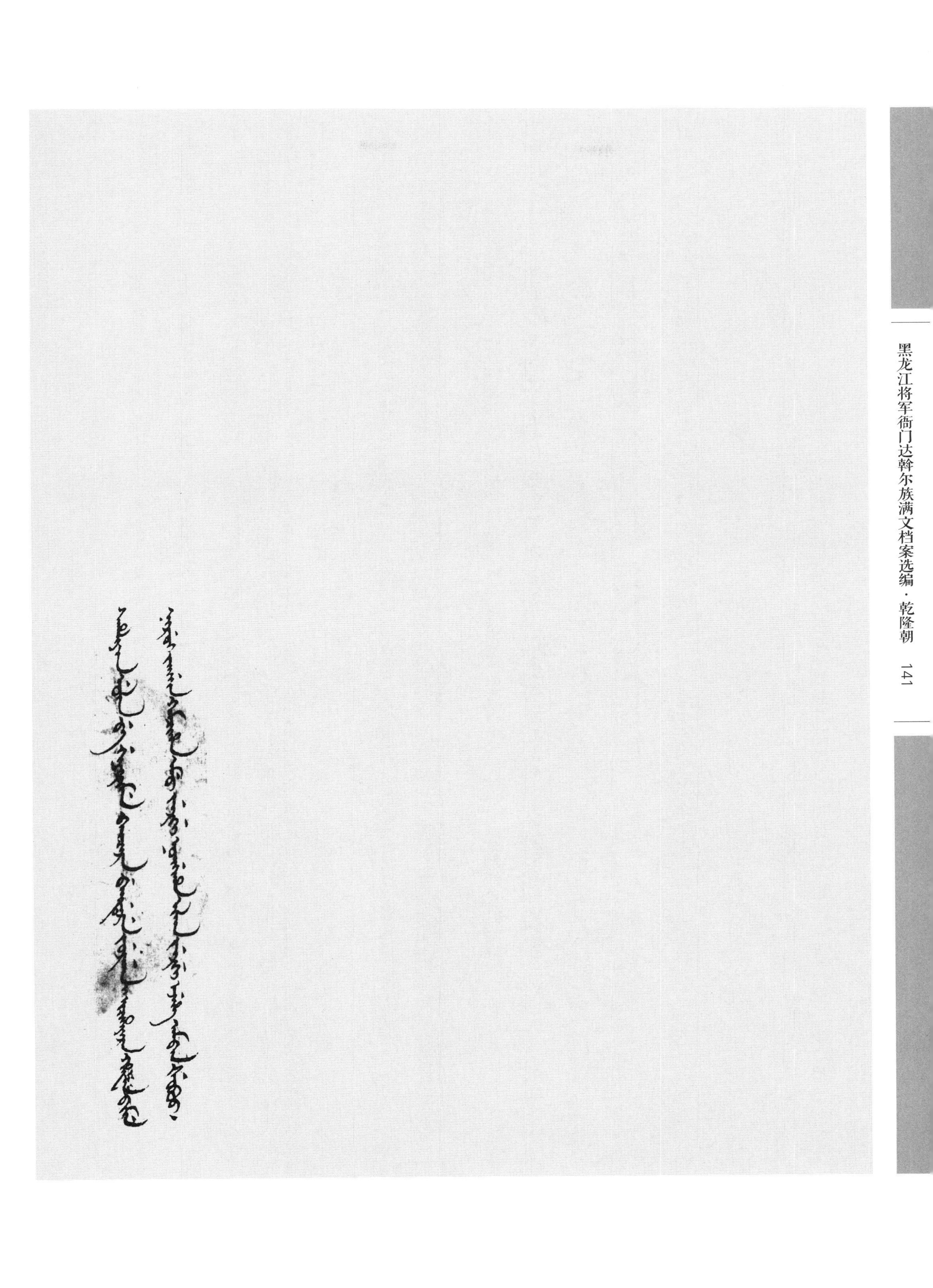

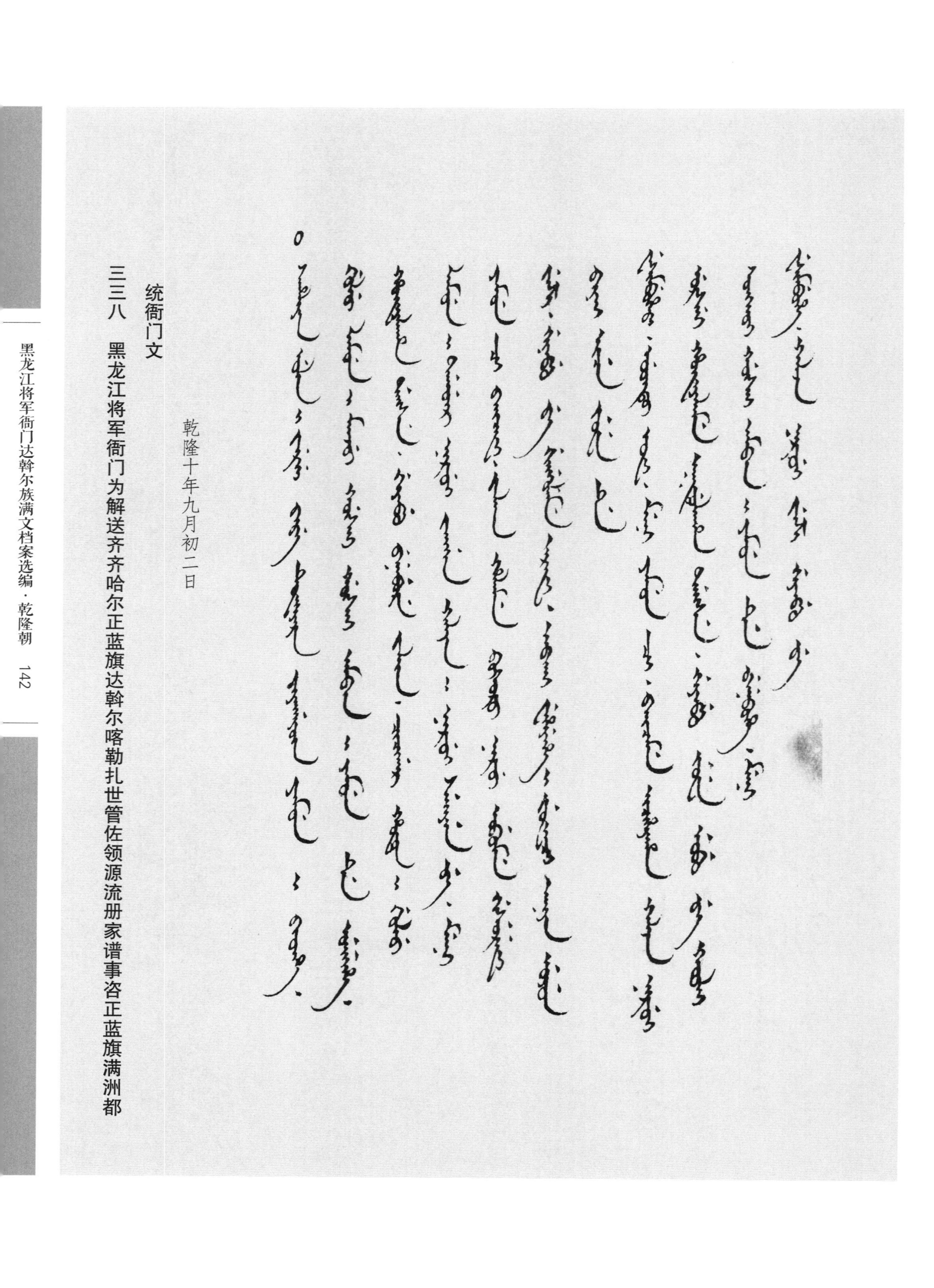

三三八 黑龙江将军衙门为解送齐齐哈尔正蓝旗达斡尔喀勒扎世管佐领源流册家谱事咨正蓝旗满洲都统衙门文

乾隆十年九月初二日

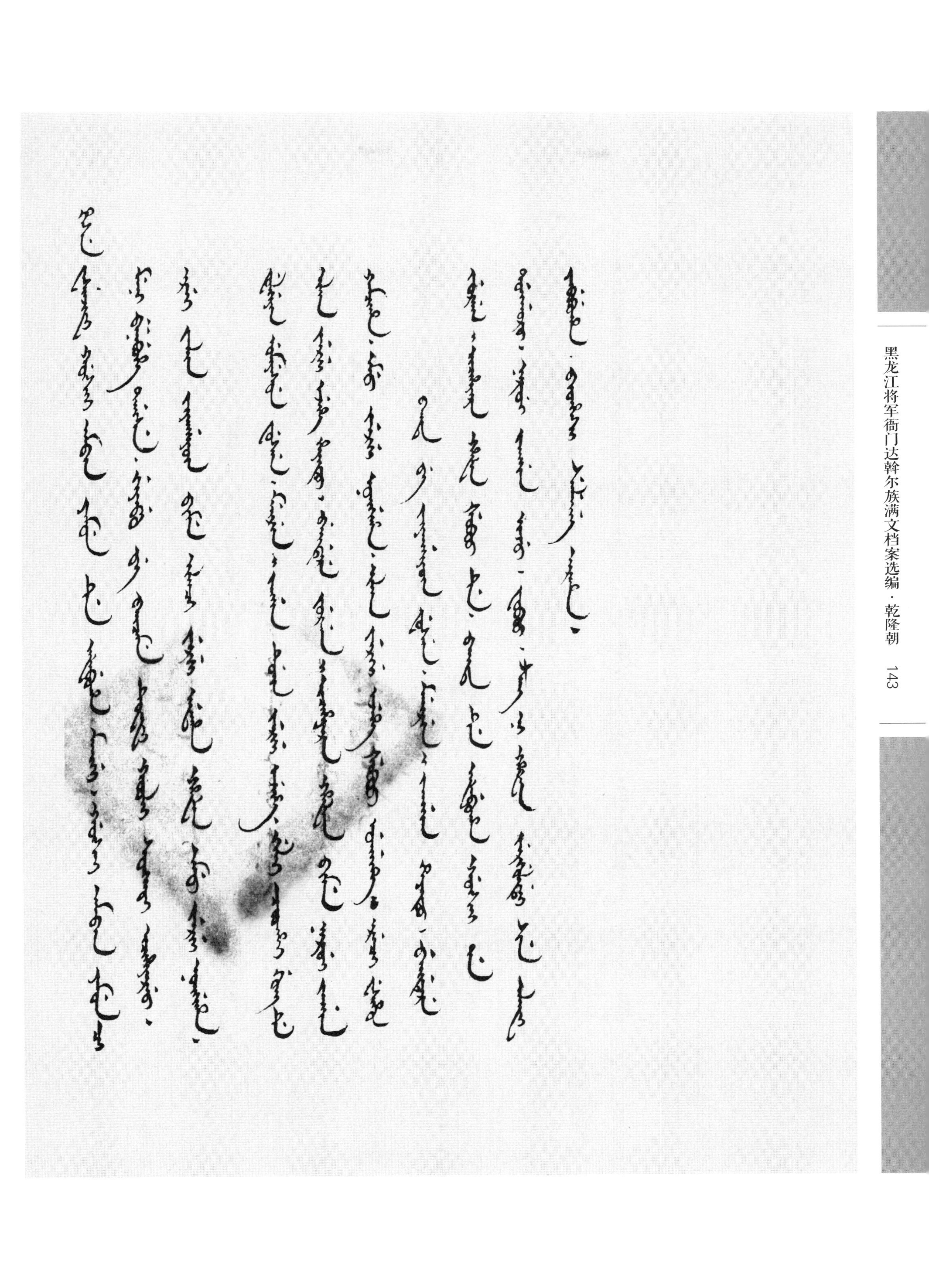

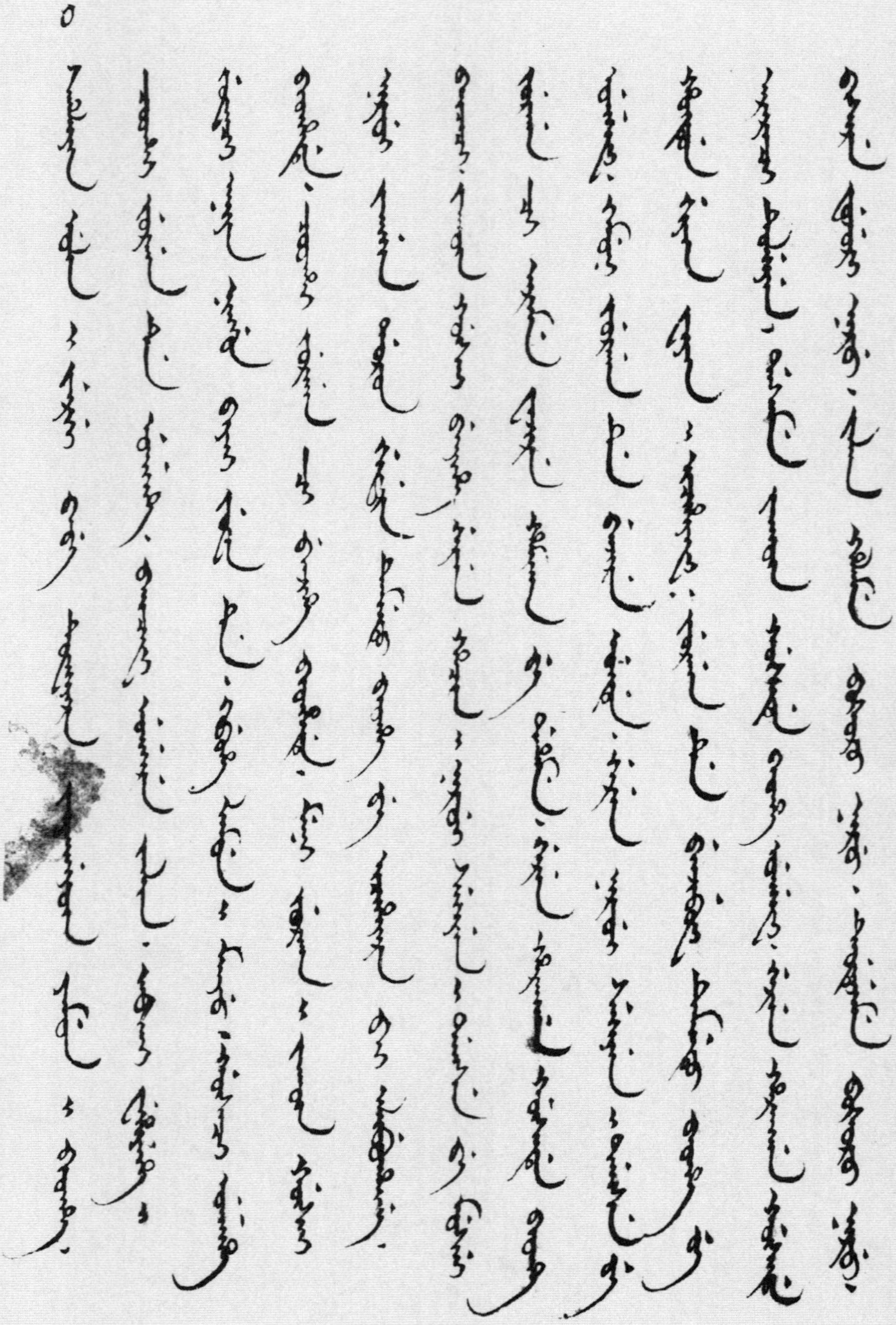

乾隆十年九月初五日

三三九　黑龙江将军衙门为解送齐齐哈尔镶蓝旗达斡尔固伦保等世管佐领源流册家谱事咨兵部文（附名单一件）

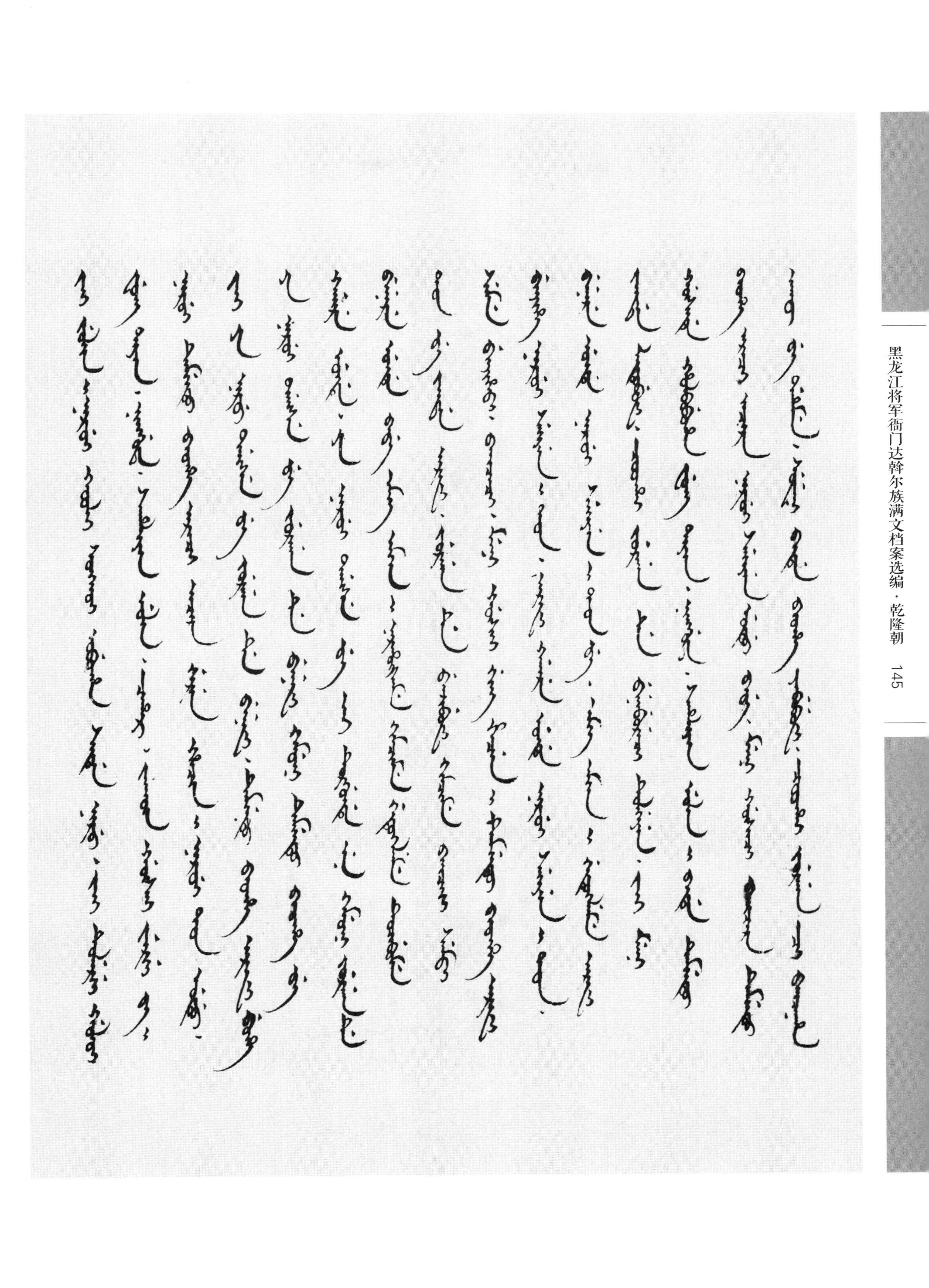

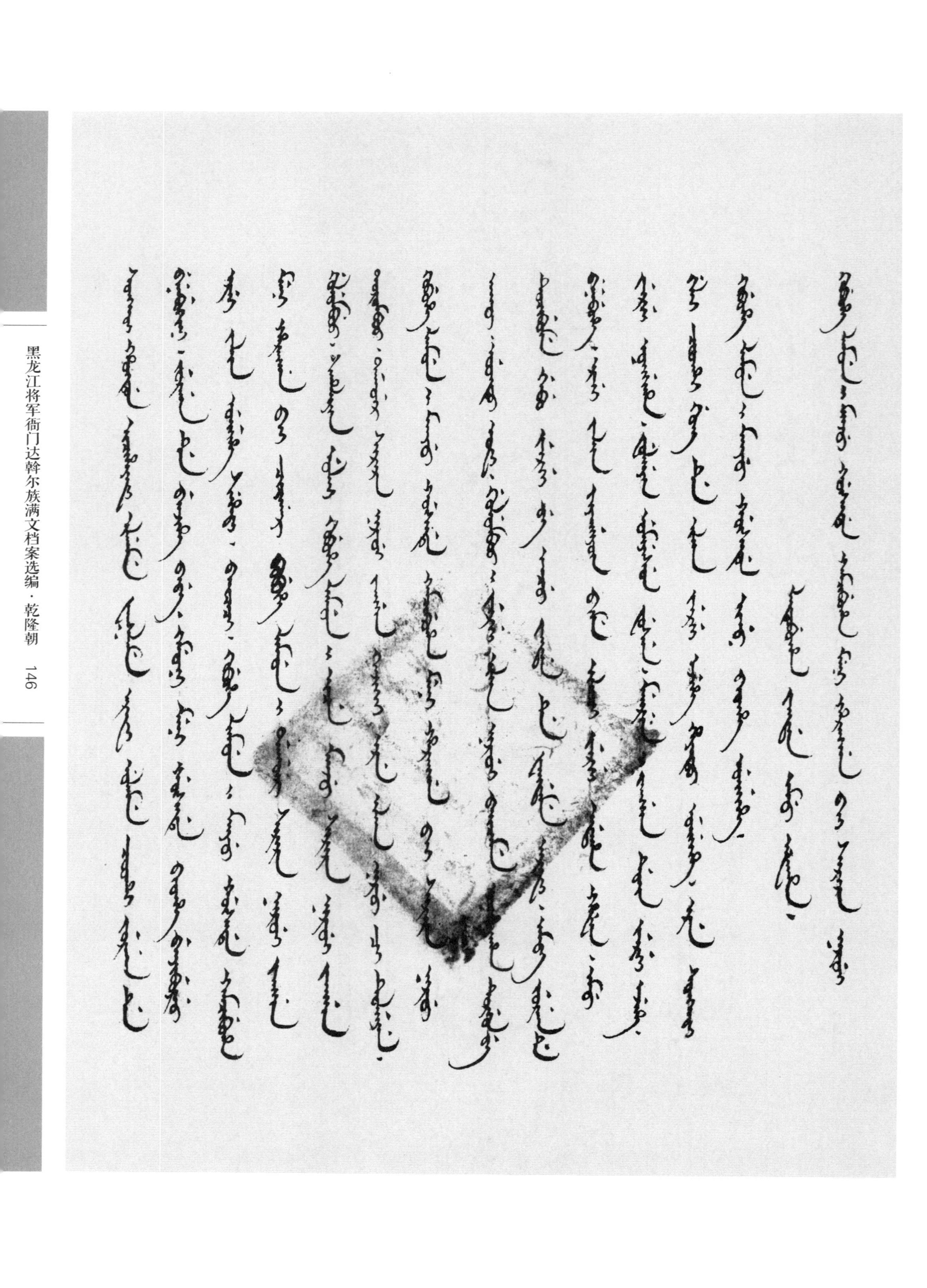

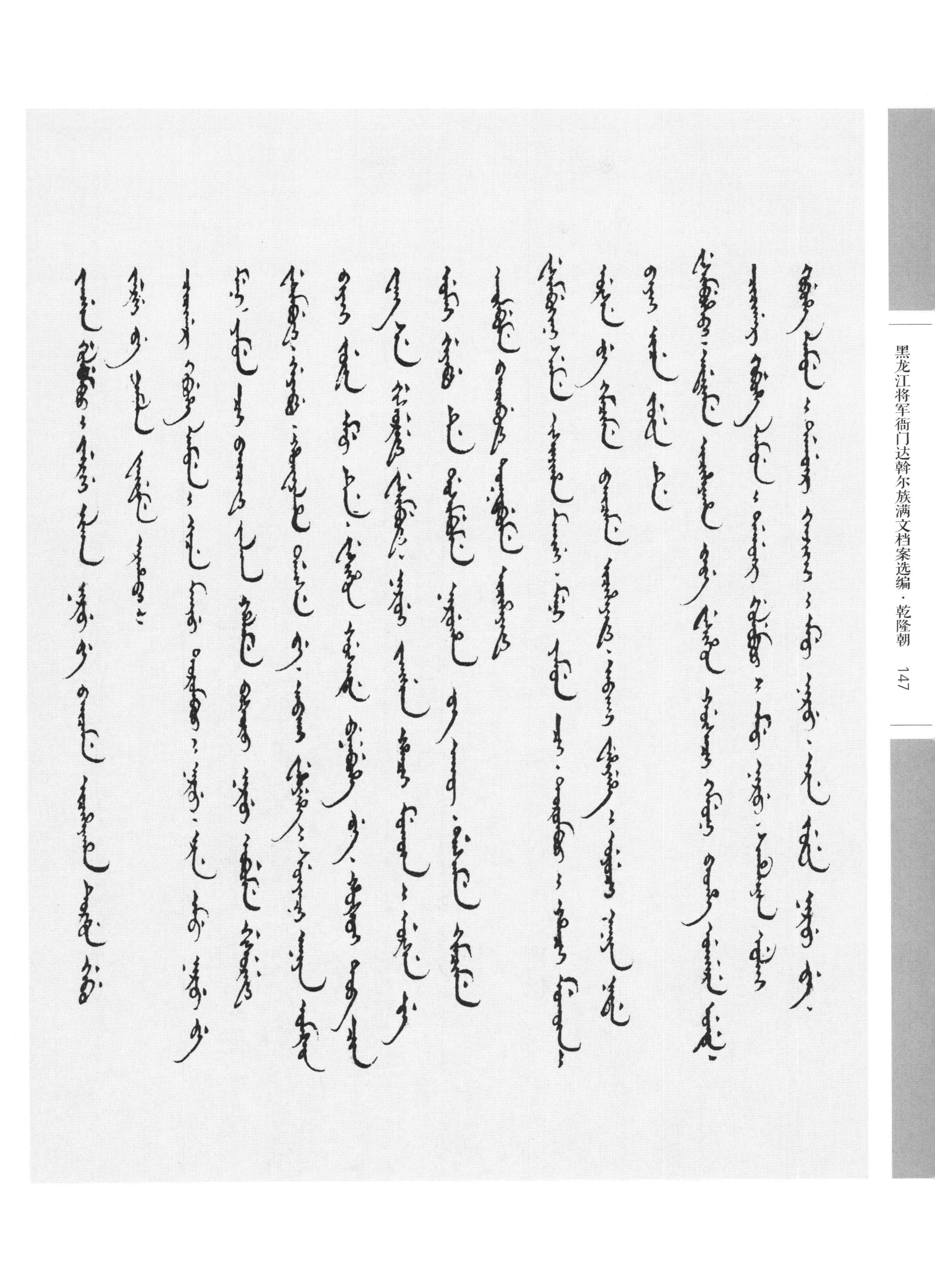

[illegible]

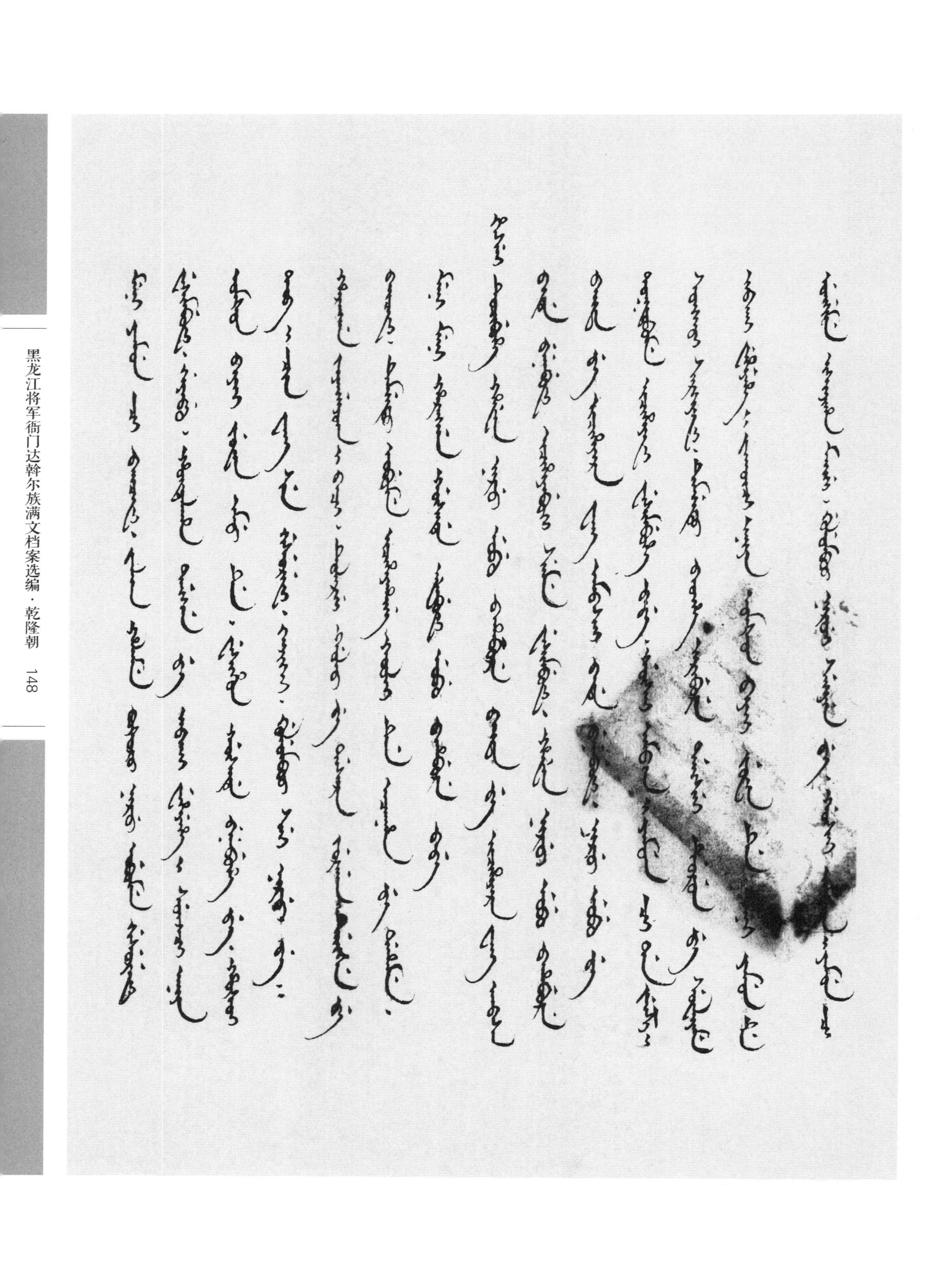

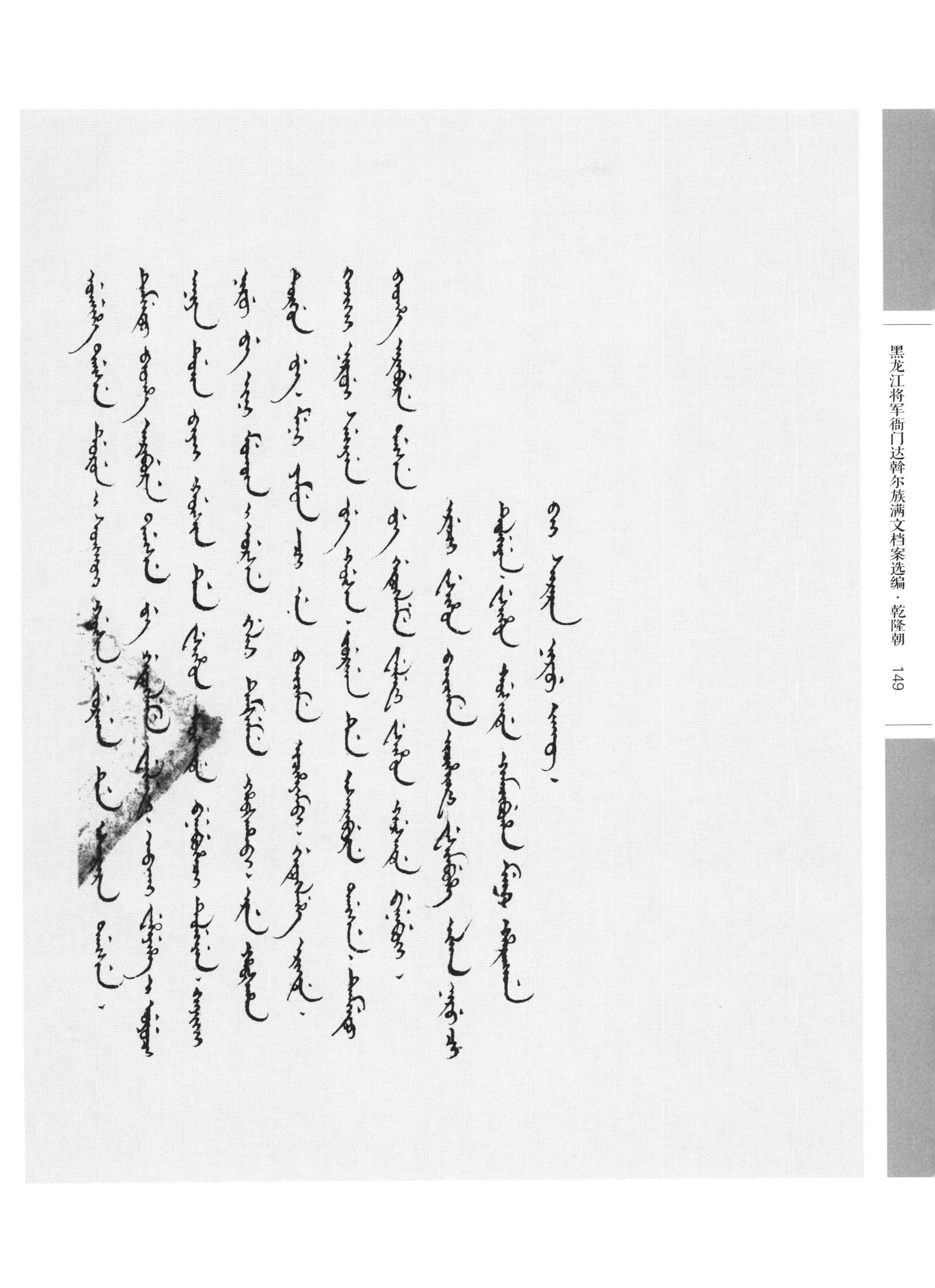

[illegible]

三四〇 黑龙江将军衙门为查报正白旗索伦达斡尔等世管佐领及世袭官员数目事咨正白旗满洲都统衙门文（附名单一件）

乾隆十年九月初五日

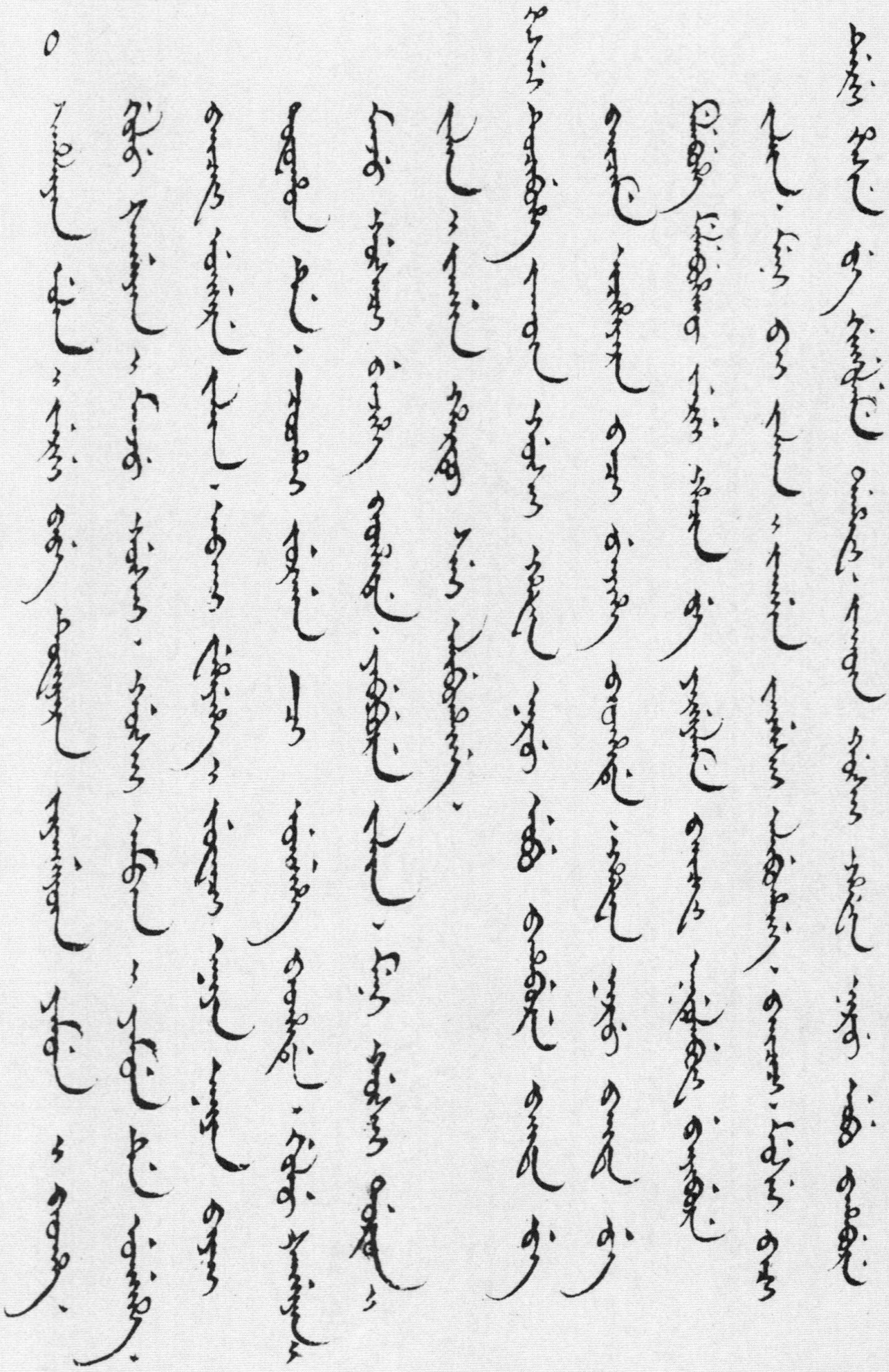

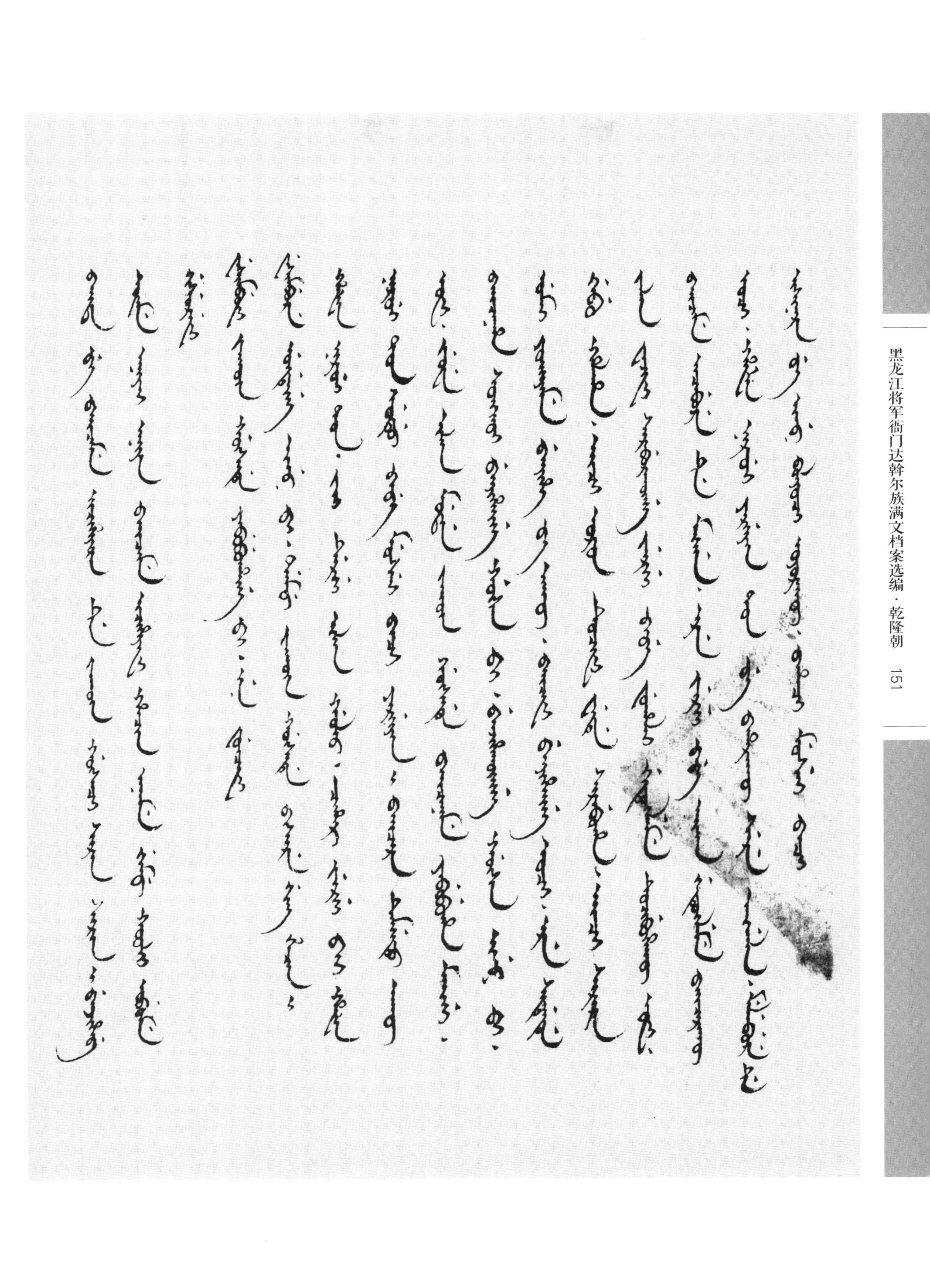

[illegible]

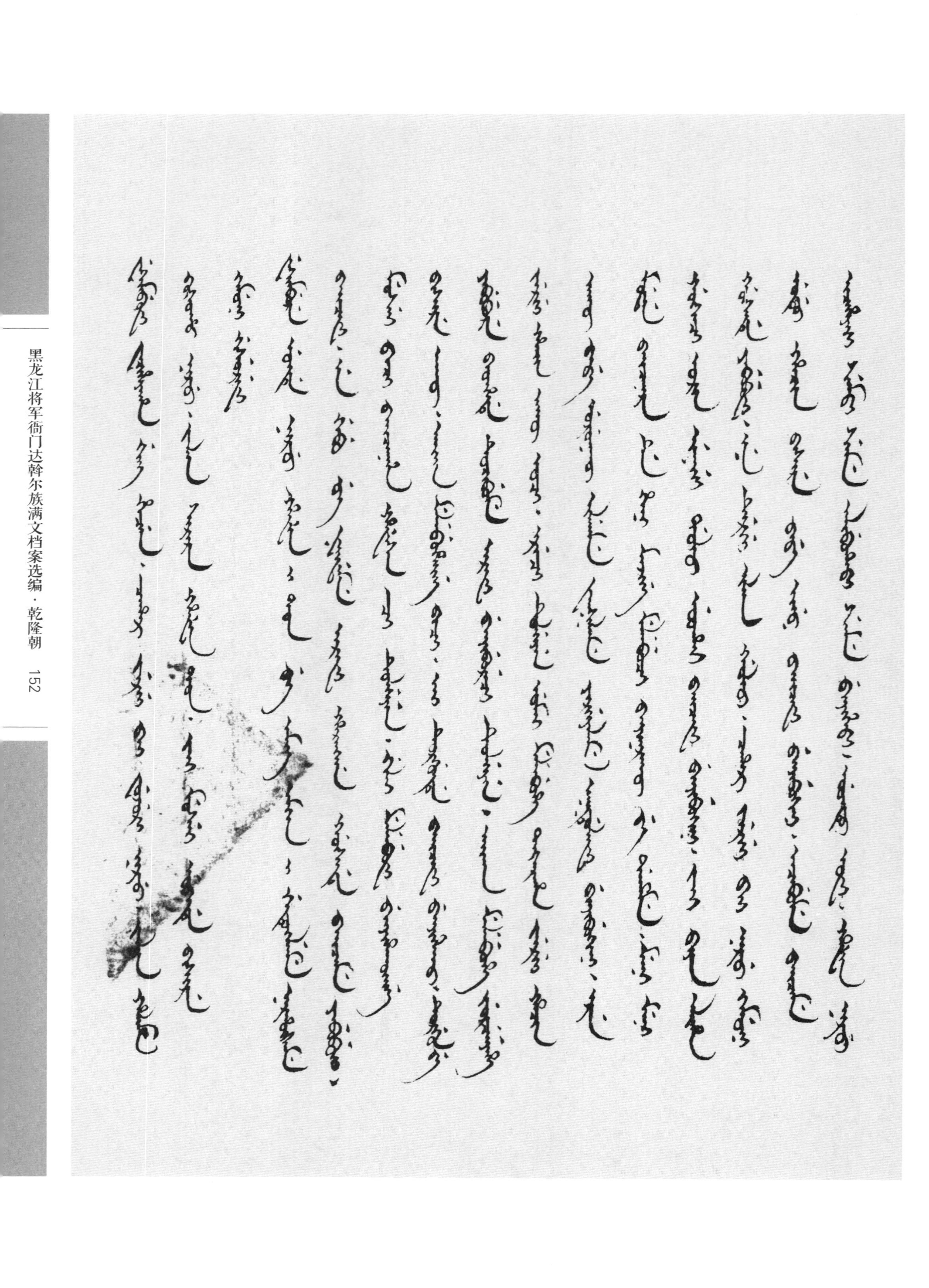

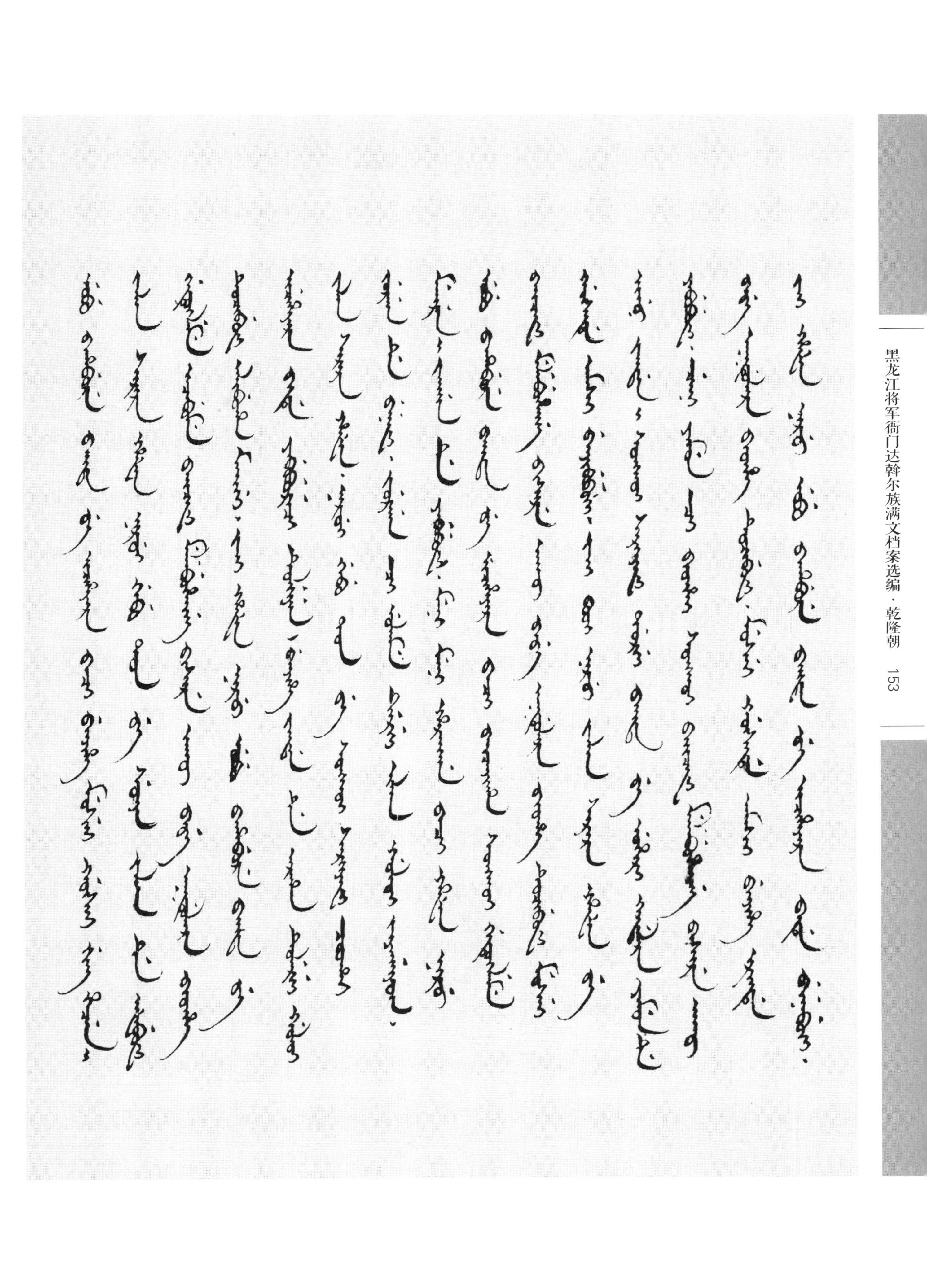

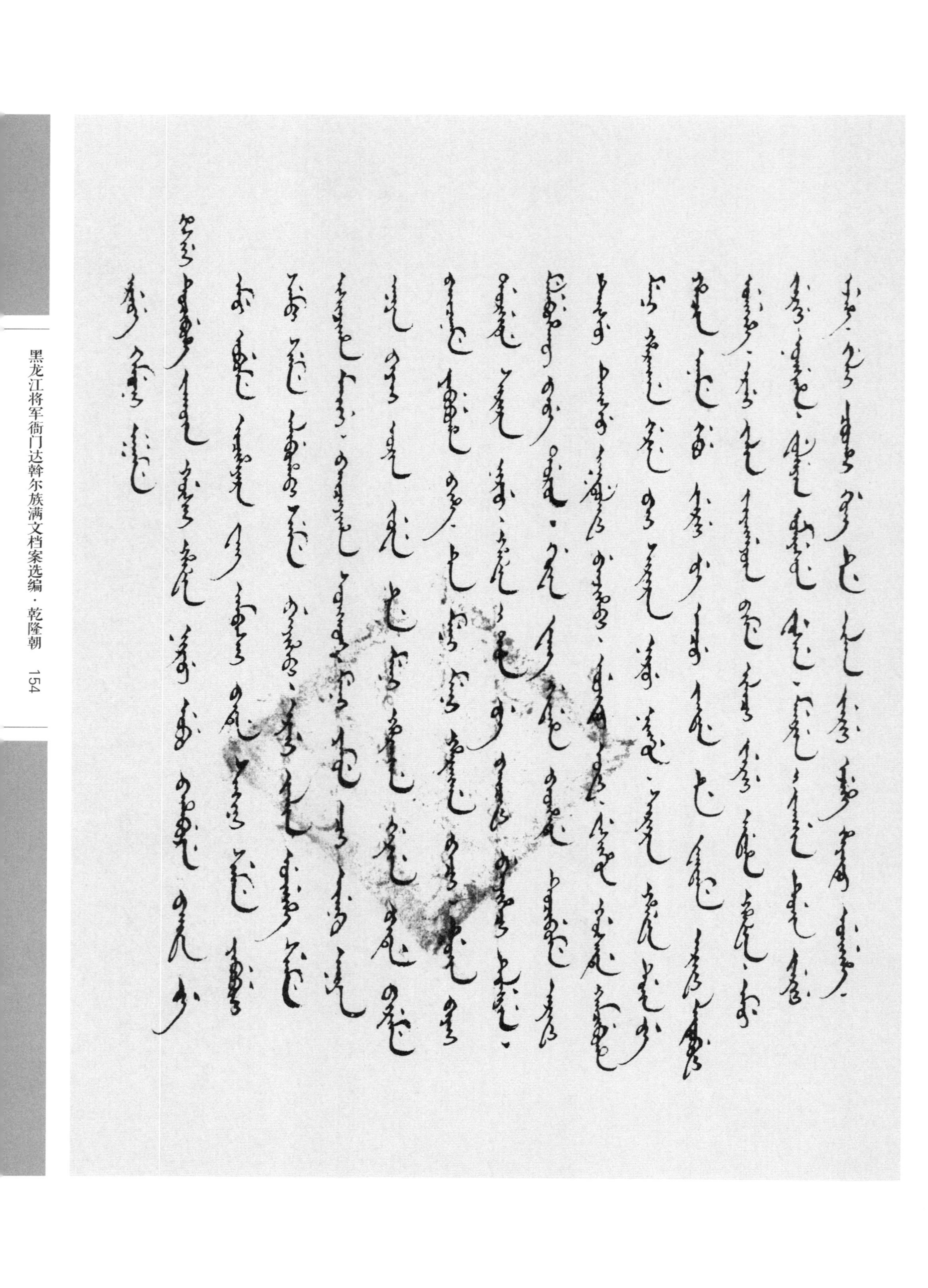

[illegible]

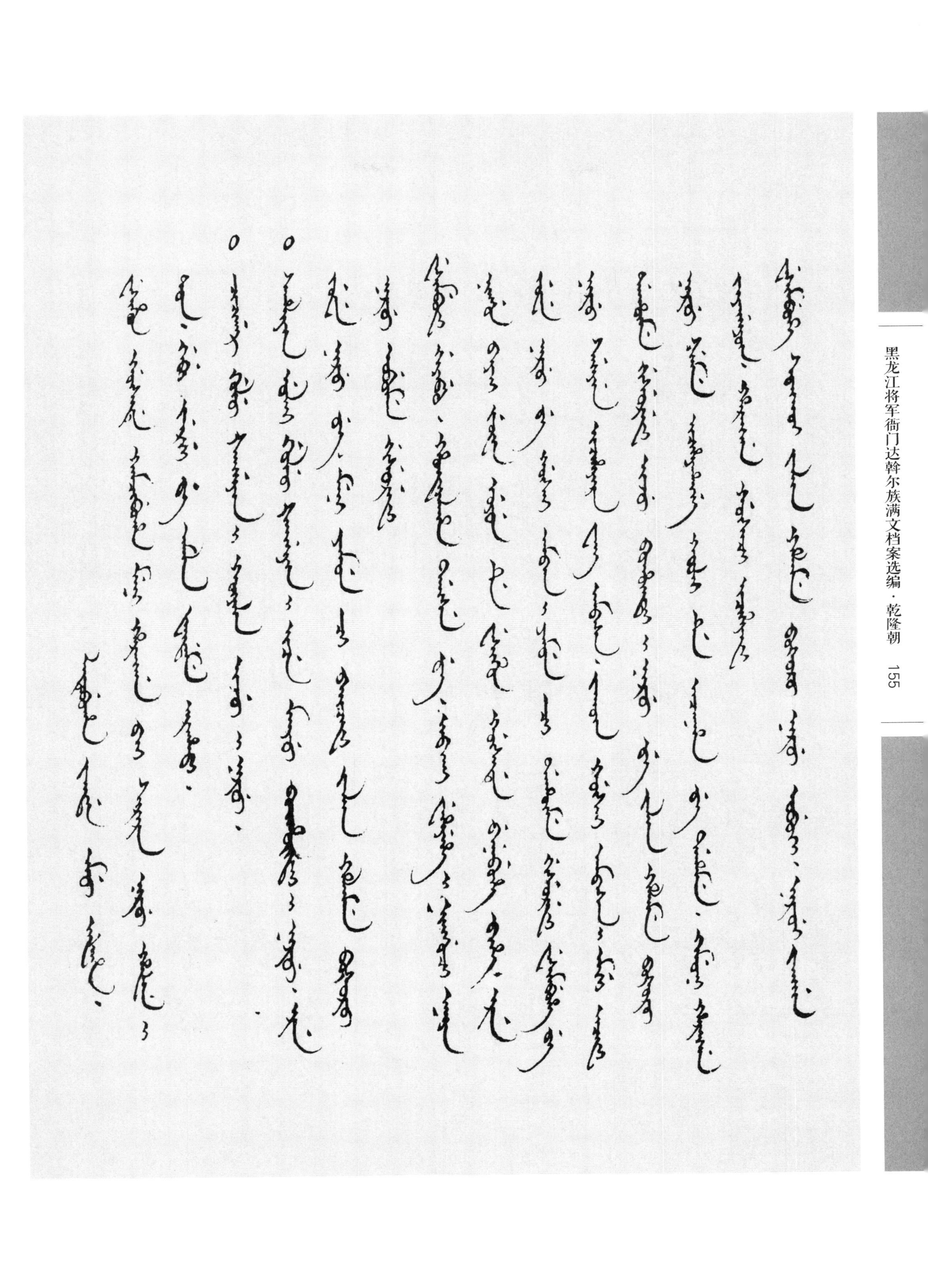

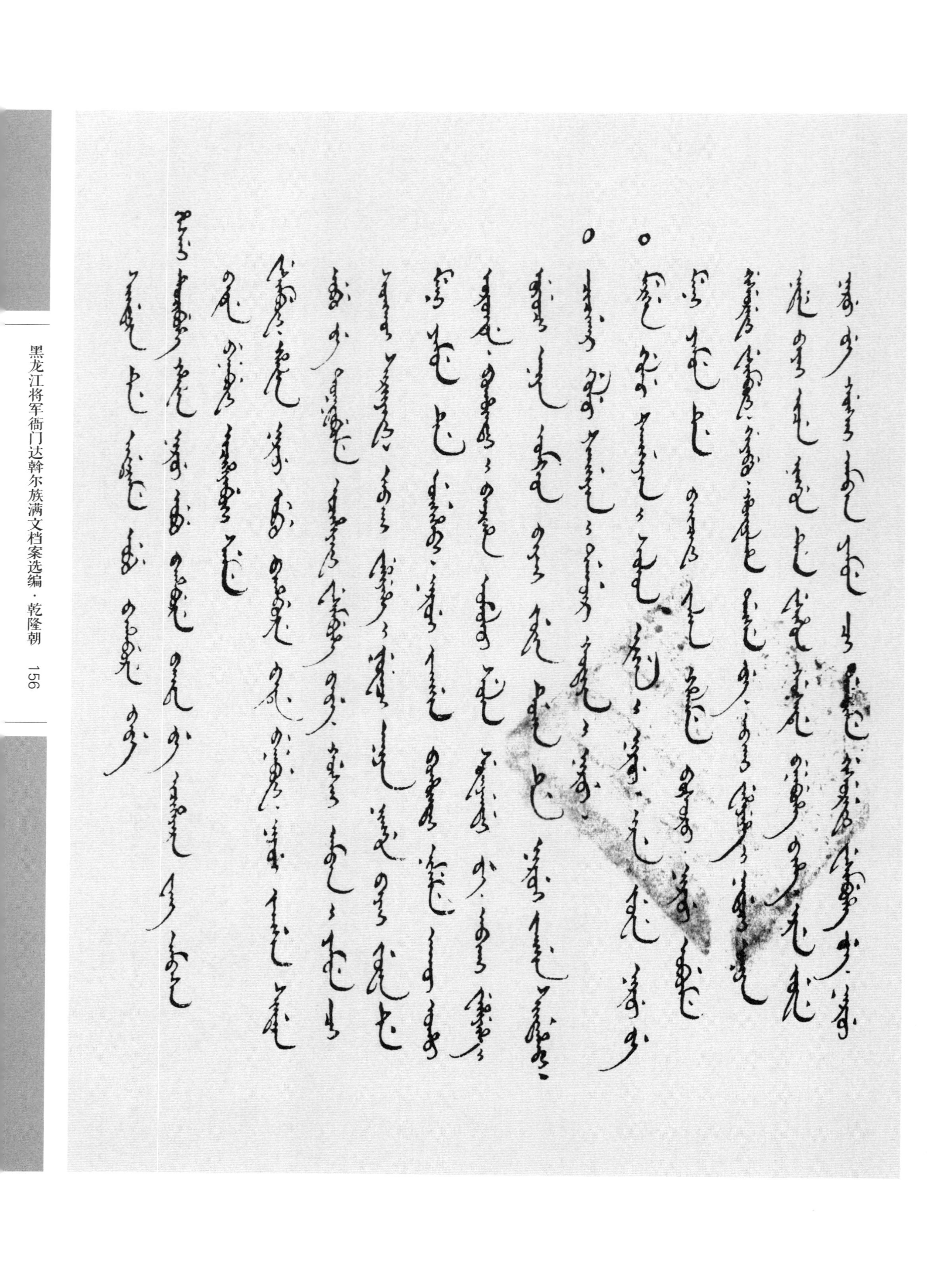

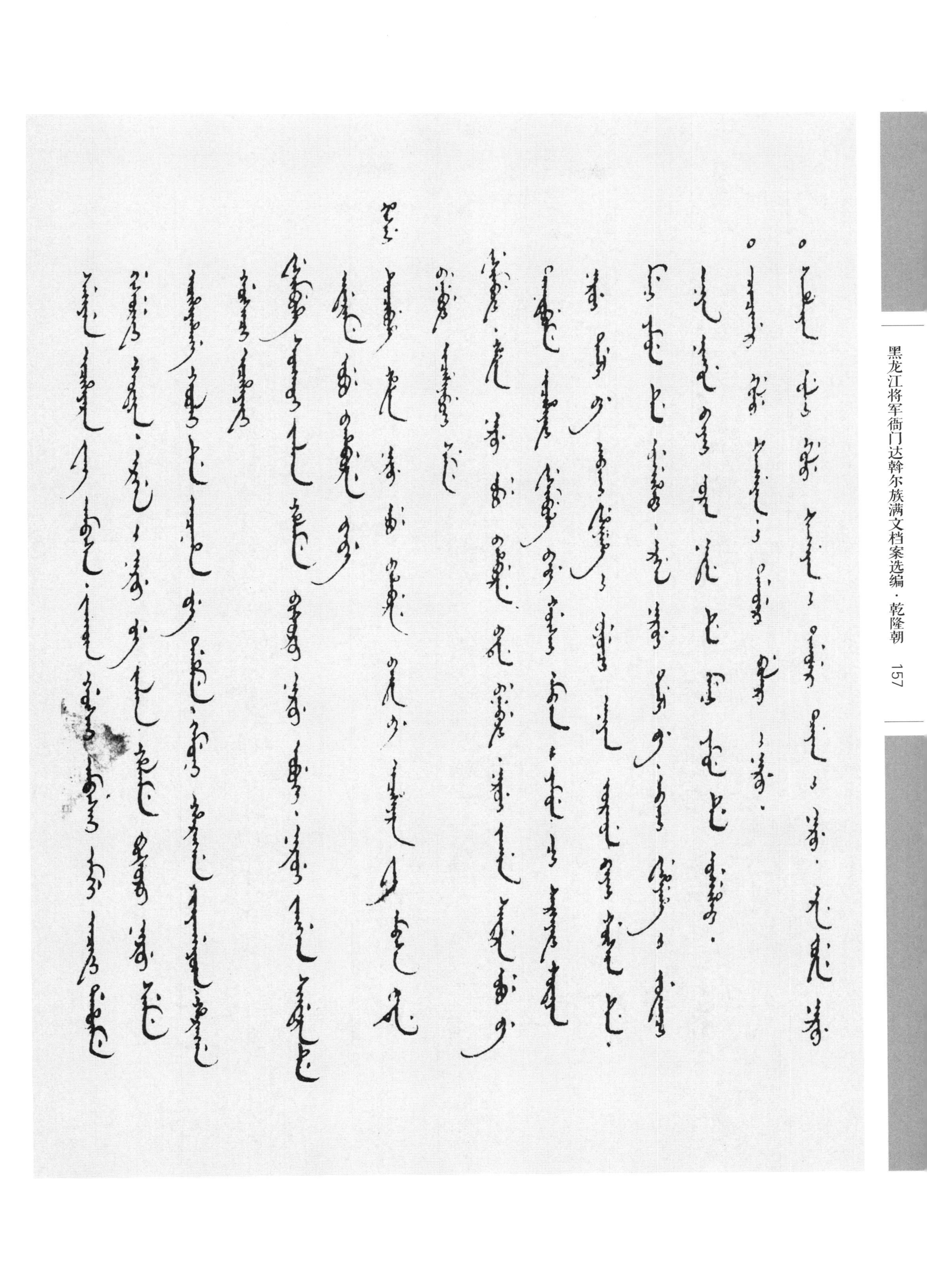

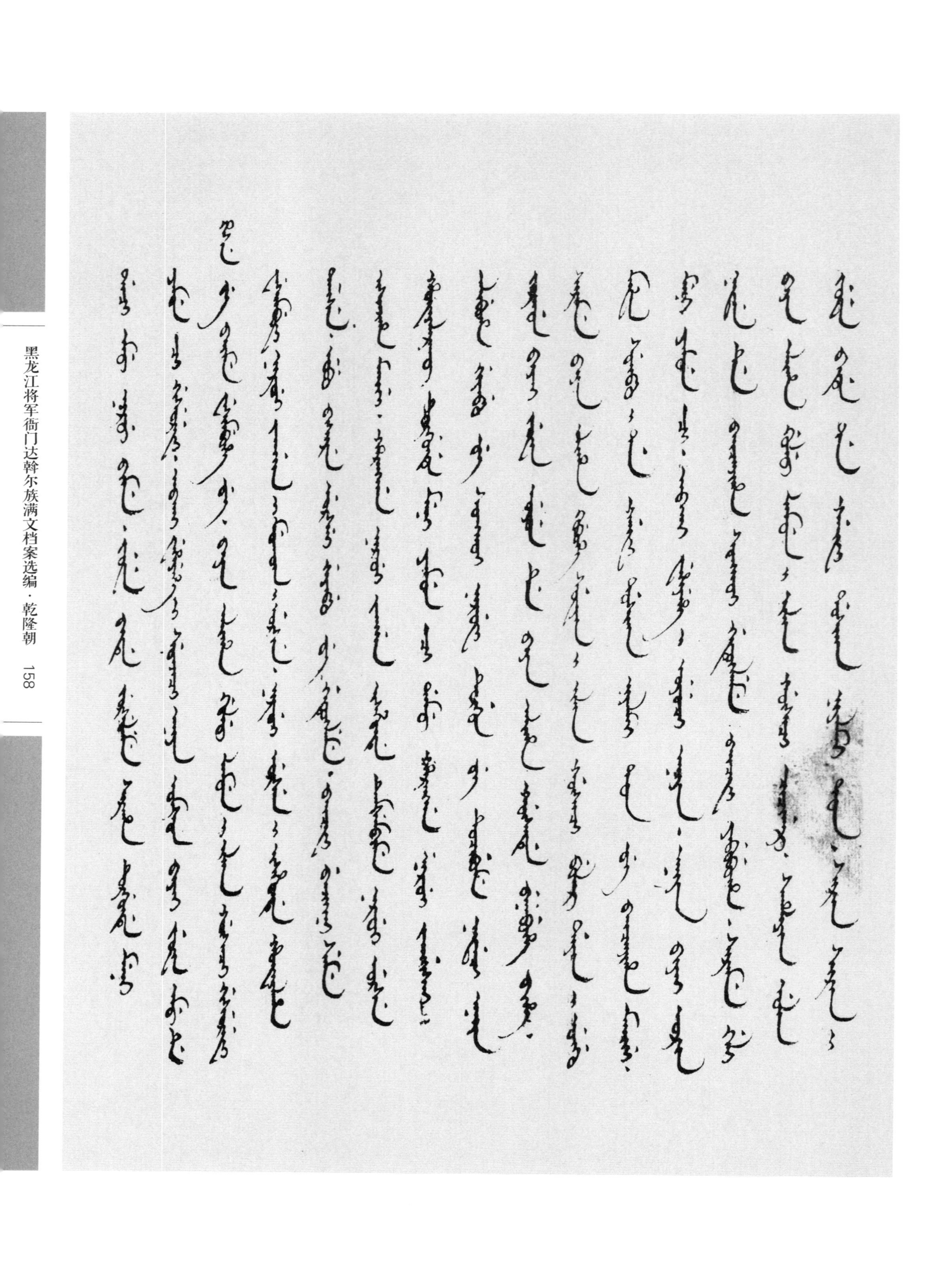

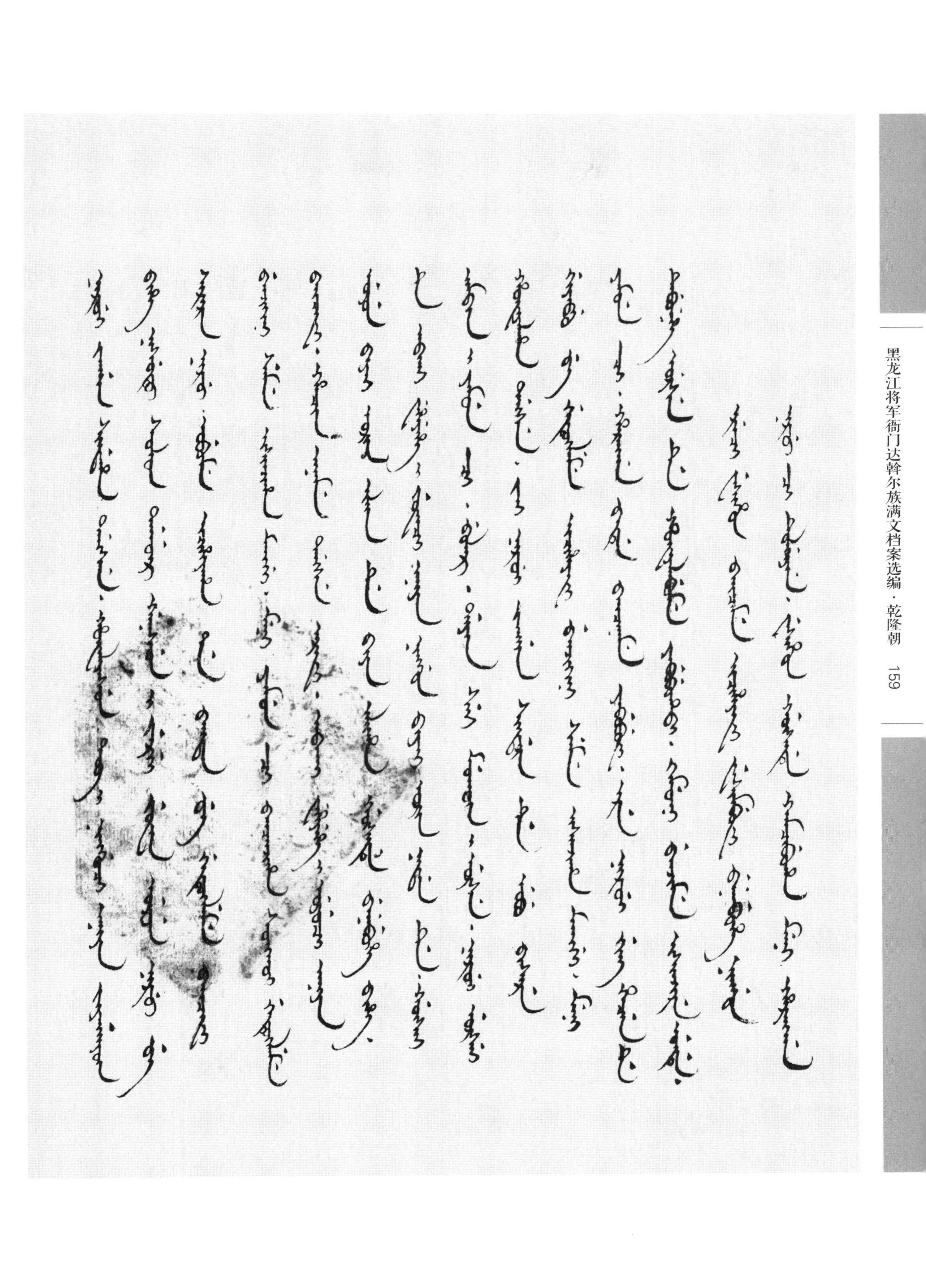

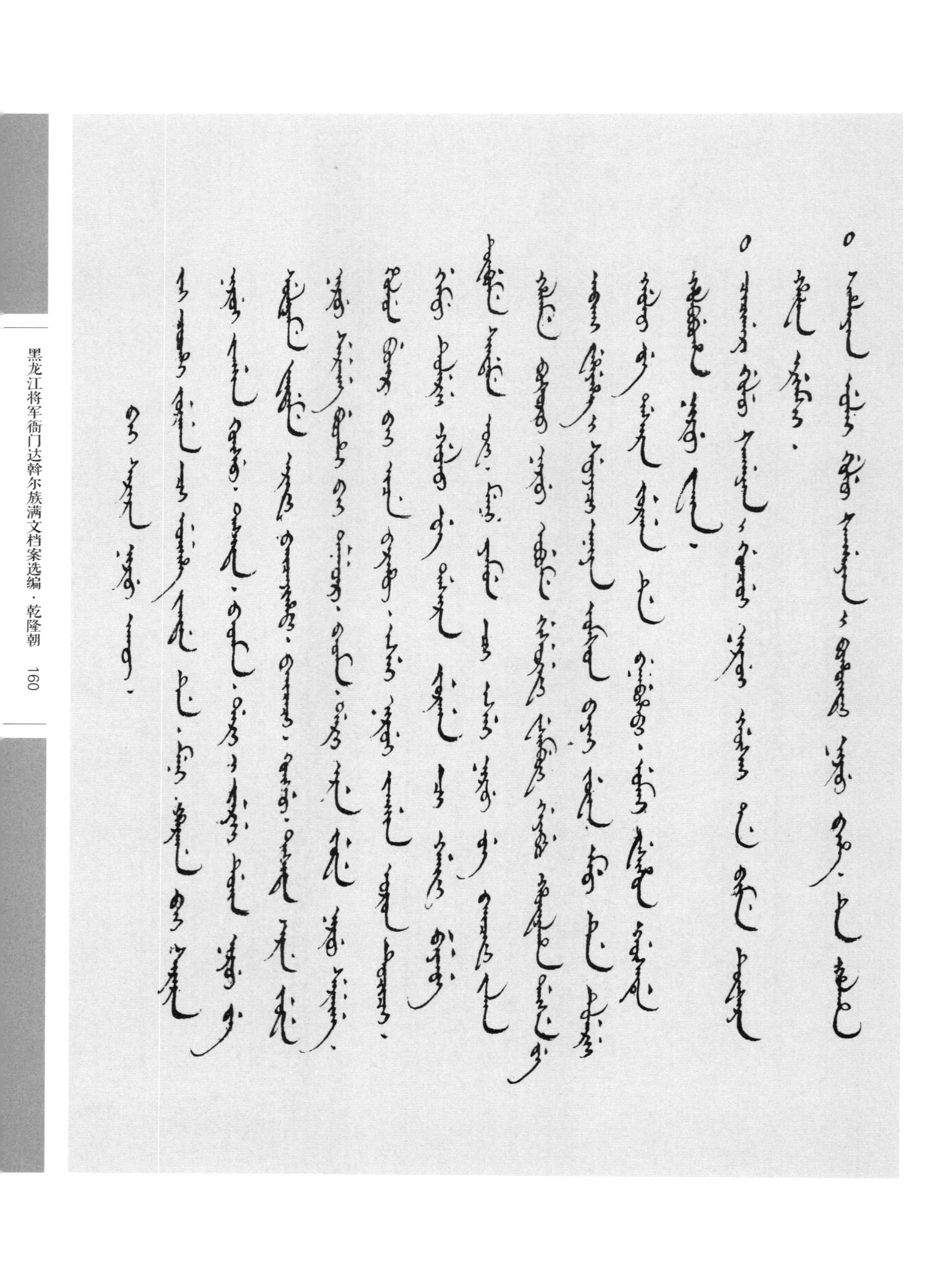

[illegible]

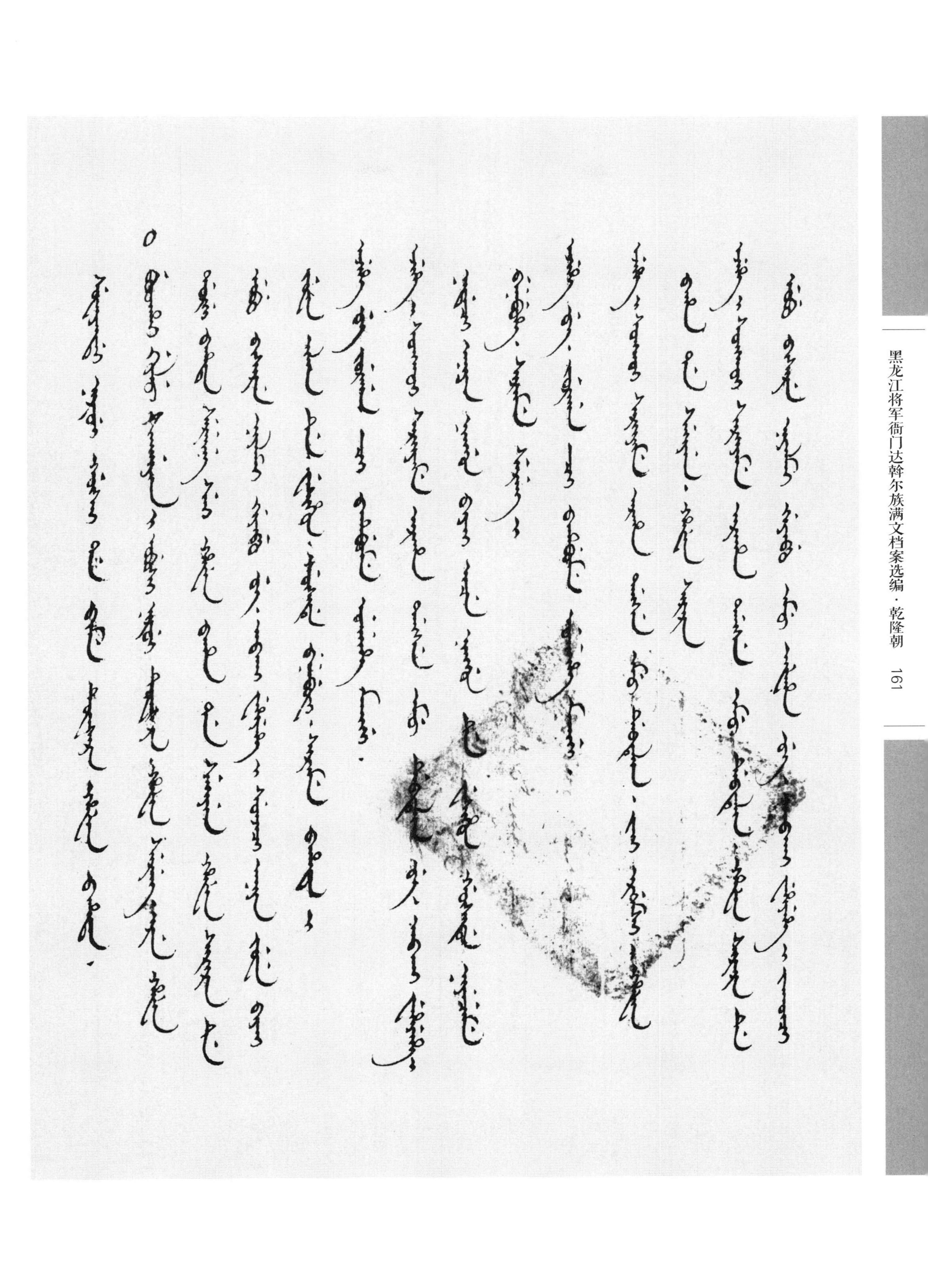

[illegible]

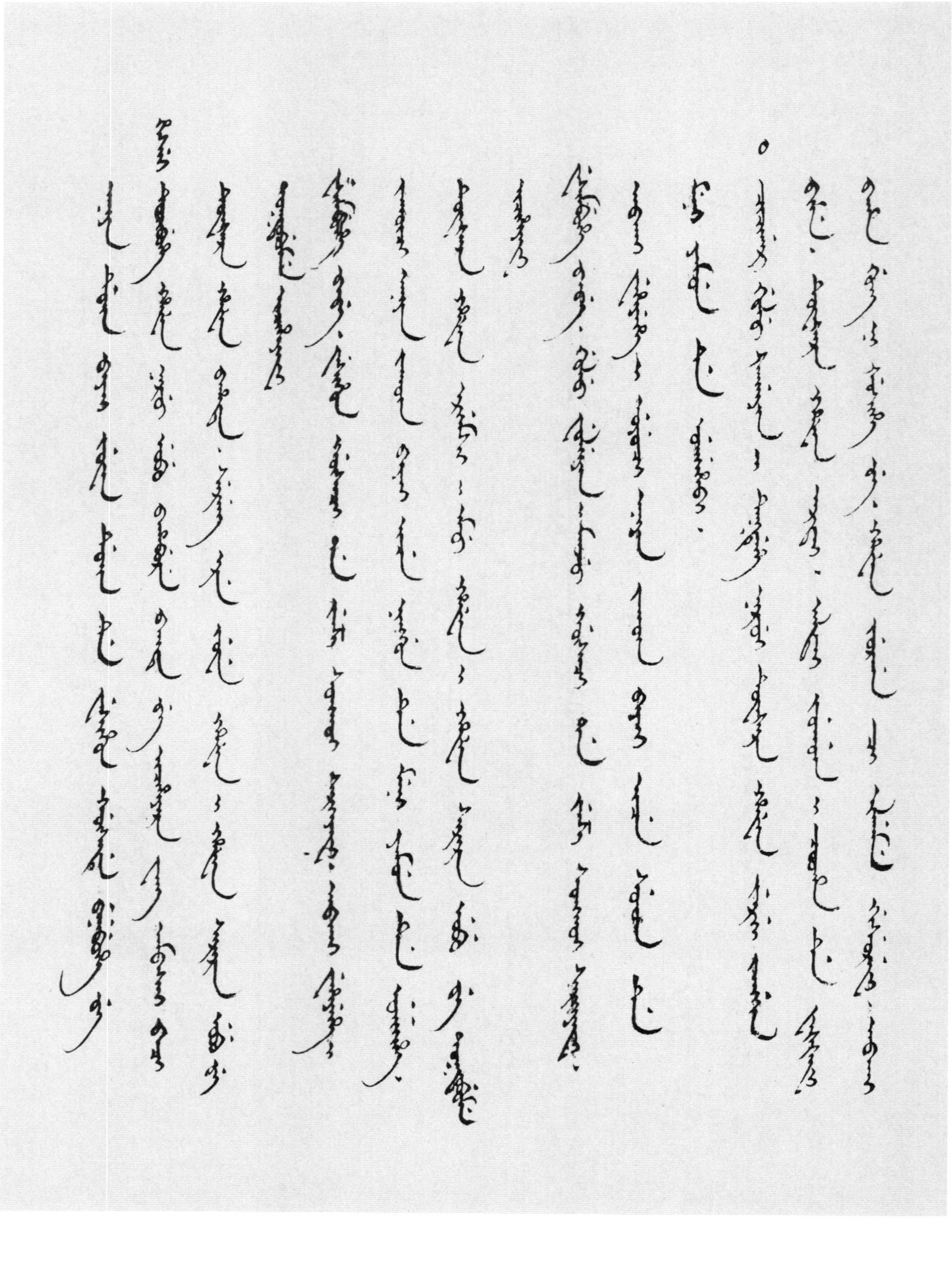

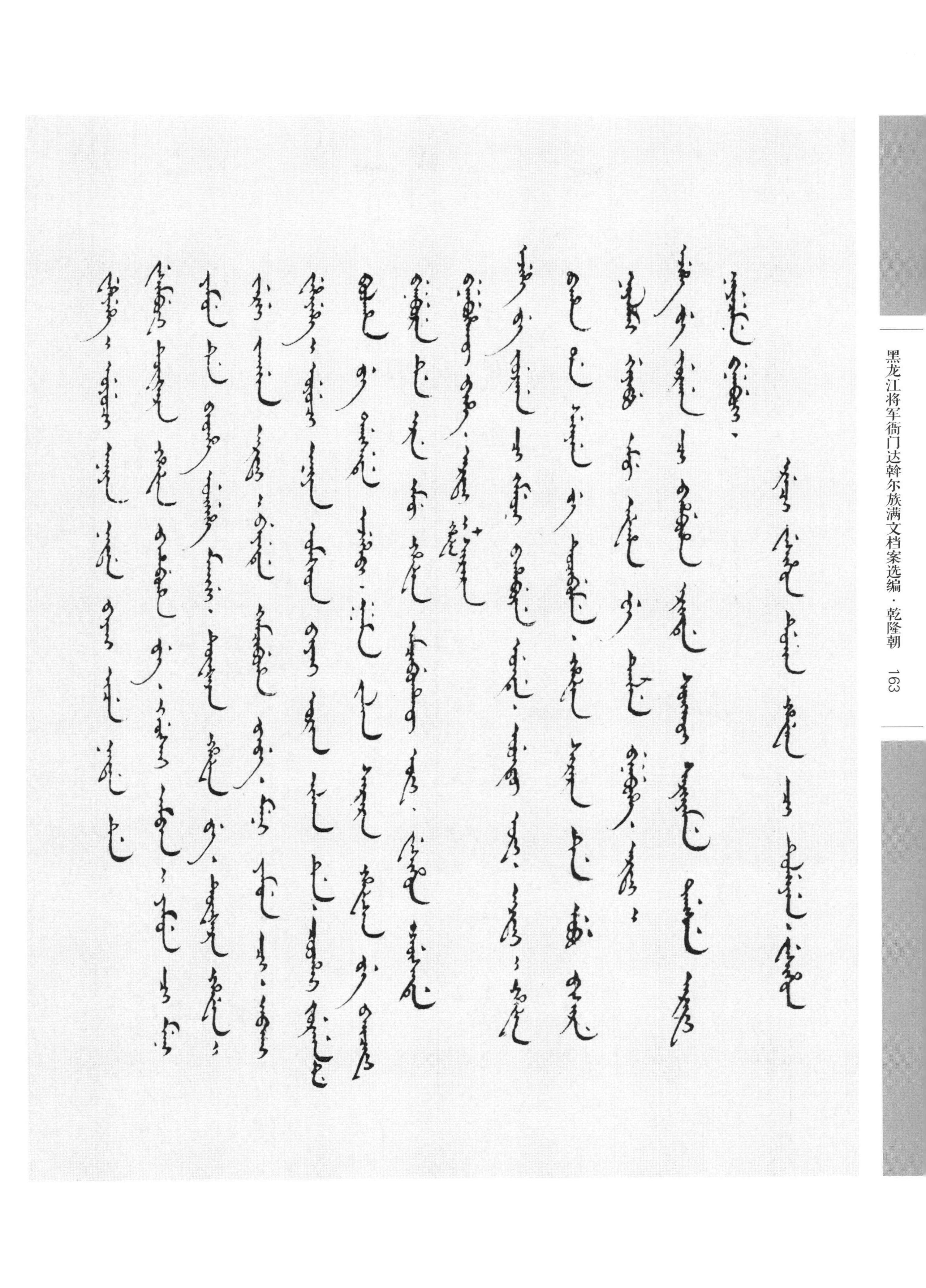

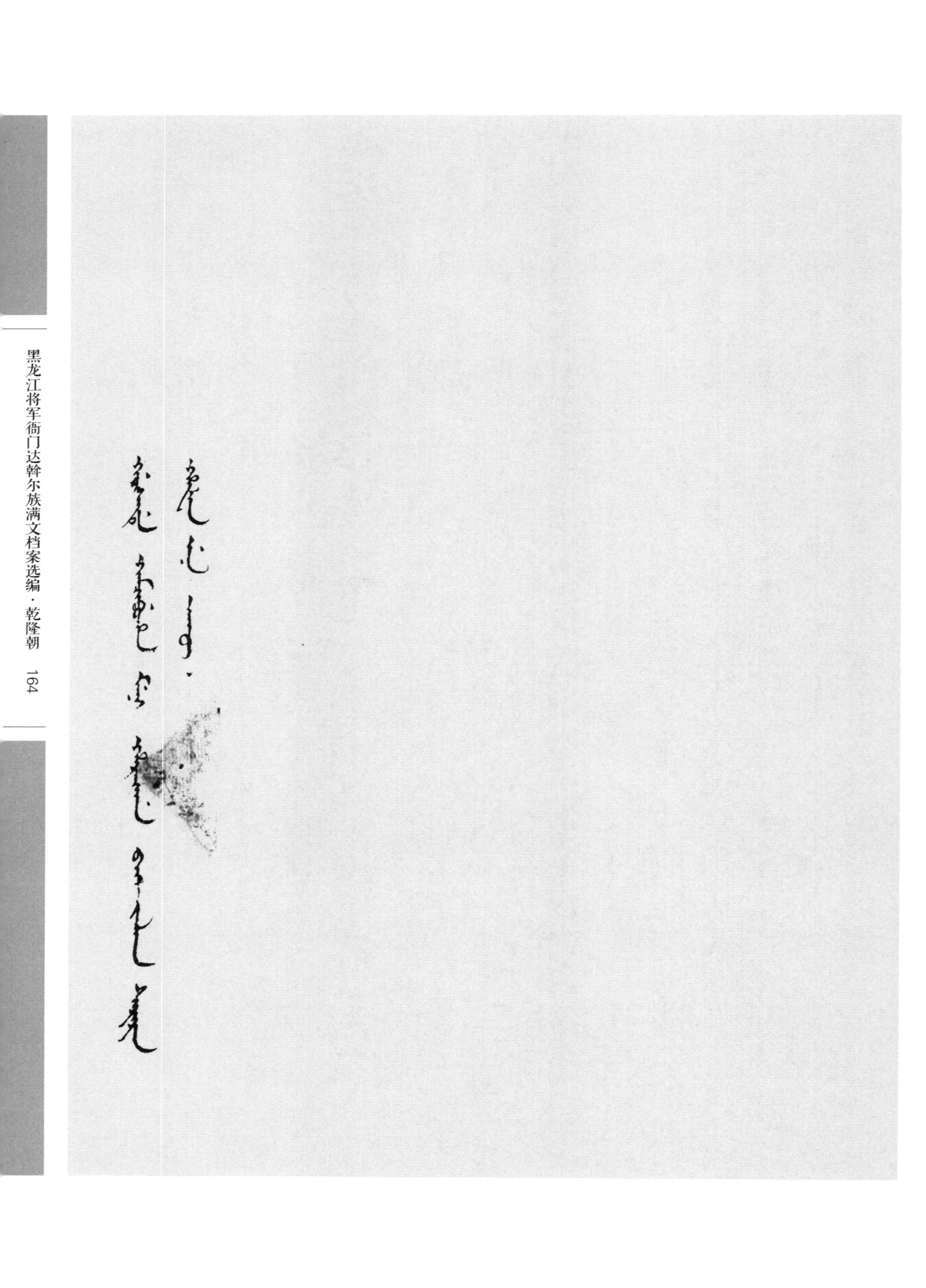

abkai wehiyehe i [illegible] aniya [illegible] [illegible]

hese be sa.

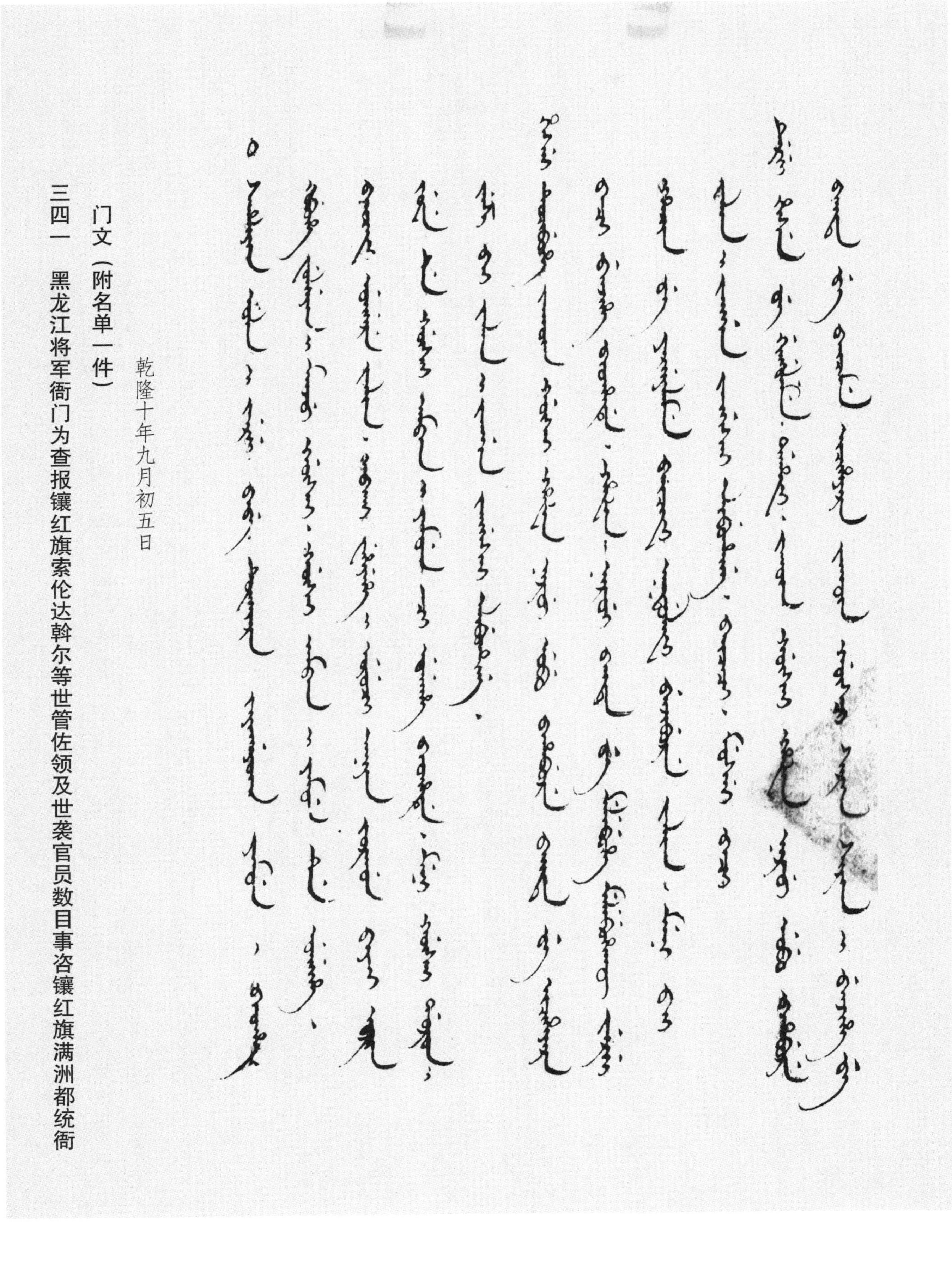

乾隆十年九月初五日

三四一　黑龙江将军衙门为查报镶红旗索伦达斡尔等世管佐领及世袭官员数目事咨镶红旗满洲都统衙门文（附名单一件）

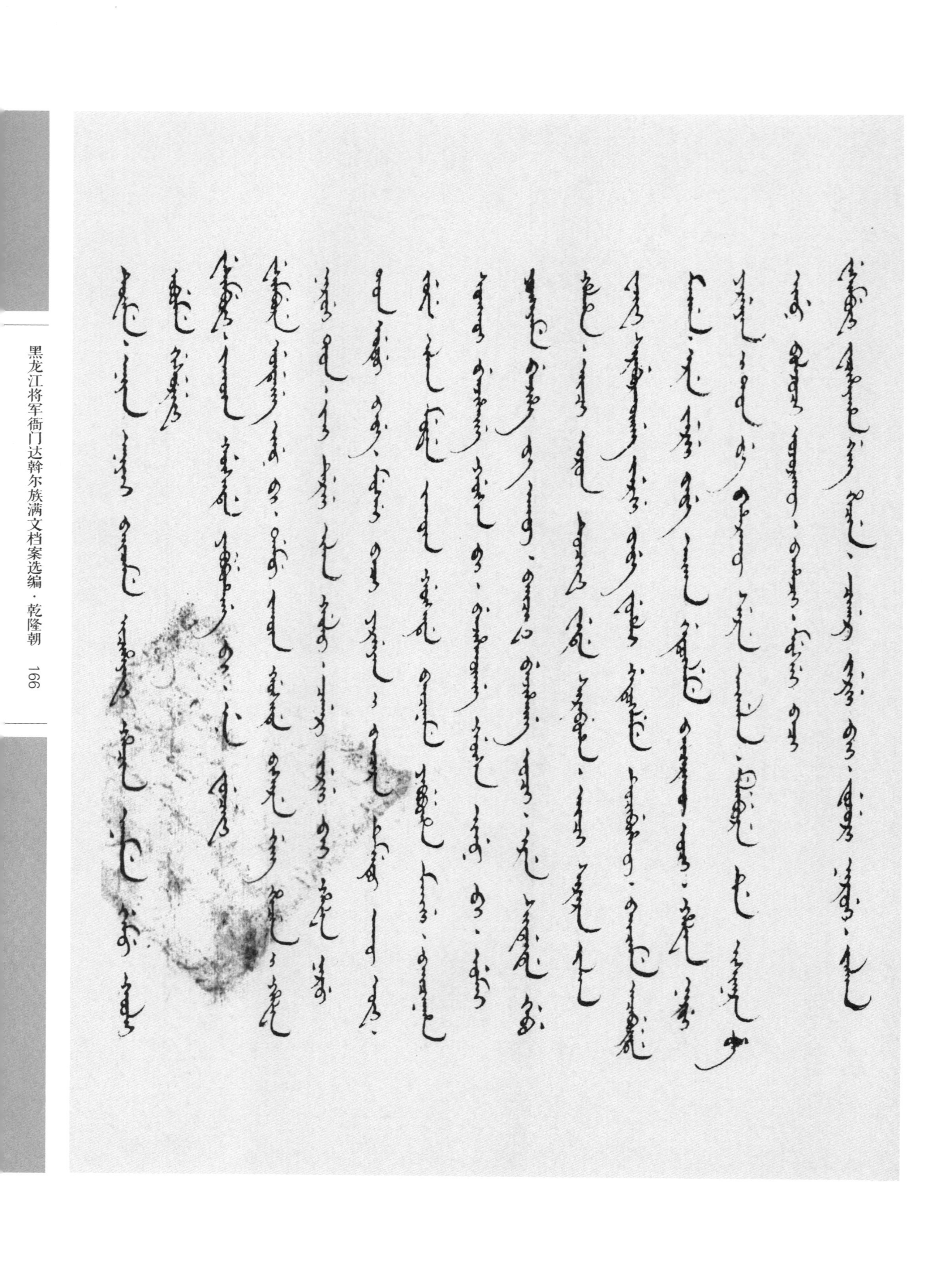

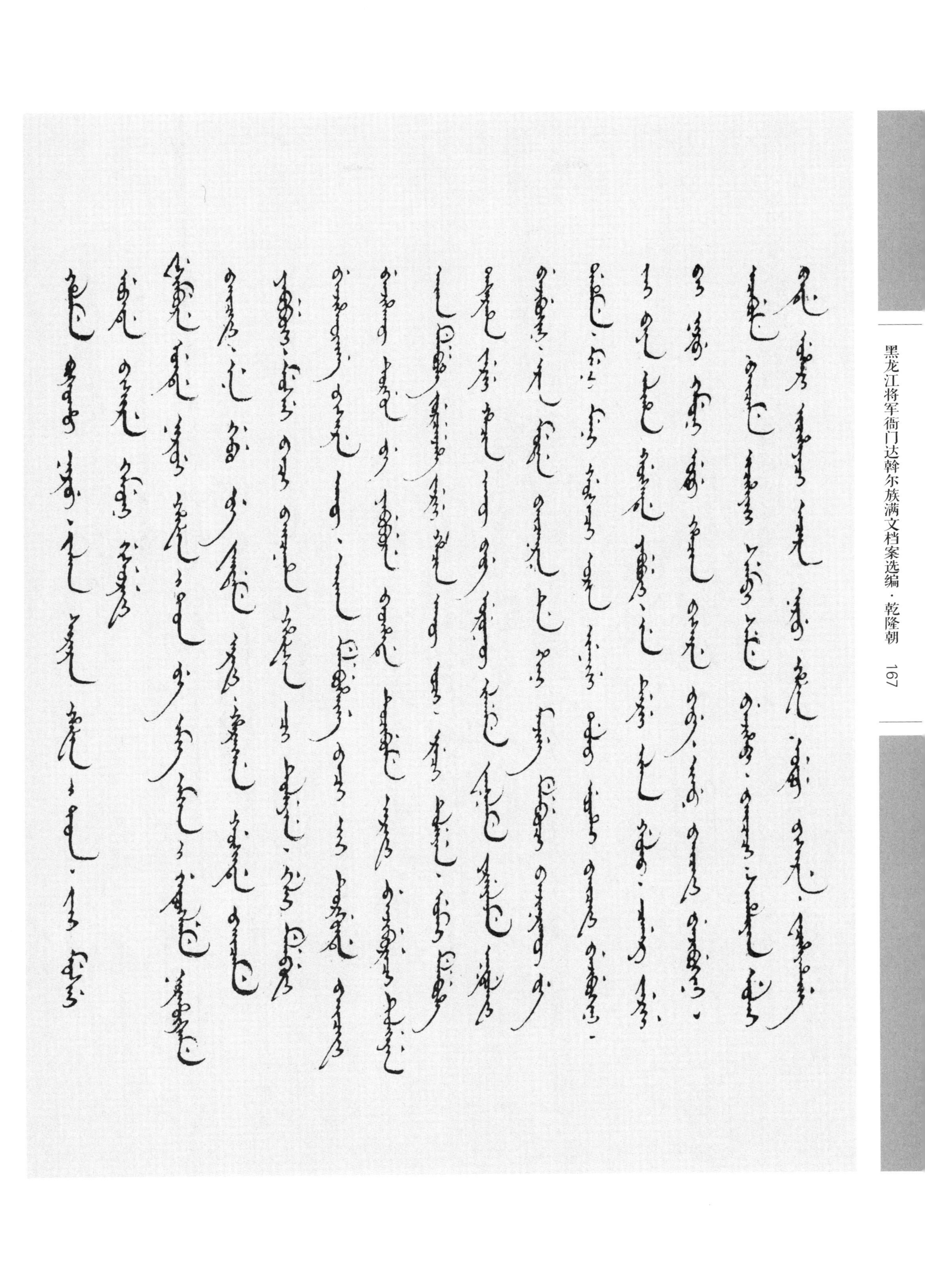

[illegible]

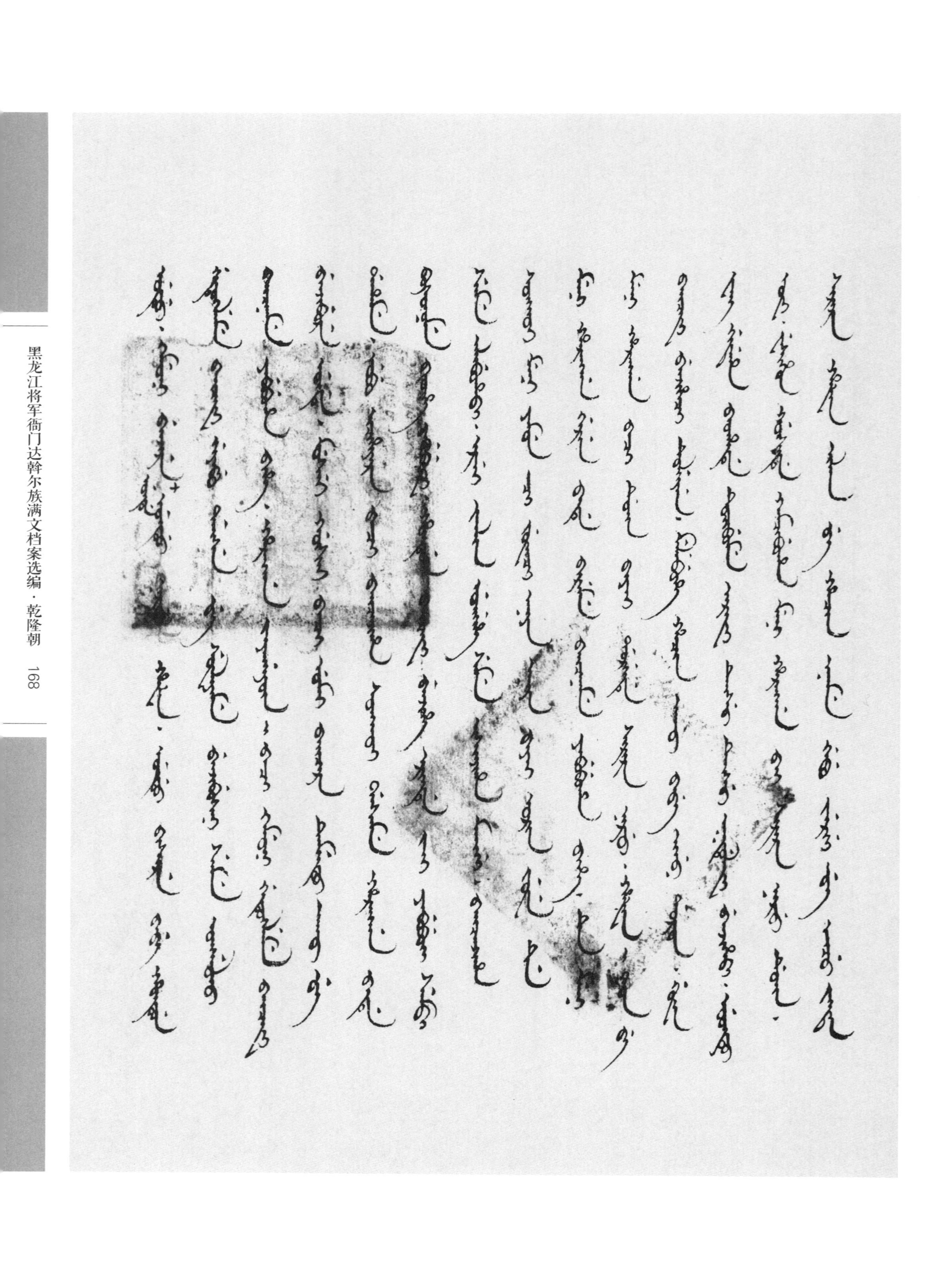

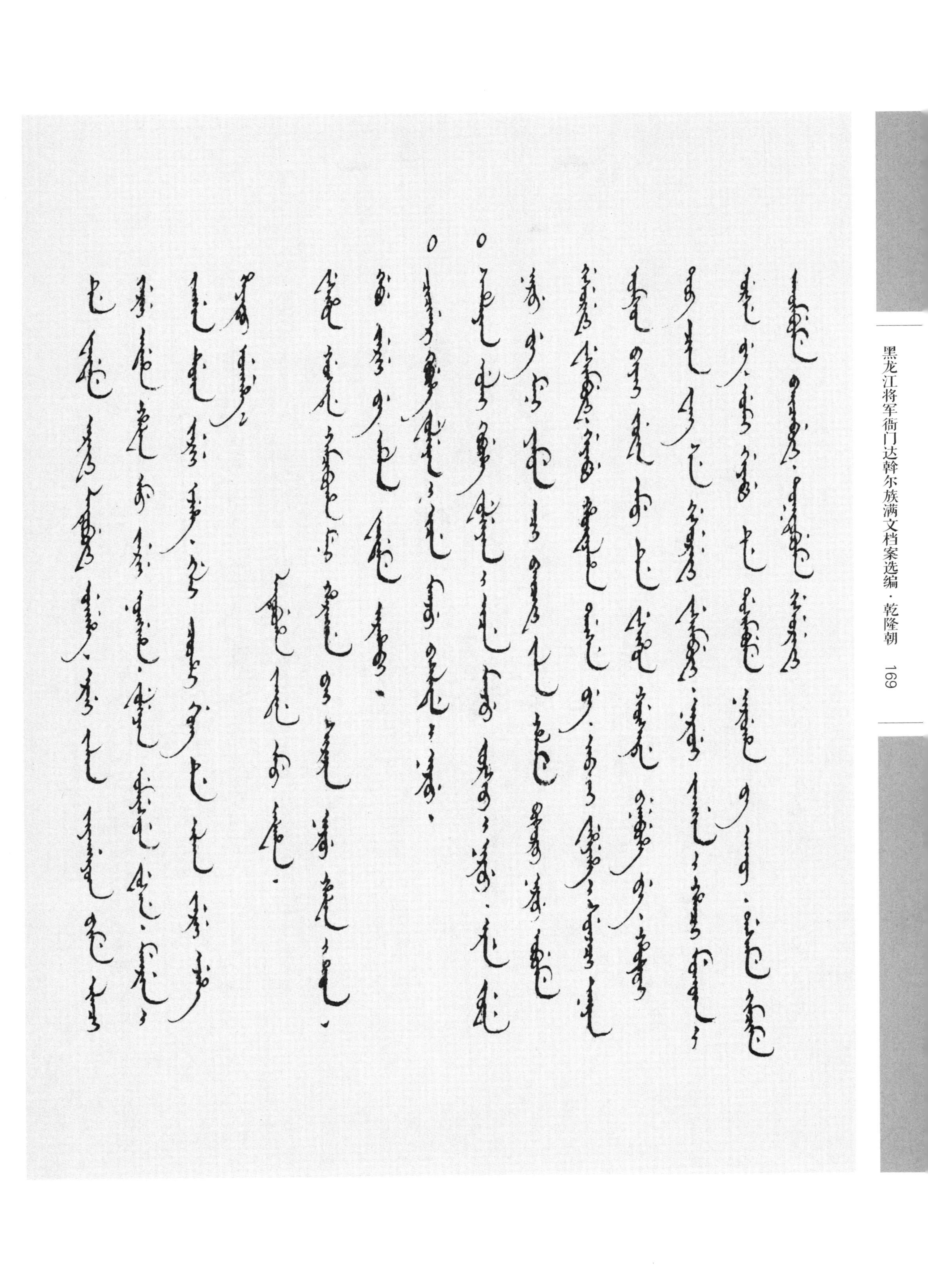

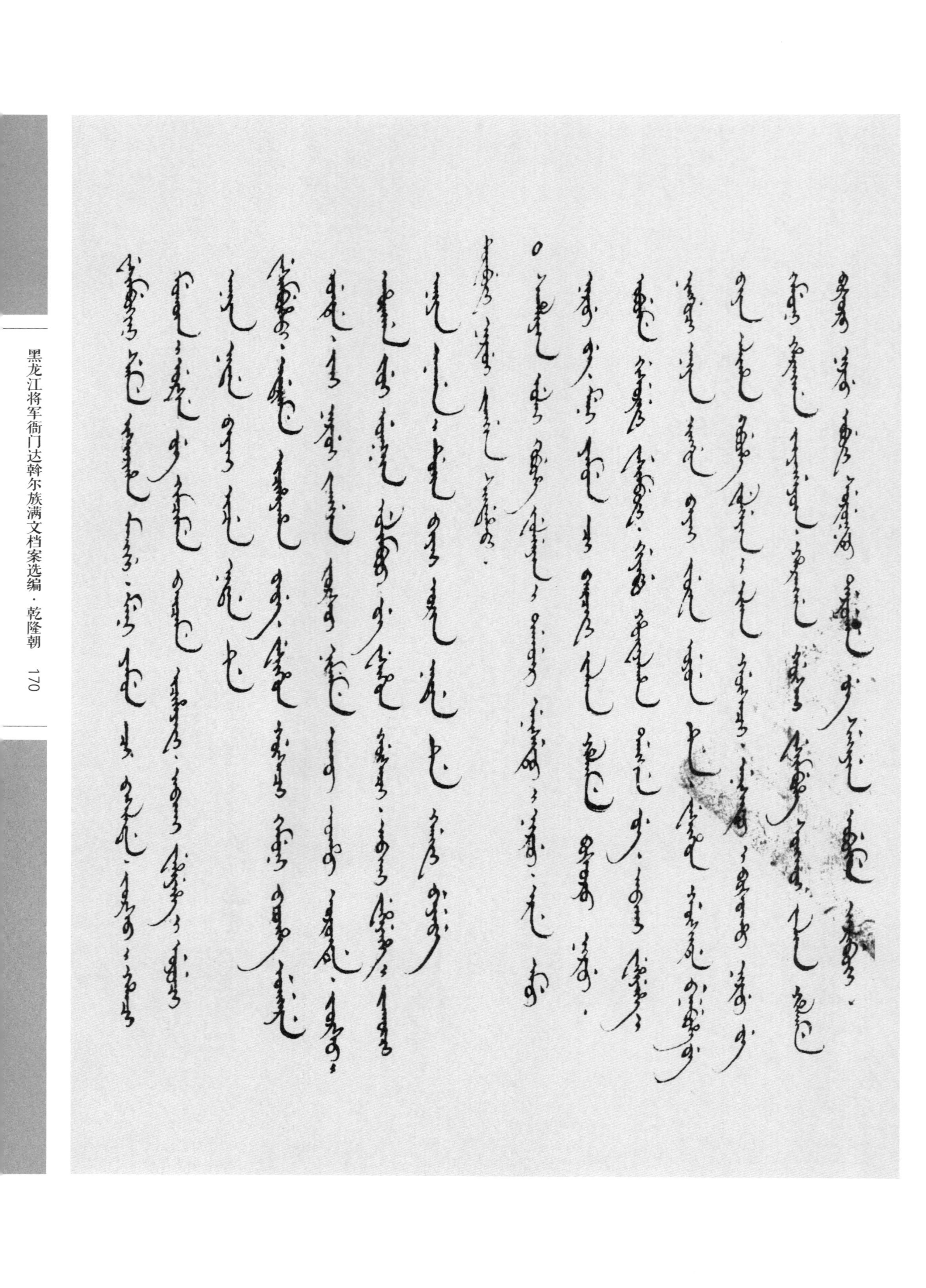

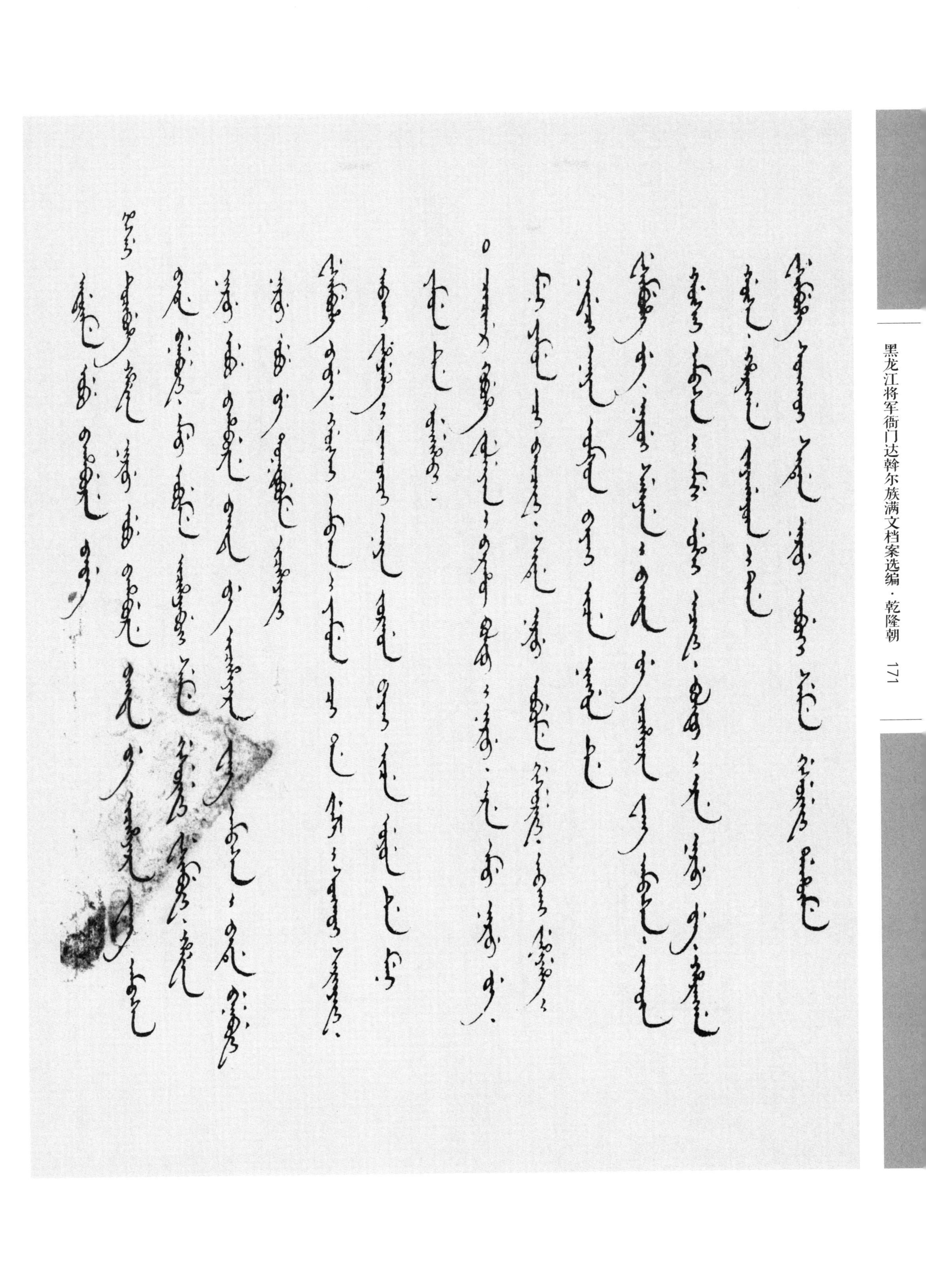

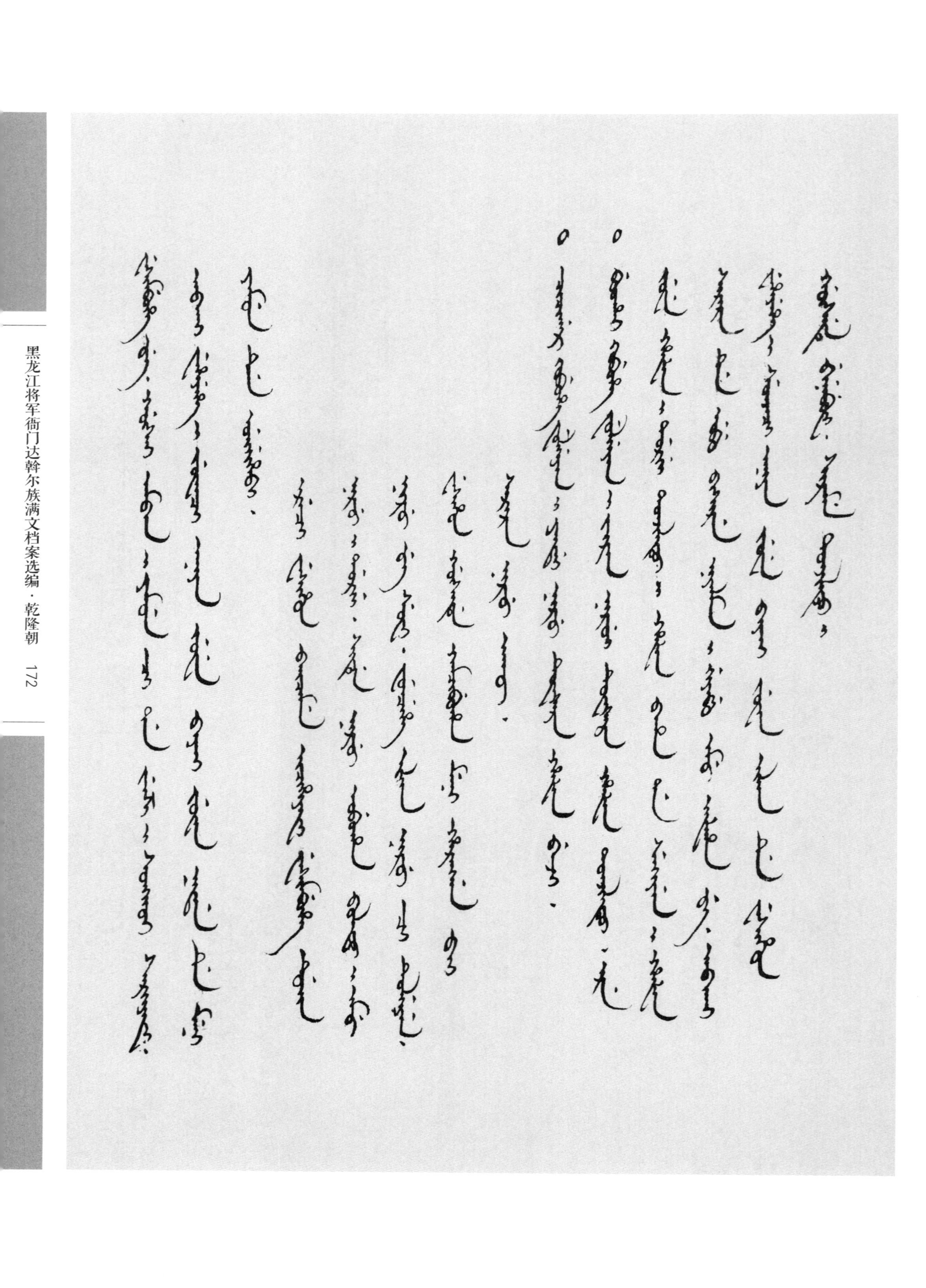

[illegible]

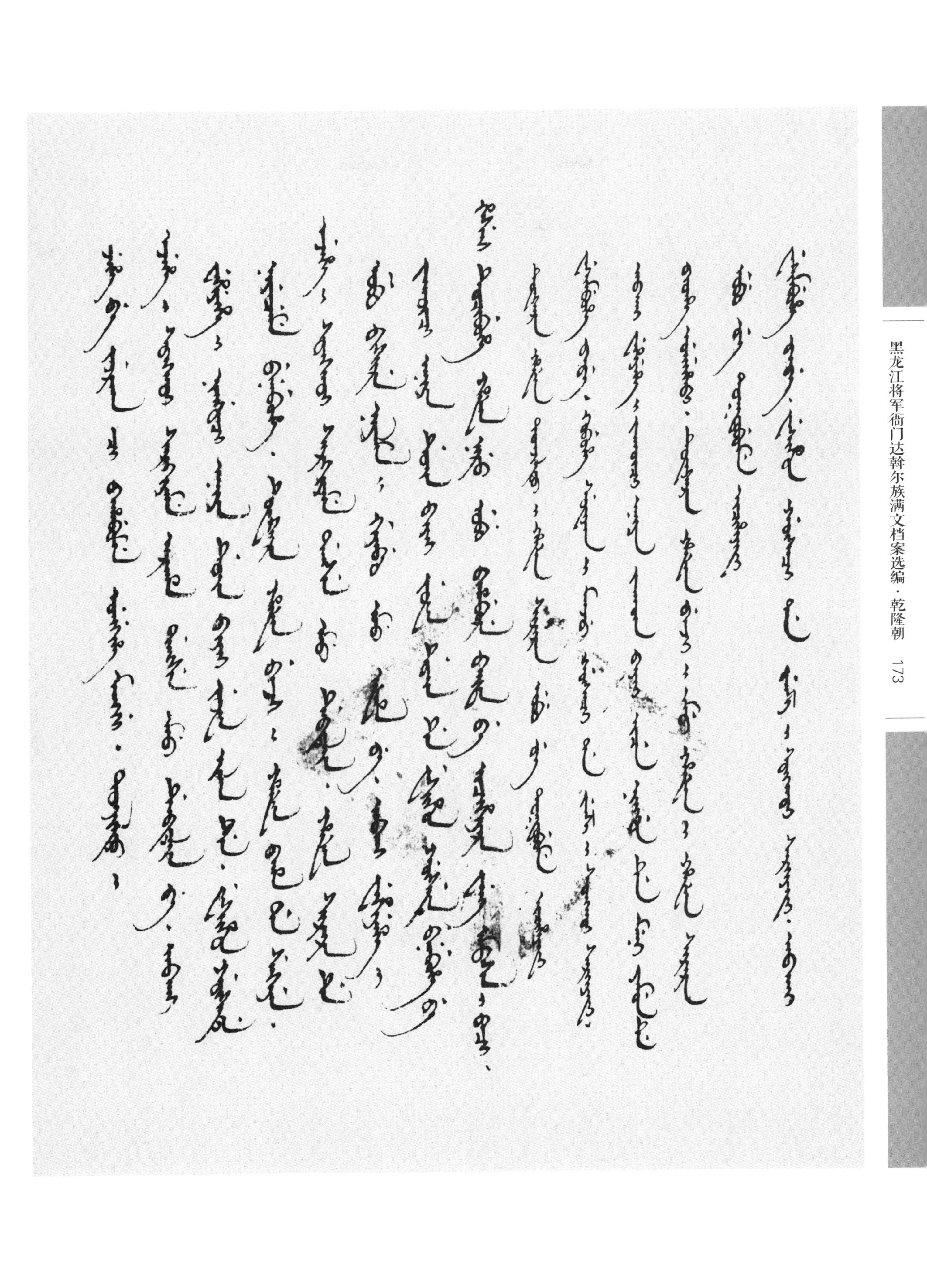

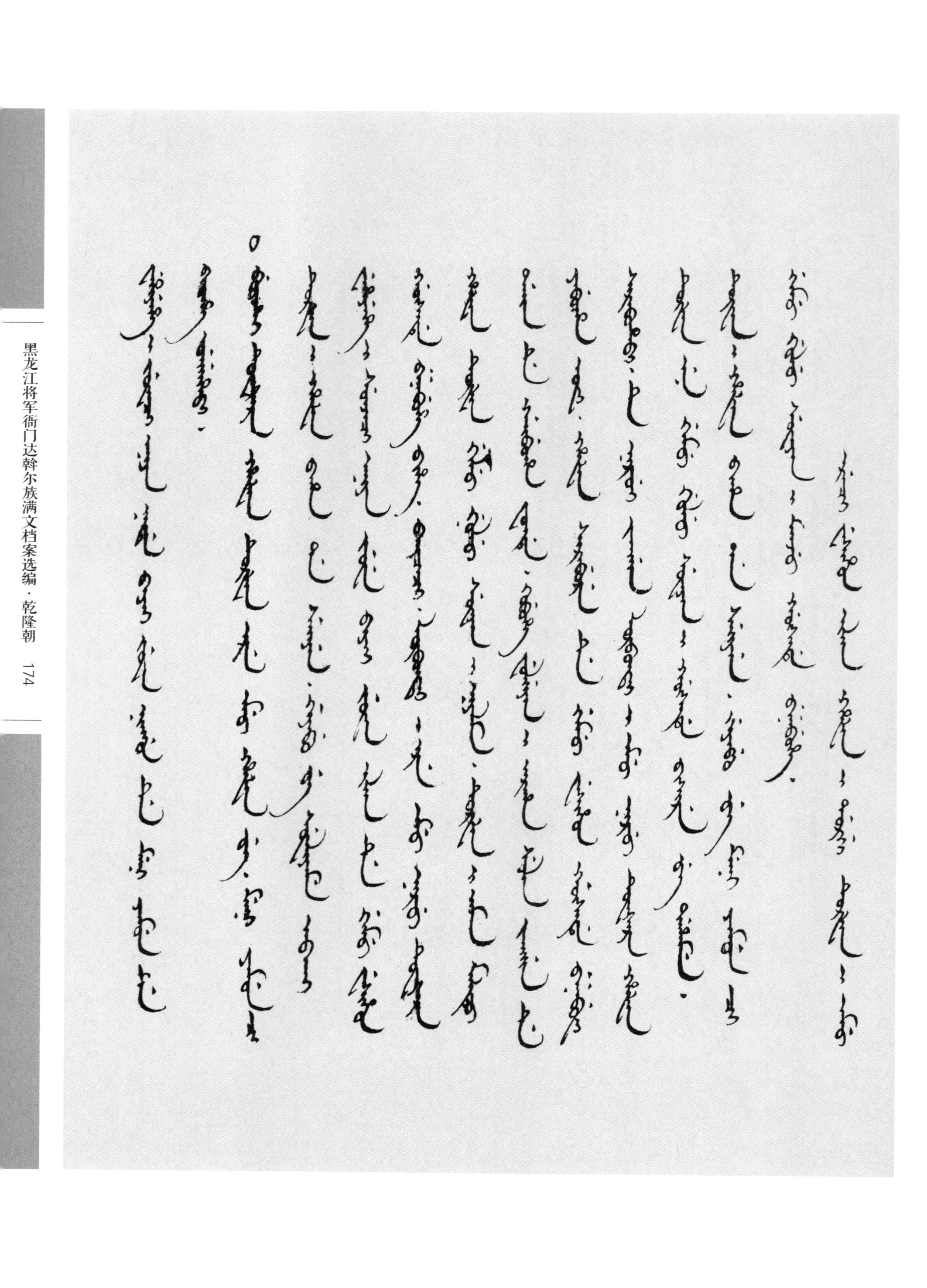

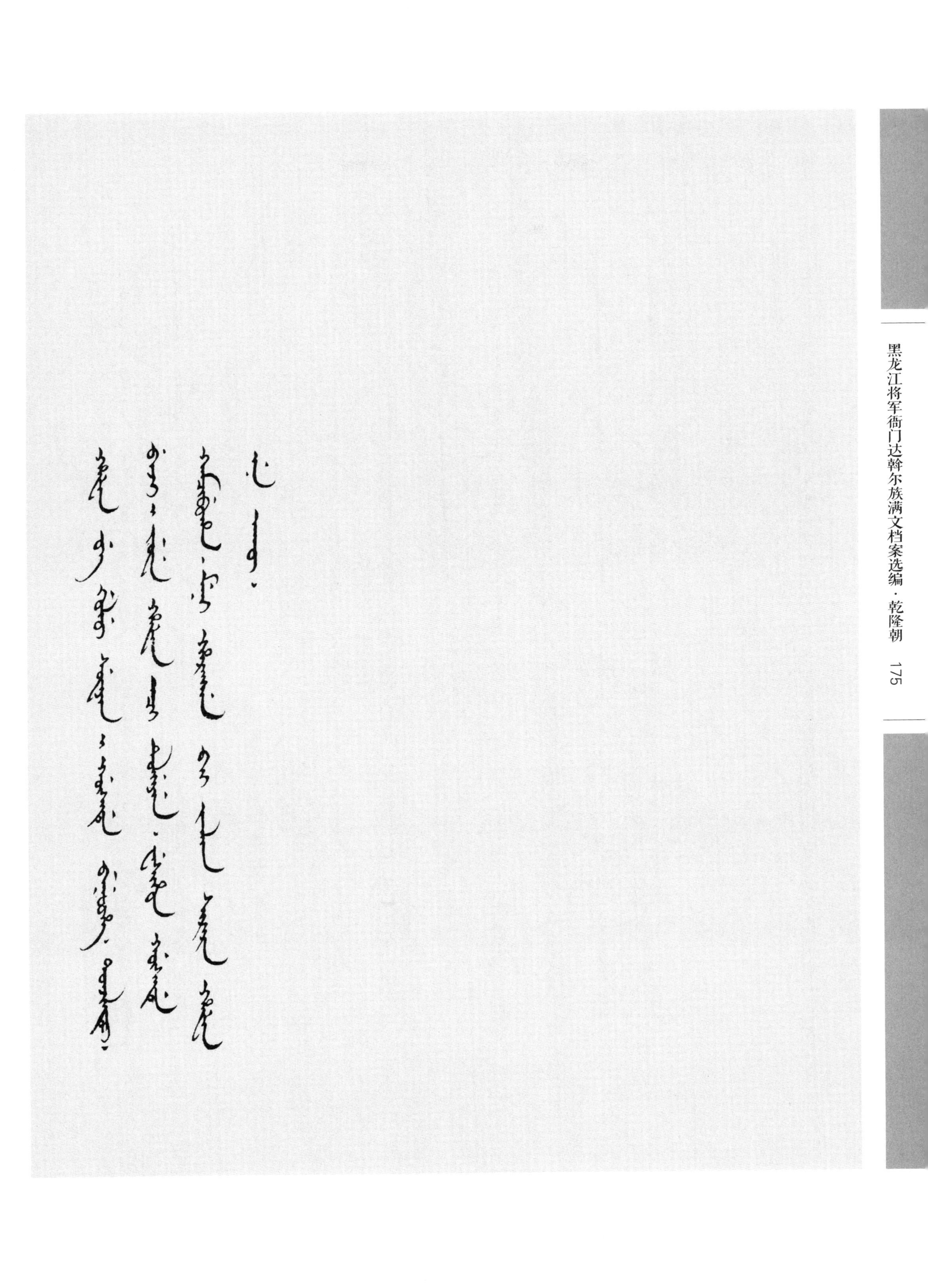

ᠨᠠᡩᠠᠨ ᠪᡳᠶᠠ ᡳᠴᡝ ᠨᠠᡩᠠᠨ᠈ ᠨᠠᡩᠠᠨ ᠪᠣᡳᡤᠣᠨ ᠸᡝᠰᡳᠮᠪᡠᡥᡝ

ᠪᡳᡨᡥᡝ᠈ ᠨᡳᡴᠠᠨ ᠨᠠᡩᠠᠨ ᠮᡝᠨ ᠨᡳᠩᡤᡠᠨ᠉ ᠨᠠᠮᡠᠨ ᠨᠠᡩᠠᠨ

ᠨᡳᠩᡤᡠᠨ᠈ ᠨᠠᡳ ᠨᠠᡩᠠᠨ ᠪᡳ ᡳᠯᡳ ᠨᠠᡩᠠᠨ ᠨᠠᡩᠠᠨ

ᡳᠯᡳ ᠮᡝ᠉

三四二 黑龙江将军衙门为查报正蓝旗索伦达斡尔等世管佐领及世袭官员数目事咨正蓝旗满洲都统衙门文（附名单一件）

乾隆十年九月初五日

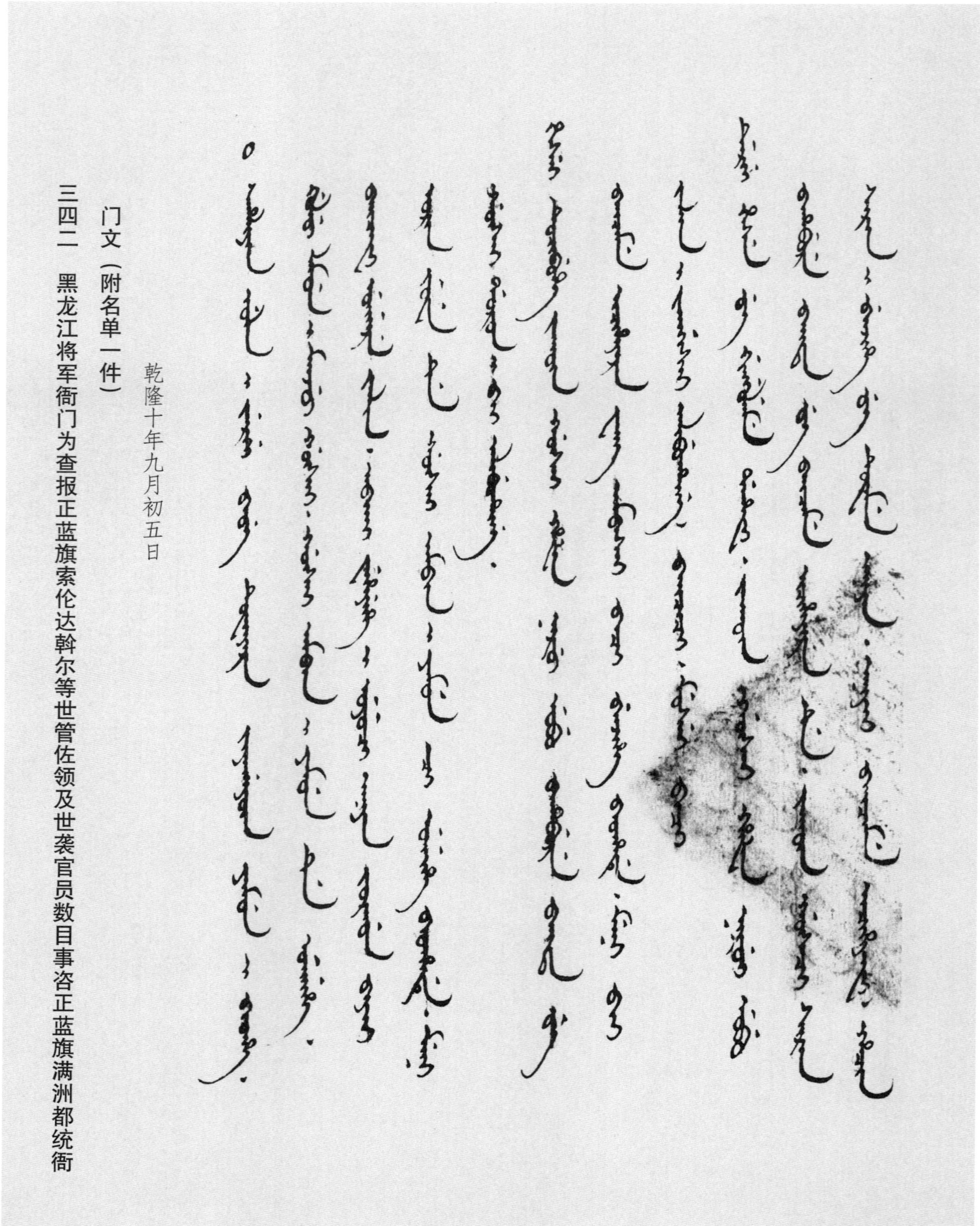

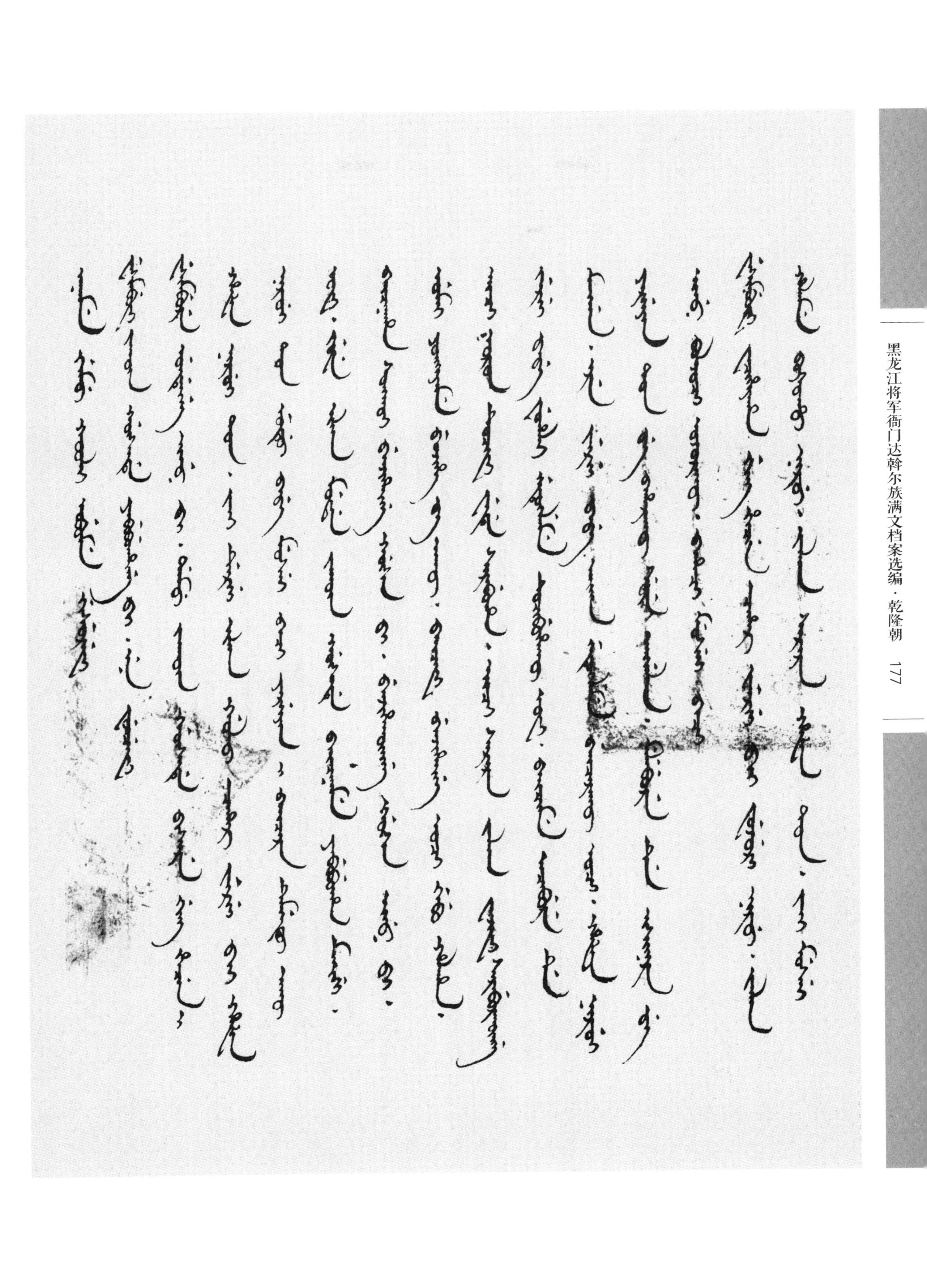

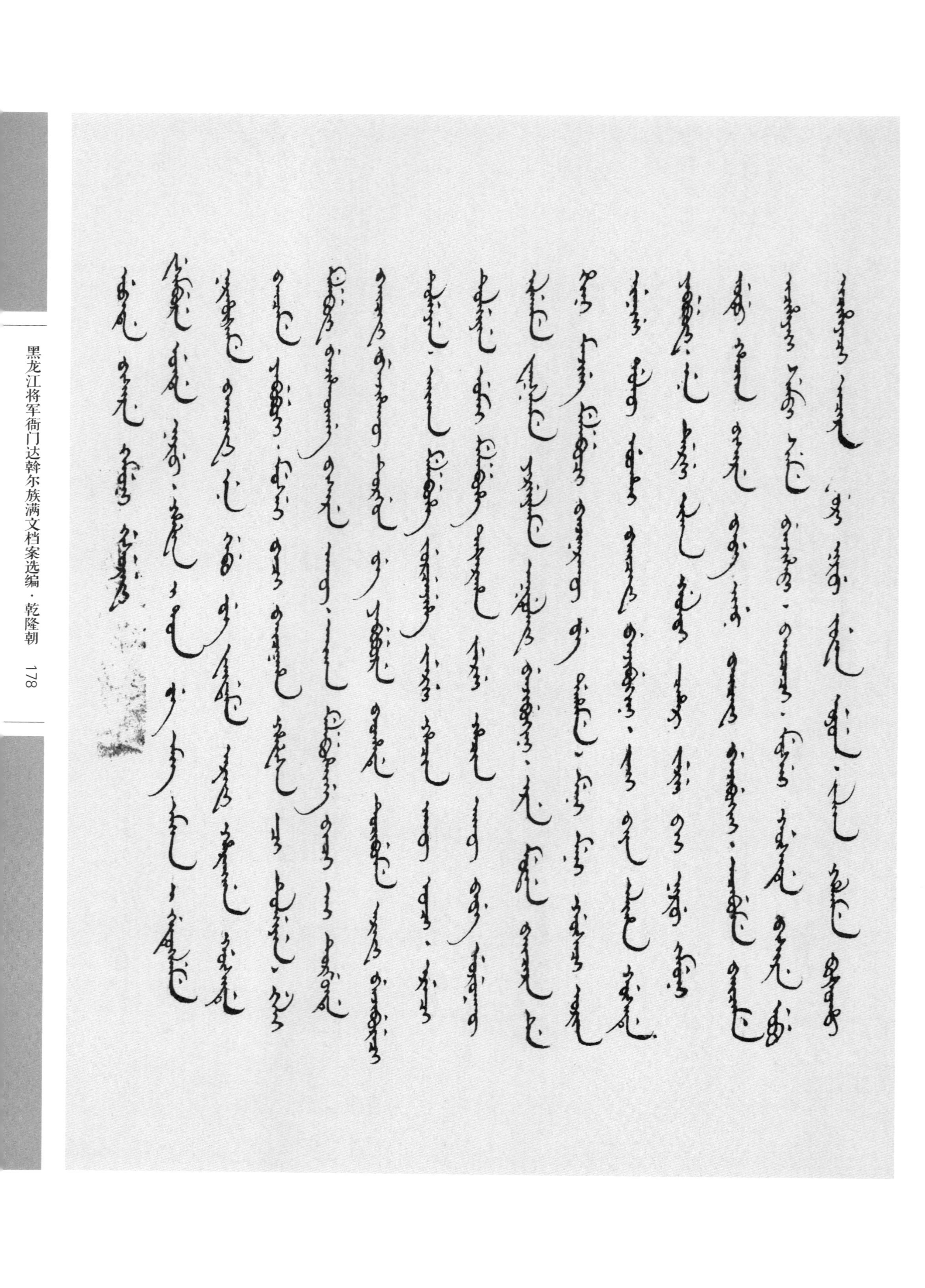

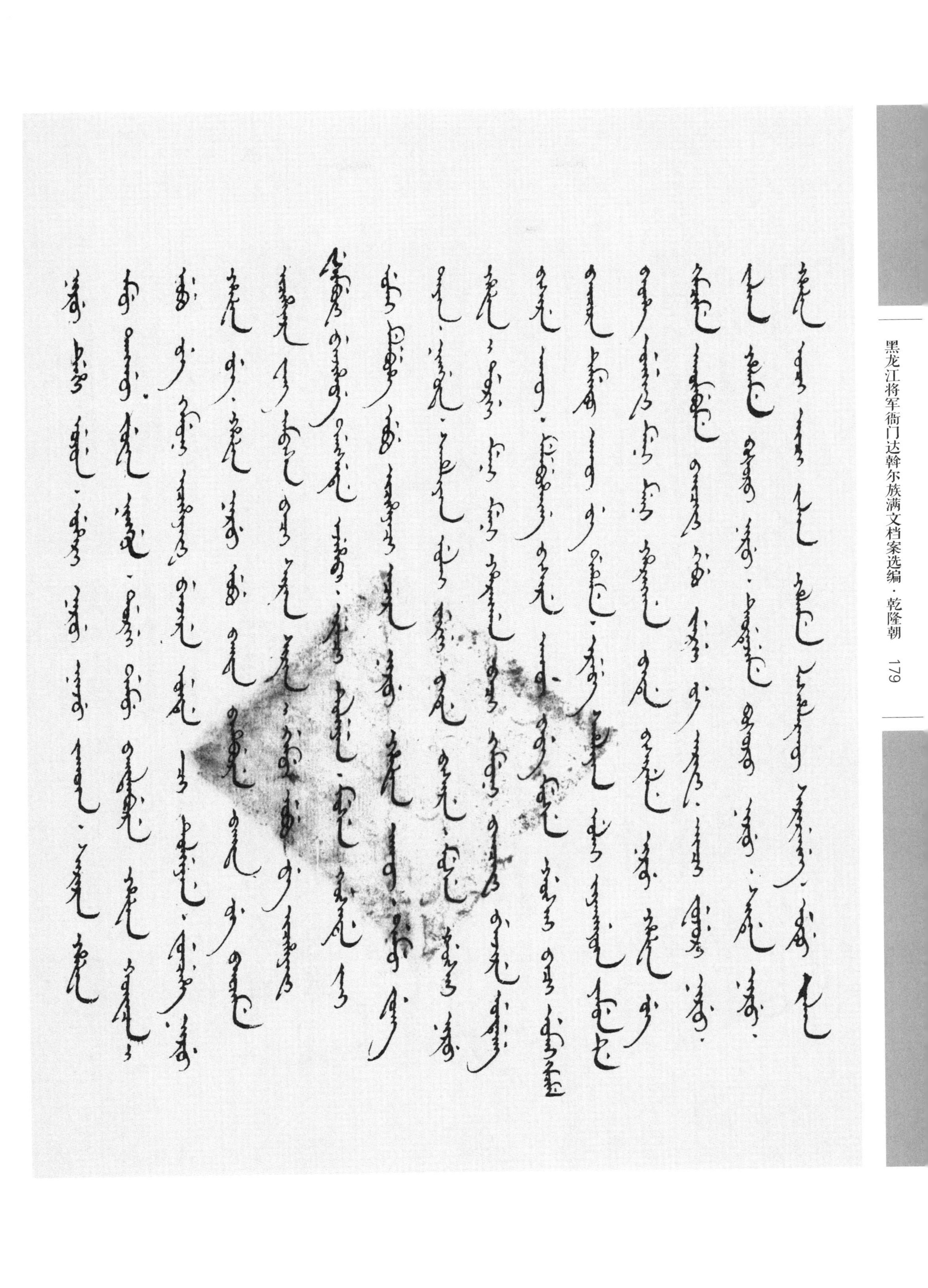

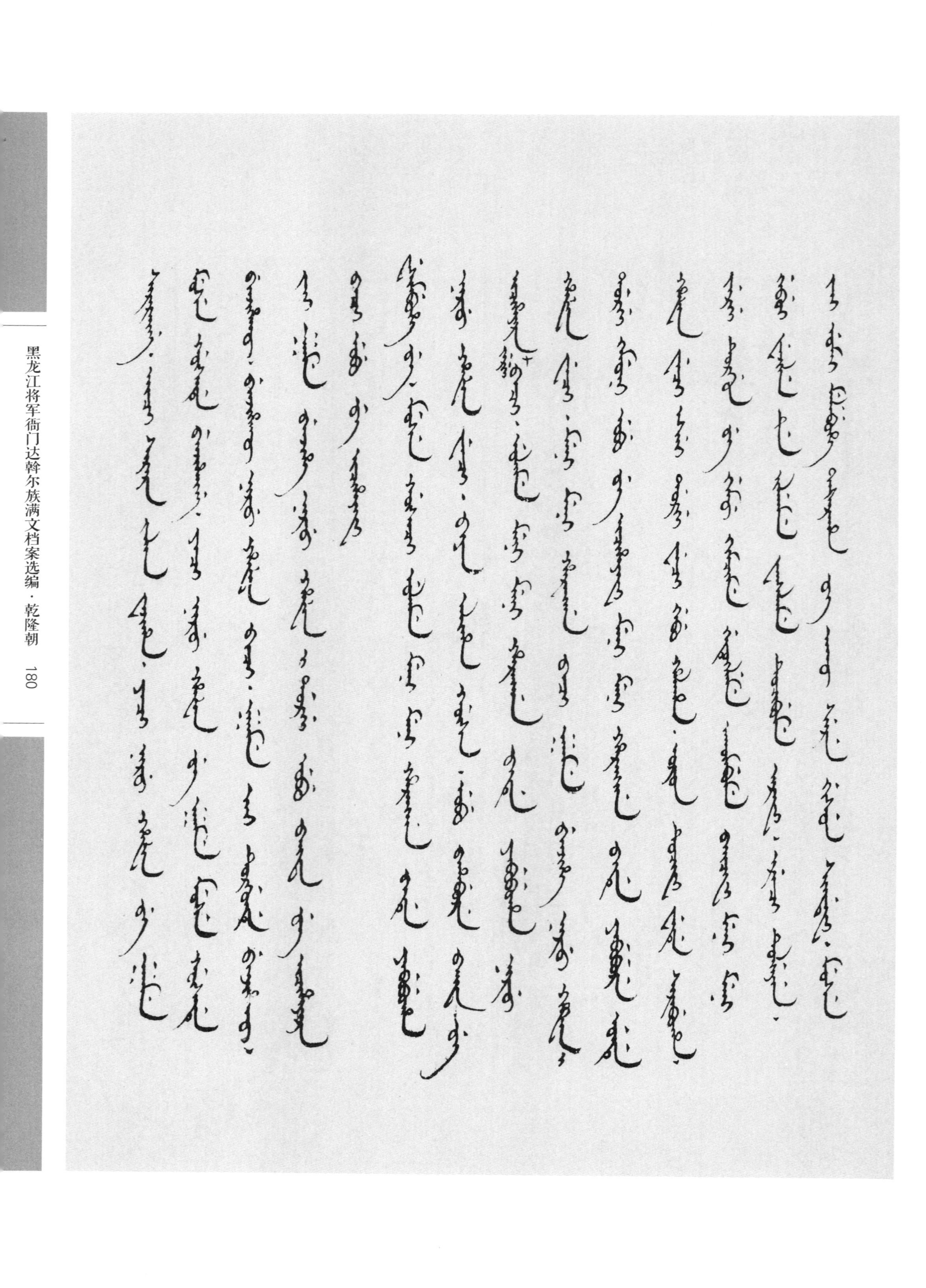

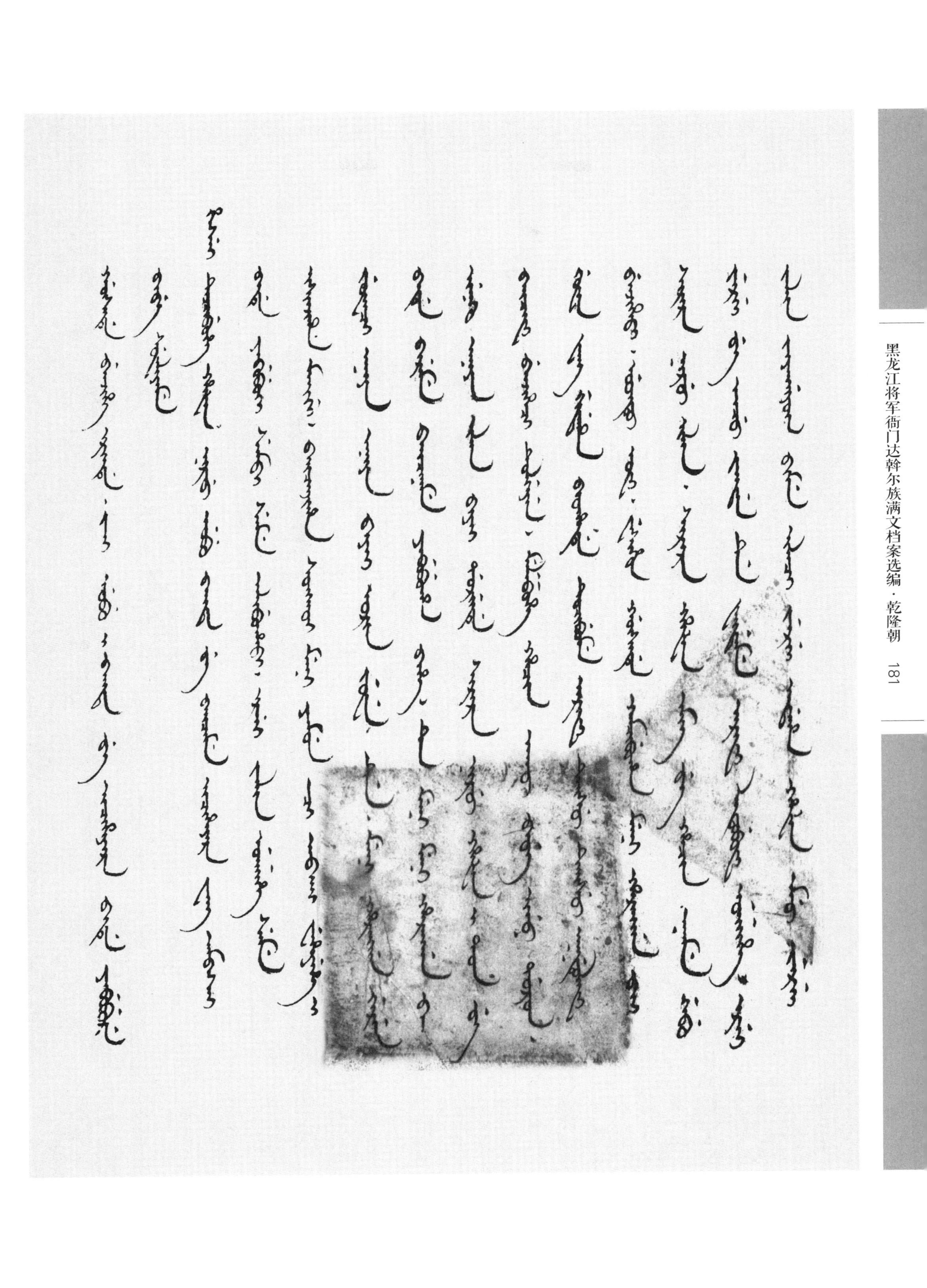

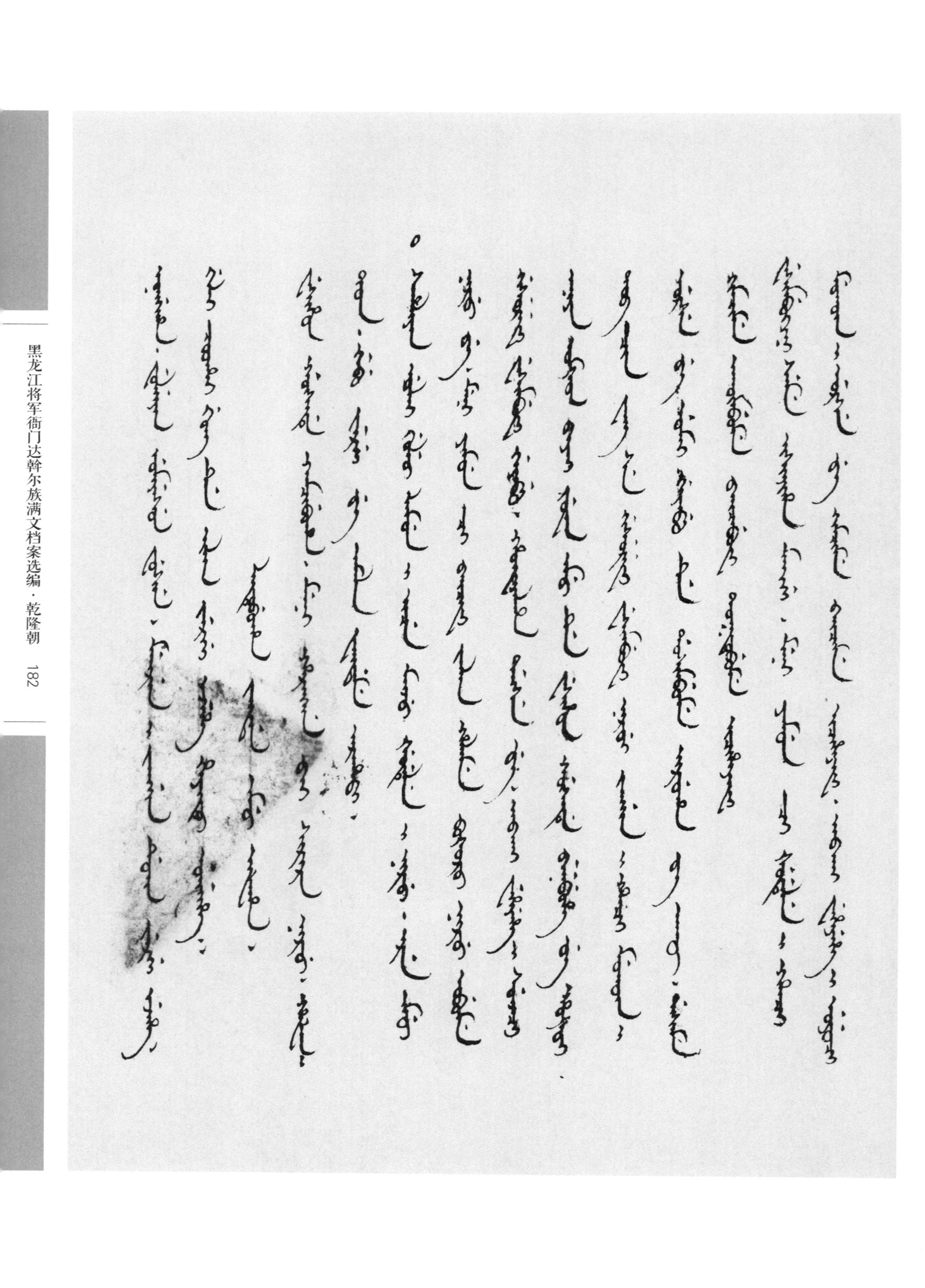

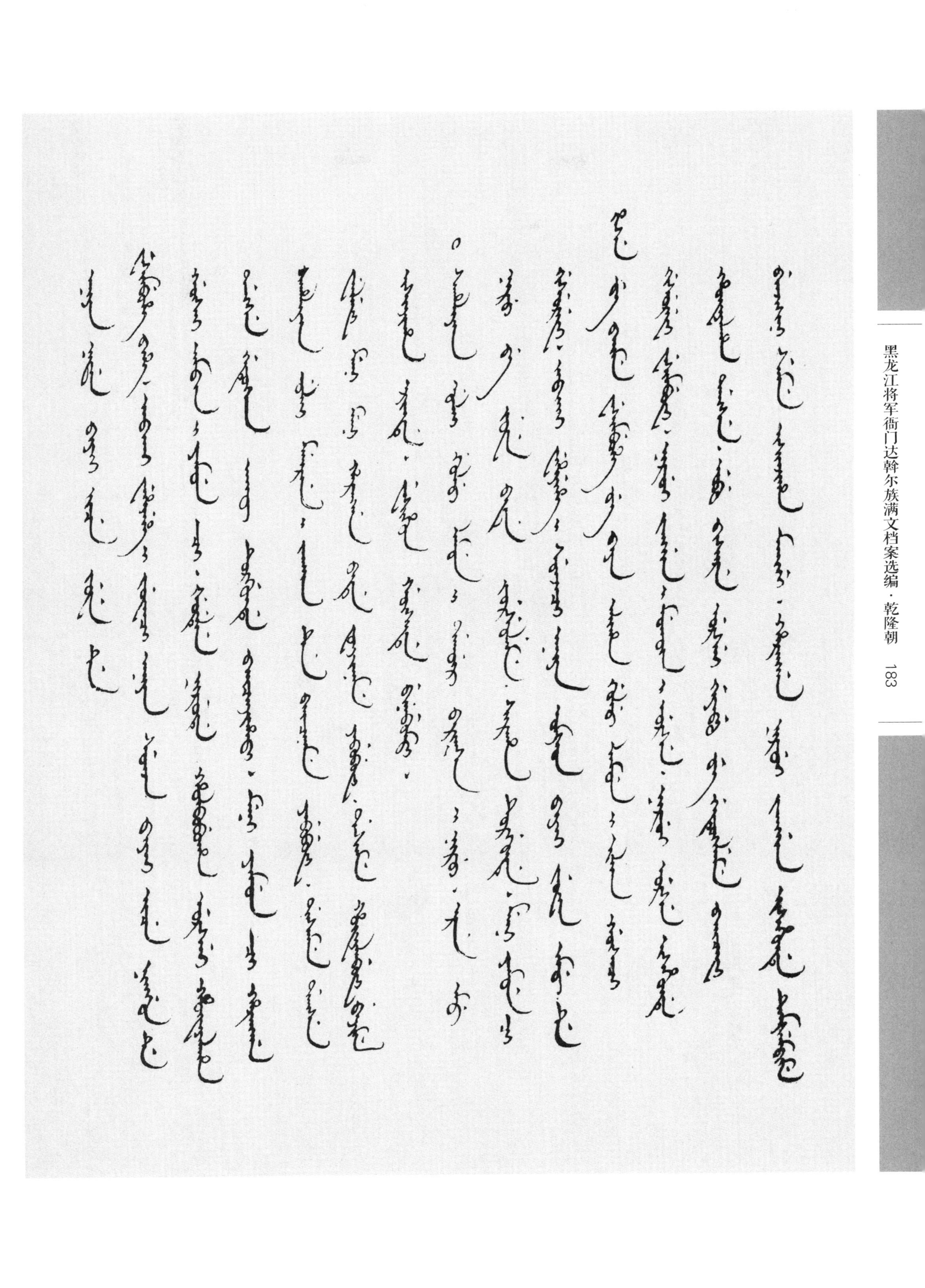

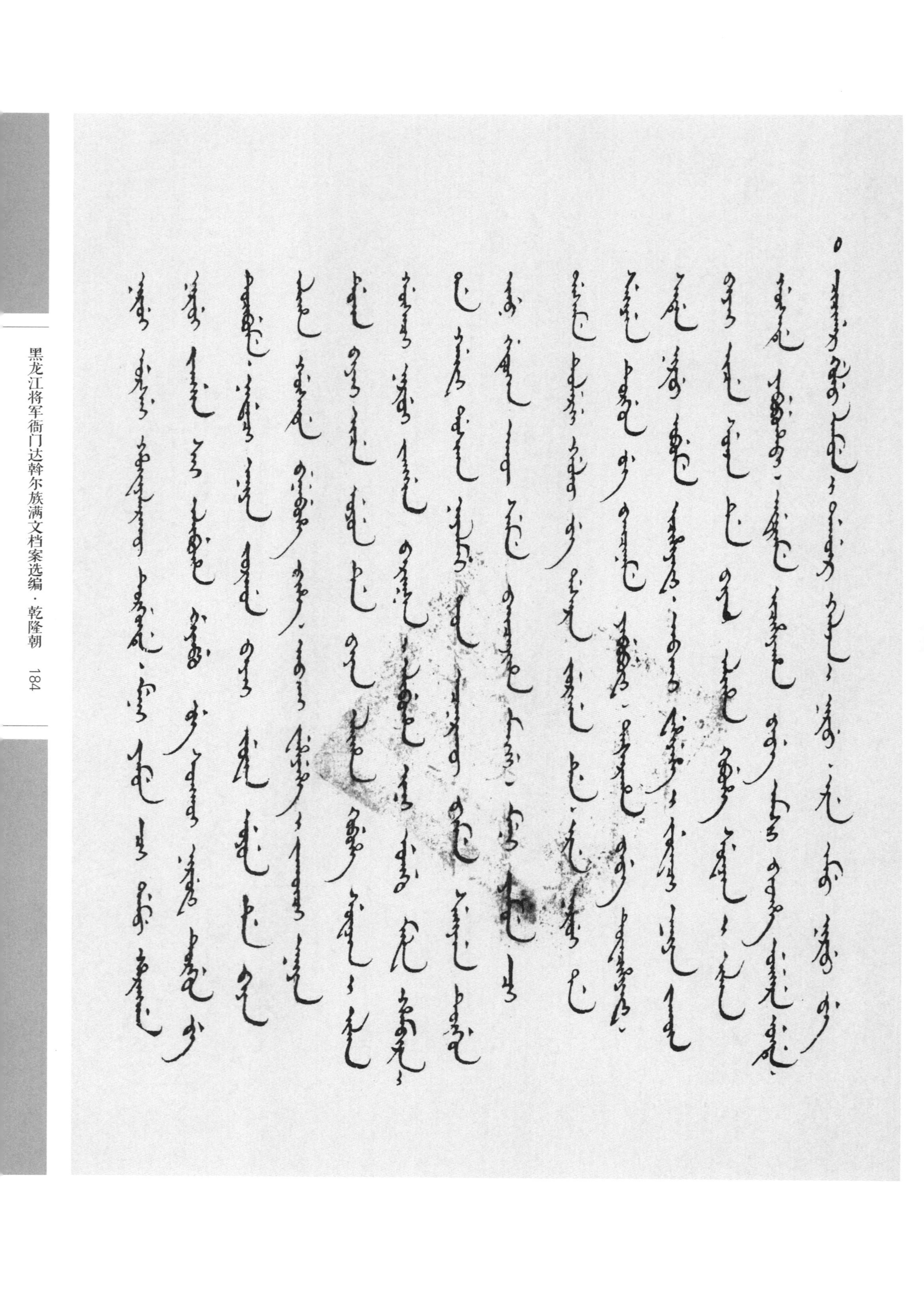

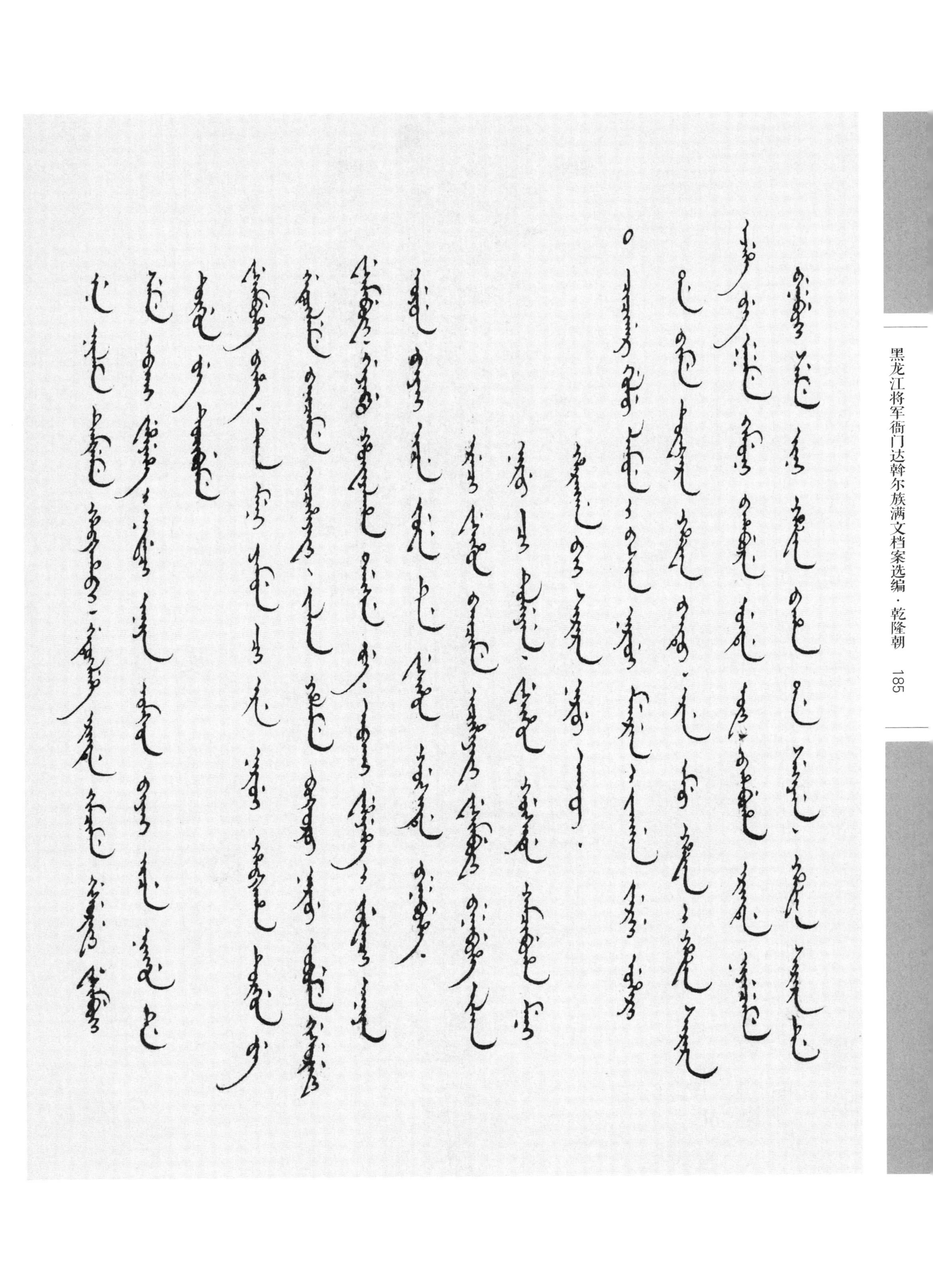

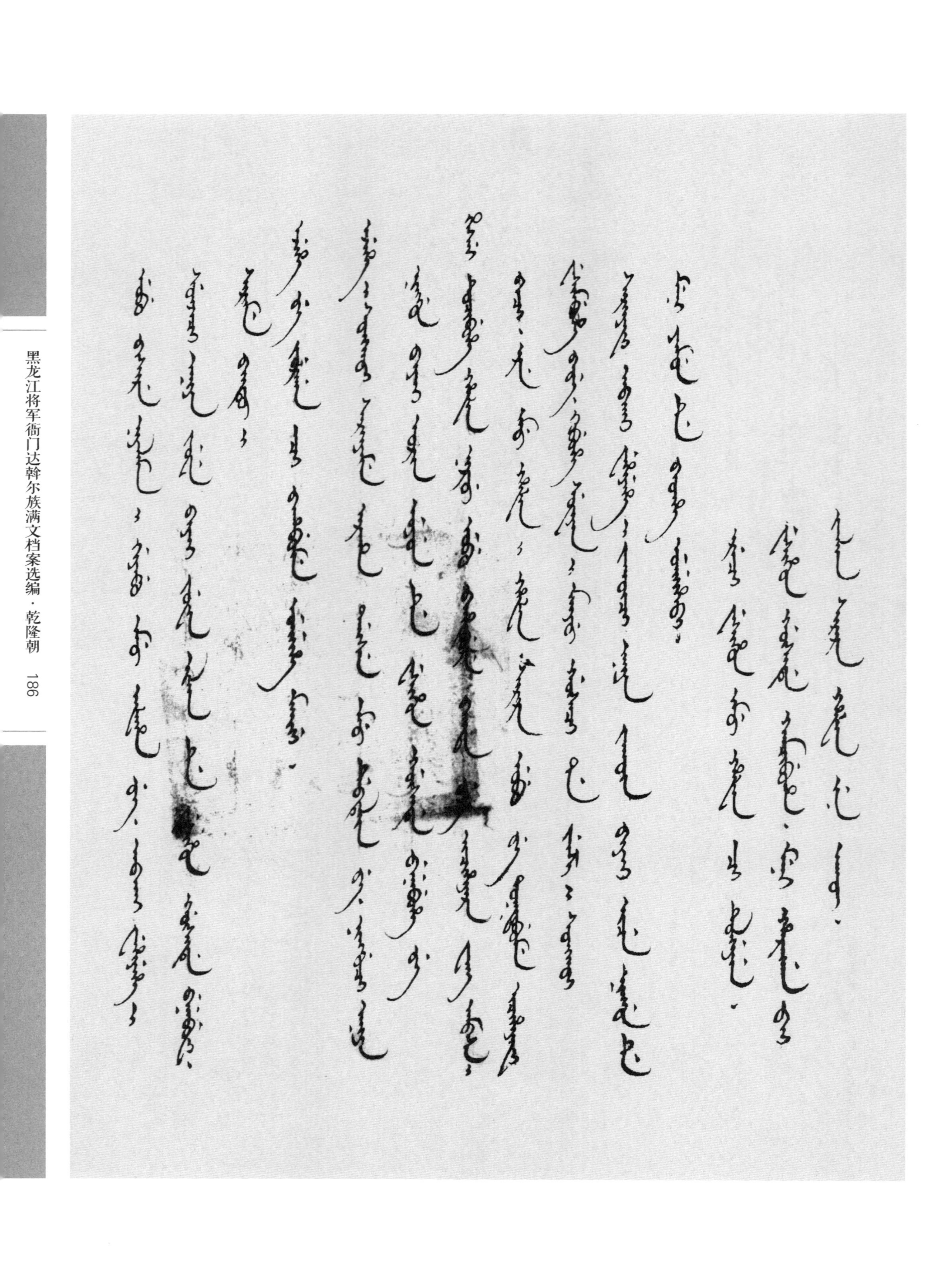

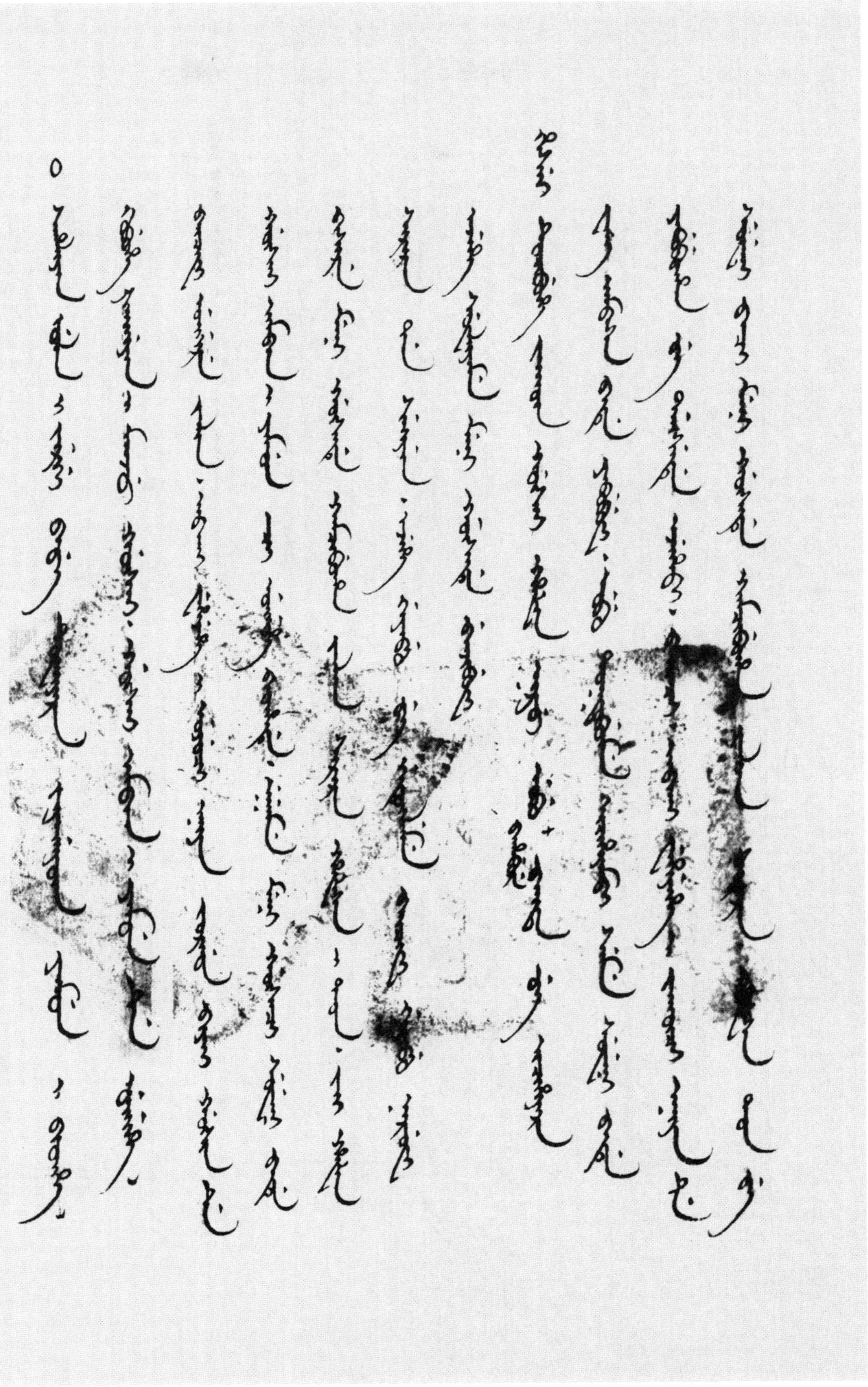

三四三 黑龙江将军衙门为查报镶白旗索伦达斡尔等世管佐领及世袭官员数目事咨镶白旗满洲都统衙门文（附名单一件）

乾隆十年九月初五日

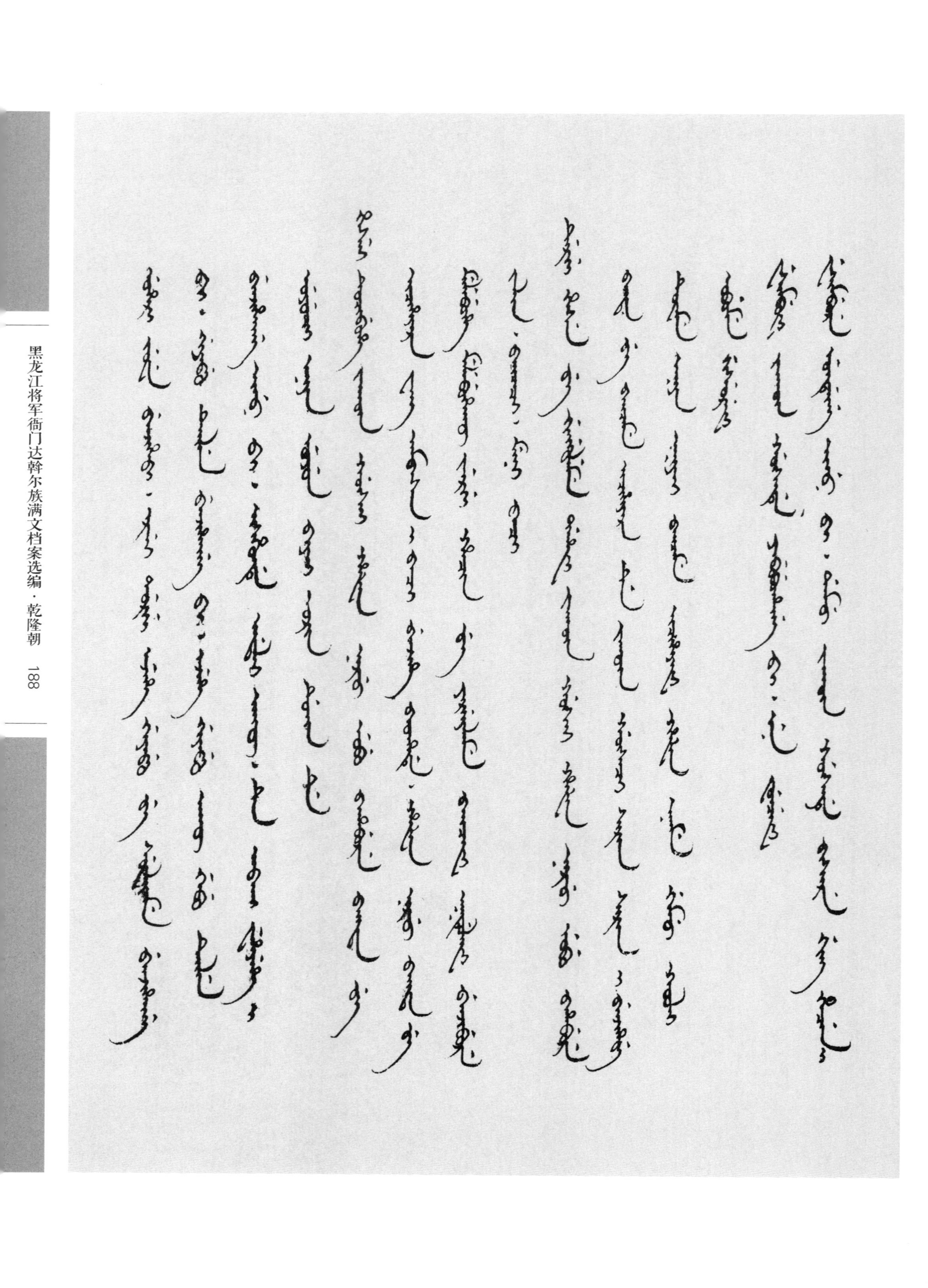

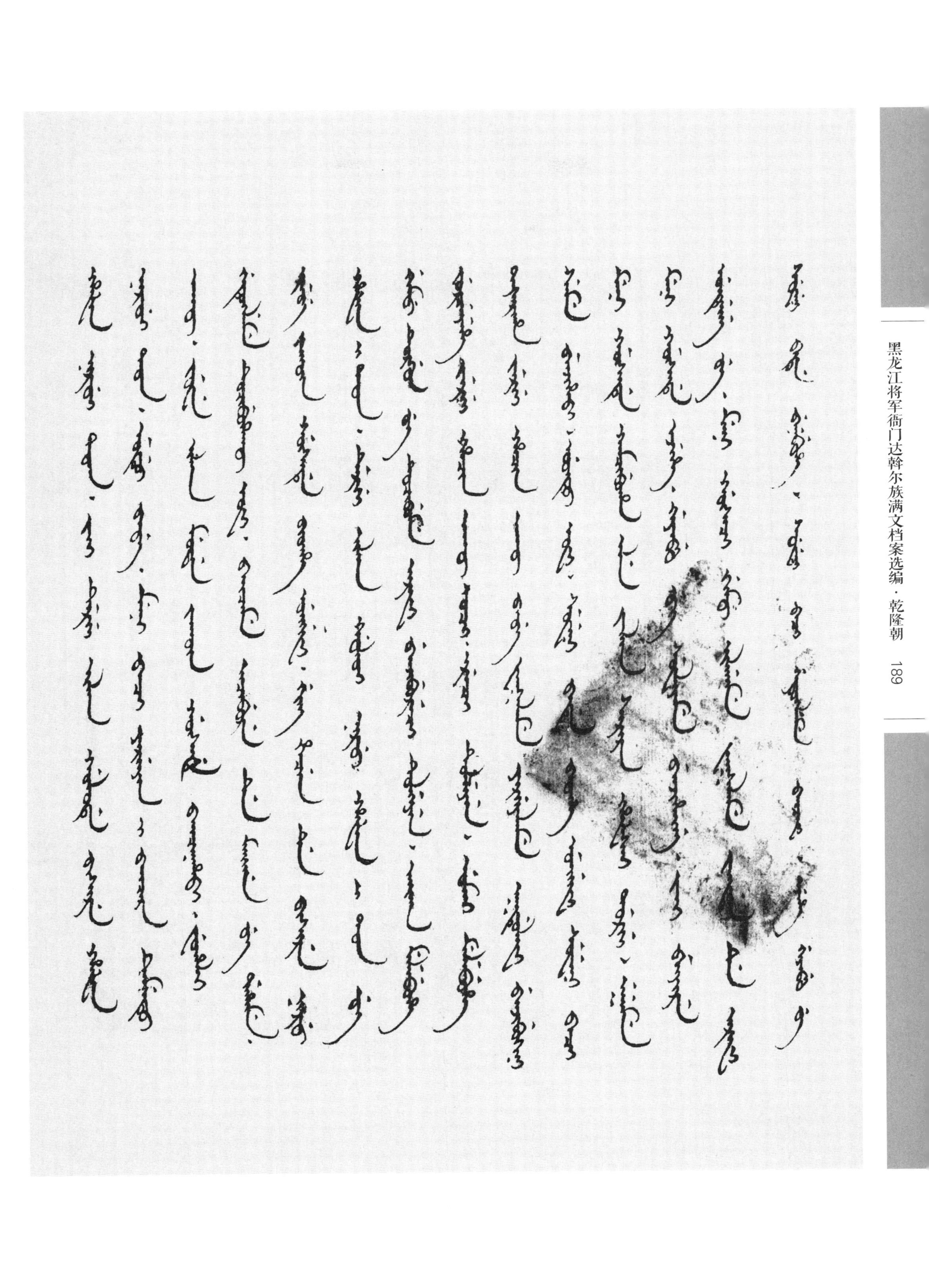

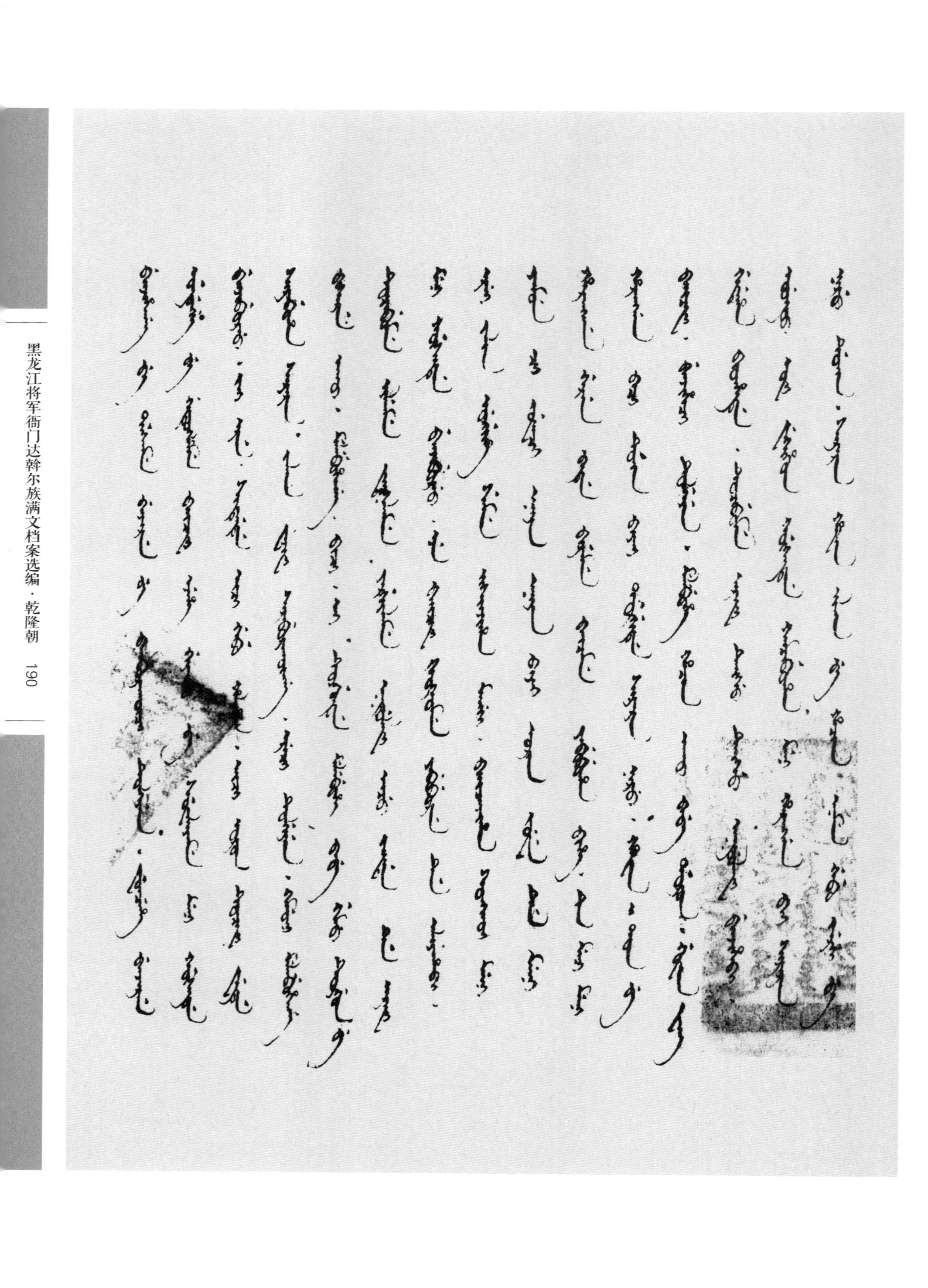

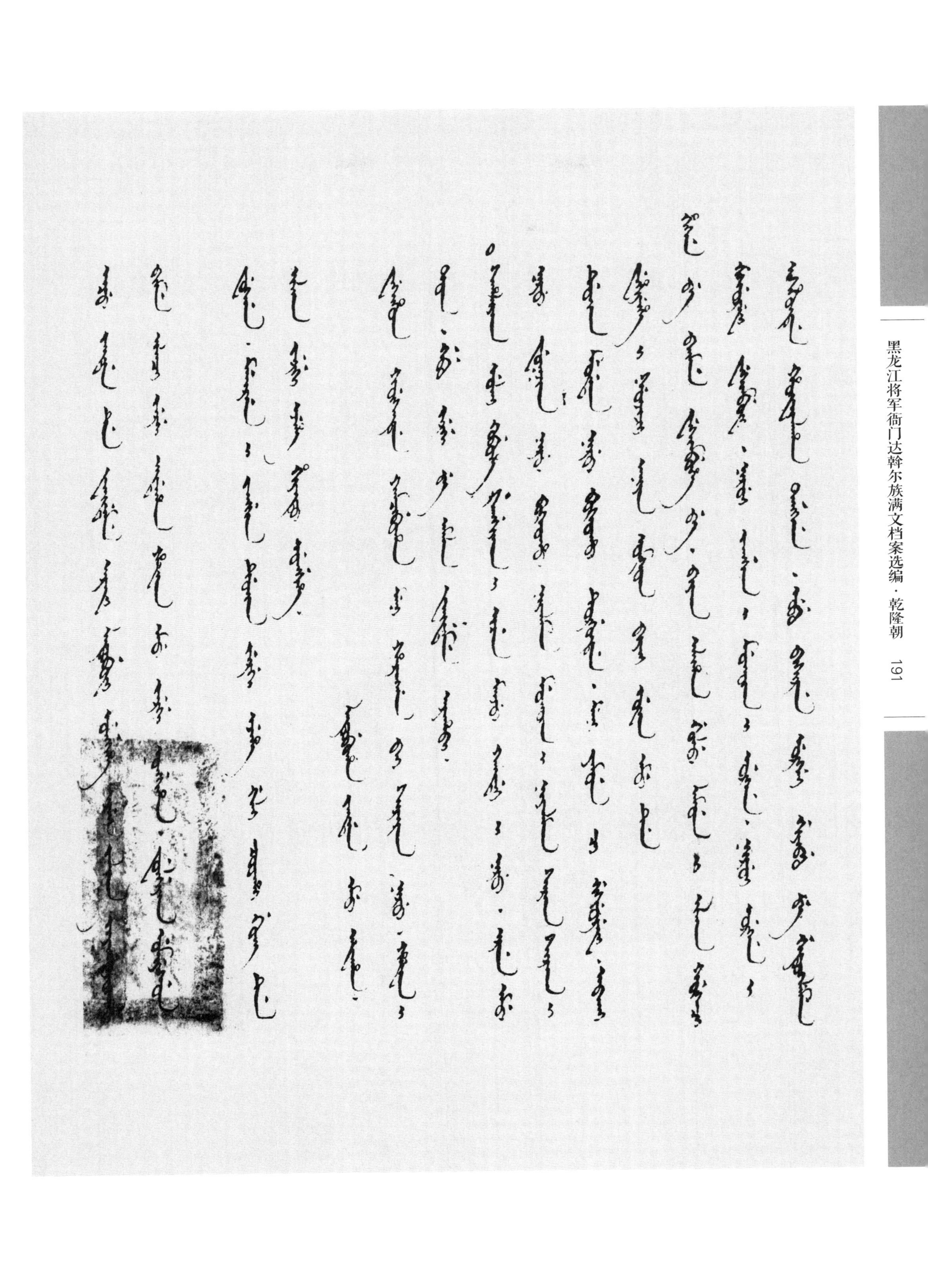

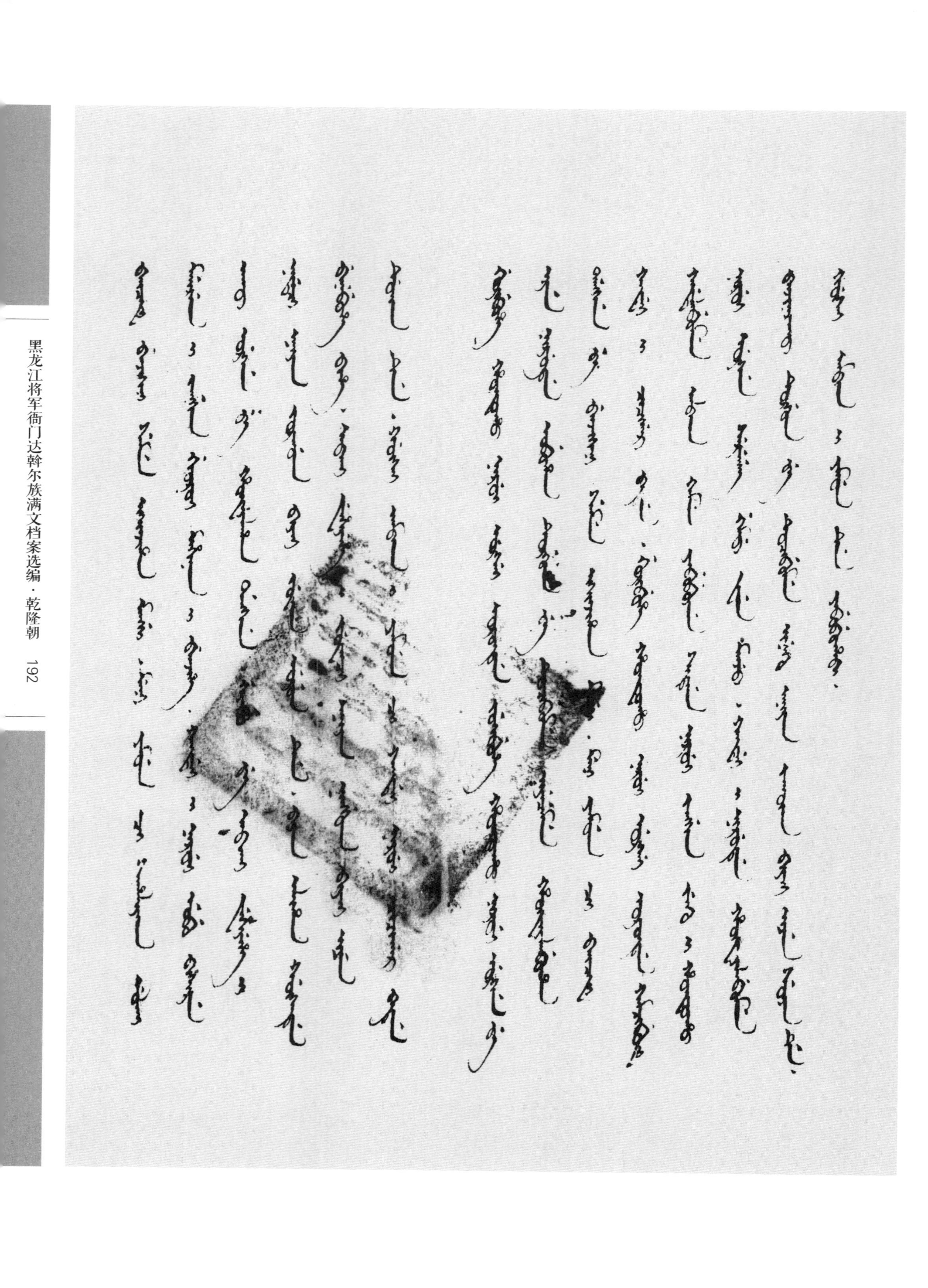

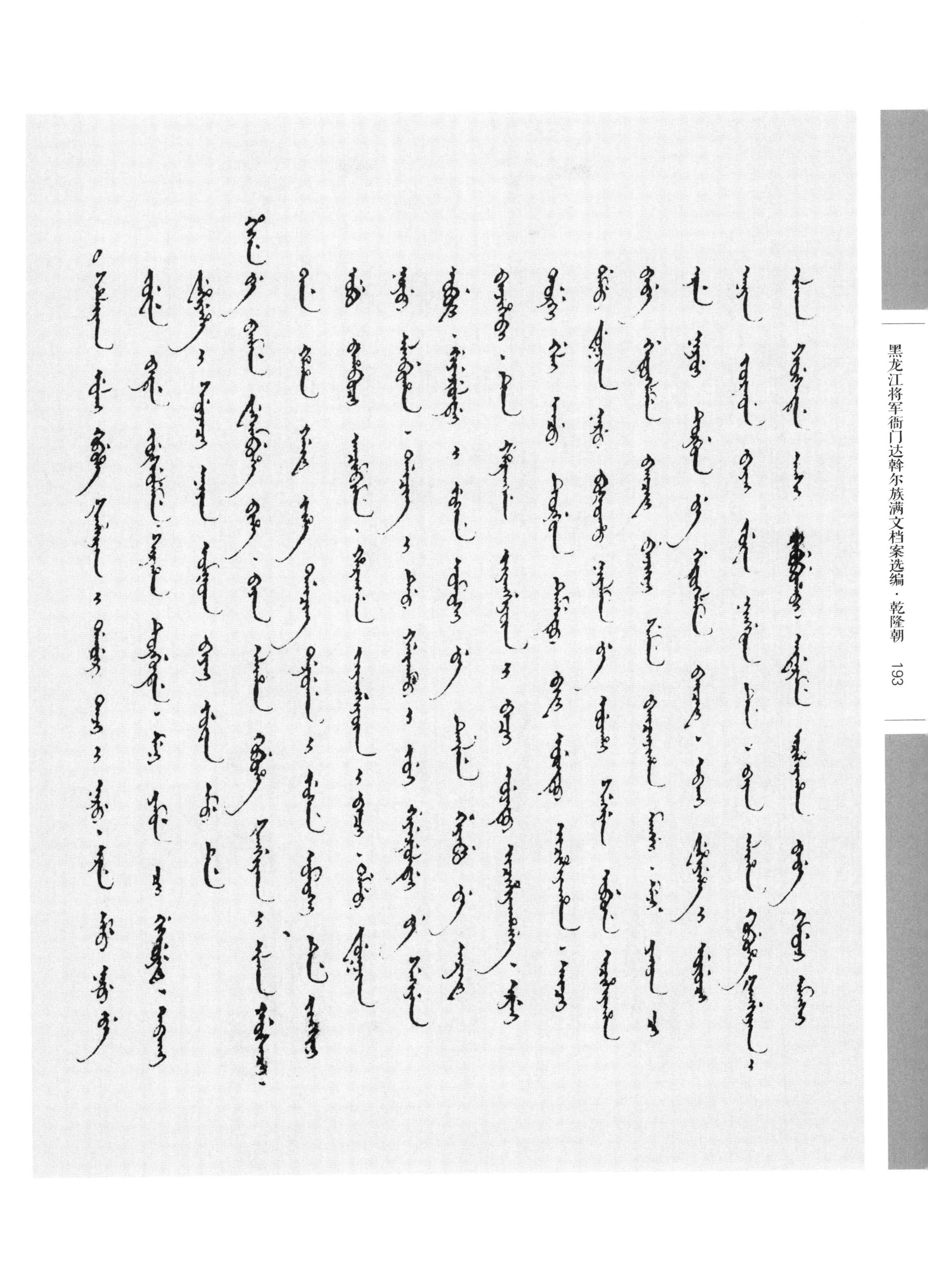

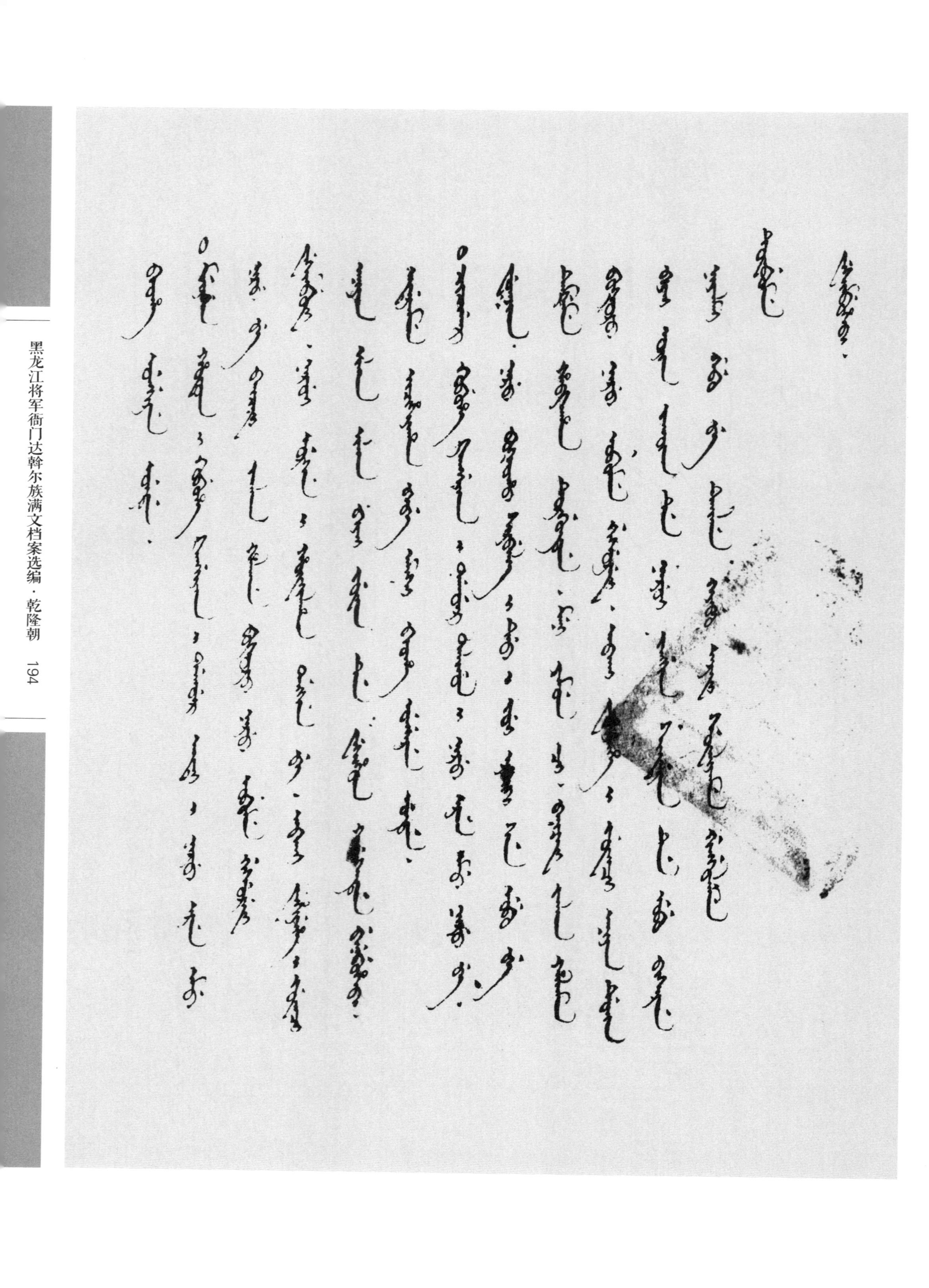

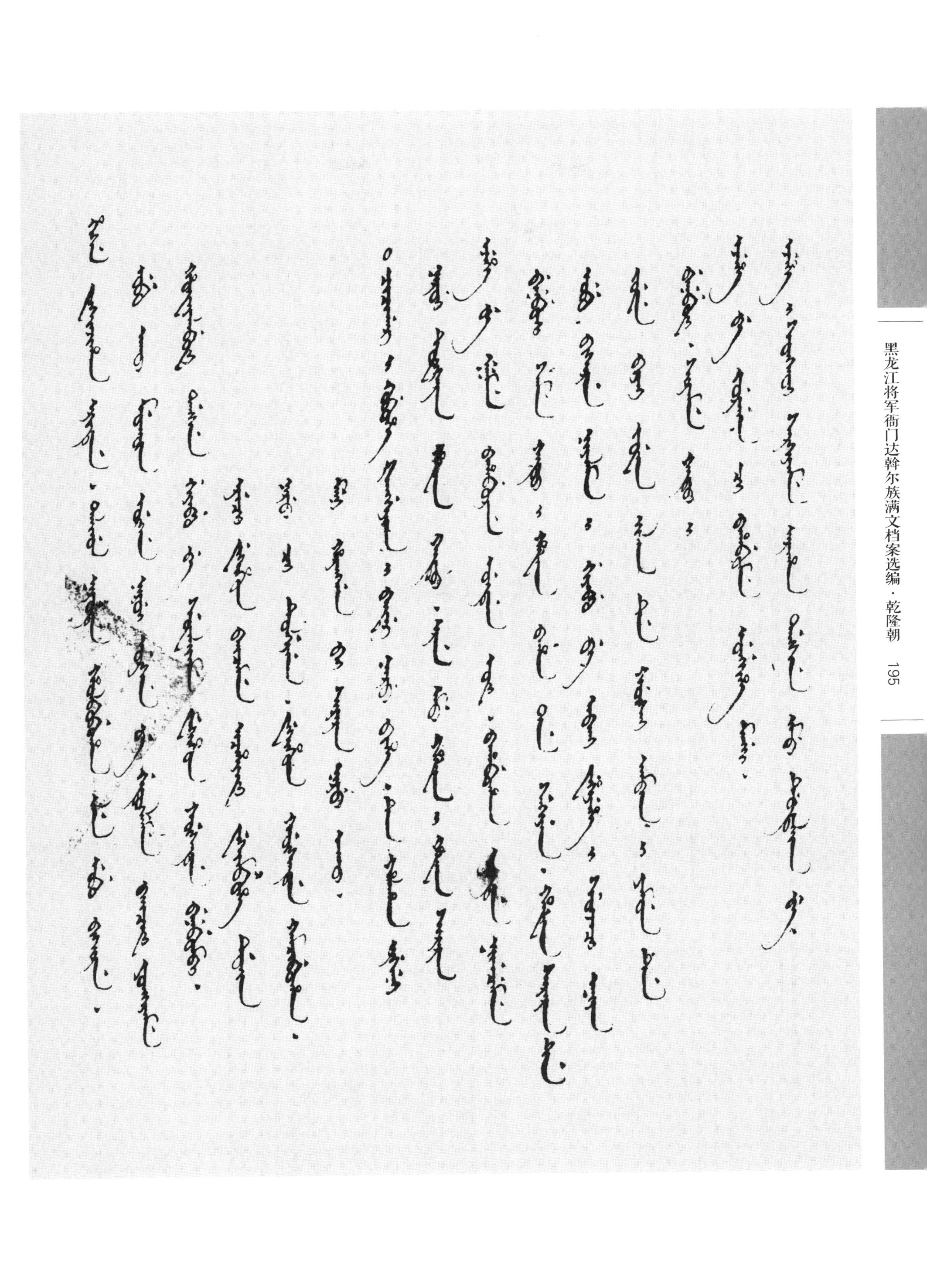

[illegible]

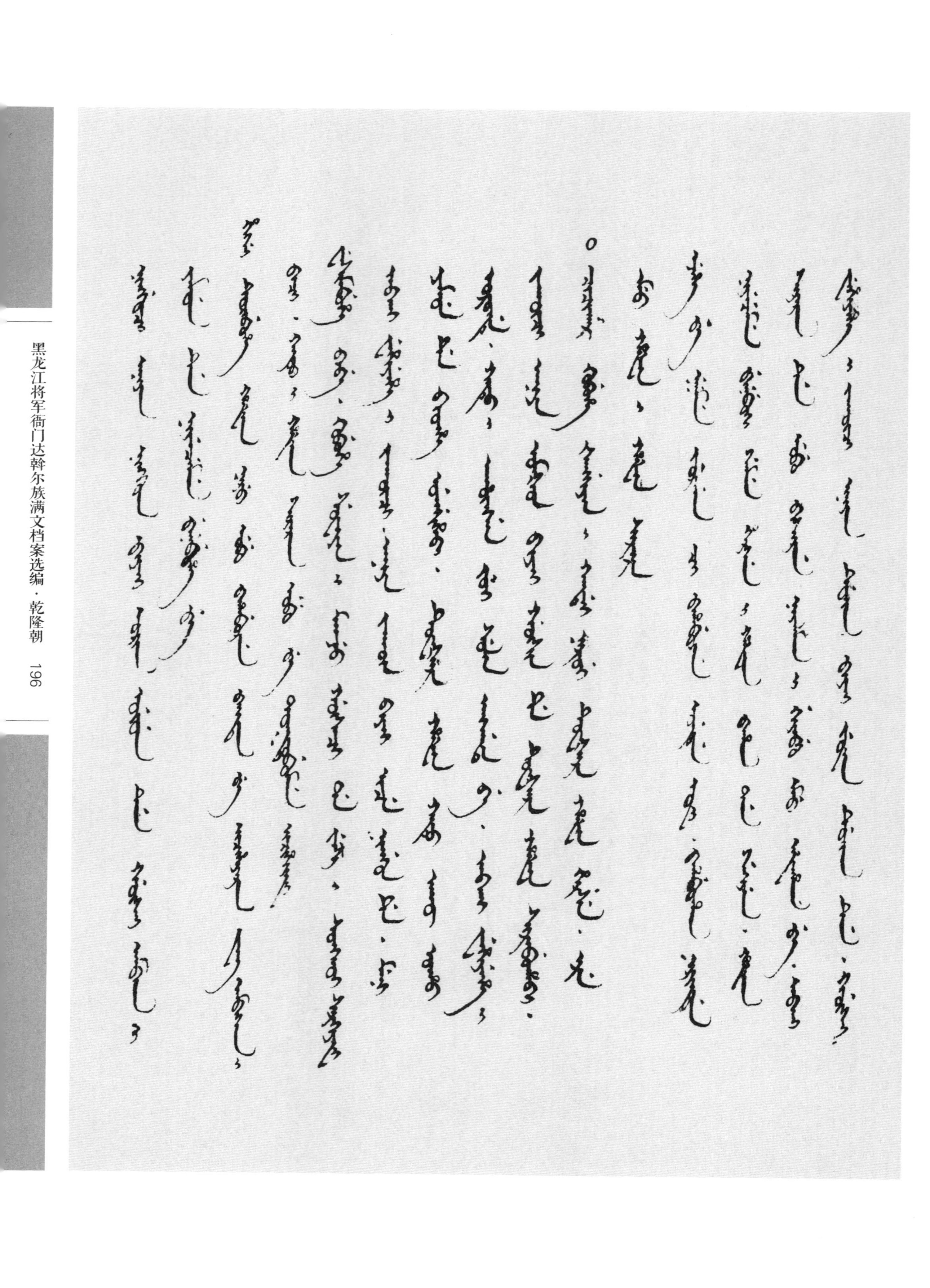

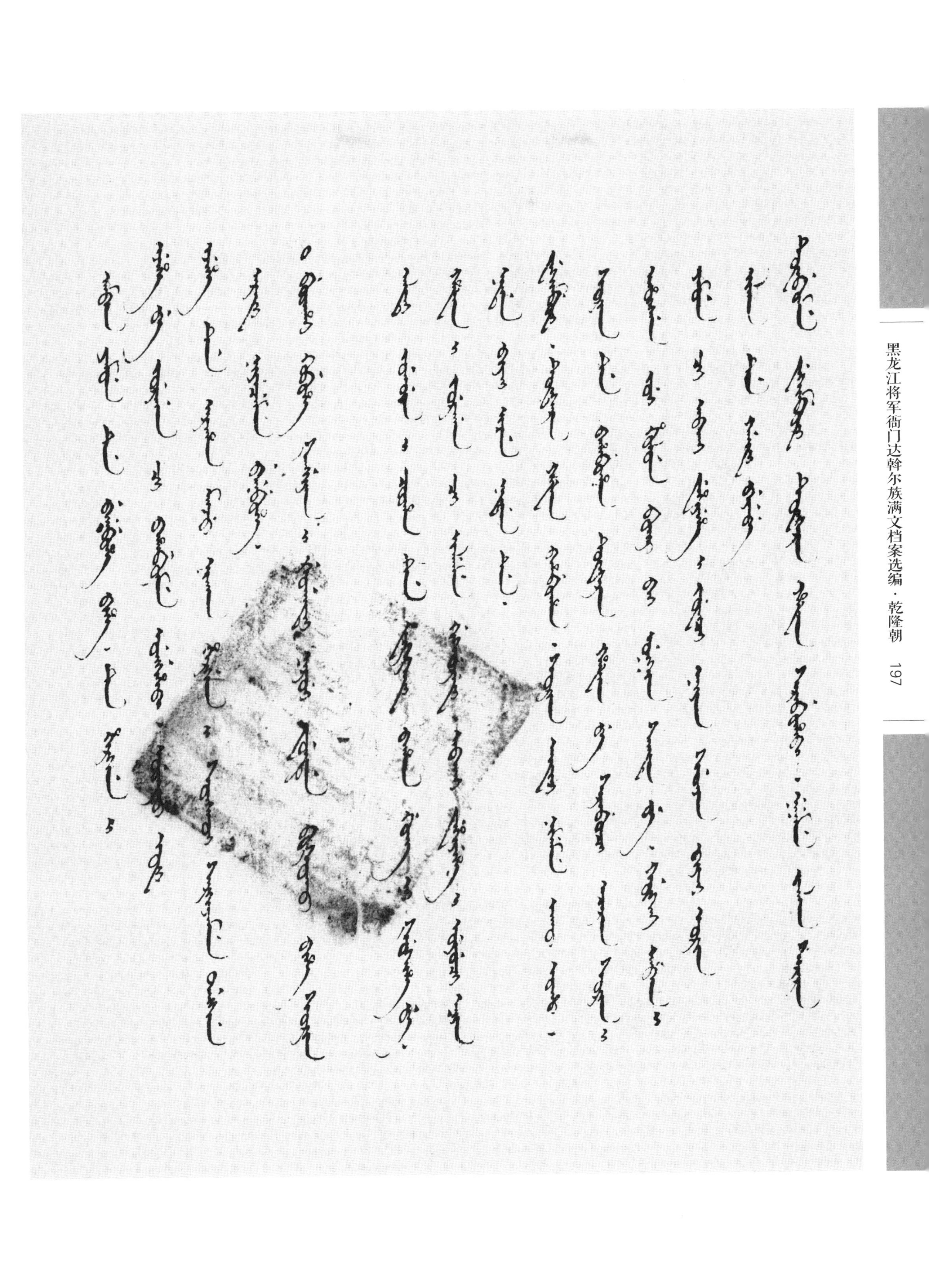

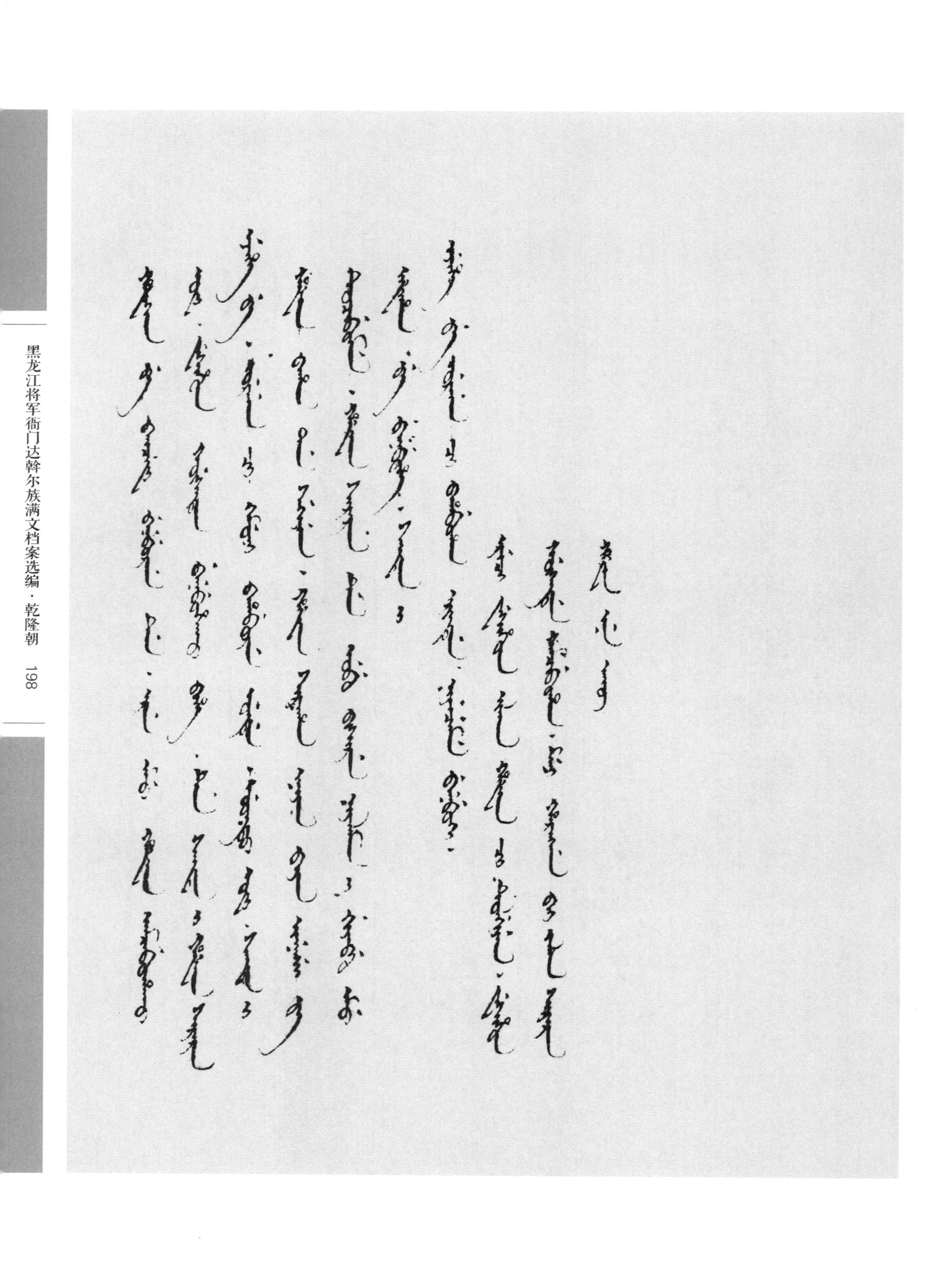

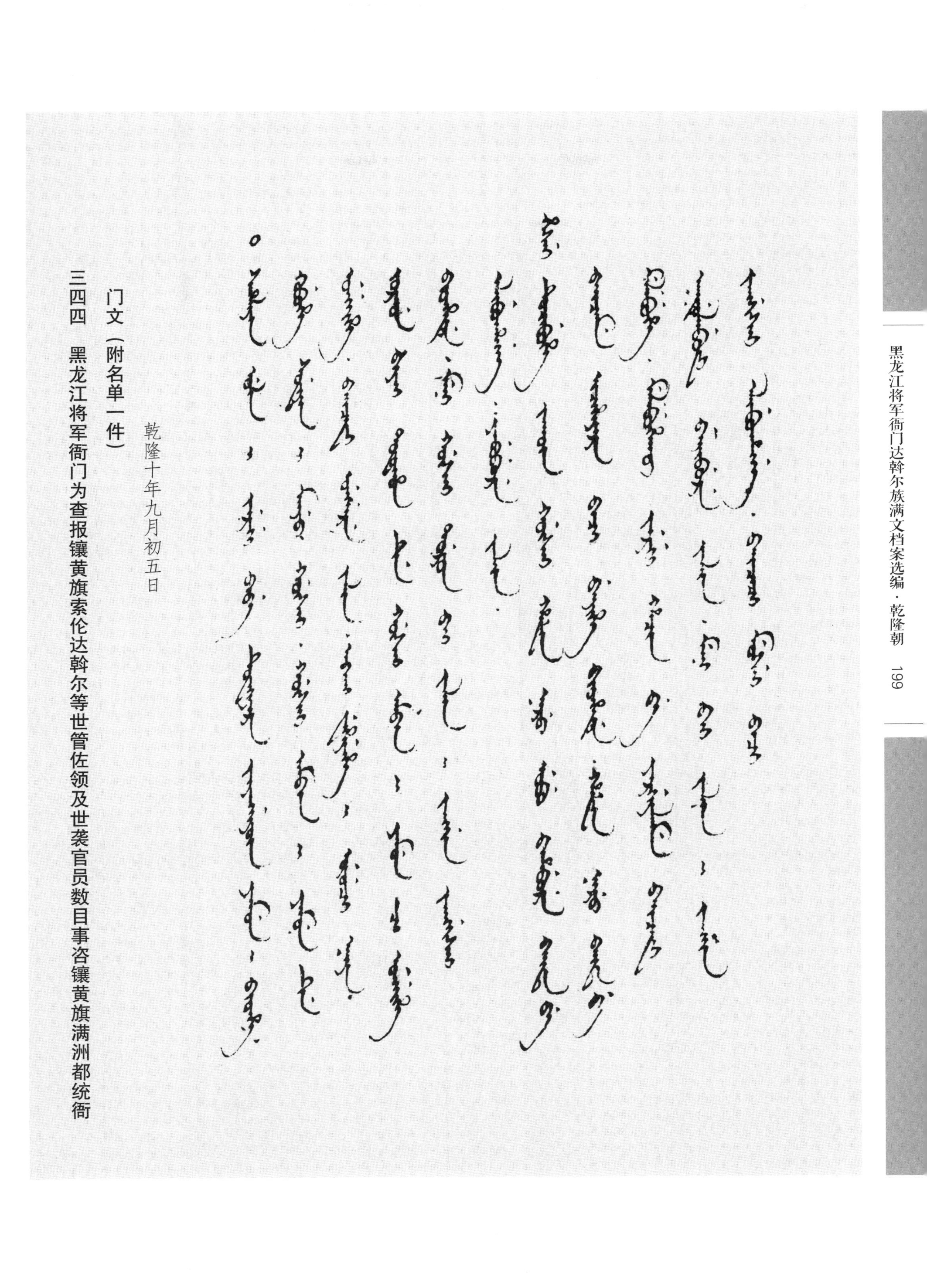

三四四　黑龙江将军衙门为查报镶黄旗索伦达斡尔等世管佐领及世袭官员数目事咨镶黄旗满洲都统衙门文（附名单一件）

乾隆十年九月初五日

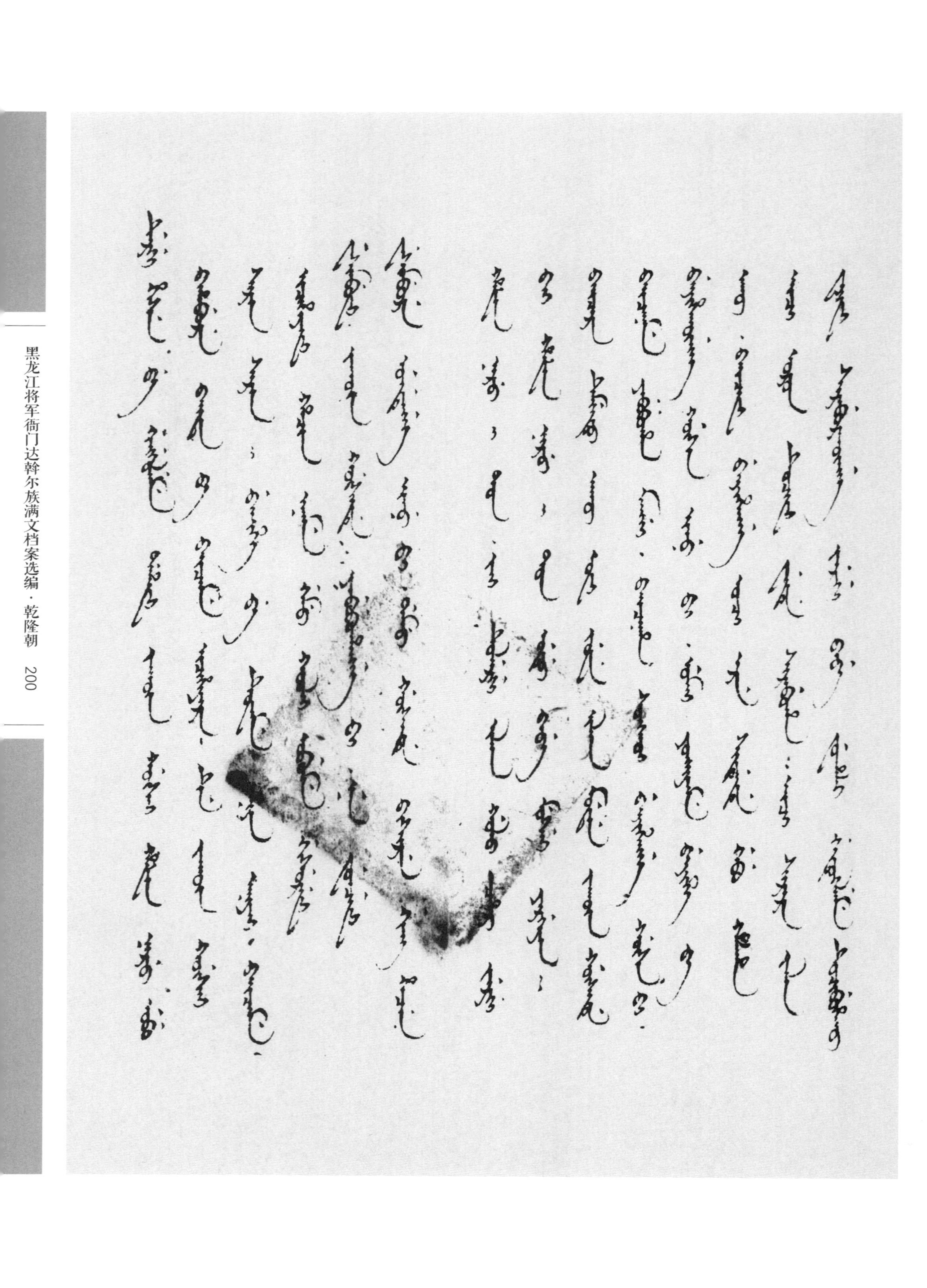

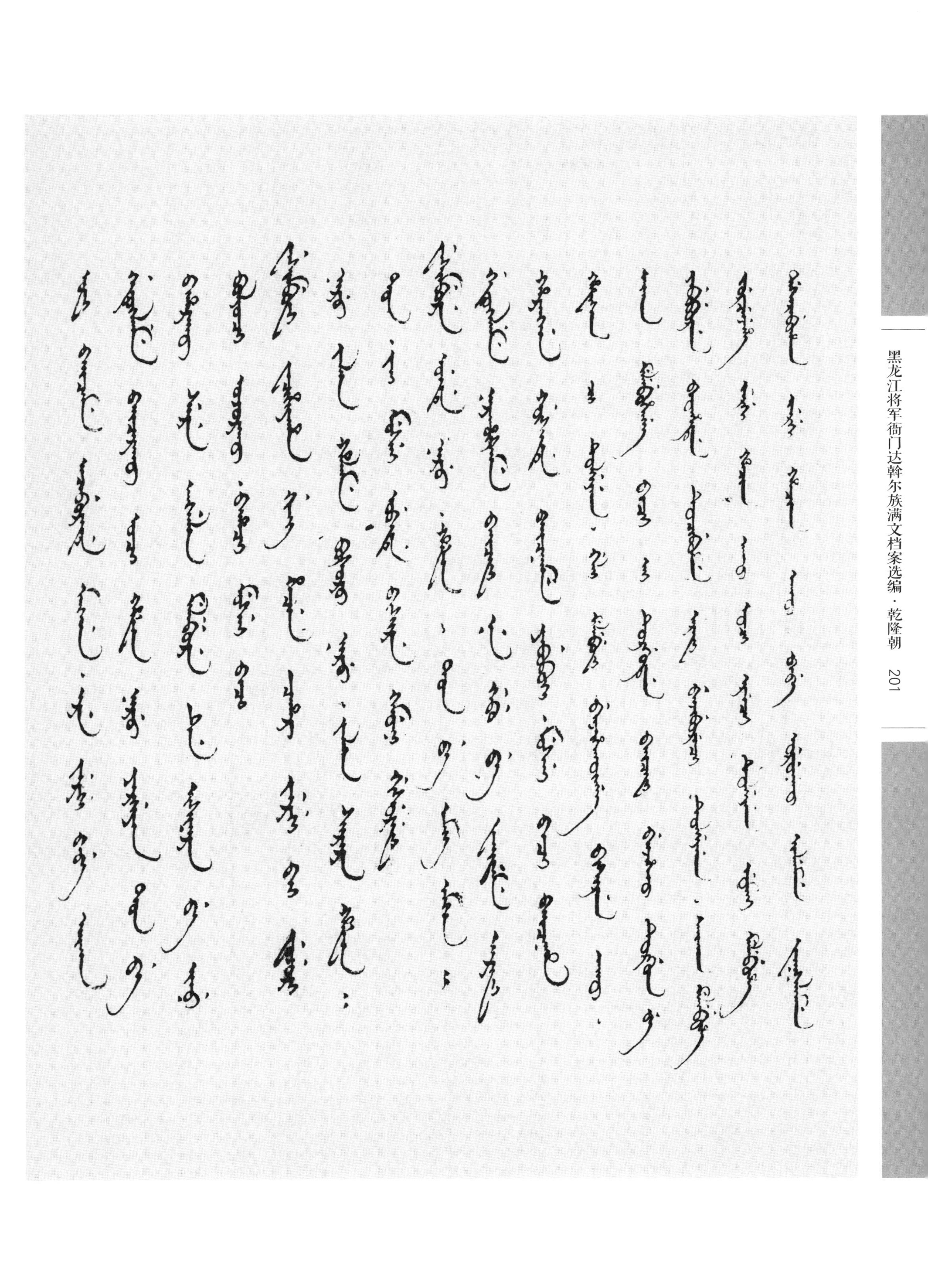

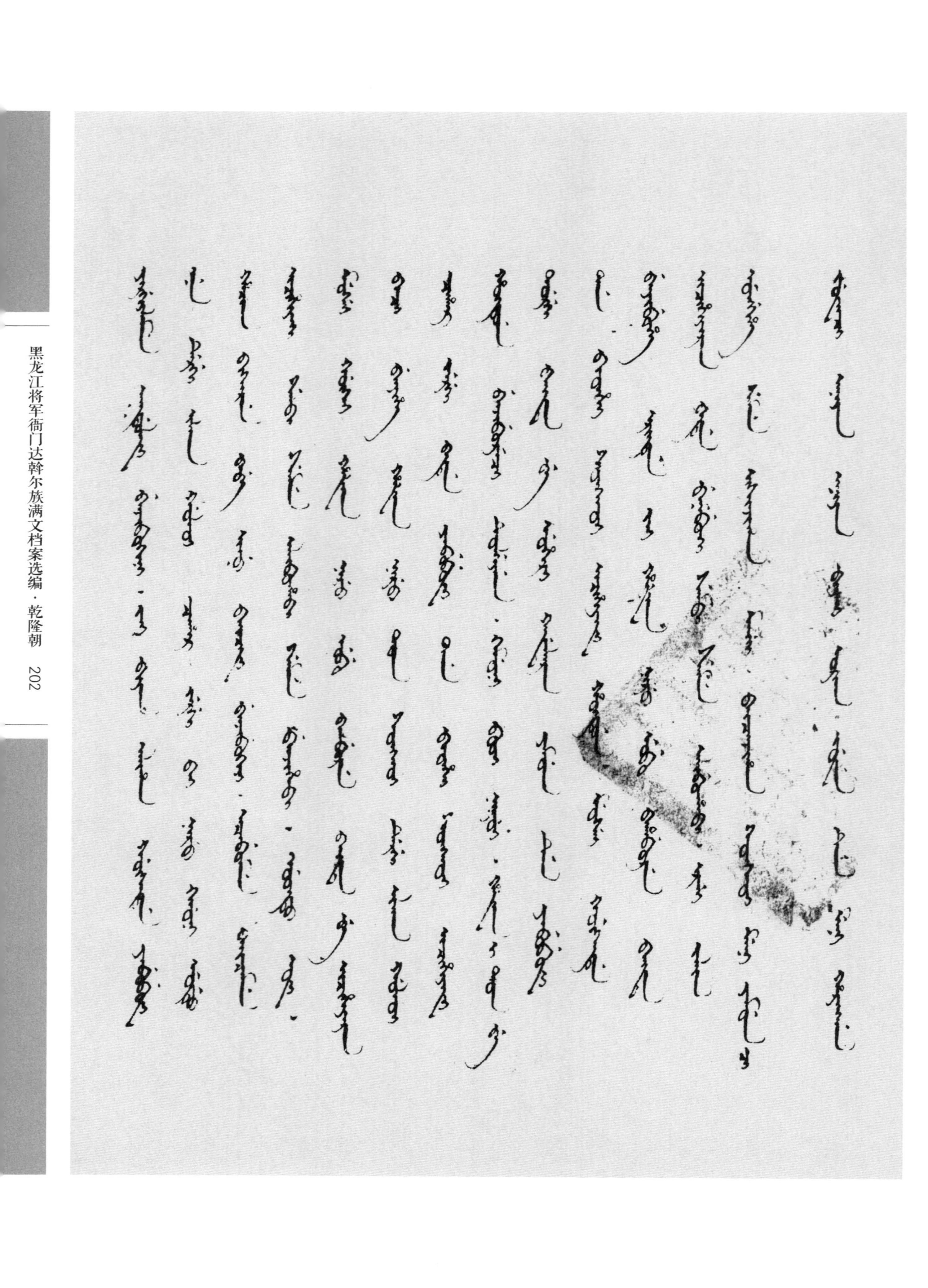

[illegible]

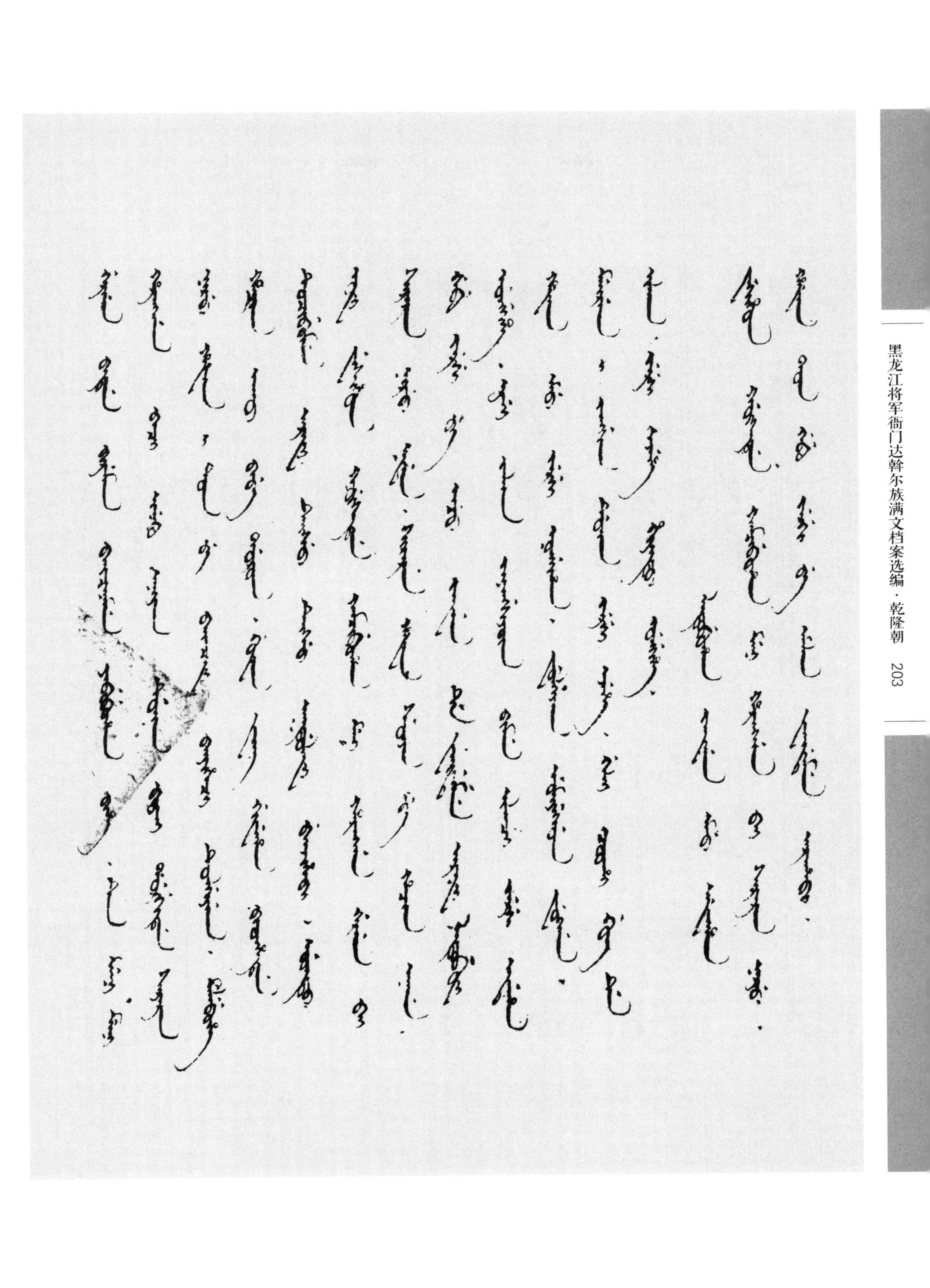

[illegible]

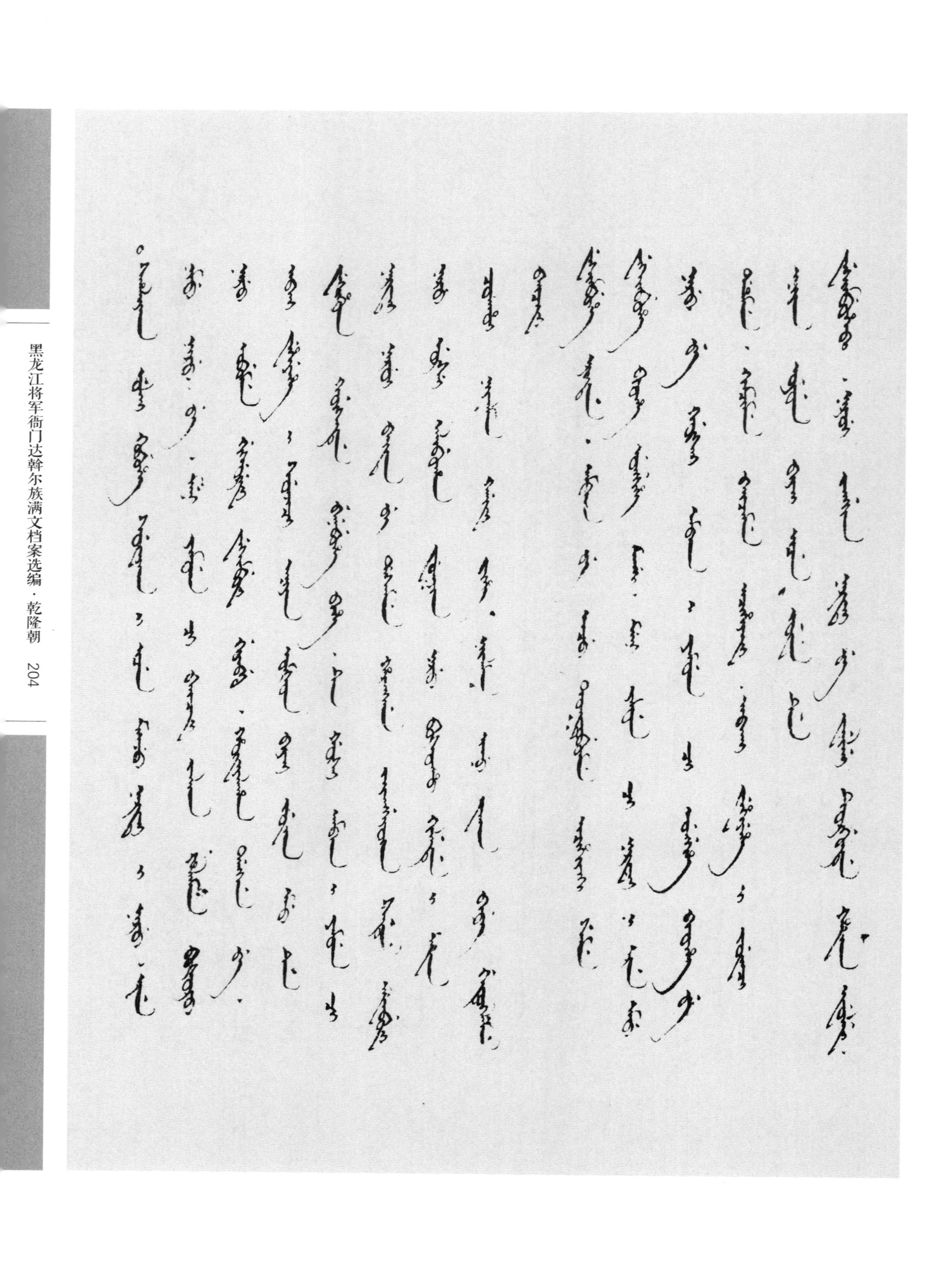

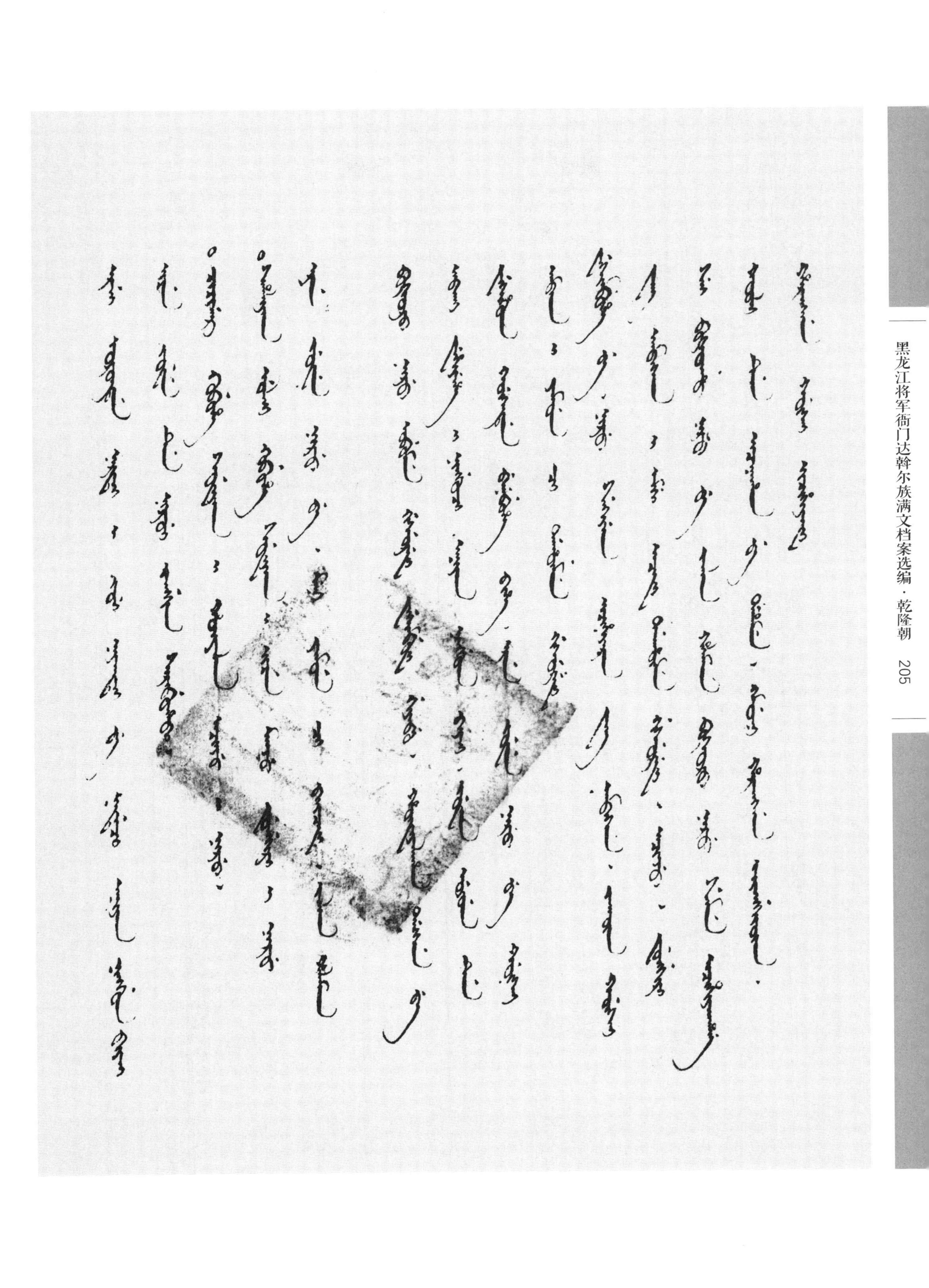

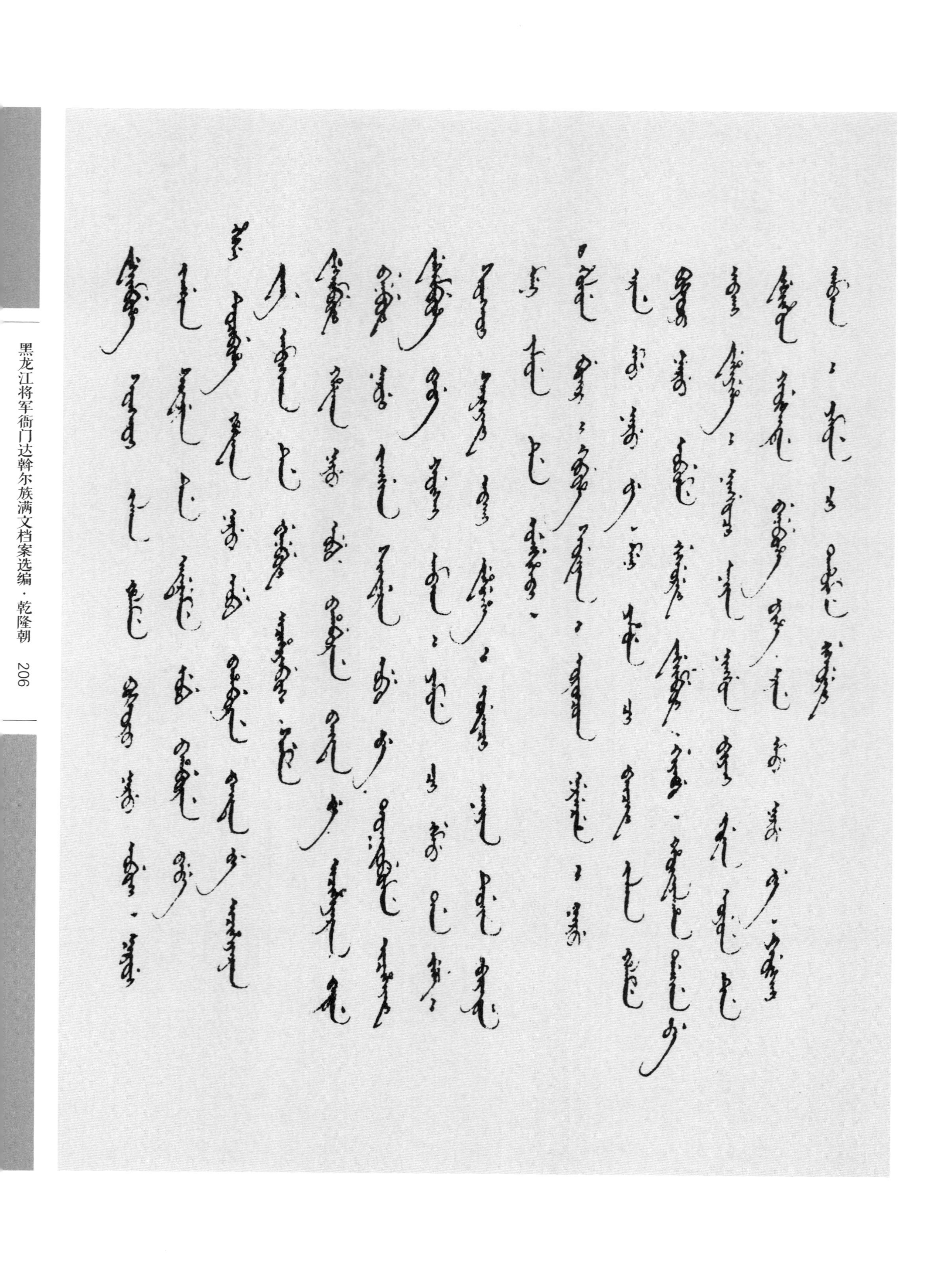

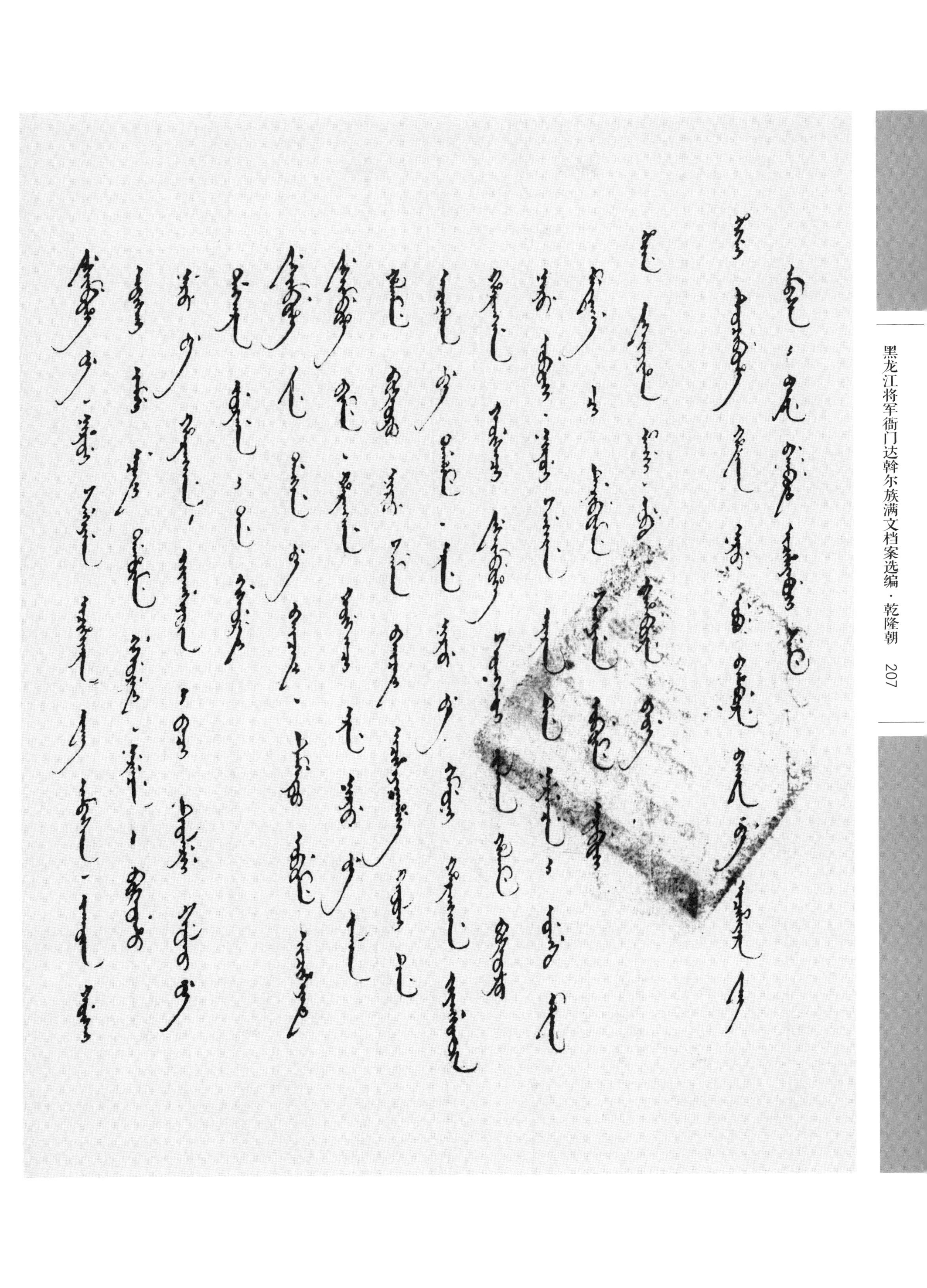

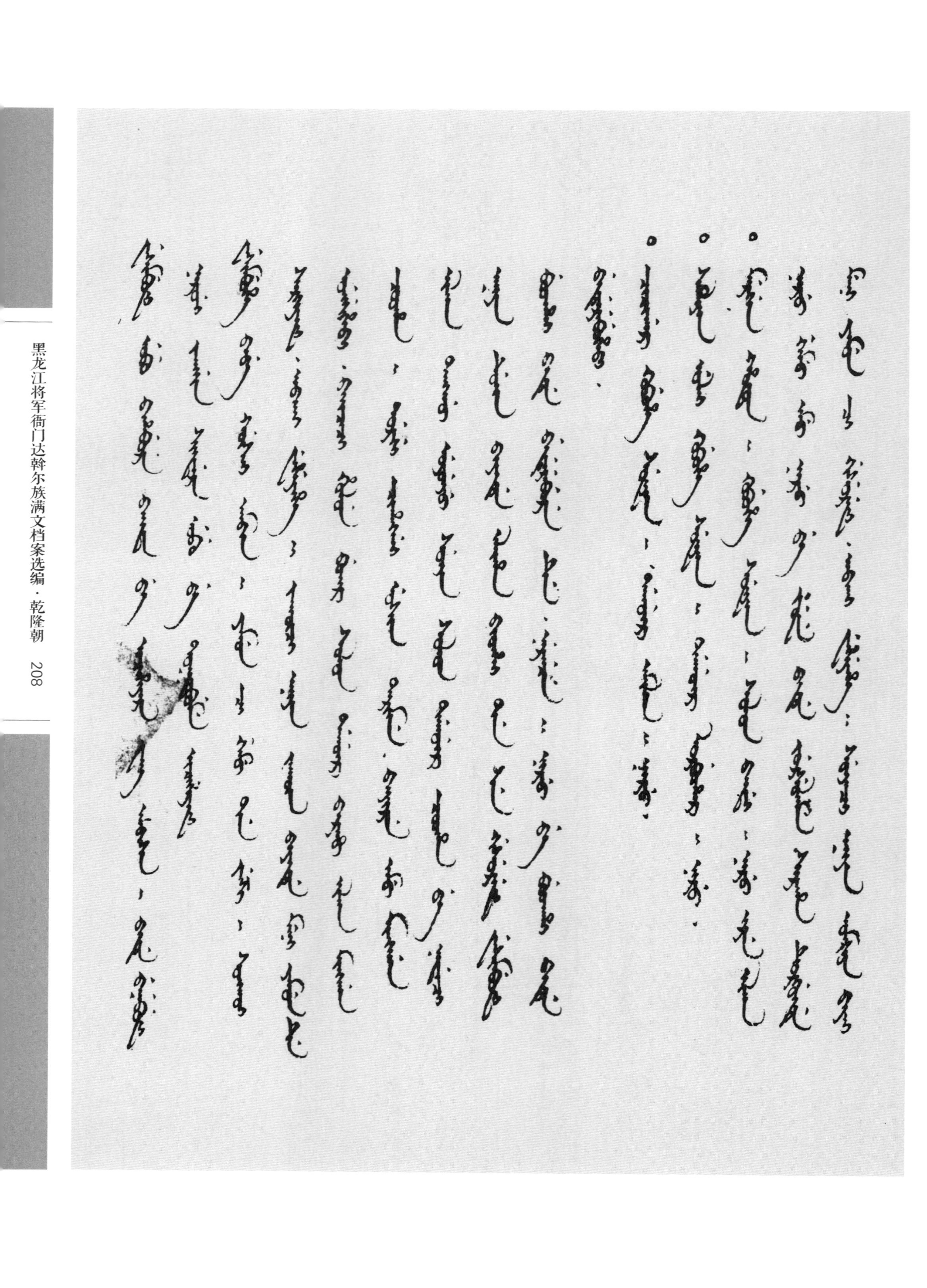

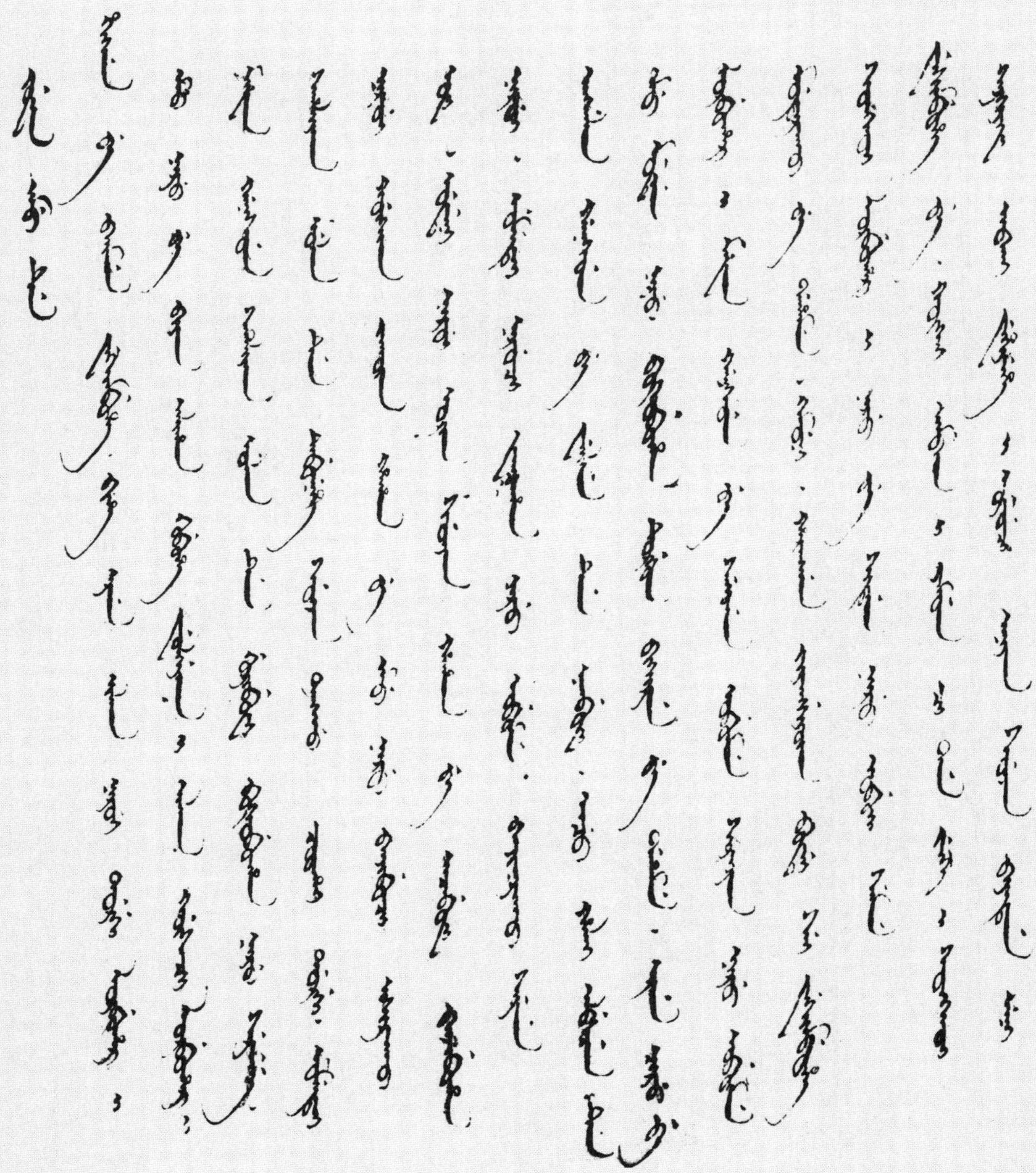

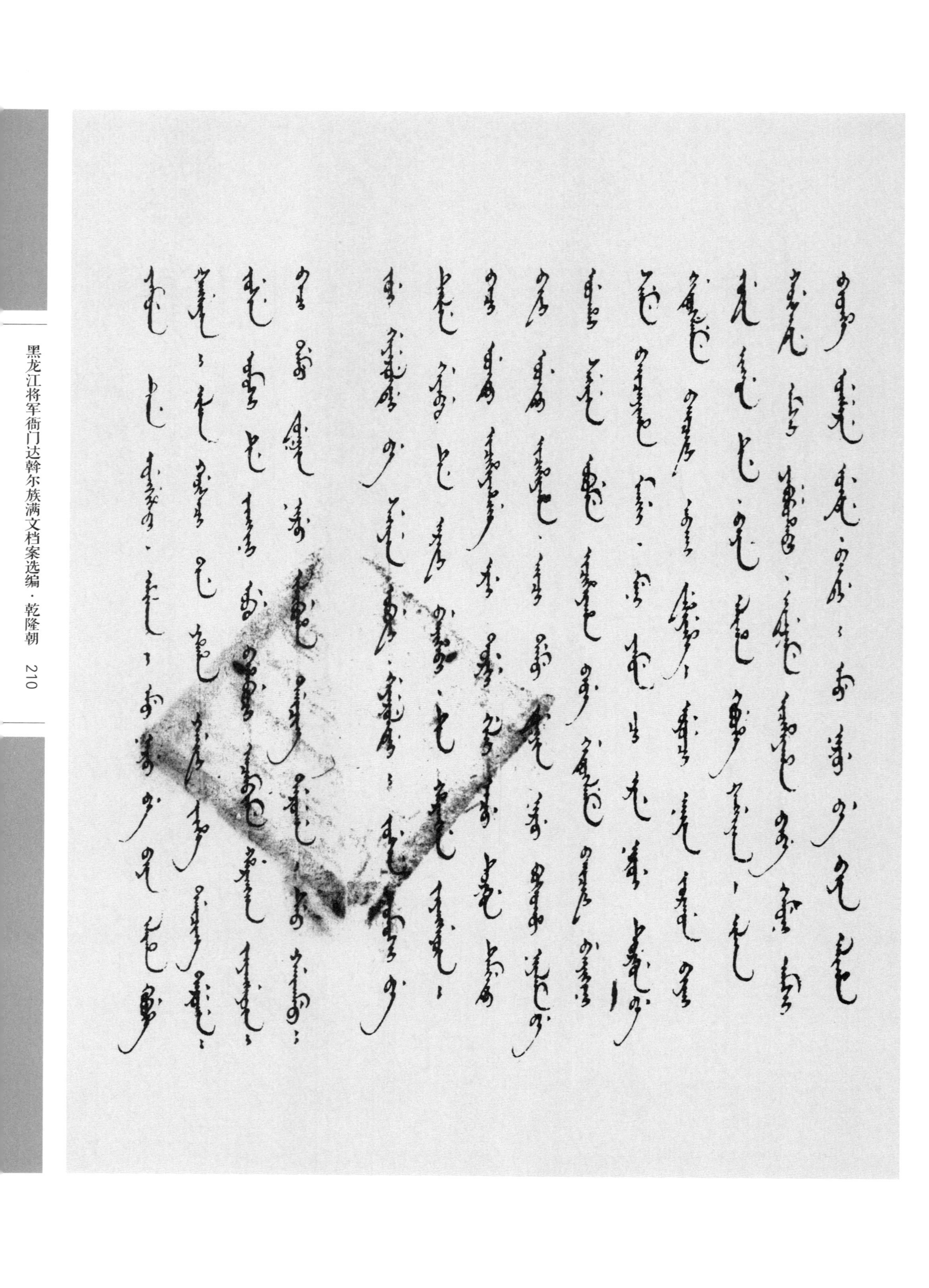

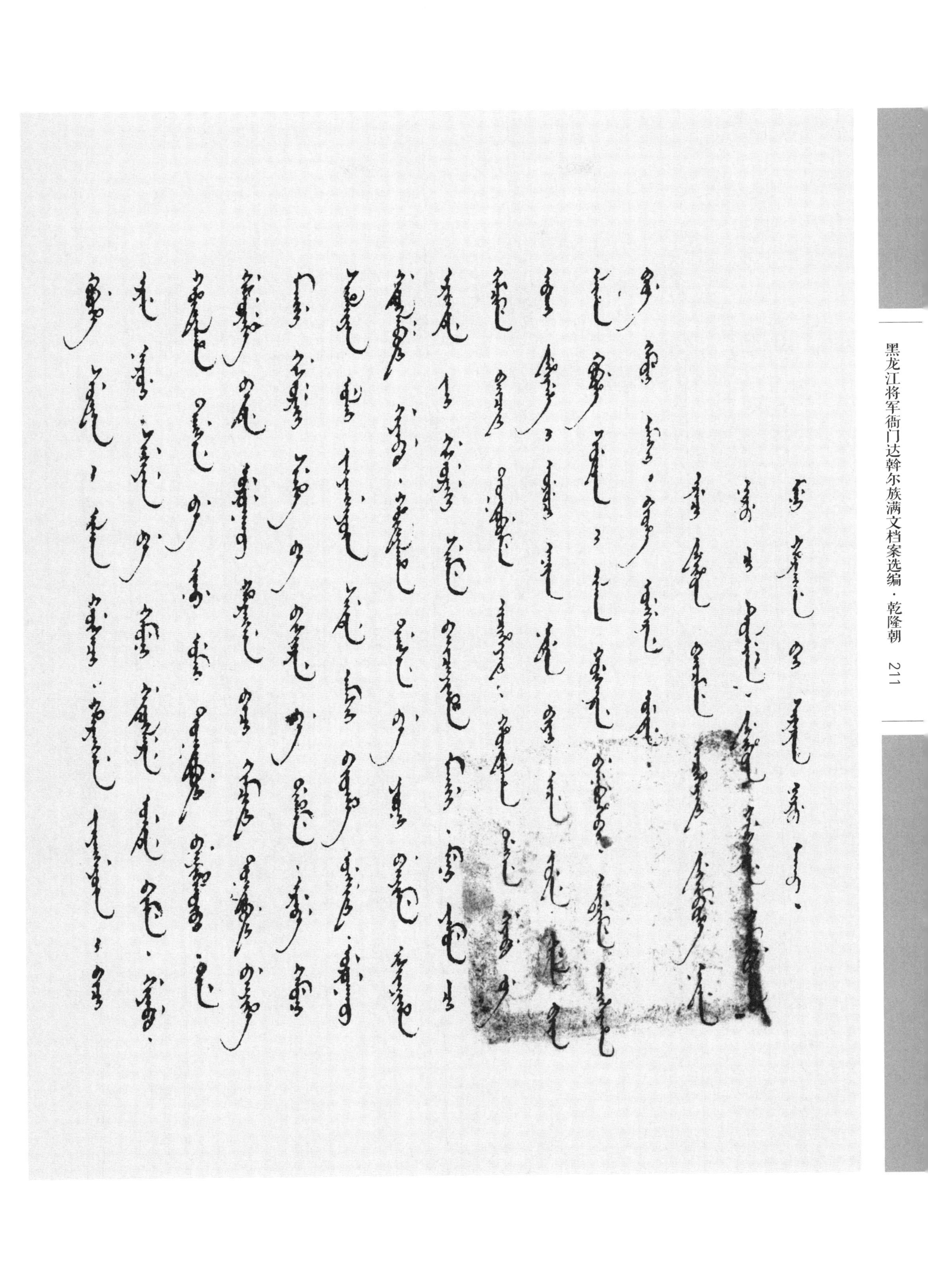

[illegible]

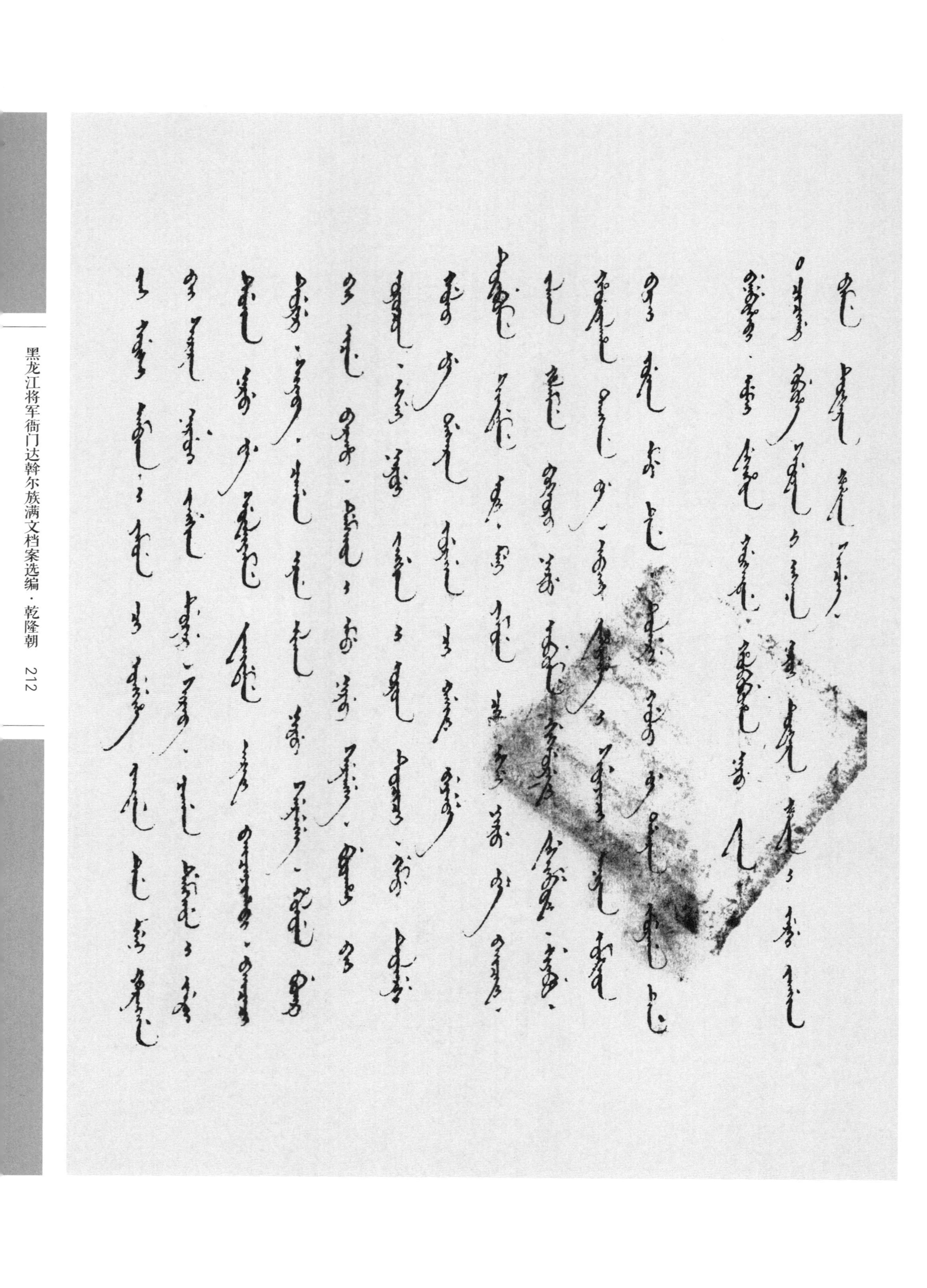

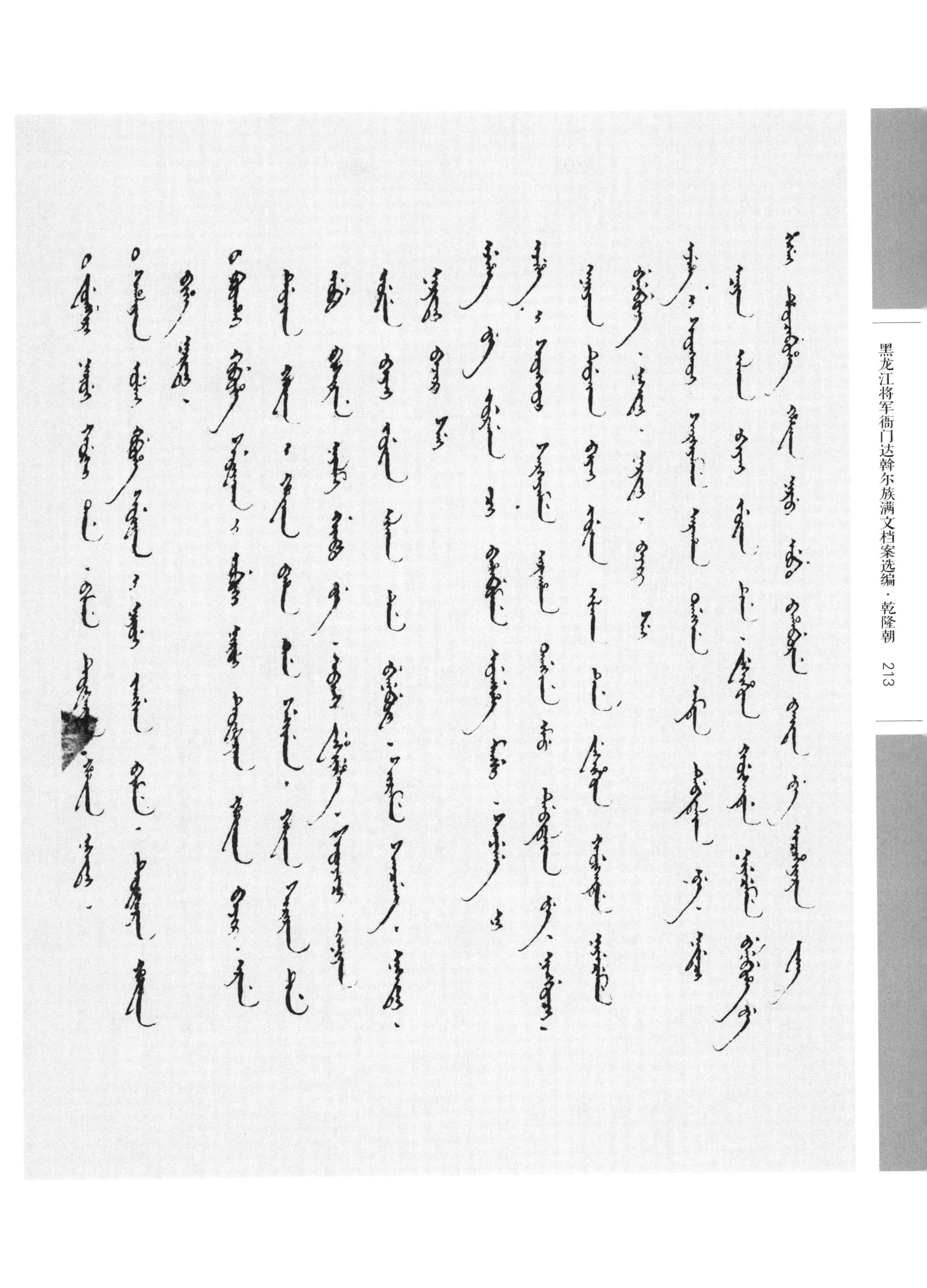

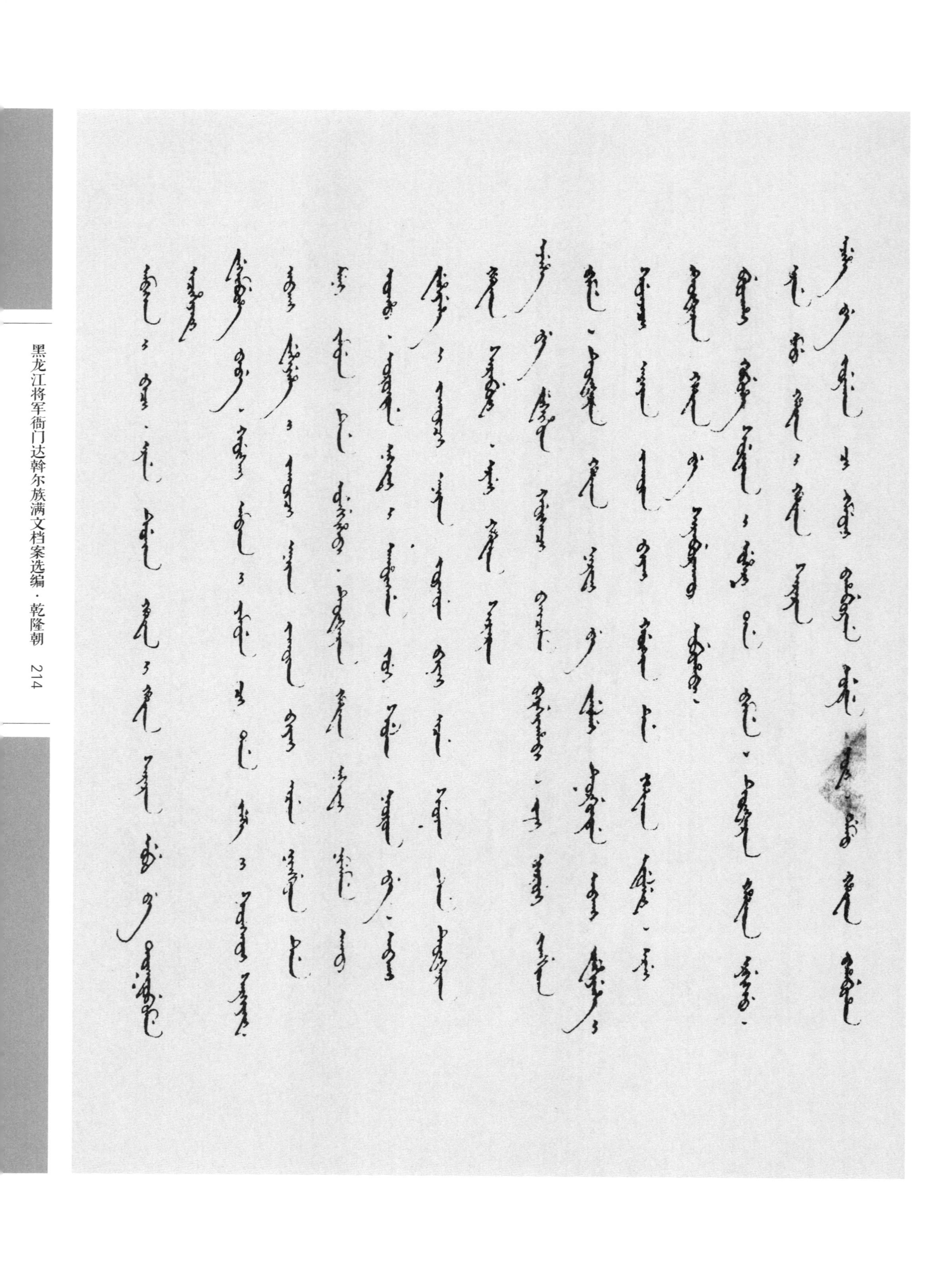

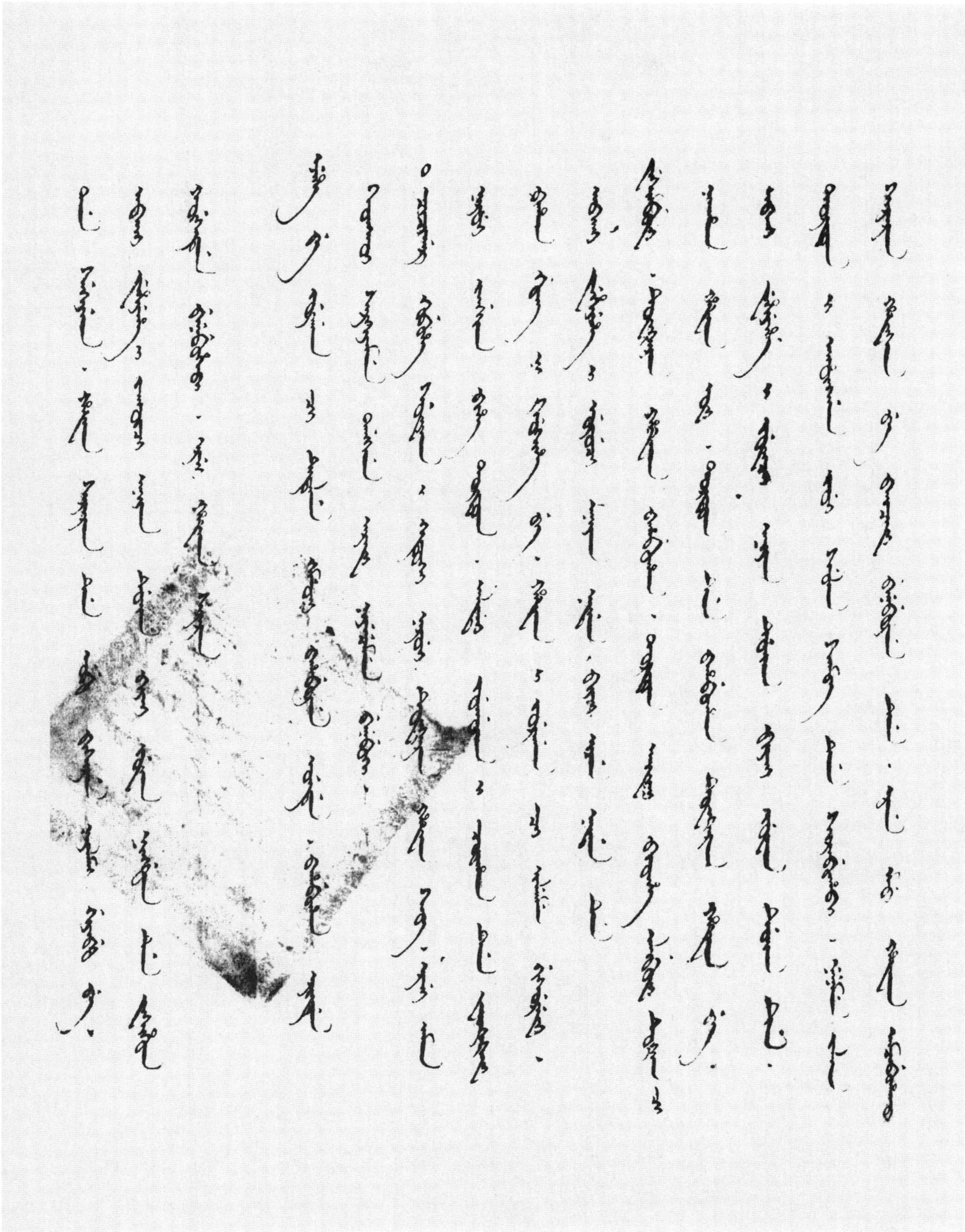

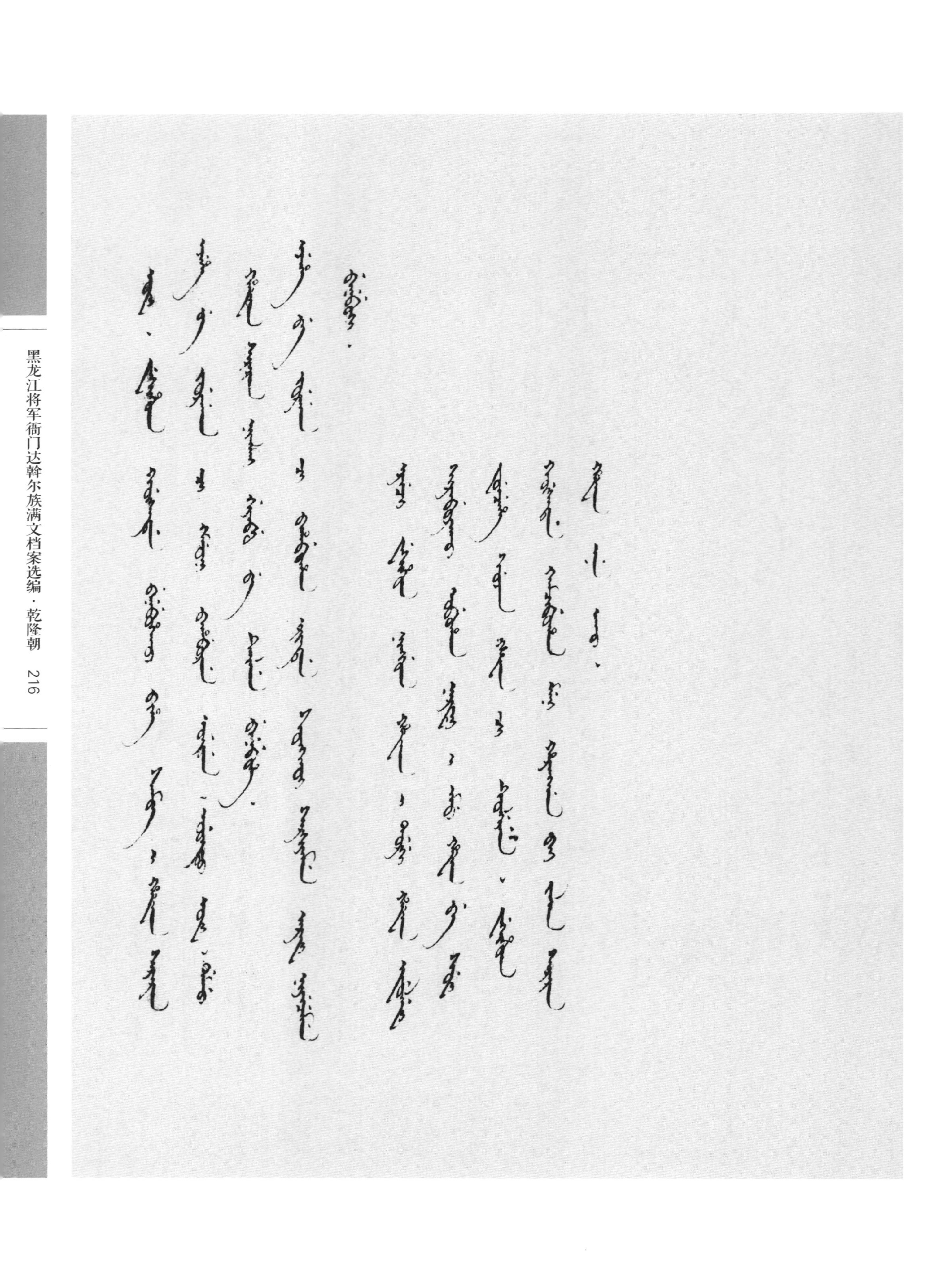

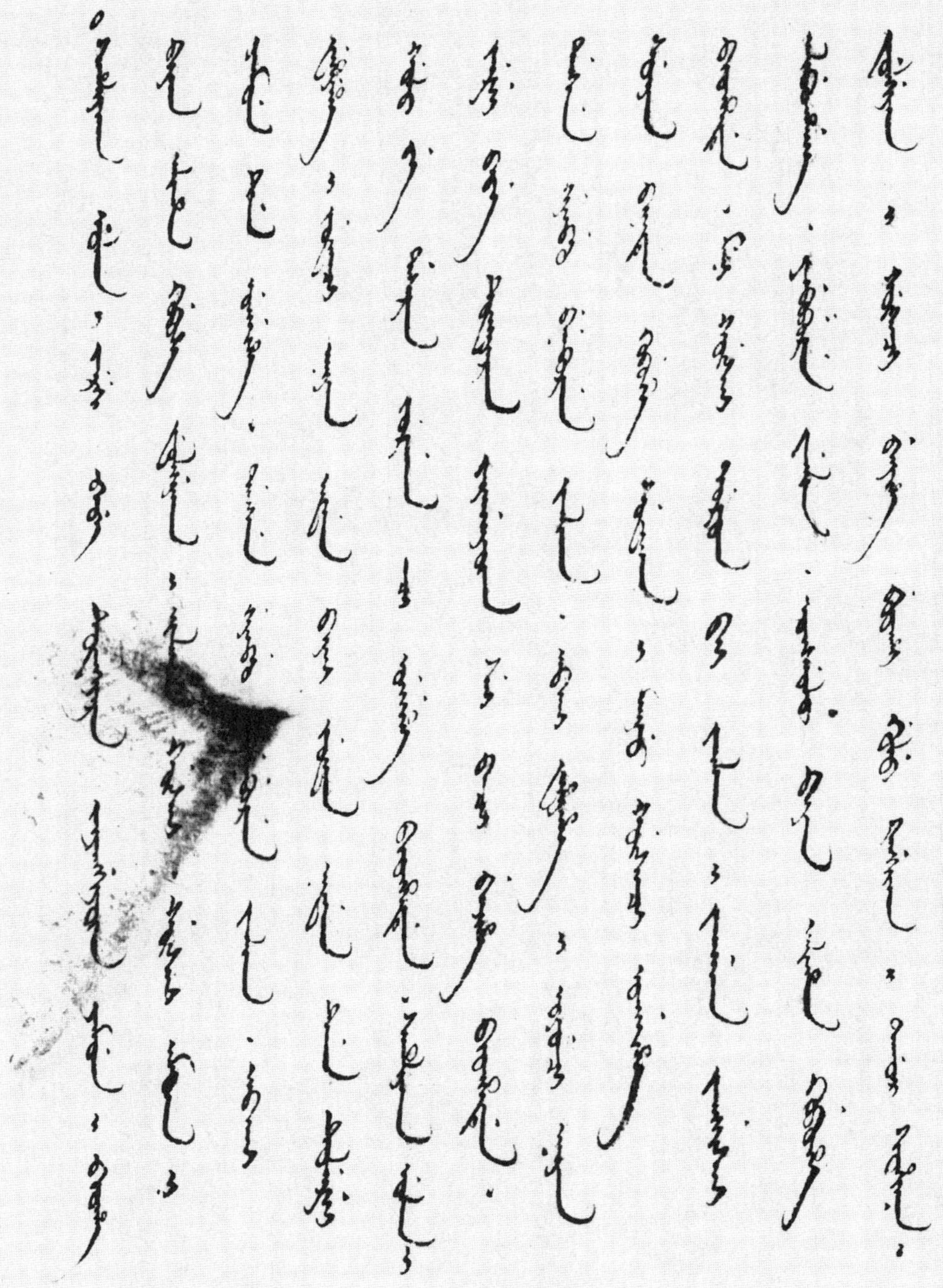

三四五 黑龙江将军衙门为布特哈正白旗达斡尔索希纳承袭世管佐领并解送源流册家谱事咨值月镶红三旗都统衙门文

乾隆十年九月初九日

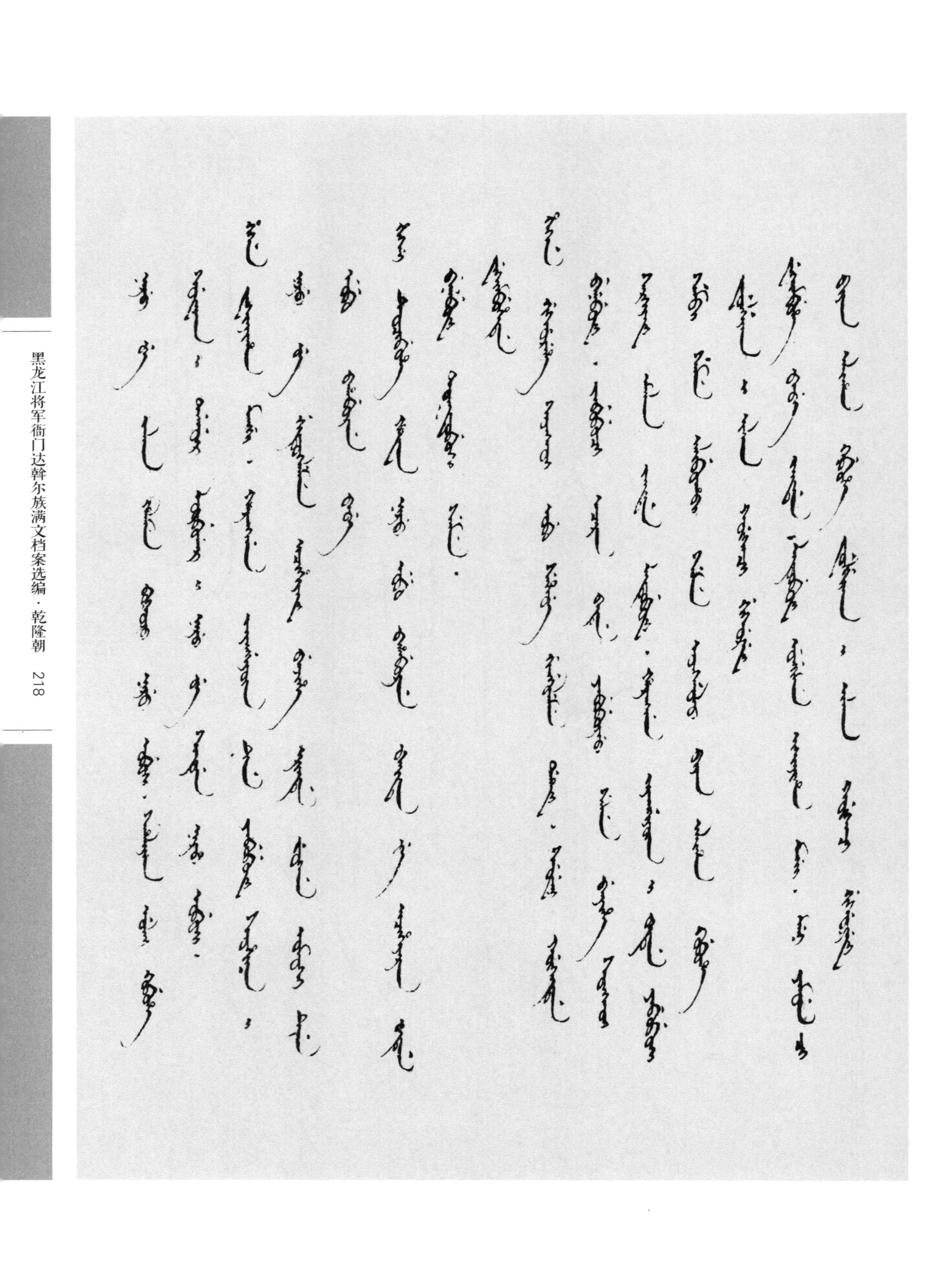

[illegible]

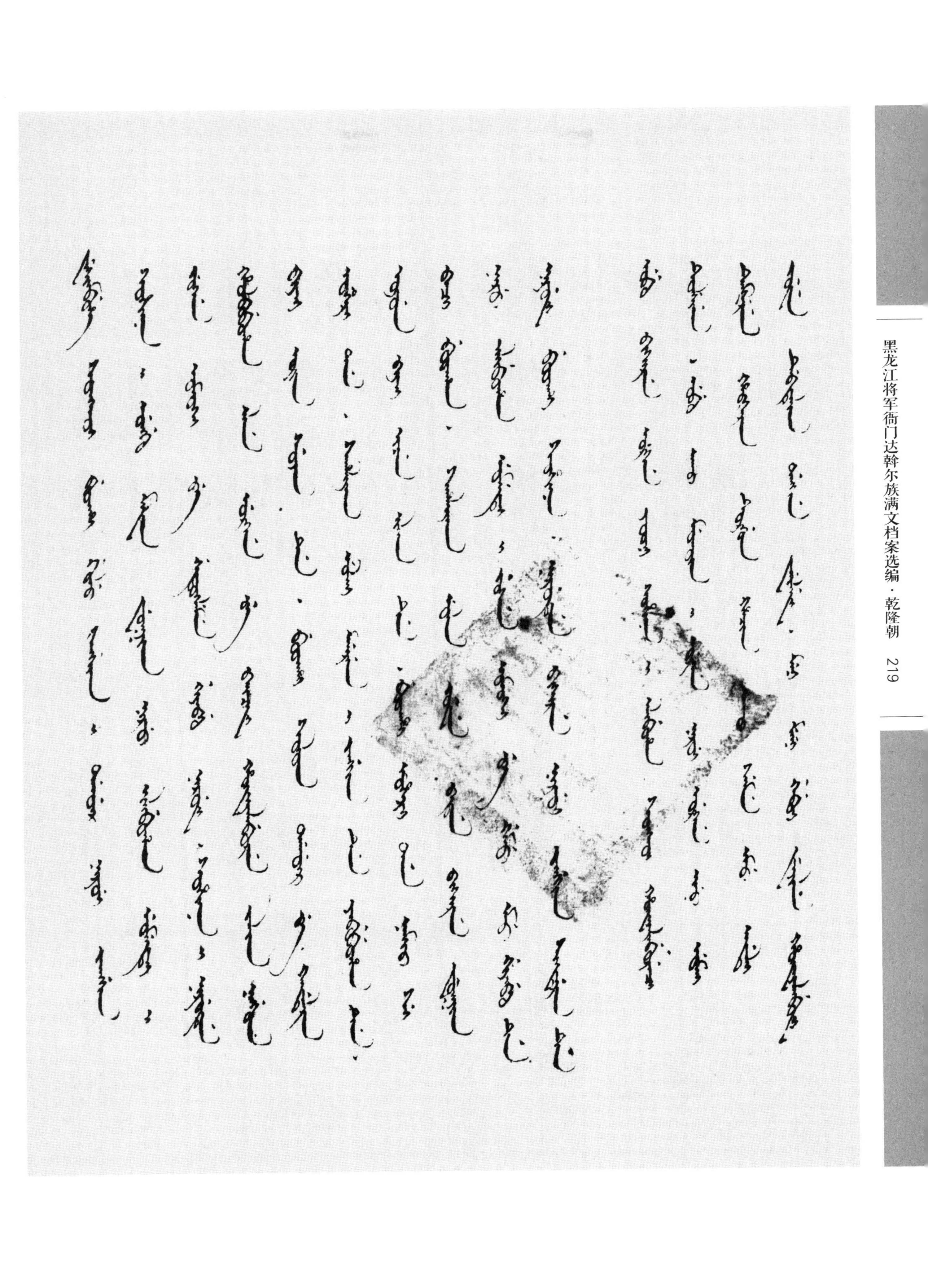

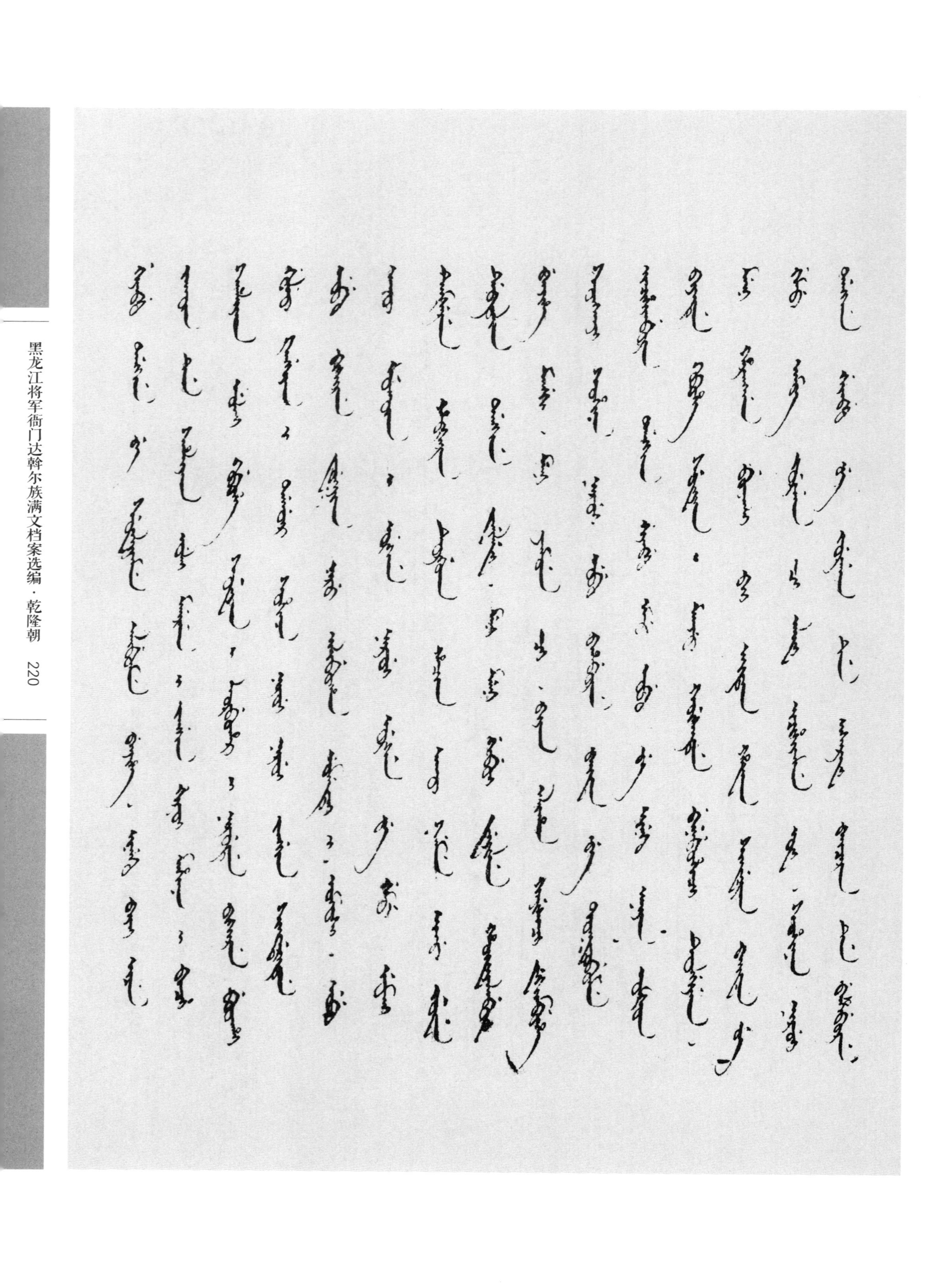

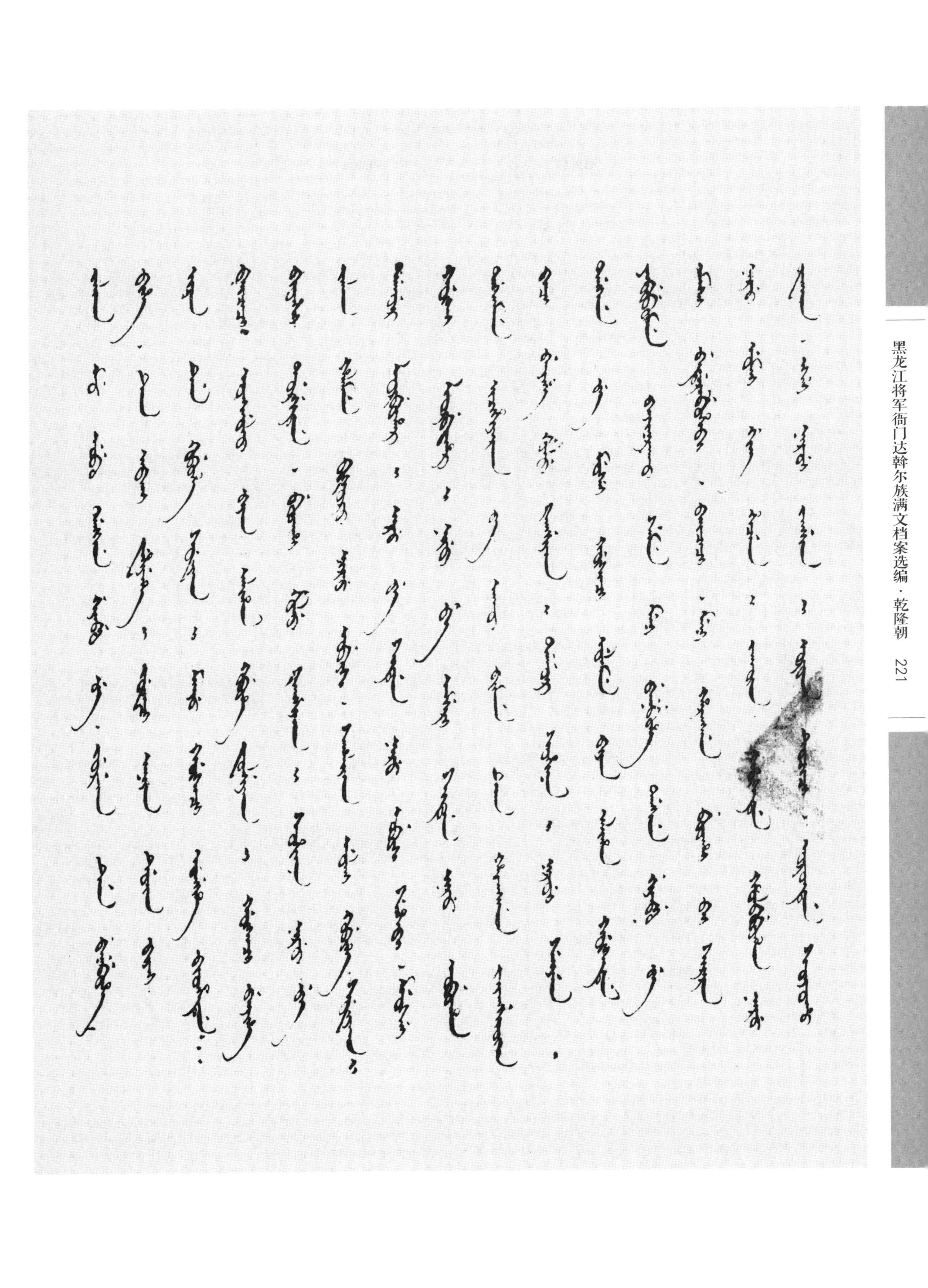

[illegible]

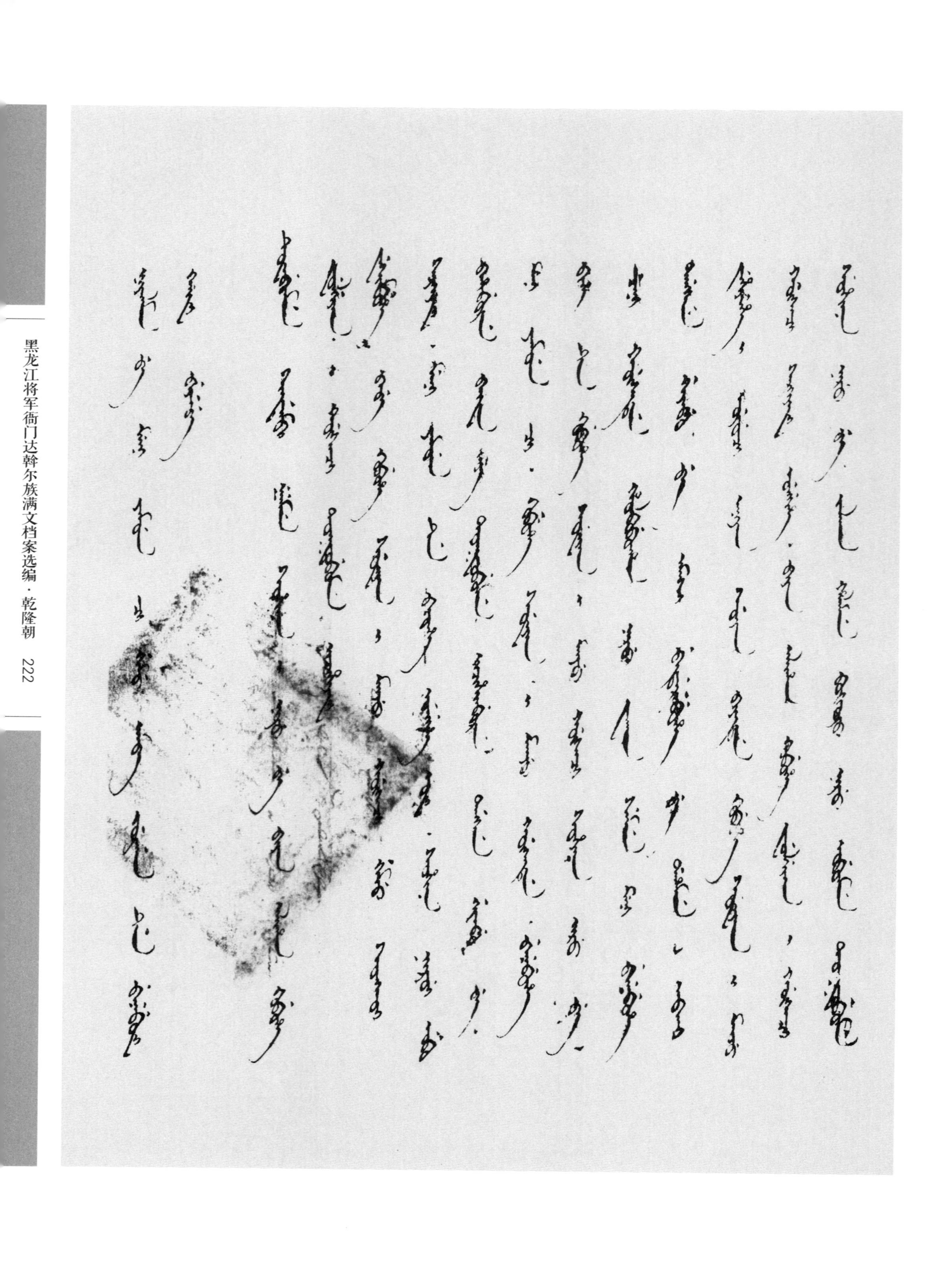

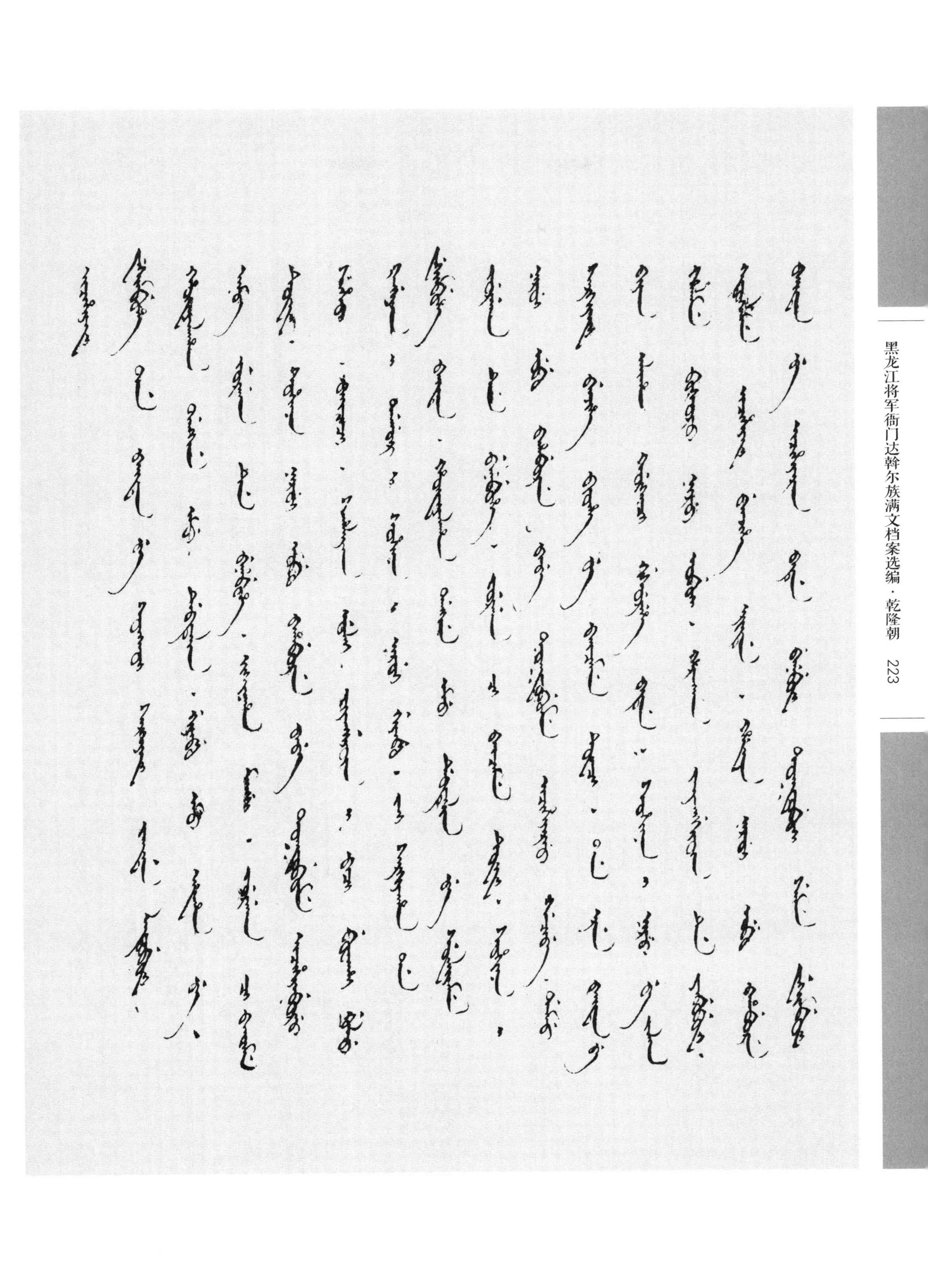

[illegible]

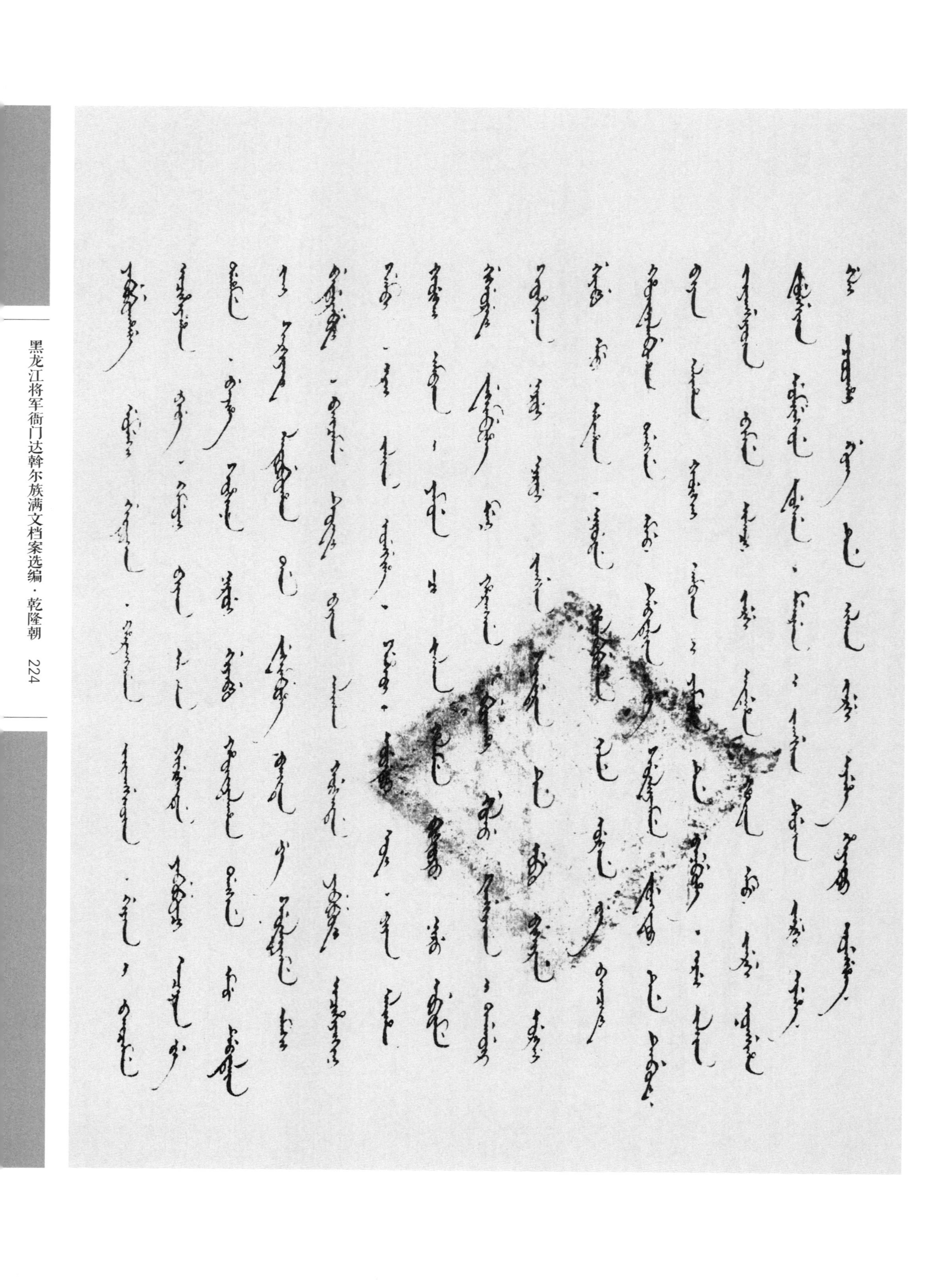

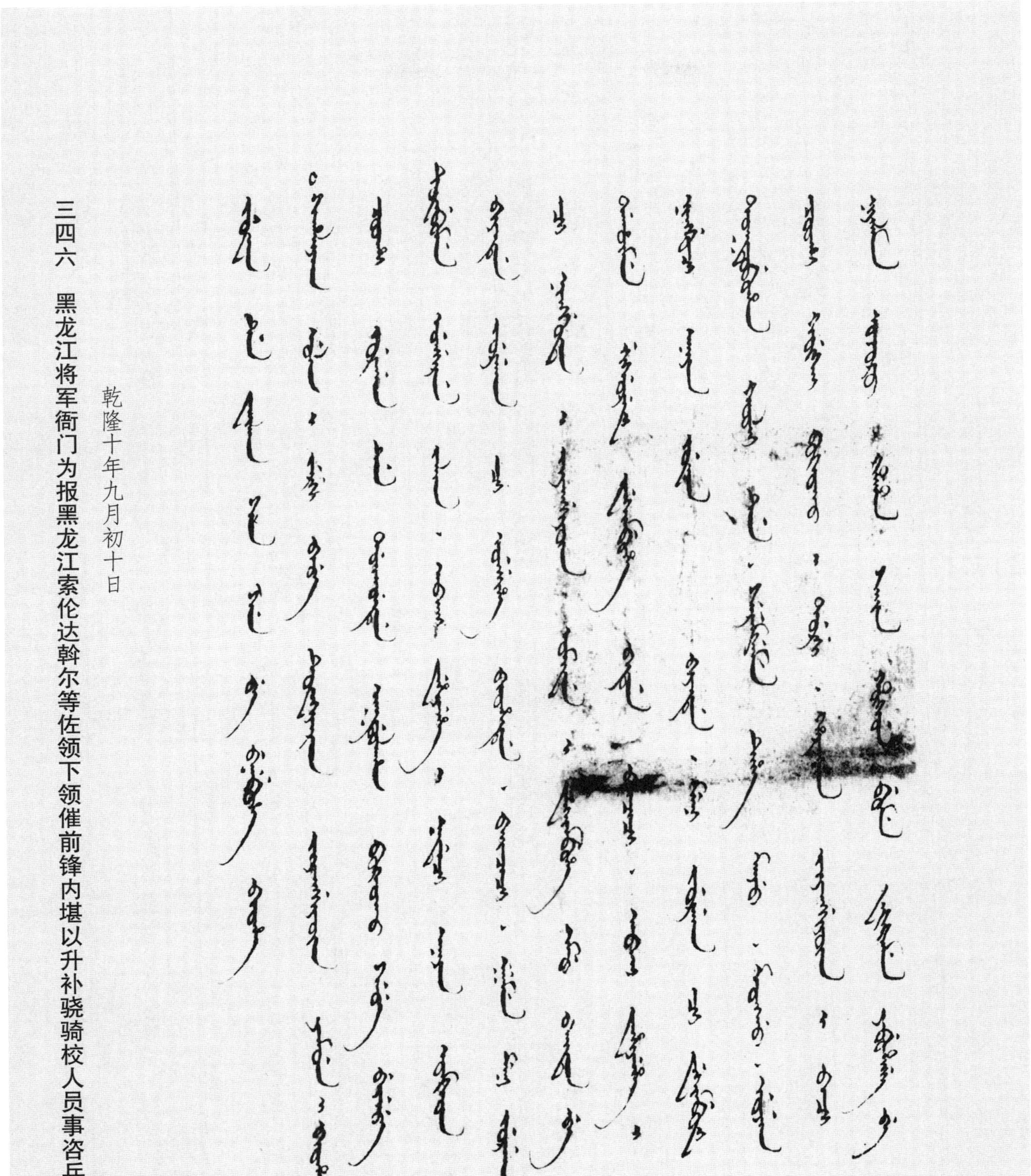

三四六 黑龙江将军衙门为报黑龙江索伦达斡尔等佐领下领催前锋内堪以升补骁骑校人员事咨兵部文

乾隆十年九月初十日

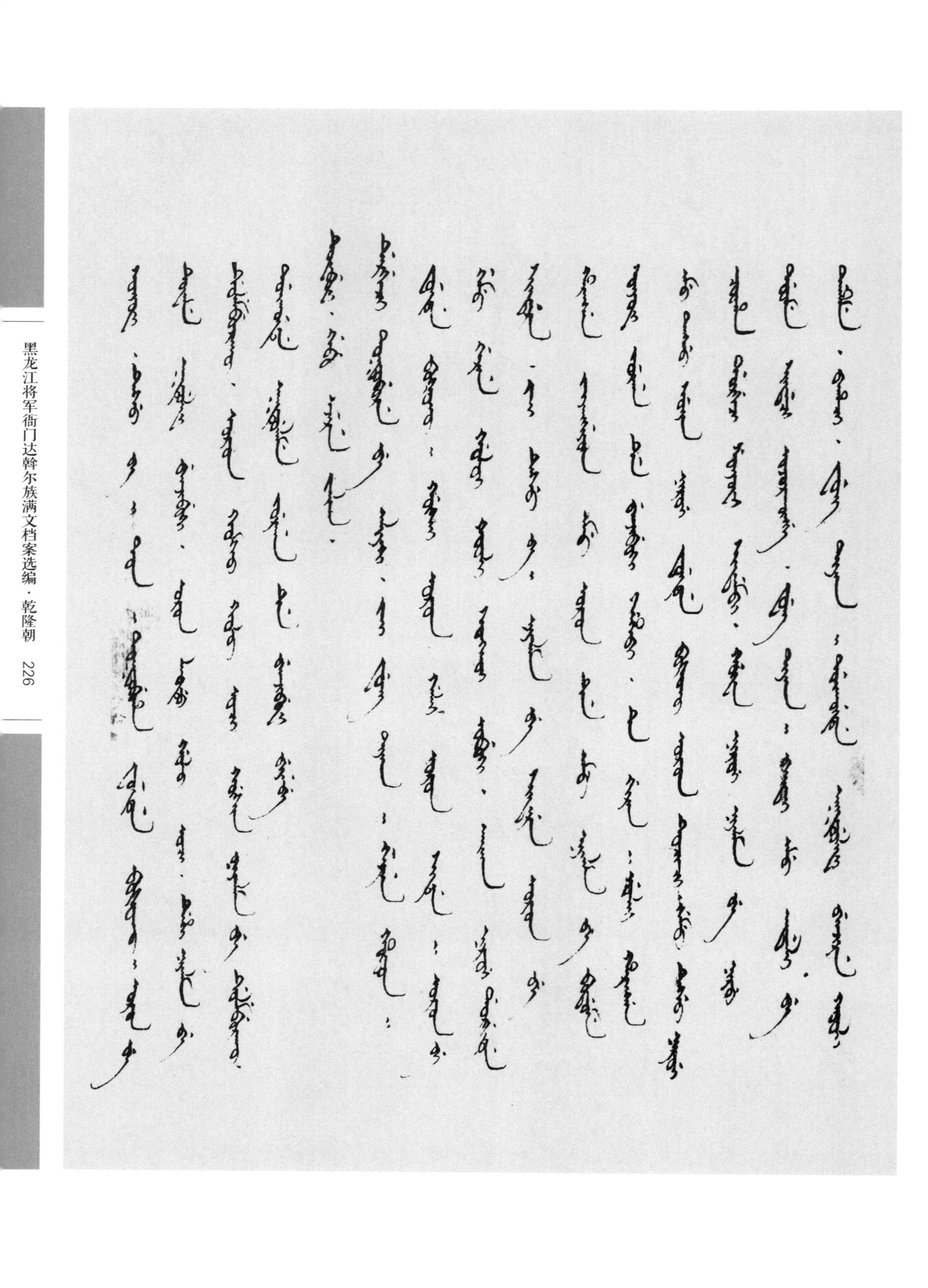

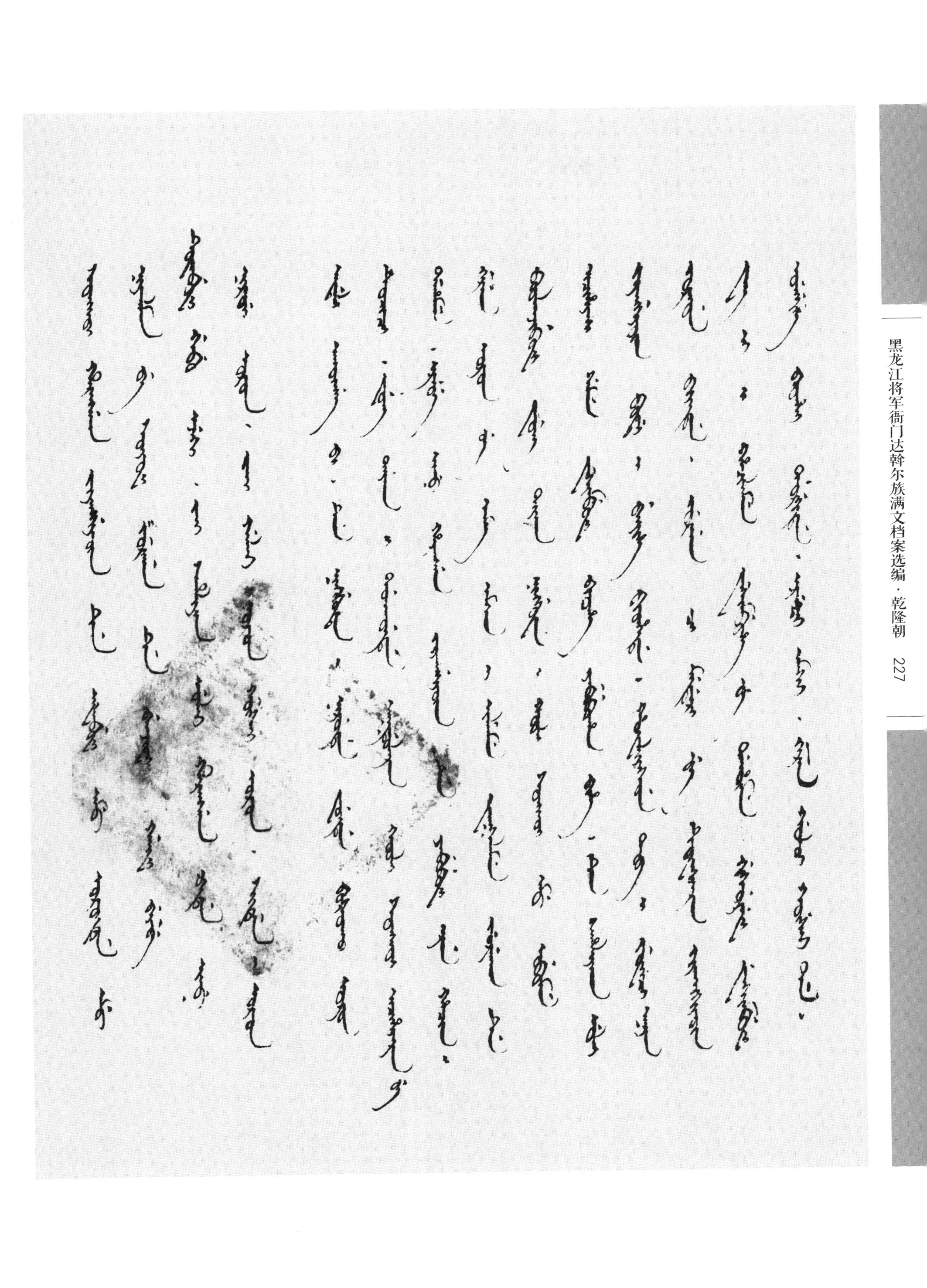

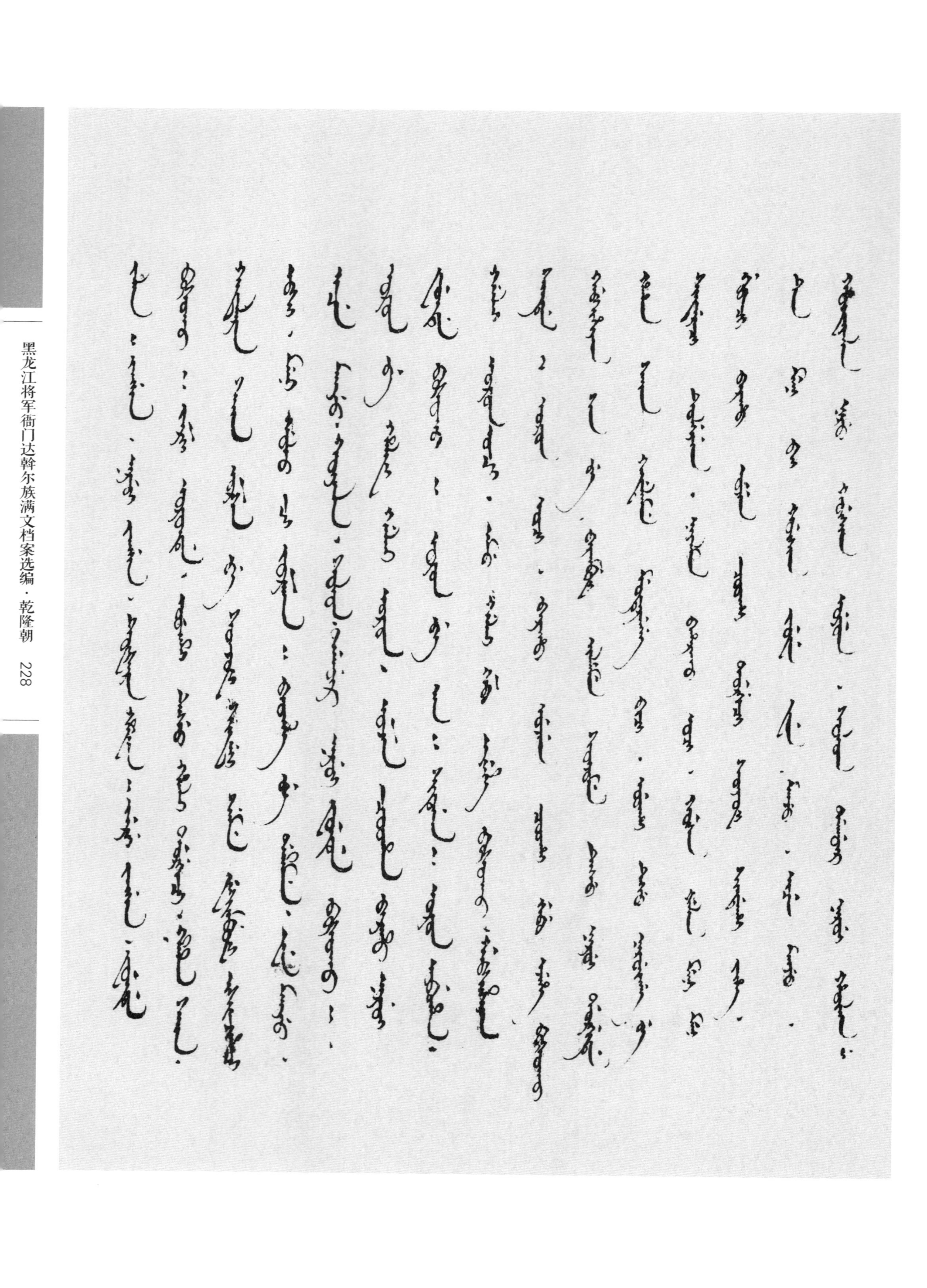

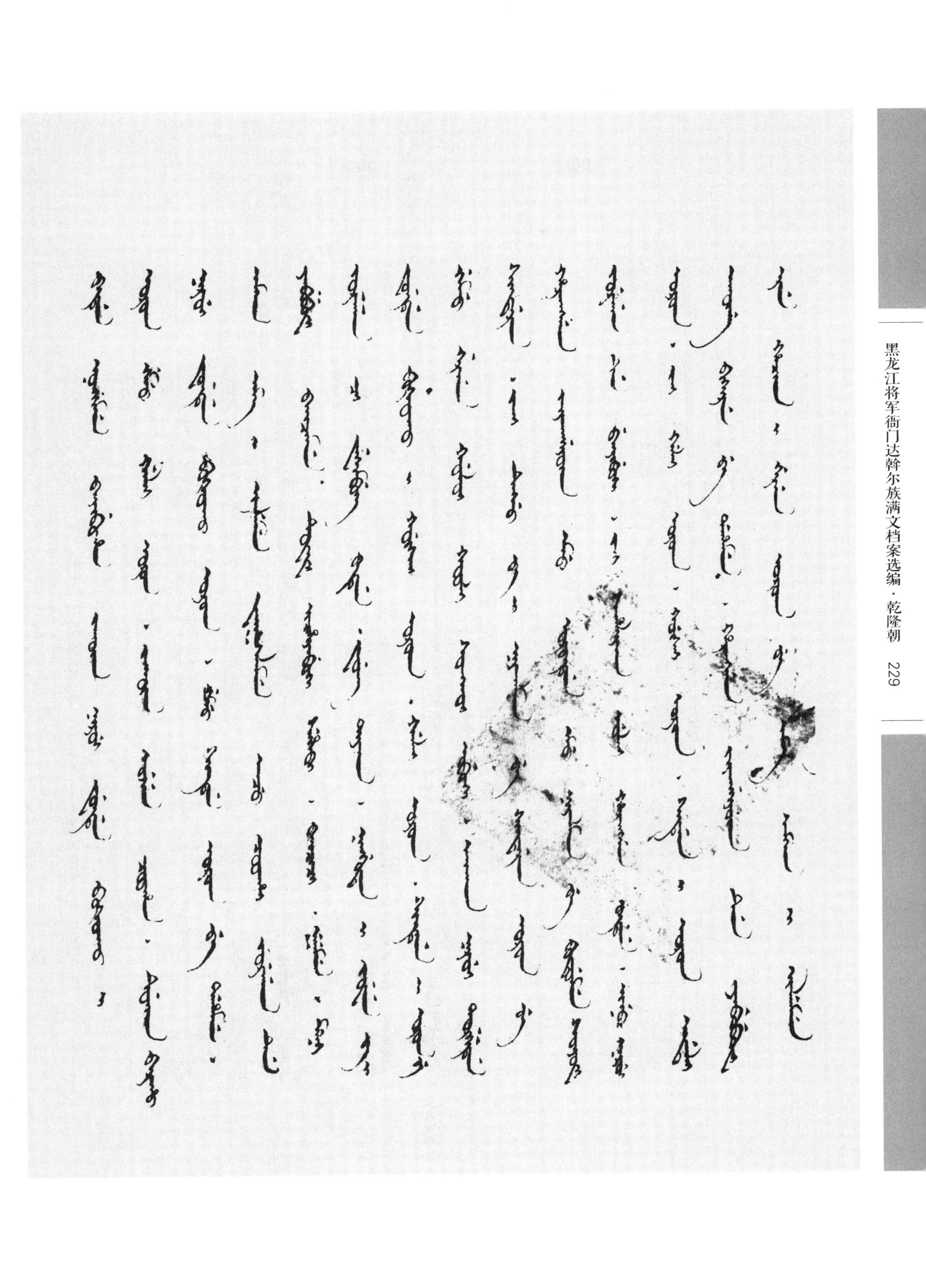

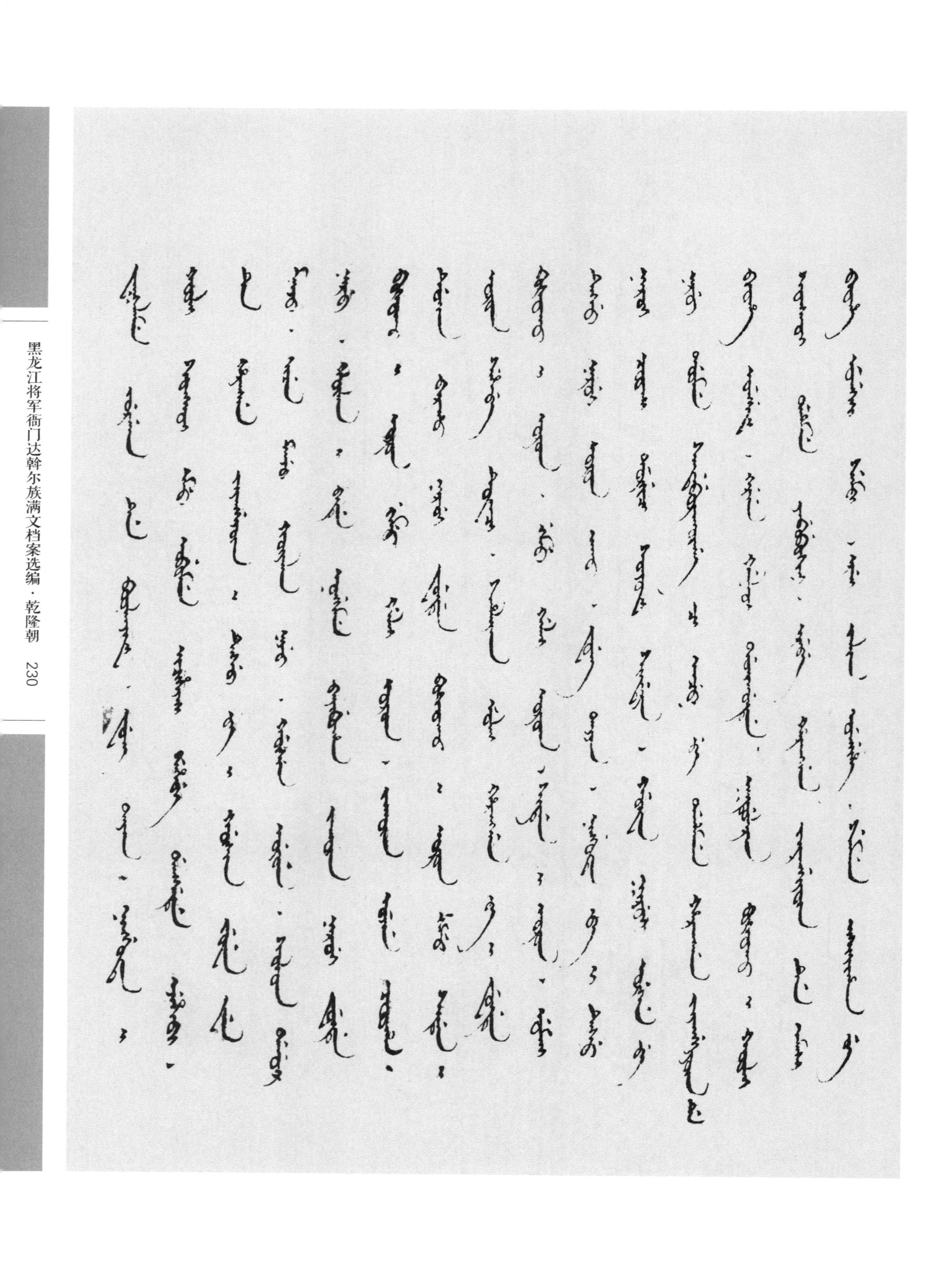

[illegible]

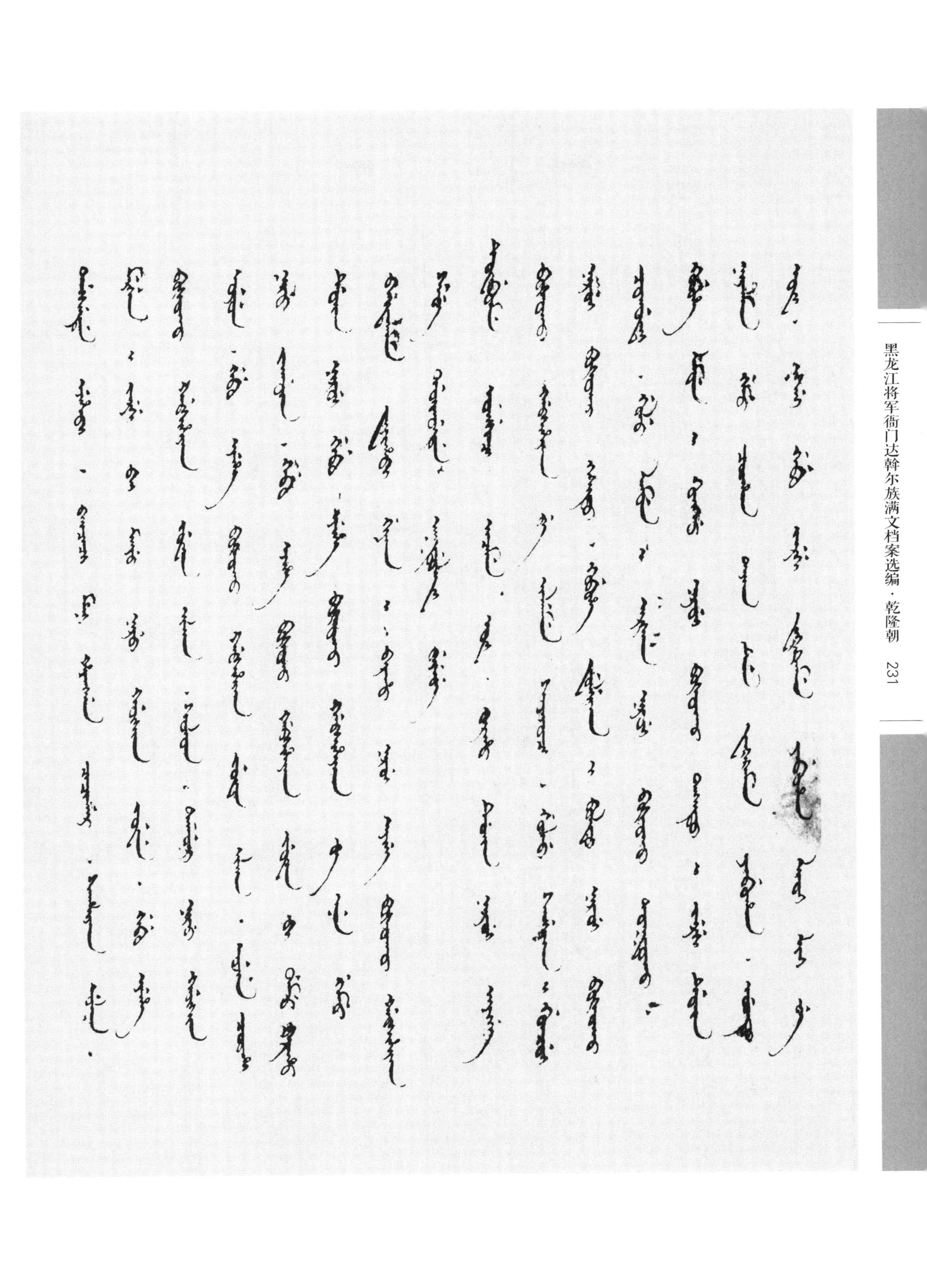

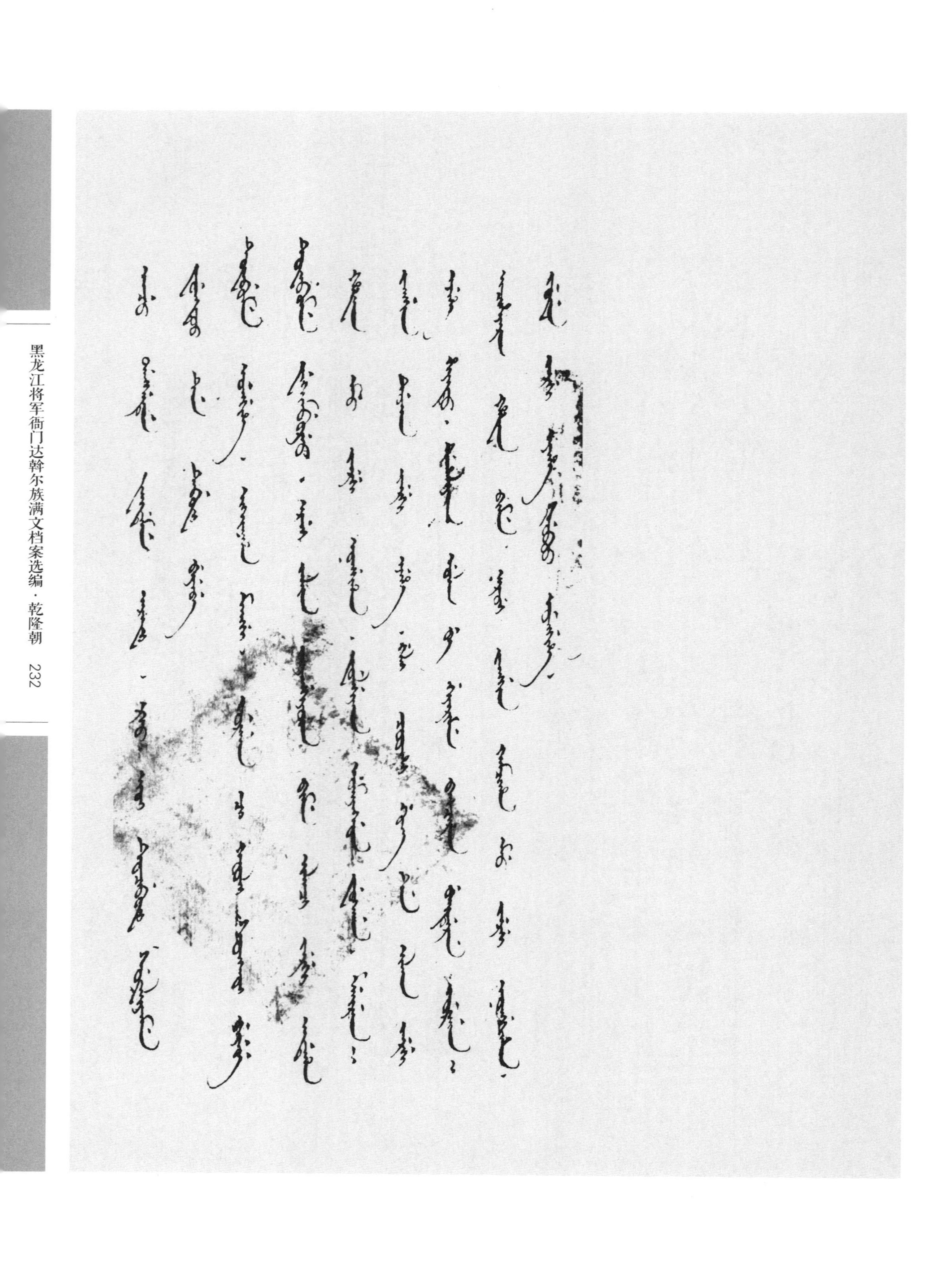

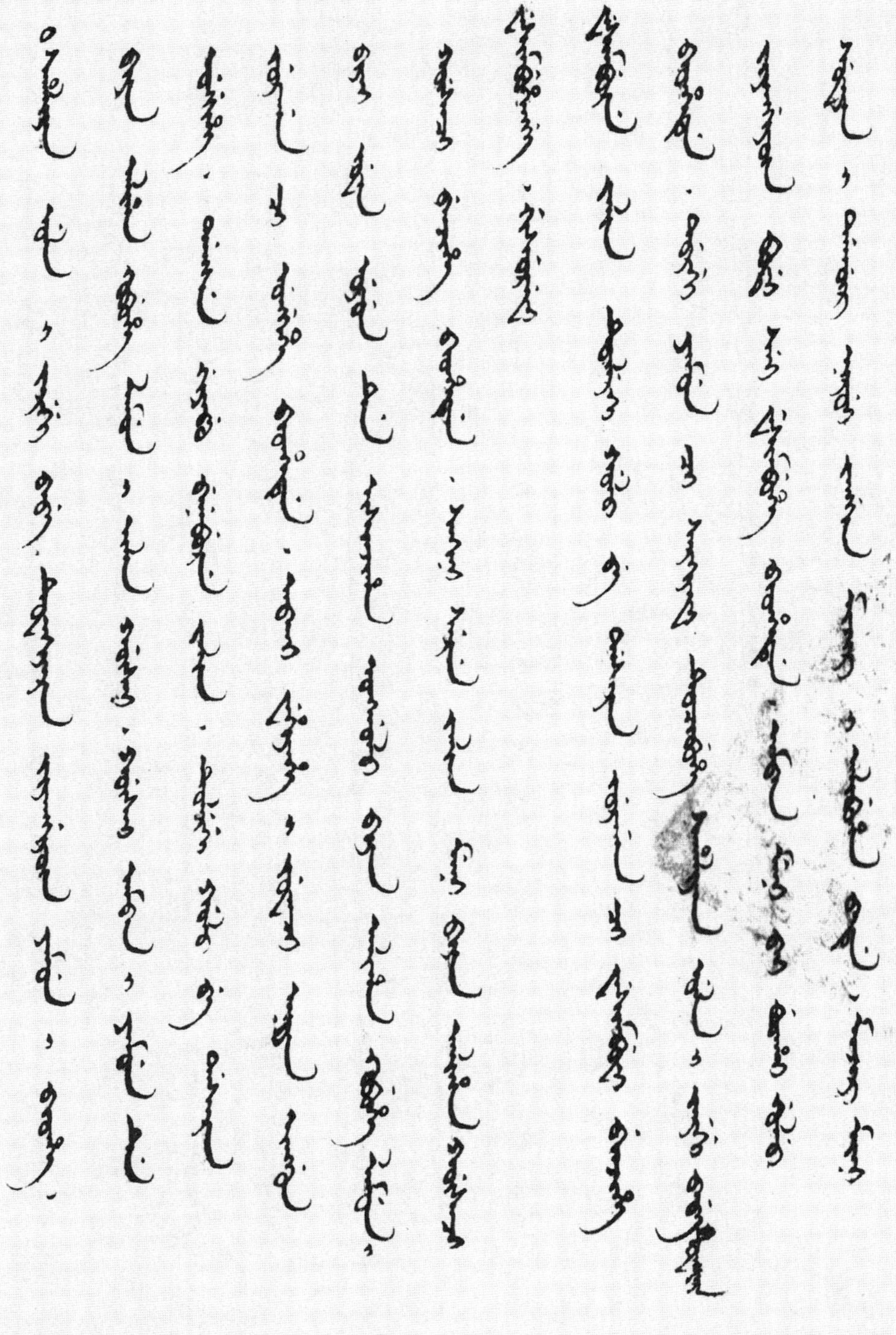

乾隆十年九月十二日

三四七 黑龙江将军衙门为布特哈正黄旗达斡尔密济尔承袭世管佐领并解送源流册家谱事咨值月镶蓝三旗都统衙门文

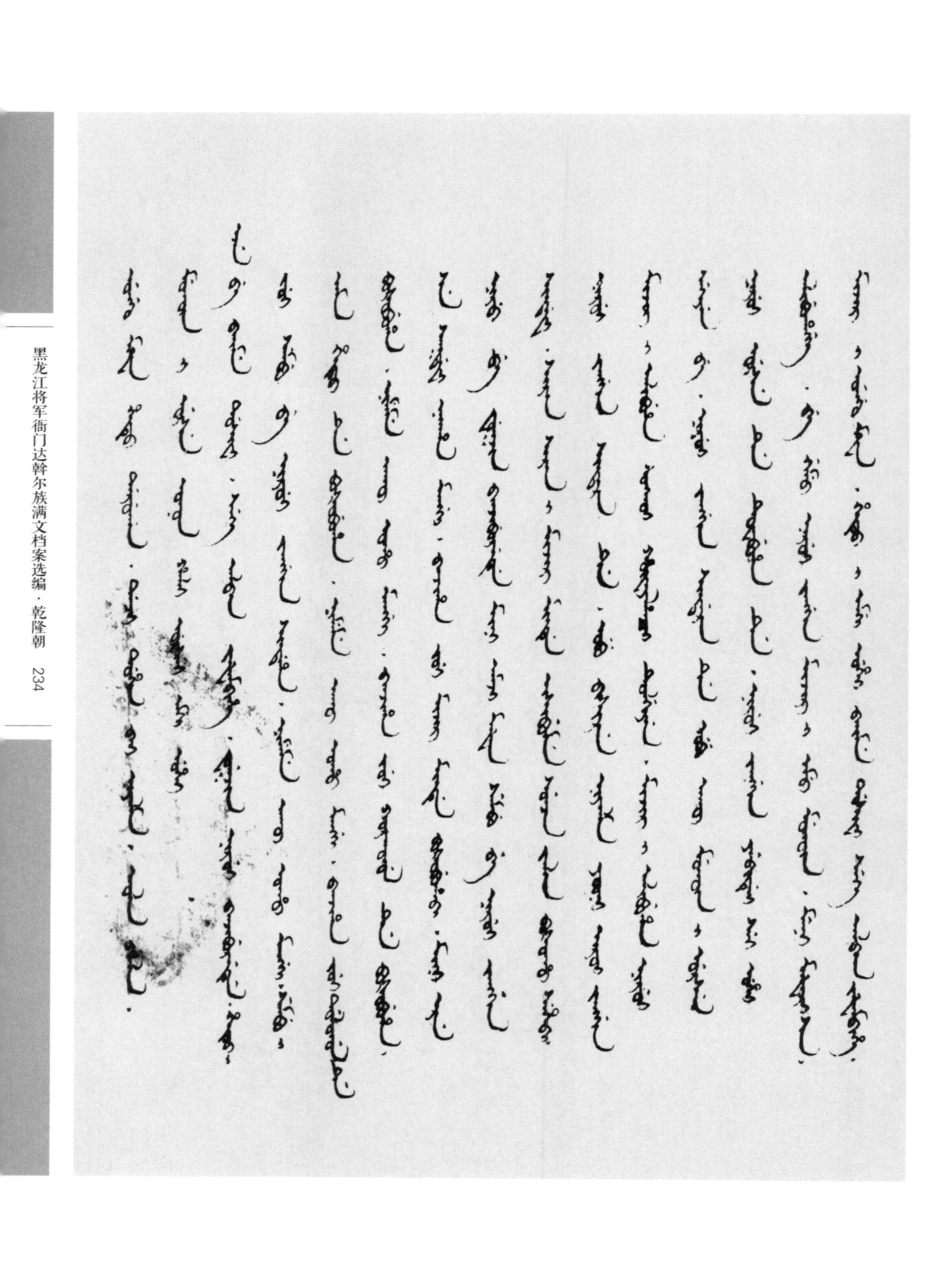

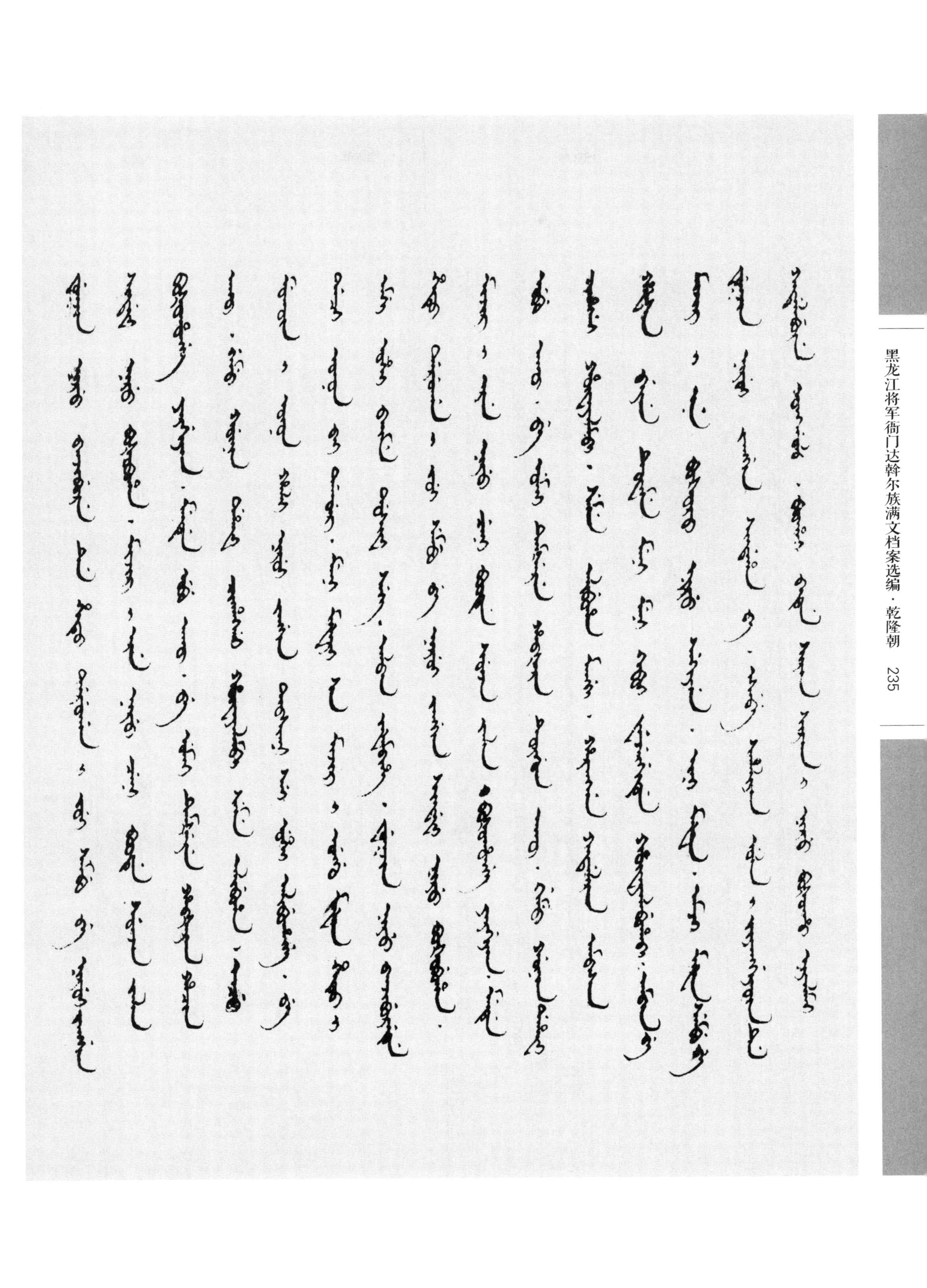

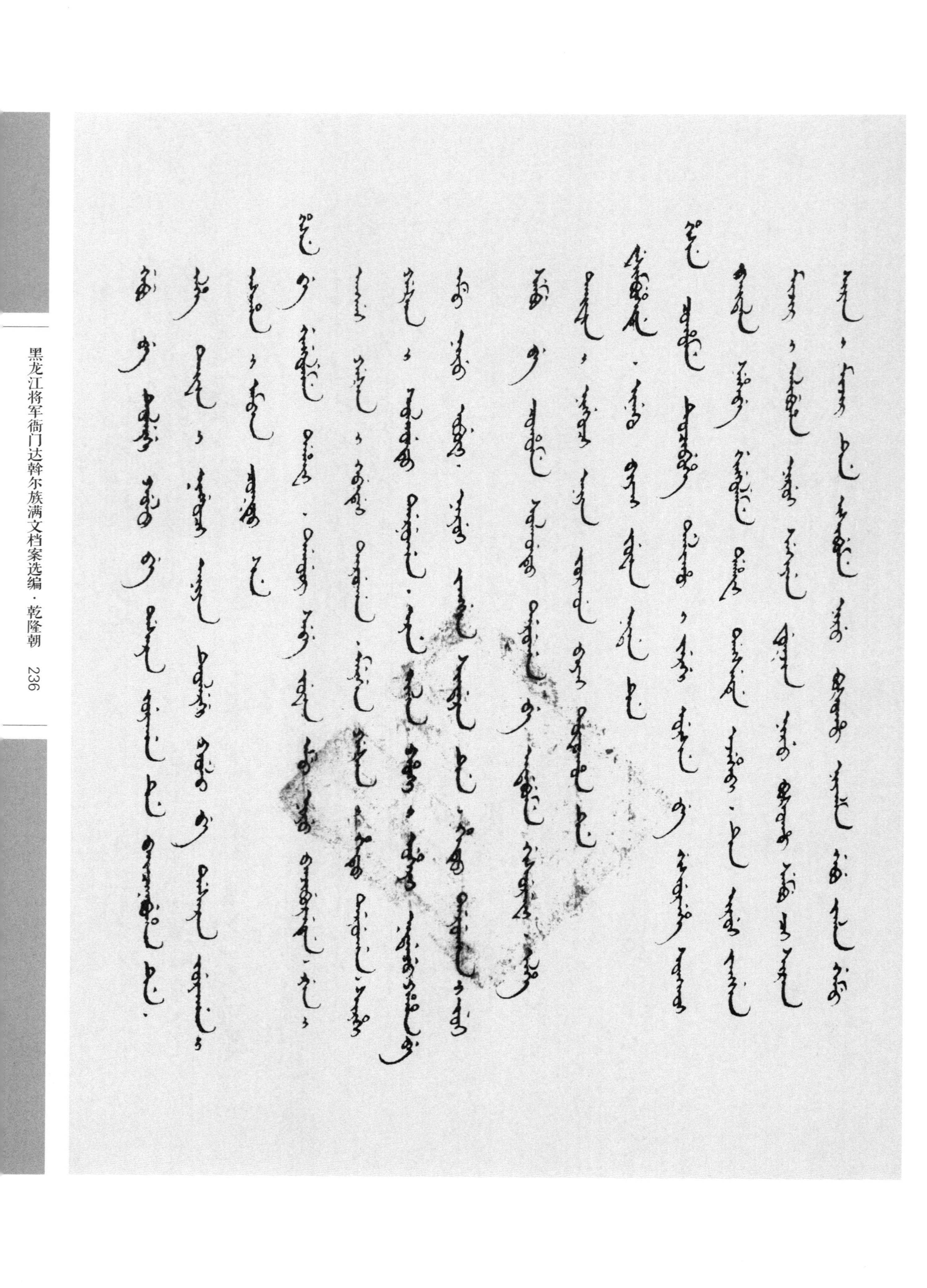

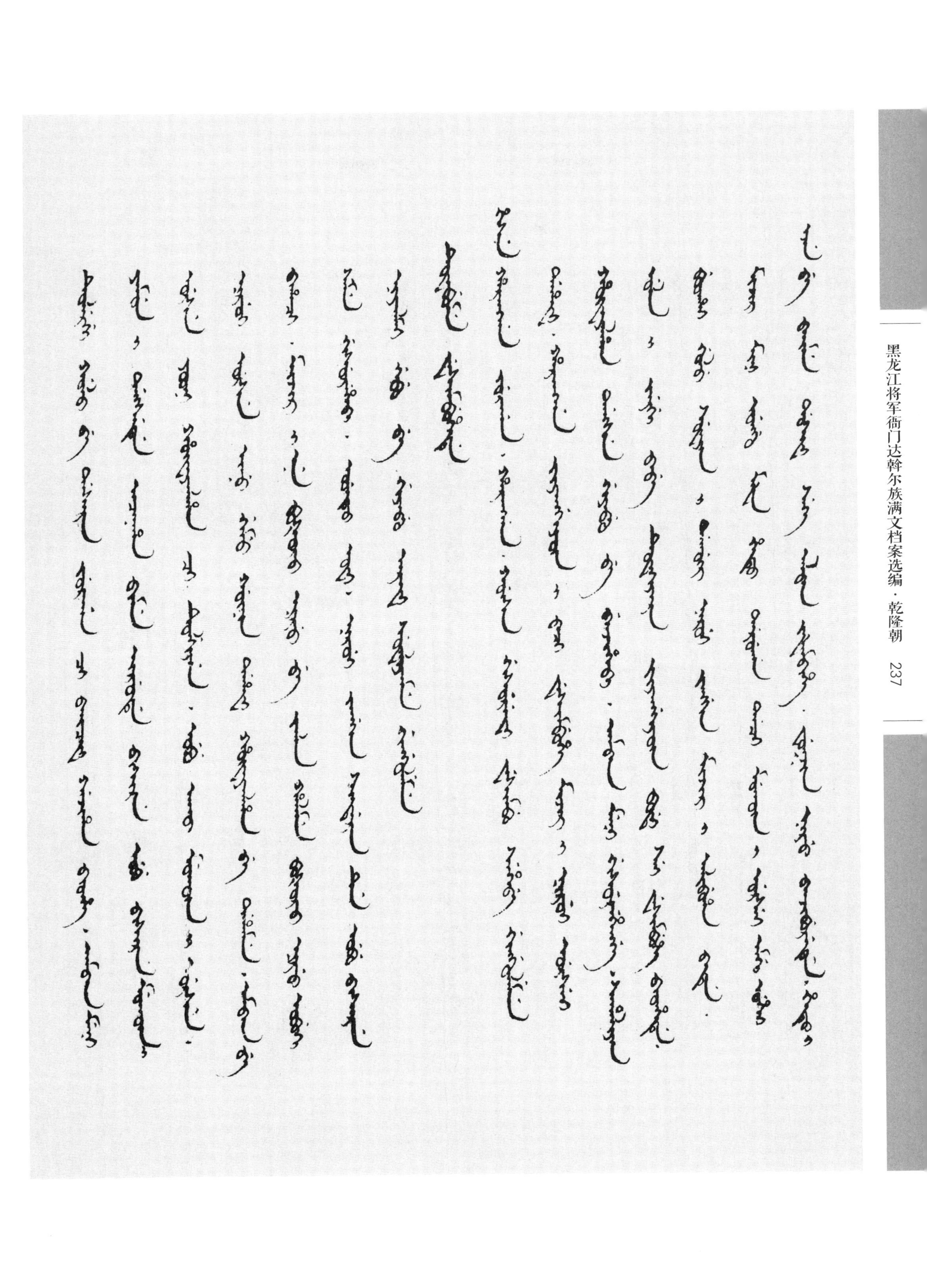

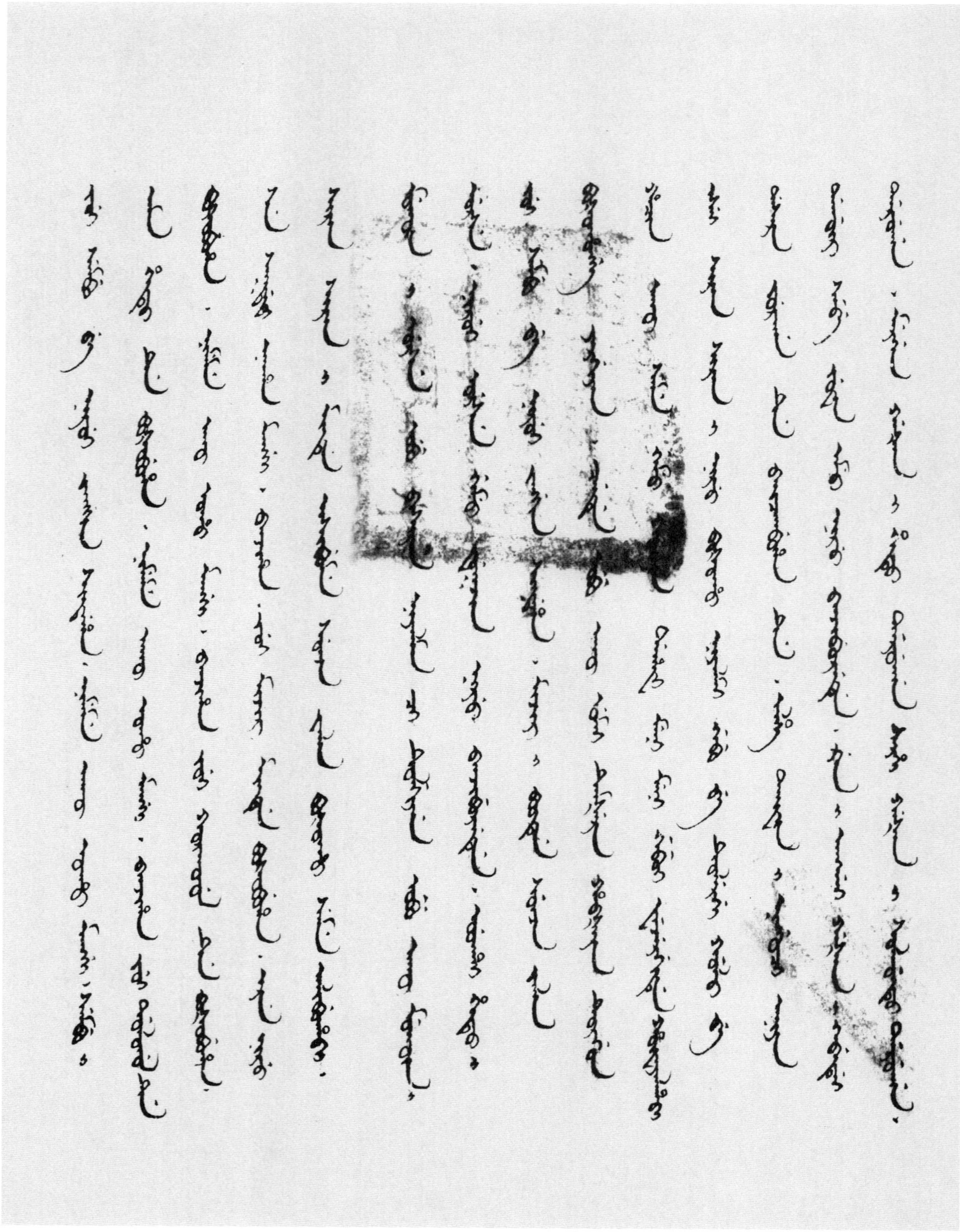

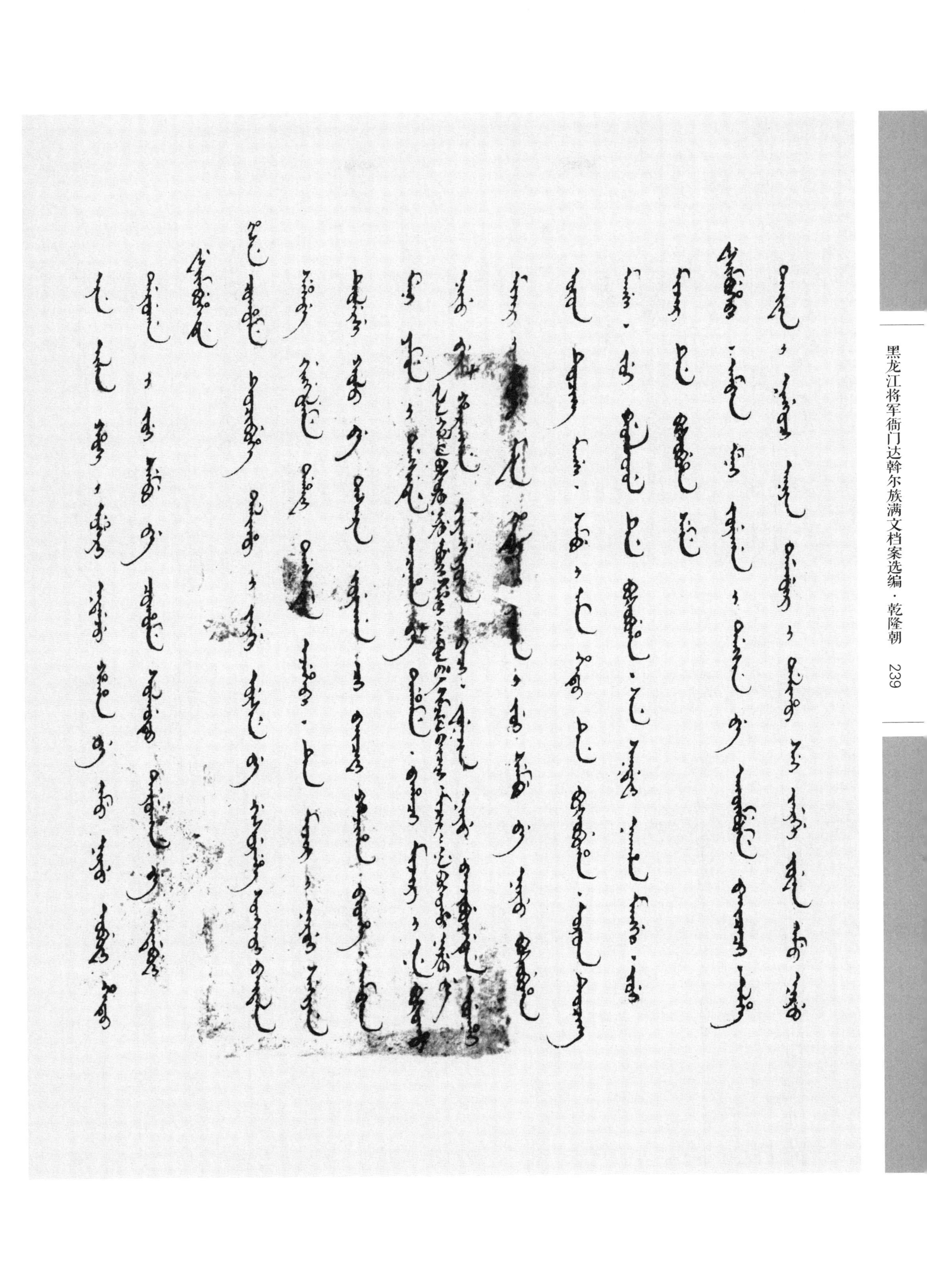

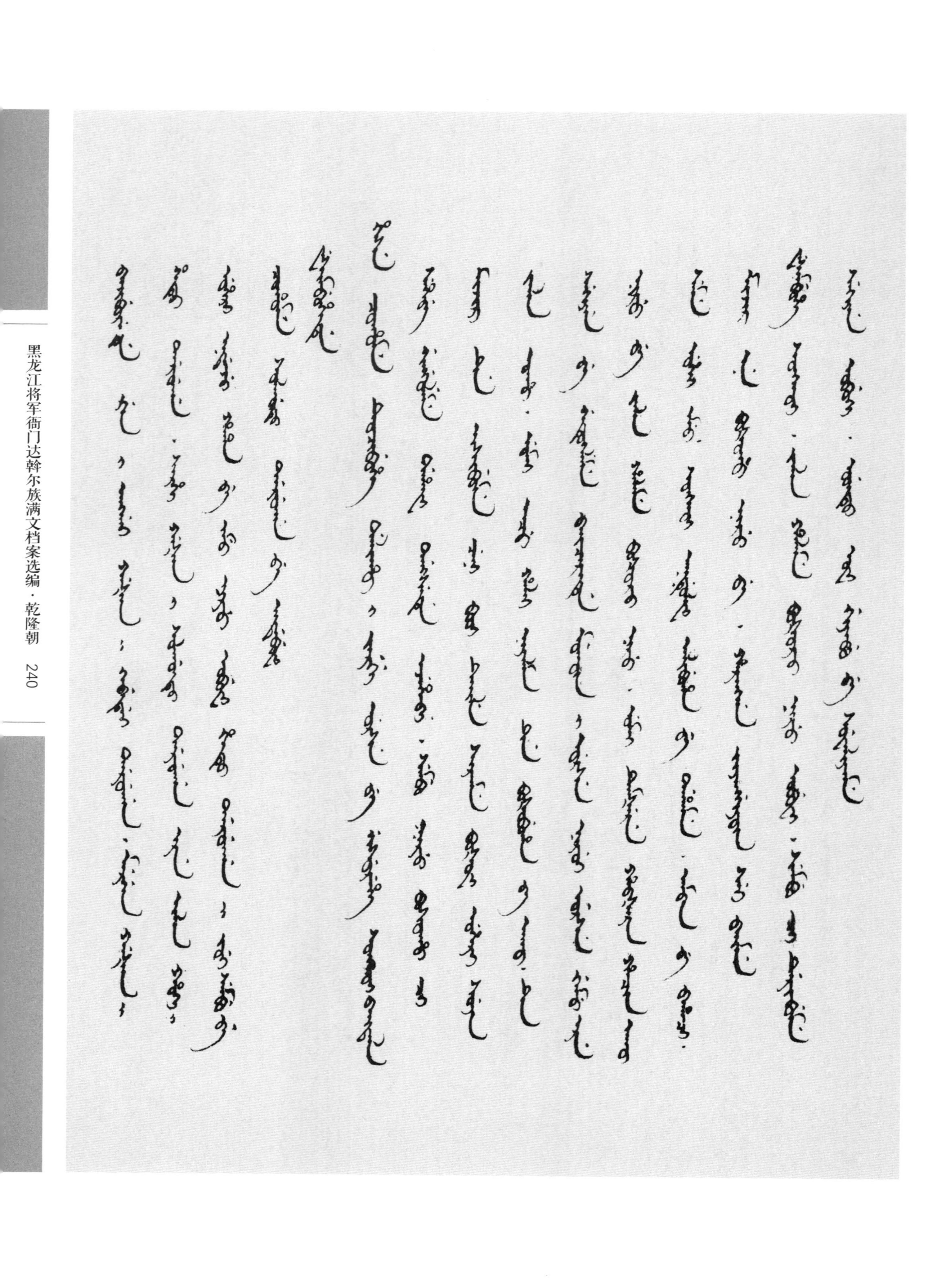

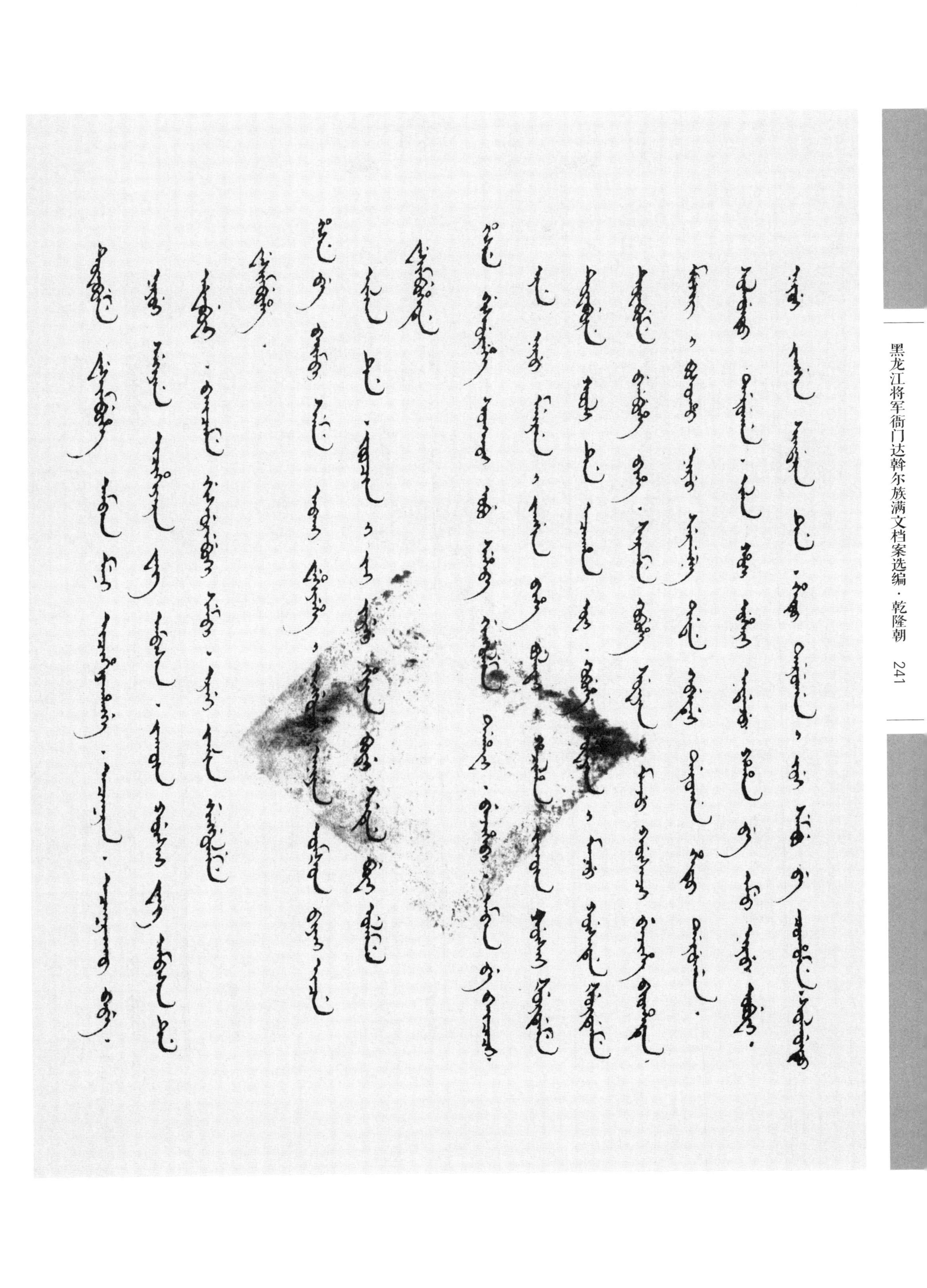

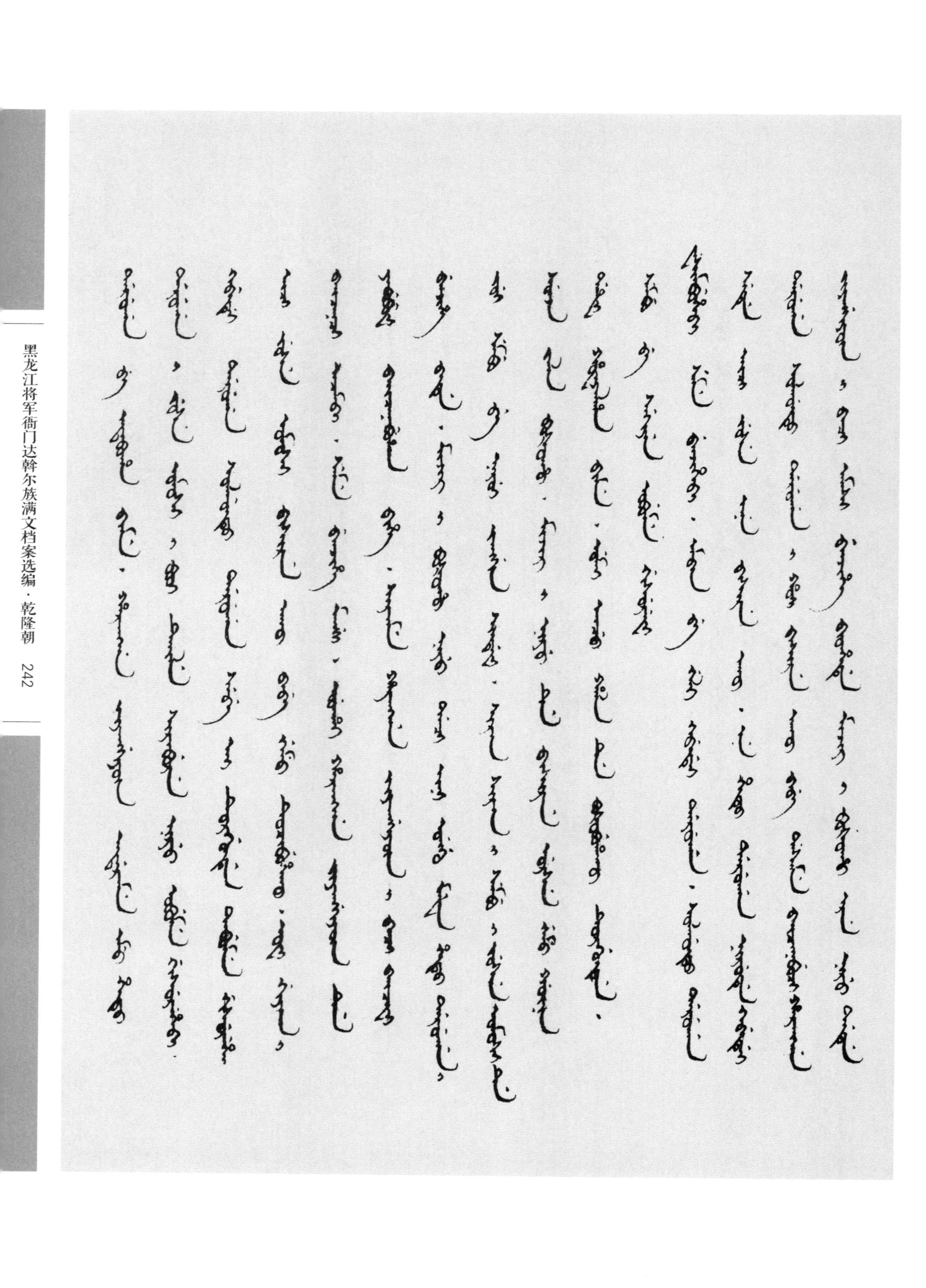

[illegible]

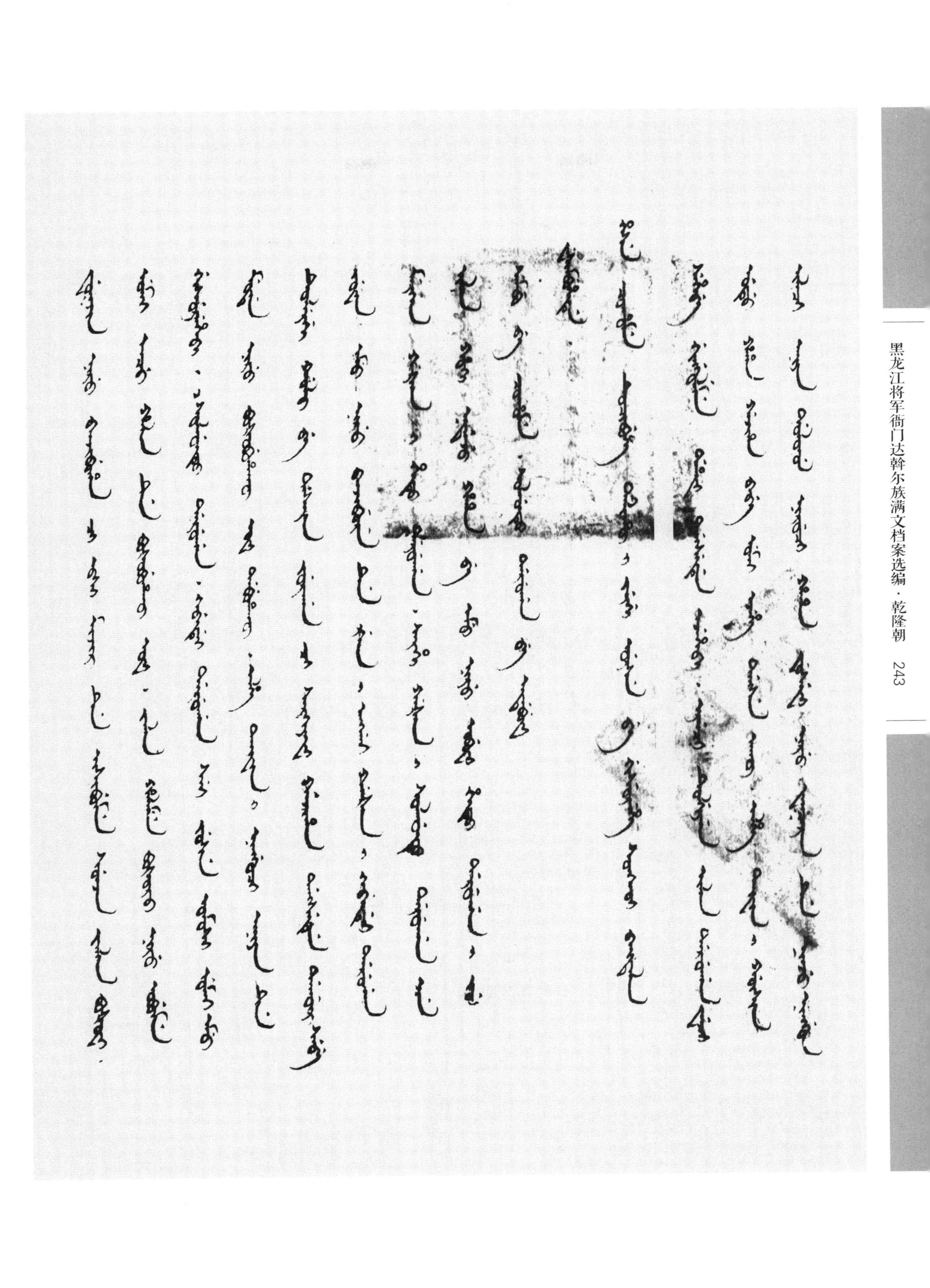

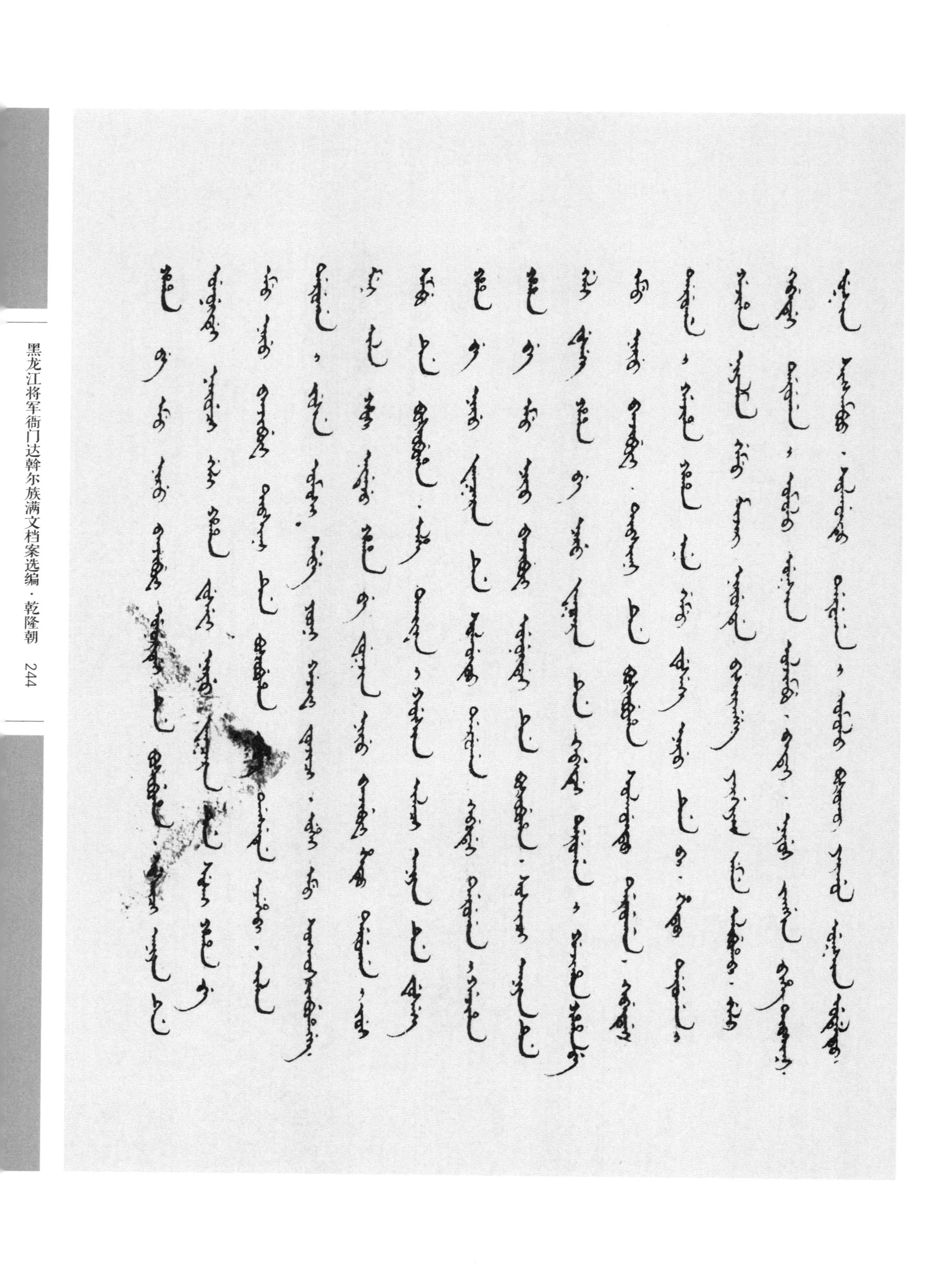

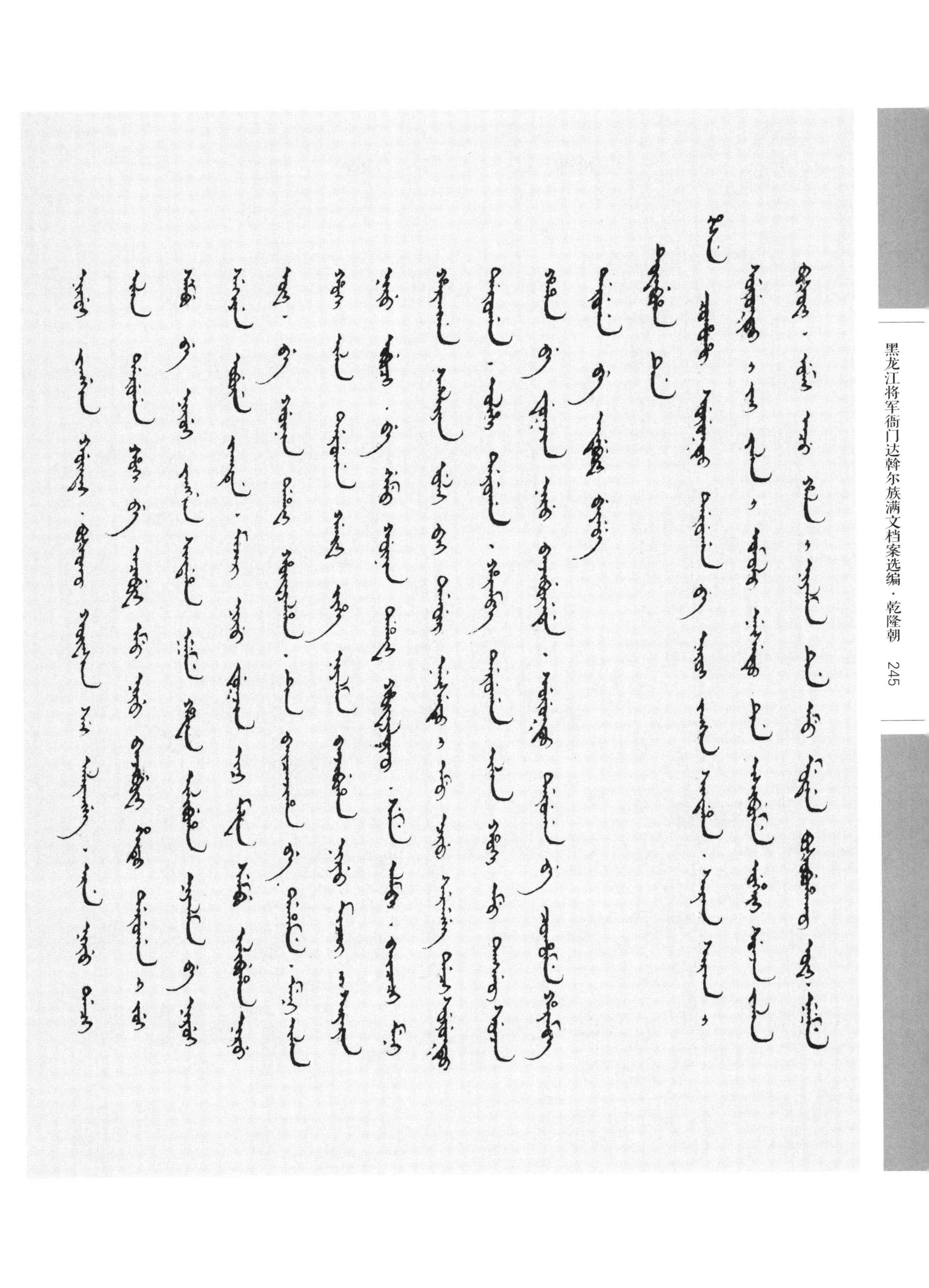

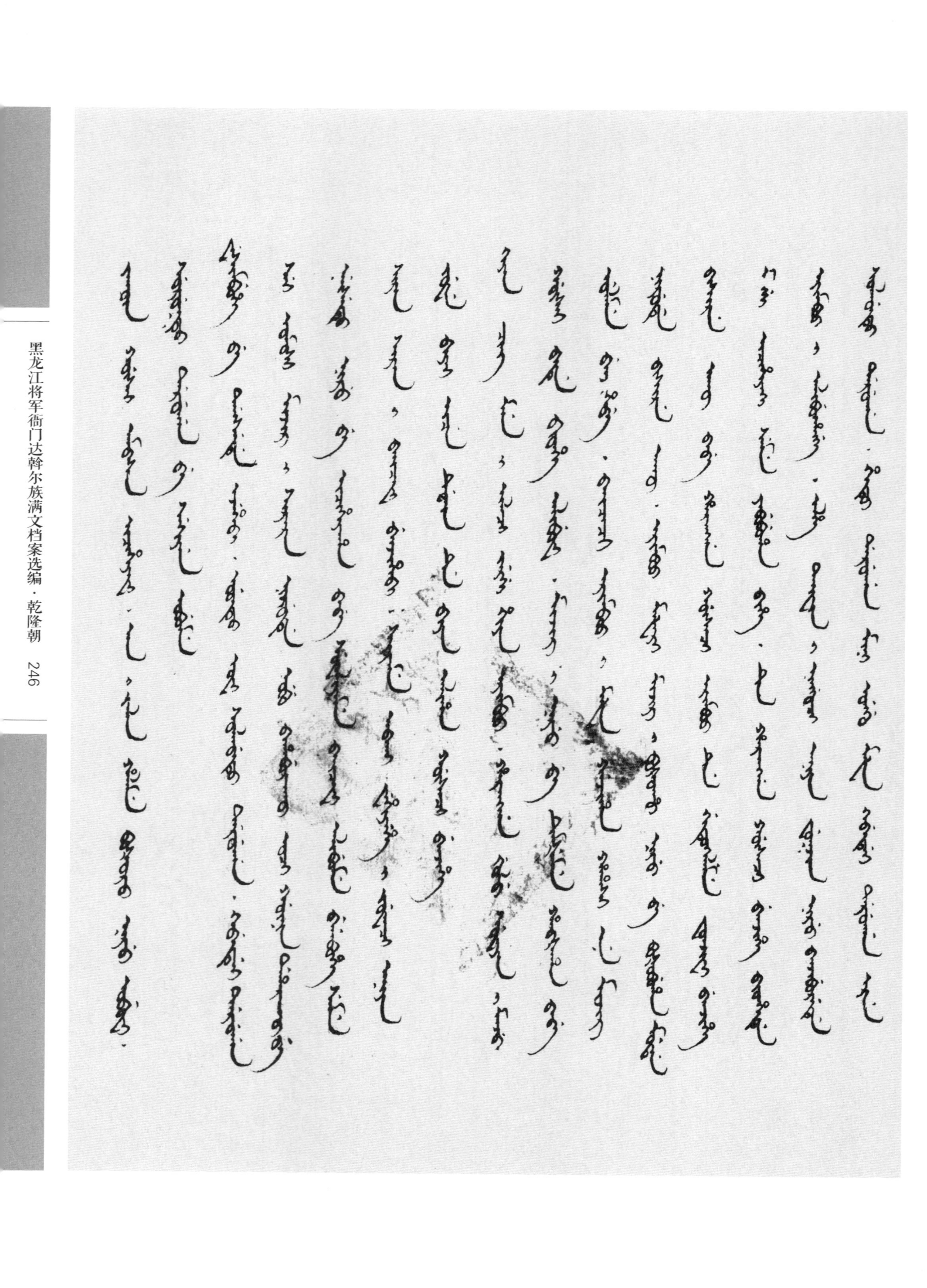

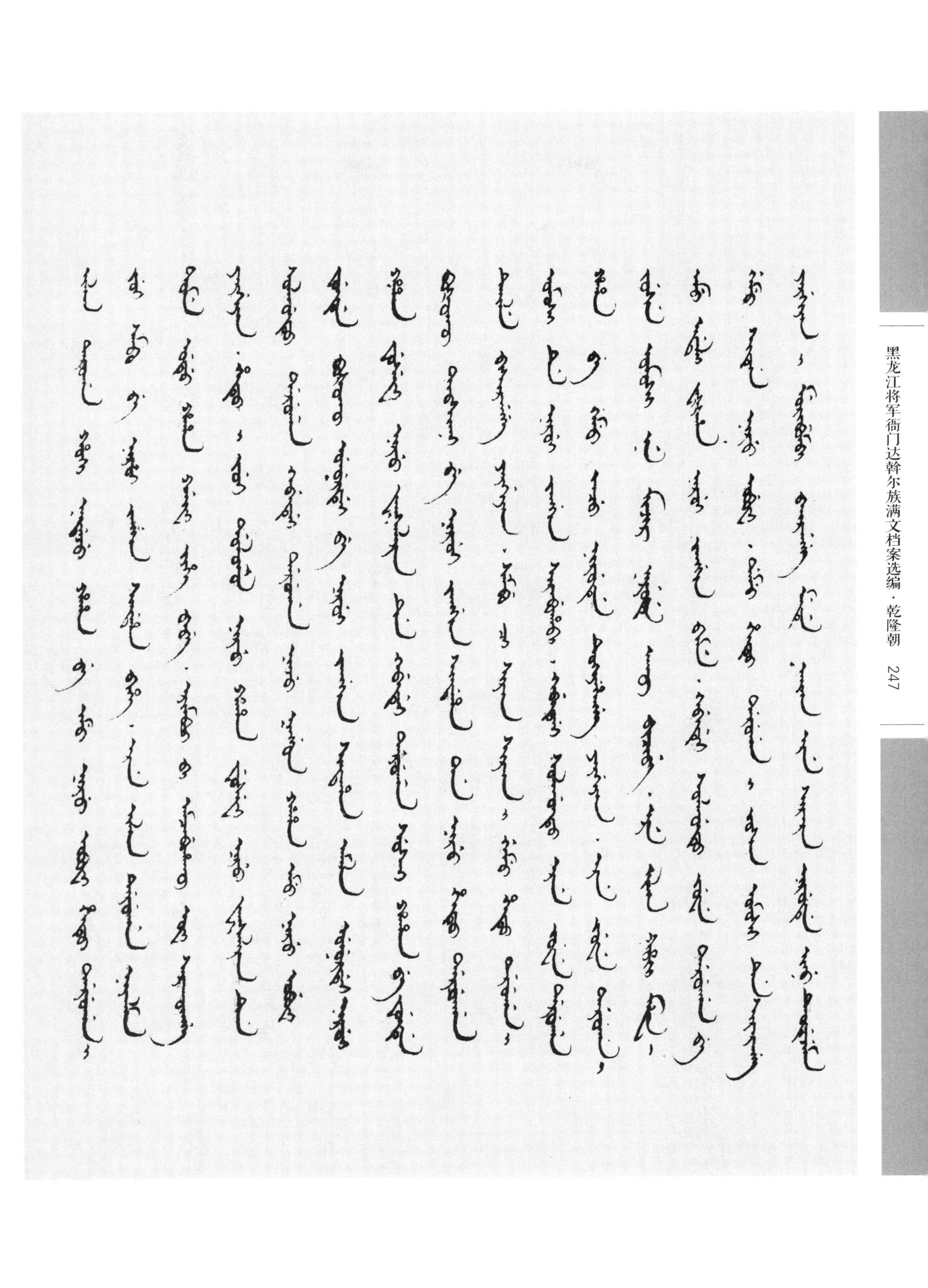

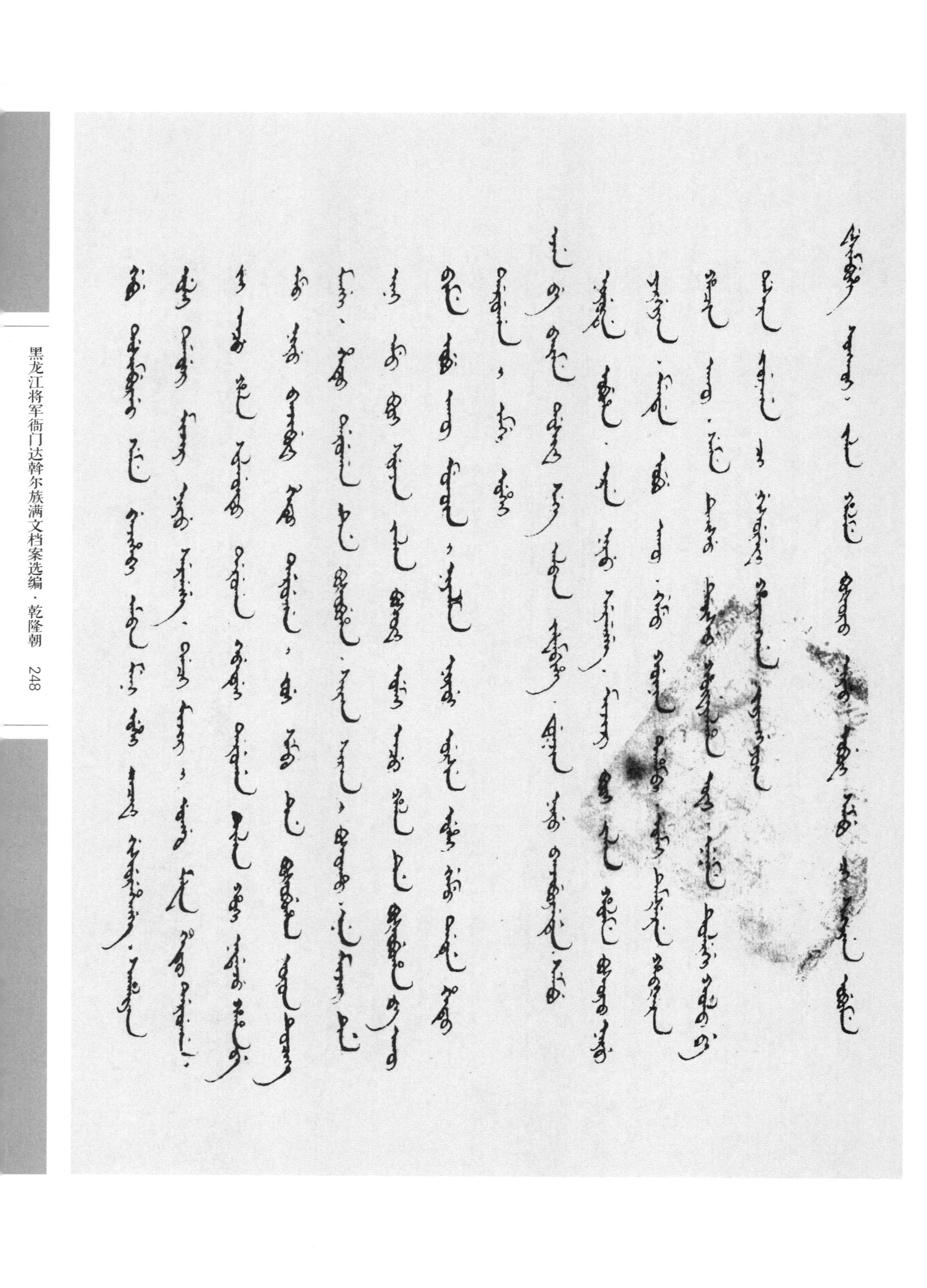

[illegible]

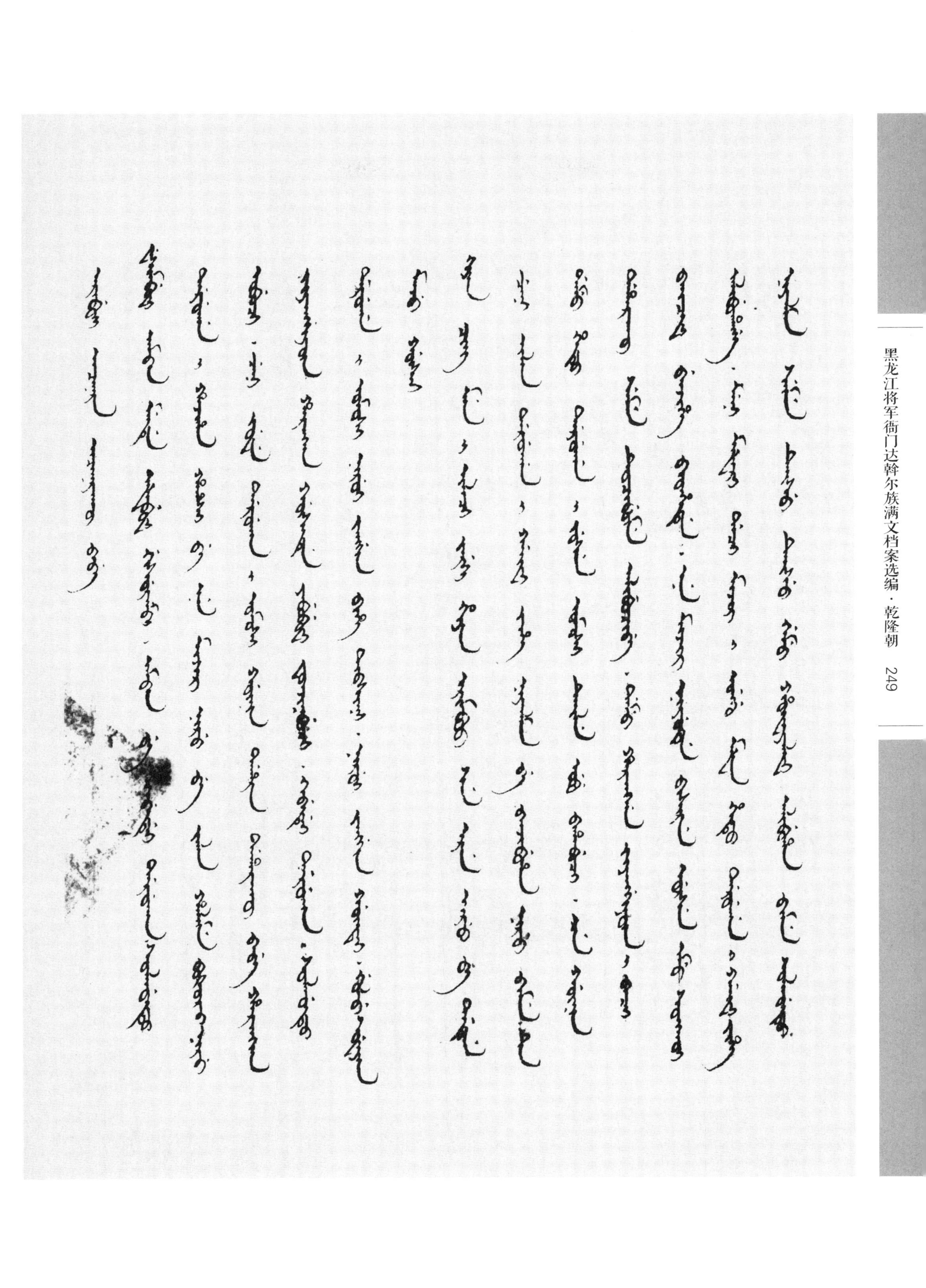

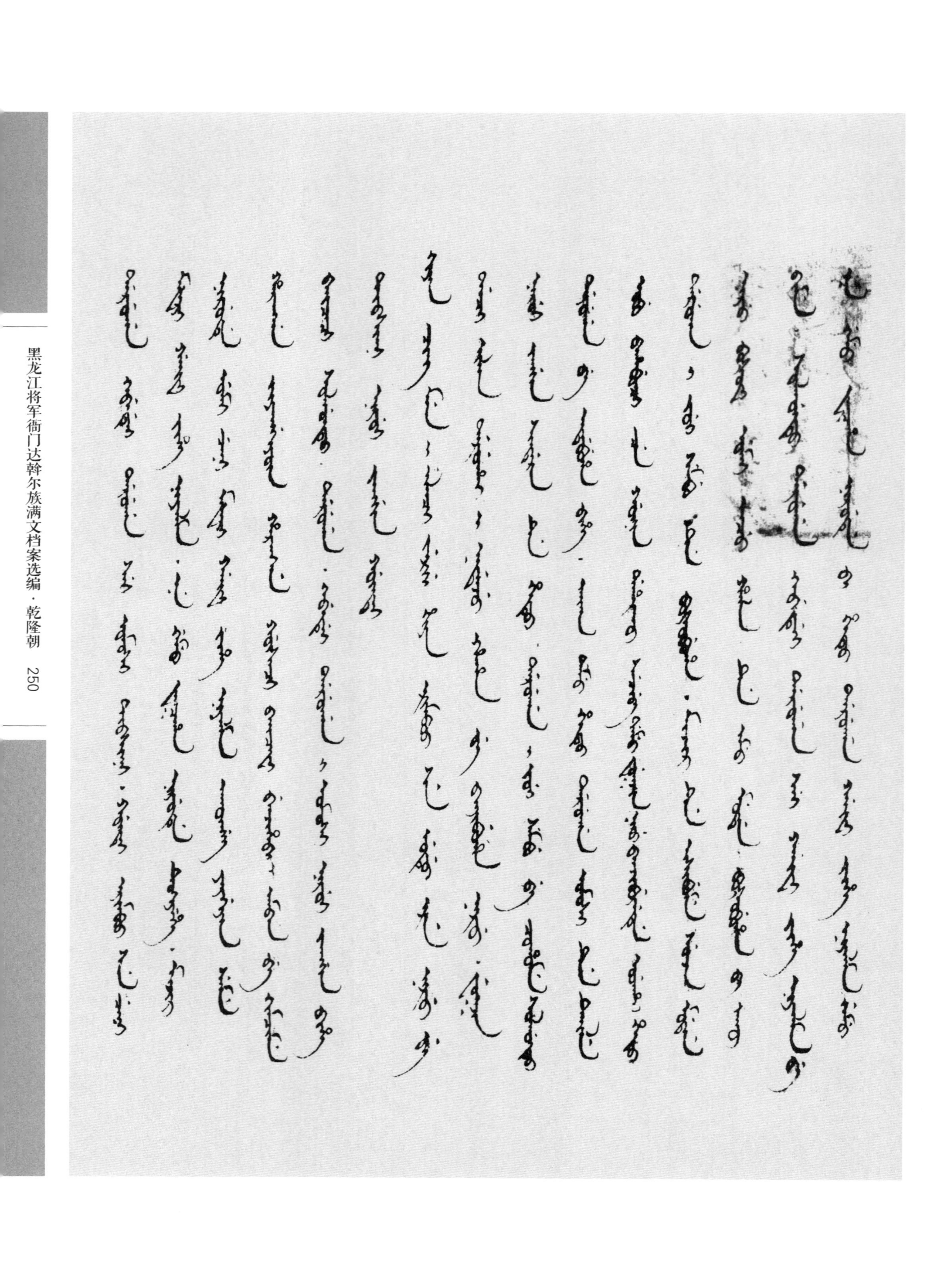

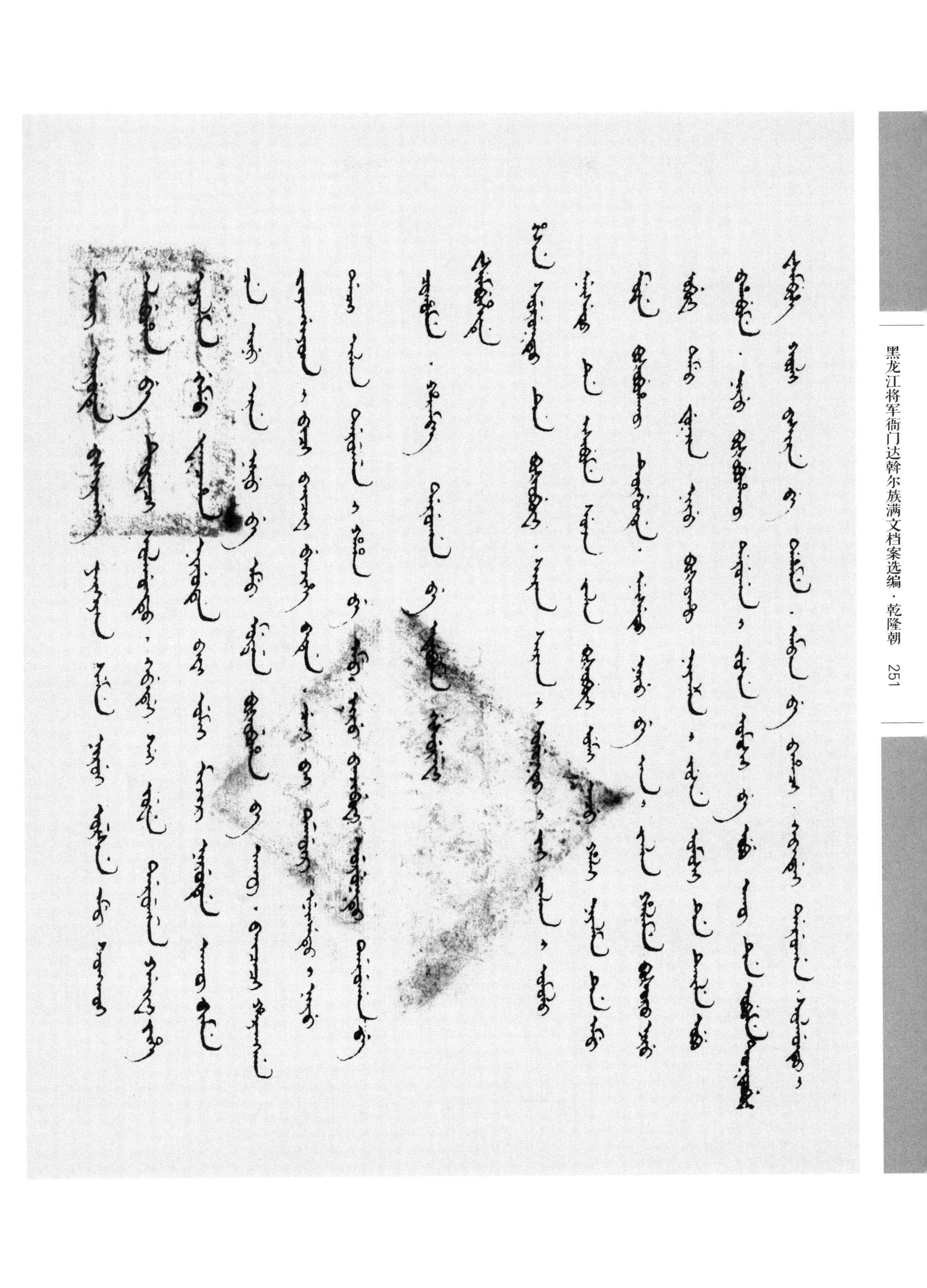

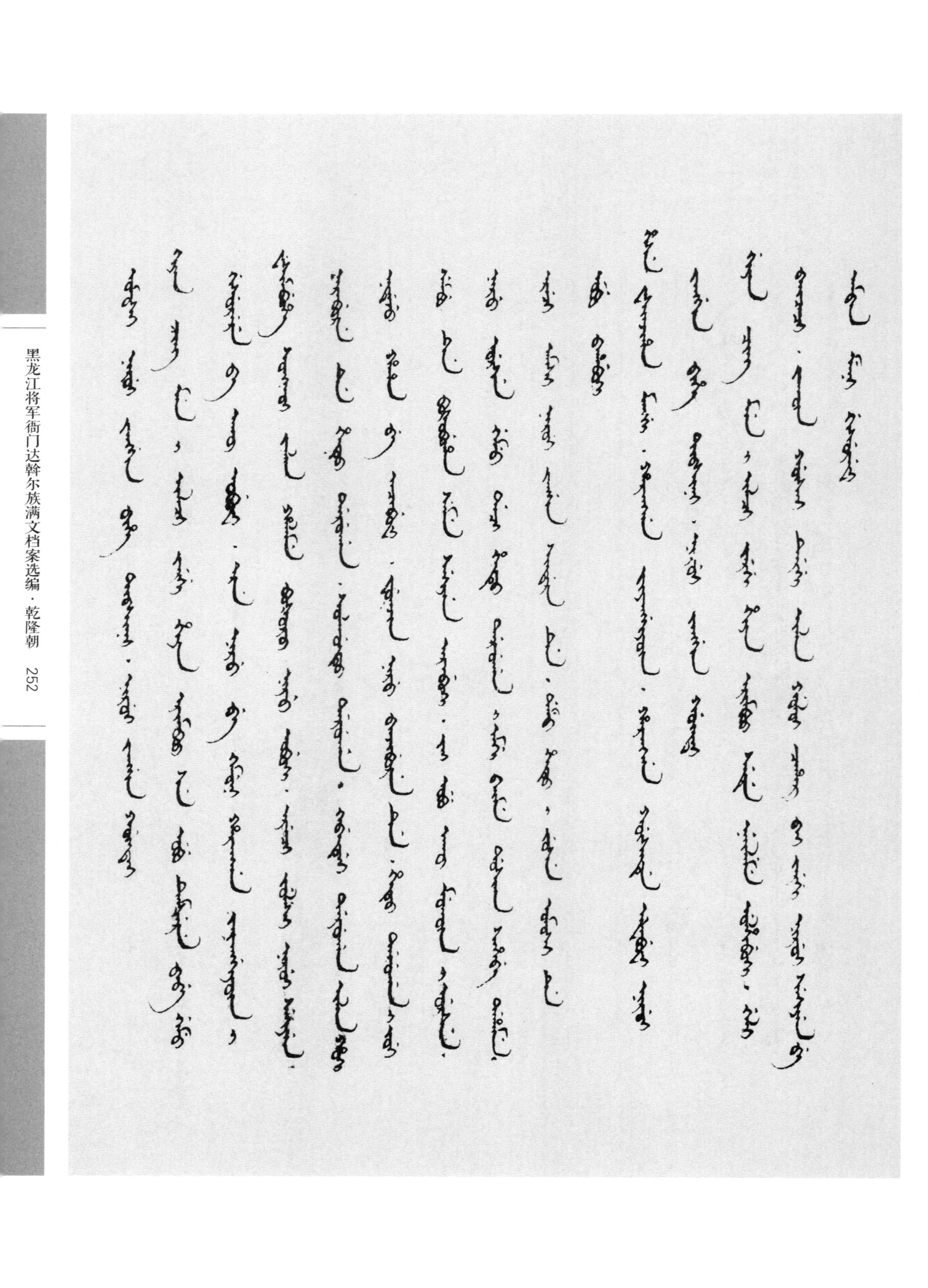

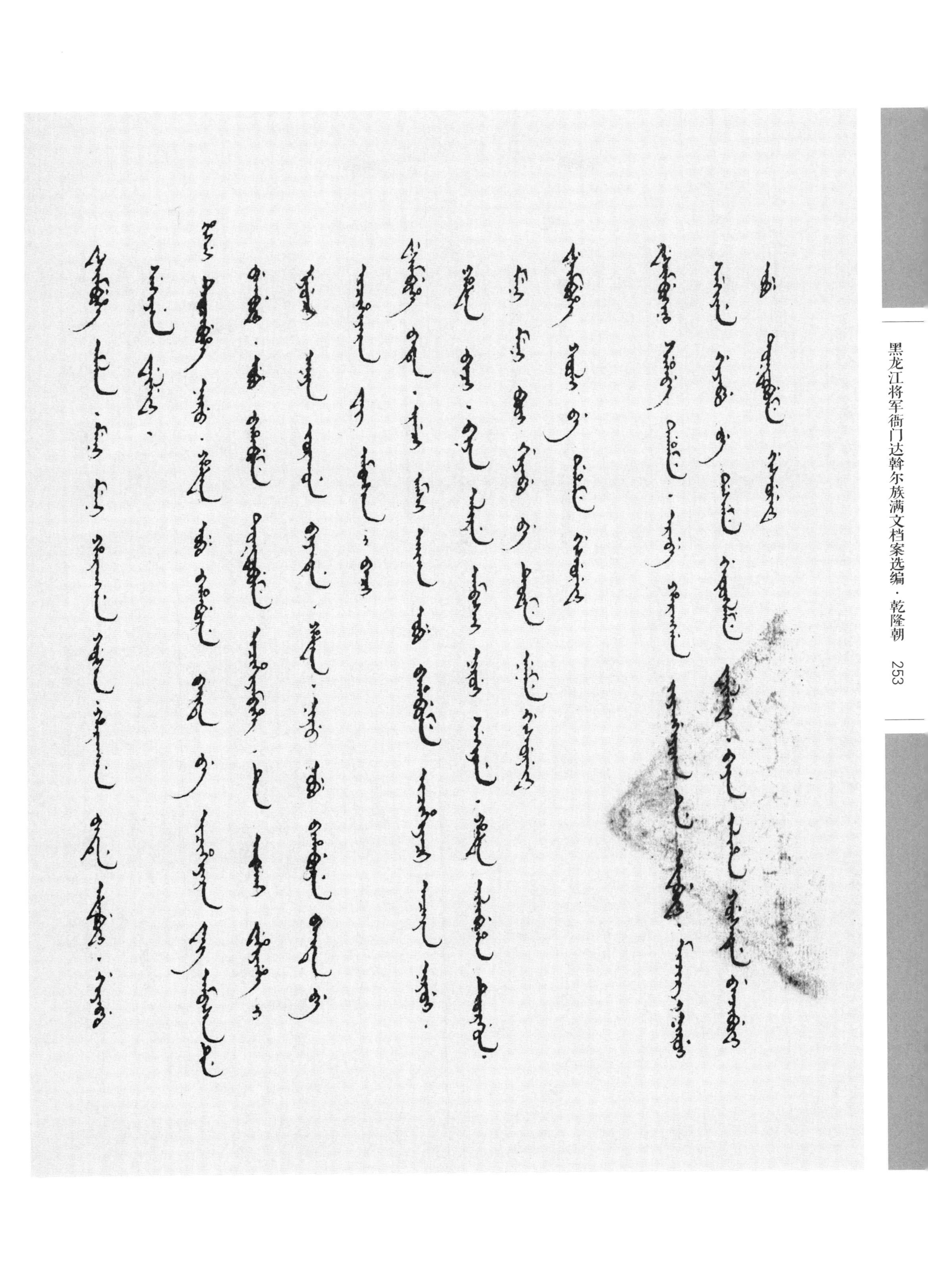

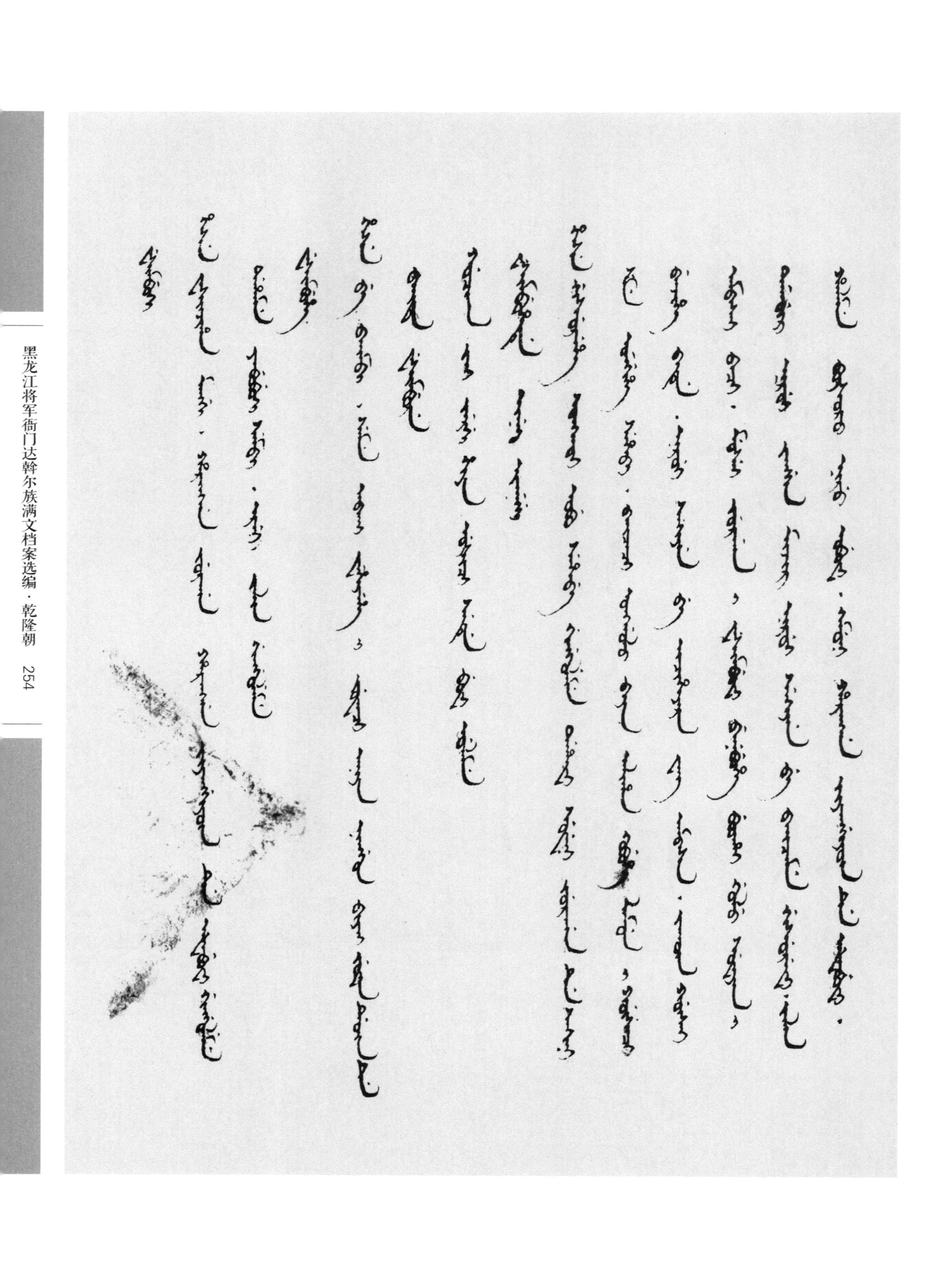

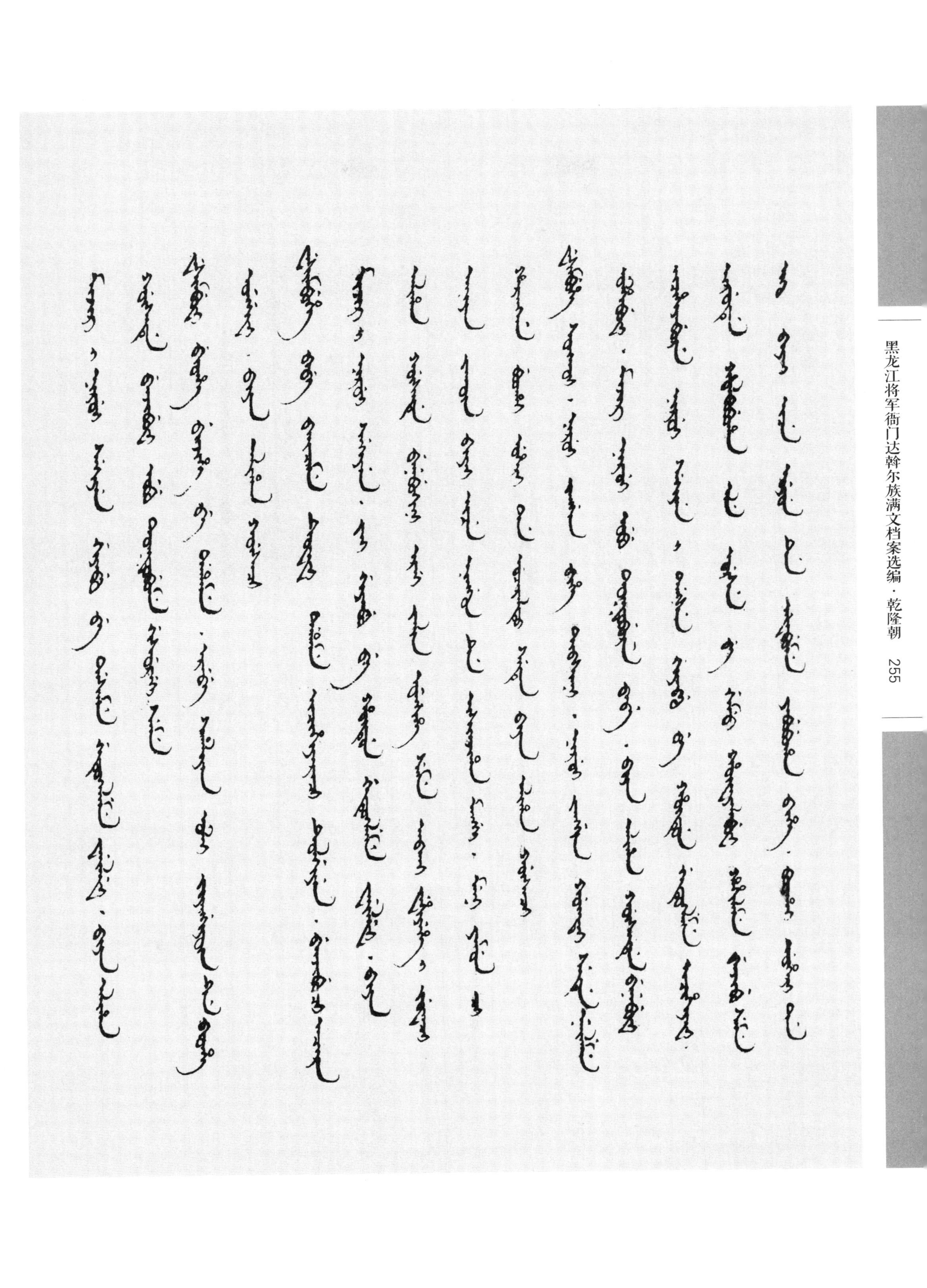

[illegible]

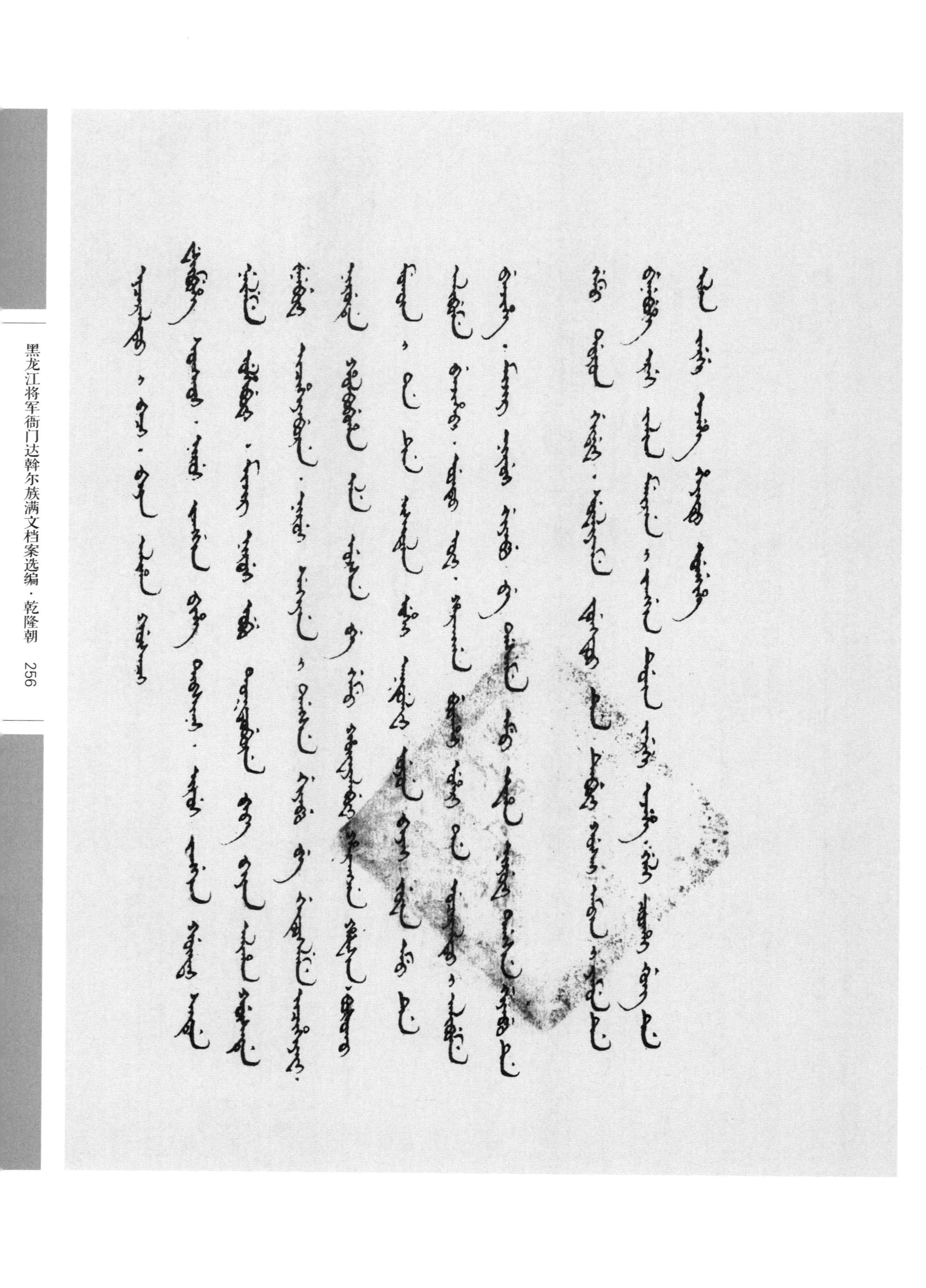

[illegible]

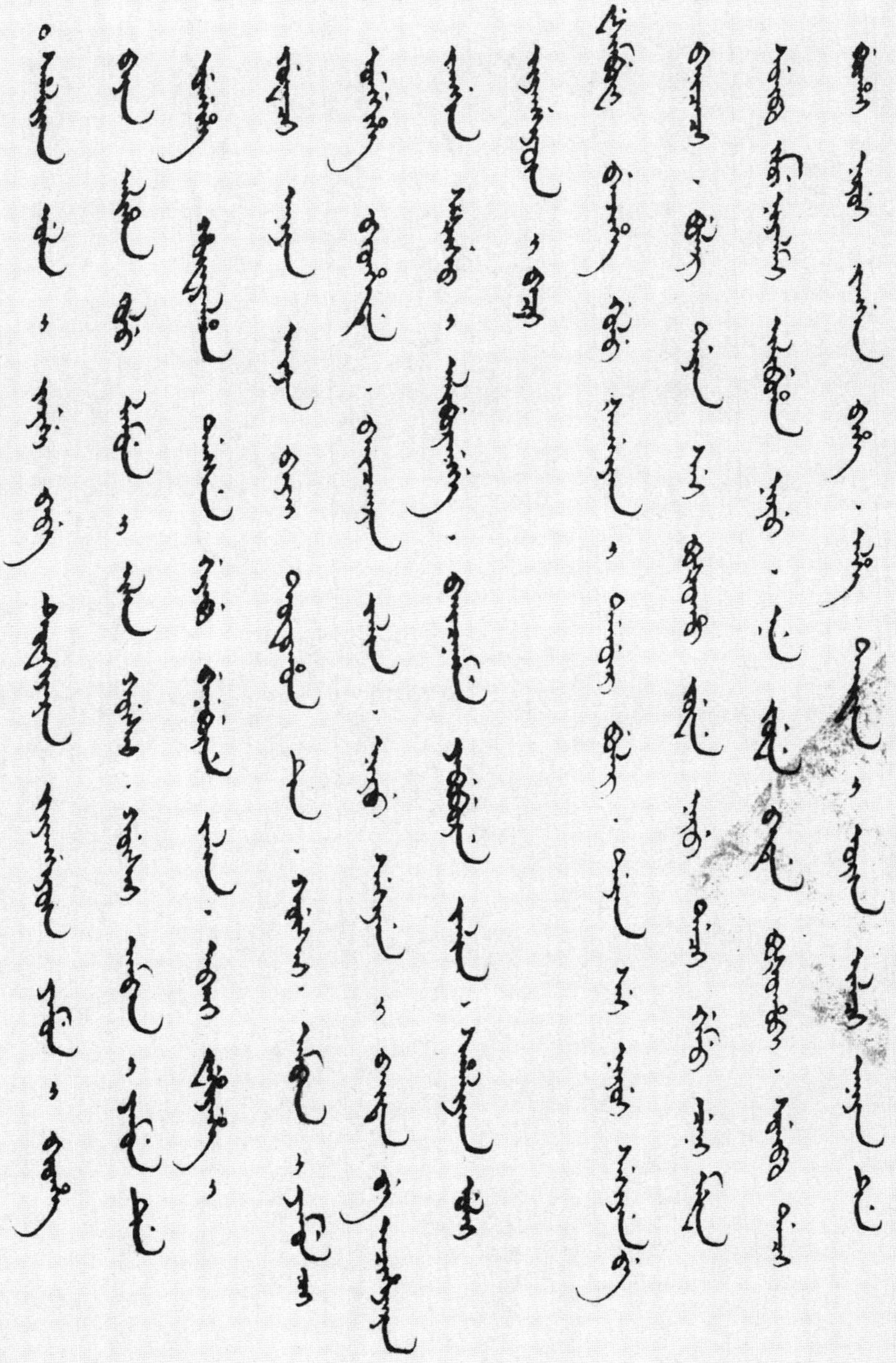

乾隆十年九月十二日

三四八 黑龙江将军衙门为齐齐哈尔正白旗达斡尔布拉尔等承袭佐领并解送源流册家谱事咨值月正蓝三旗都统衙门文

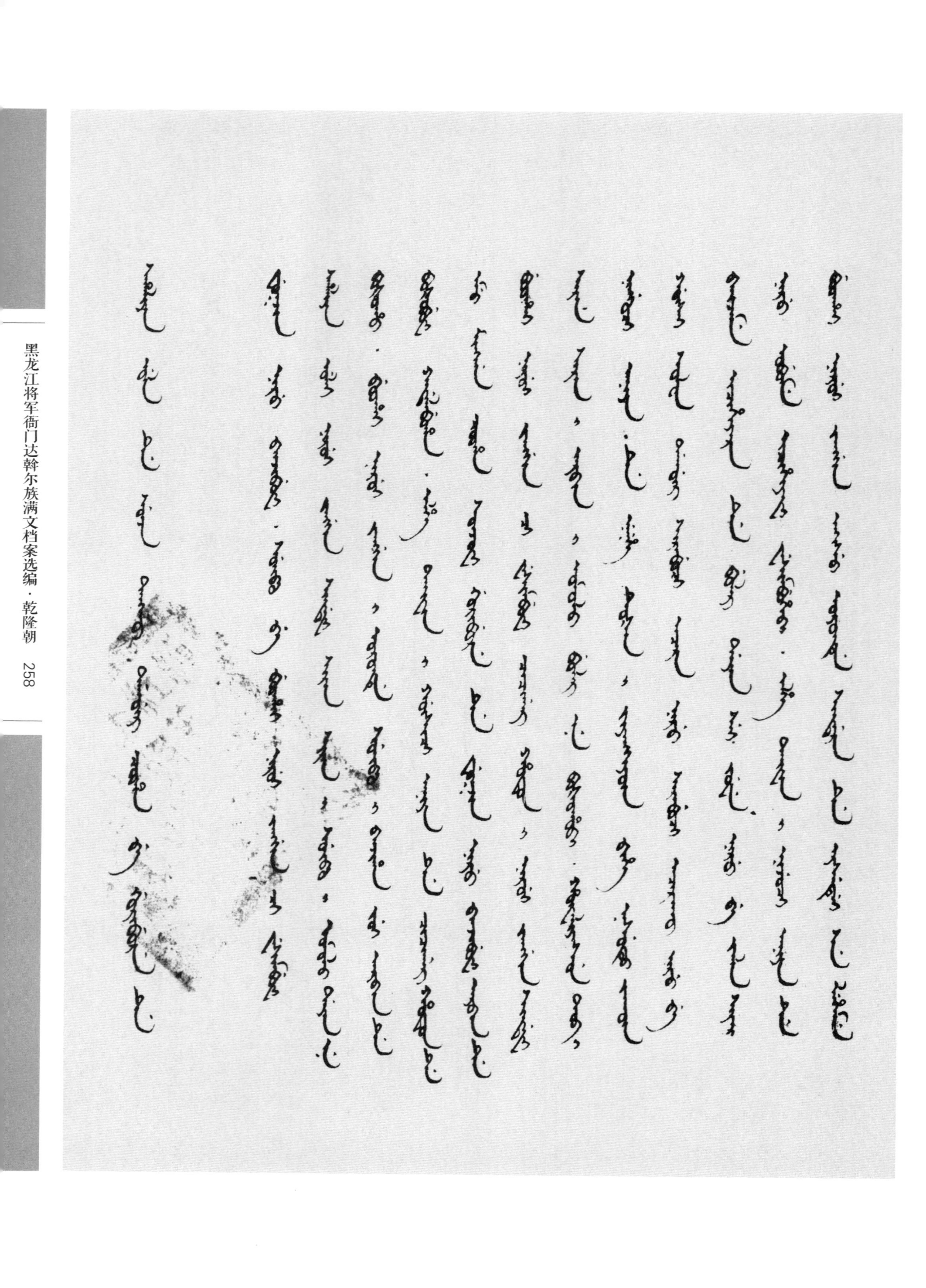

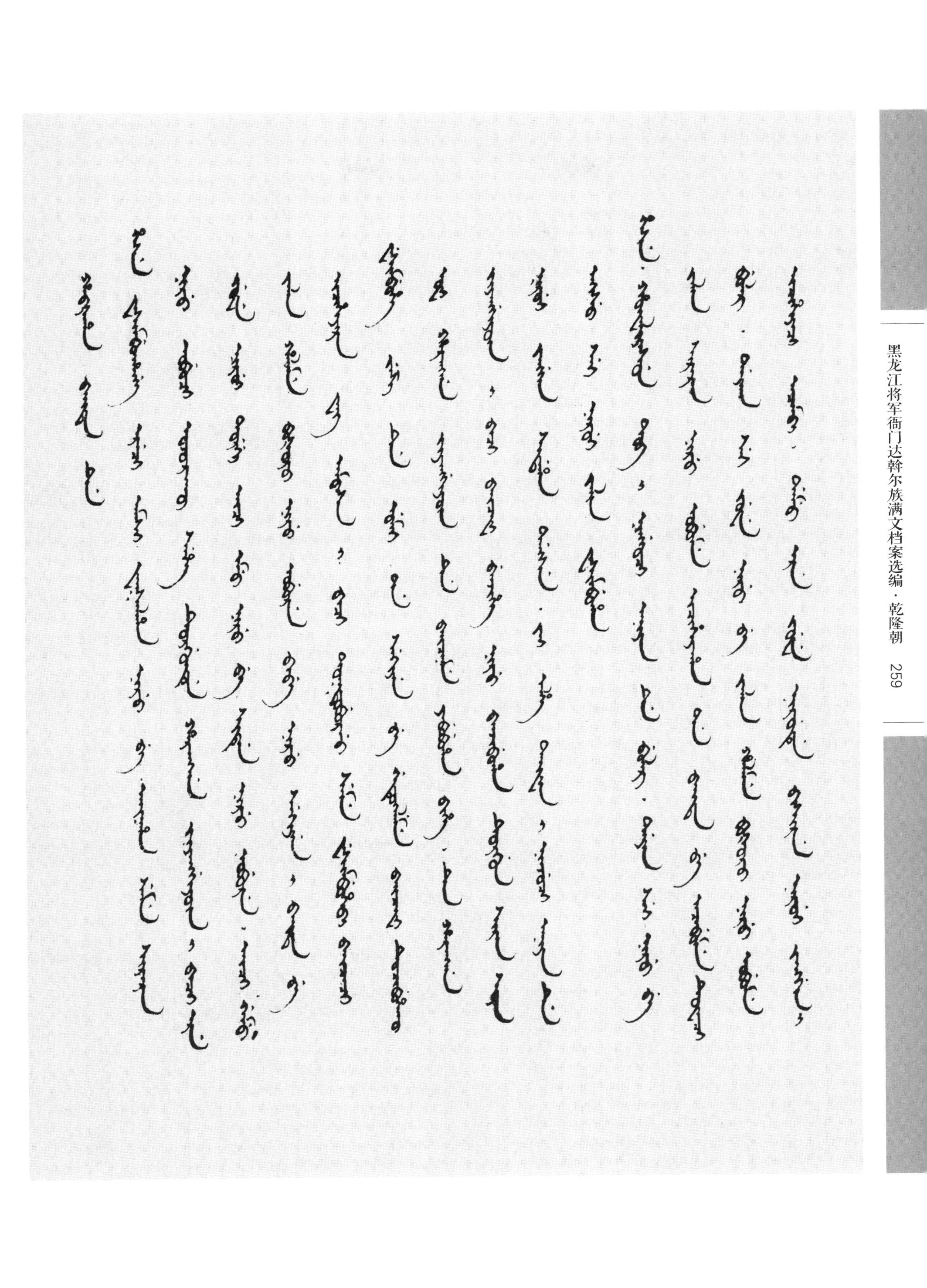

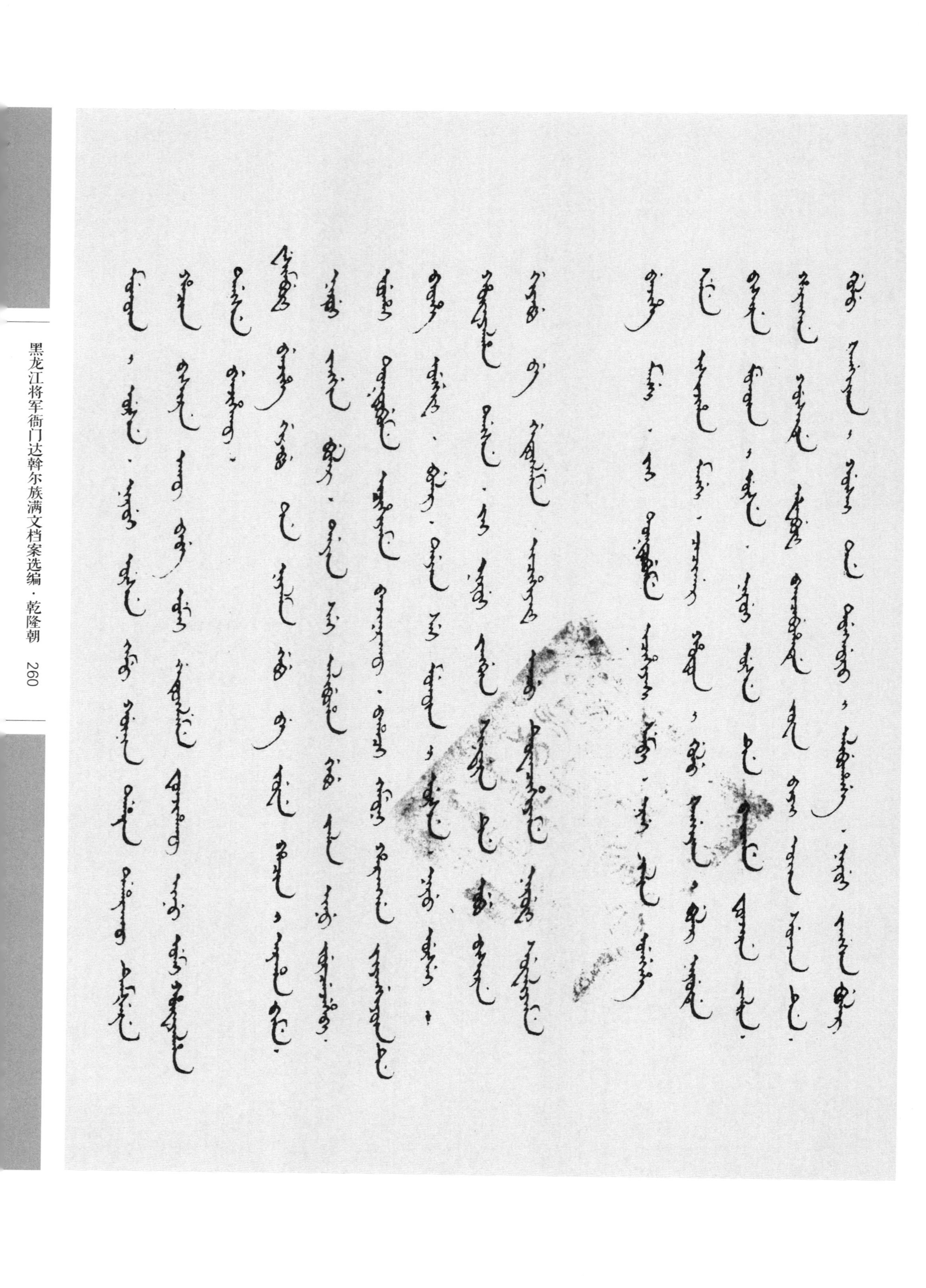

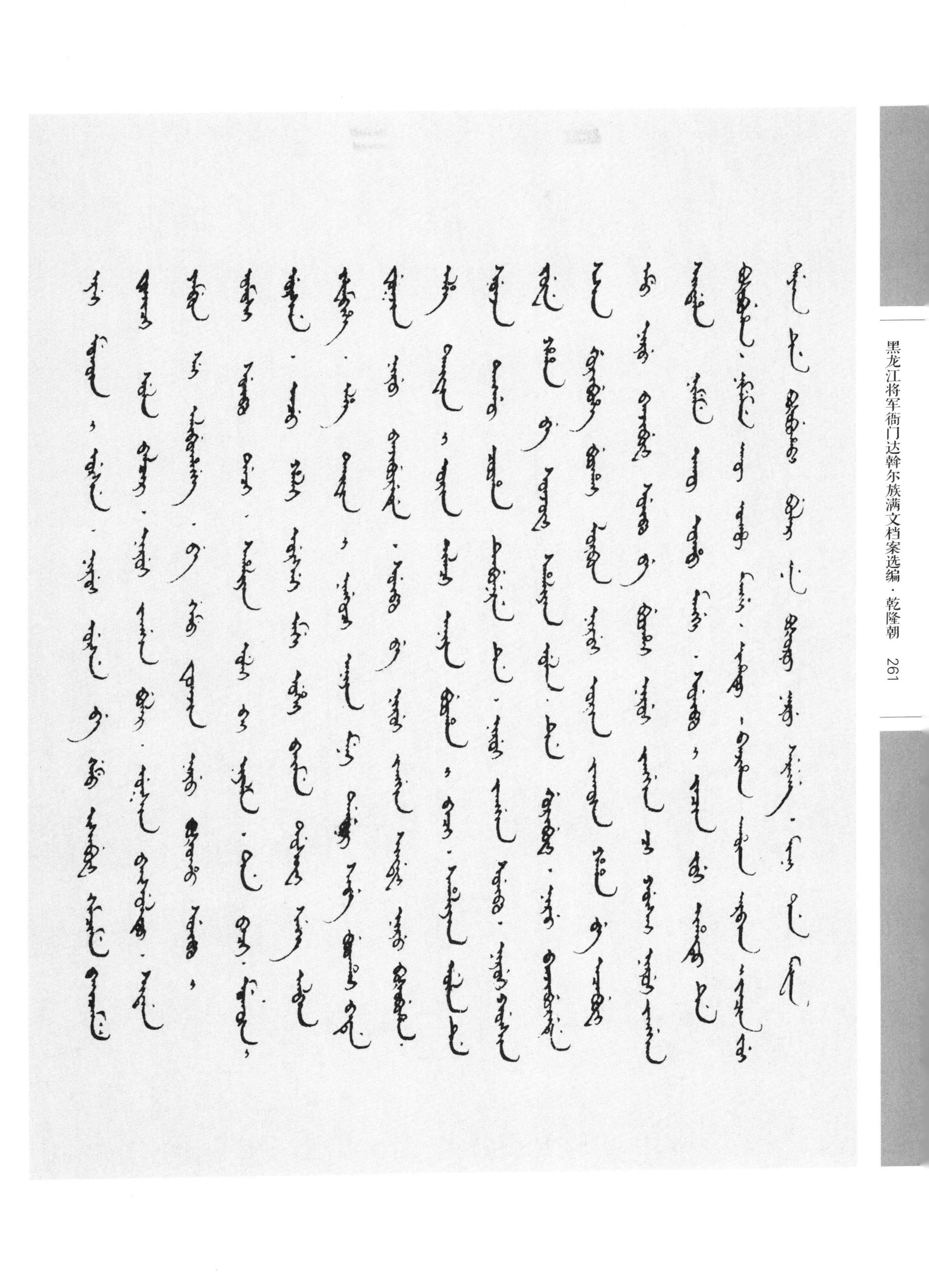

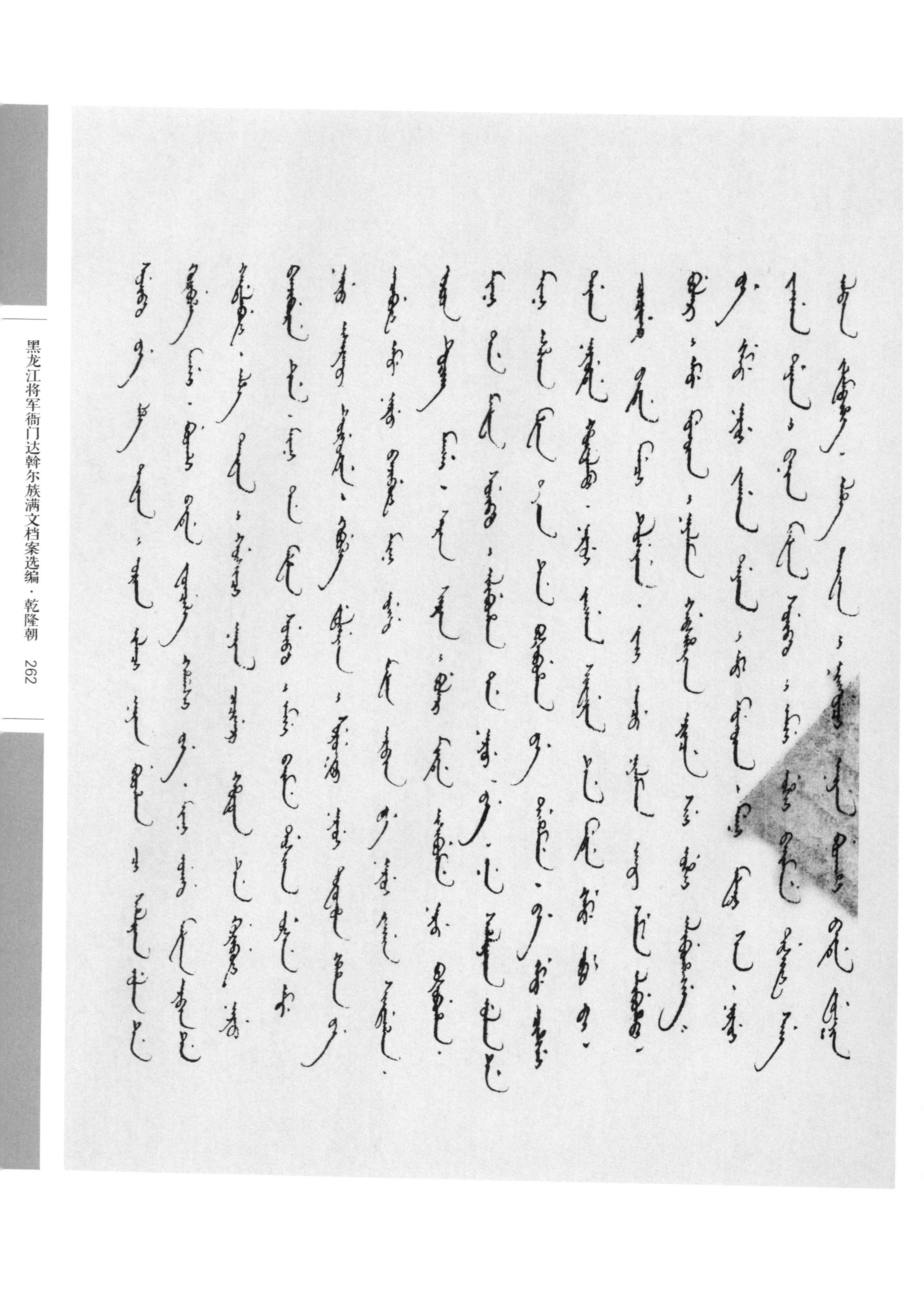

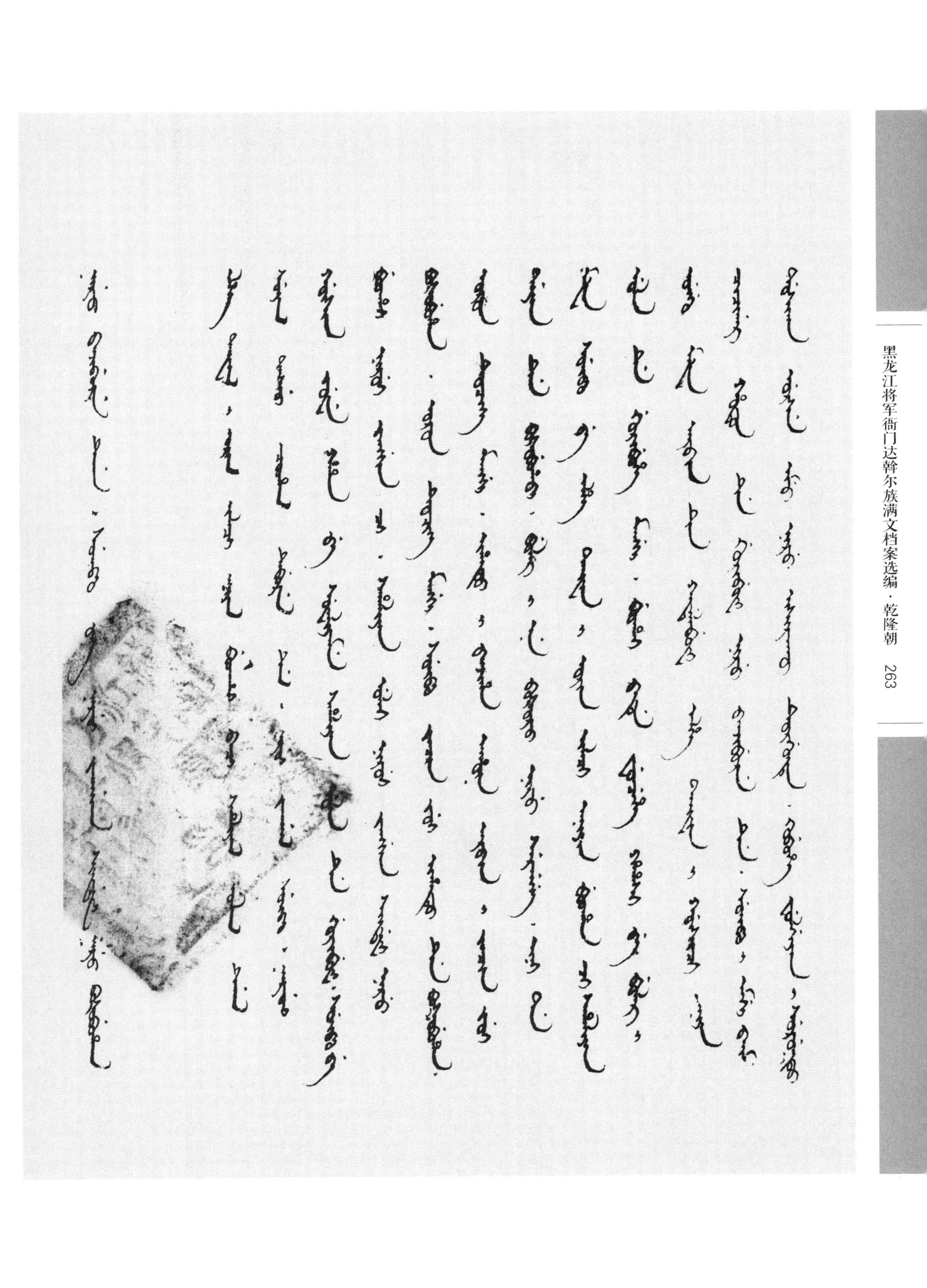

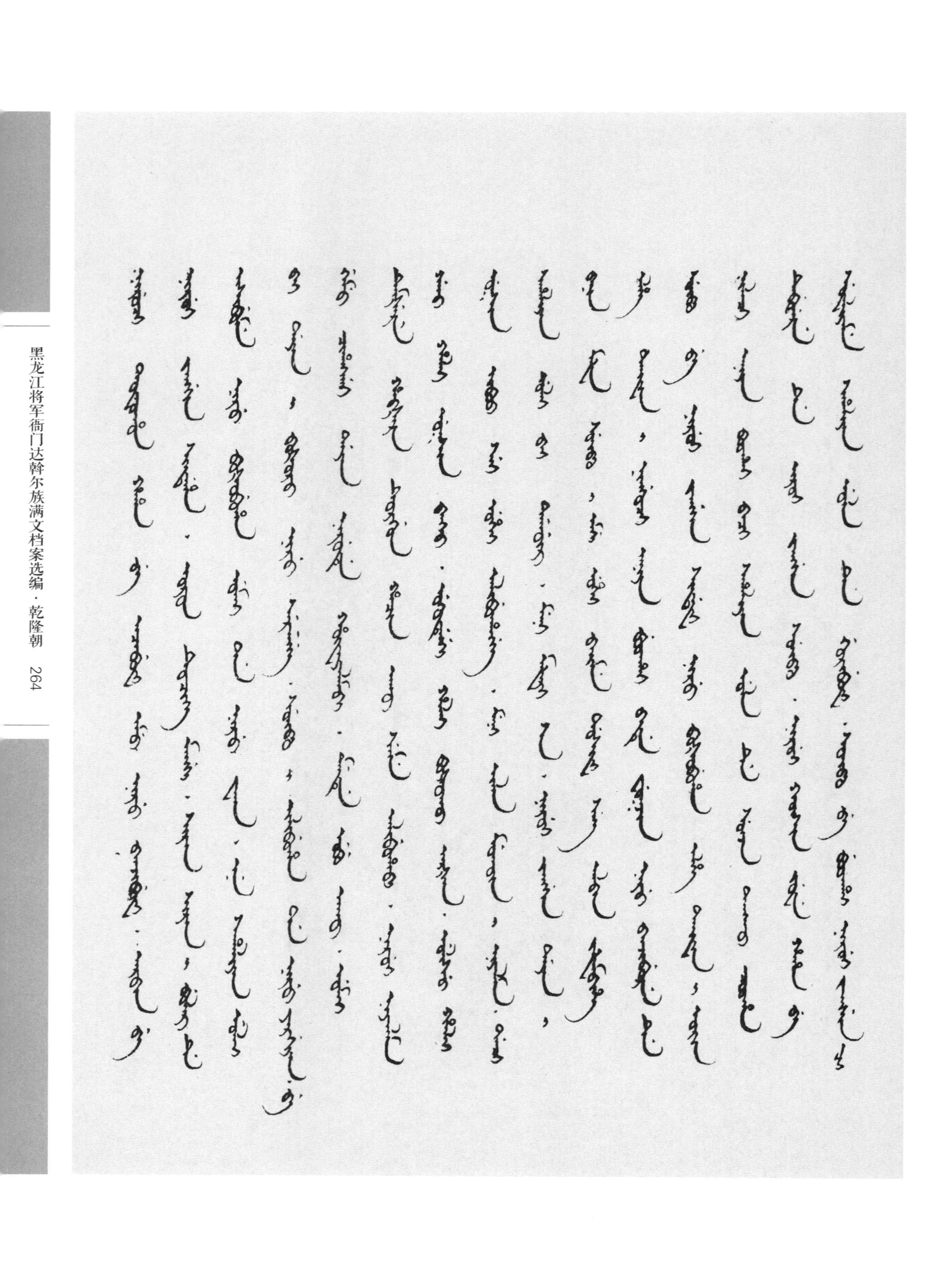

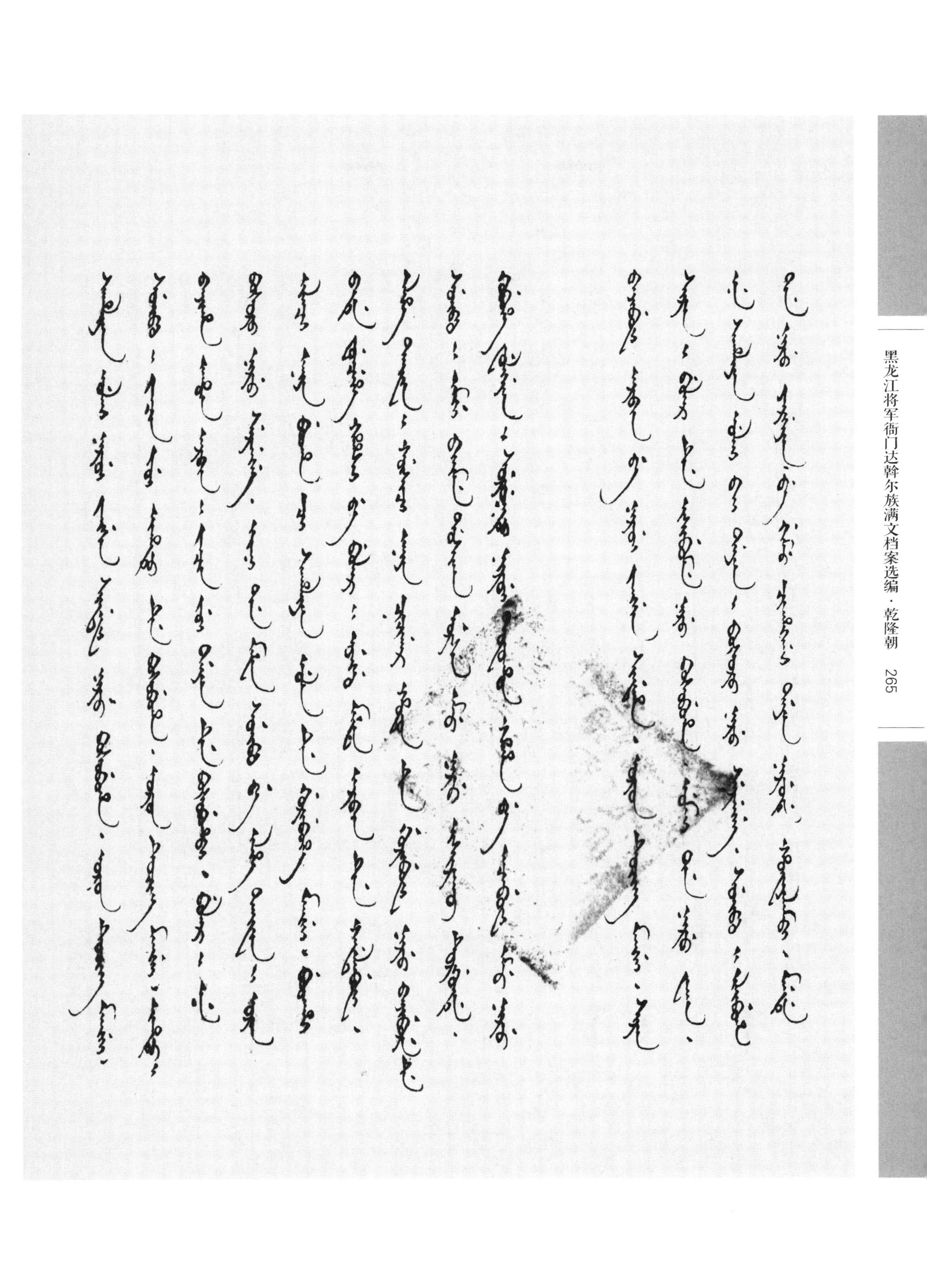

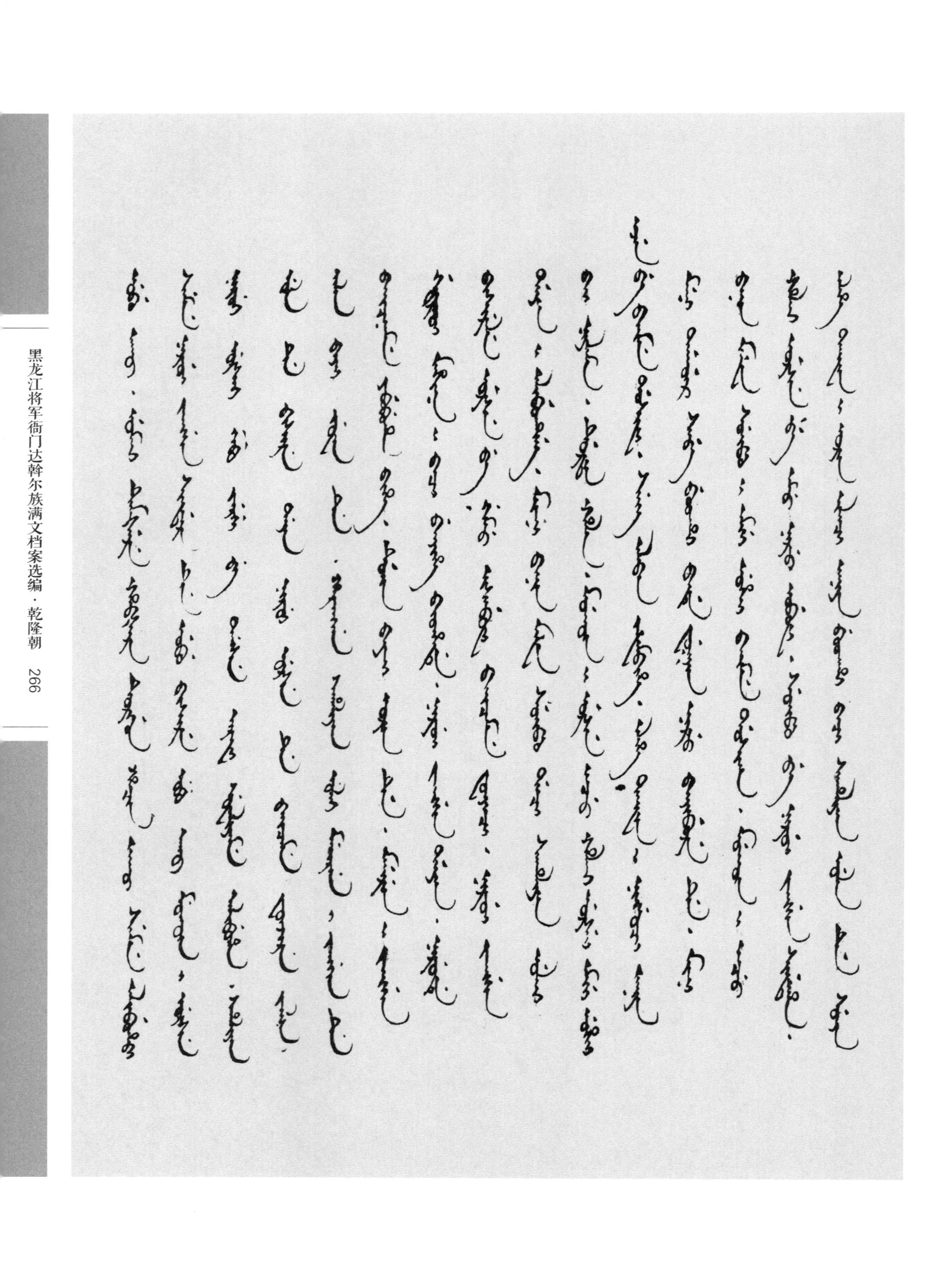

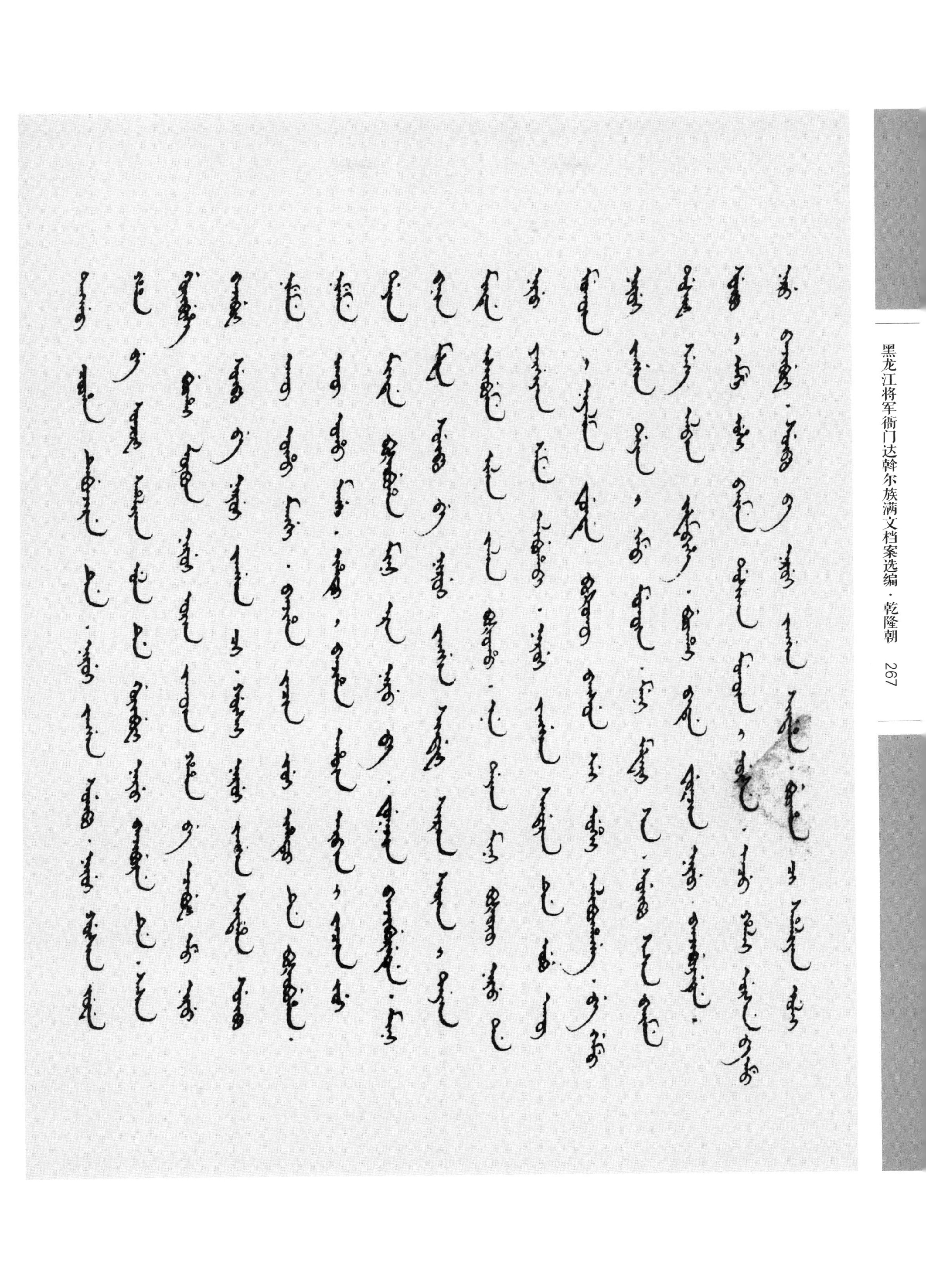

[illegible]

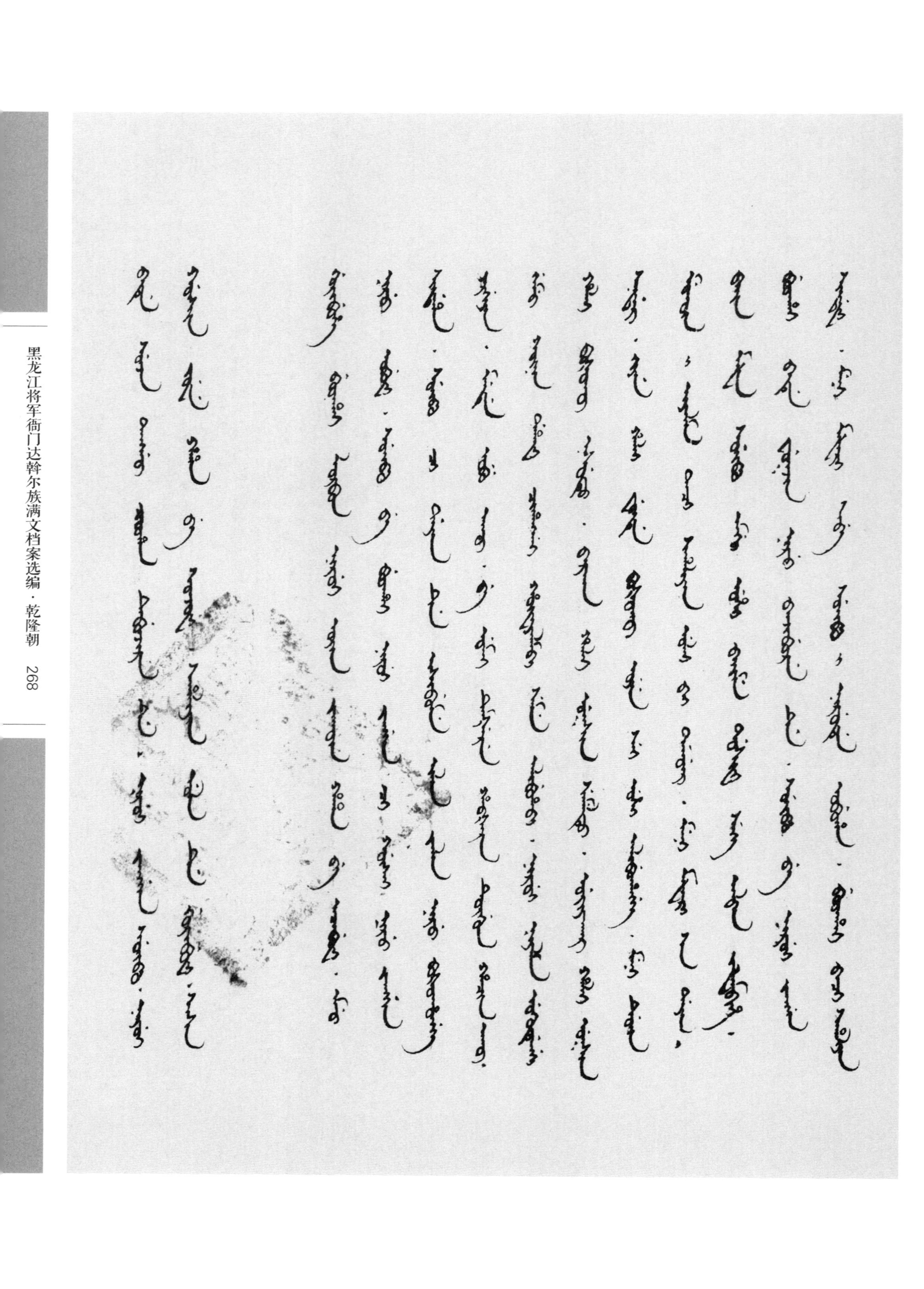

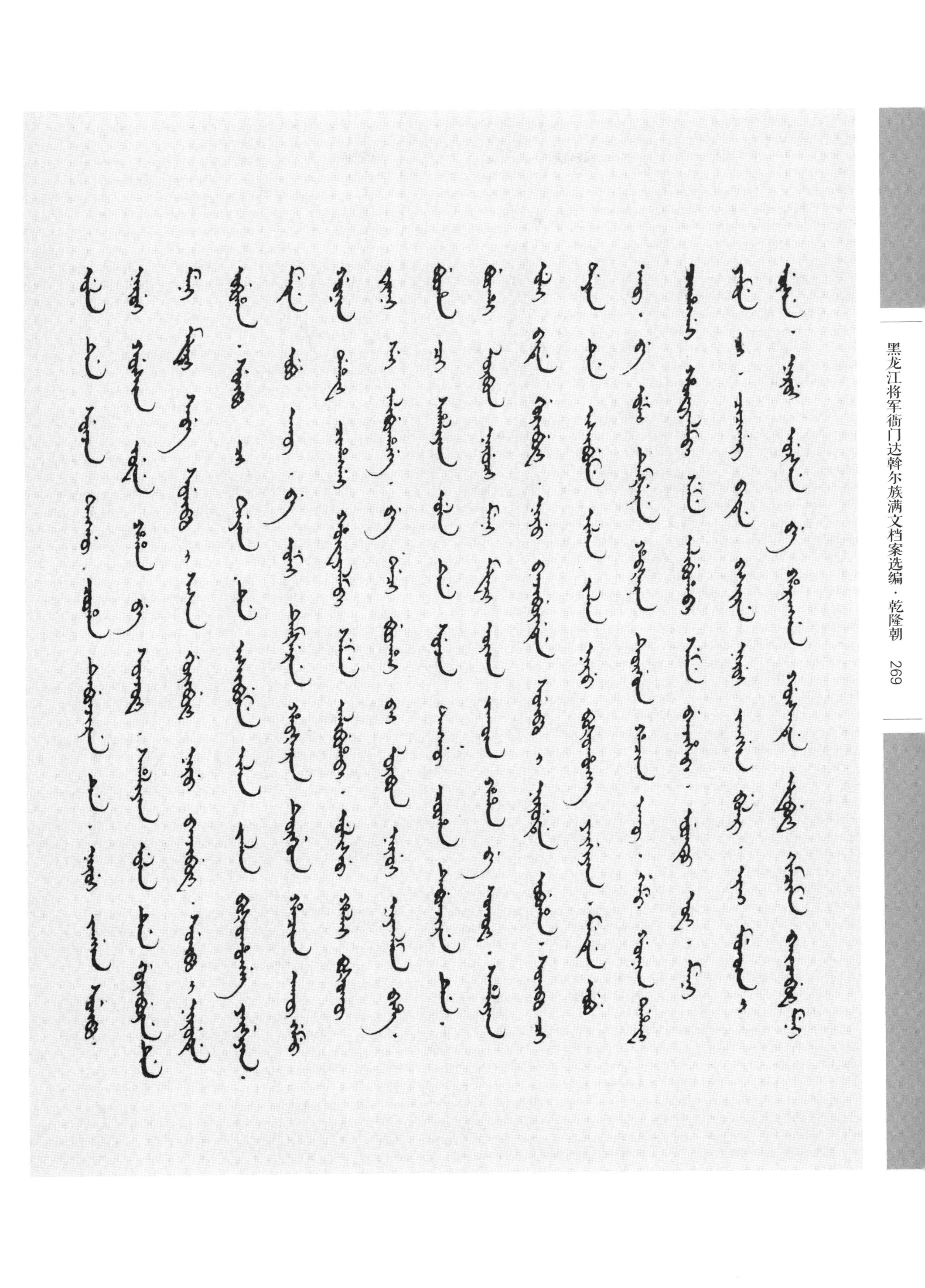

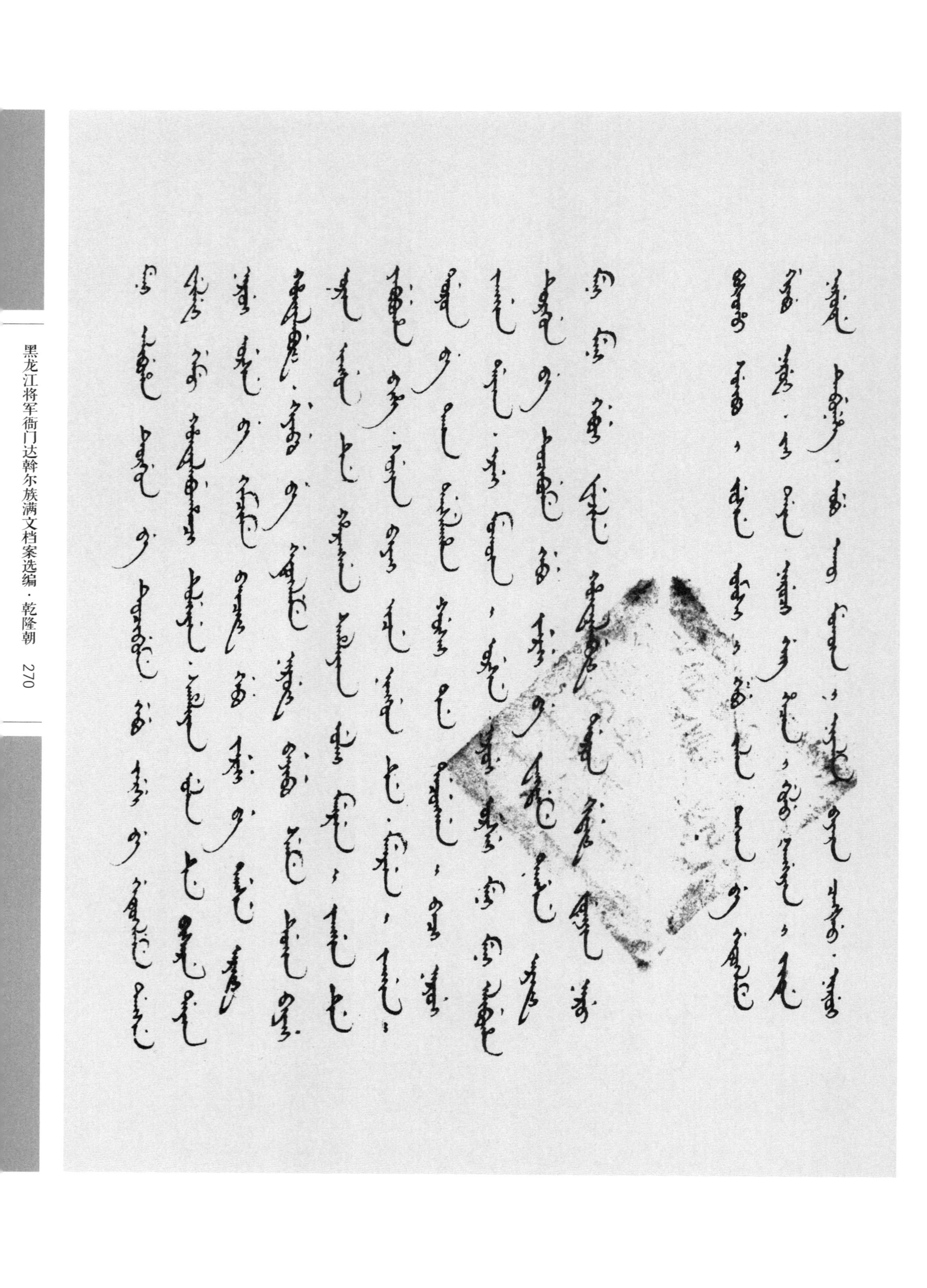

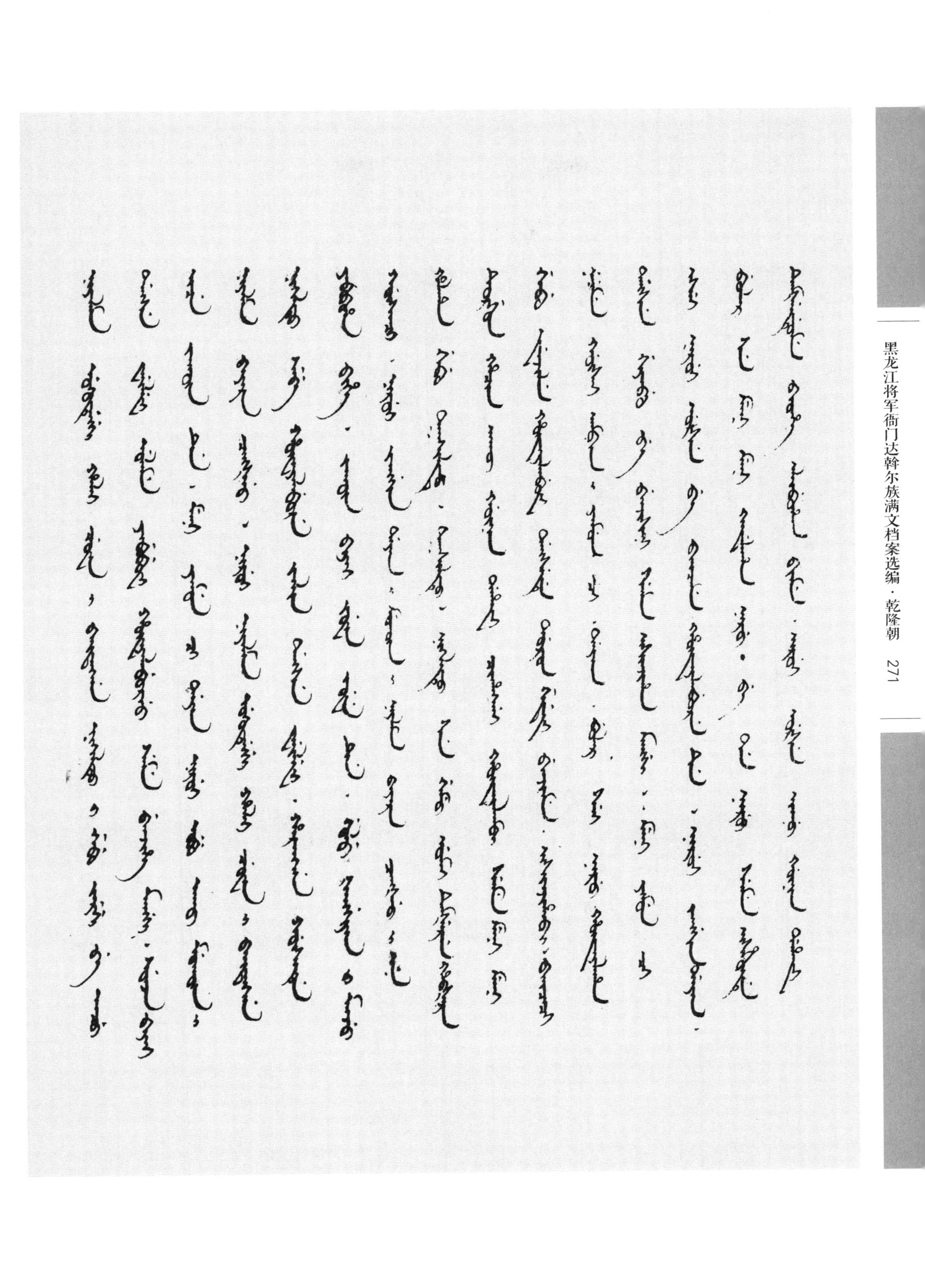

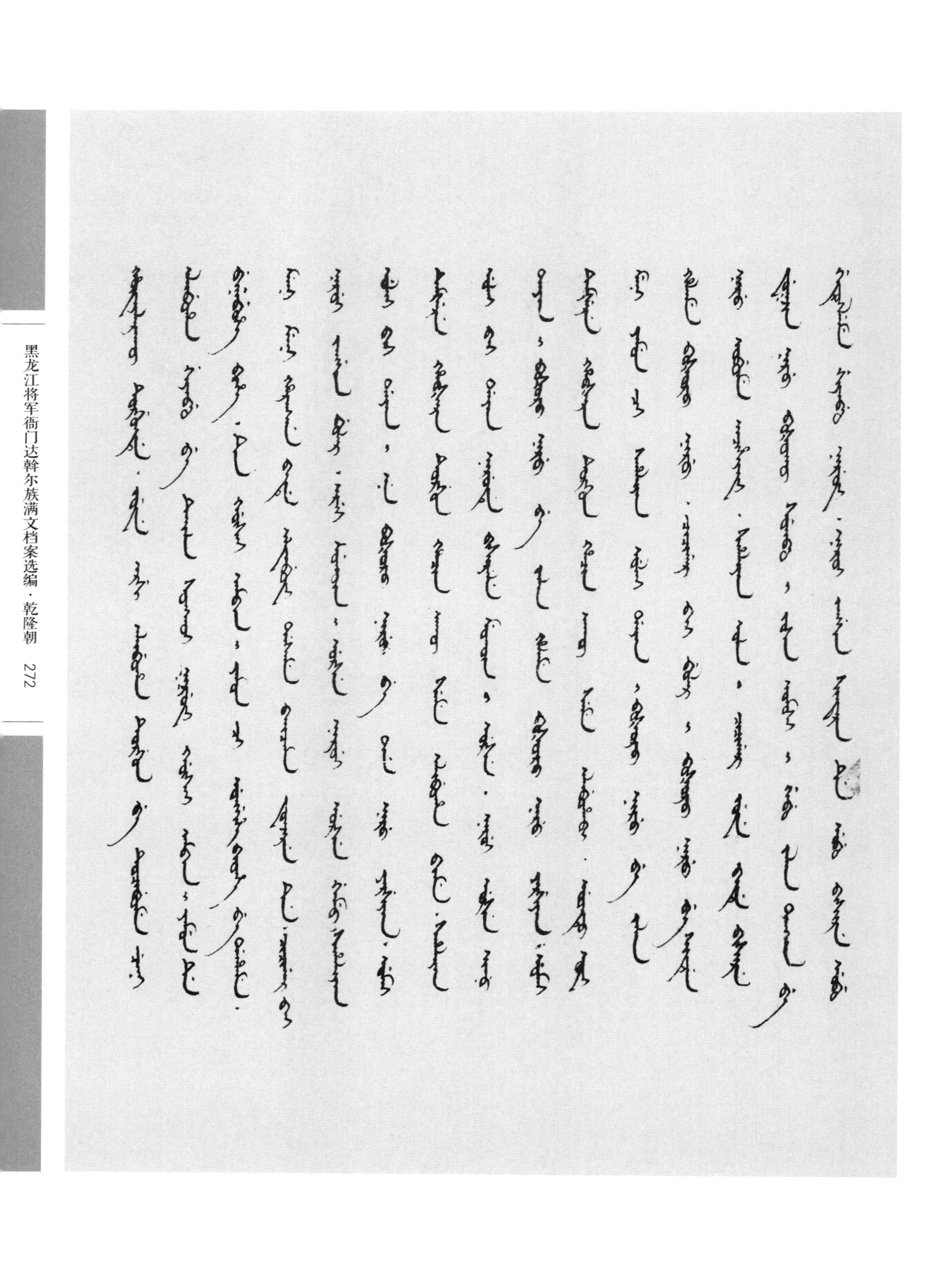

[illegible]

[illegible]

[illegible]

[illegible]

三四九　兵部为遵旨办理墨尔根镶白旗达斡尔安泰世管佐领源流事咨黑龙江将军等文

乾隆十年九月二十九日

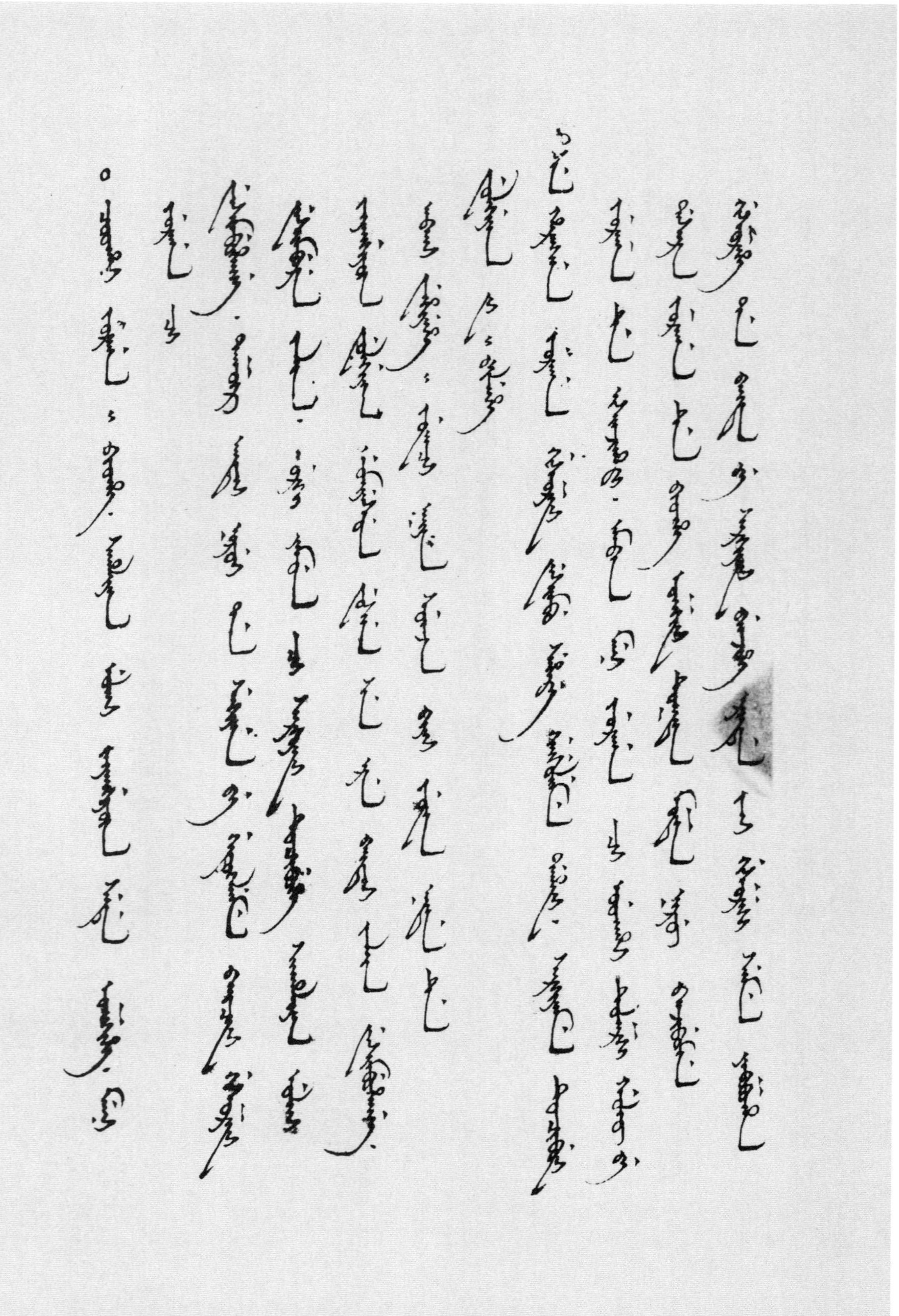

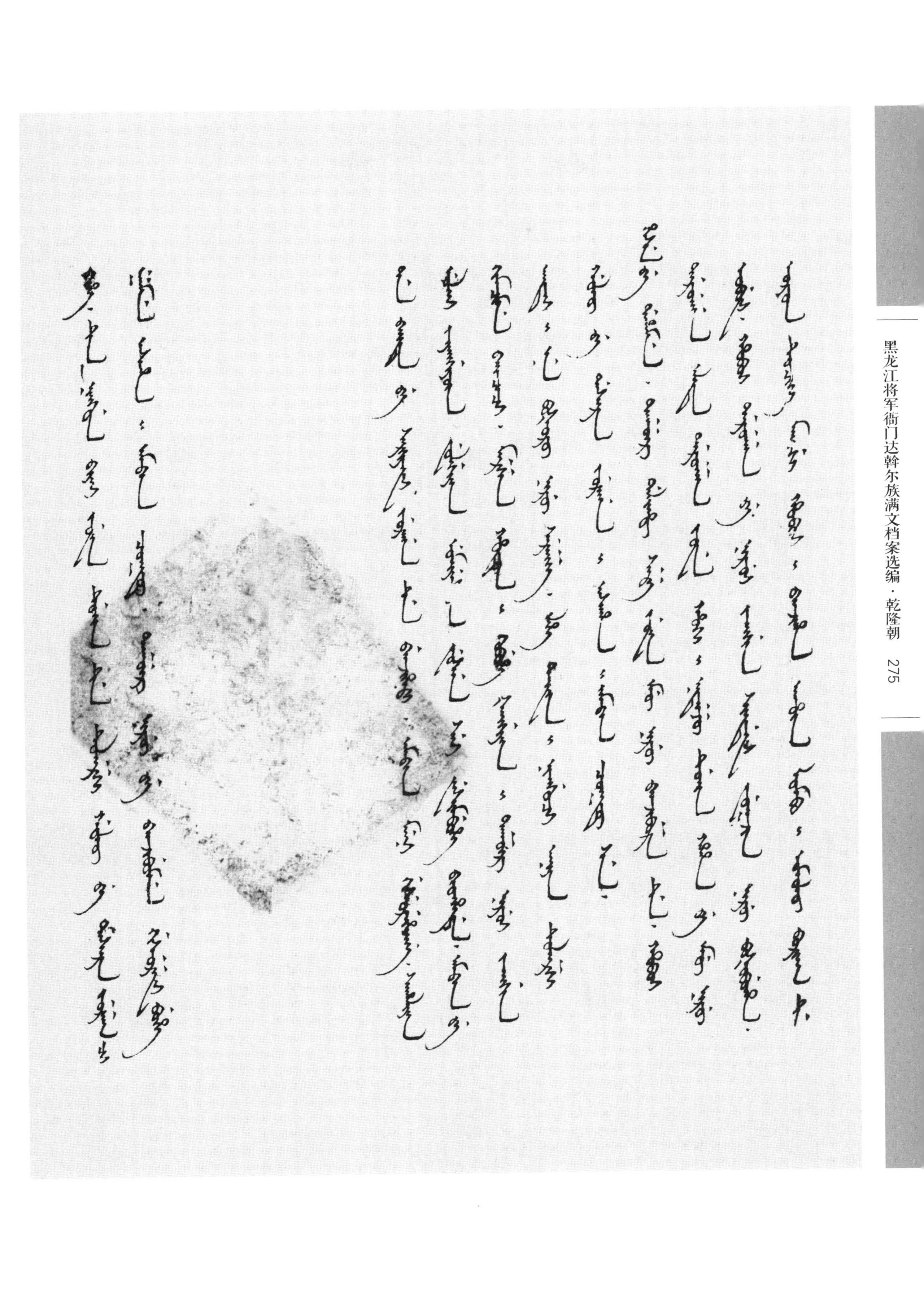

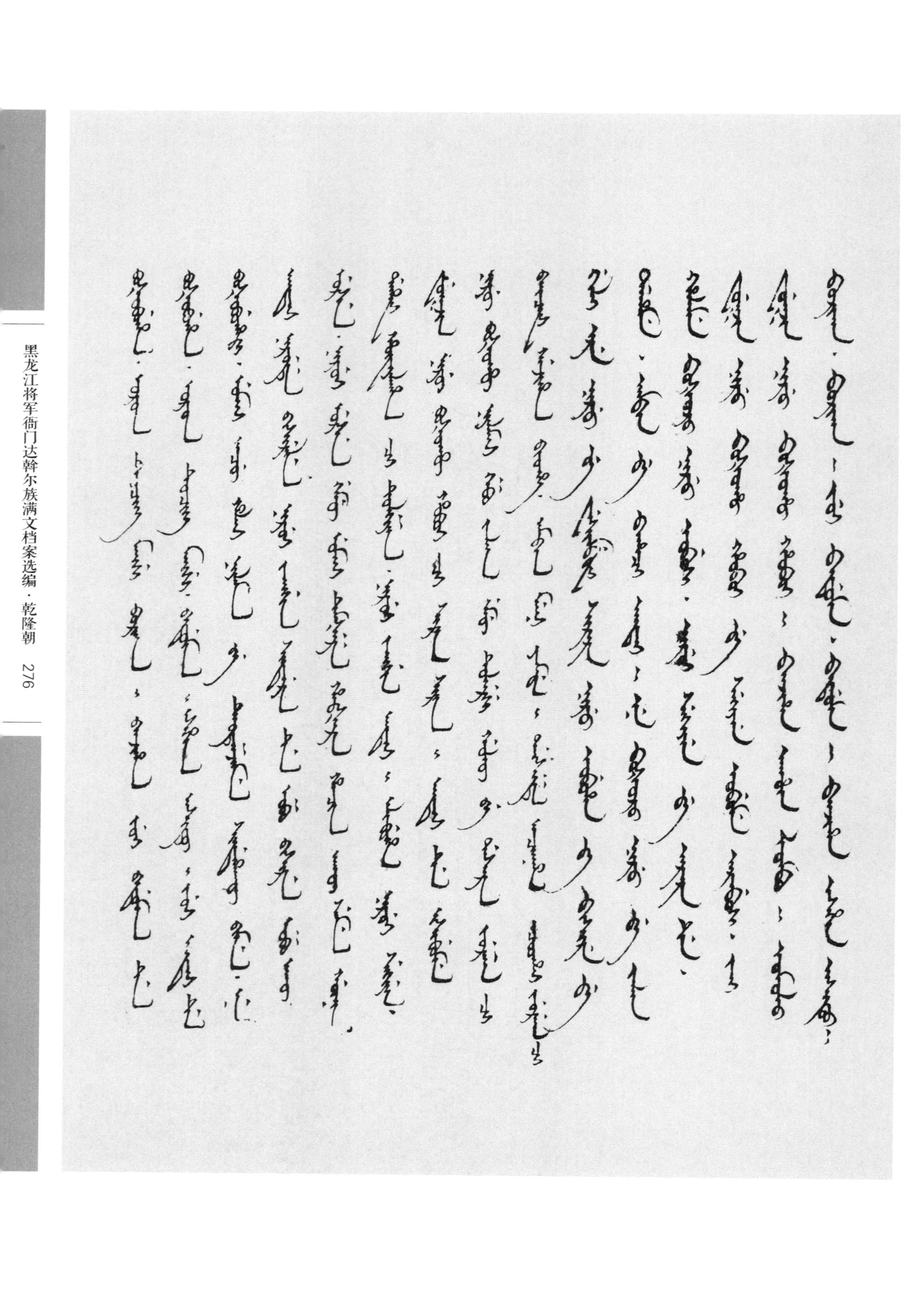

[illegible]

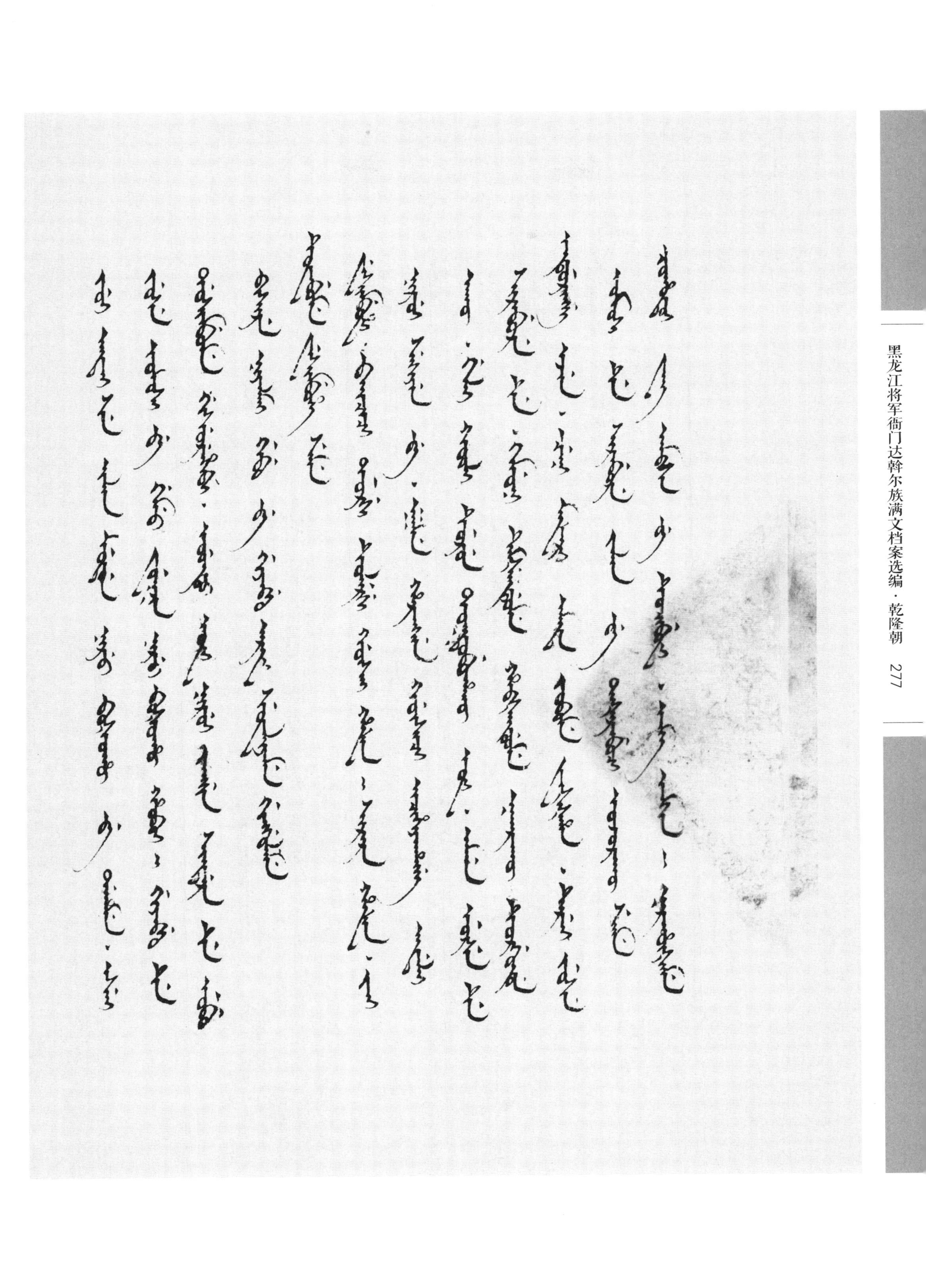

[illegible]

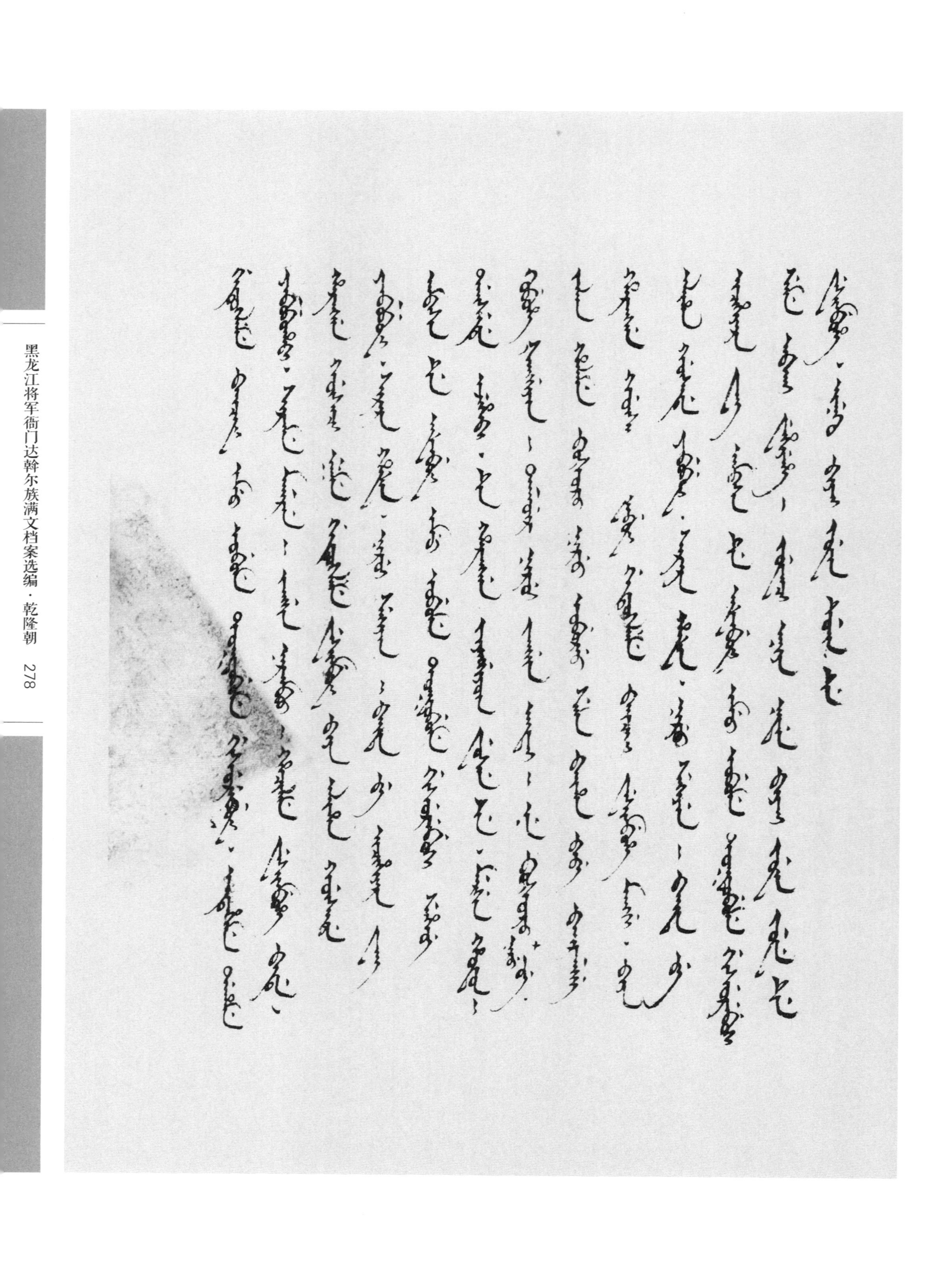

[illegible]

[illegible]

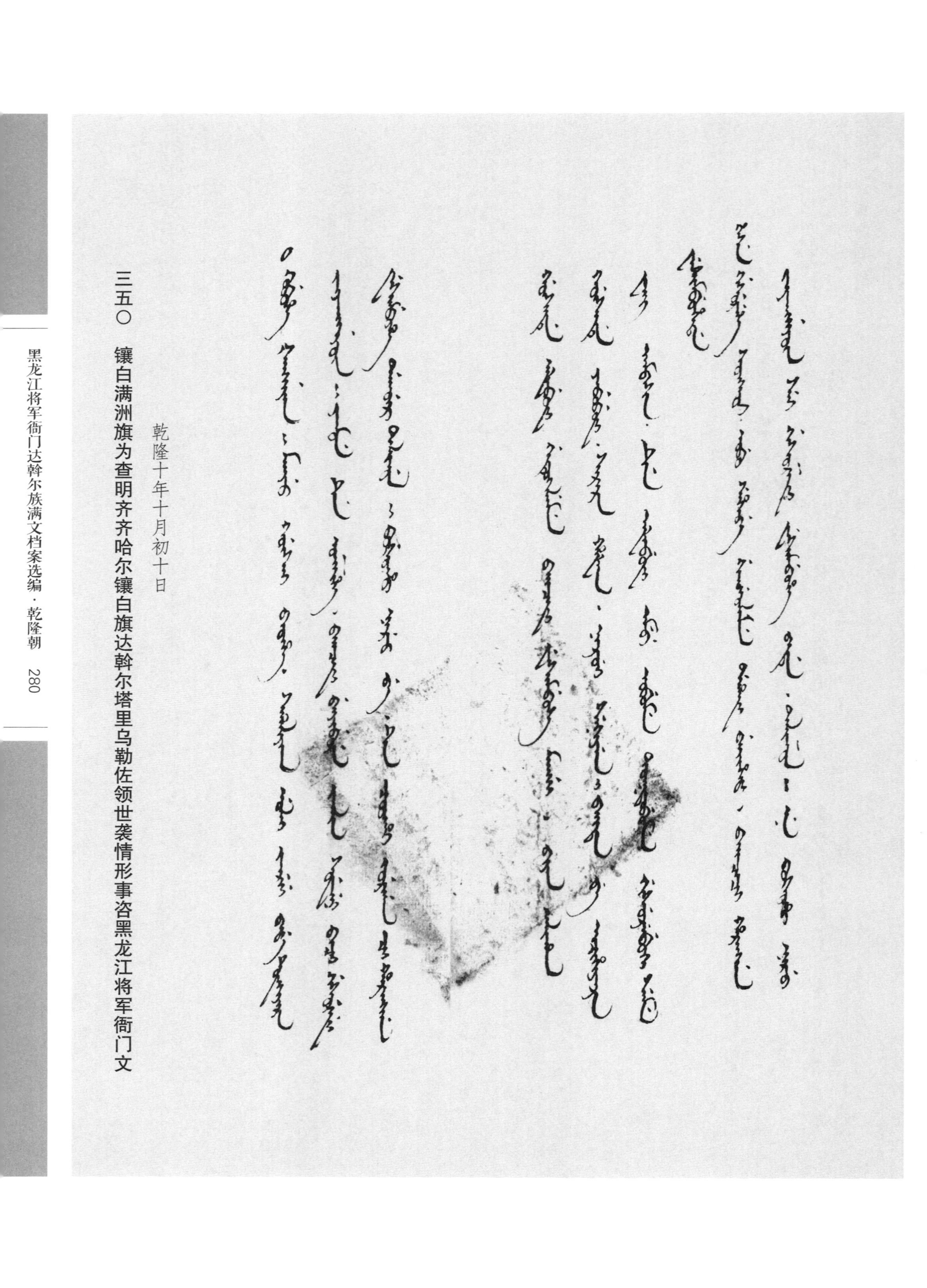

乾隆十年十月初十日

三五〇　镶白满洲旗为查明齐齐哈尔镶白旗达斡尔塔里乌勒佐领世袭情形事咨黑龙江将军衙门文

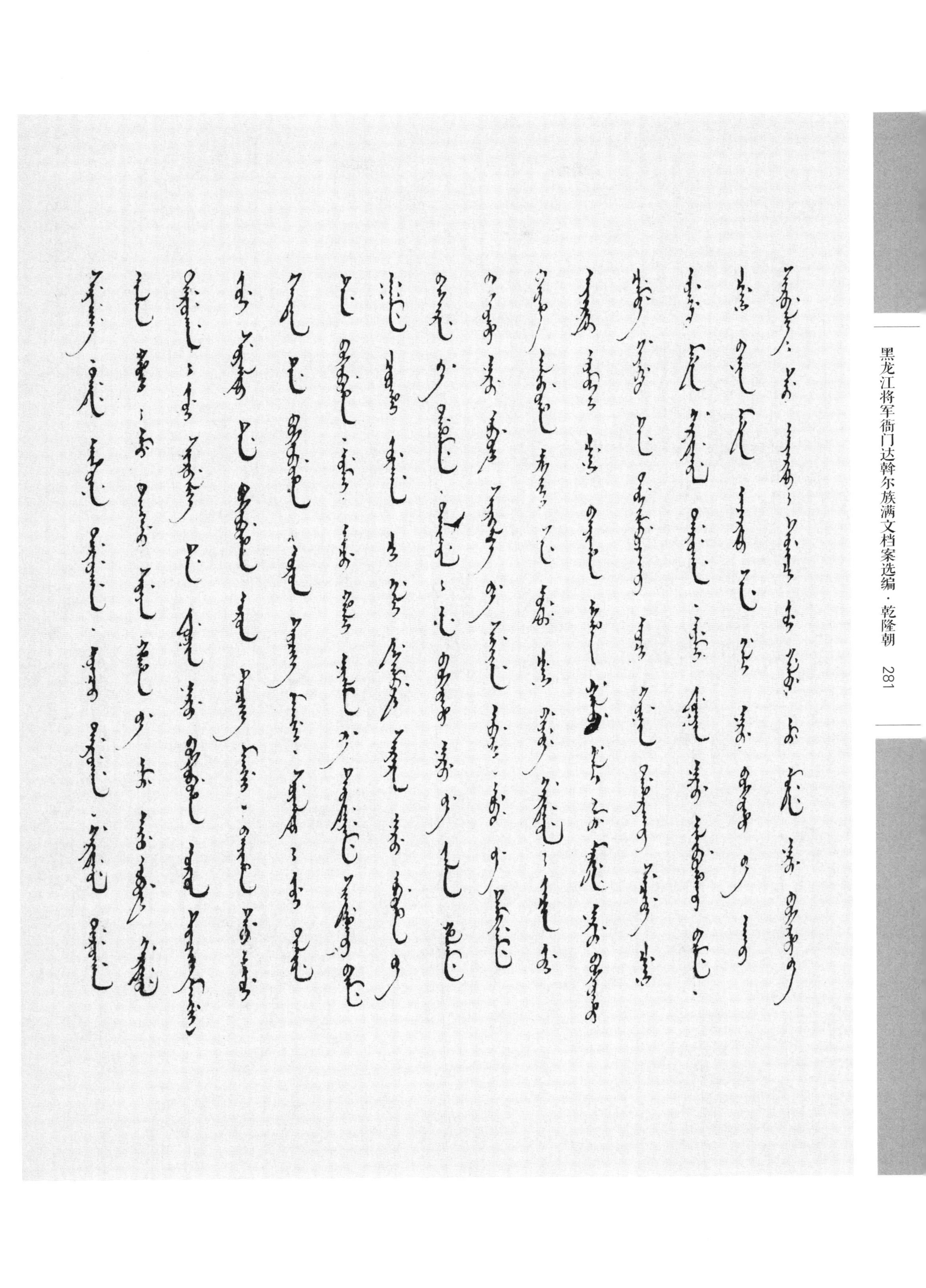

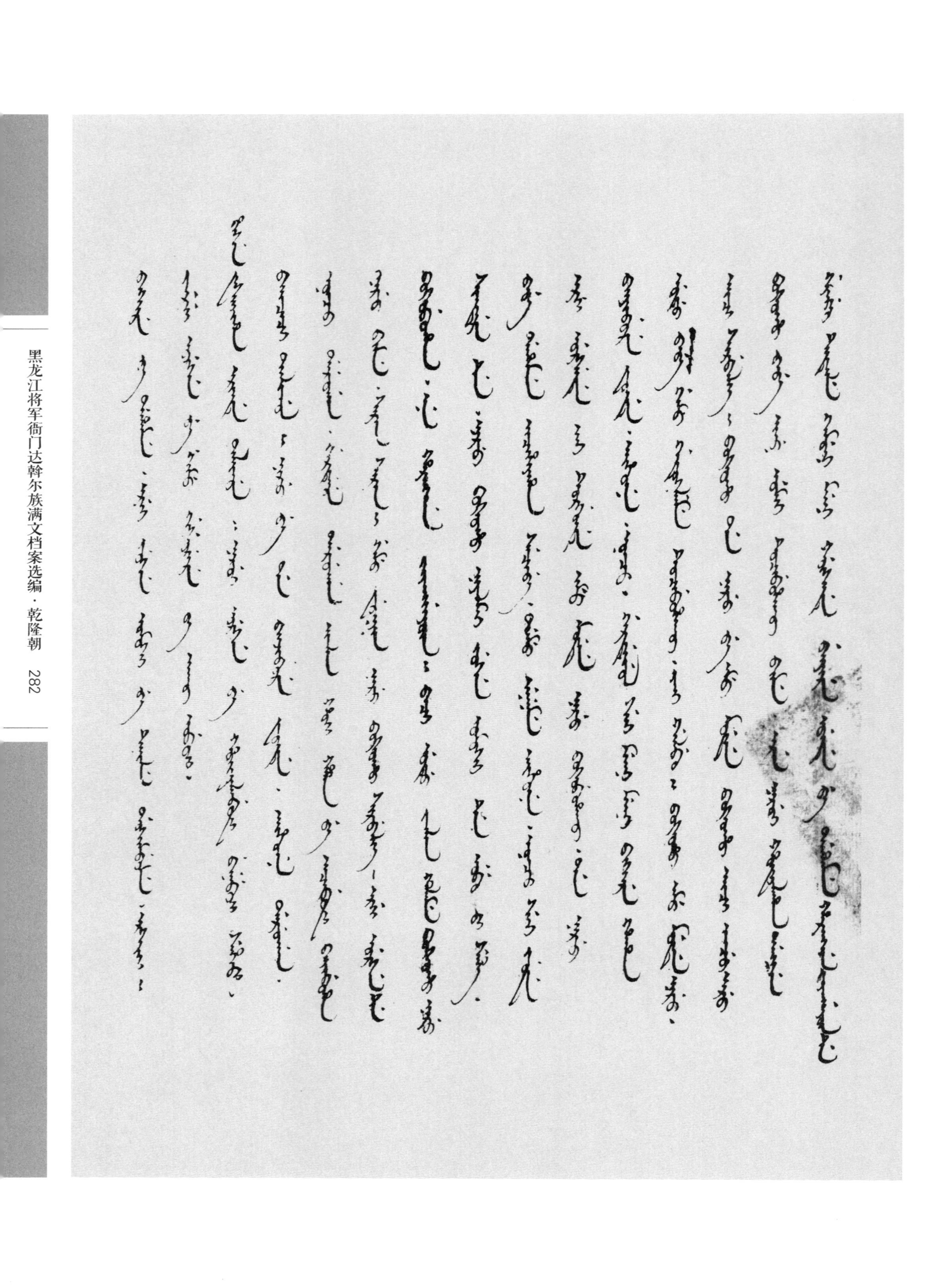

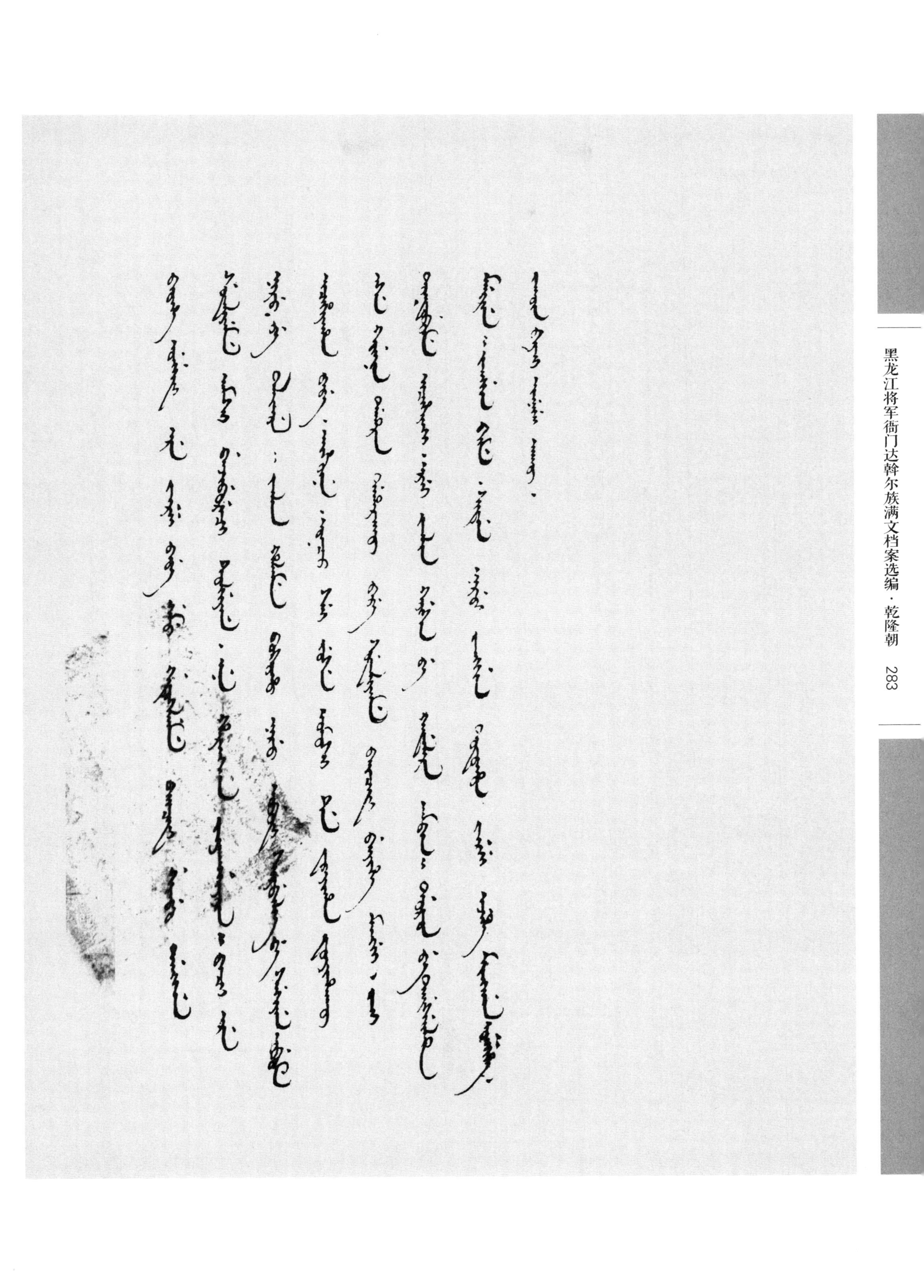

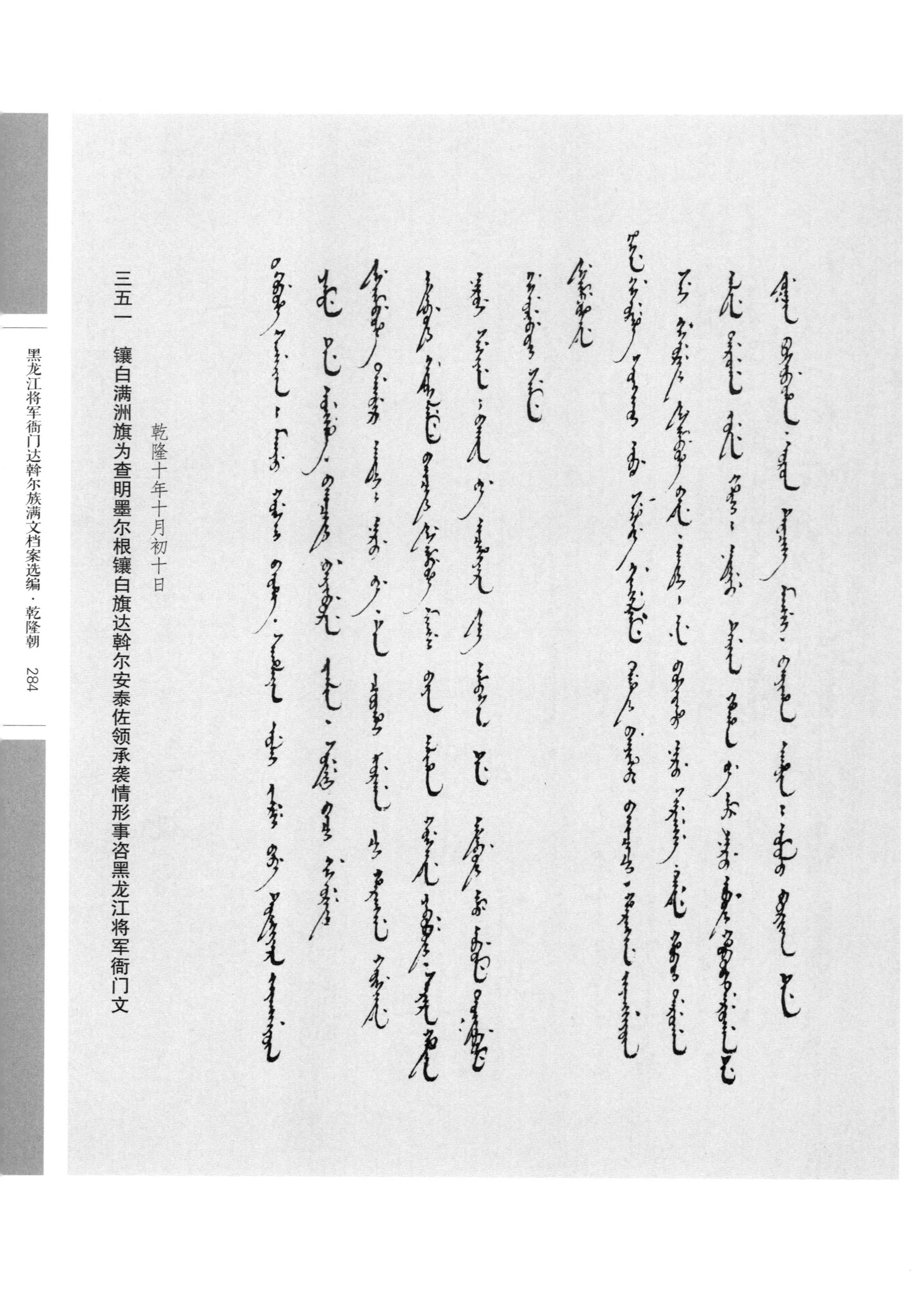

三五一 镶白满洲旗为查明墨尔根镶白旗达斡尔安泰佐领承袭情形事咨黑龙江将军衙门文

乾隆十年十月初十日

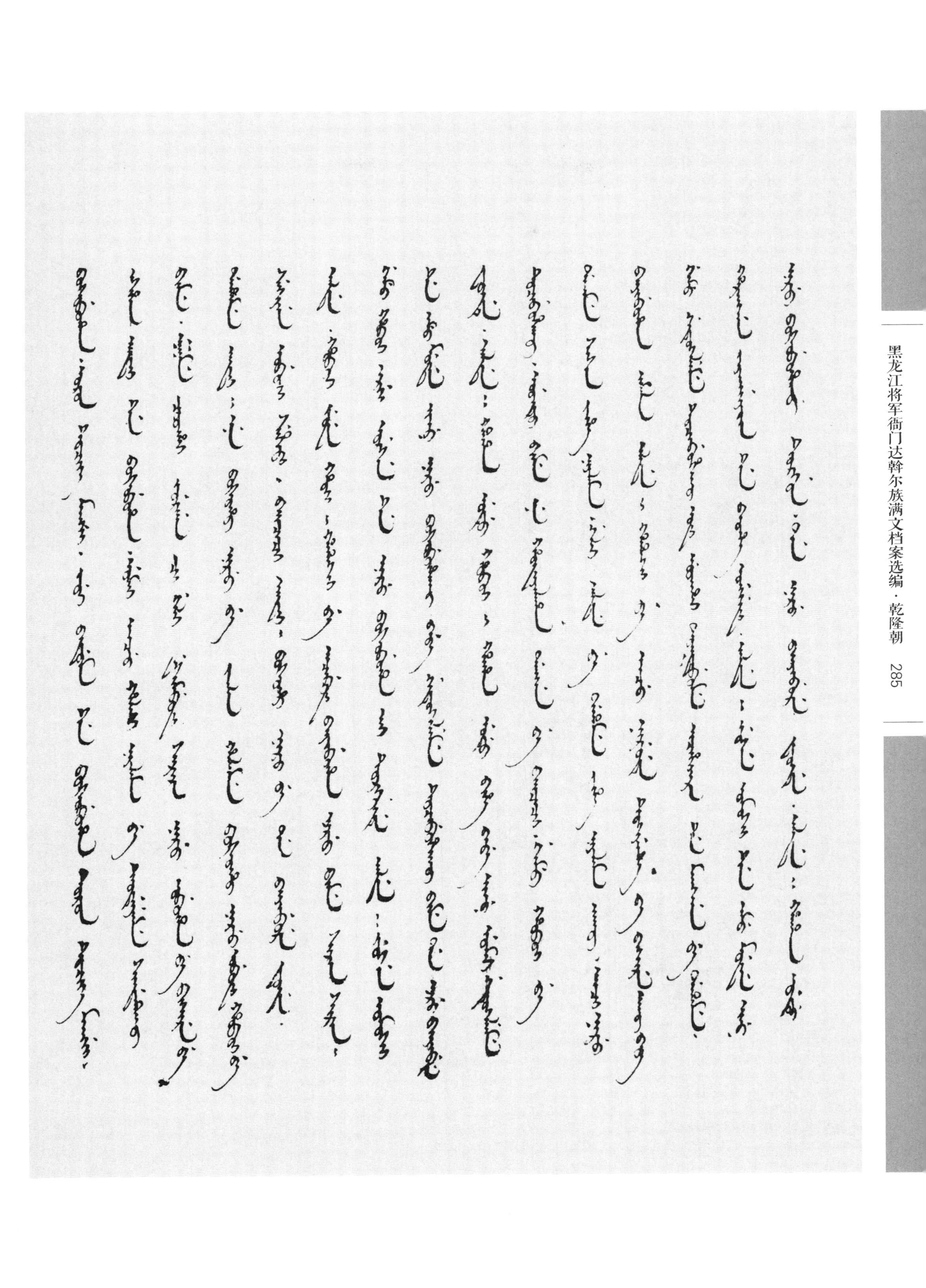

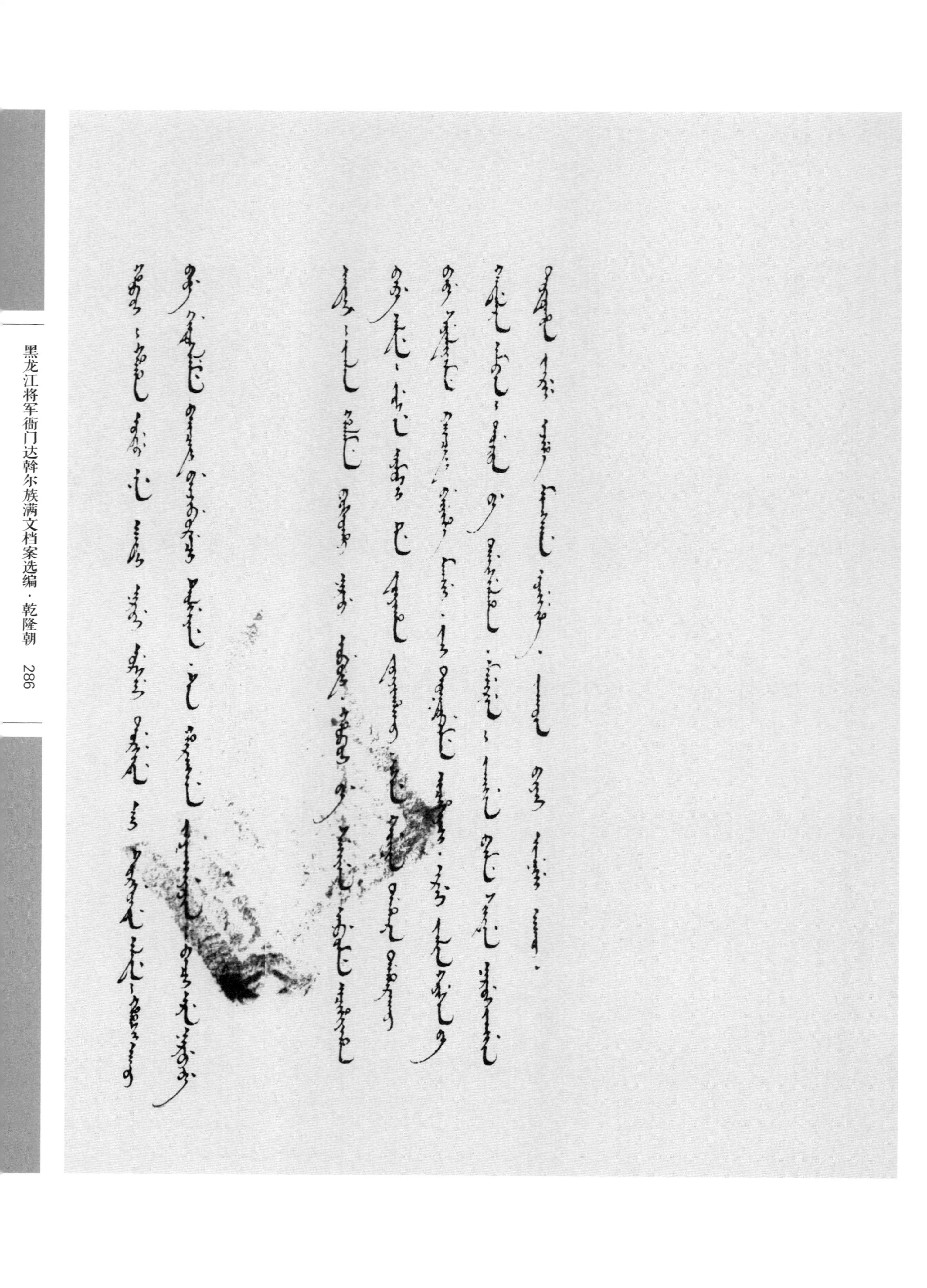

三五二 值月镶蓝满洲汉军旗为查明镶黄旗达斡尔托尼逊佐领承袭情形事咨黑龙江将军衙门文

乾隆十年十月二十三日

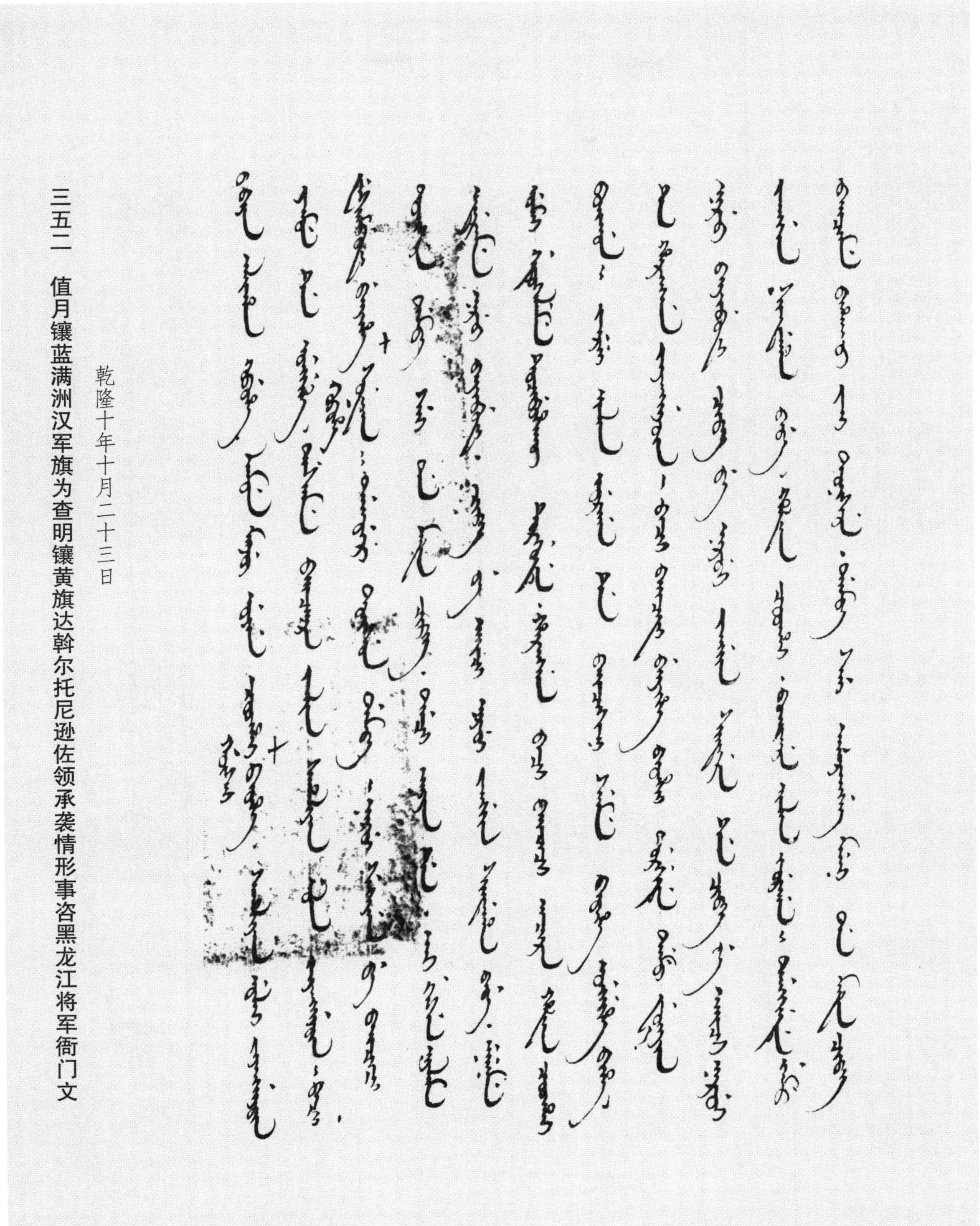

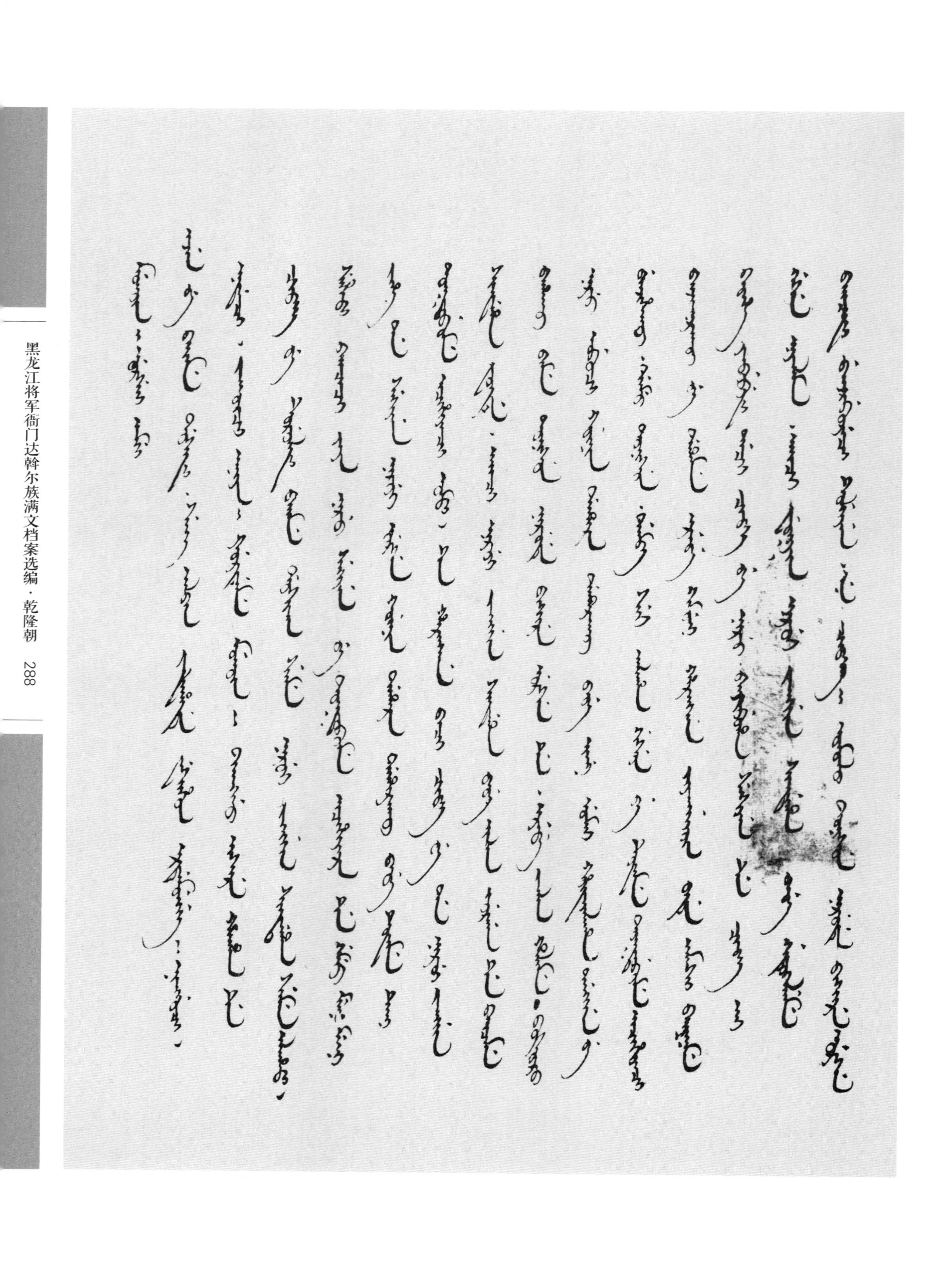

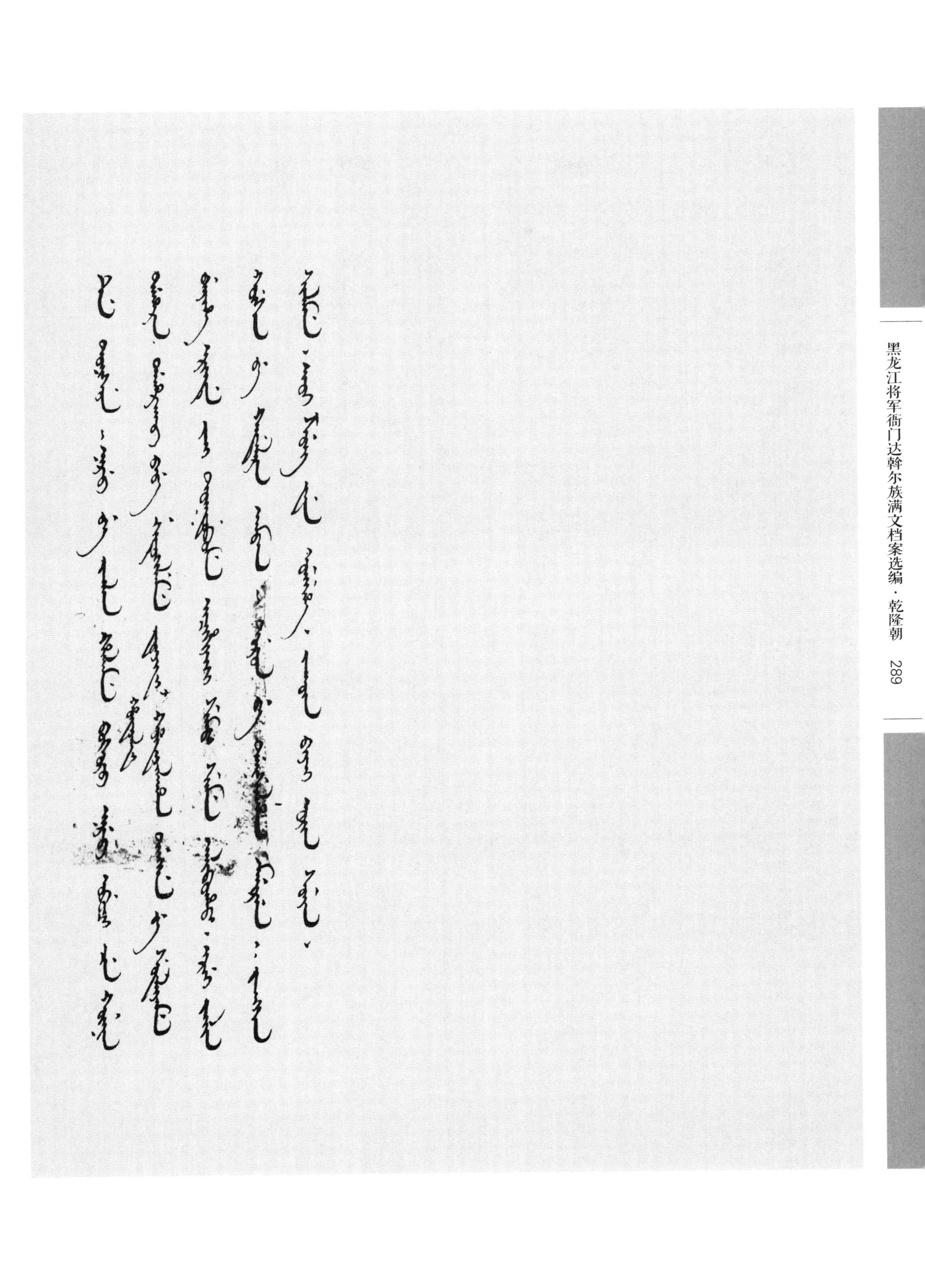

三五三 值月镶黄三旗为查明达斡尔托多尔凯等世管佐领承袭情形事咨黑龙江将军文

乾隆十年十一月二十五日

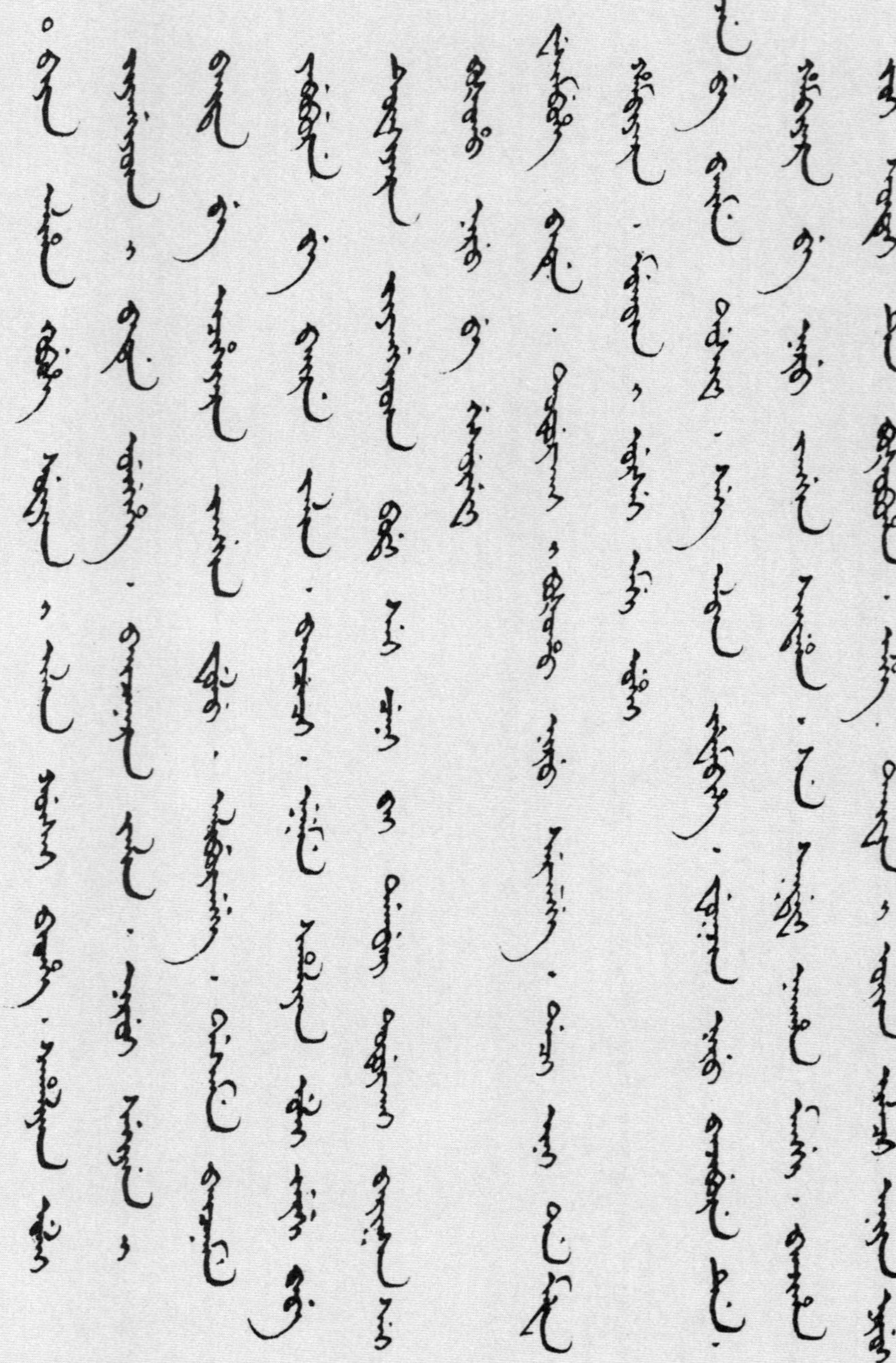

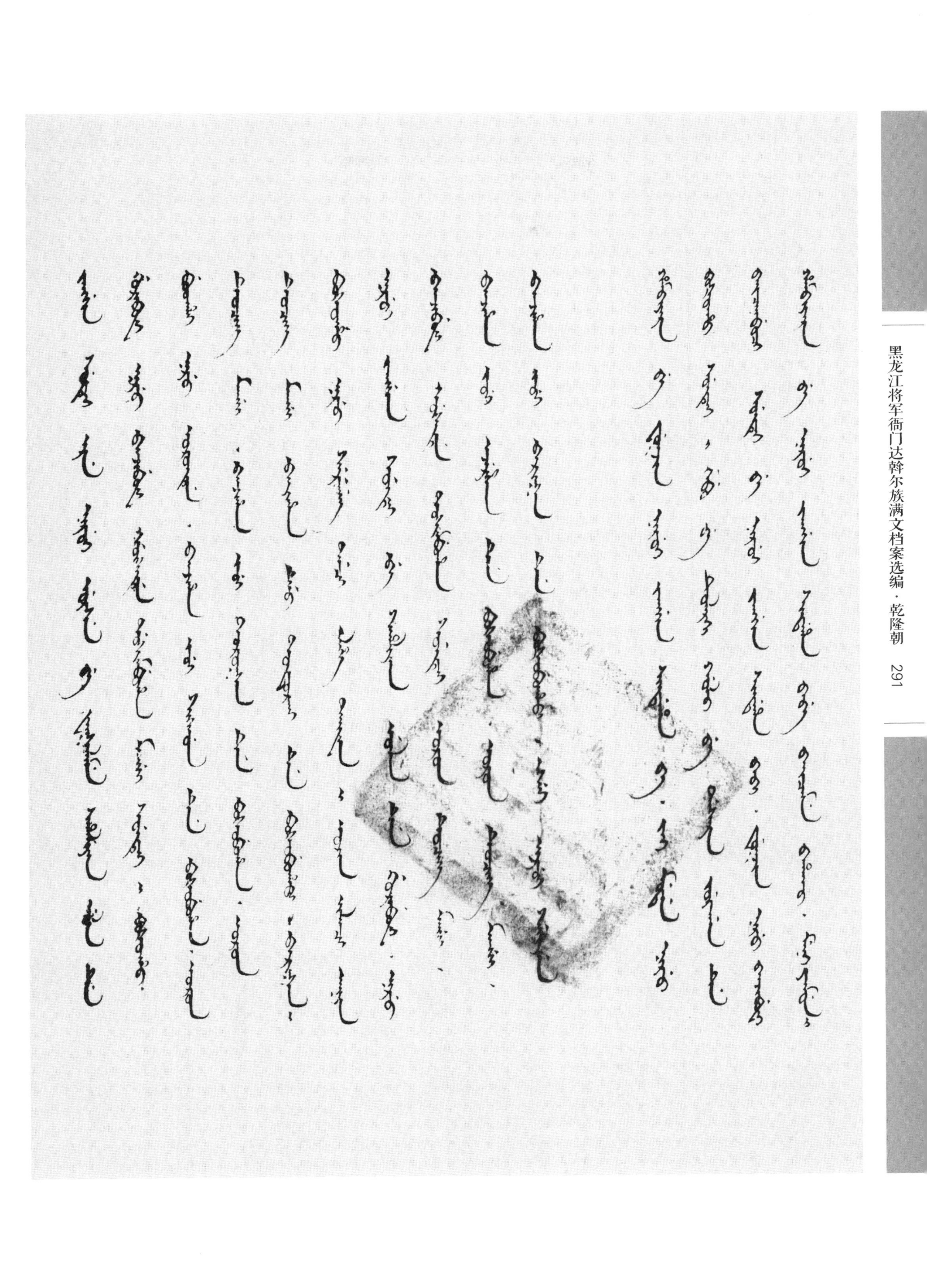

[illegible]

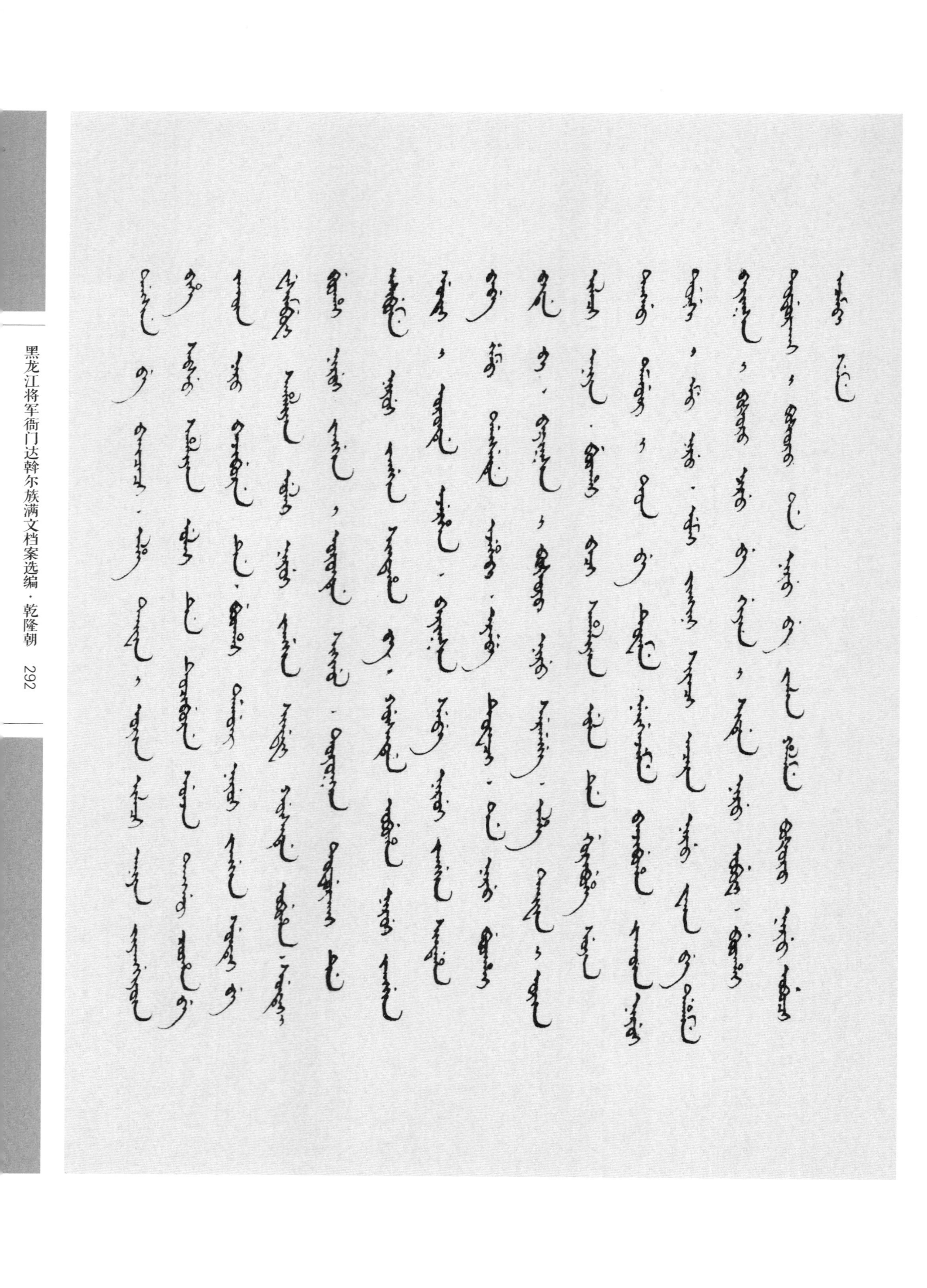

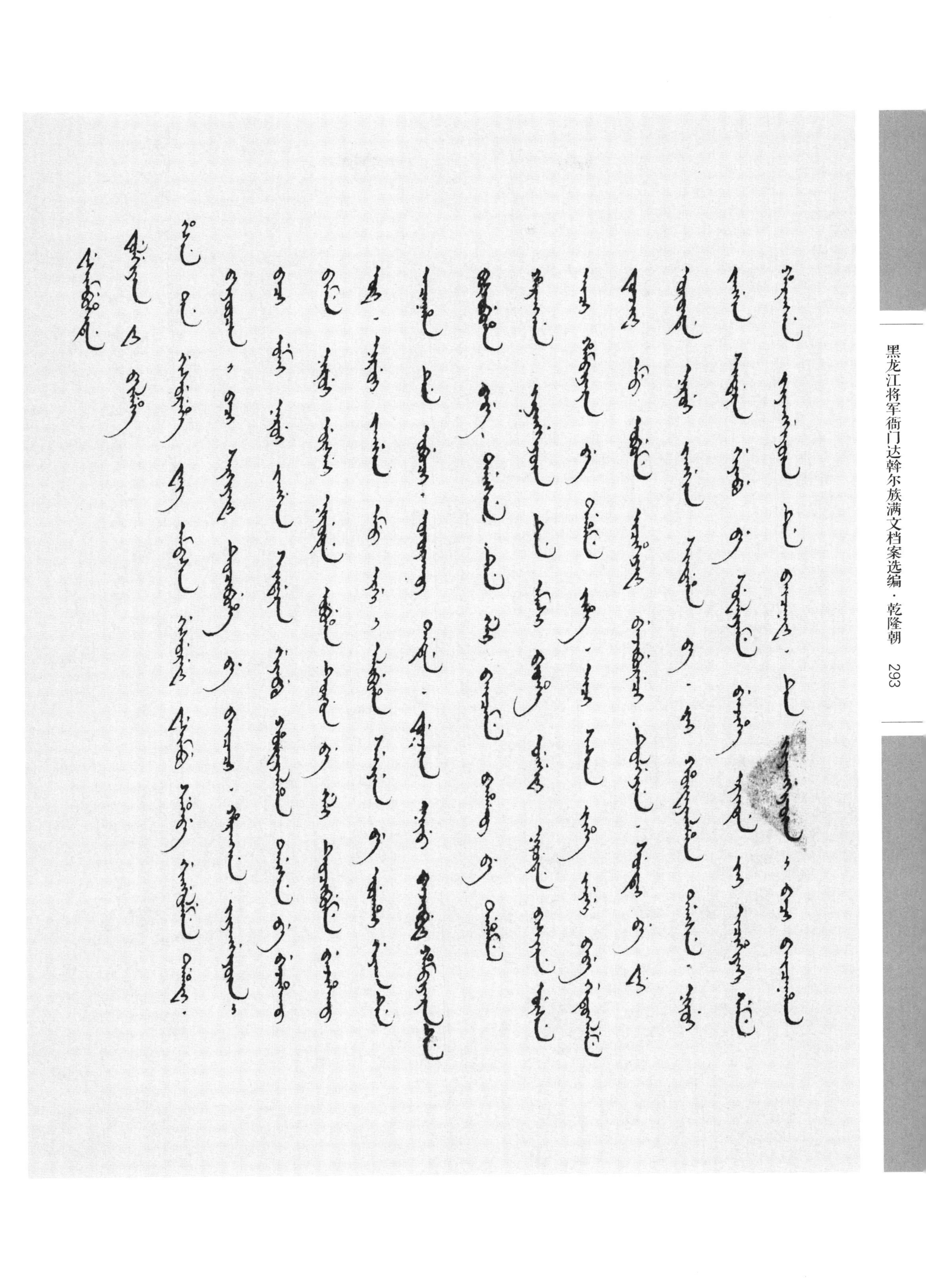

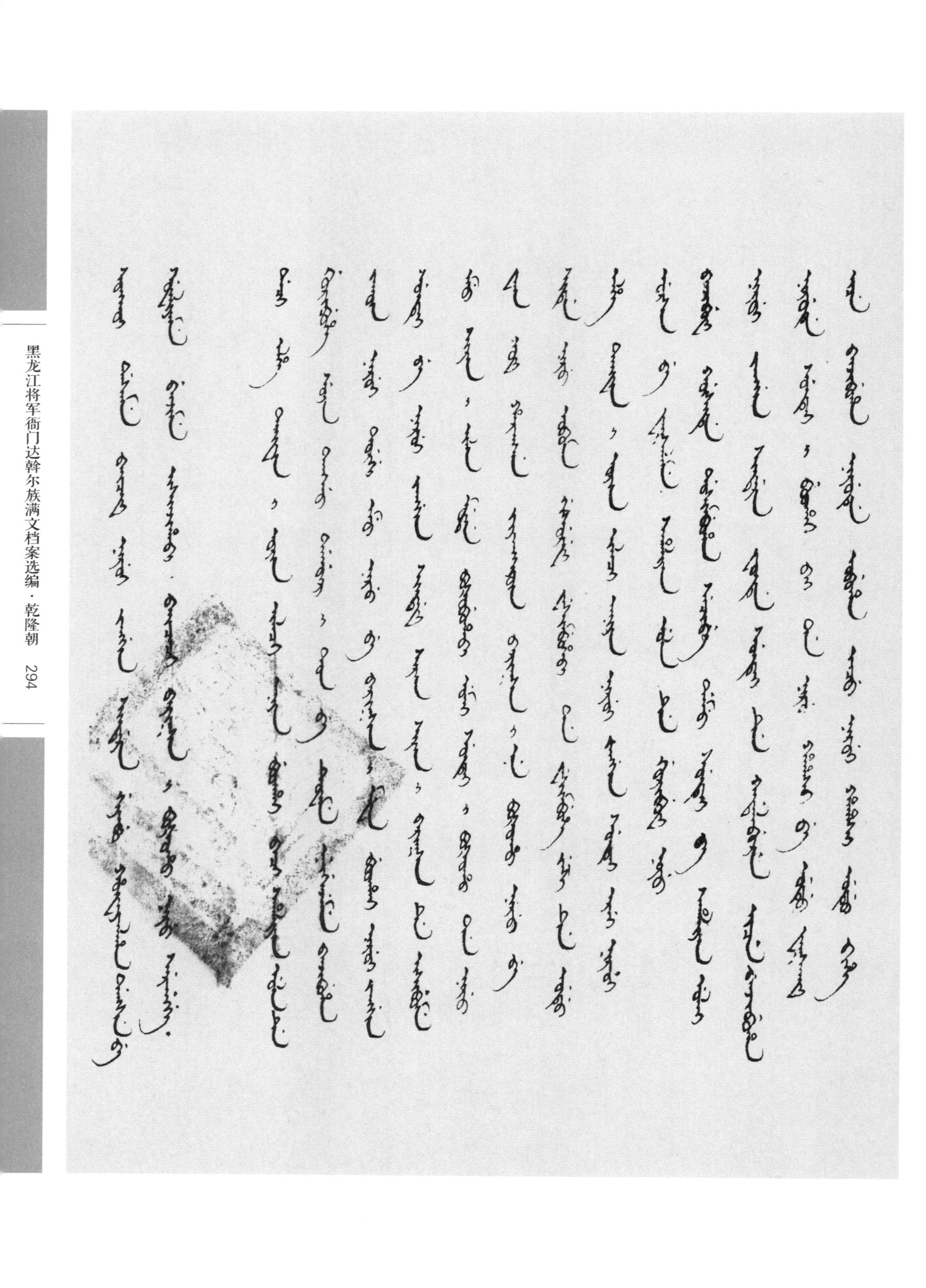

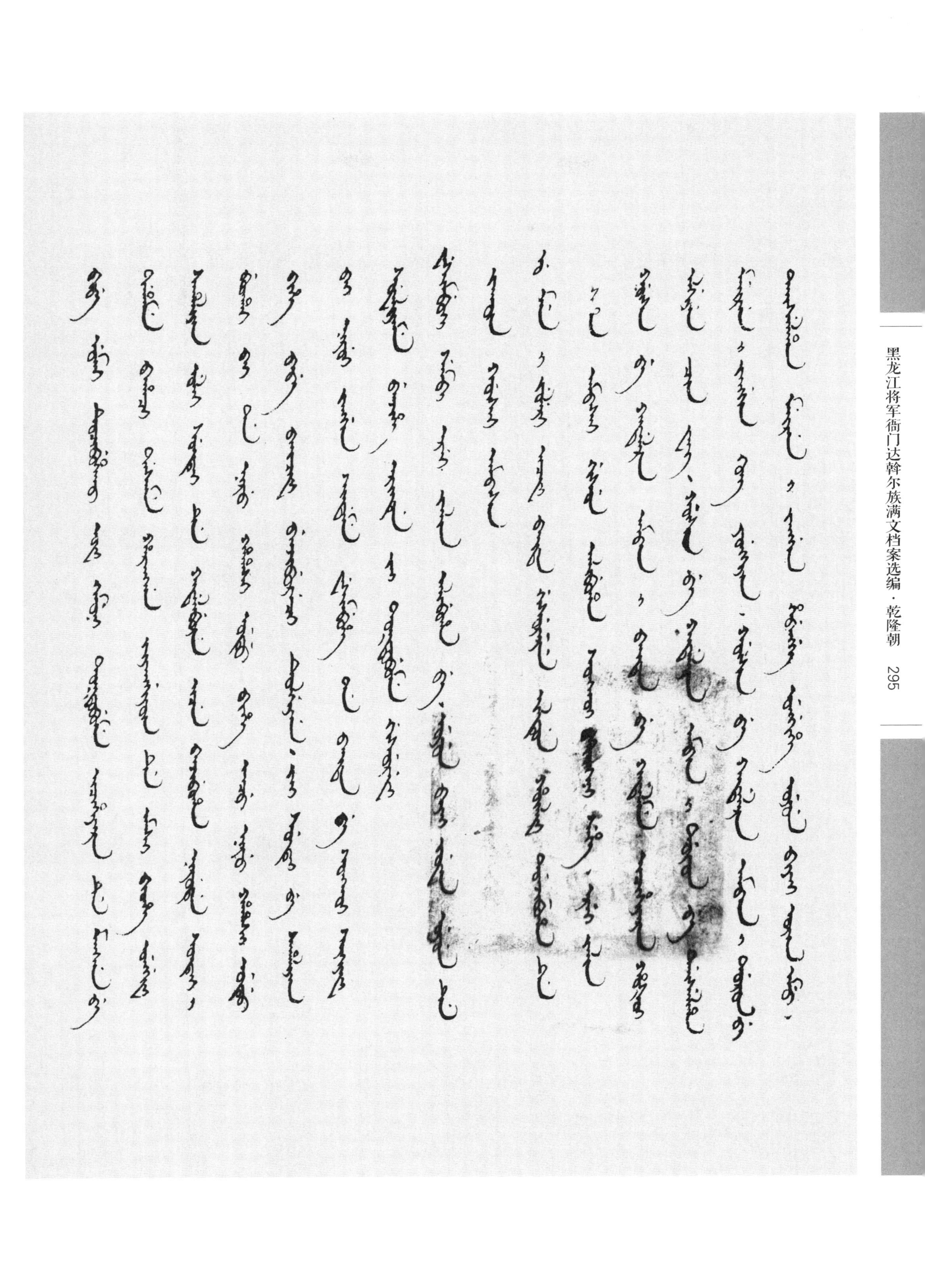

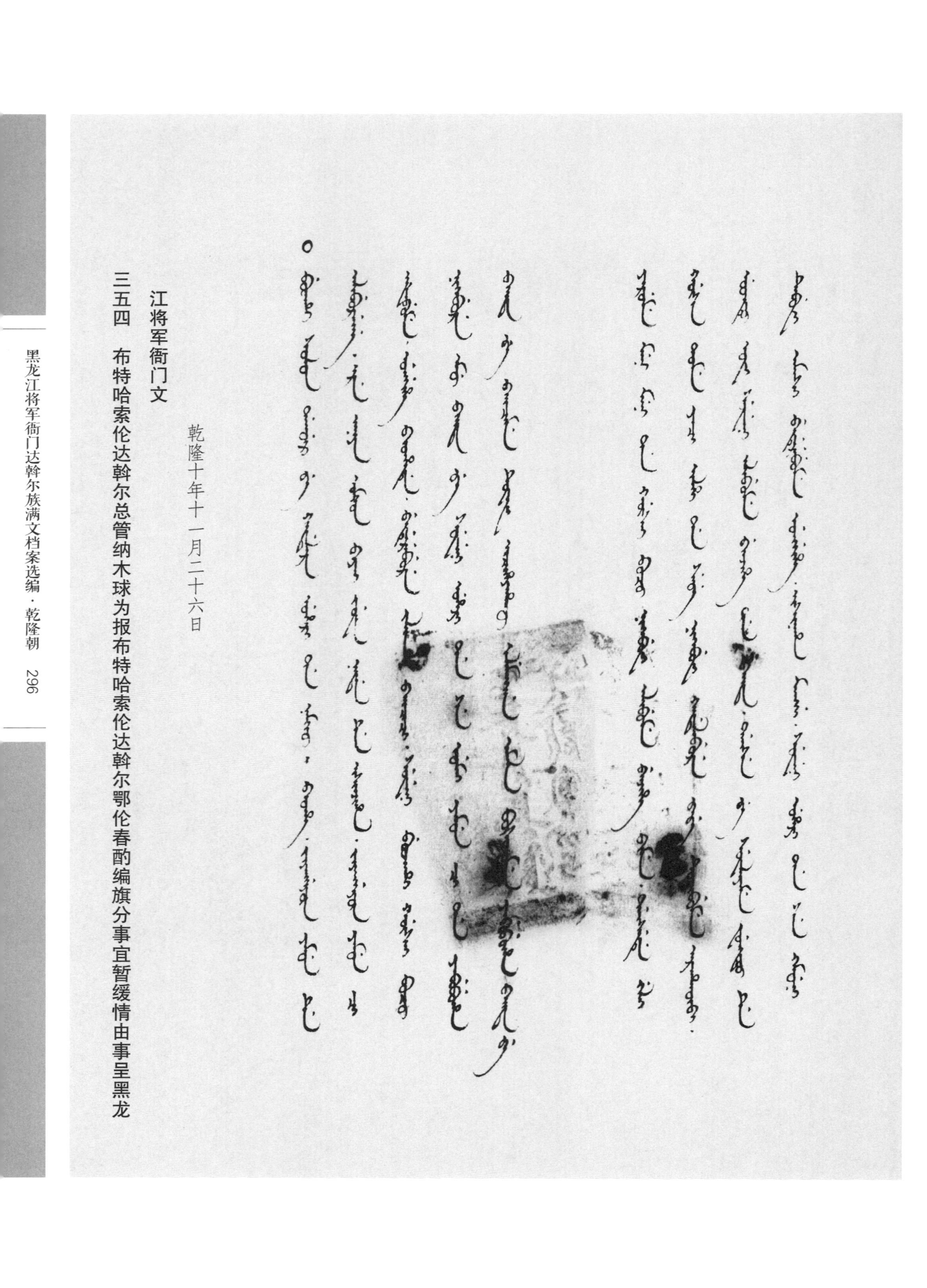

乾隆十年十一月二十六日

三五四　布特哈索伦达斡尔总管纳木球为报布特哈索伦达斡尔鄂伦春酌编旗分事宜暂缓情由事呈黑龙江将军衙门文

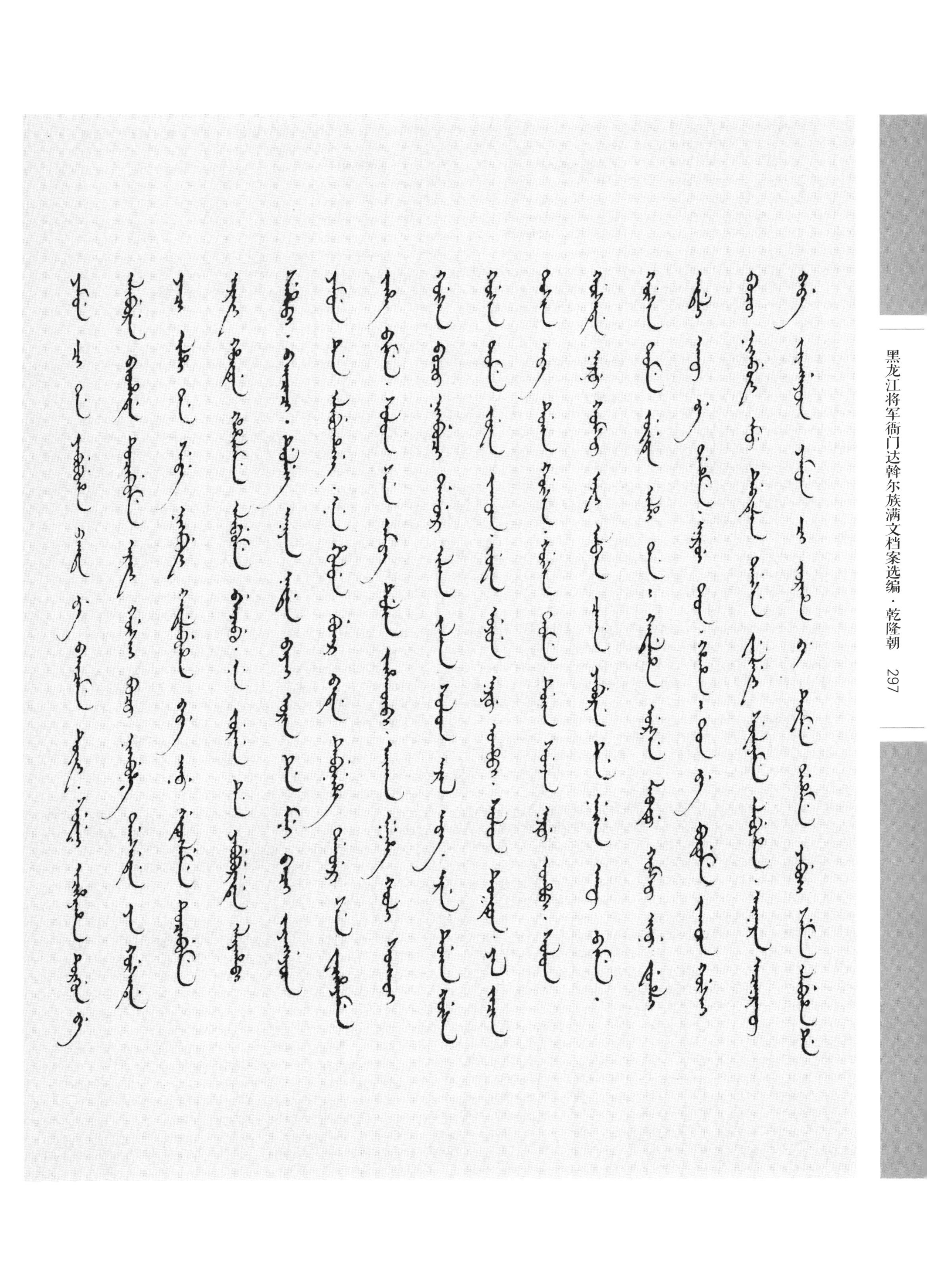

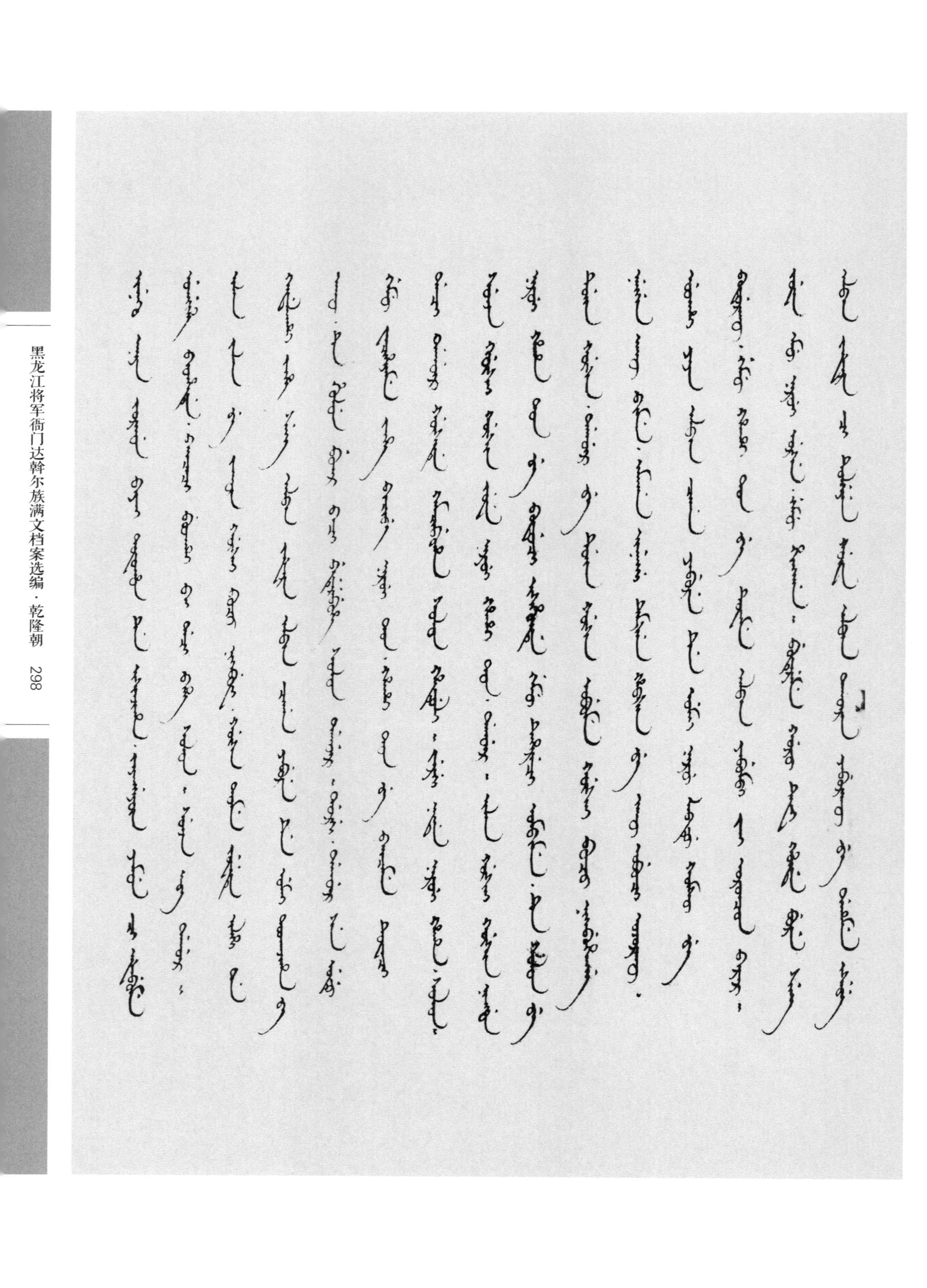

[illegible]

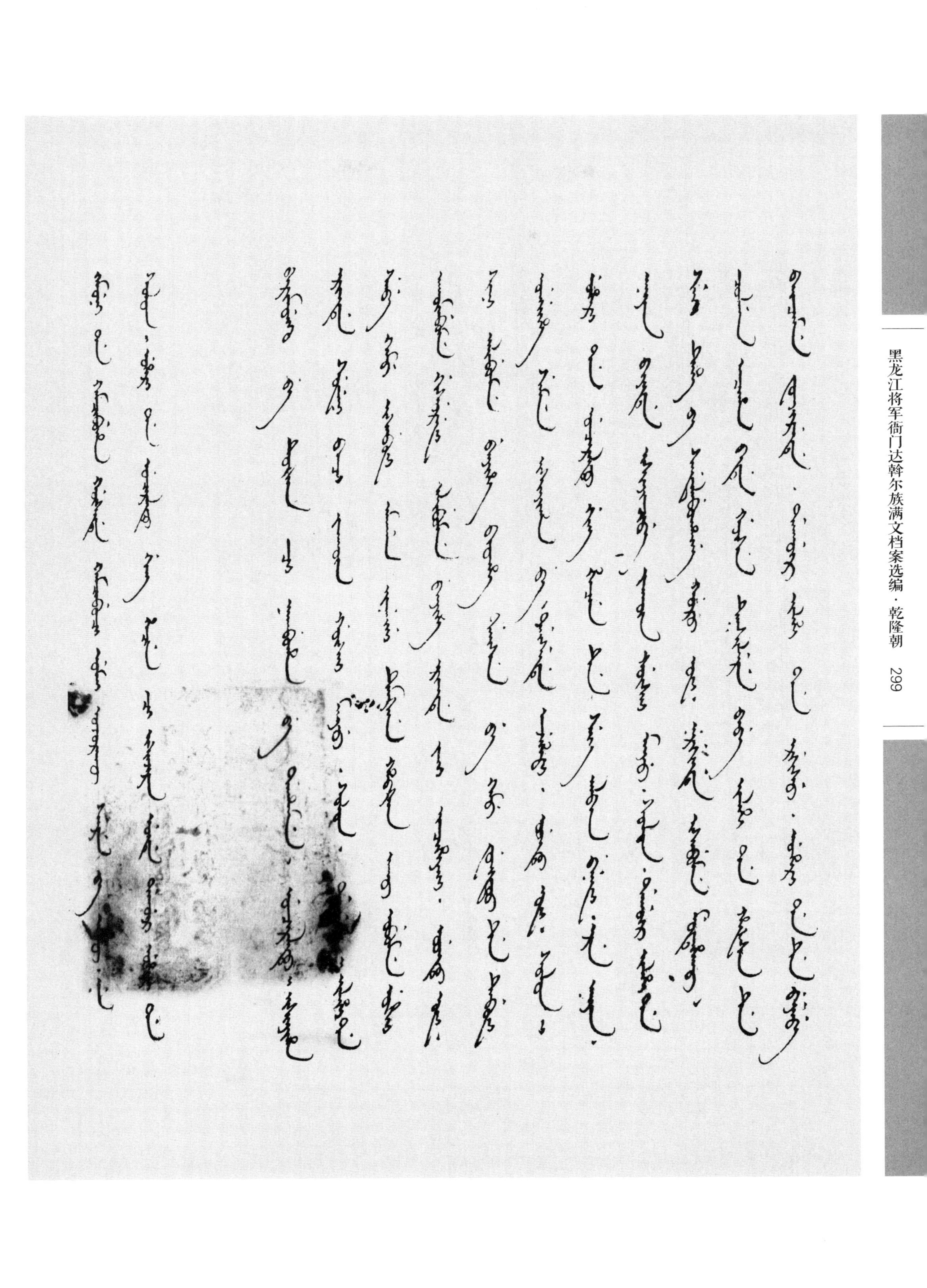

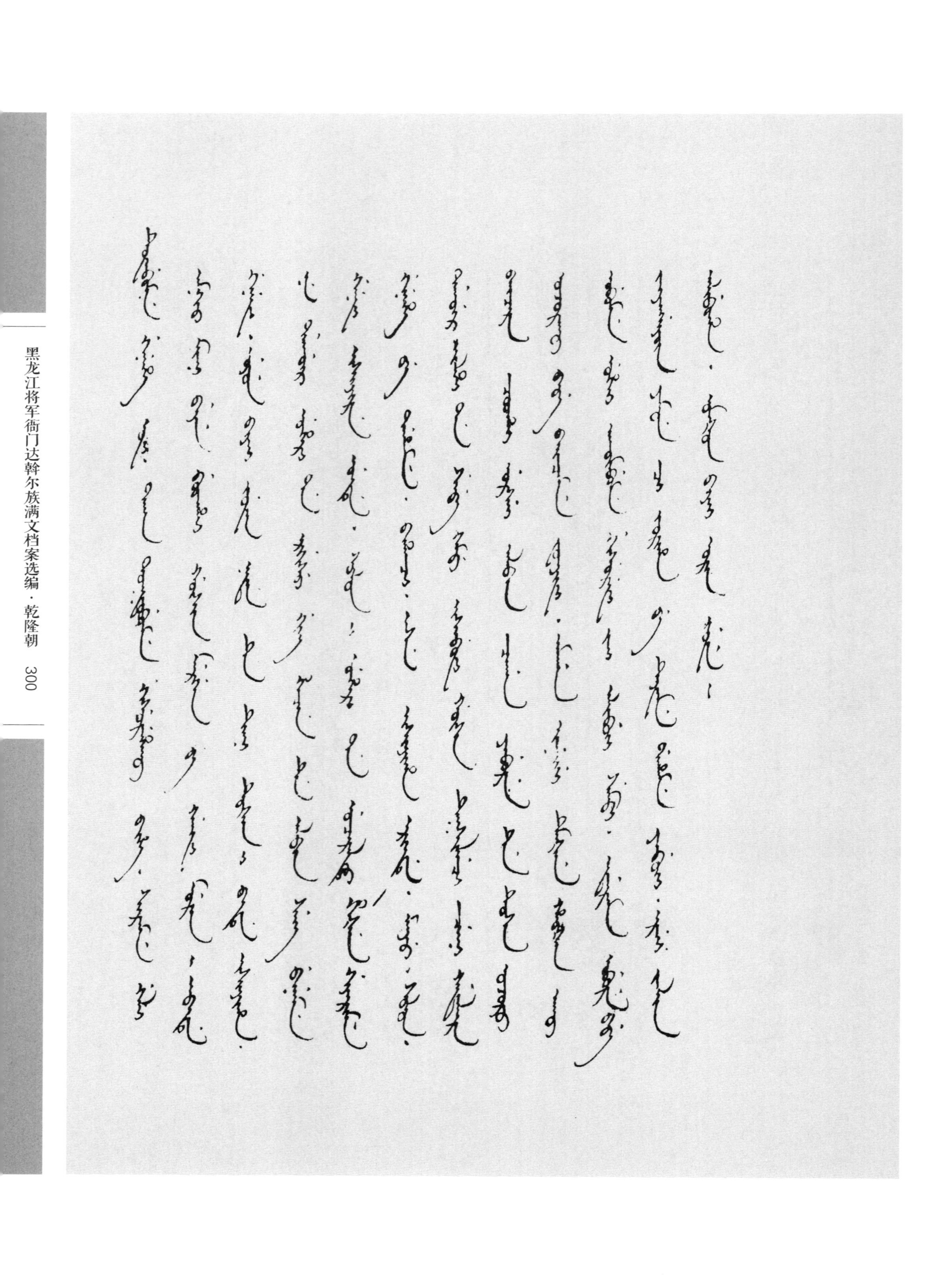

[illegible]

三五五 正红满洲旗为齐齐哈尔正红旗达斡尔斐色佐领议定世管佐领事咨黑龙江将军衙门文

乾隆十年十二月初八日

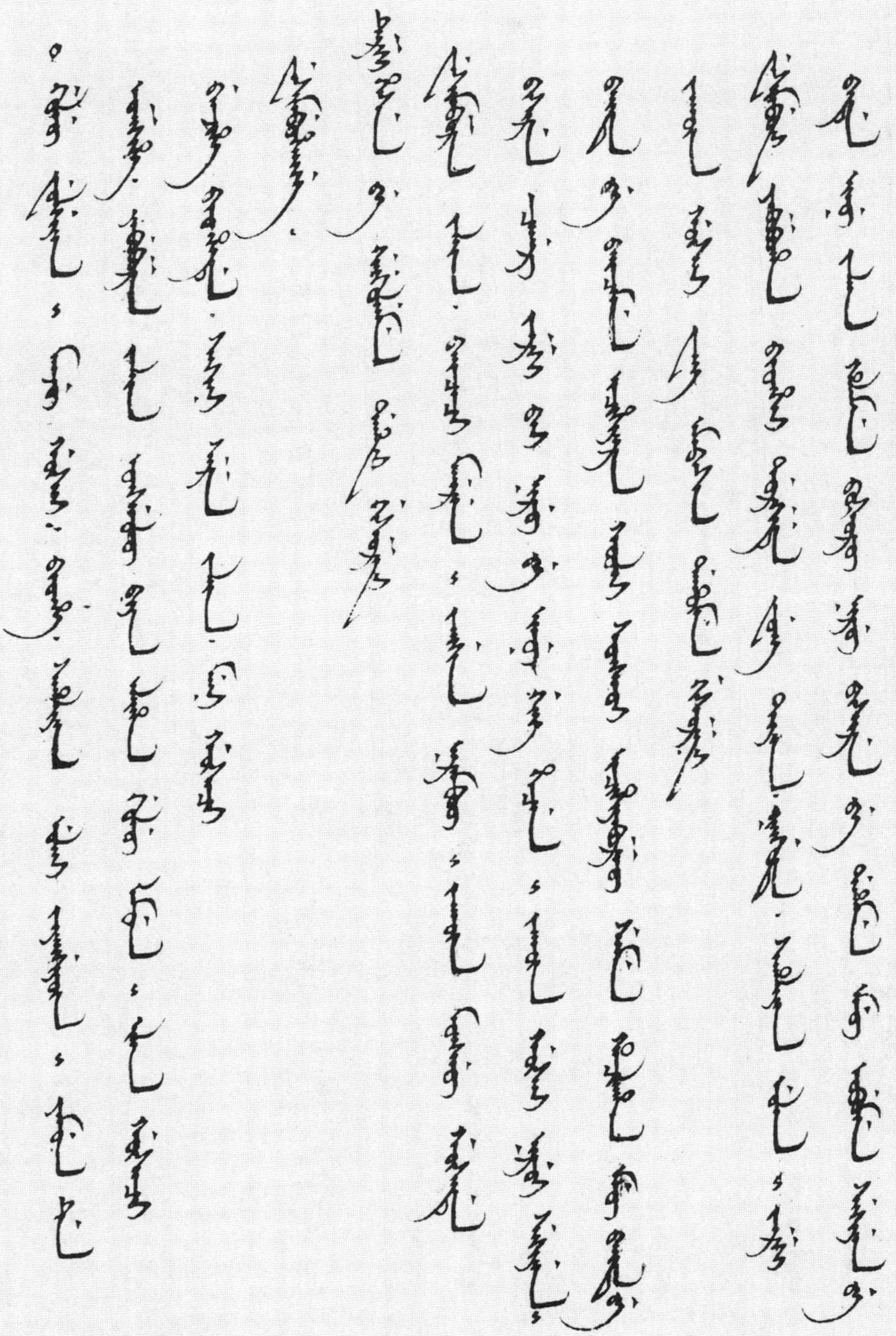

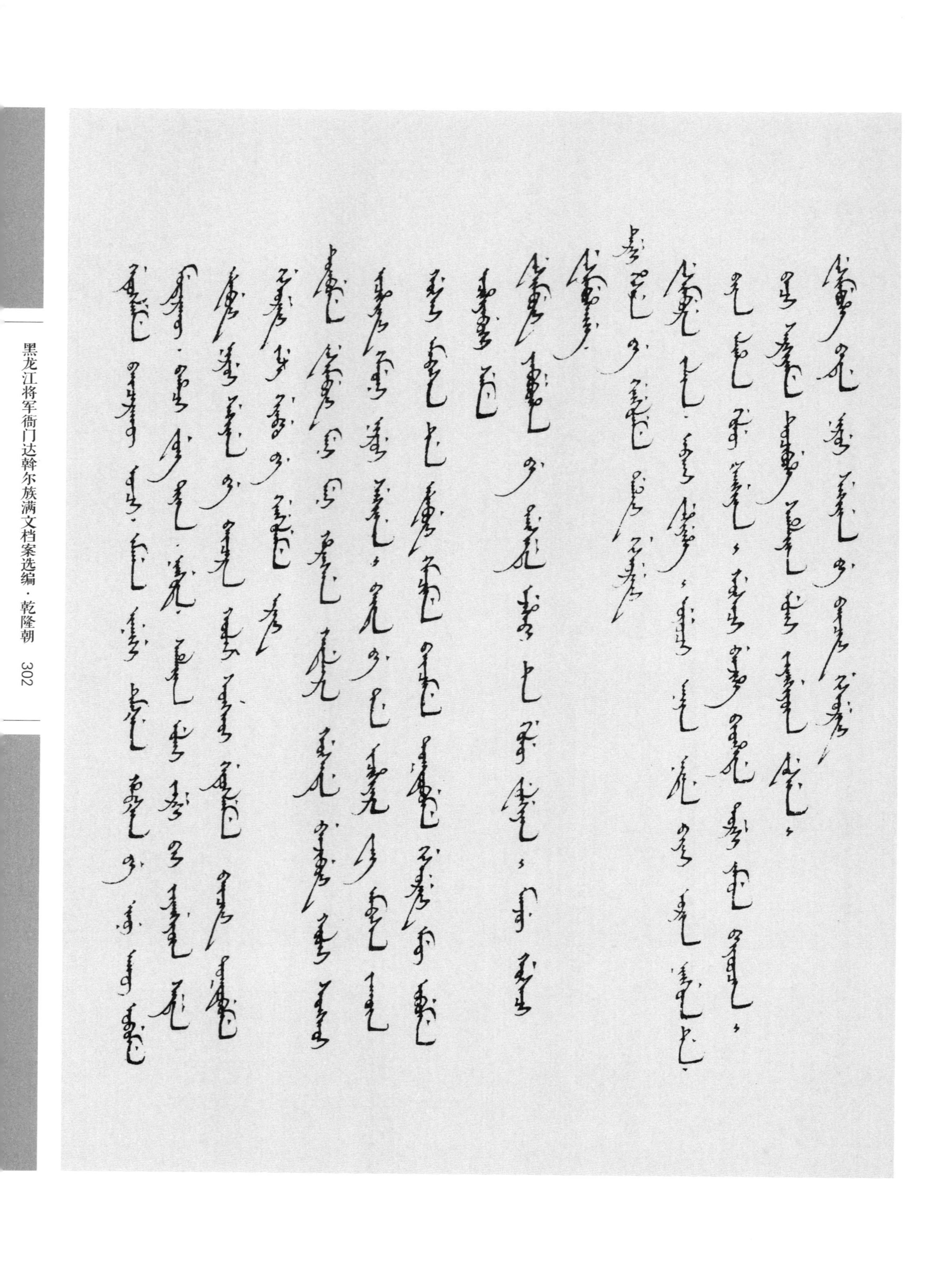

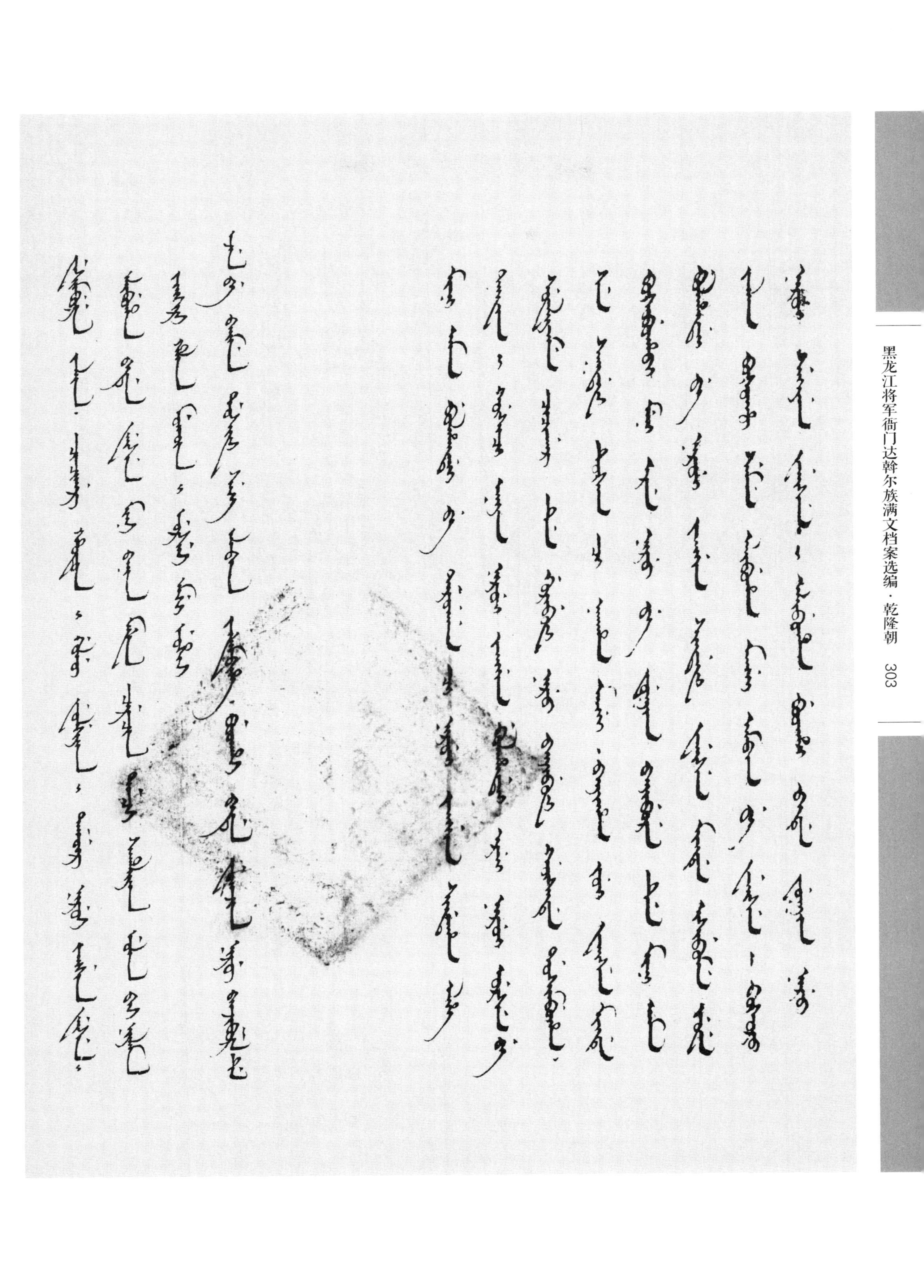

[illegible]

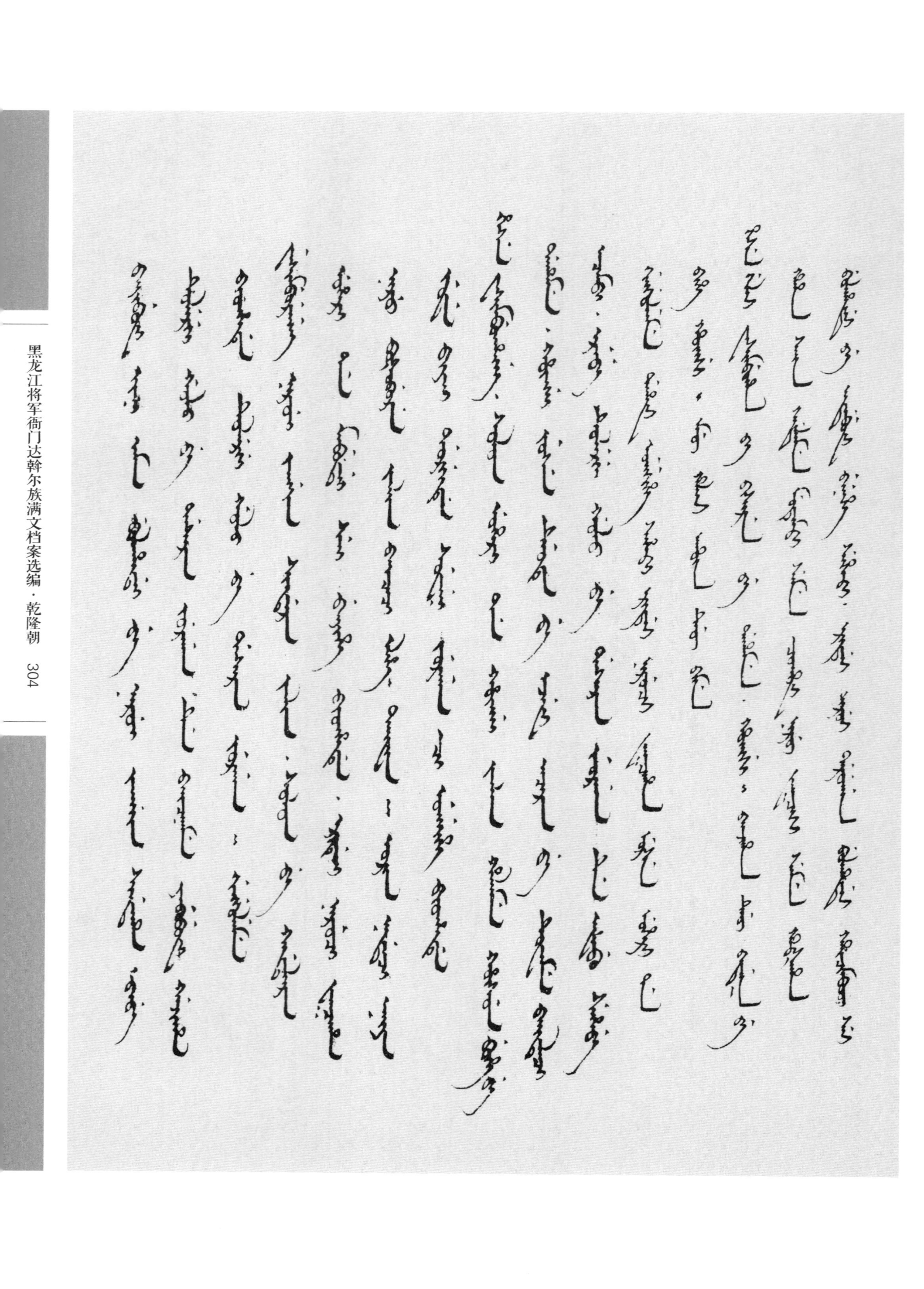

[illegible]

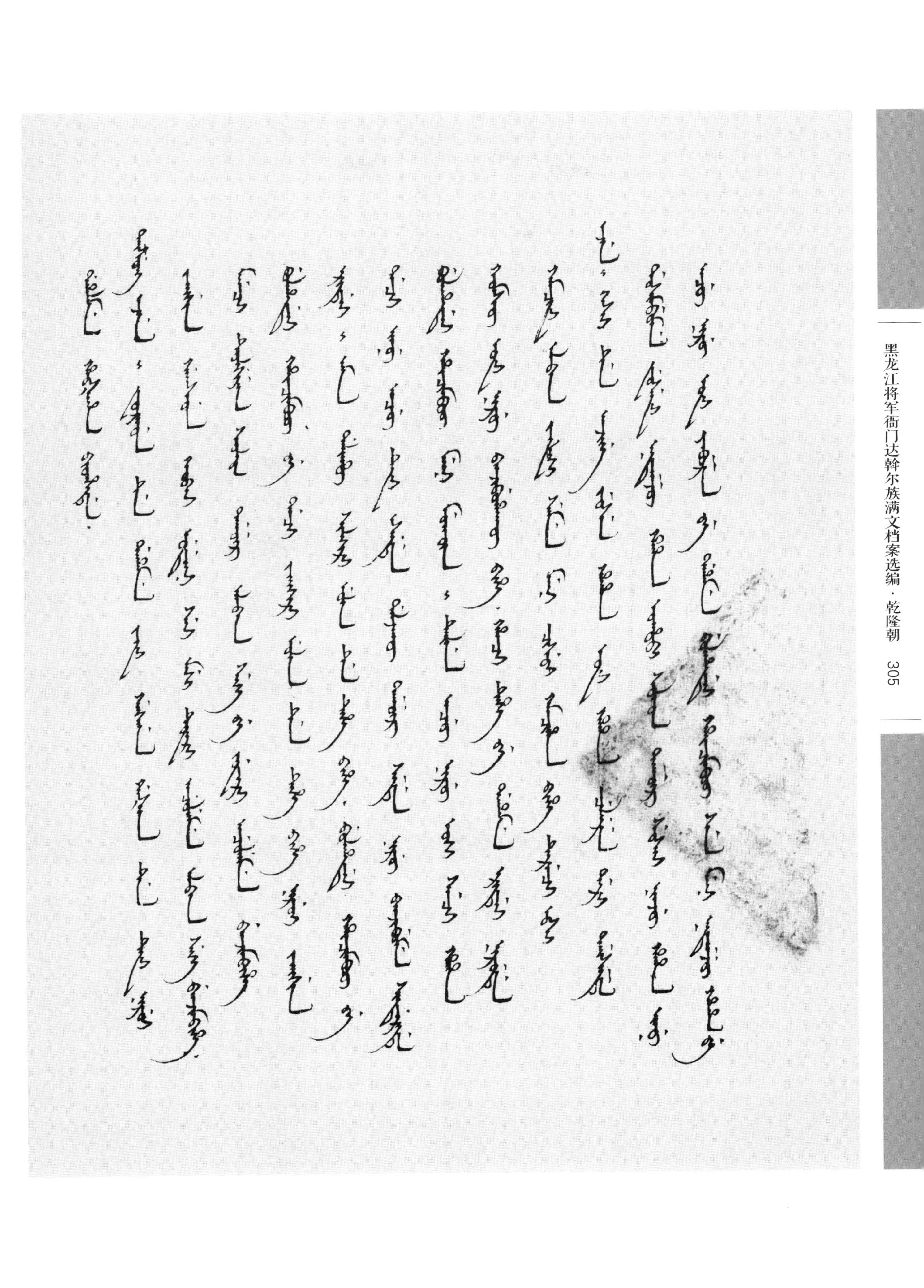

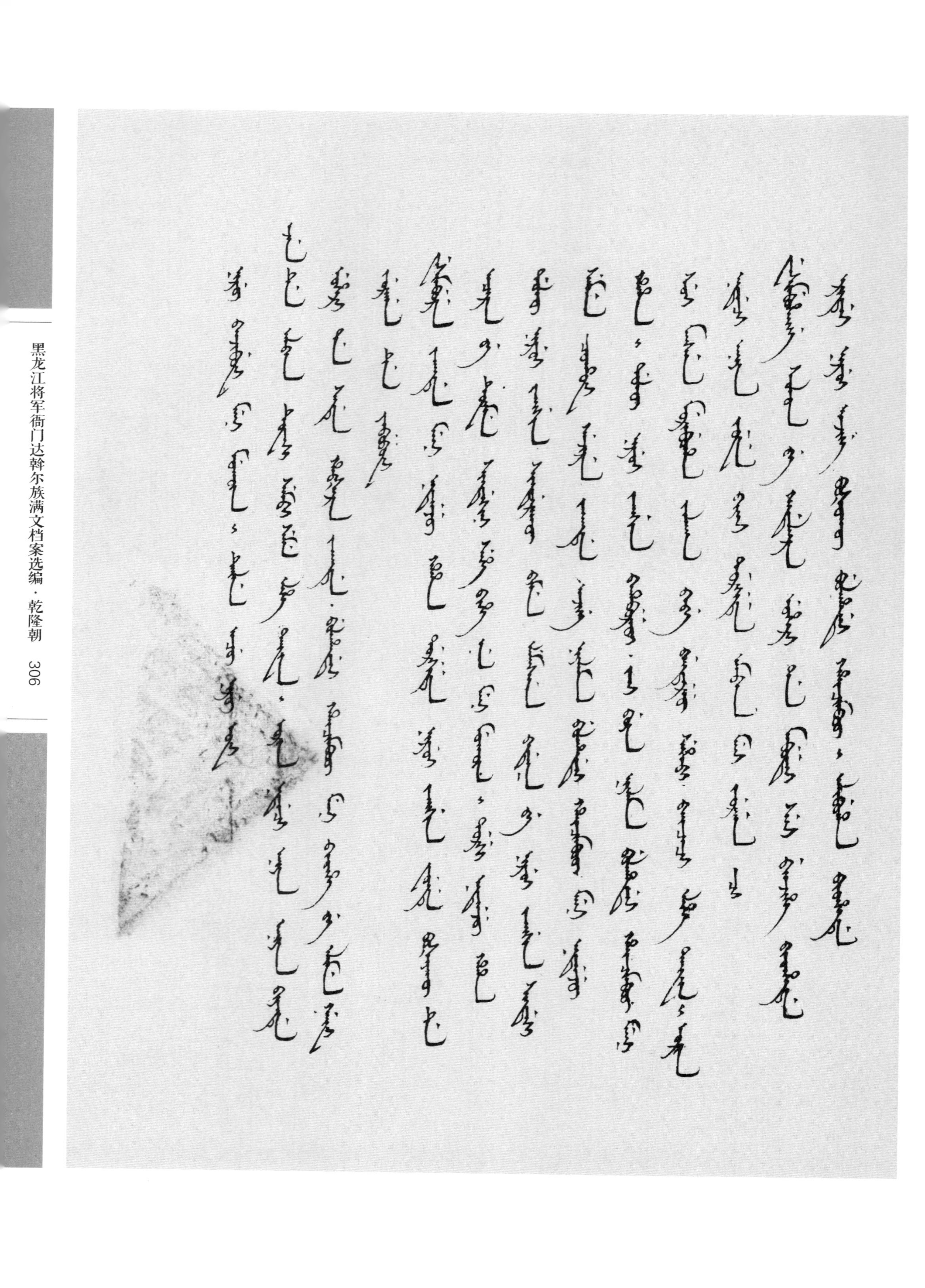

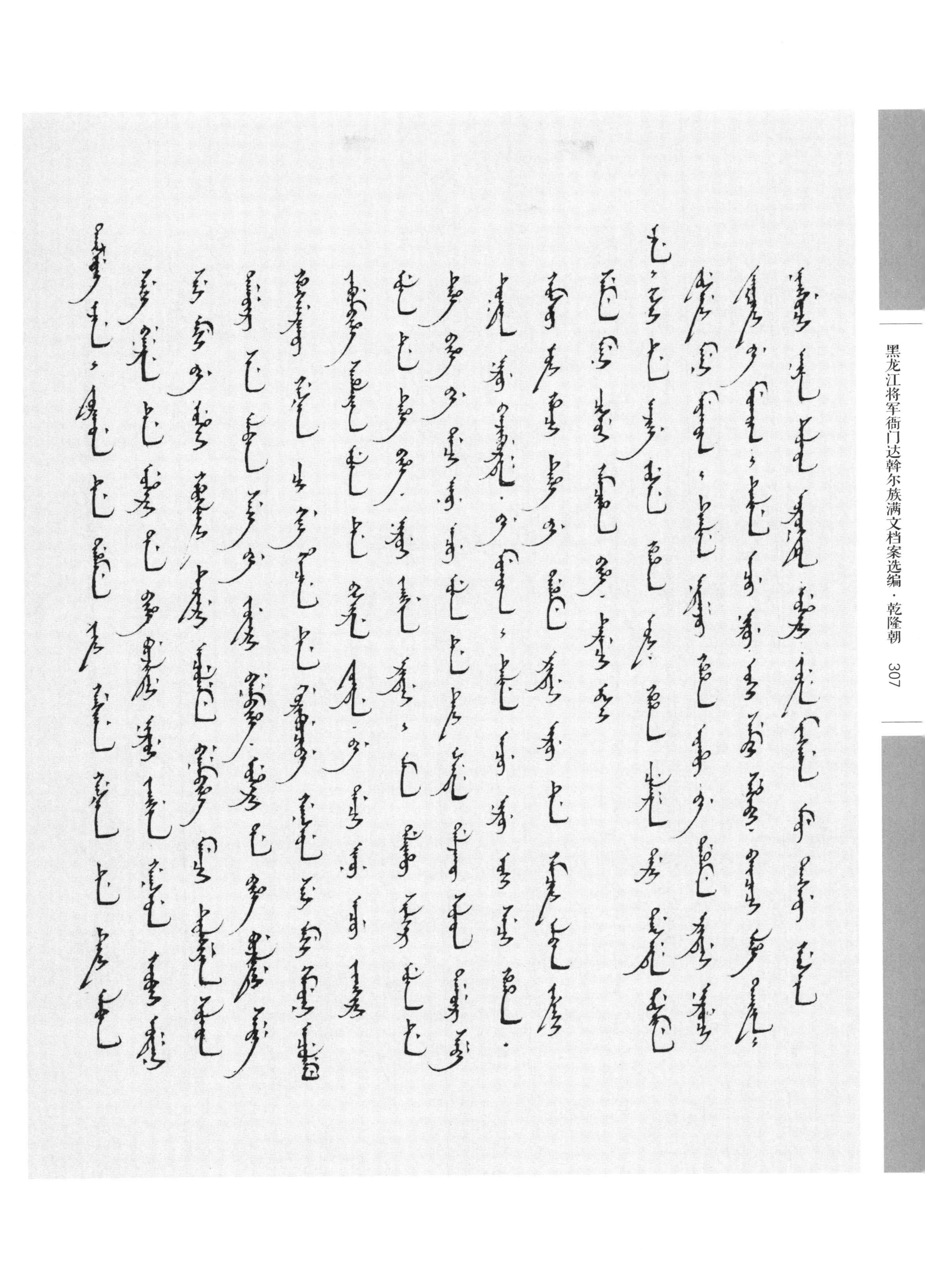

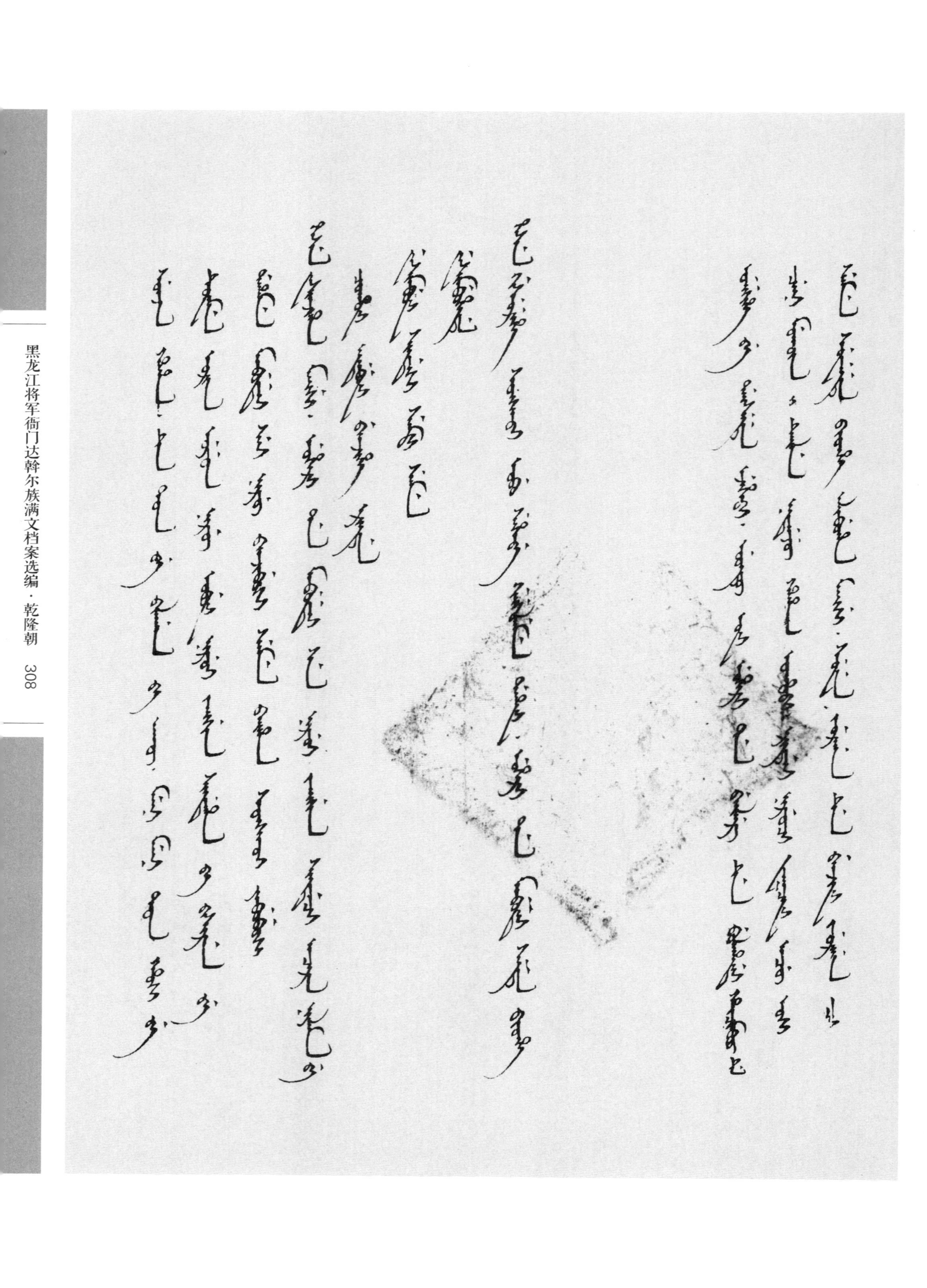

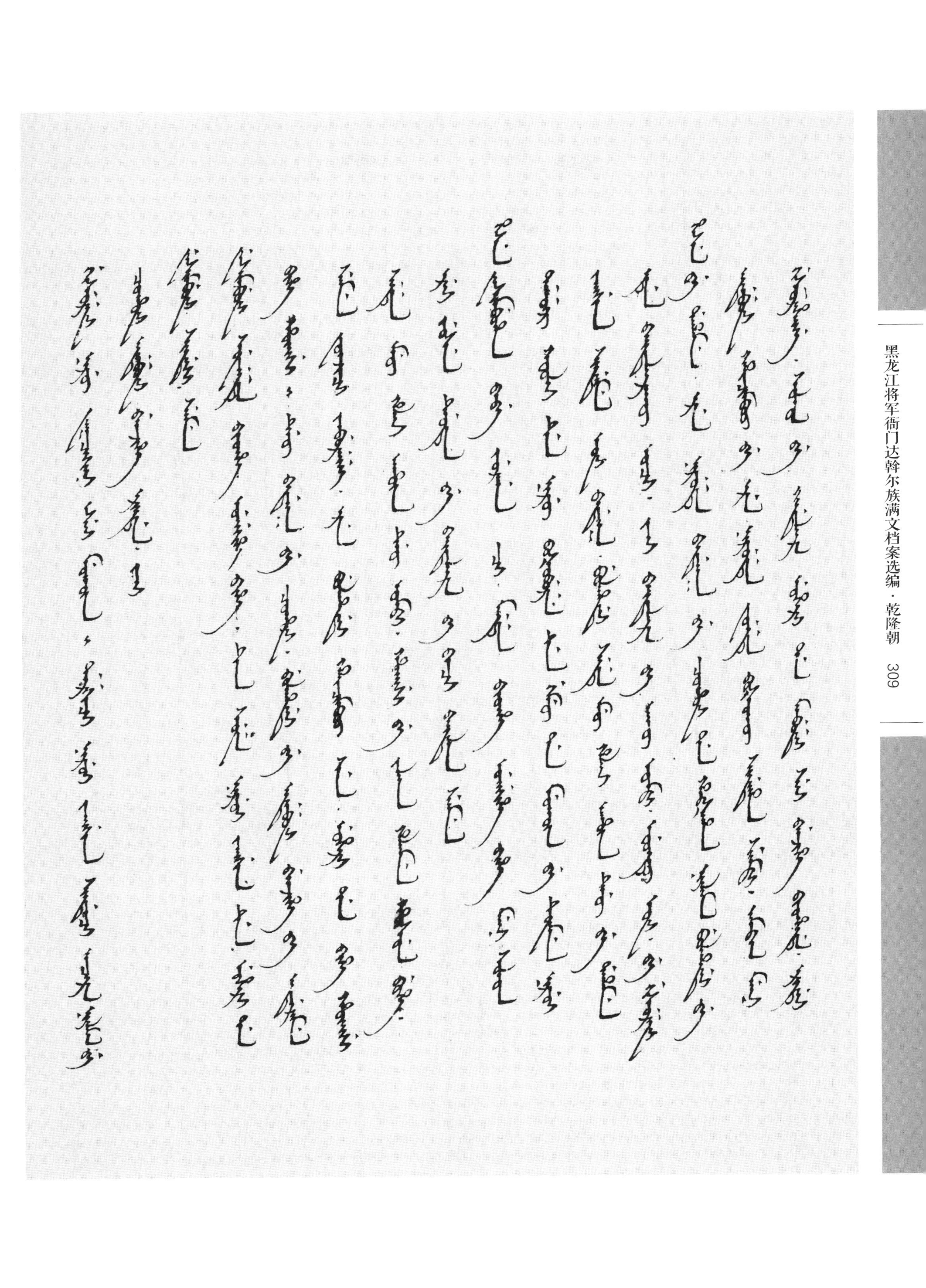

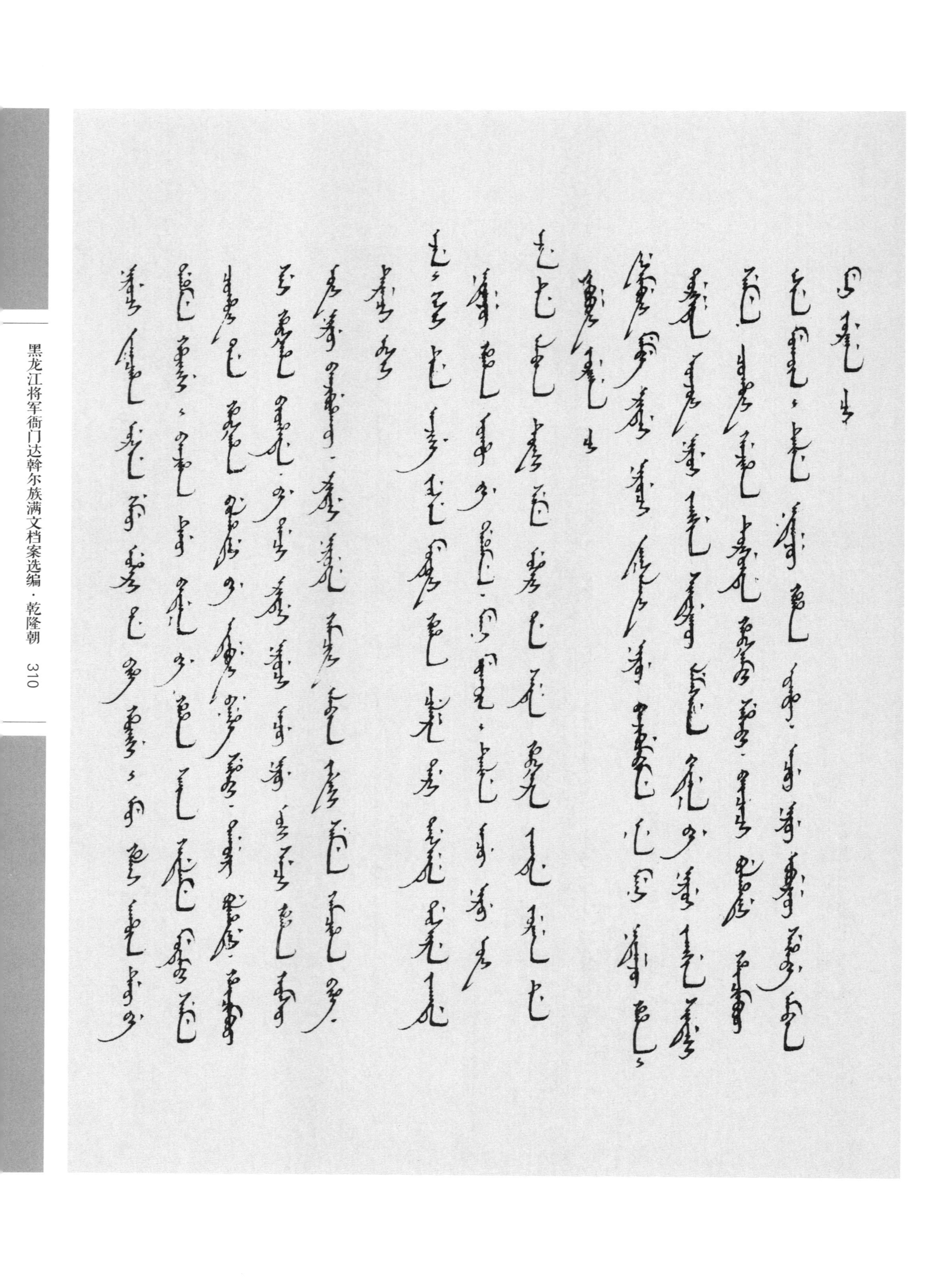

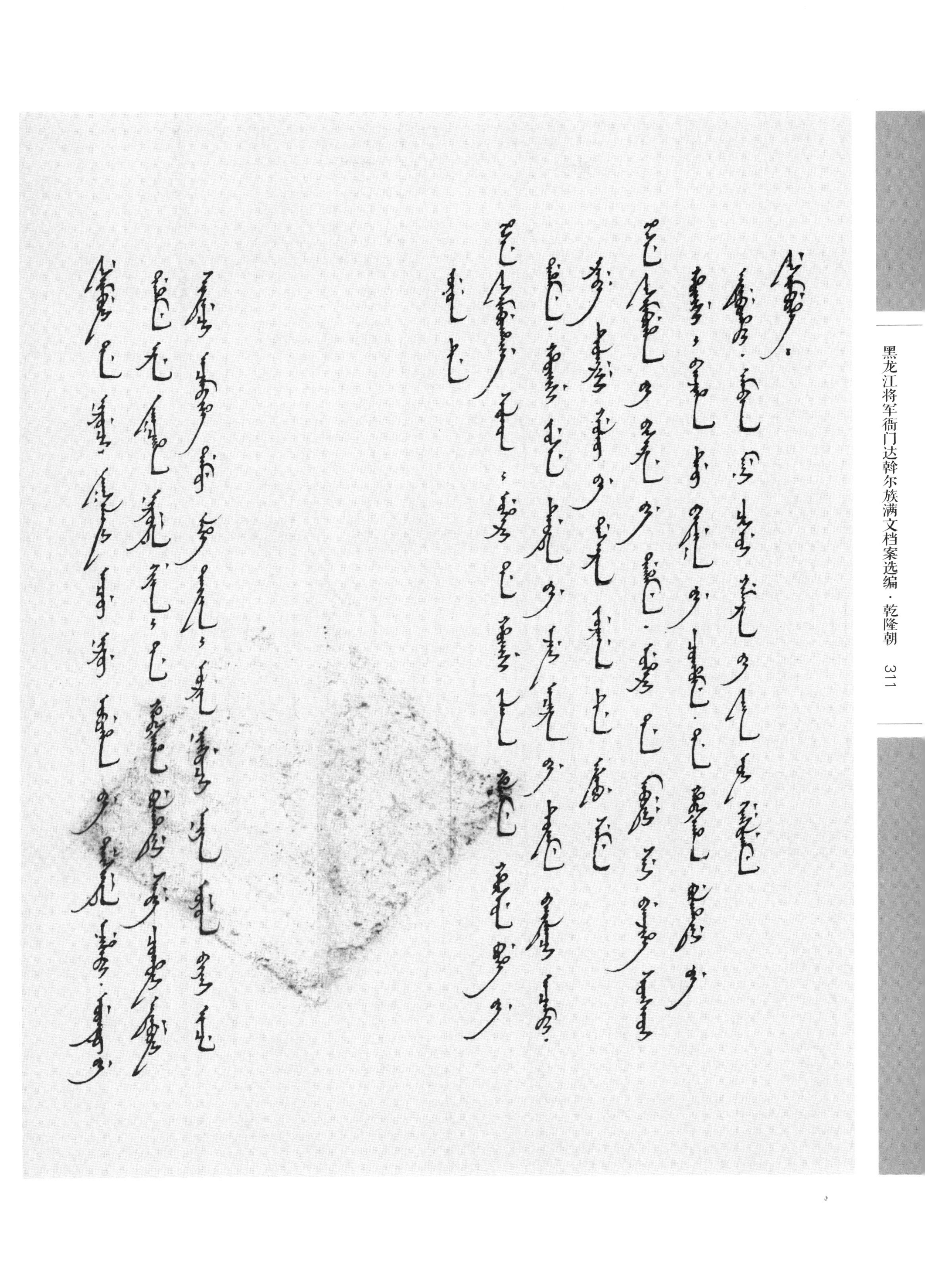

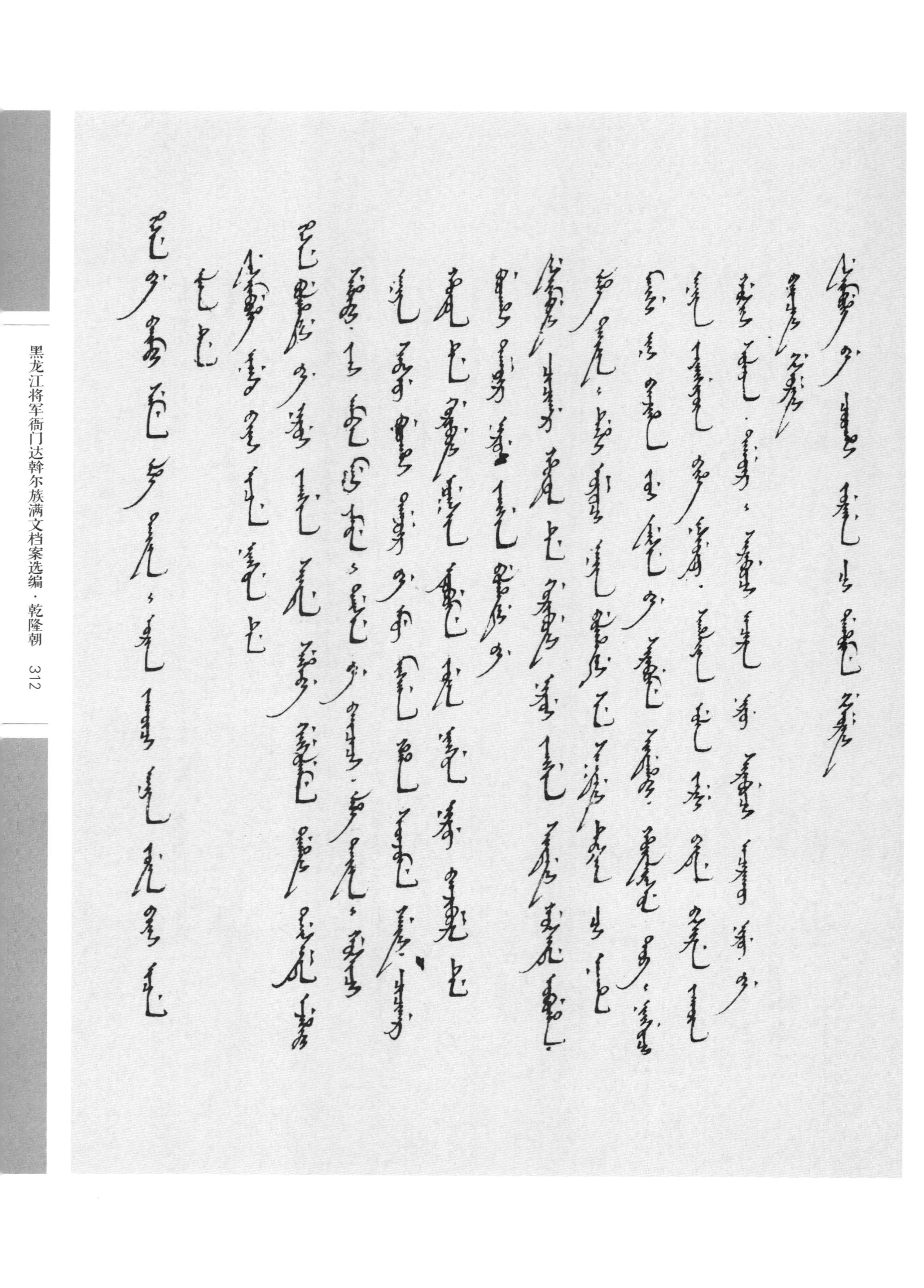

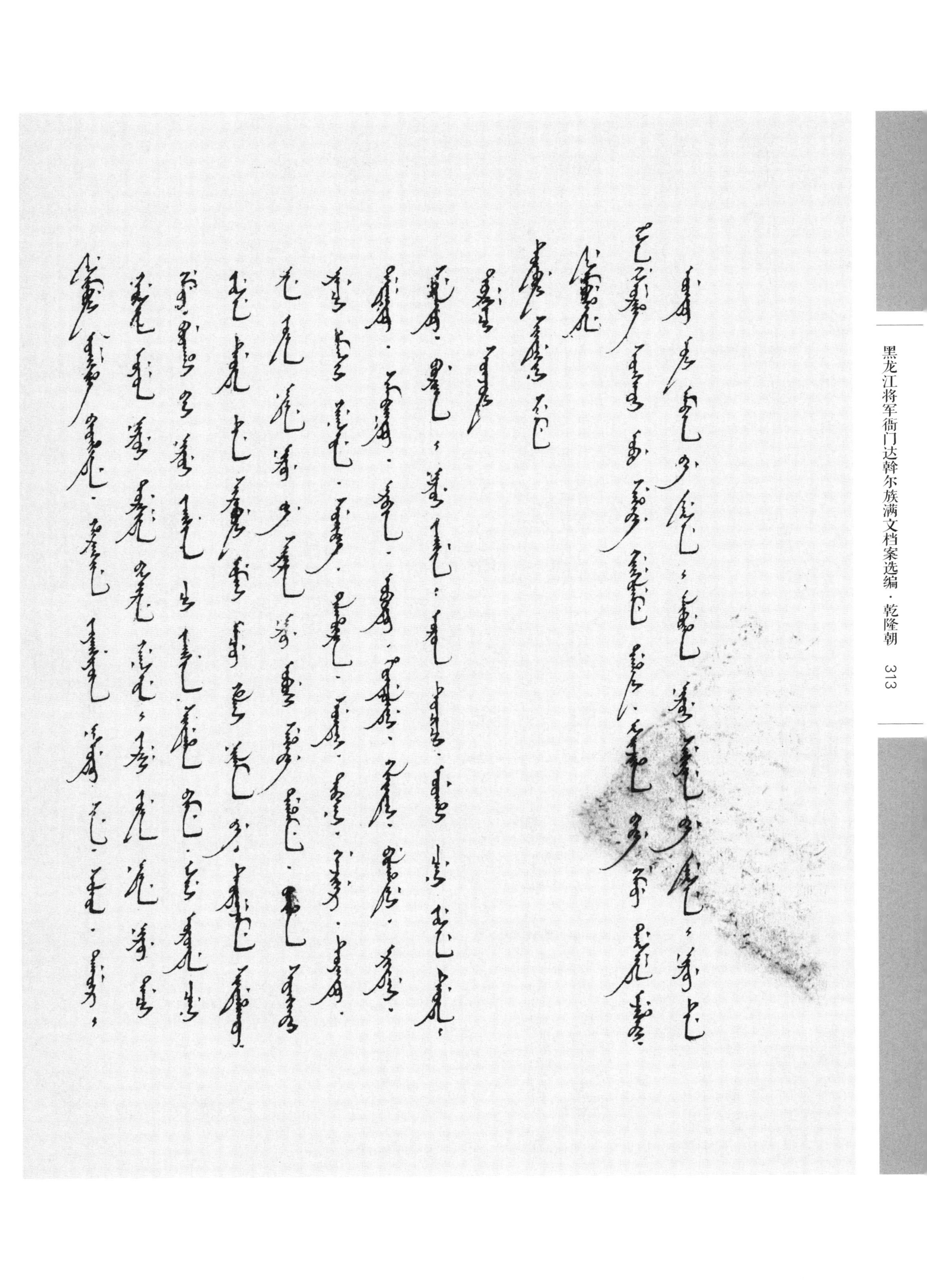

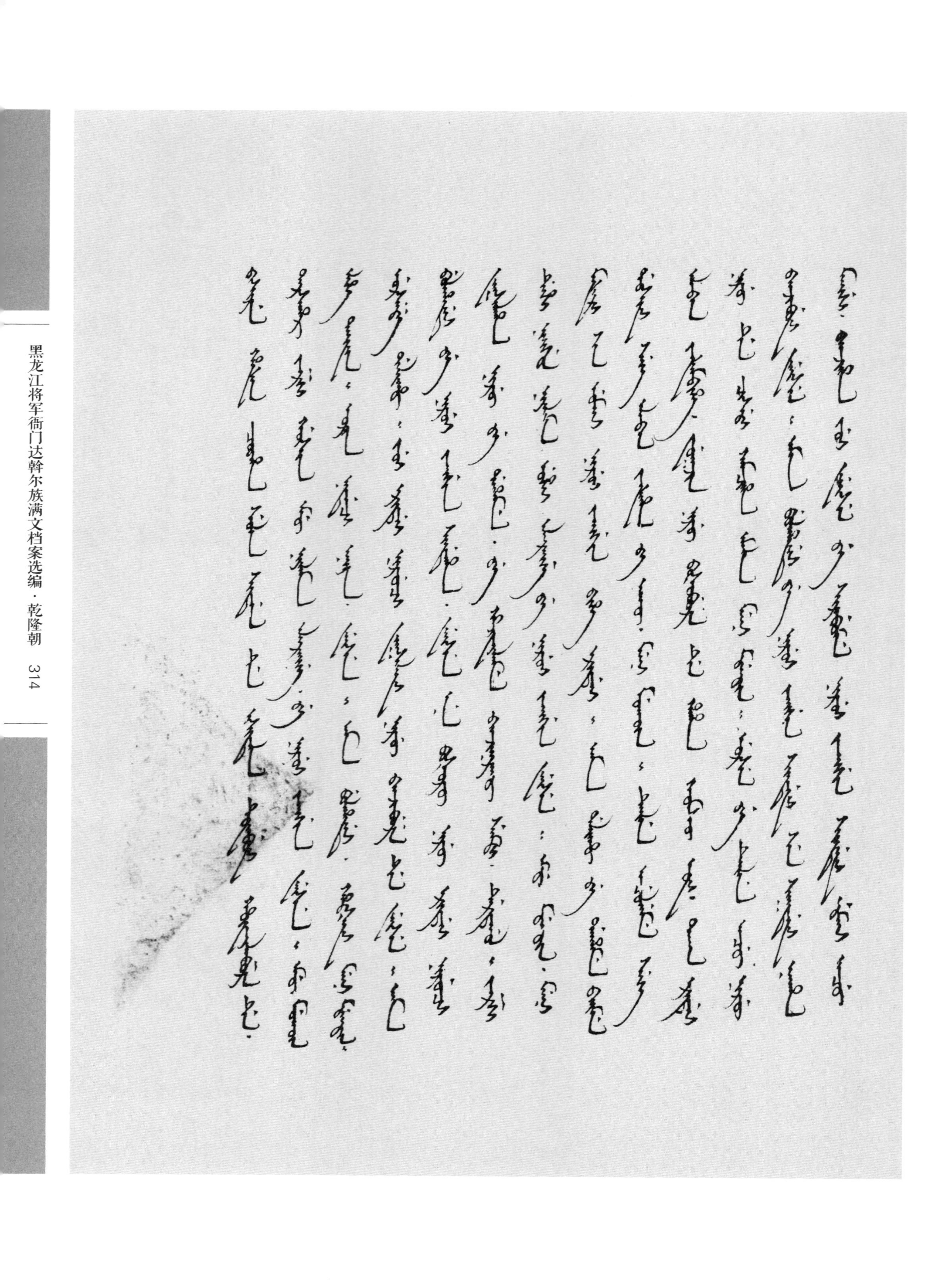

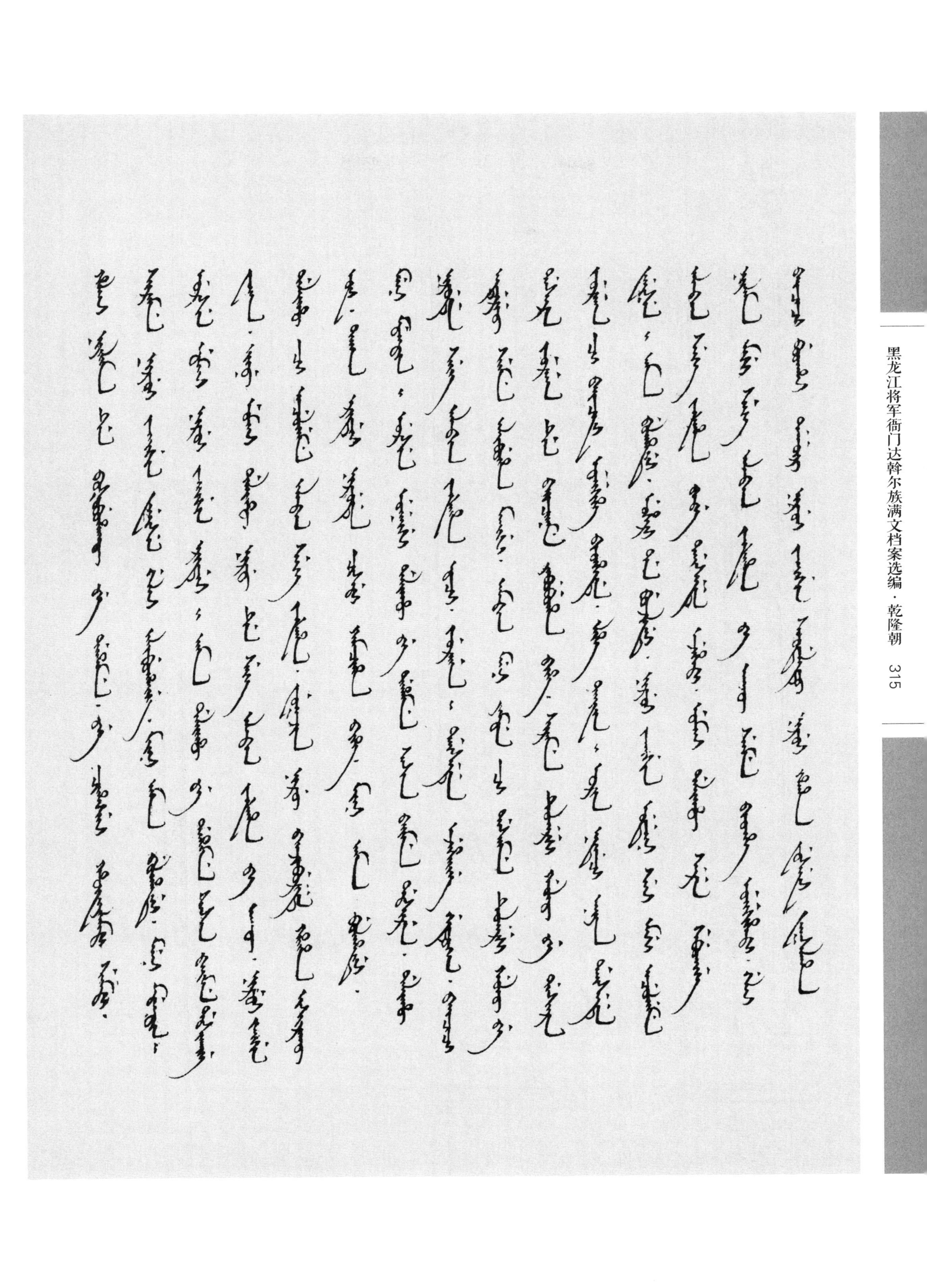

[illegible]

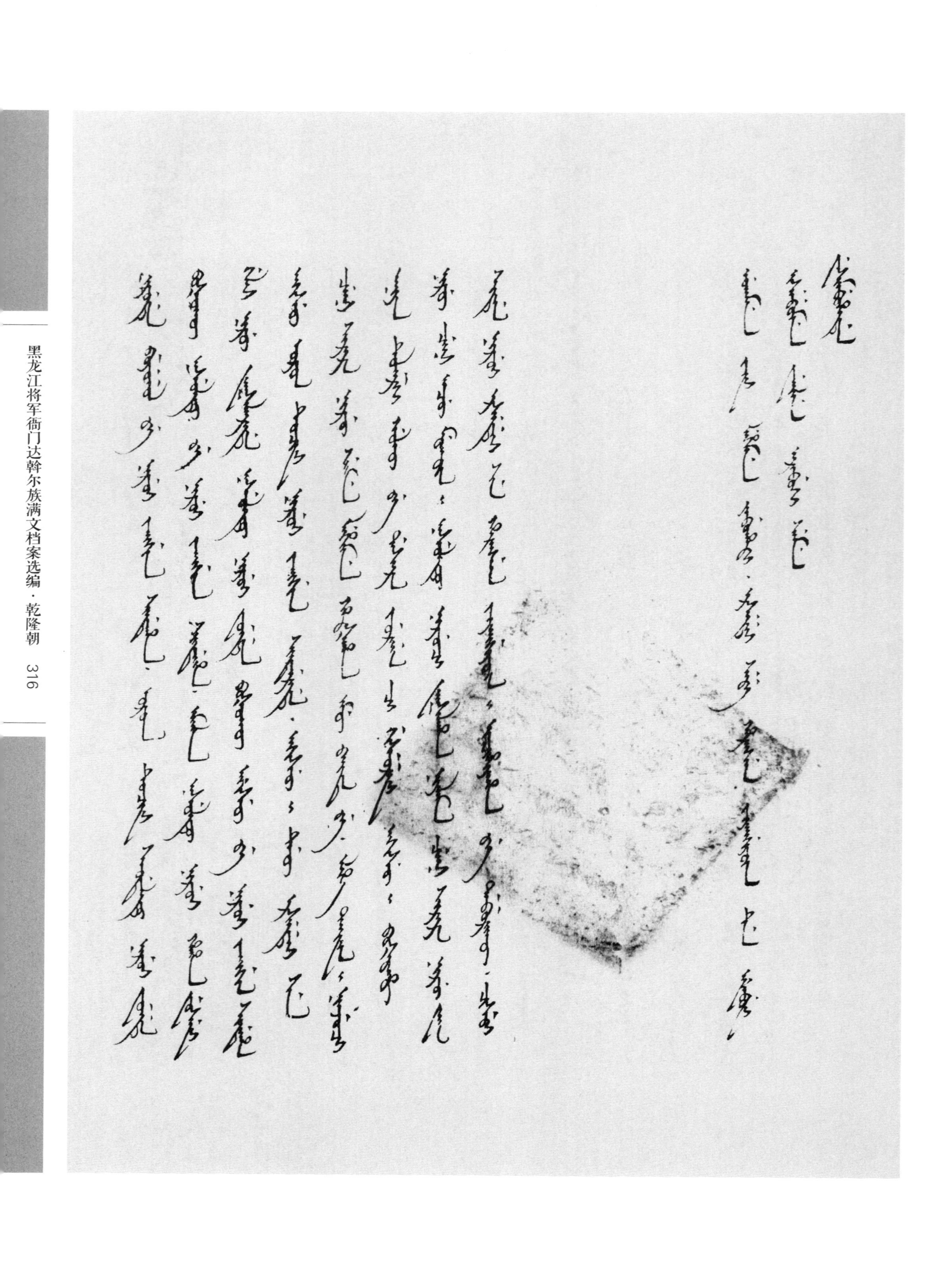

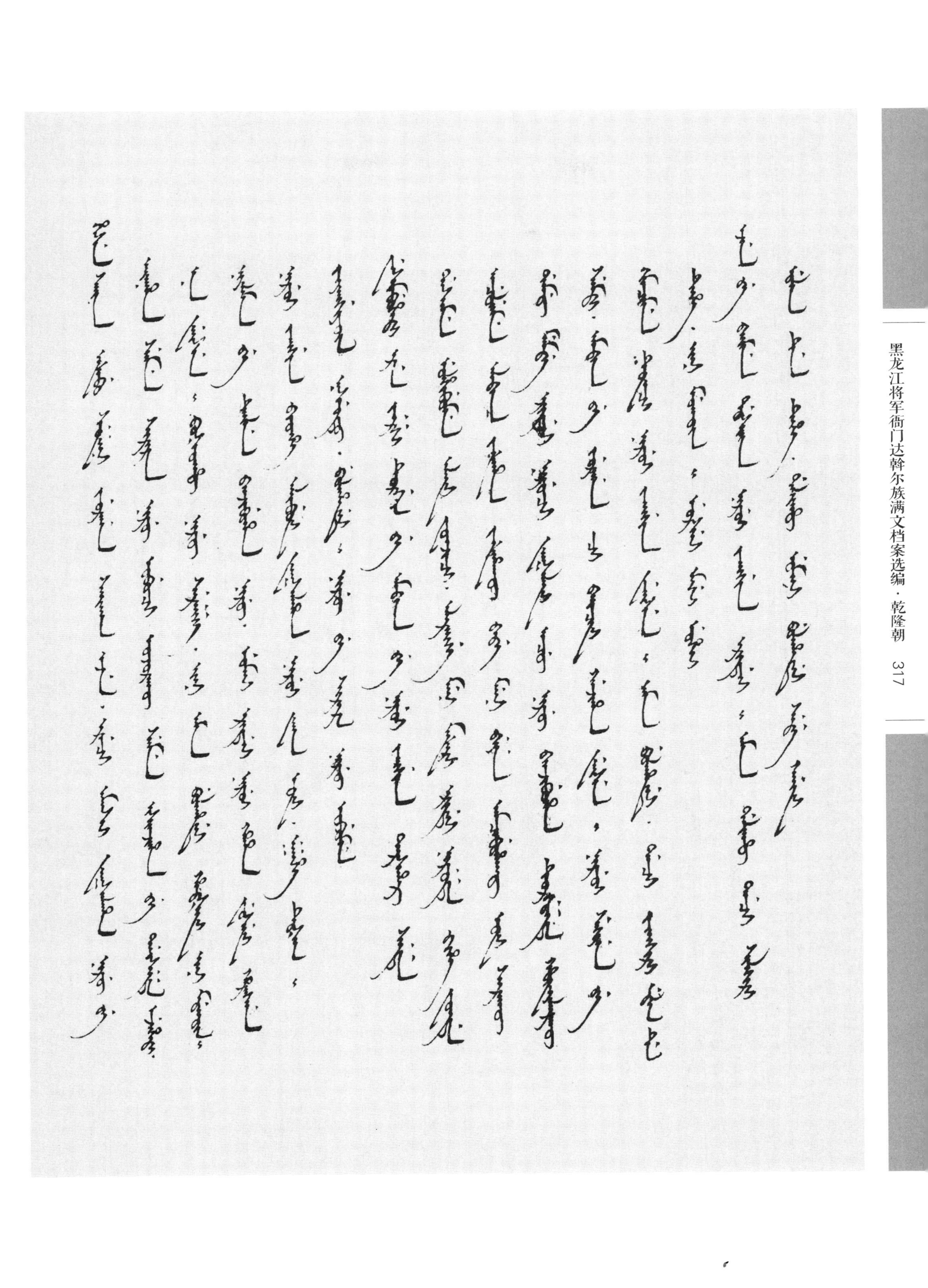

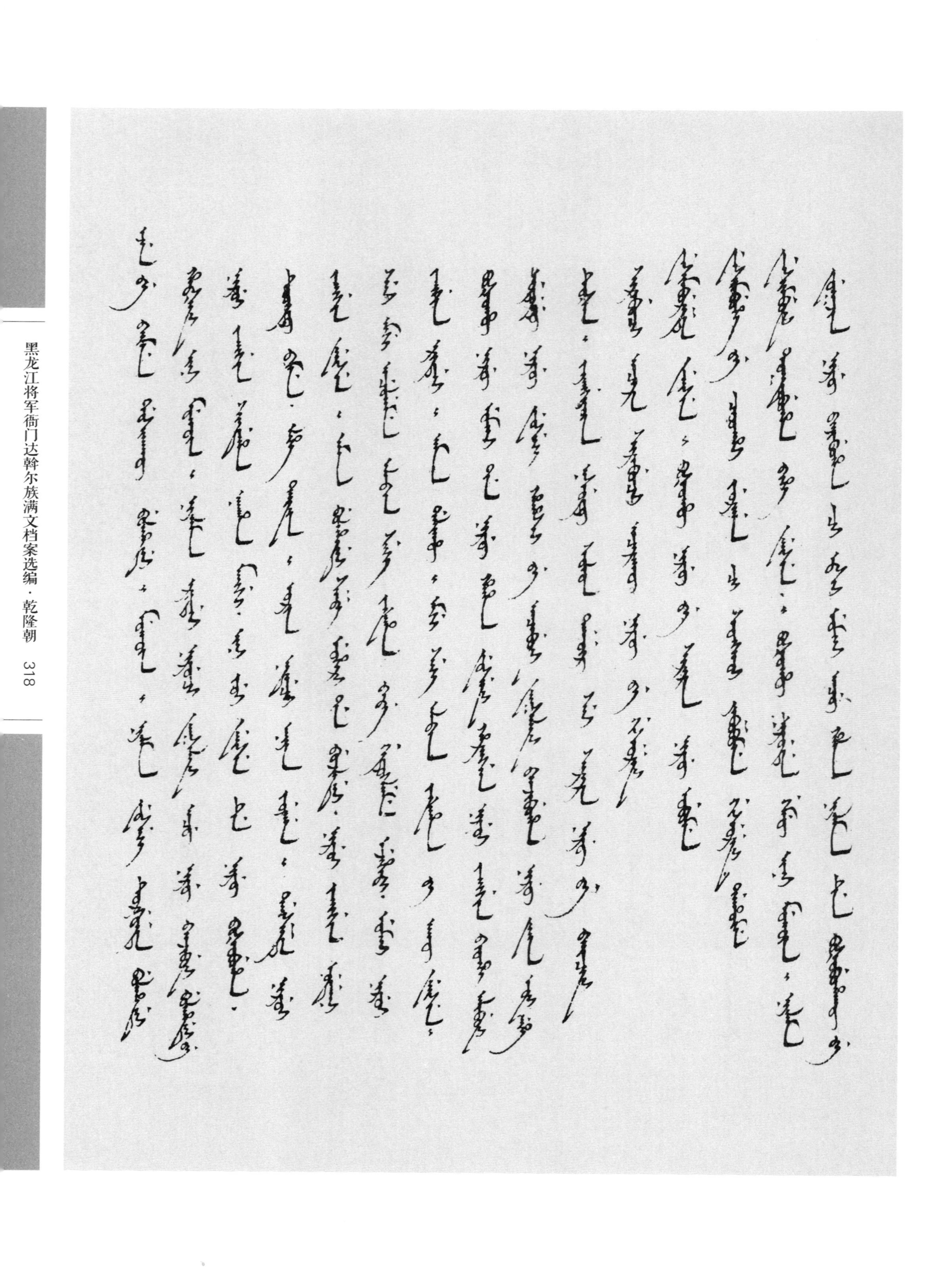

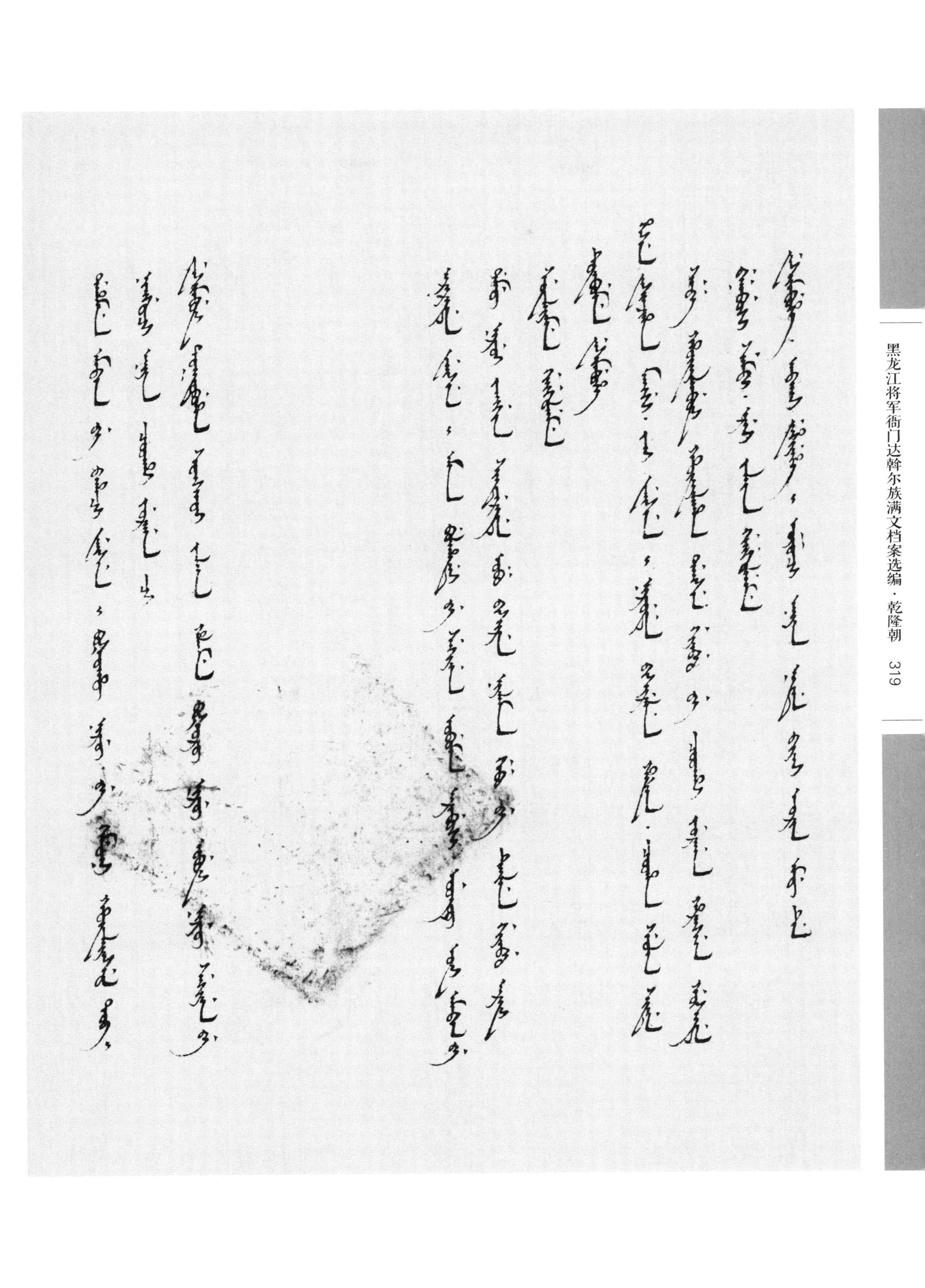

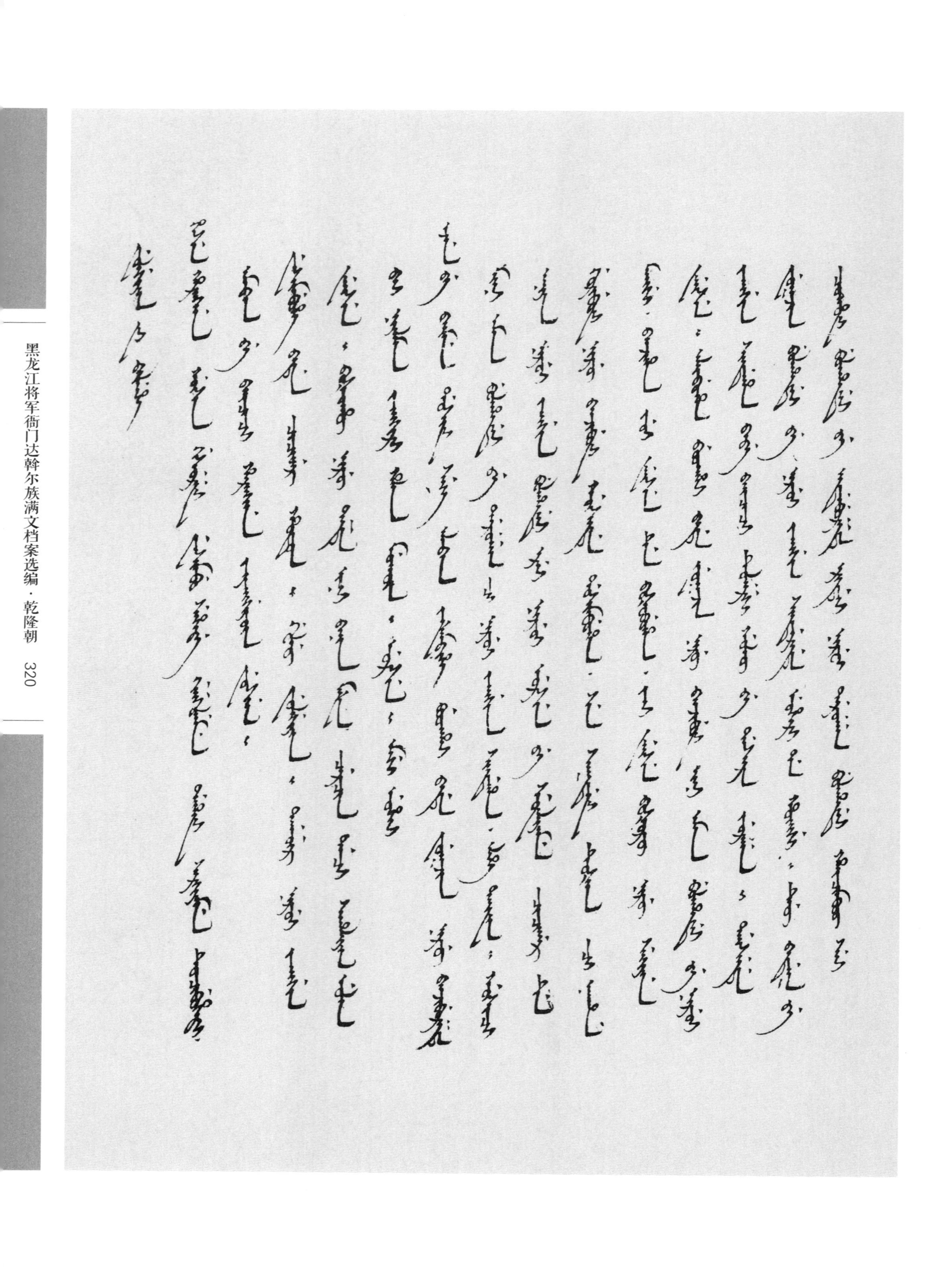

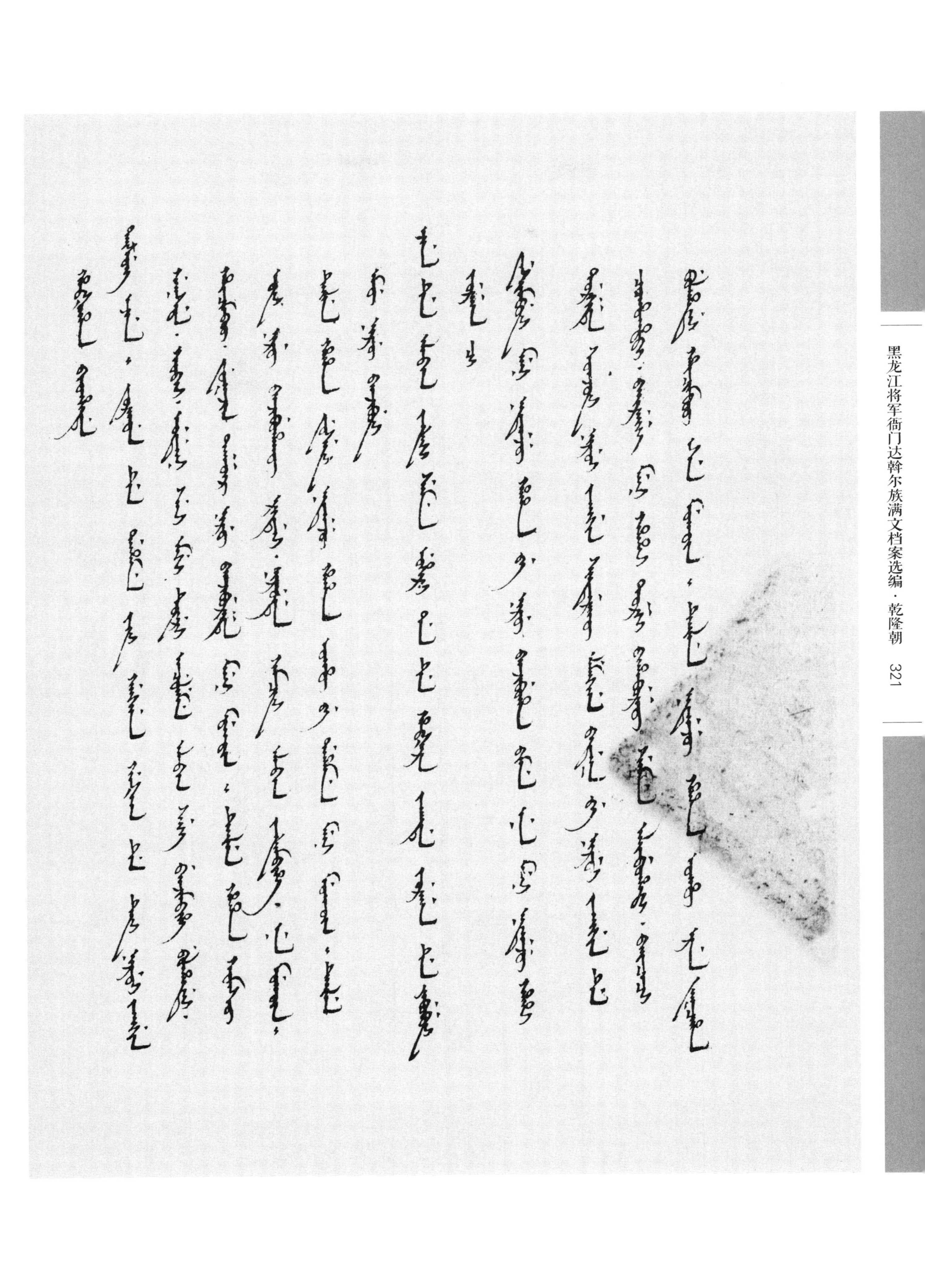

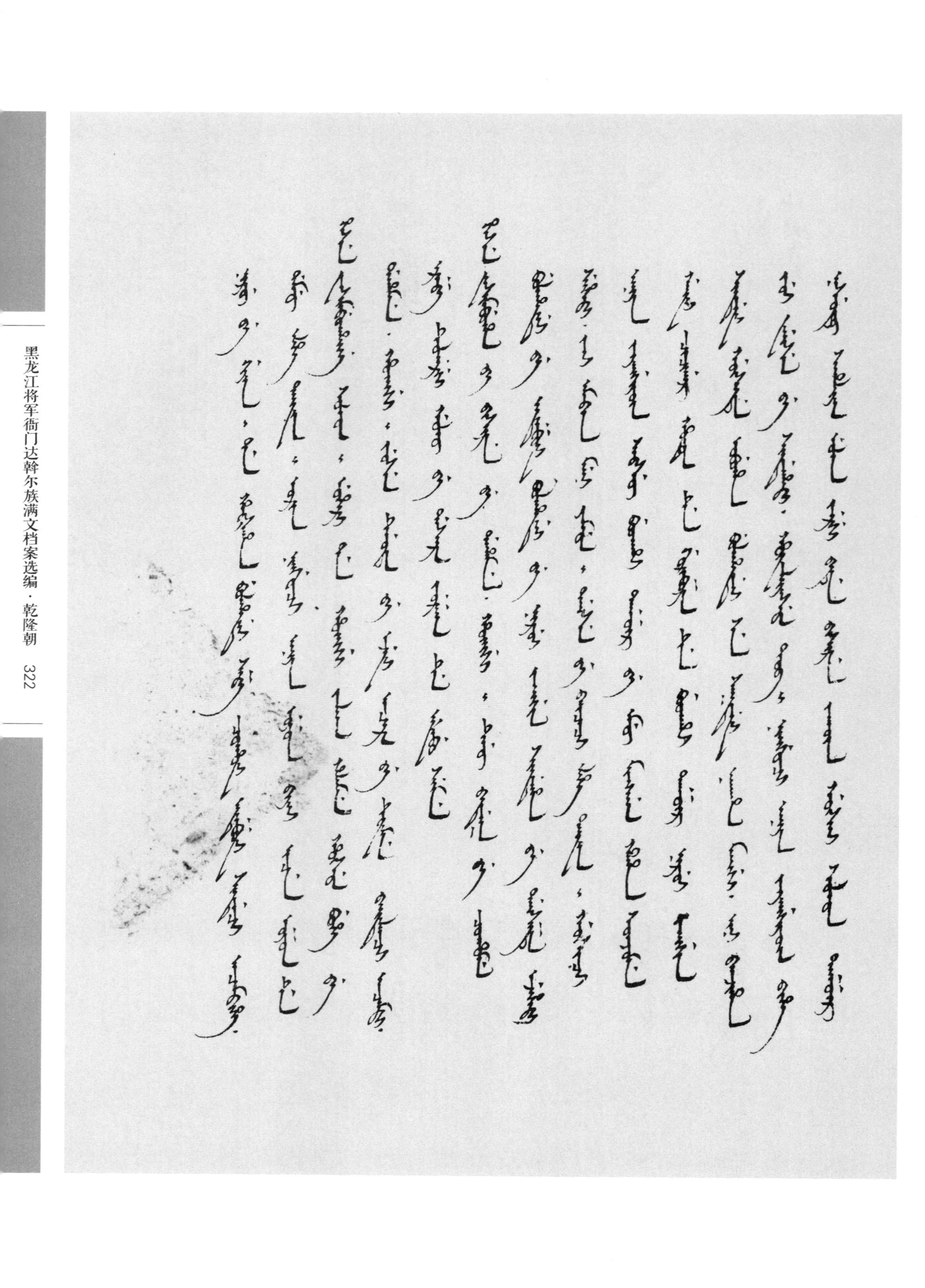

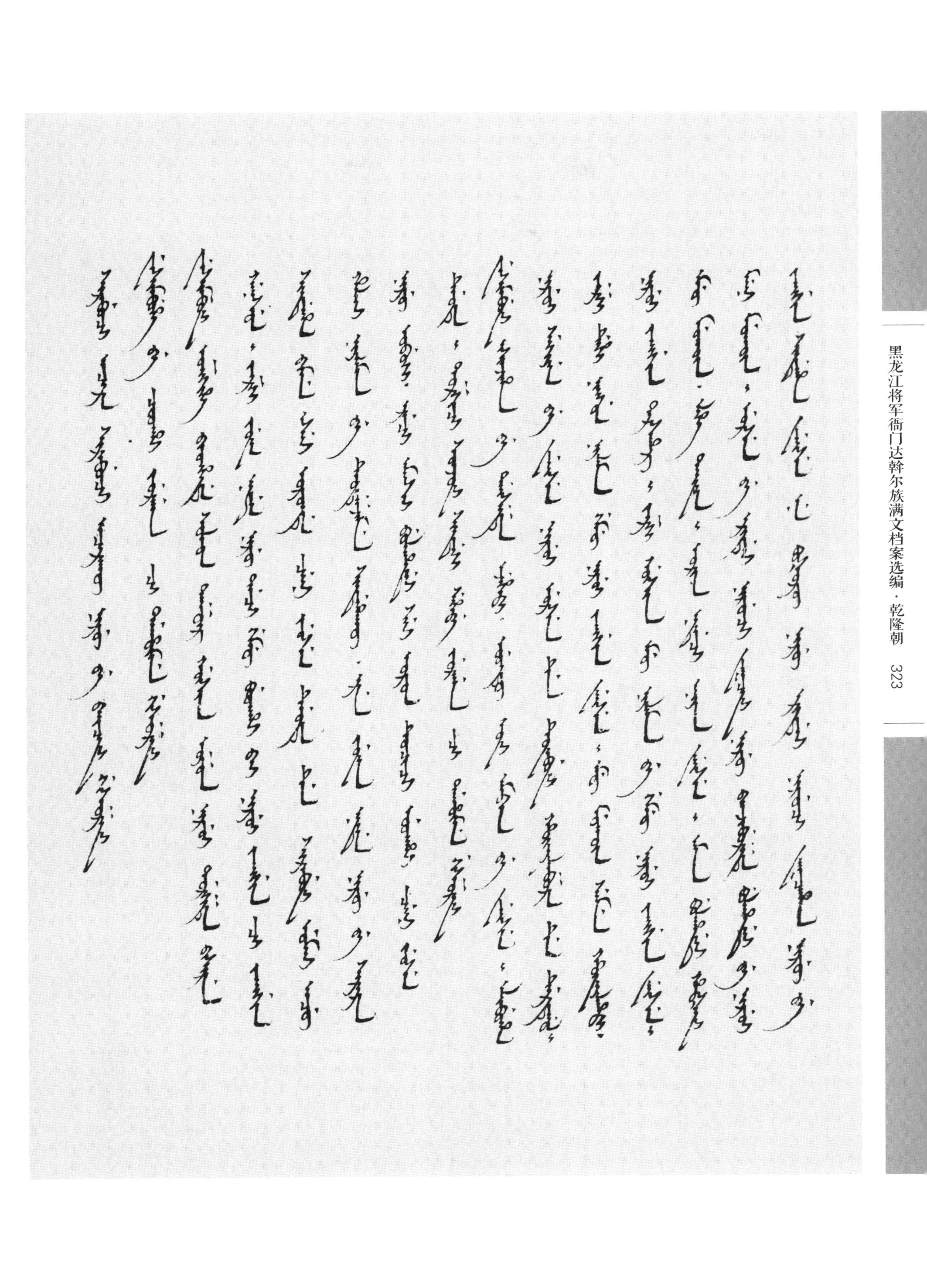

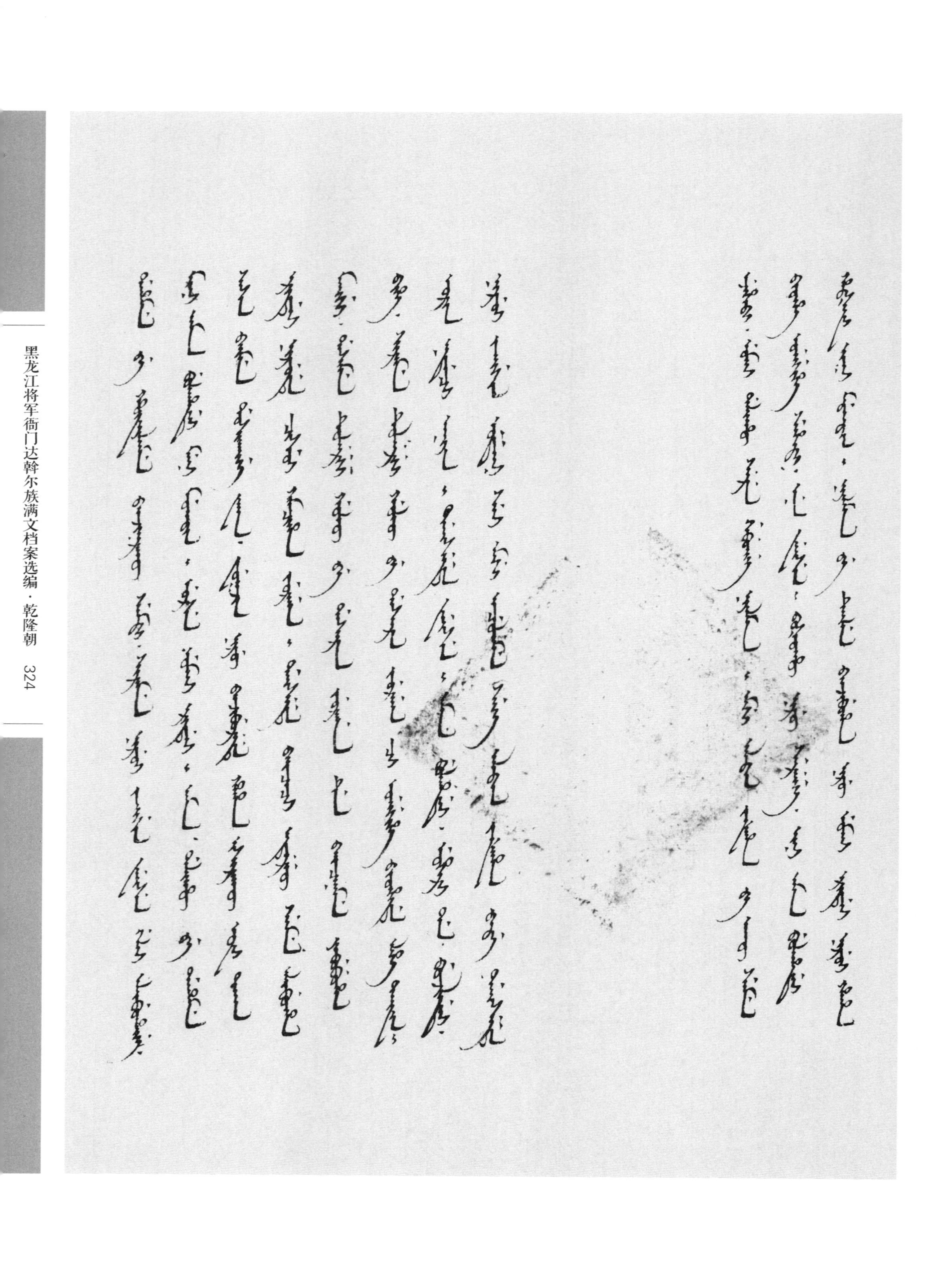

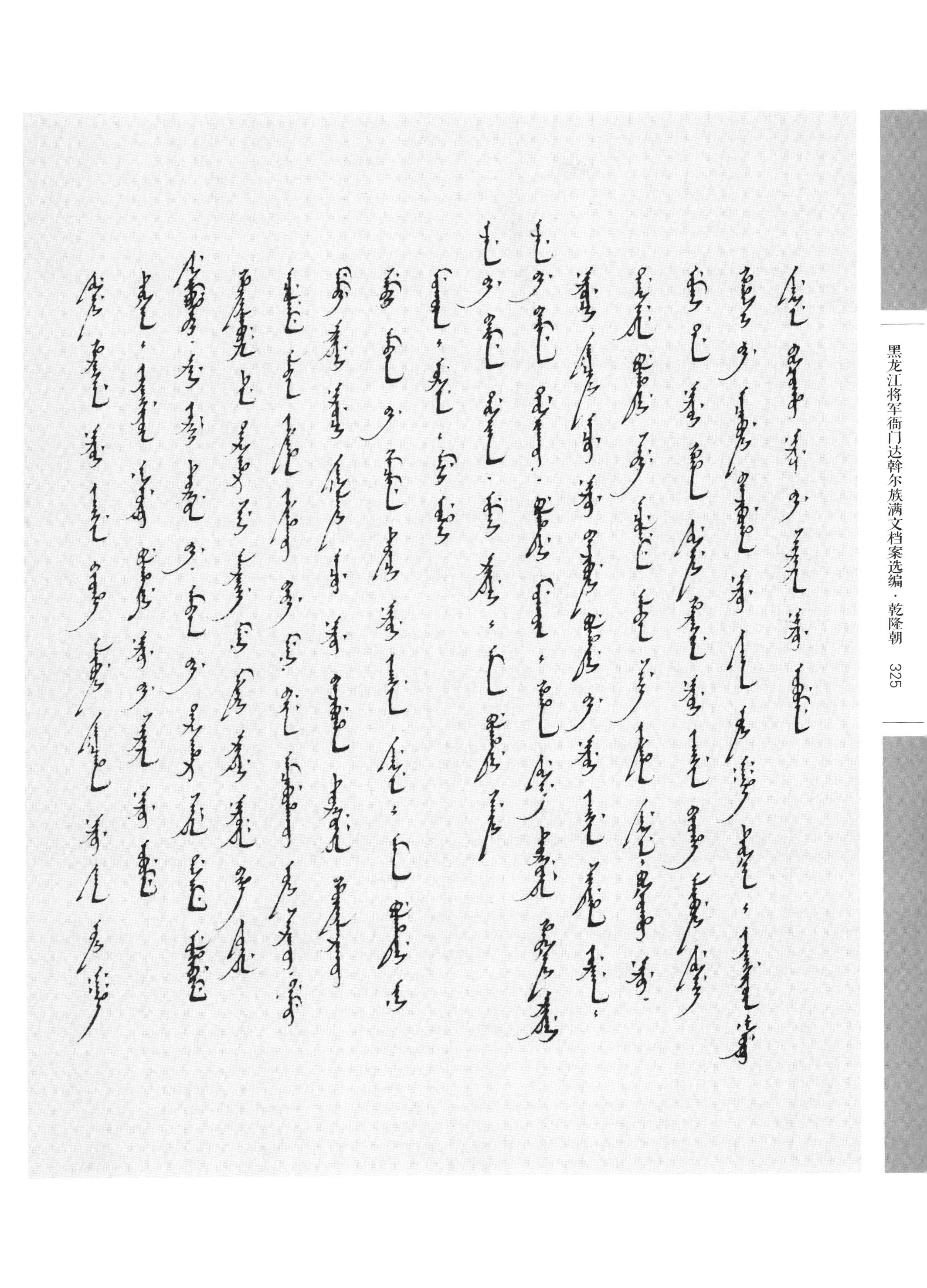

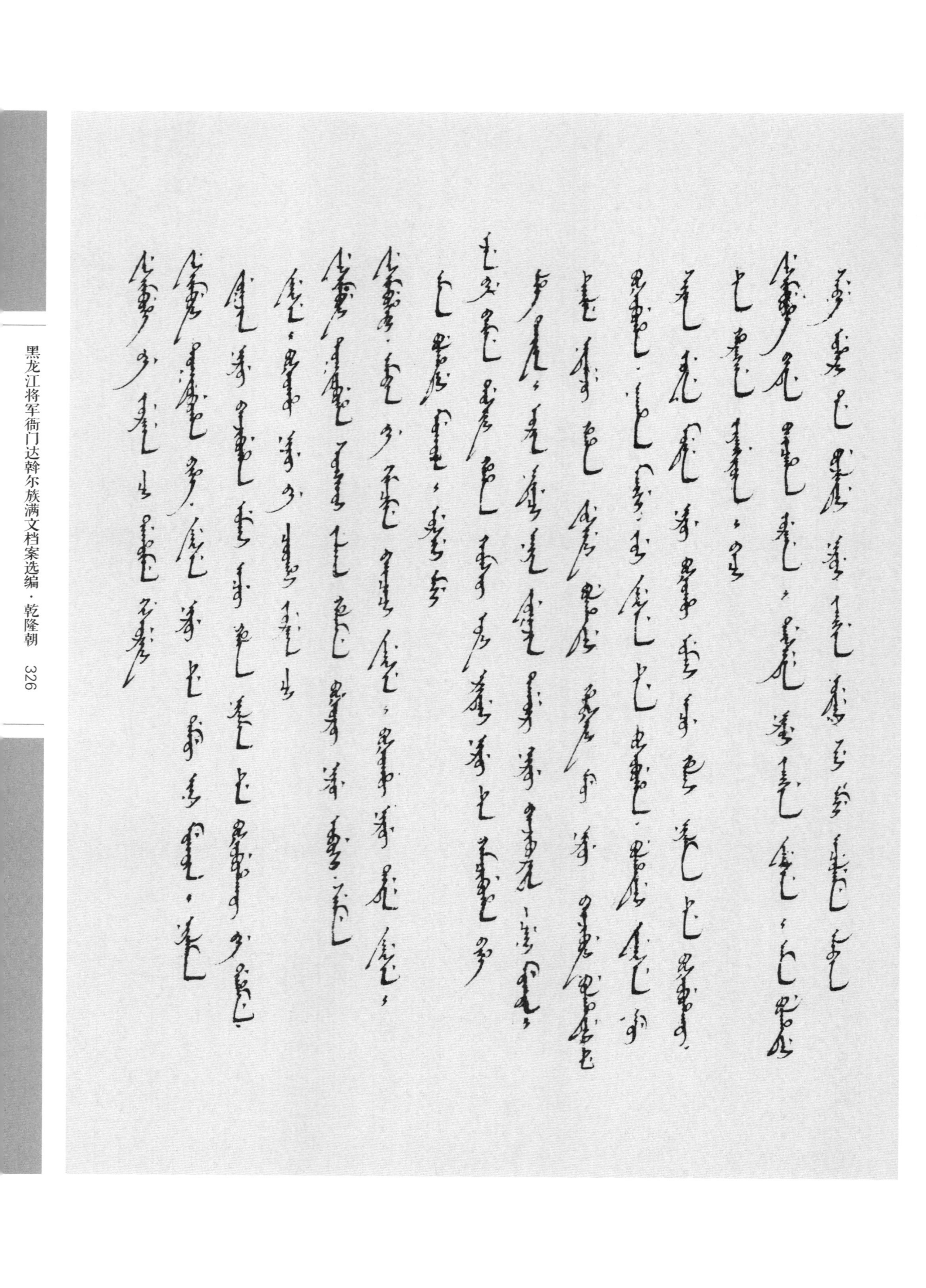

[illegible]

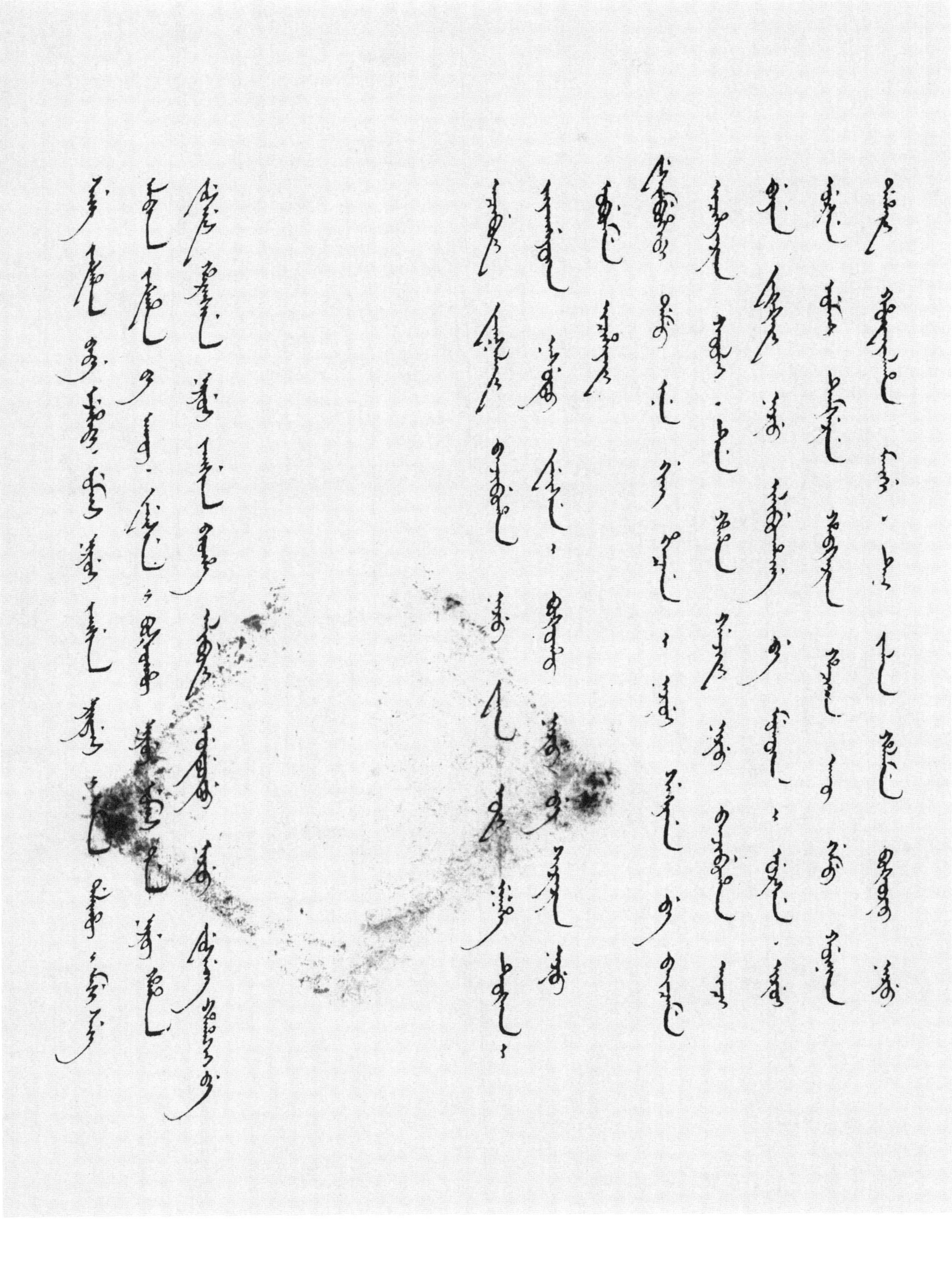

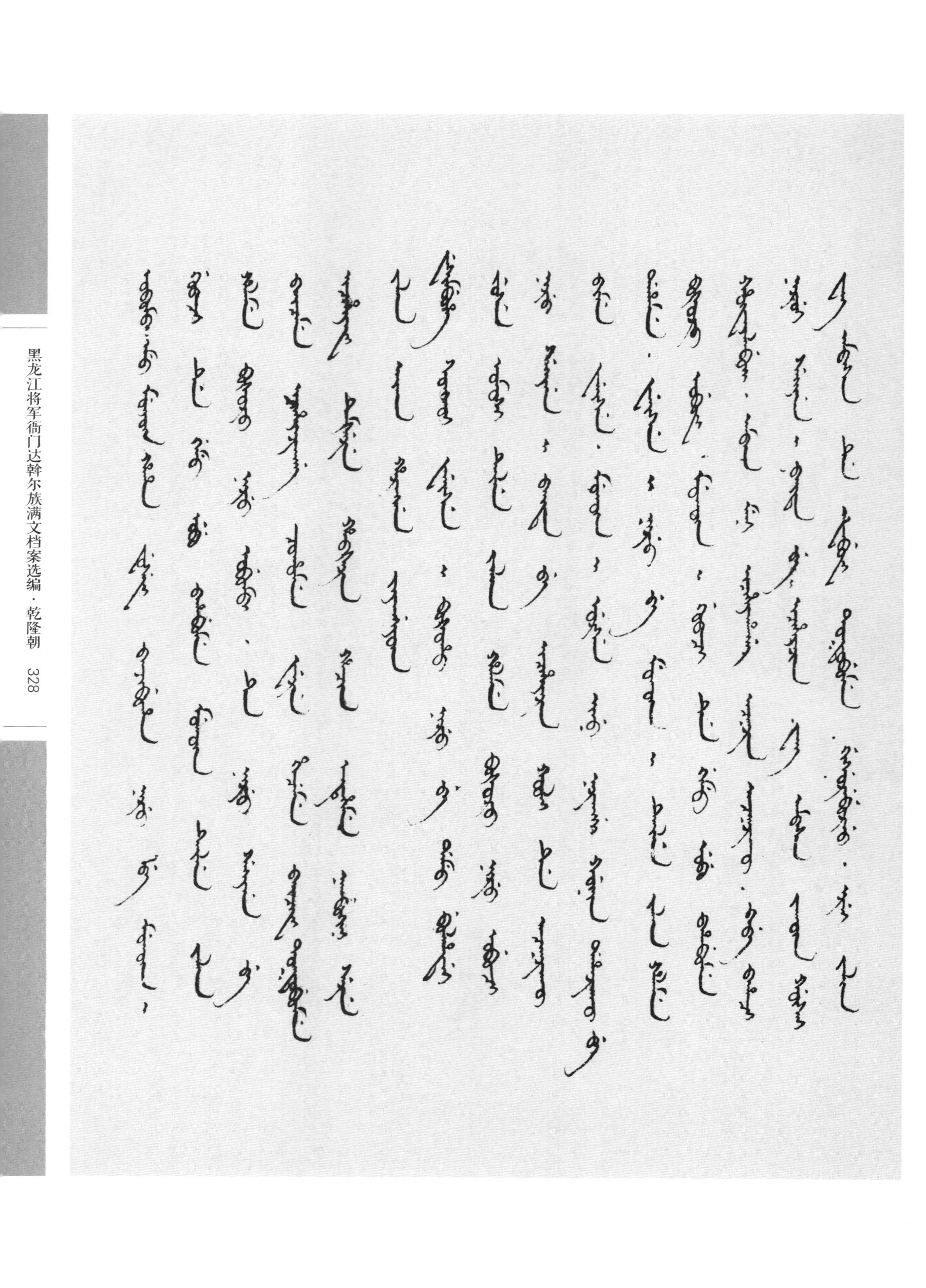

[illegible]

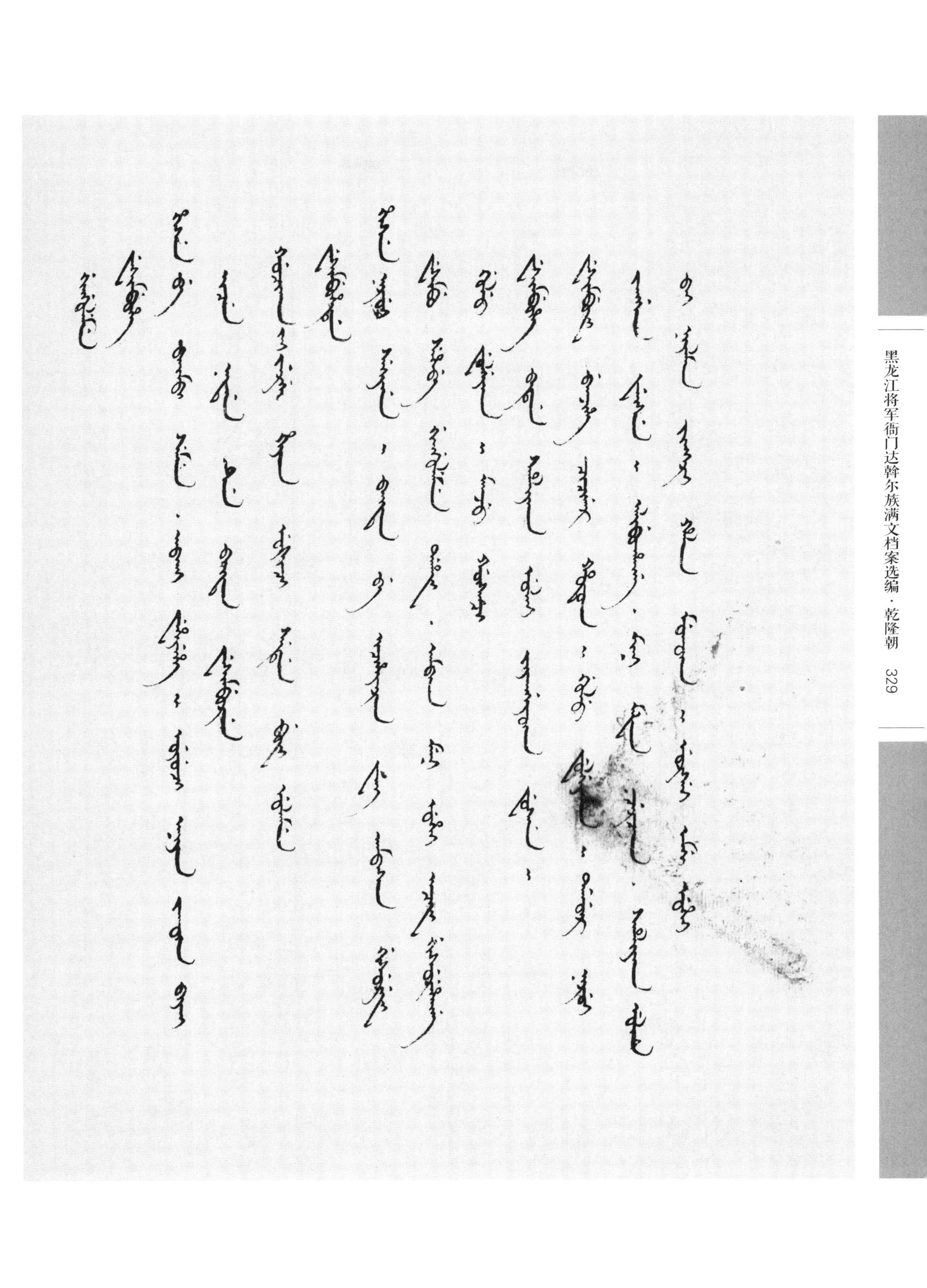

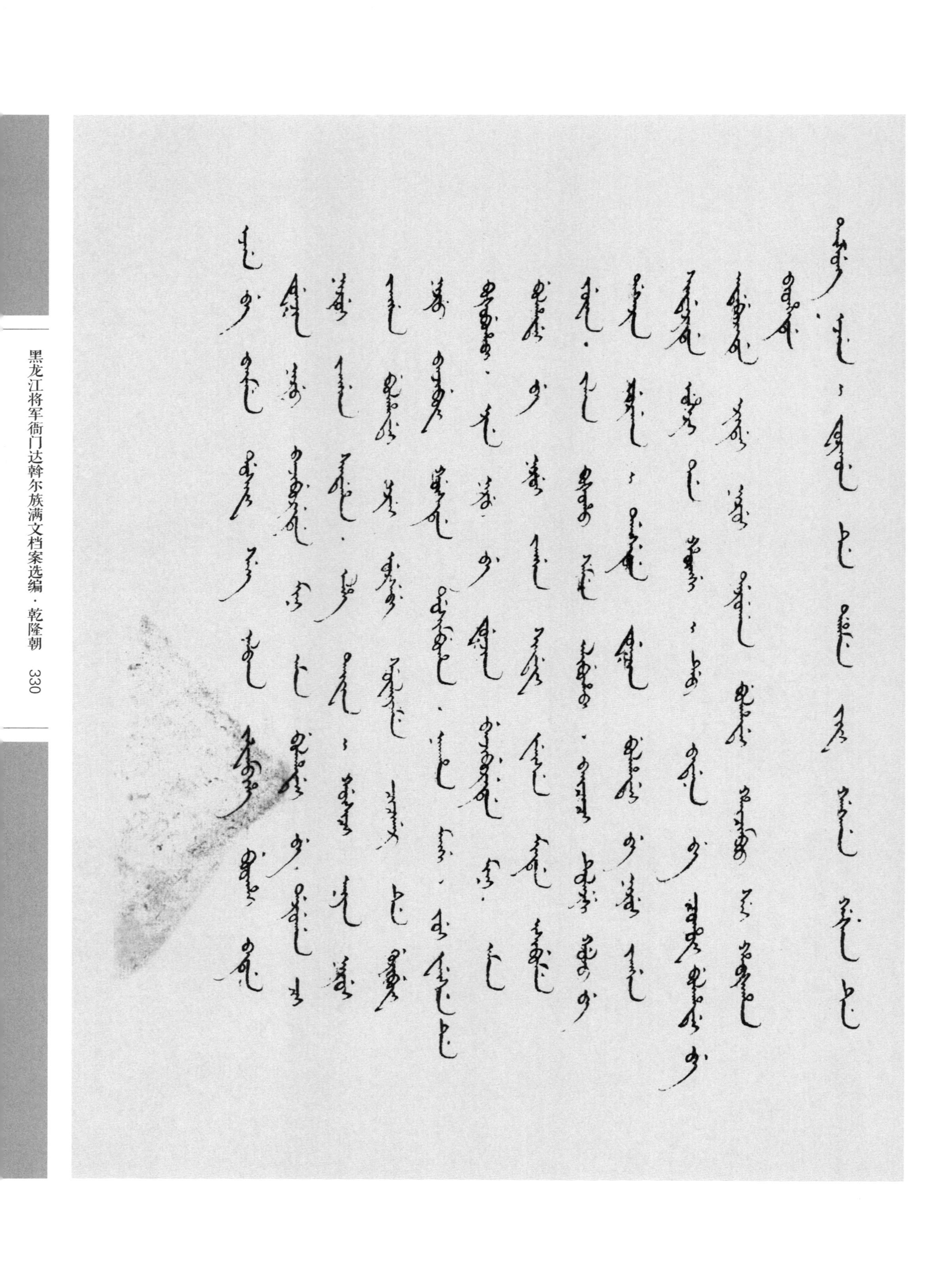

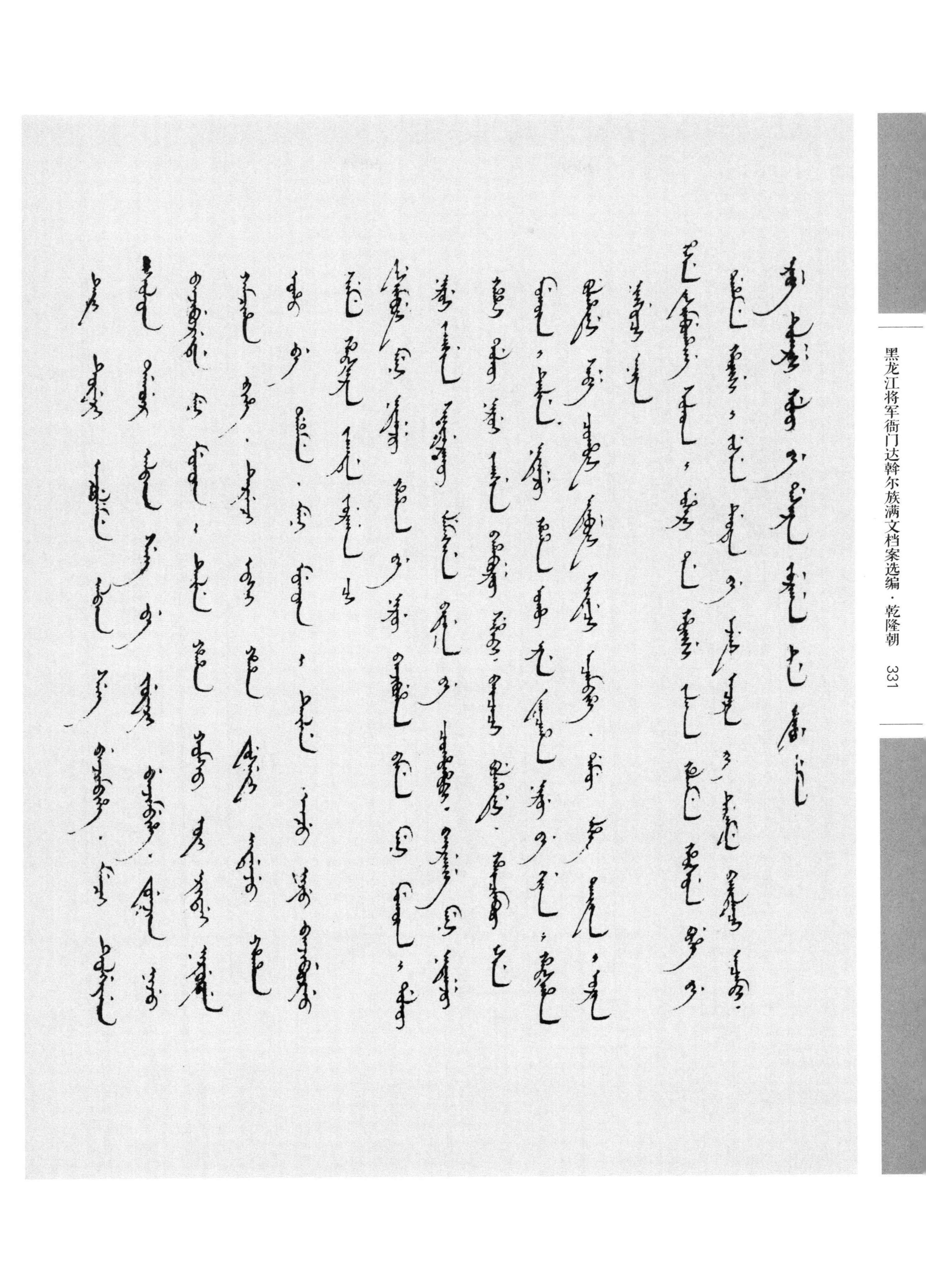

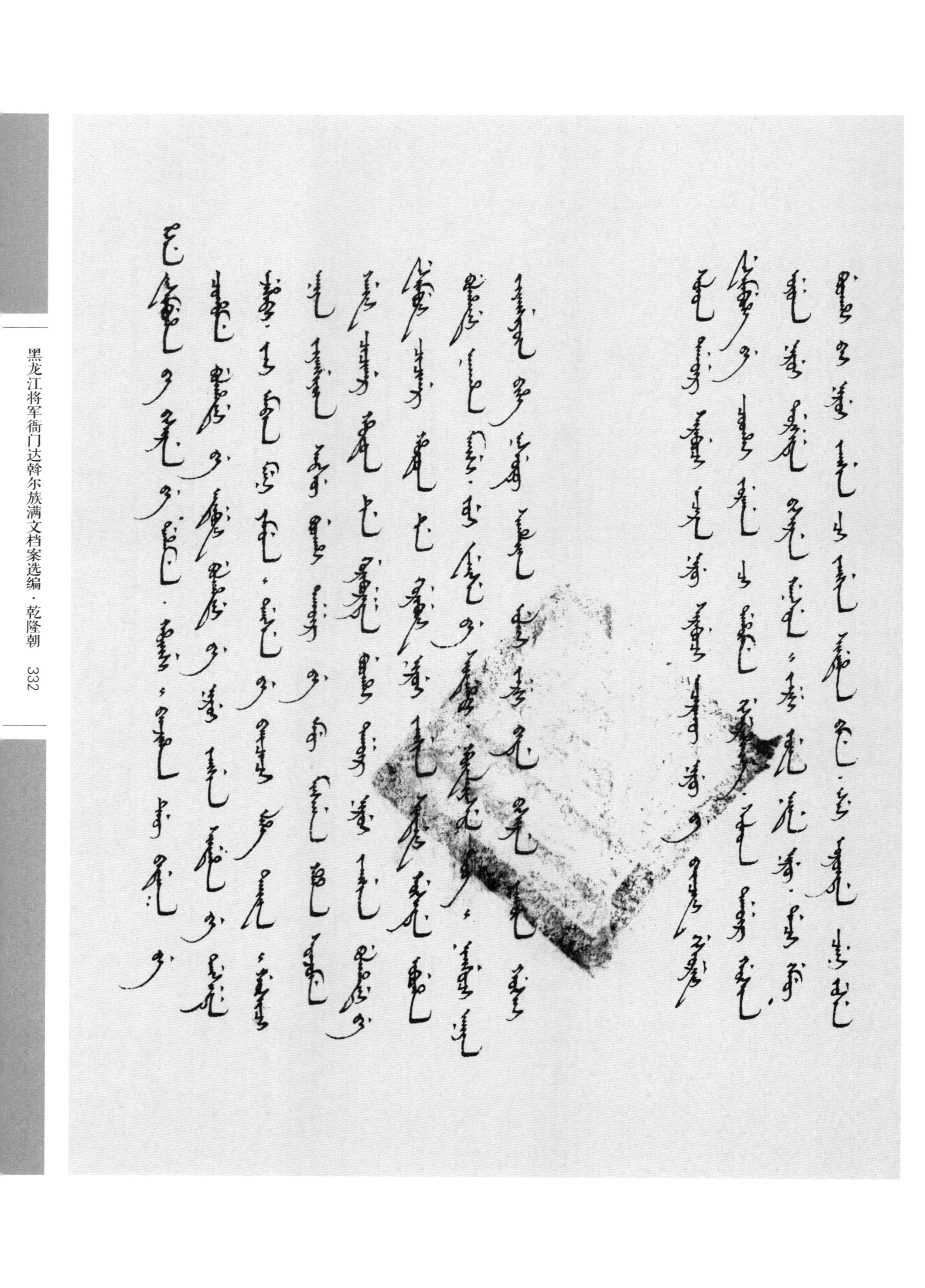

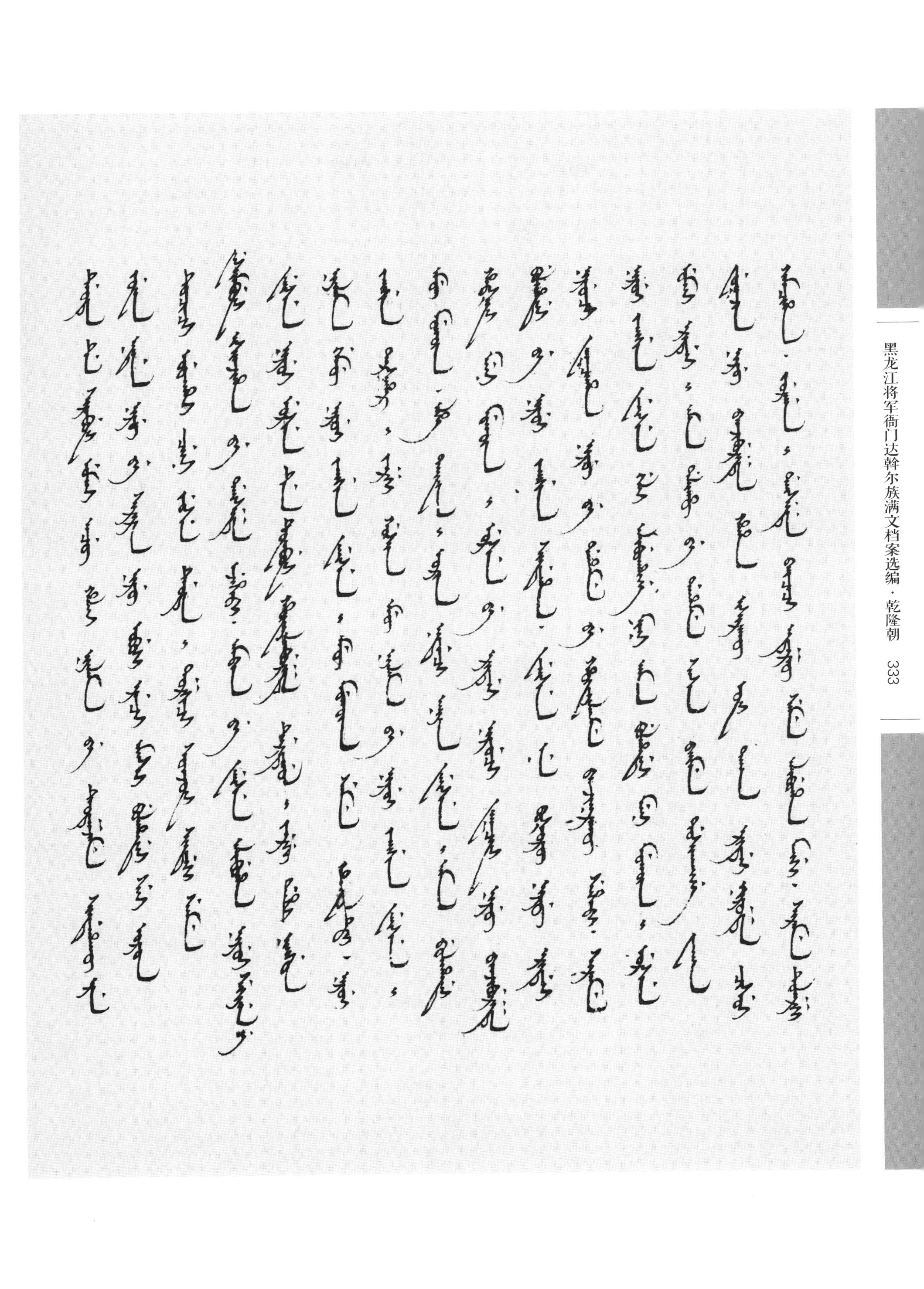

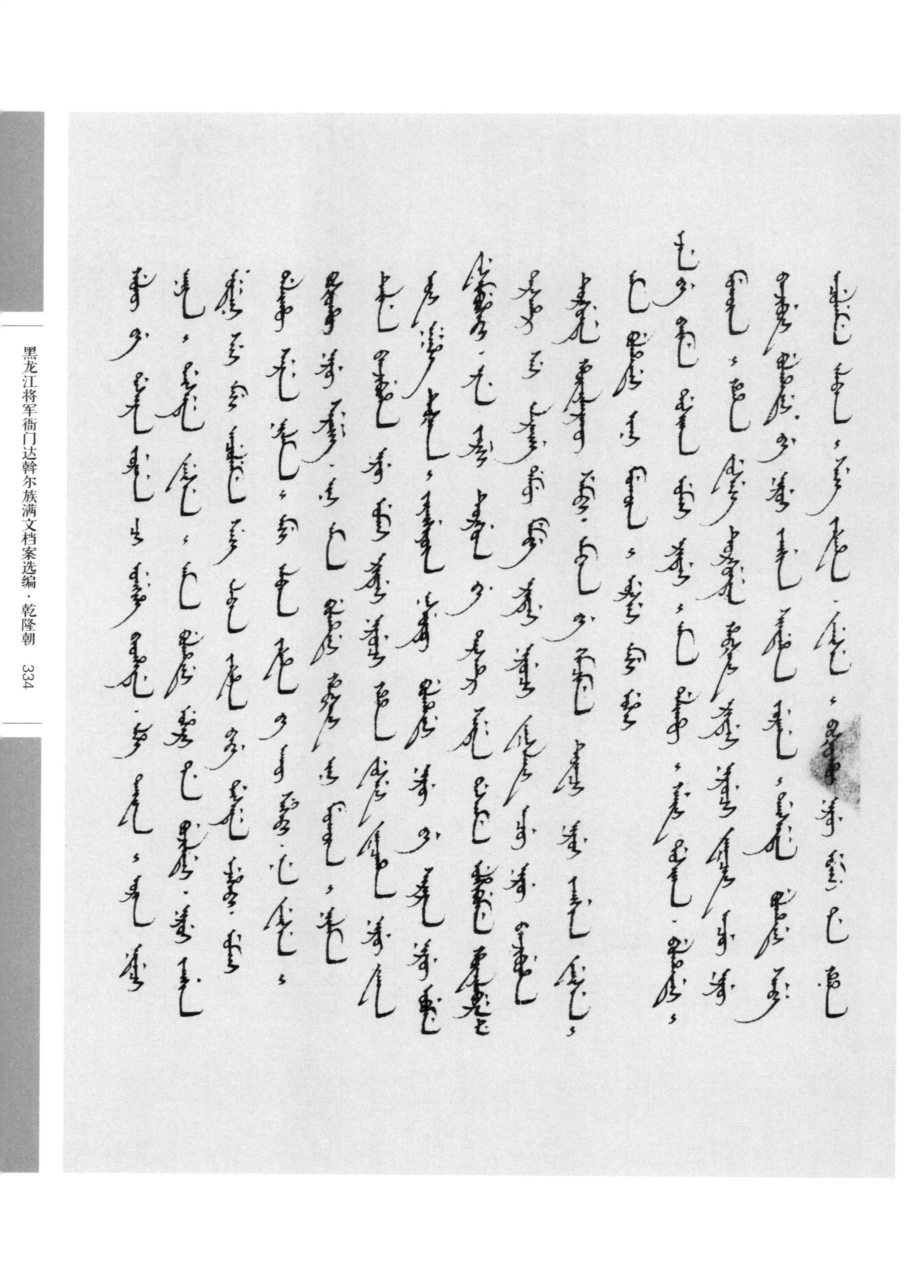

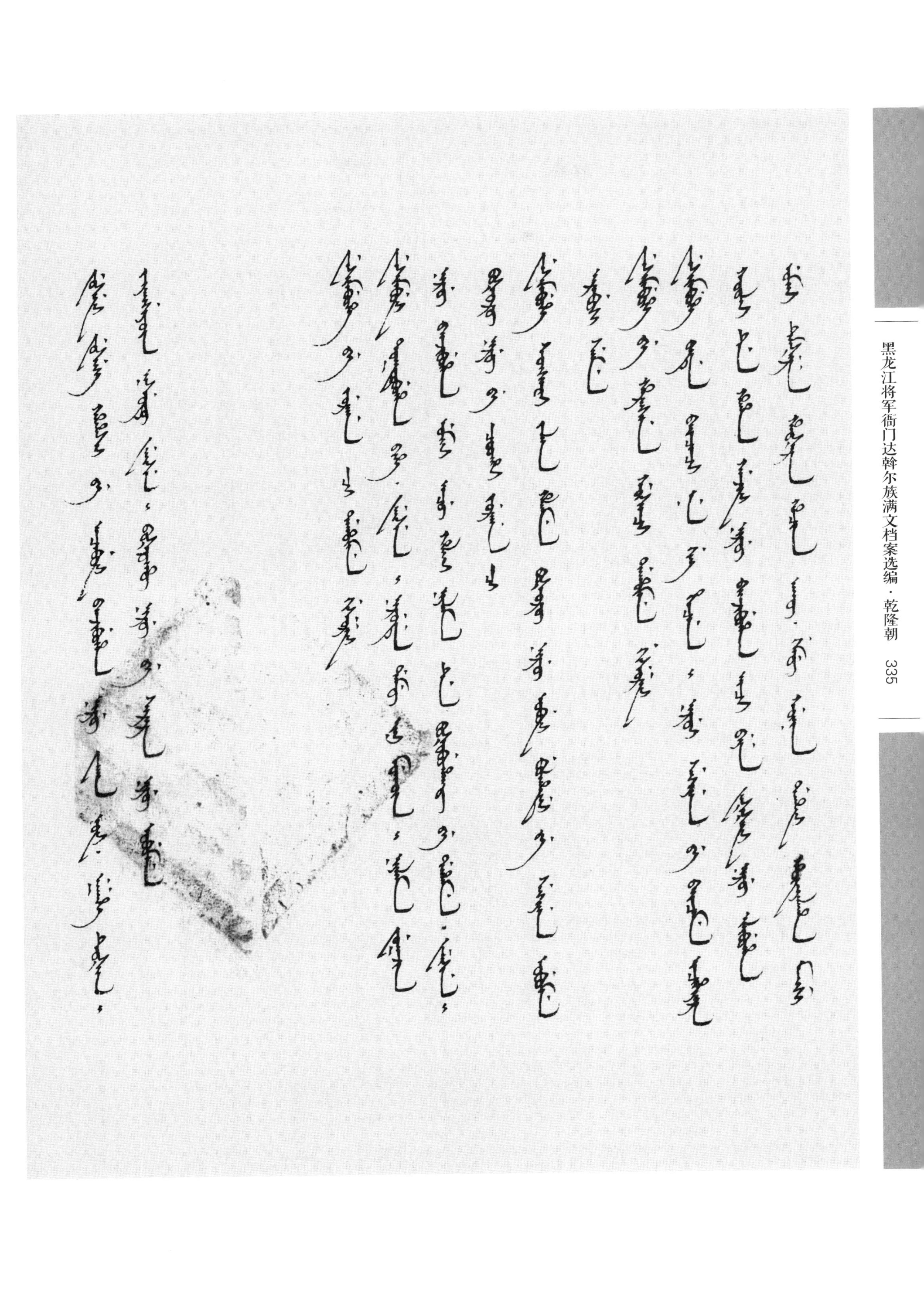

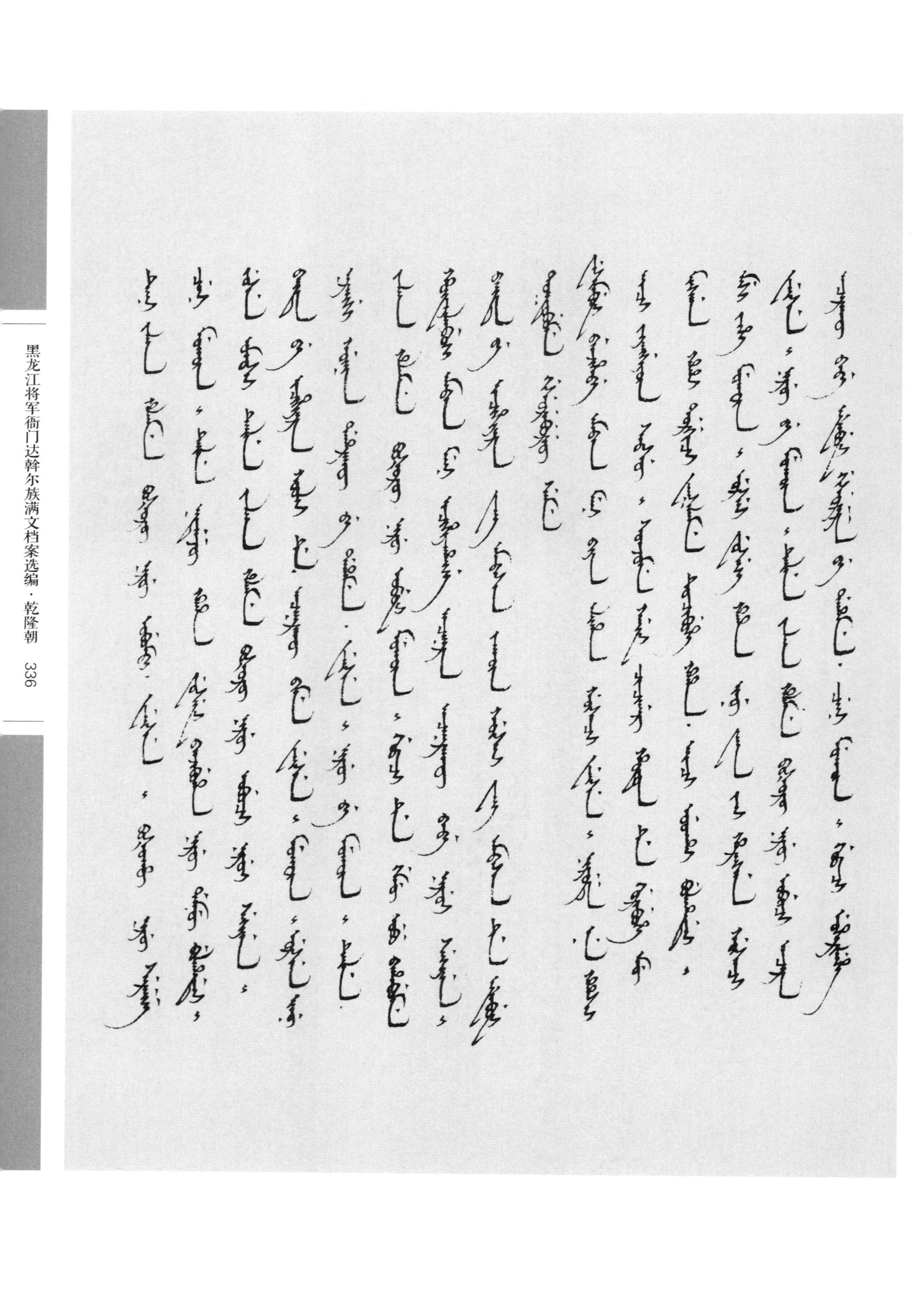

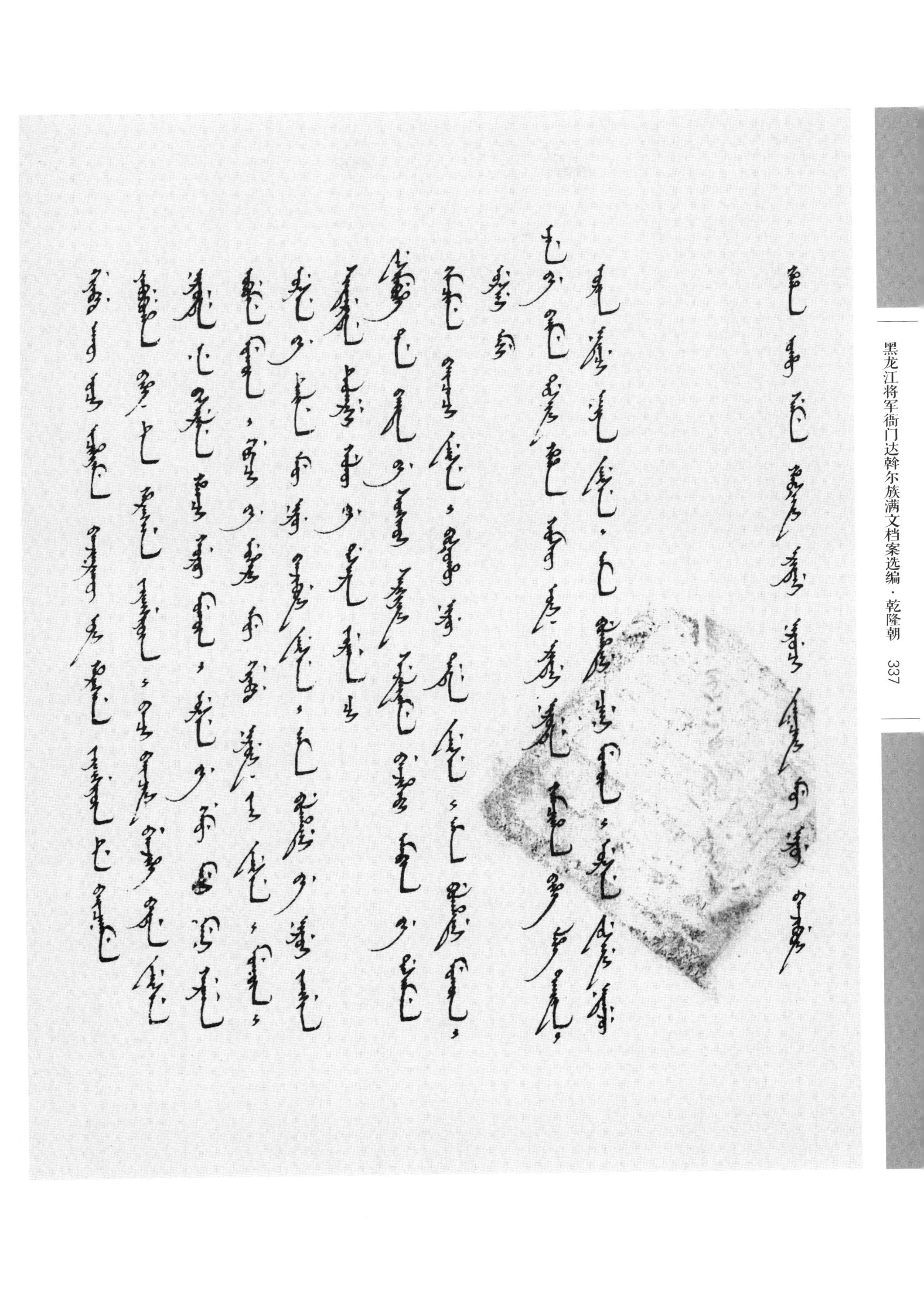

[illegible]

[illegible]

[illegible]

[illegible]

[illegible]

[illegible]

[illegible]

[illegible]

[illegible]

[illegible]

[illegible]

[illegible]

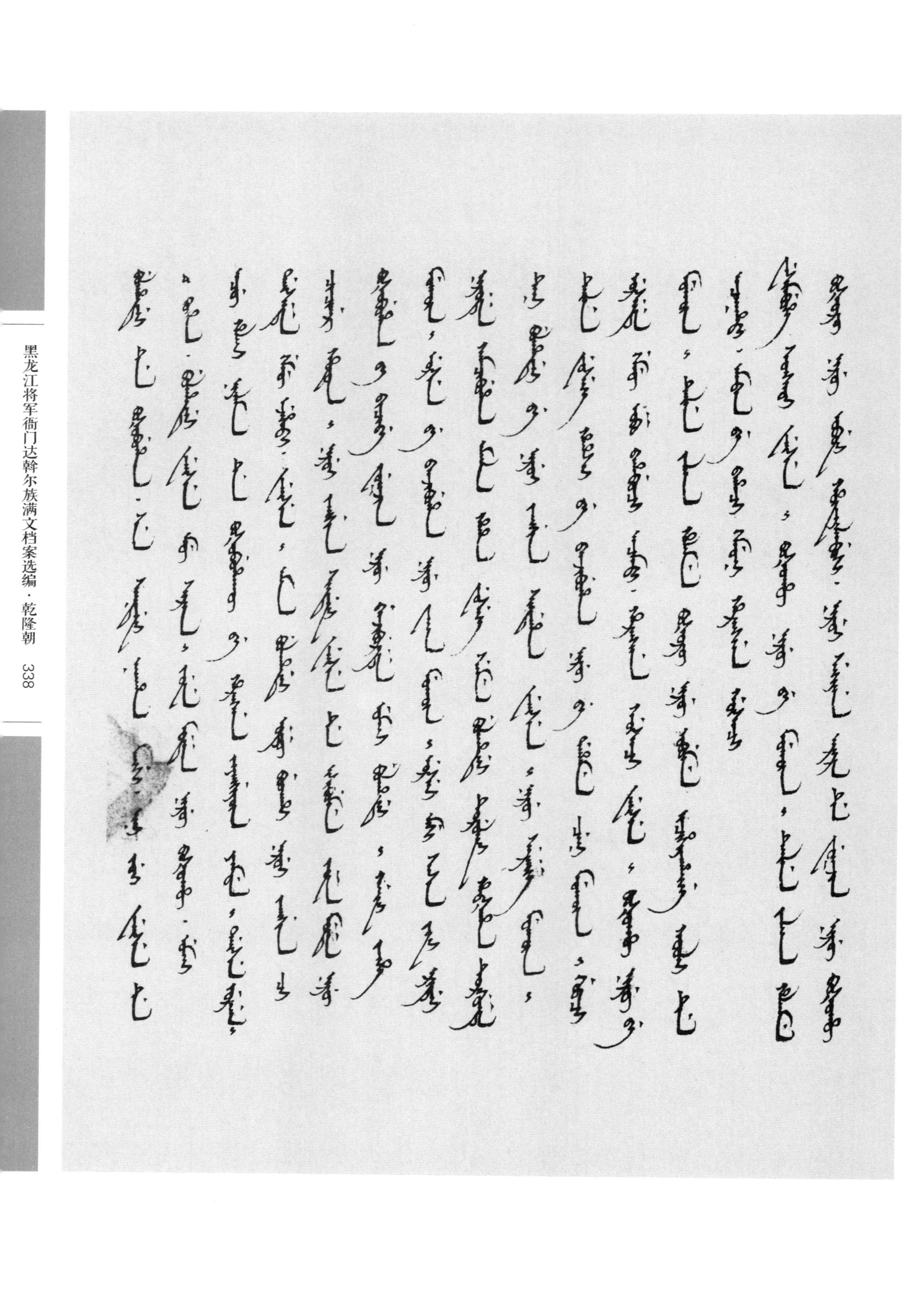

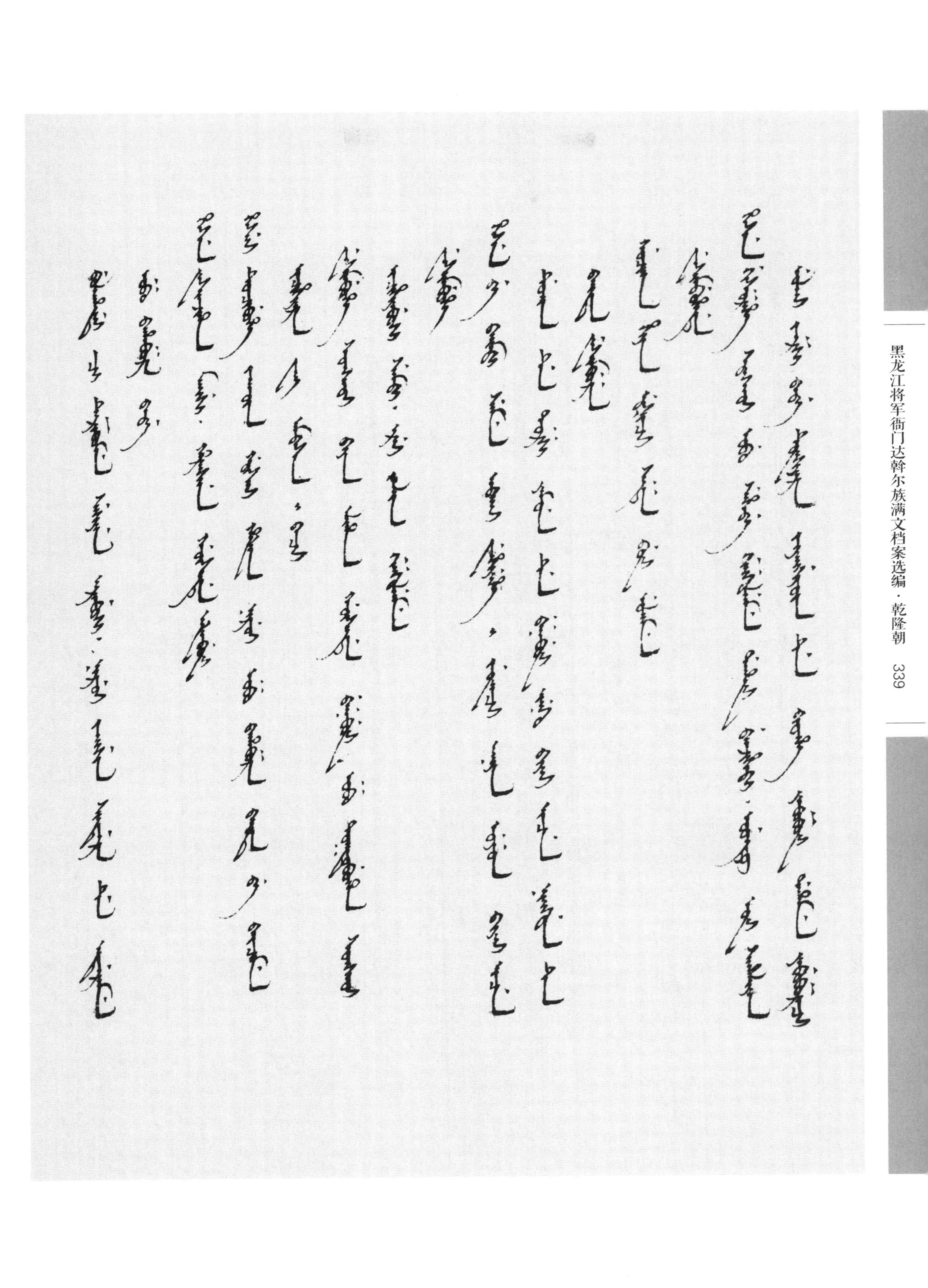

[illegible]

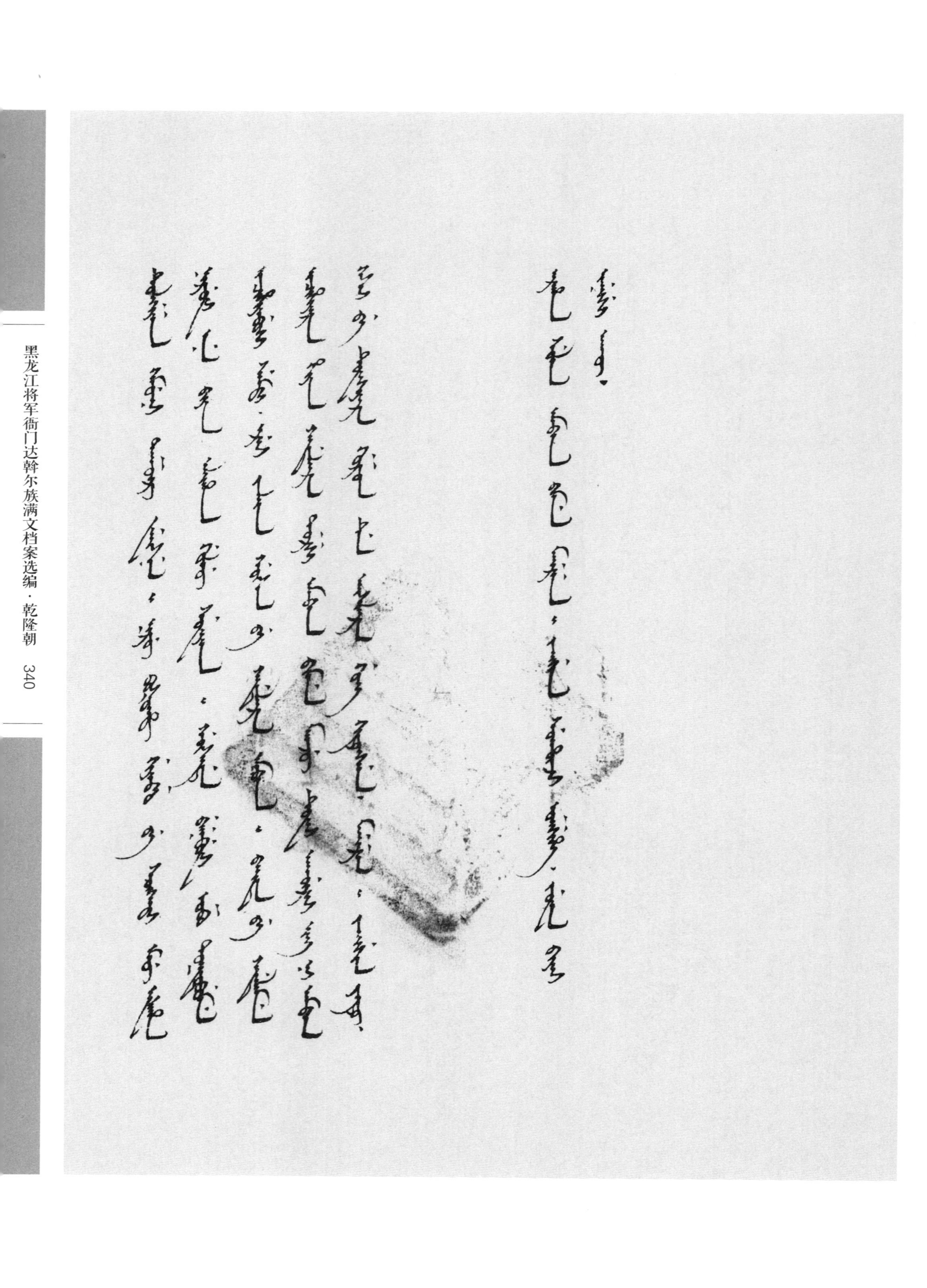

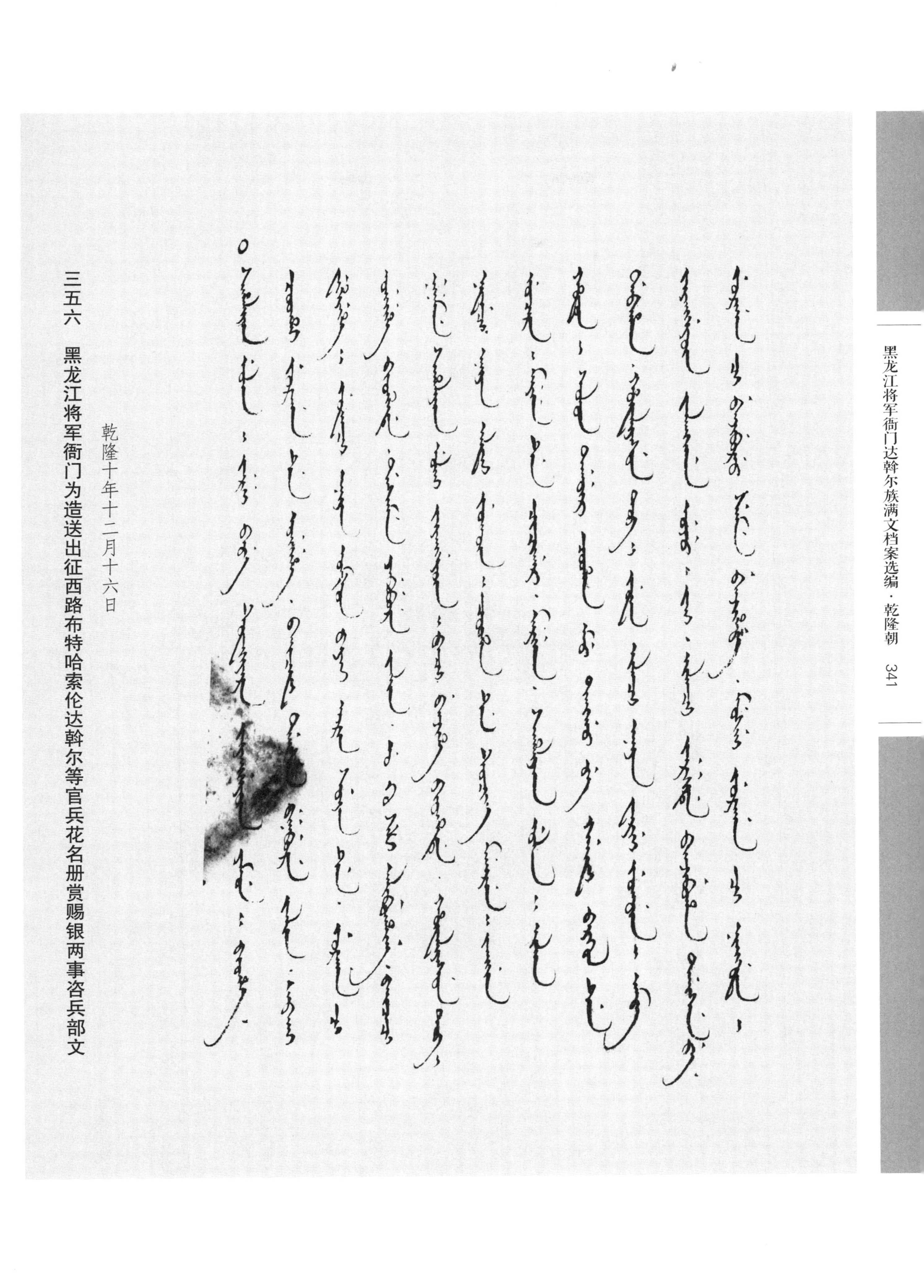

三五六 黑龙江将军衙门为造送出征西路布特哈索伦达斡尔等官兵花名册赏赐银两事咨兵部文

乾隆十年十二月十六日

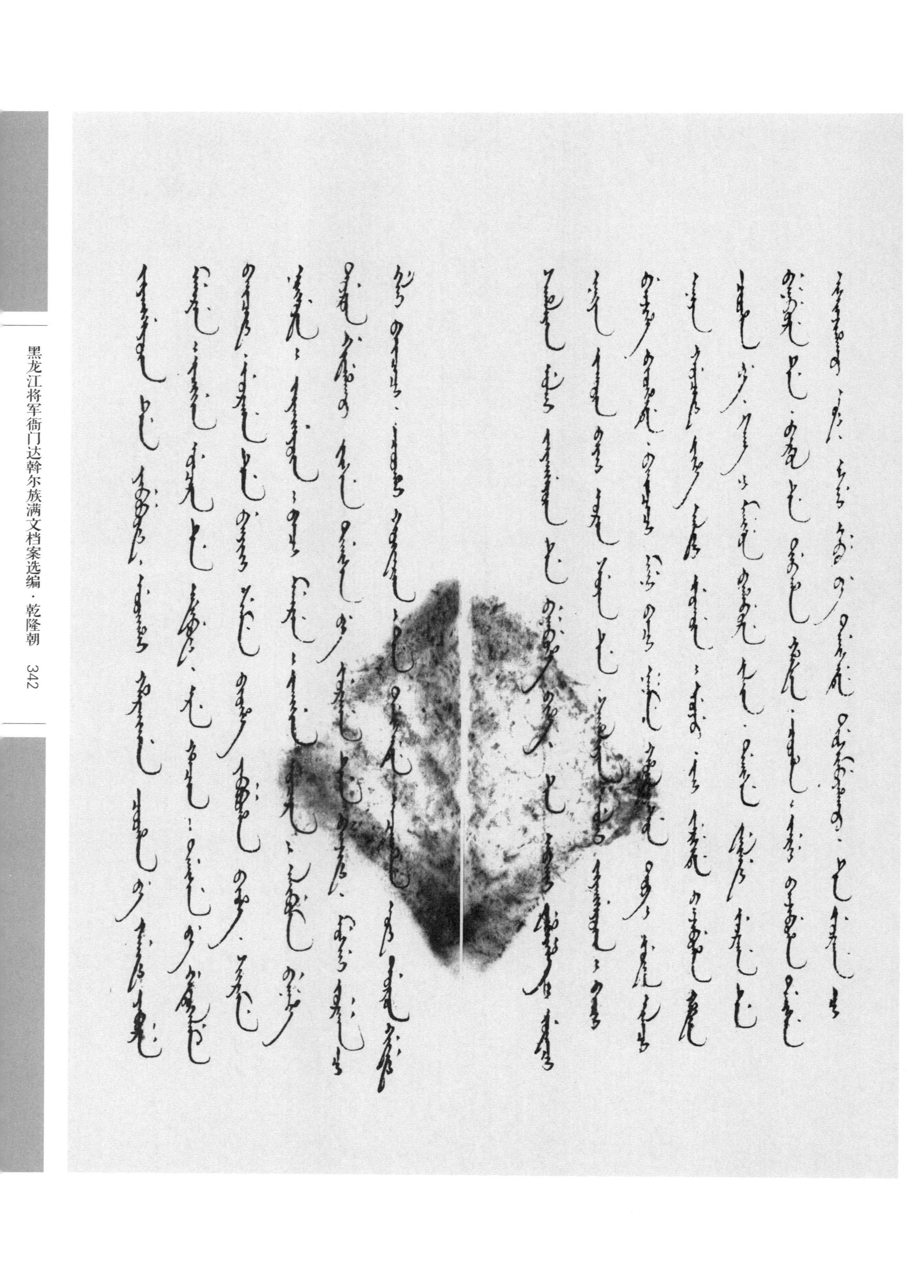

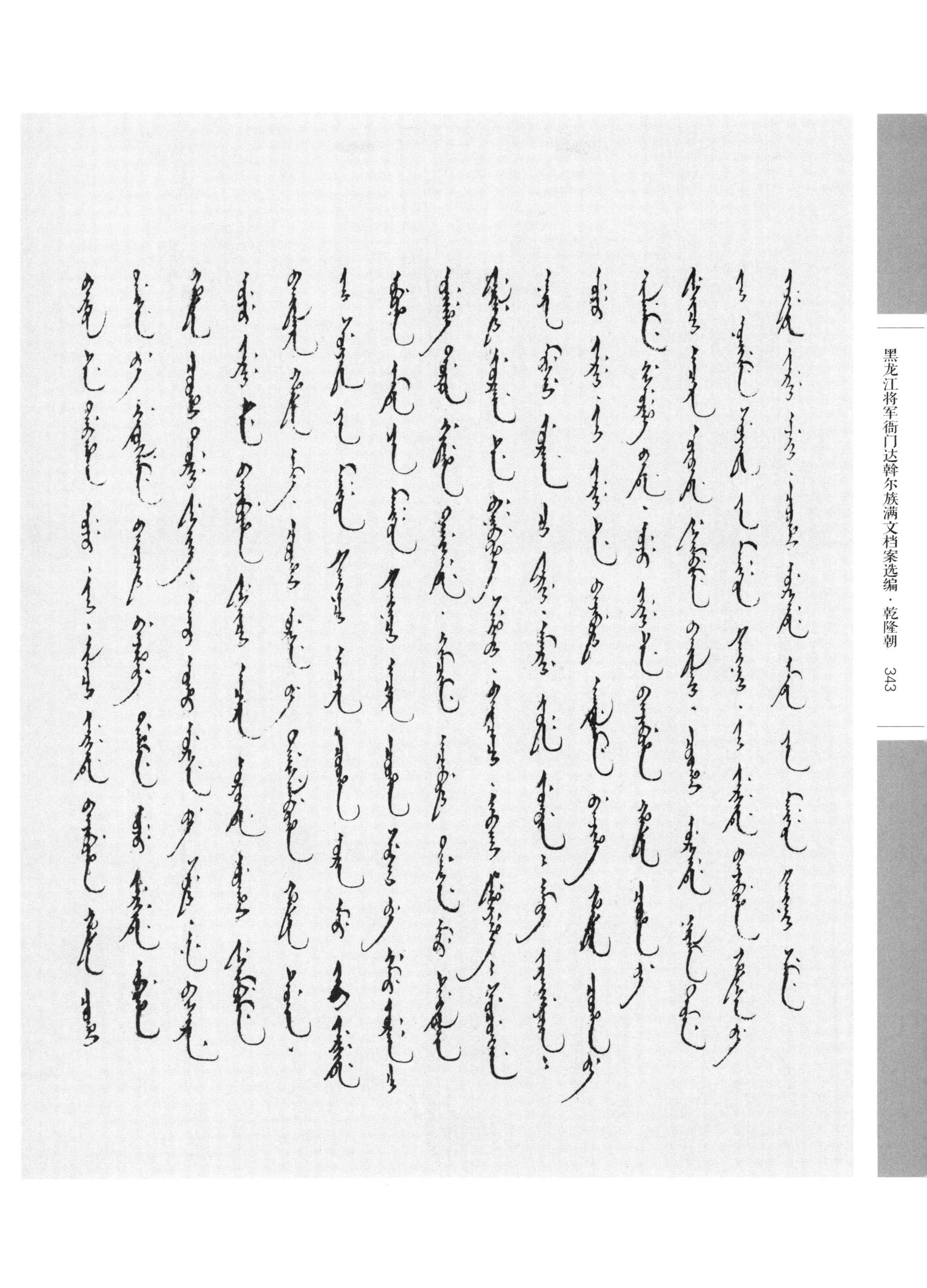

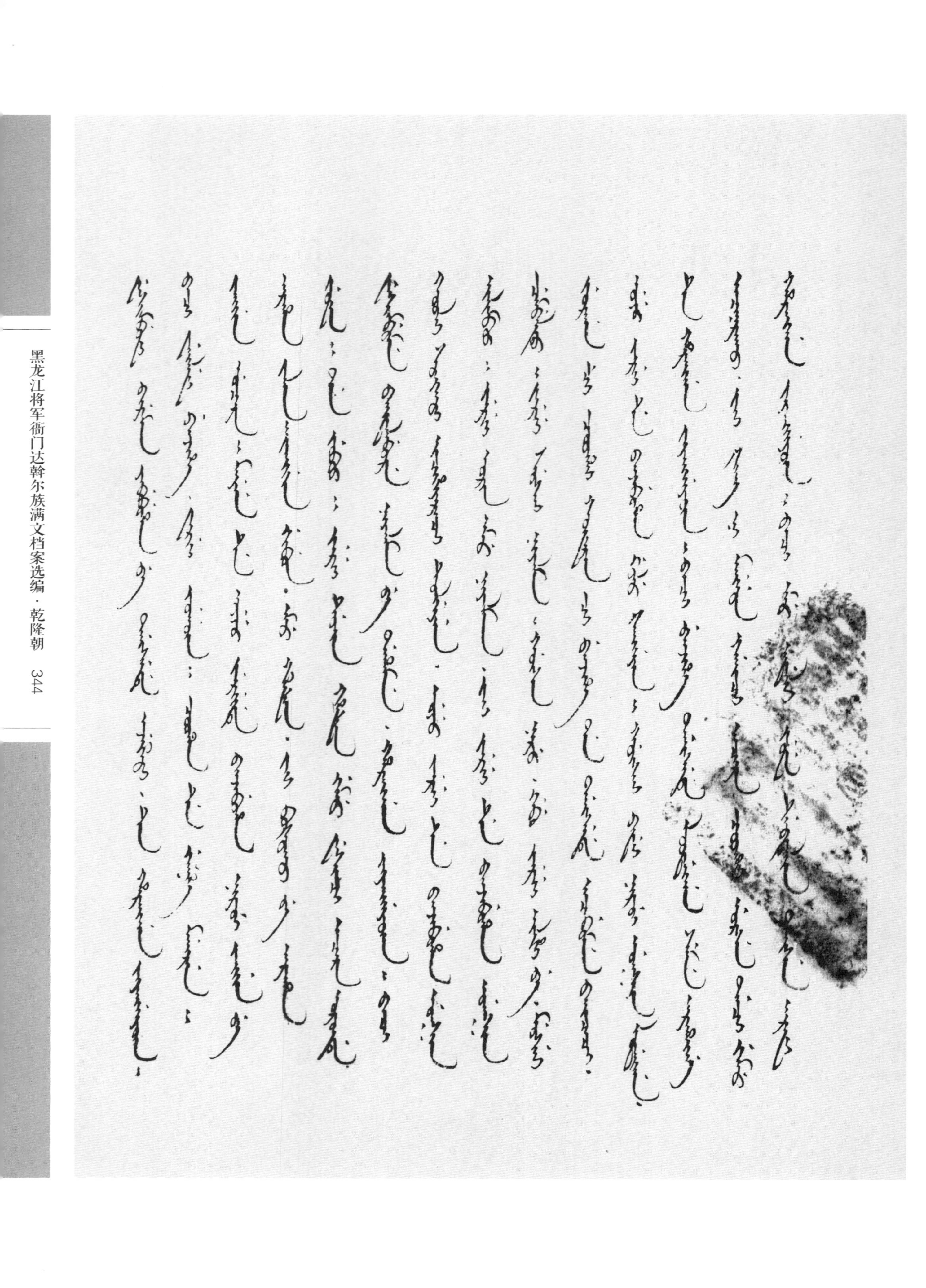

[illegible]

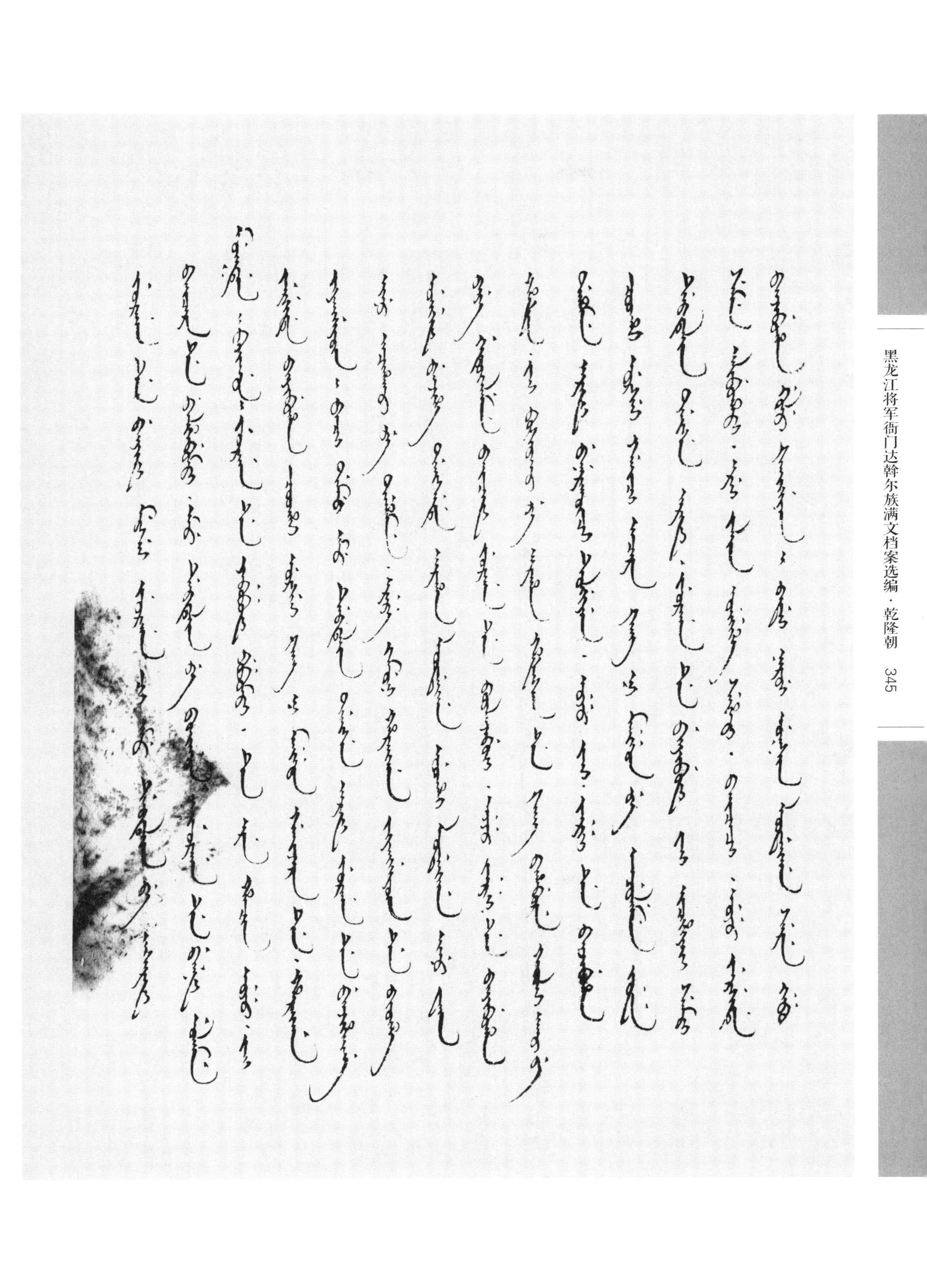

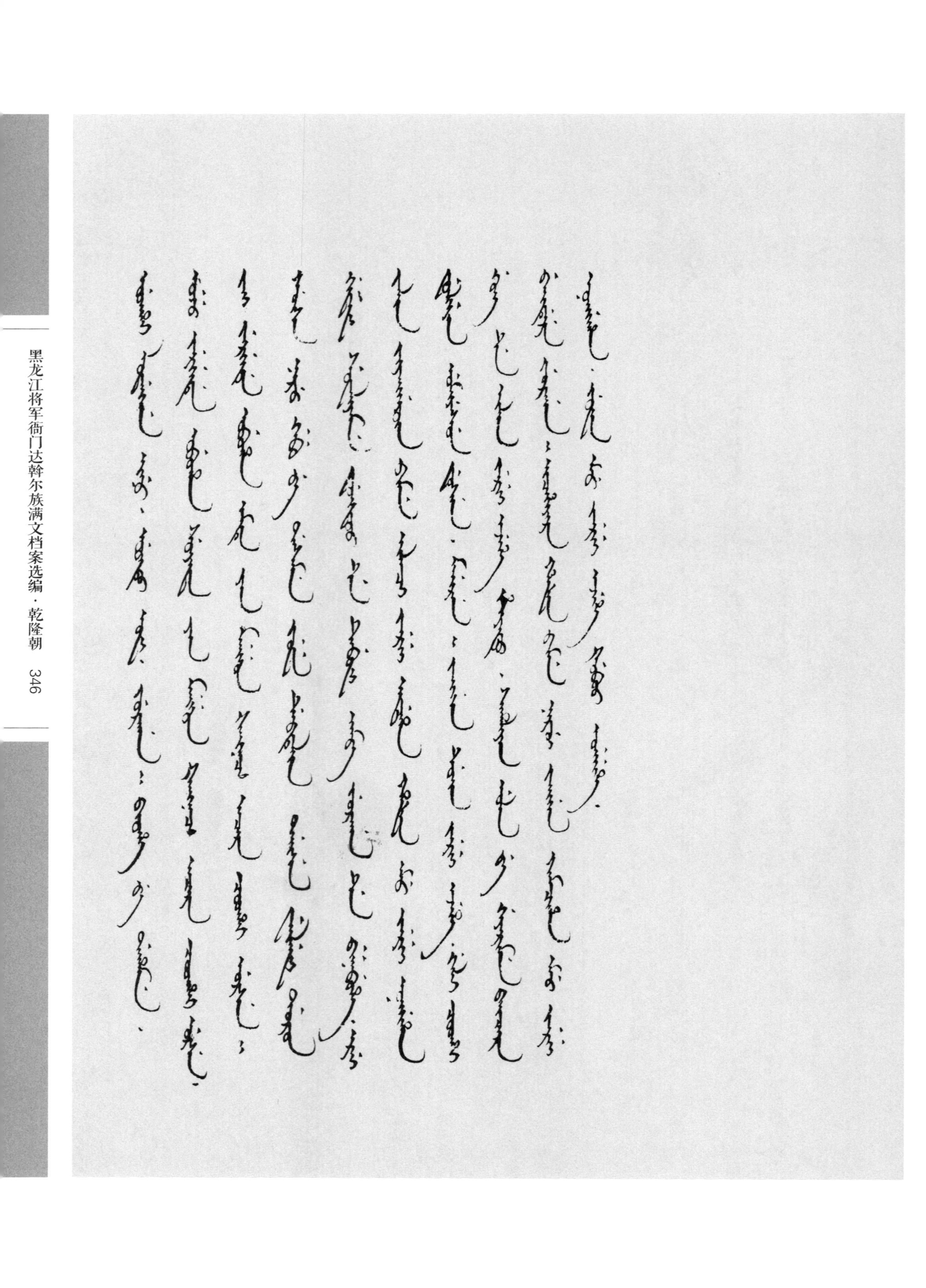

[illegible]

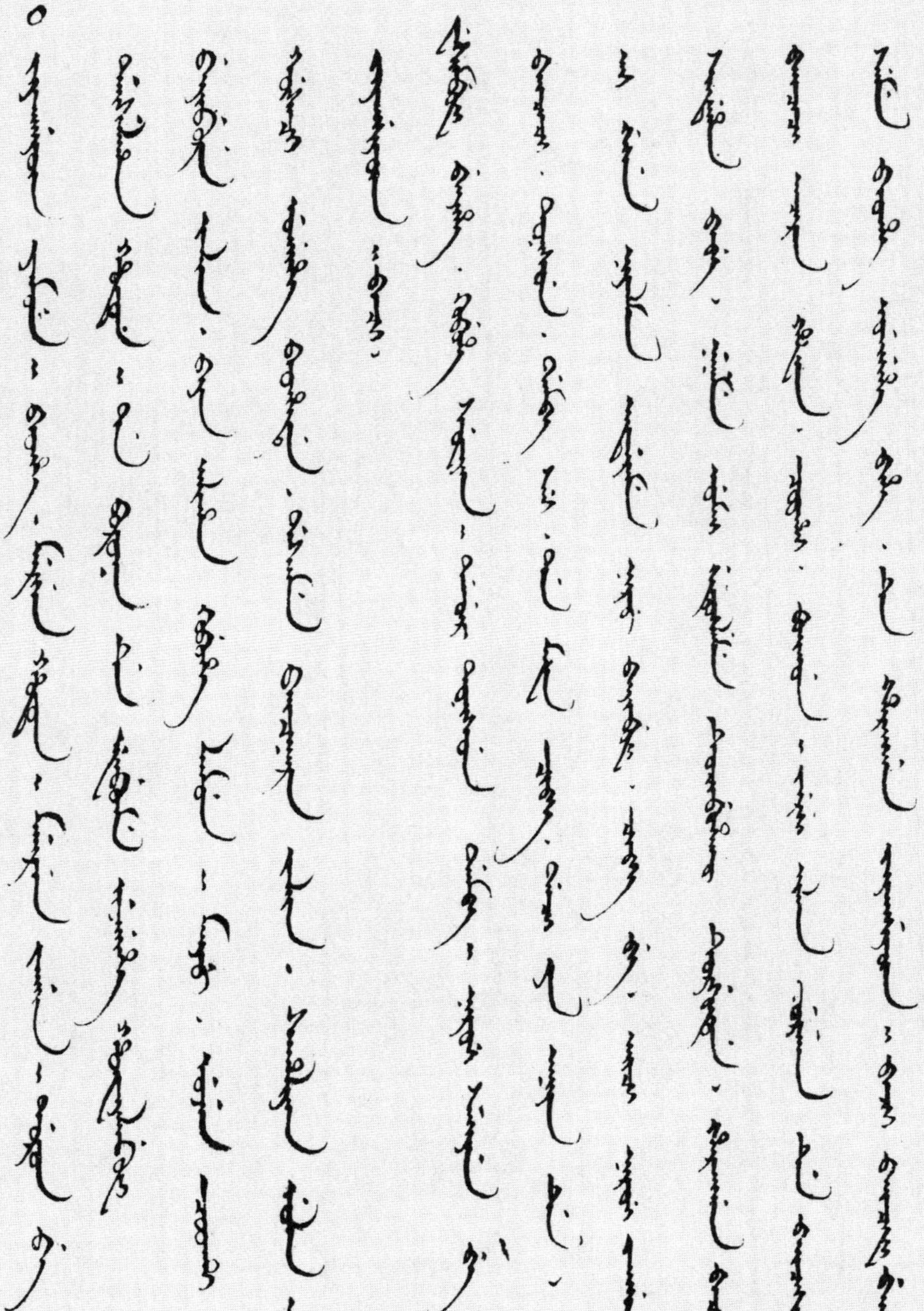

乾隆十年十二月十七日

印城守尉博罗纳文

三五七 黑龙江将军衙门为镶黄旗达斡尔托尼逊等承袭世管佐领并解送源流册事札护理墨尔根副都统

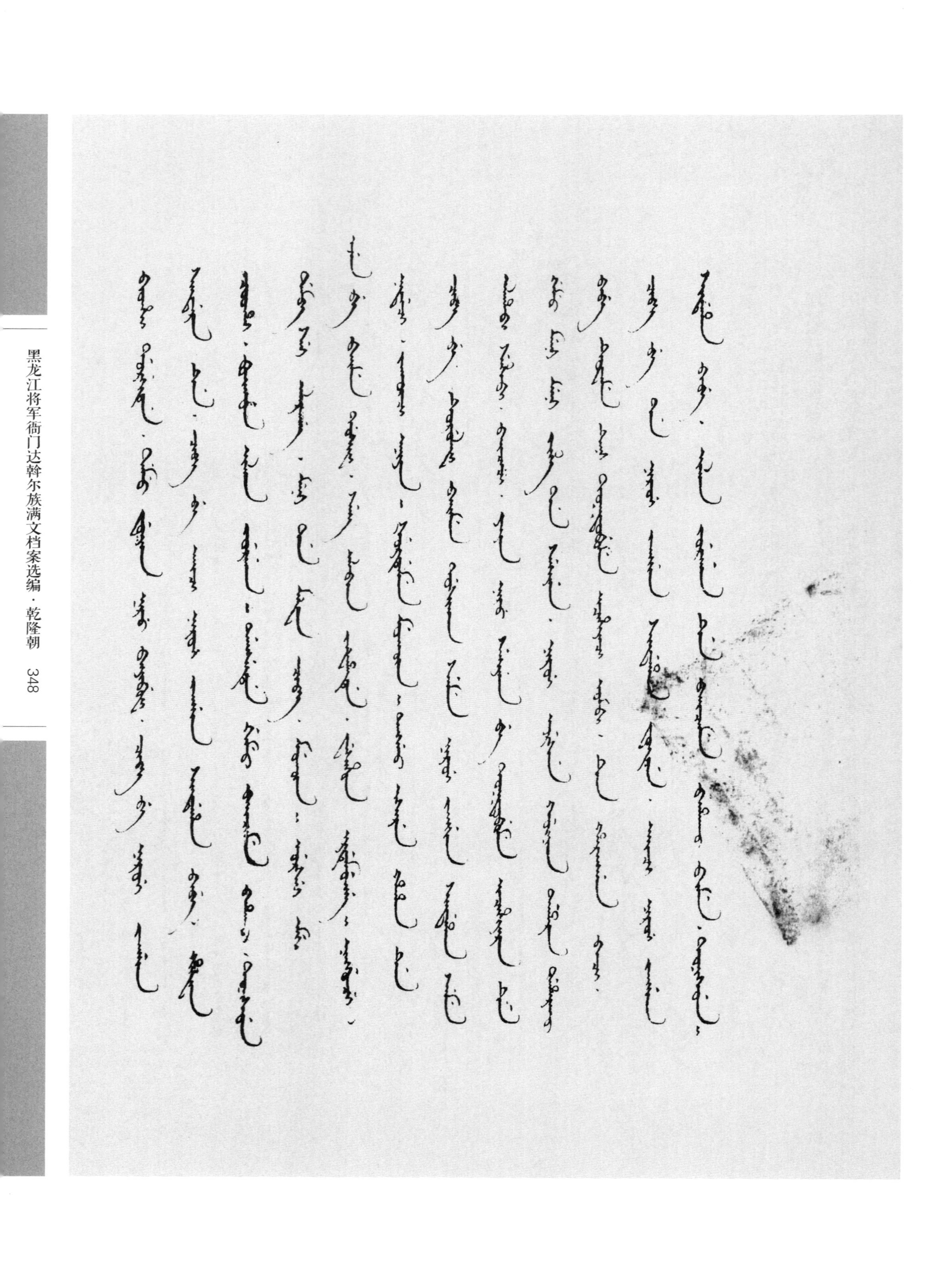

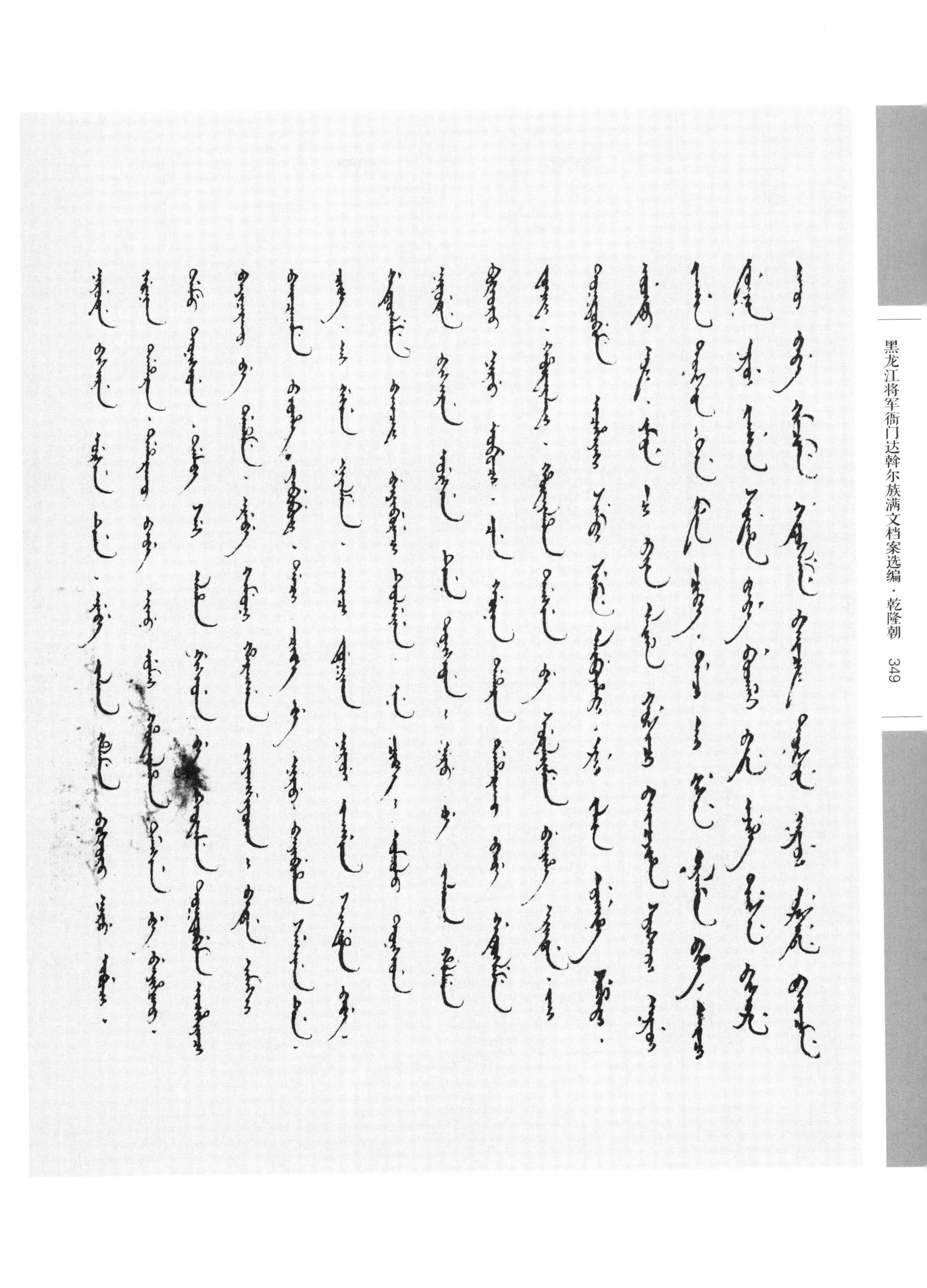

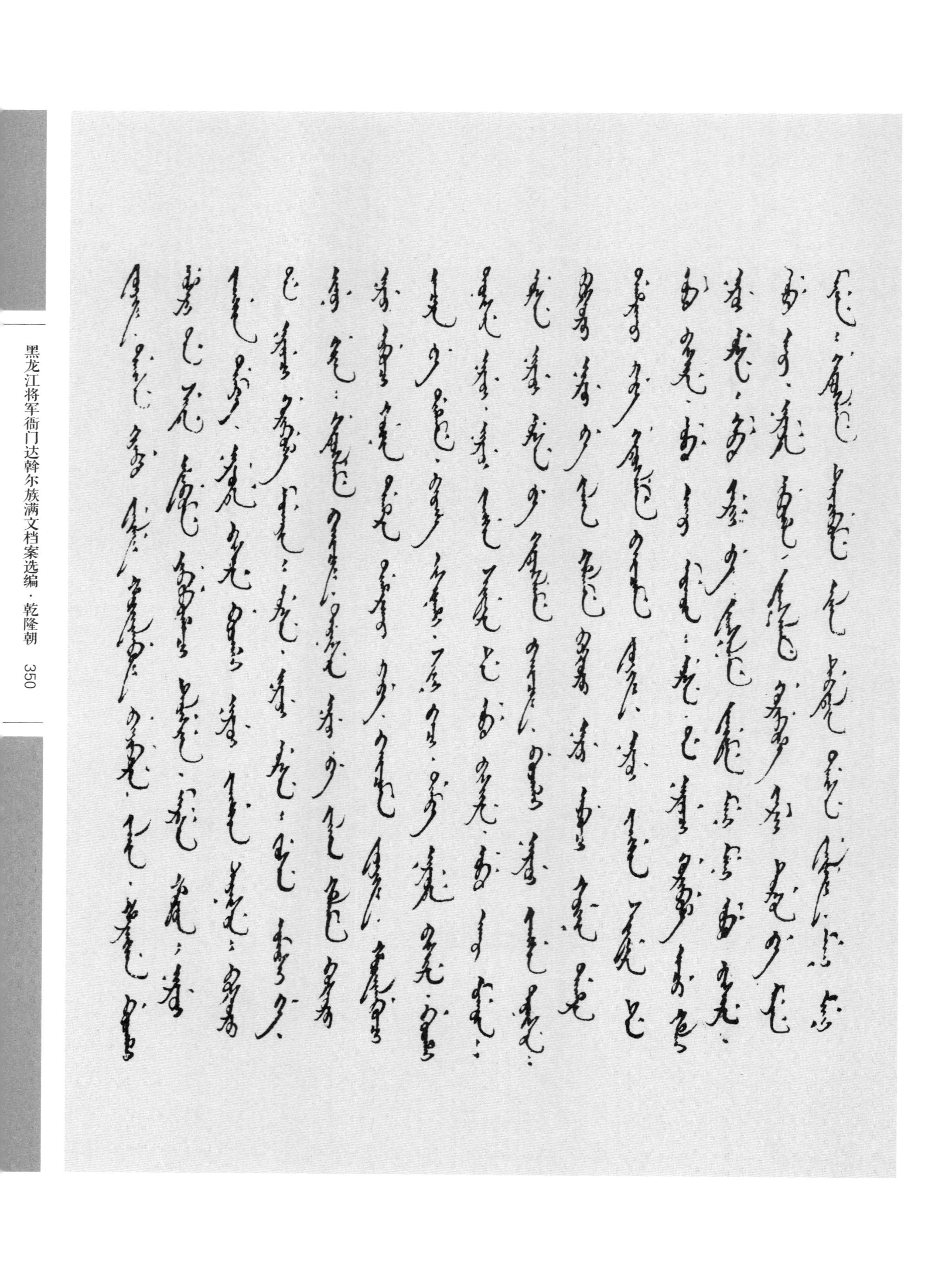

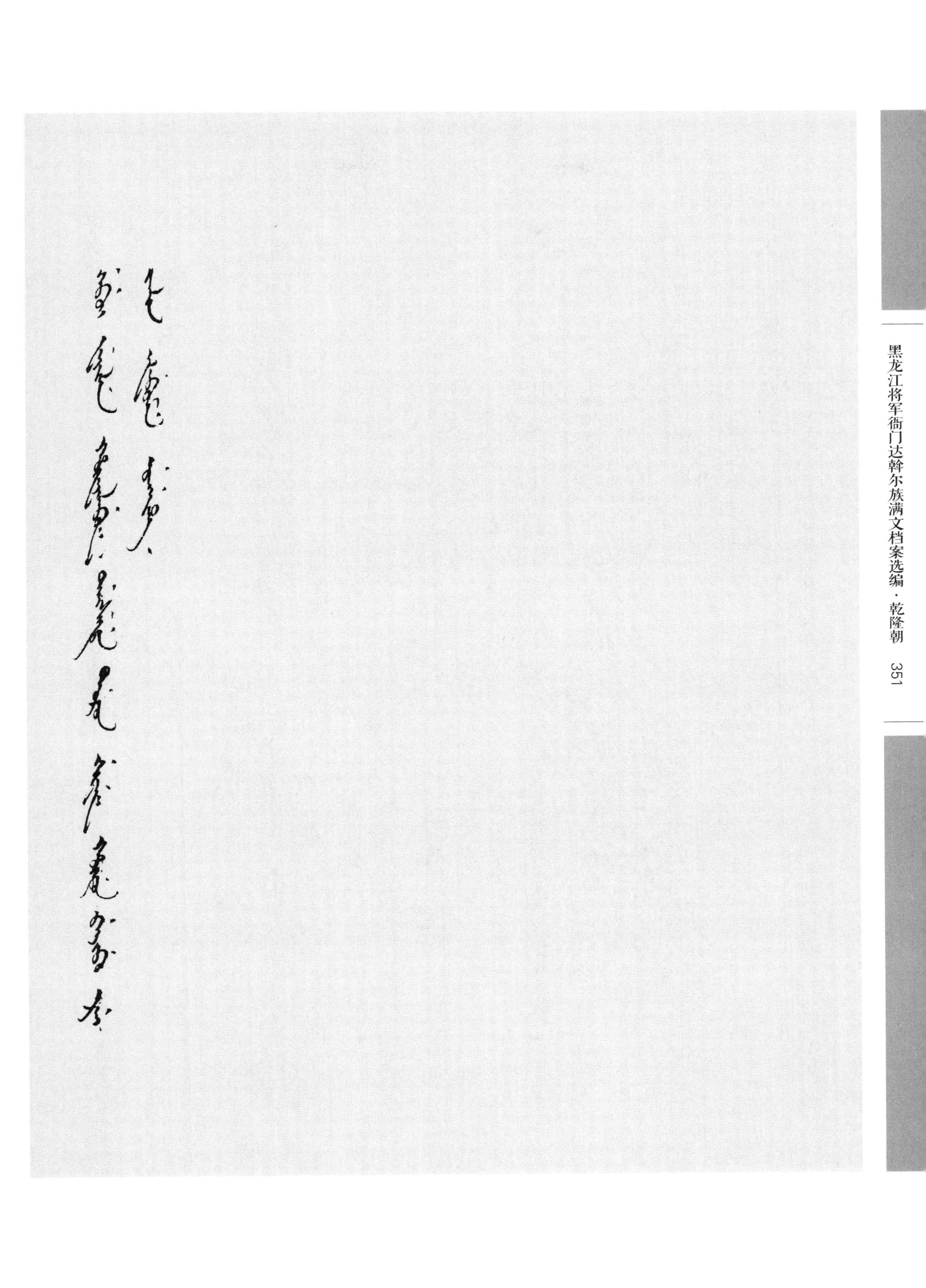

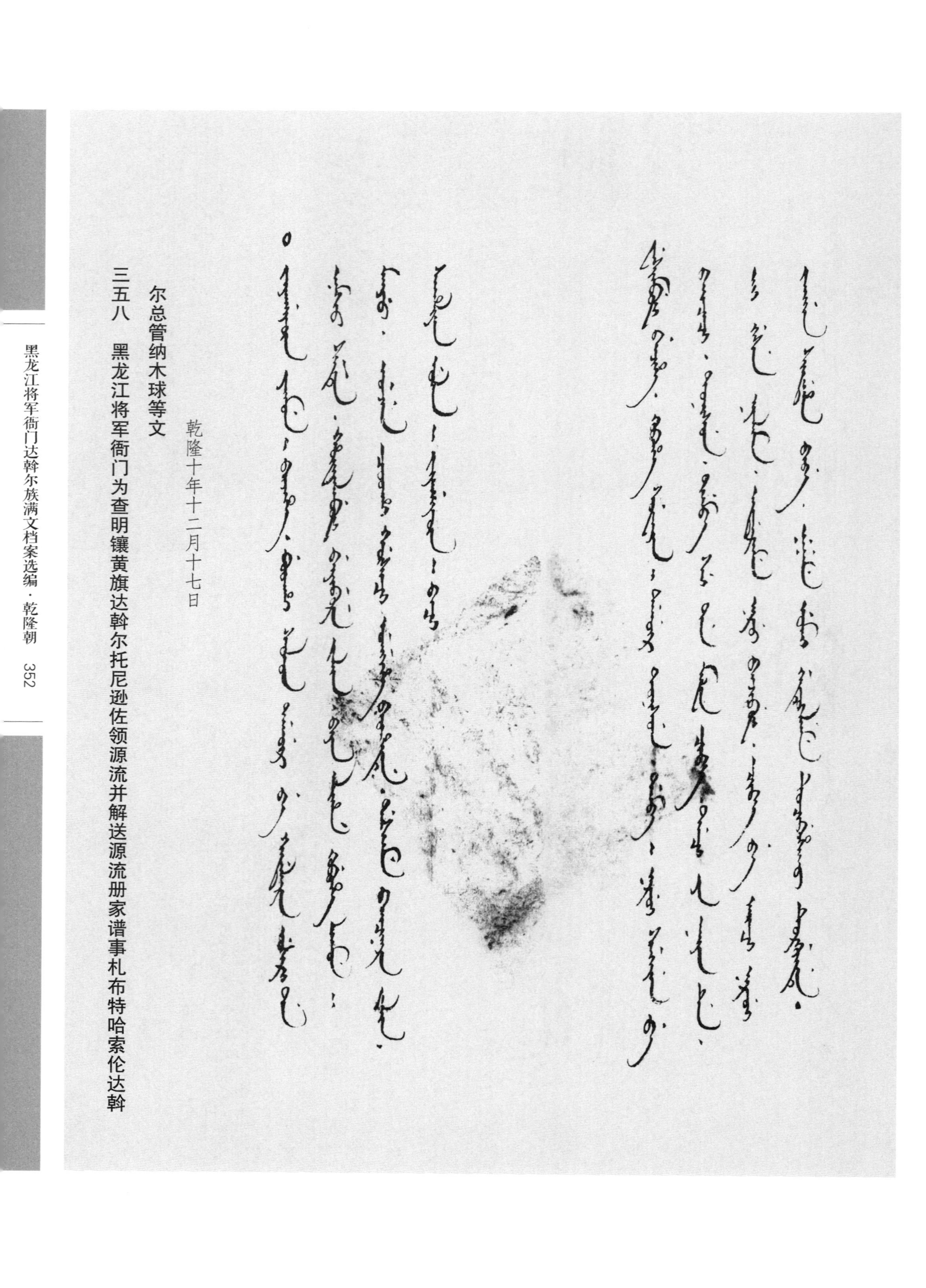

三五八　黑龙江将军衙门为查明镶黄旗达斡尔托尼逊佐领源流并解送源流册家谱事札布特哈索伦达斡尔总管纳木球等文

乾隆十年十二月十七日

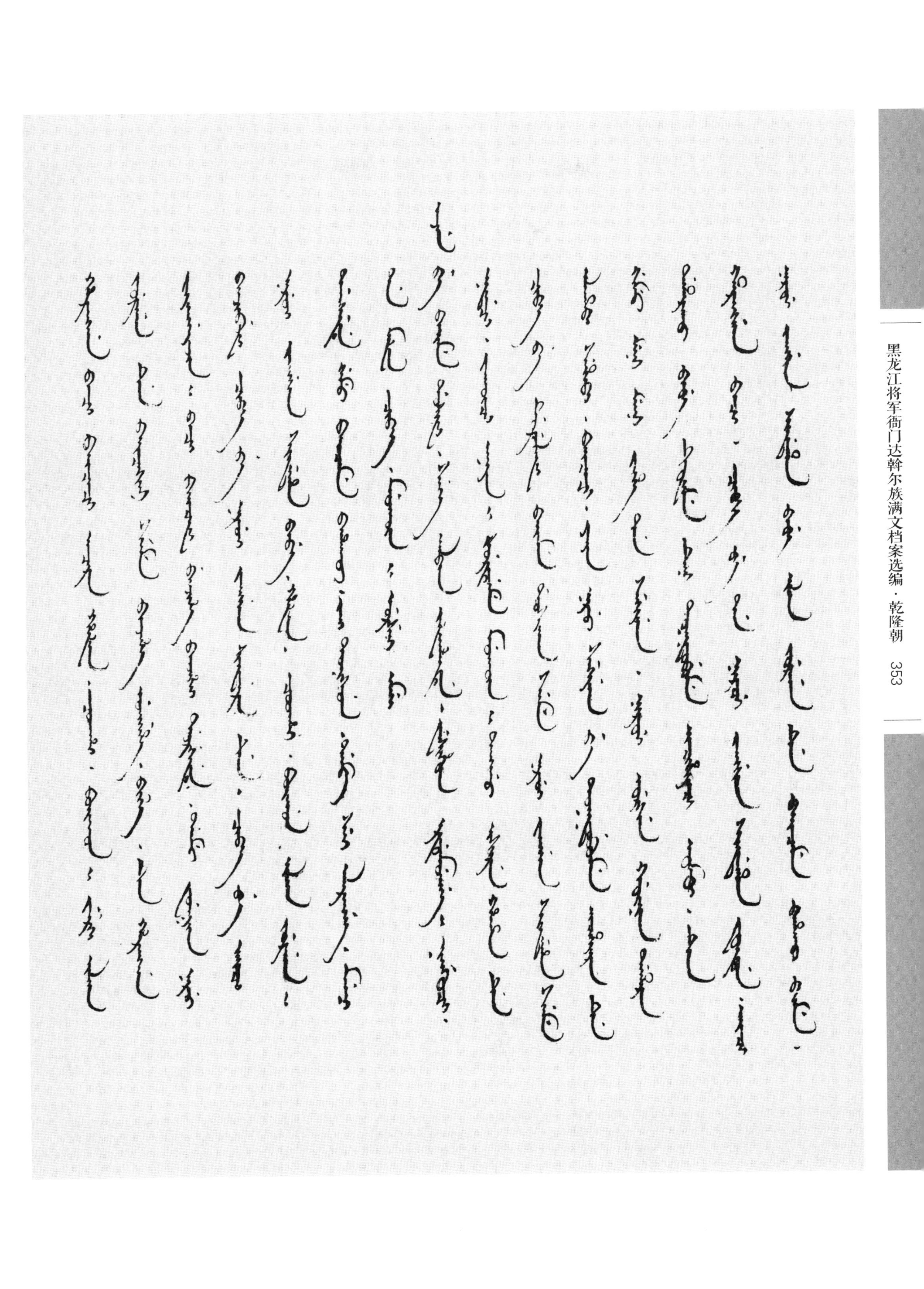

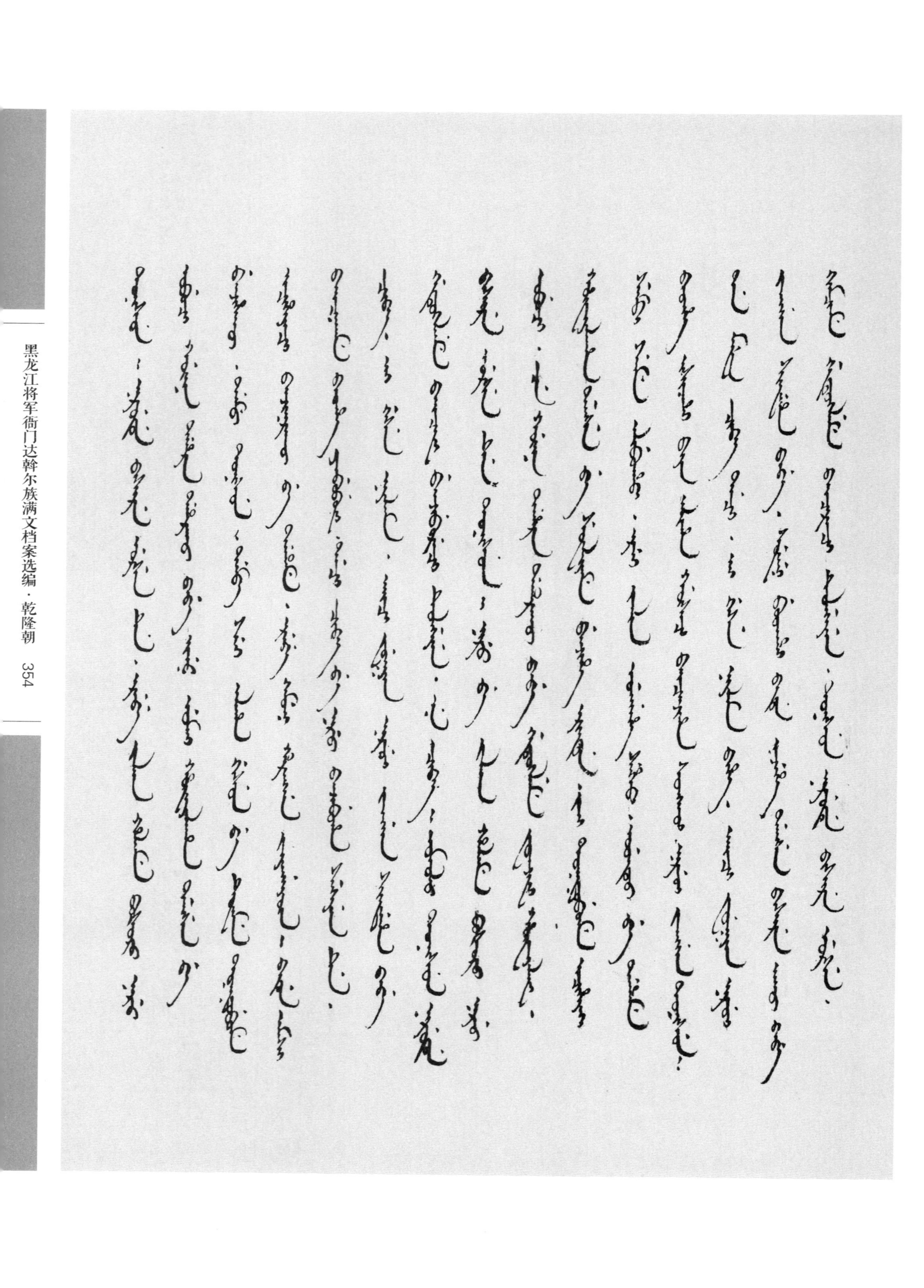

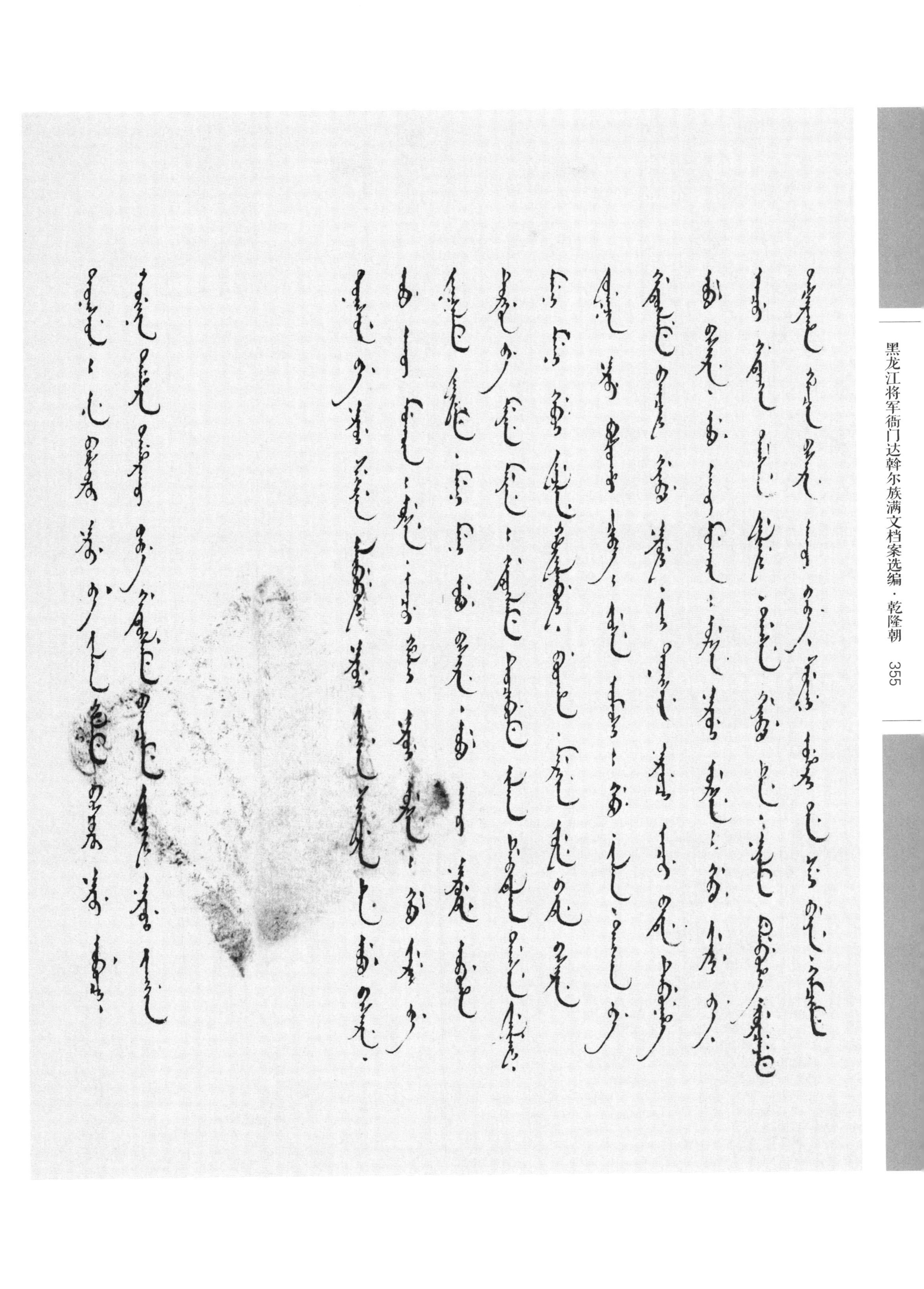

ᡥᡝᠰᡝ ᠸᠠᠰᡳᠮᠪᡠᡥᠠ

[illegible]

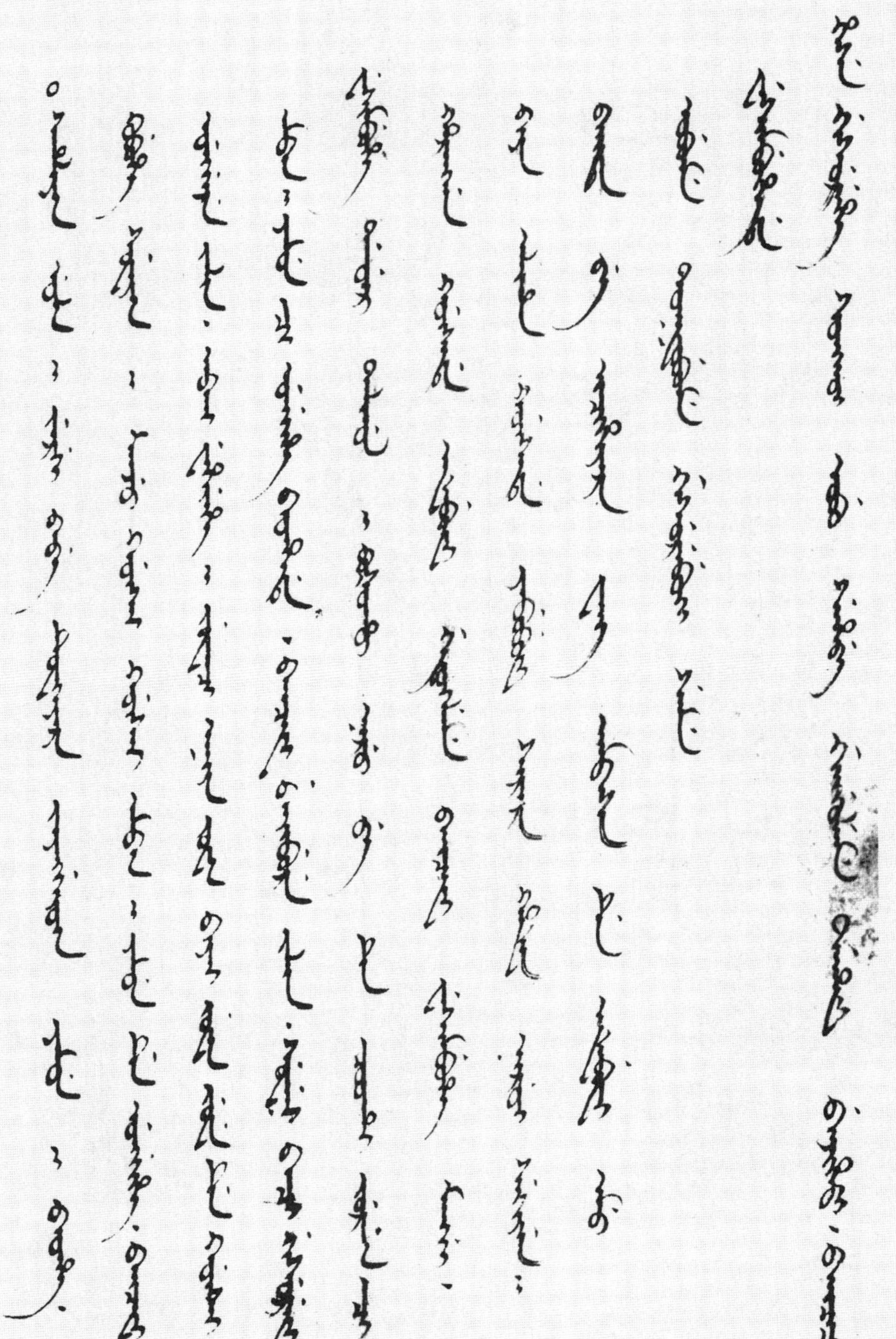

三五九　黑龙江将军衙门为查报达斡尔塔里乌勒世管佐领源流事咨镶黄旗满洲都统衙门文

乾隆十年十二月二十日

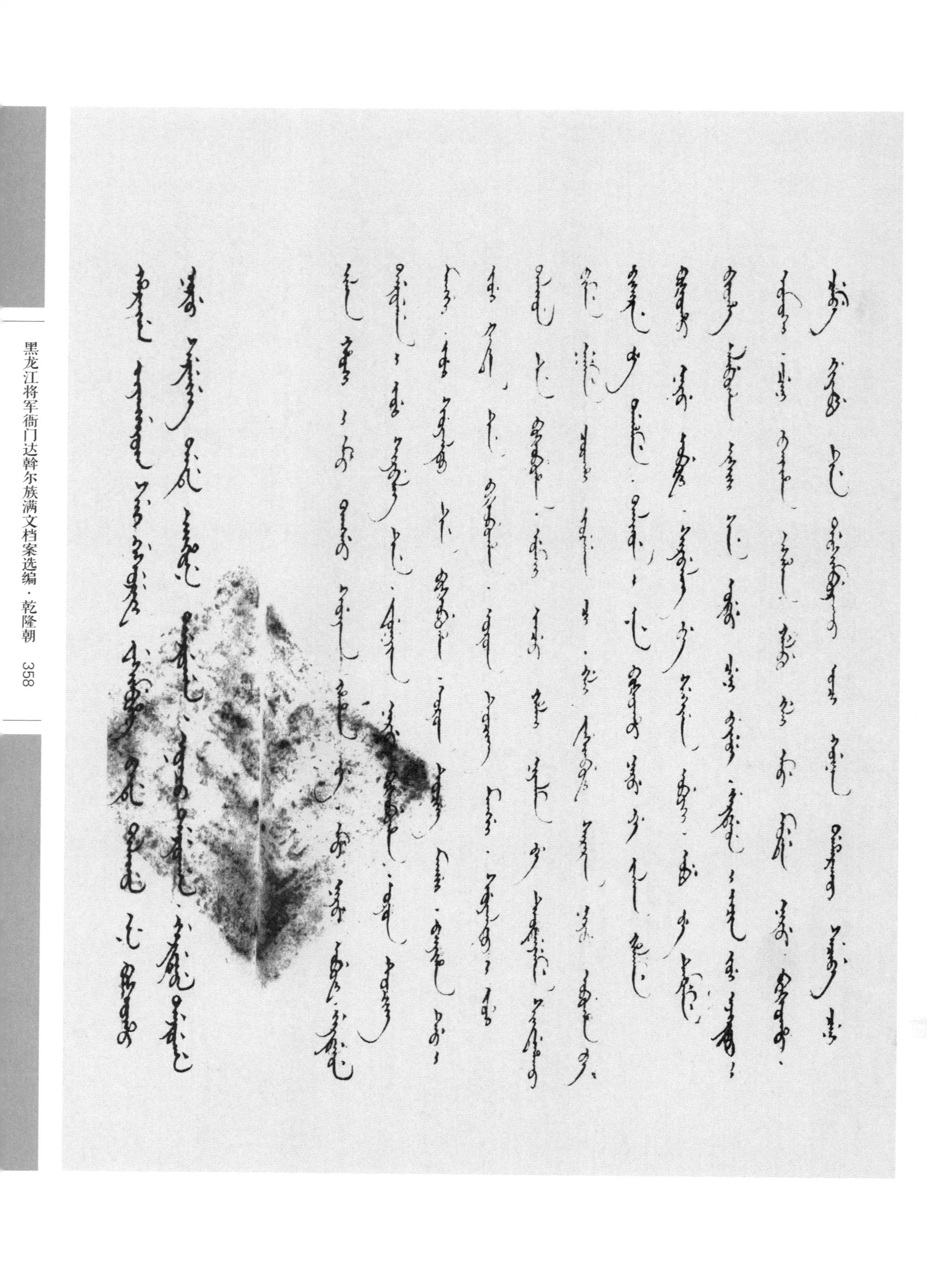

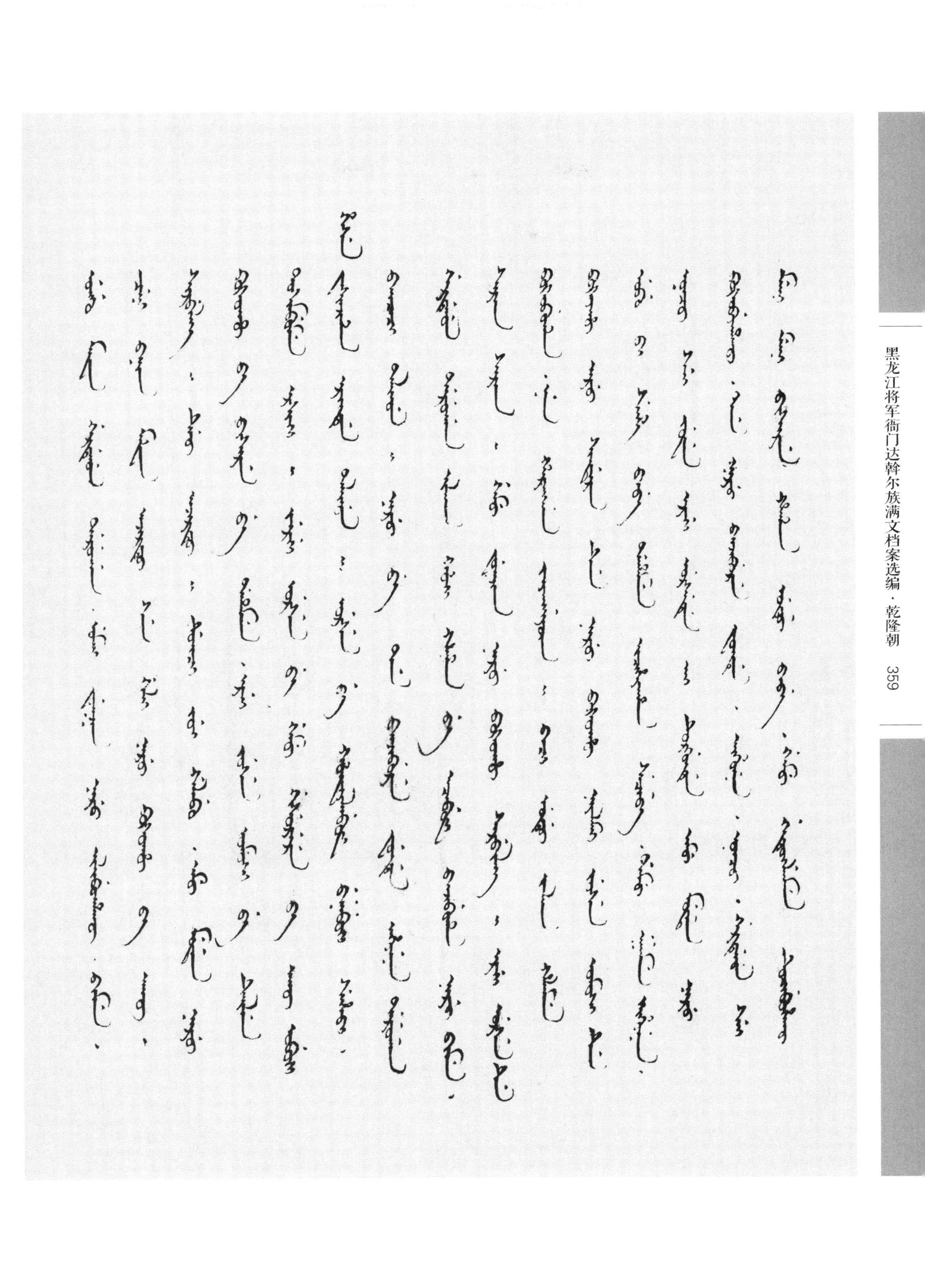

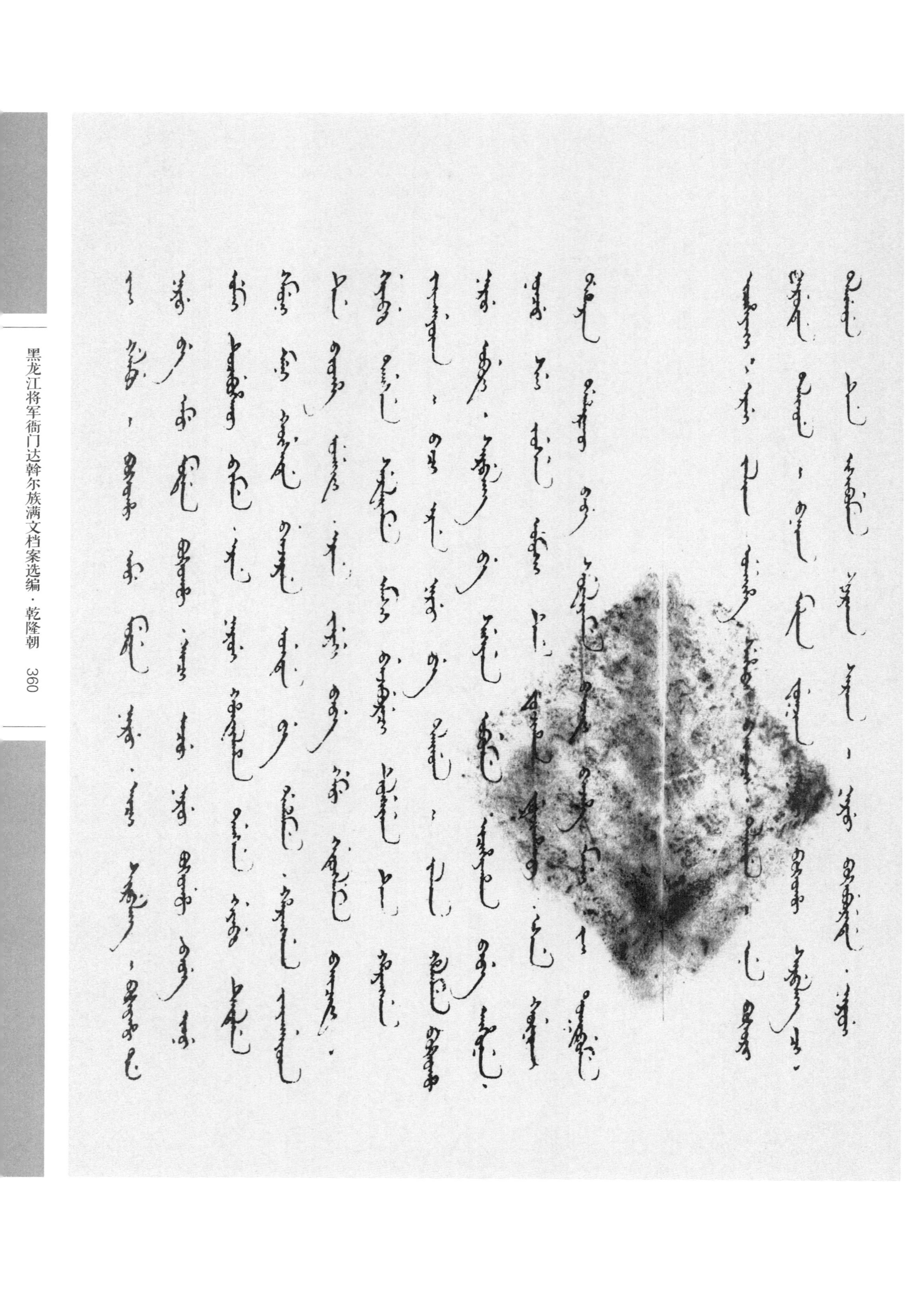

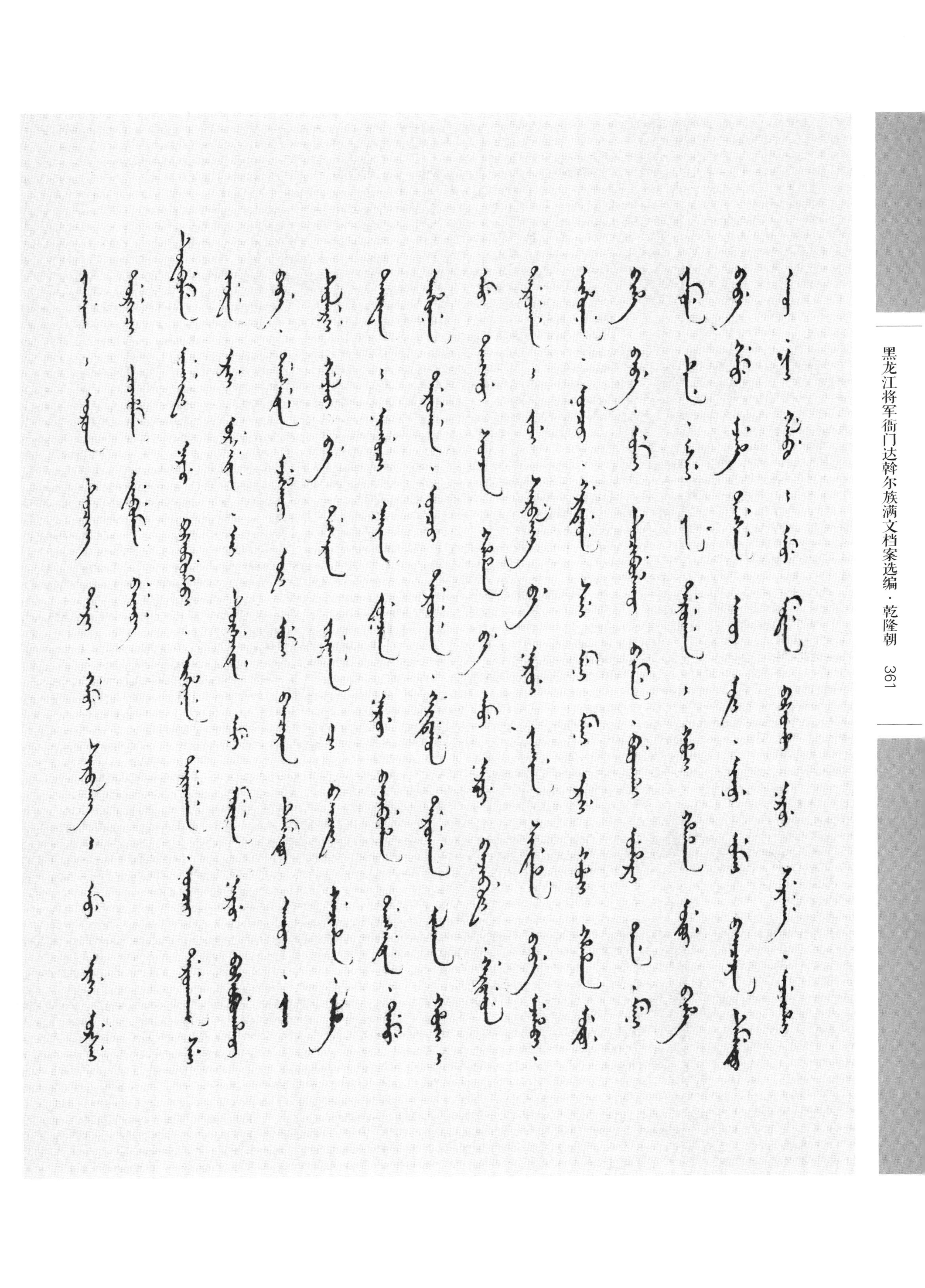

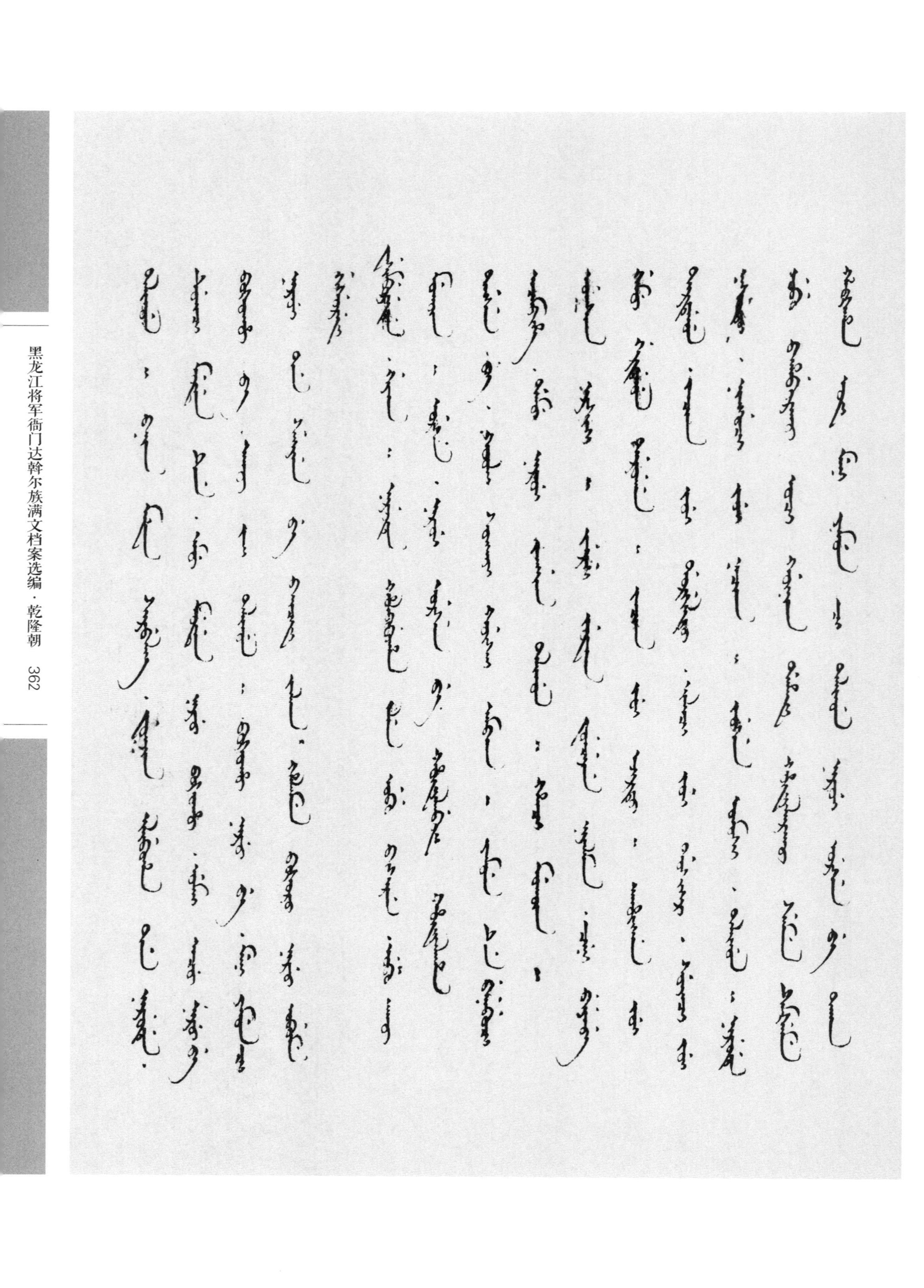

[illegible]

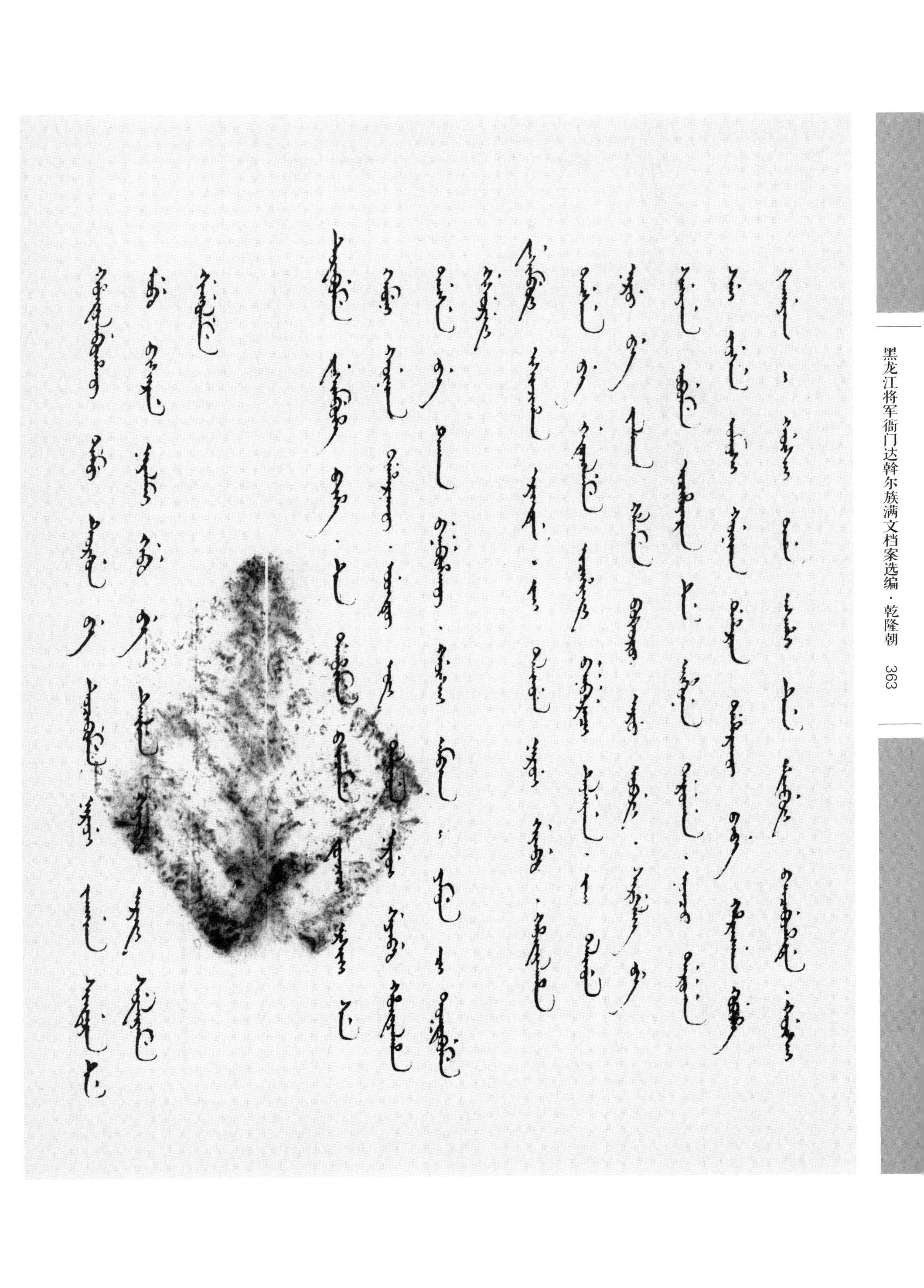

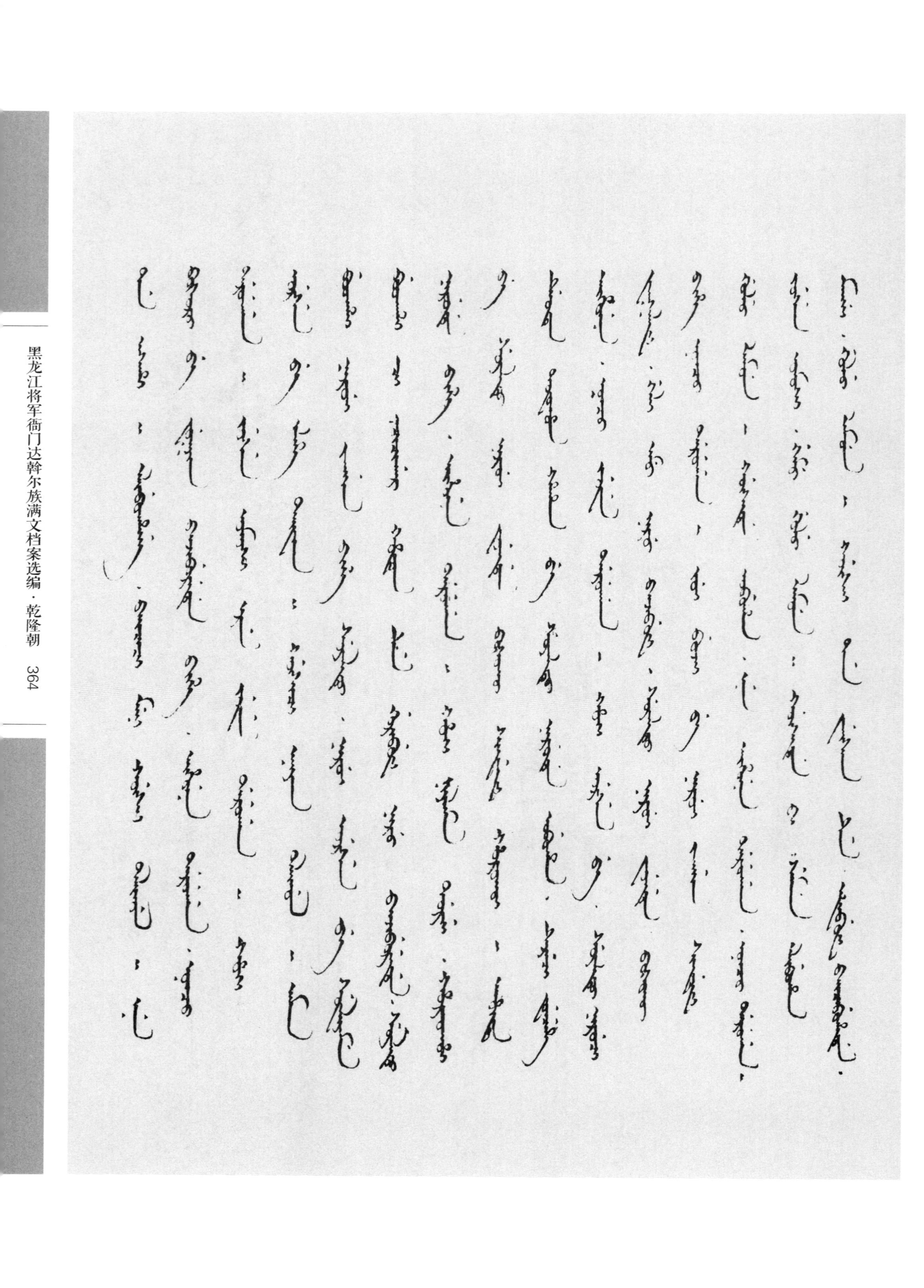

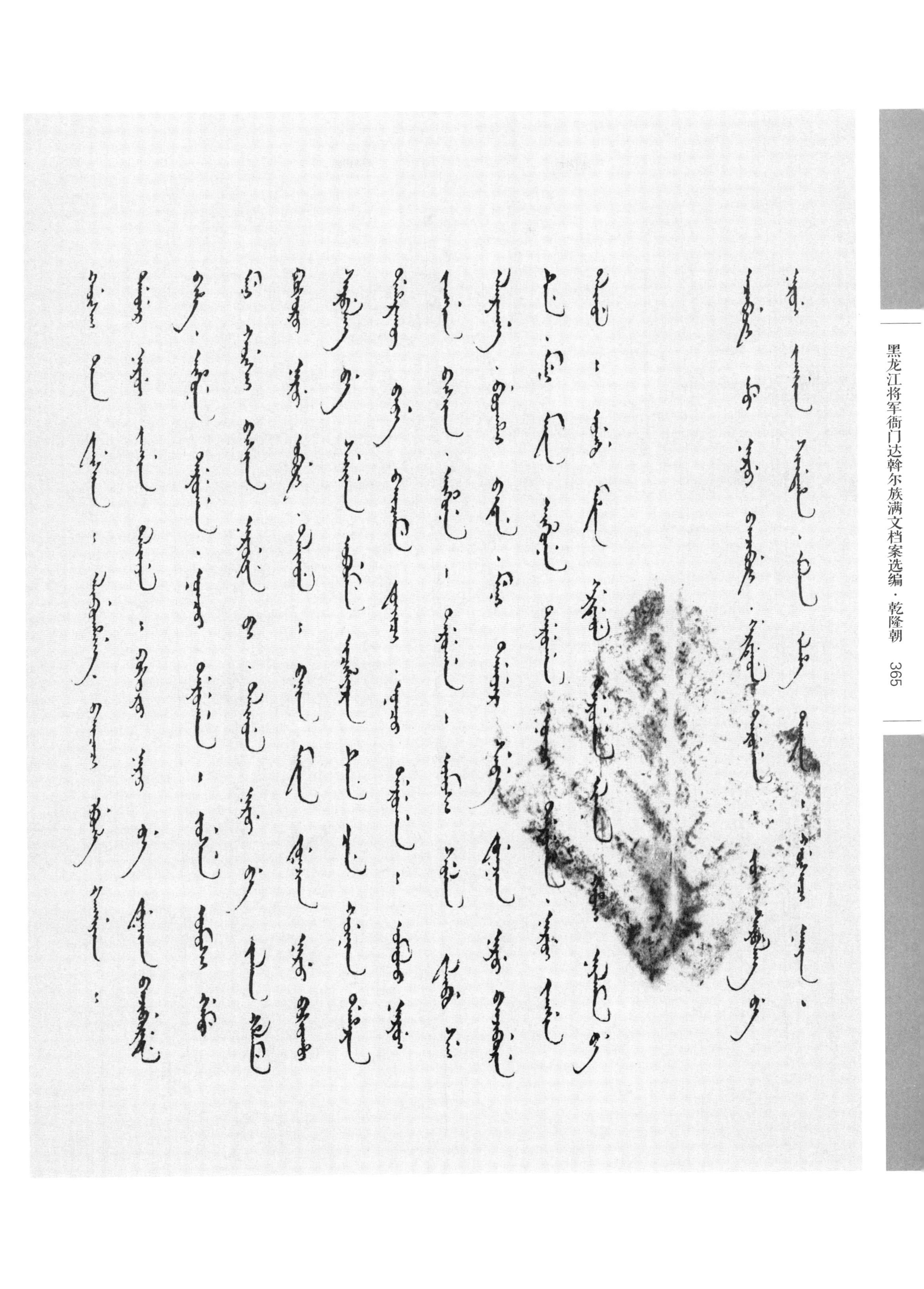

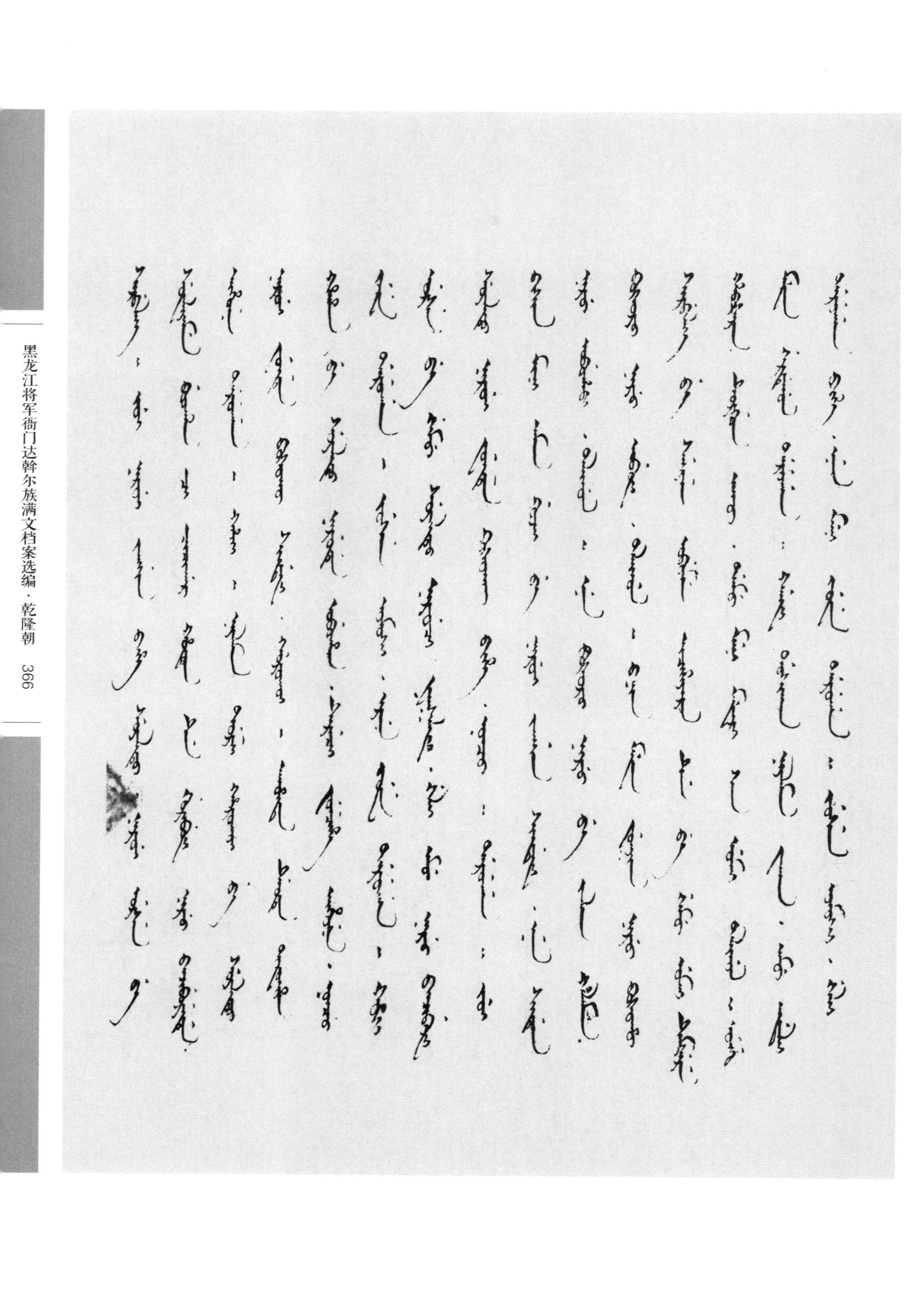

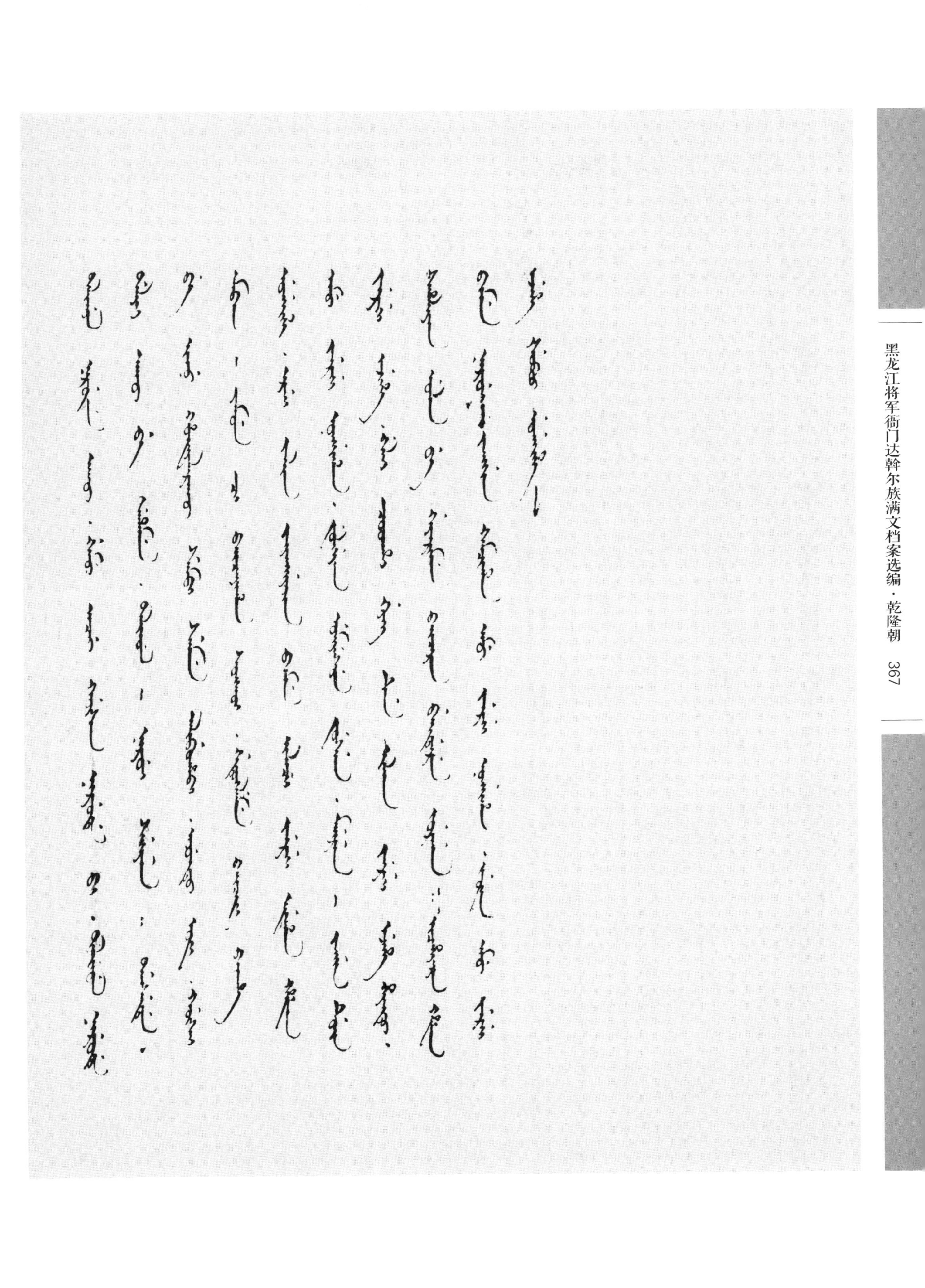

三六〇 镶黄满洲旗为遵旨查明镶黄旗达斡尔阿弥拉等世管佐领源流事咨黑龙江将军文

乾隆十年十二月三十日

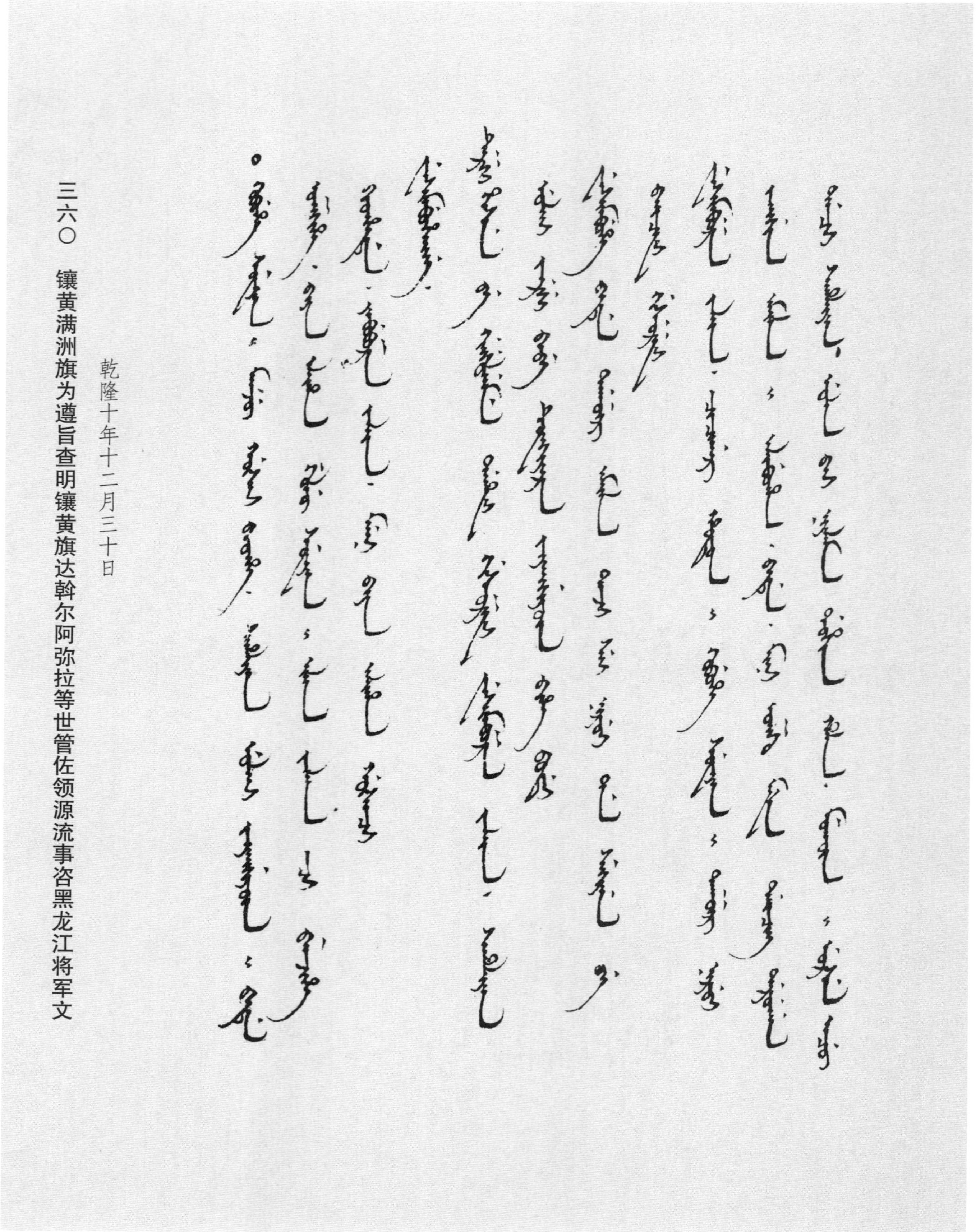

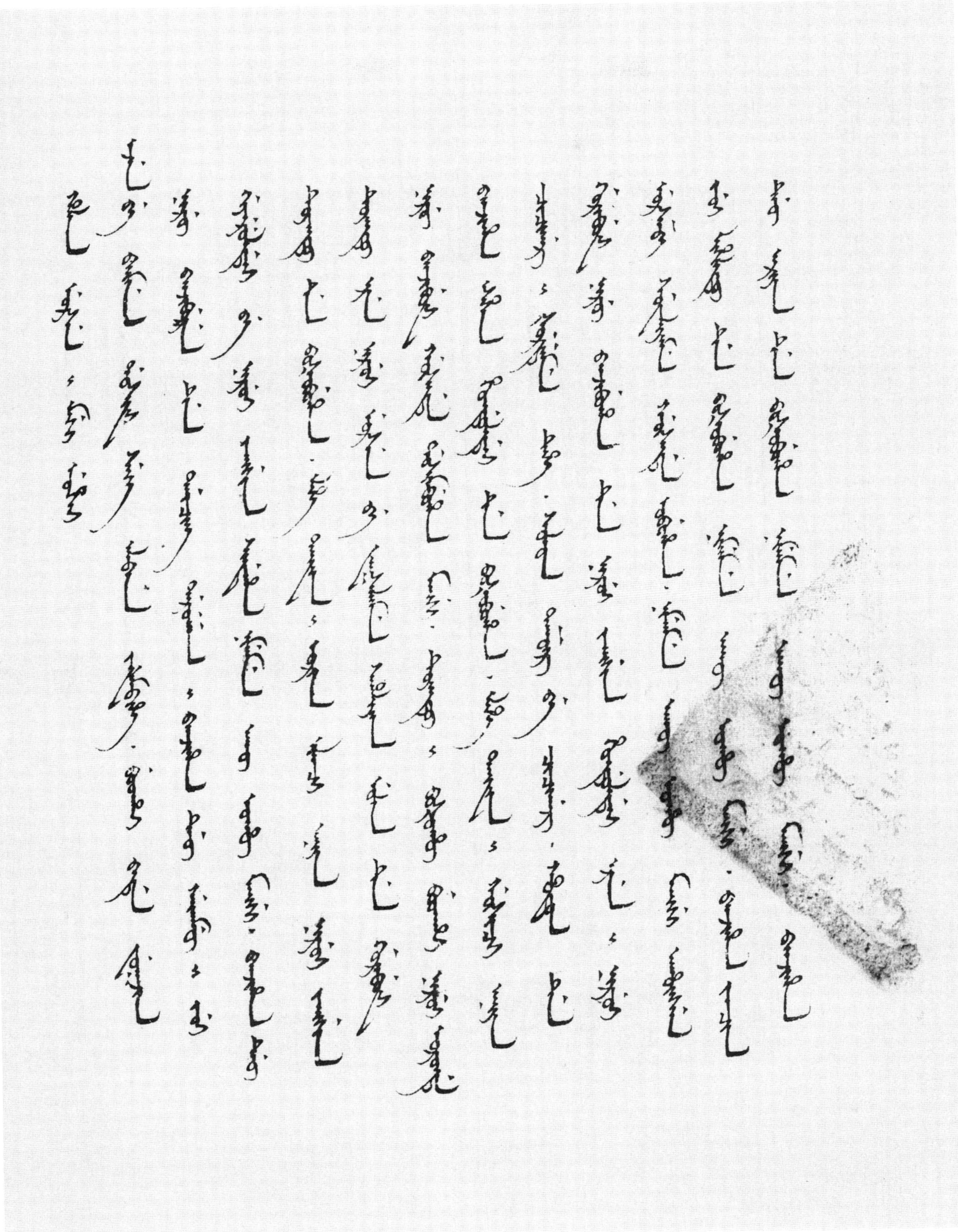

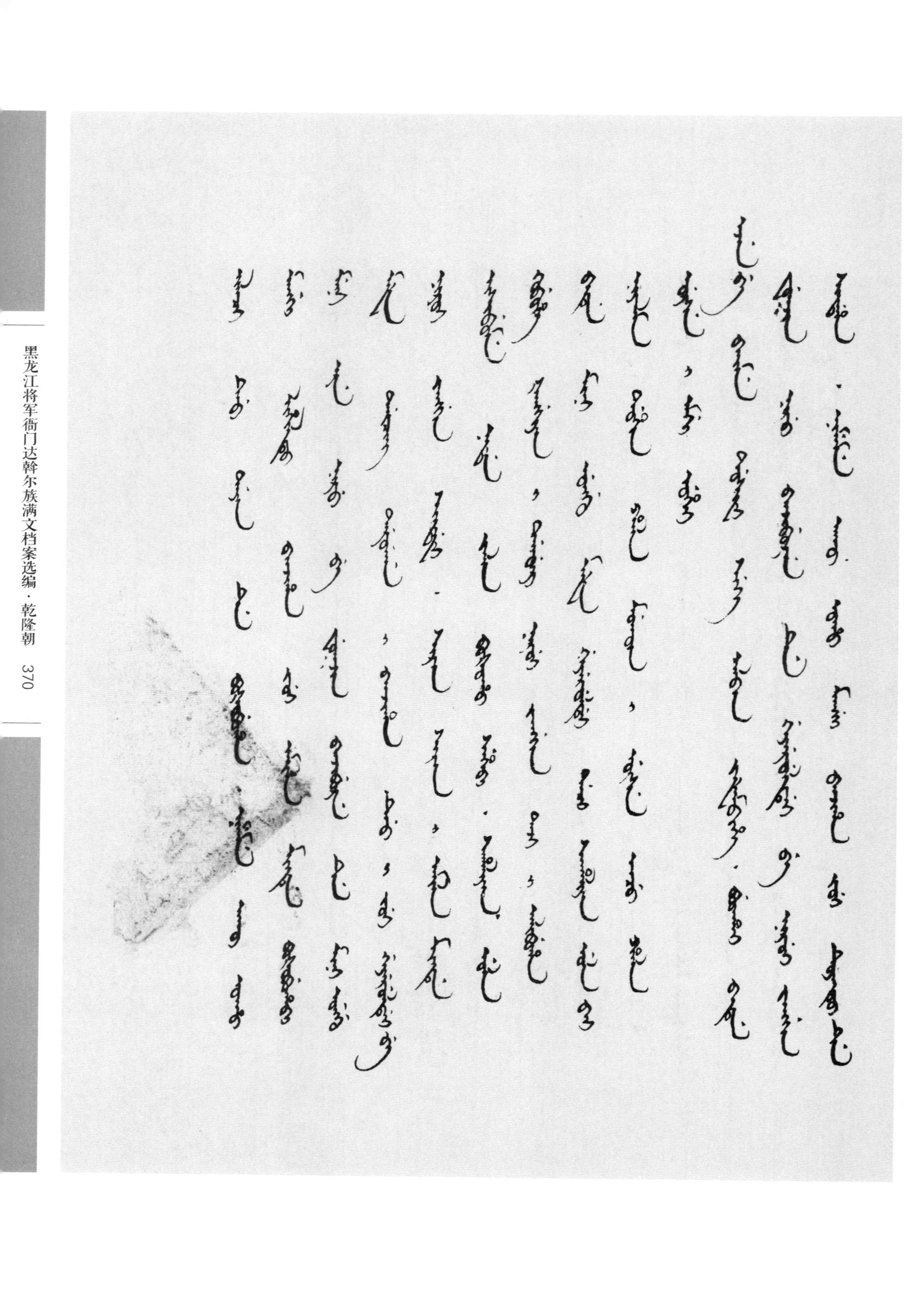

[illegible]

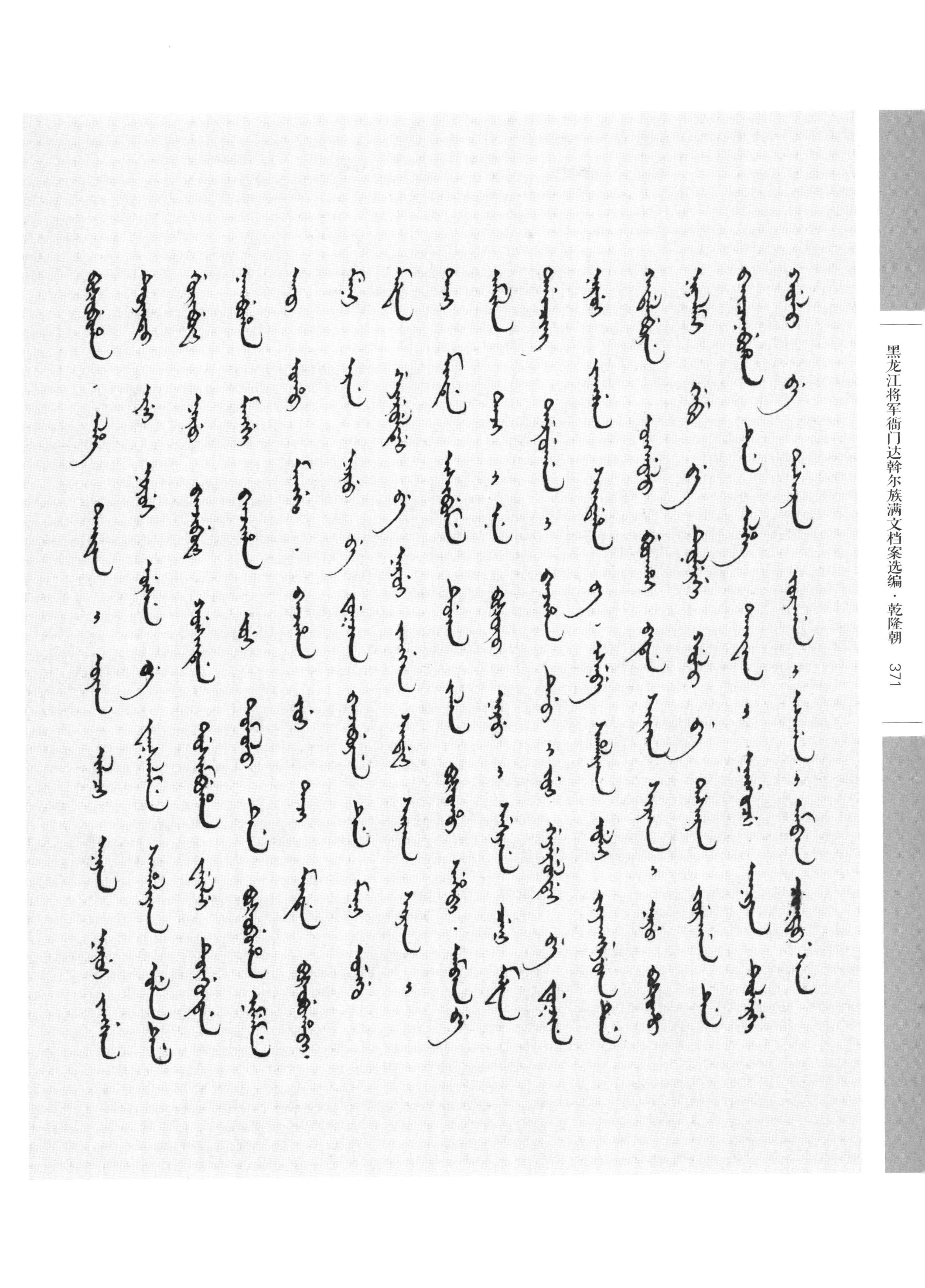

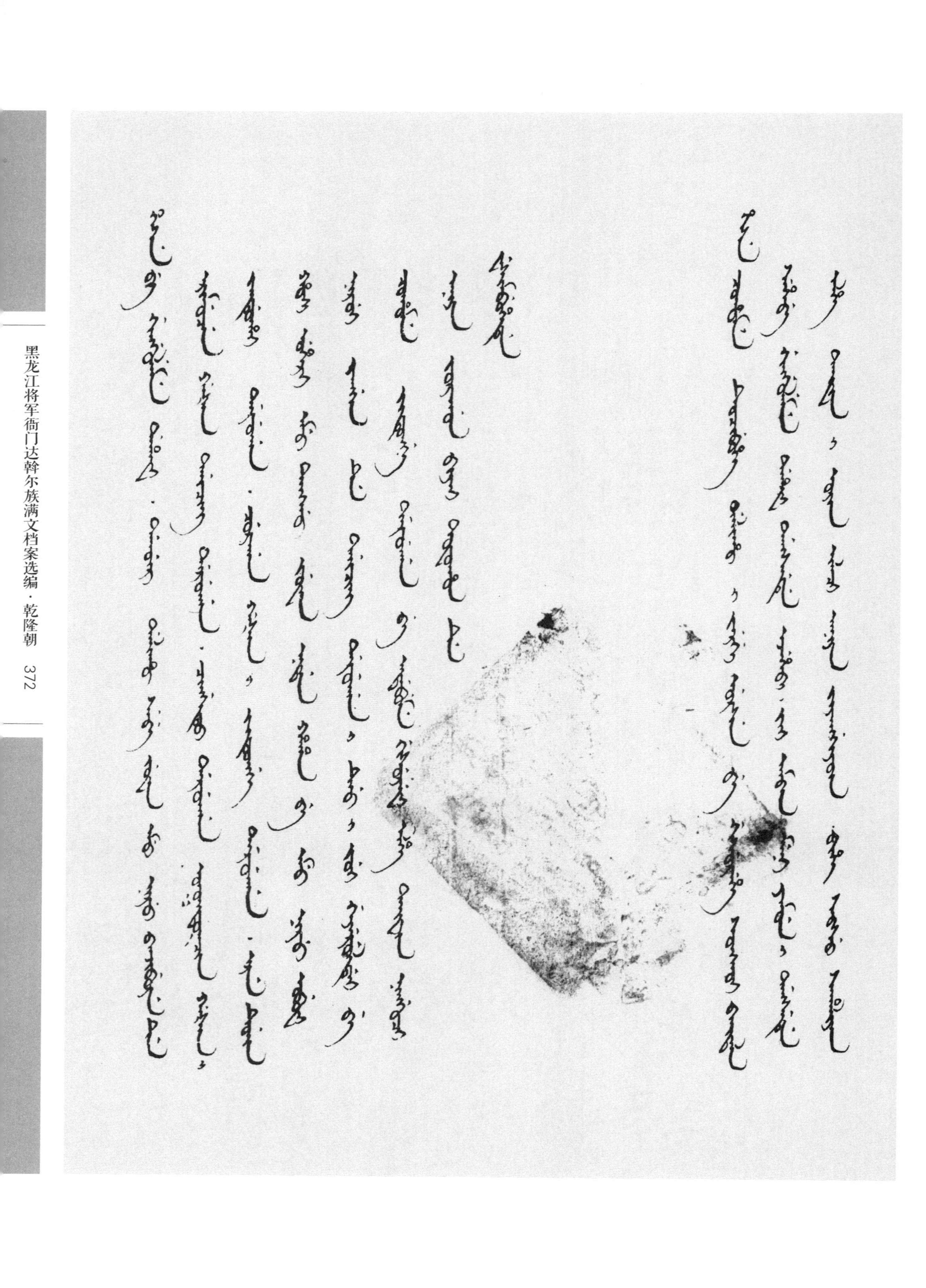

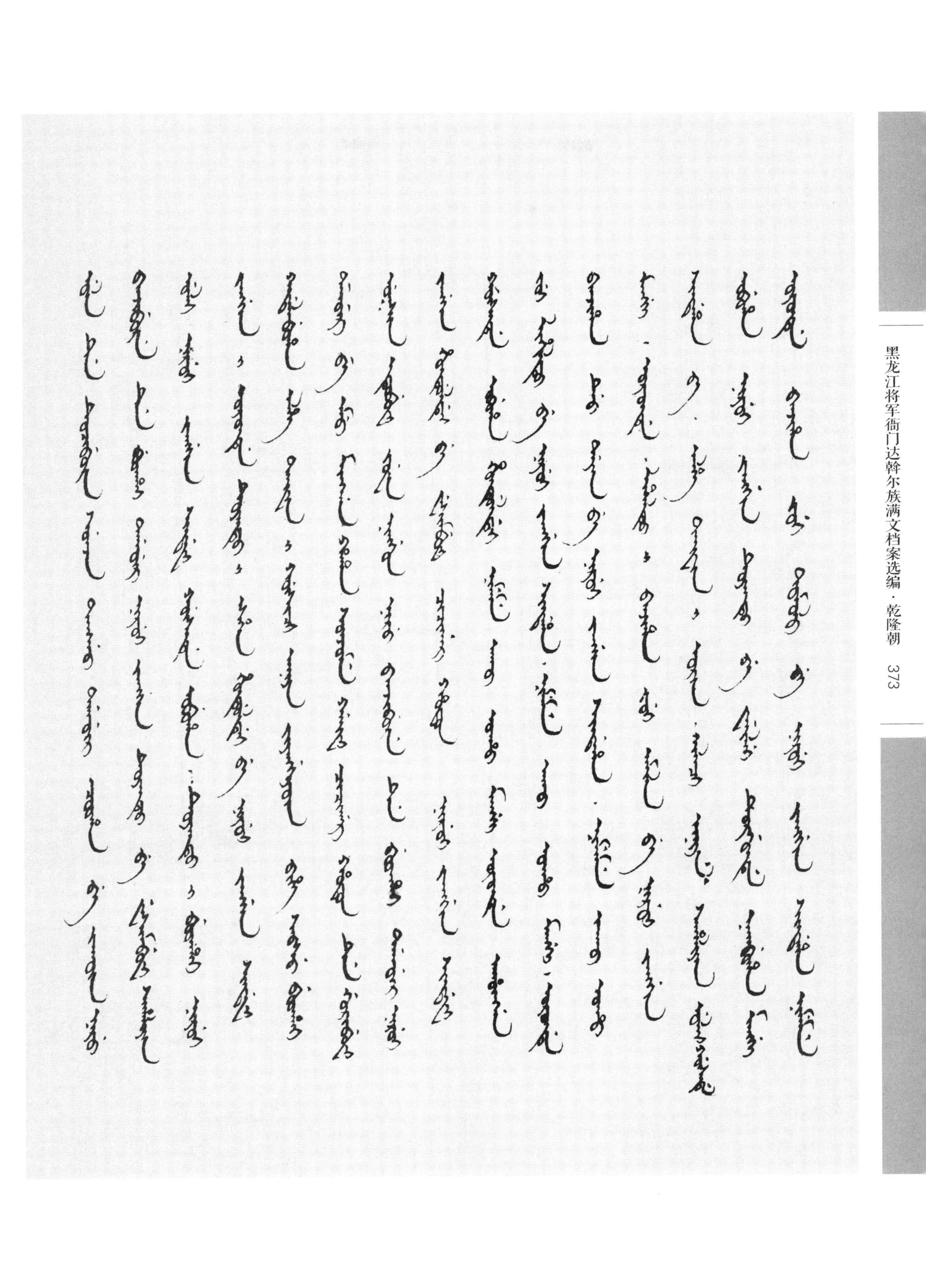

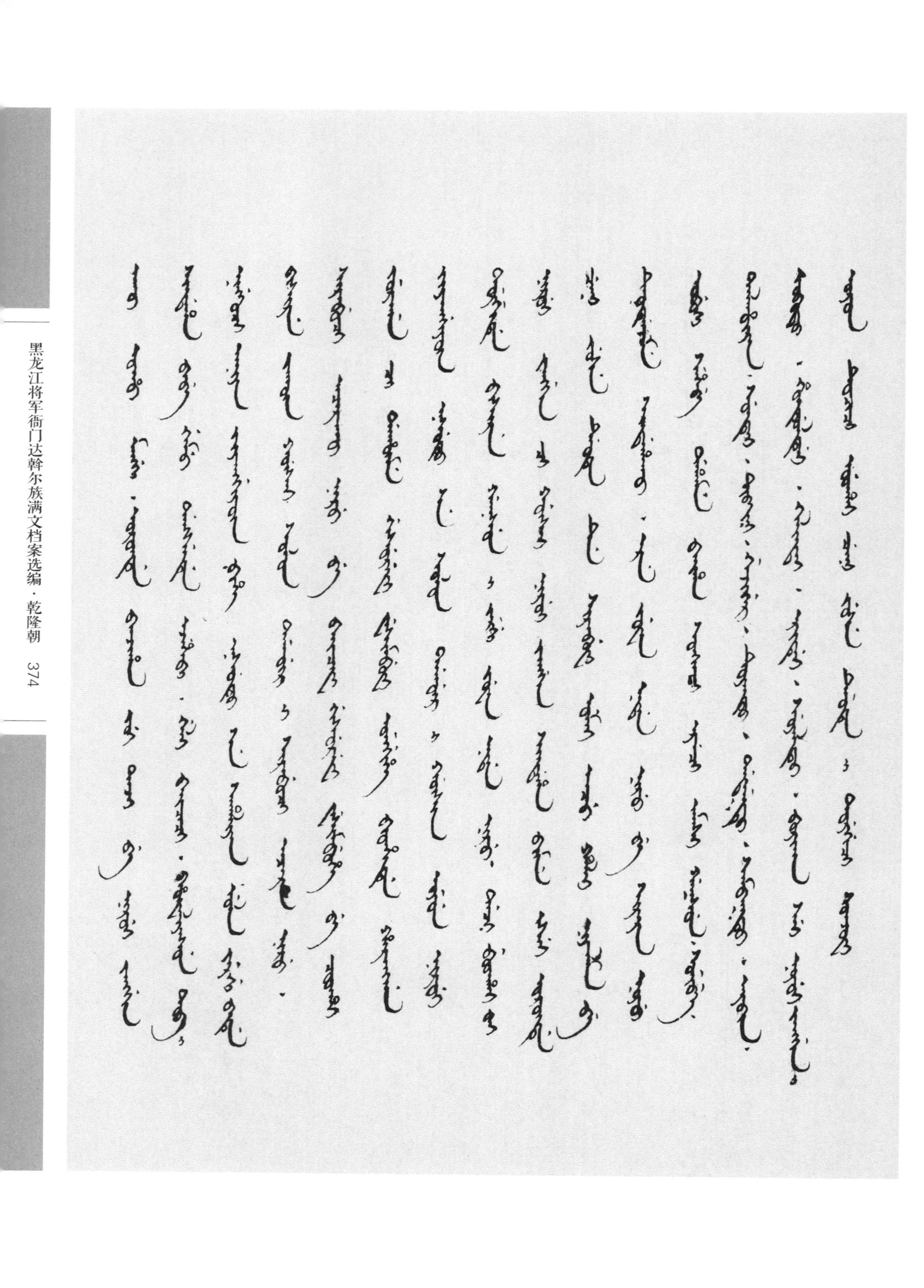

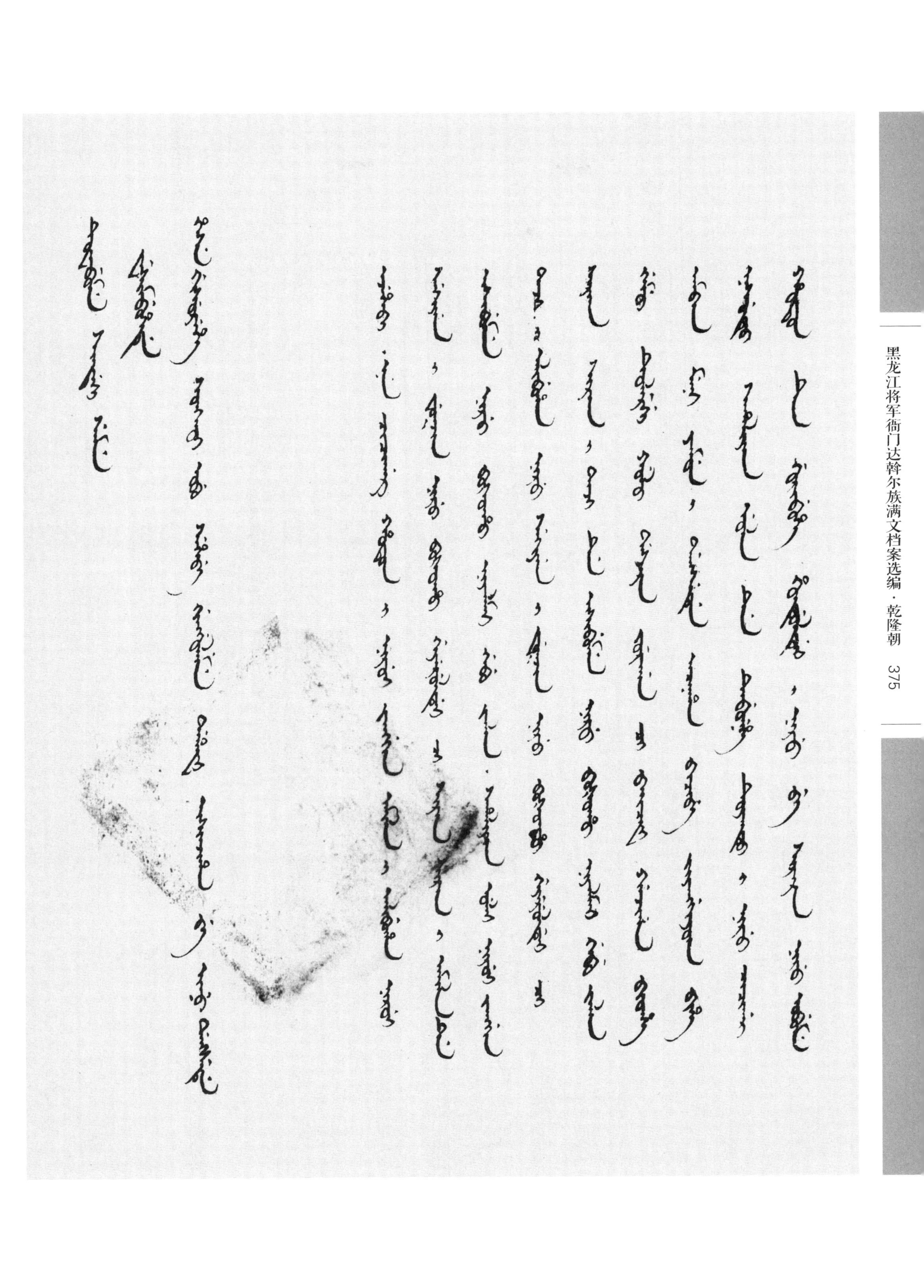

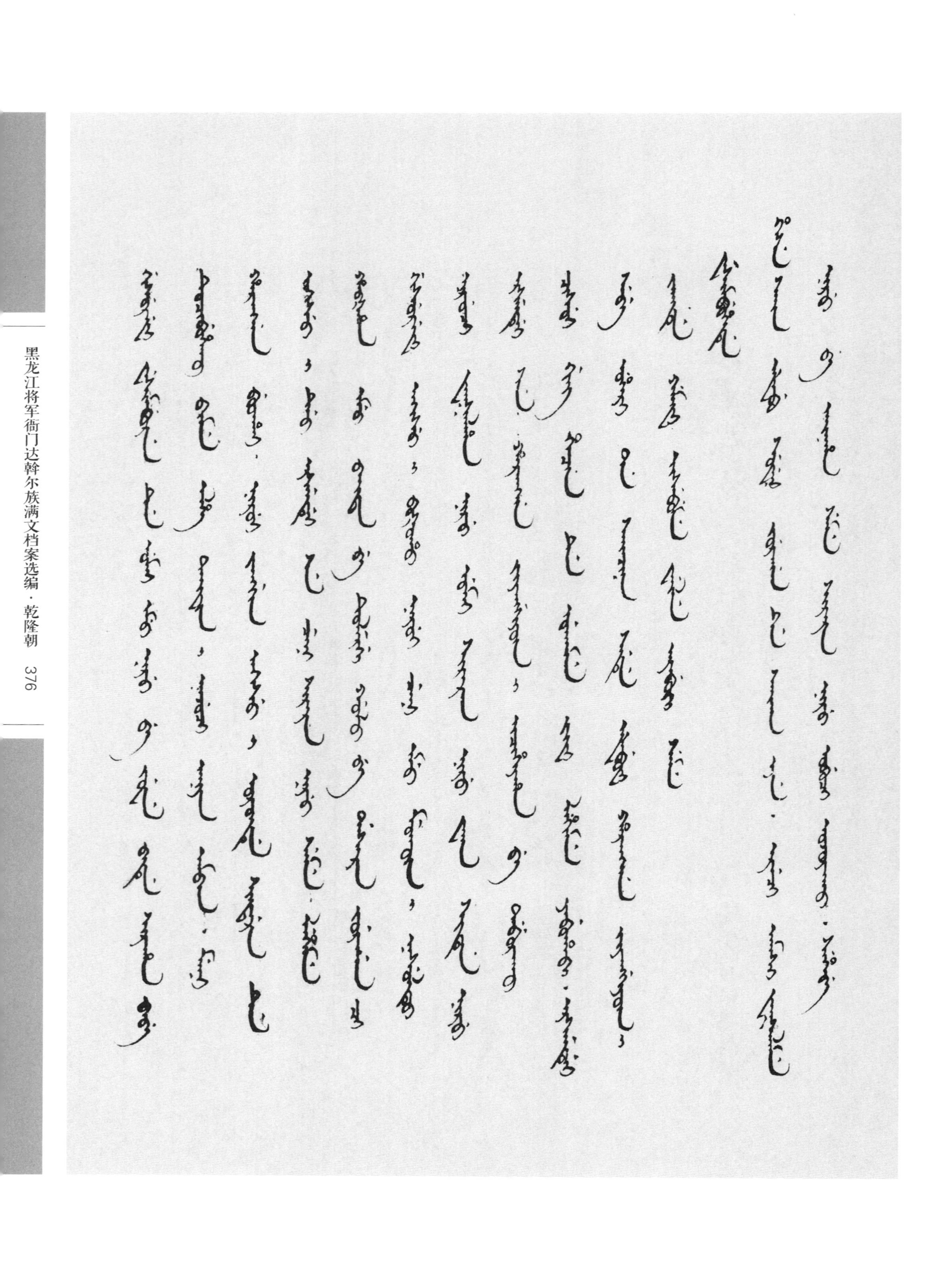

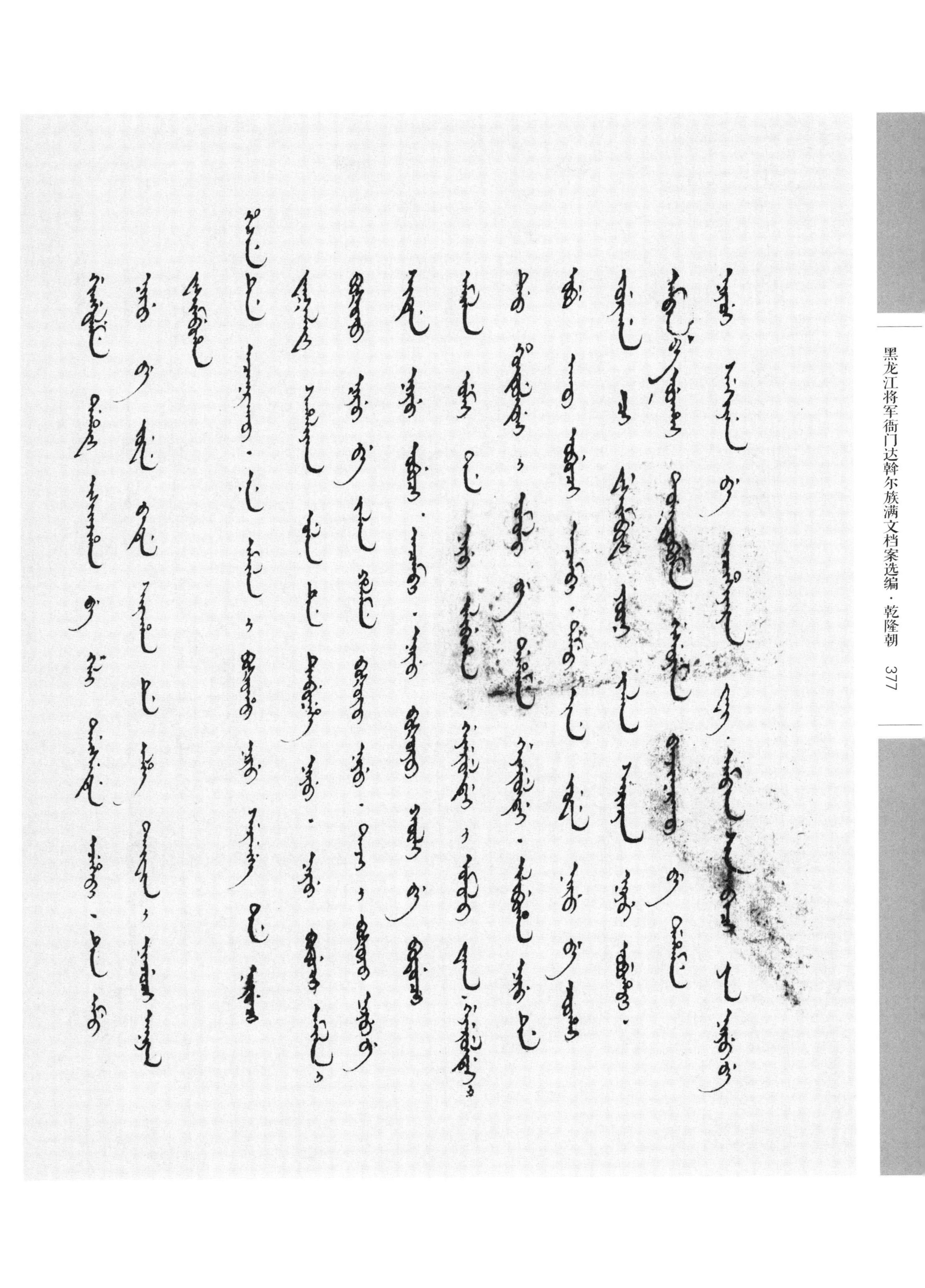

[illegible]

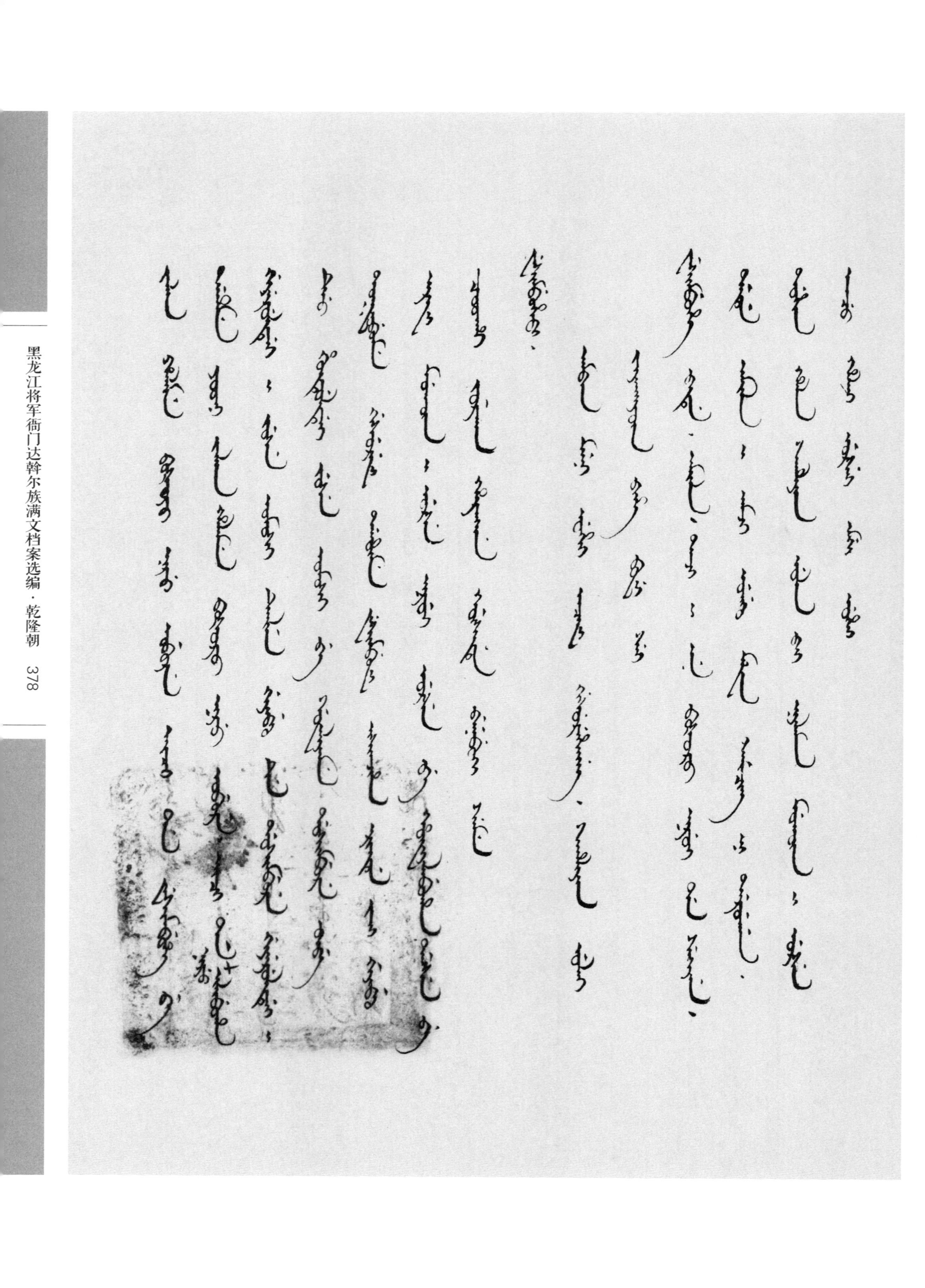

[illegible]

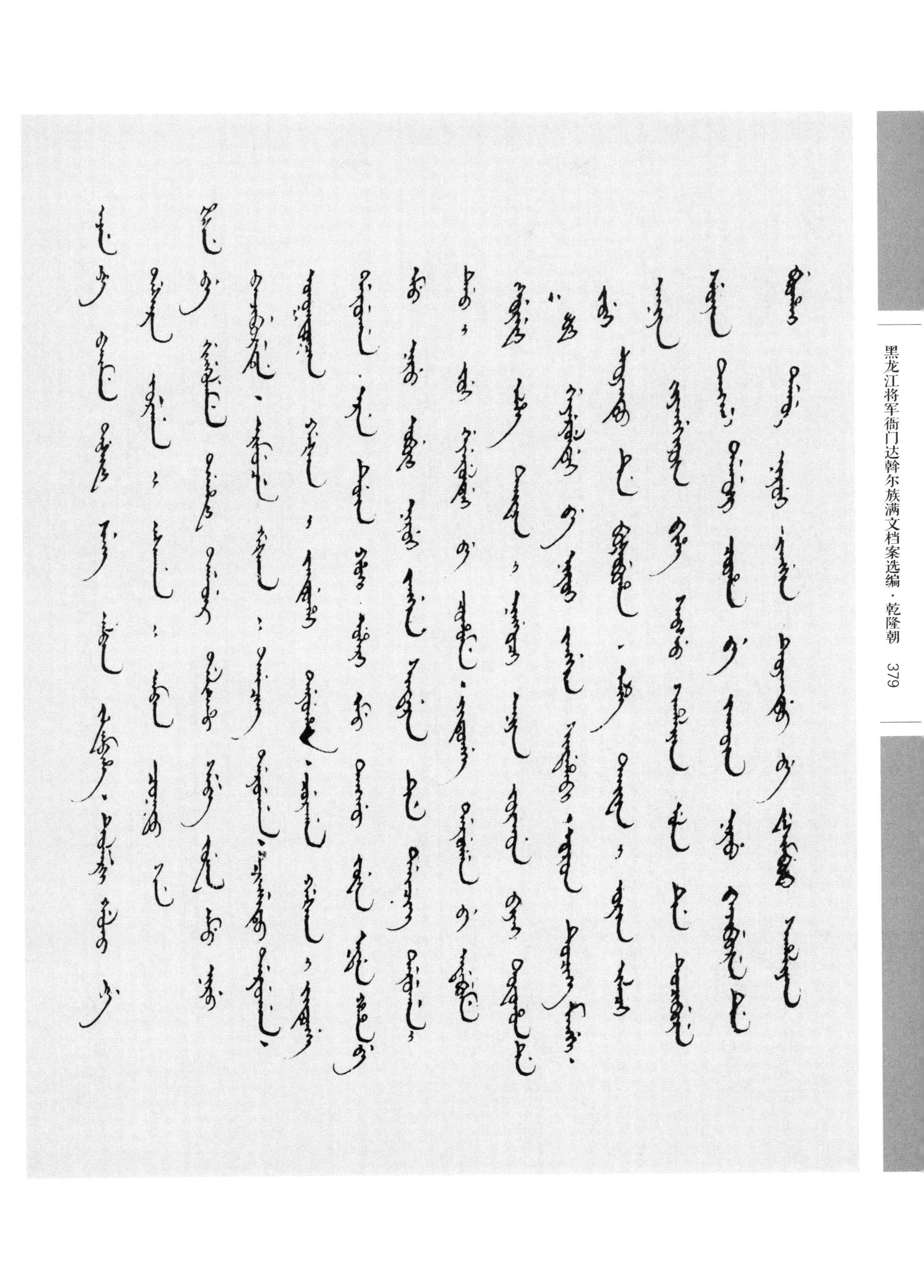

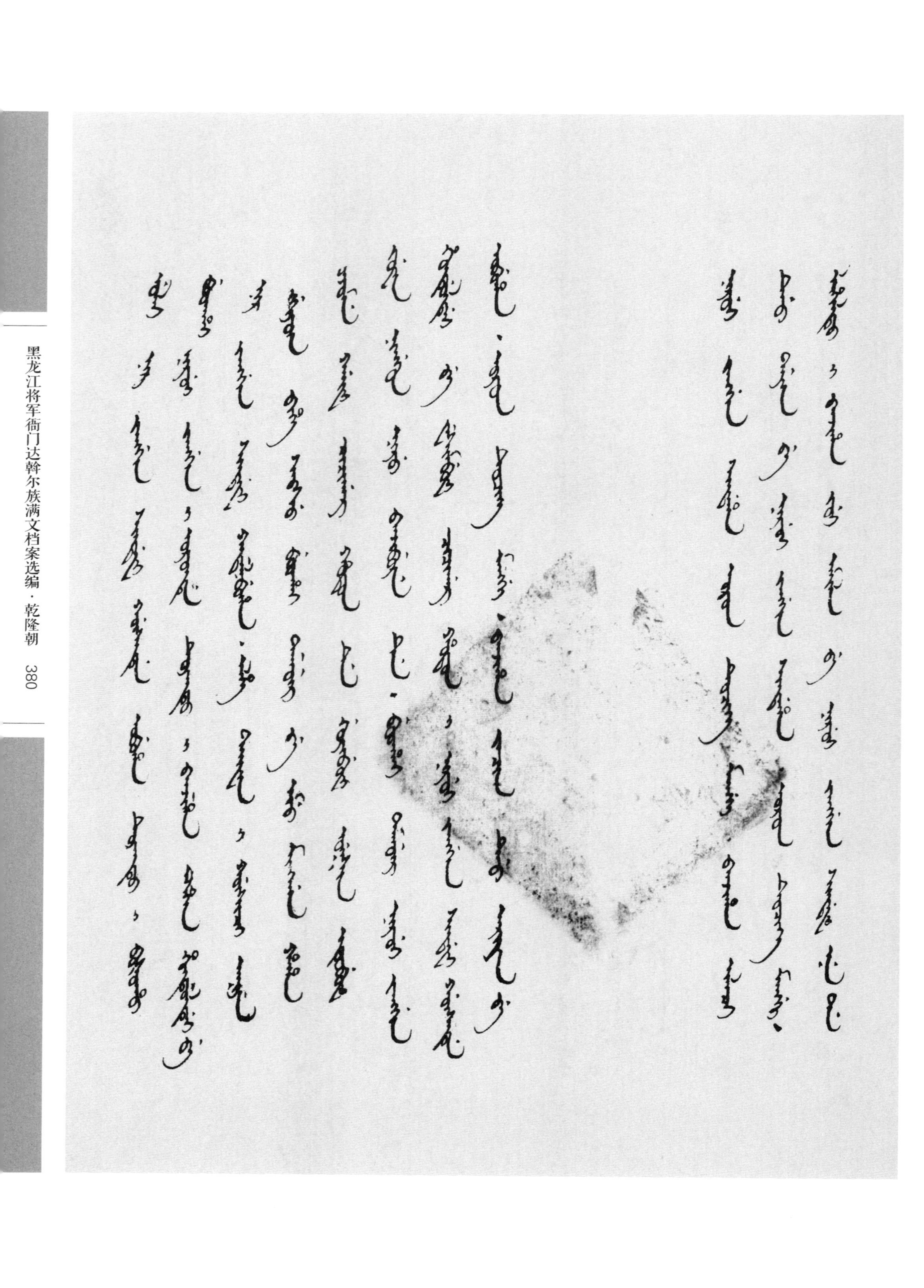

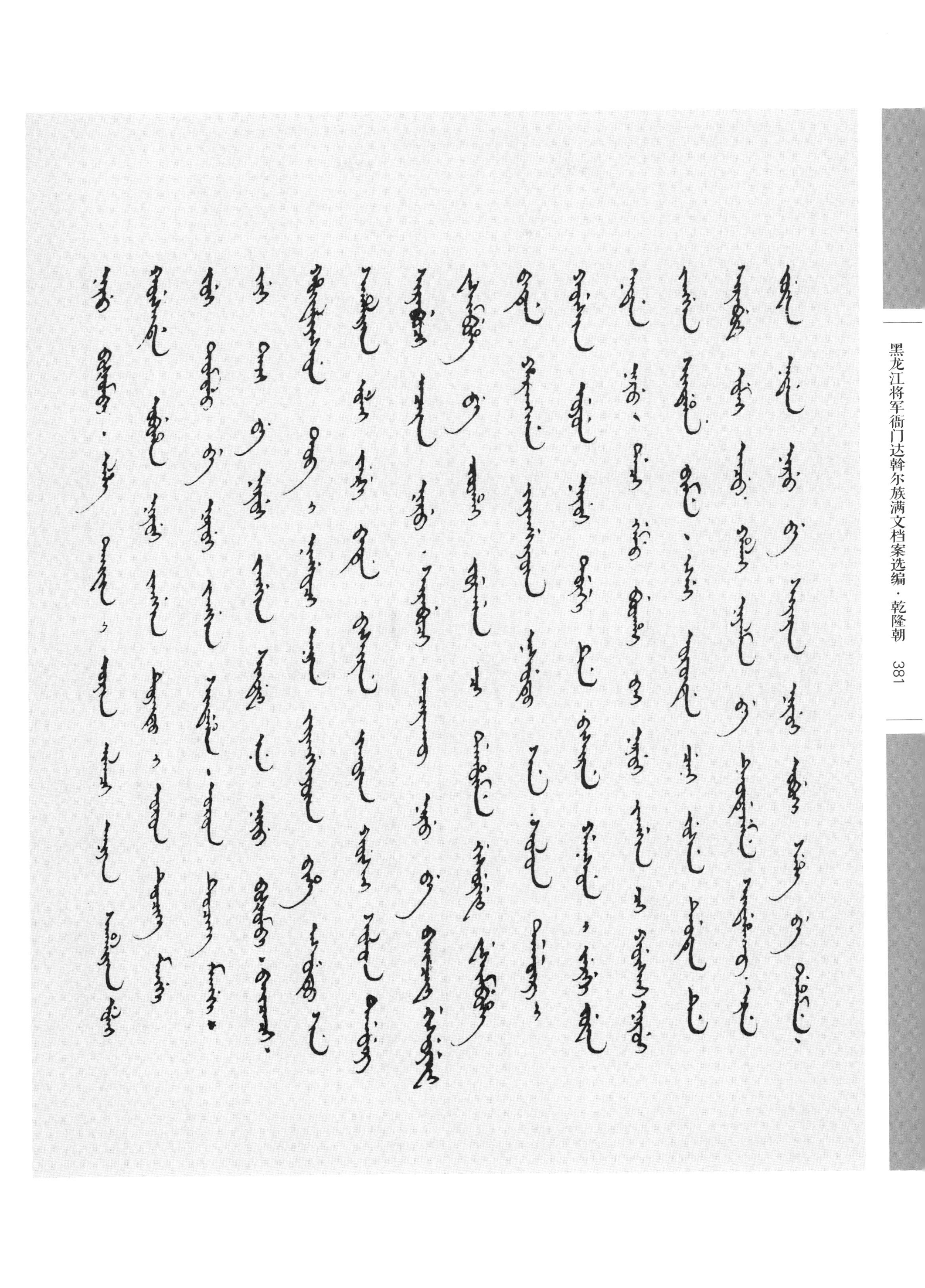

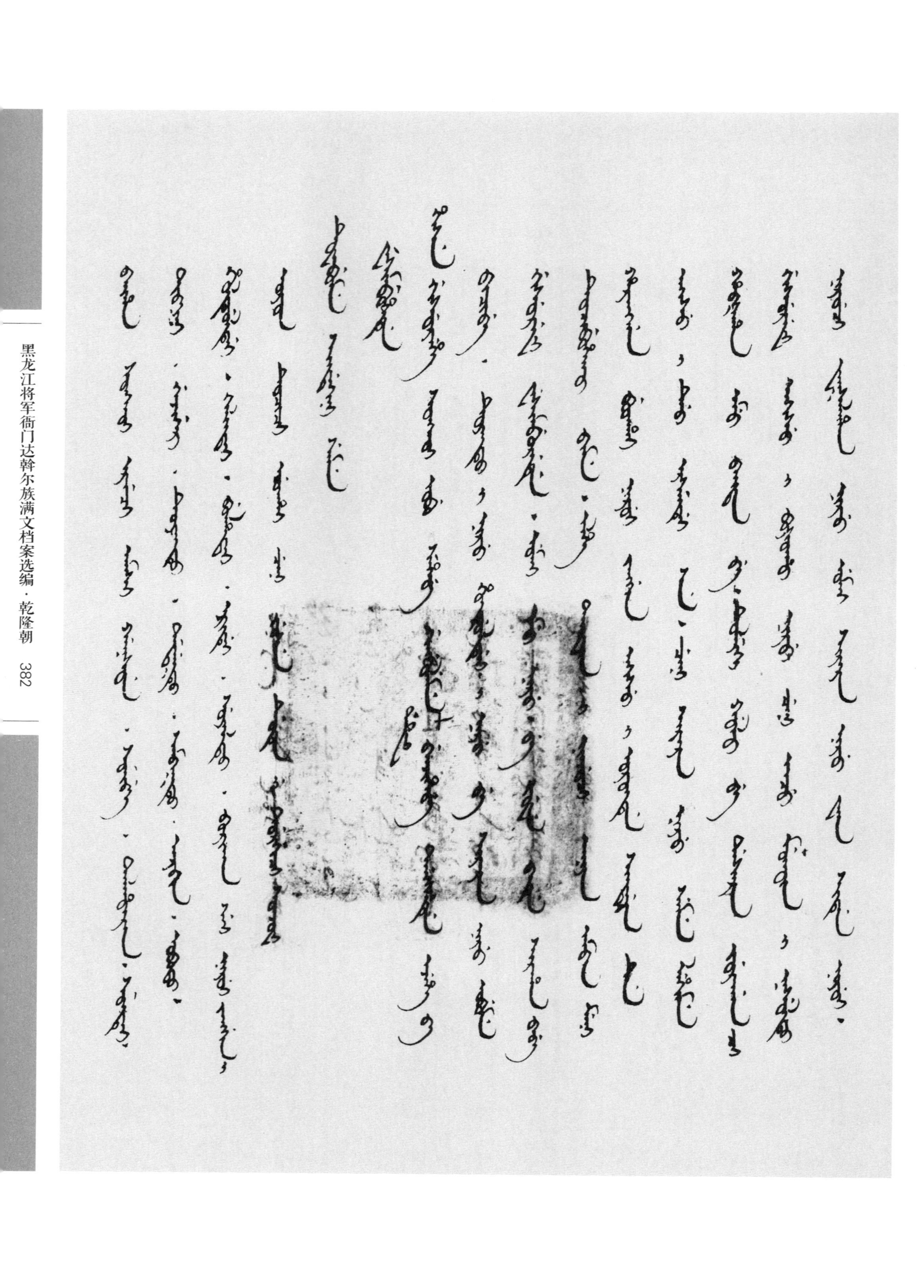

[illegible]

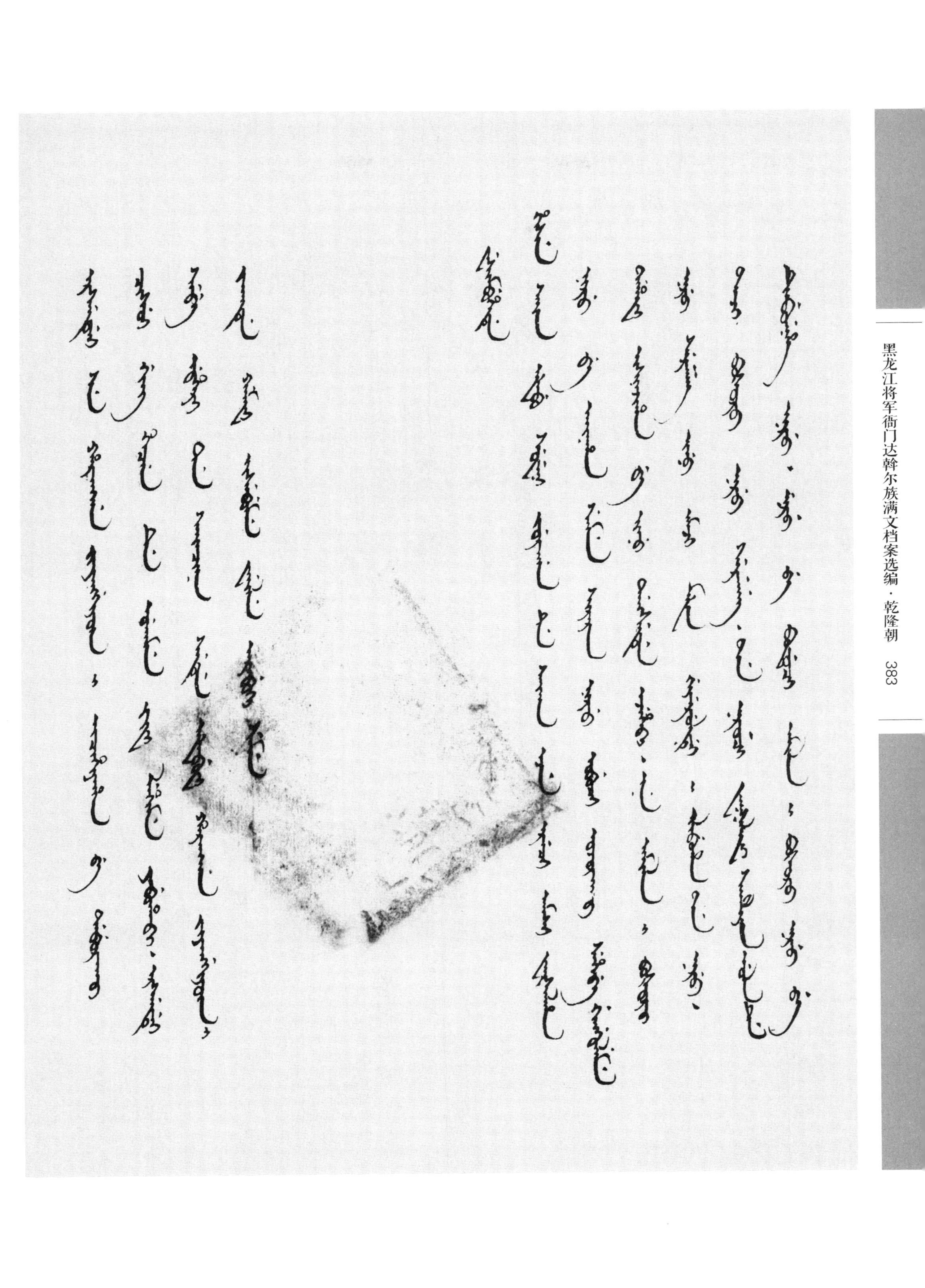

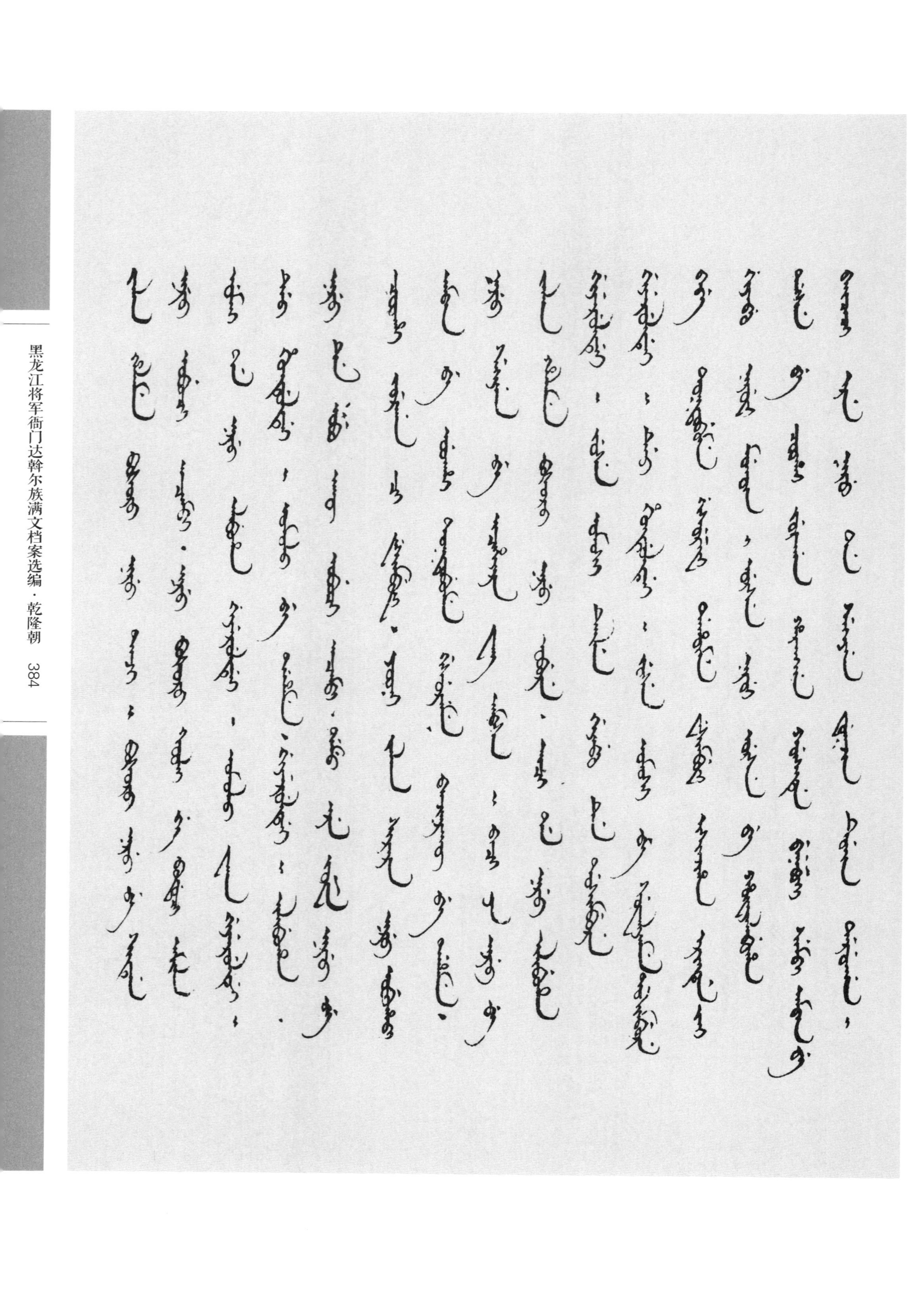

[illegible]

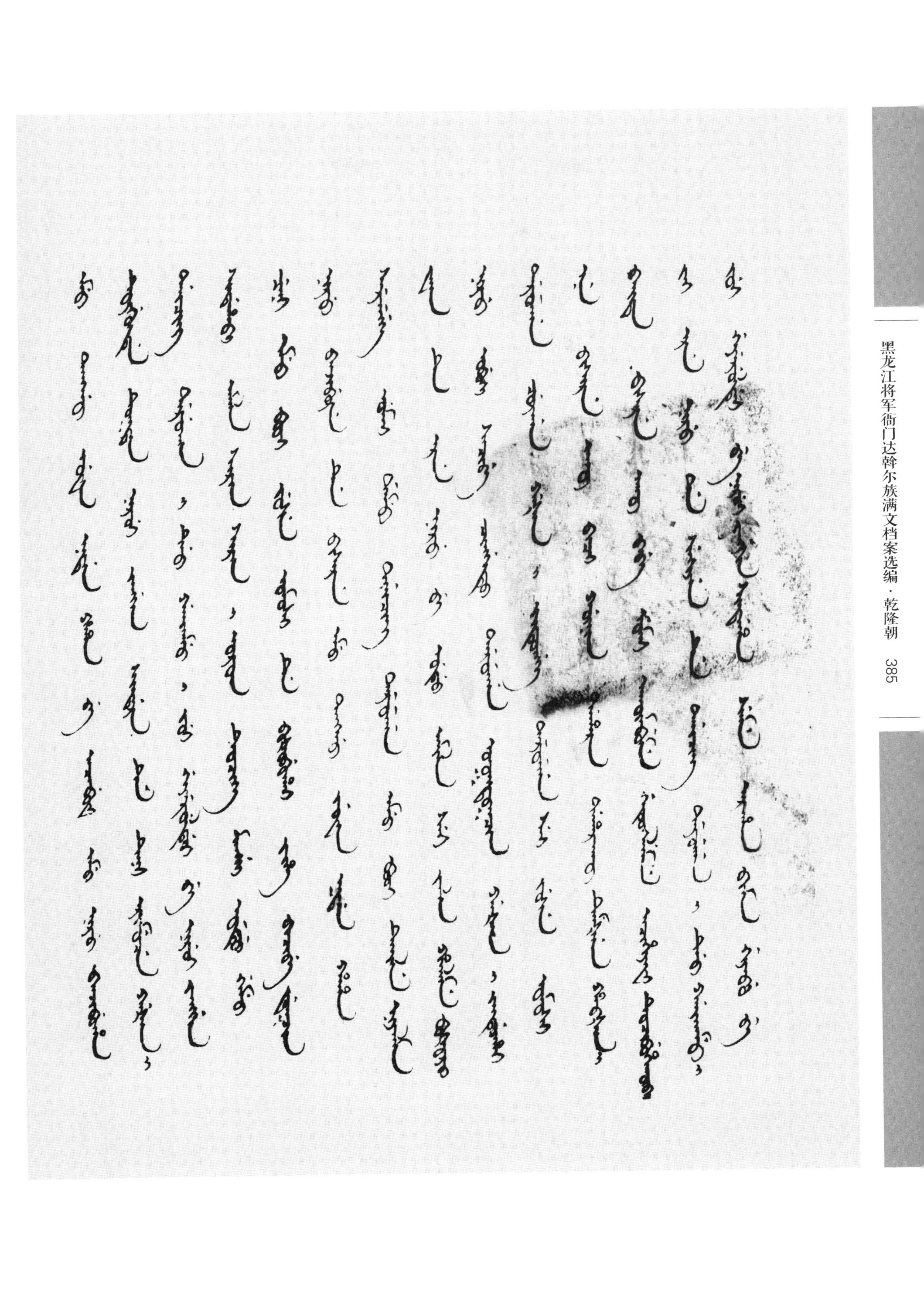

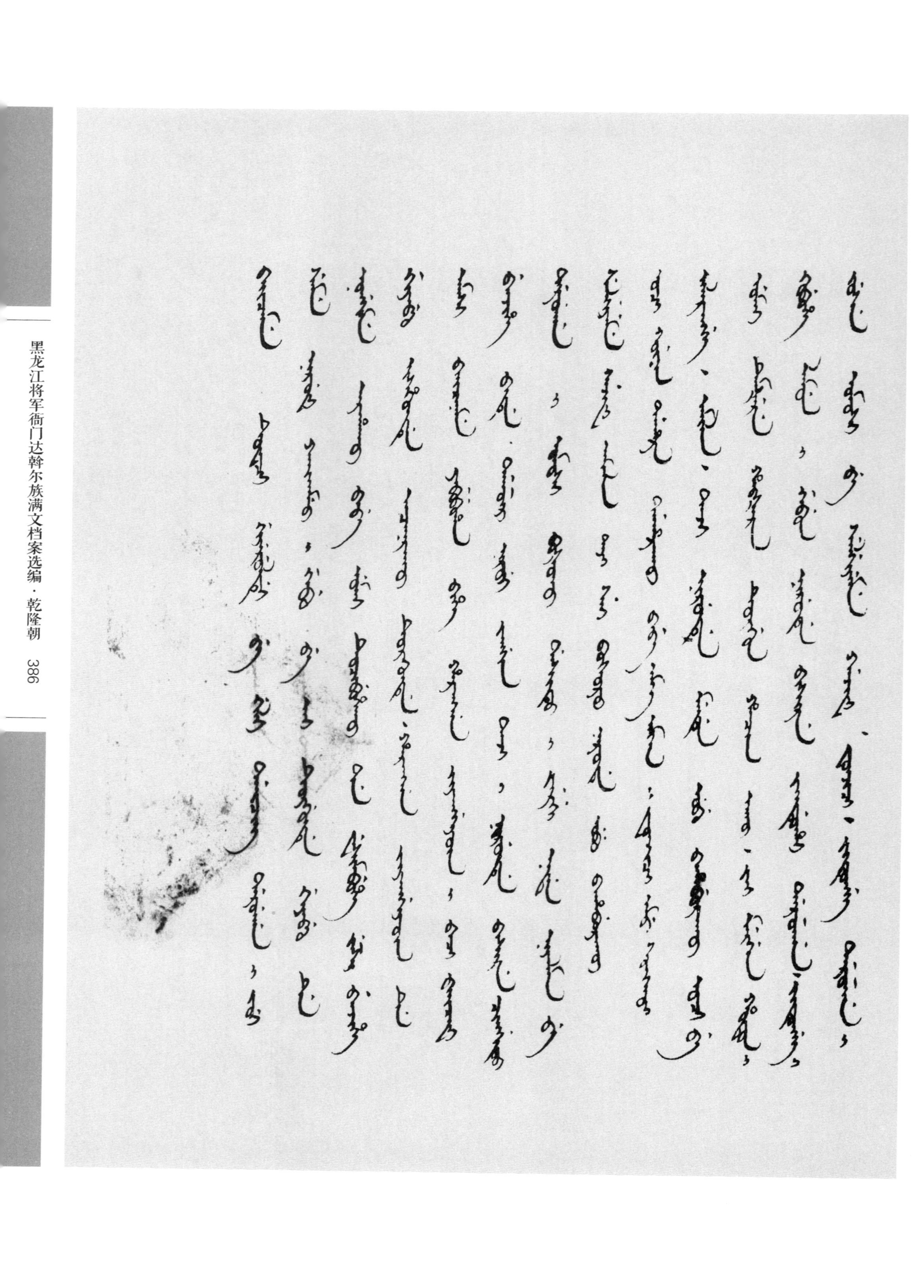

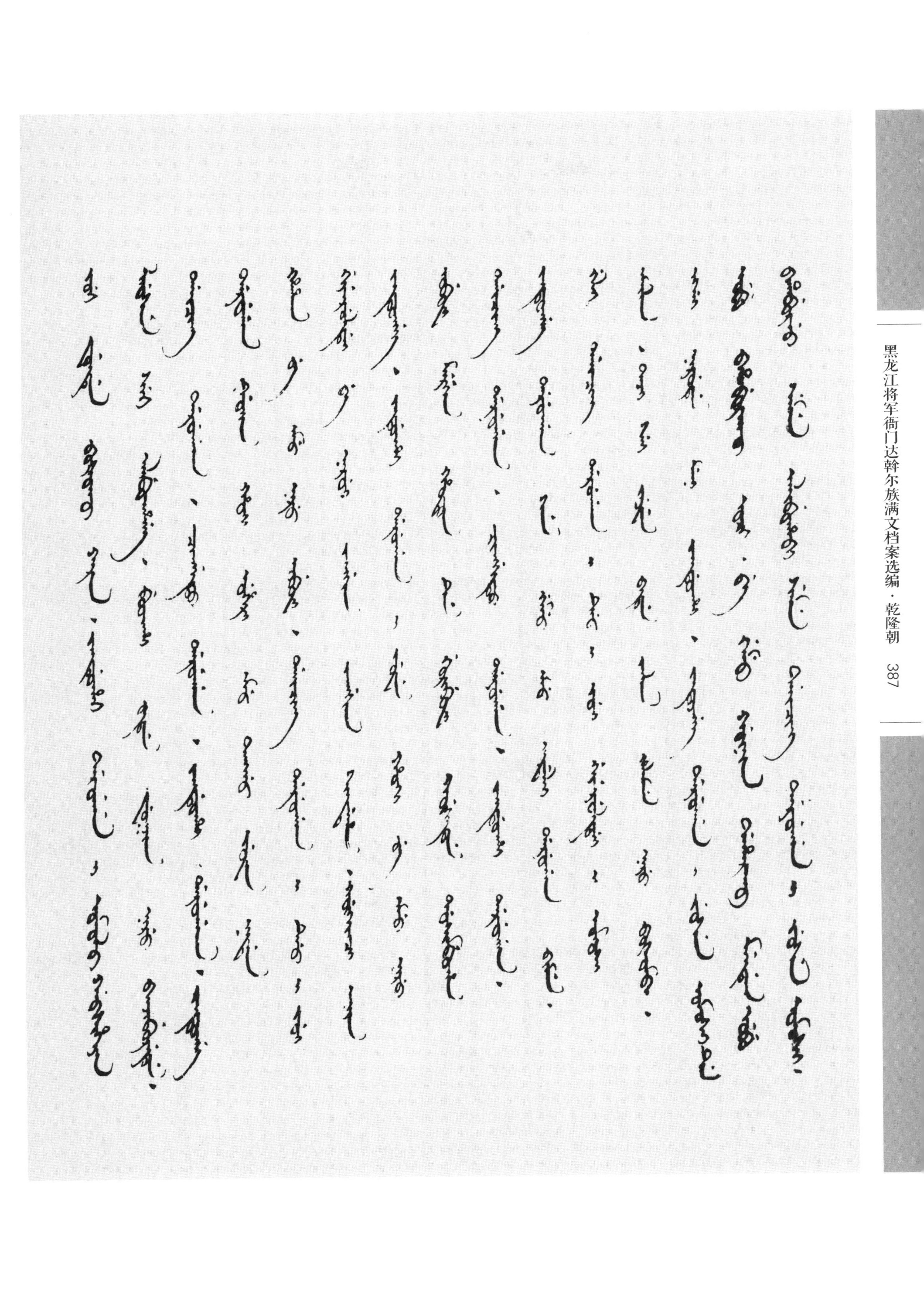

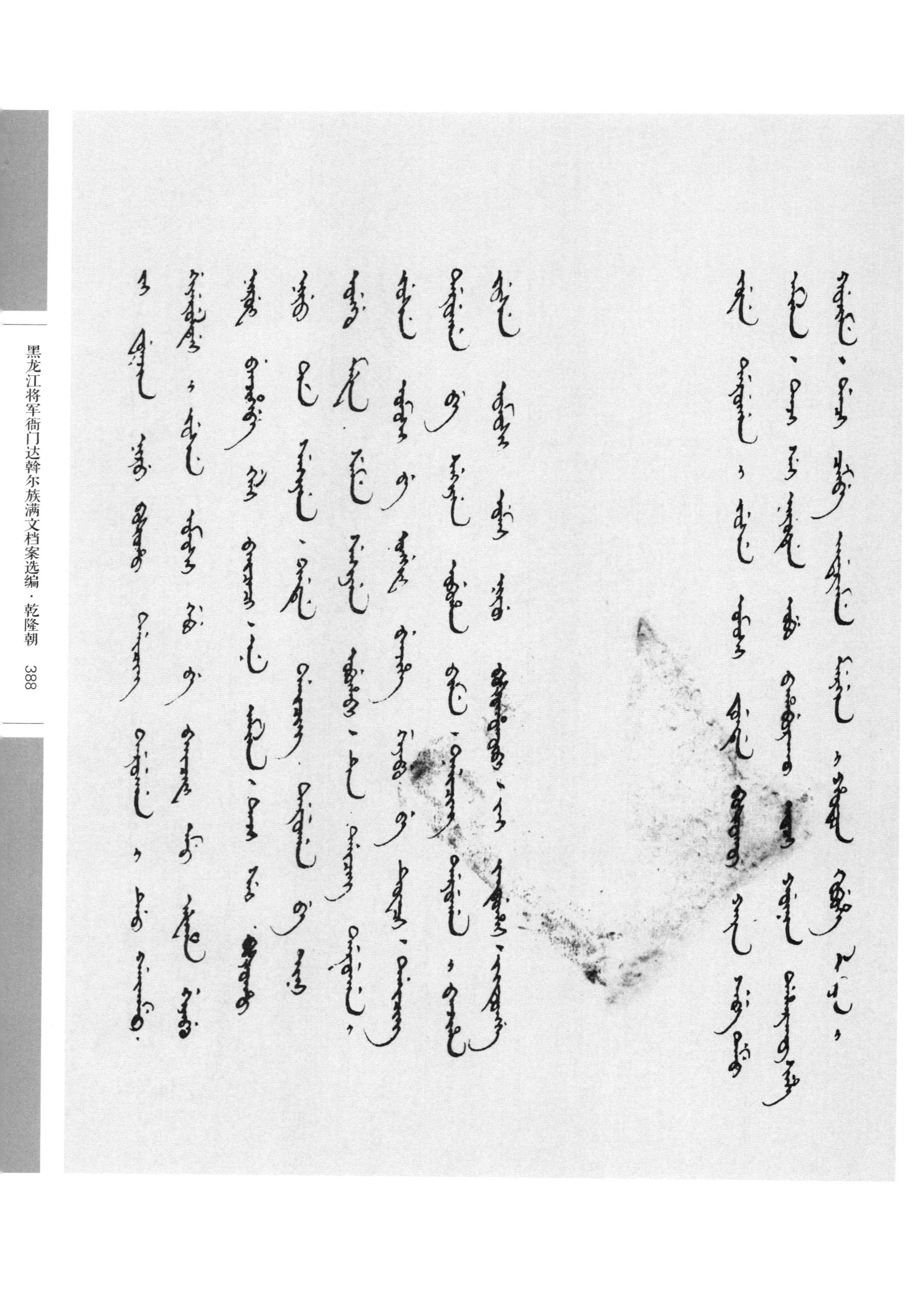

[illegible]

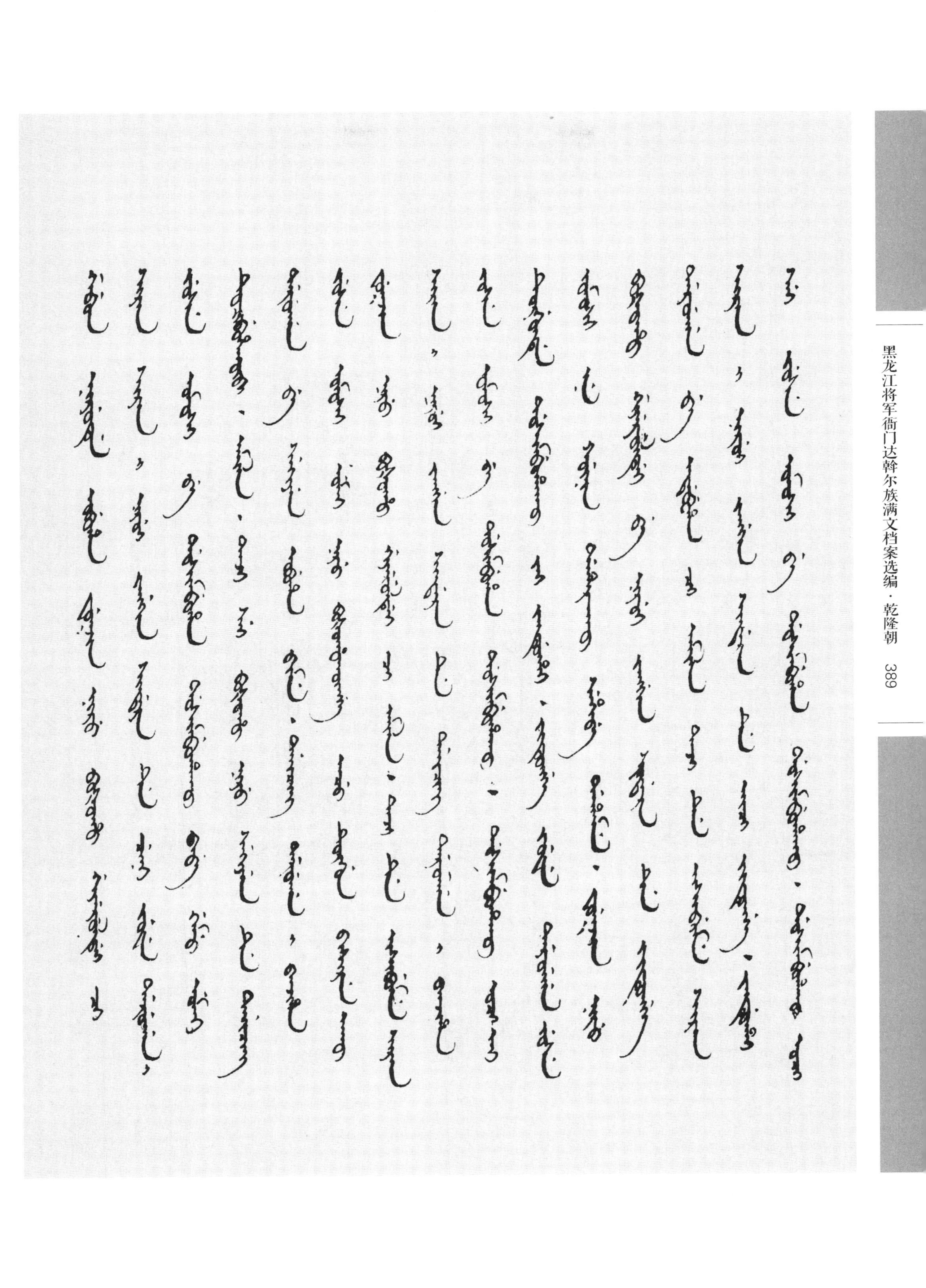

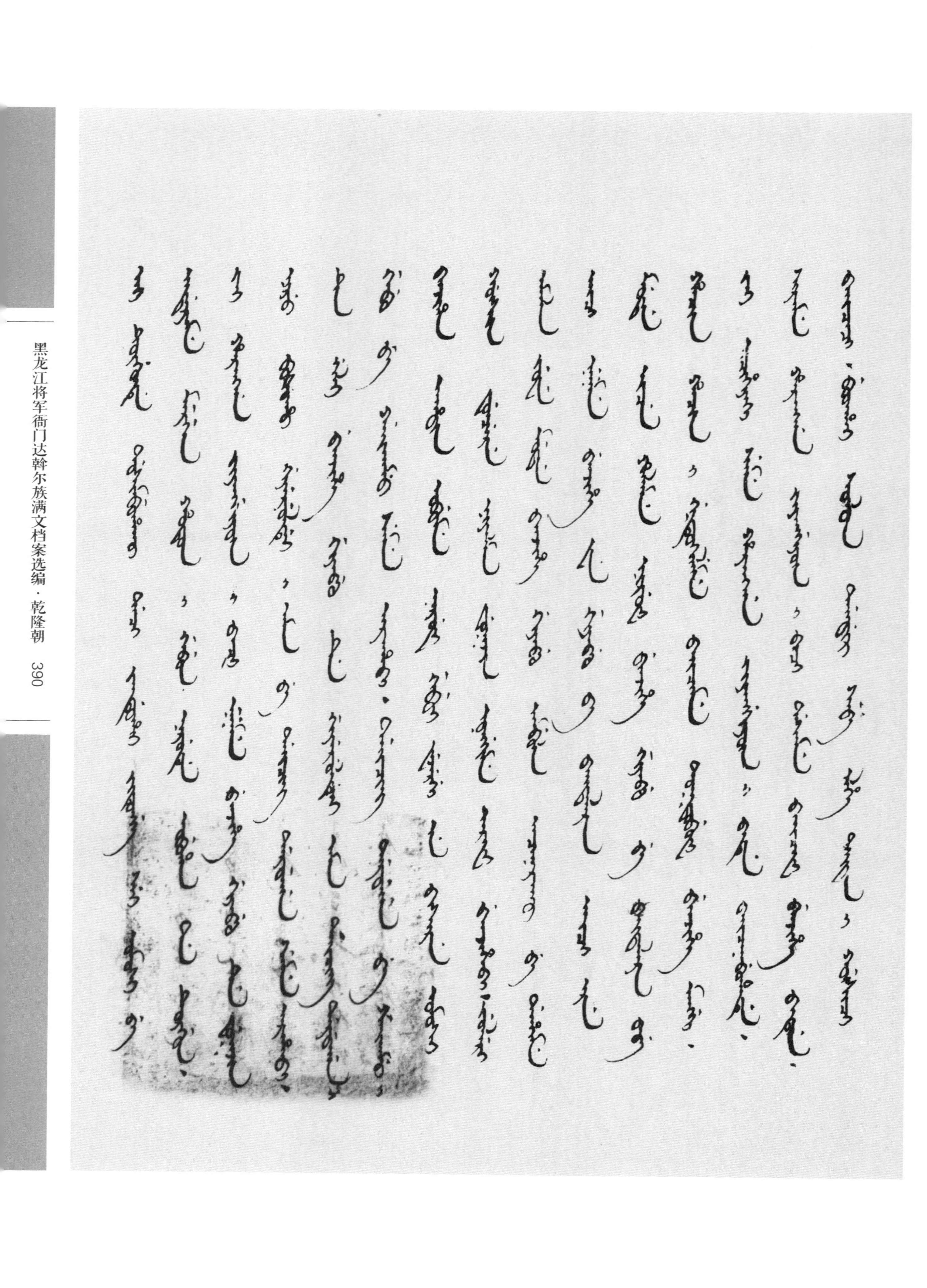

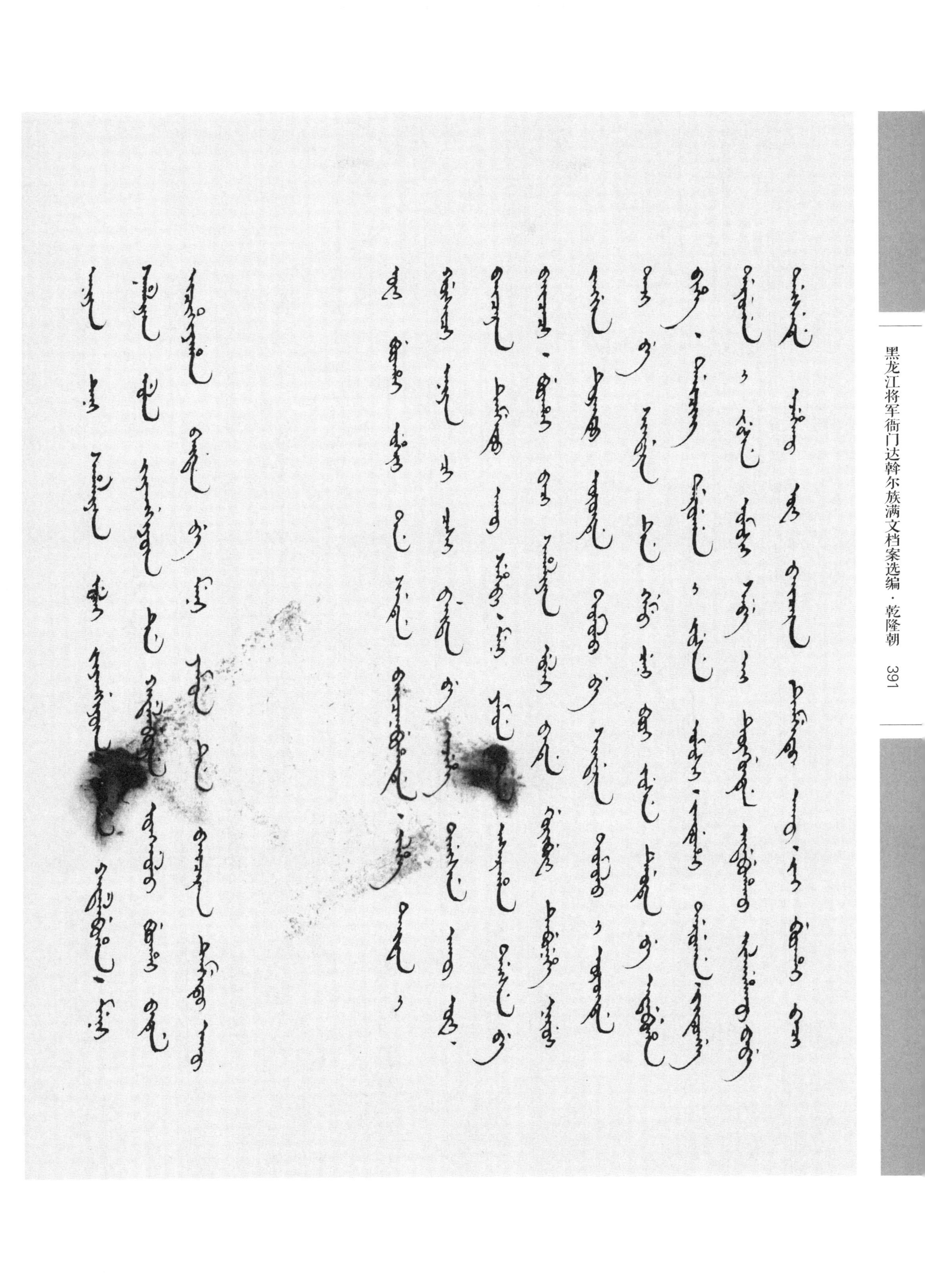

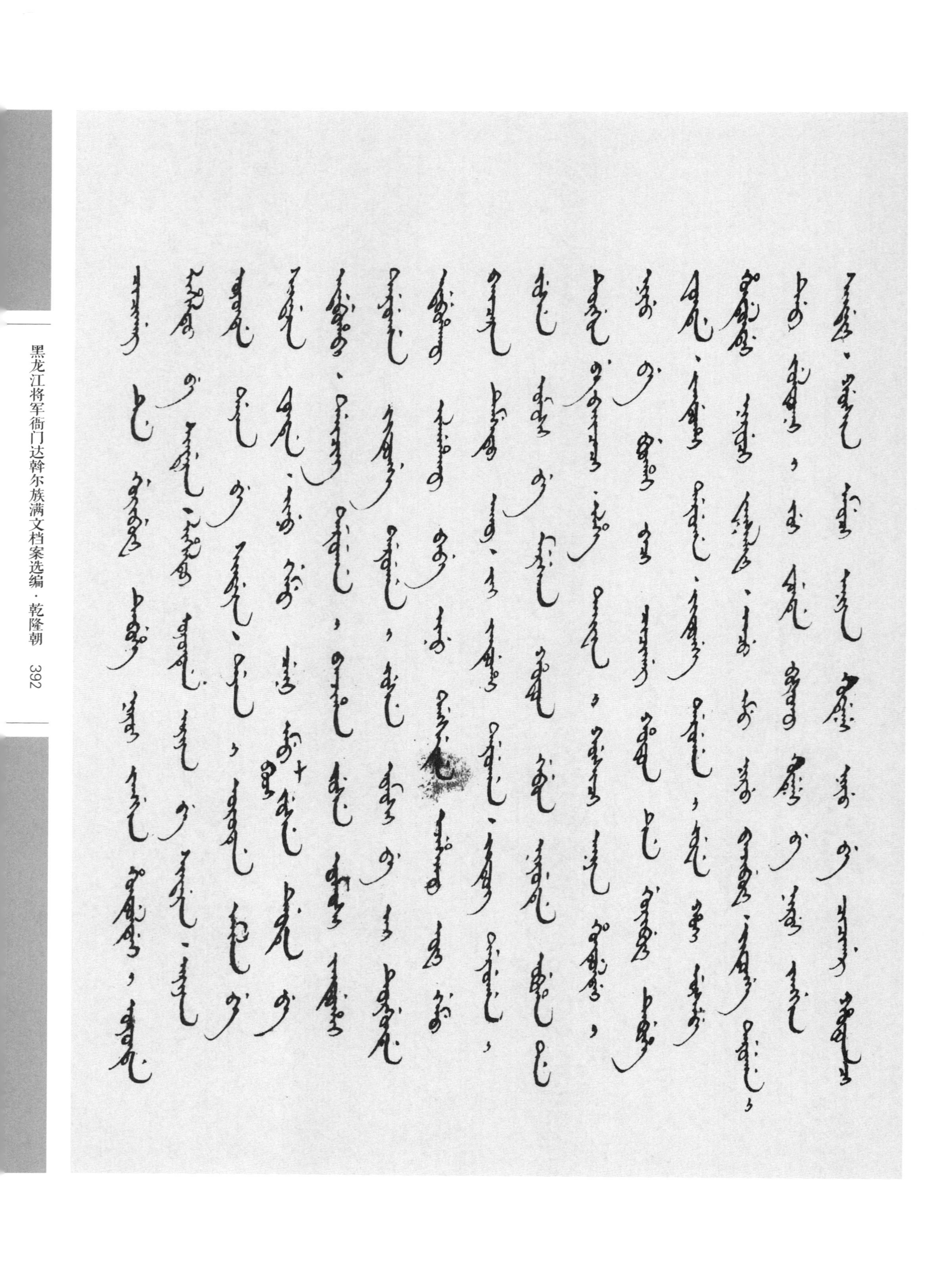

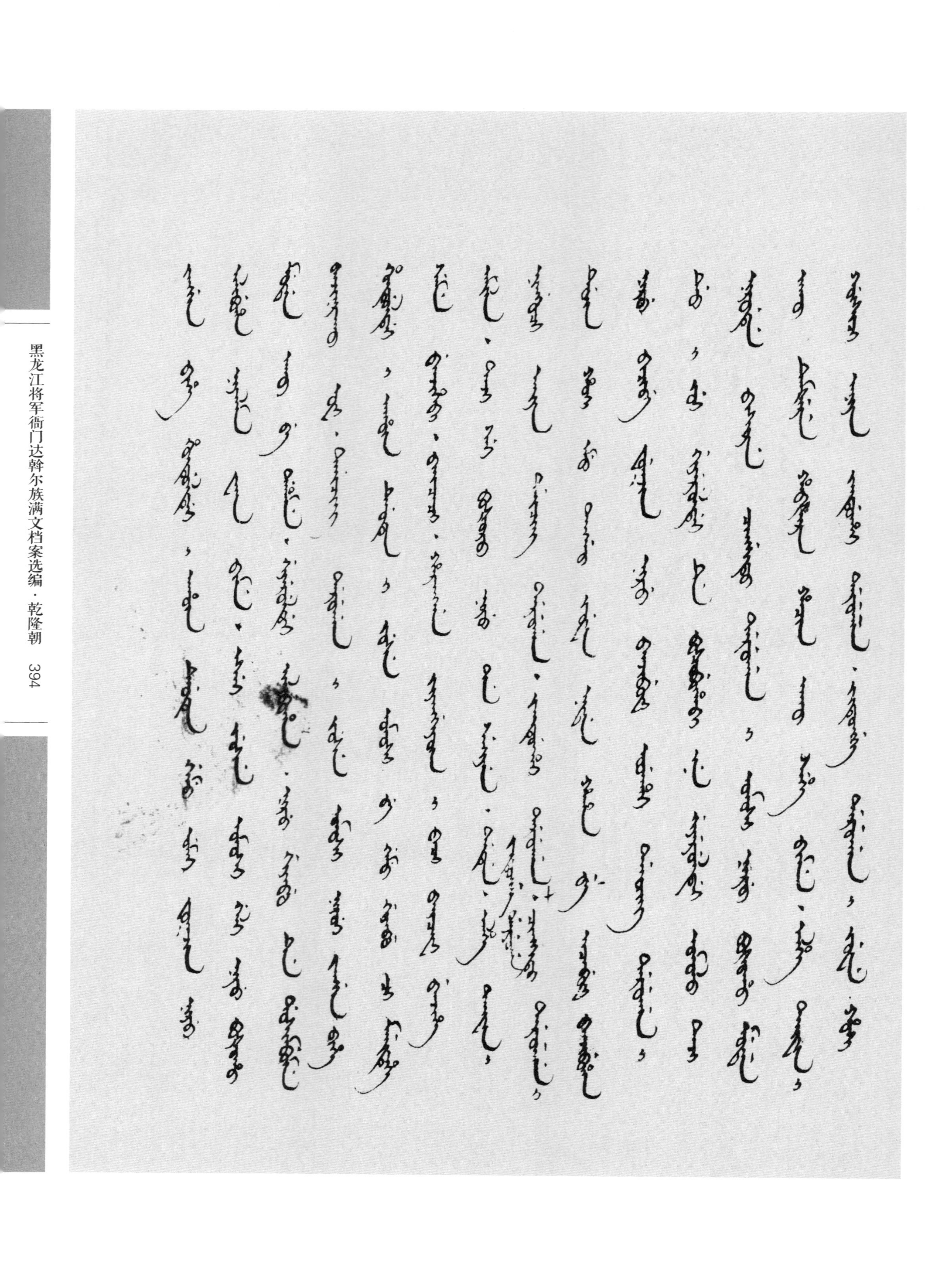

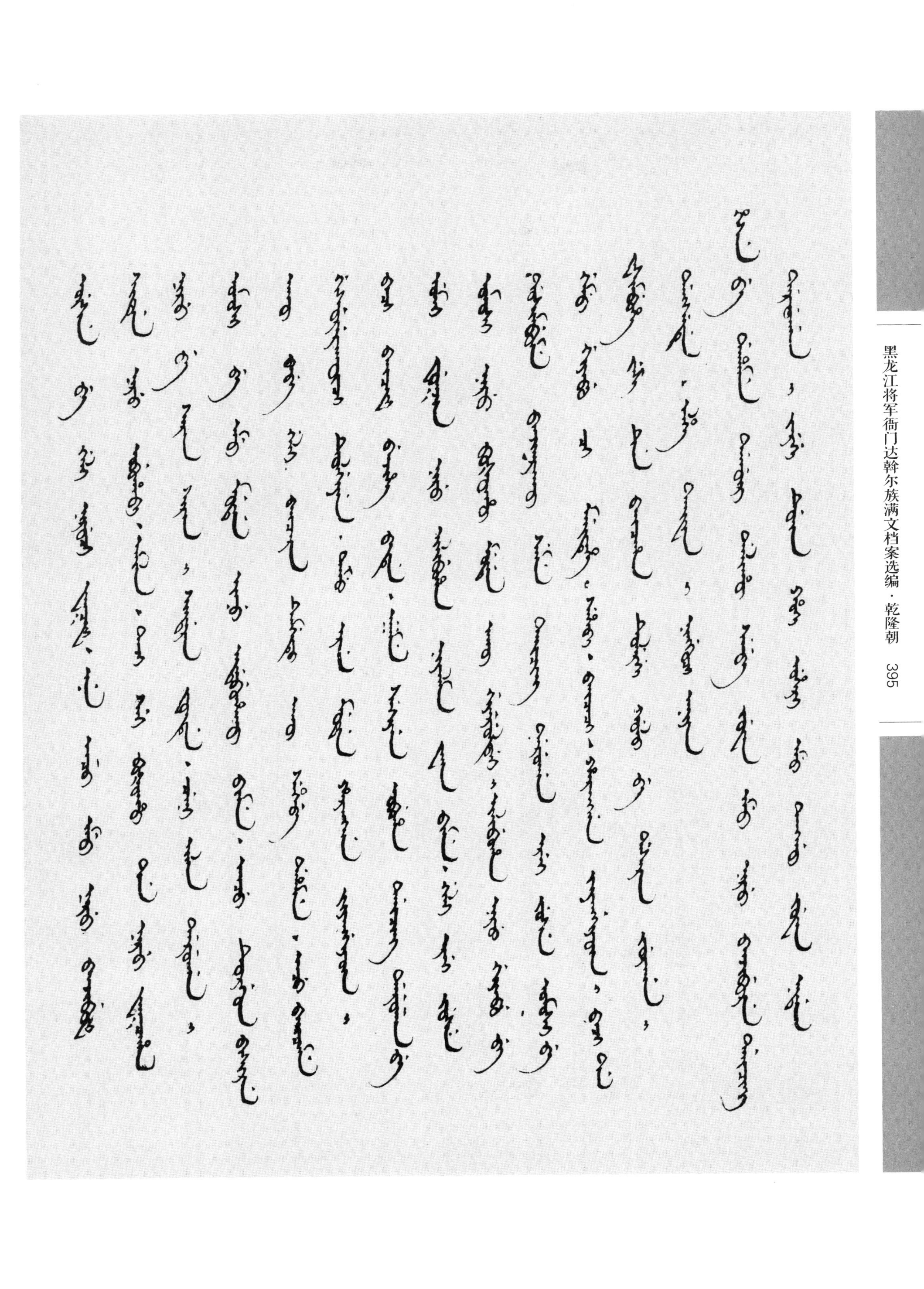

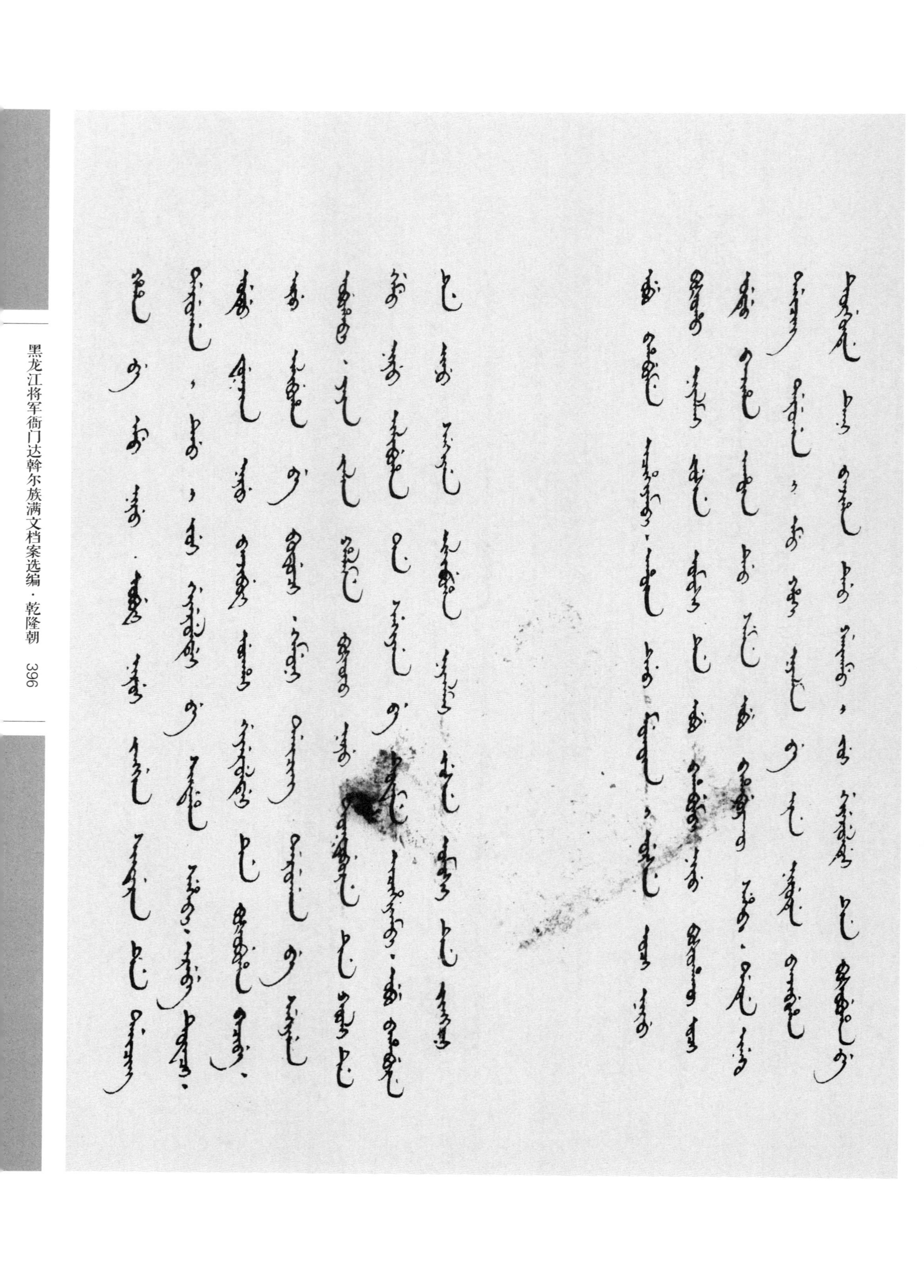

[illegible]

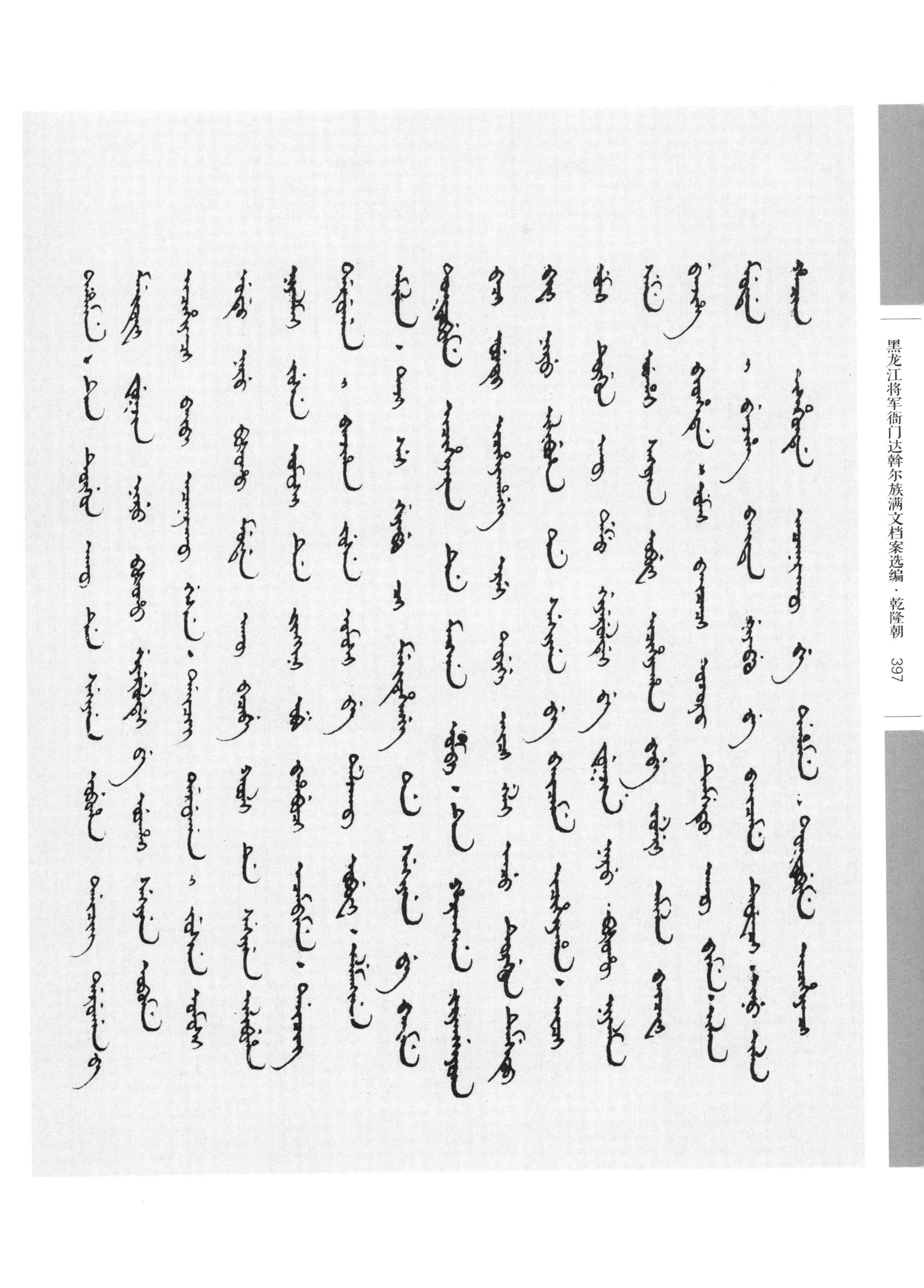

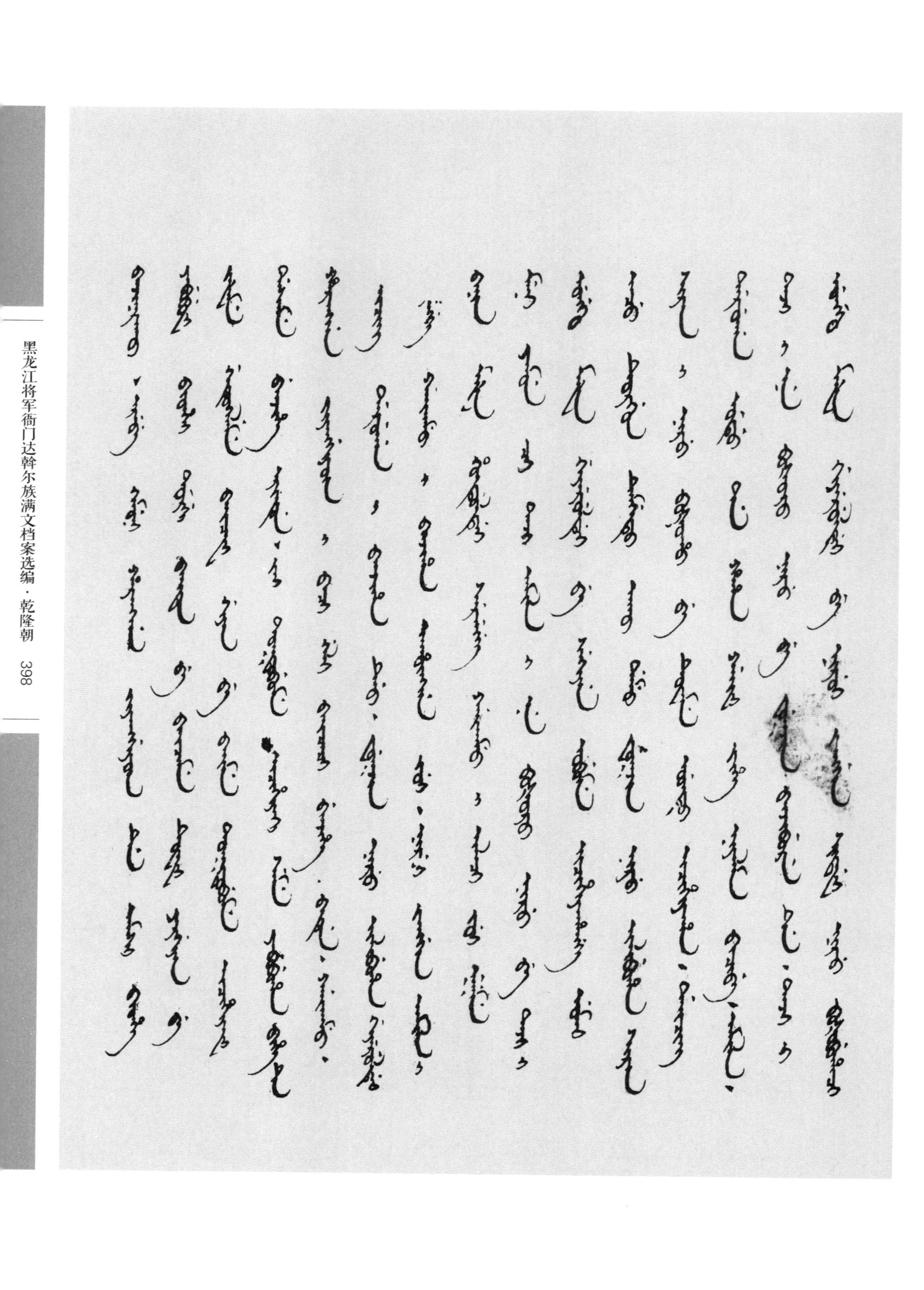

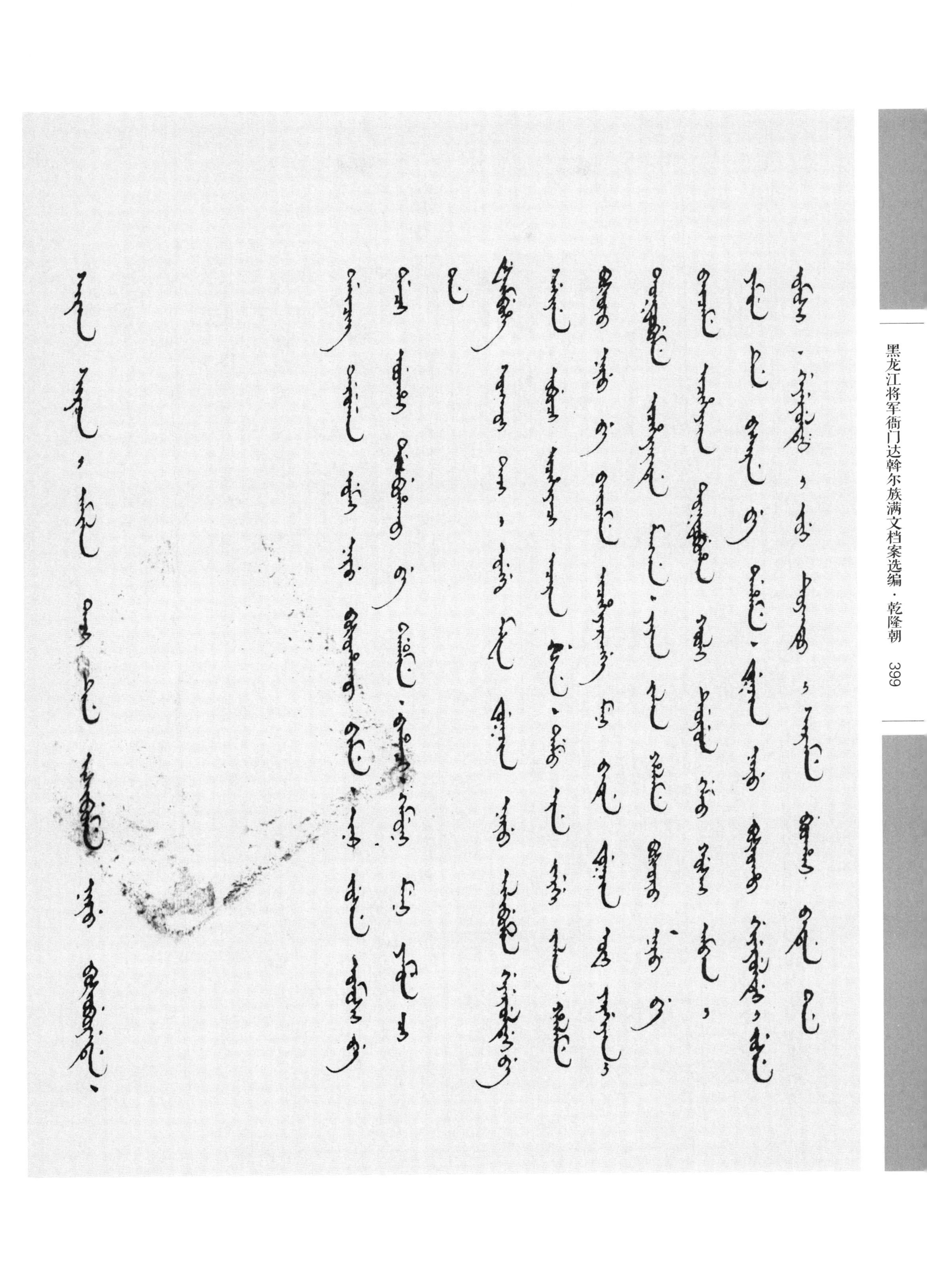

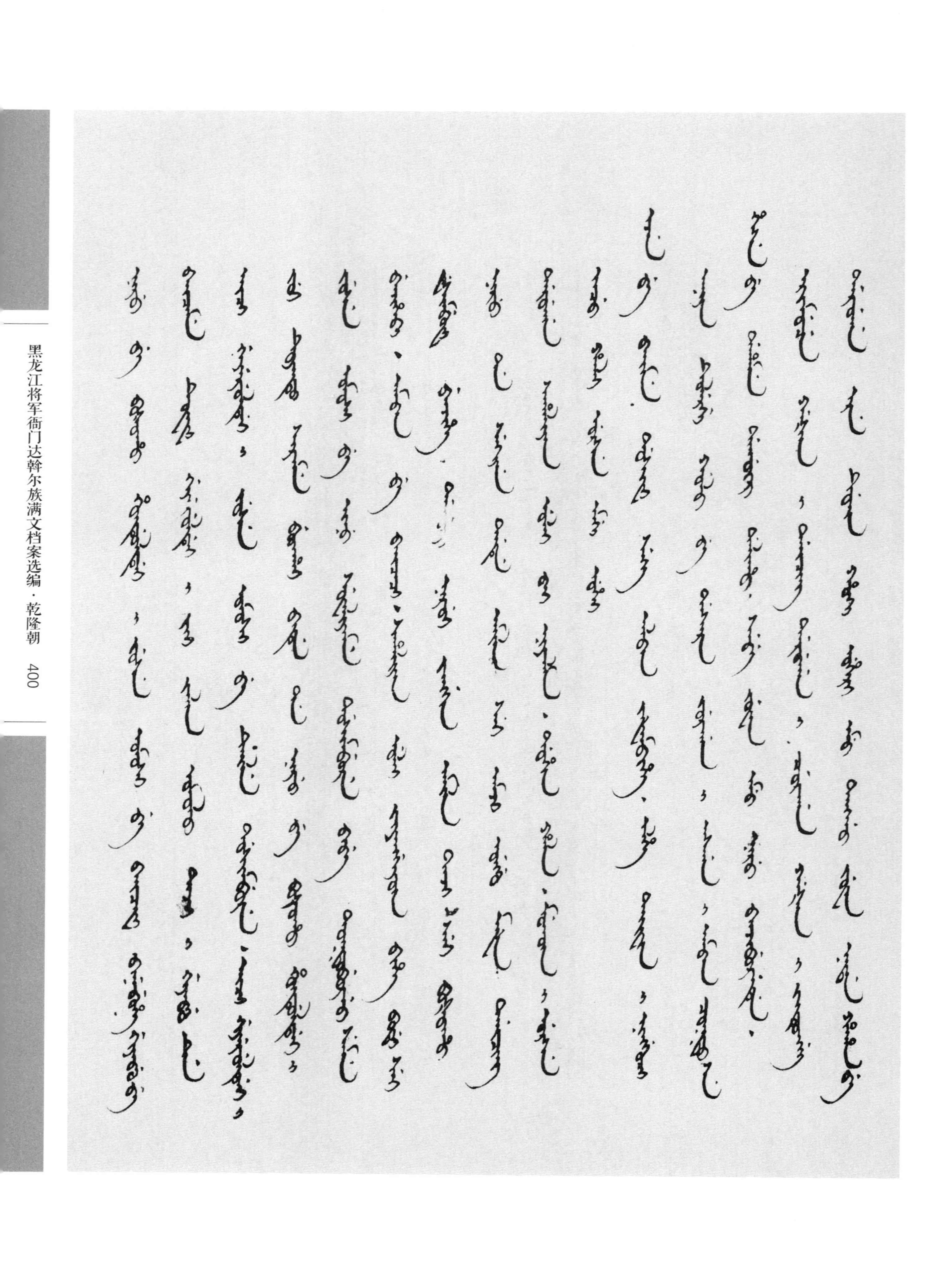

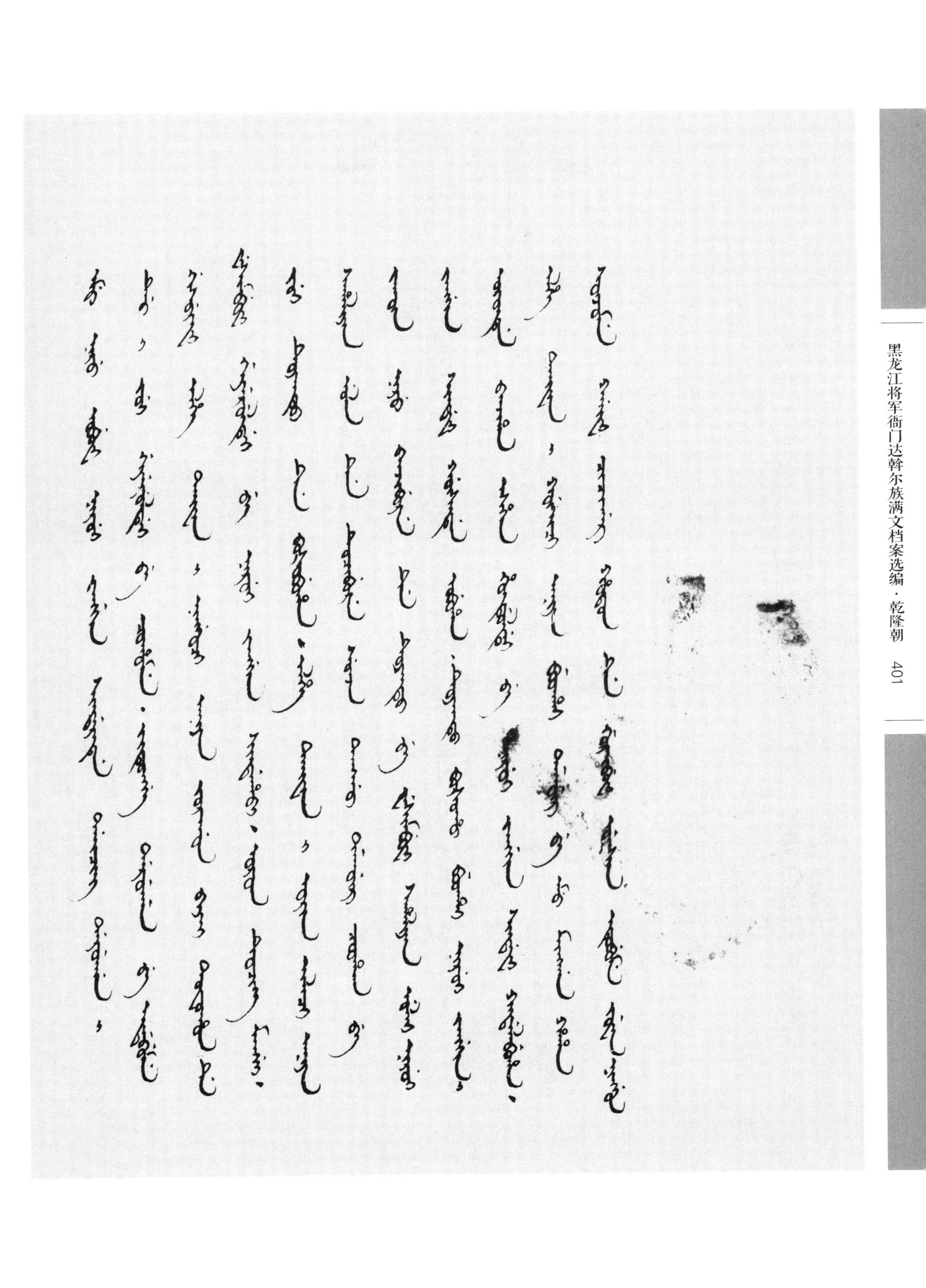

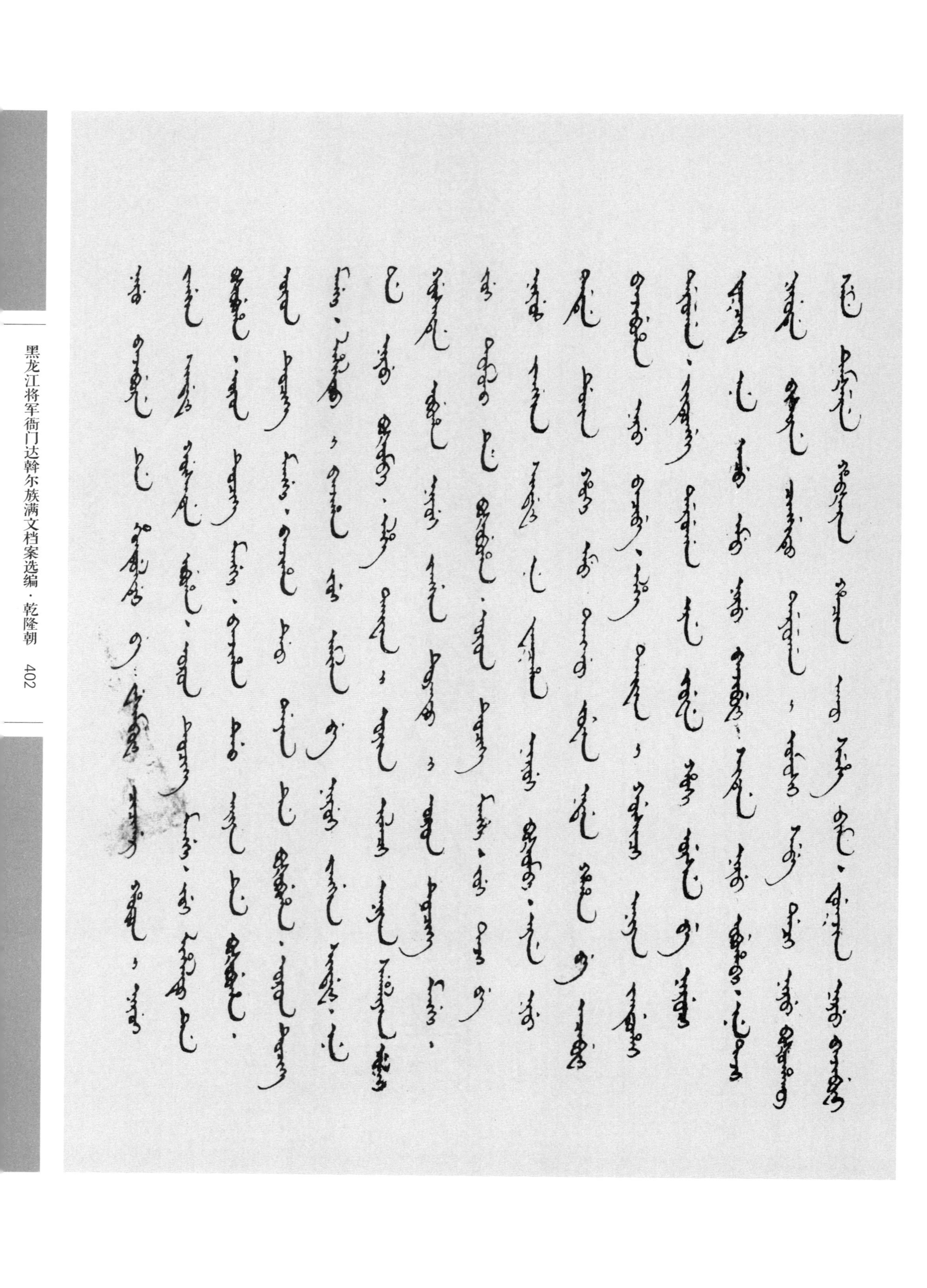

[illegible]

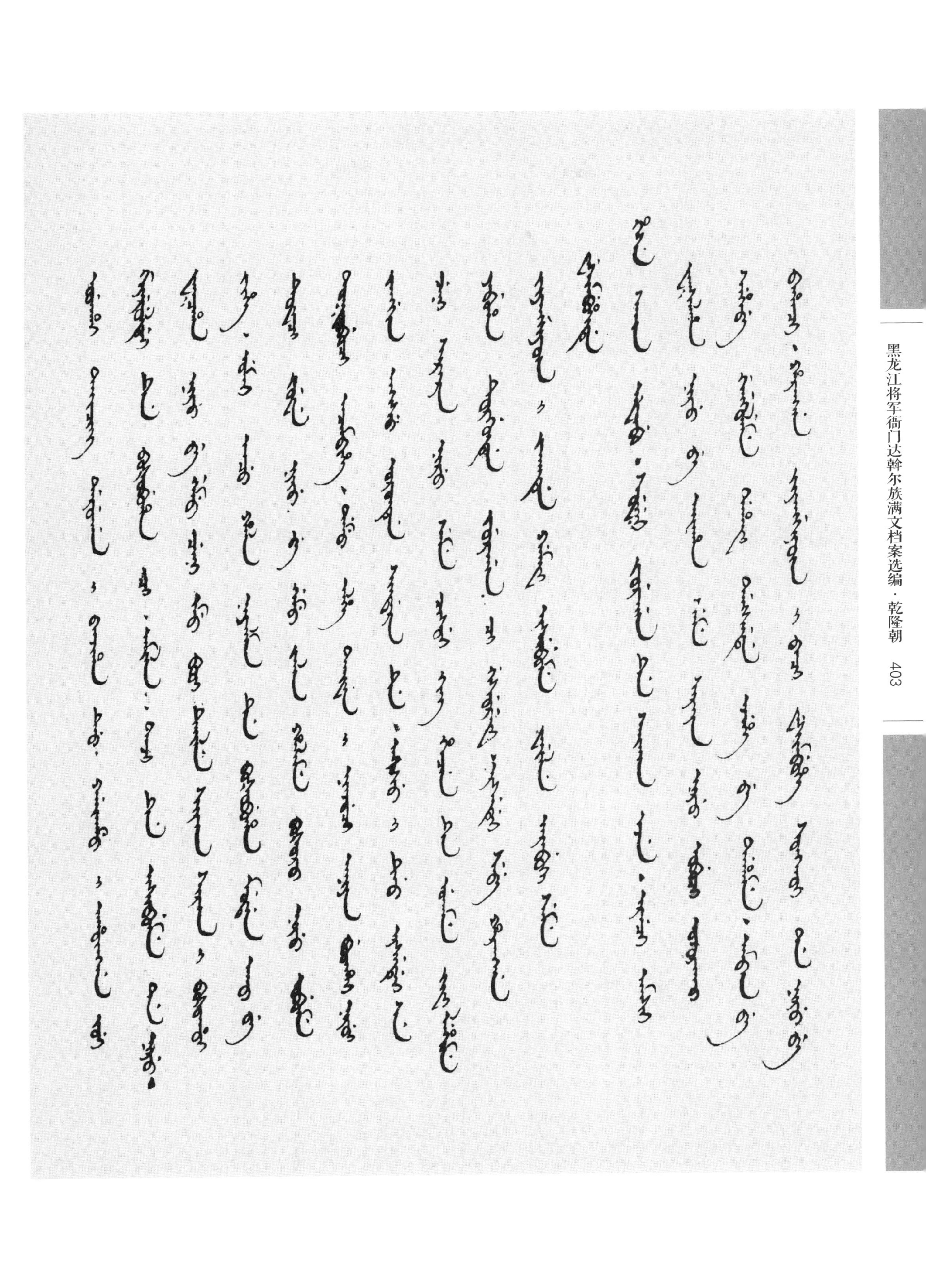

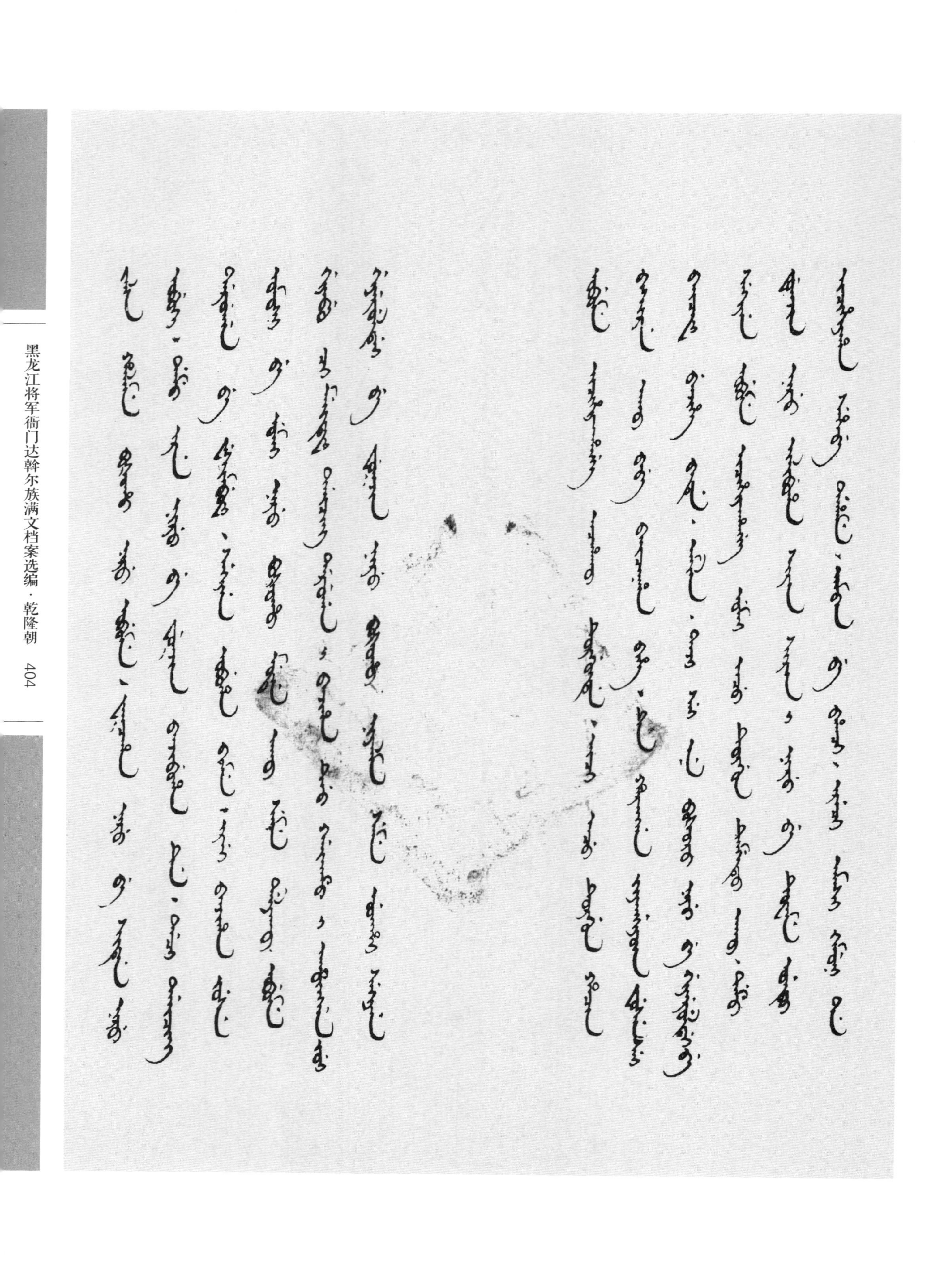

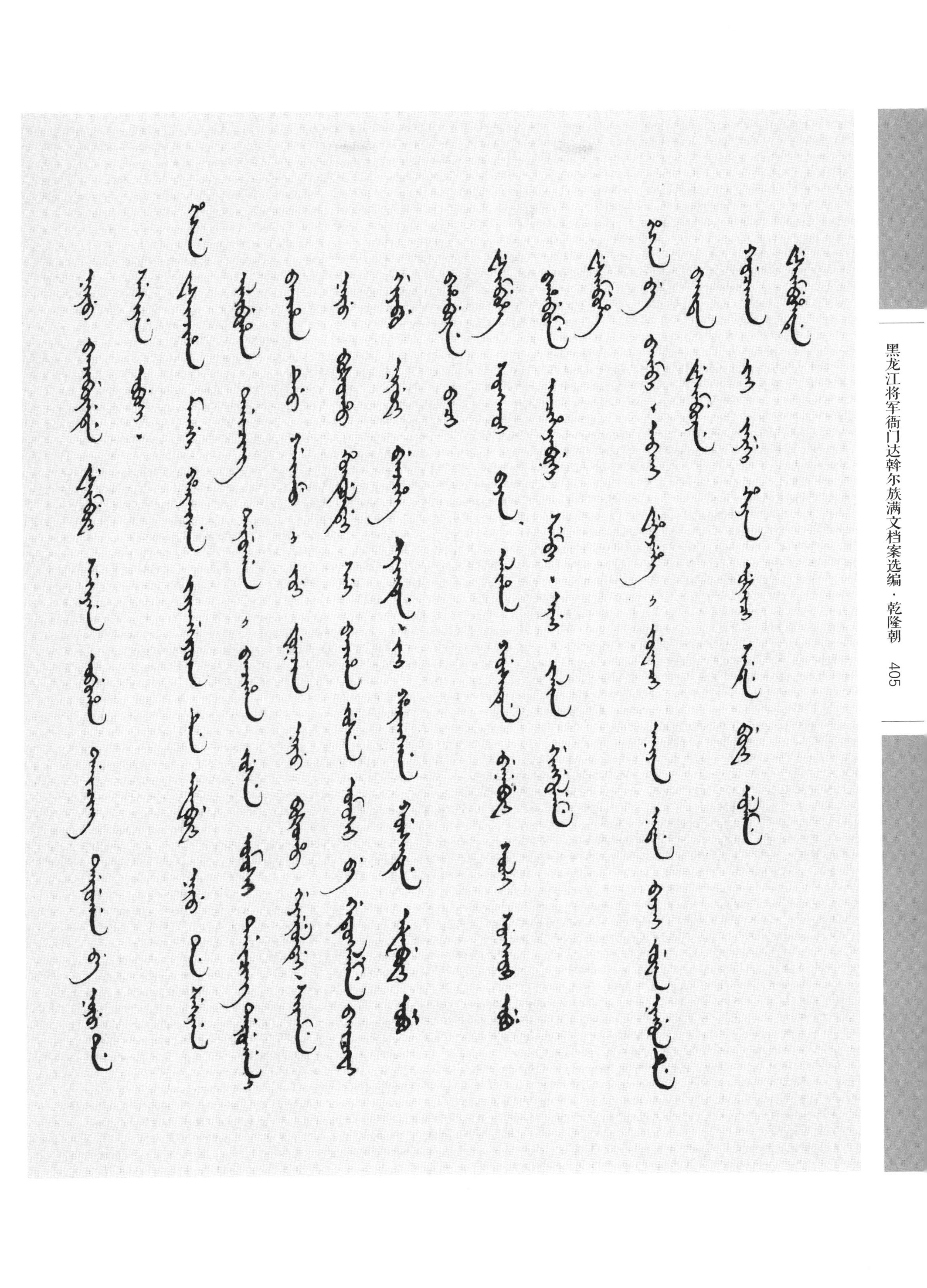

[illegible]

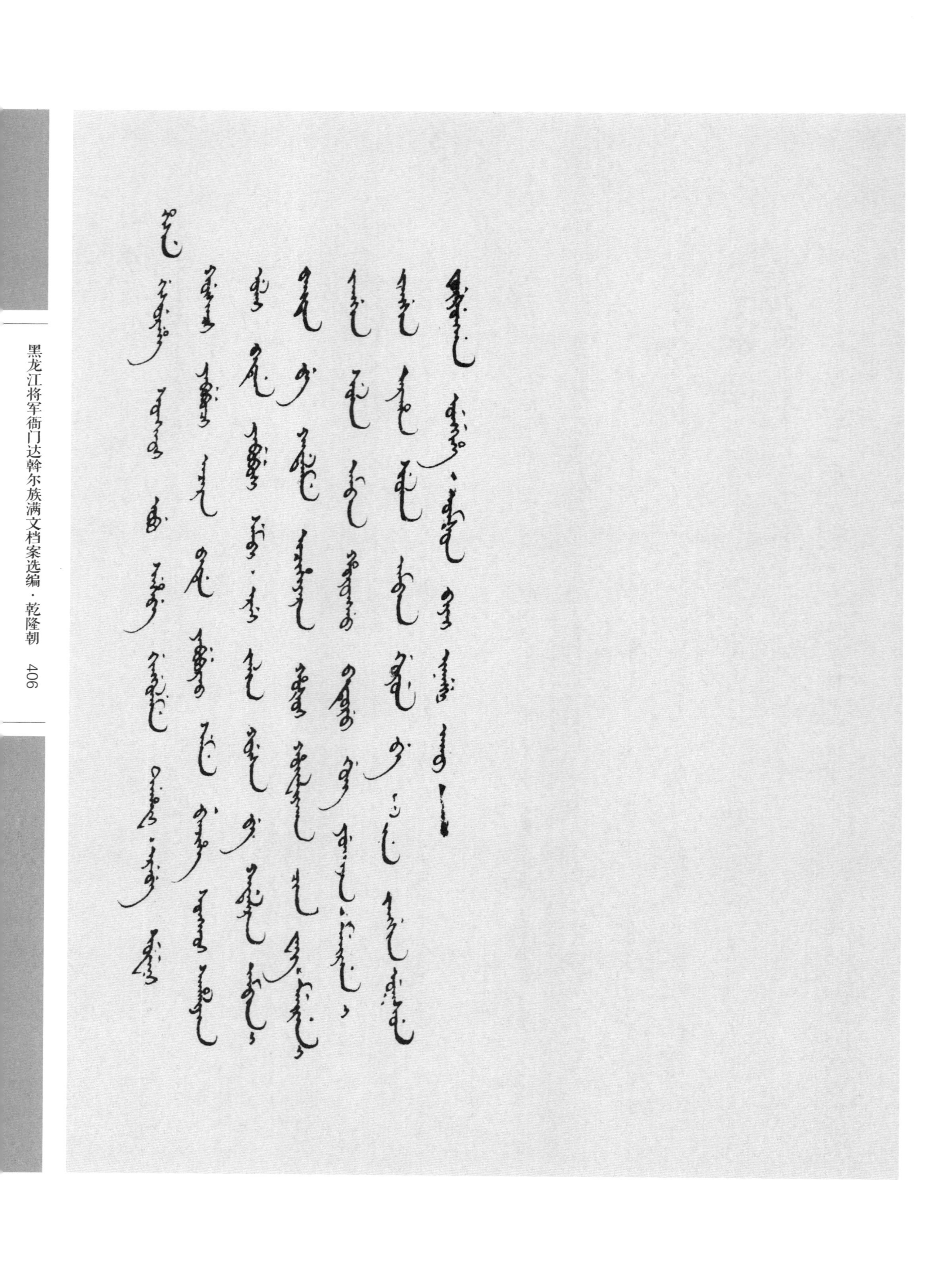

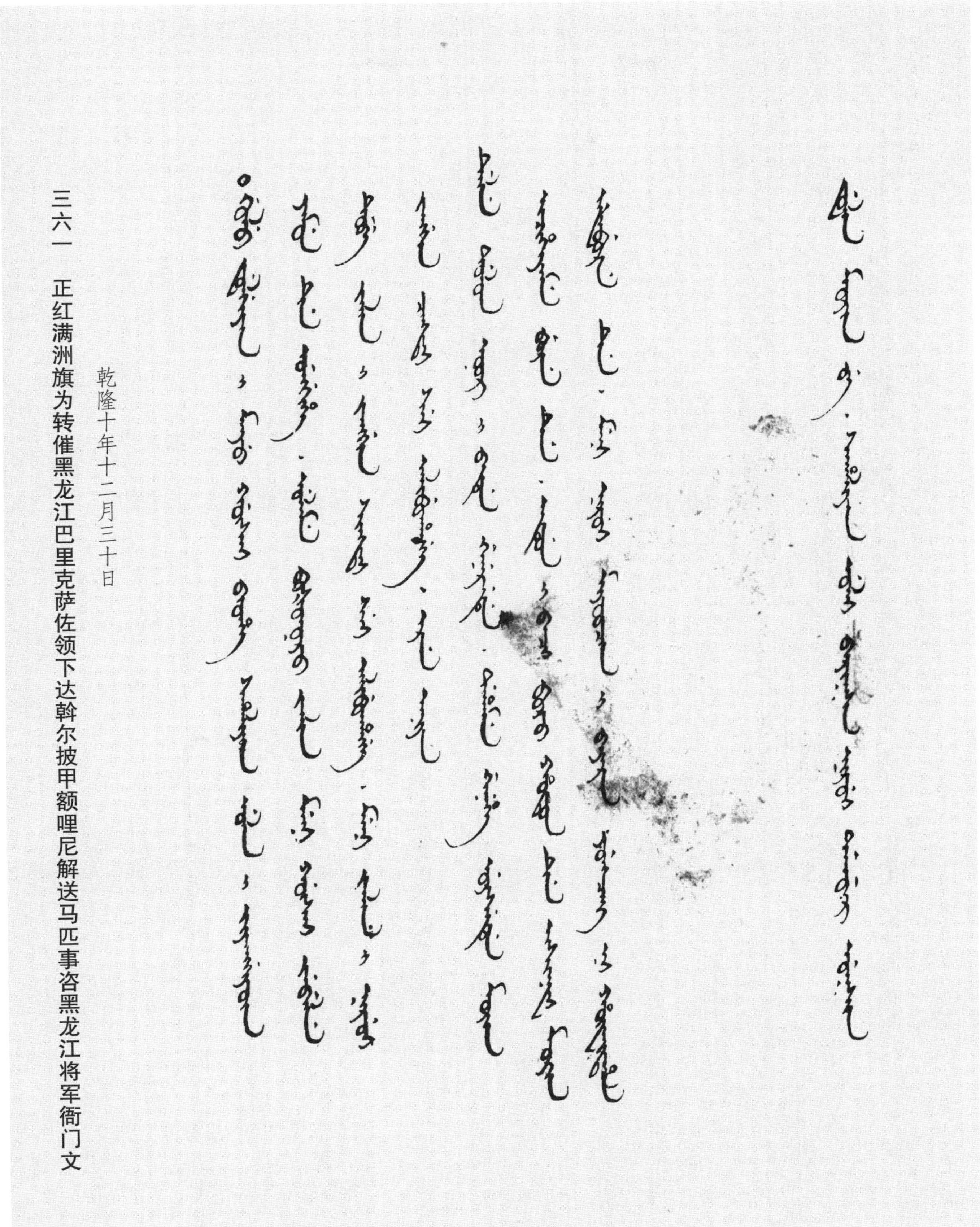

三六一　正红满洲旗为转催黑龙江巴里克萨佐领下达斡尔披甲额哩尼解送马匹事咨黑龙江将军衙门文

乾隆十年十二月三十日

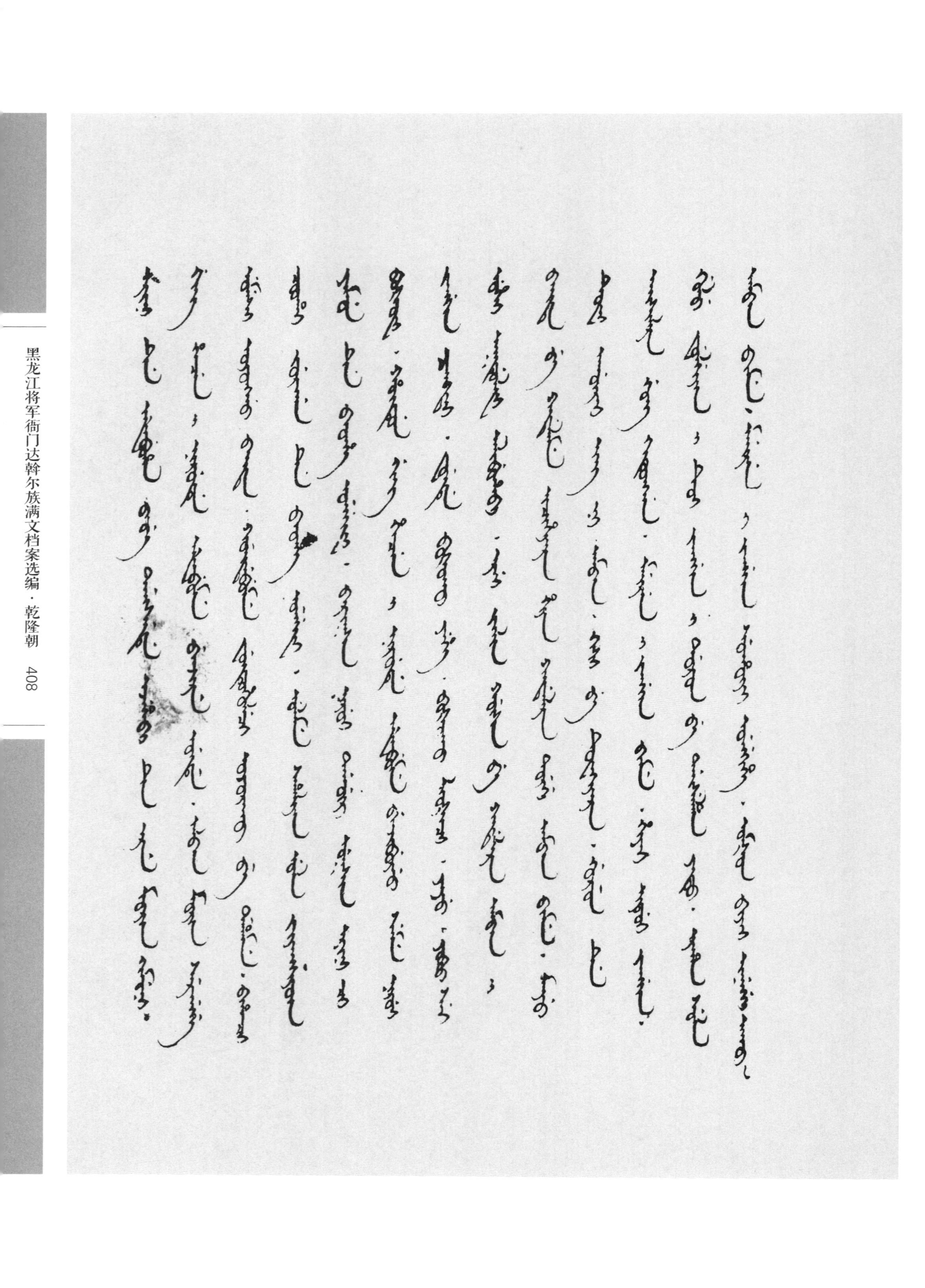

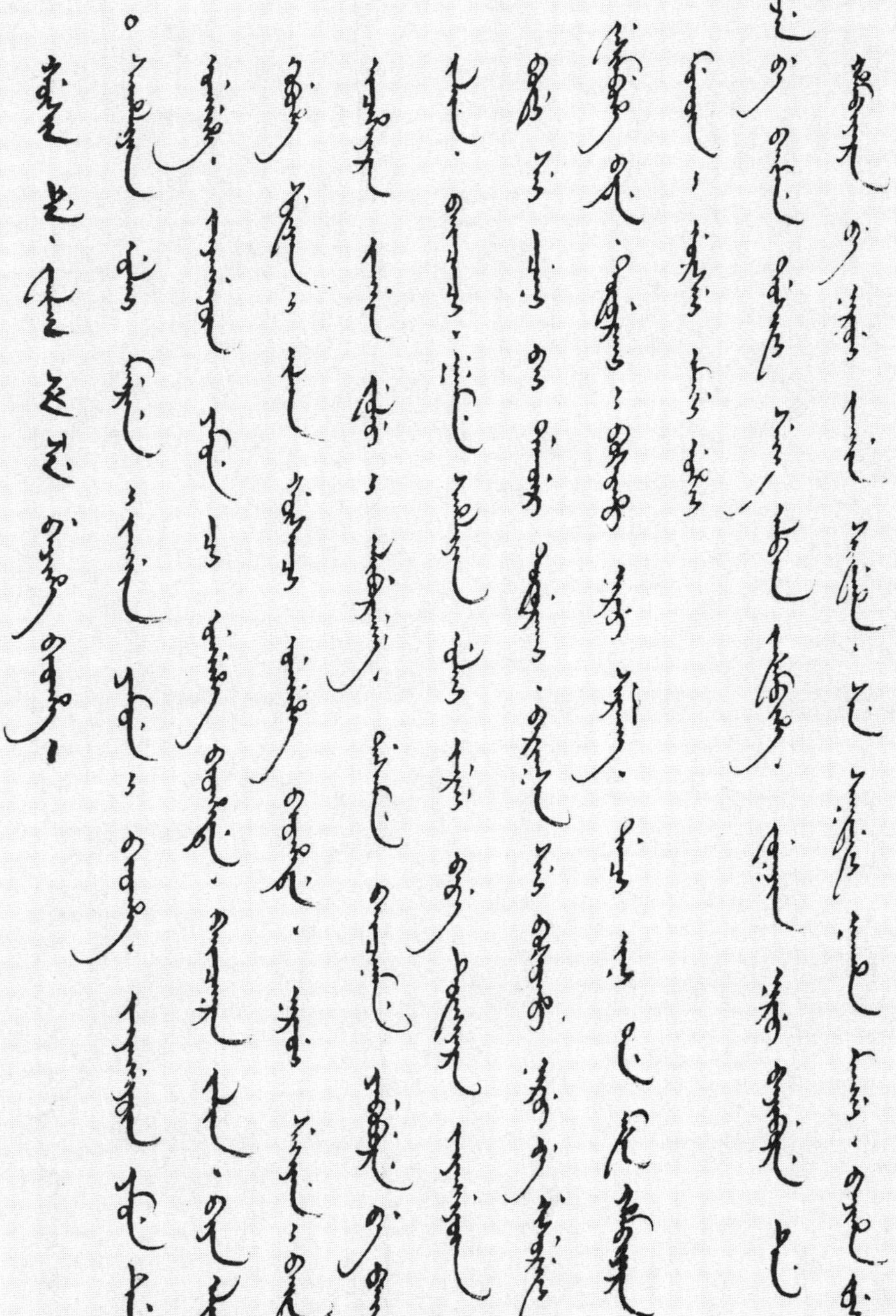

三六二 黑龙江副都统衙门为查报布特哈达斡尔托多尔凯佐领承袭源流事咨黑龙江将军衙门文

乾隆十年十二月三十日

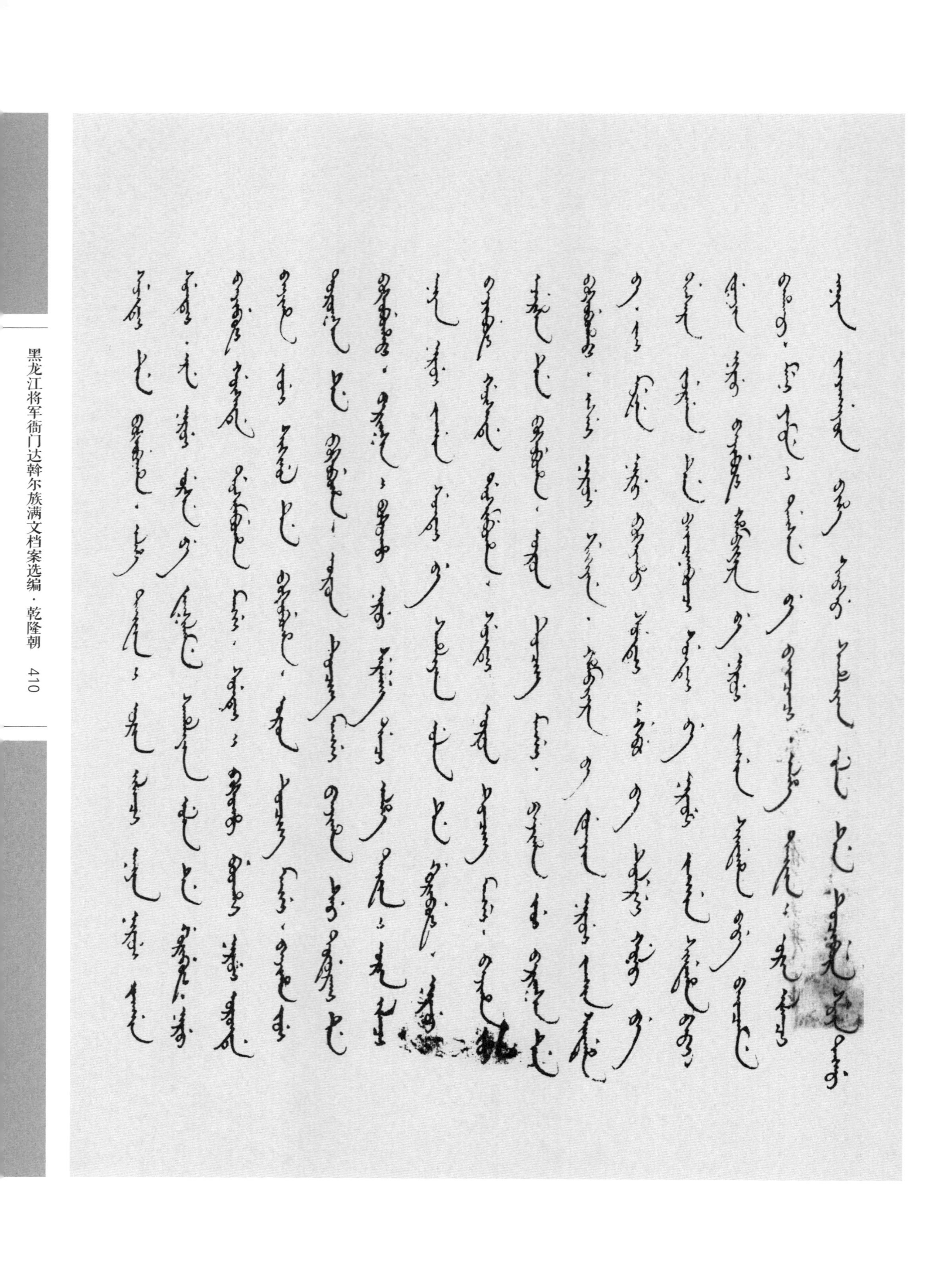

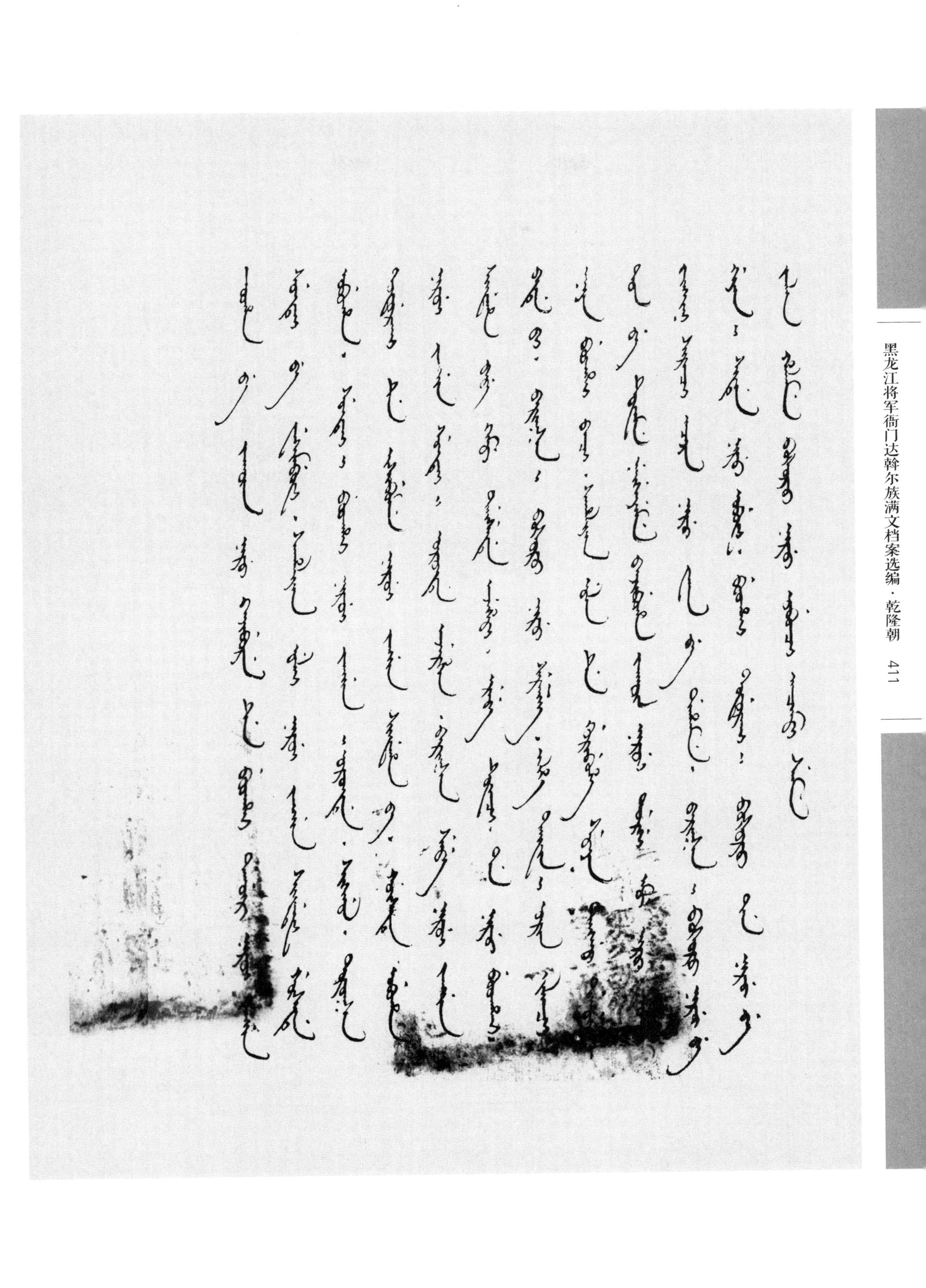

[illegible]

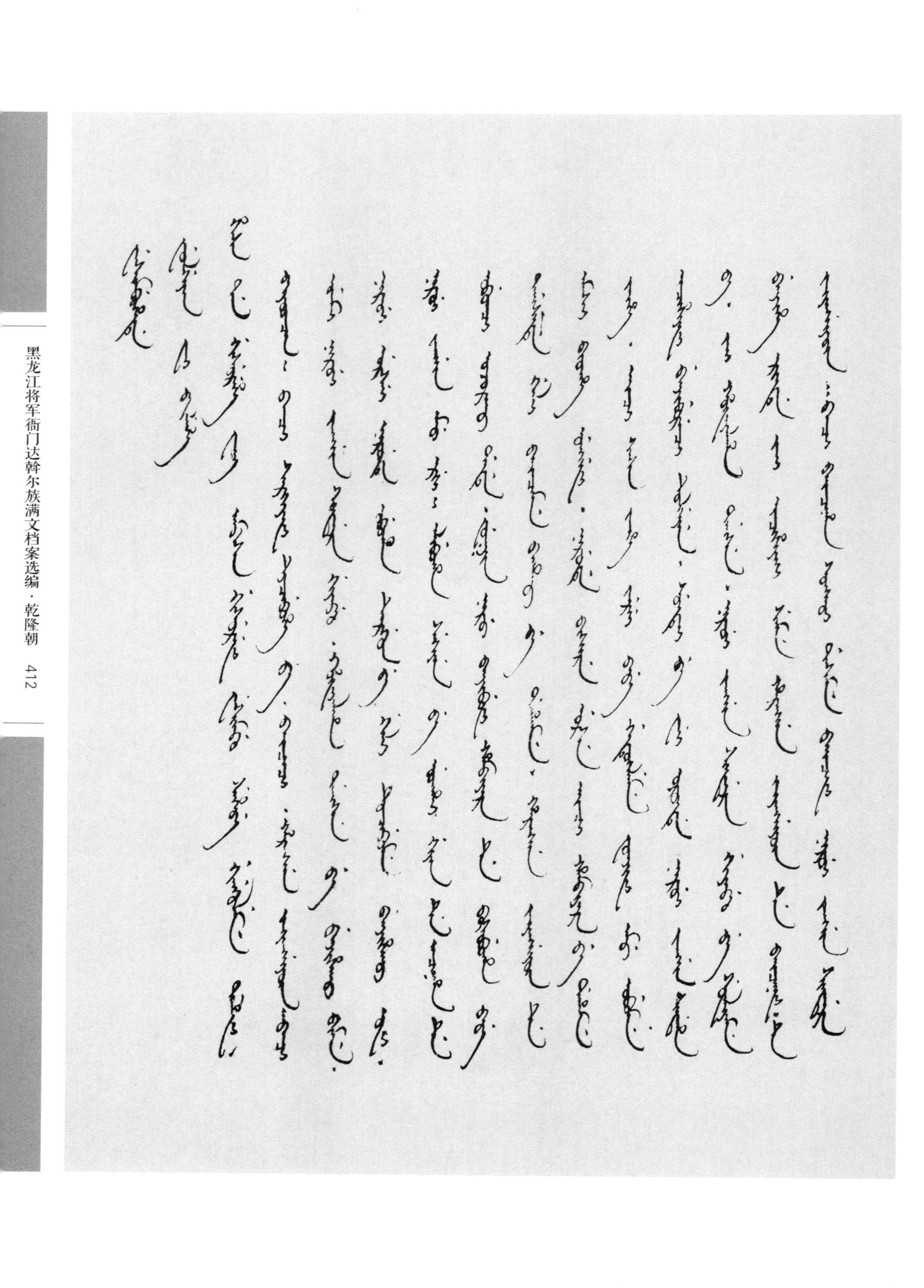

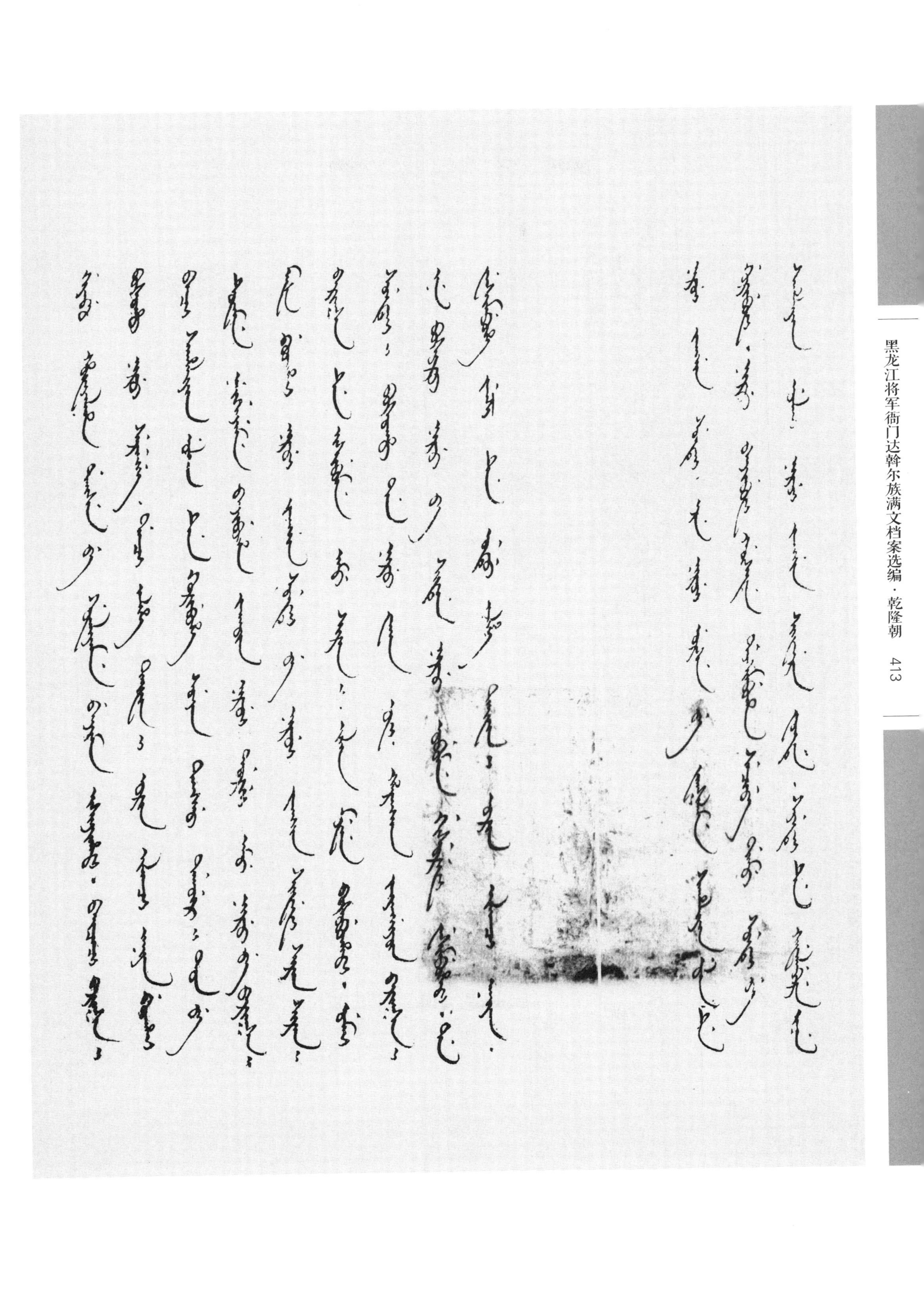

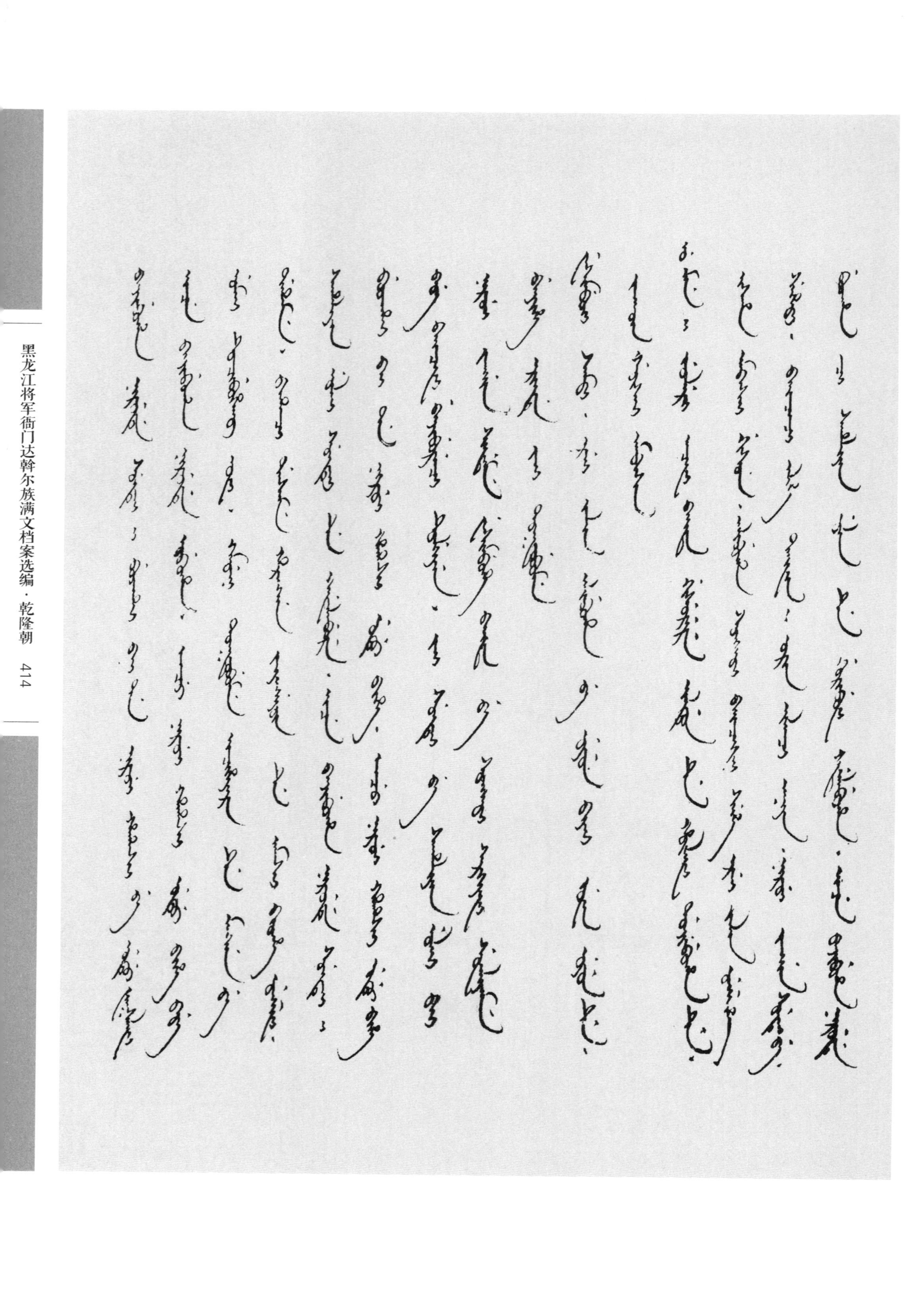

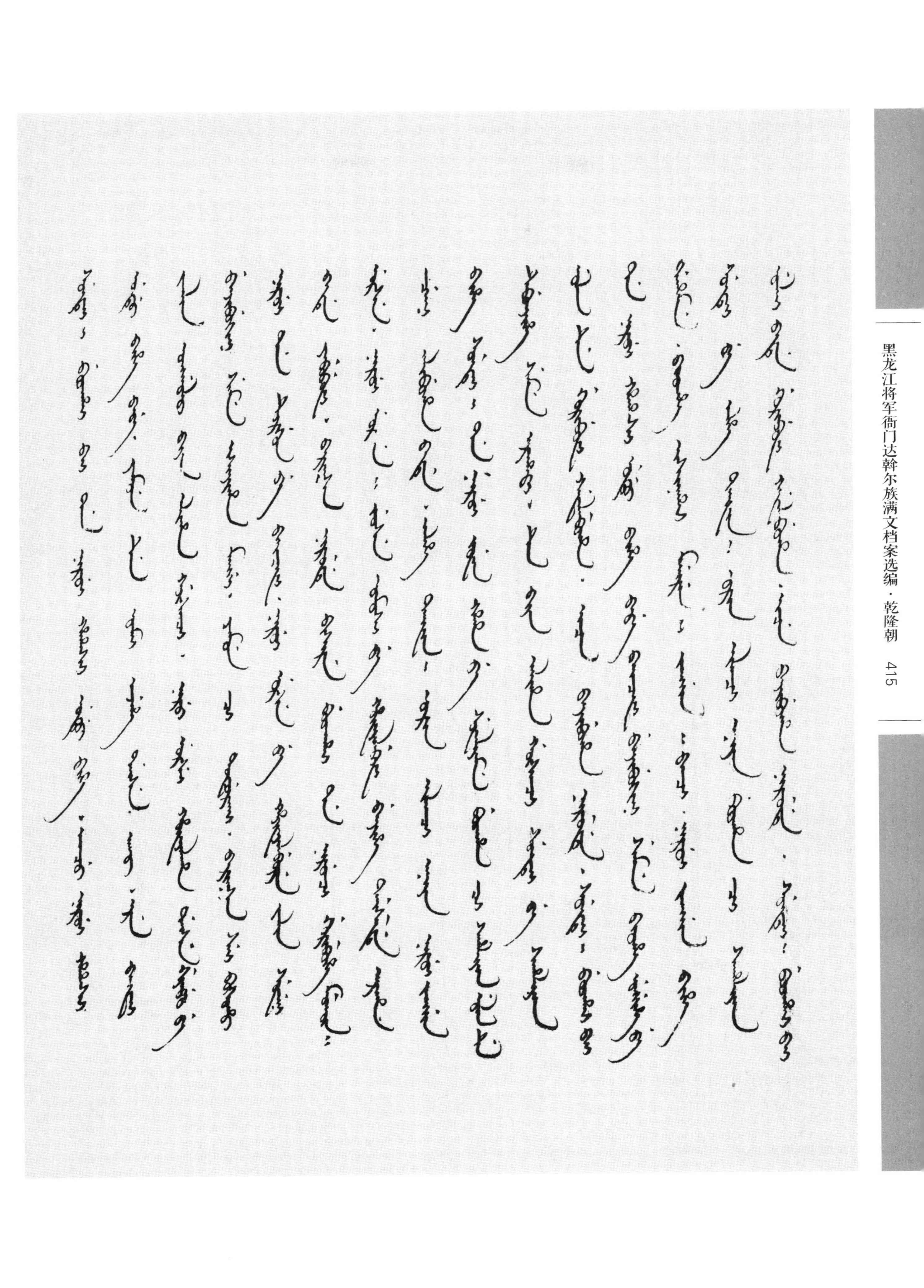

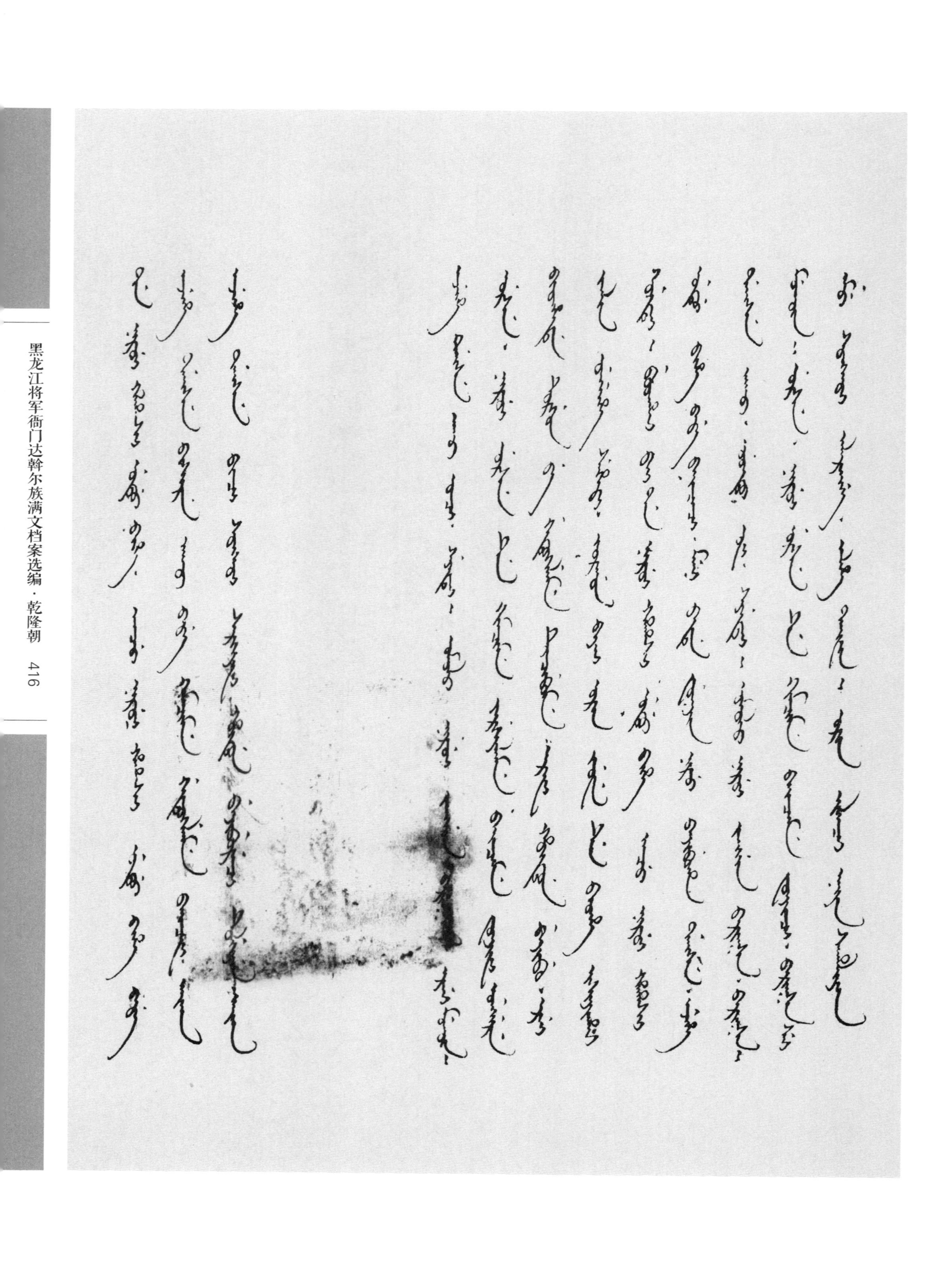

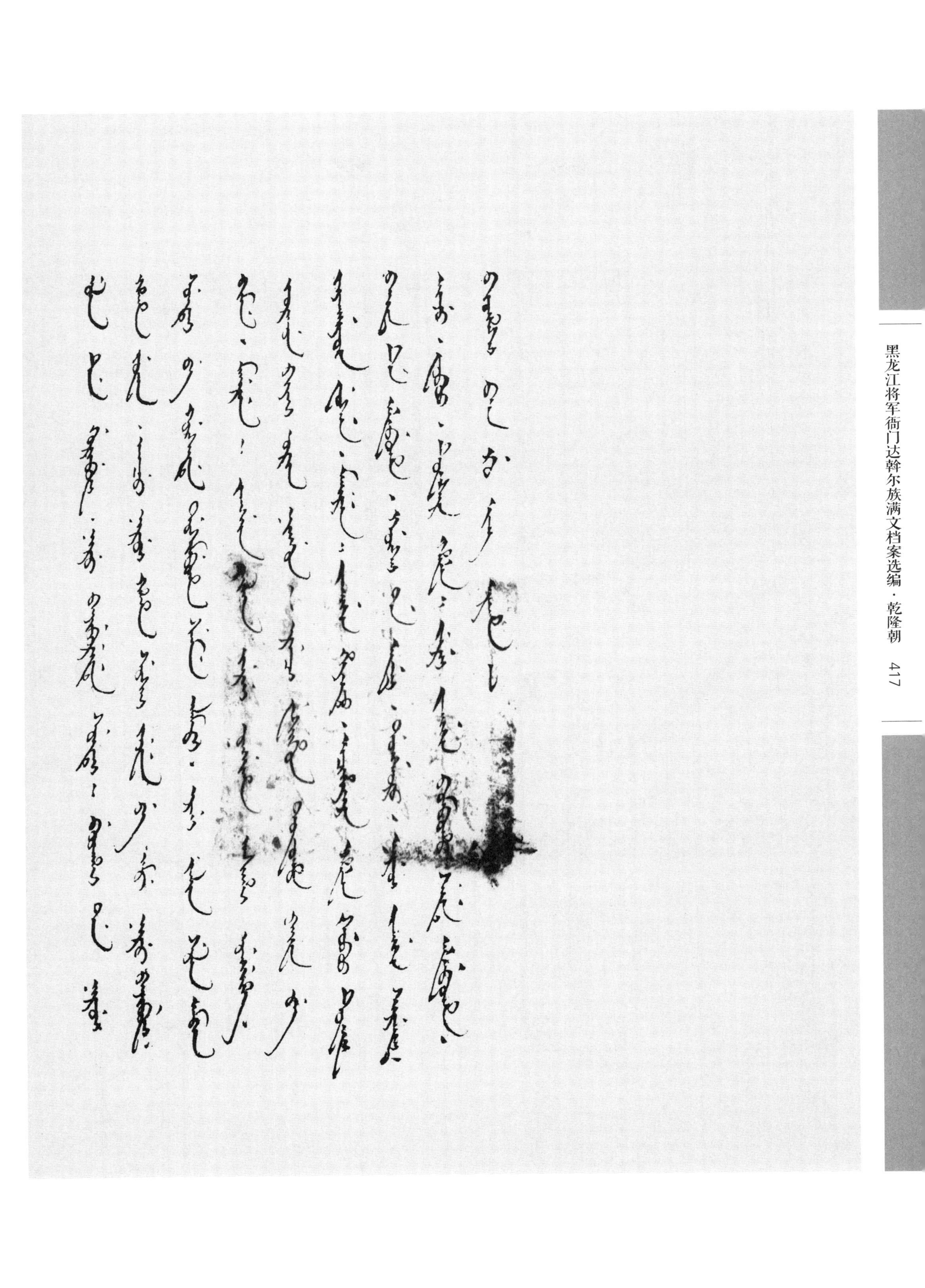

三六三 黑龙江将军衙门为令查报巴里克萨佐领下达斡尔披甲未解送马匹缘由事咨暂署黑龙江副都统

印副都统文

乾隆十一年正月二十一日

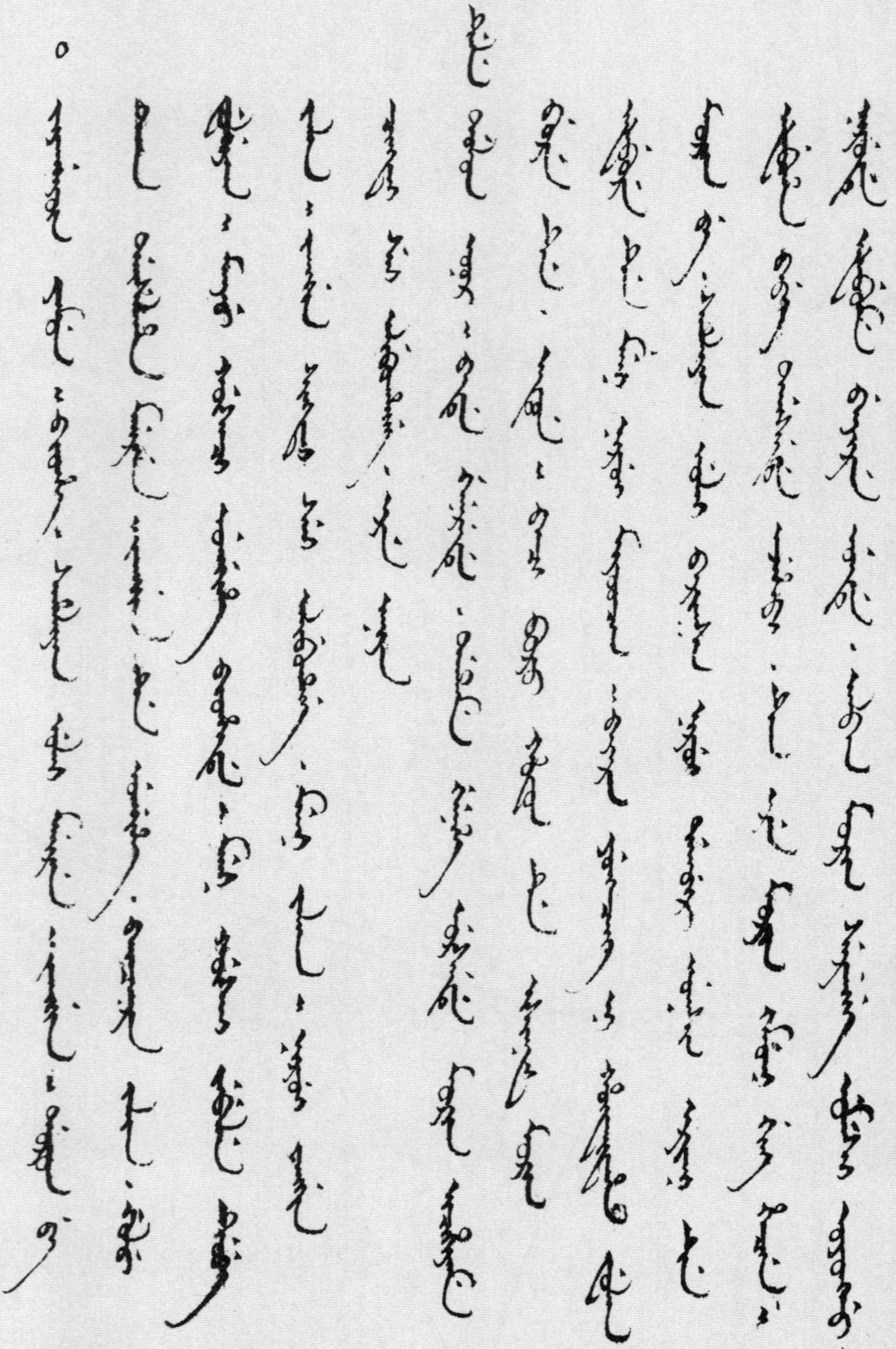

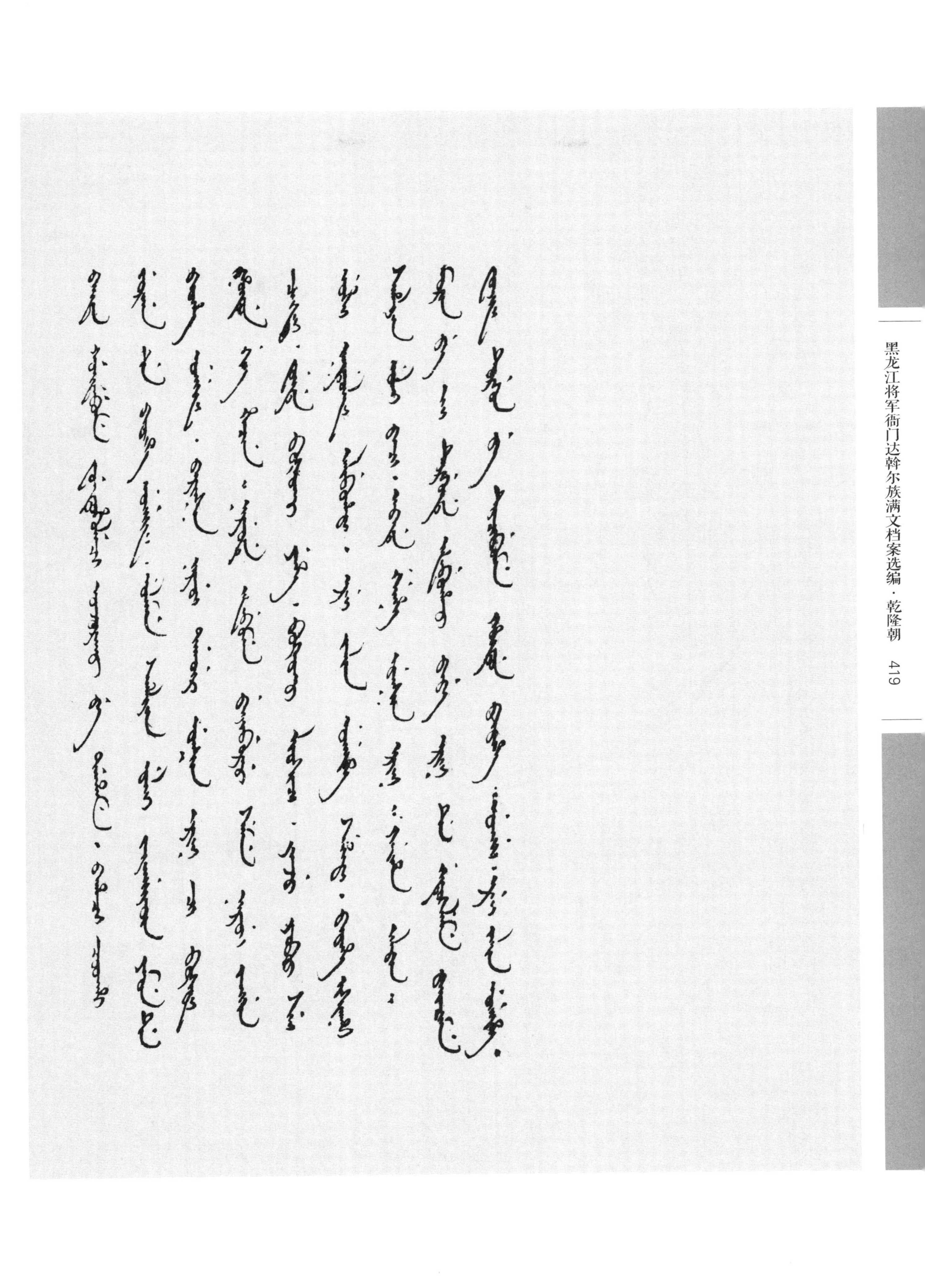

[illegible]

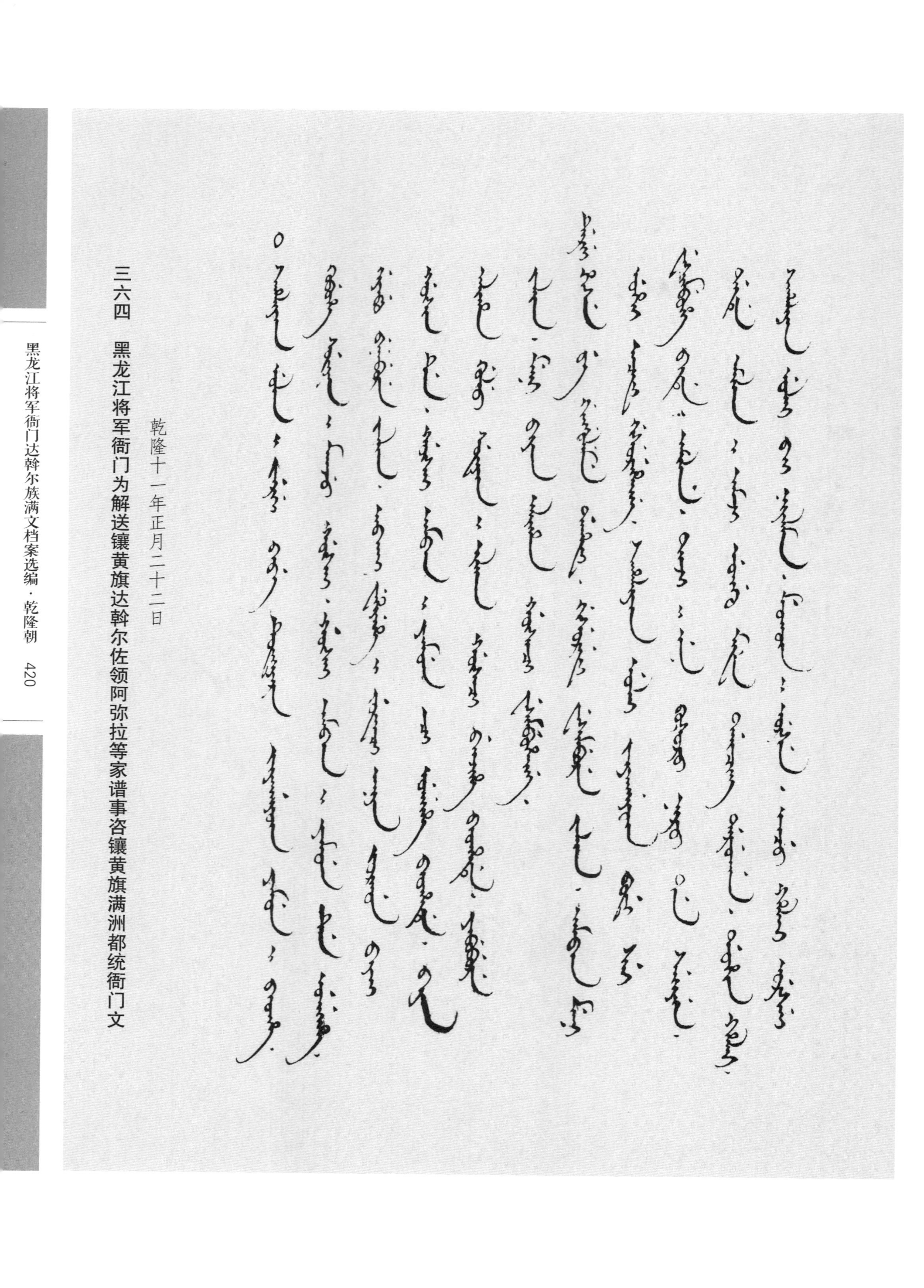

三六四 黑龙江将军衙门为解送镶黄旗达斡尔佐领阿弥拉等家谱事咨镶黄旗满洲都统衙门文

乾隆十一年正月二十二日

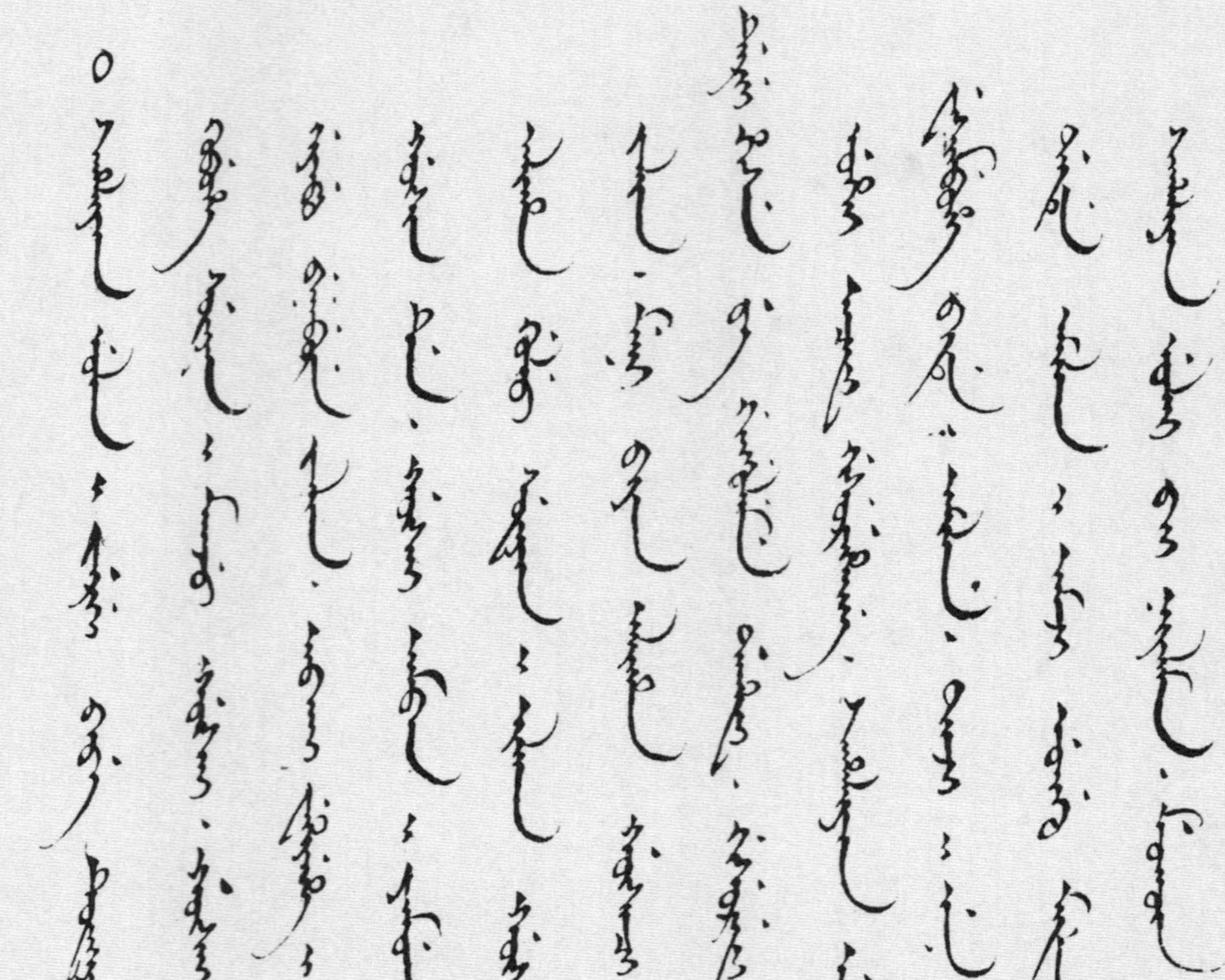

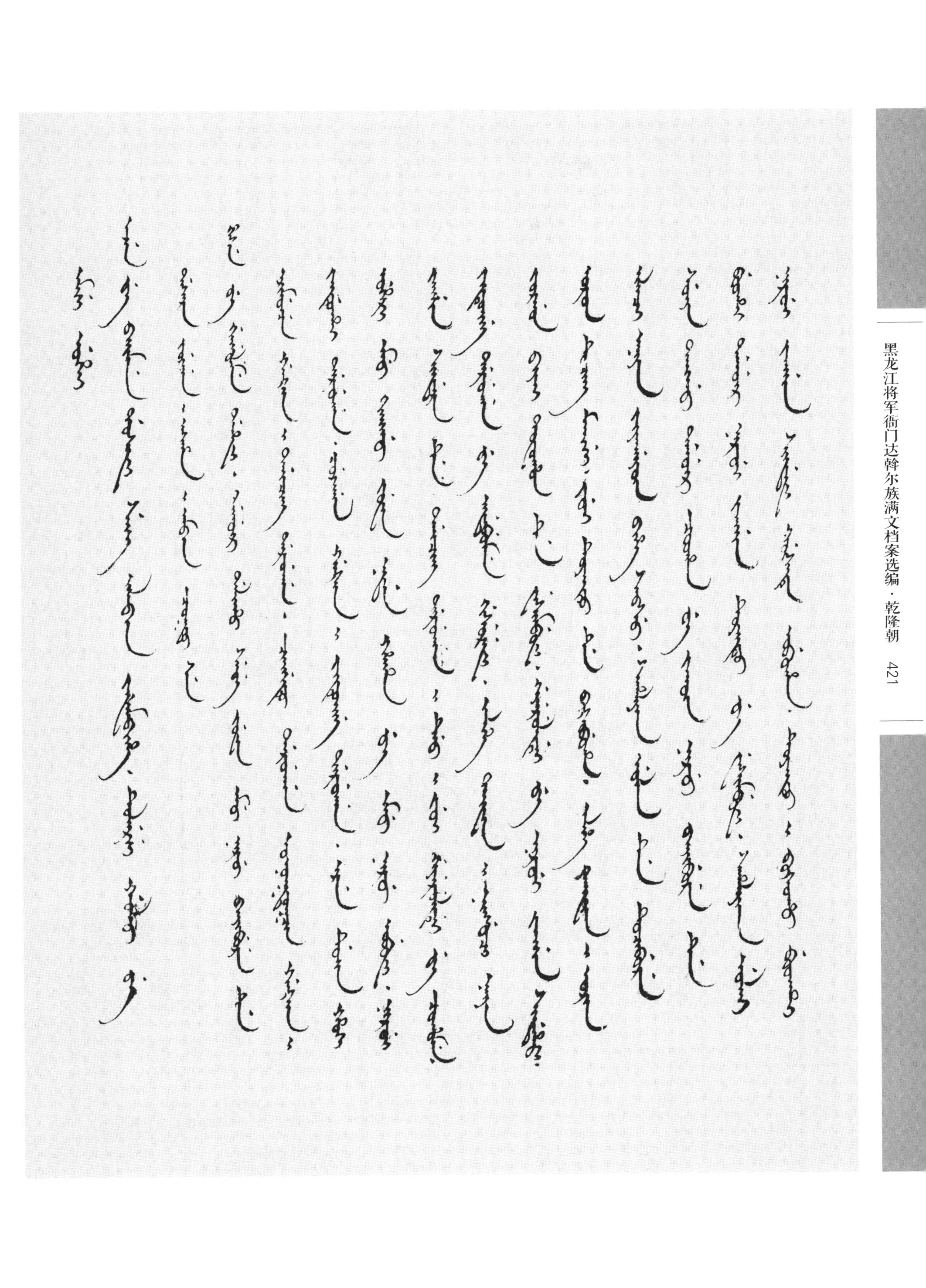

[illegible]

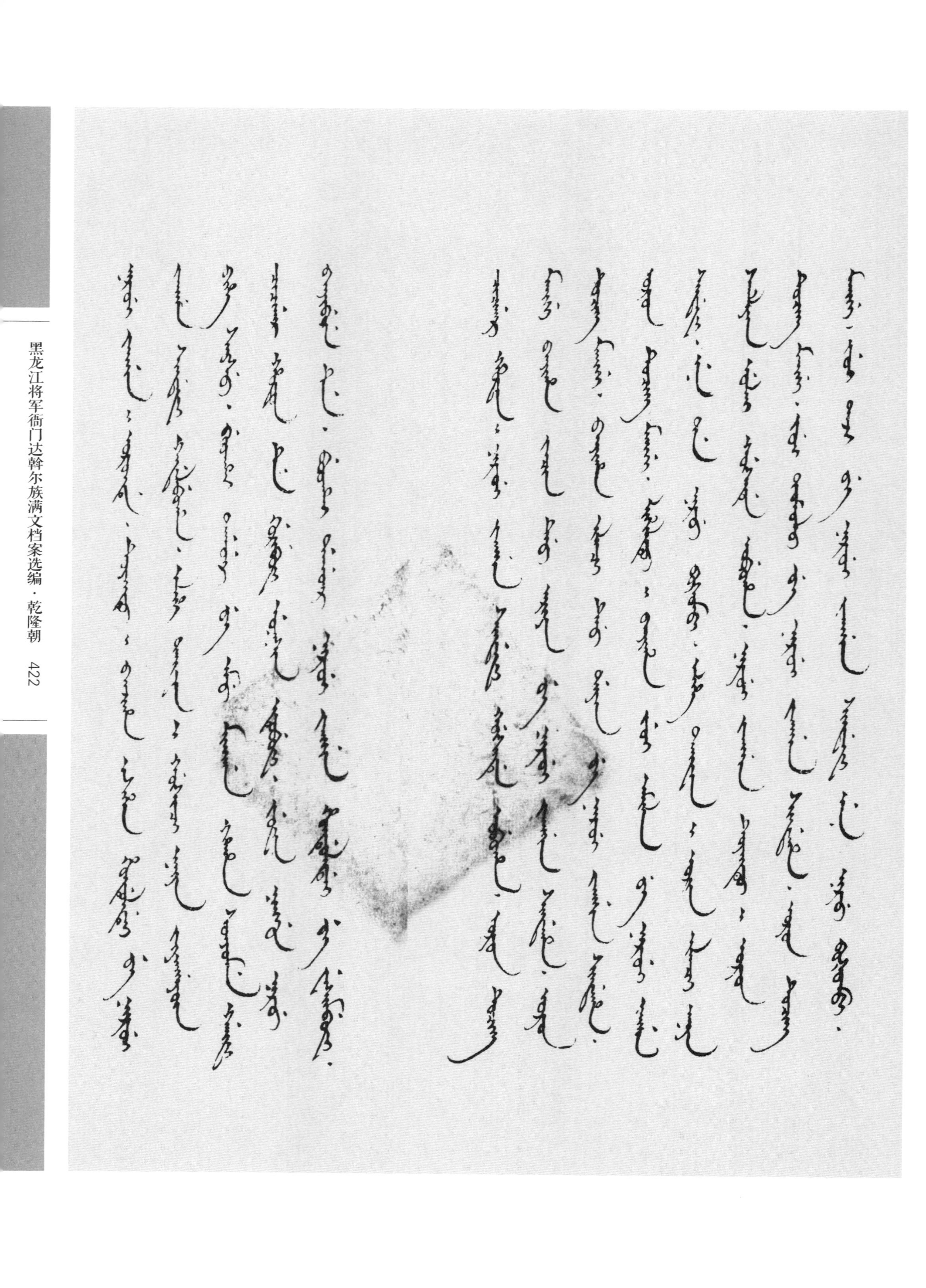

[illegible]

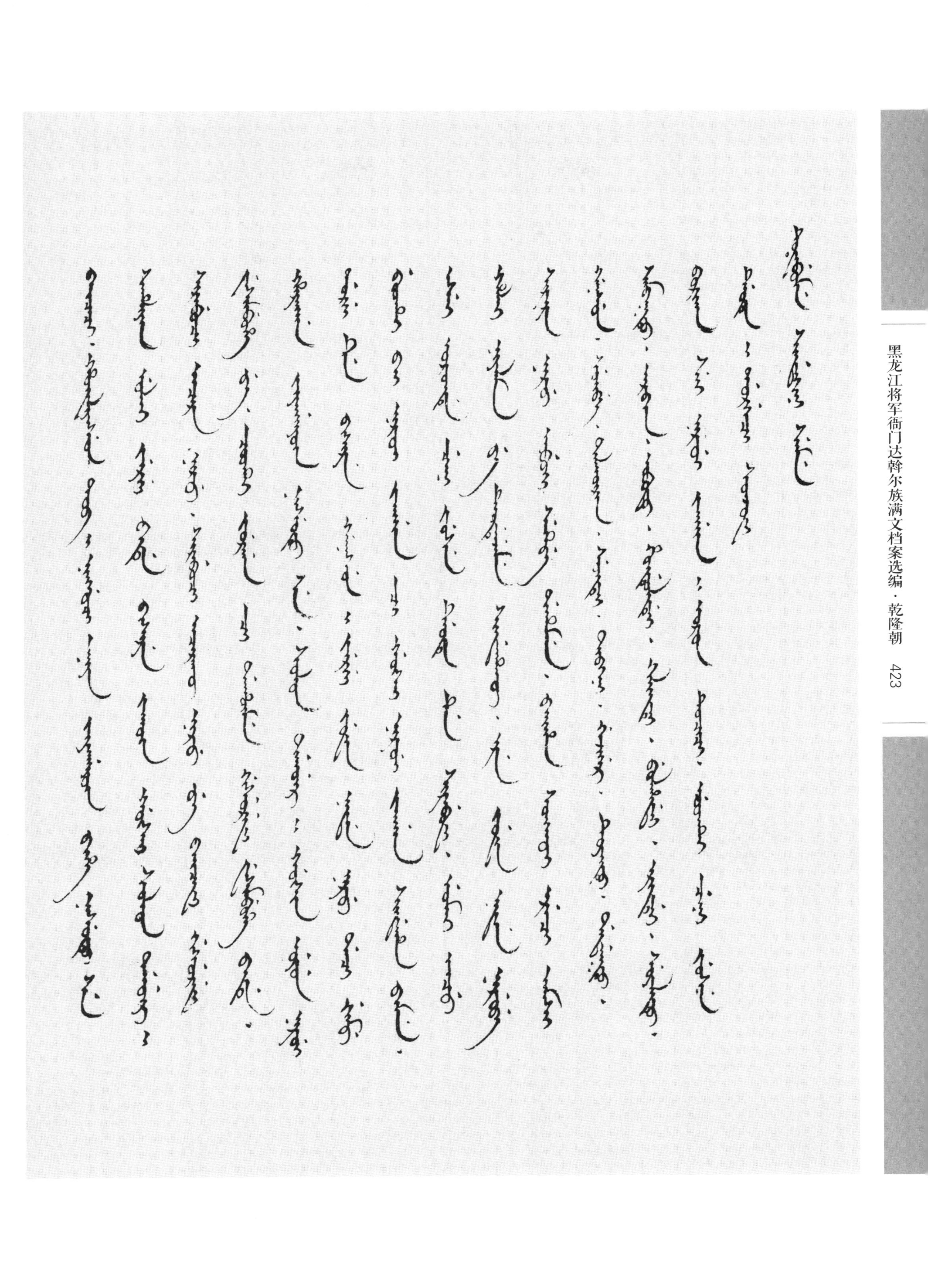

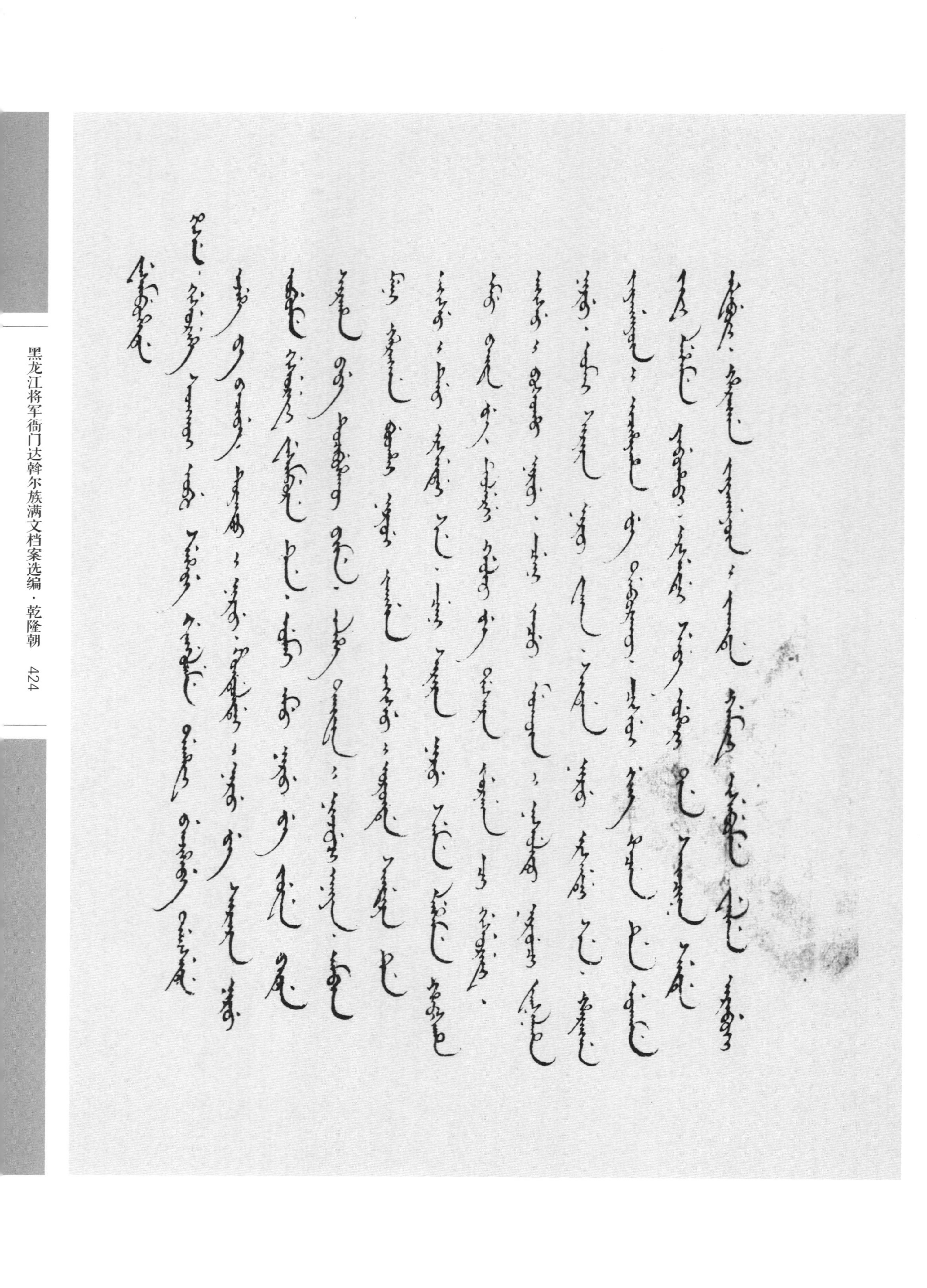

[illegible]

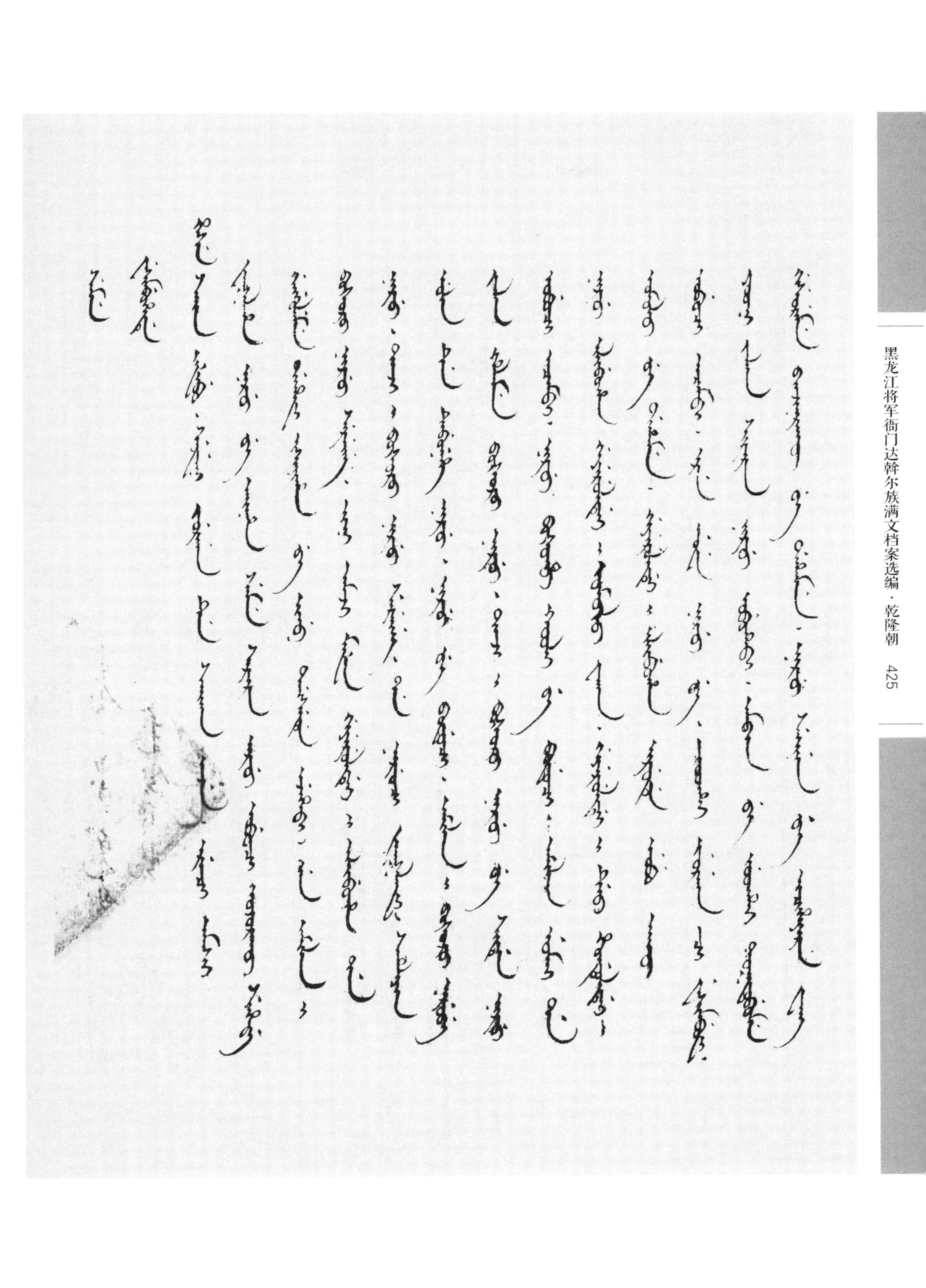

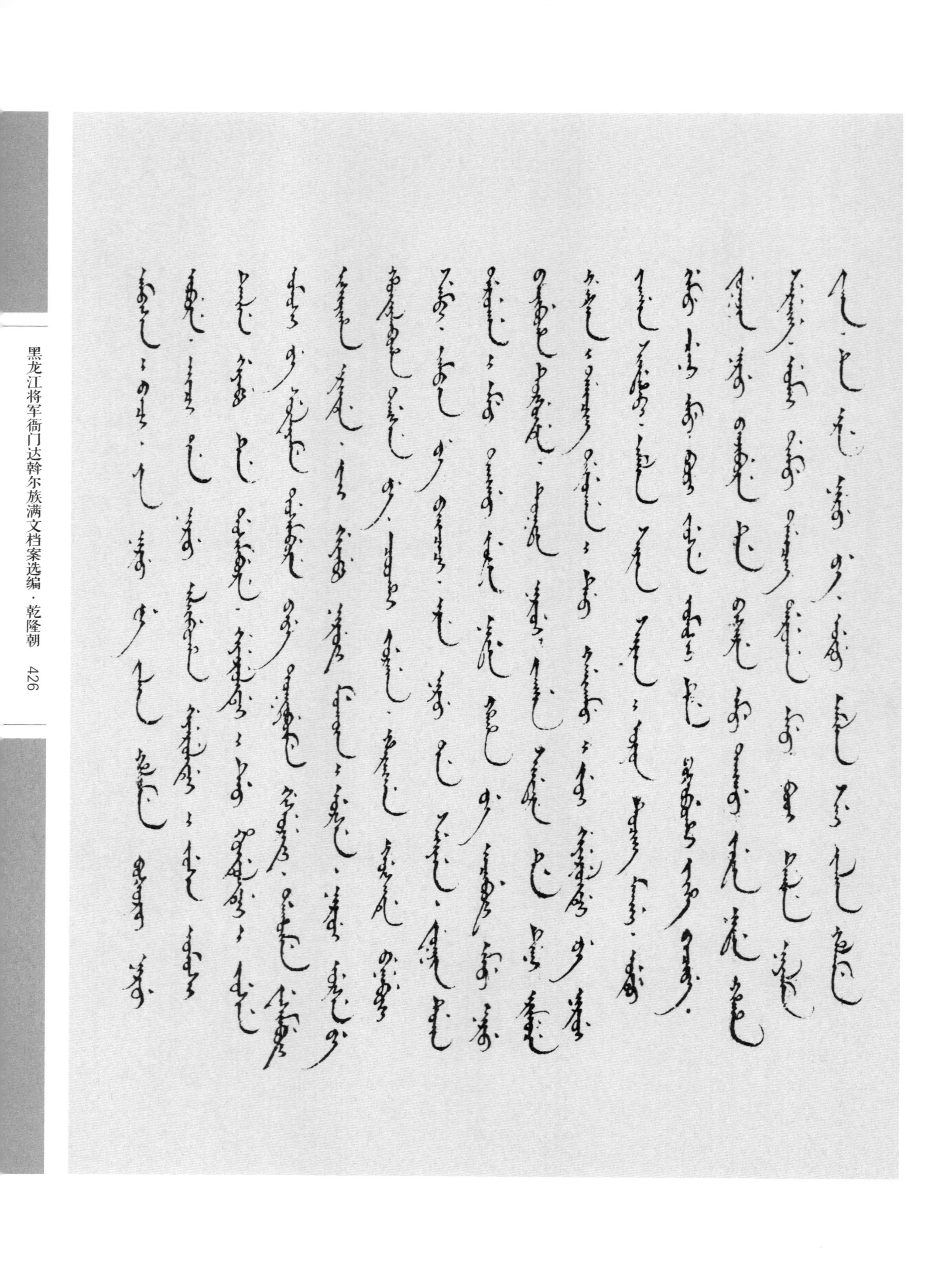

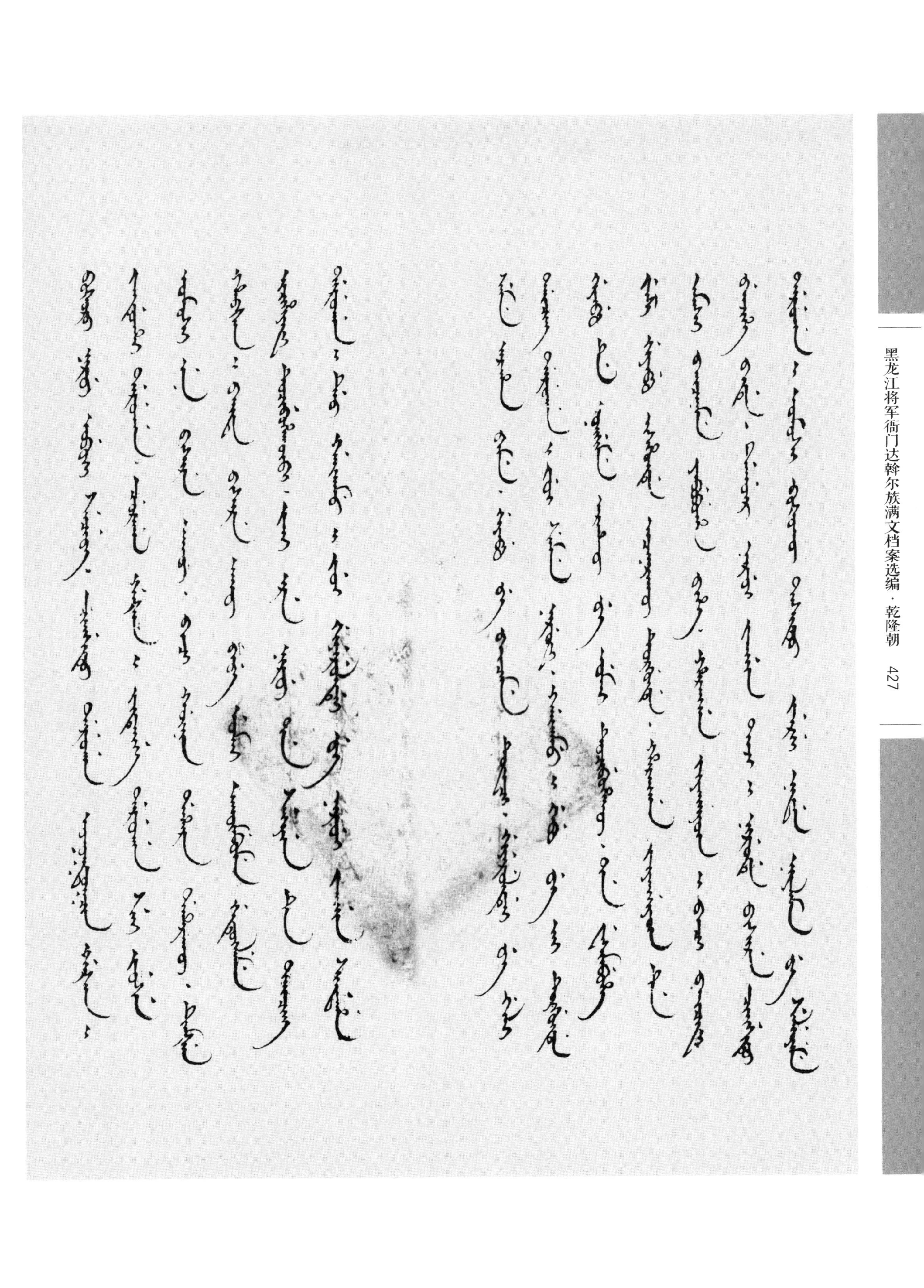

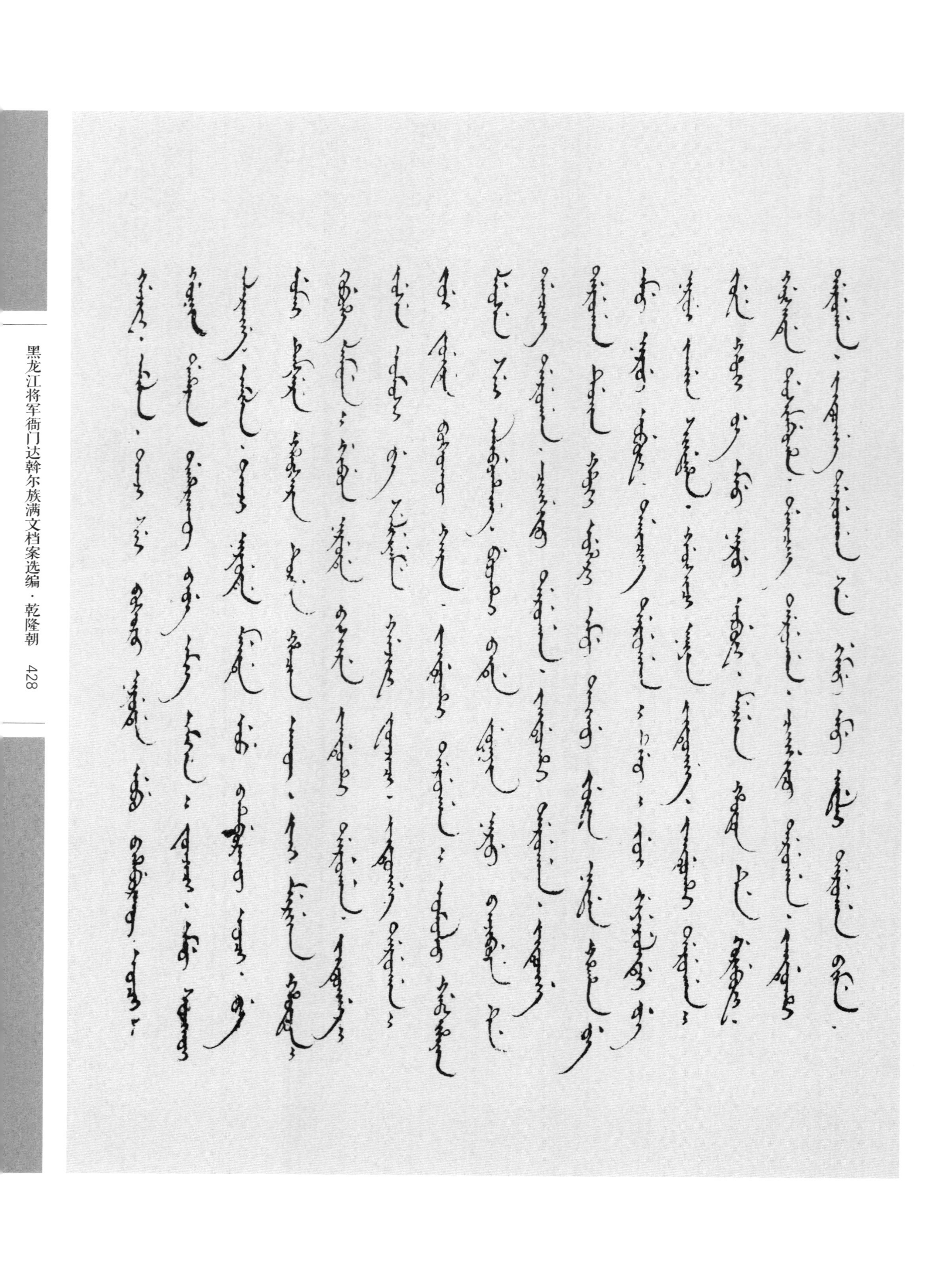

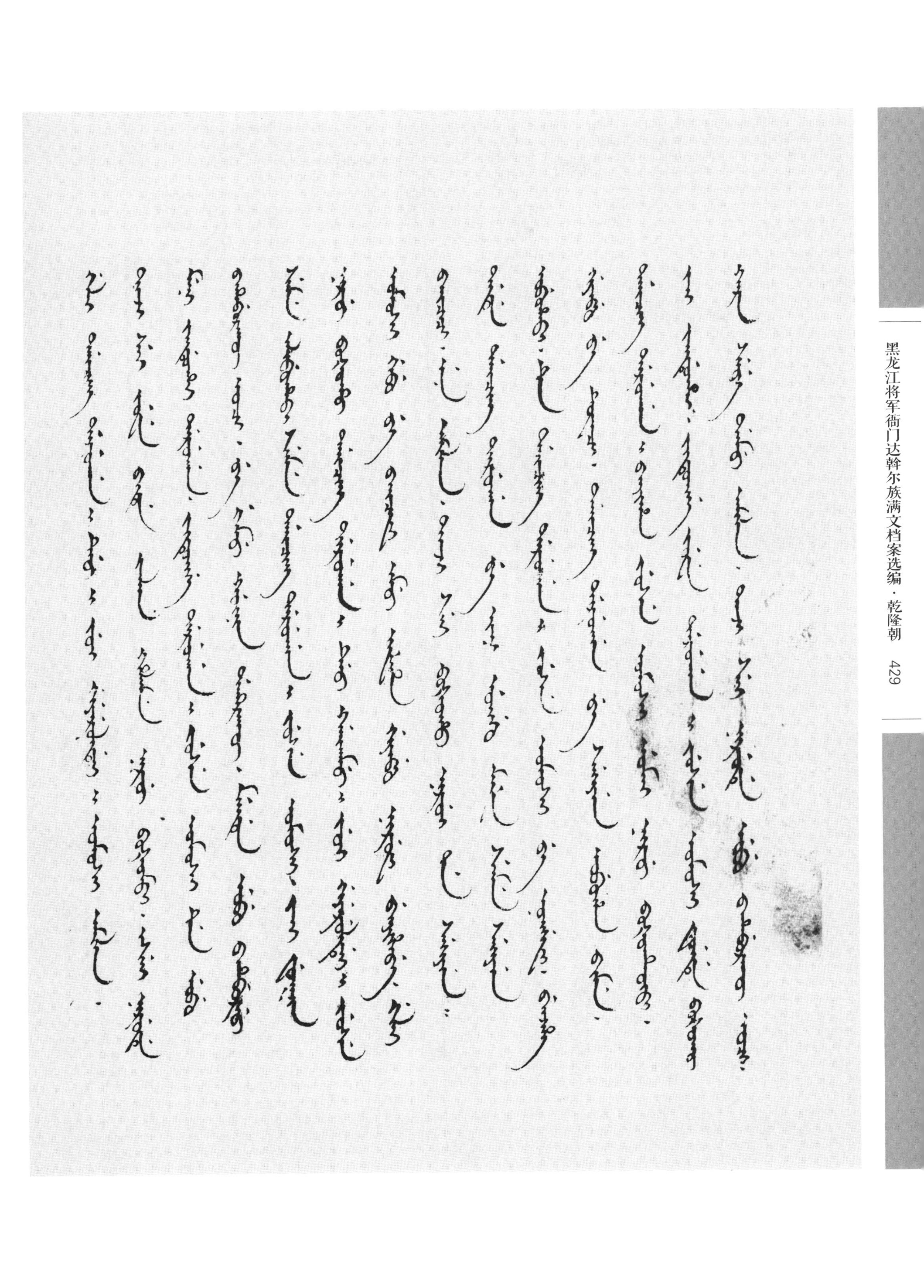

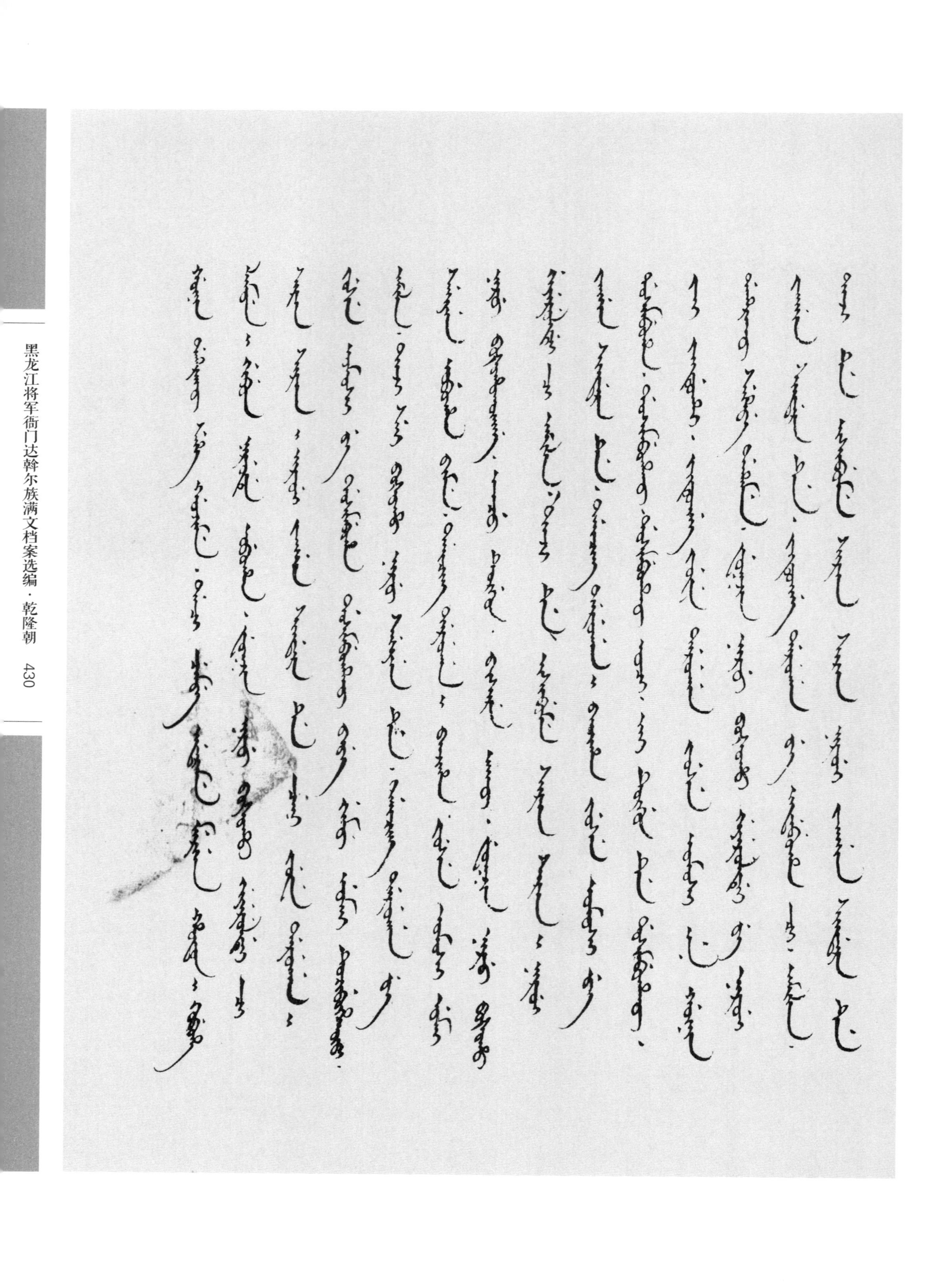

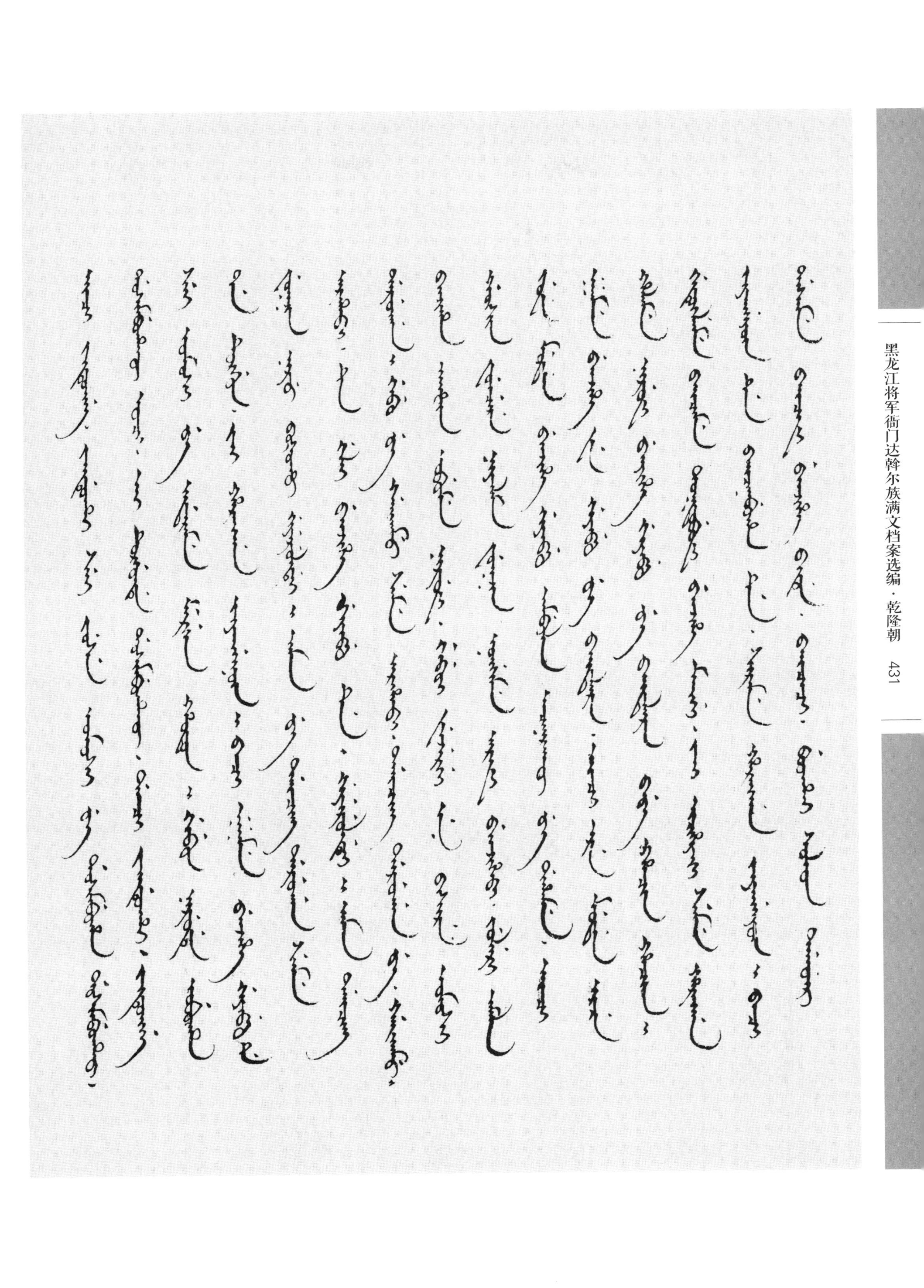

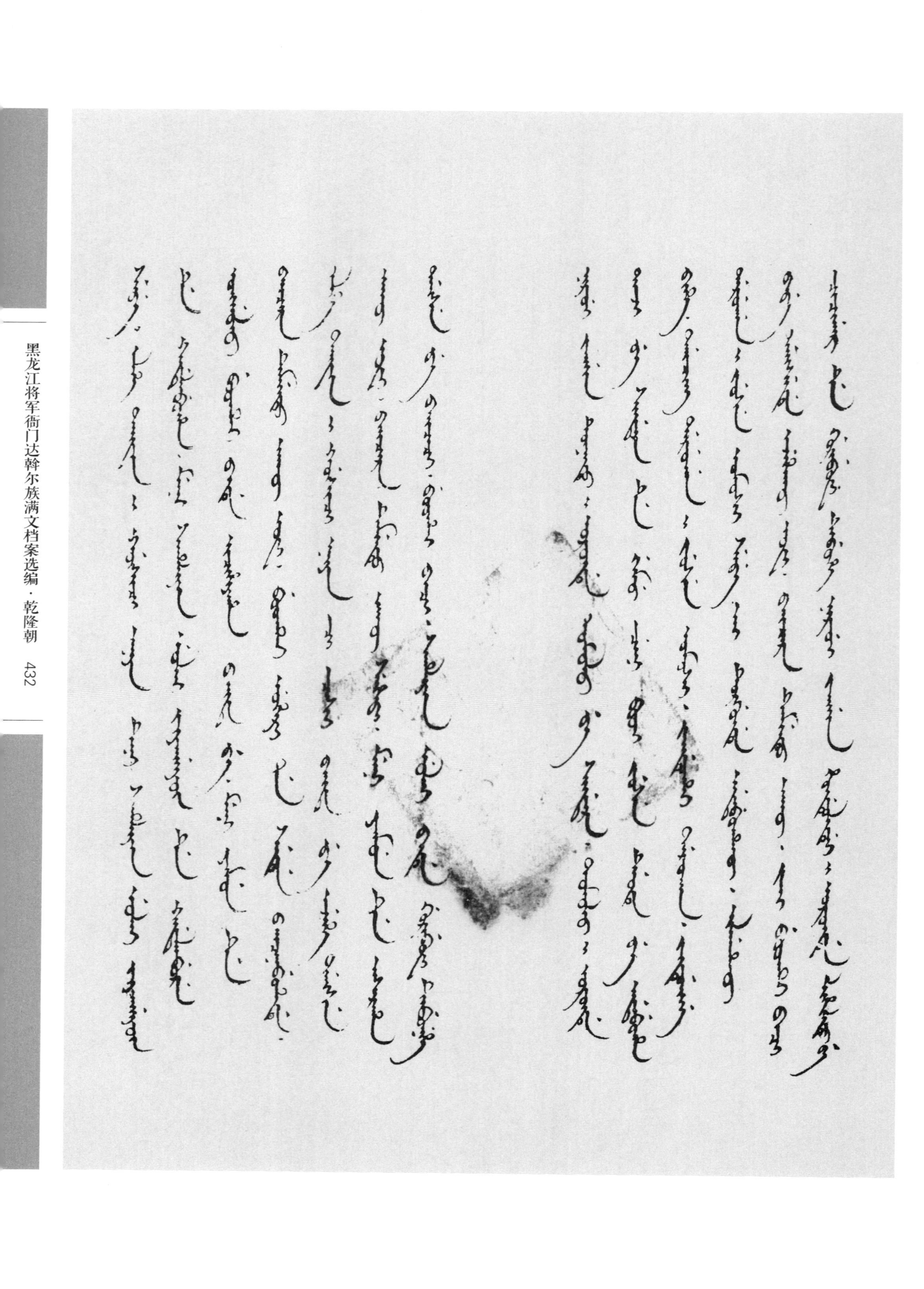

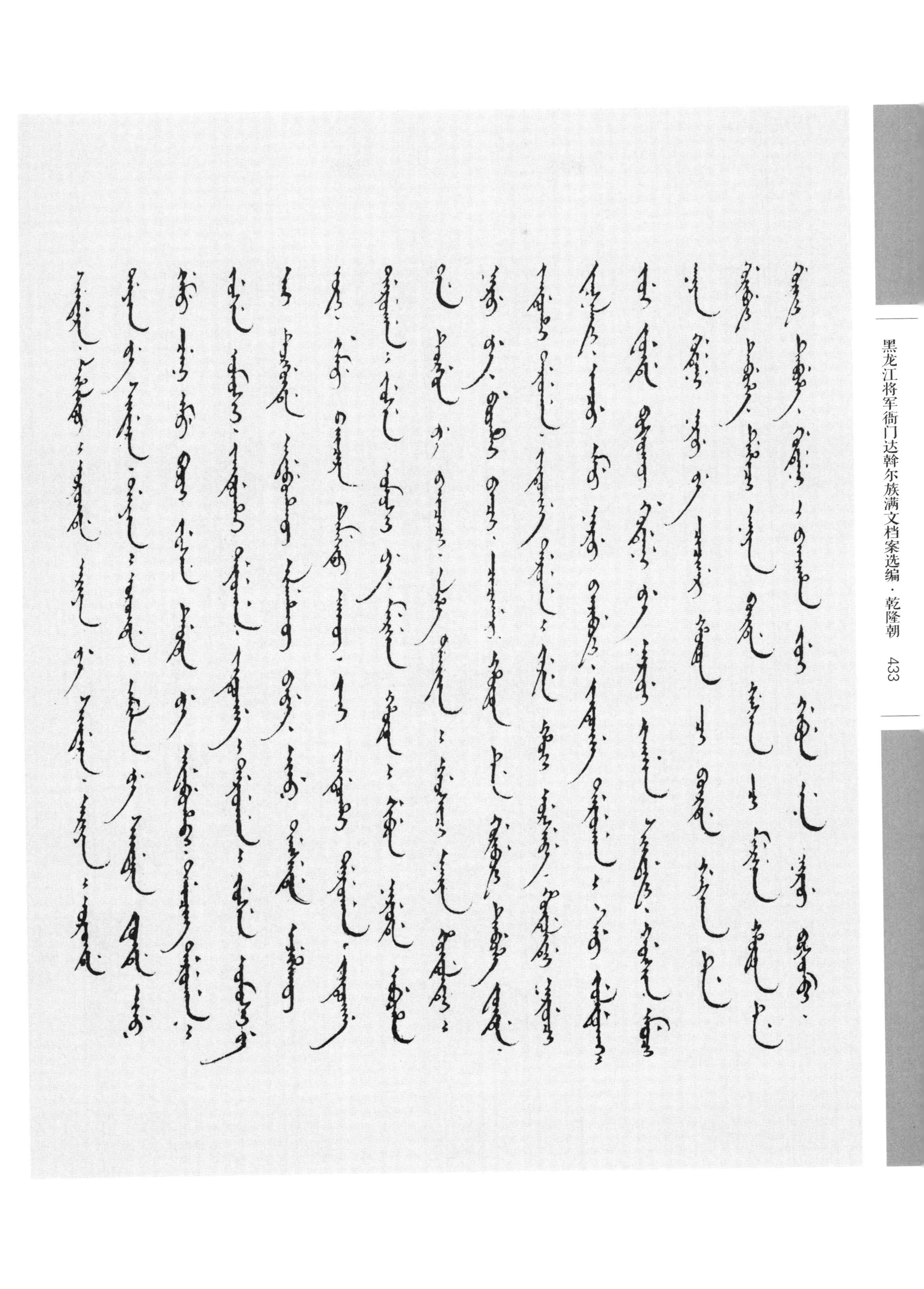

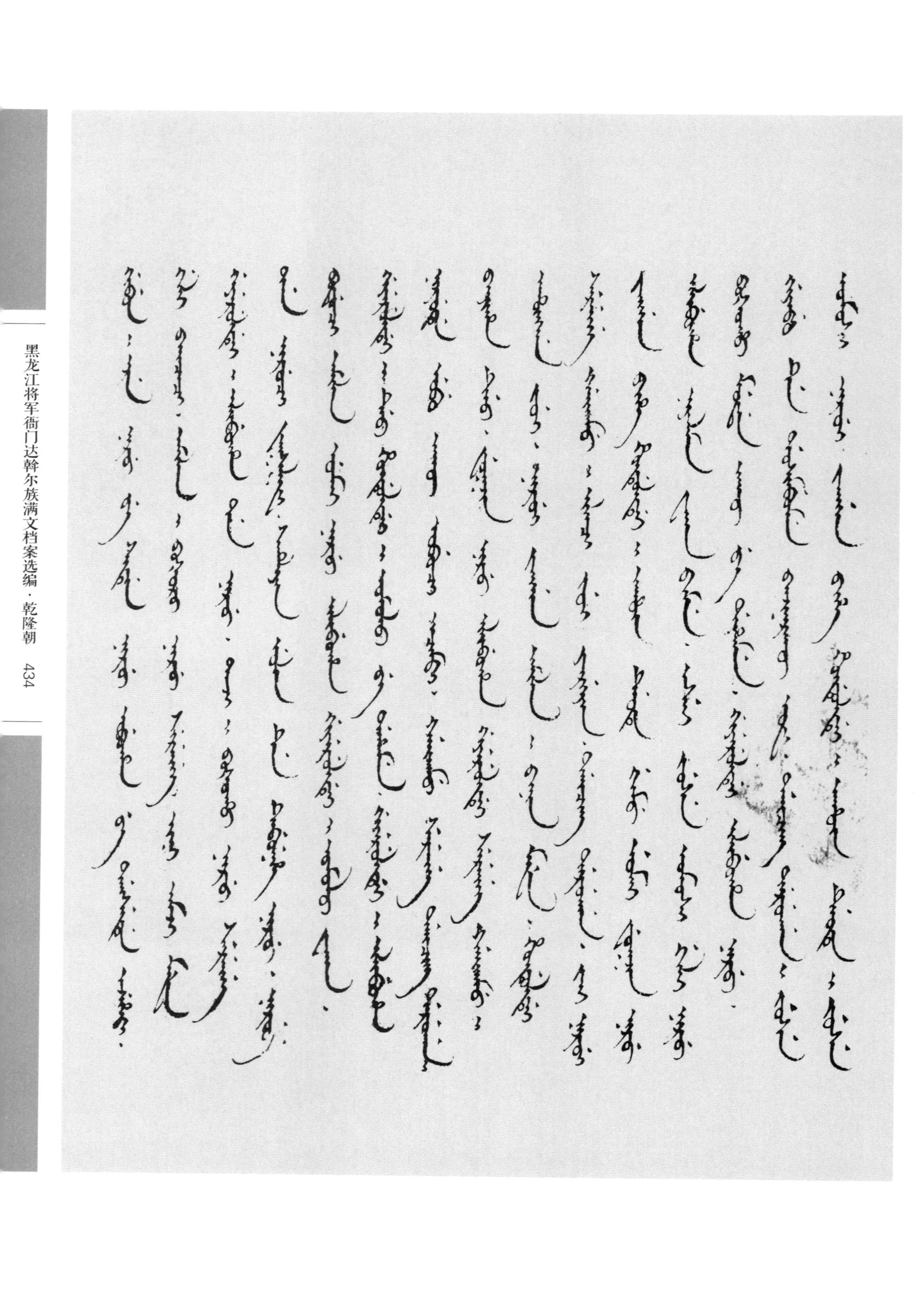

[illegible]

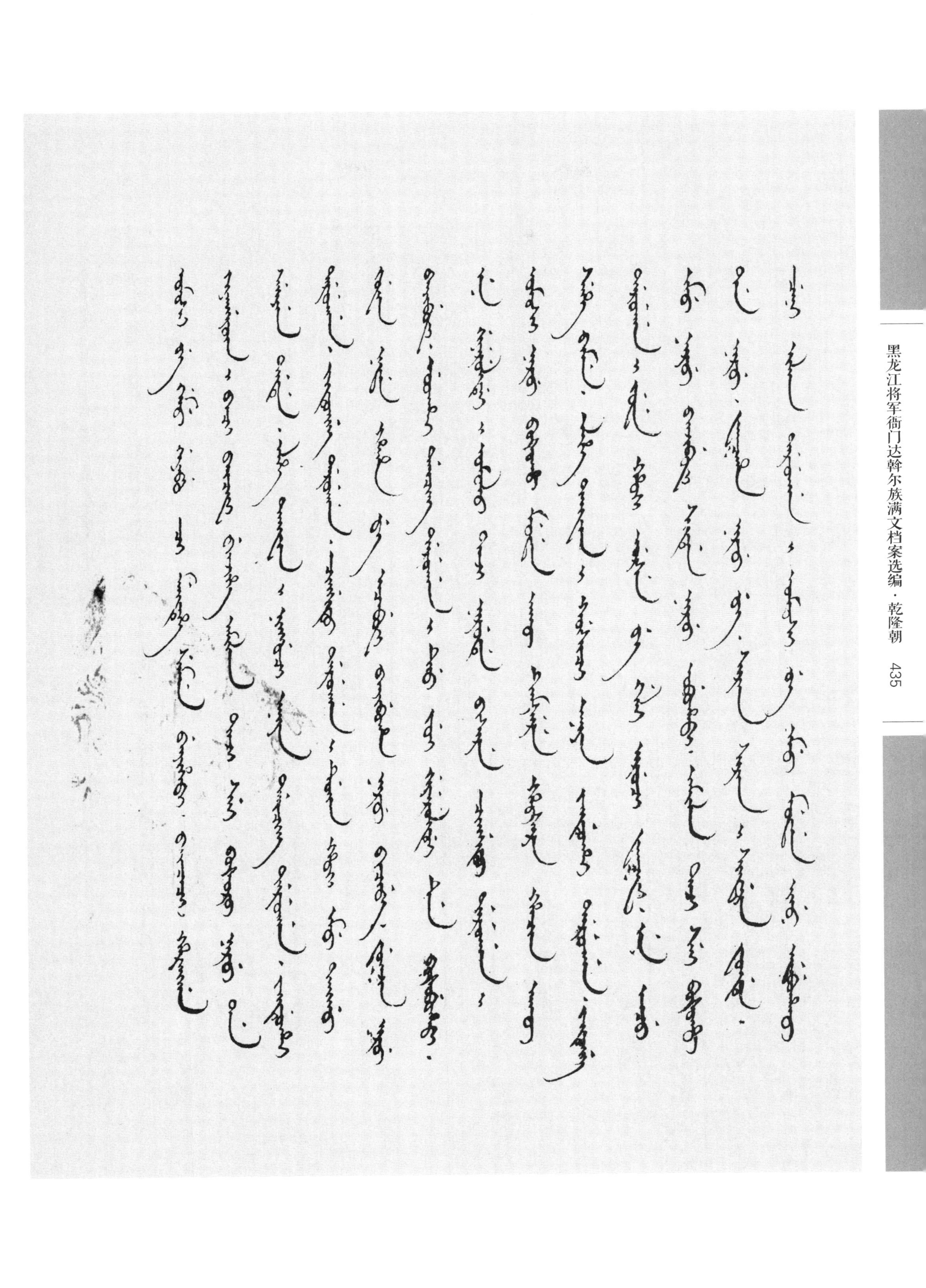

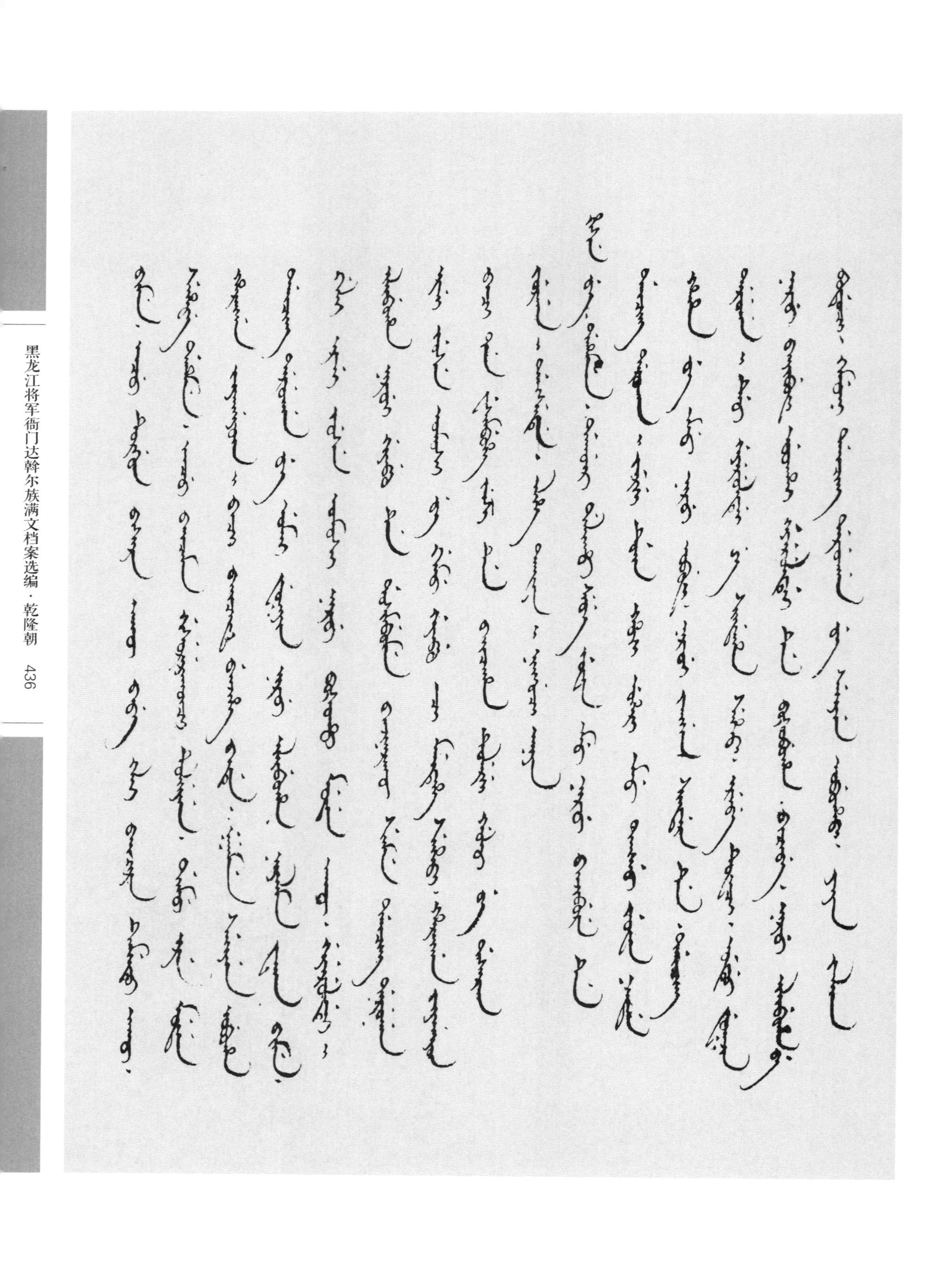

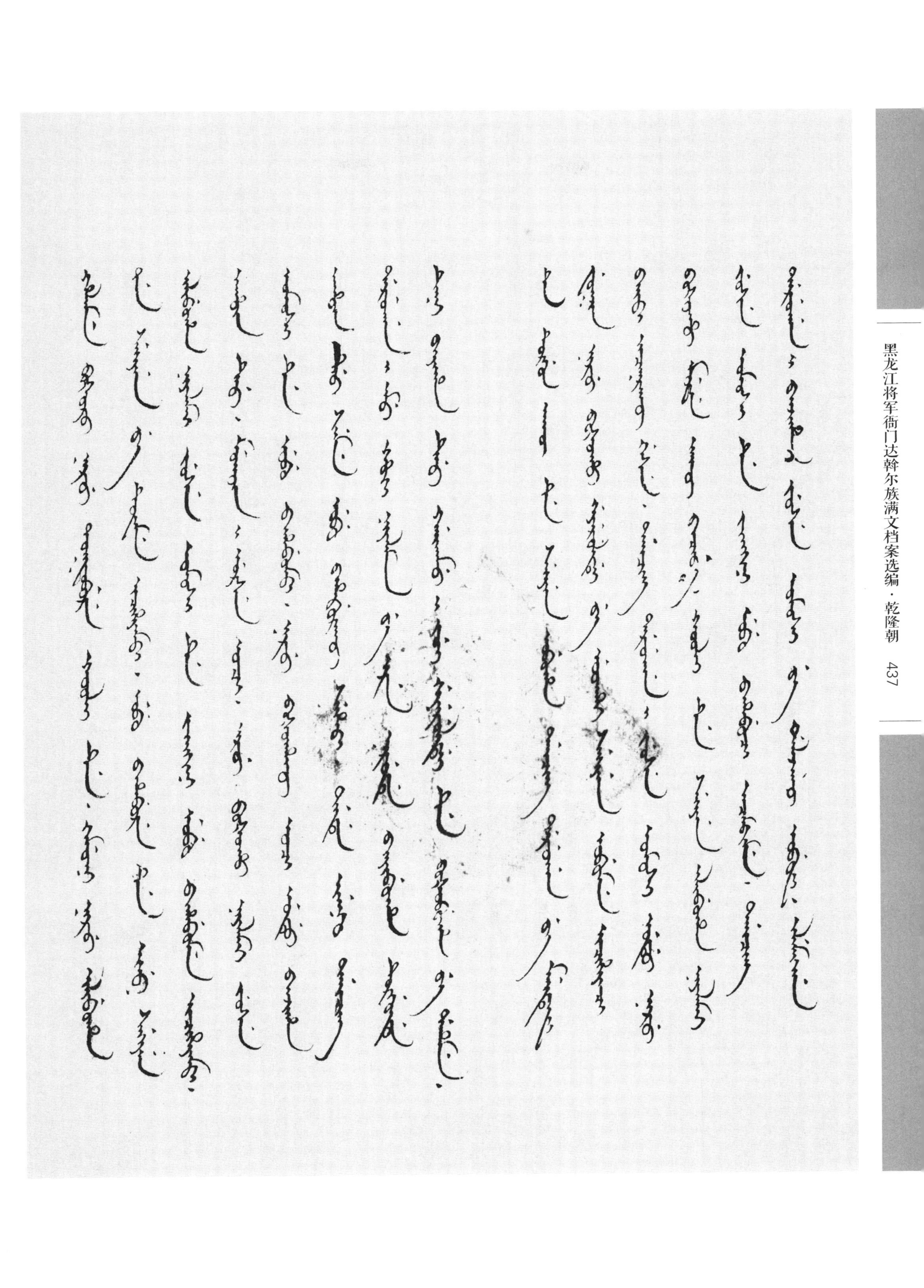

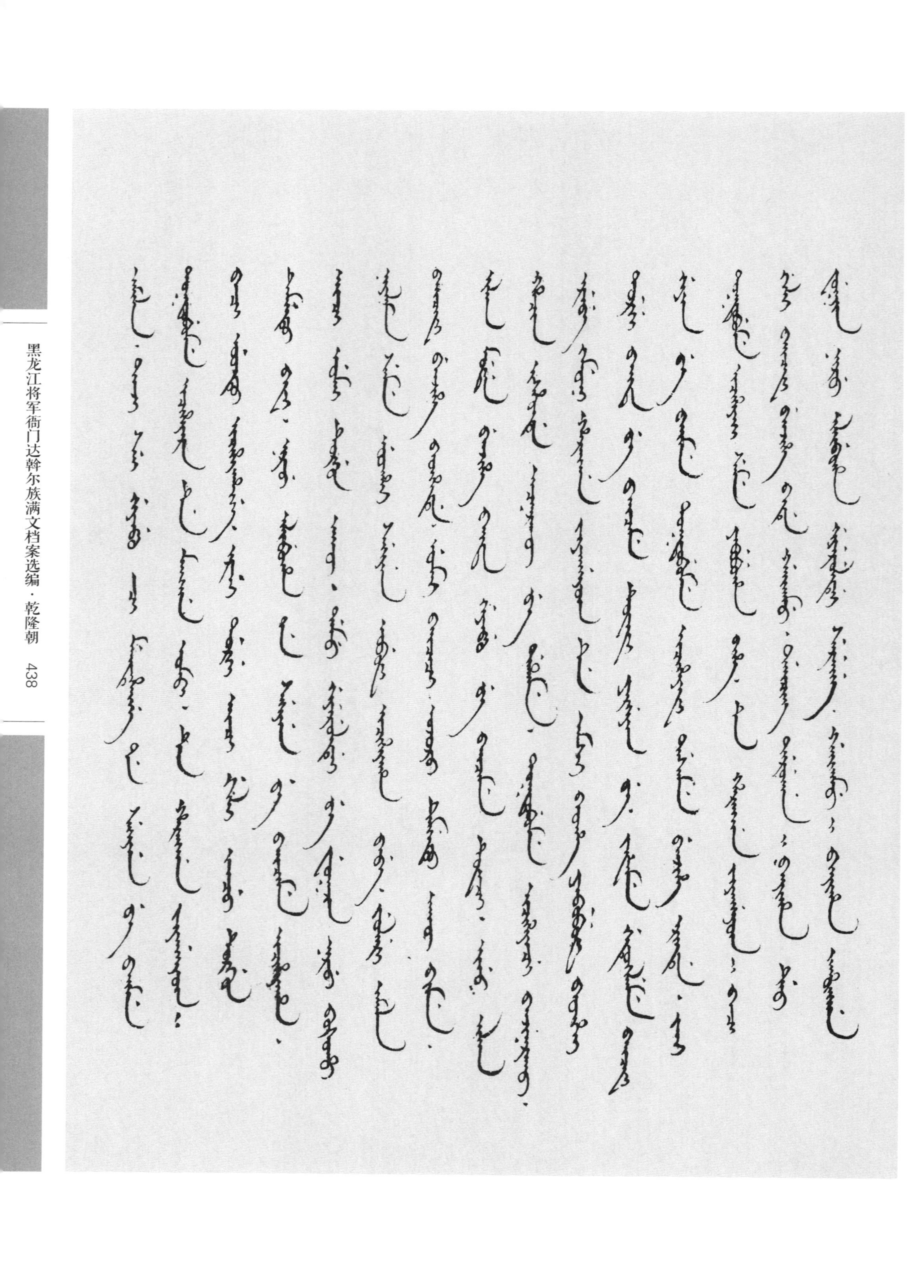

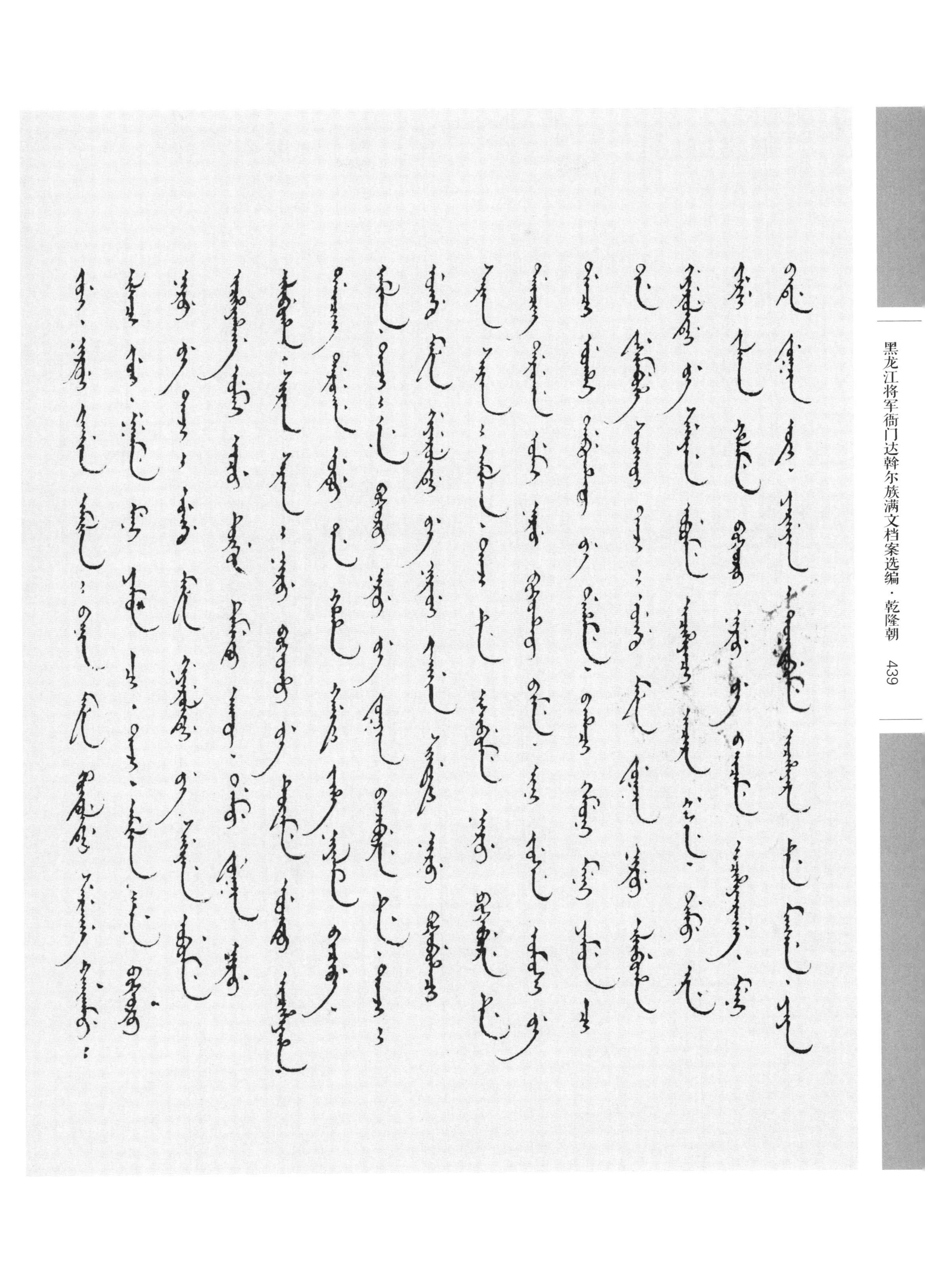

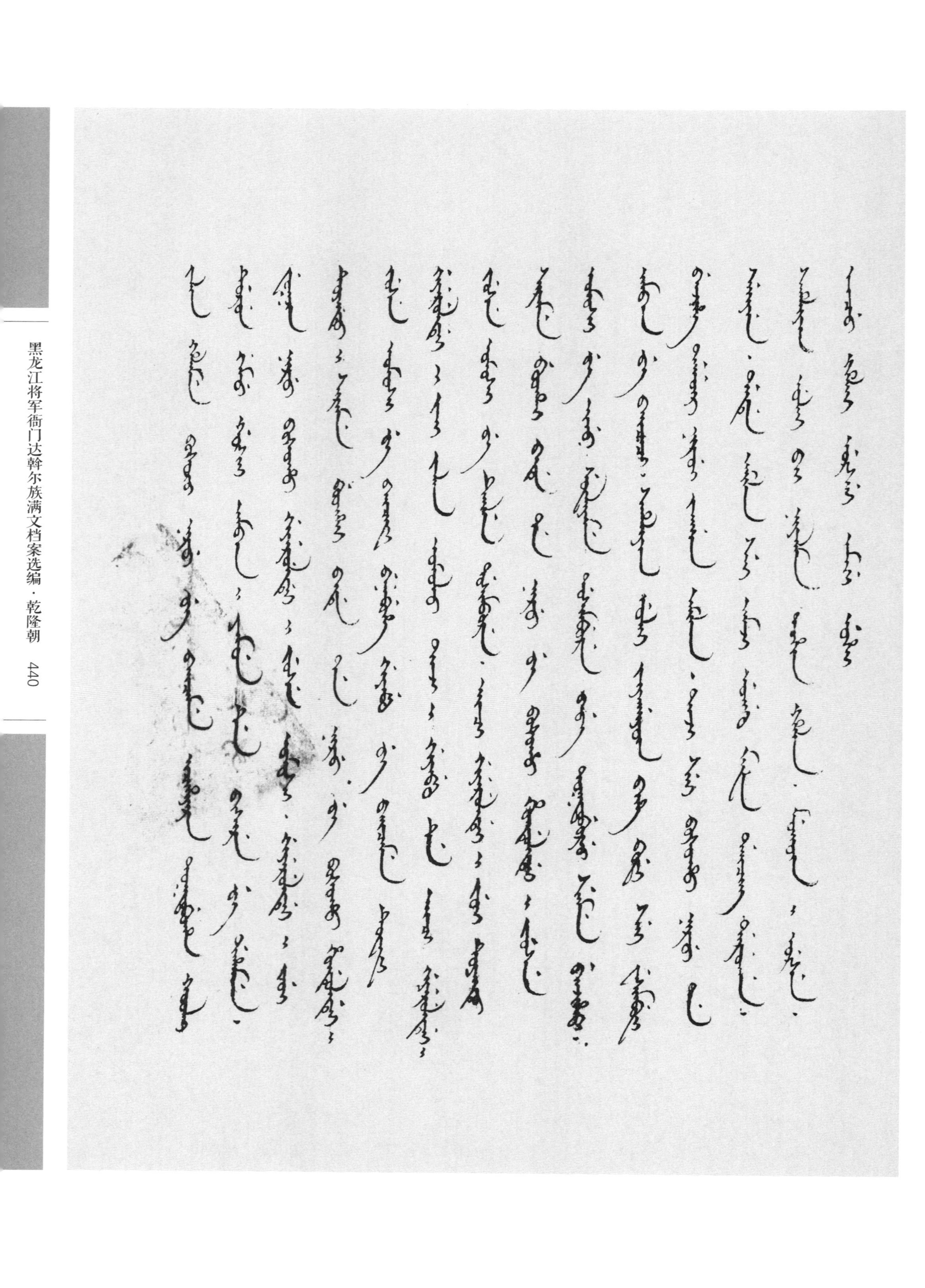

[illegible]

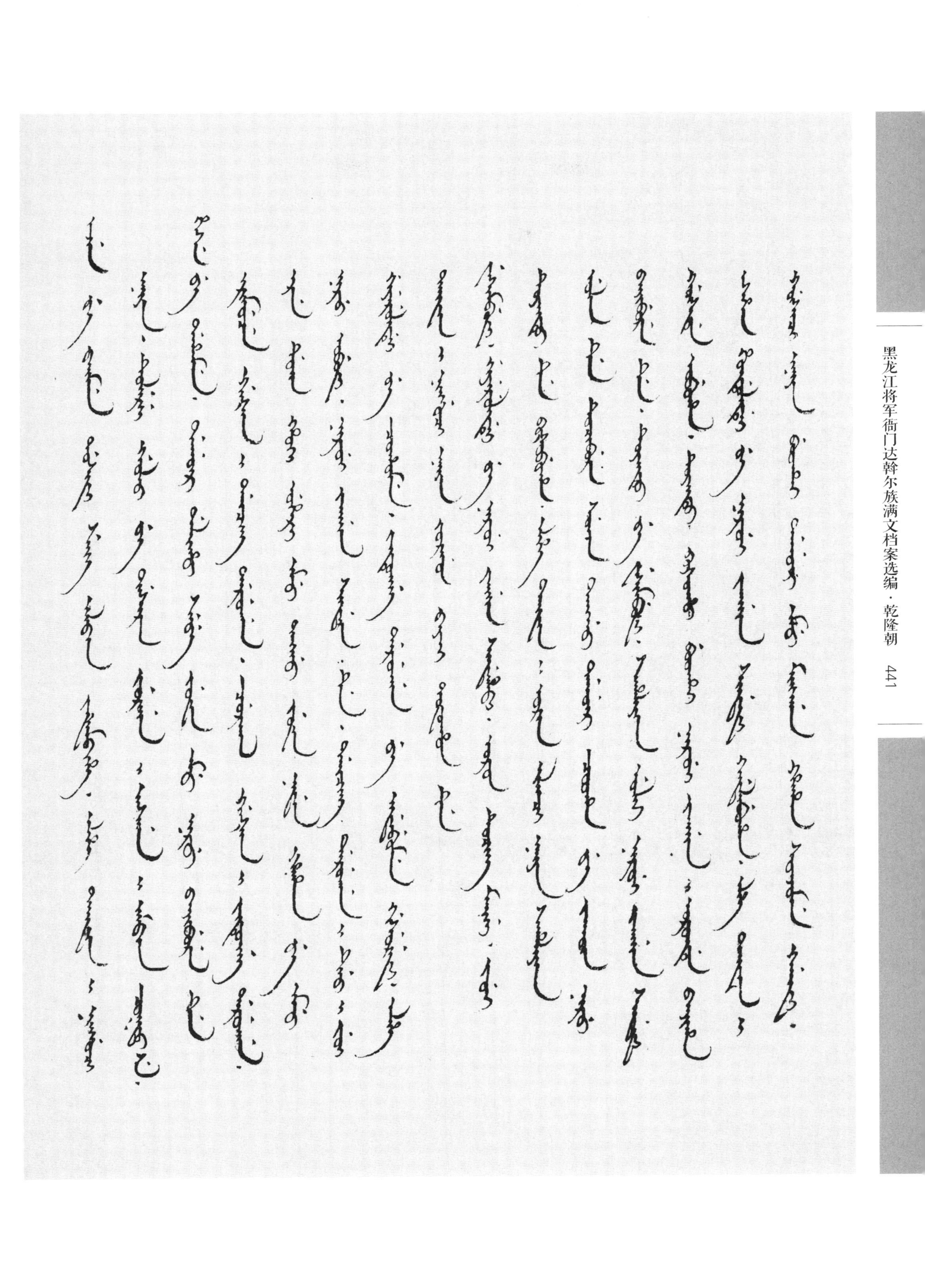

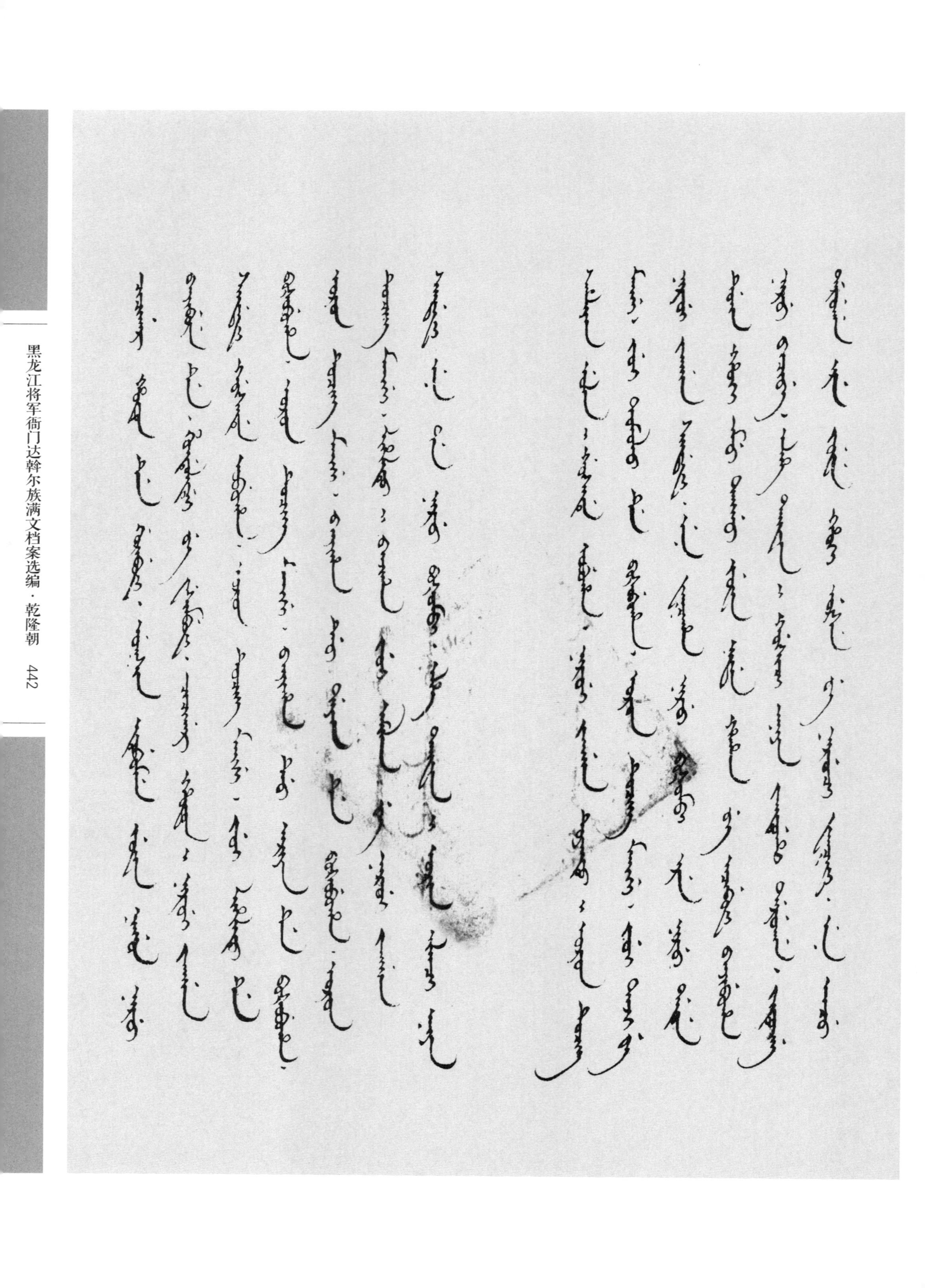

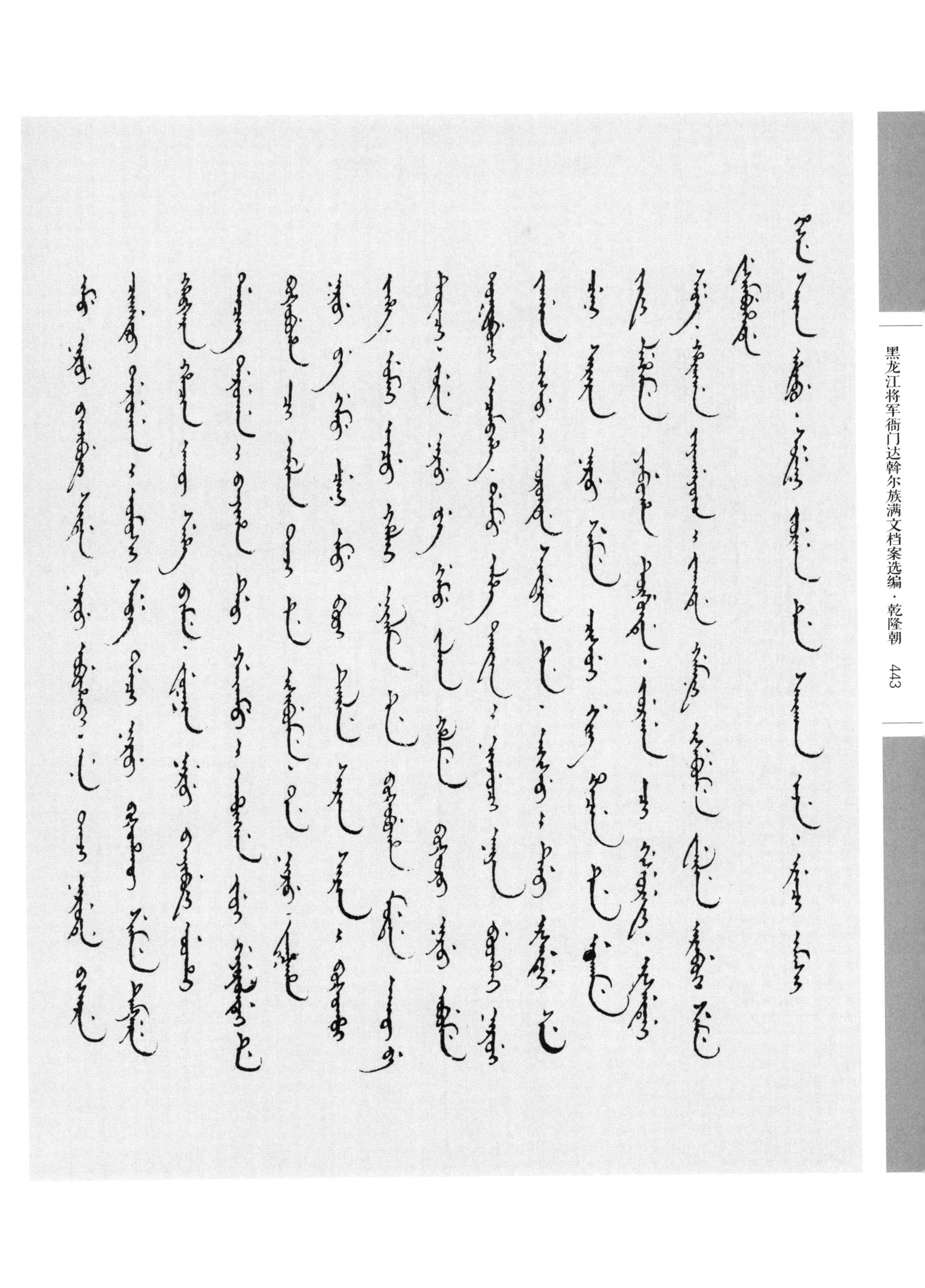

[illegible]

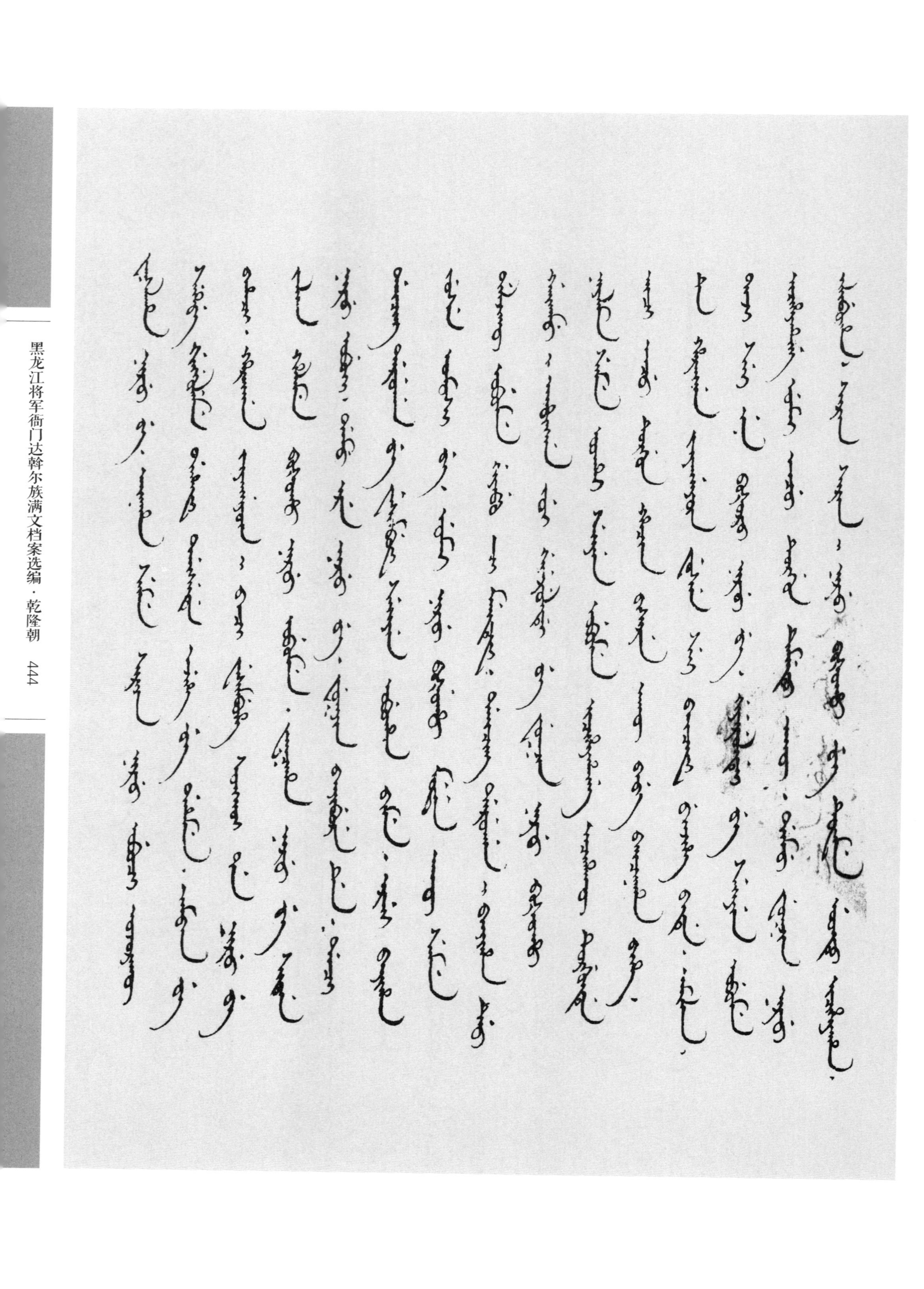

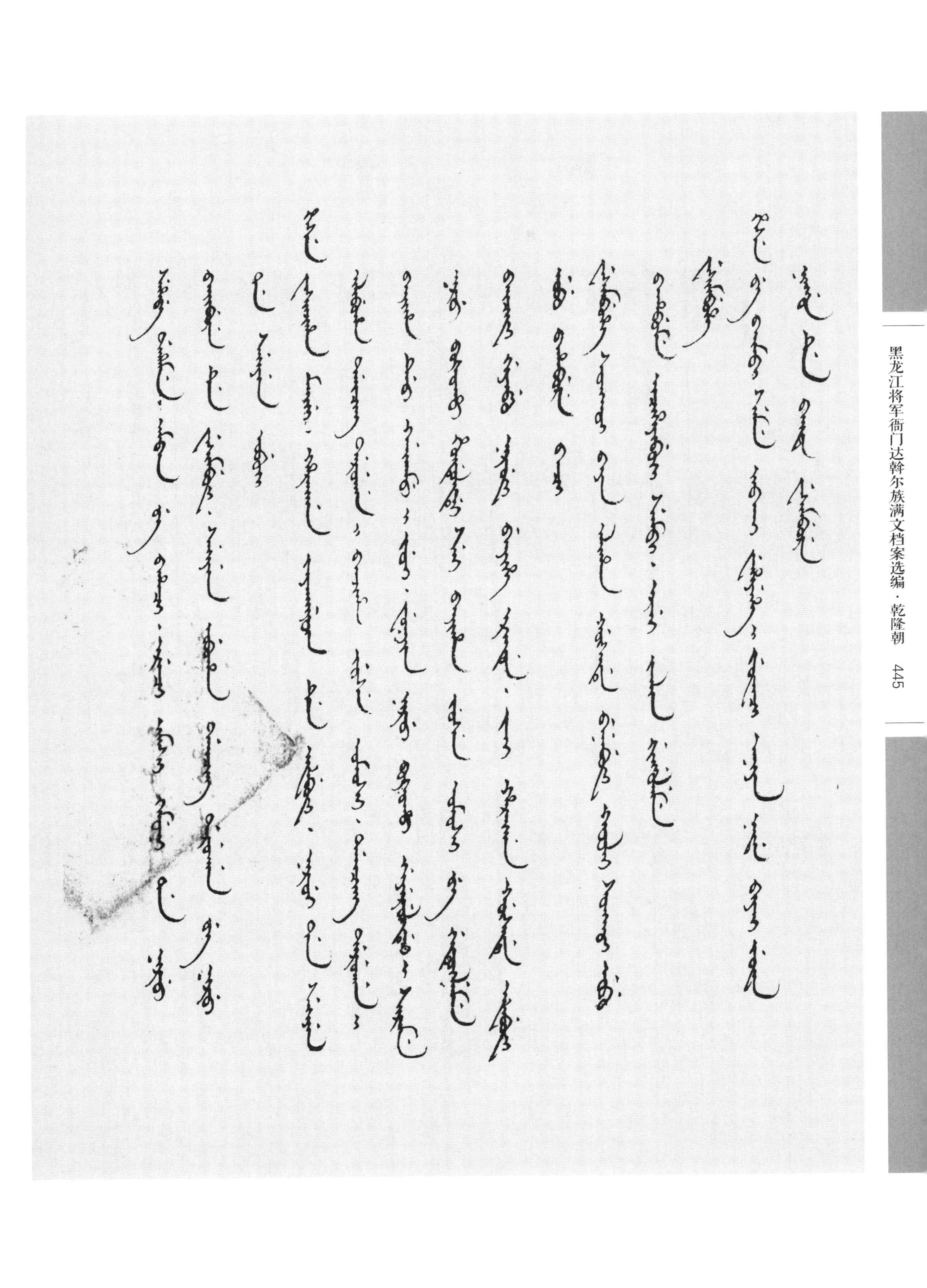

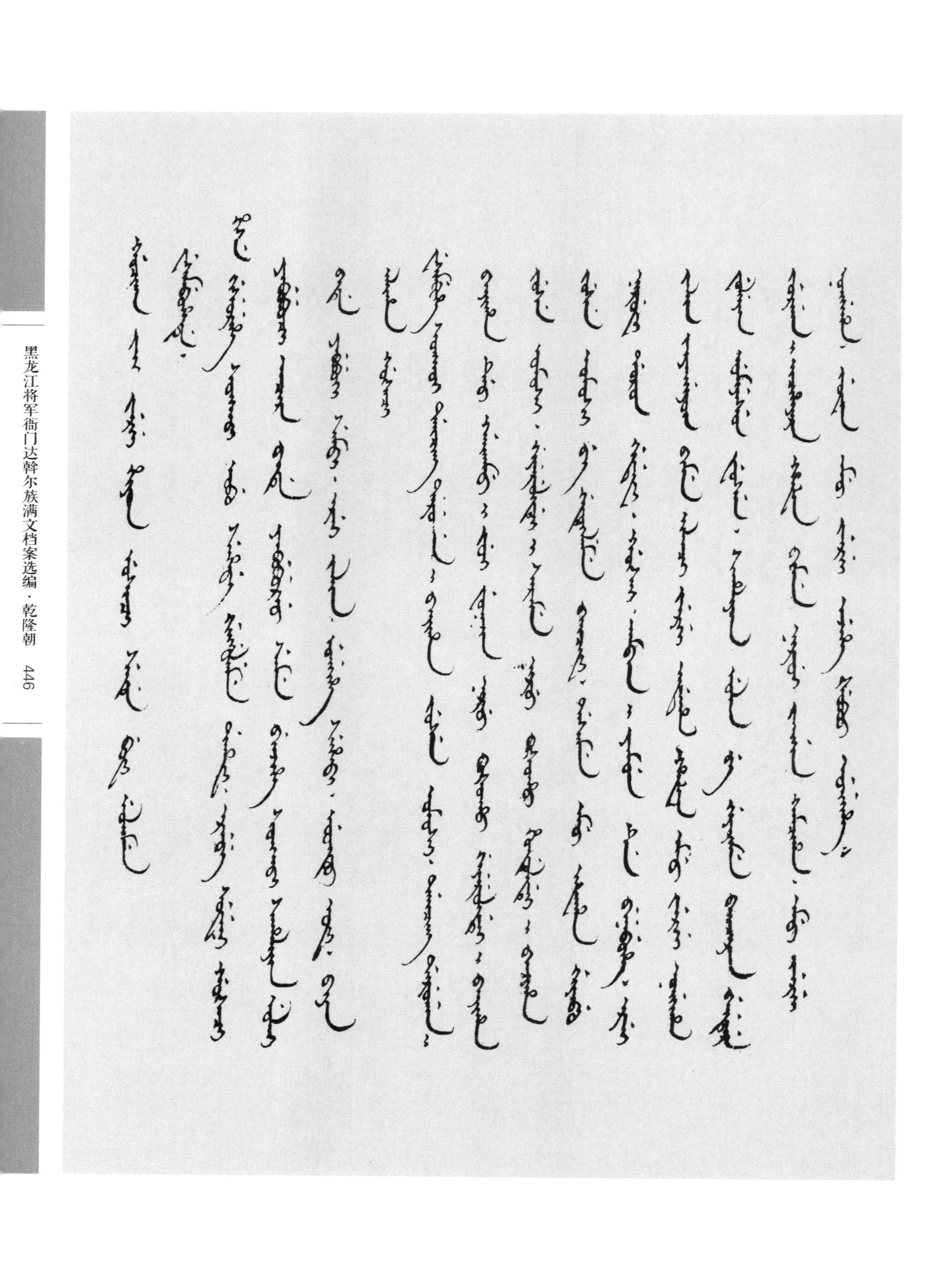

三六五 黑龙江将军衙门为令查明布特哈达斡尔佐领托多尔凯等源流事咨值月镶黄三旗都统衙门文

乾隆十一年正月二十二日

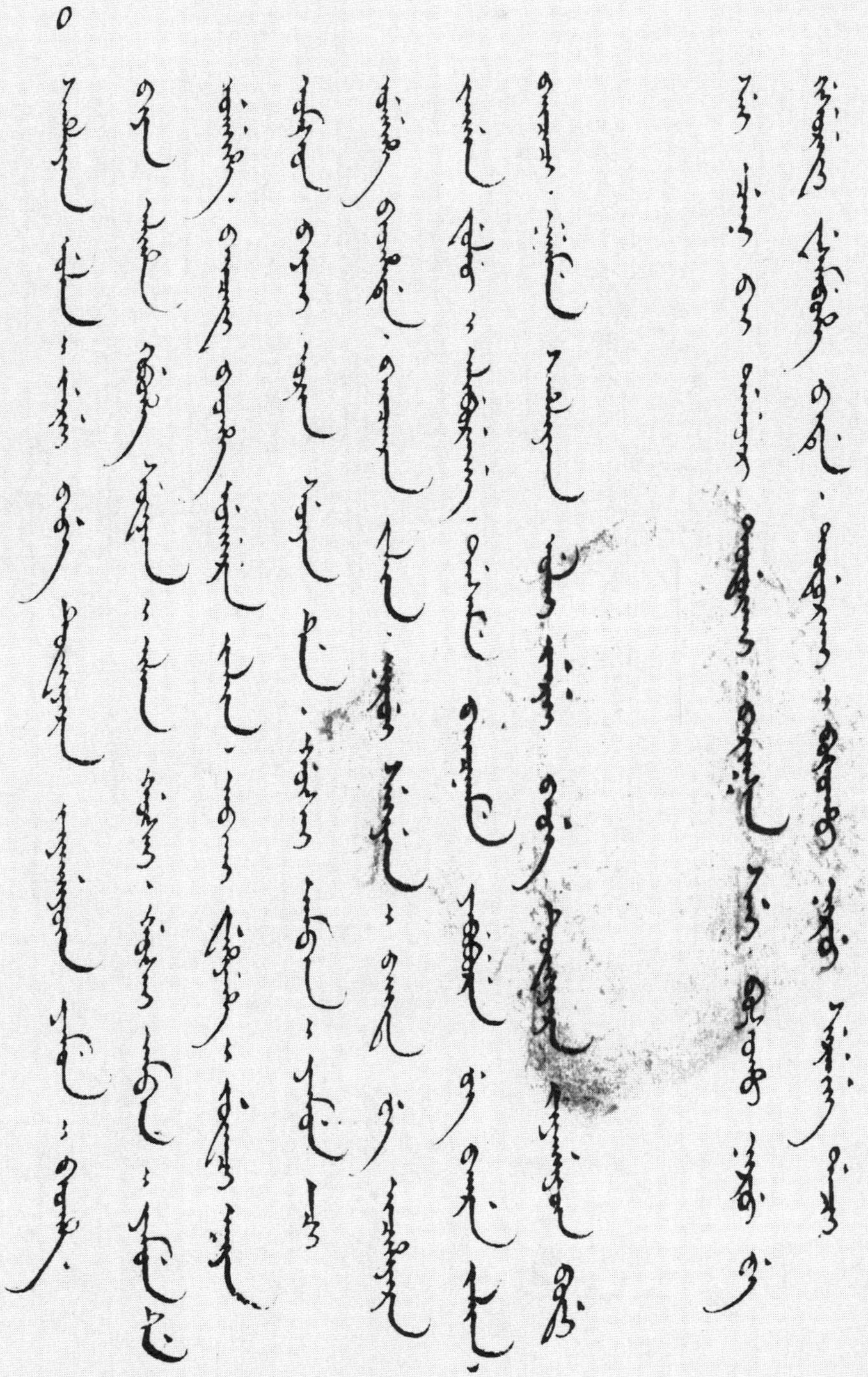

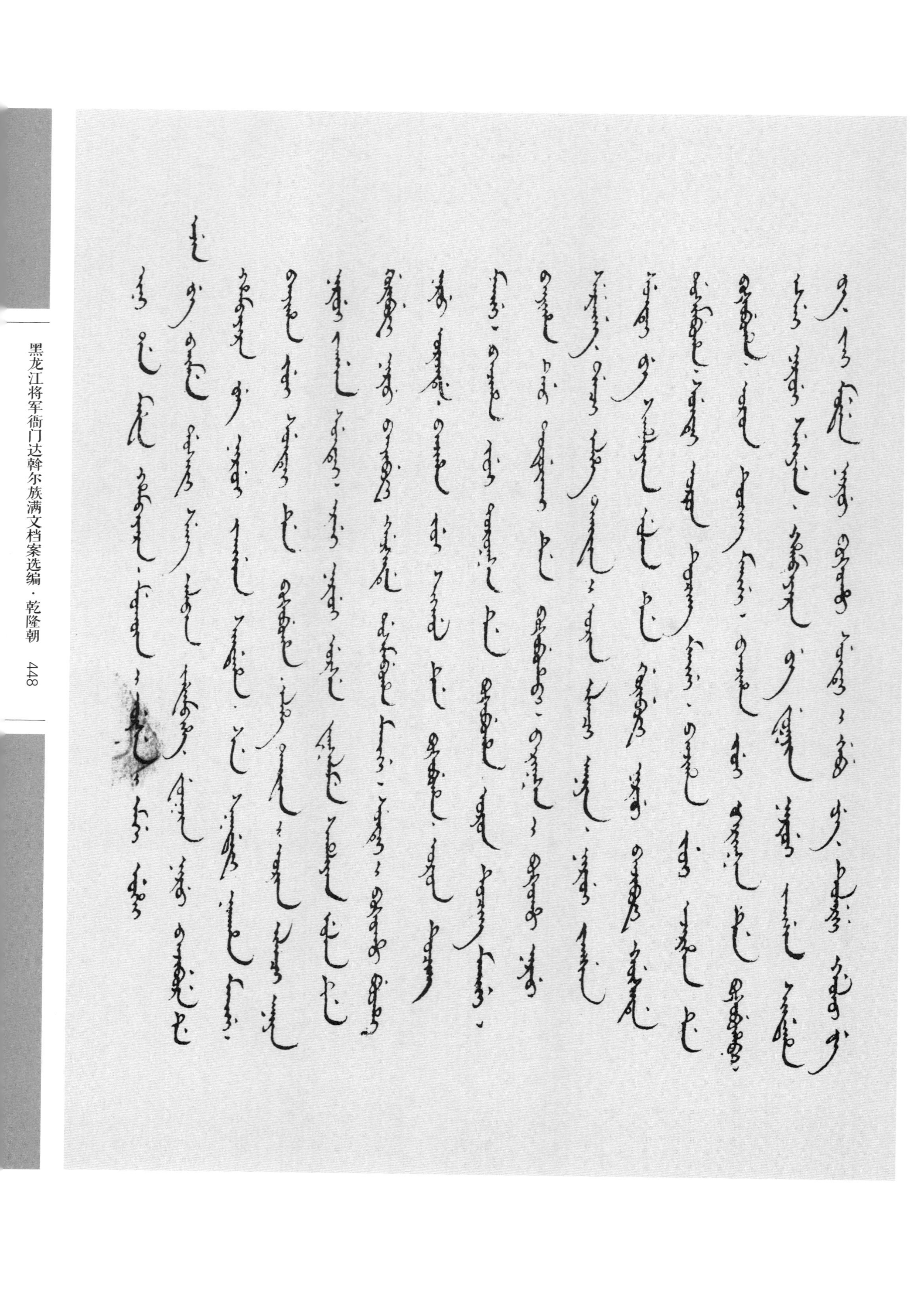

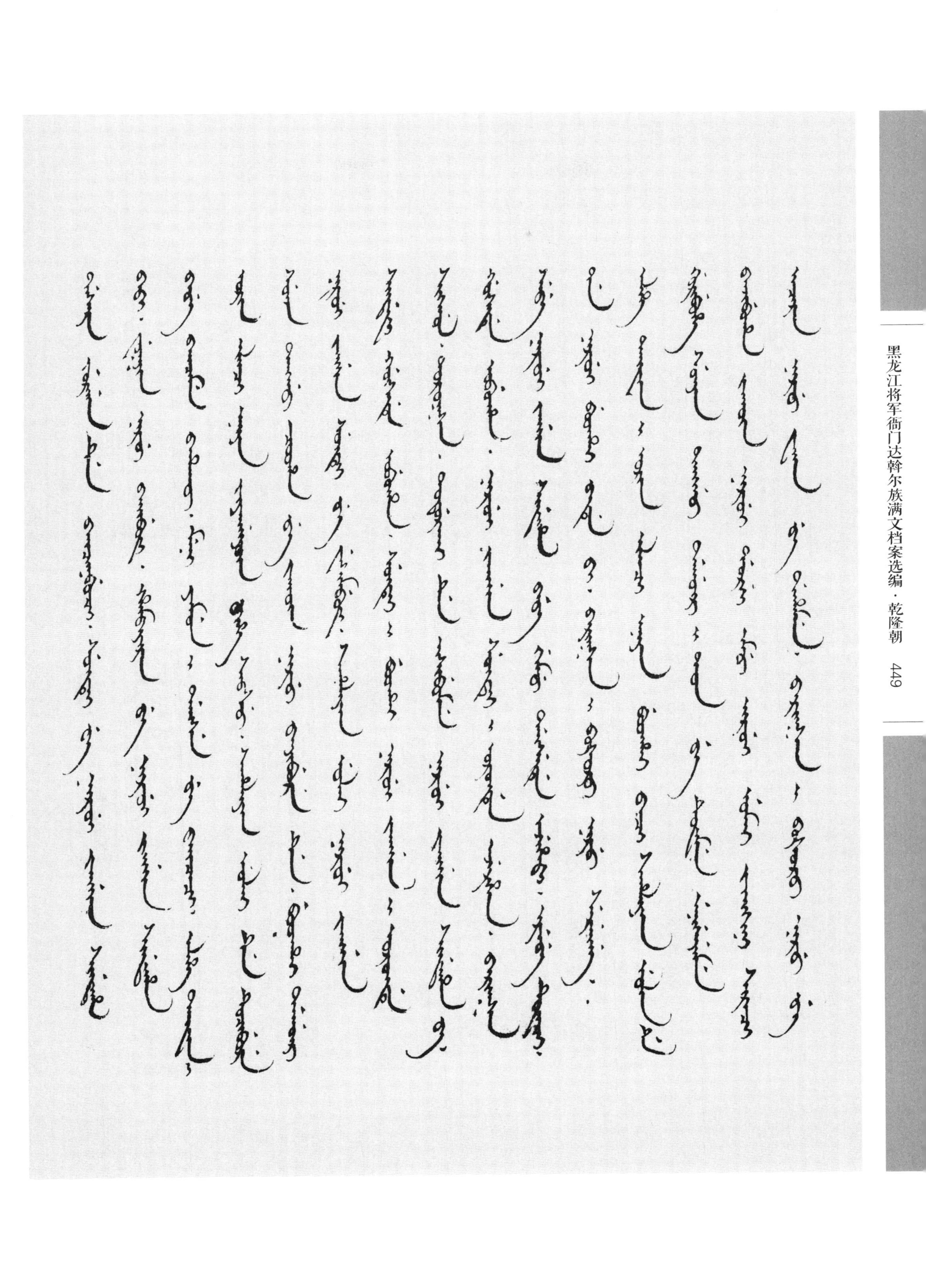

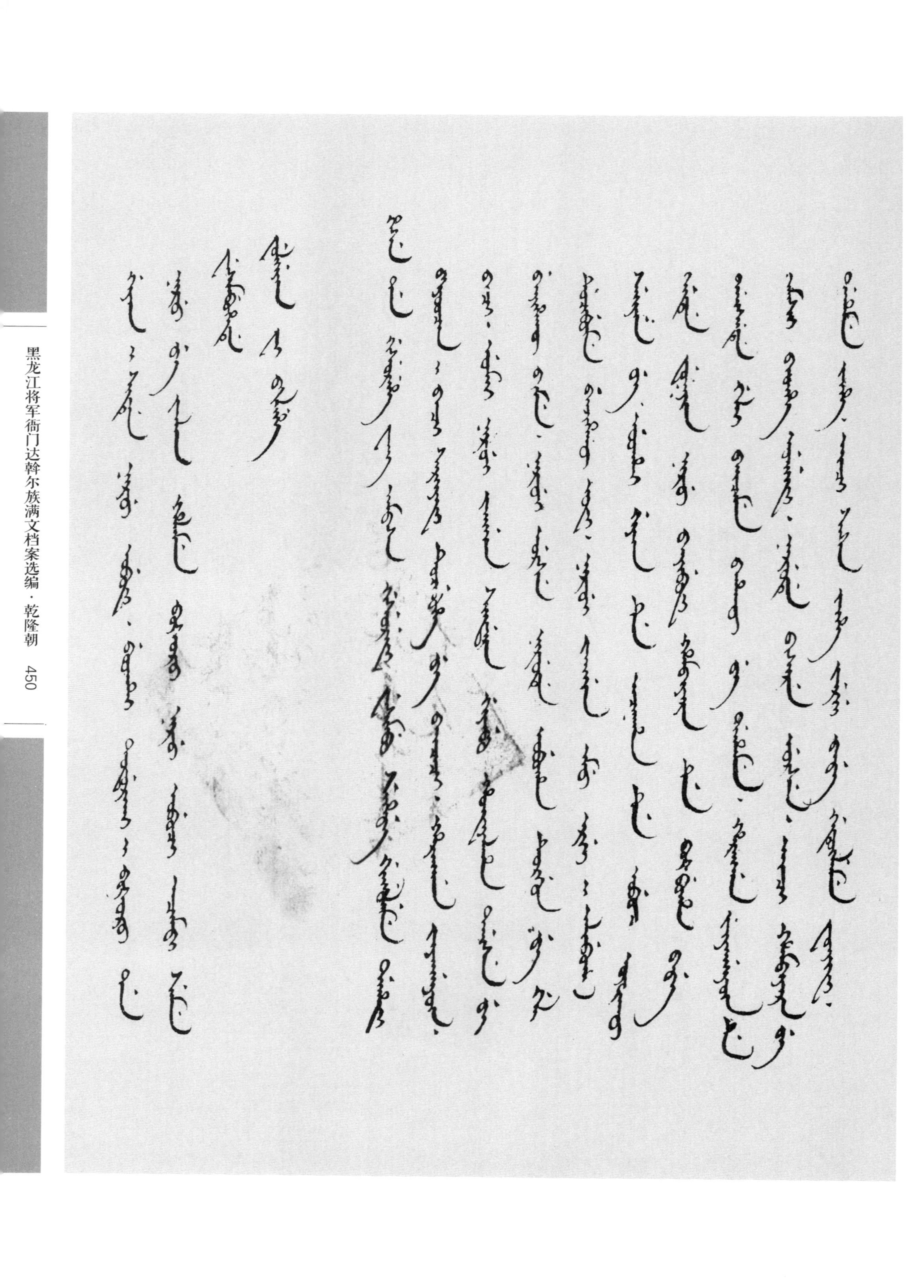

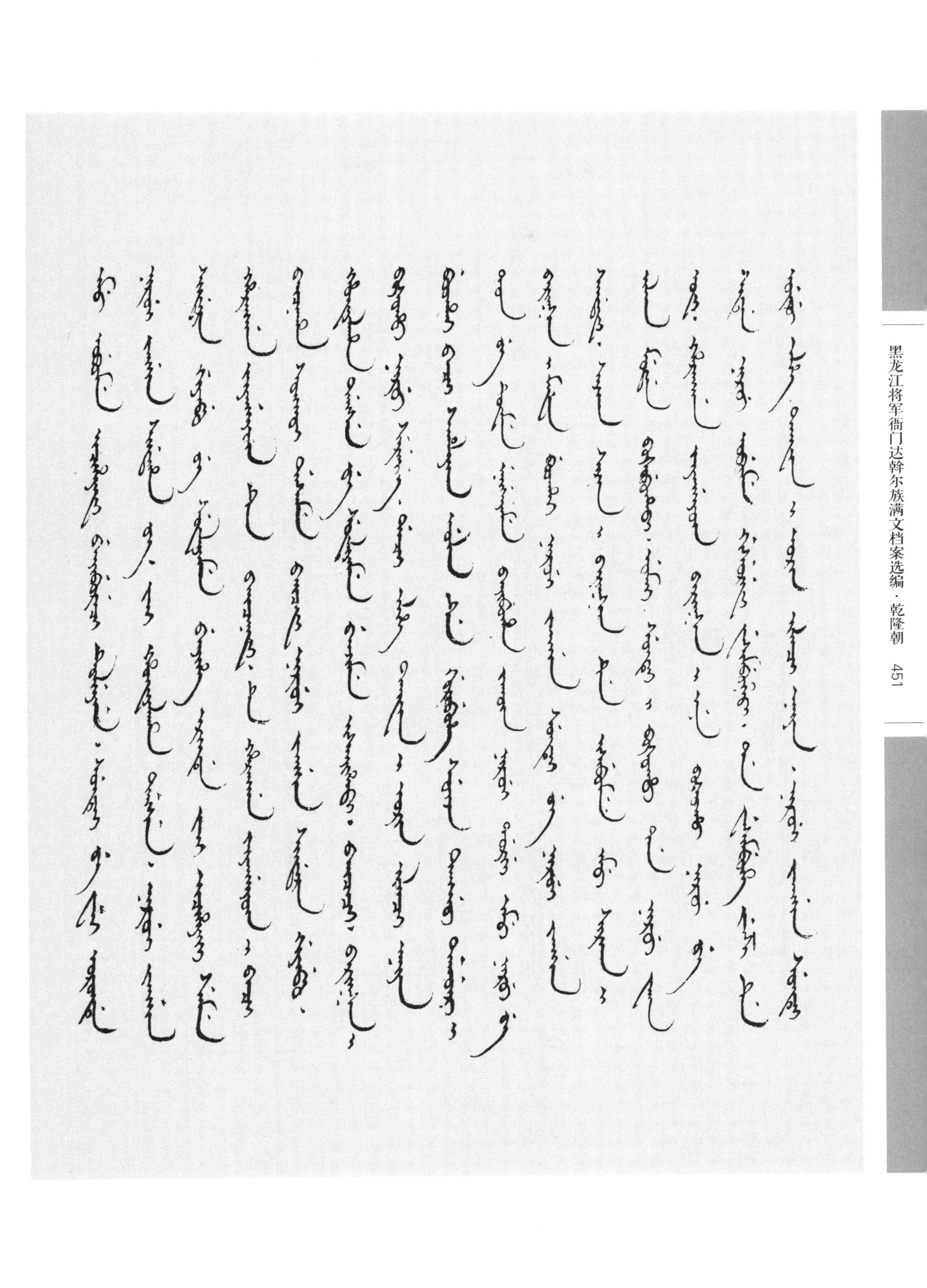

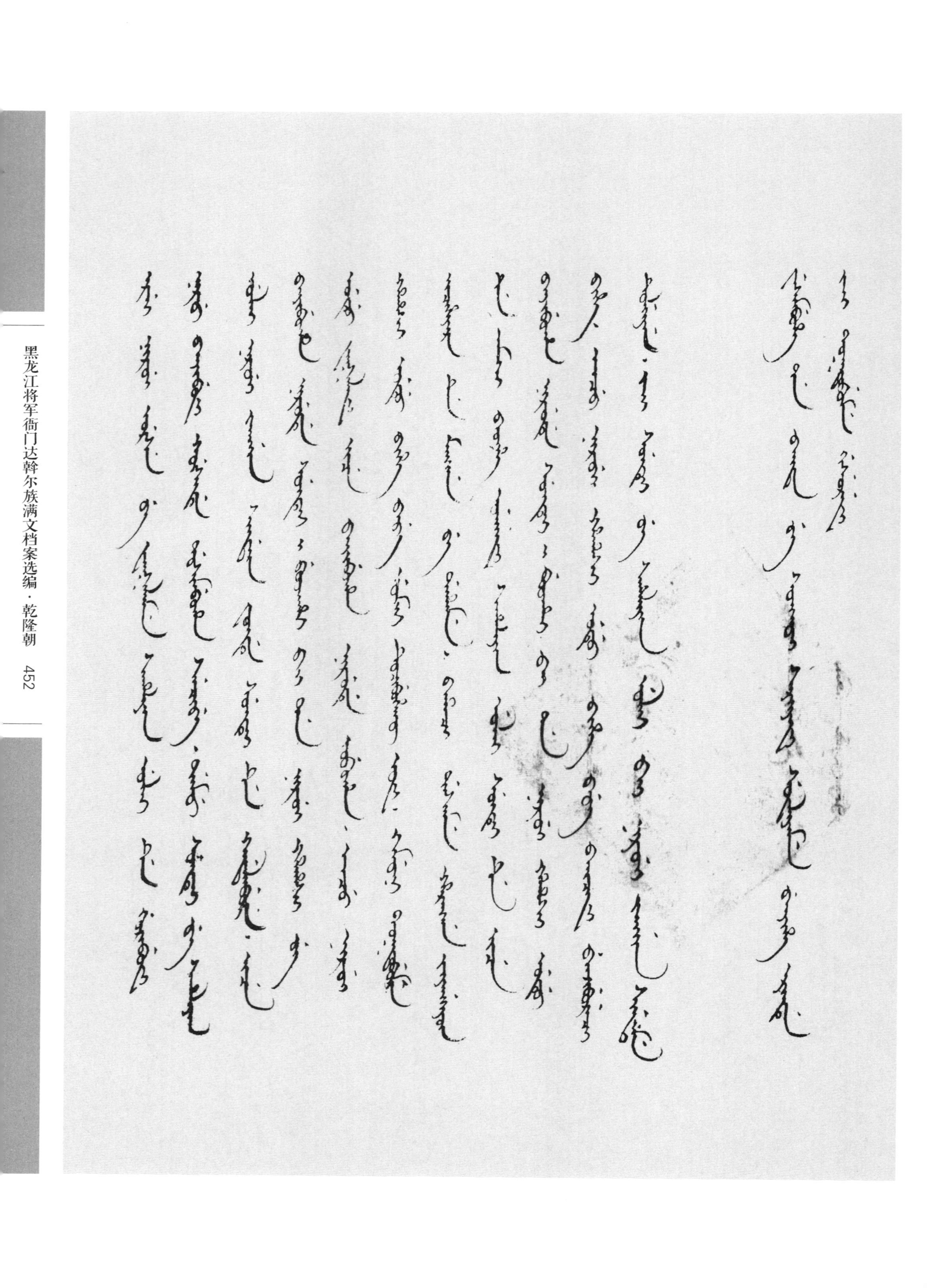

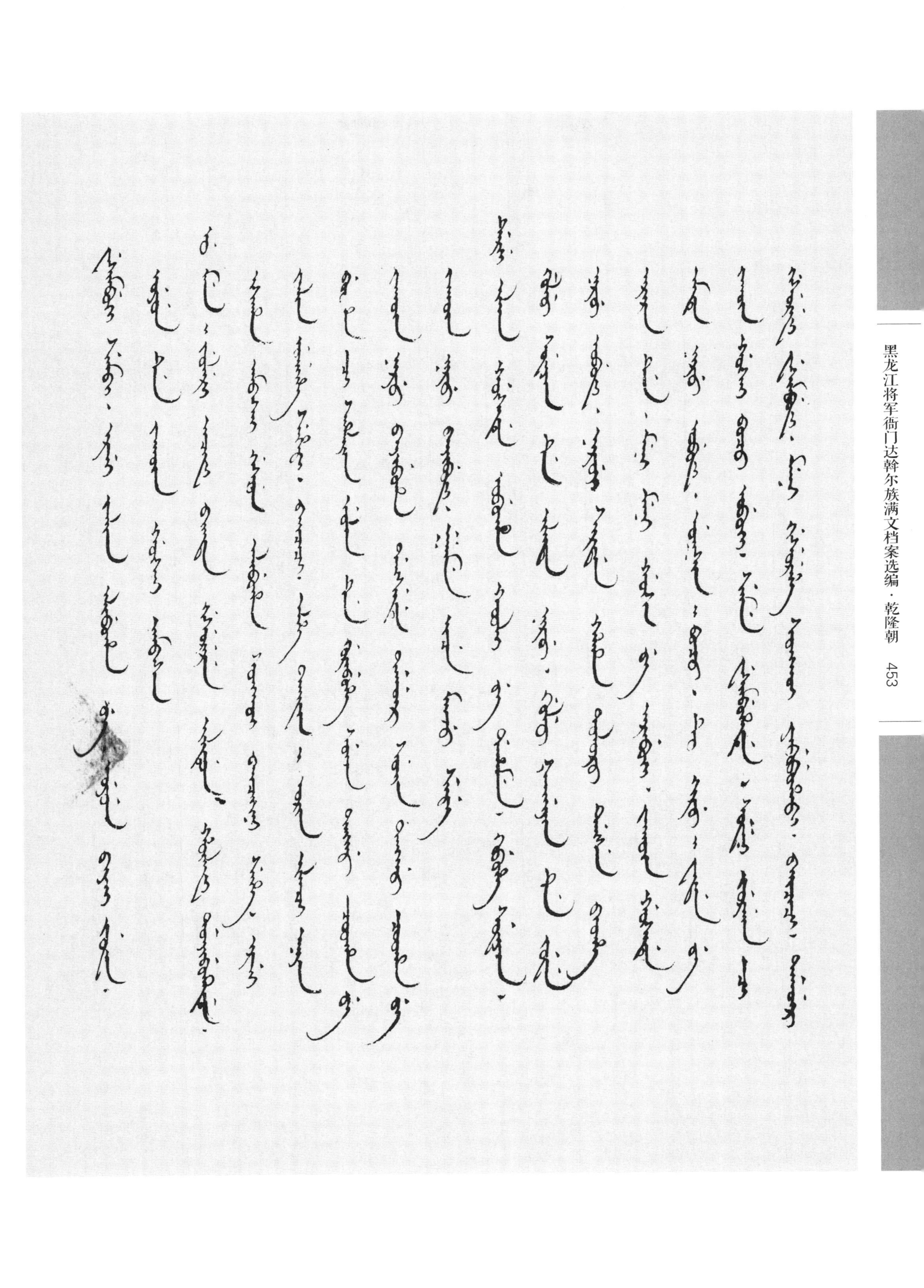

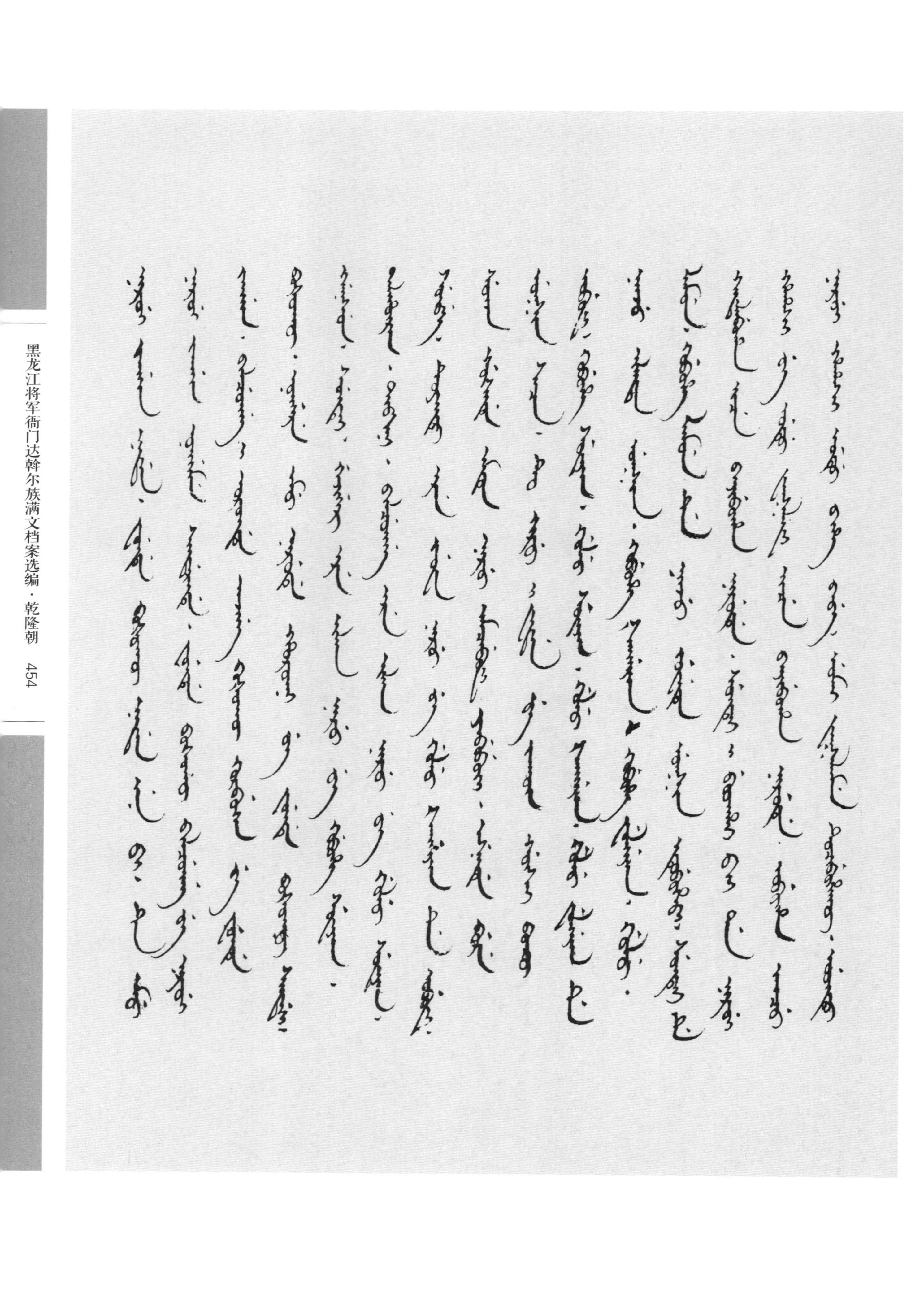

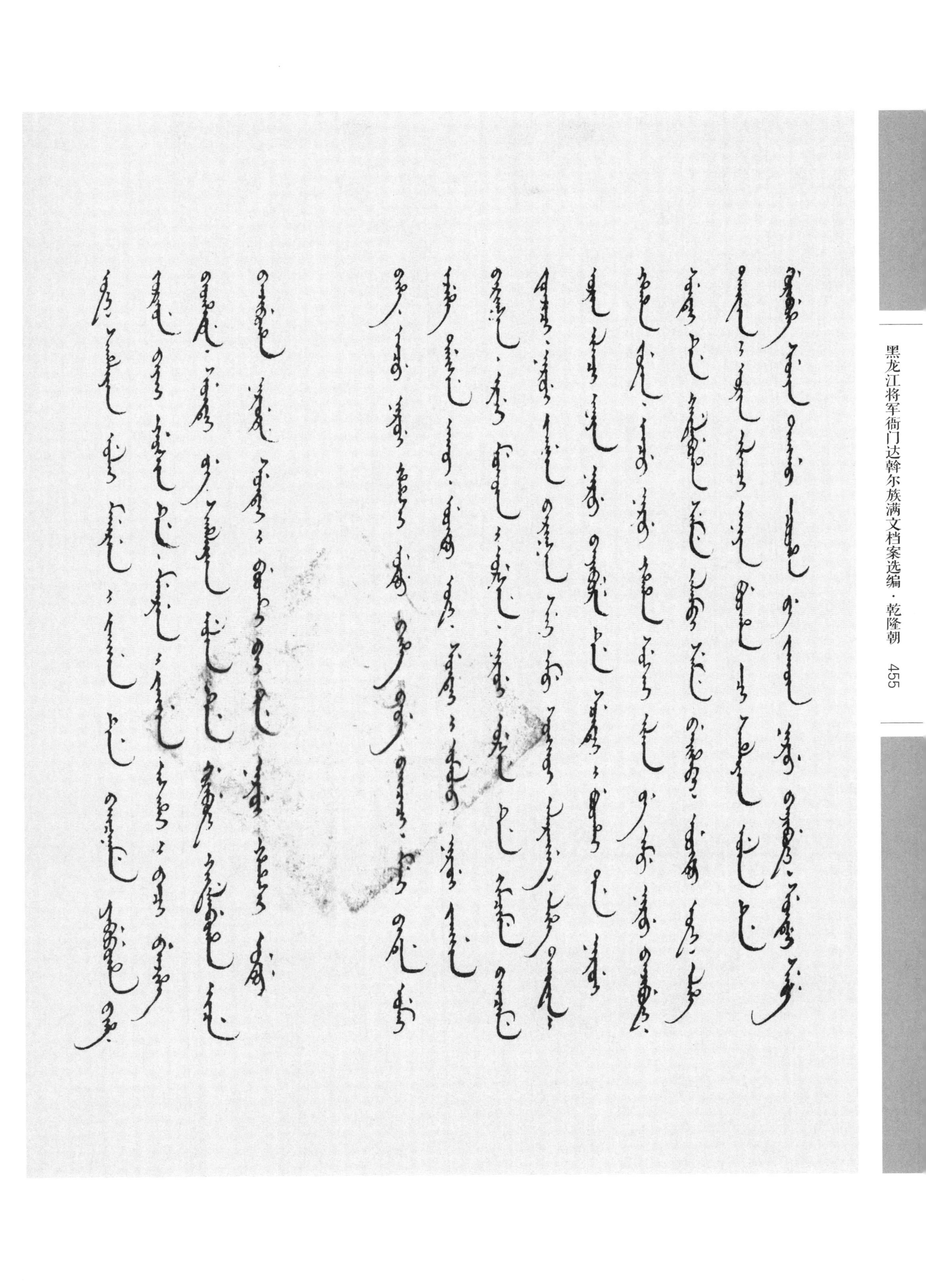

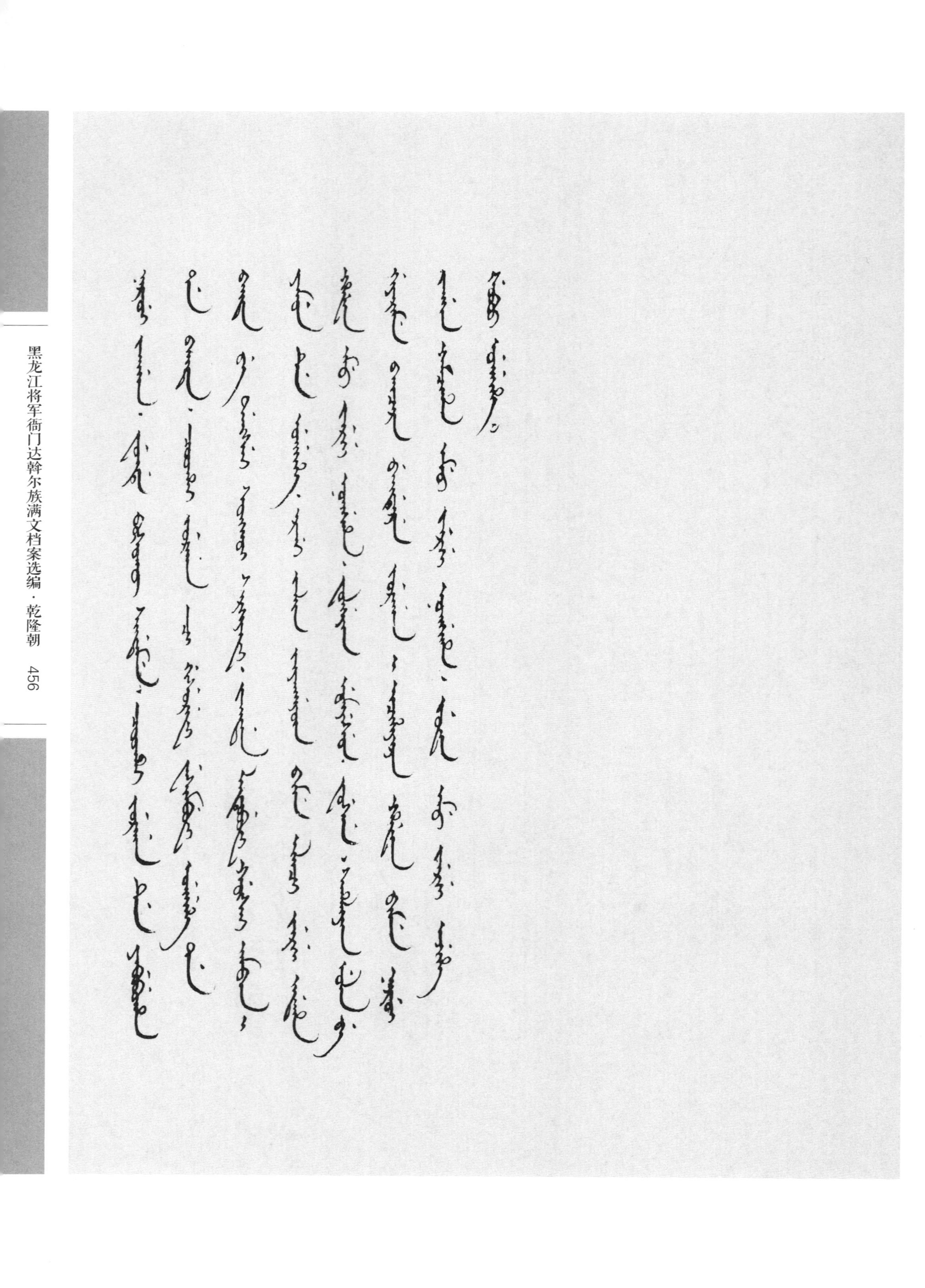

三六六 值月正白三旗为查送达斡尔佐领布拉尔等源流事咨黑龙江将军衙门文

乾隆十一年二月初一日

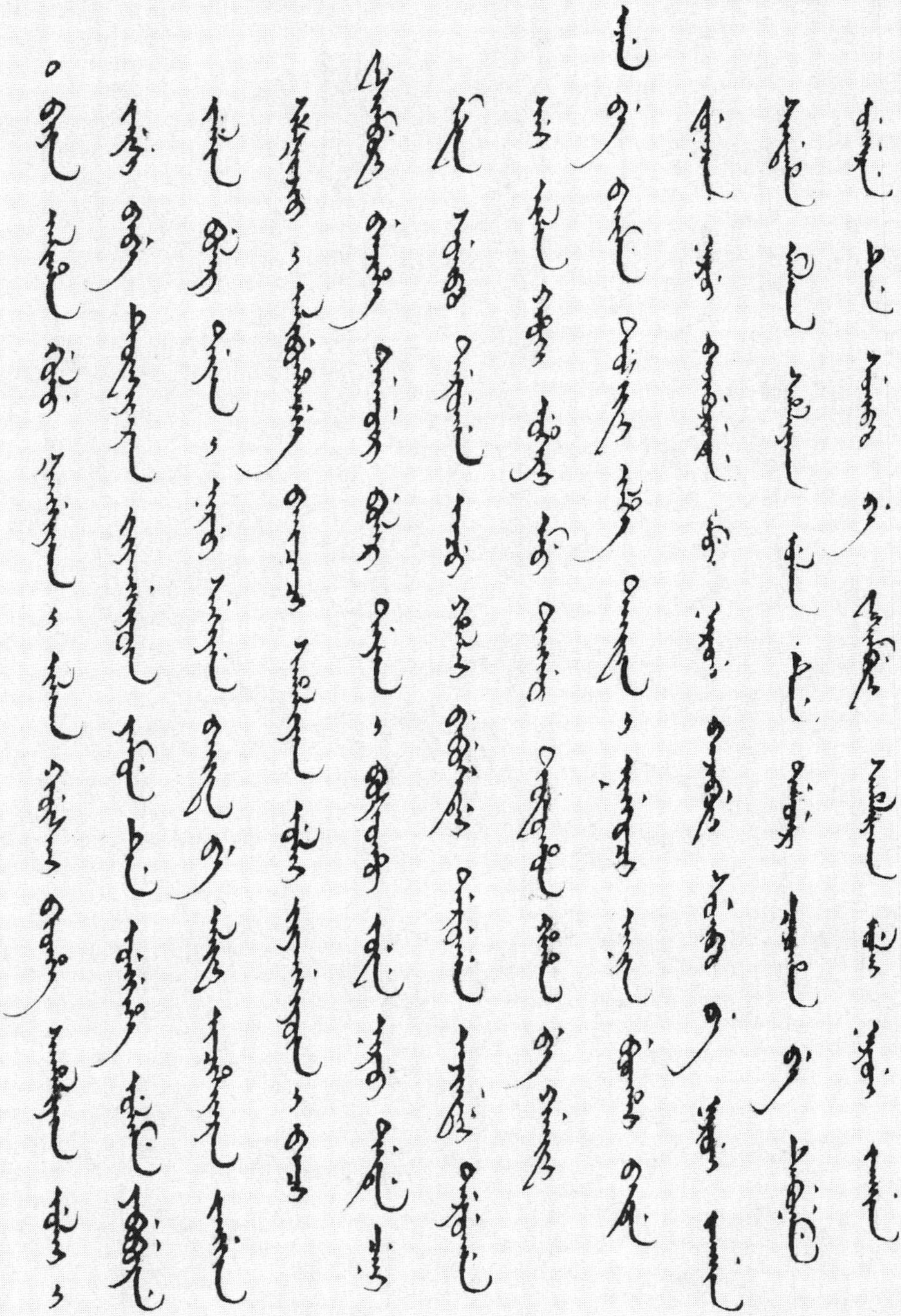

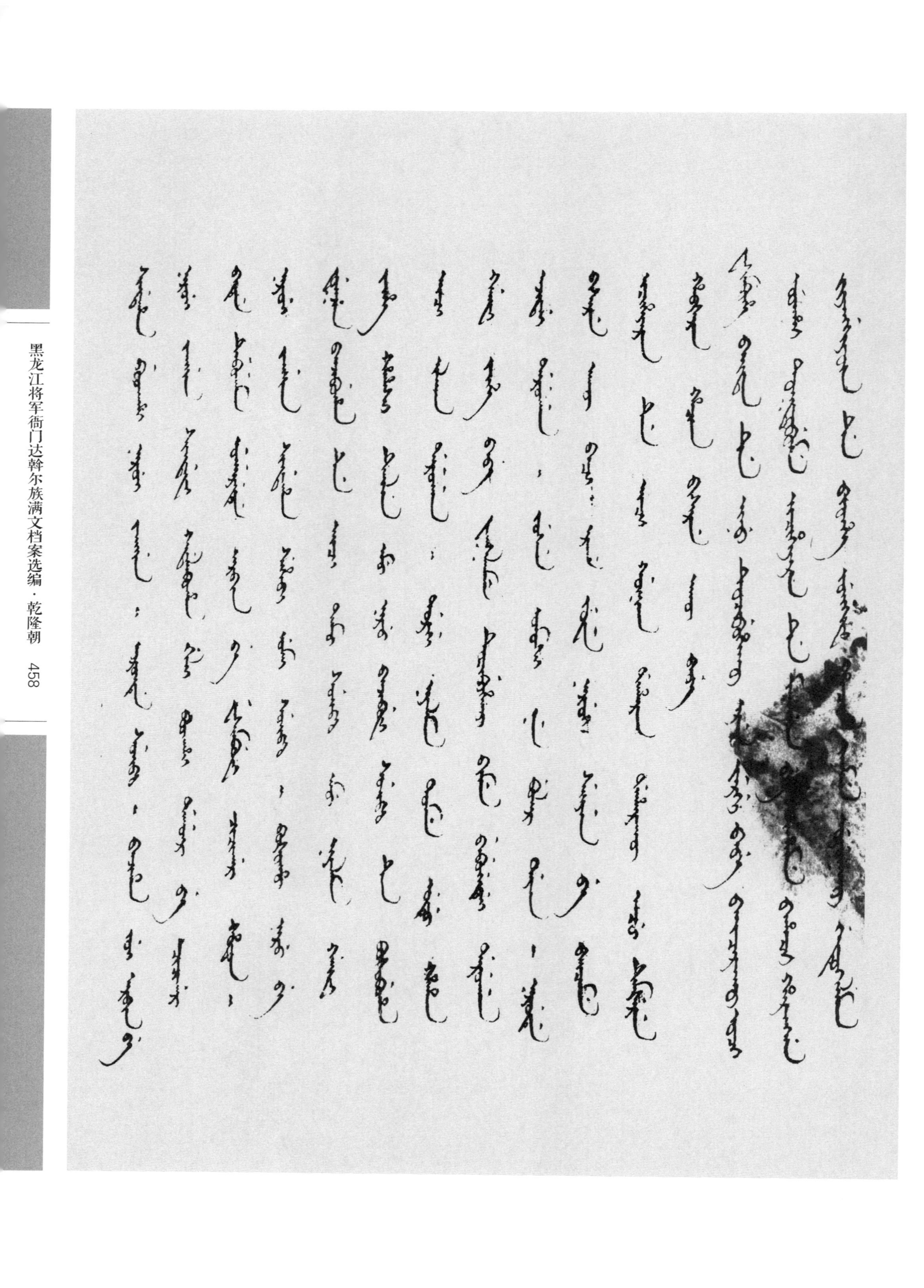

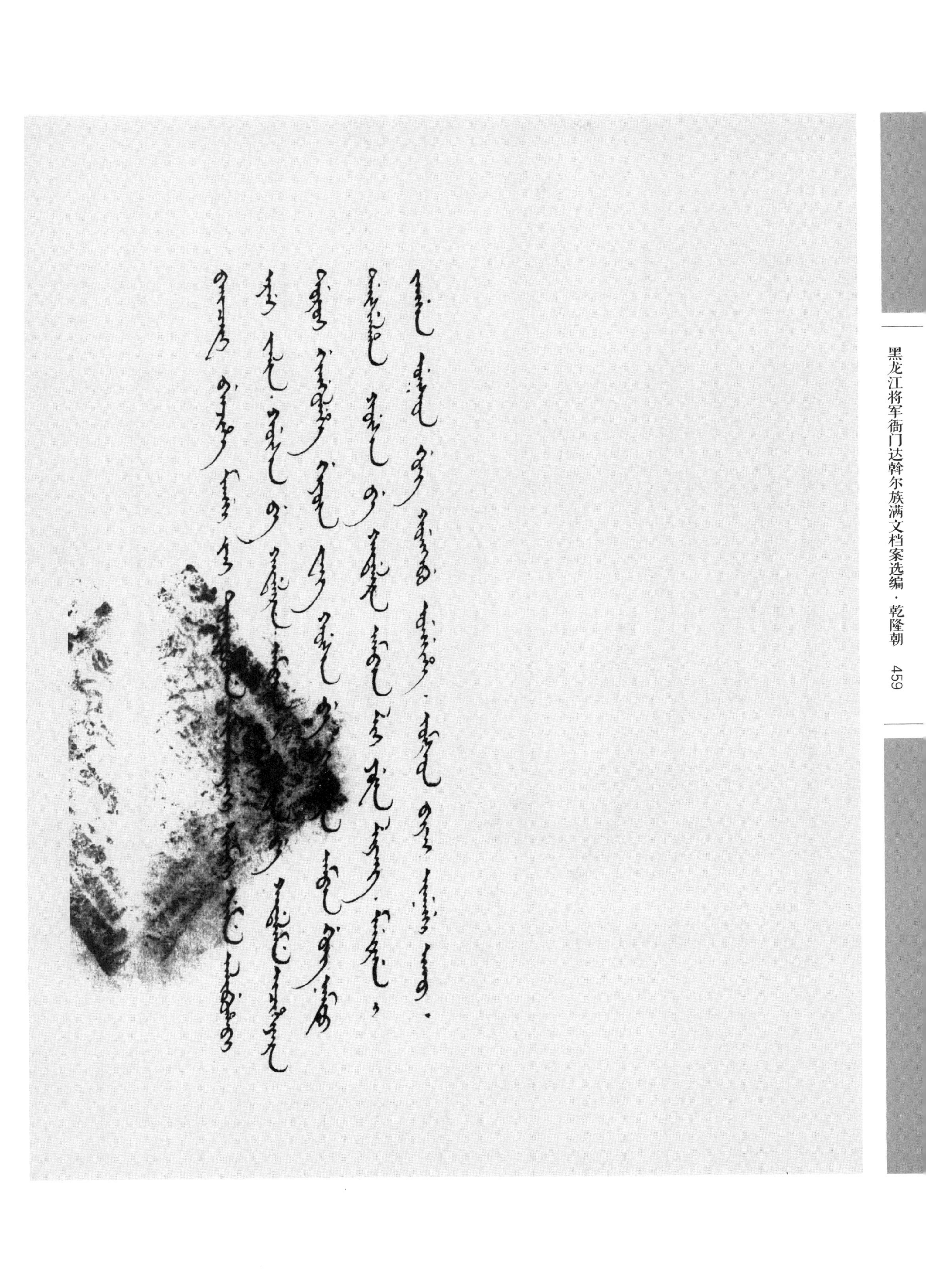

乾隆十一年二月初四日

三六七　正蓝满洲旗为查明齐齐哈尔正蓝旗达斡尔佐领喀勒扎源流事咨黑龙江将军衙门文

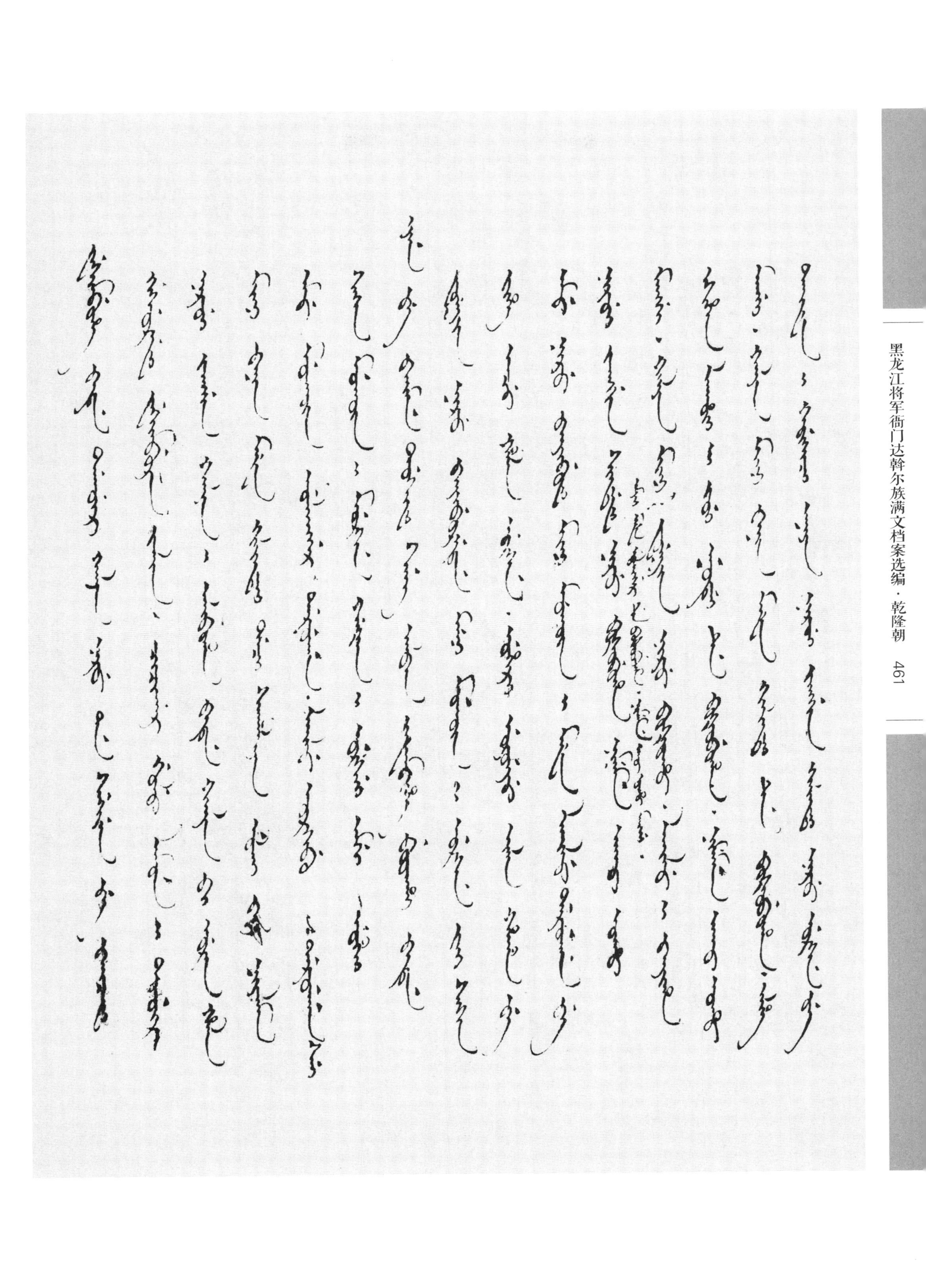

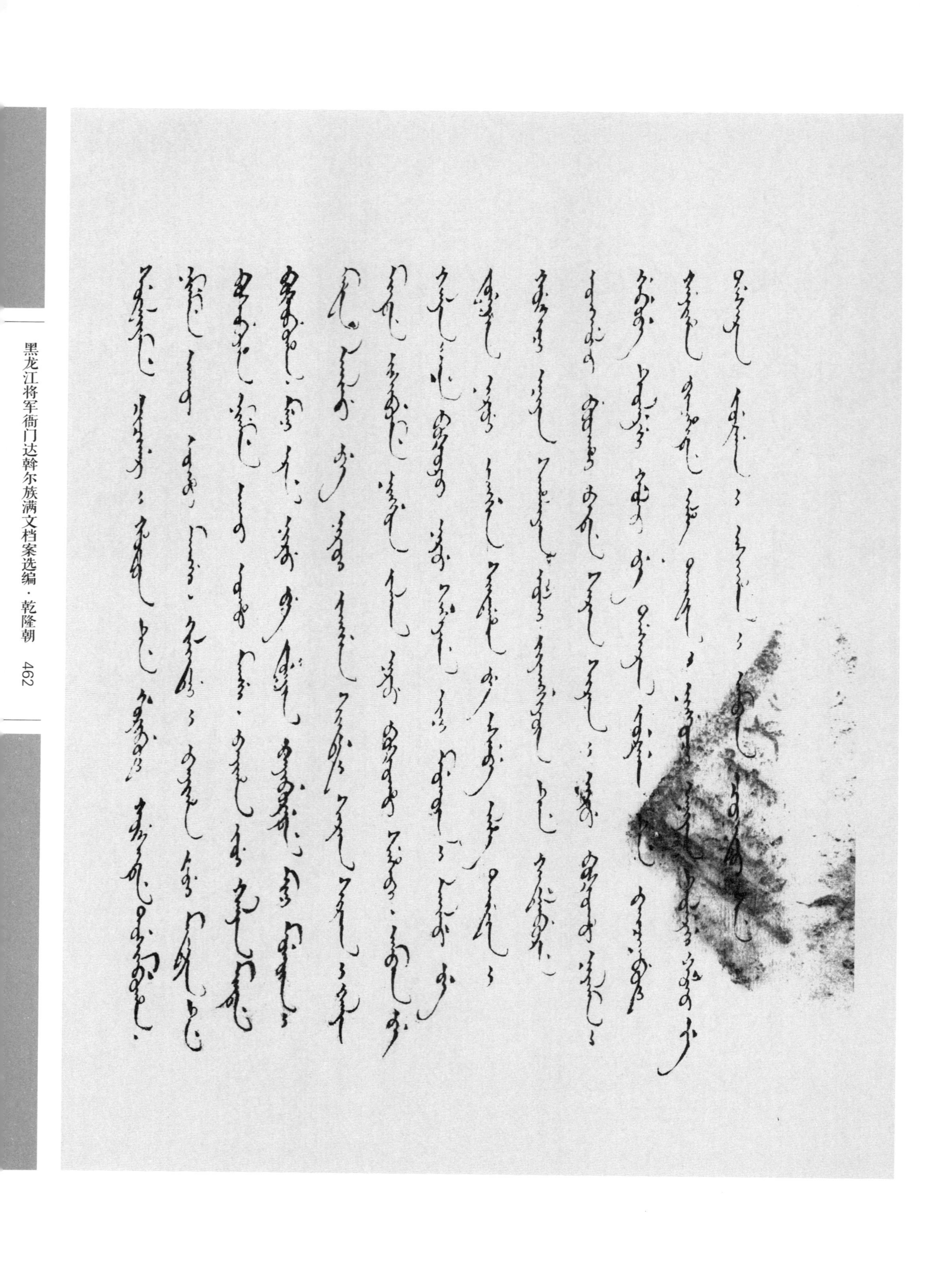

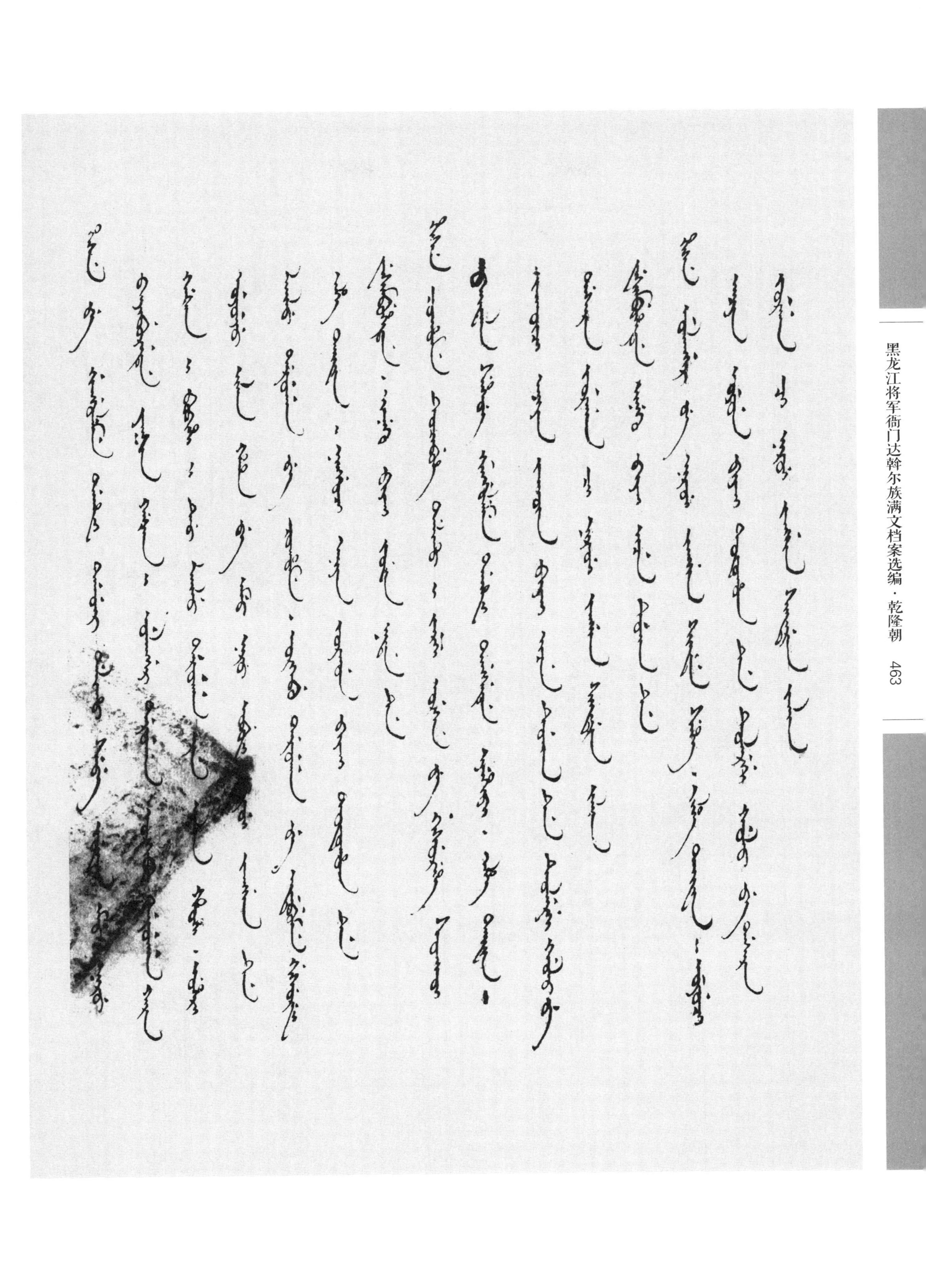

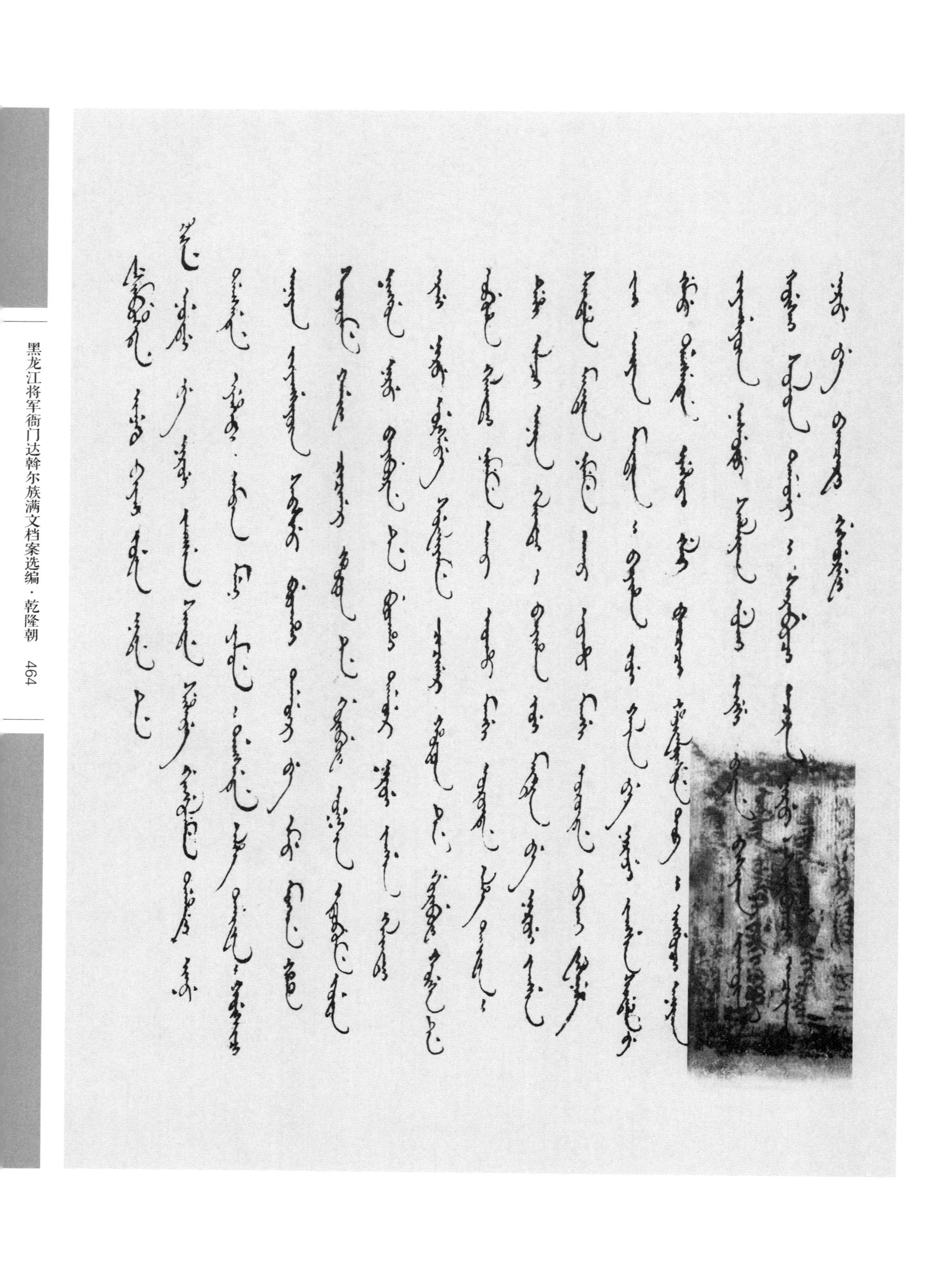

[illegible]

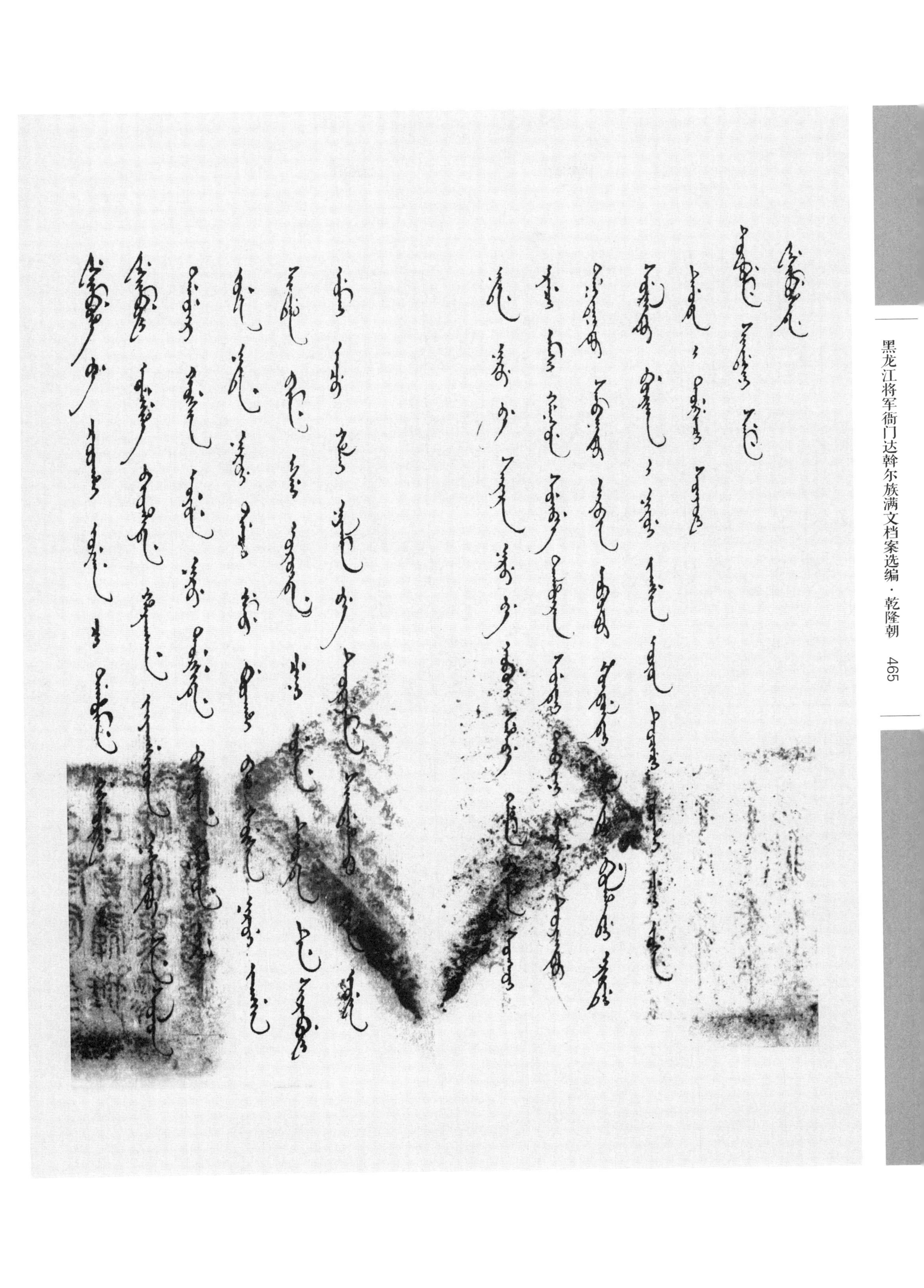

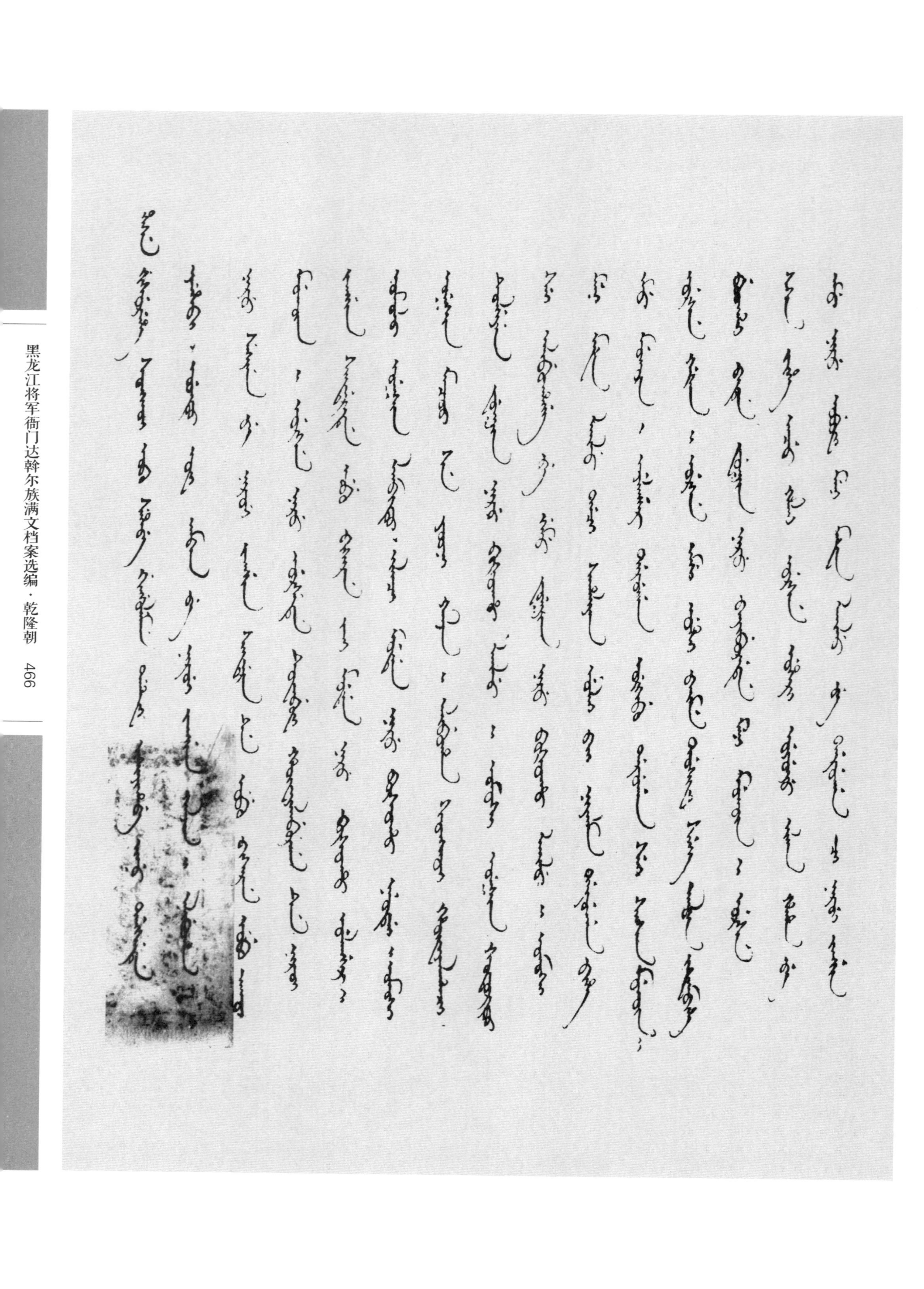

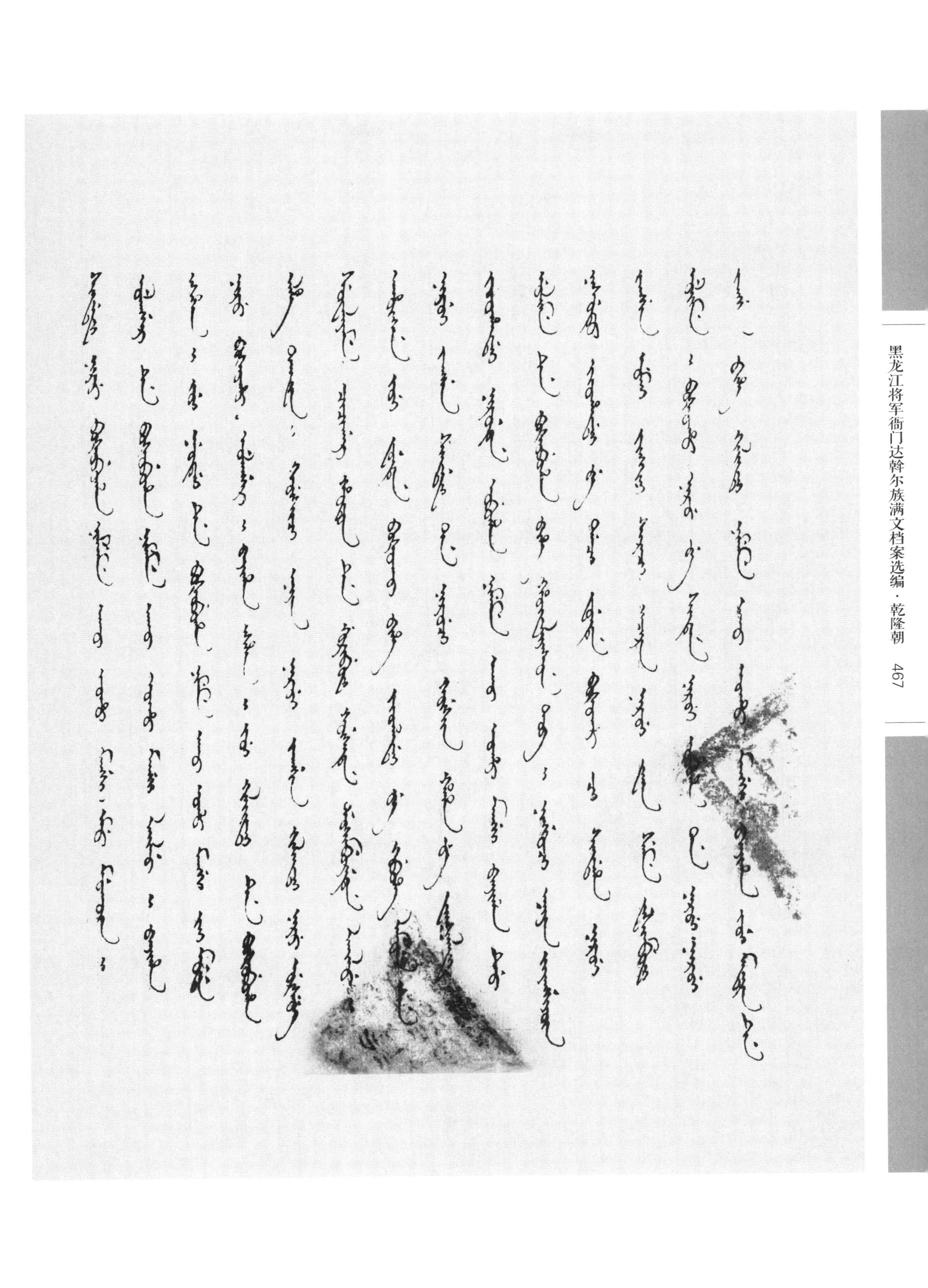

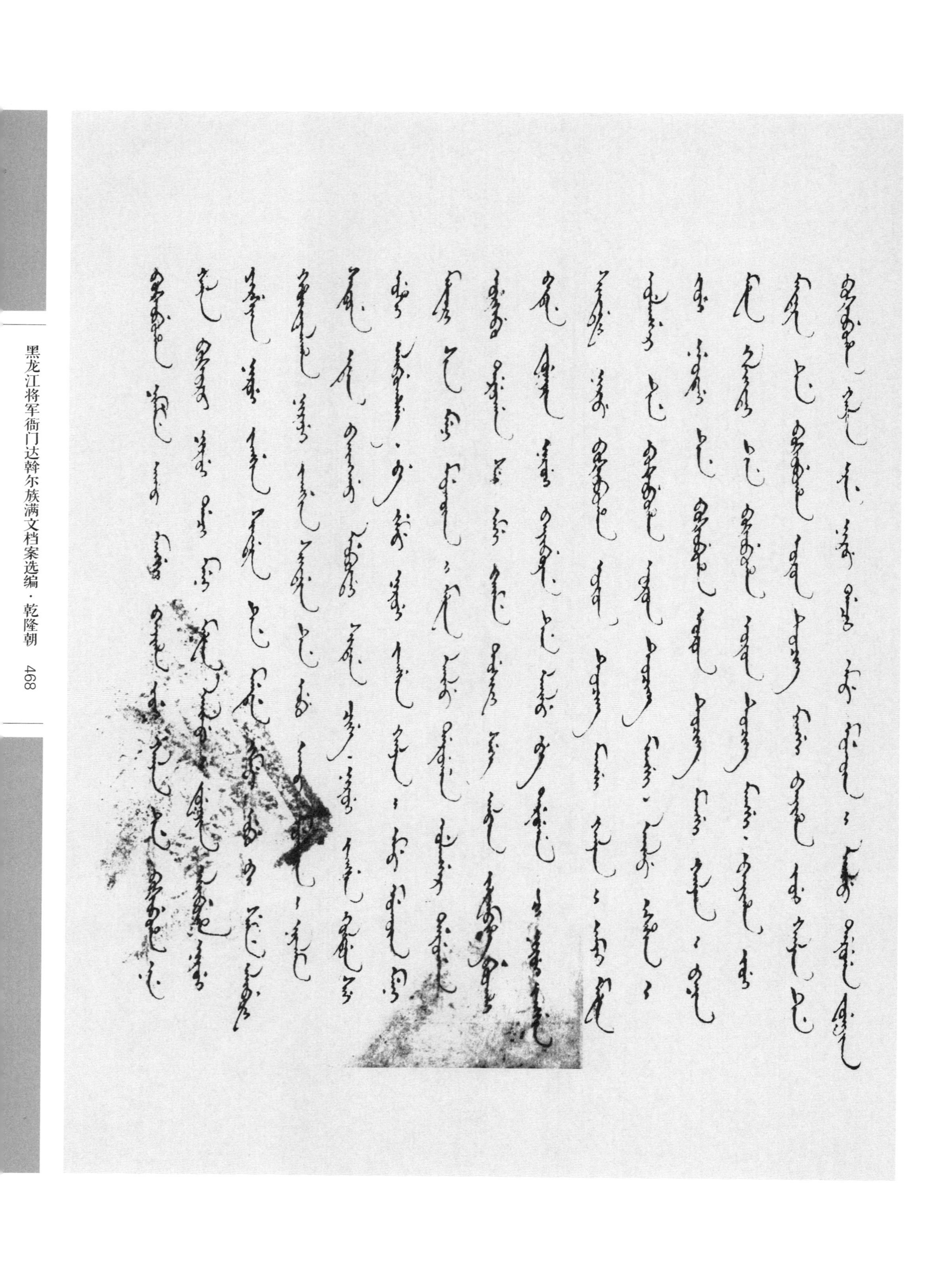

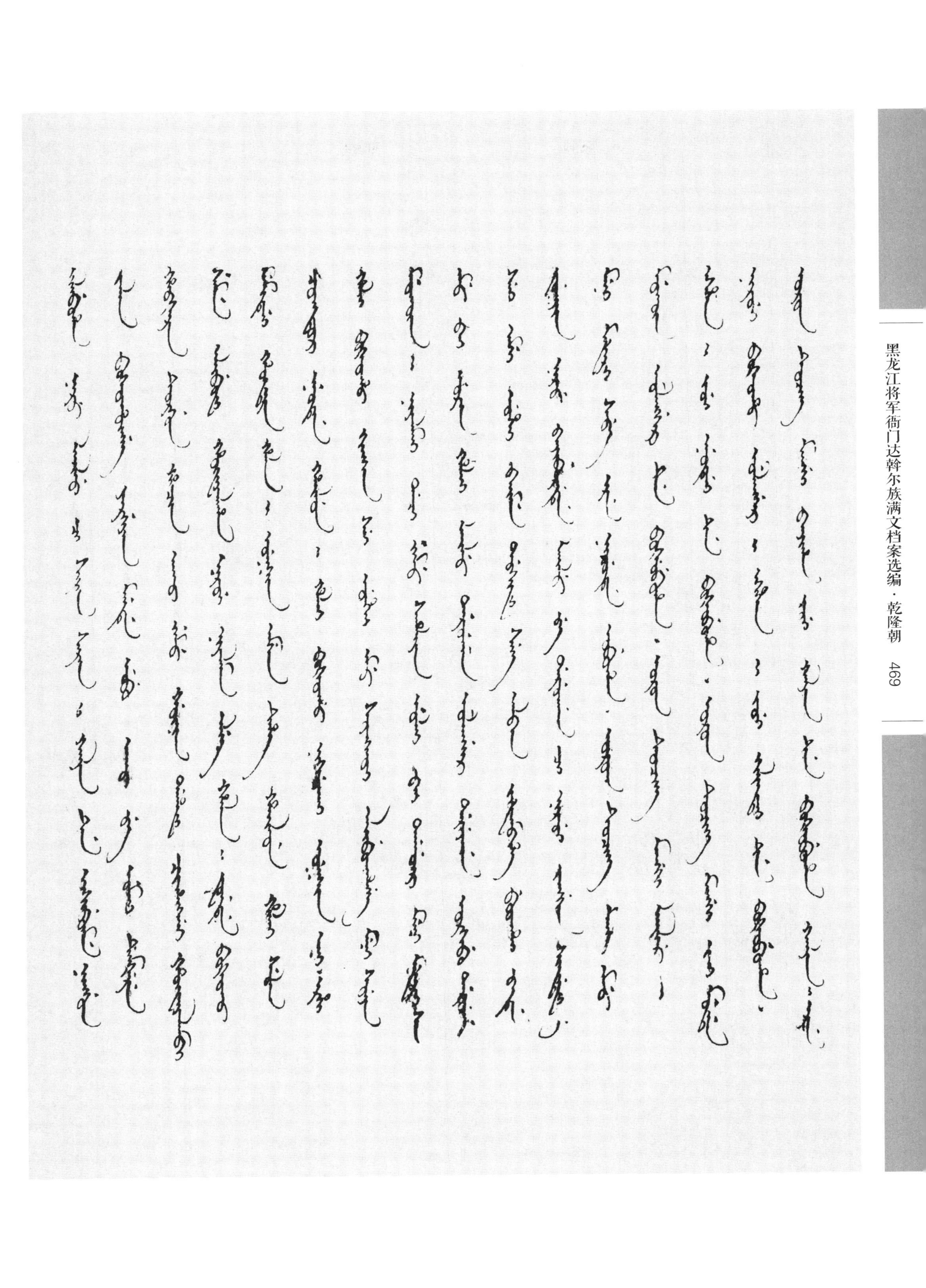

[illegible]

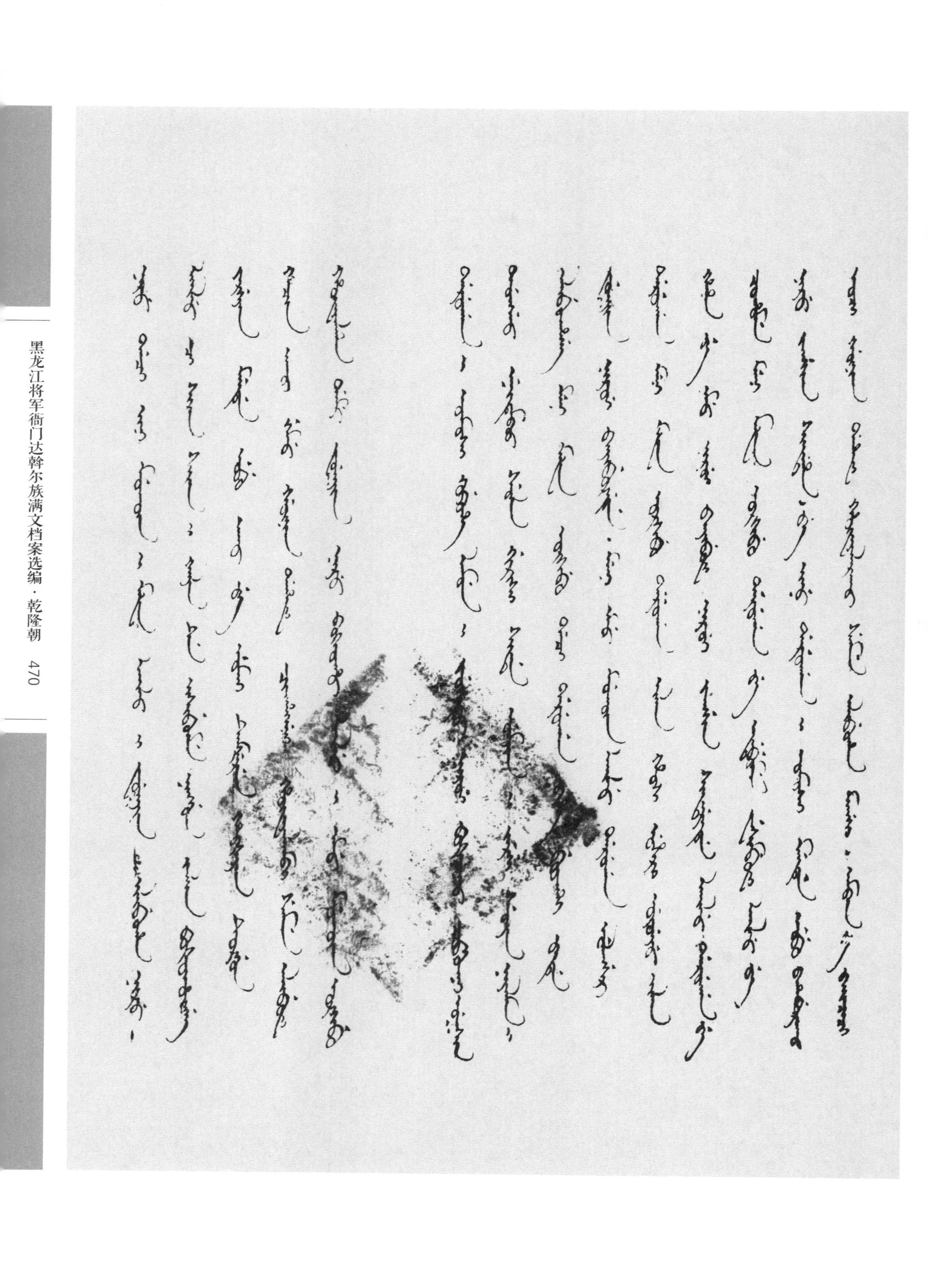

[illegible]

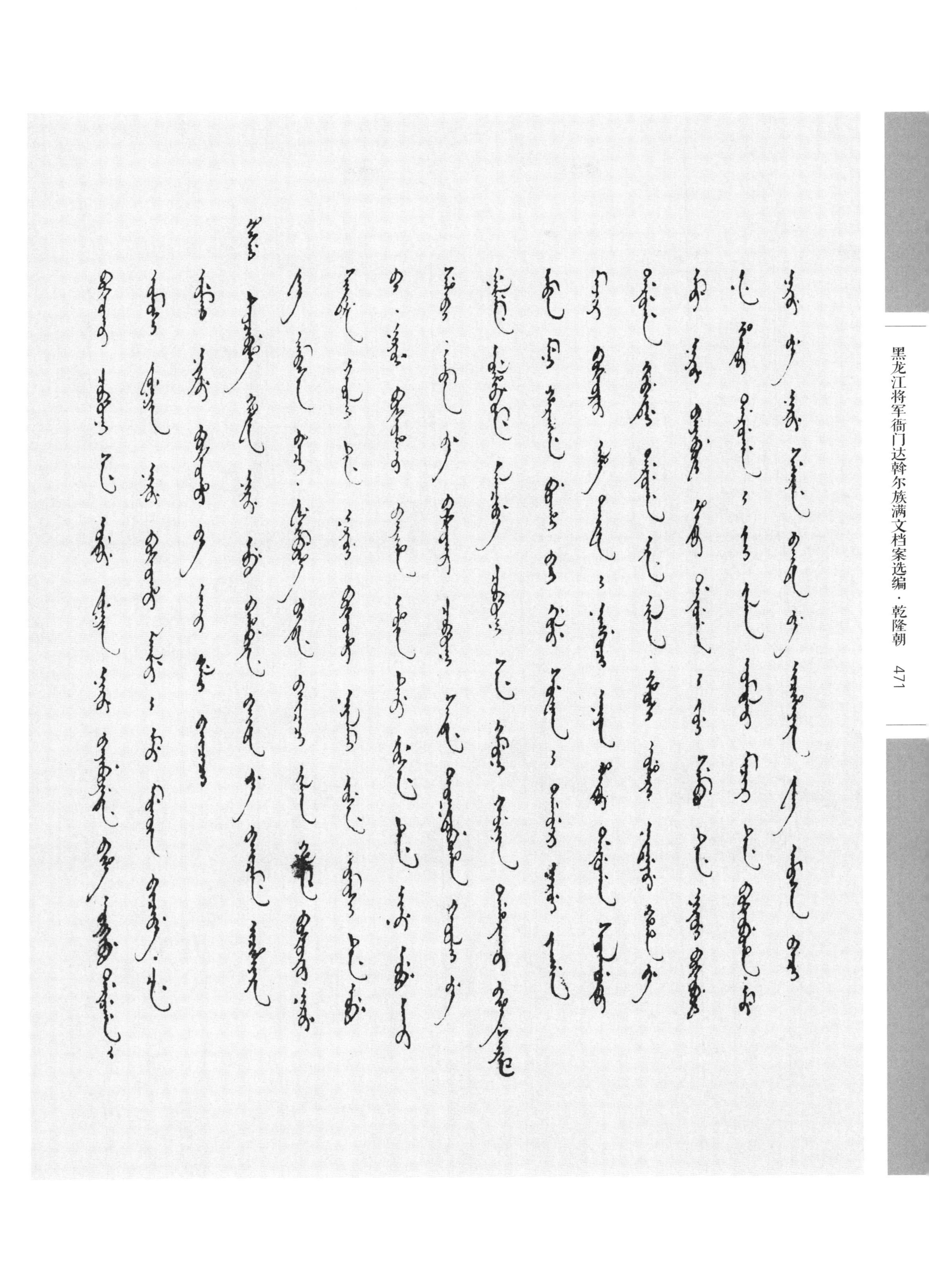

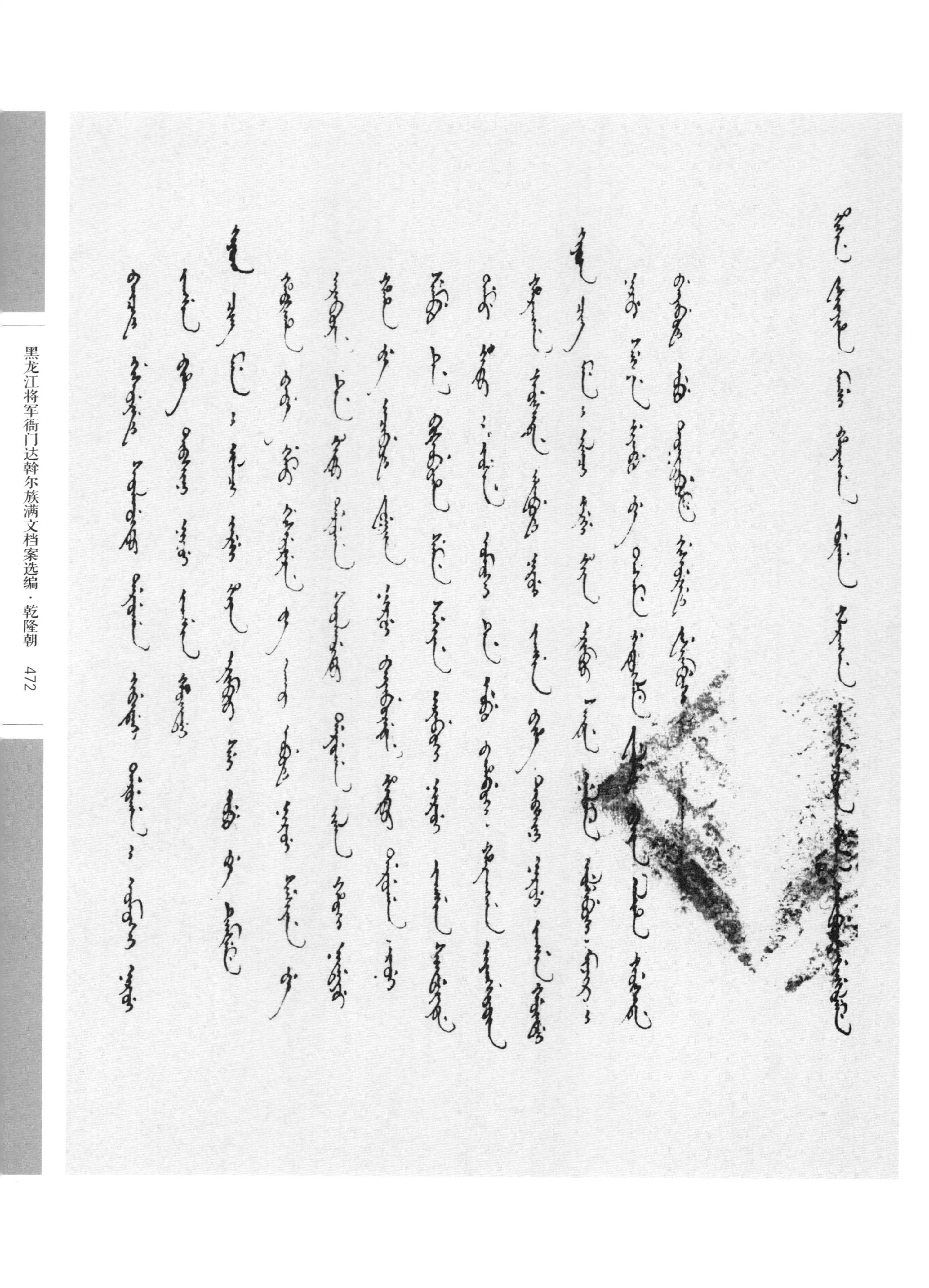

[illegible]

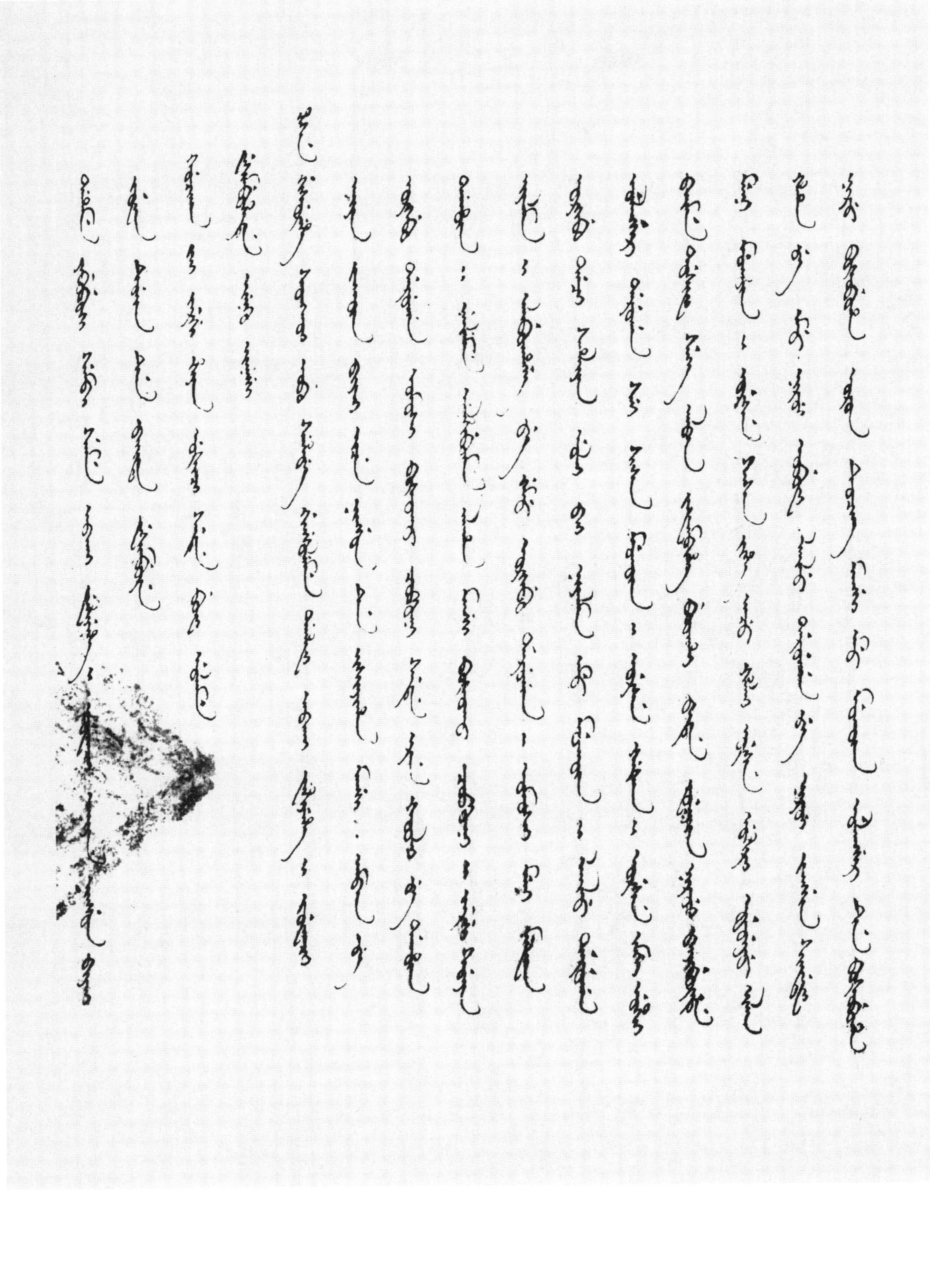

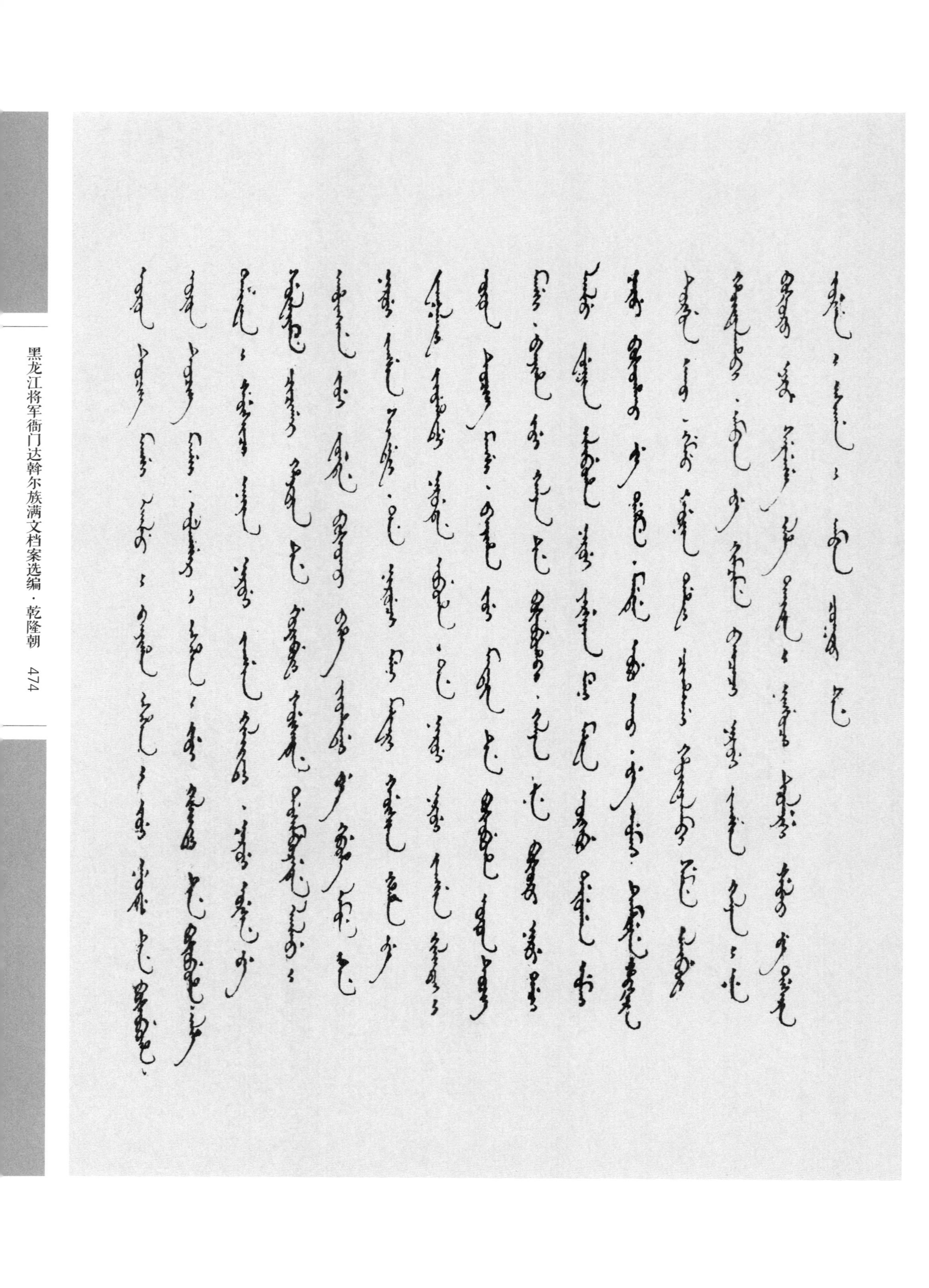

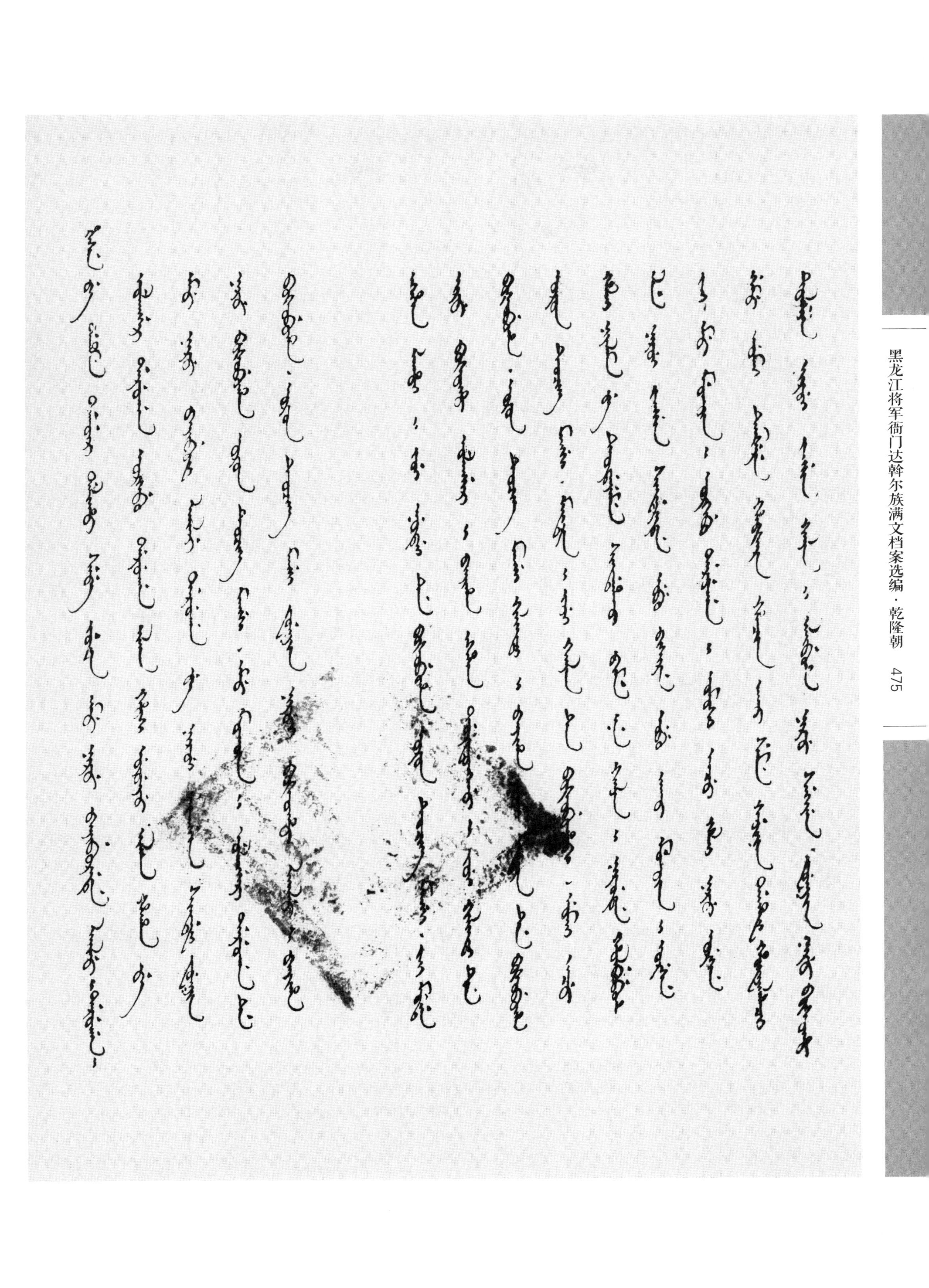

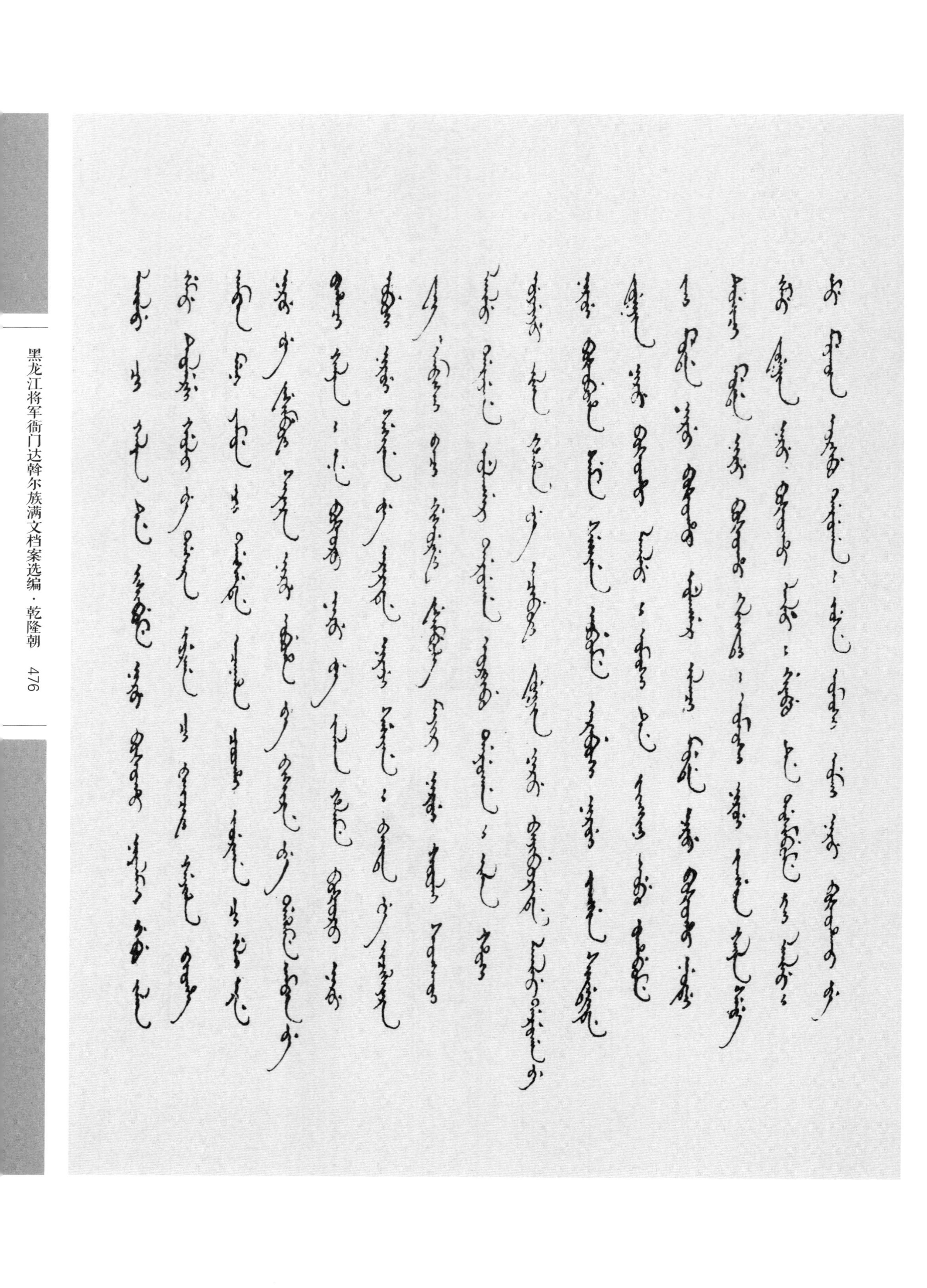

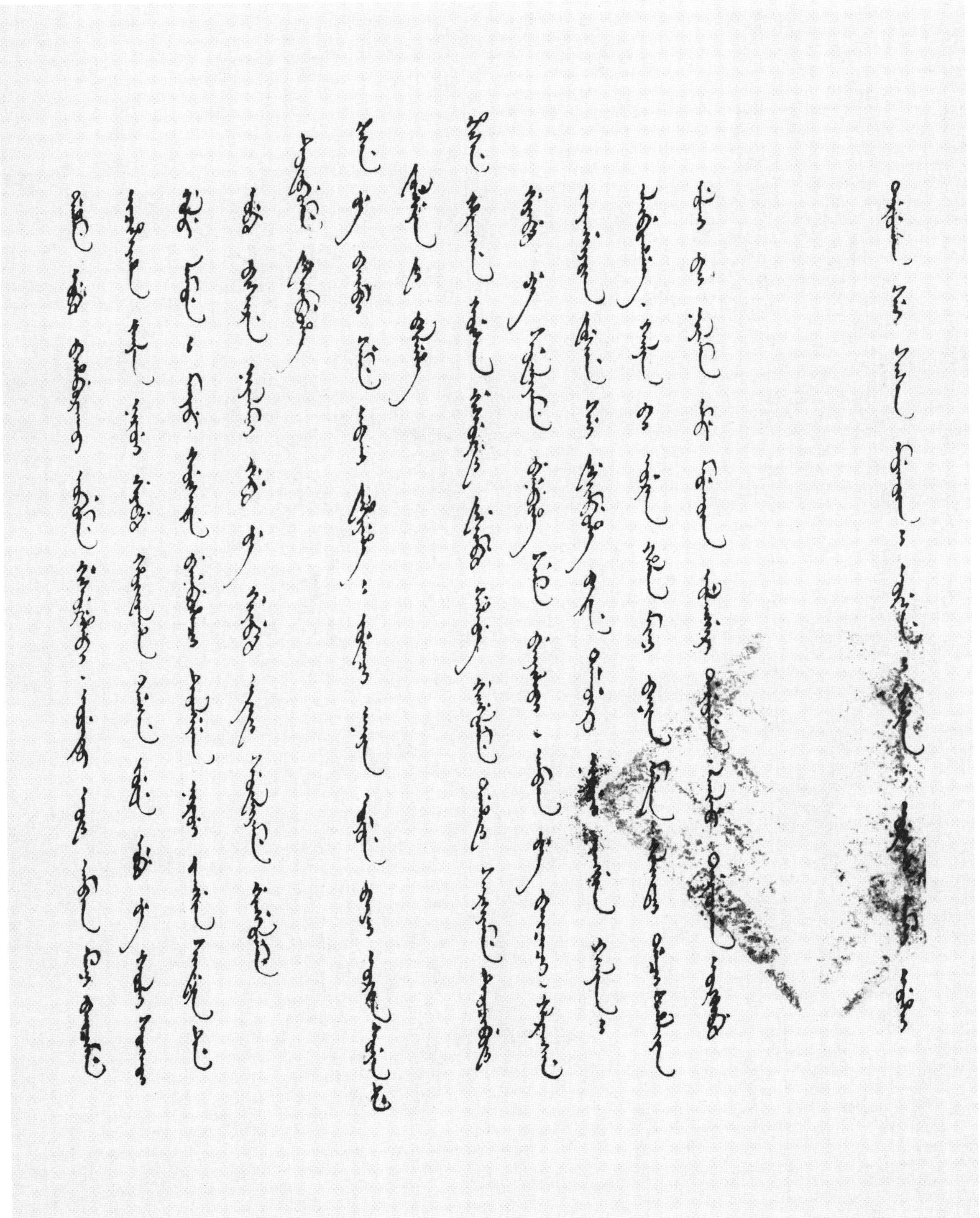

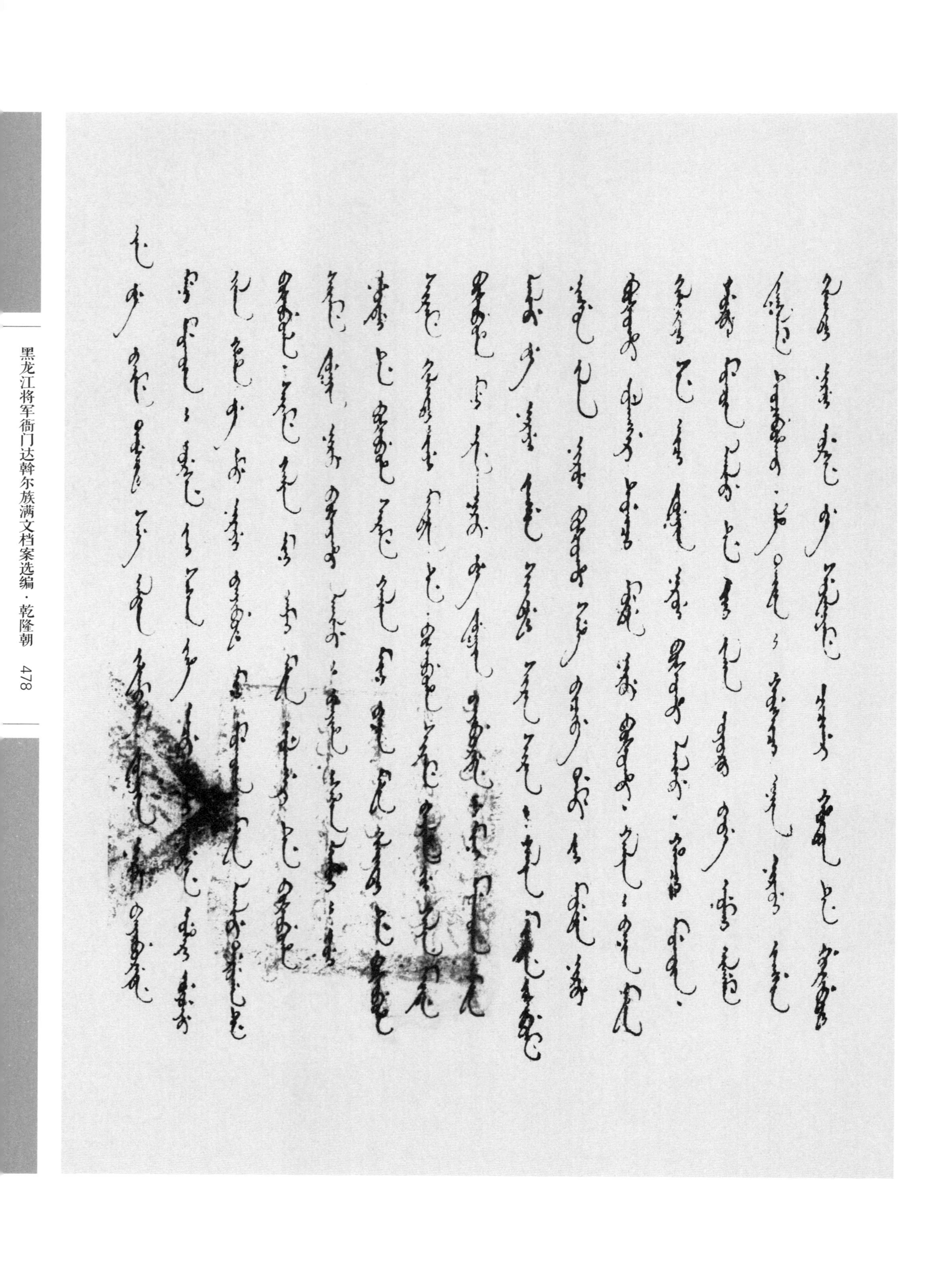

[illegible]

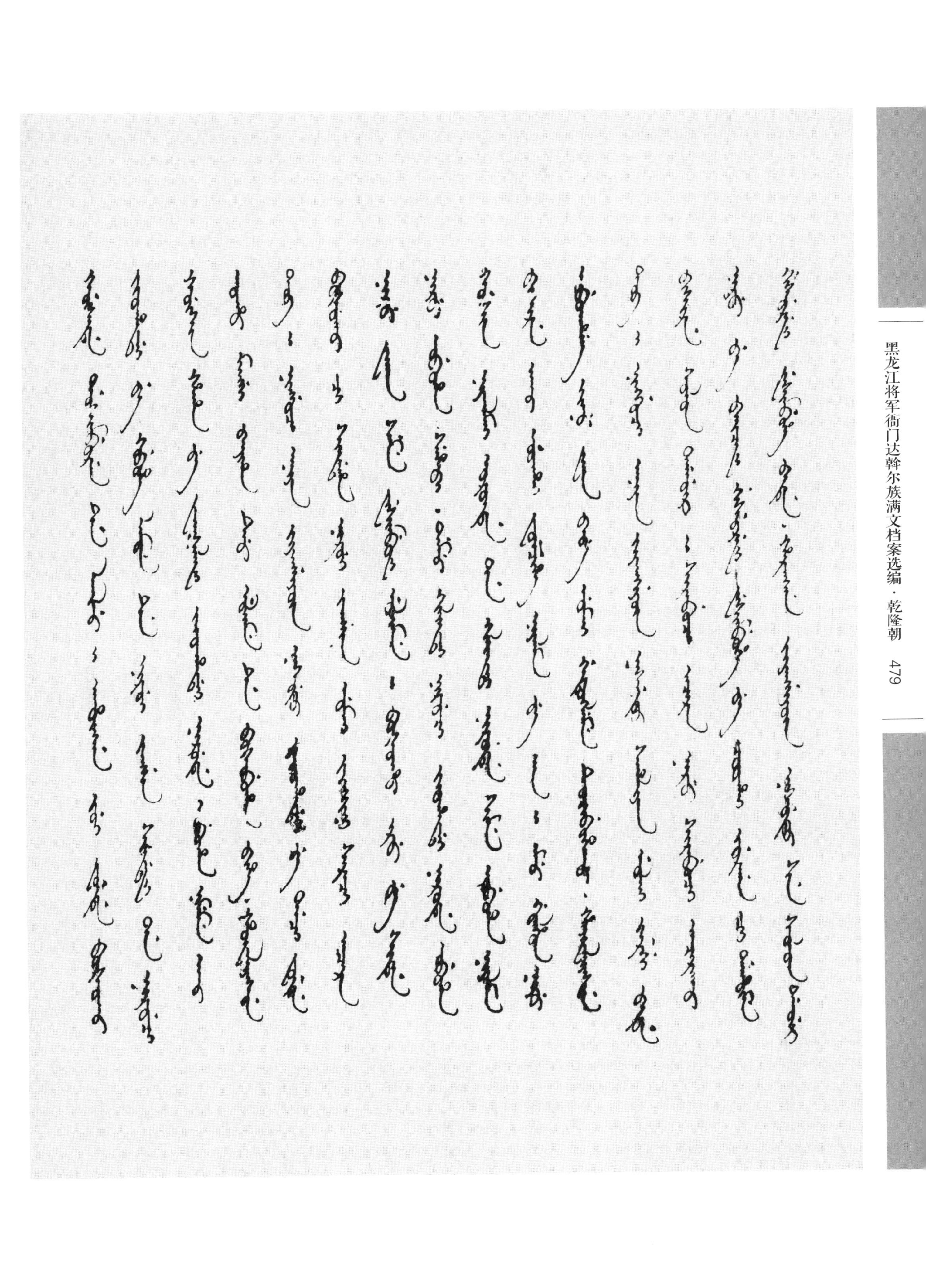

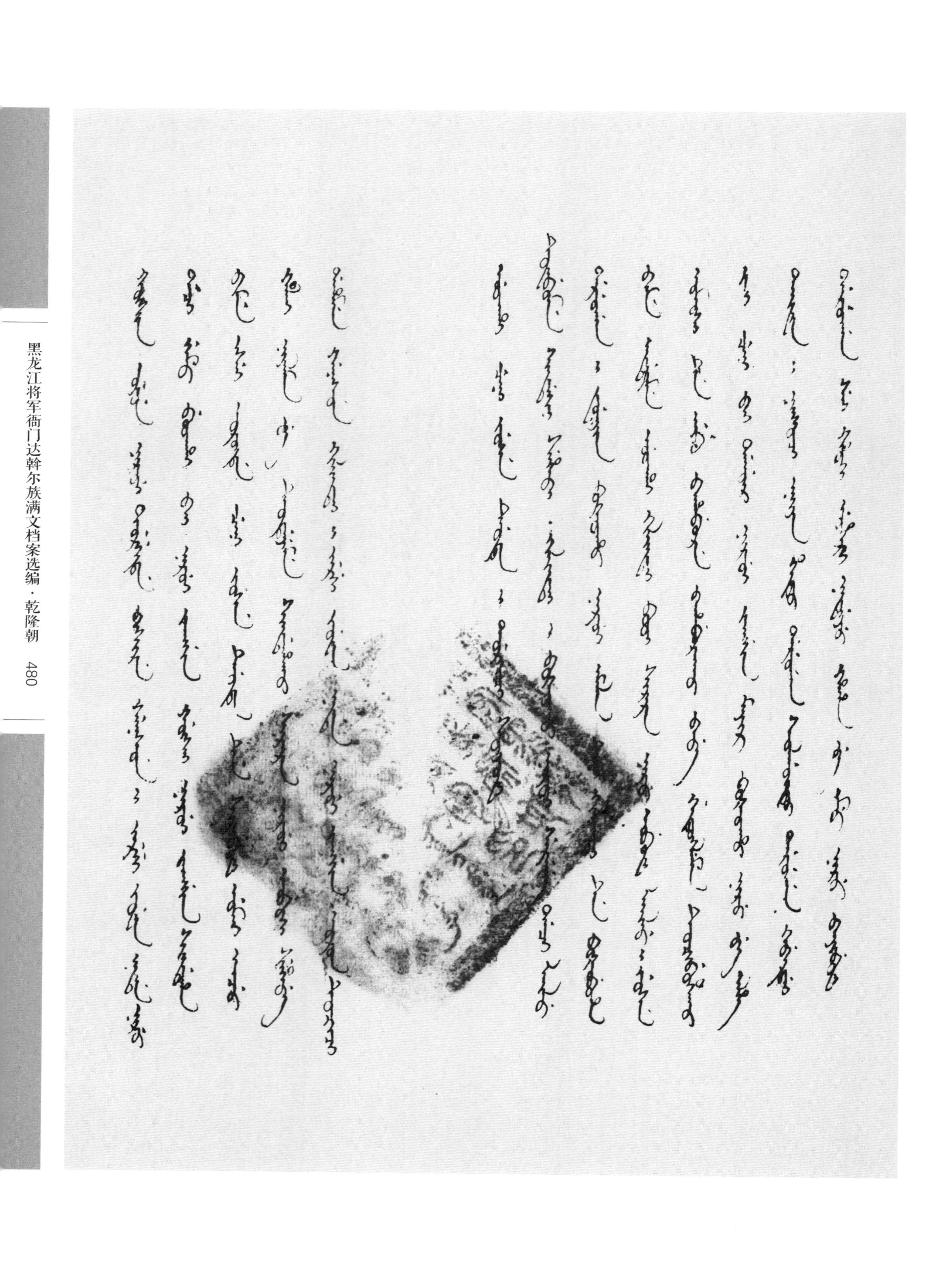

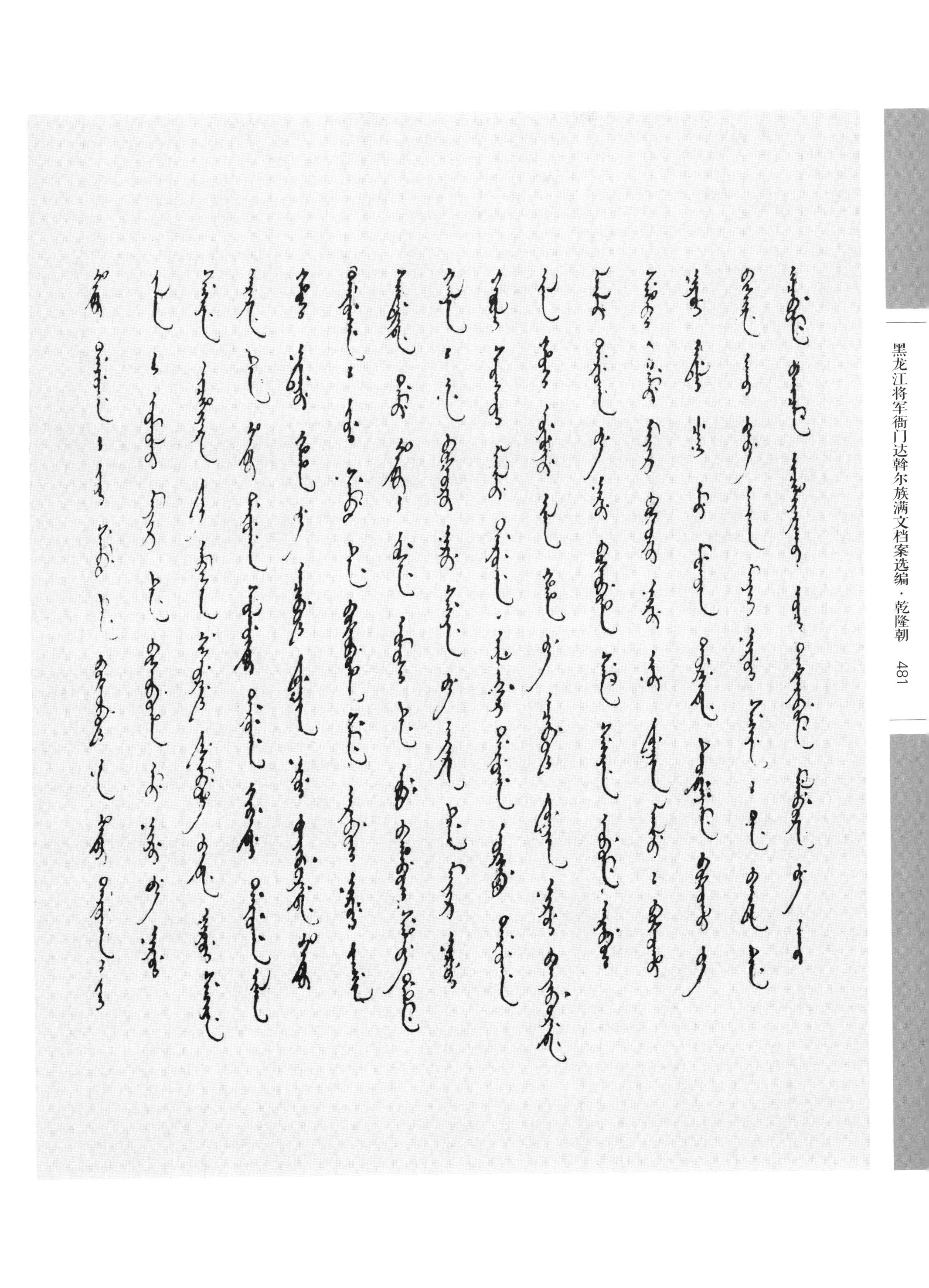

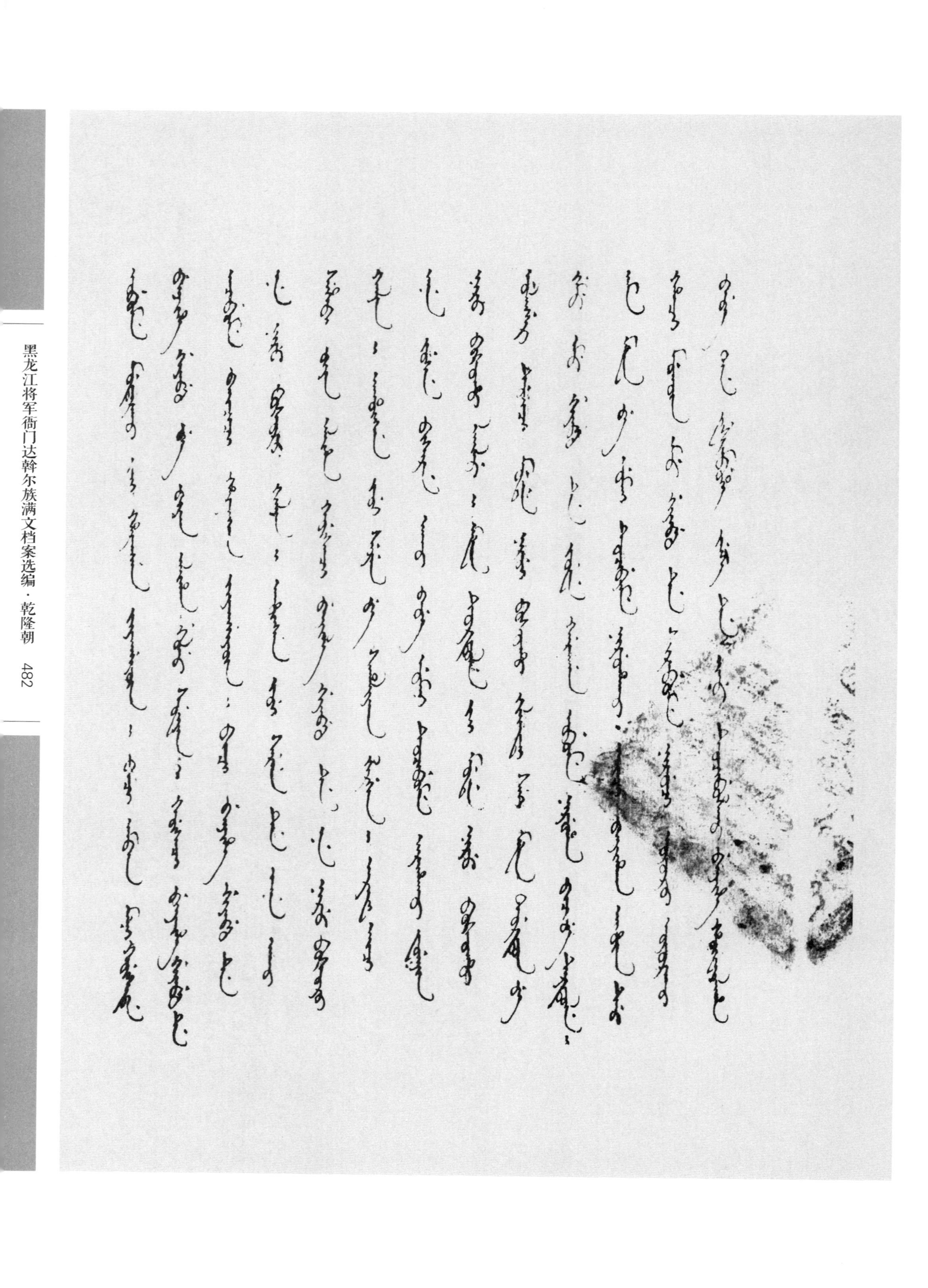

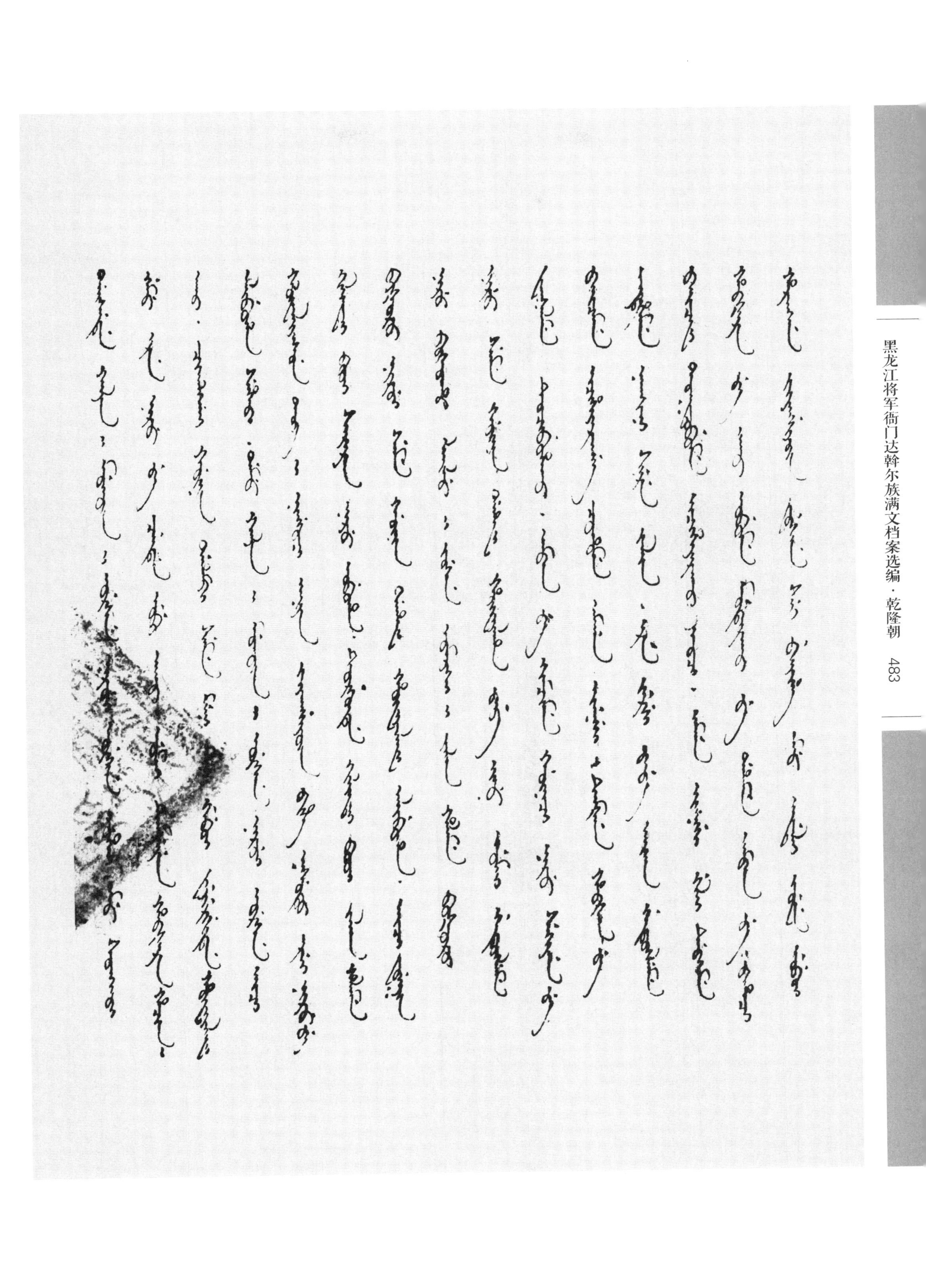

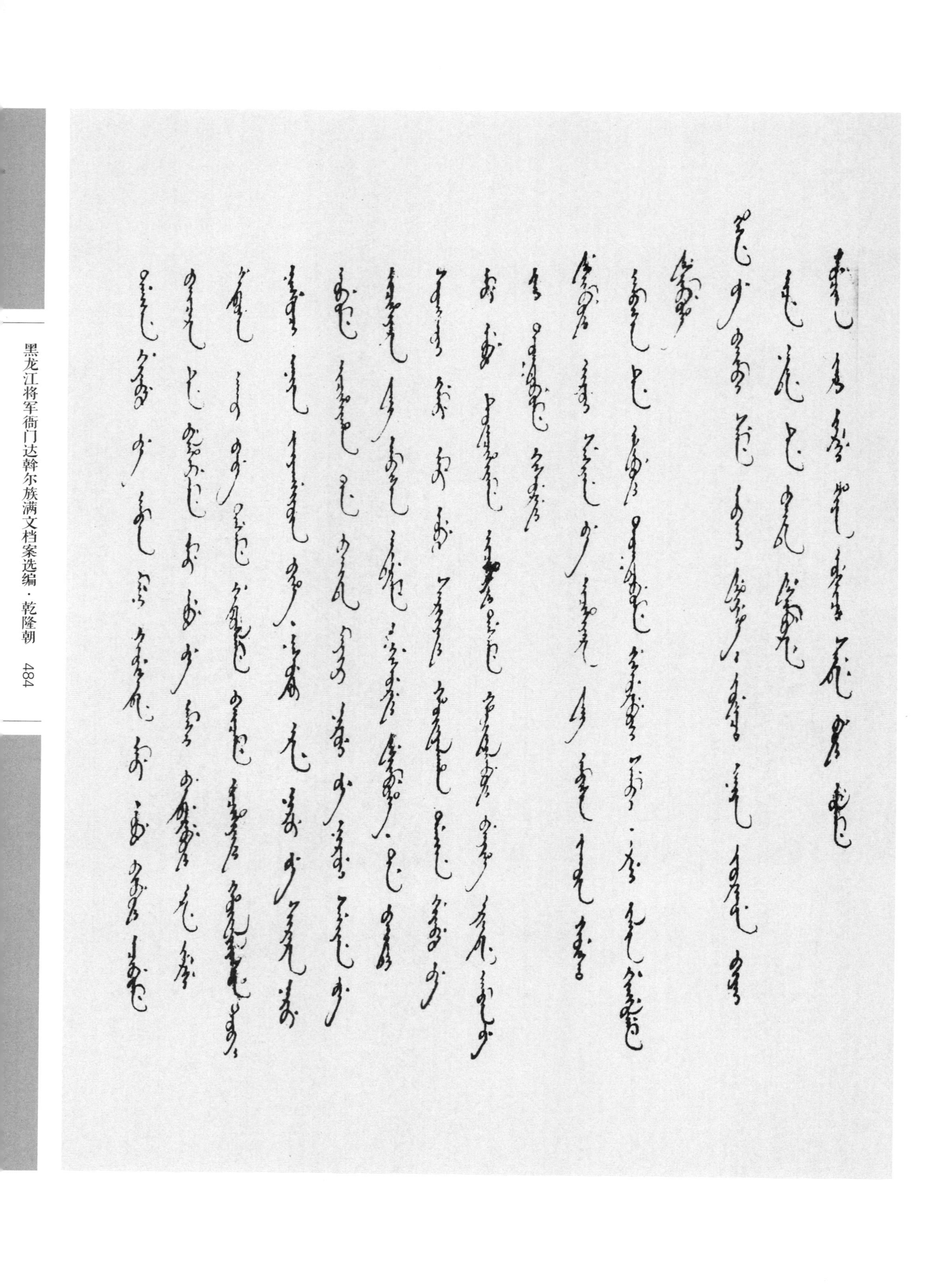

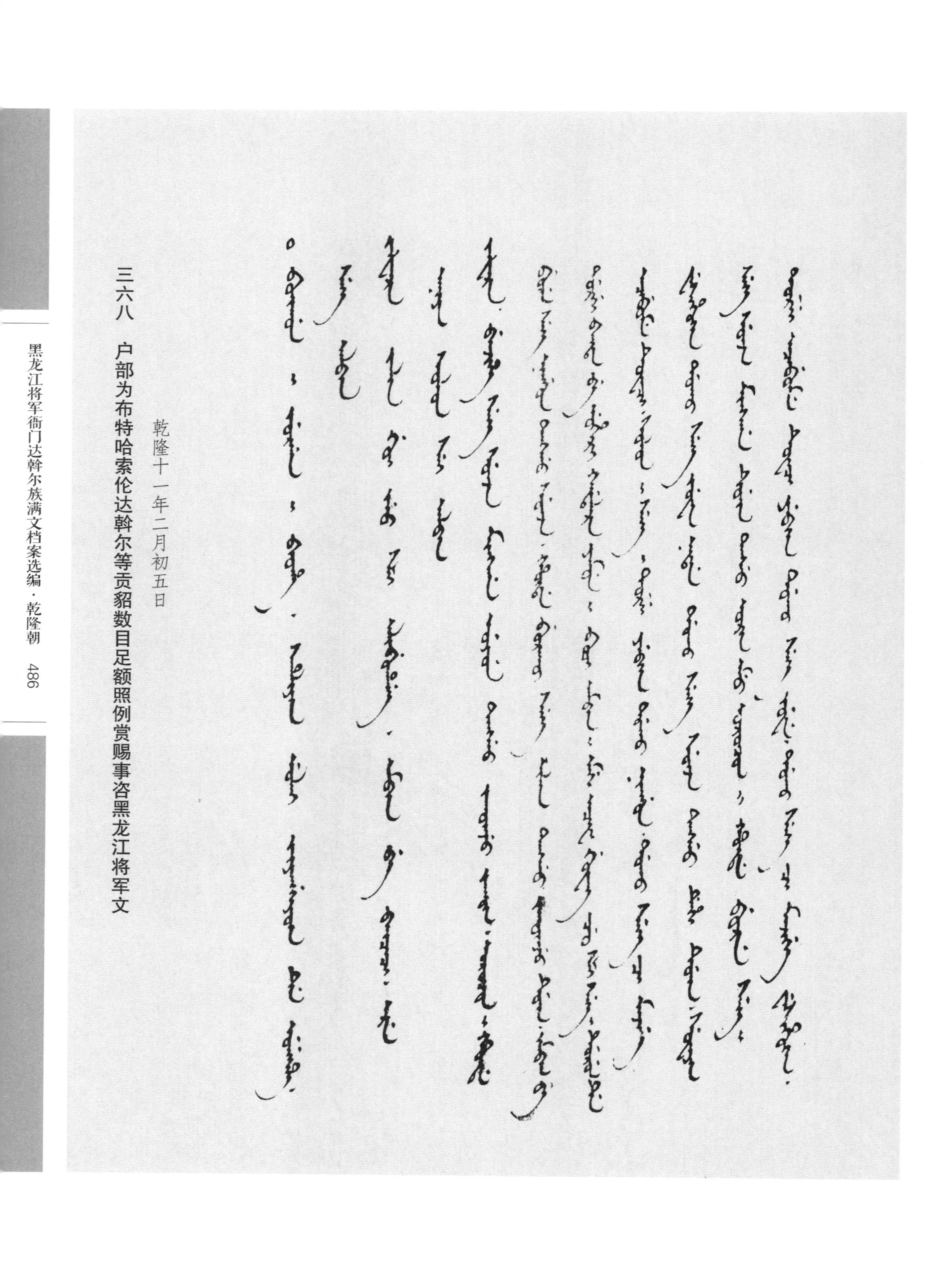

三六八 户部为布特哈索伦达斡尔等贡貂数目足额照例赏赐事咨黑龙江将军文

乾隆十一年二月初五日

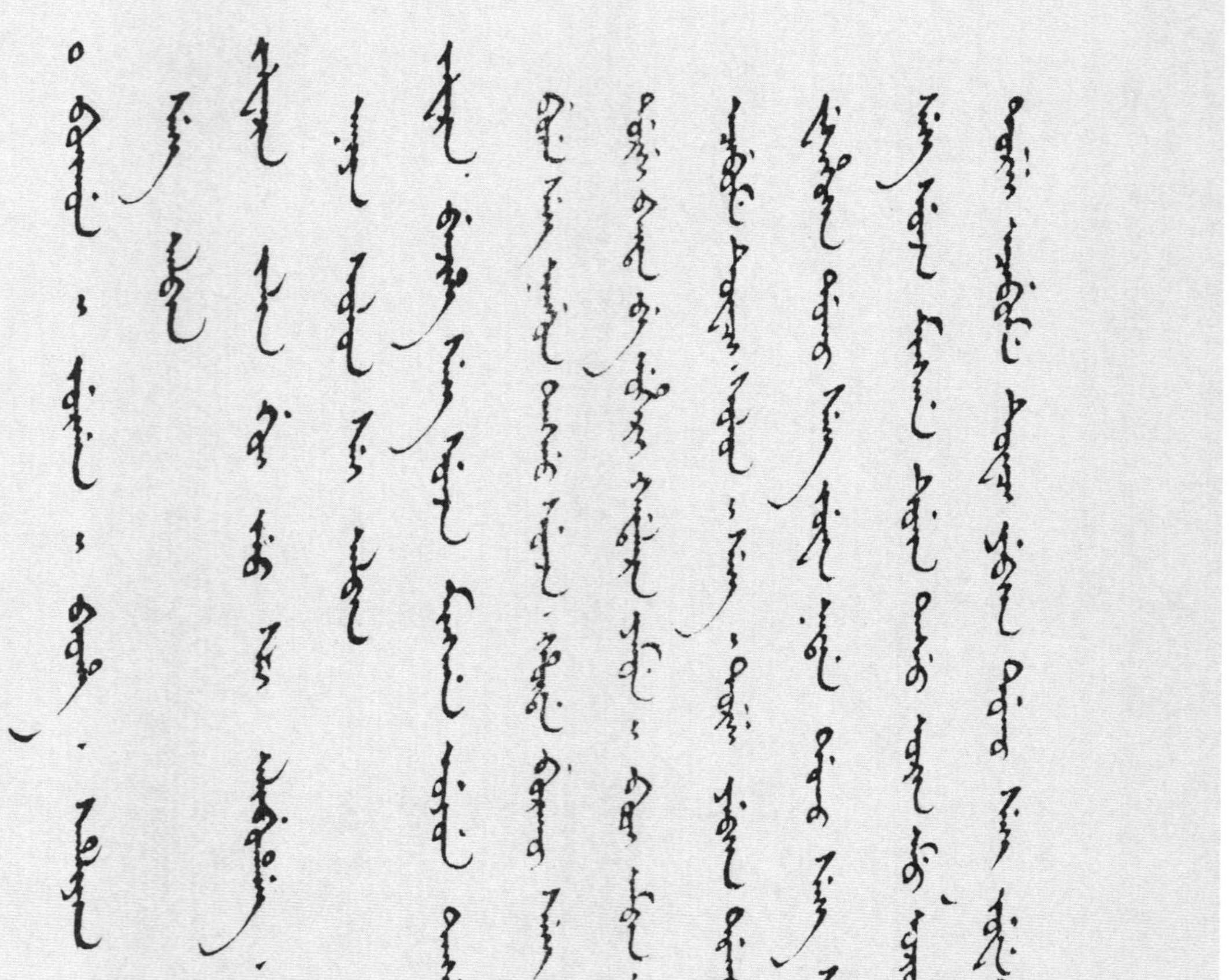

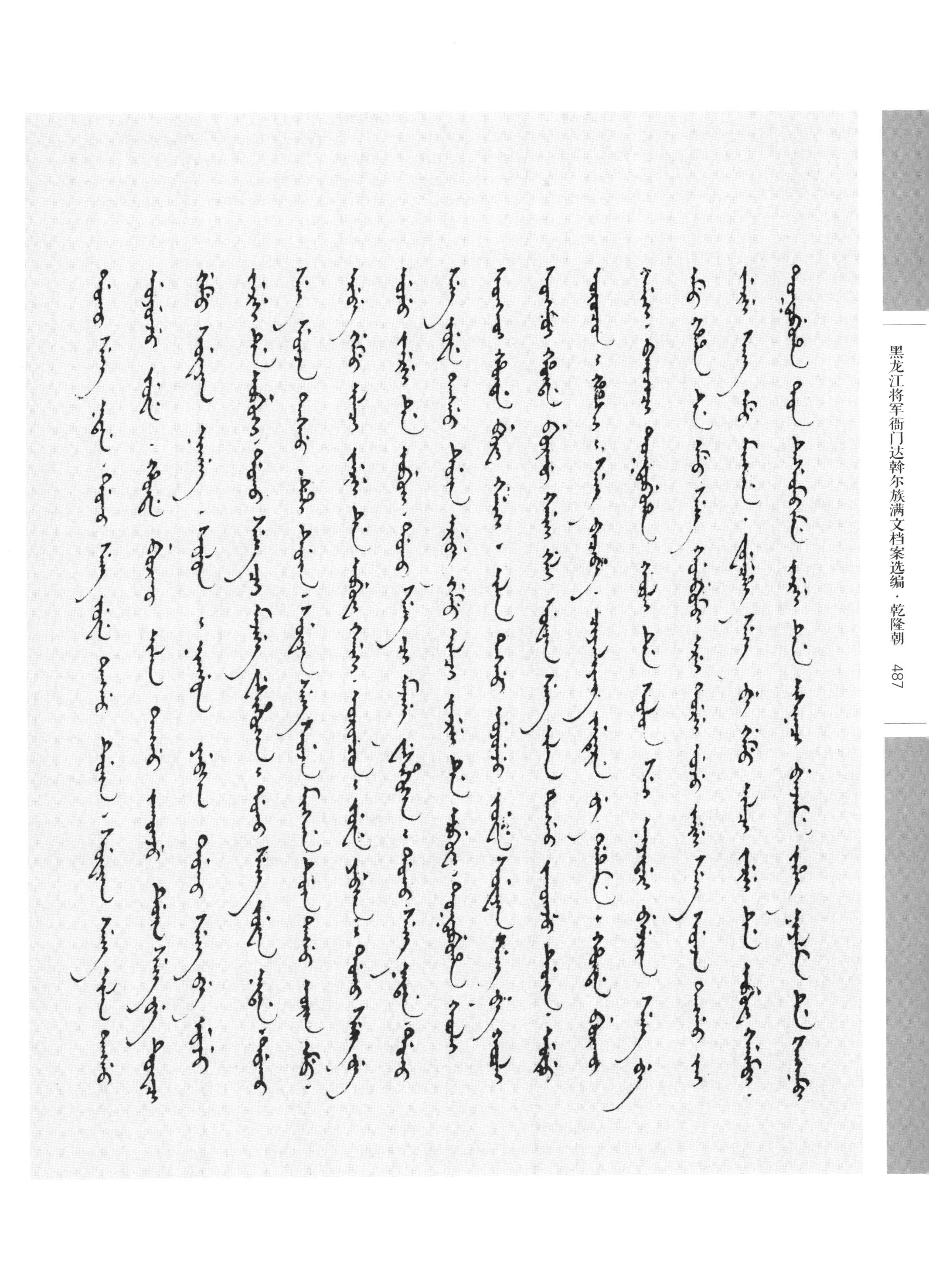

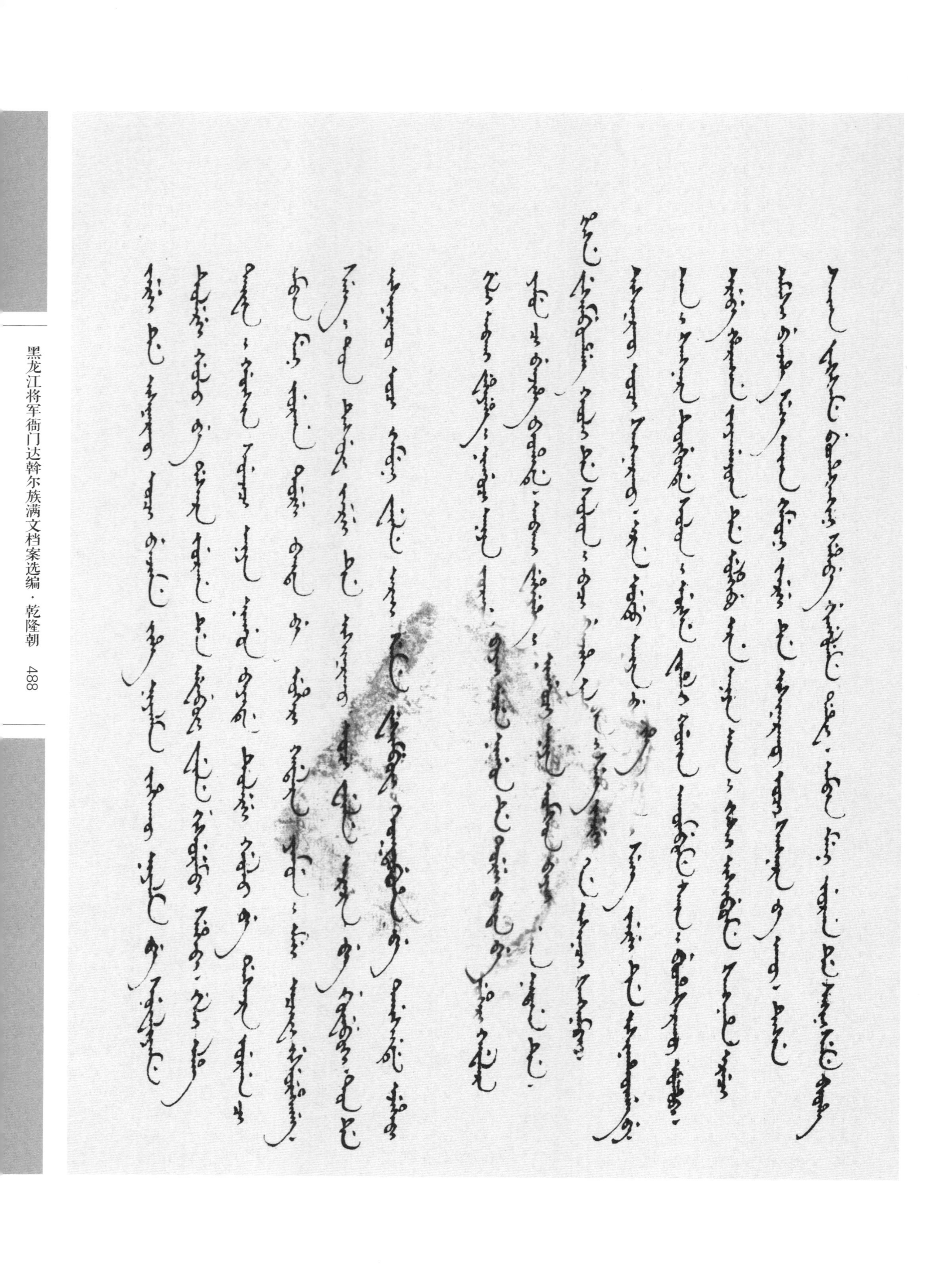

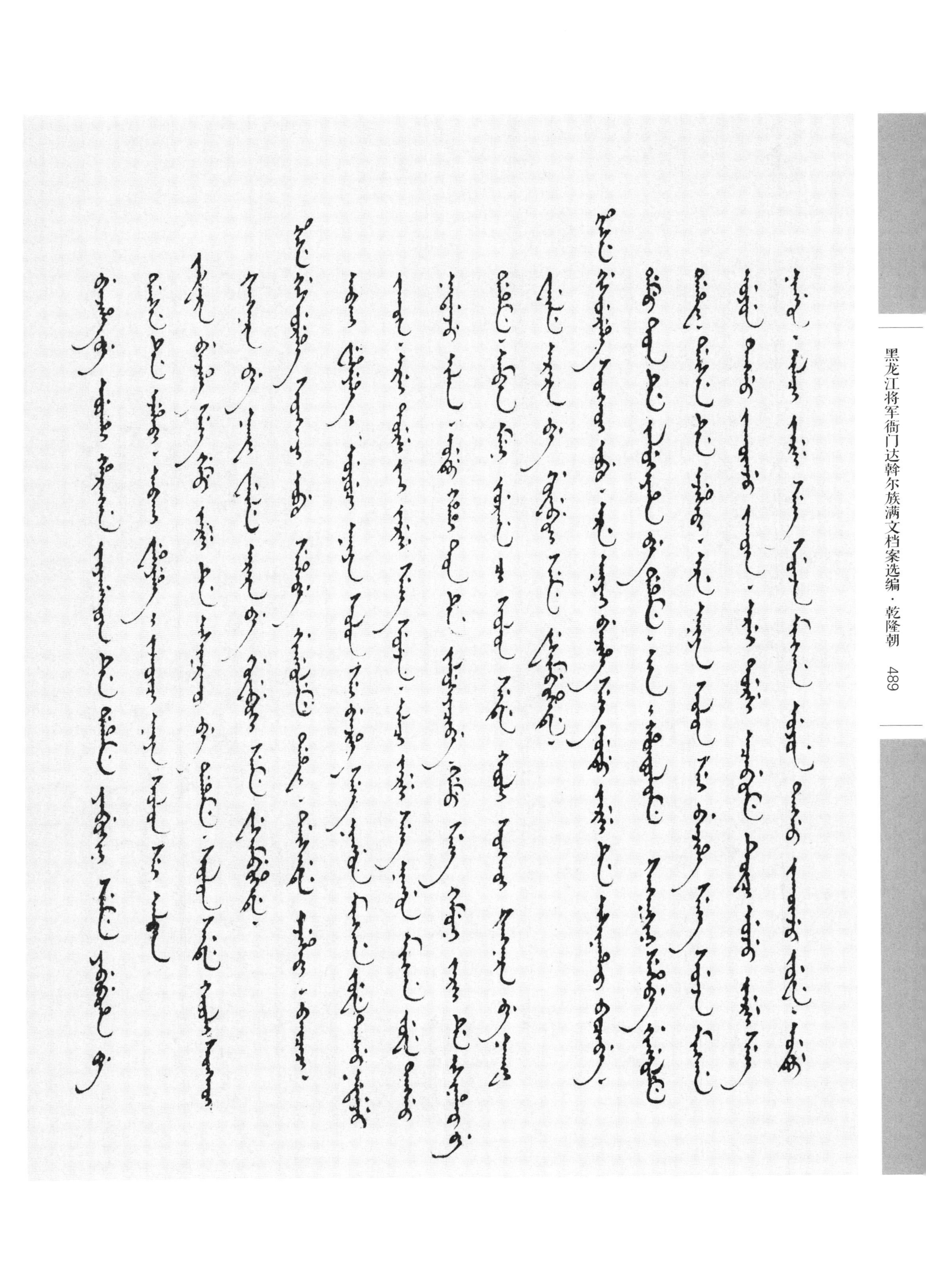

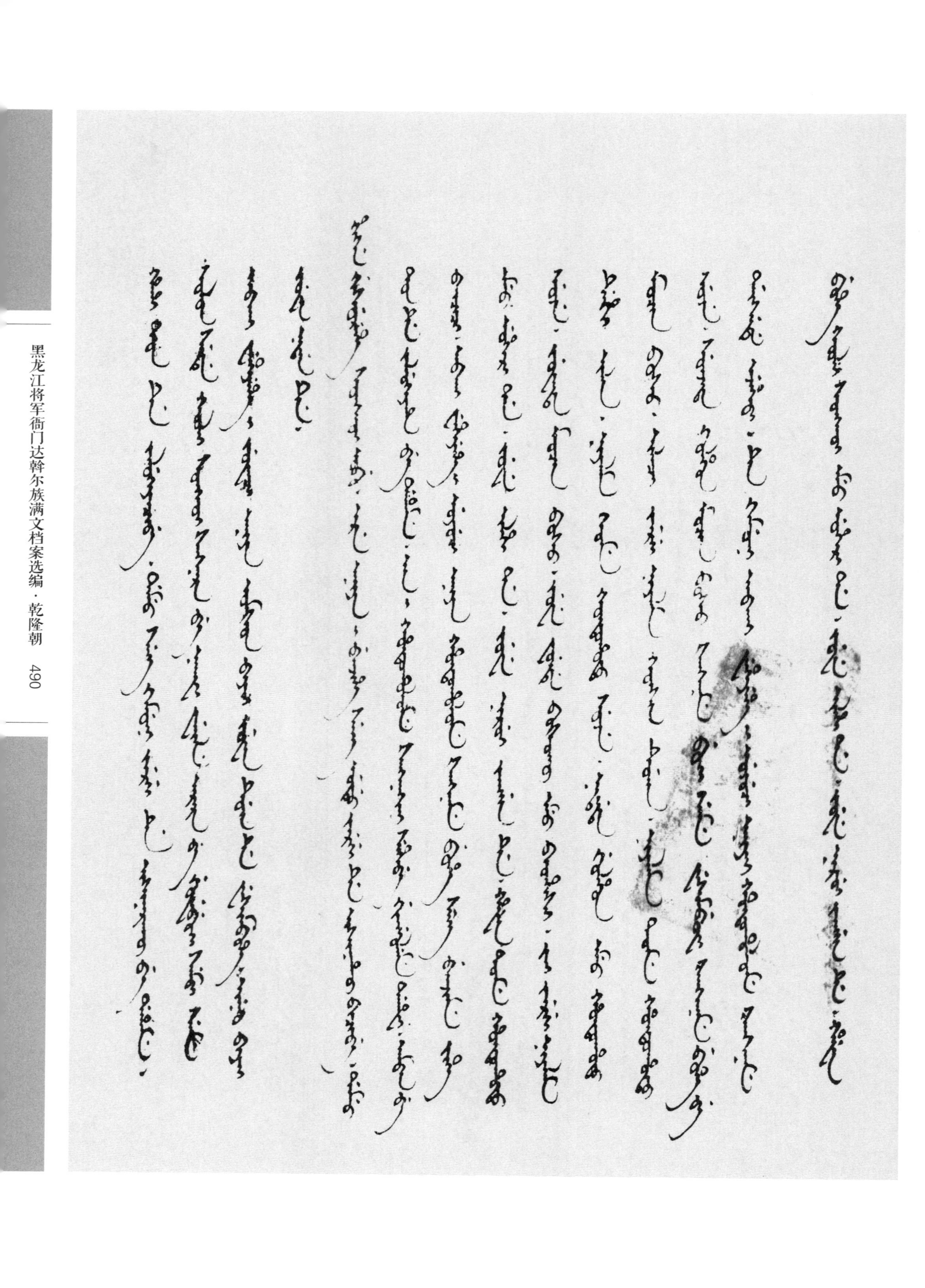

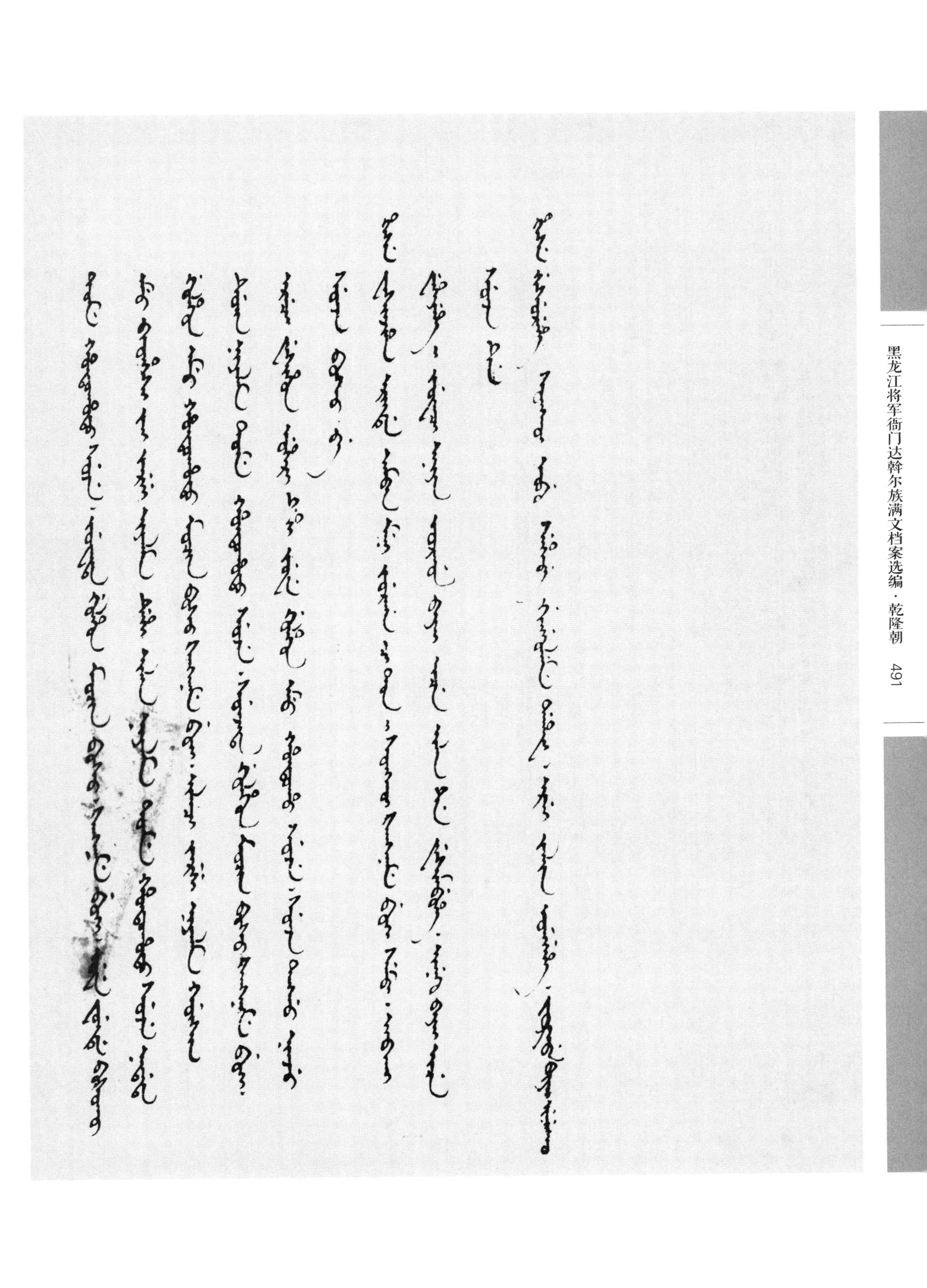

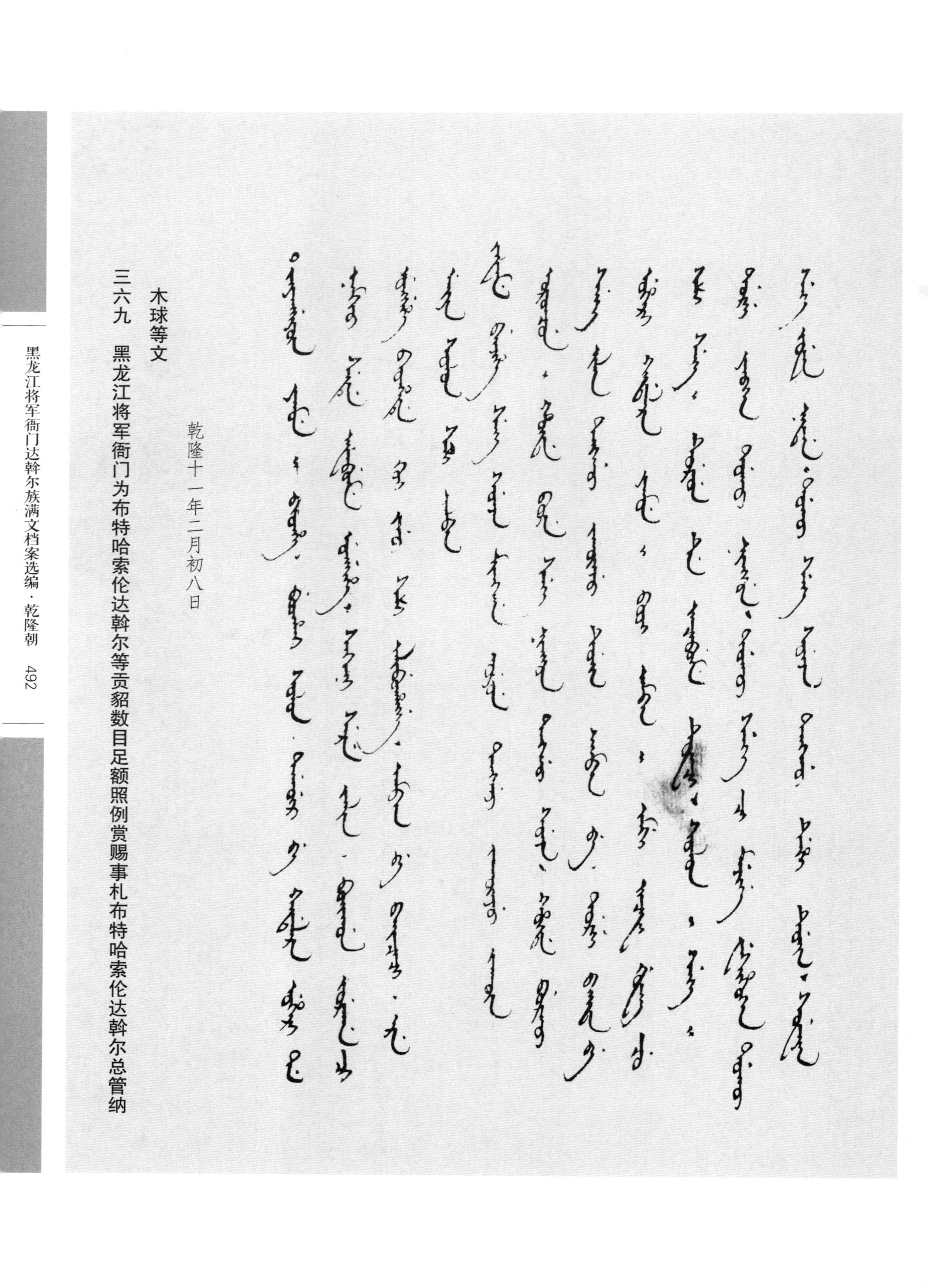

三六九　黑龙江将军衙门为布特哈索伦达斡尔等贡貂数目足额照例赏赐事札布特哈索伦达斡尔总管纳木球等文

乾隆十一年二月初八日

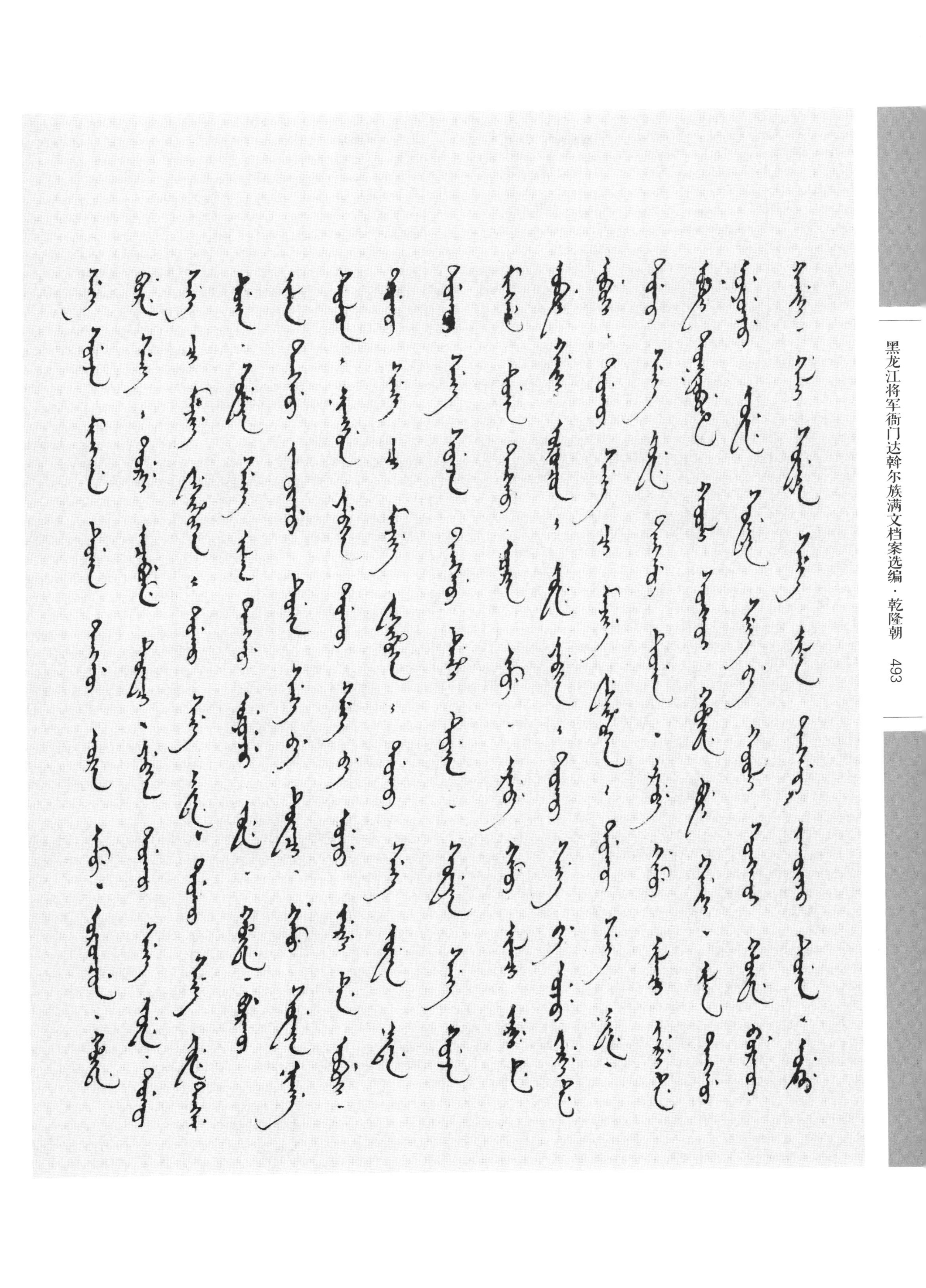

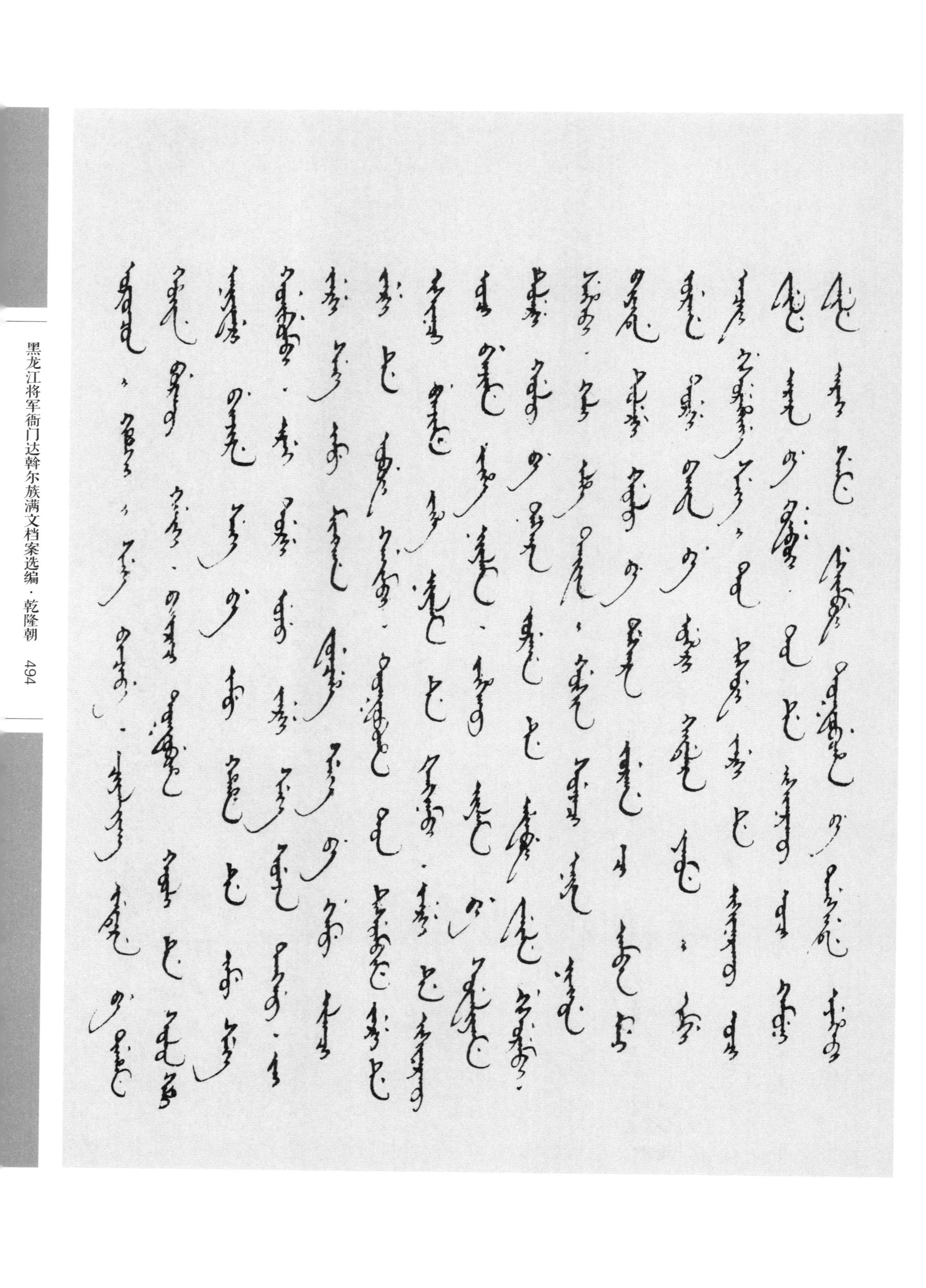

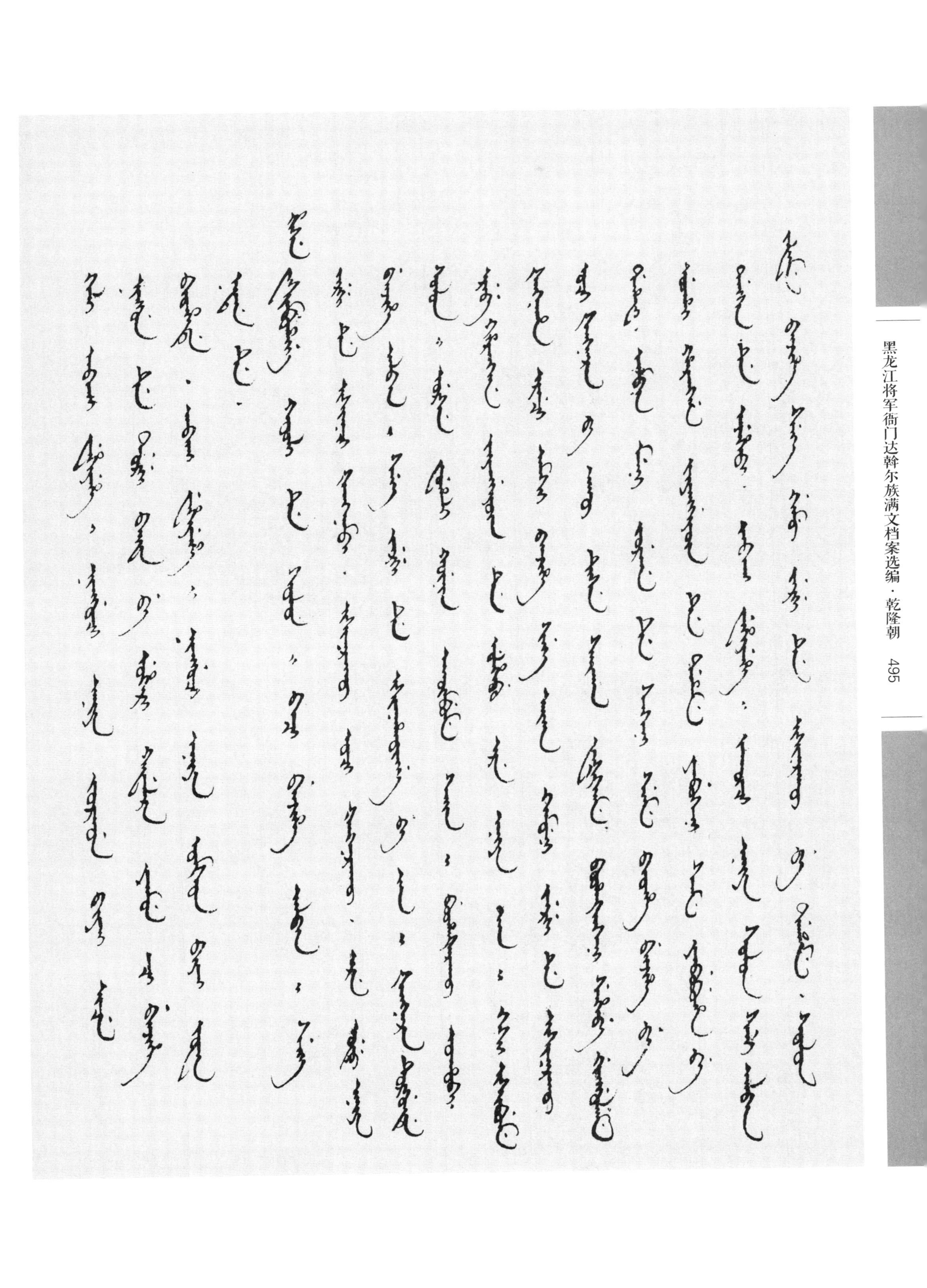

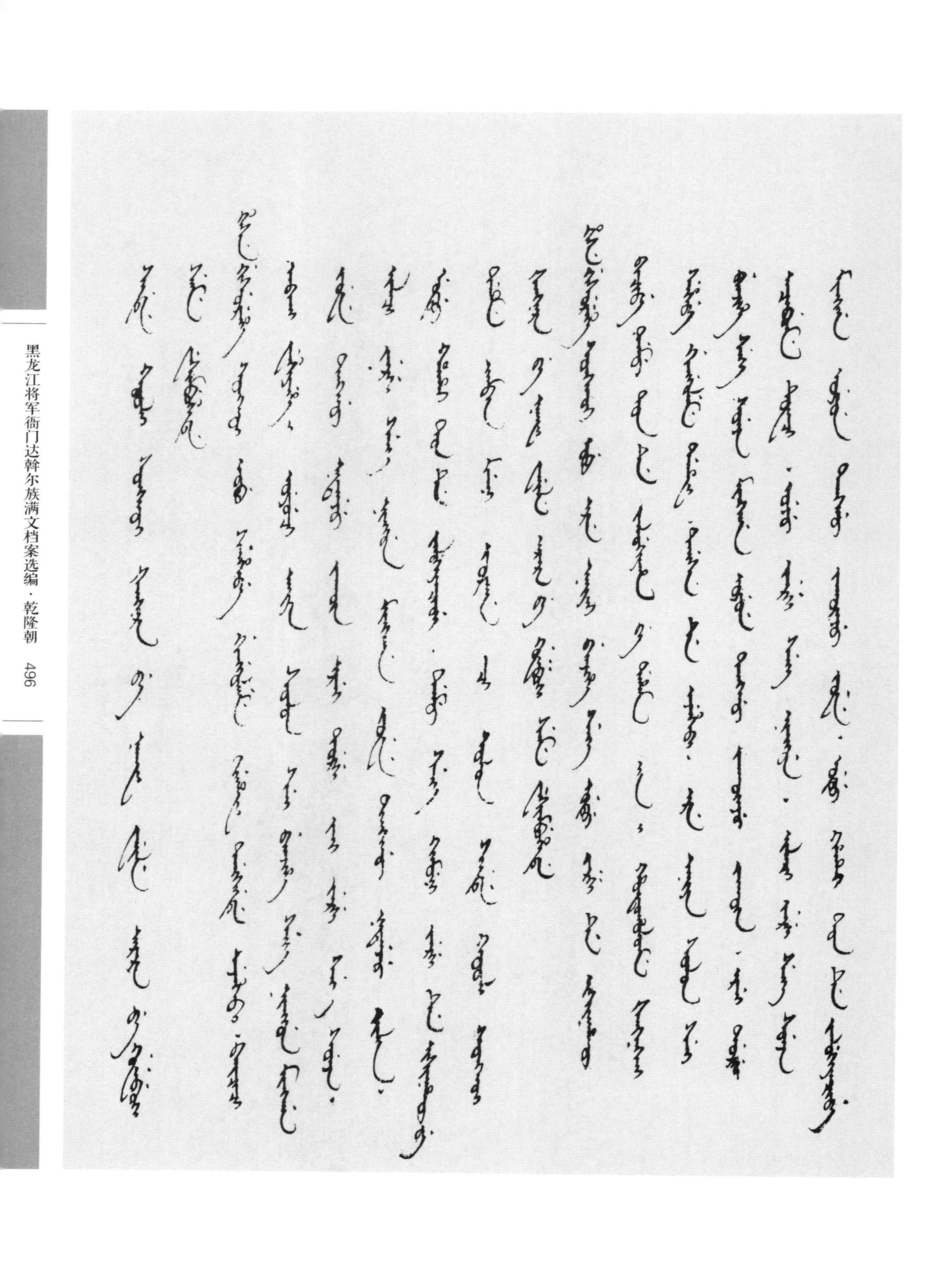

[illegible]

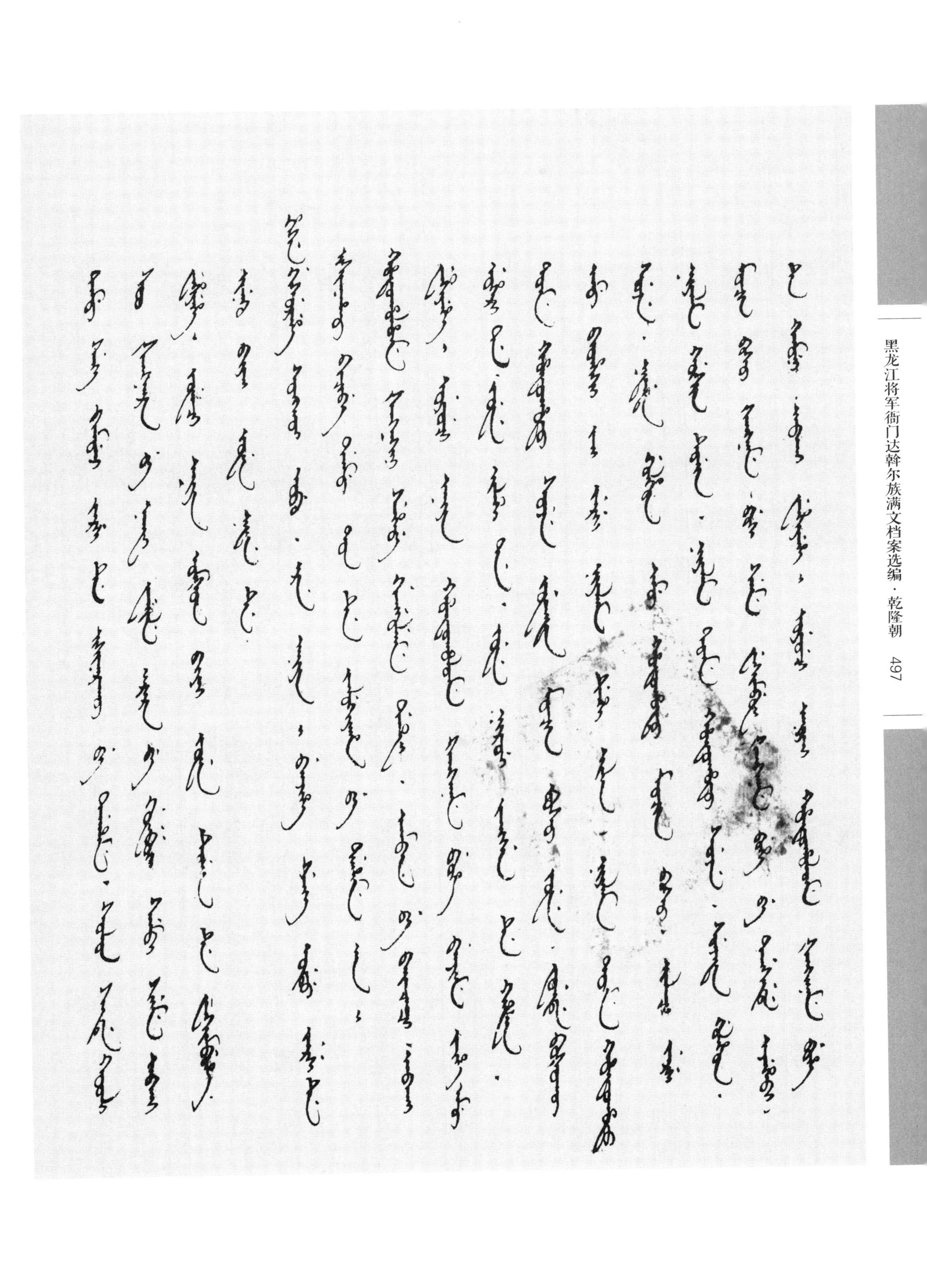

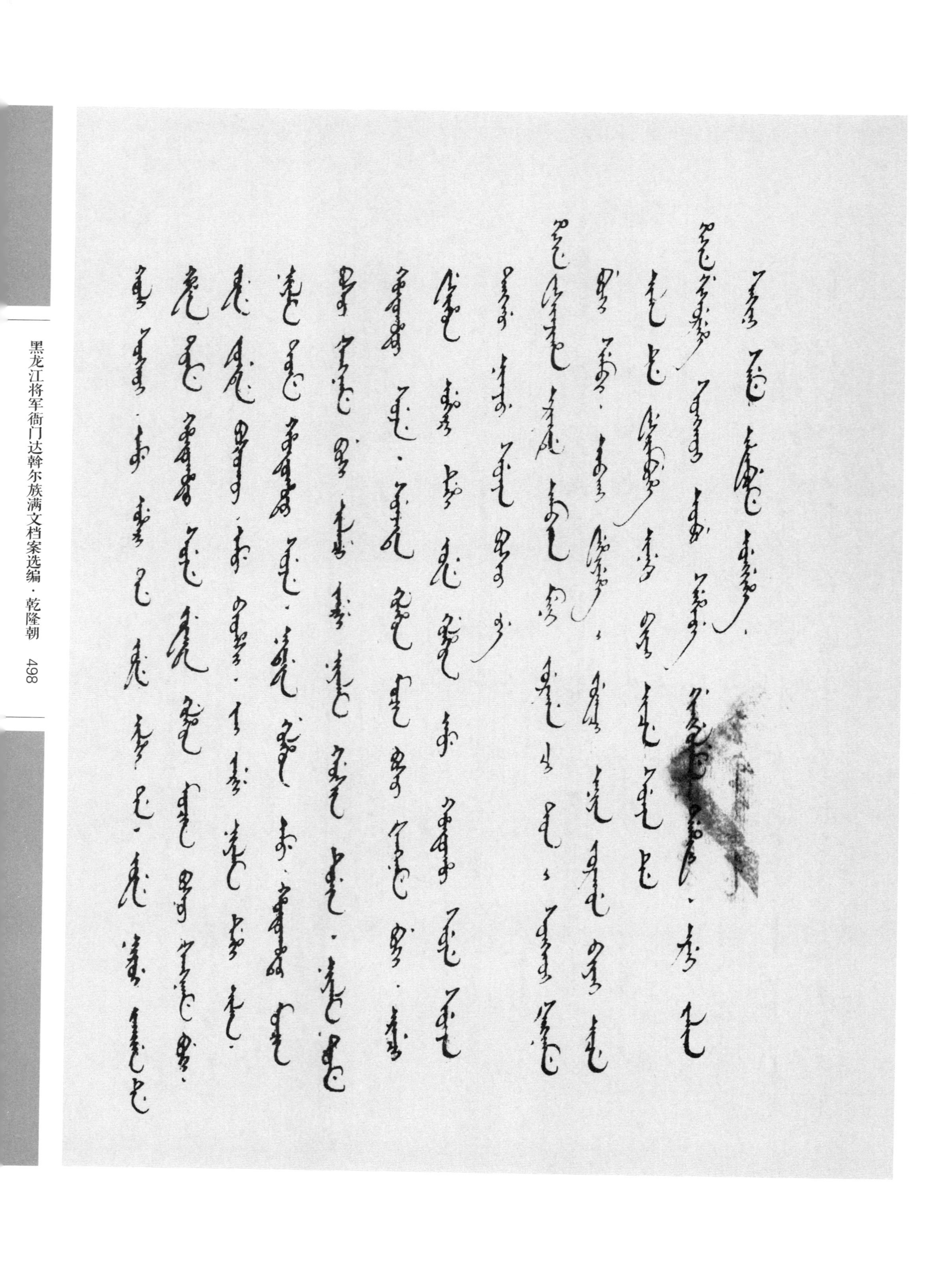

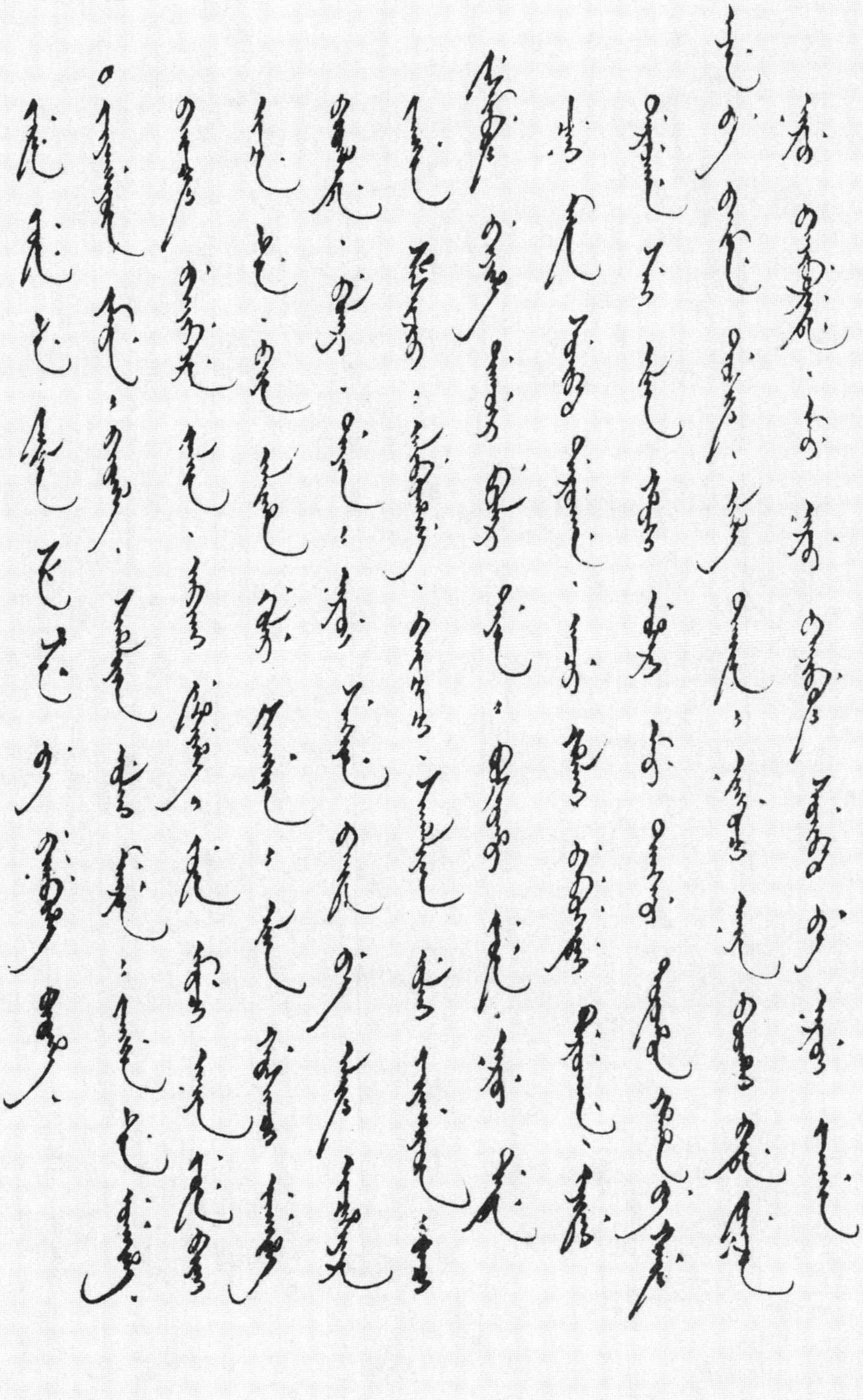

三七〇　黑龙江将军衙门为令查明达斡尔佐领布拉尔等源流事咨黑龙江副都统文

乾隆十一年二月十二日

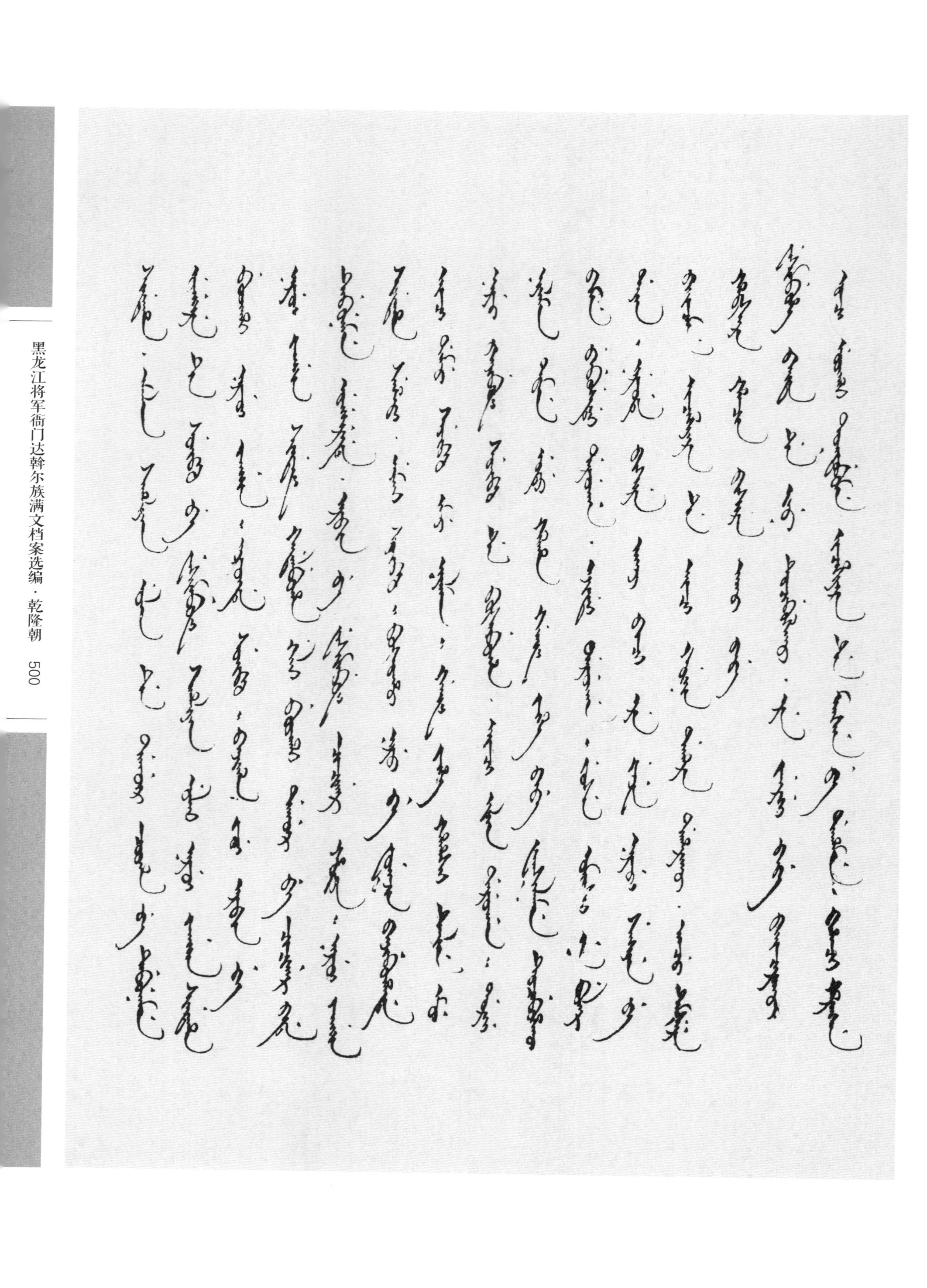

[illegible]

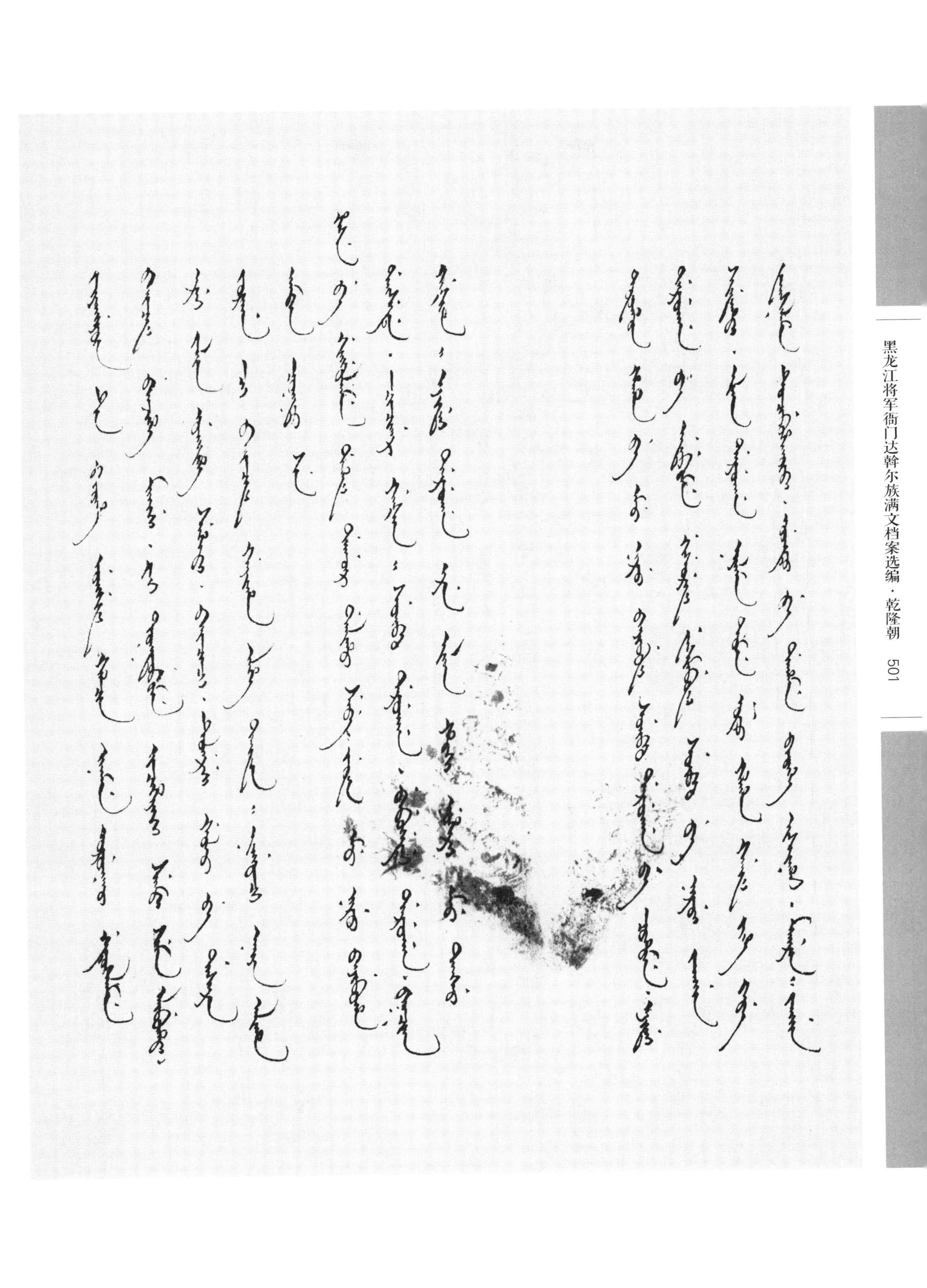

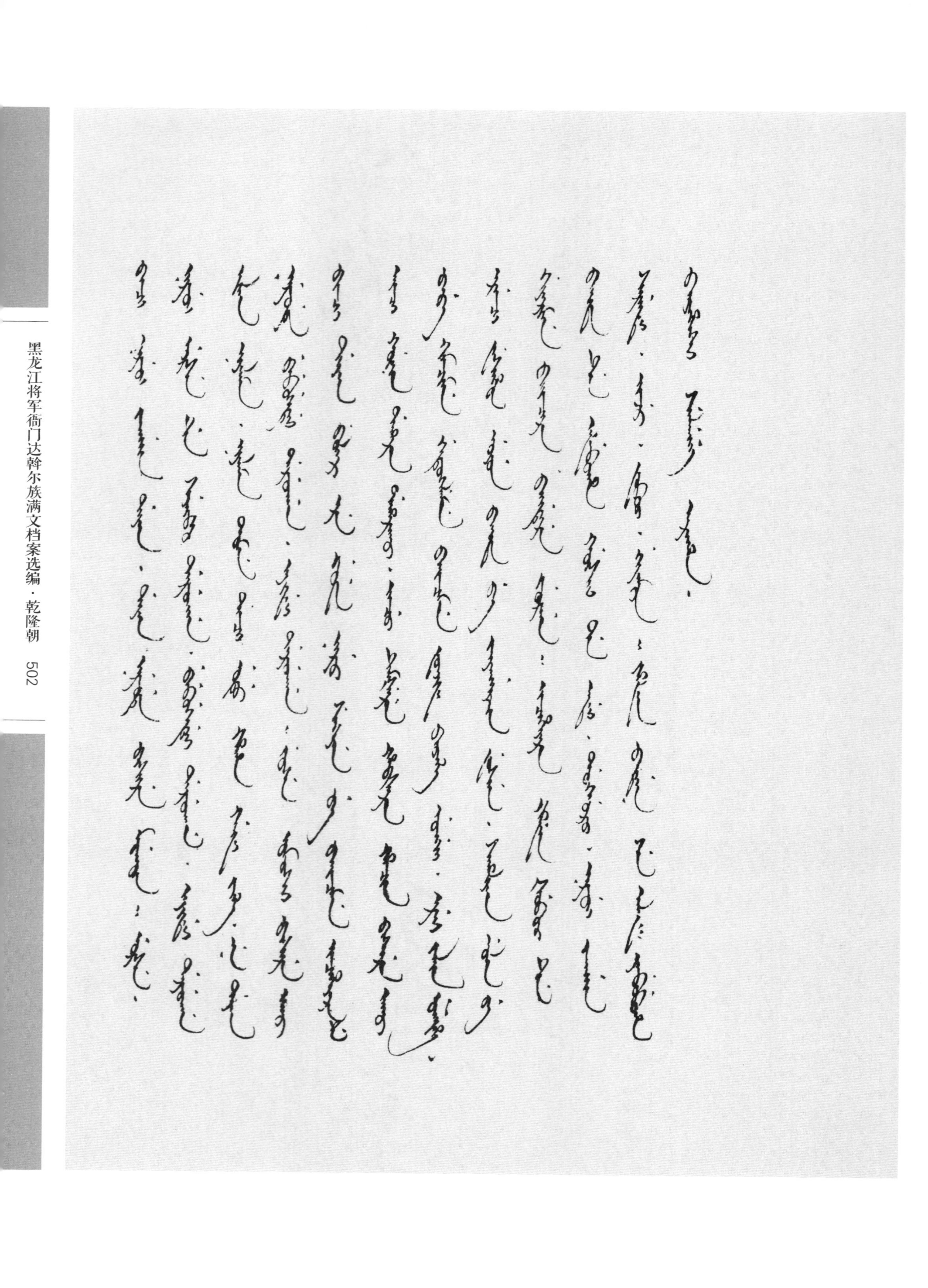

三七一 黑龙江将军衙门为令报本年布特哈索伦达斡尔等贡貂数目事札布特哈索伦达斡尔总管纳木球等文

乾隆十一年二月十五日

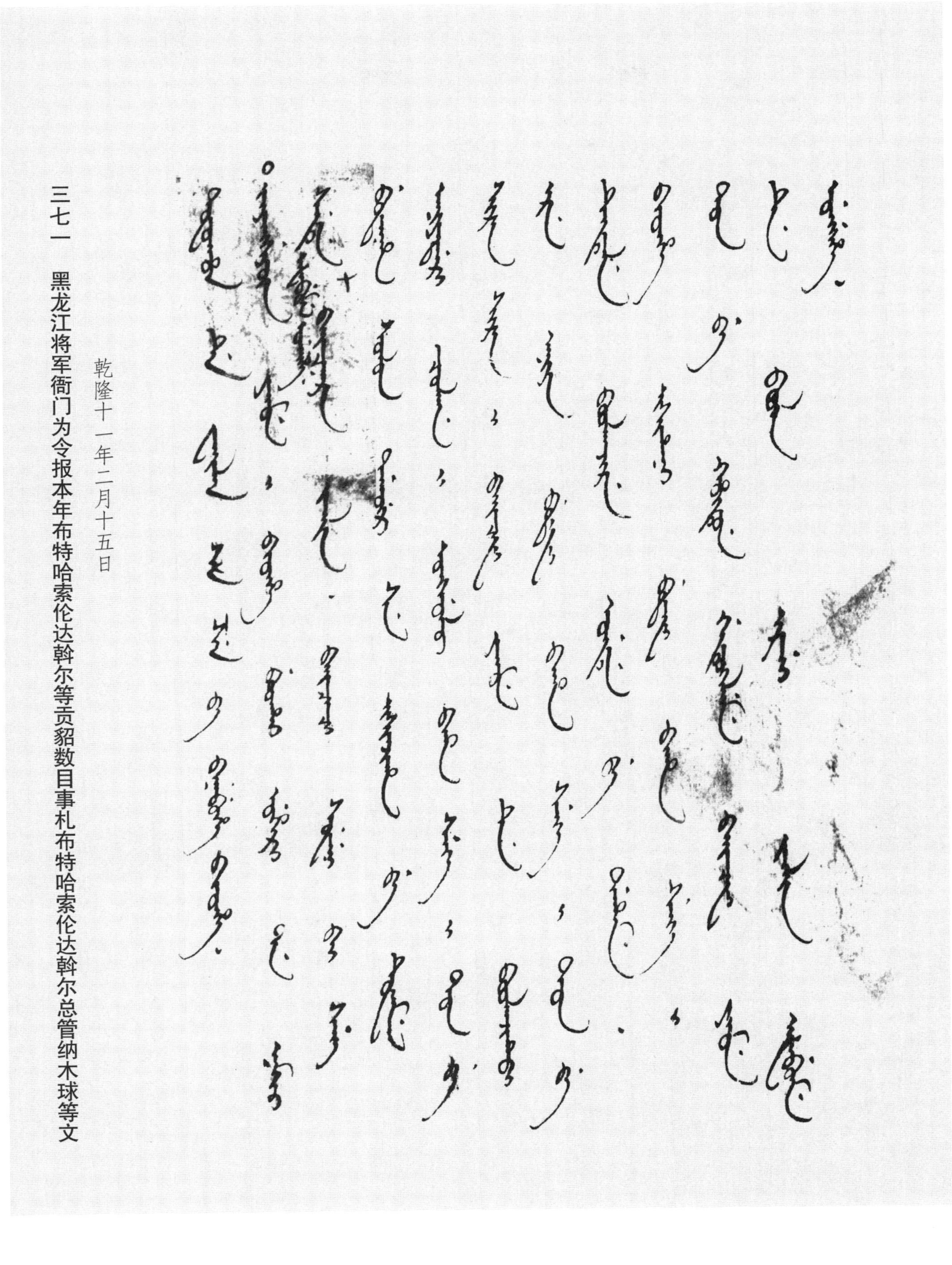

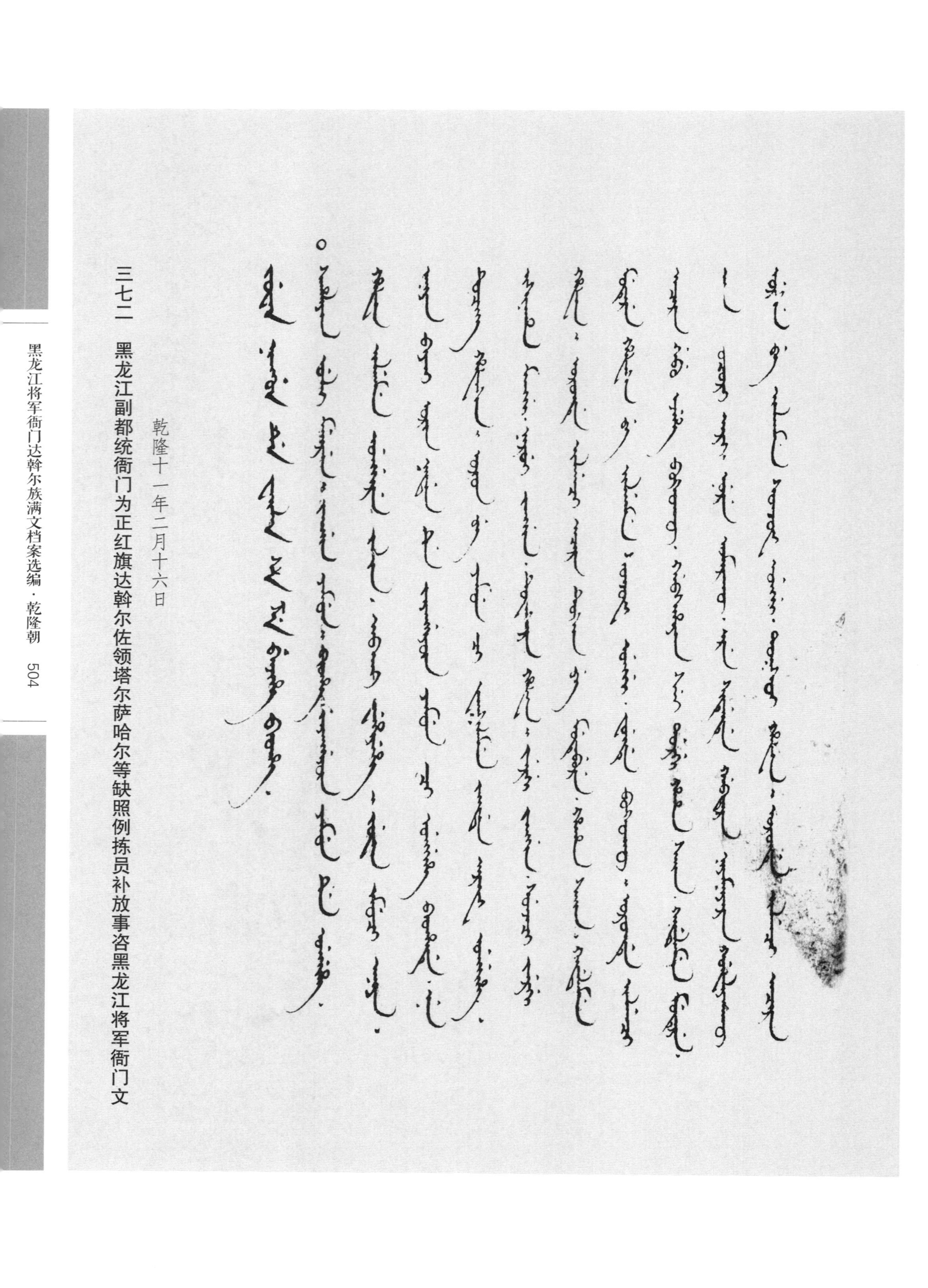

三七二 黑龙江副都统衙门为正红旗达斡尔佐领塔尔萨哈尔等缺照例拣员补放事咨黑龙江将军衙门文

乾隆十一年二月十六日

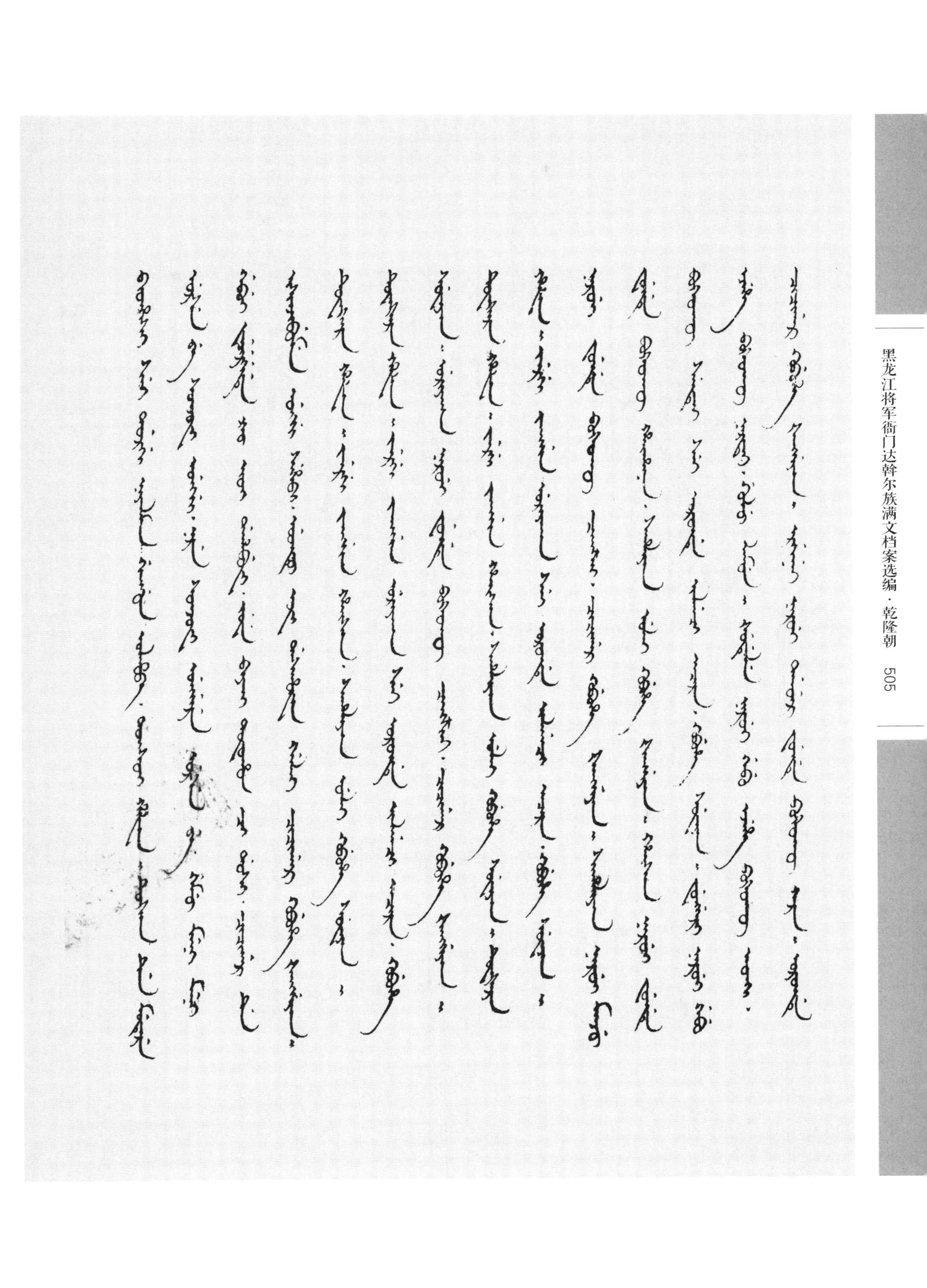

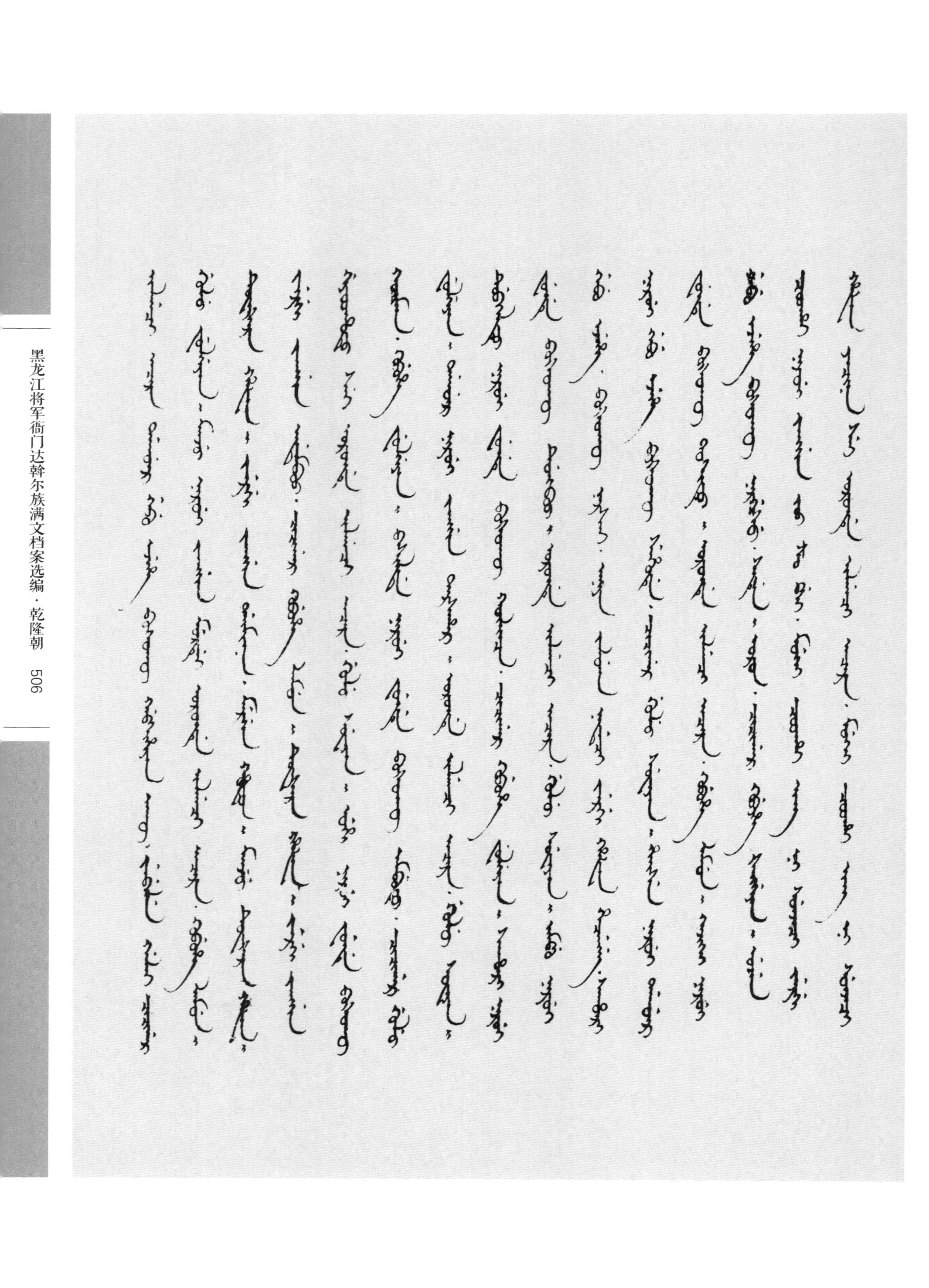

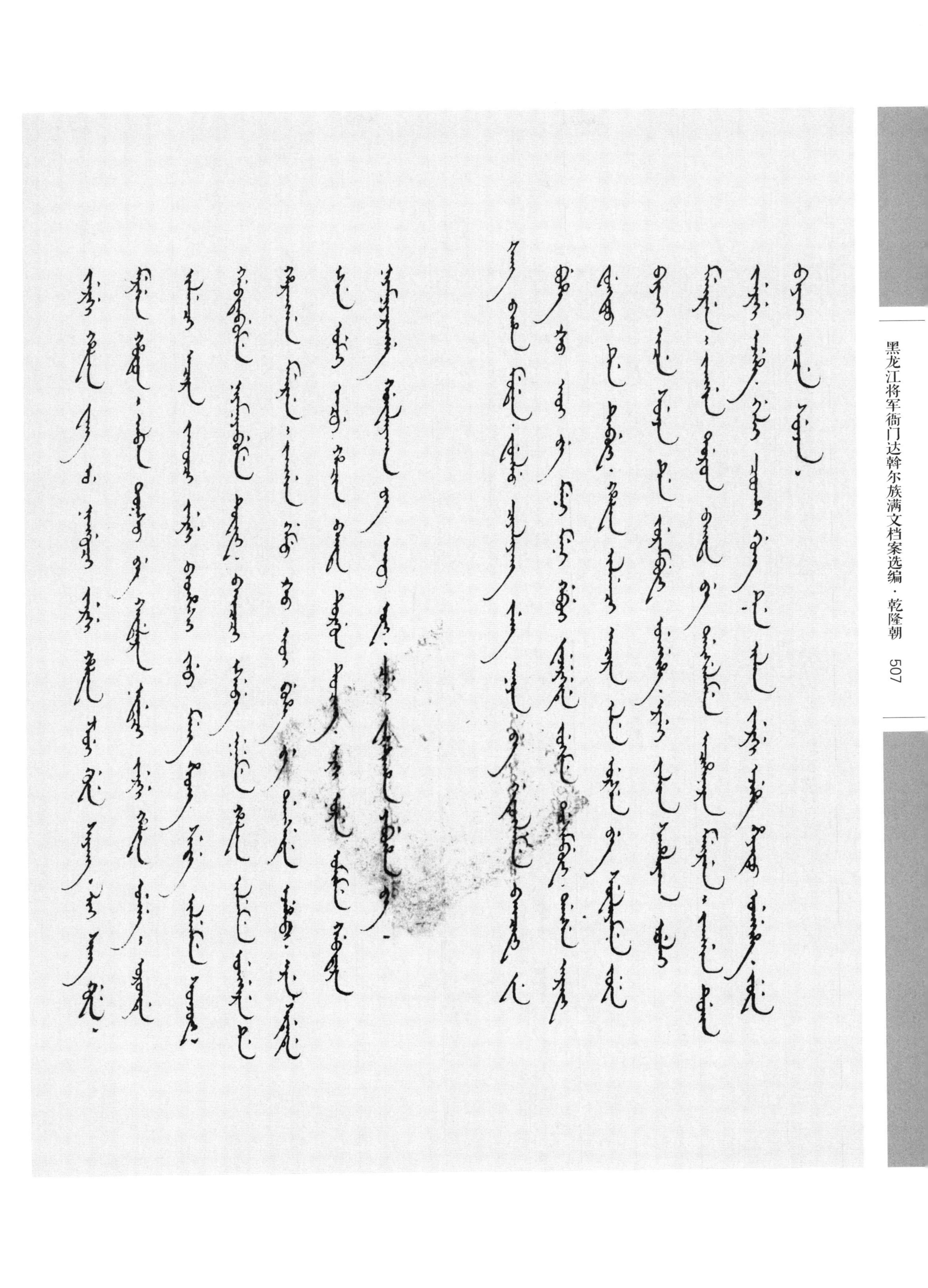

[illegible]

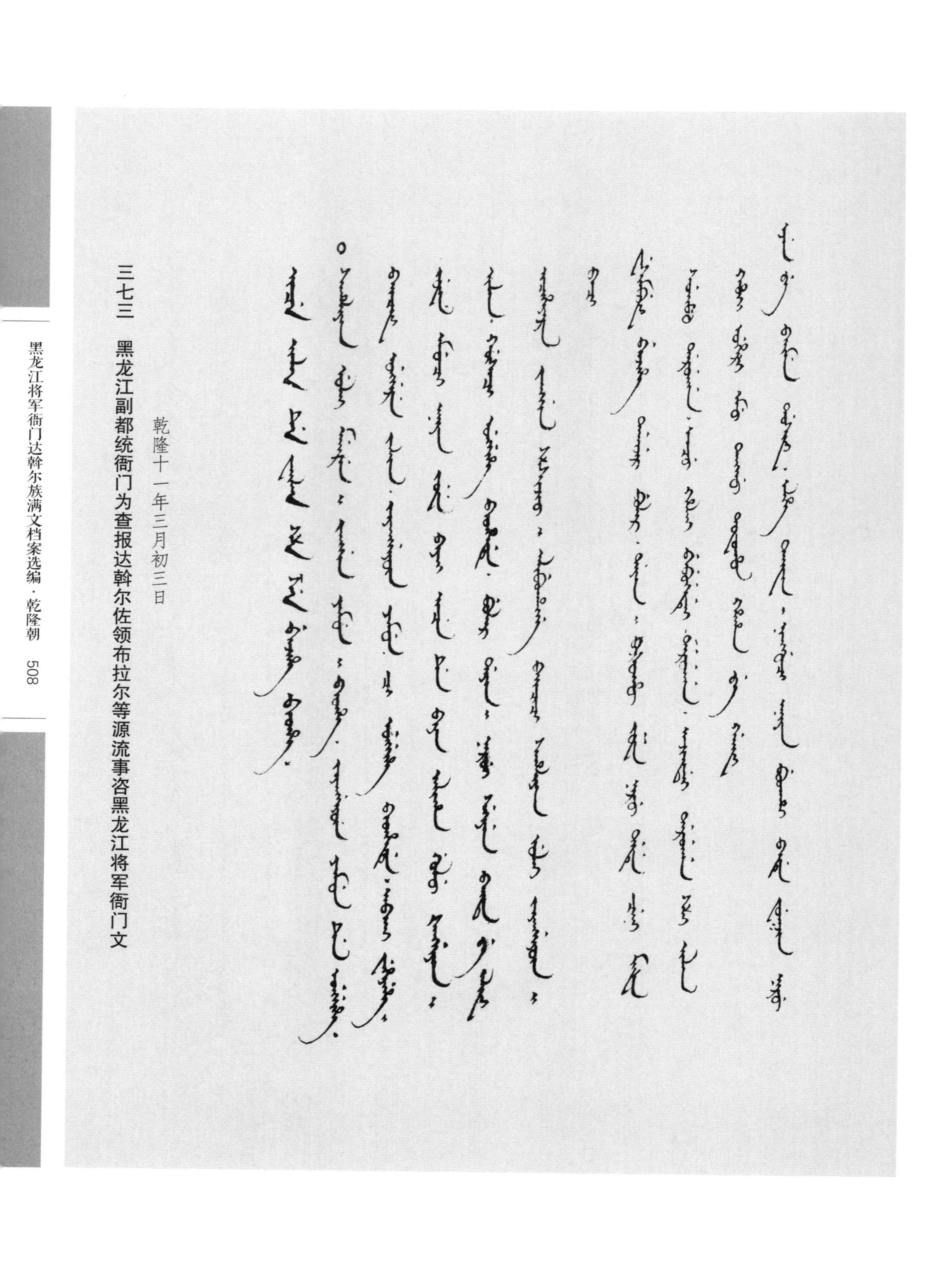

三七三 黑龙江副都统衙门为查报达斡尔佐领布拉尔等源流事咨黑龙江将军衙门文

乾隆十一年三月初三日

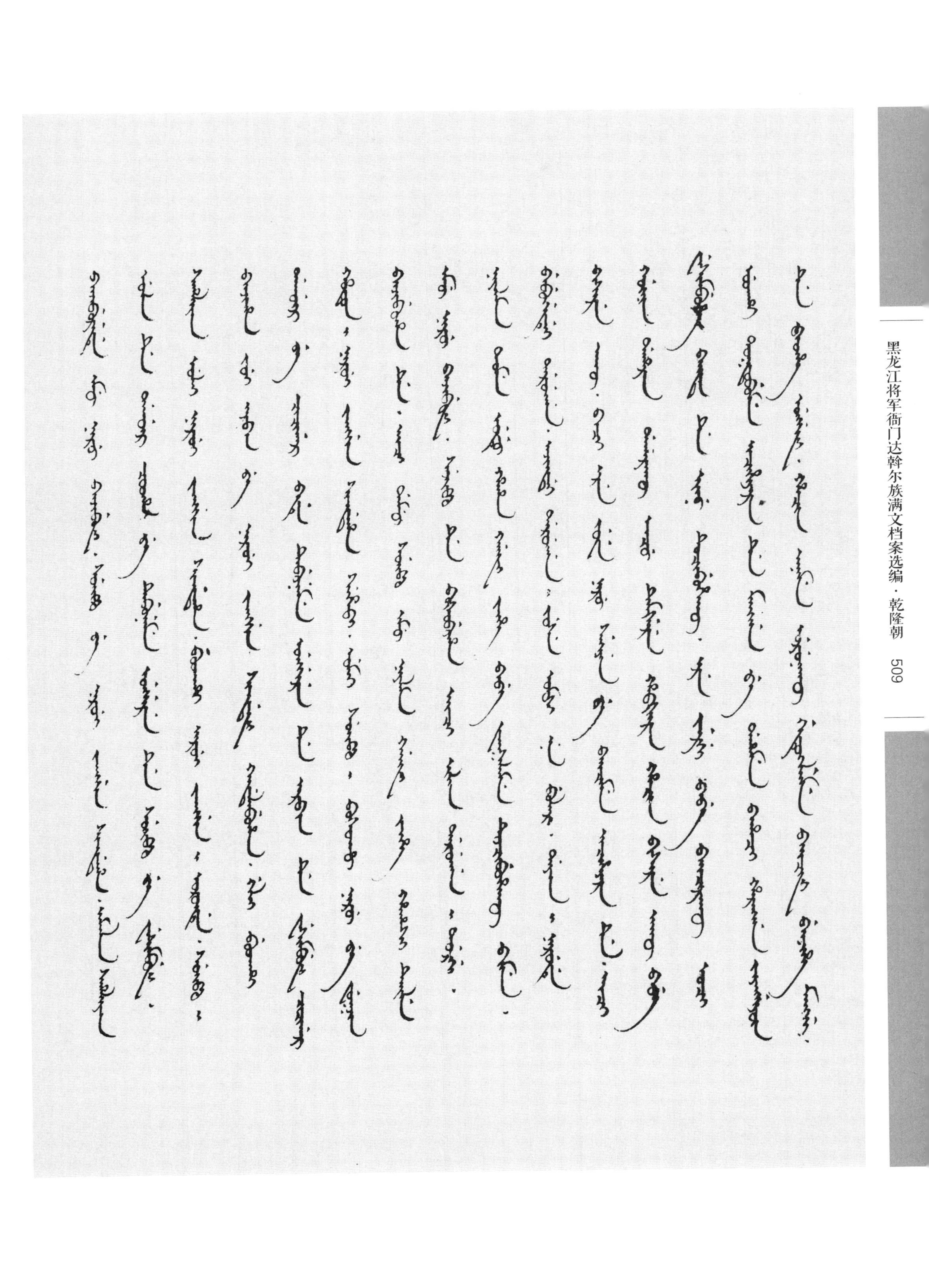

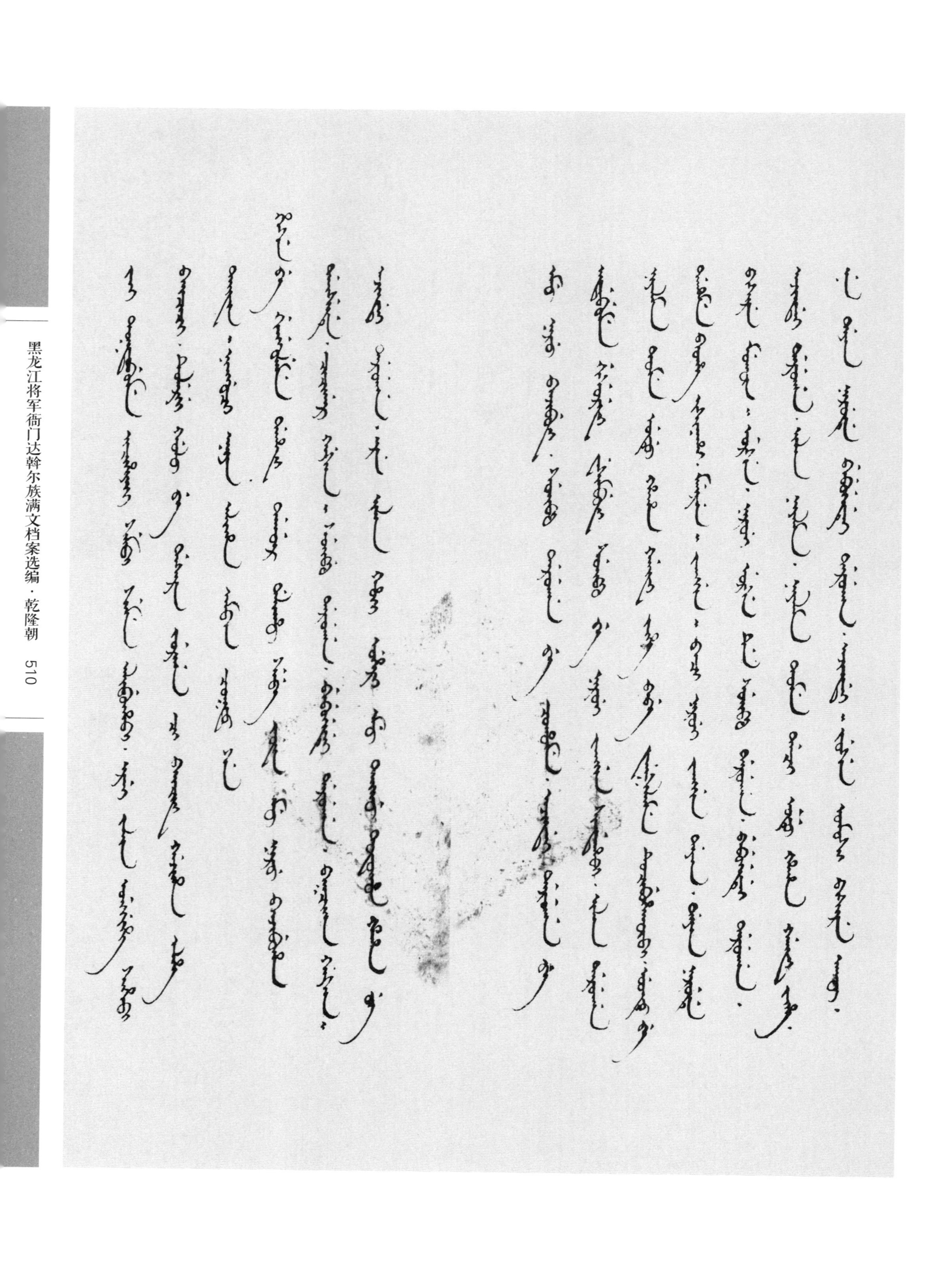

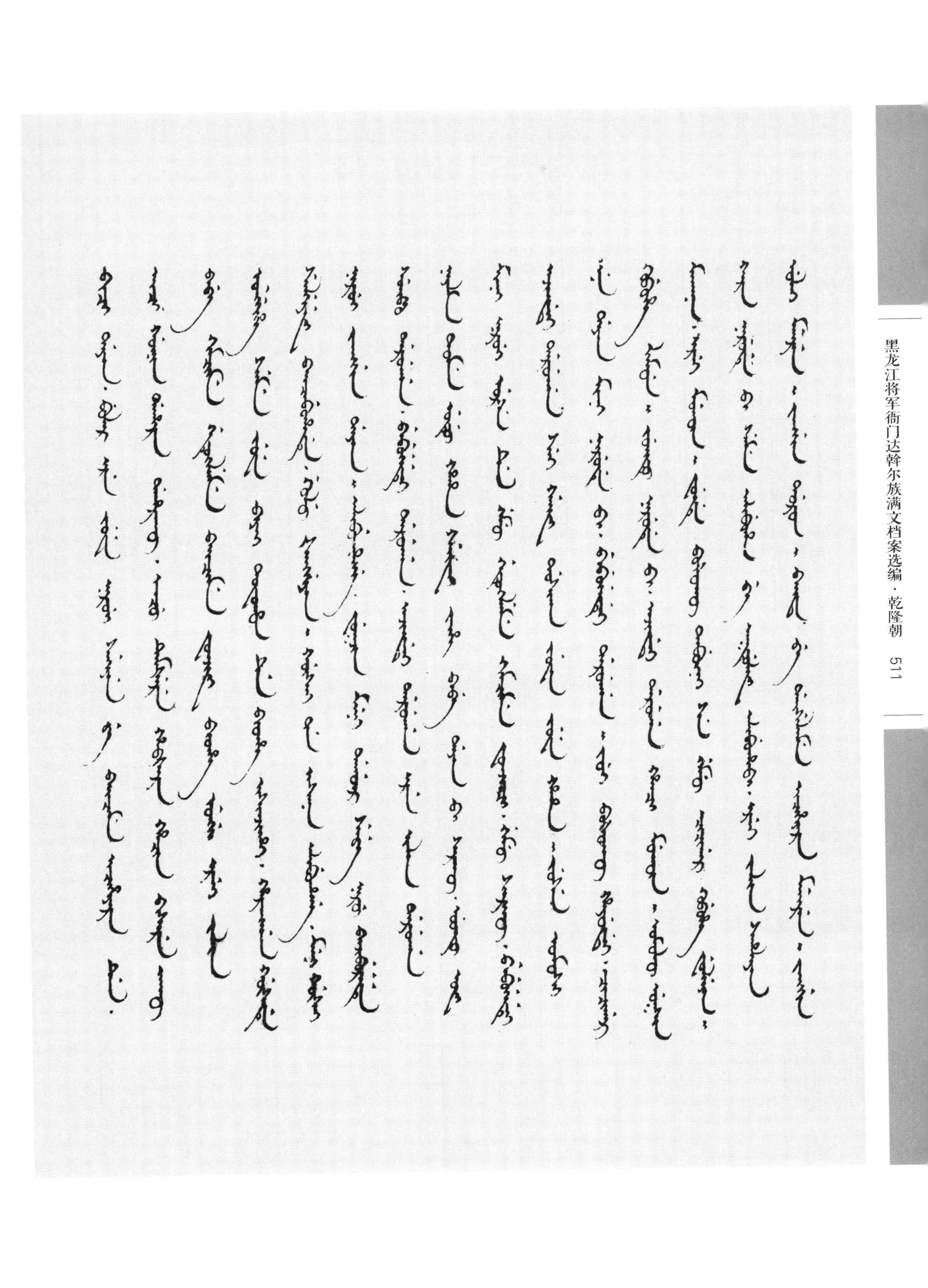

三七四 黑龙江将军衙门为拣选镶红旗骁骑校图什默勒补放齐齐哈尔正红旗达斡尔佐领事咨兵部文

乾隆十一年三月初七日

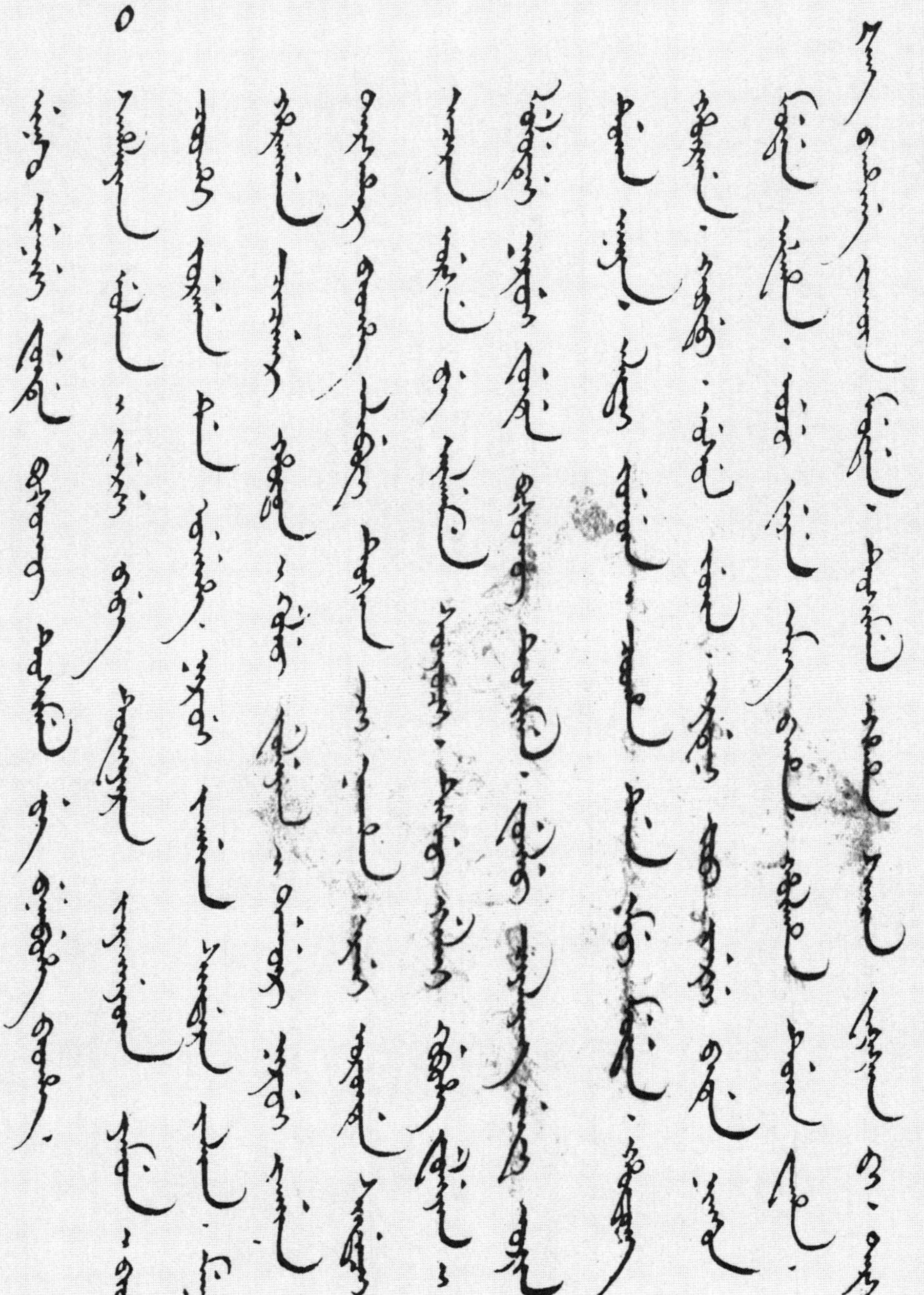

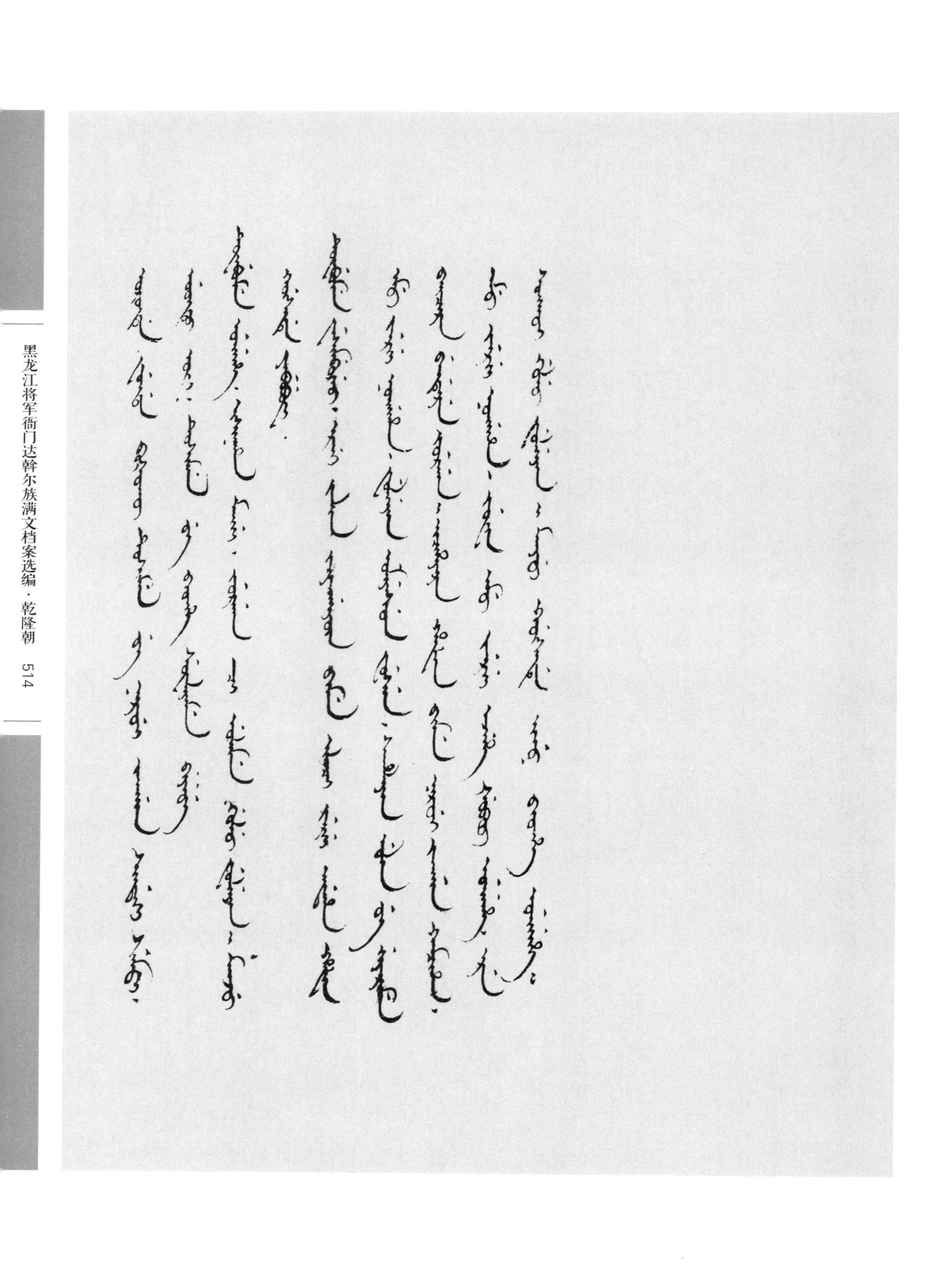

[illegible]

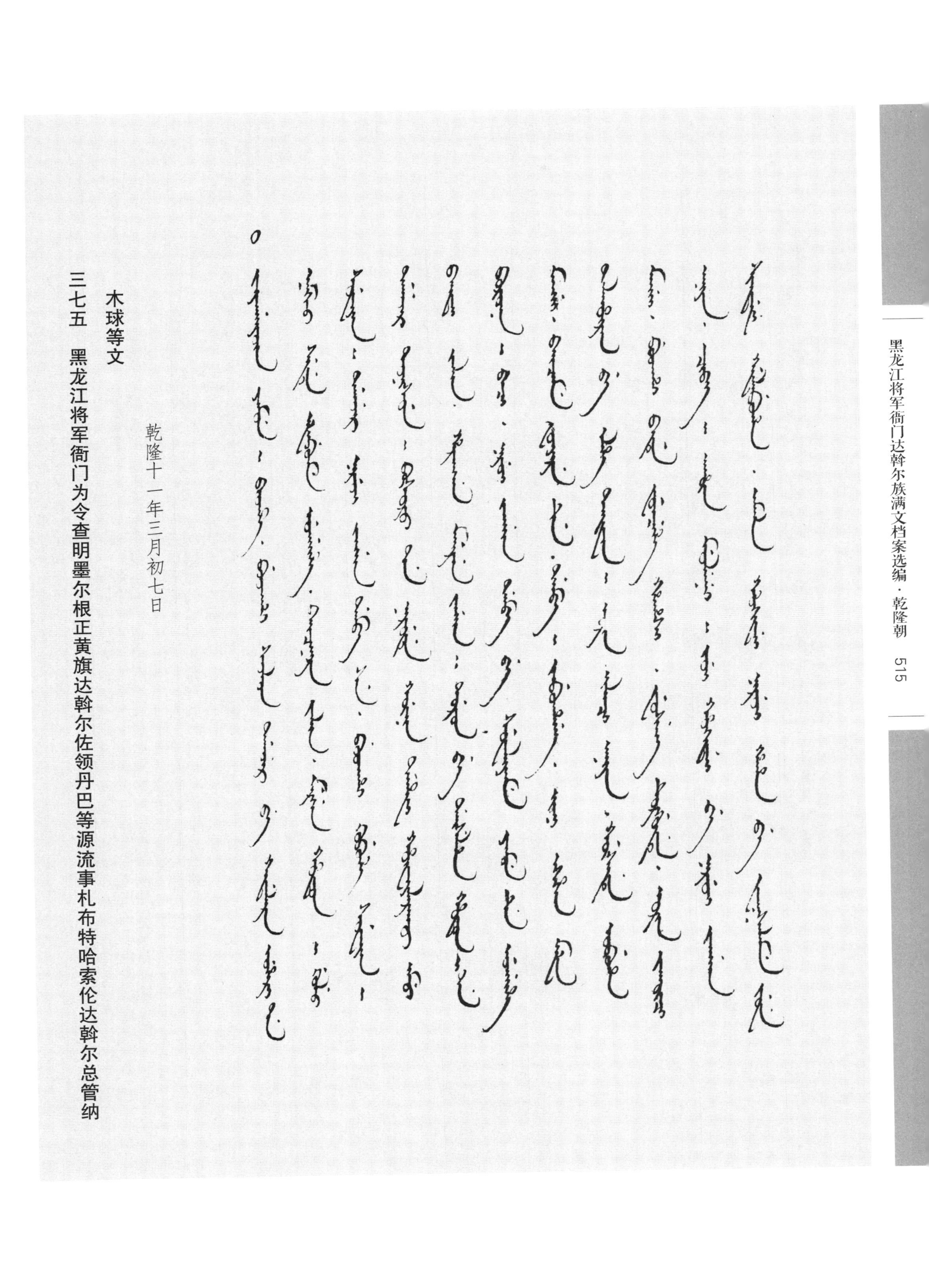

乾隆十一年三月初七日

三七五 黑龙江将军衙门为令查明墨尔根正黄旗达斡尔佐领丹巴等源流事札布特哈索伦达斡尔总管纳木球等文

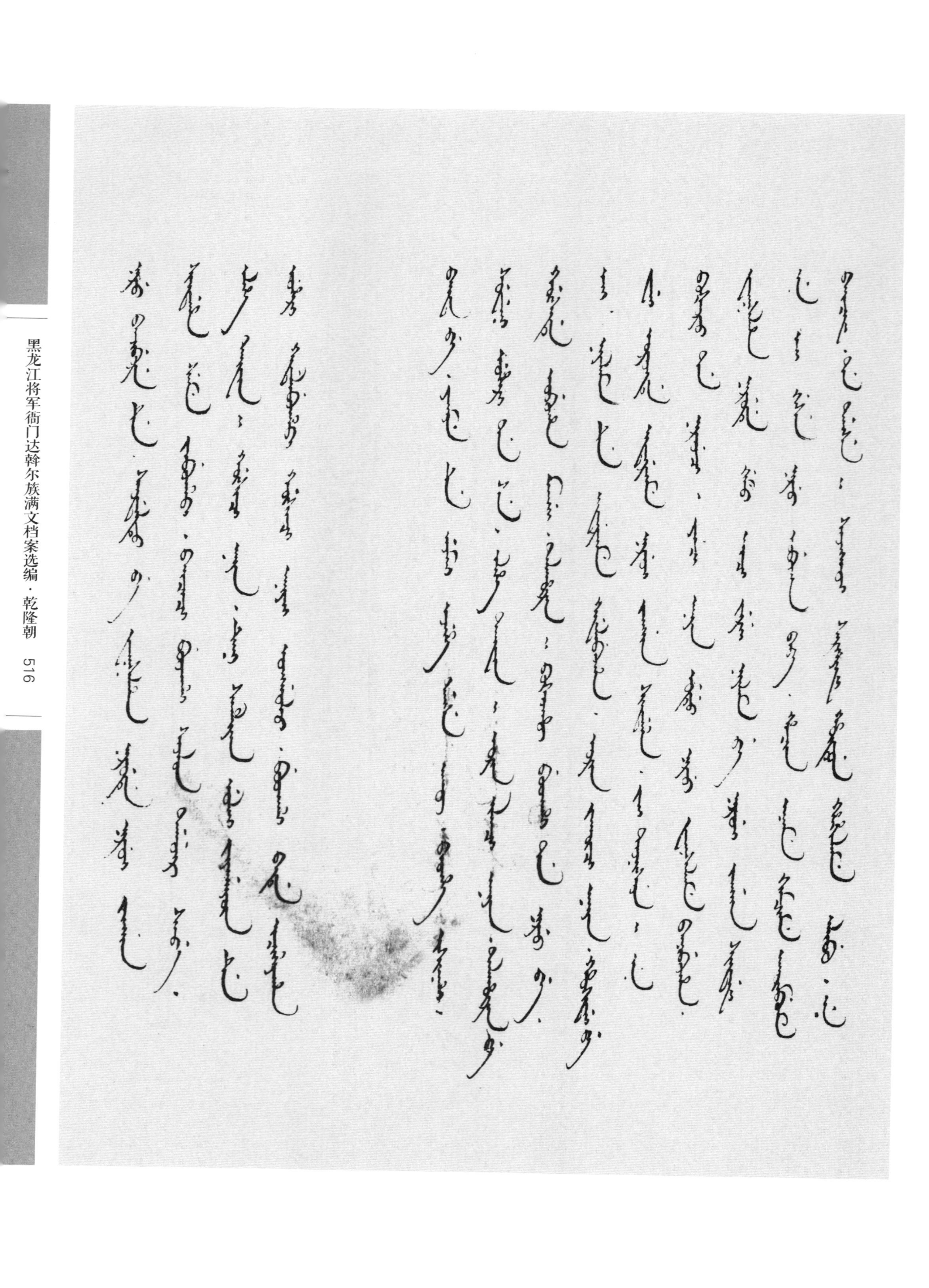

[illegible]

[illegible]

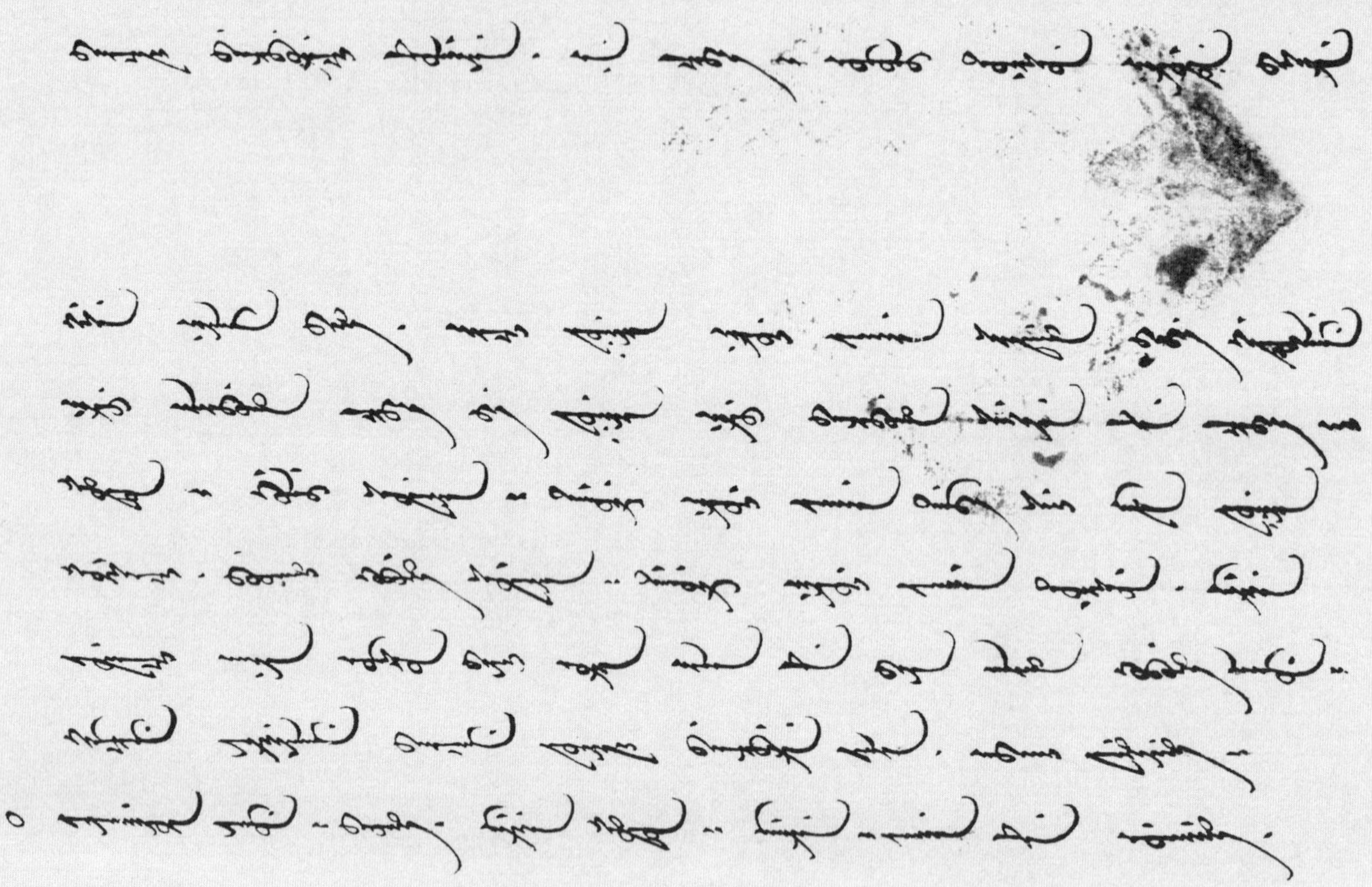

乾隆十一年三月初七日

根副都统文

三七六　黑龙江将军衙门为令详查布特哈镶黄旗达斡尔佐领托尼逊等源流并解送源流册家谱事咨墨尔

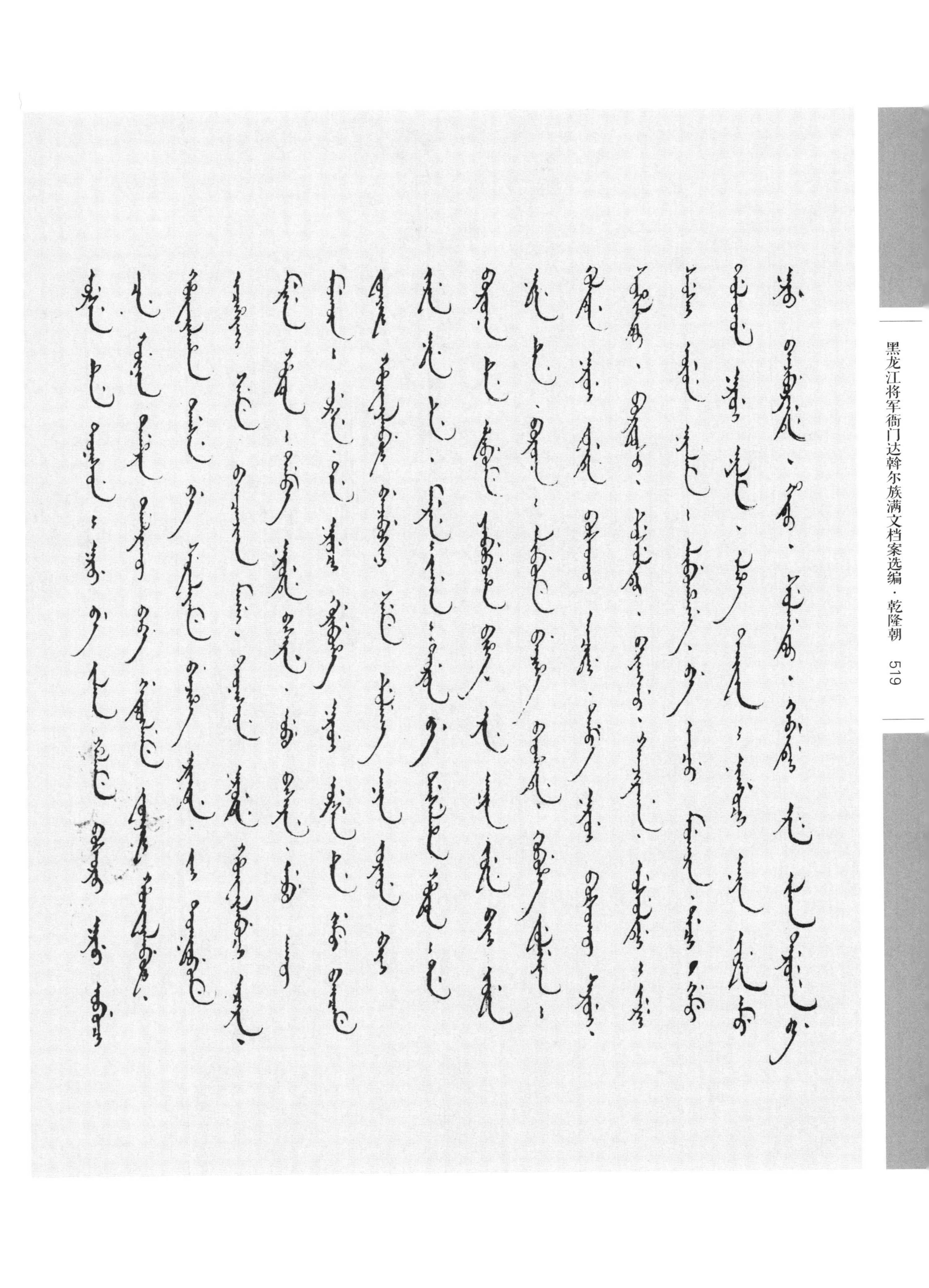

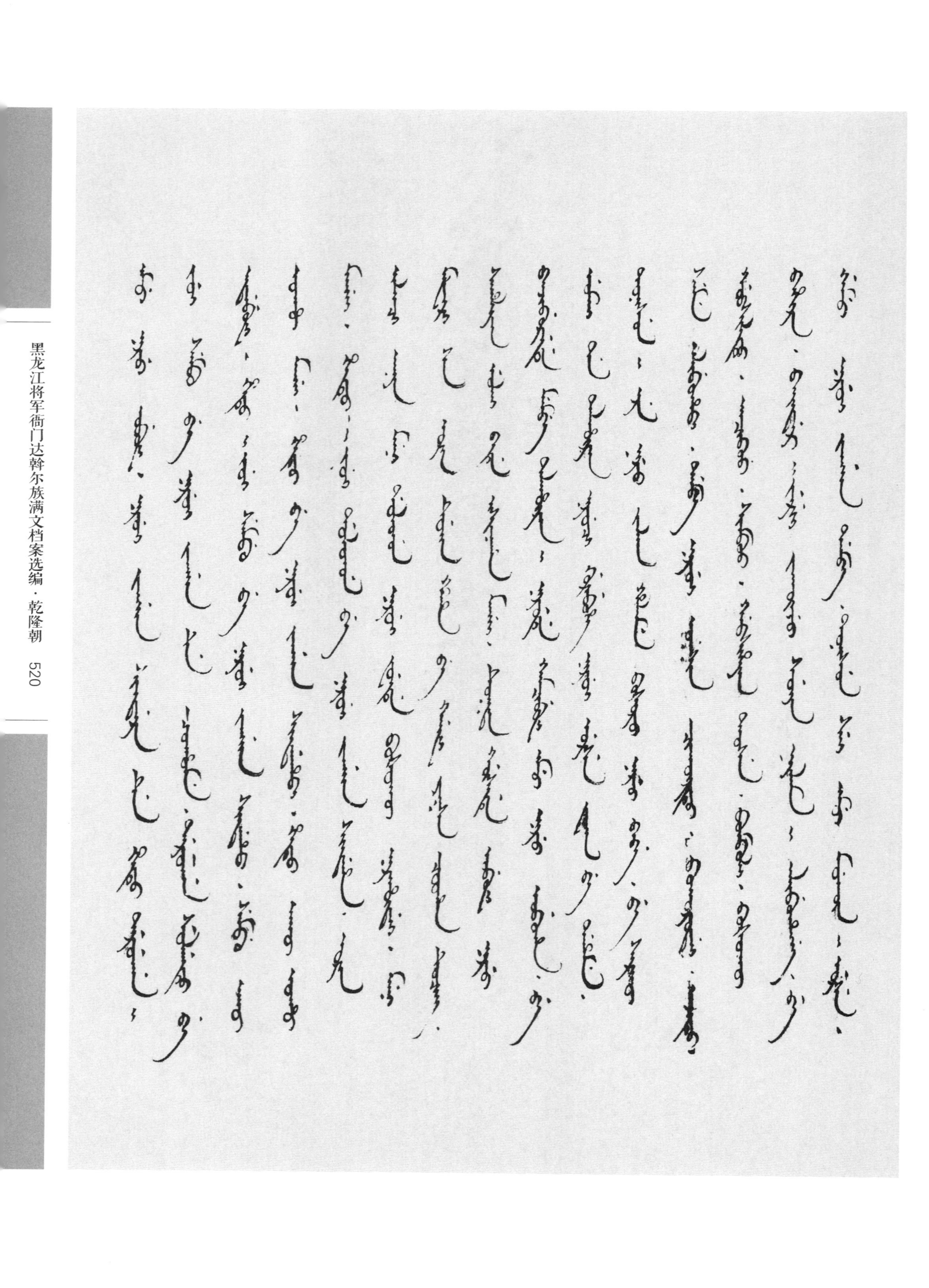

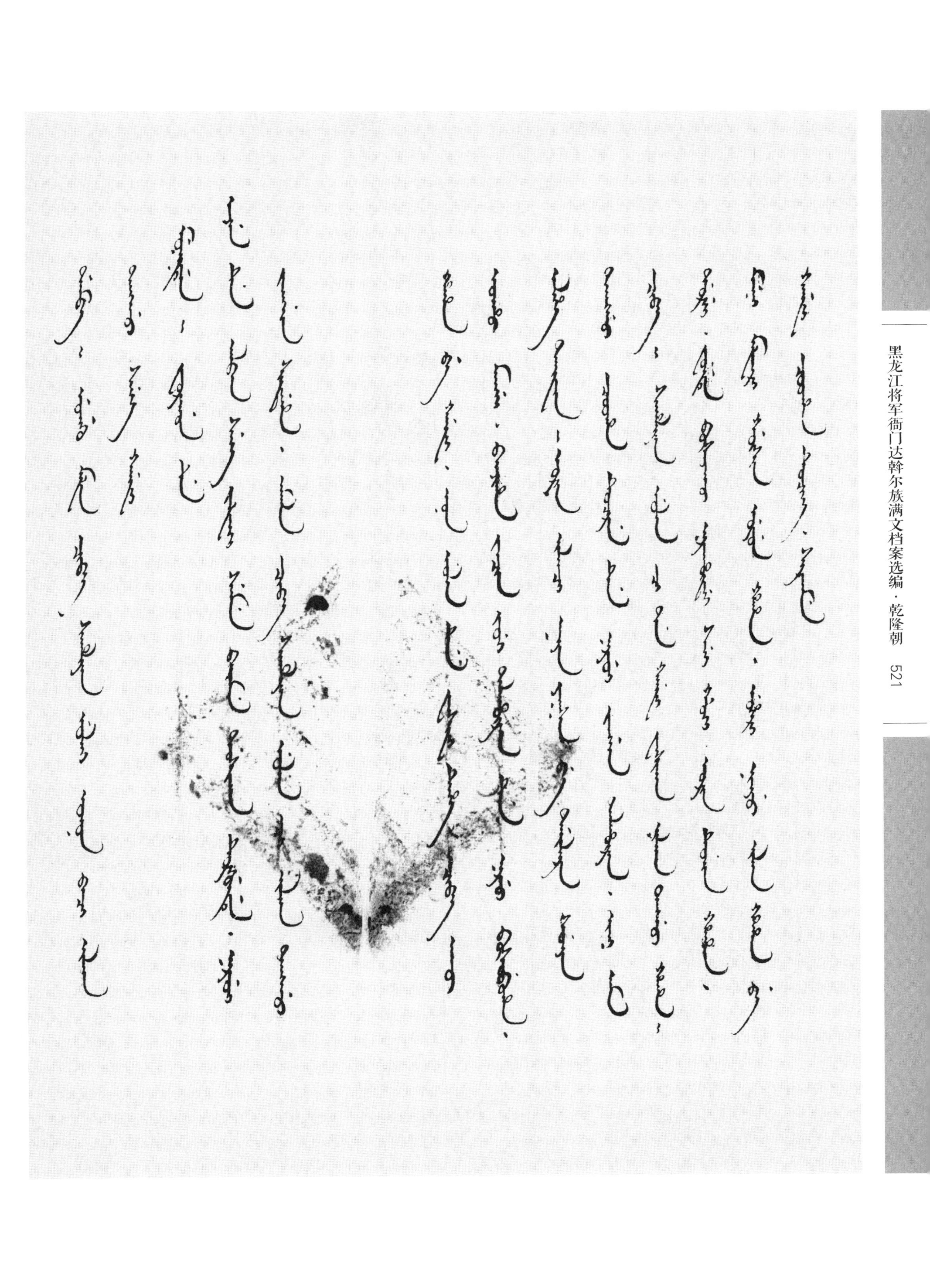

[illegible]

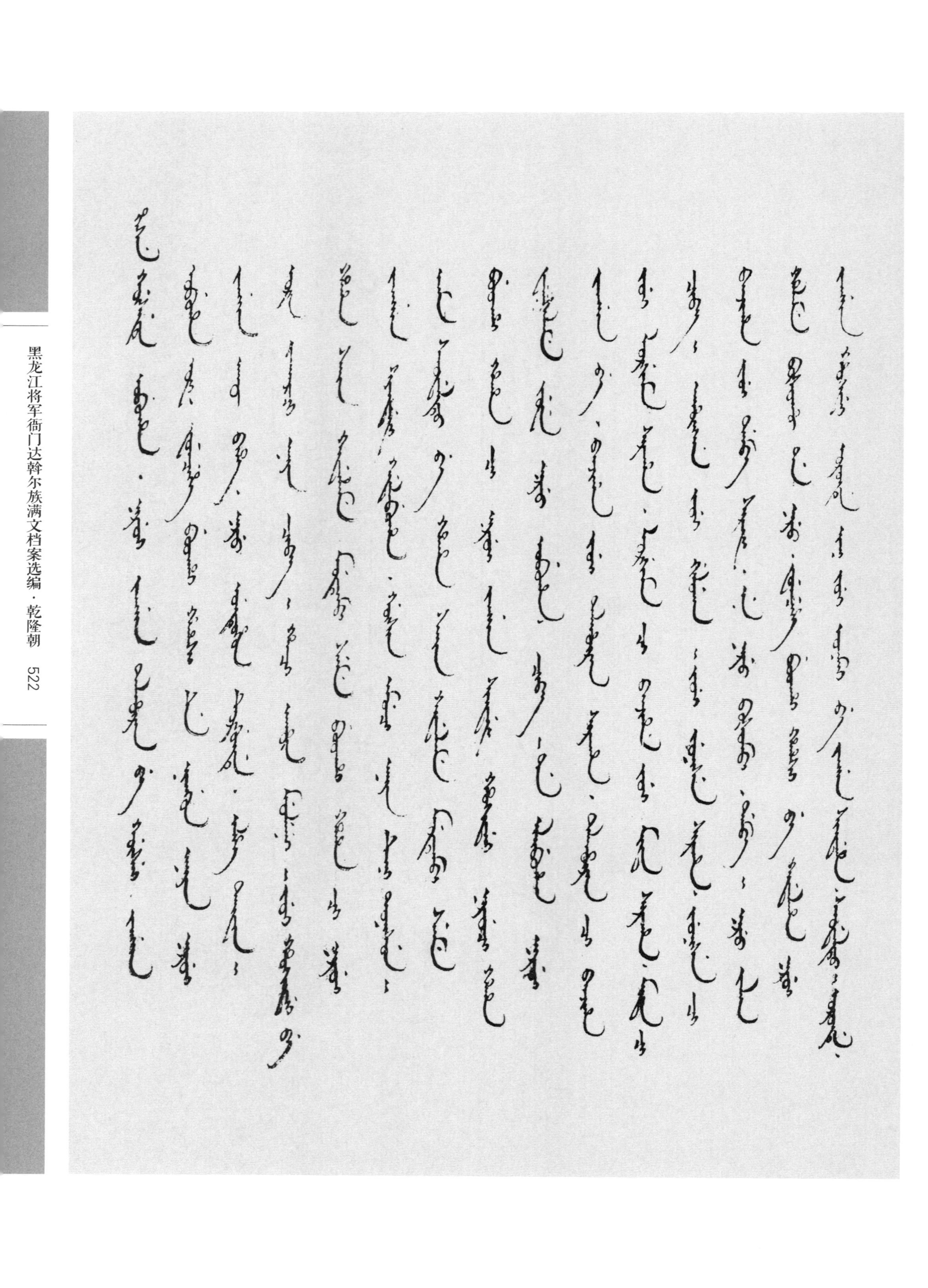

[illegible]

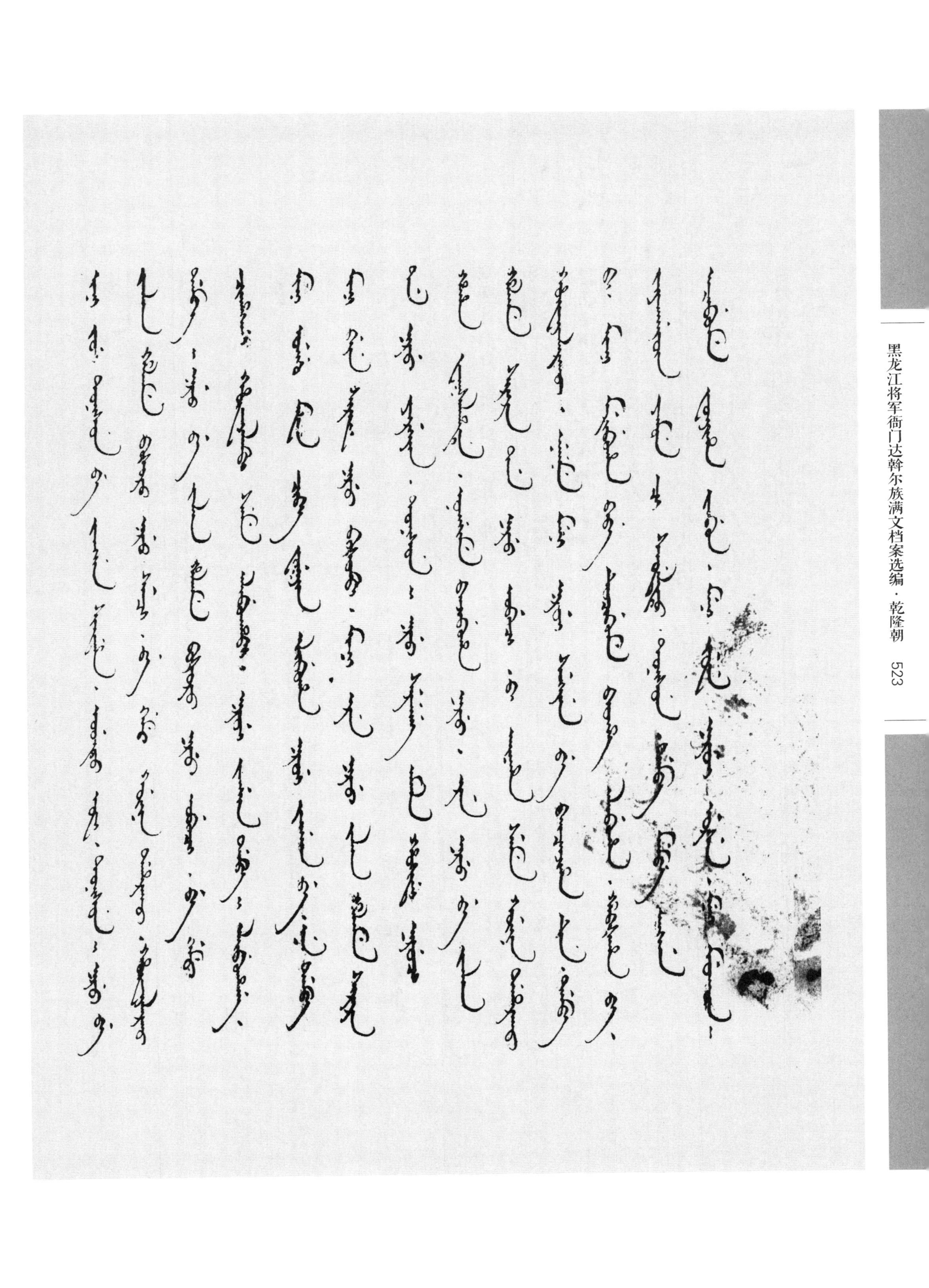

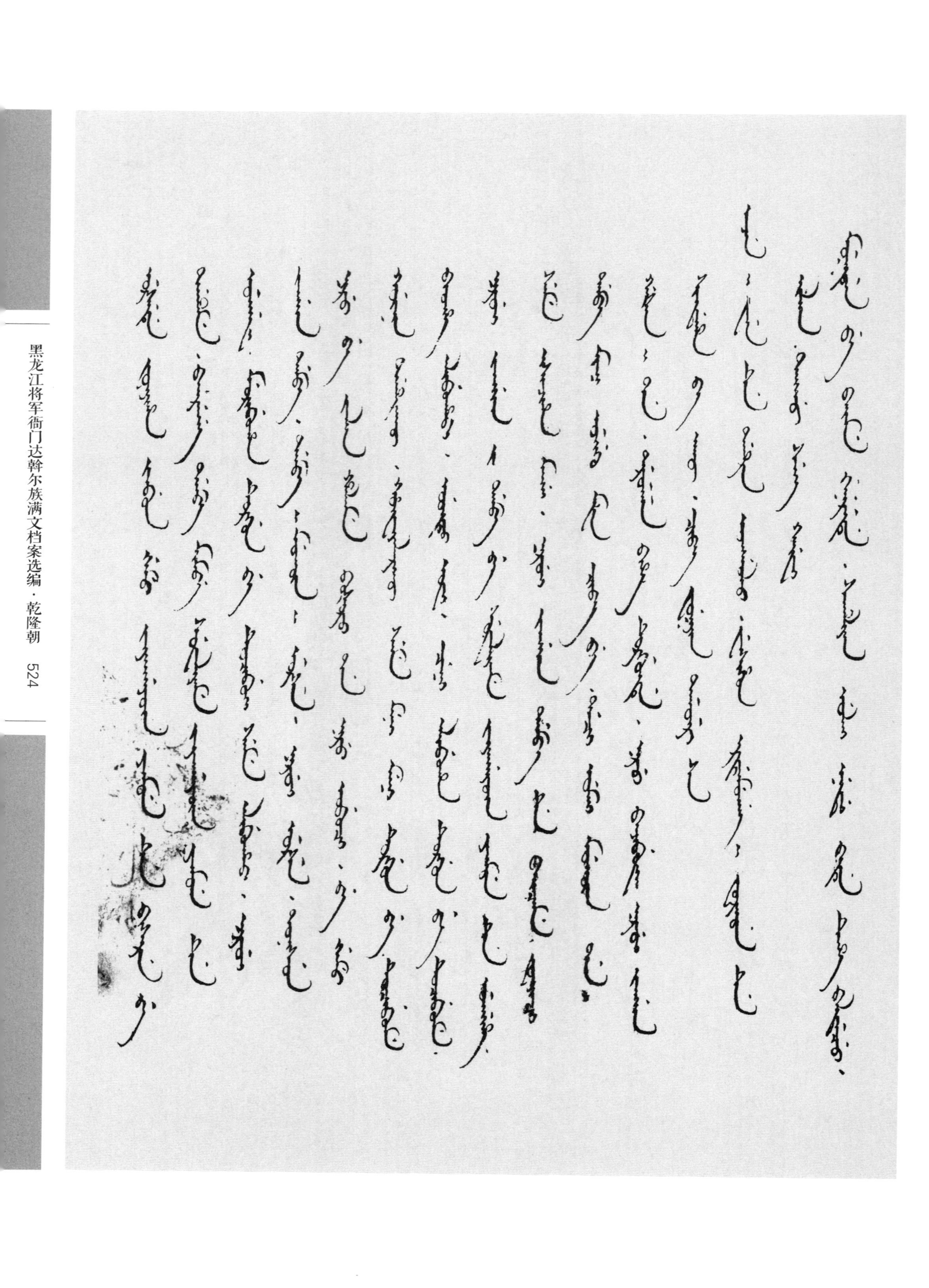

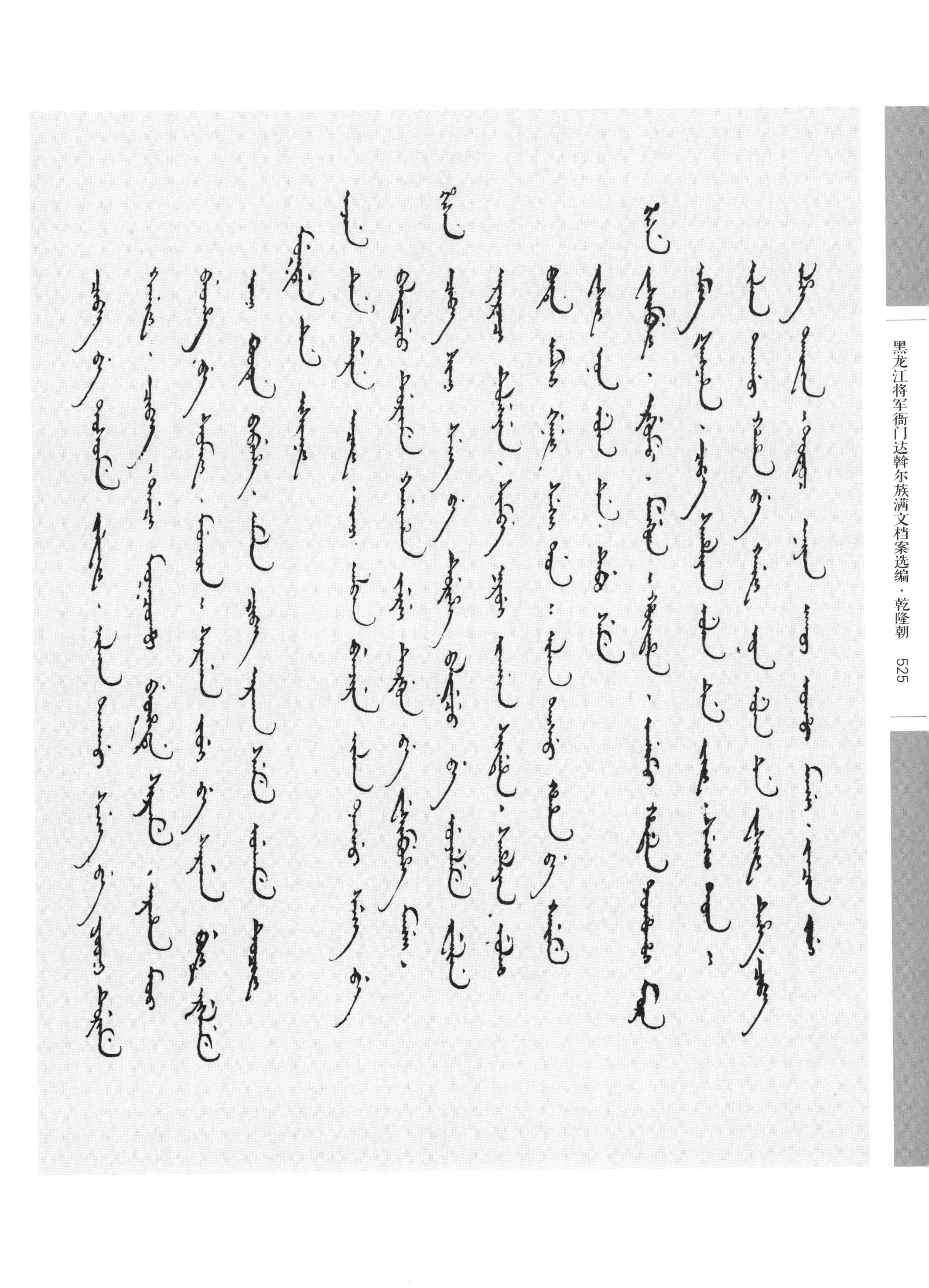

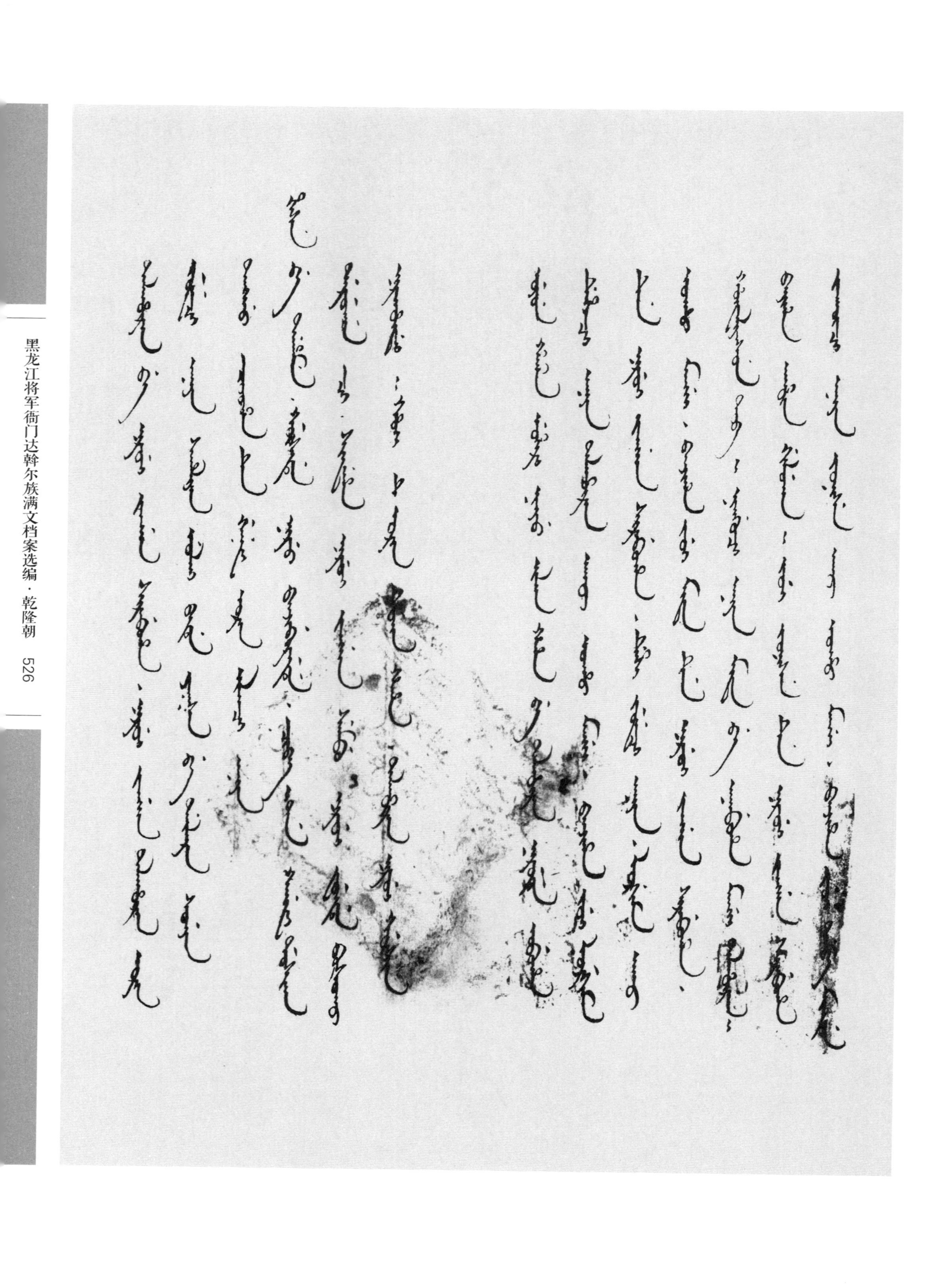

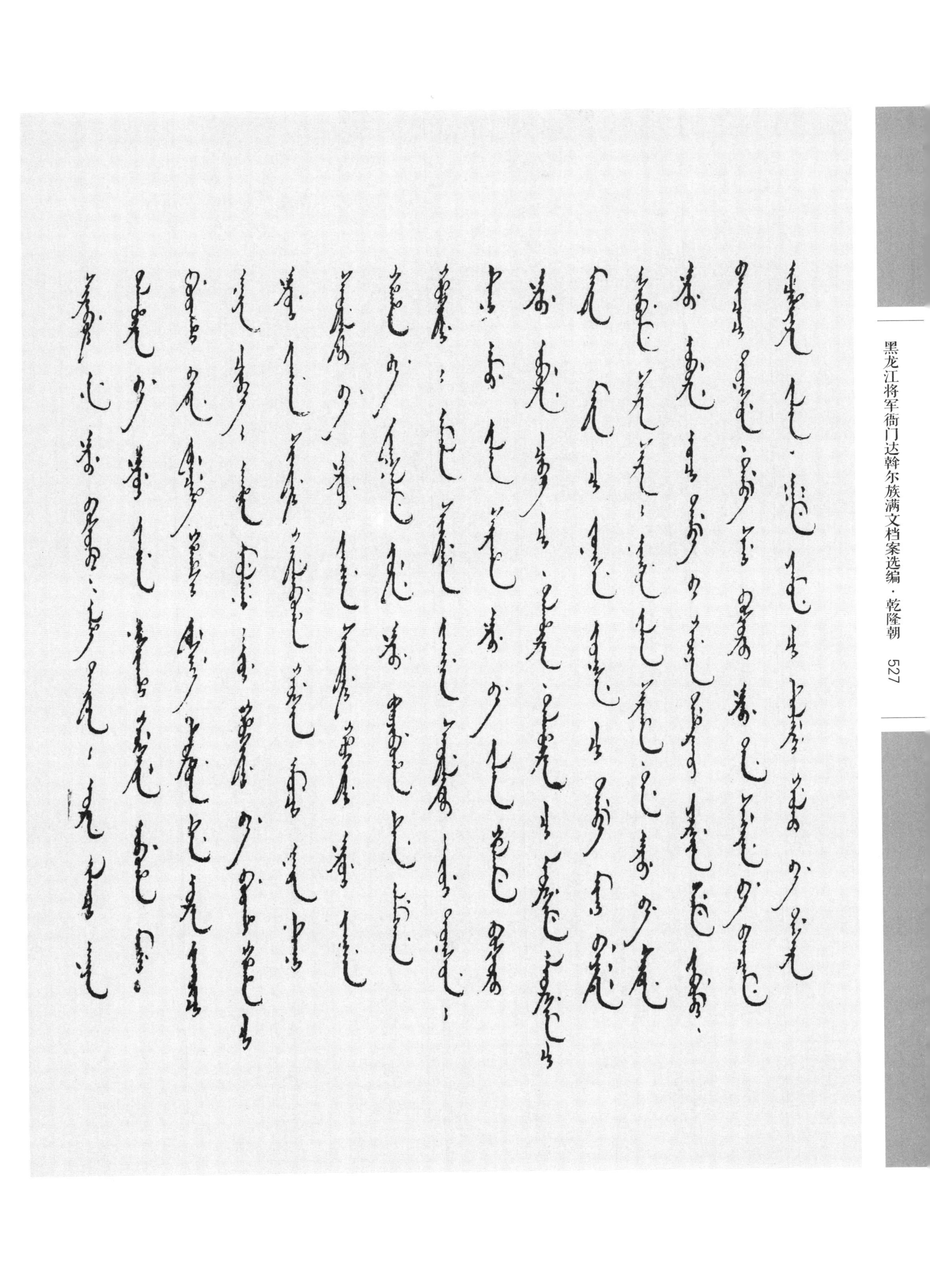

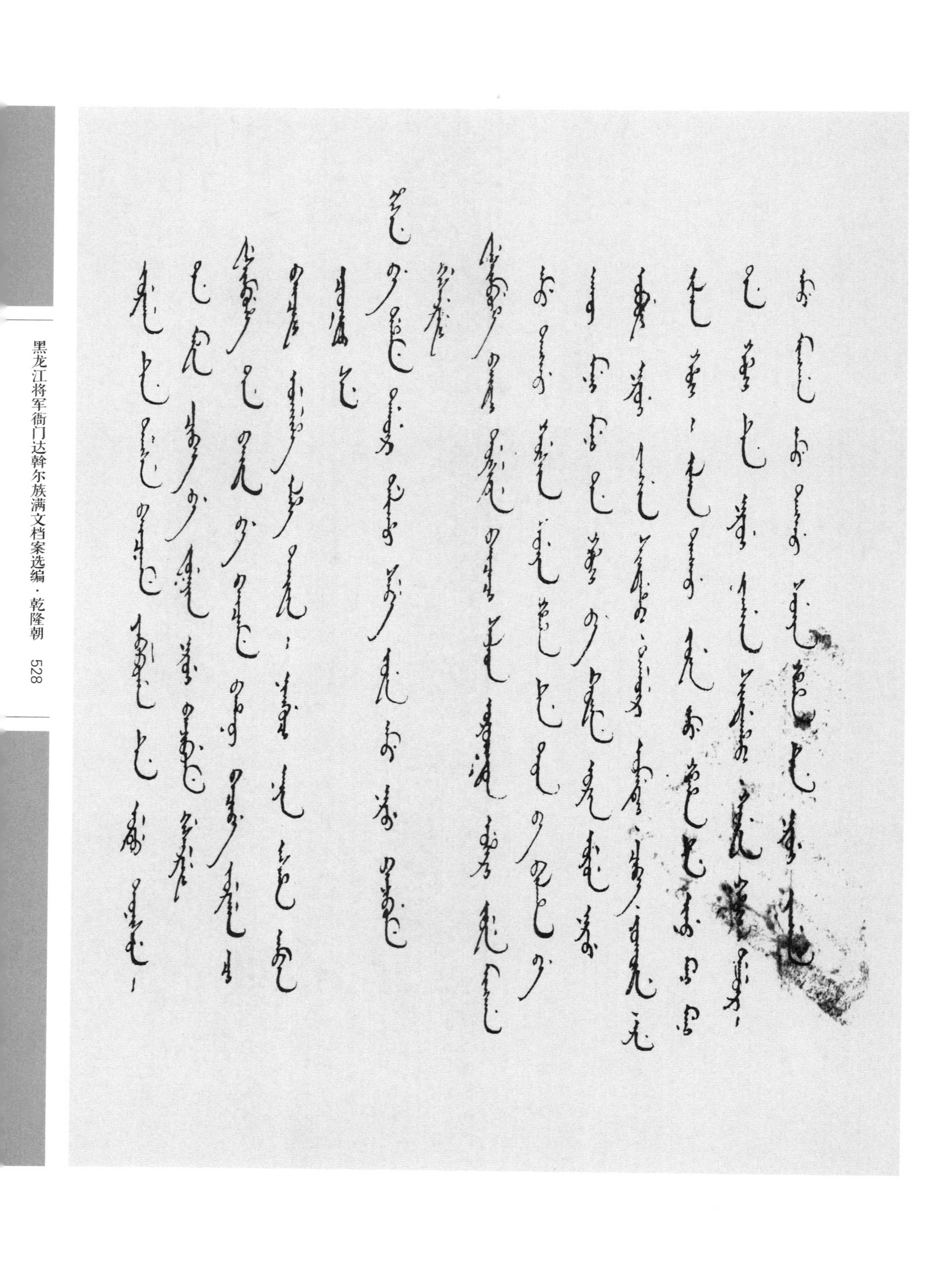

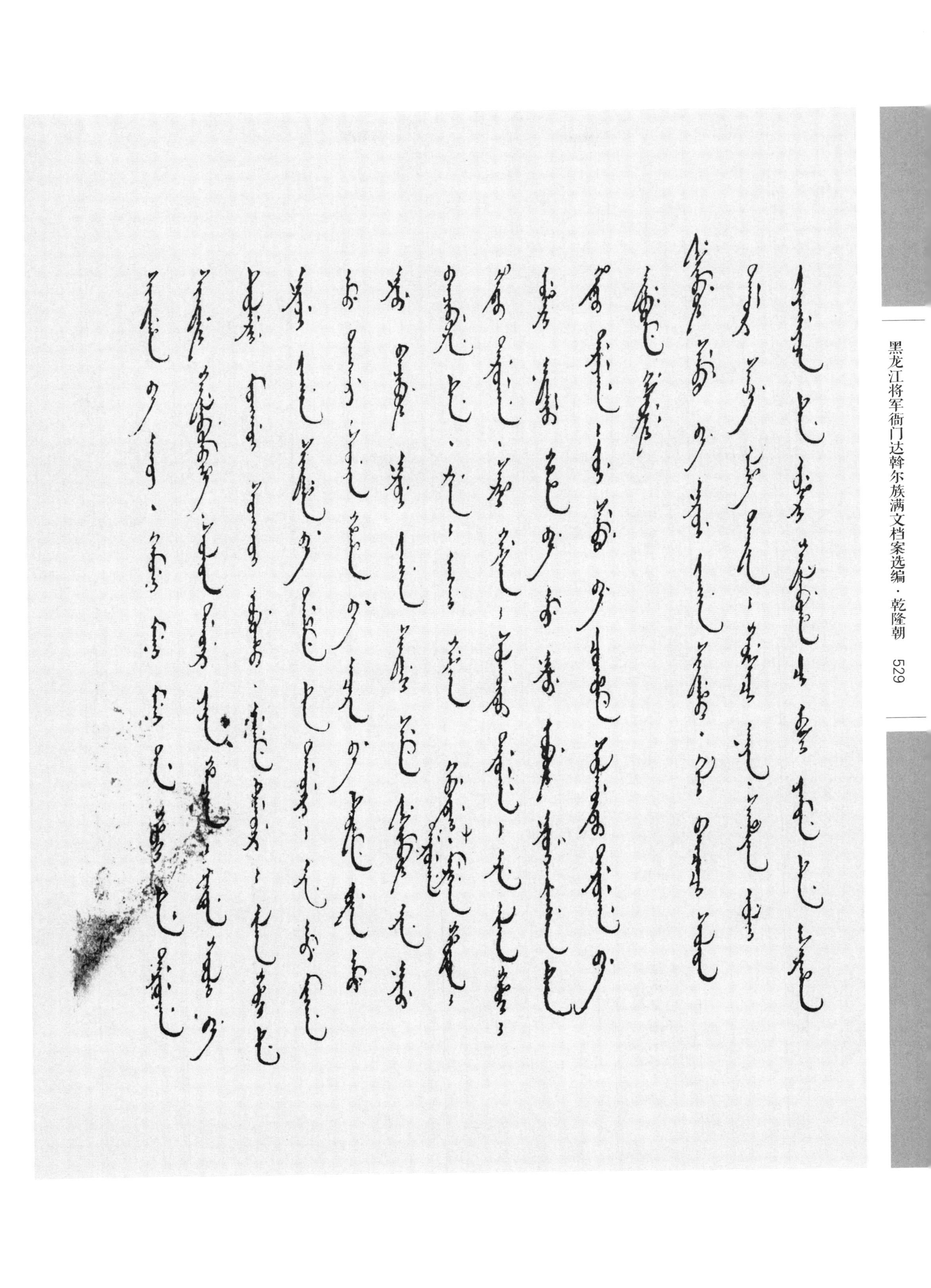

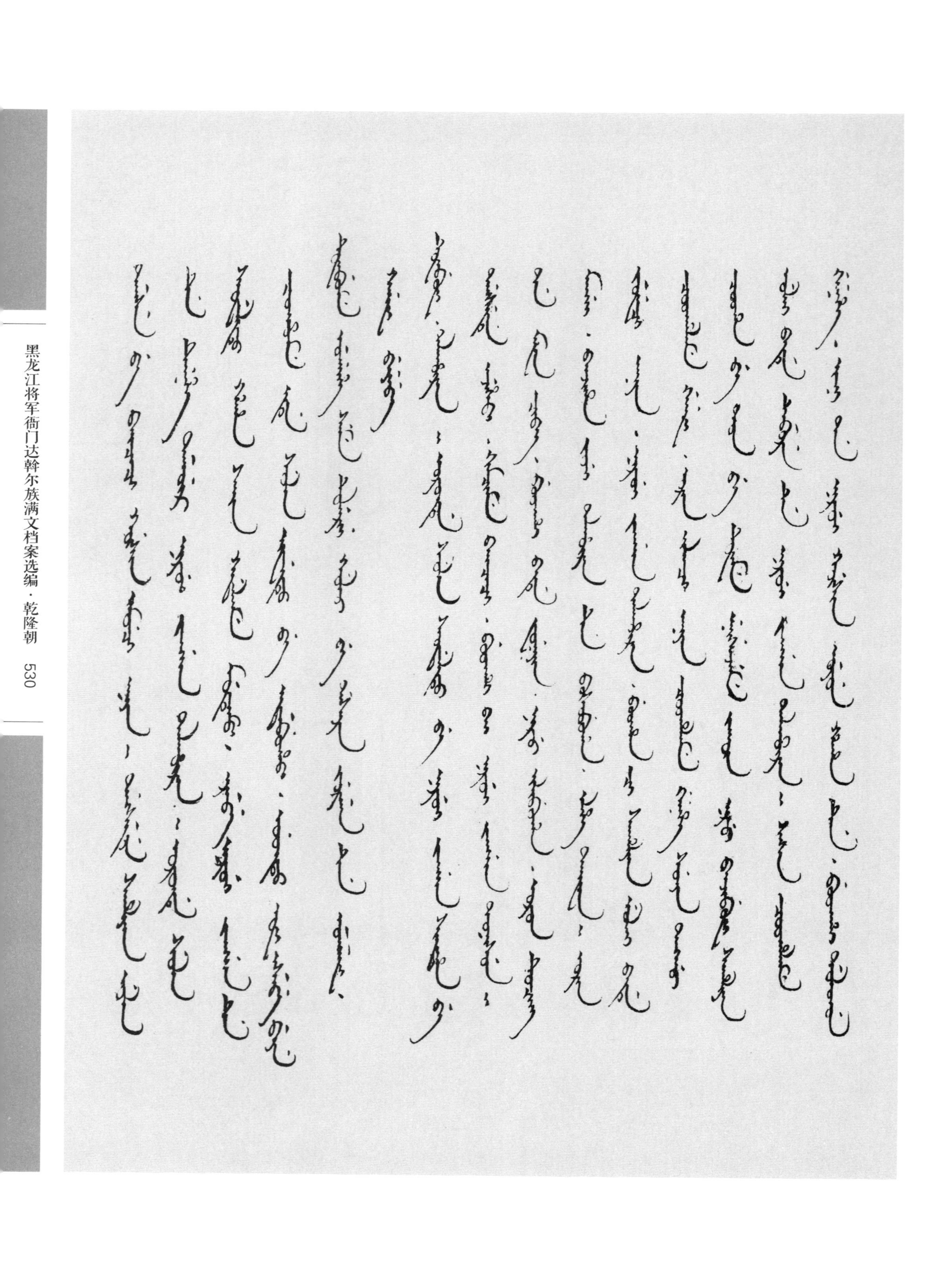

[illegible]

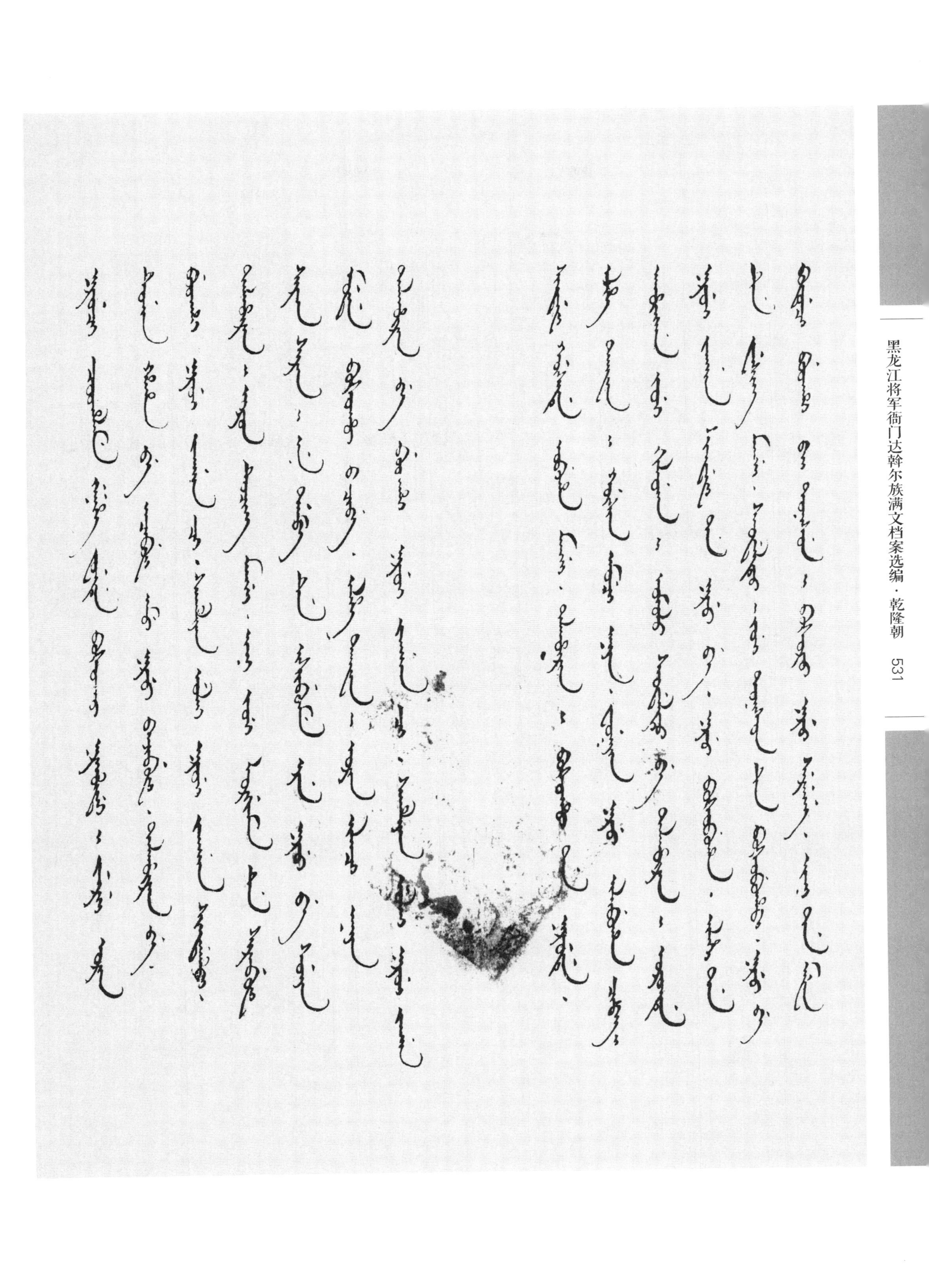

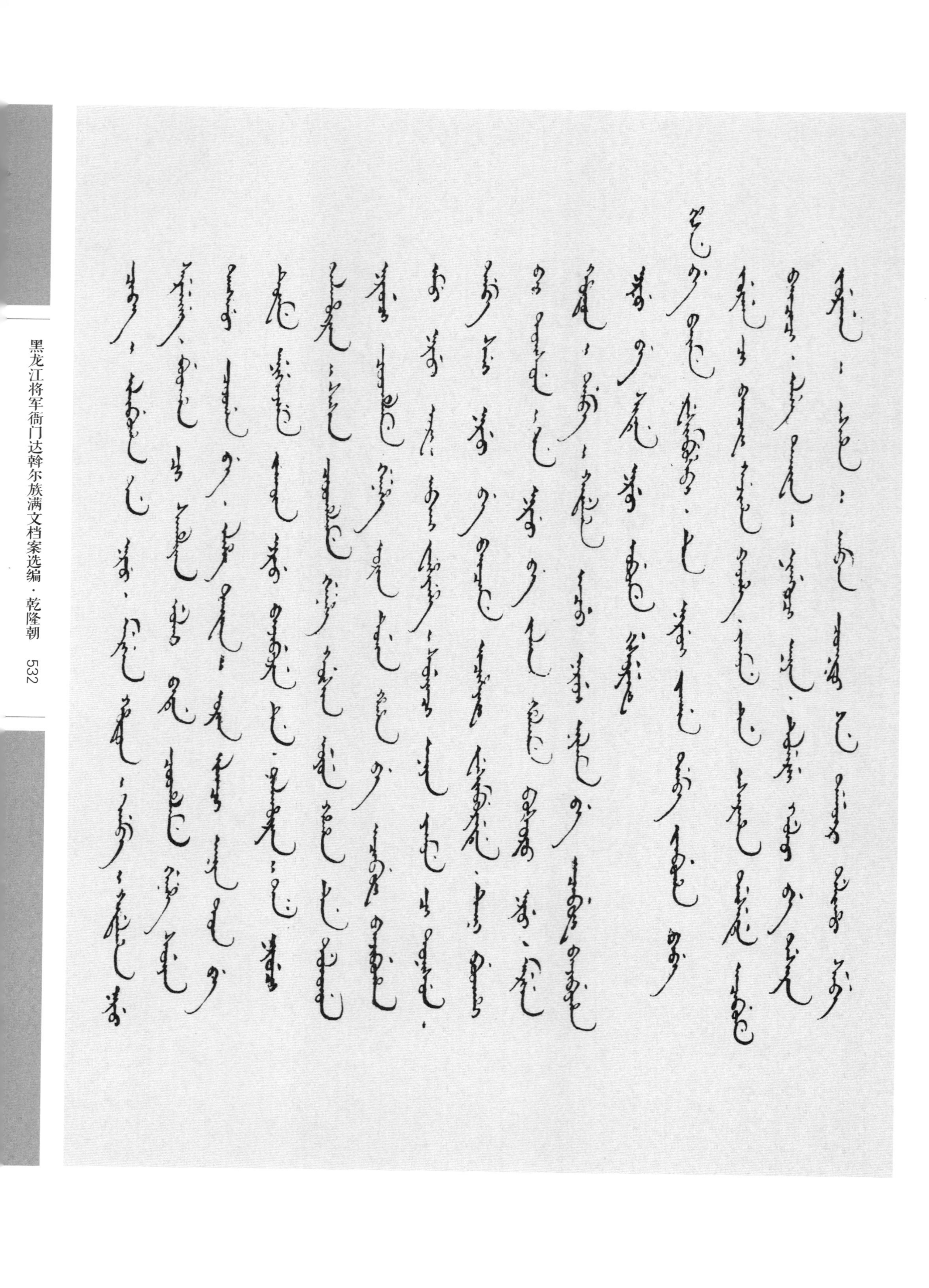

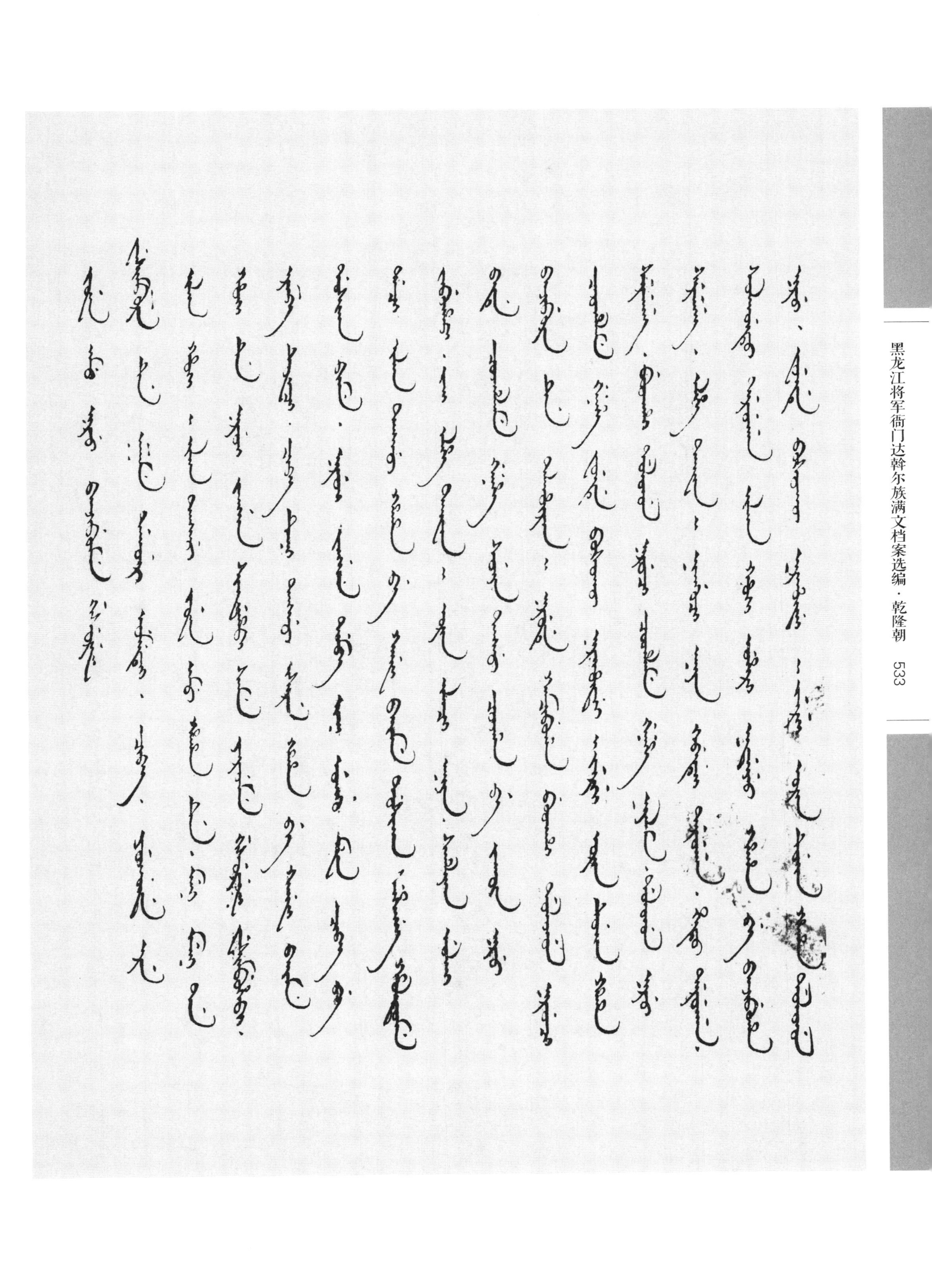

[illegible]

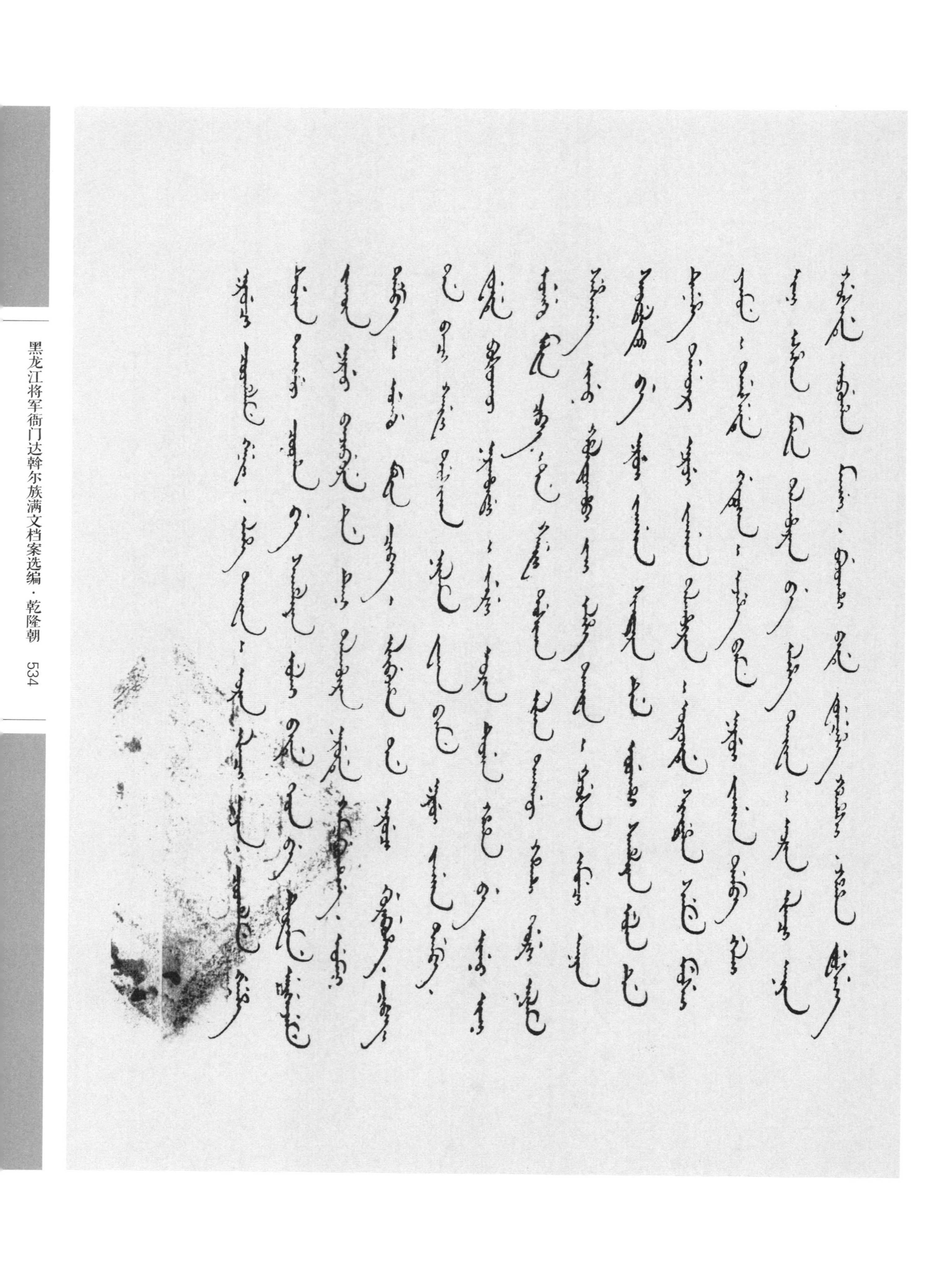

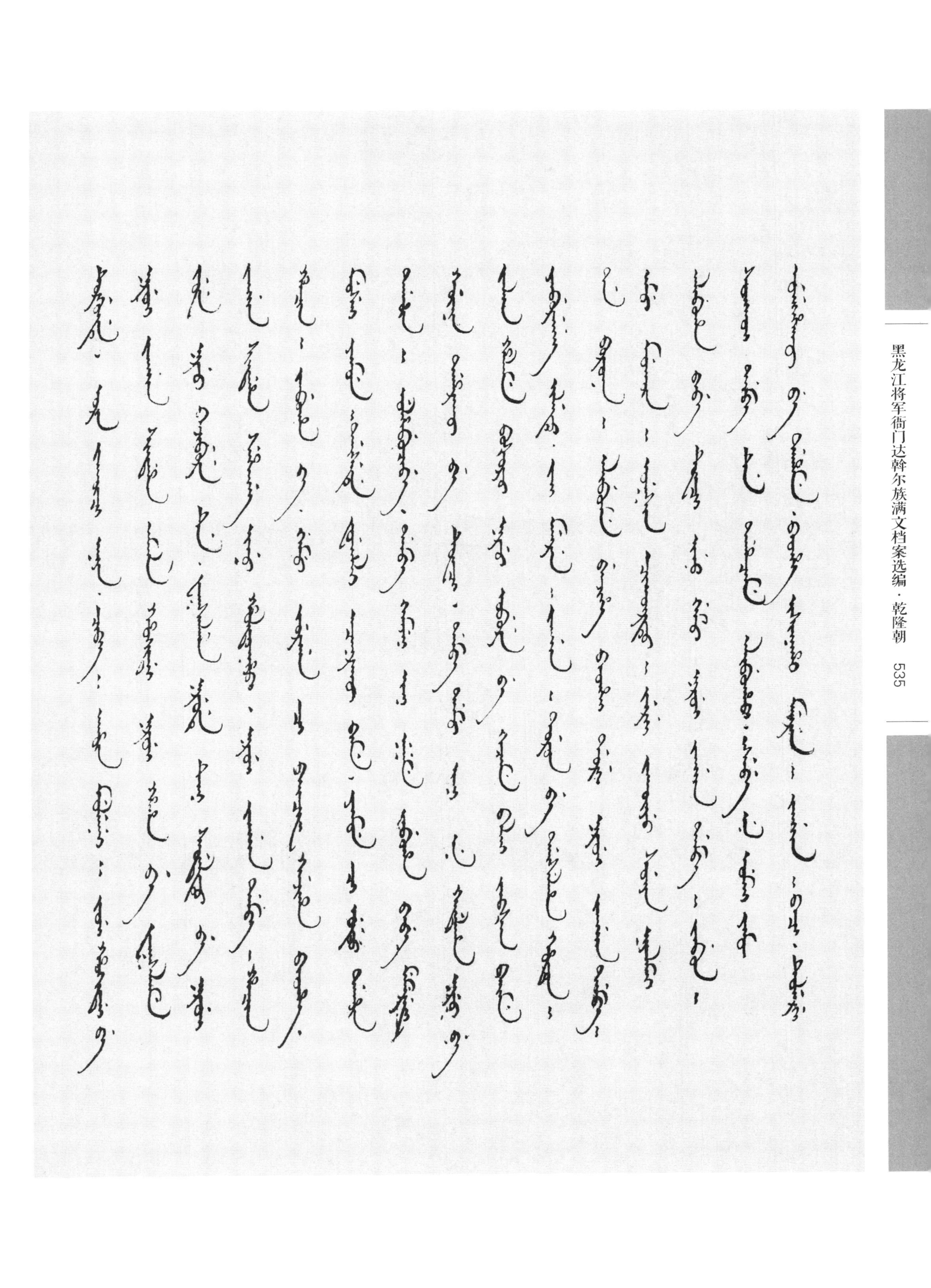

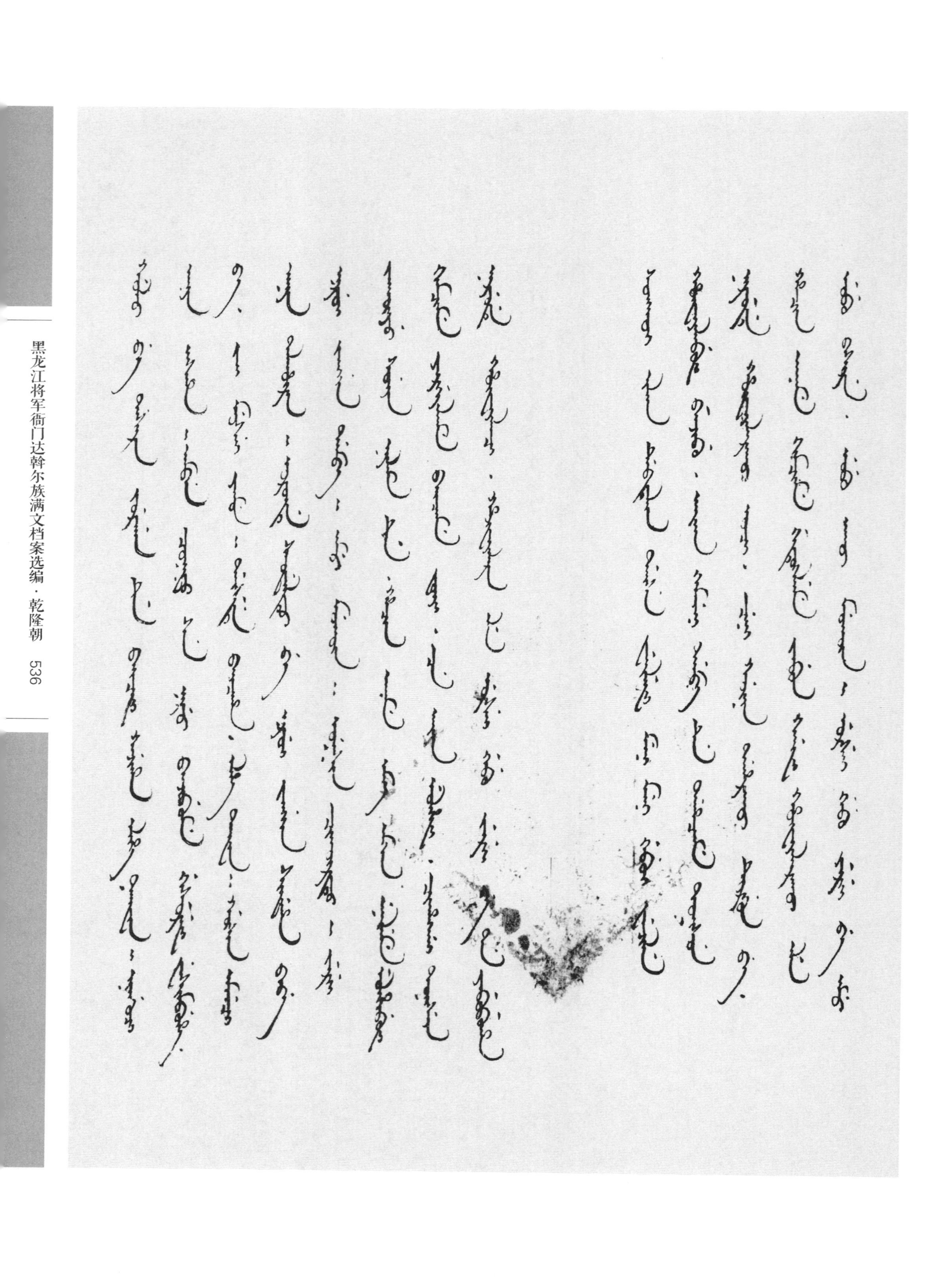

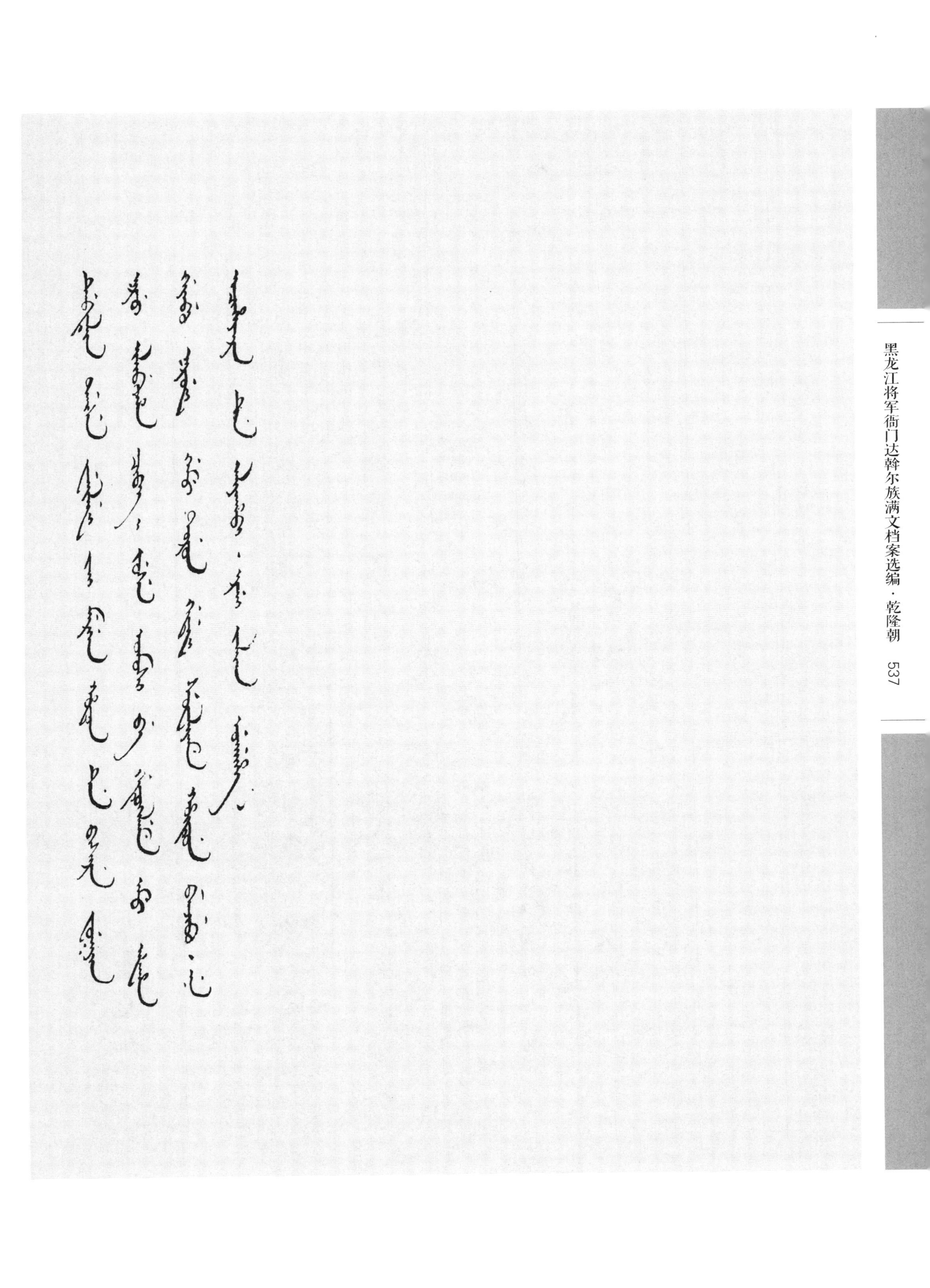

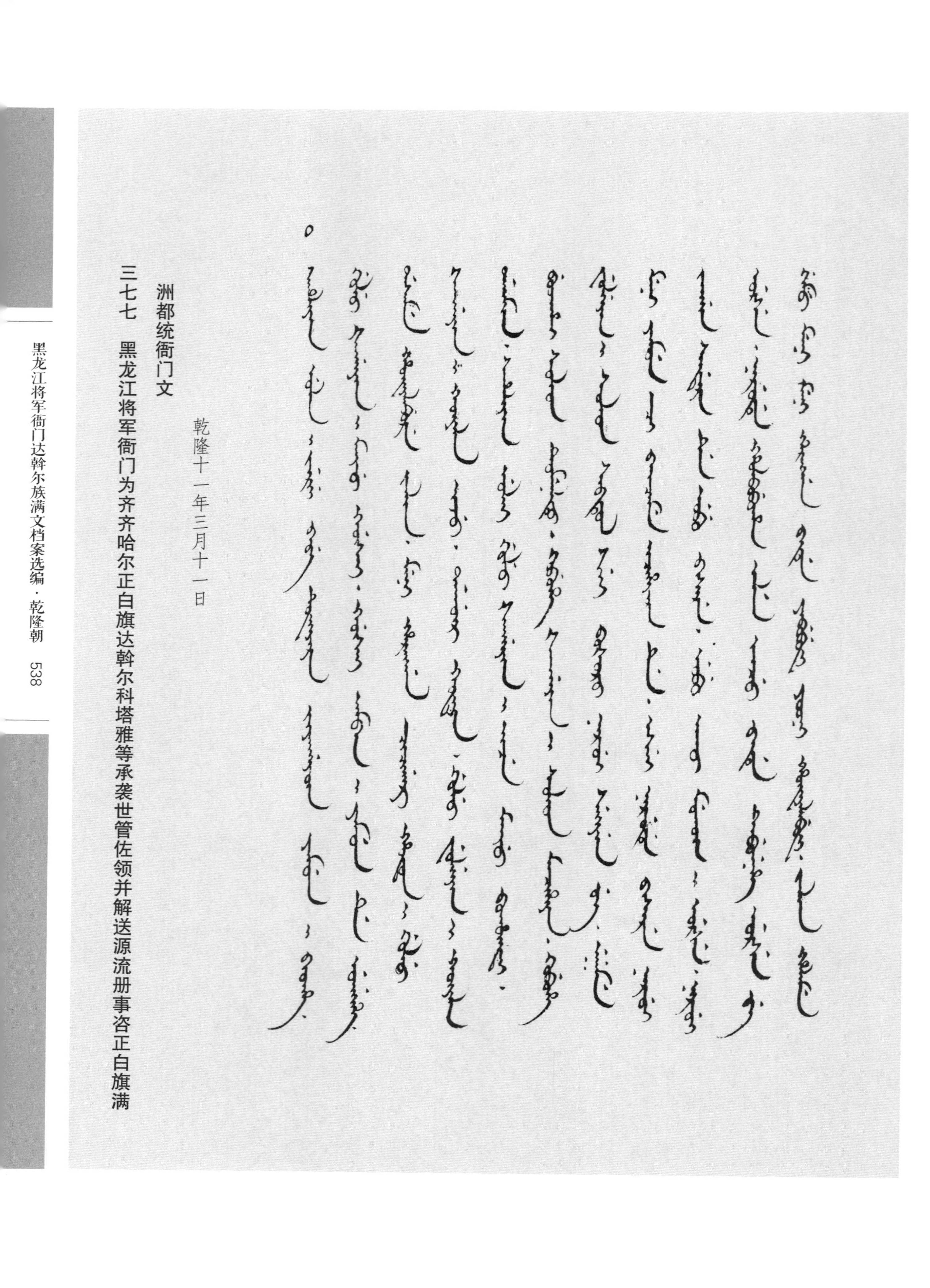

三七七　黑龙江将军衙门为齐齐哈尔正白旗达斡尔科塔雅等承袭世管佐领并解送源流册事咨正白旗满洲都统衙门文

乾隆十一年三月十一日

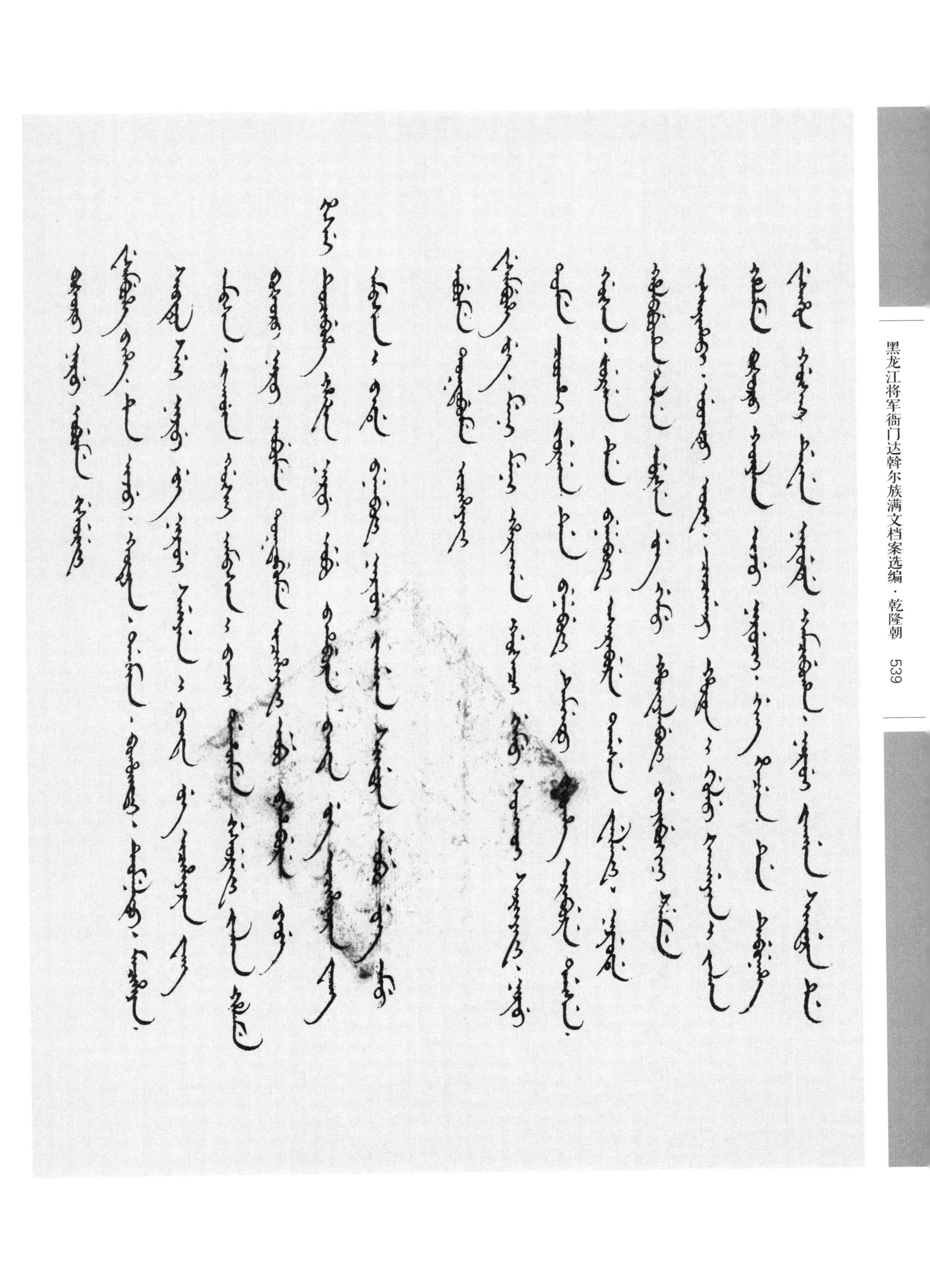

[illegible]

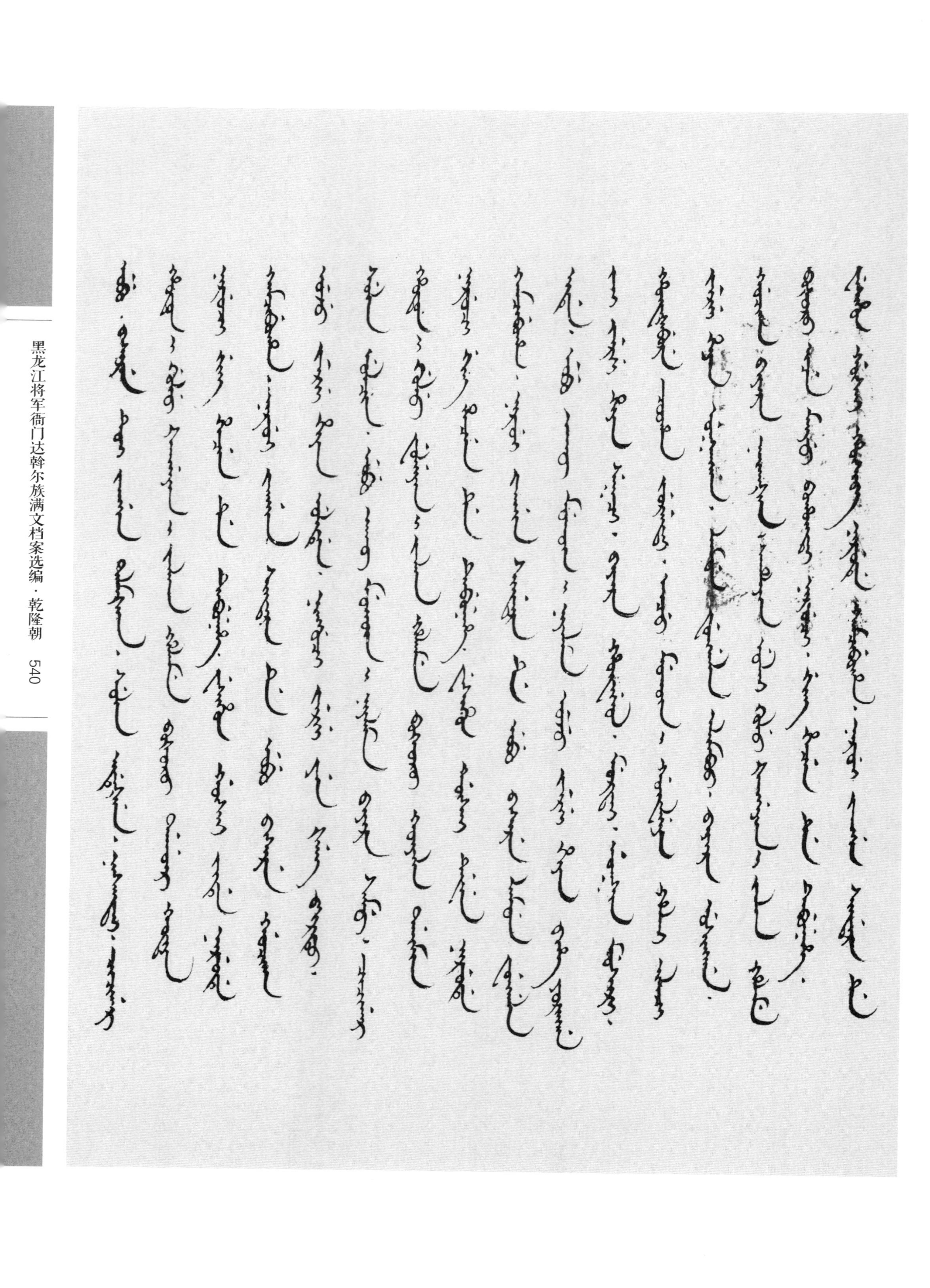

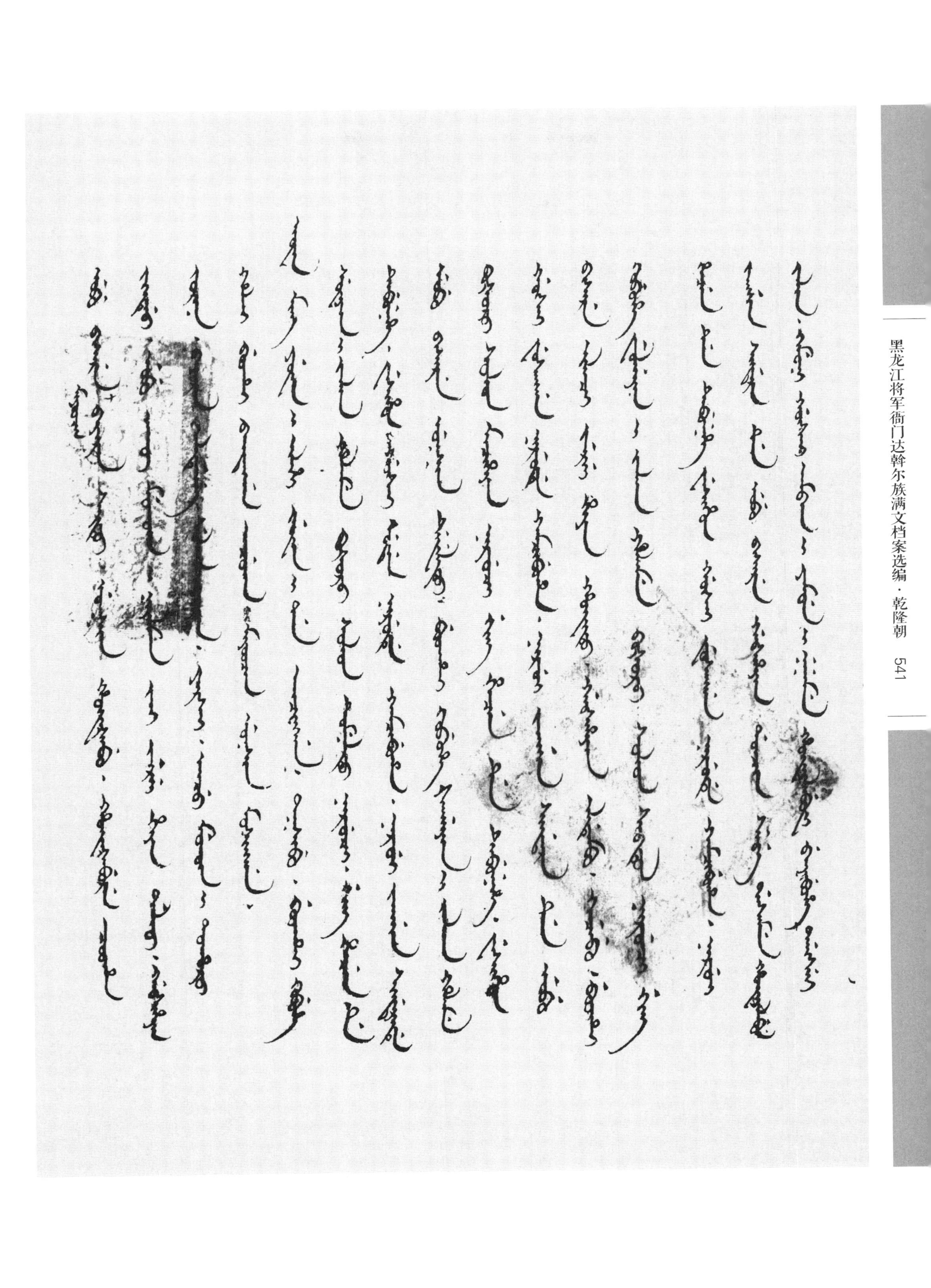

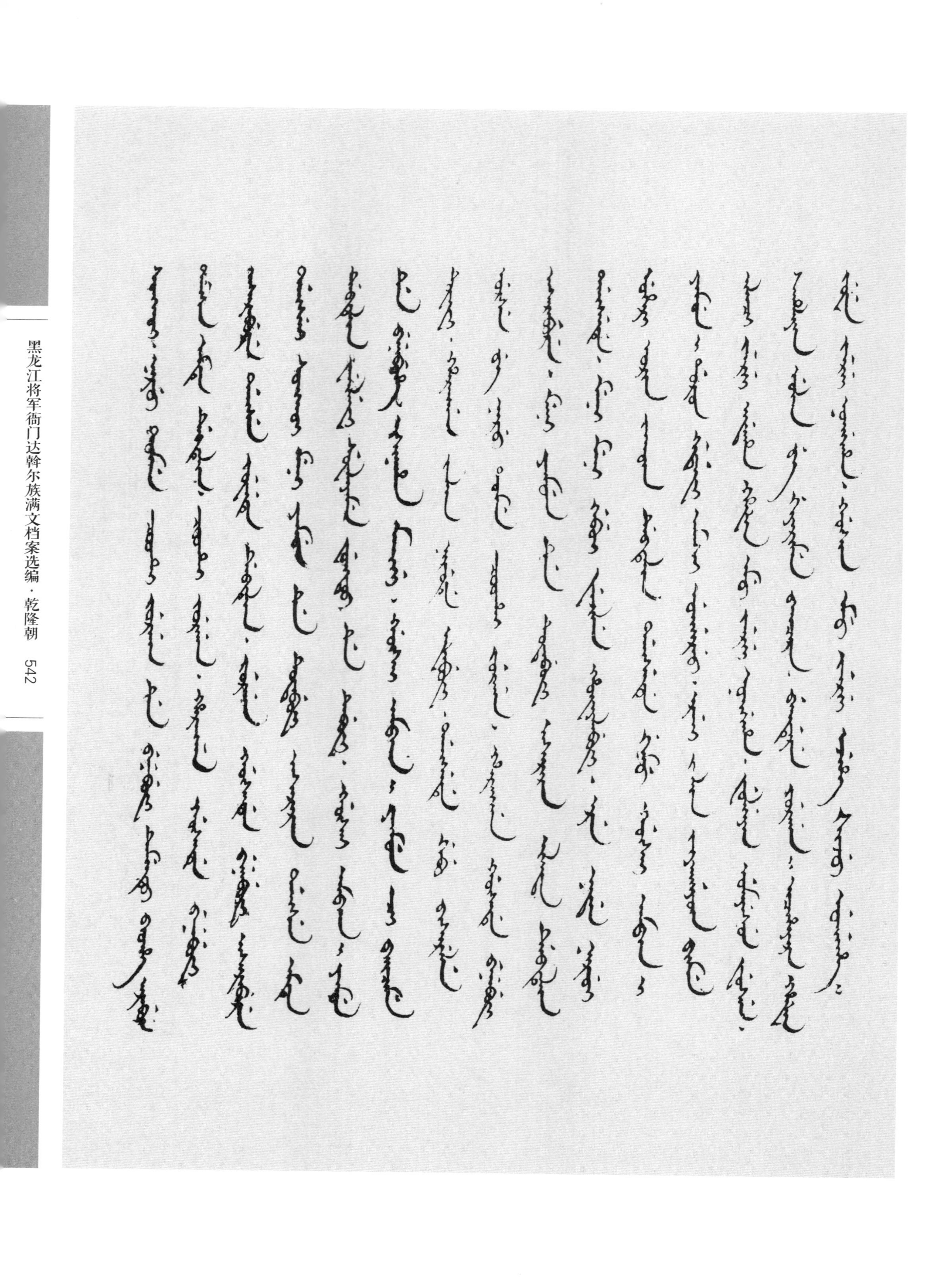

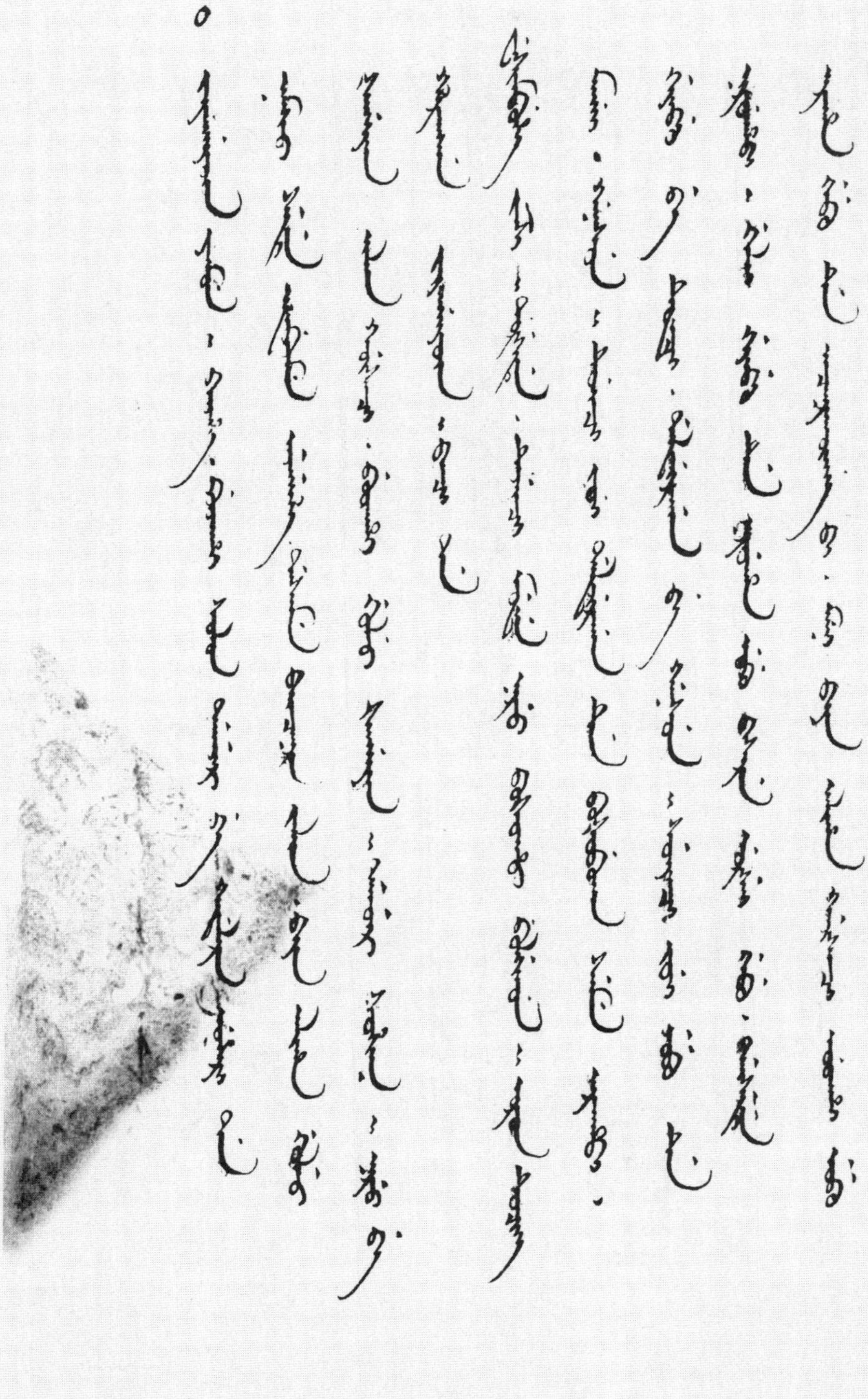

三七八 黑龙江将军衙门为复查布特哈正白旗达斡尔索希纳佐领源流造送家谱事札布特哈索伦达斡尔总管纳木球等文

乾隆十一年三月二十五日

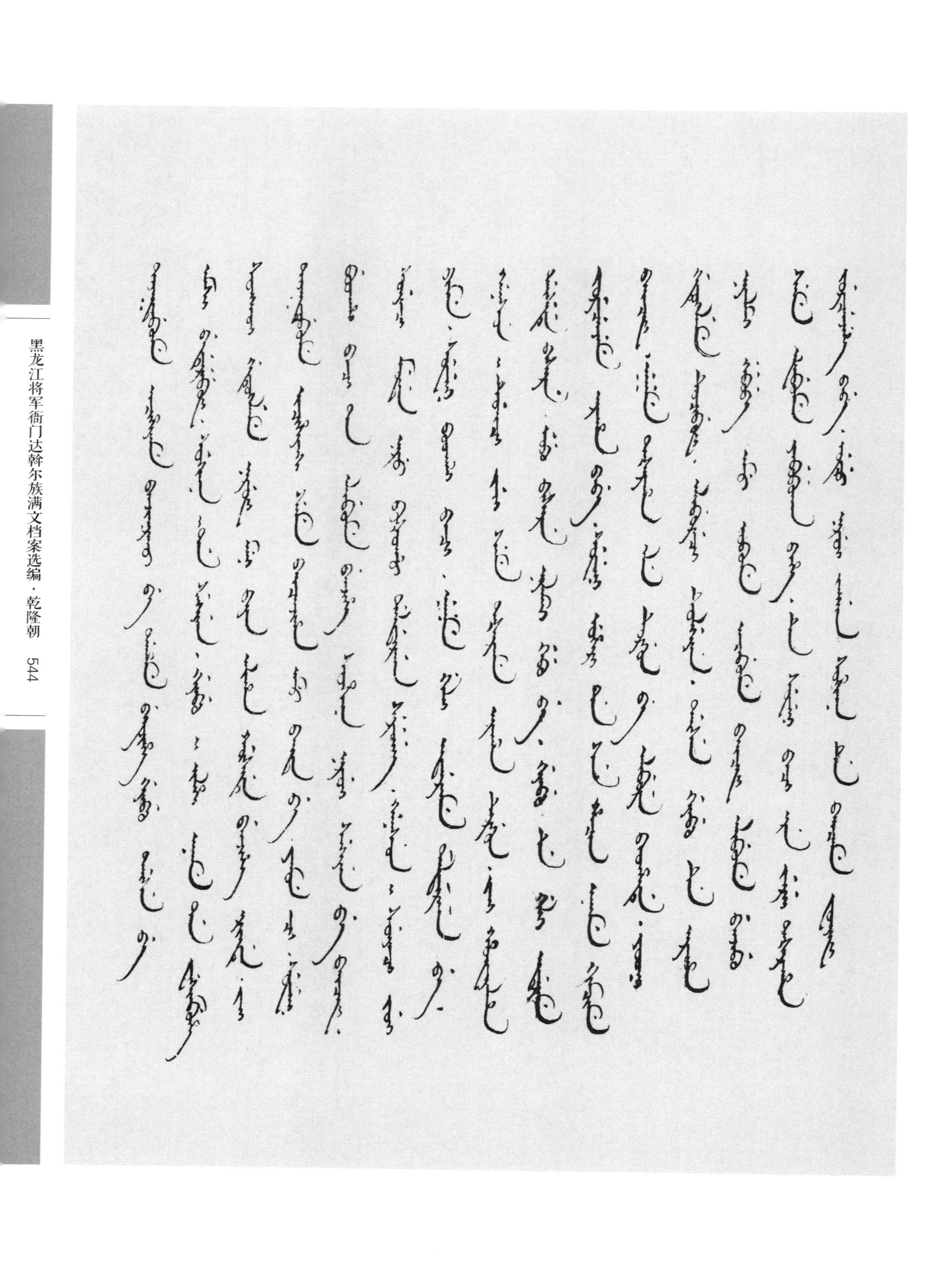

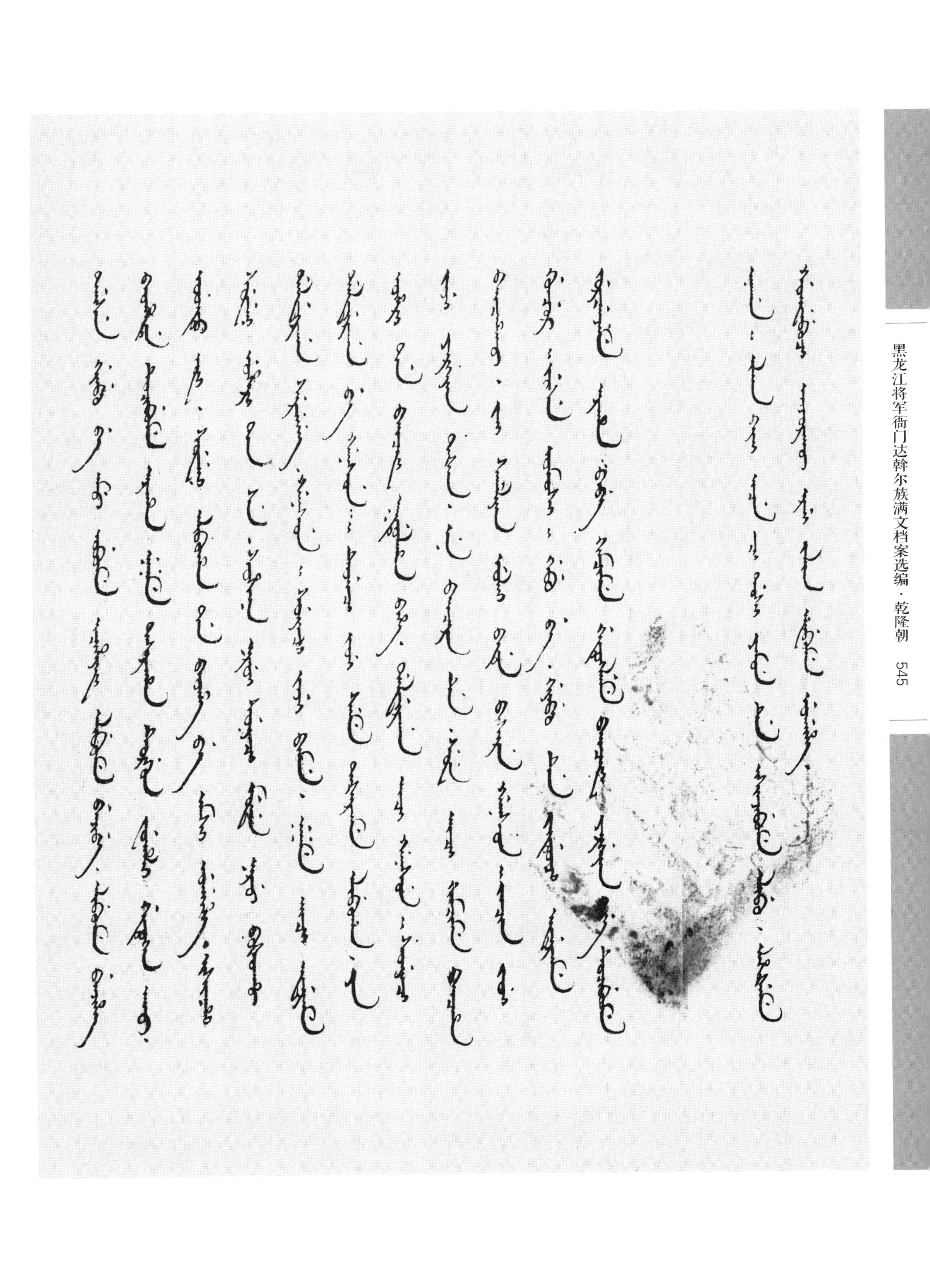

三七九 布特哈索伦达斡尔总管纳木球等为墨尔根正黄旗达斡尔丹巴等补放佐领查明源流事呈黑龙江将军衙门文

乾隆十一年三月二十六日

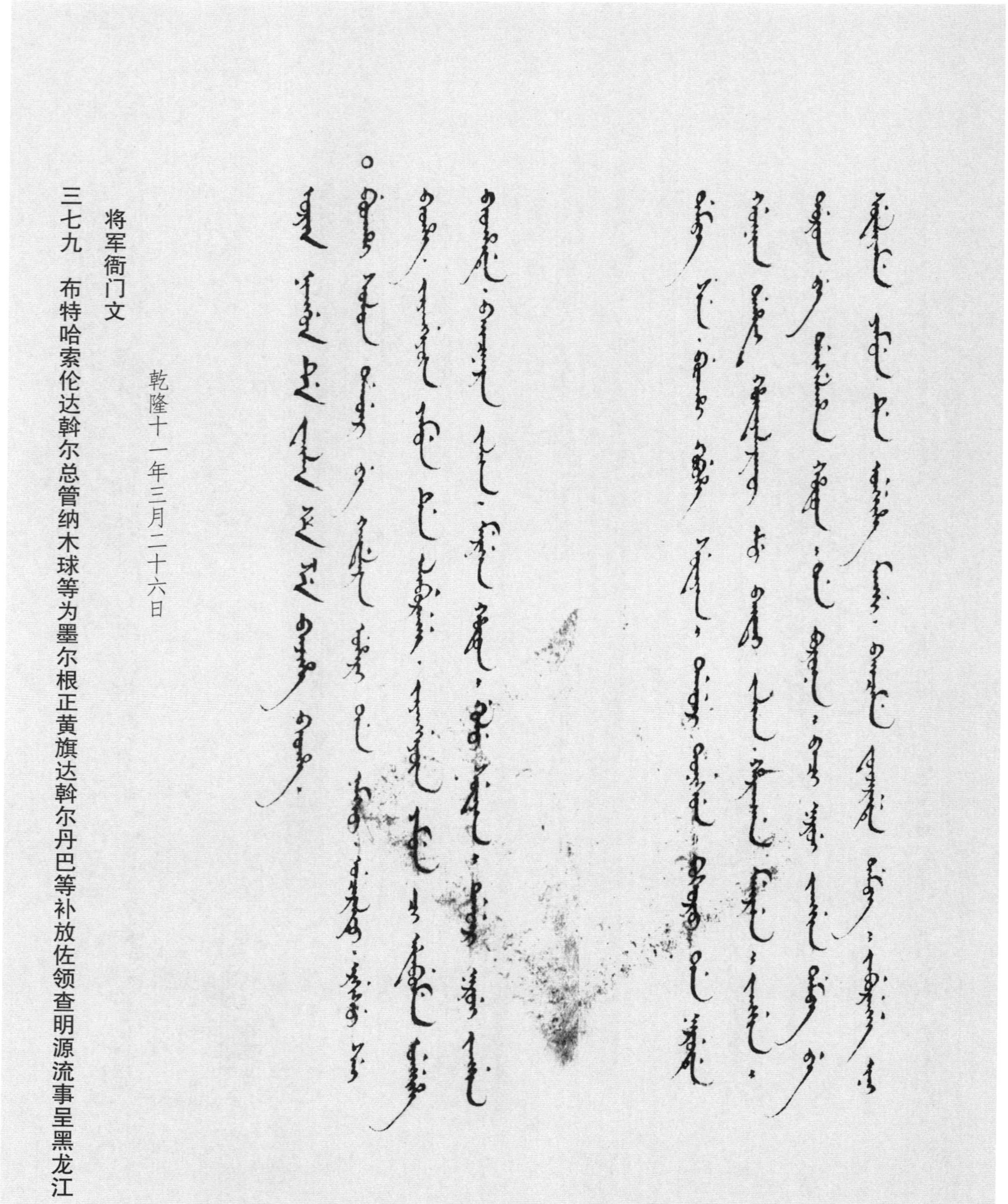

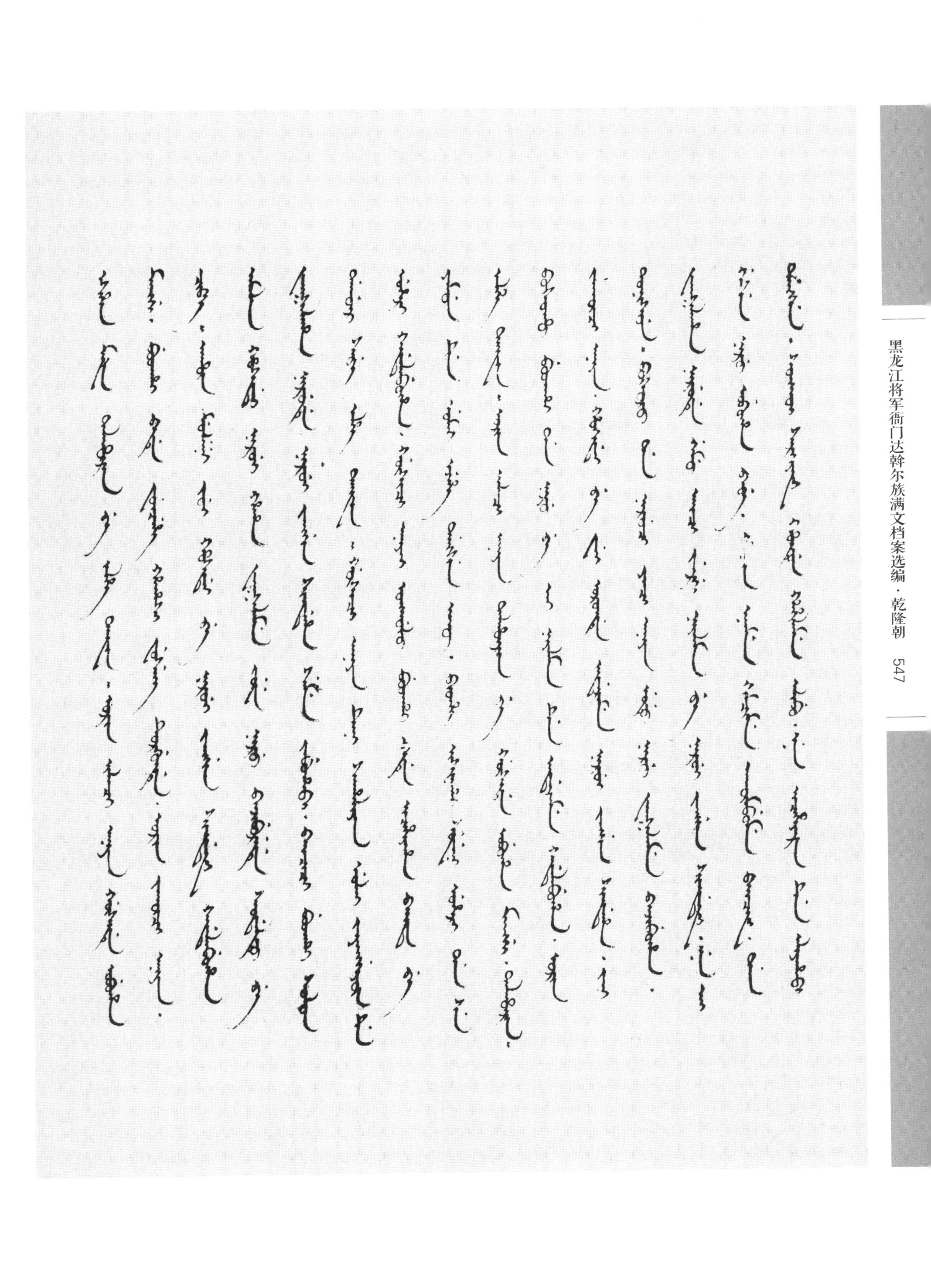

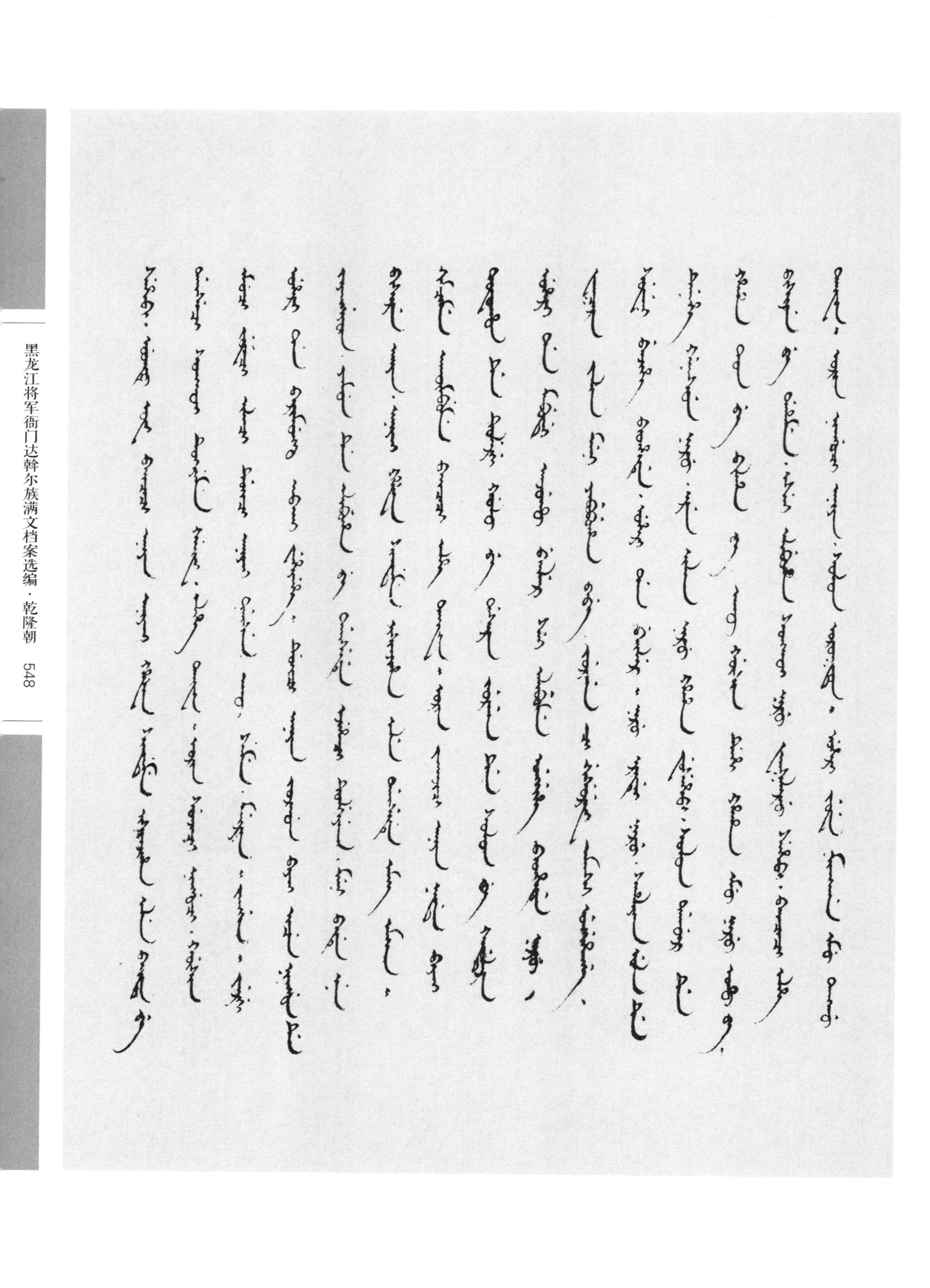

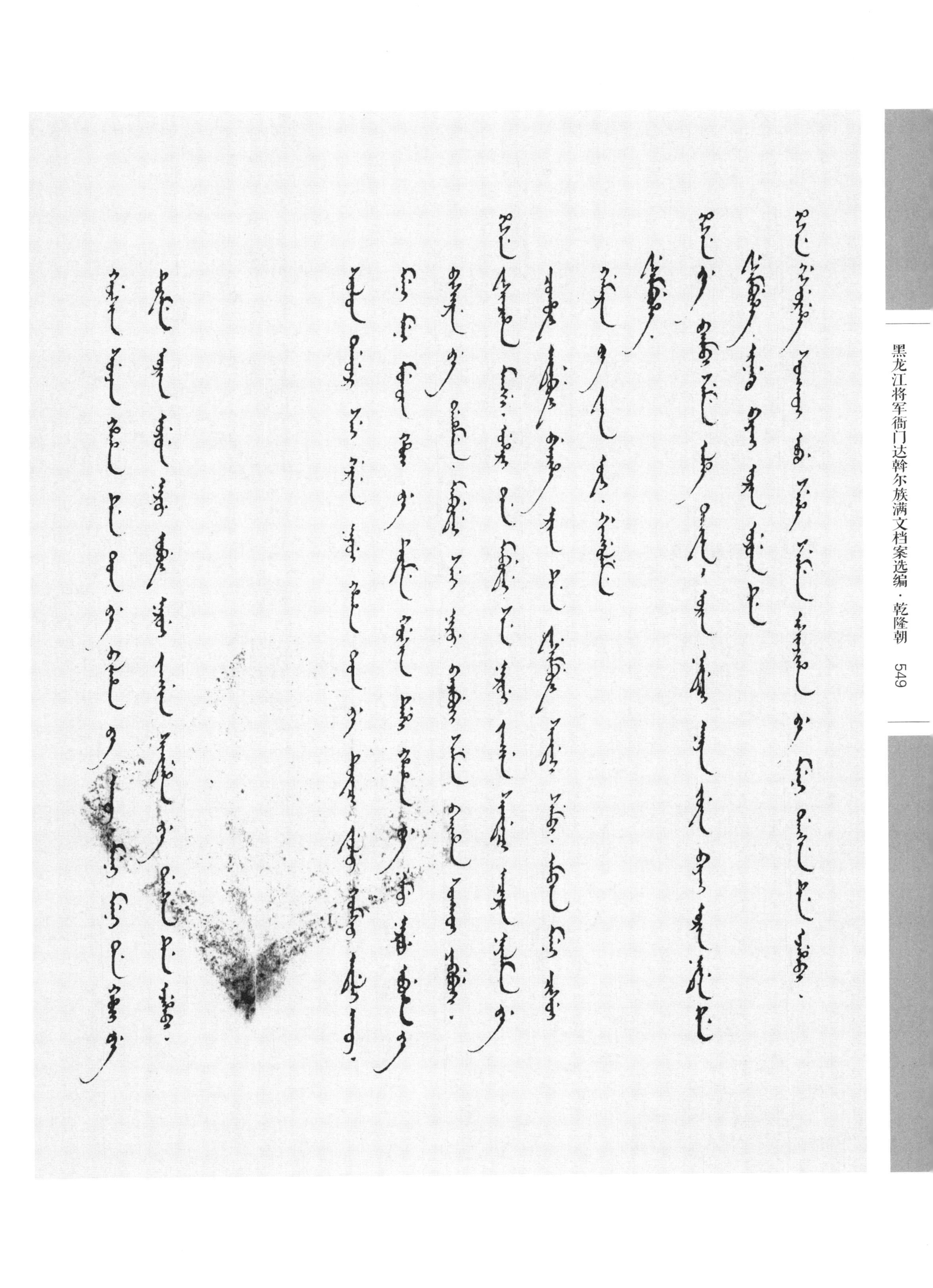

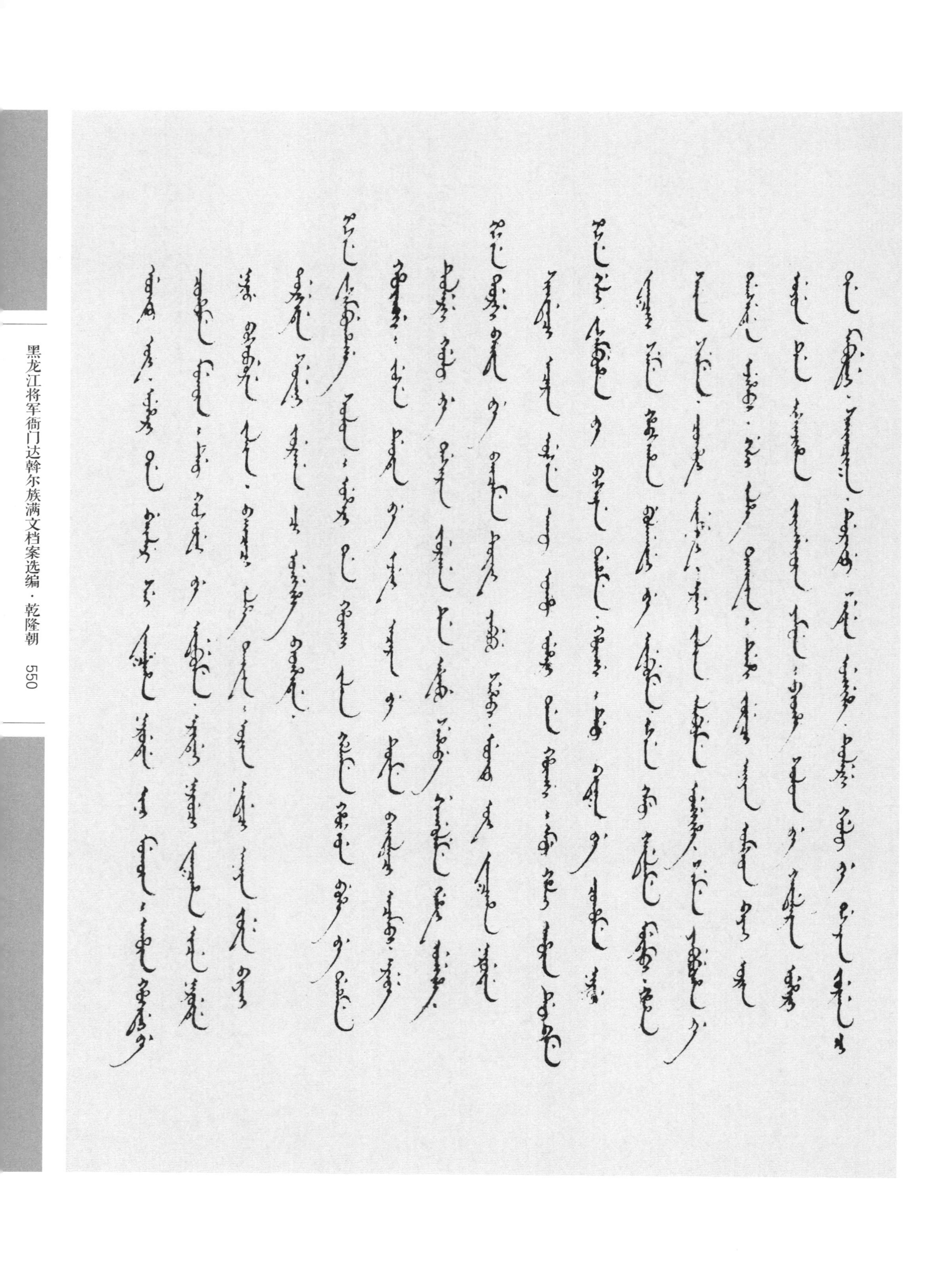

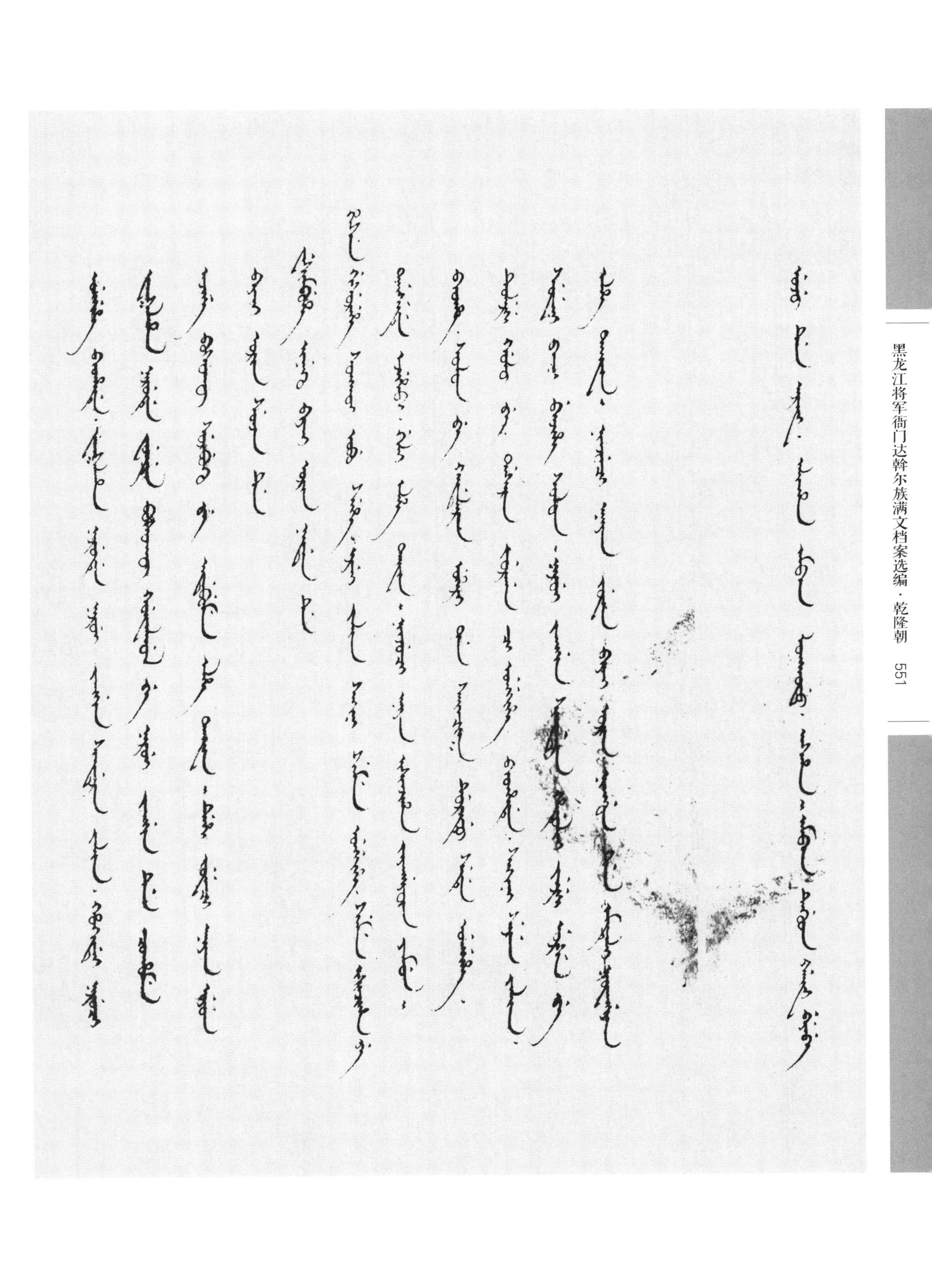

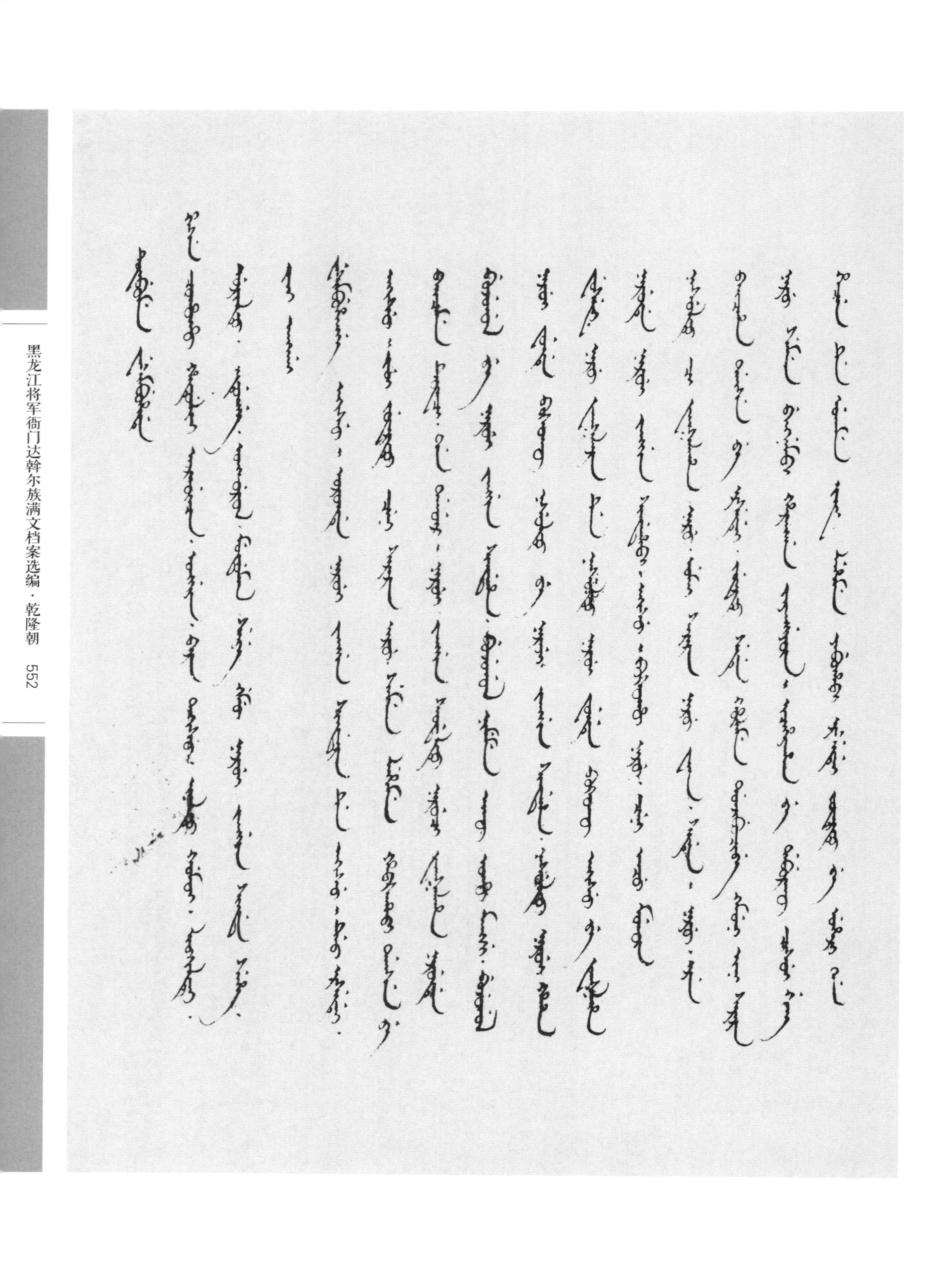

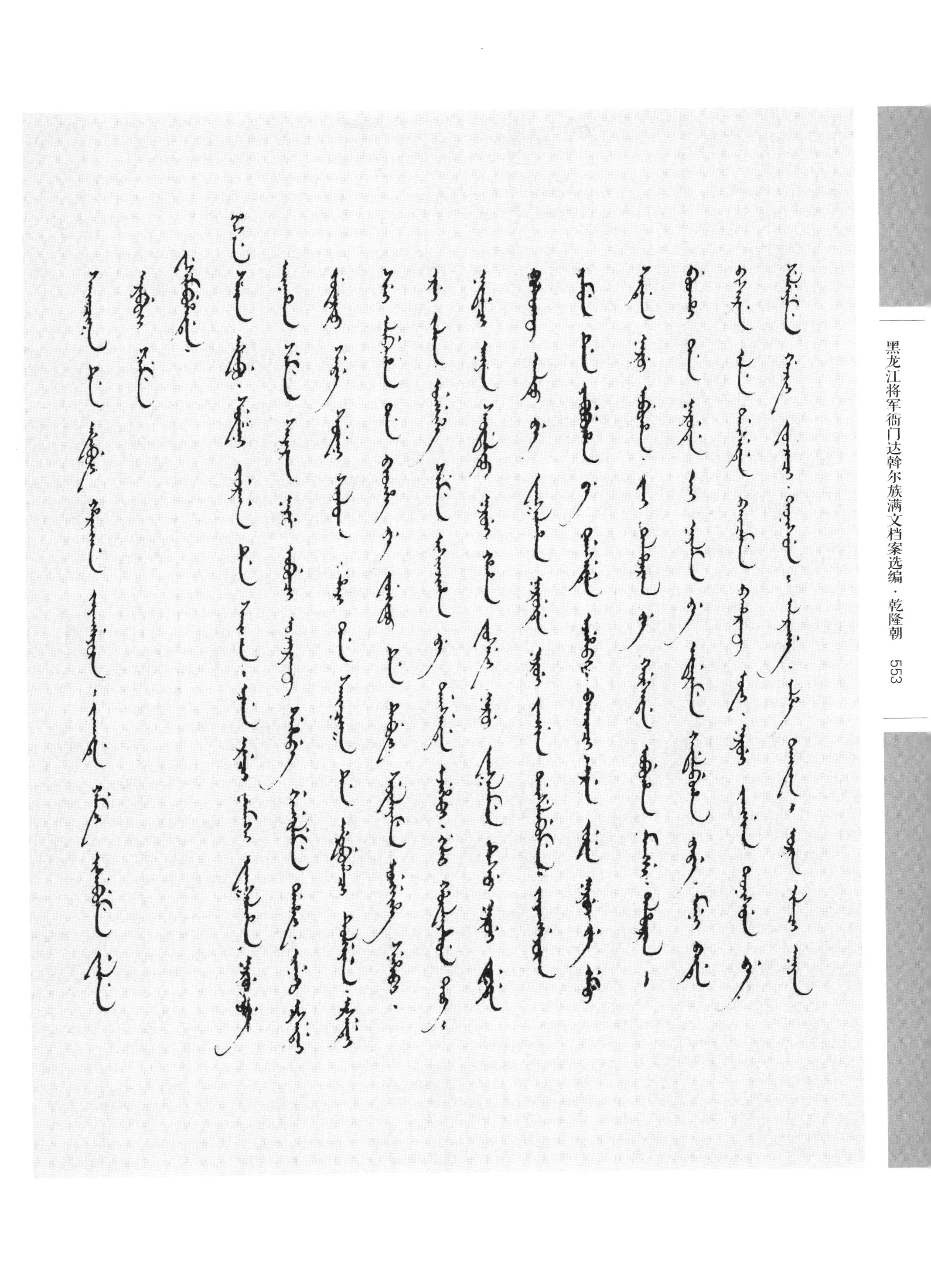

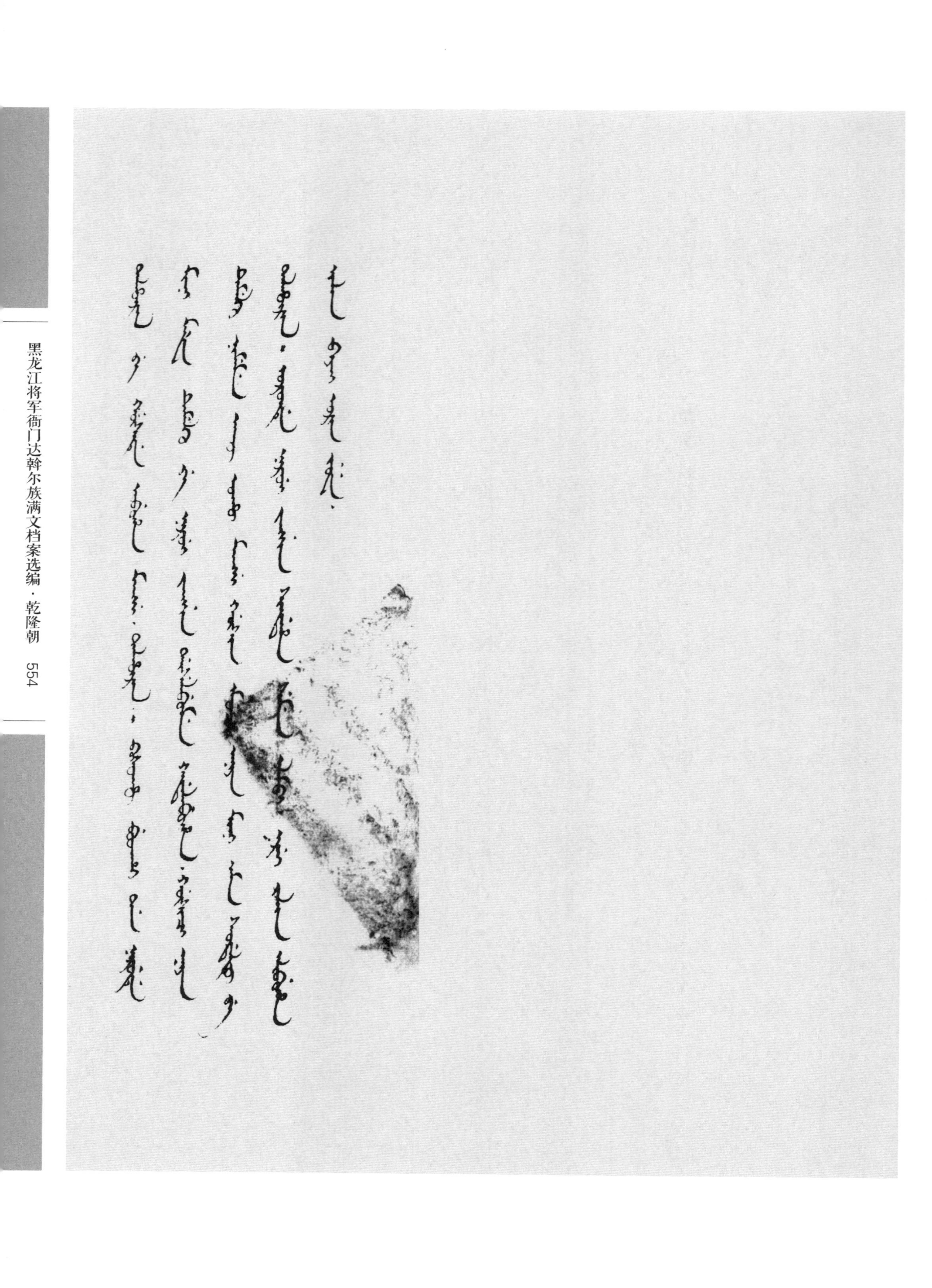

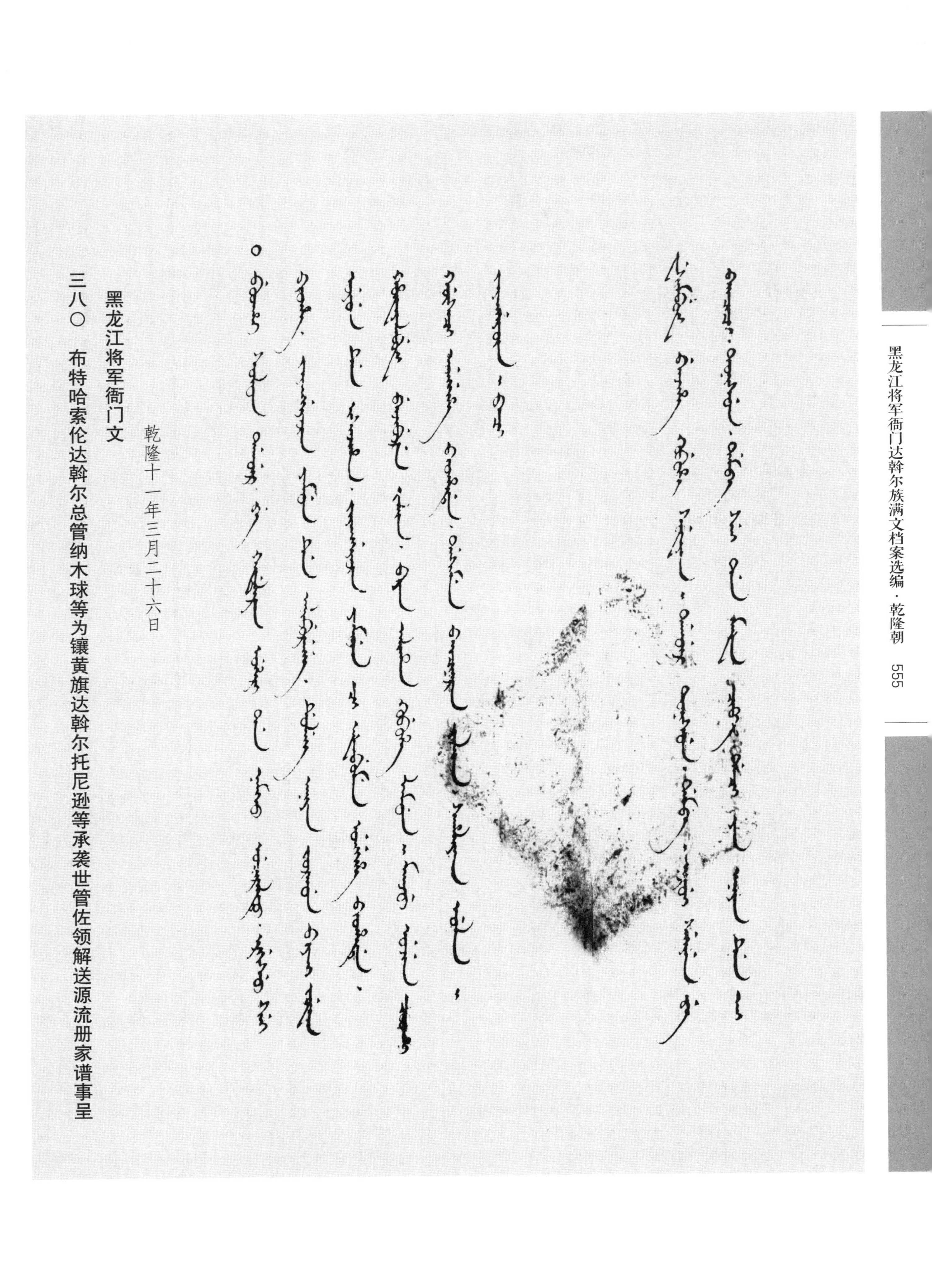

乾隆十一年三月二十六日

黑龙江将军衙门文

三八〇 布特哈索伦达斡尔总管纳木球等为镶黄旗达斡尔托尼逊等承袭世管佐领解送源流册家谱事呈

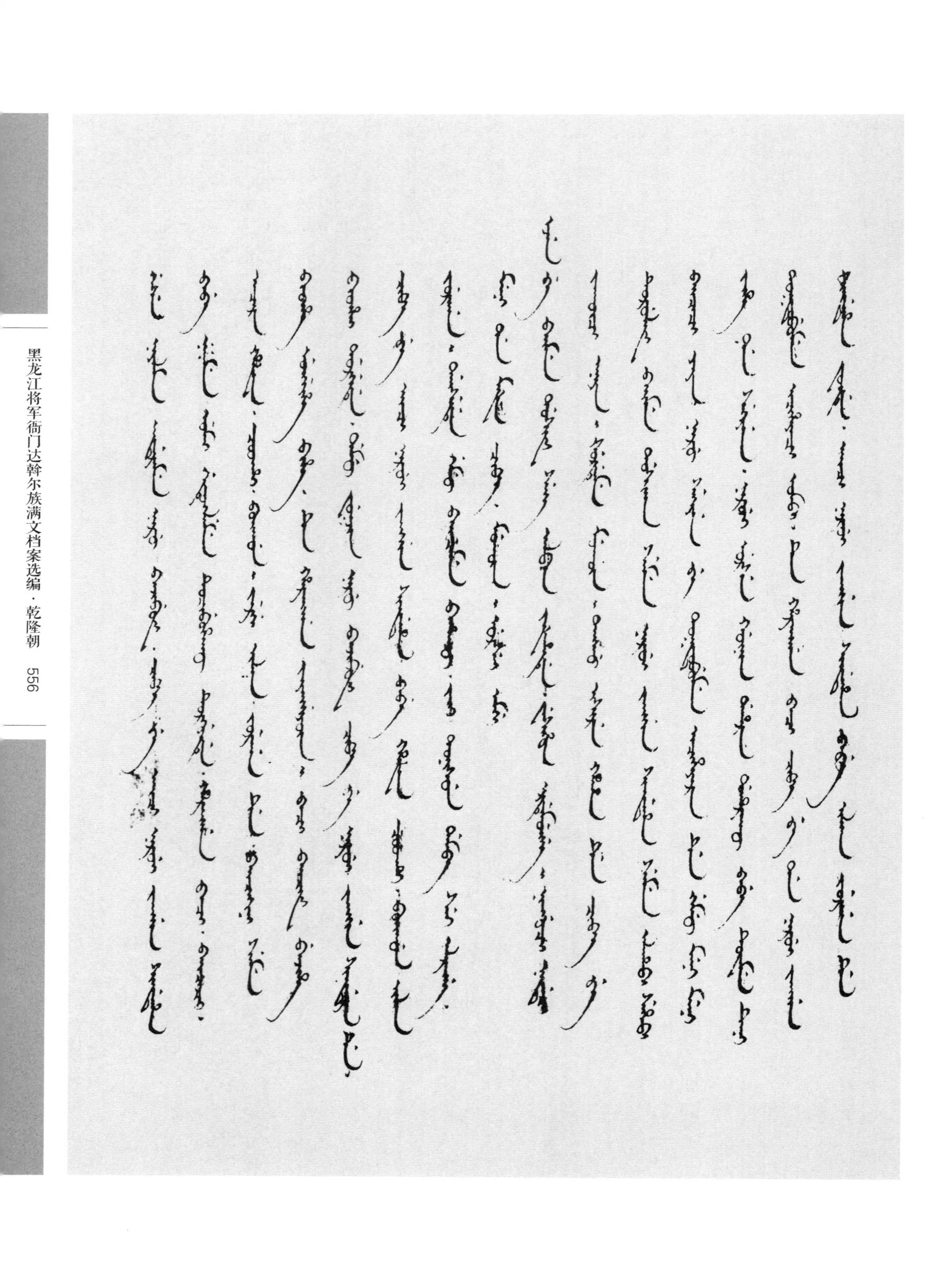

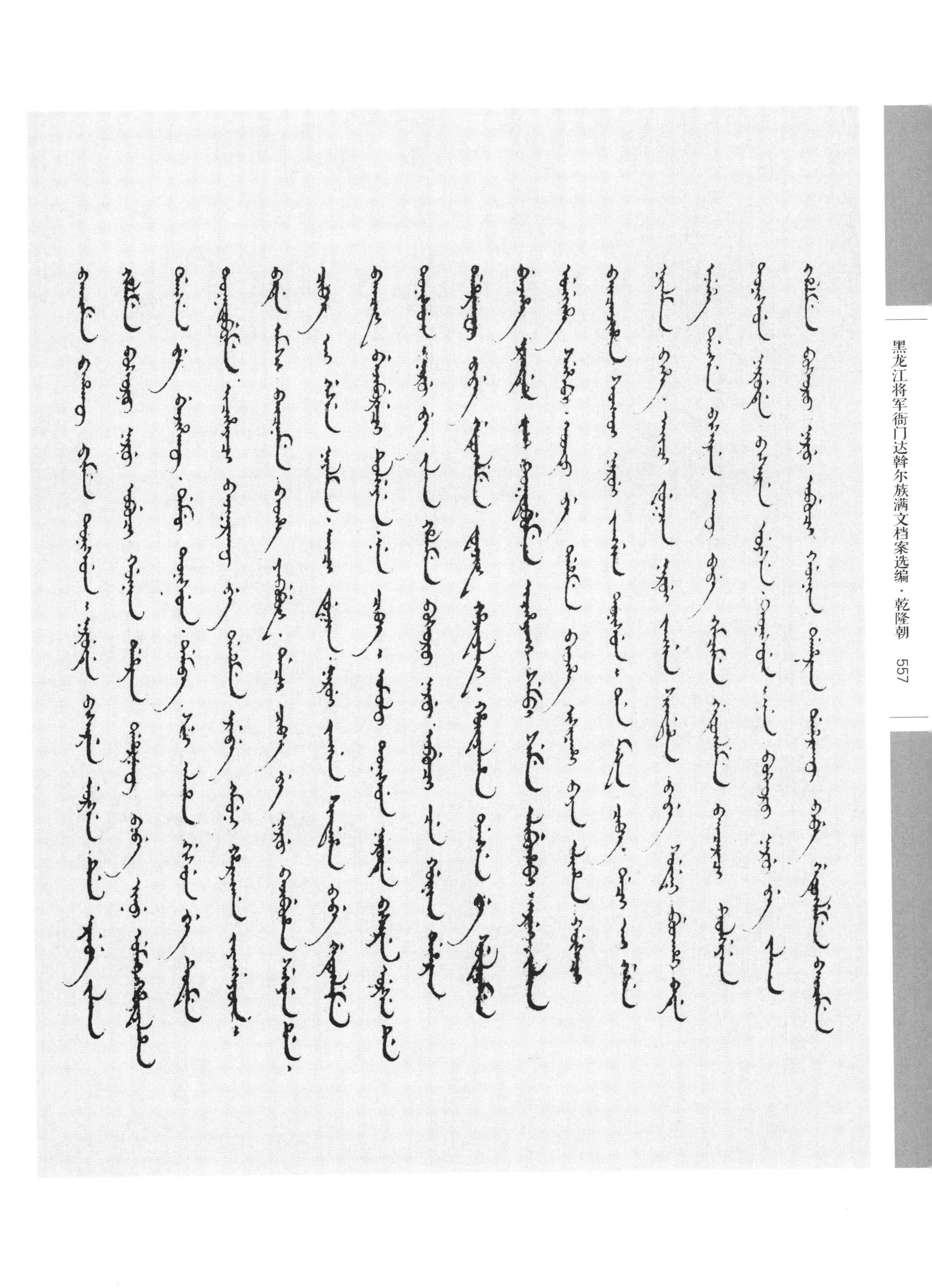

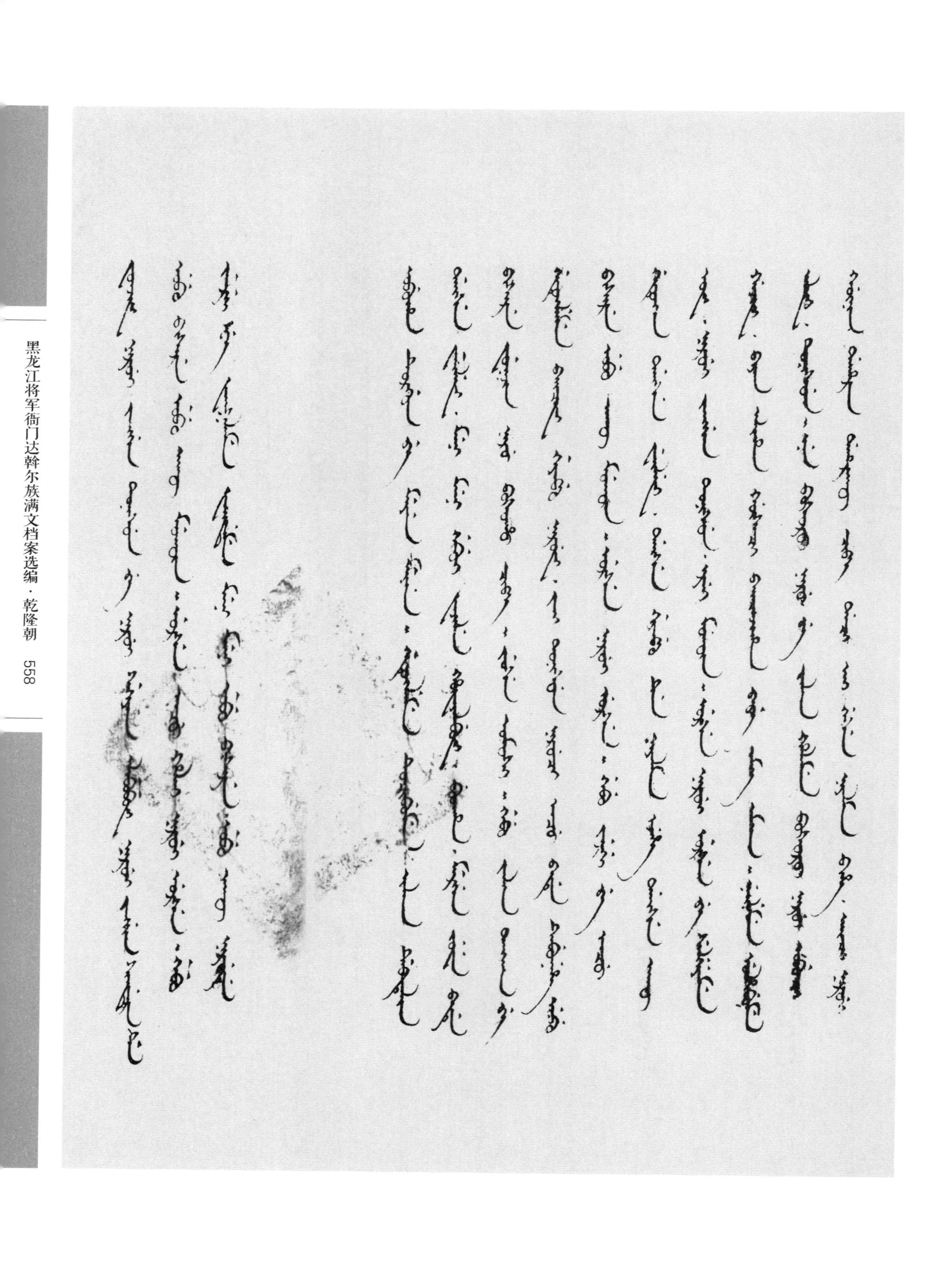

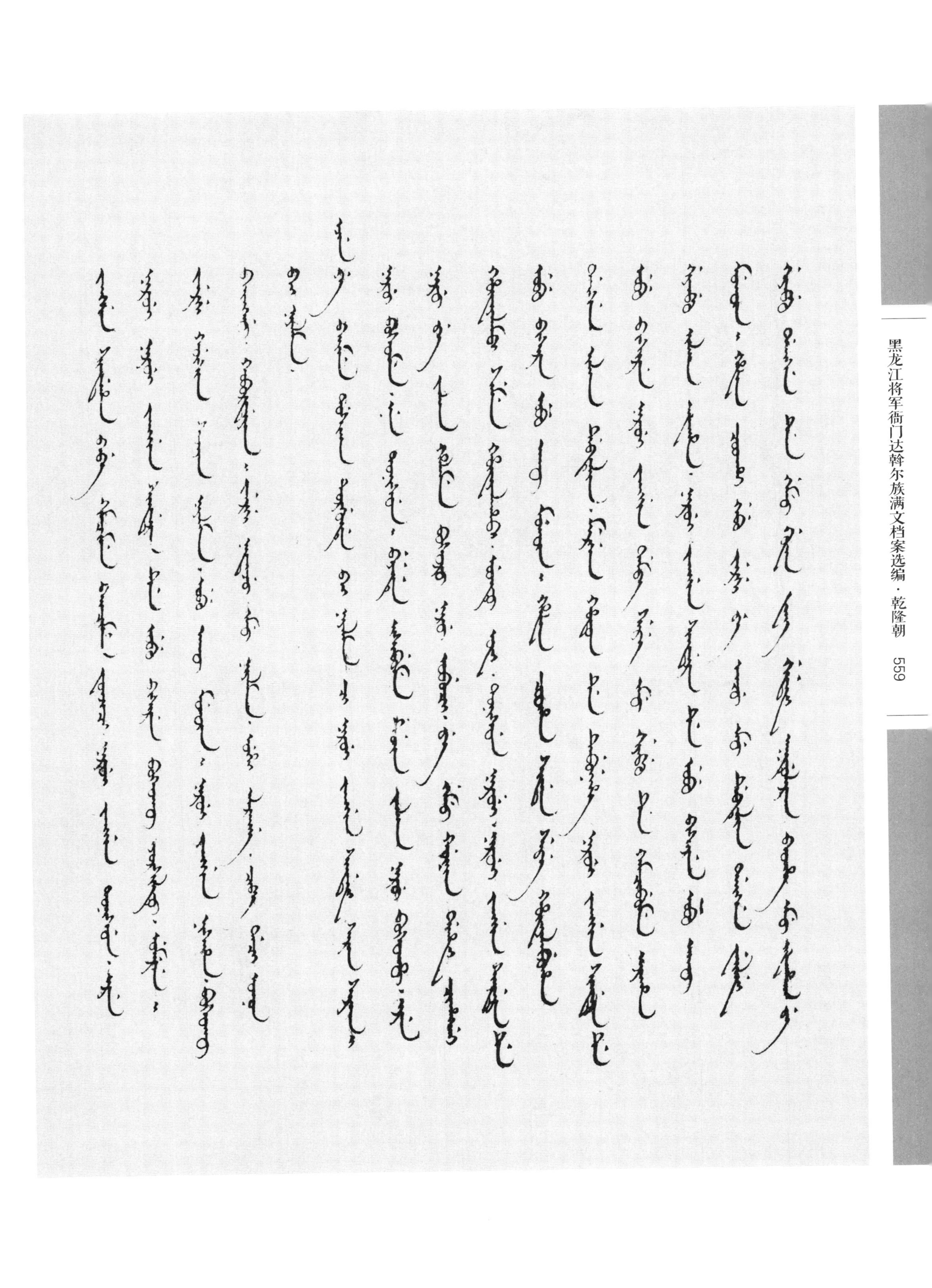

[illegible]

[illegible]

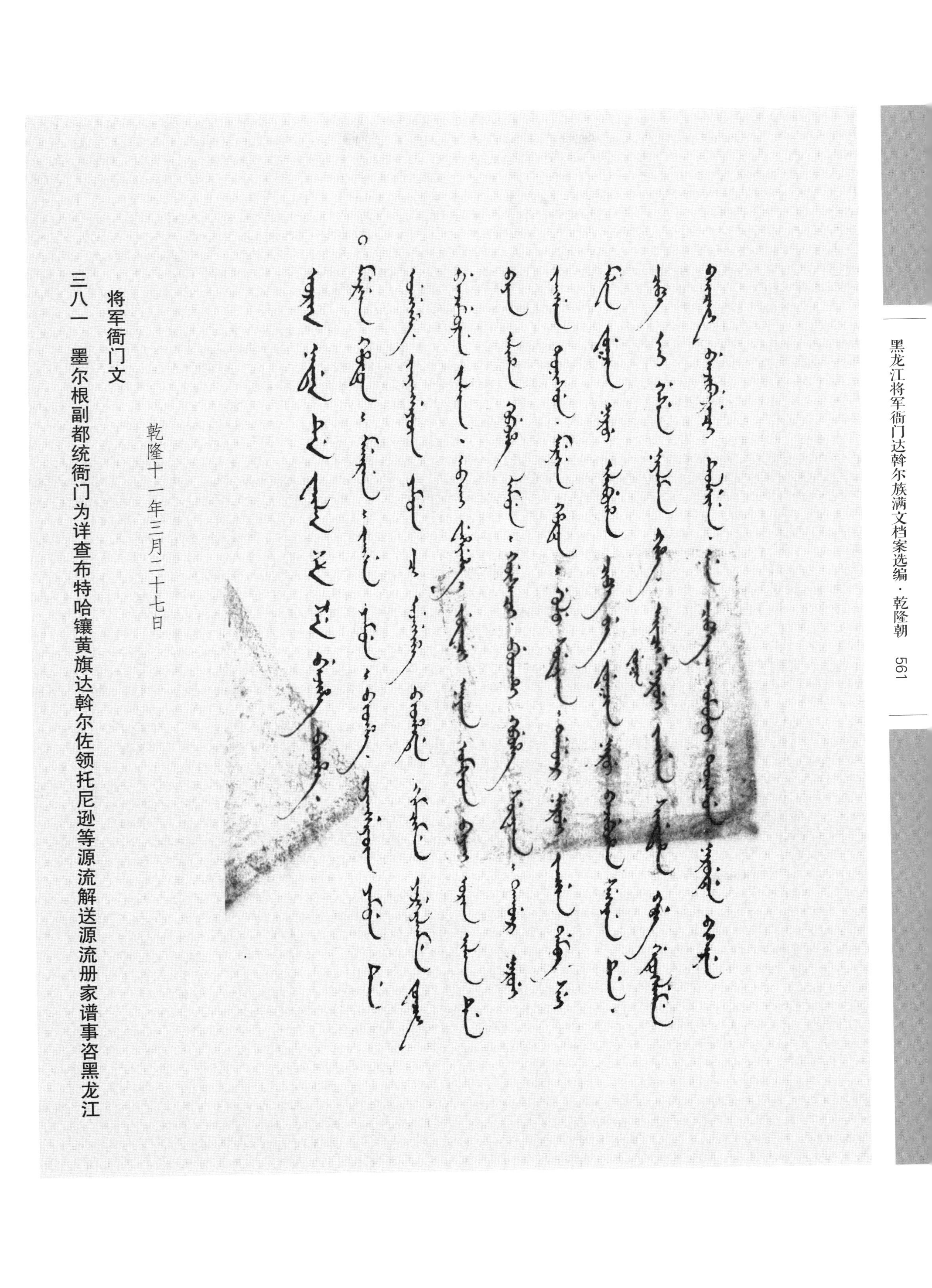

乾隆十一年三月二十七日

将军衙门文

三八一　墨尔根副都统衙门为详查布特哈镶黄旗达斡尔佐领托尼逊等源流解送源流册家谱事咨黑龙江

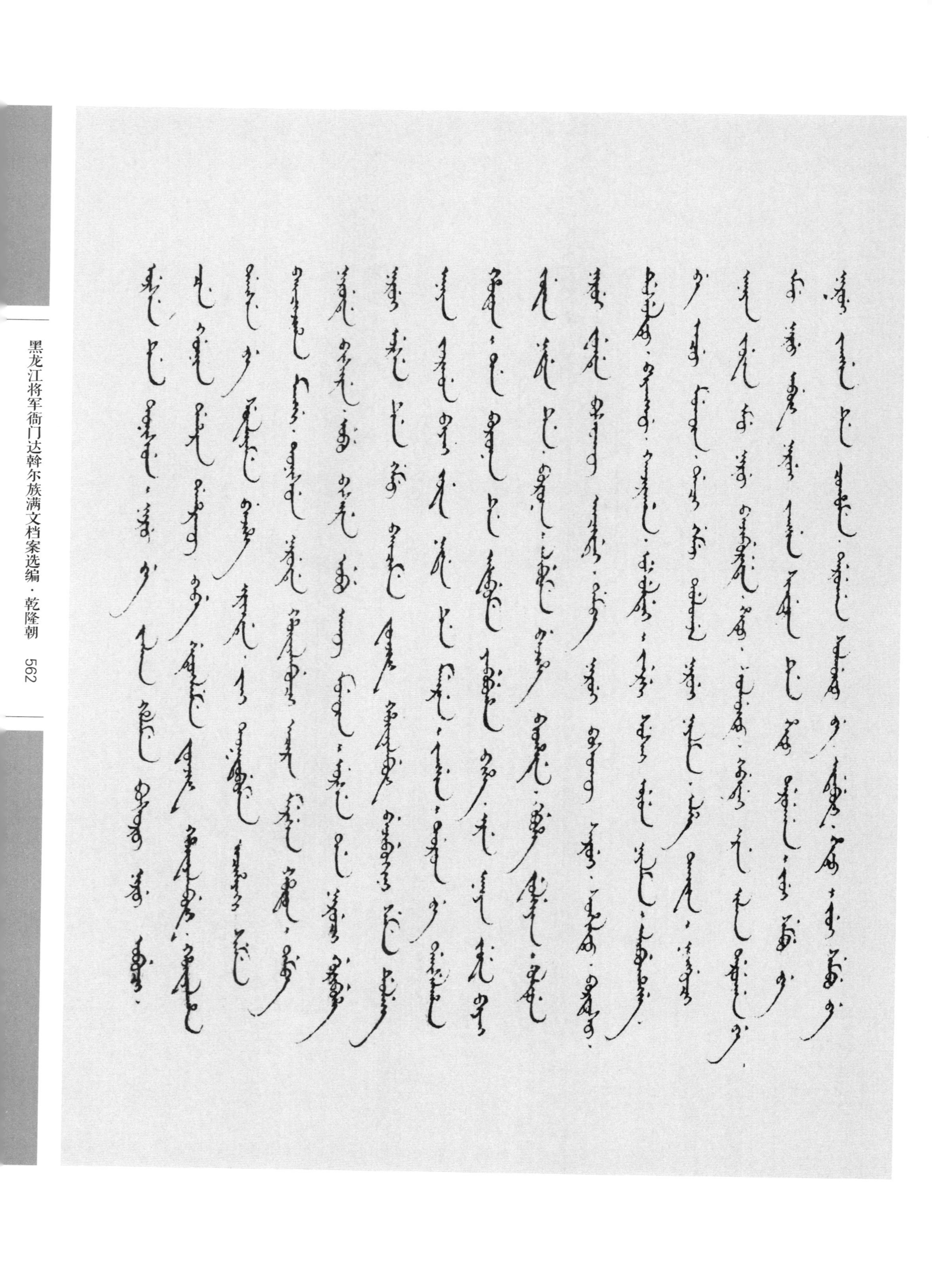

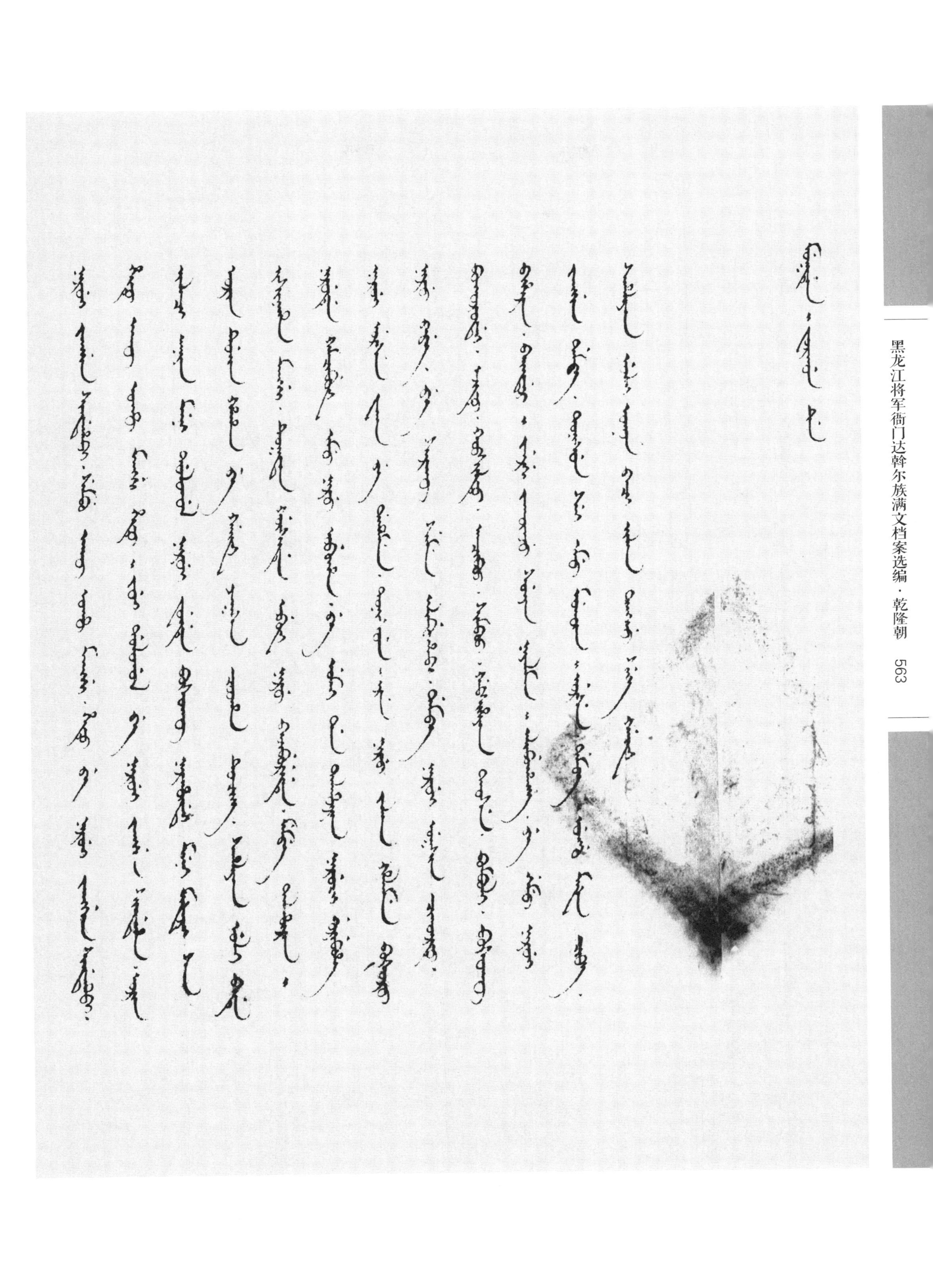

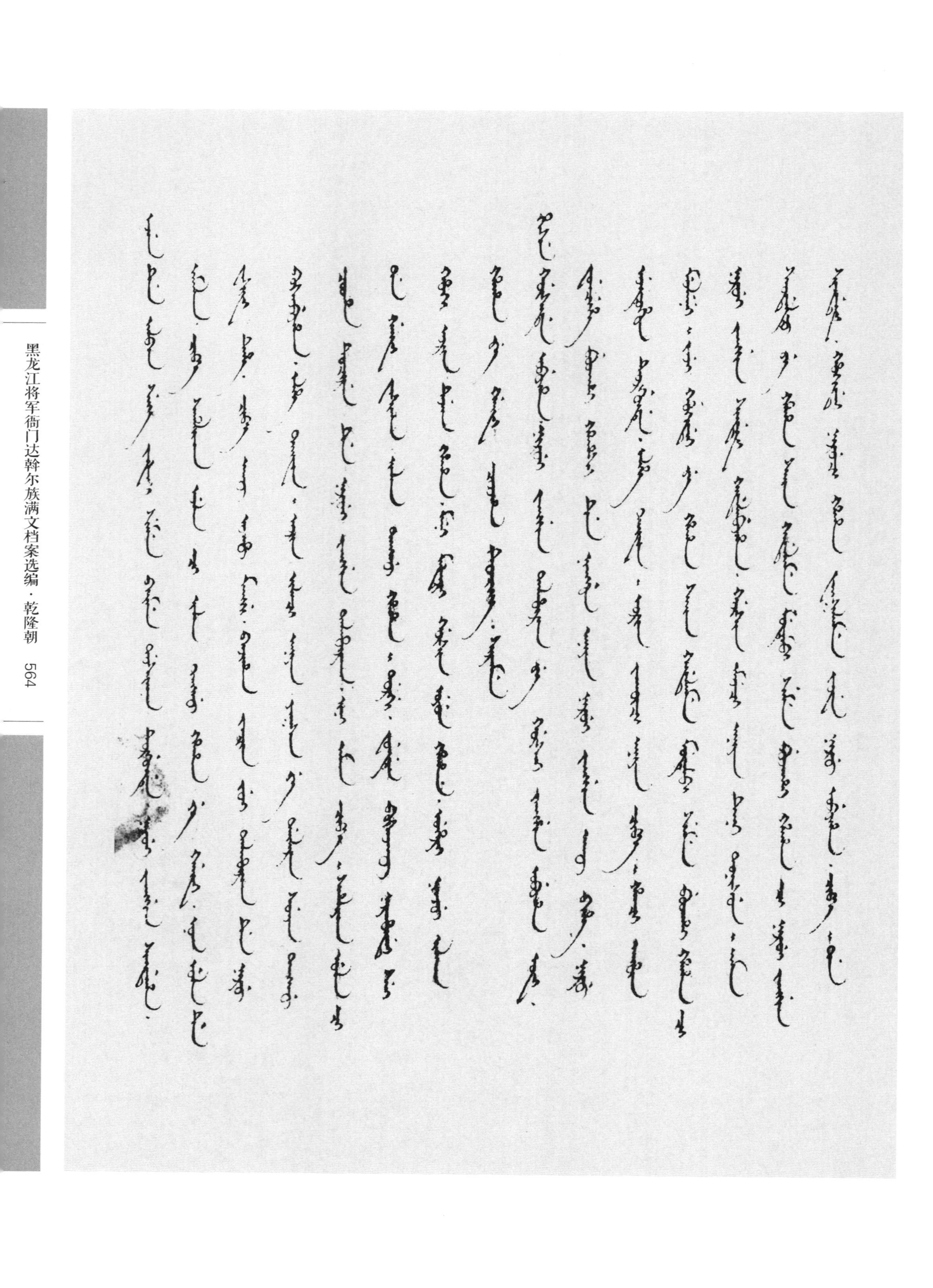

[illegible]

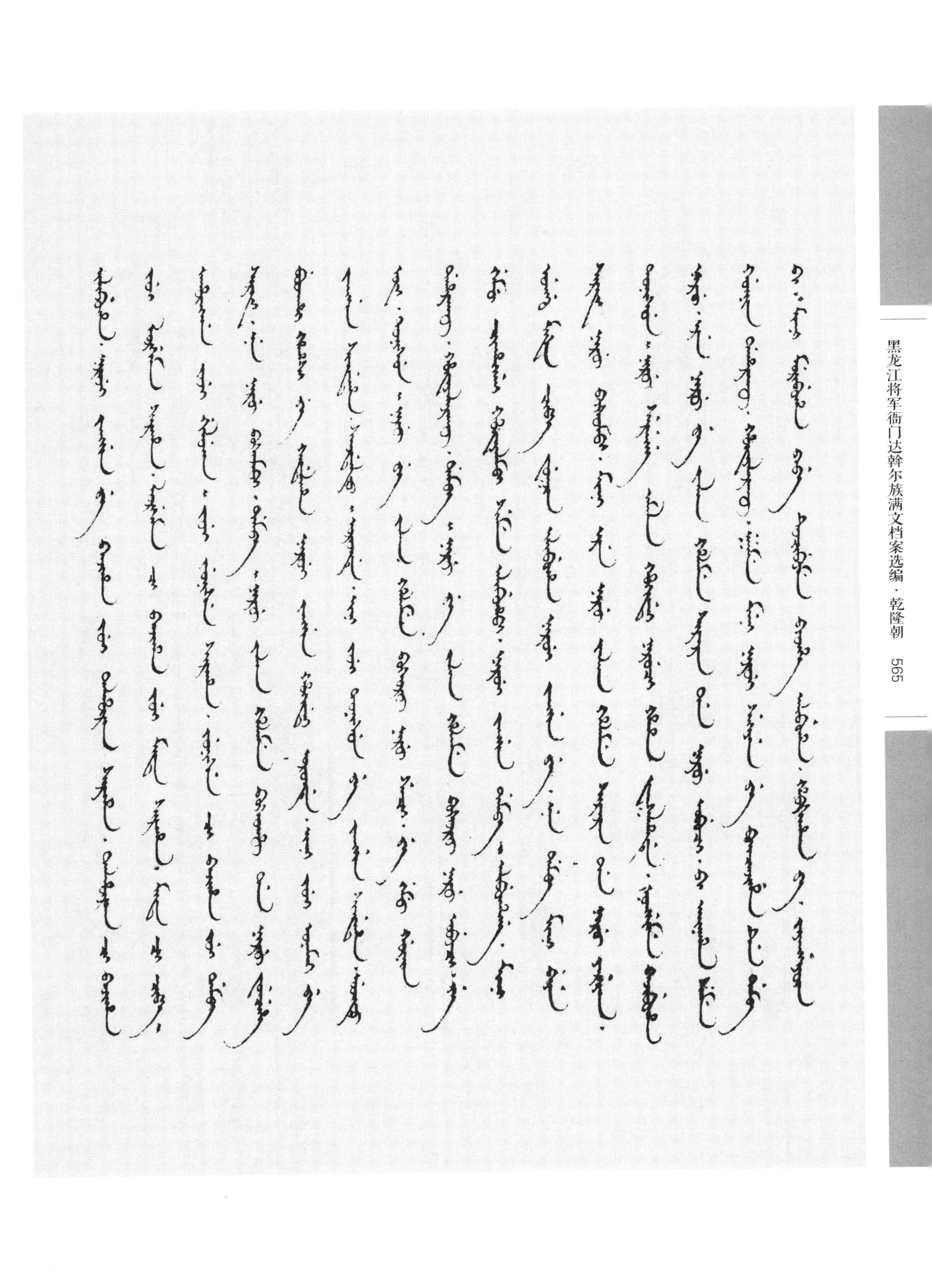

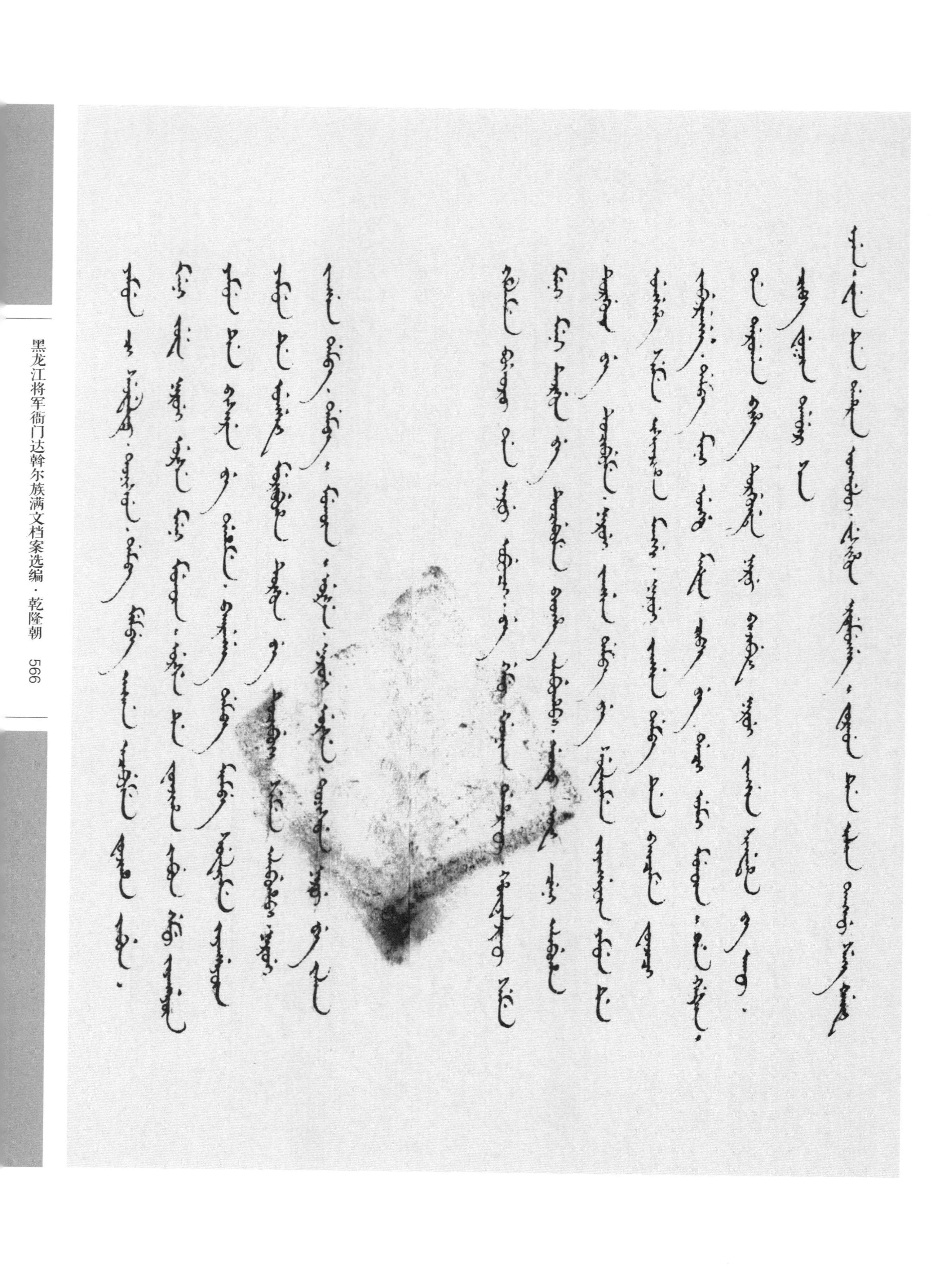

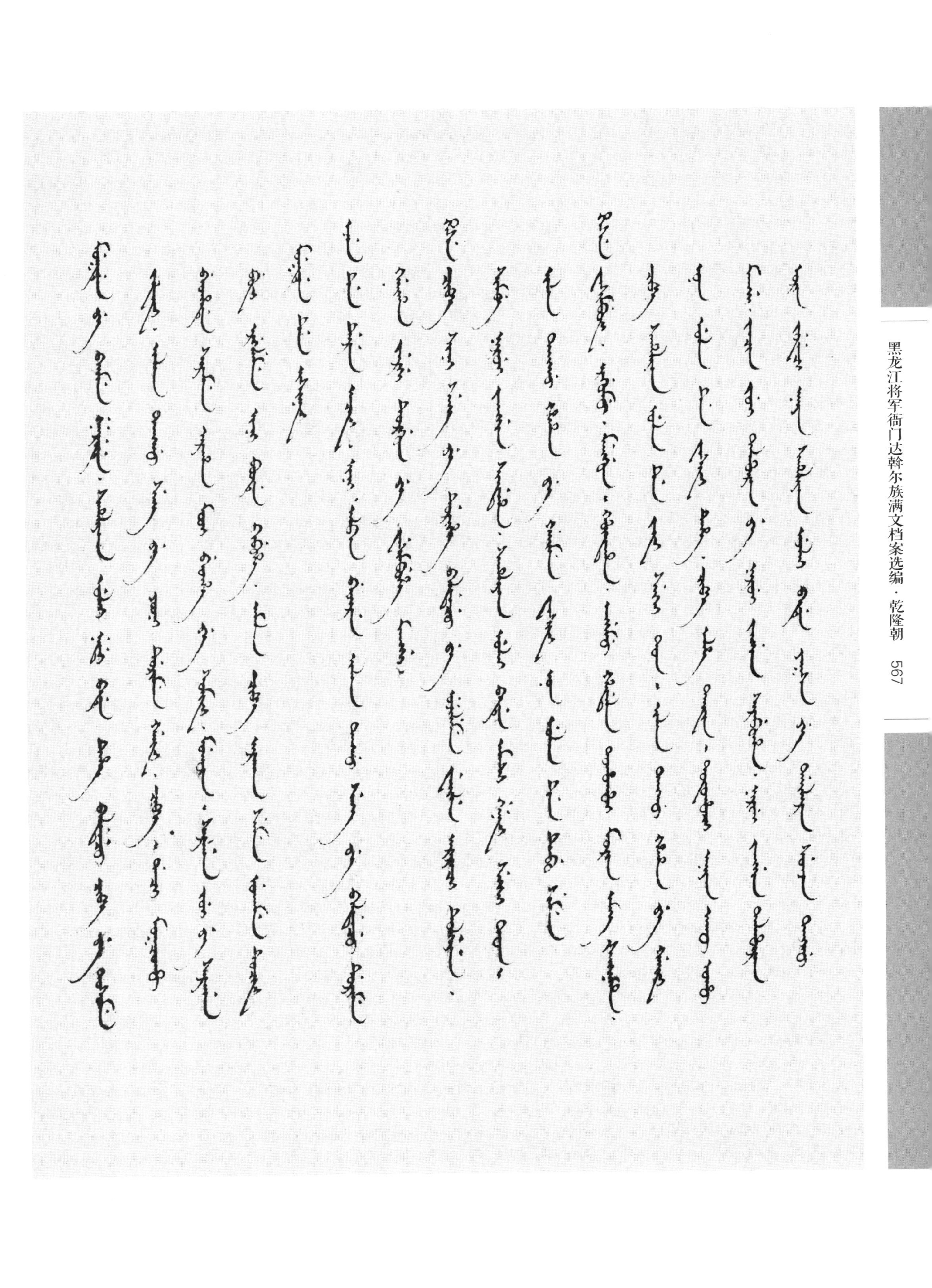

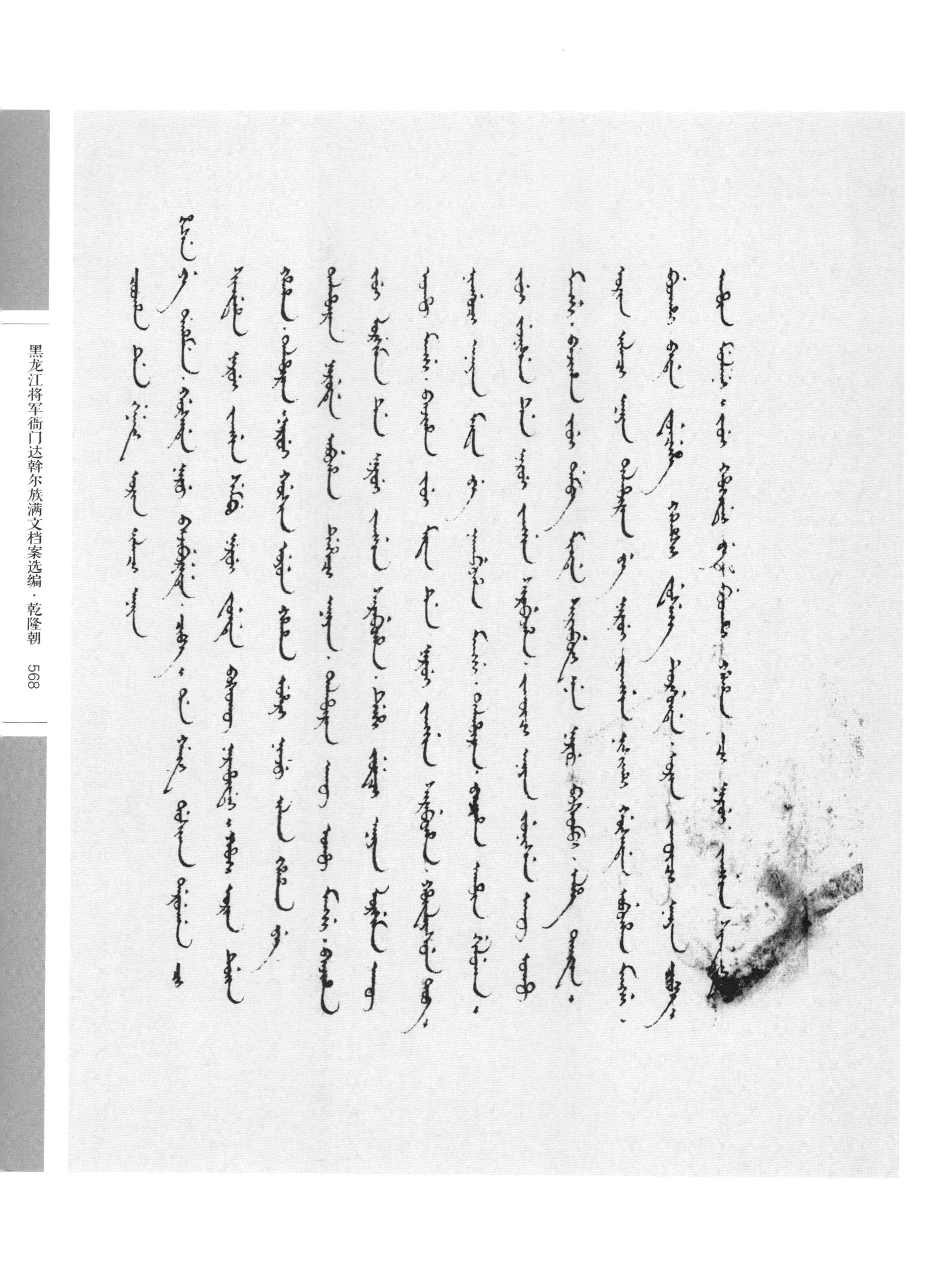

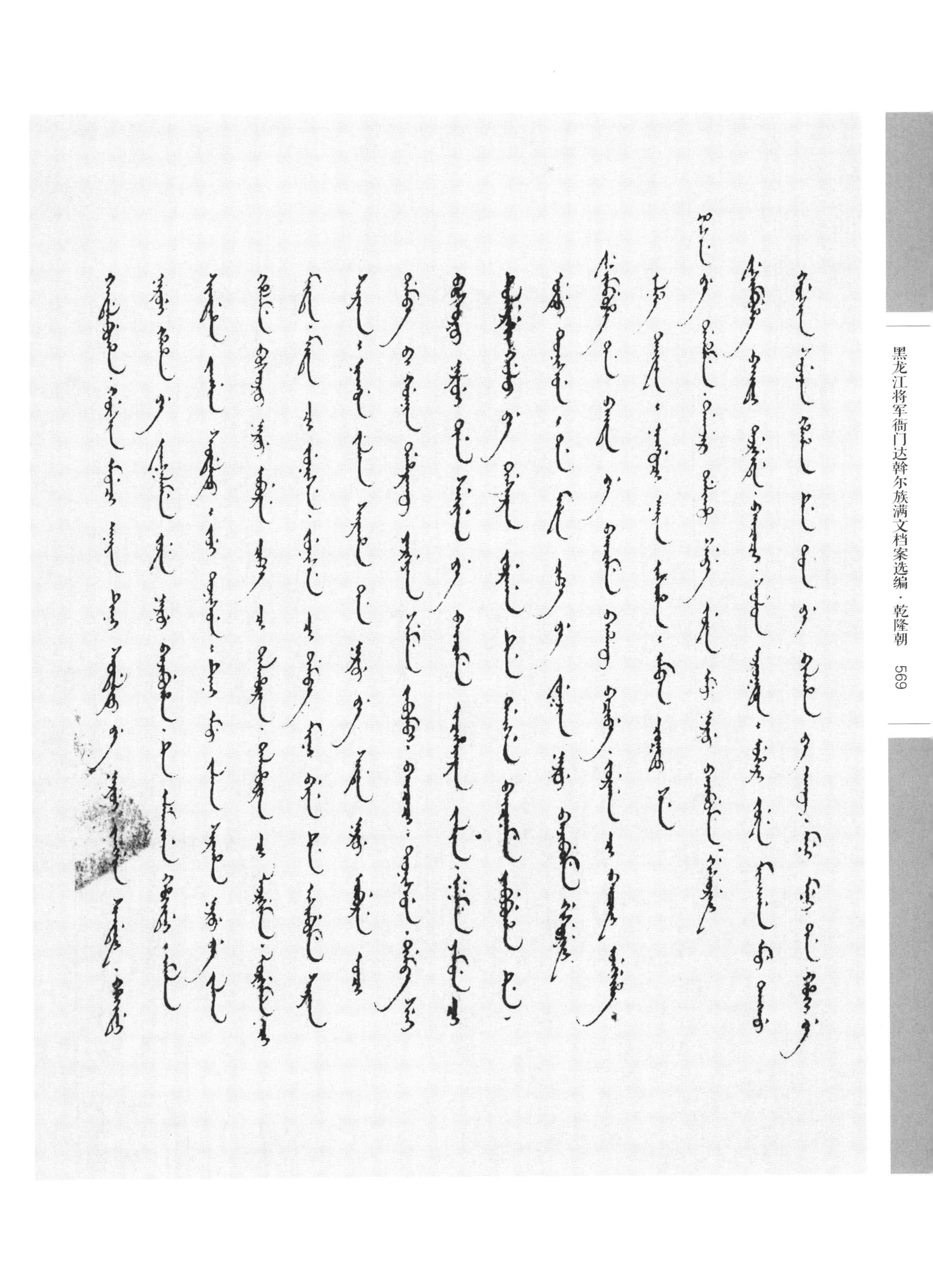

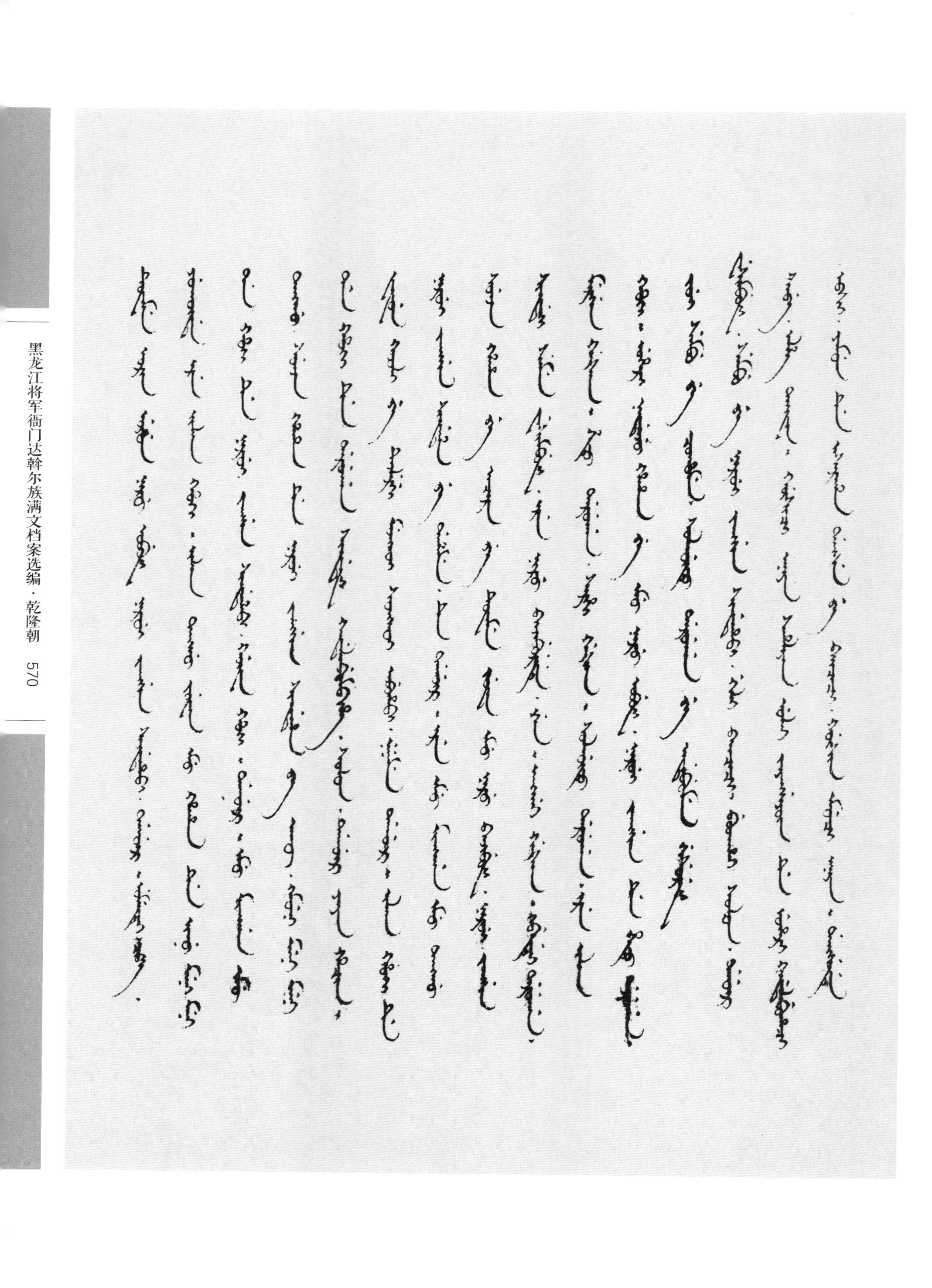

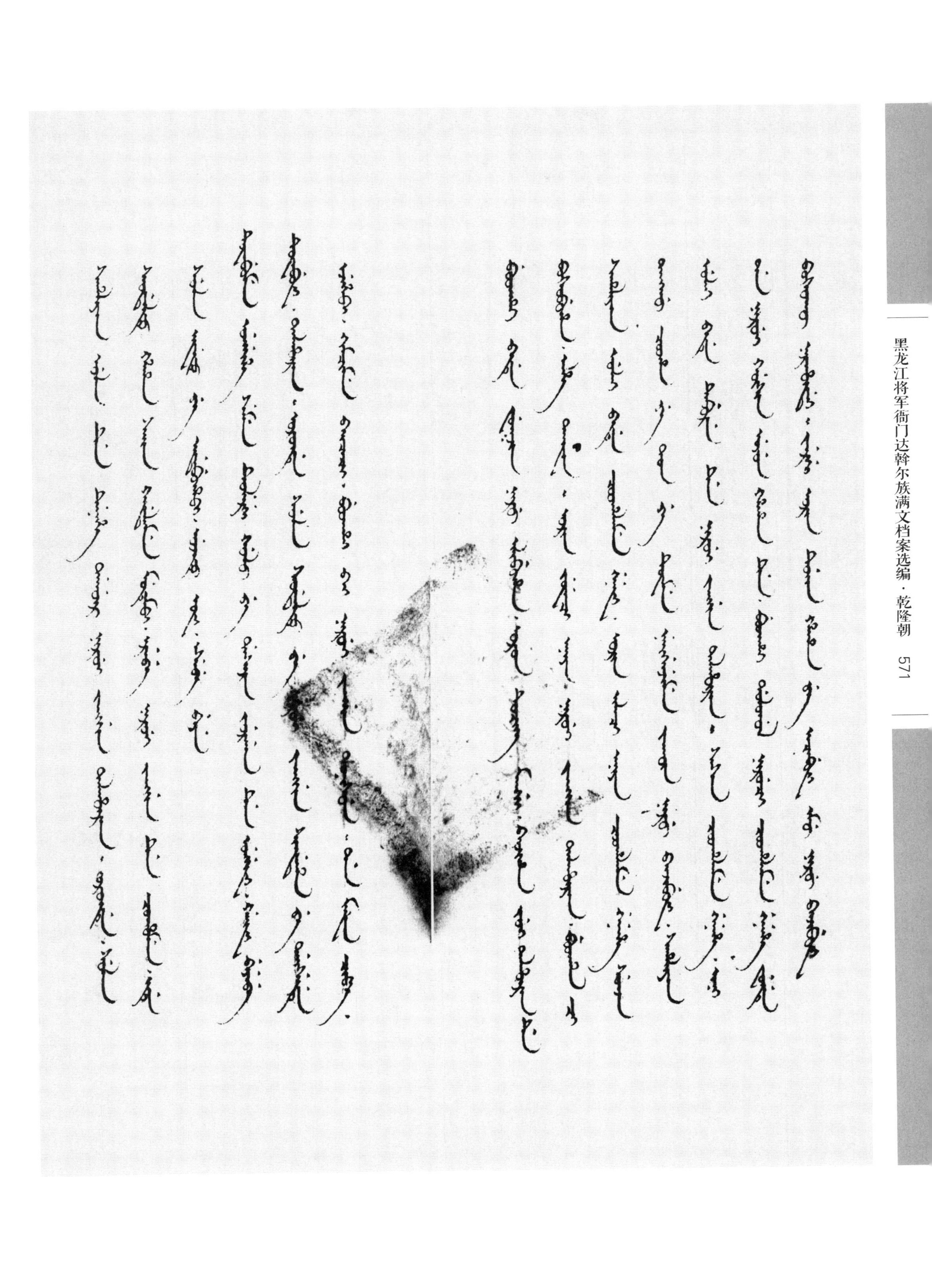

[illegible]

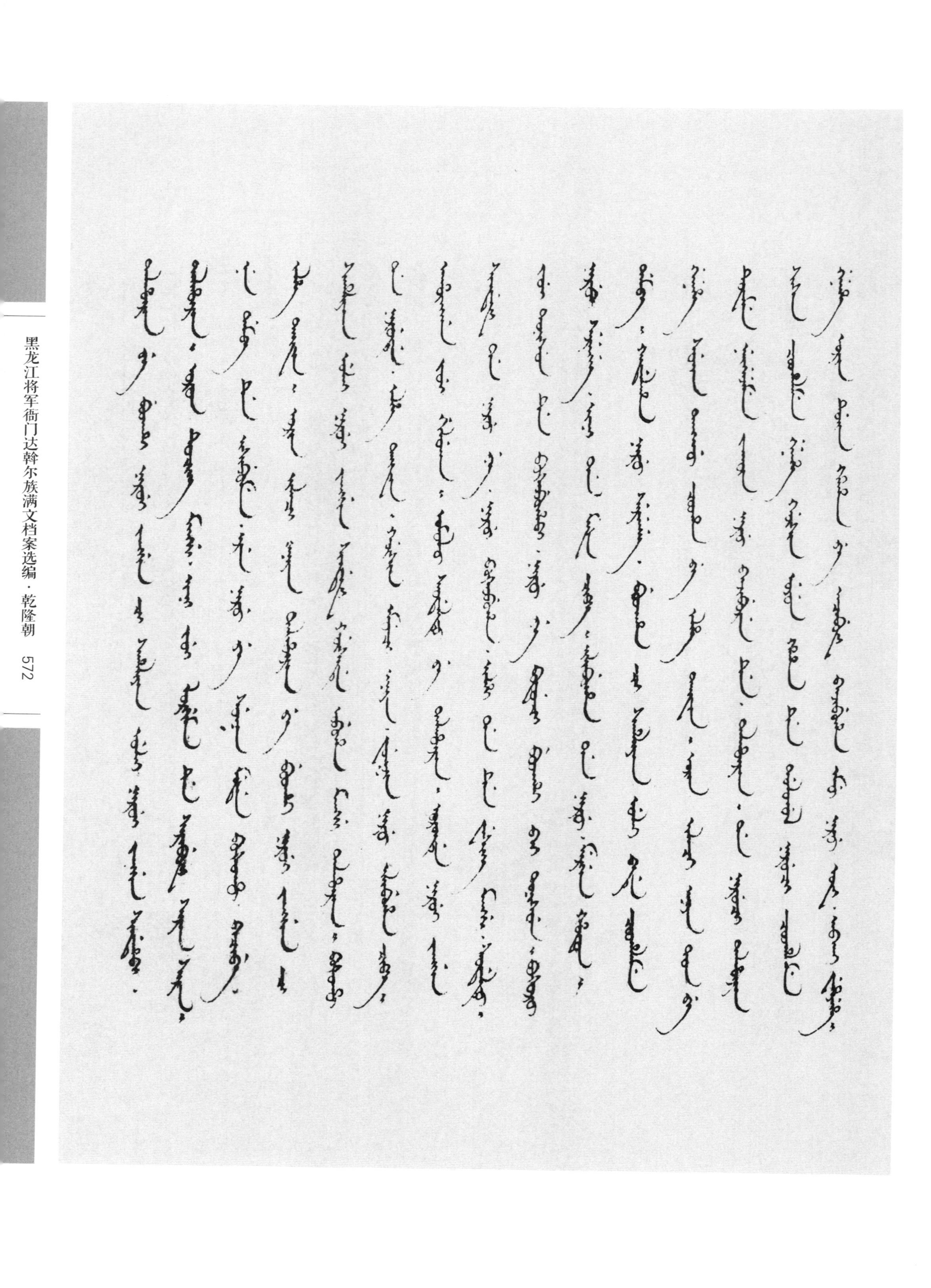

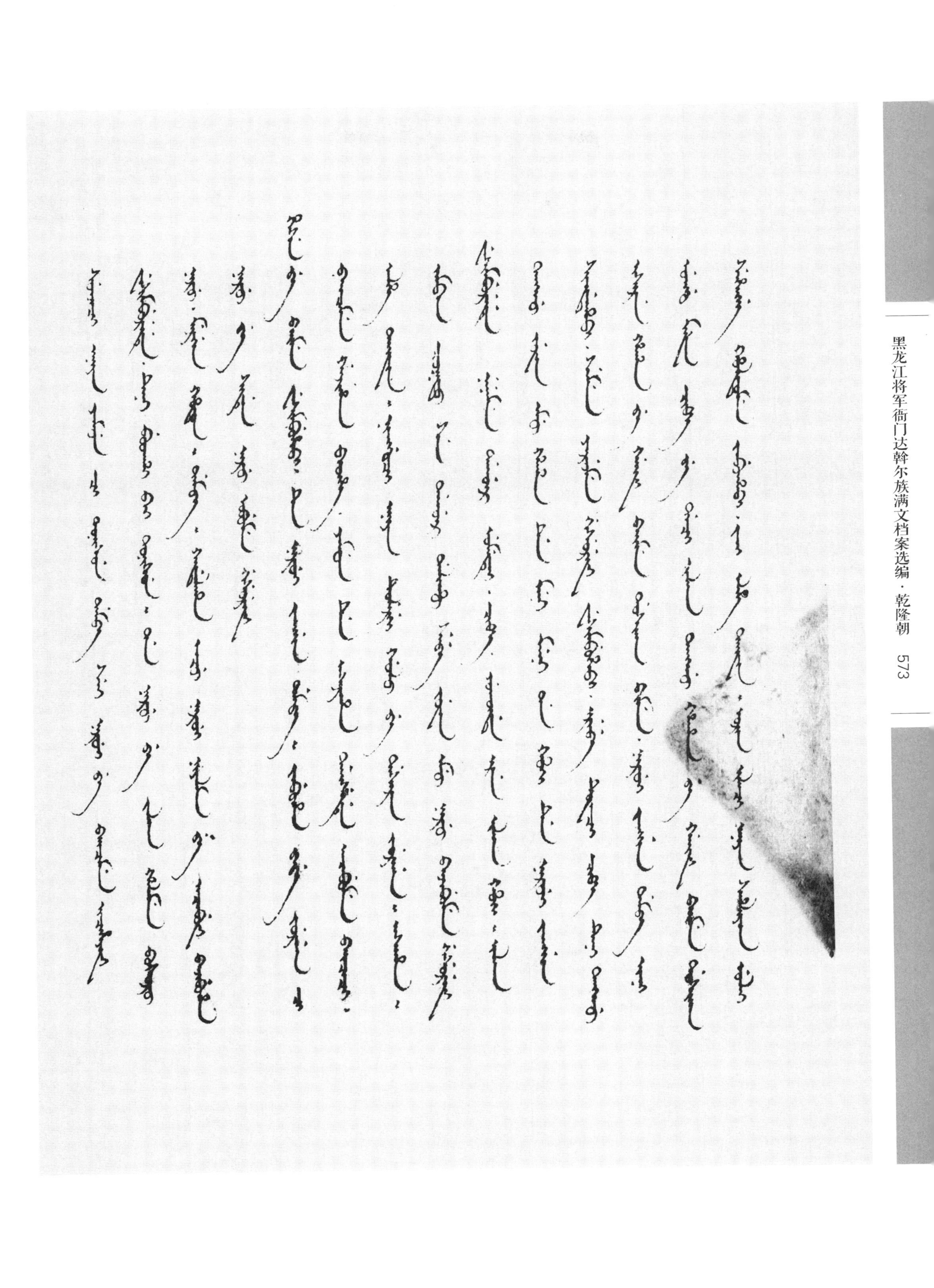

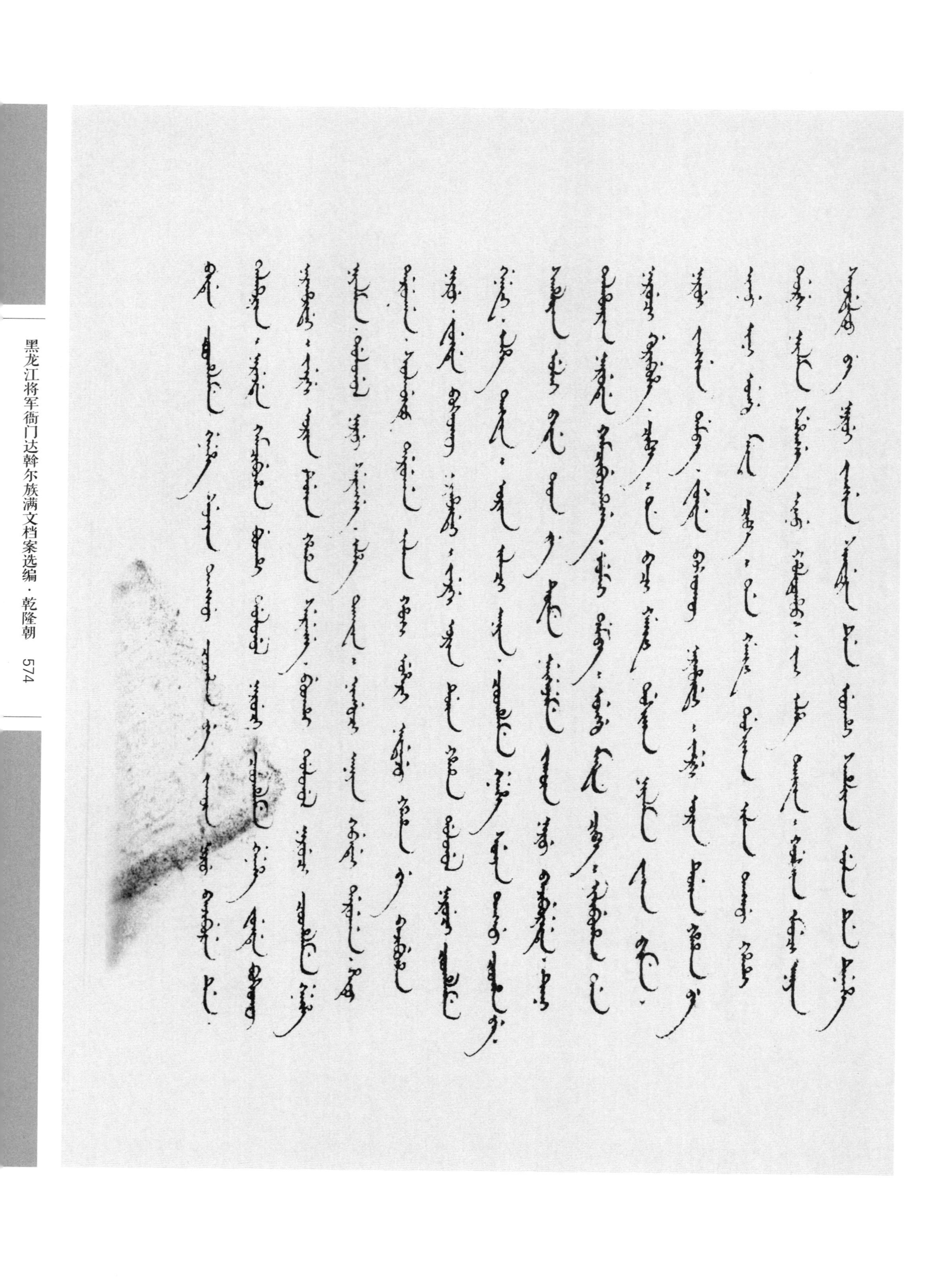

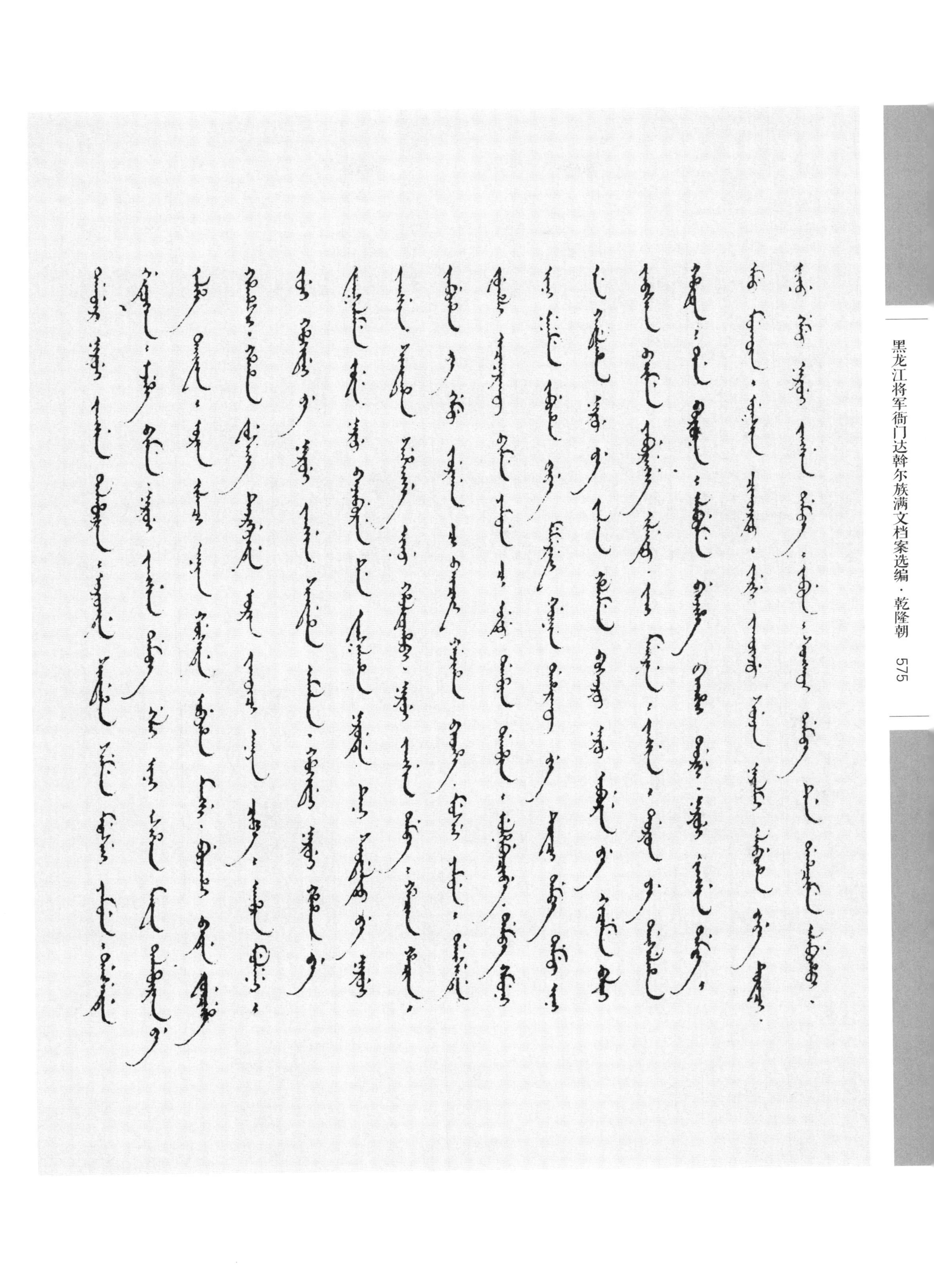

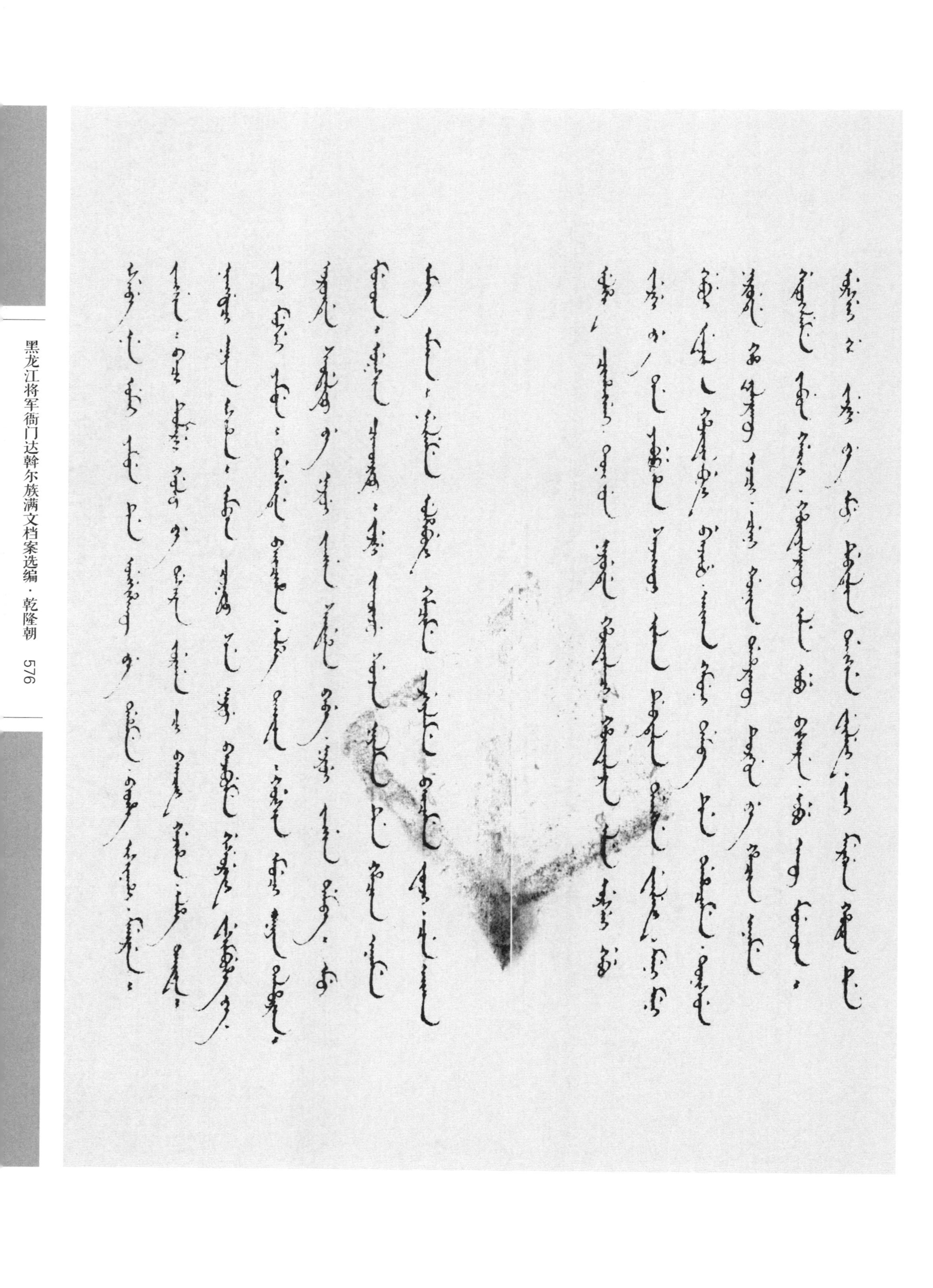

[illegible]

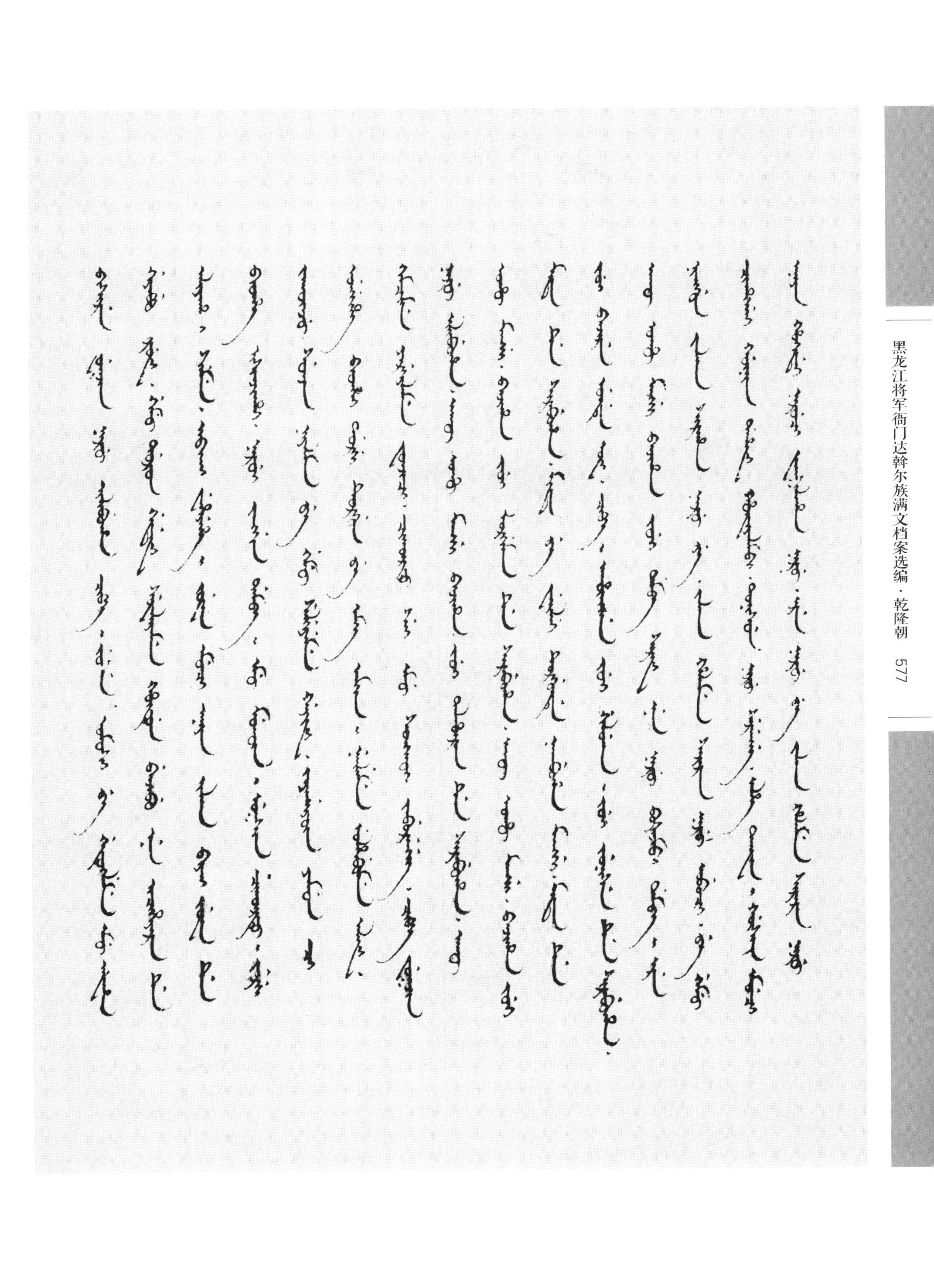

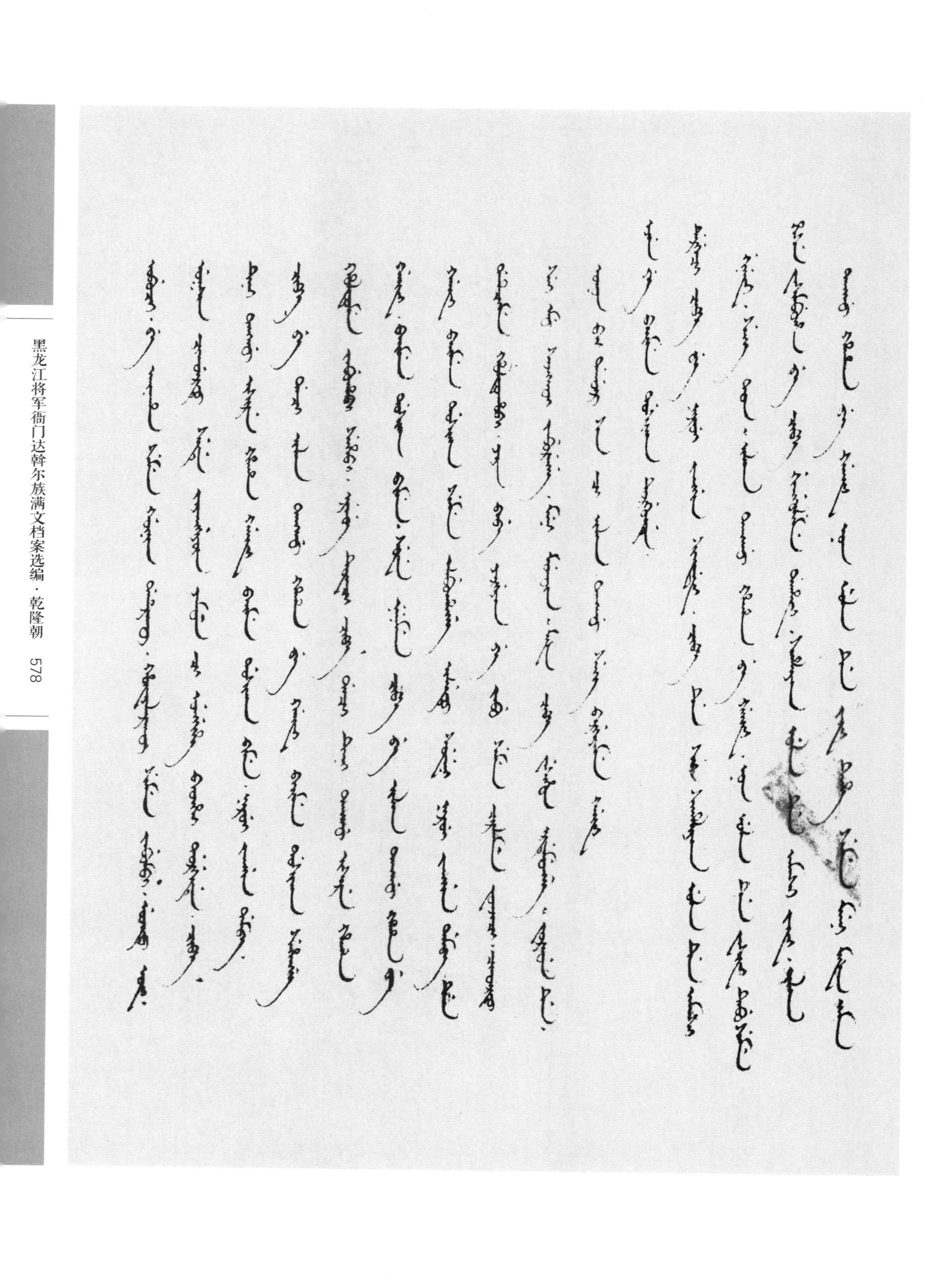

[illegible]

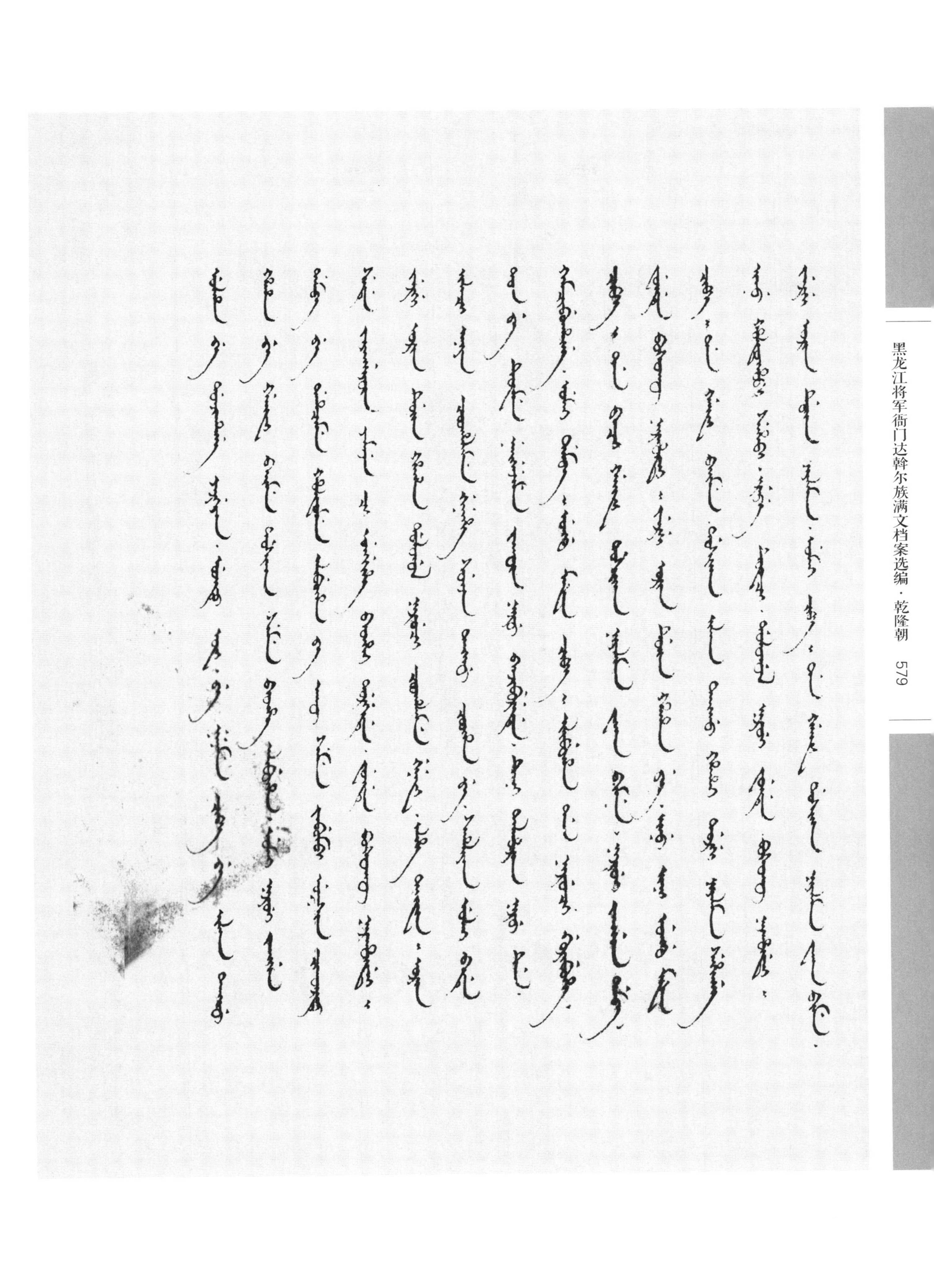

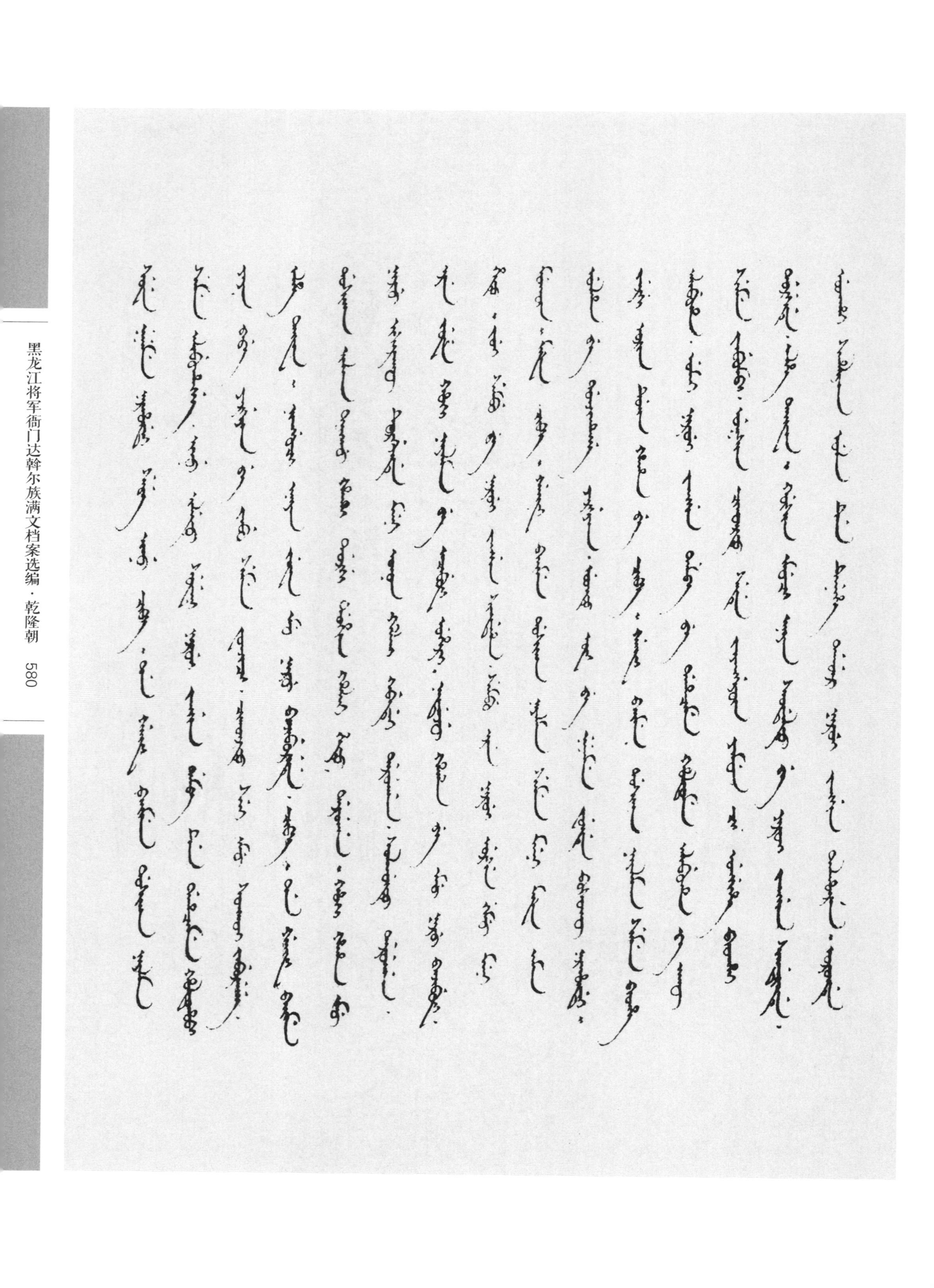

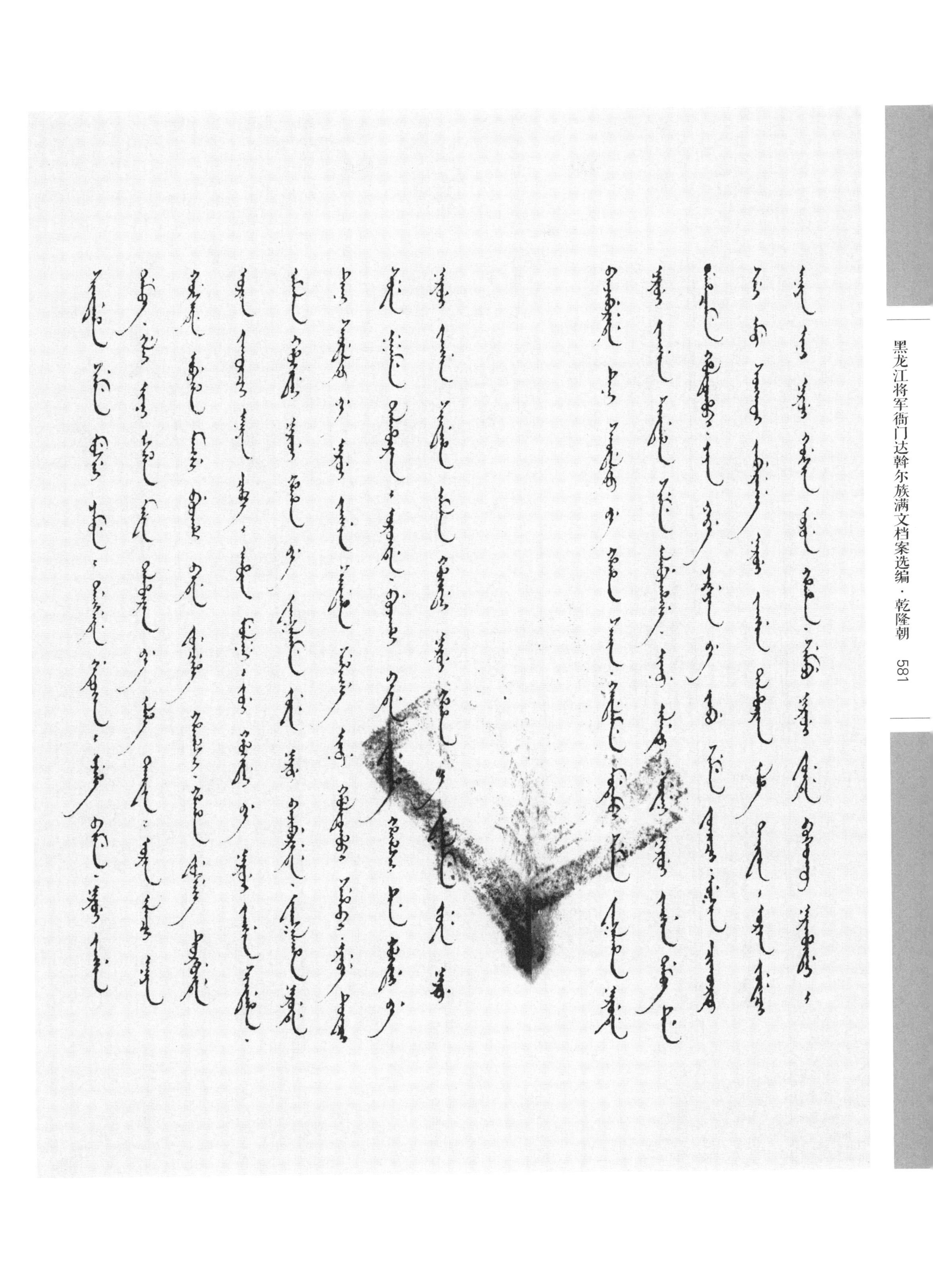

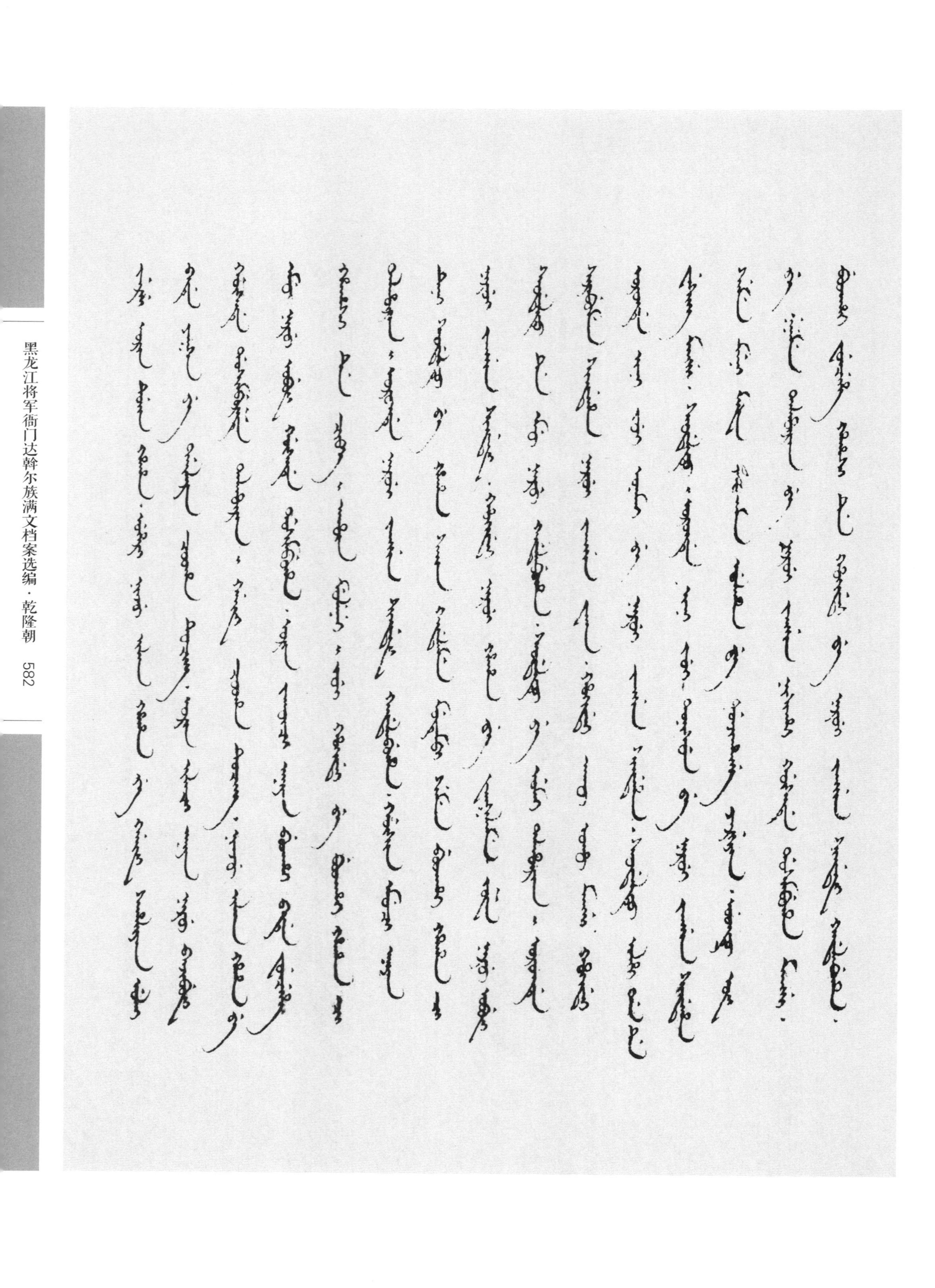

[illegible]

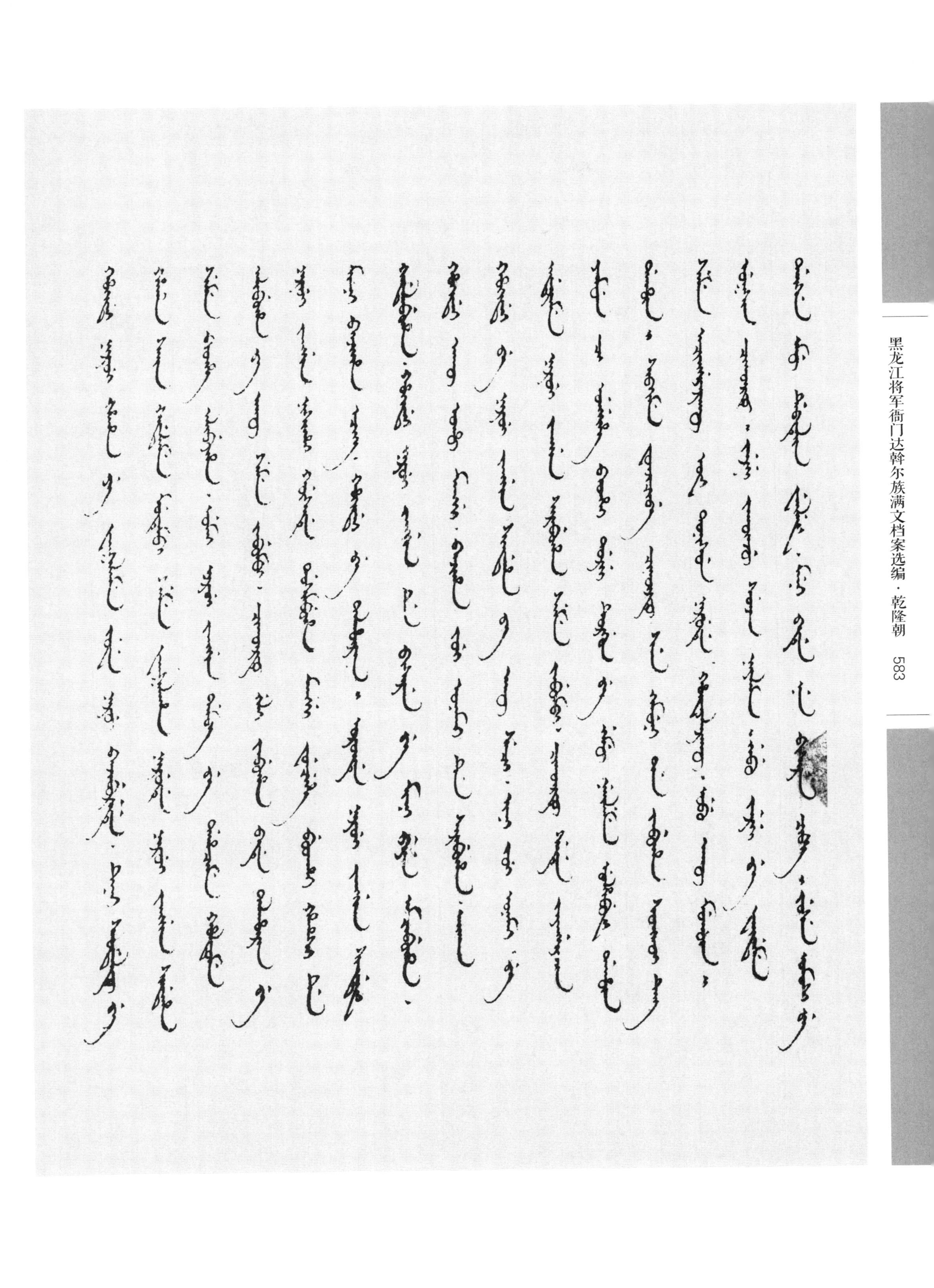

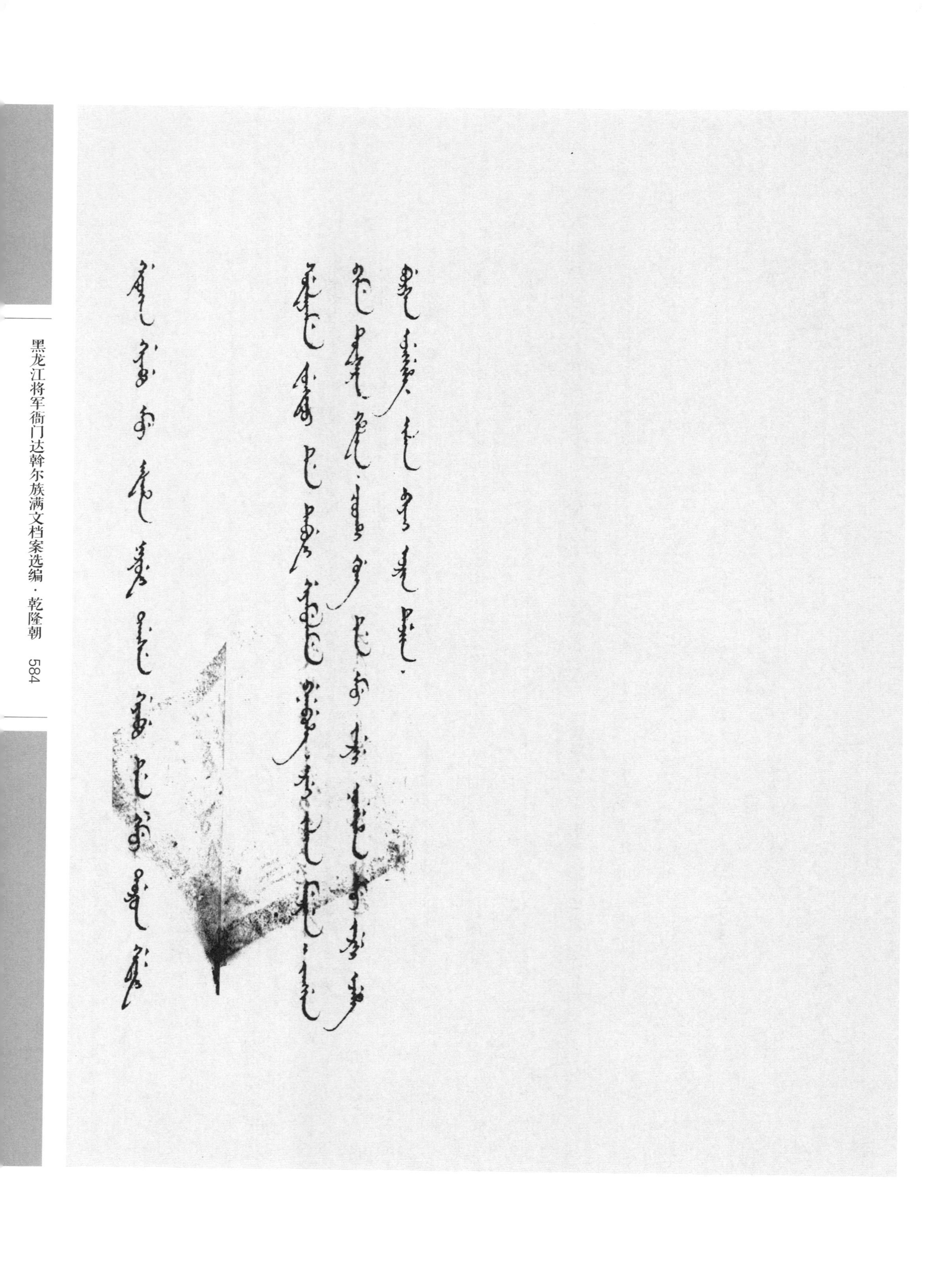

[illegible]

[illegible]

[illegible]

[illegible]

三八二 黑龙江将军衙门为不便即时解送布特哈镶黄旗达斡尔托尼逊佐领源流册事咨值月镶蓝满洲汉军旗文

乾隆十一年三月二十九日

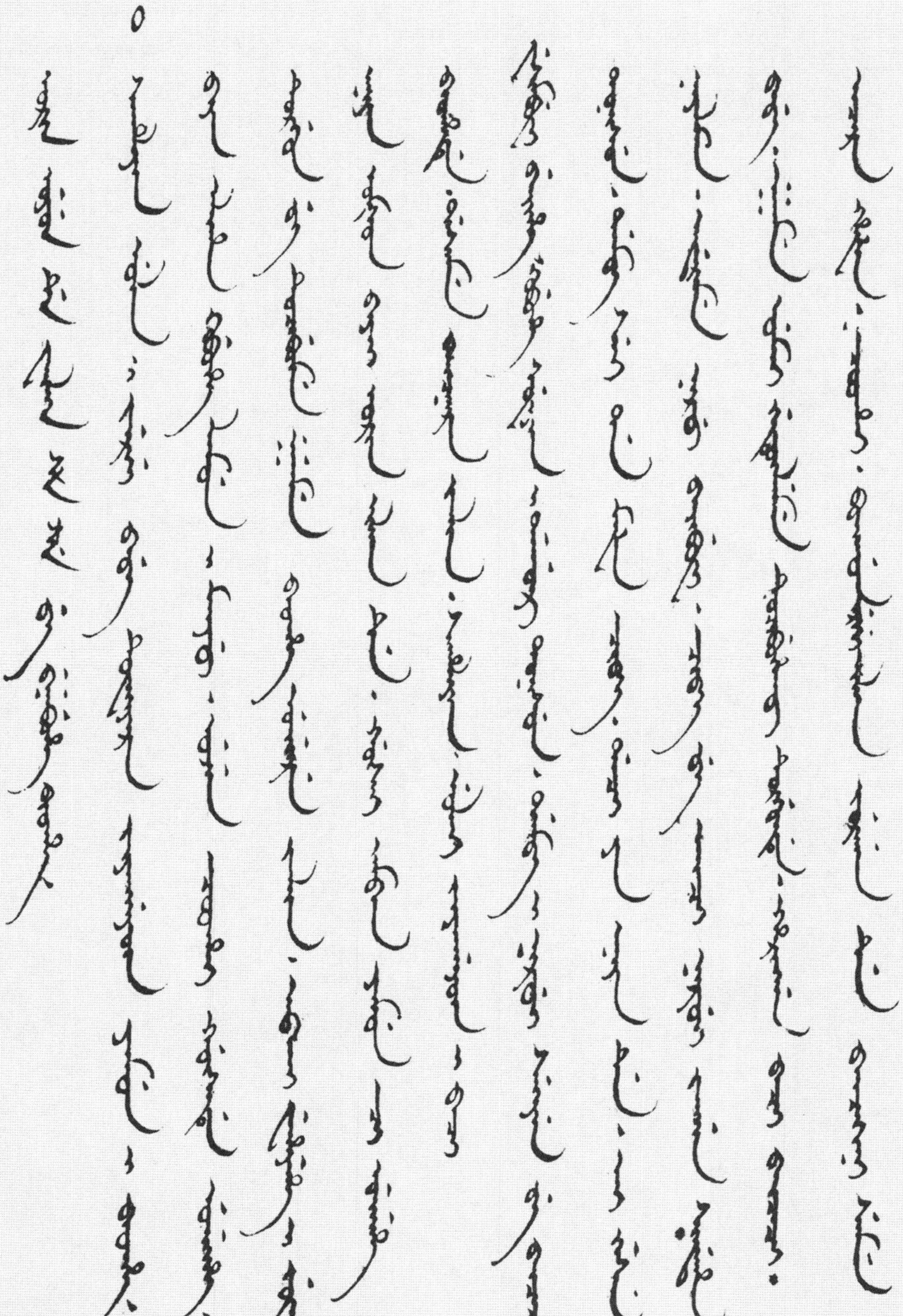

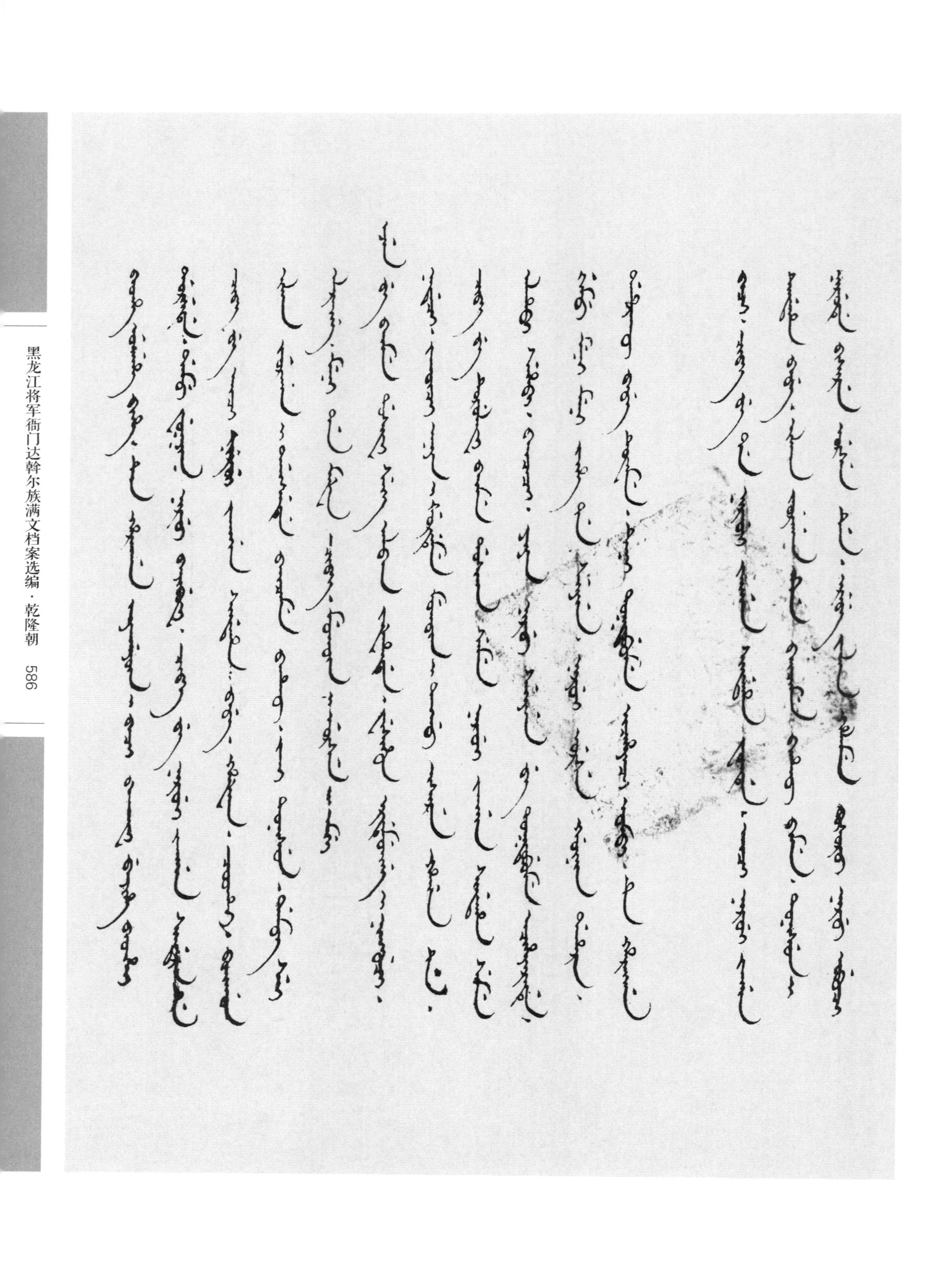

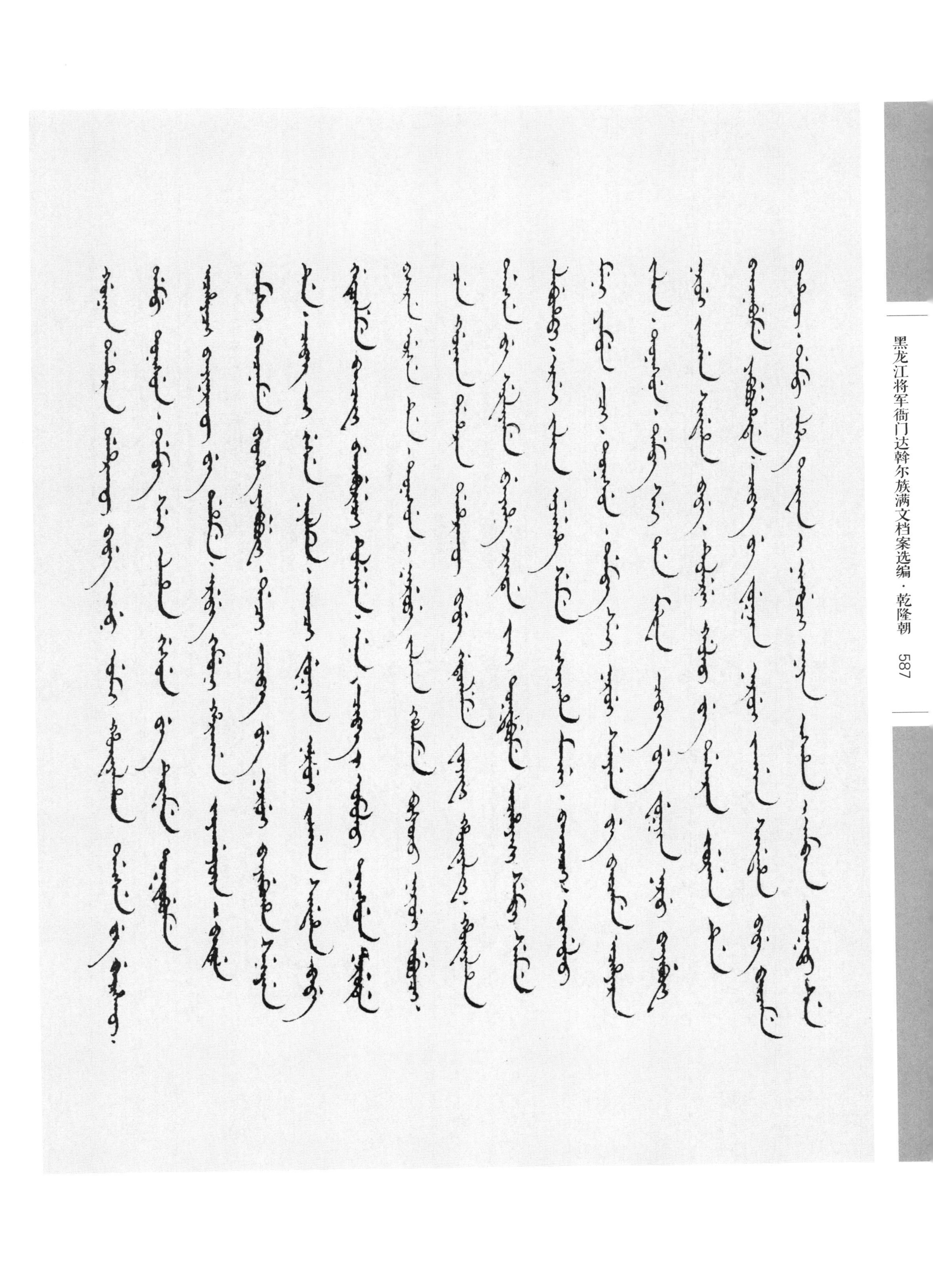

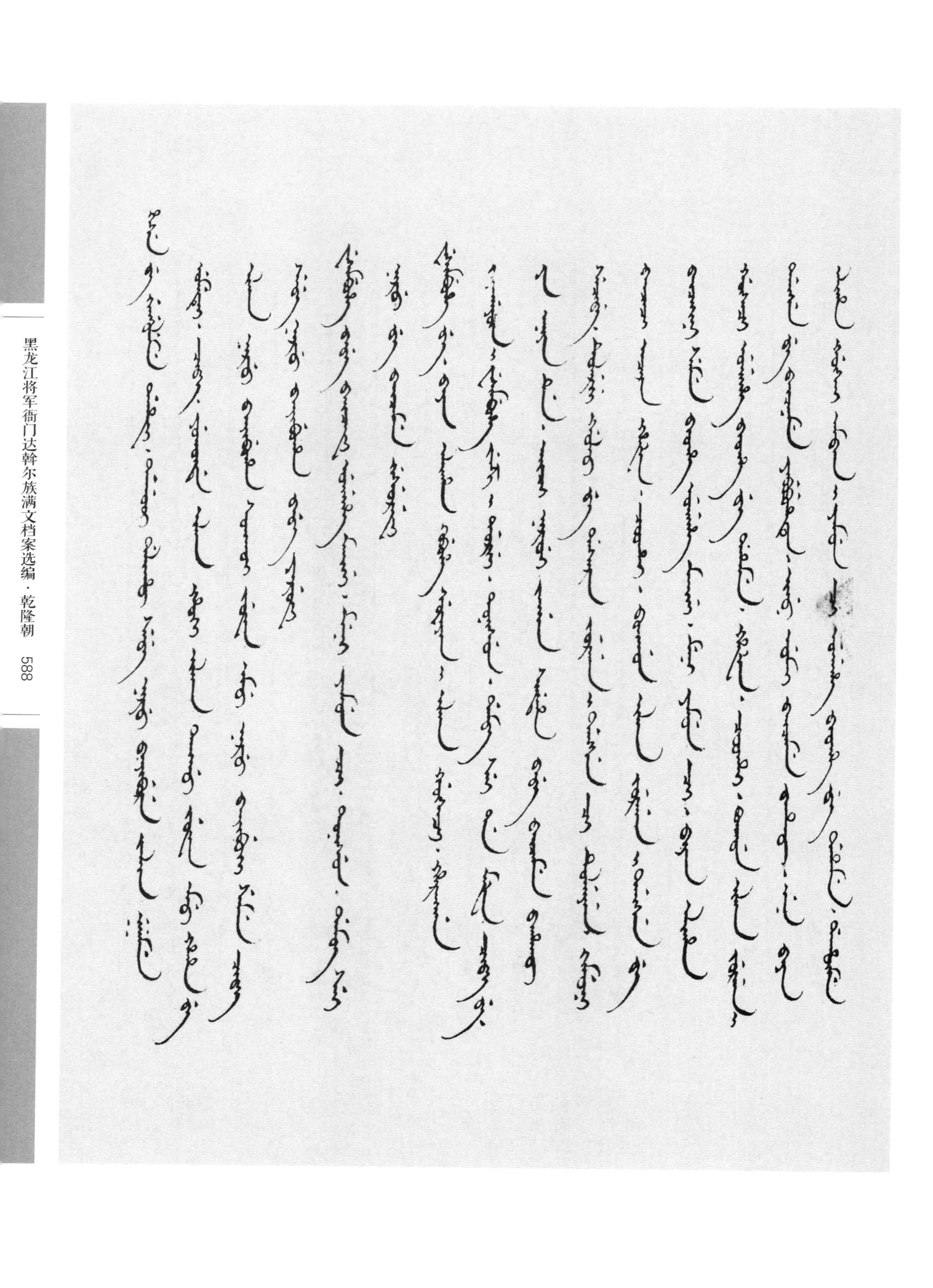

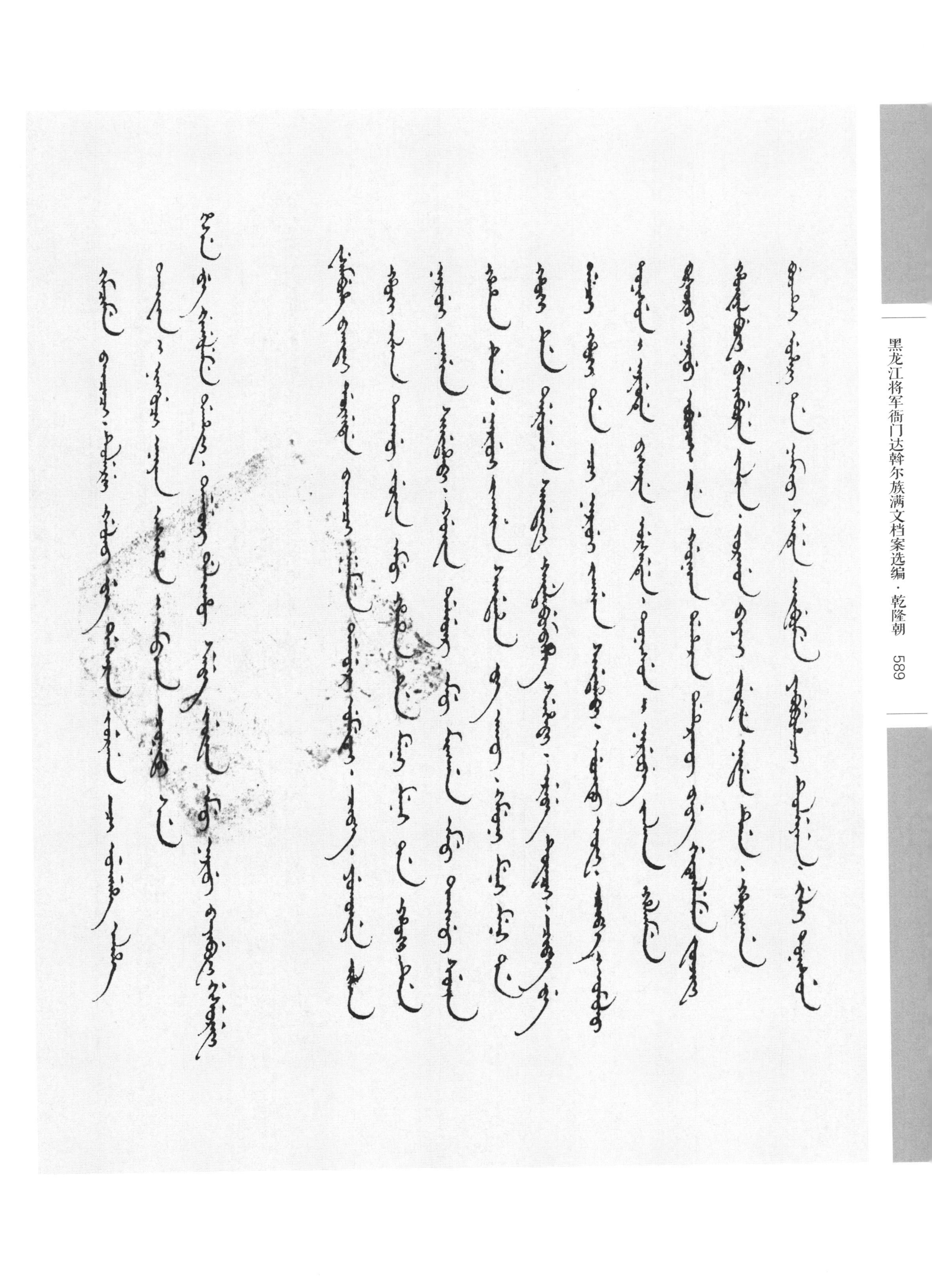

[illegible]

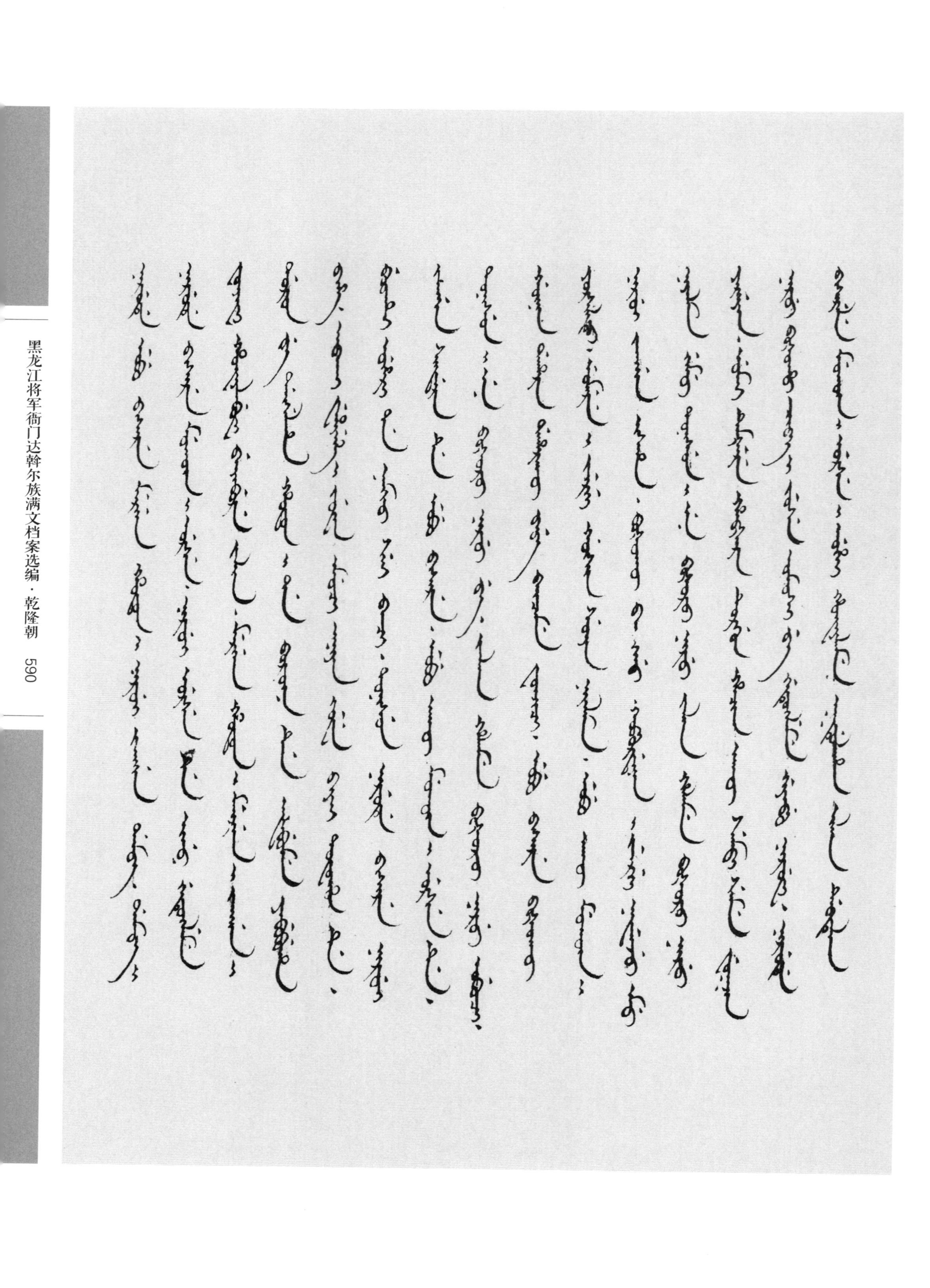

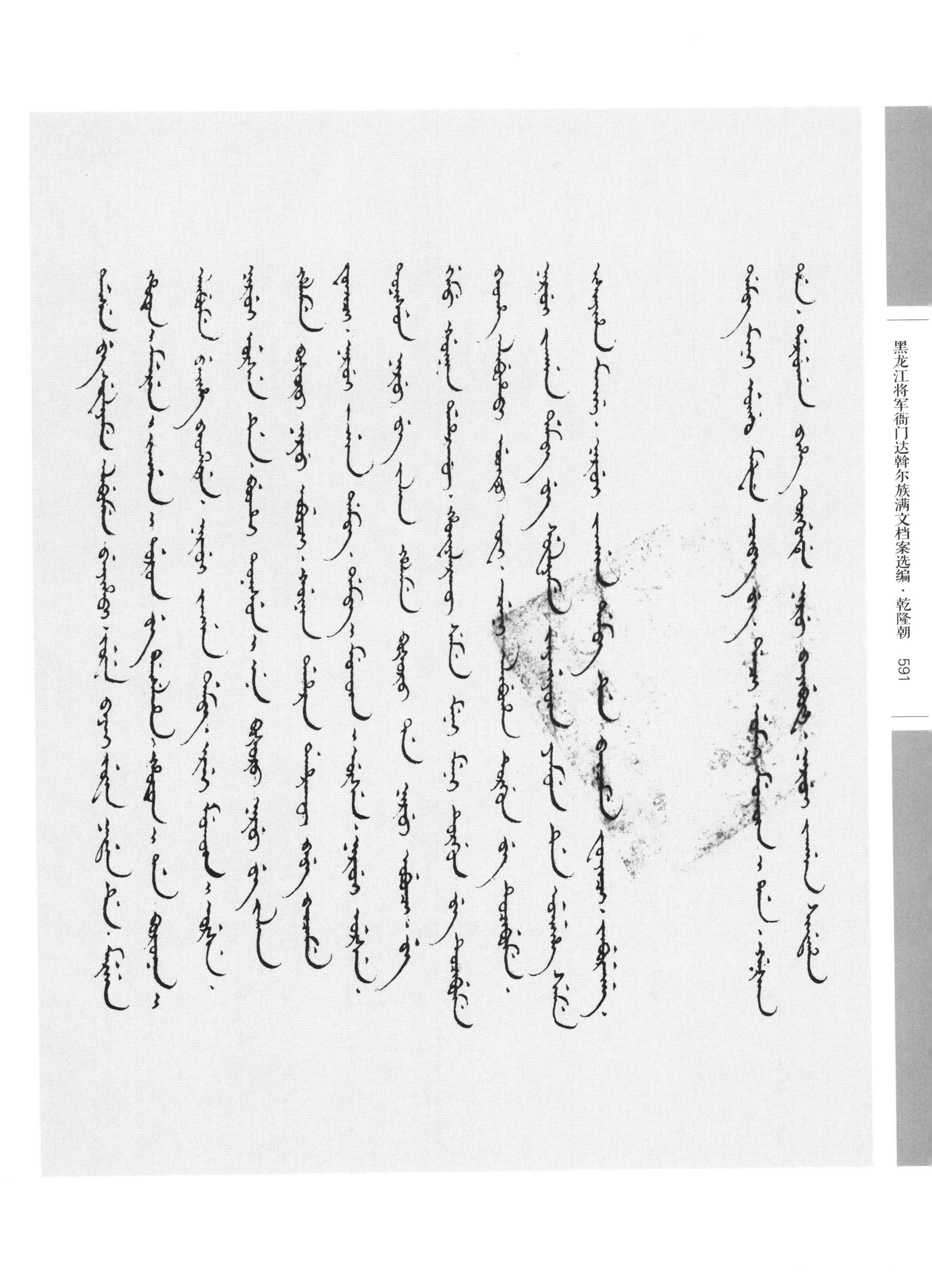

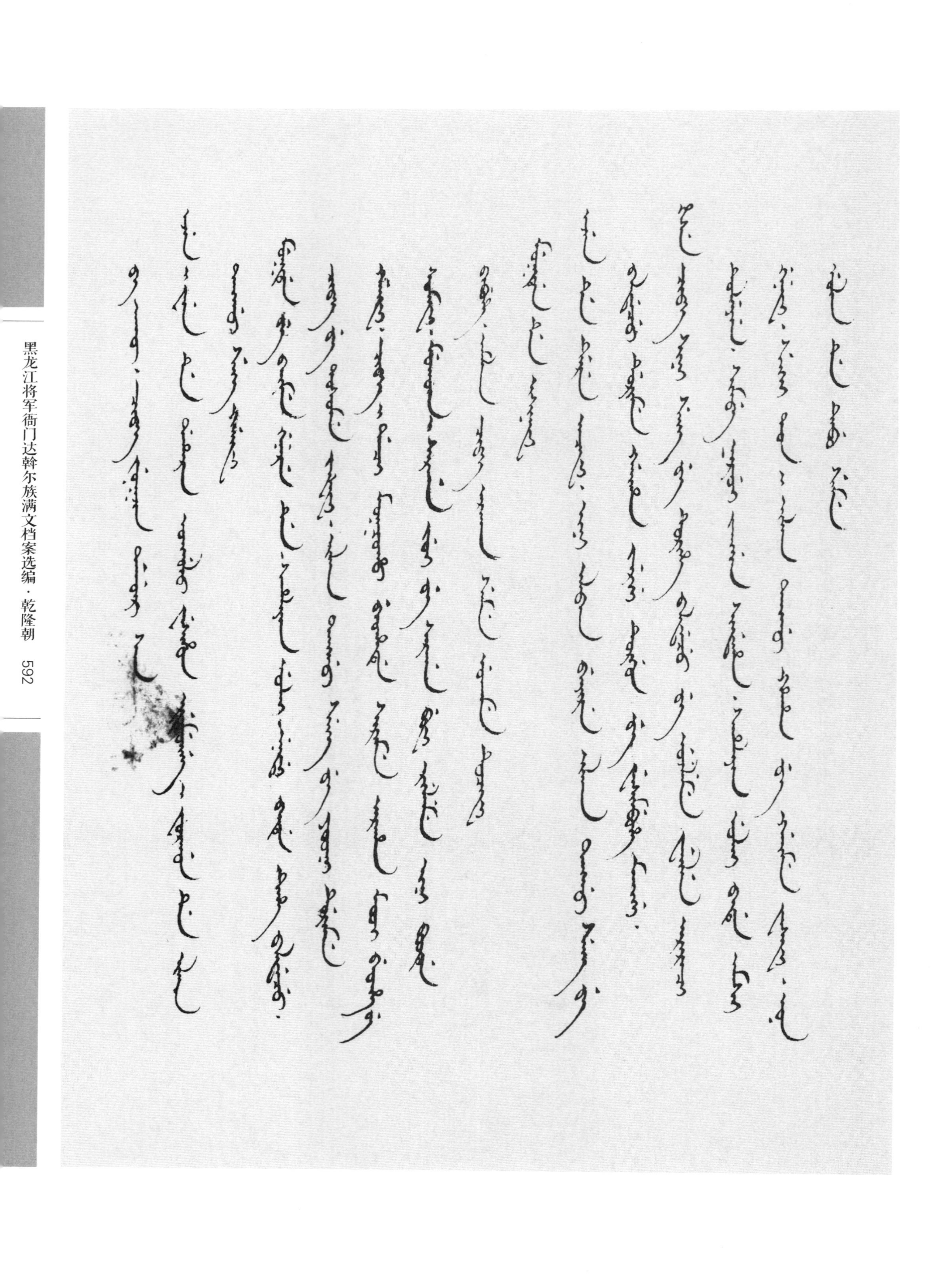

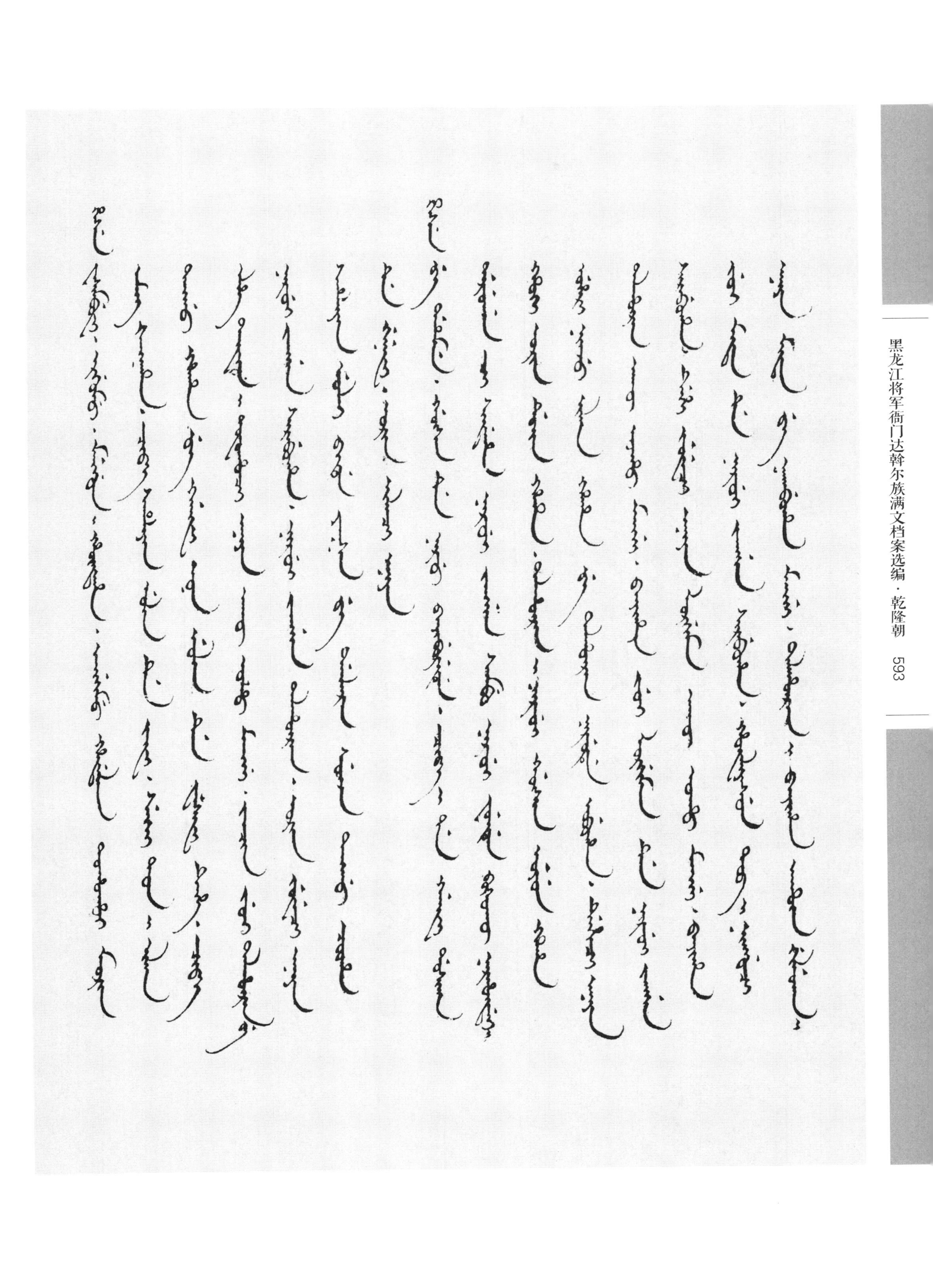

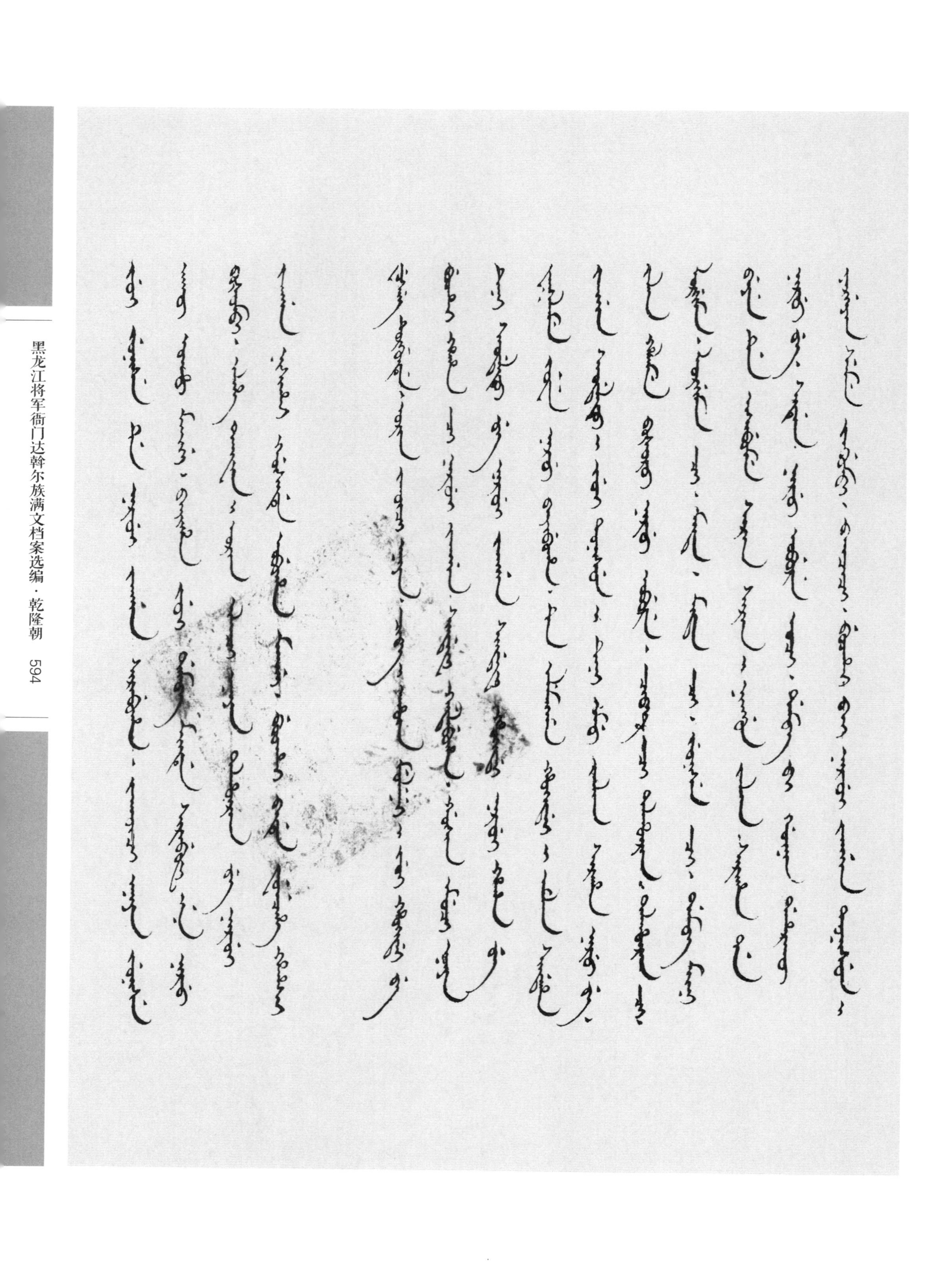

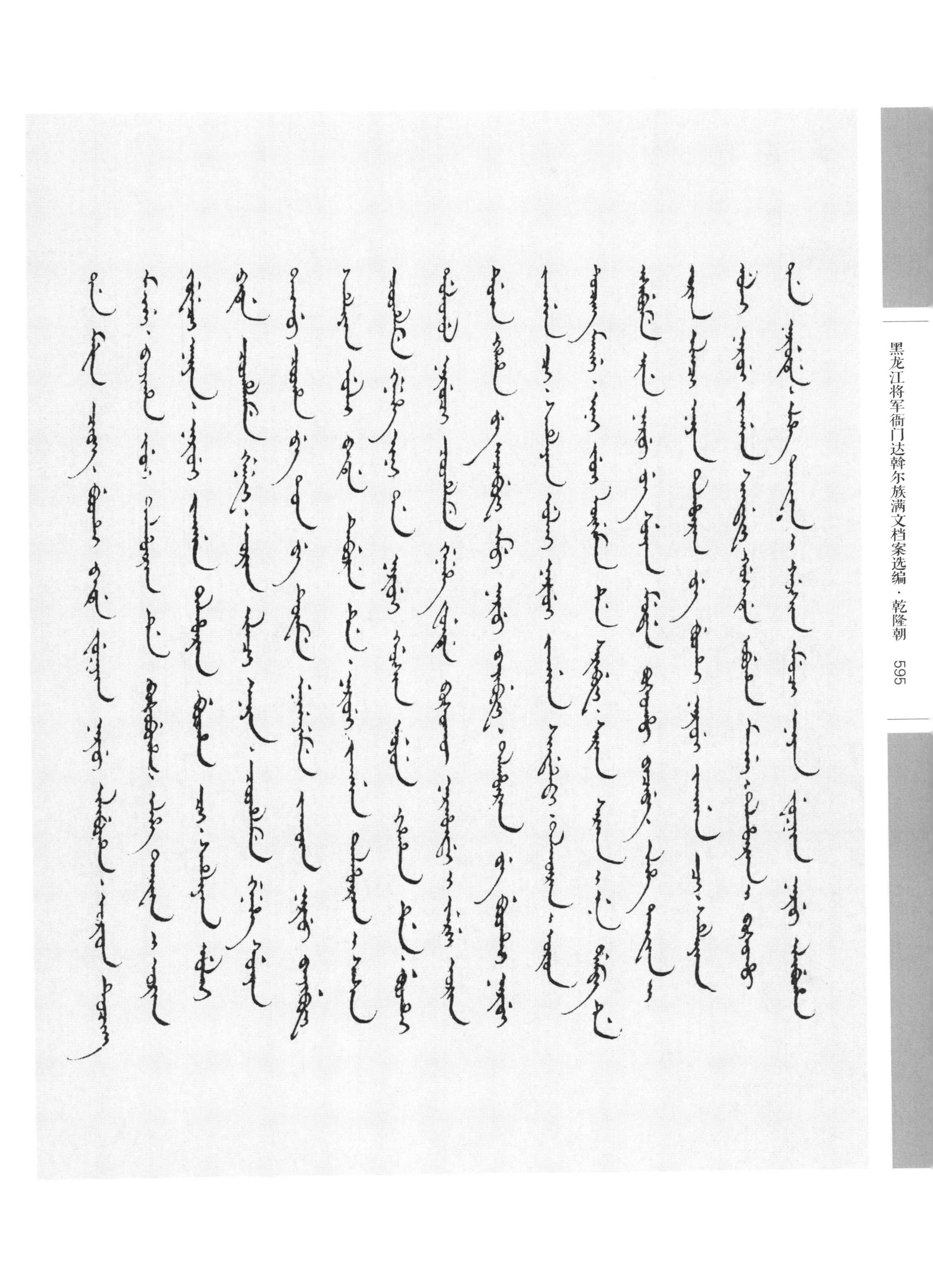

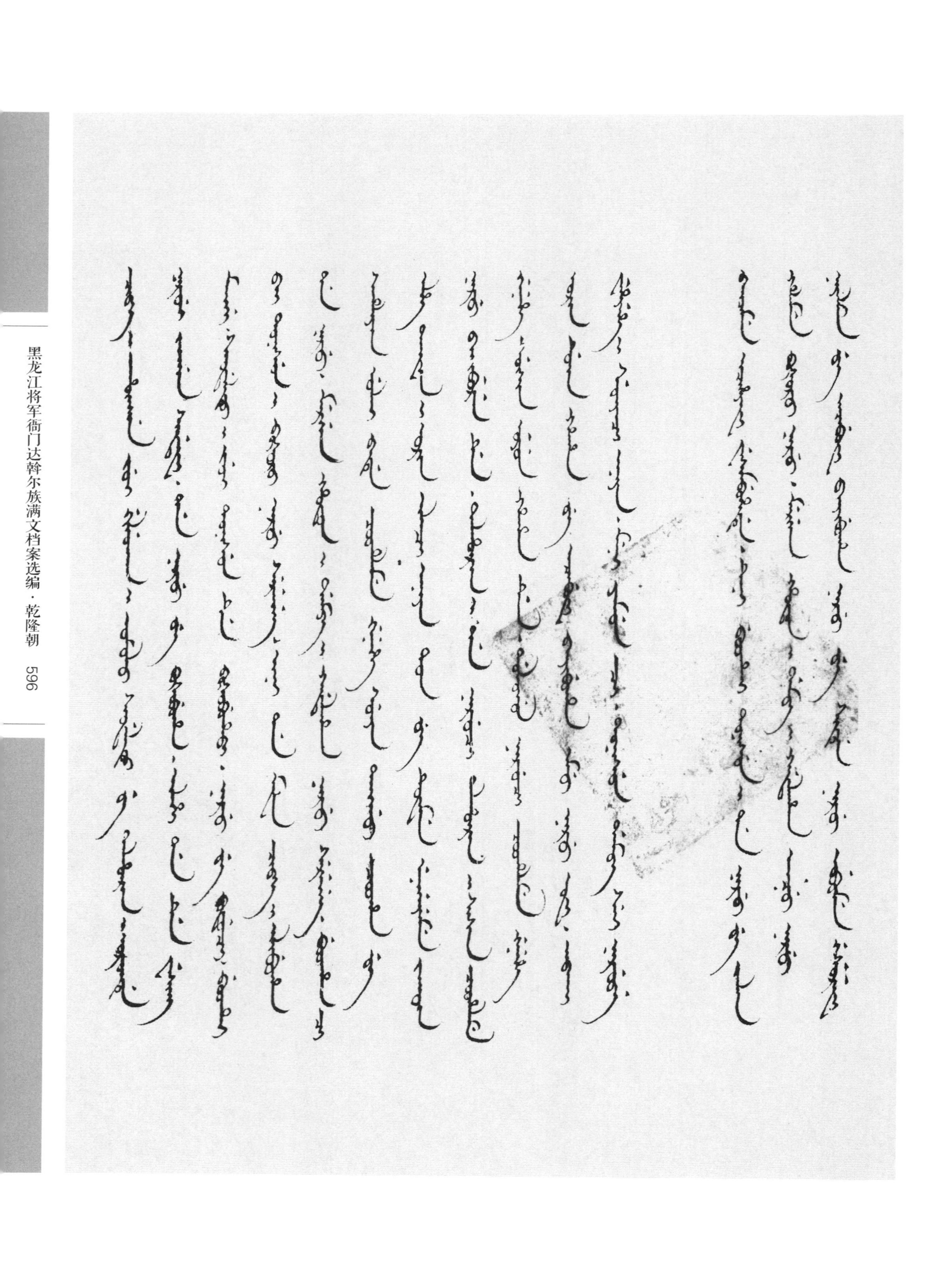

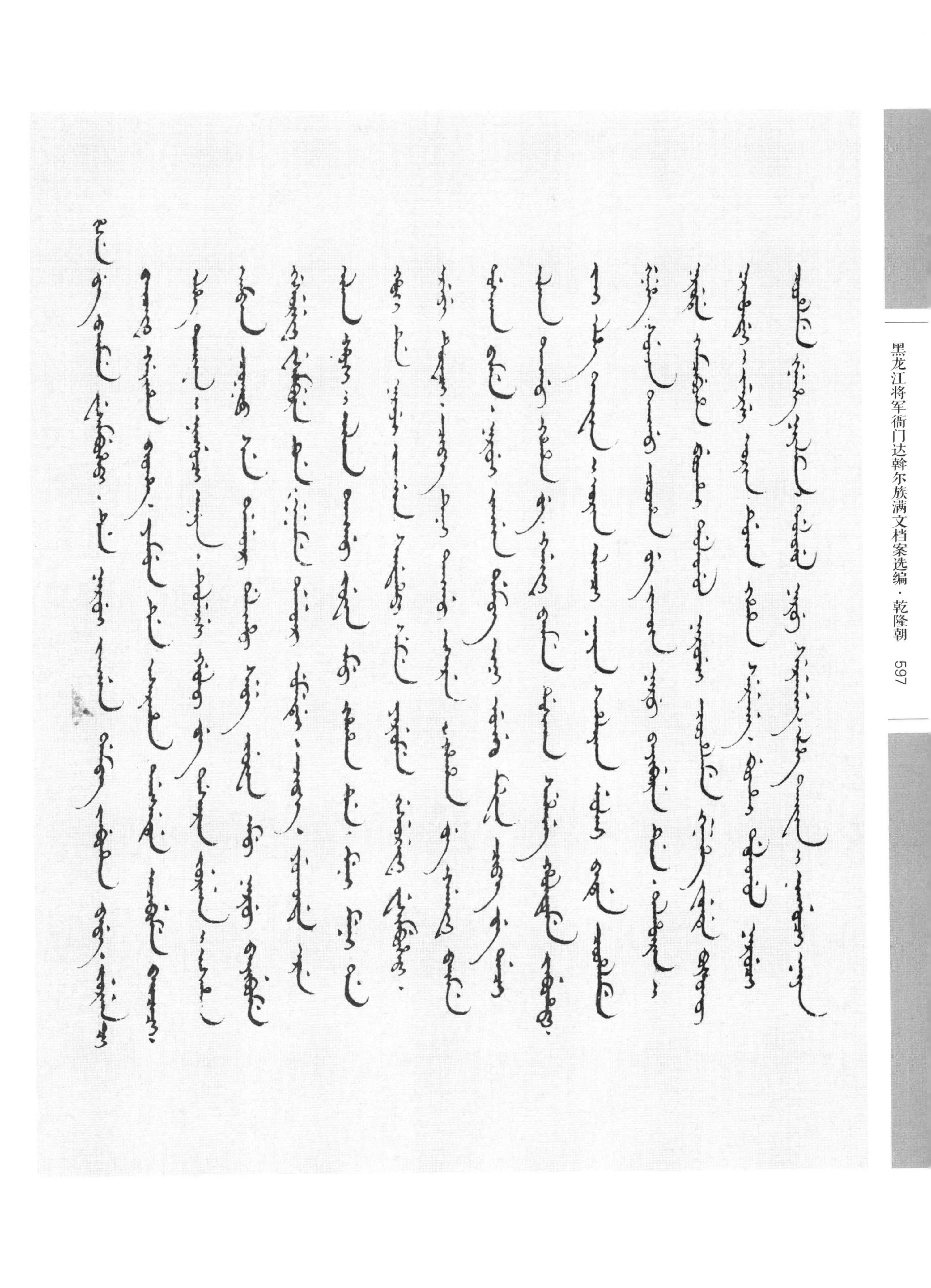

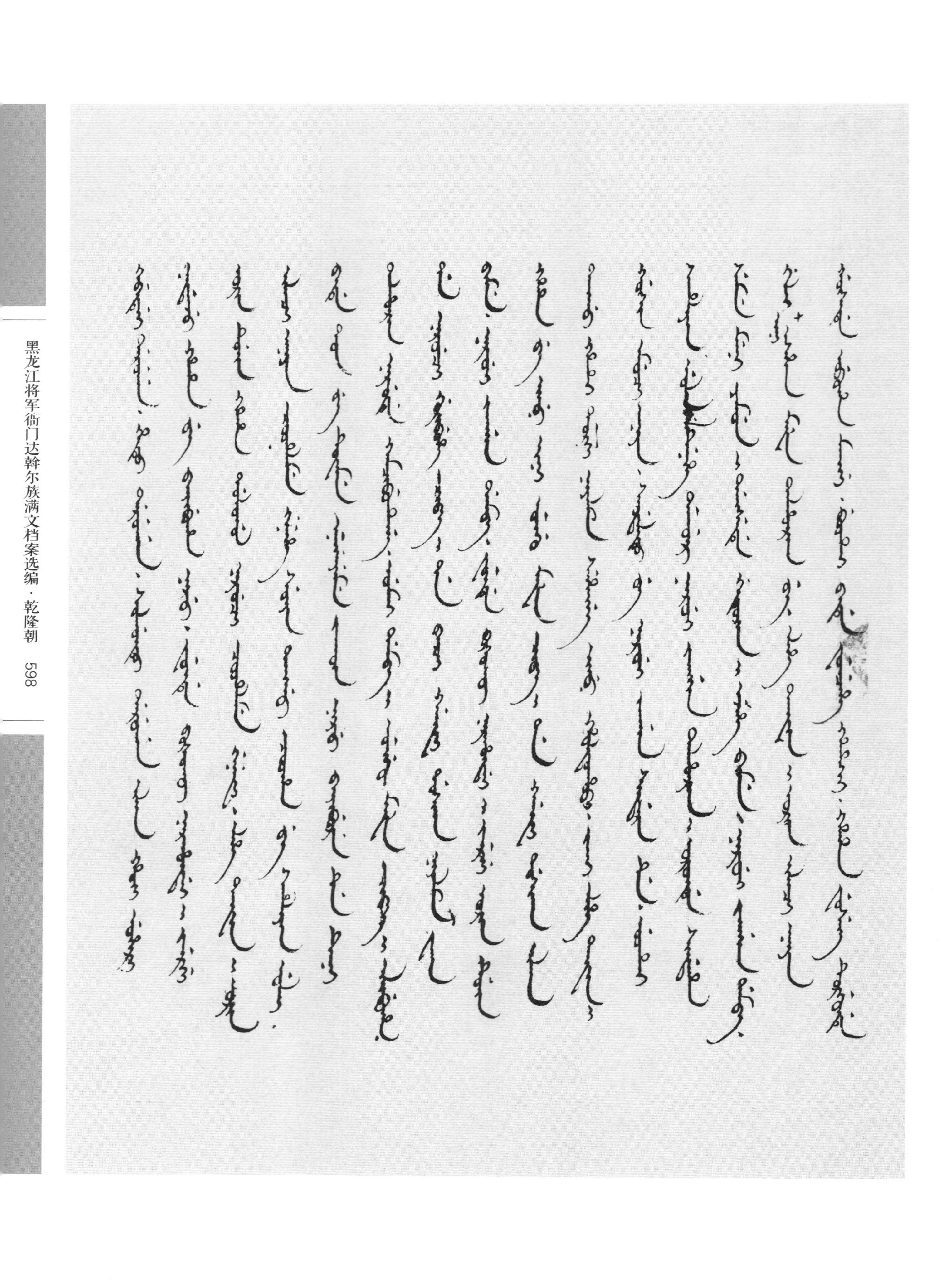

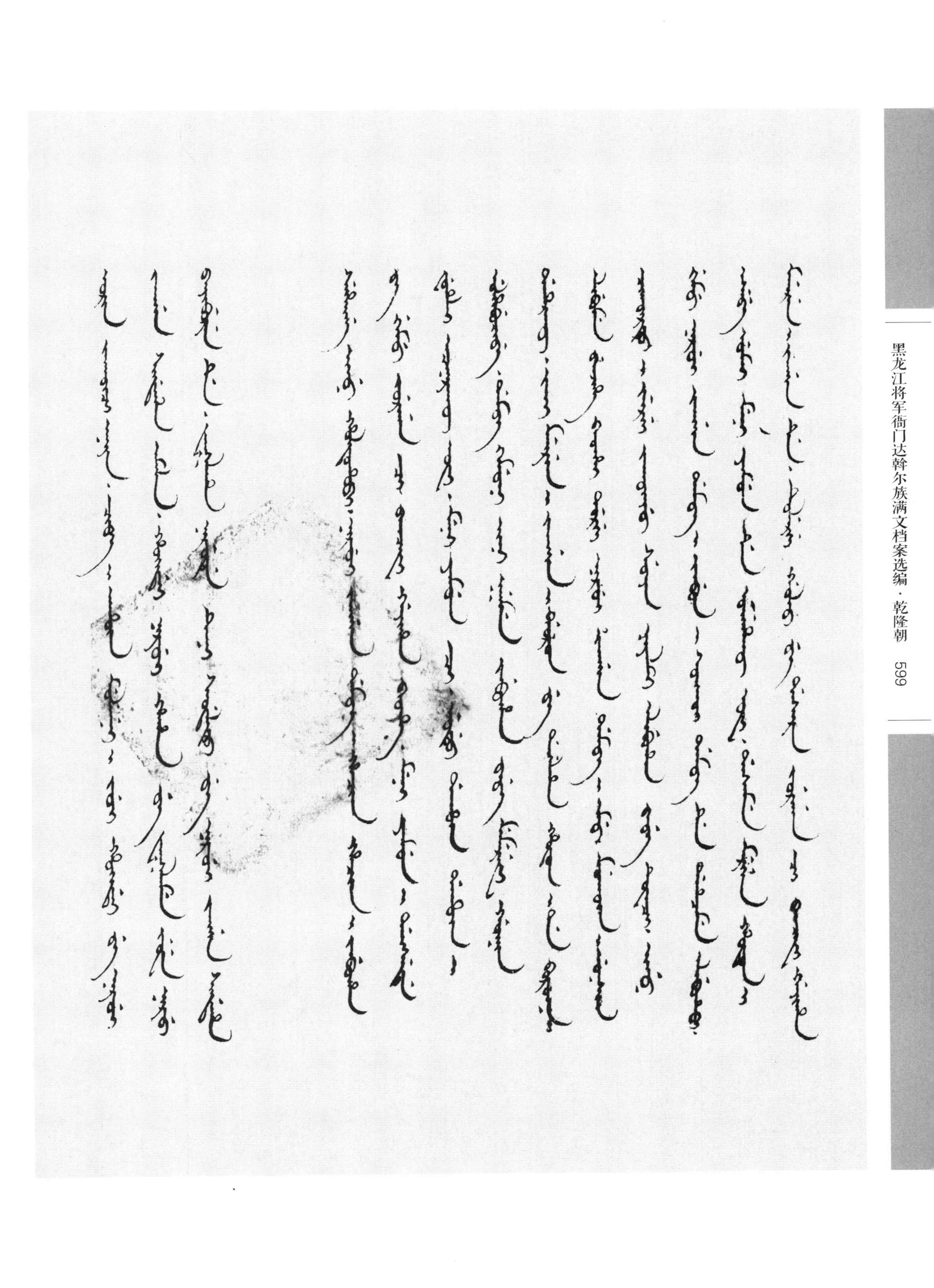

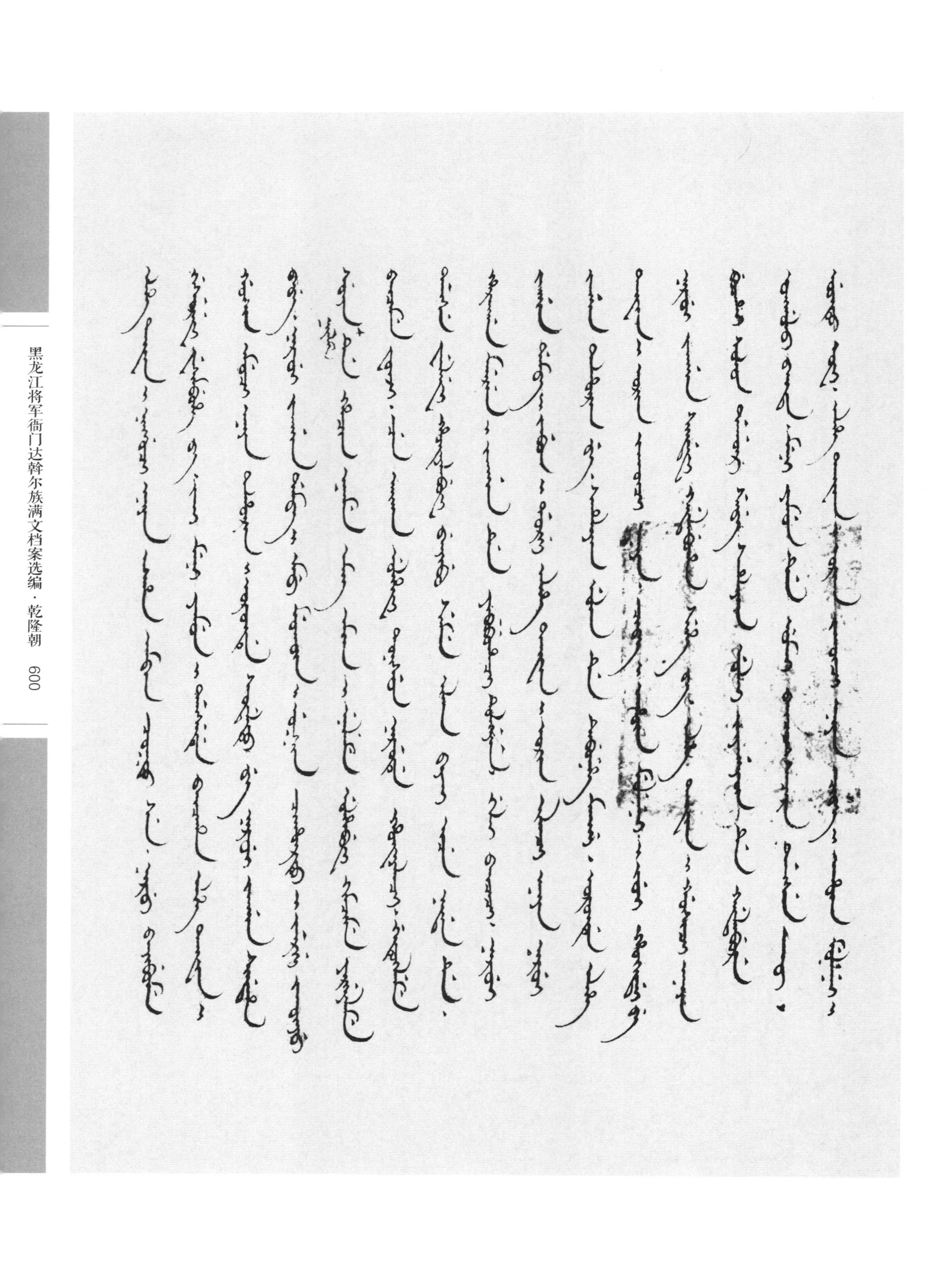

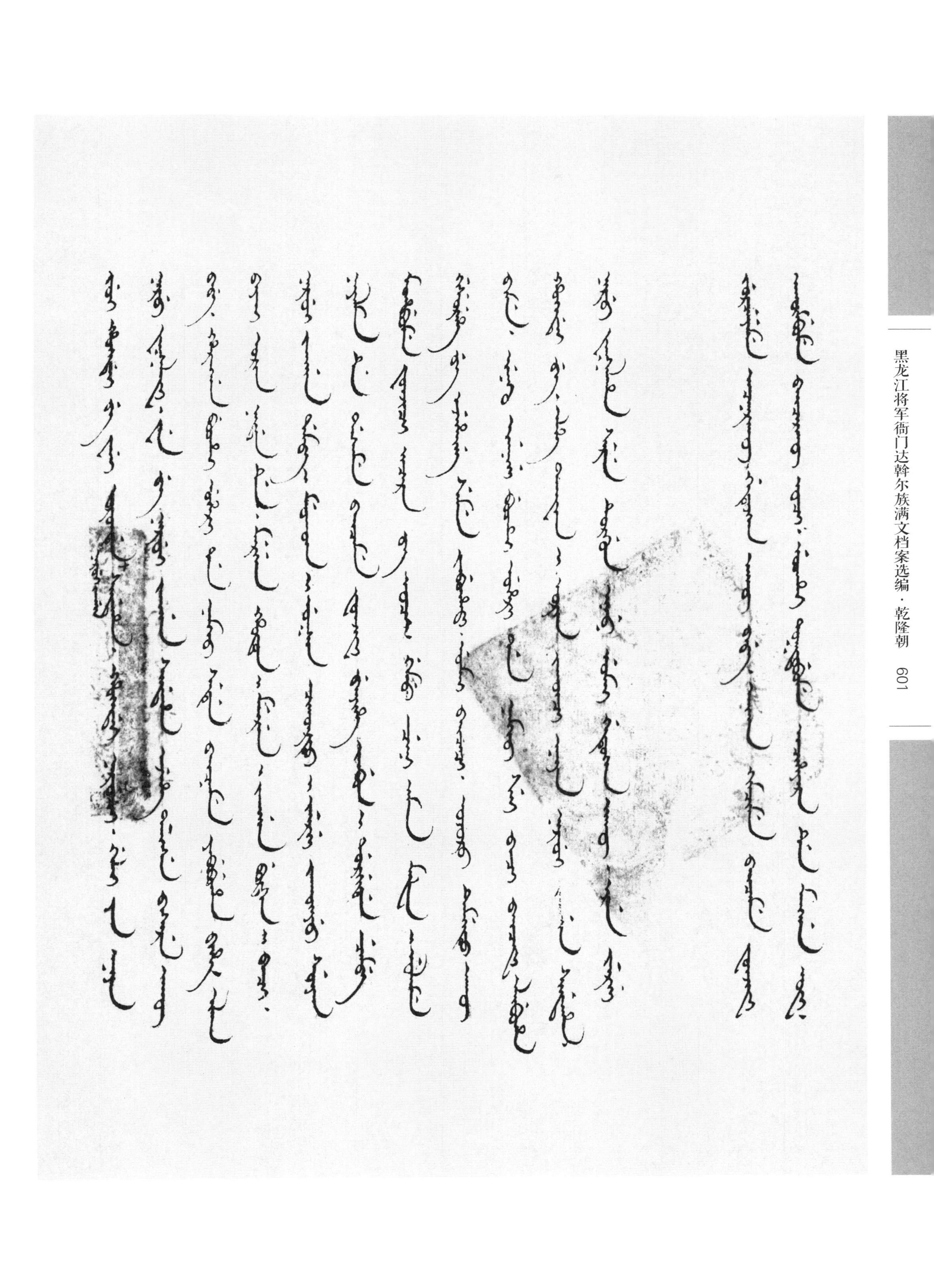

[illegible]

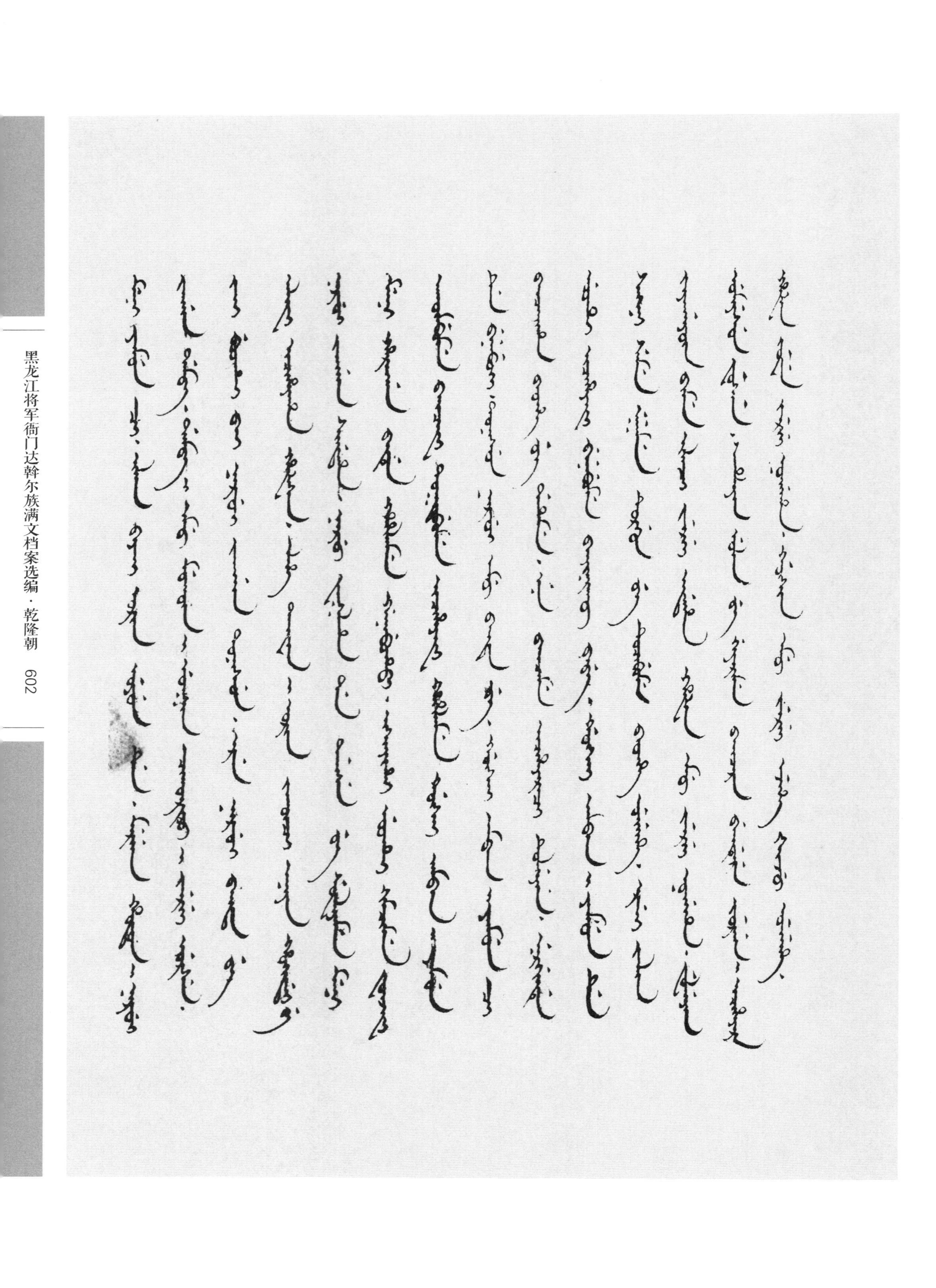

[illegible]

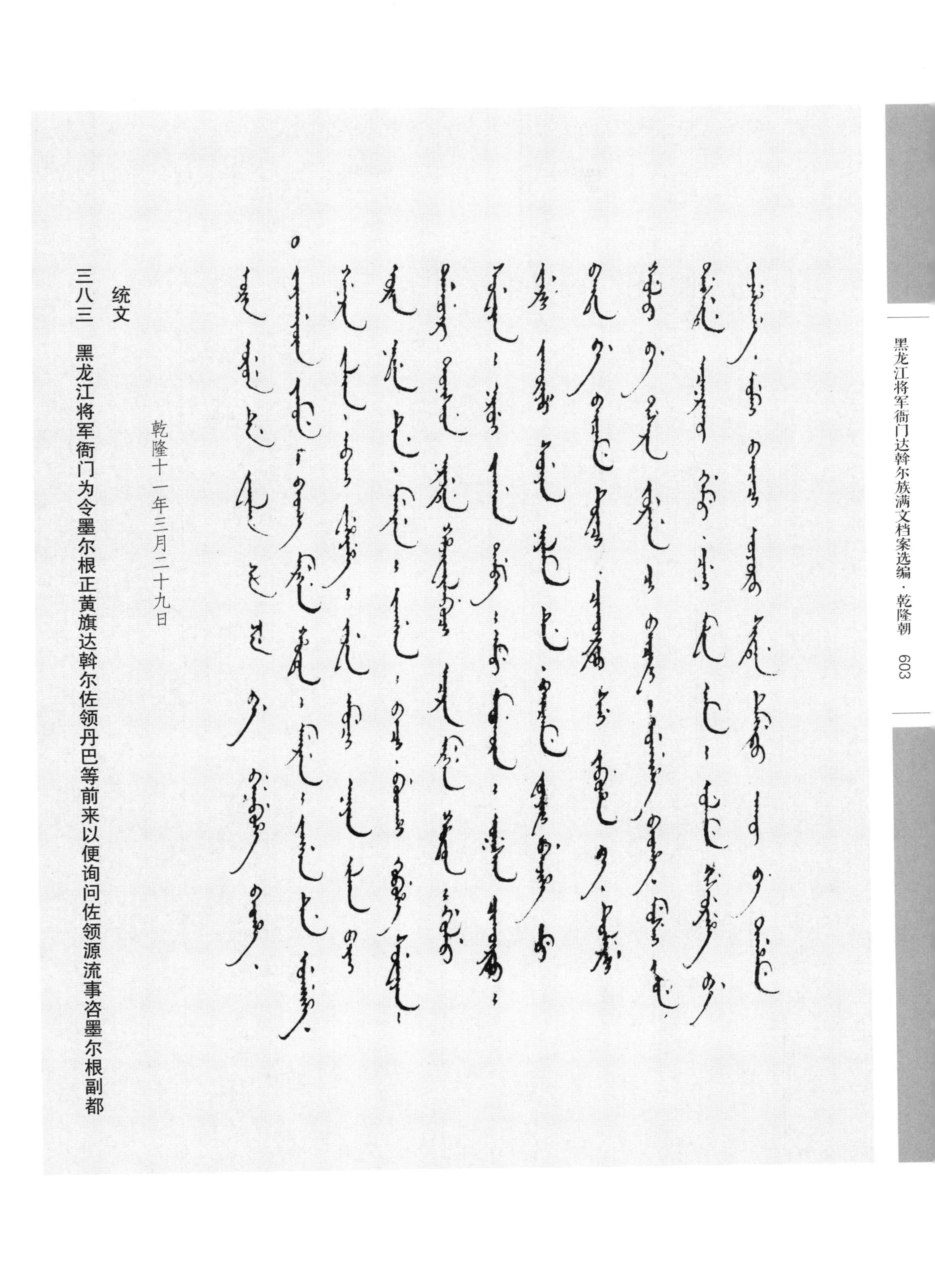

三八三 黑龙江将军衙门为令墨尔根正黄旗达斡尔佐领丹巴等前来以便询问佐领源流事咨墨尔根副都统文

乾隆十一年三月二十九日

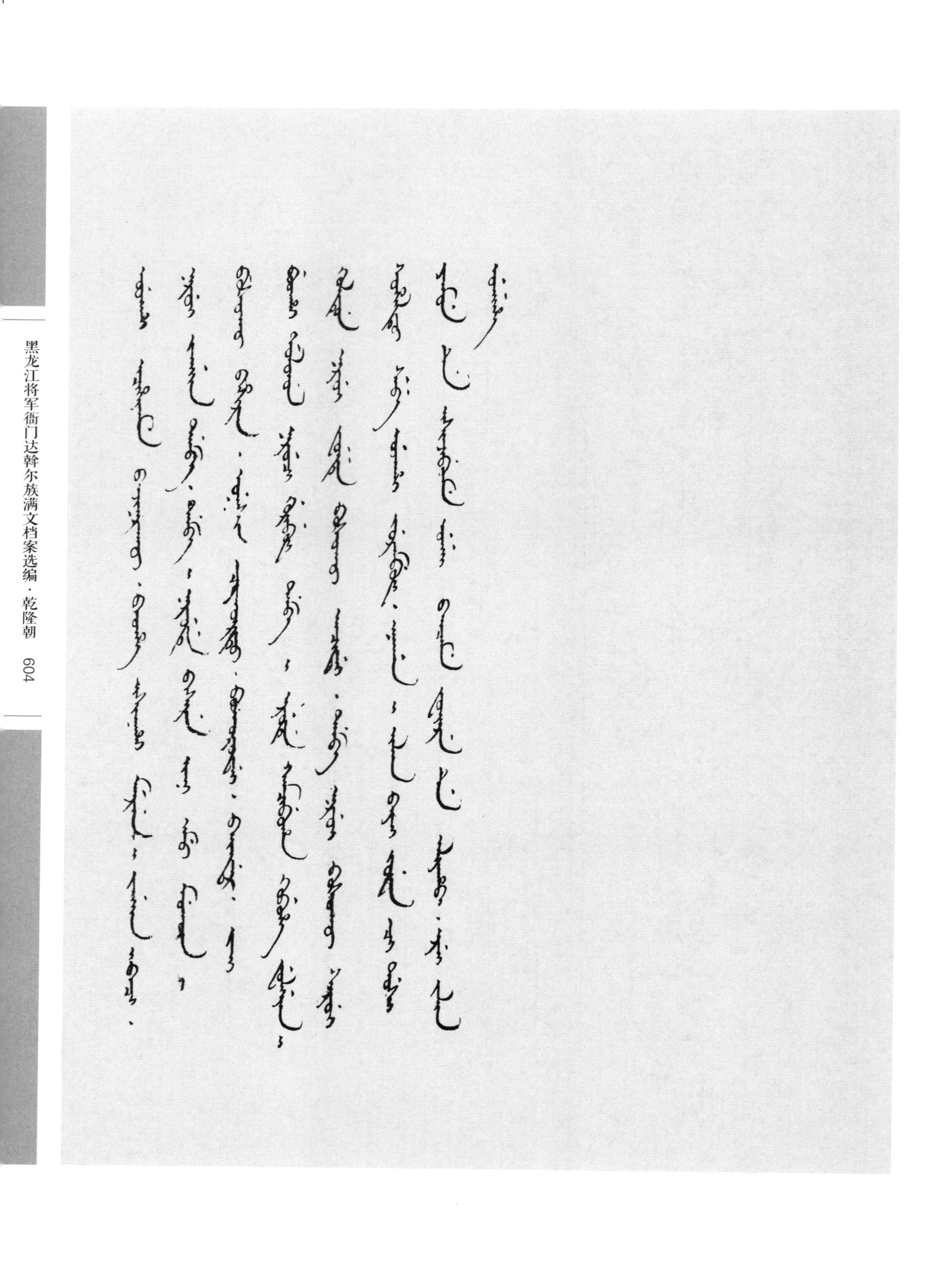

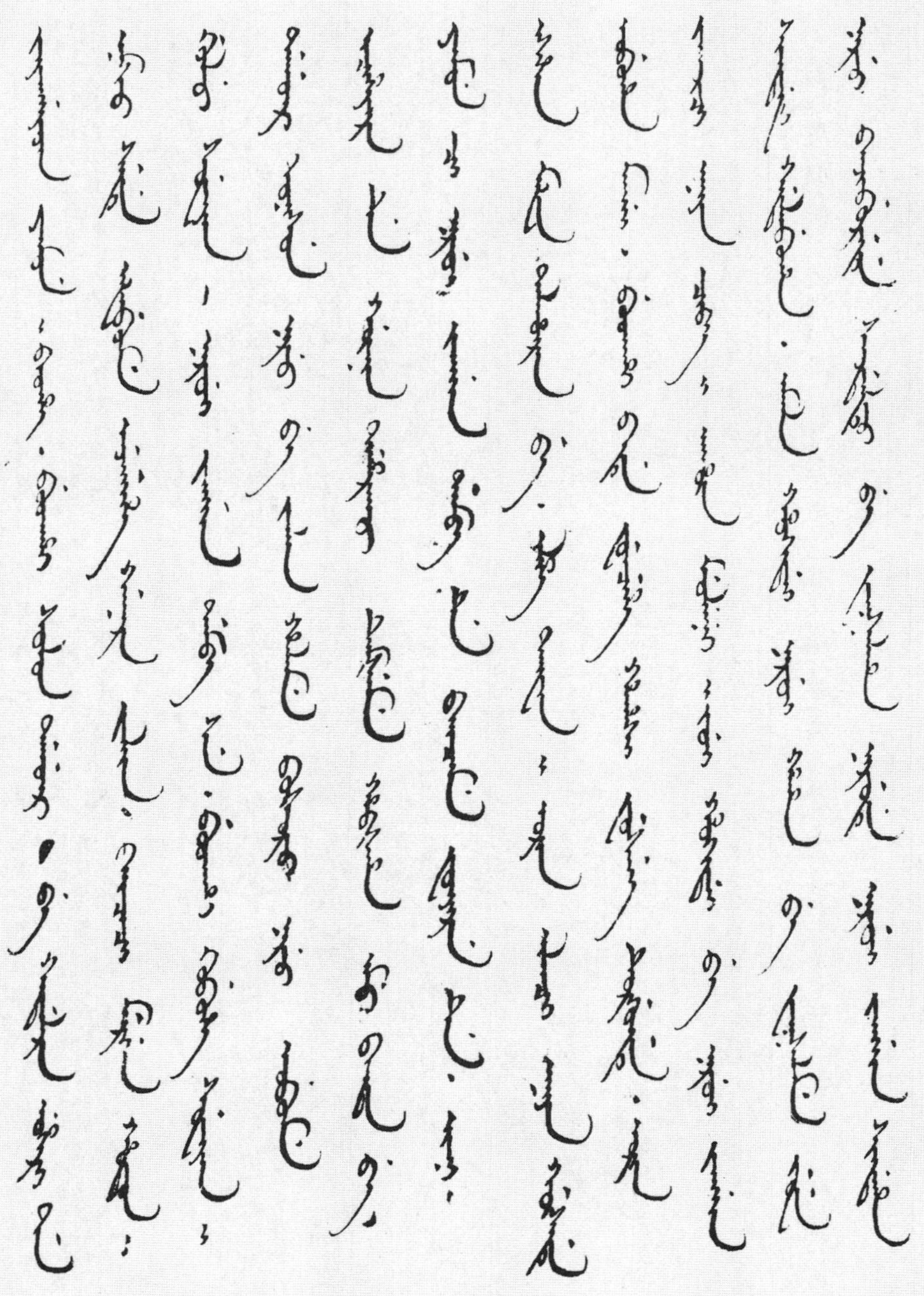

三八四 黑龙江将军衙门为令查明布特哈镶黄旗达斡尔托尼逊等佐领源流并造册送来事札布特哈索伦达斡尔总管纳木球等文

乾隆十一年三月二十九日

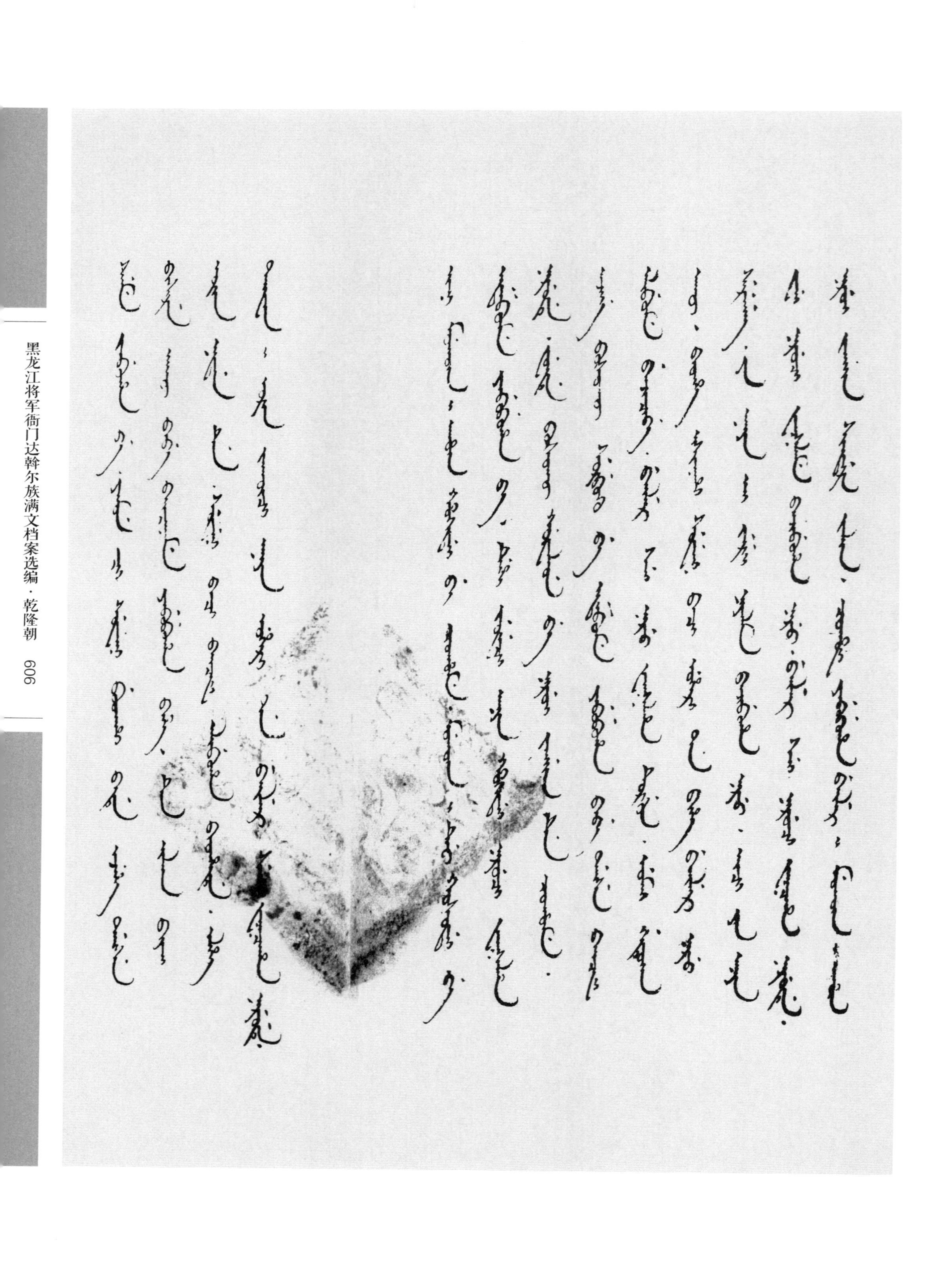

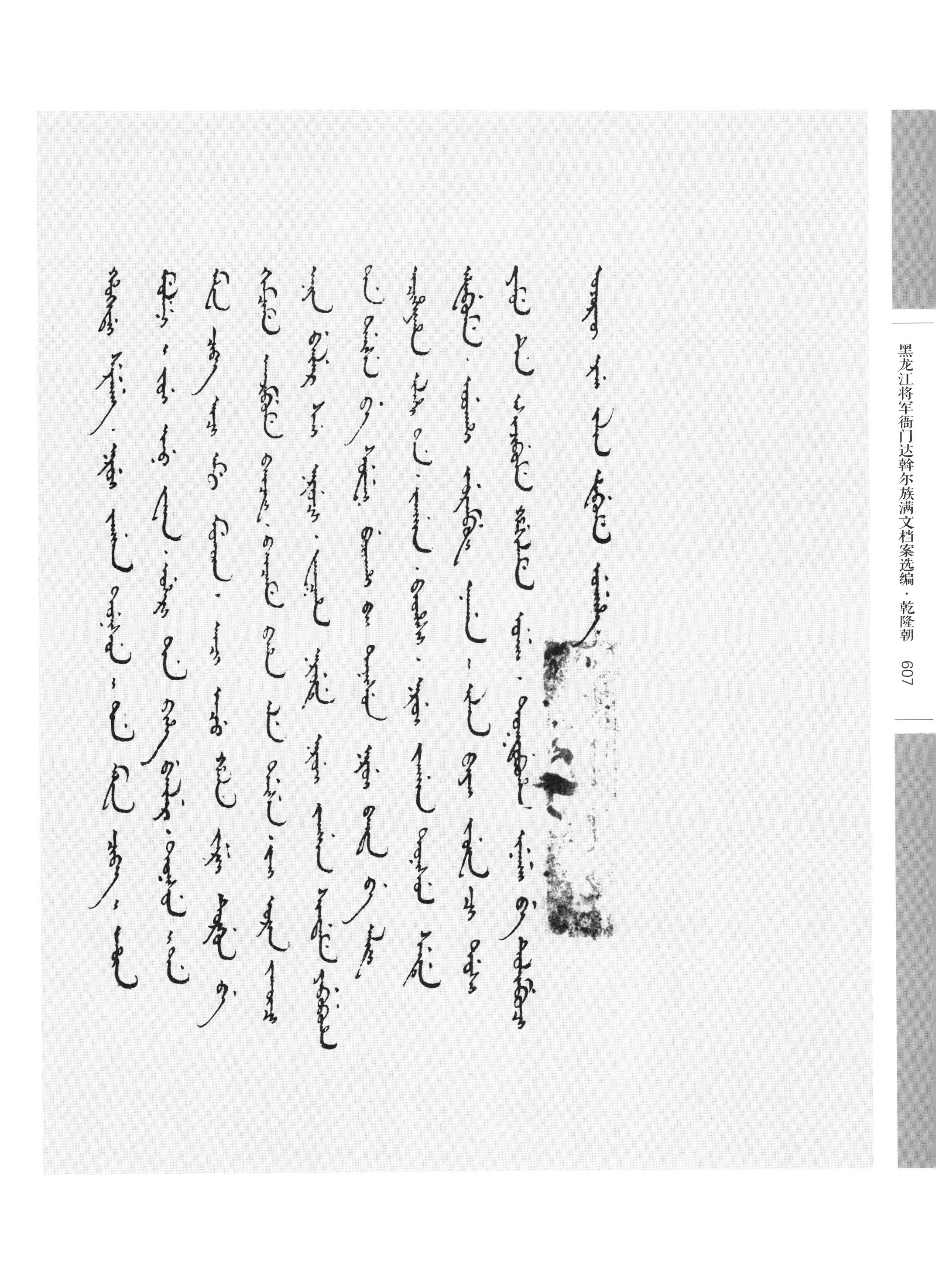

三八五 黑龙江将军衙门为令复查镶白旗达斡尔安泰佐领源流事咨墨尔根副都统文

乾隆十一年三月二十九日

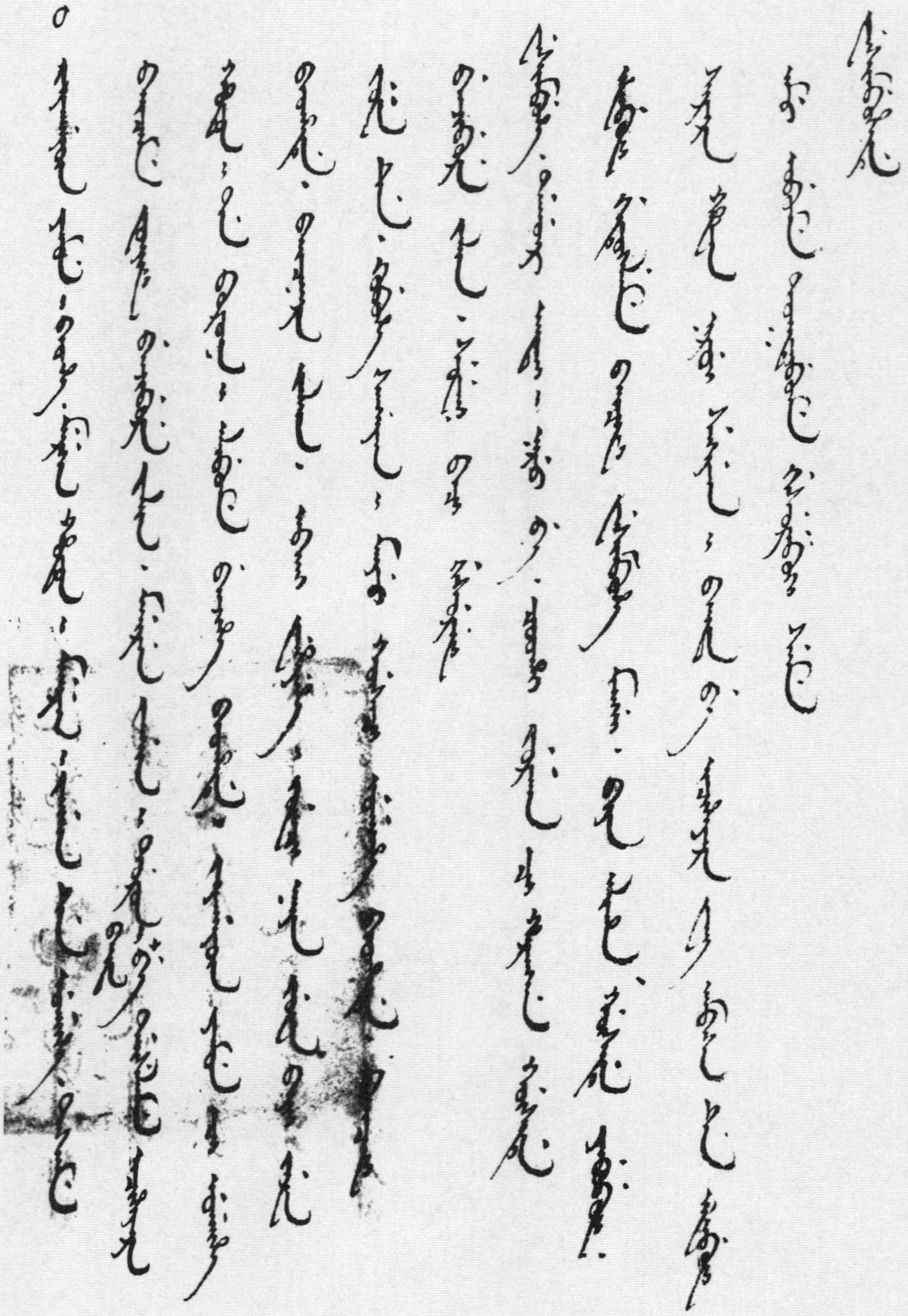

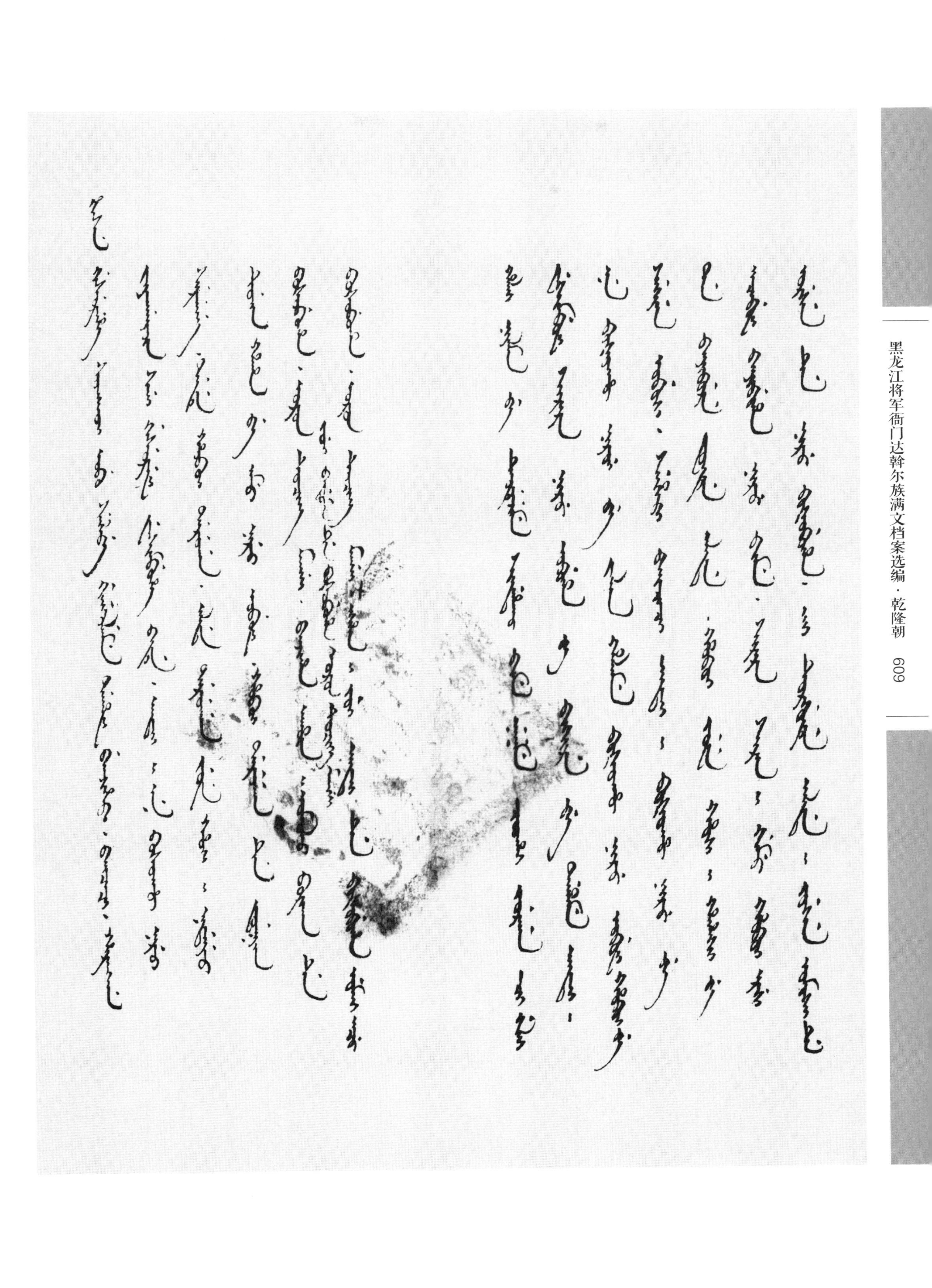

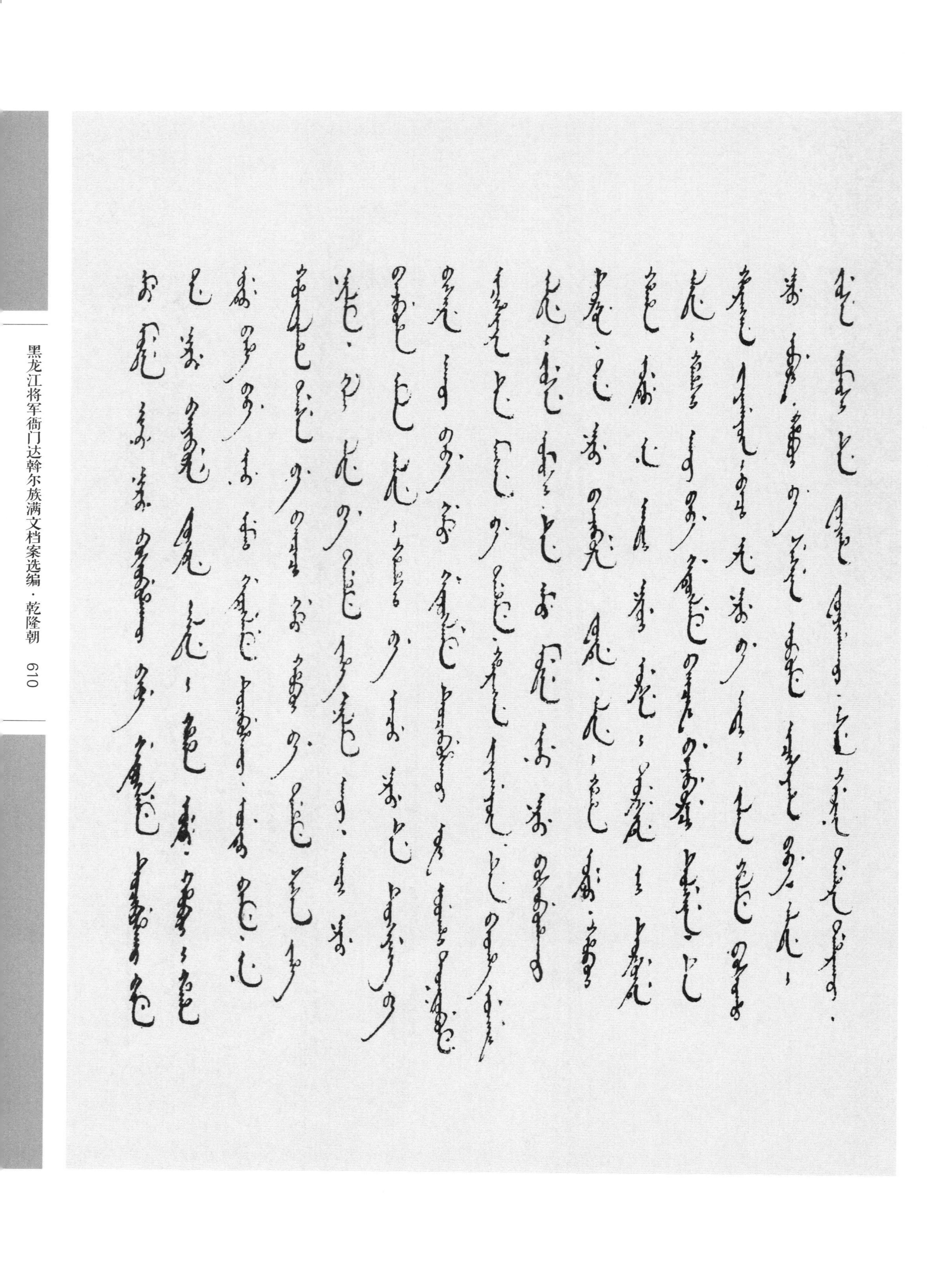

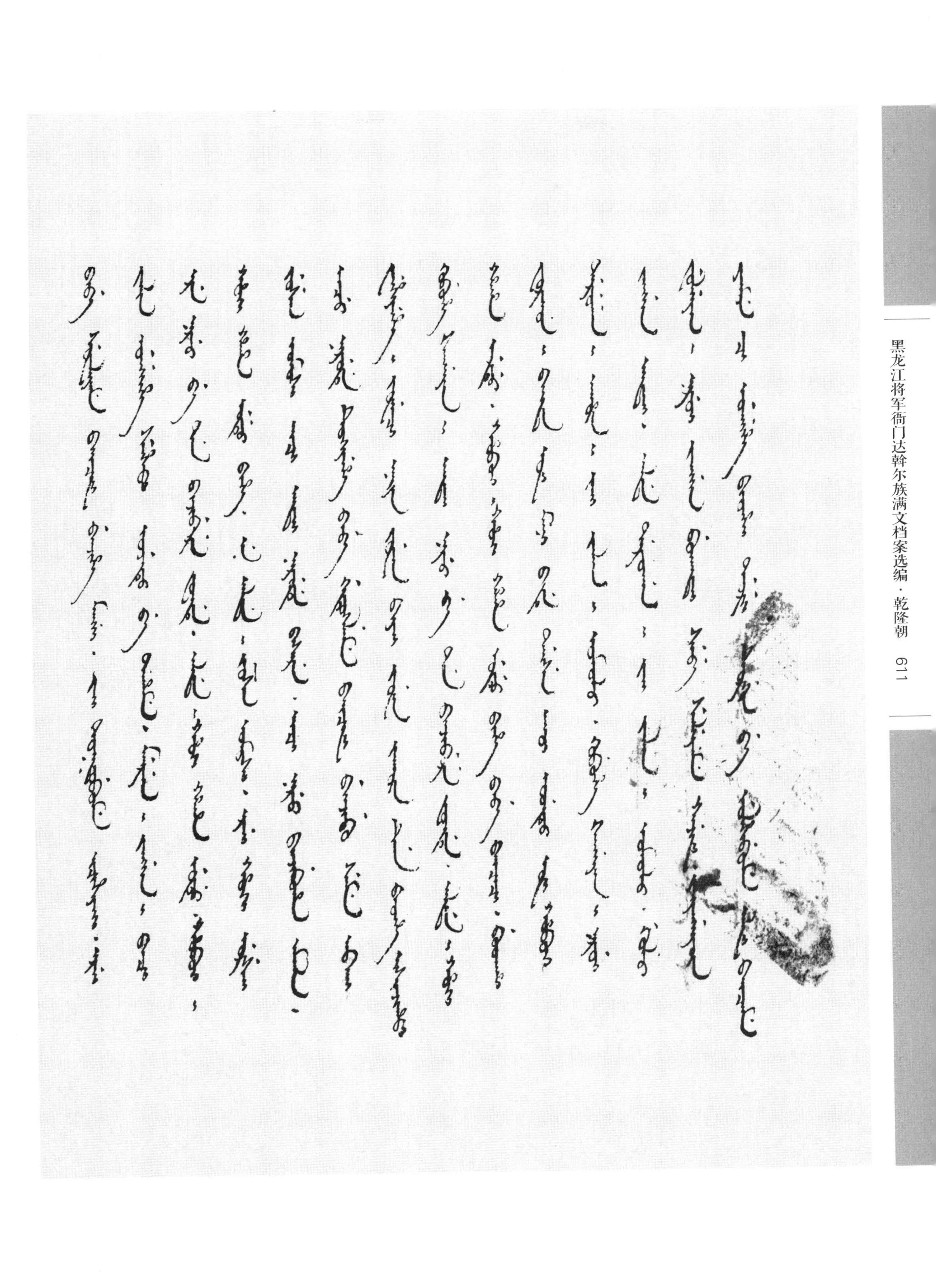

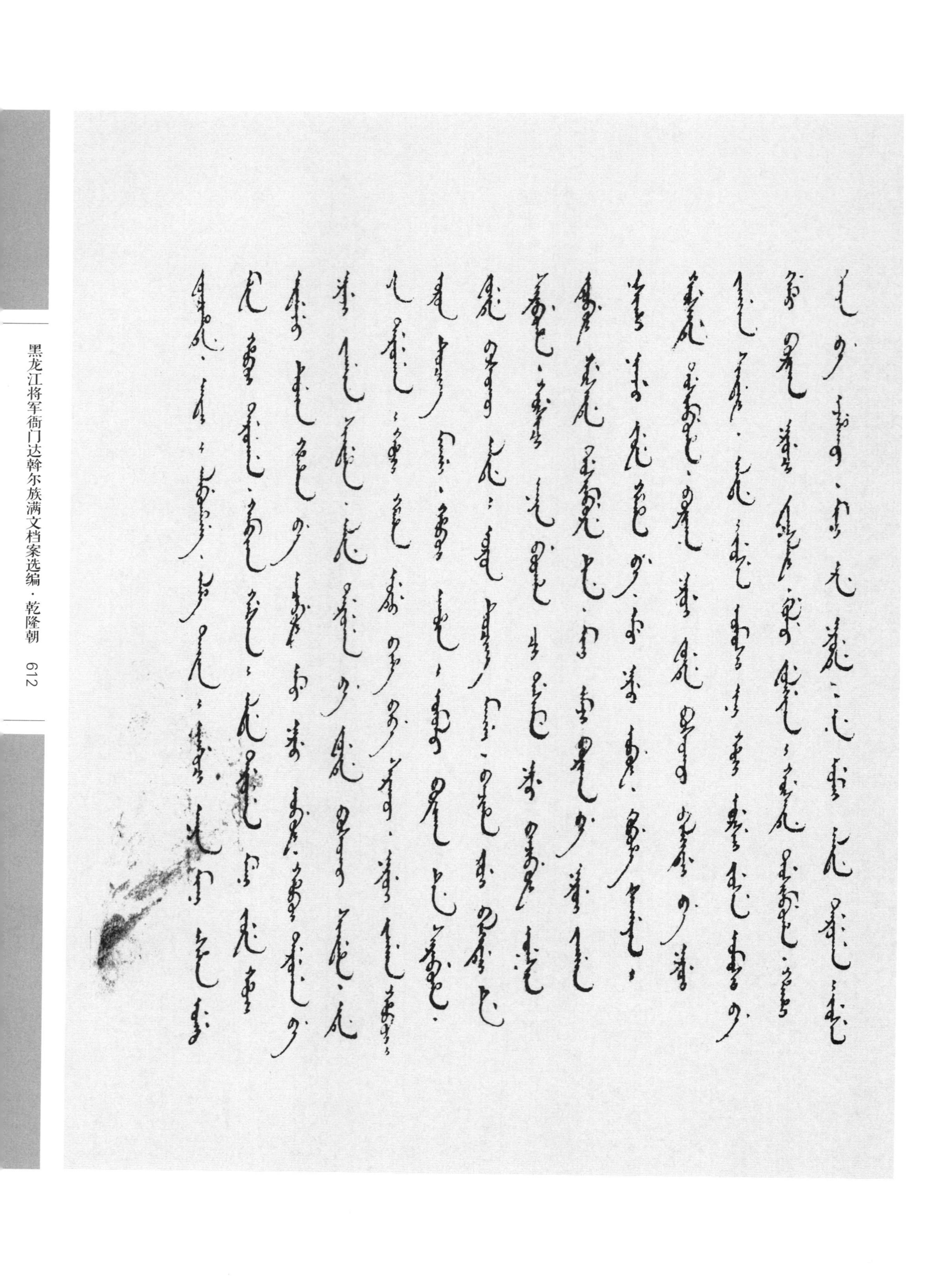

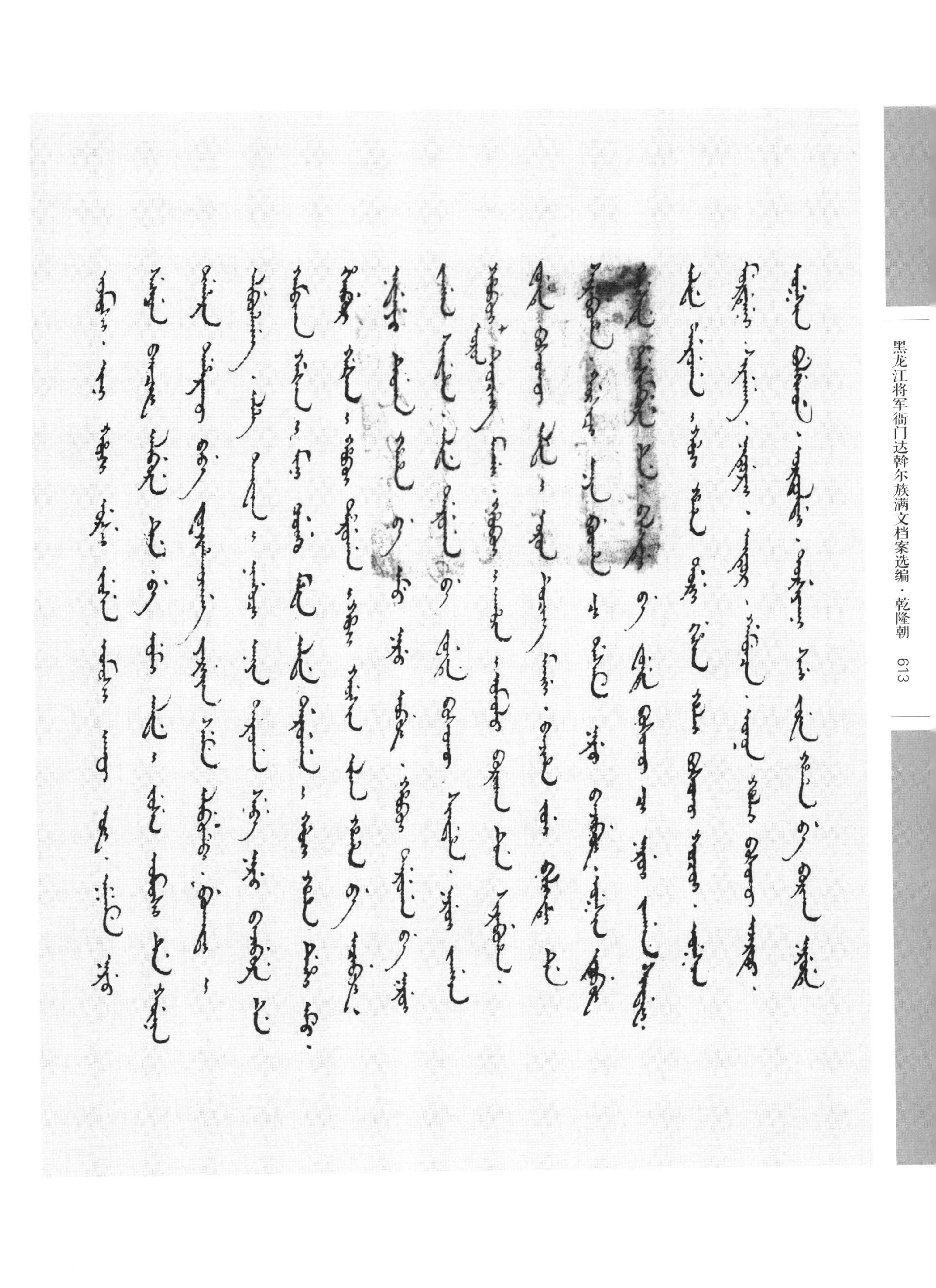

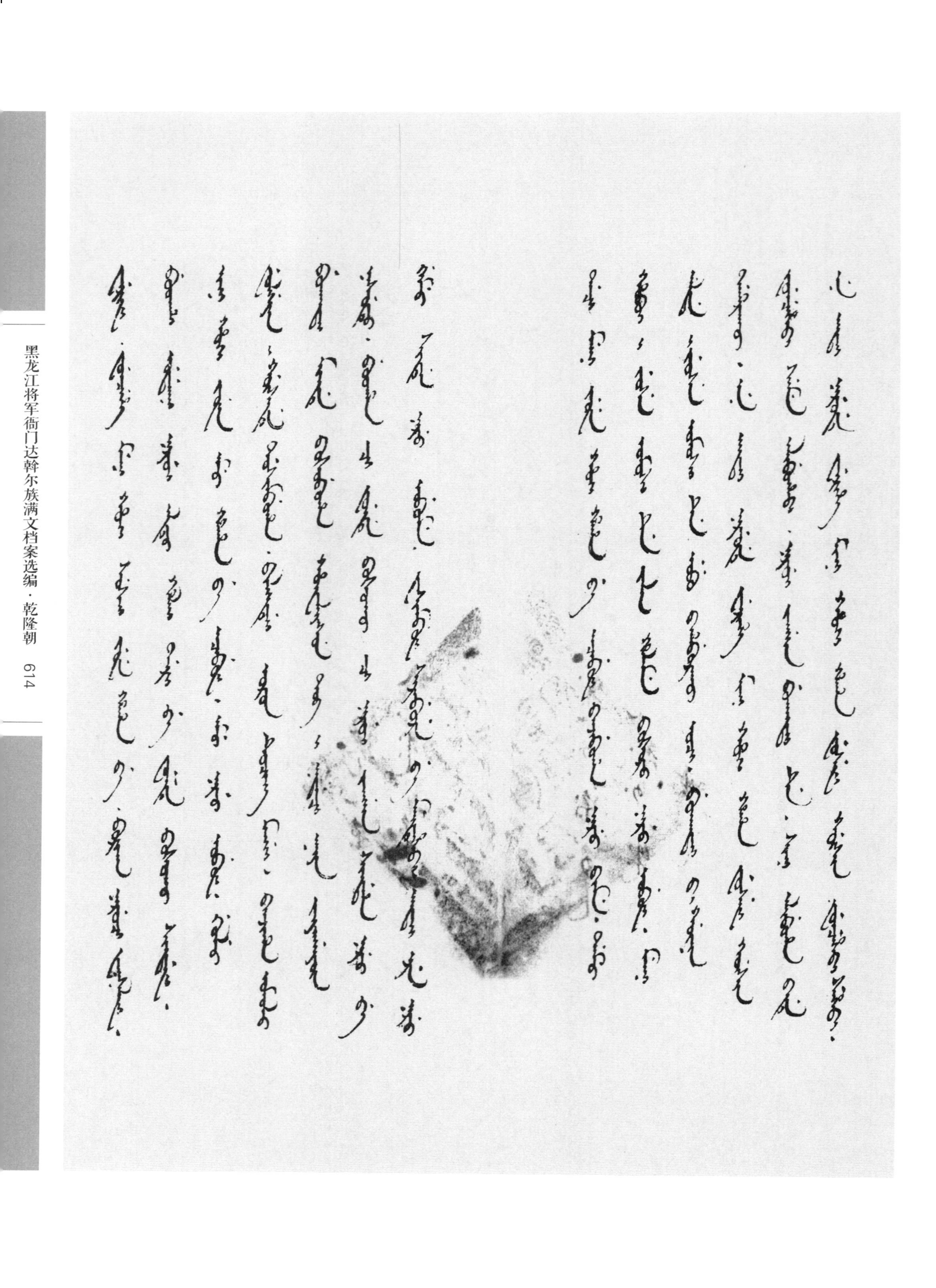

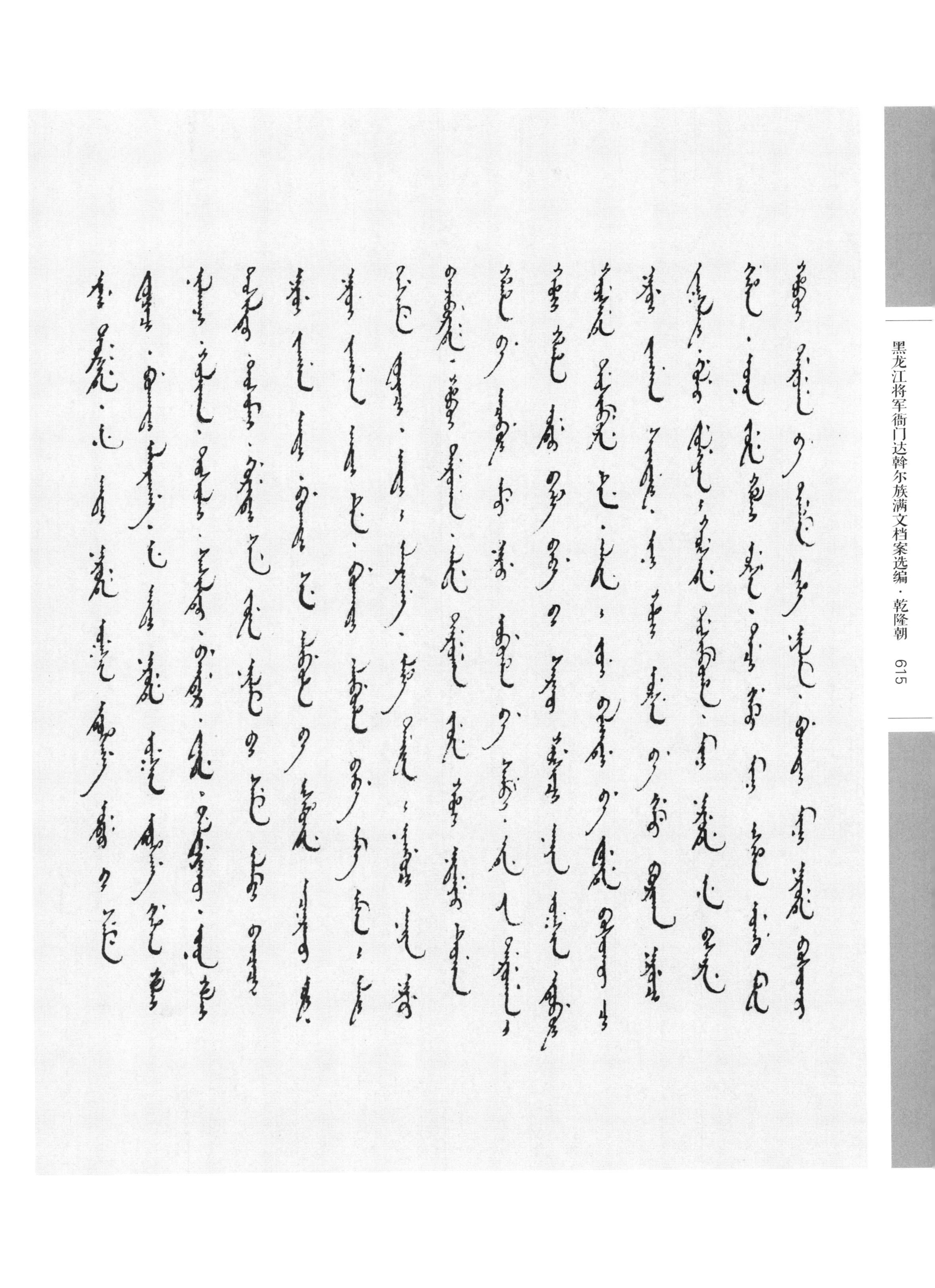

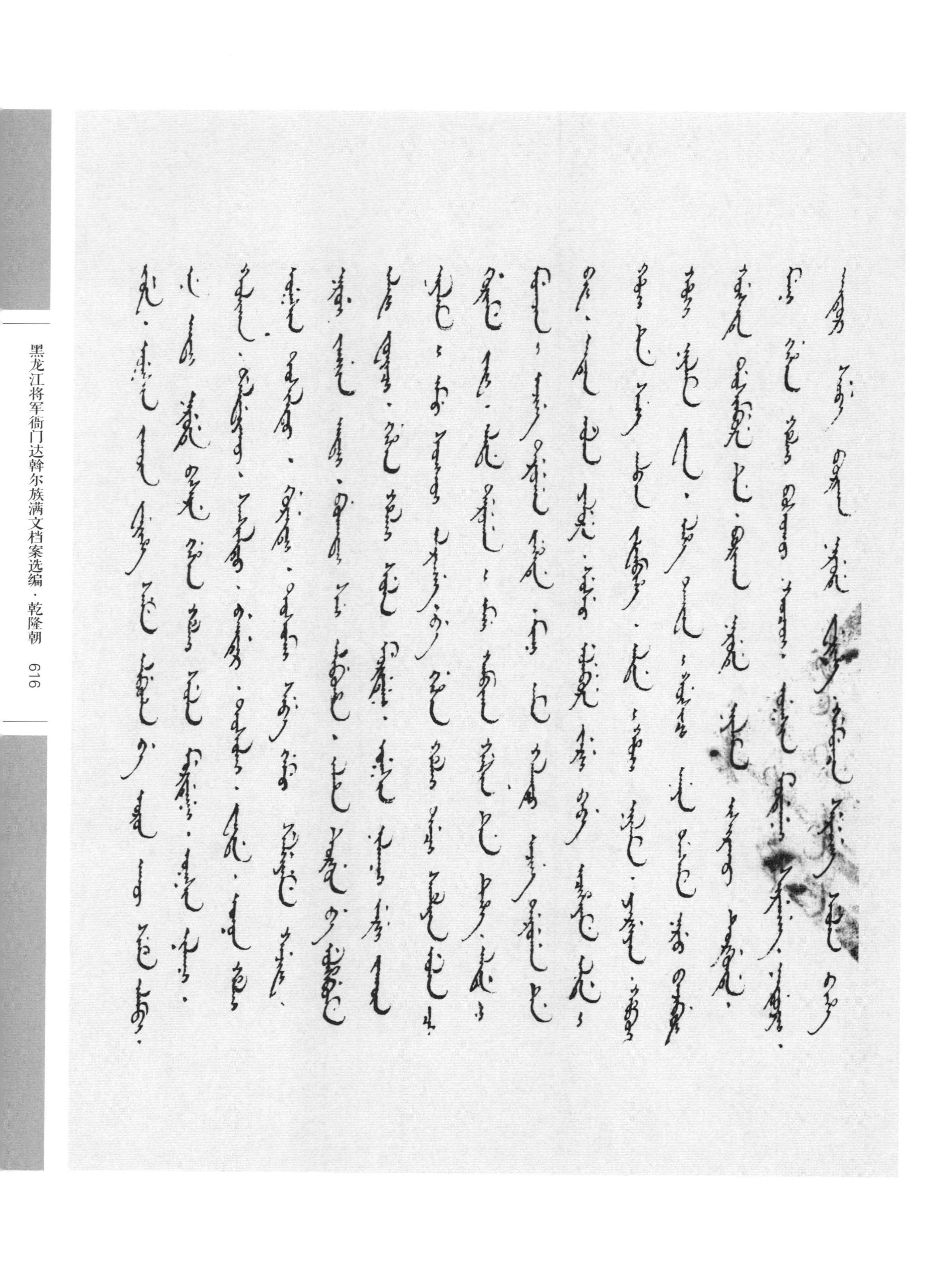

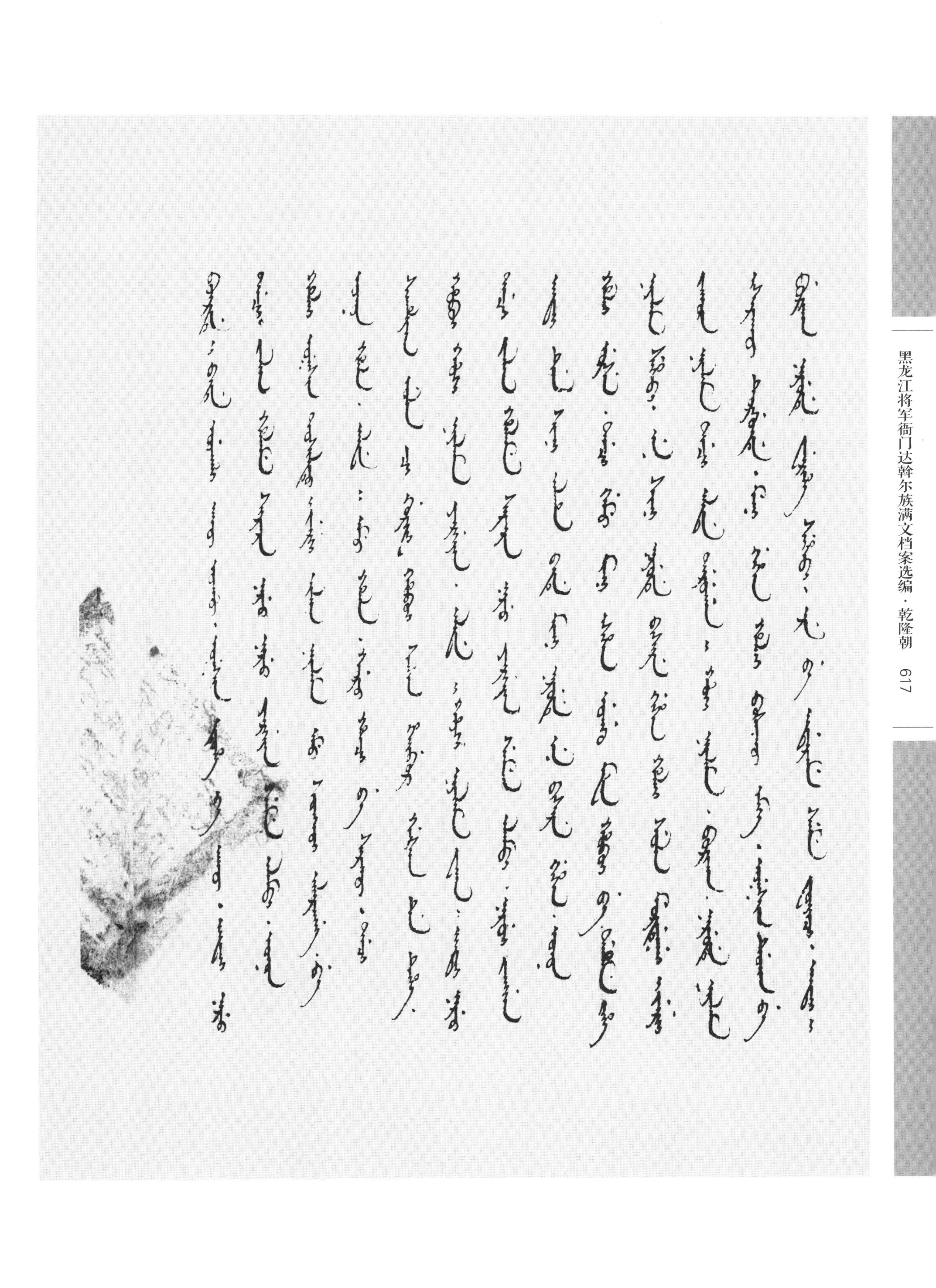

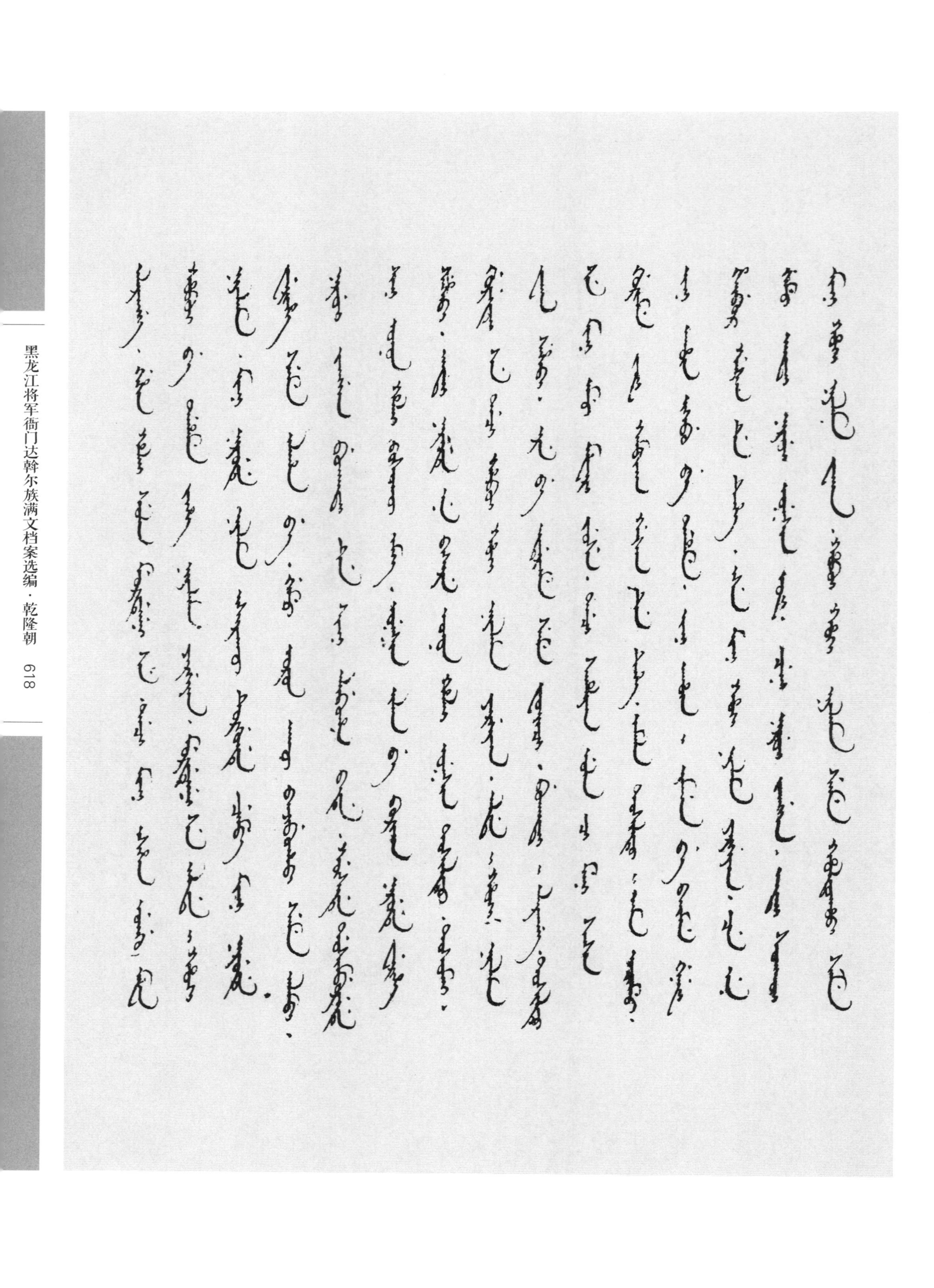

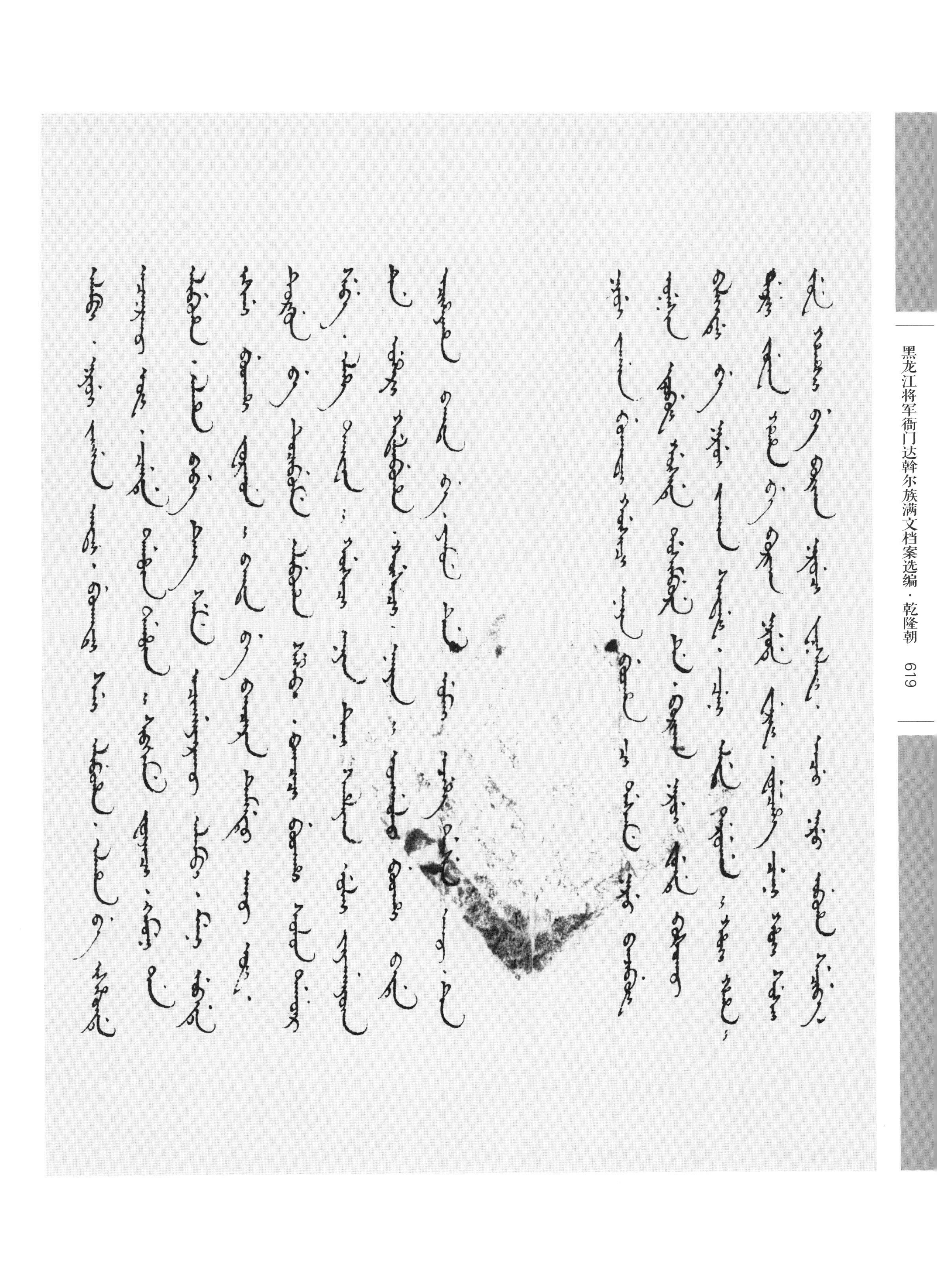

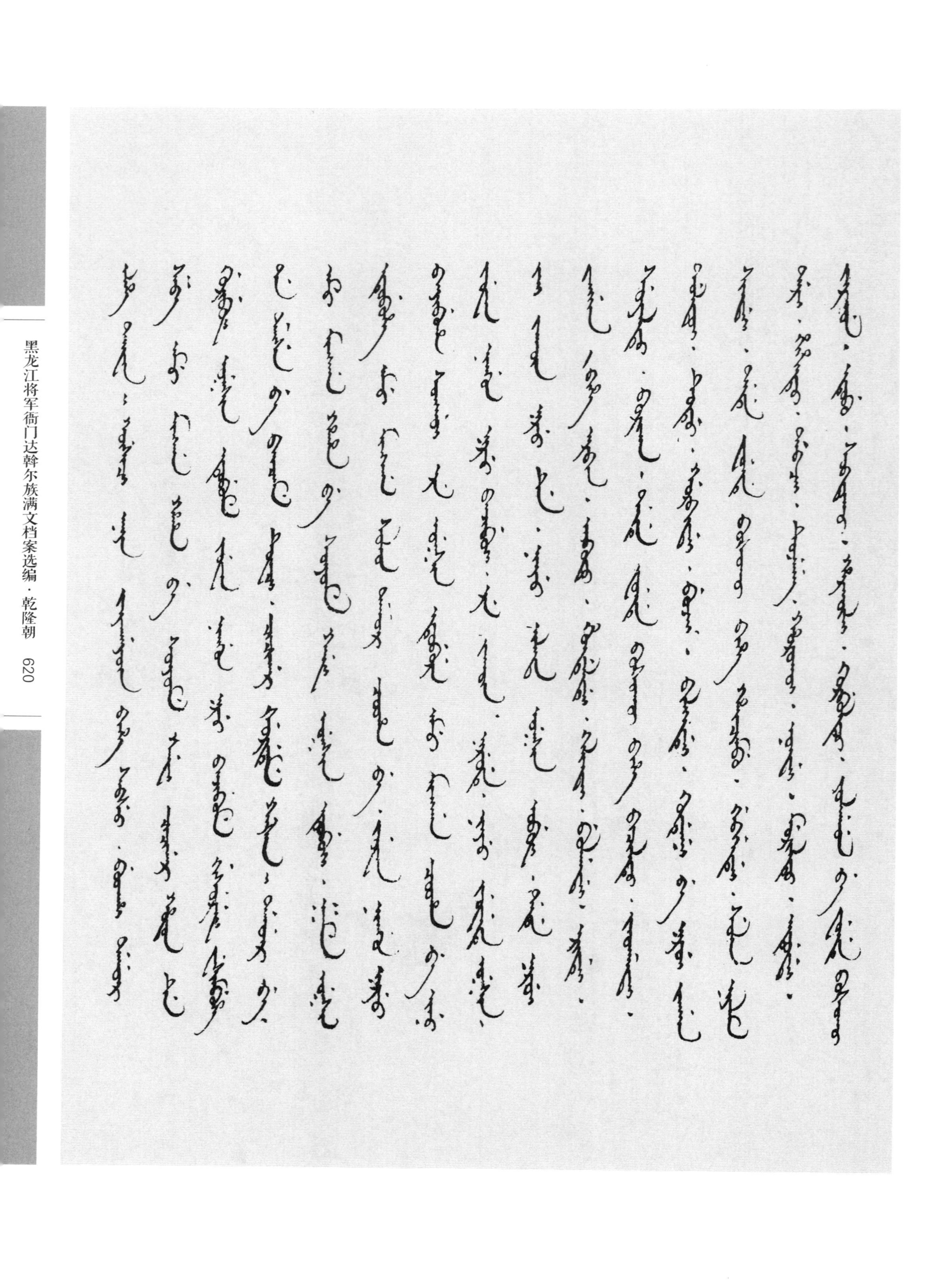

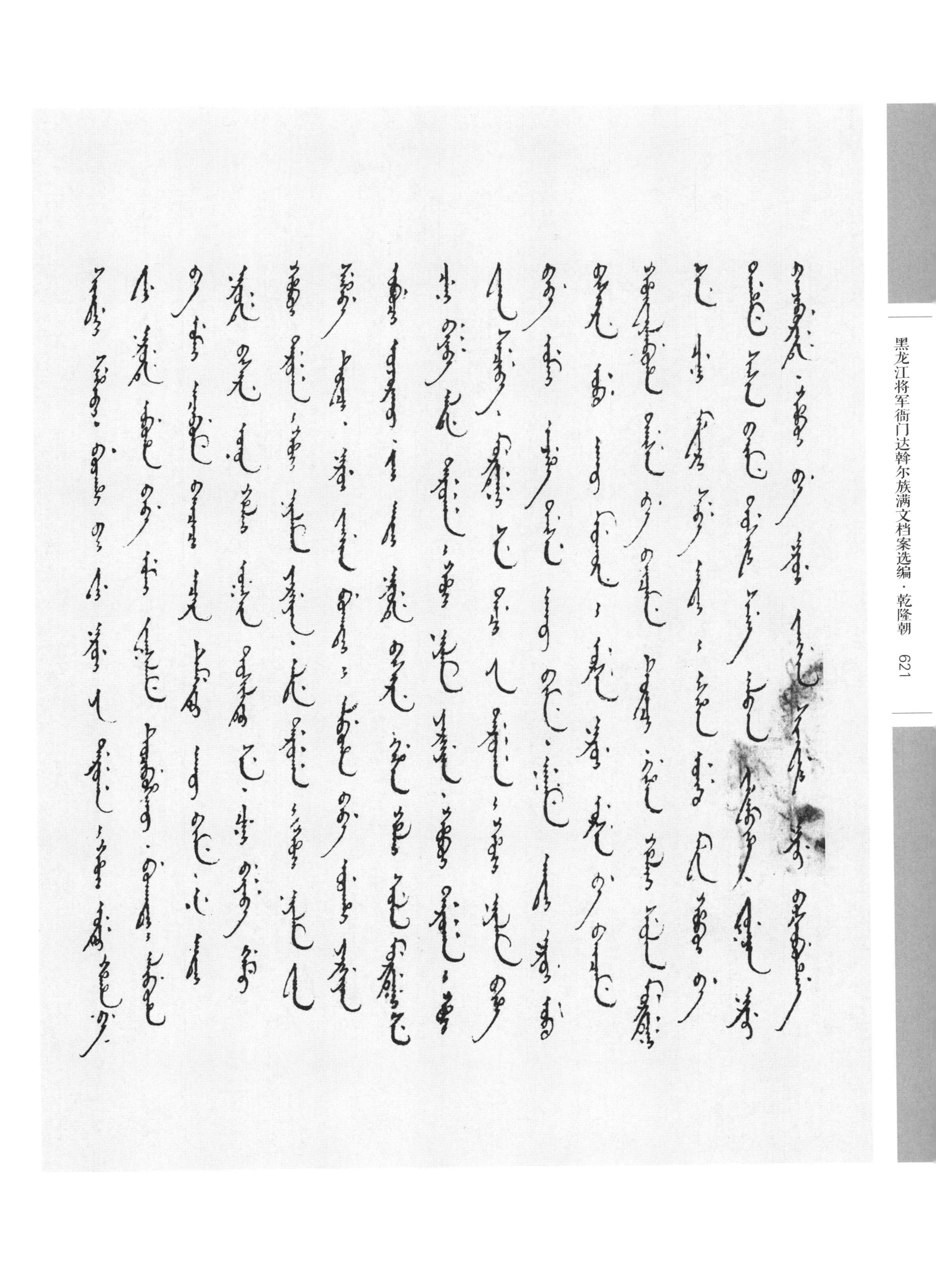

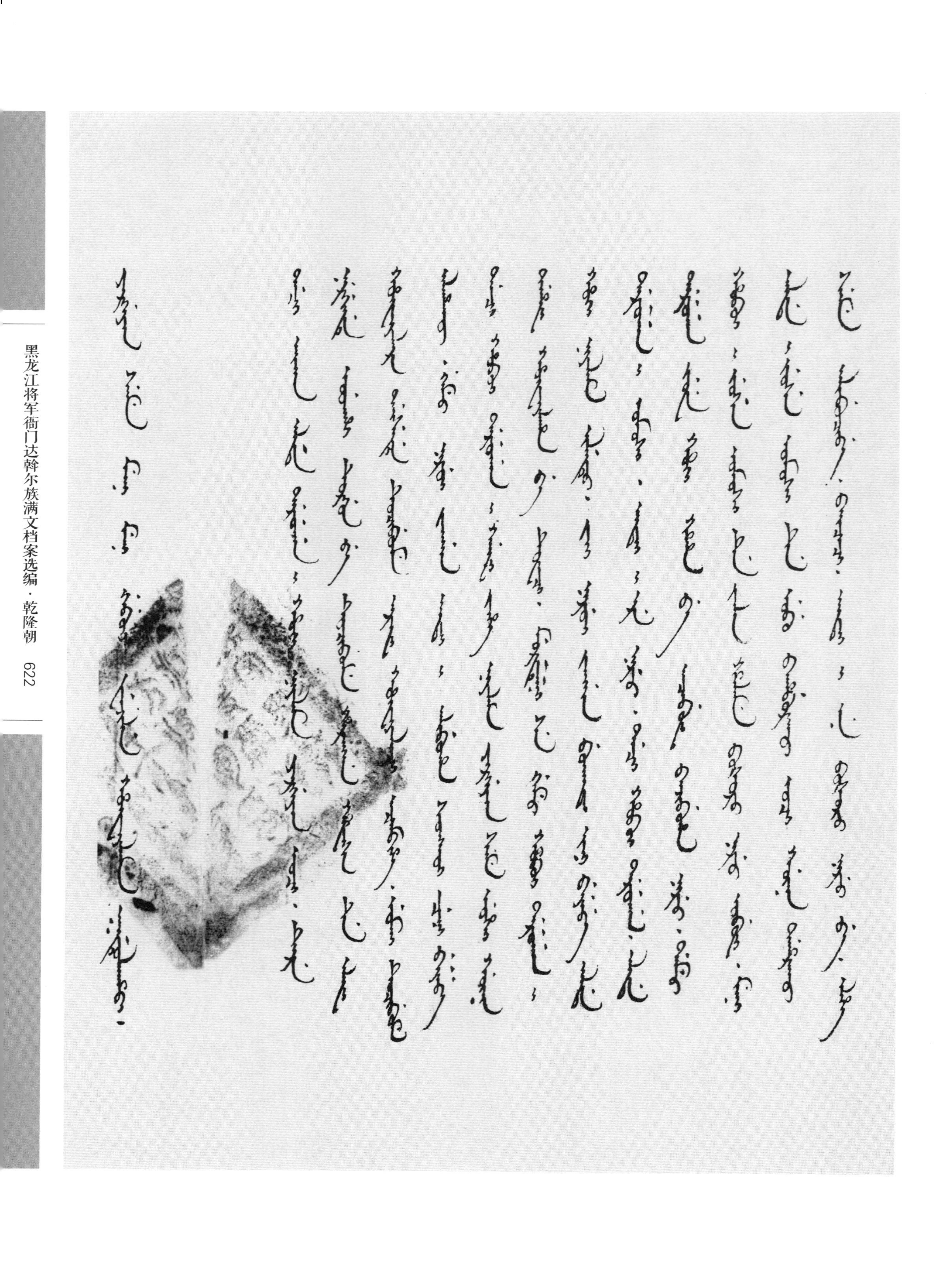

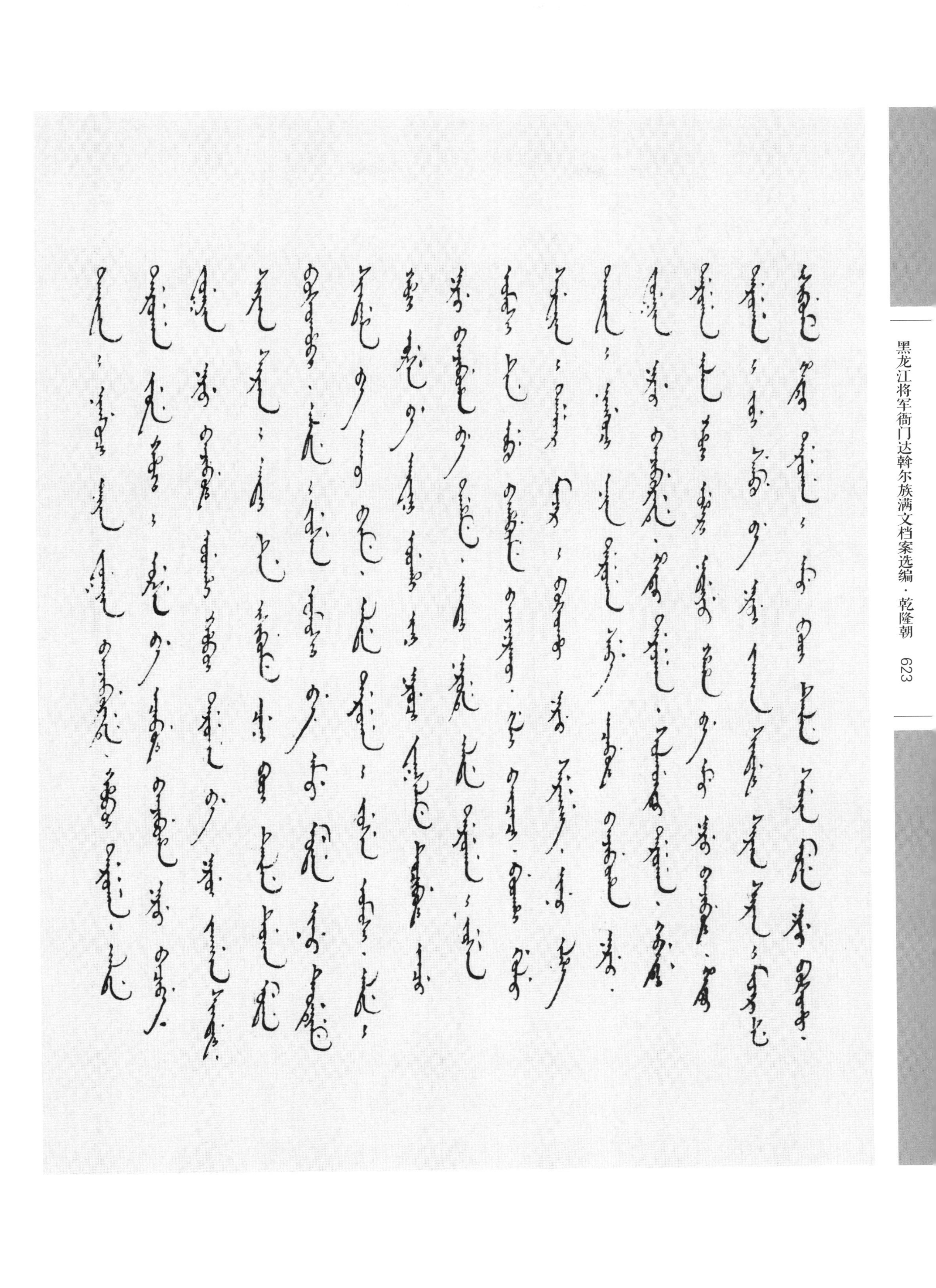

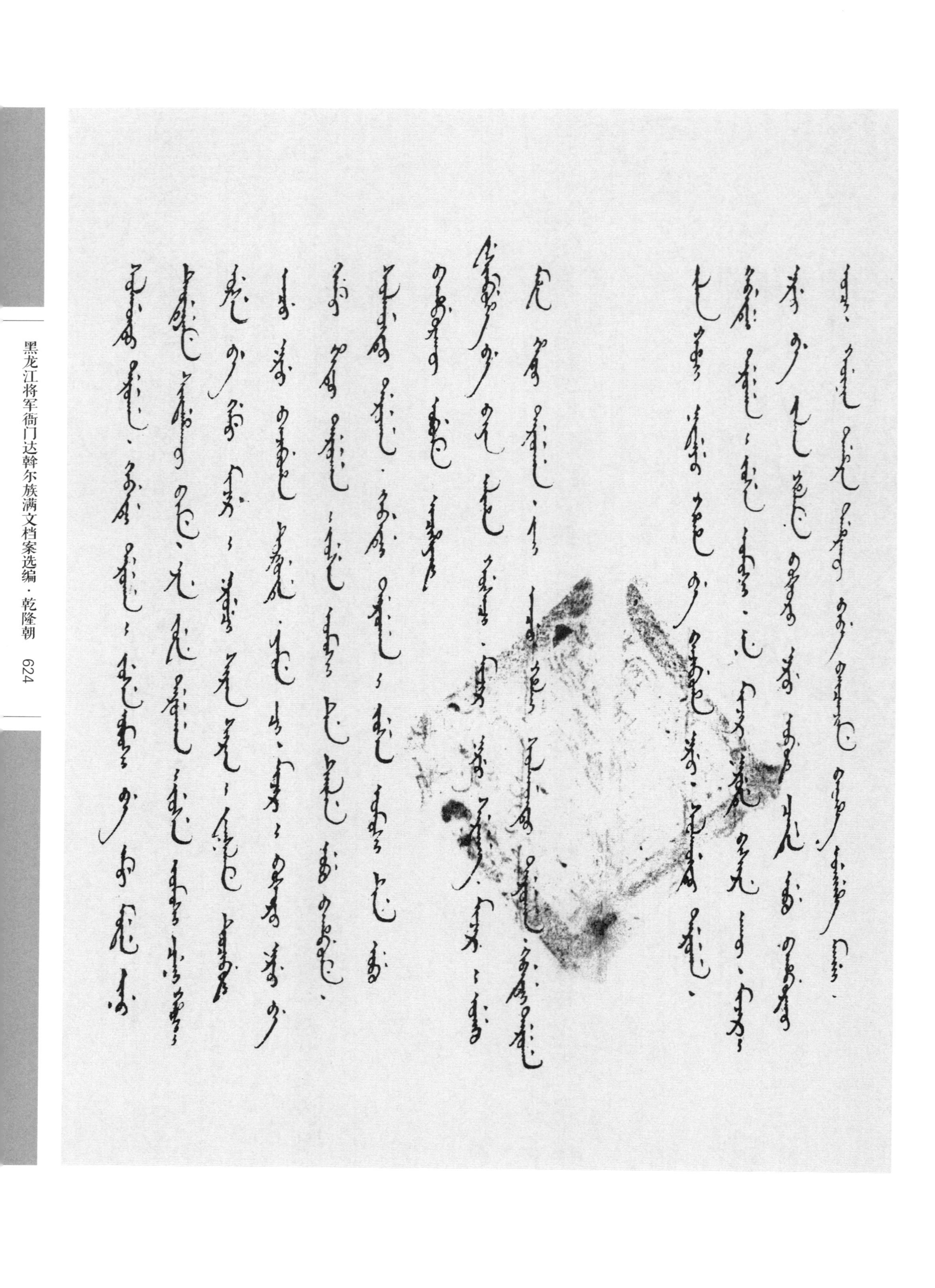

ᡨᡠᡧᠠᡶᡳ ᠨᡳᡵᡠᡳ ᡤᡡᠰᠠ ᠨᡳᡵᡠᡳ、 ᡤᡝᠮᡠ ᠨᡳᡵᡠᡳ、 ᠨᡳᡵᡠᡳ ᠮᡠᡴᡡᠨ ᠪᡝ ᡤᡝᠯᡳ

ᡠᡴᠰᡳᠨ ᠨᡳᡵᡠ ᡥᠠᡶᠠᠨ ᡠᡥᡝ ᡳᠯᡳ ᠨᡳᡵᡠᡳ ᡳᠴᡳ ᠮᡠᡴᡩᡝᠨ ᡤᡝᠯᡳ ᠪᡳᡥᡝ

ᠴᡳᠮᠠᡵᡳ ᠪᡝ ᠪᠣᡧᠣᡴᡡ ᡥᠠᠯᠠ、 ᡠᡴᠰᡳᠨ ᡨᡝᡵᡝ ᡠᡴᠰᡳᠨ、 ᡶᠣᡵᡤᠣᠨ ᠨᡳᡵᡤᡝᠨ ᡠᡴᠰᡳᠨ

ᡠᡴᠰᡳᠨ ᠨᡳᡵᡠ ᠪᡝ ᡥᠣᡧᠣᡵᡳ ᠪᡳ ᡝᠯᡝ、 ᠨᡳᡵᡠ ᡠᡥᡝ ᡶᠣᡵᡤᠣᠨ ᠪᡝ

ᡤᠣᠰᡳᠮᠪᡠ ᡤᡝᡵᡤᡝᠨ ᠨᡳᡵᡠᡳ、 ᠨᡳᡵᡠᡳ ᠮᡠᡴᡩᡝᠨ ᡴᡳᠮᠪᡠᠨ ᡳᠴᡳᡥᡳᠶᠠᠮᠪᡳ

ᠮᡠᡴᡩᡝᠨ ᠨᡳᡵᡠᡳ、 ᡤᡡᠰᠠ ᠨᡳᡵᡠᡳ、 ᠨᡳᡵᡠᡳ ᠮᡠᡴᡩᡝᠨ ᡤᡝᠯᡳ ᠪᡳᡥᡝ

ᠪᠣᡵᠣᠪᡠᡥᡝ ᠪᡝ ᠪᡝᠯᡳ ᠪᡝᠶᡝ ᠮᡠᡴᡩᡝᠨ ᡳᠴᡳ、 ᡥᠣᡧᠣᡵᡳ ᠮᡠᡴᡩᡝᠨ ᡠᡴᠰᡳᠨ

ᠪᡠᡵᡝᠨ ᠮᡠᡴᡩᡝᠨ ᡠᡥᡝ ᡥᡠᠯᡳᠶᠠᠮᠪᡳ

ᡥᠠᠯᠠ ᡤᡳᠶᡠ ᠨᡳᡵᡠᡳ ᠰᡝ ᠮᡠᡴᡩᡝᠨ ᡠᡴᠰᡳᠨ ᠨᡳᡵᡠᡳ ᡠᡴᠰᡳᠨ ᠮᡠᡴᡩᡝᠨ

ᠮᡝᠨᡳ、 ᡤᡝᠯᡳ ᠨᡳᡵᡤᡝᠨ ᠪᠣᡵᠣᠮᠪᡳ ᠪᡝ ᠪᠠᡵᡤᡳᠶᠠᠪᡠᡥᡝ ᡠᡴᠰᡳᠨ

ᡠᡴᠰᡳᠨ ᠪᡝ ᡳᠯᡳ ᡥᠠᡶᠠᠨ ᠪᠣᡵᠣᠪᡠᡥᡝ ᡠᡴᠰᡳᠨ ᡥᠠᠯᠠ ᠮᡠᡴᡩᡝᠨ ᠪᠣᡧᠣᡴᡡ

ᡤᠣᠰᡳᠮᠪᡠ ᠨᡳᡵᡠᡳ、 ᠨᡳᡵᡠᡳ、 ᡳ、 ᠰᡳᡵᡤᠠᠨ ᠪᡝᠯᡳ ᡳᠴᡳ、 ᠰᡳᡵᡤᠠᠨ

ᠮᡝ ᠪᡠᡥᡝ ᡠᡴᠰᡳᠨ ᠪᠣᡵᠣᠨ ᠪᡝ ᠪᠣᡵᠣᠮᠪᡳ ᡠᡴᠰᡳᠨ、 ᠰᠣᡴᠣᡩᠣᡥᠣᠨ ᠪᡳᡥᡝ、

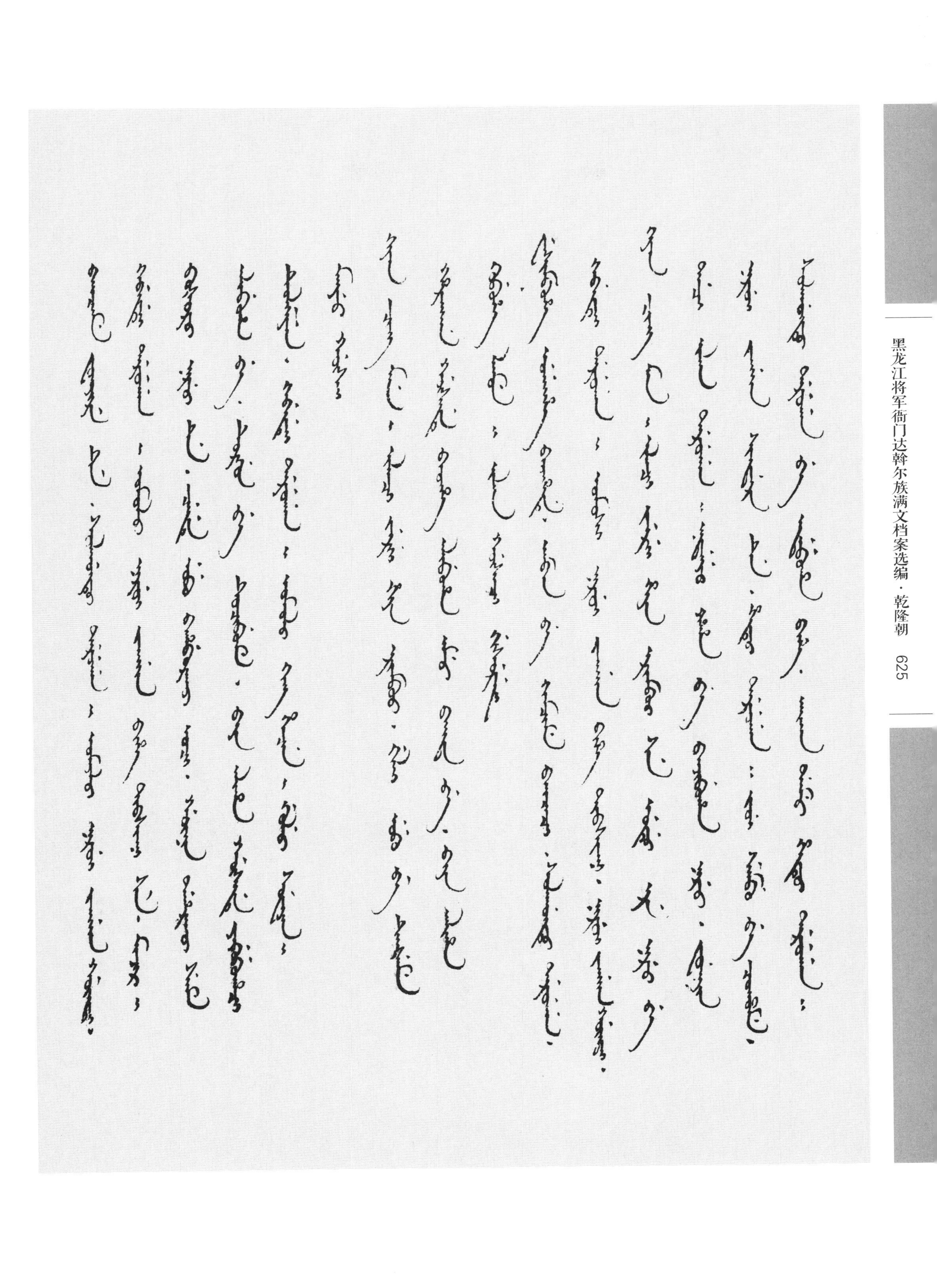

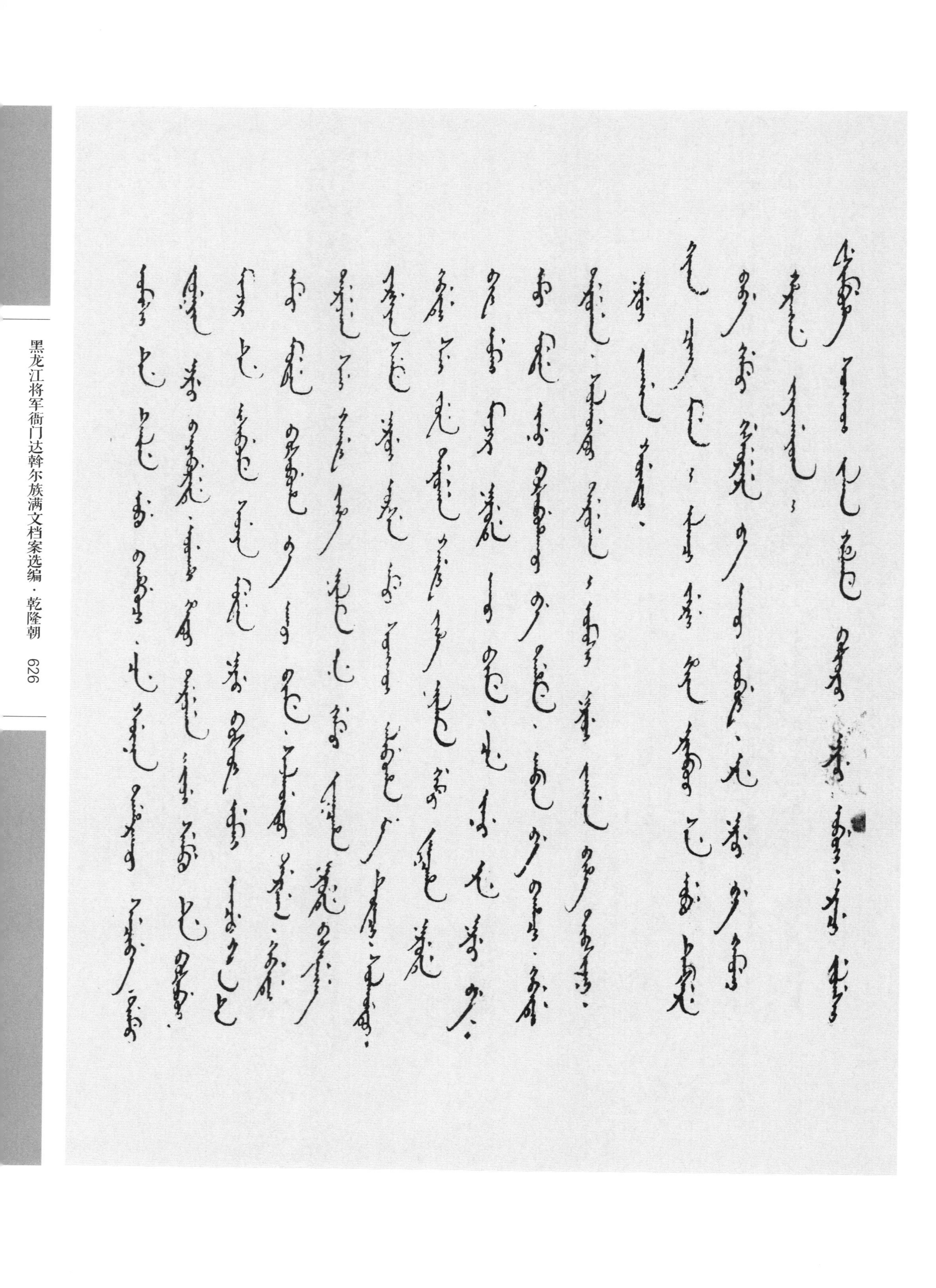

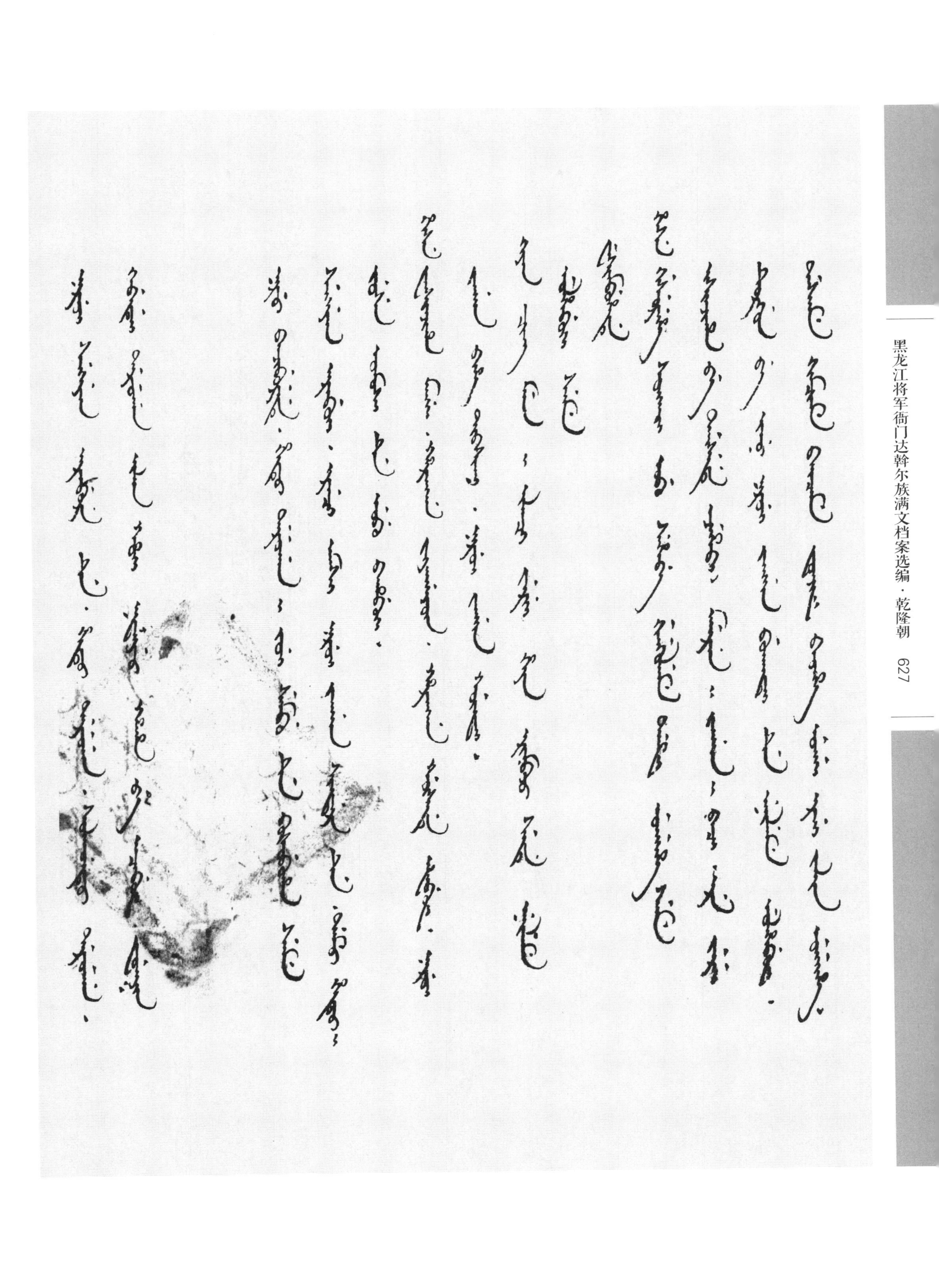

三八六 黑龙江将军衙门为查明齐齐哈尔镶白旗达斡尔塔里乌勒佐领源流解送家谱事咨镶白旗满洲都统衙门文

乾隆十一年闰三月初五日

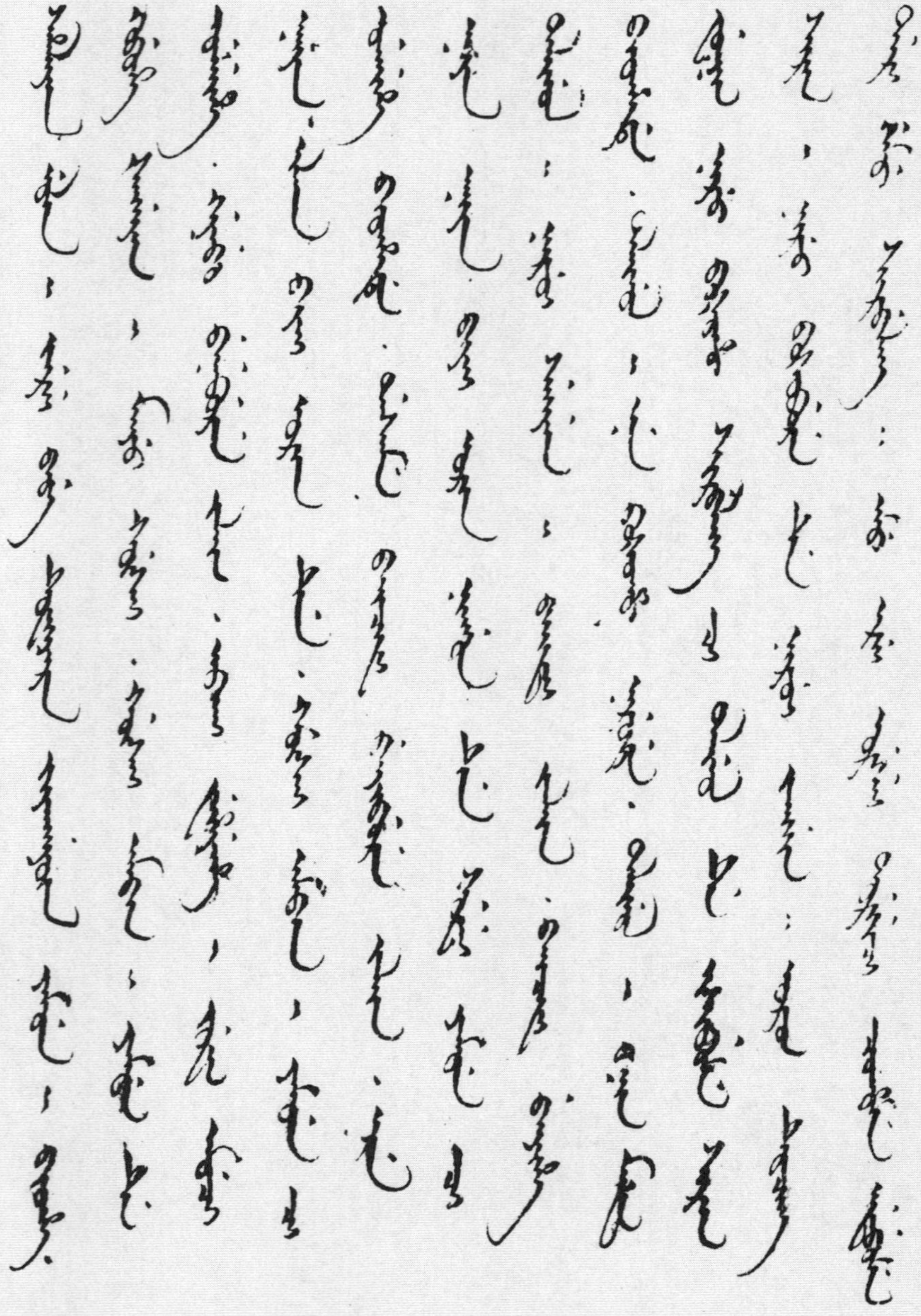

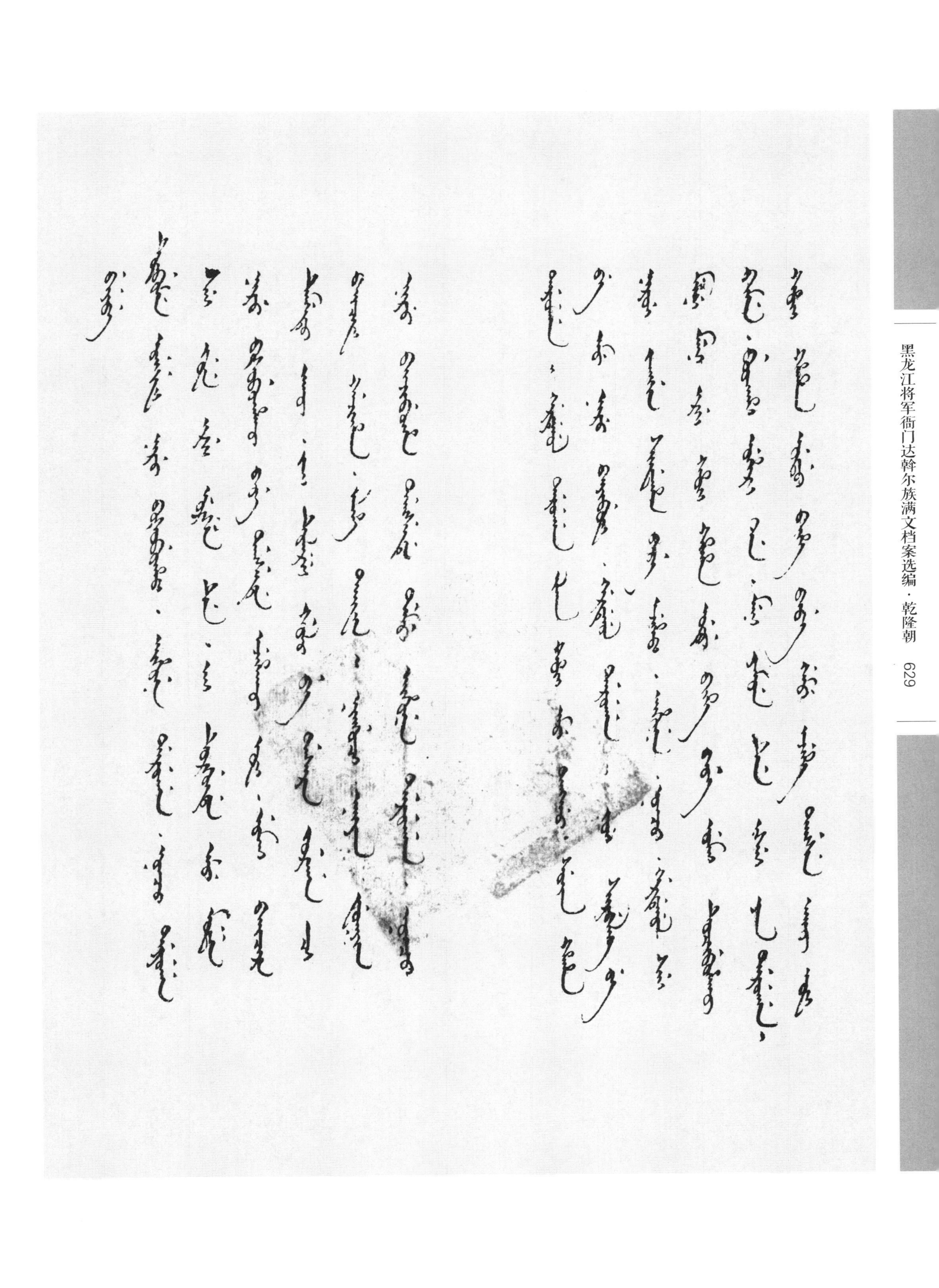

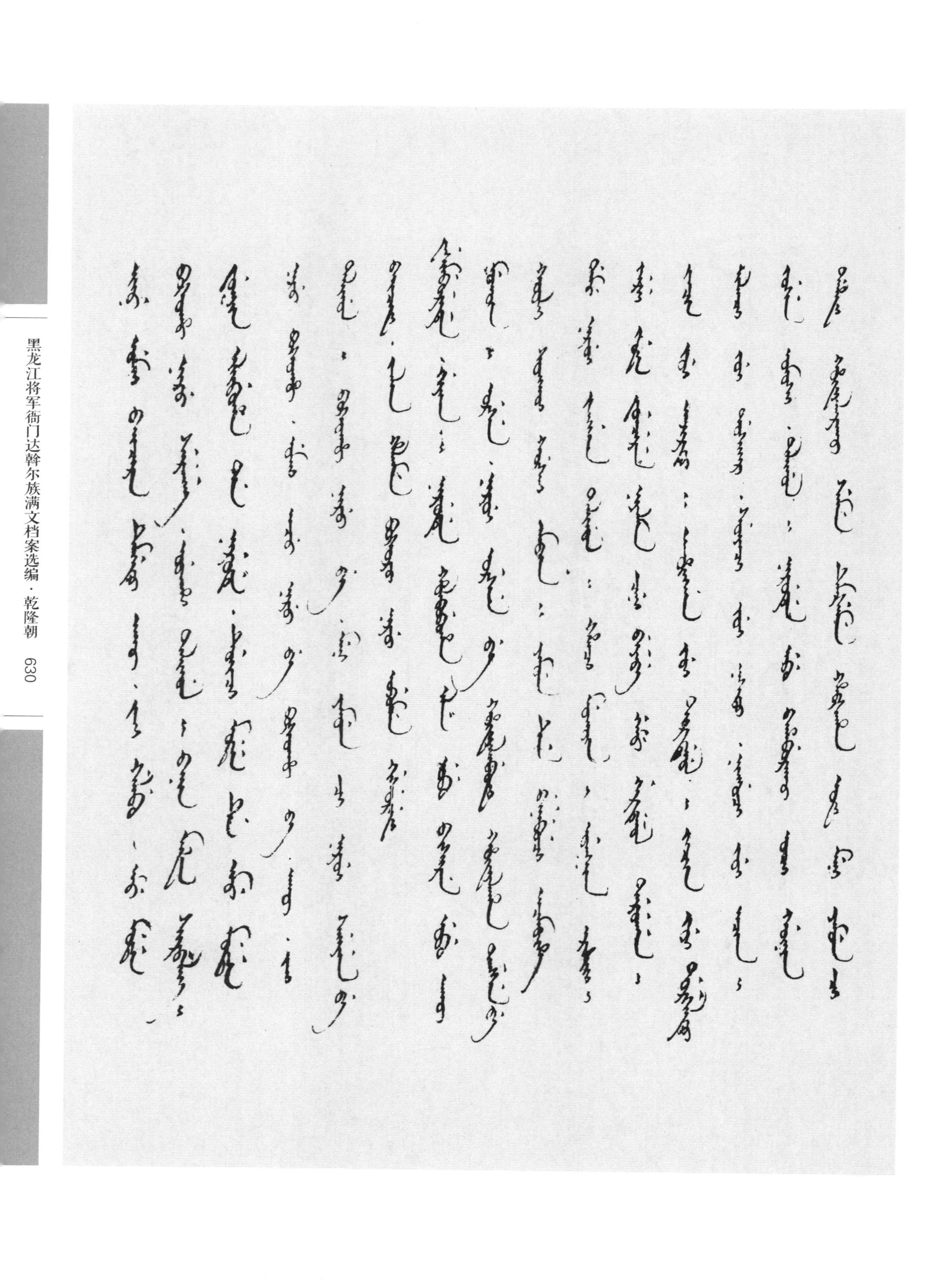

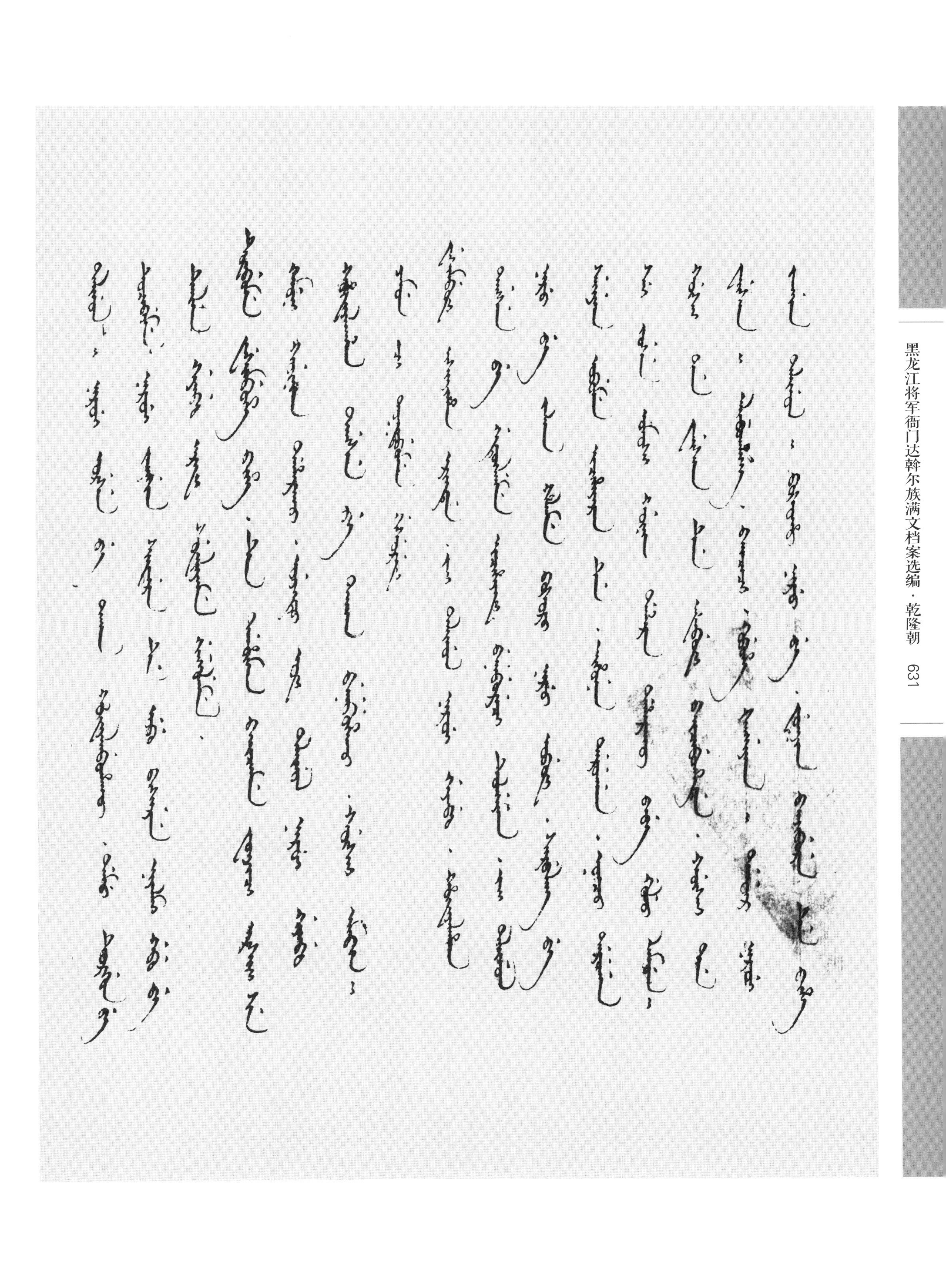

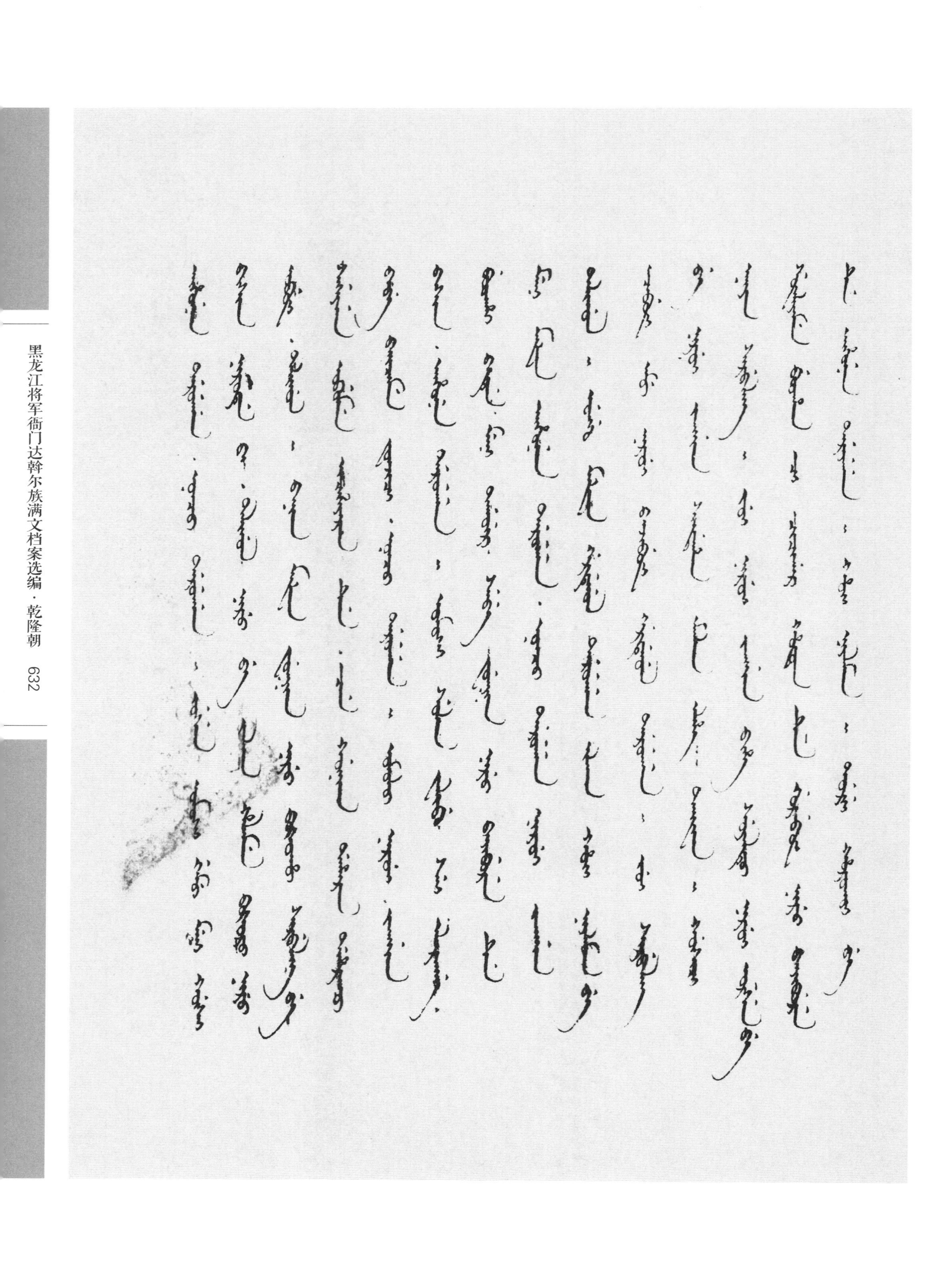

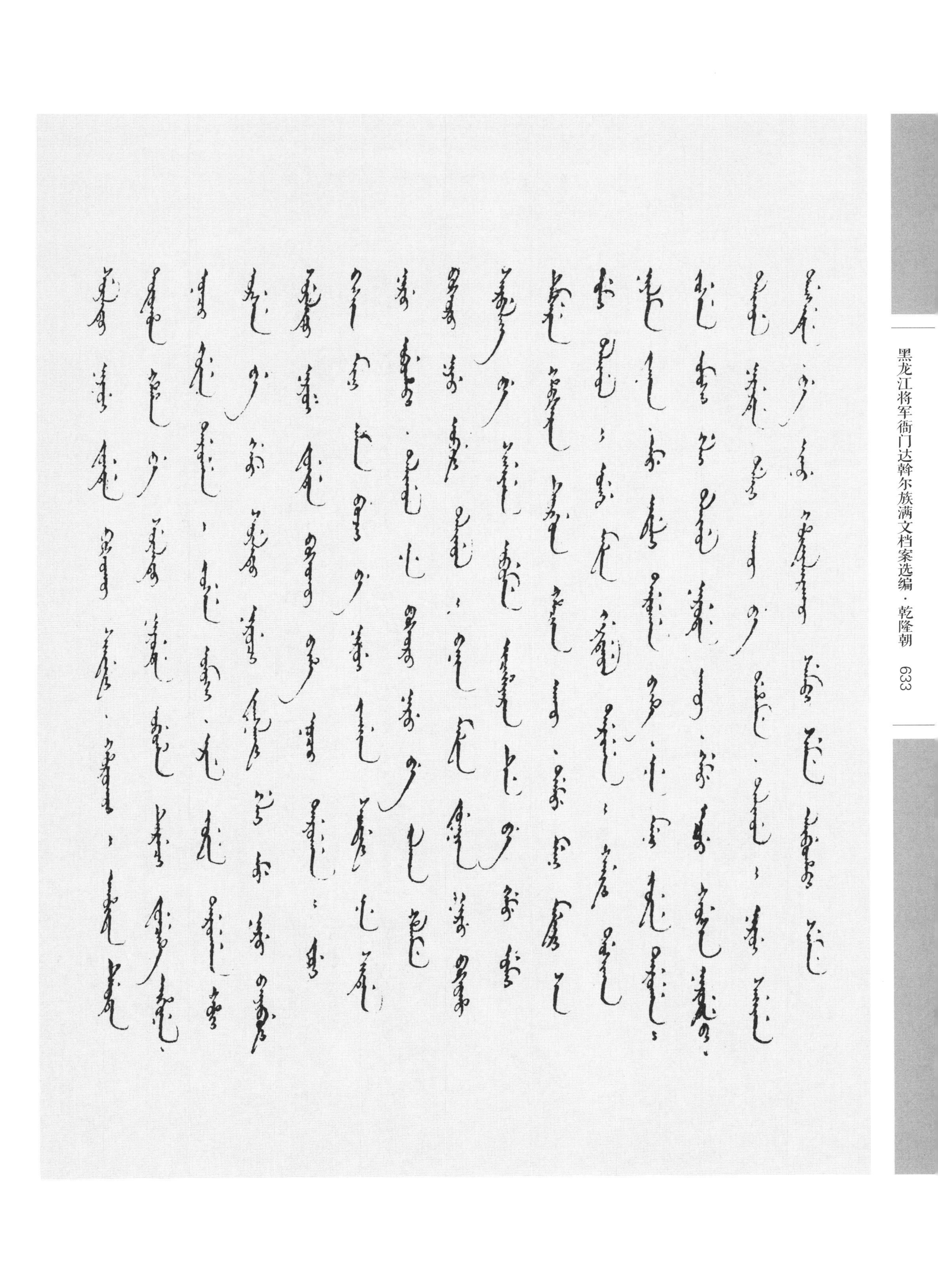

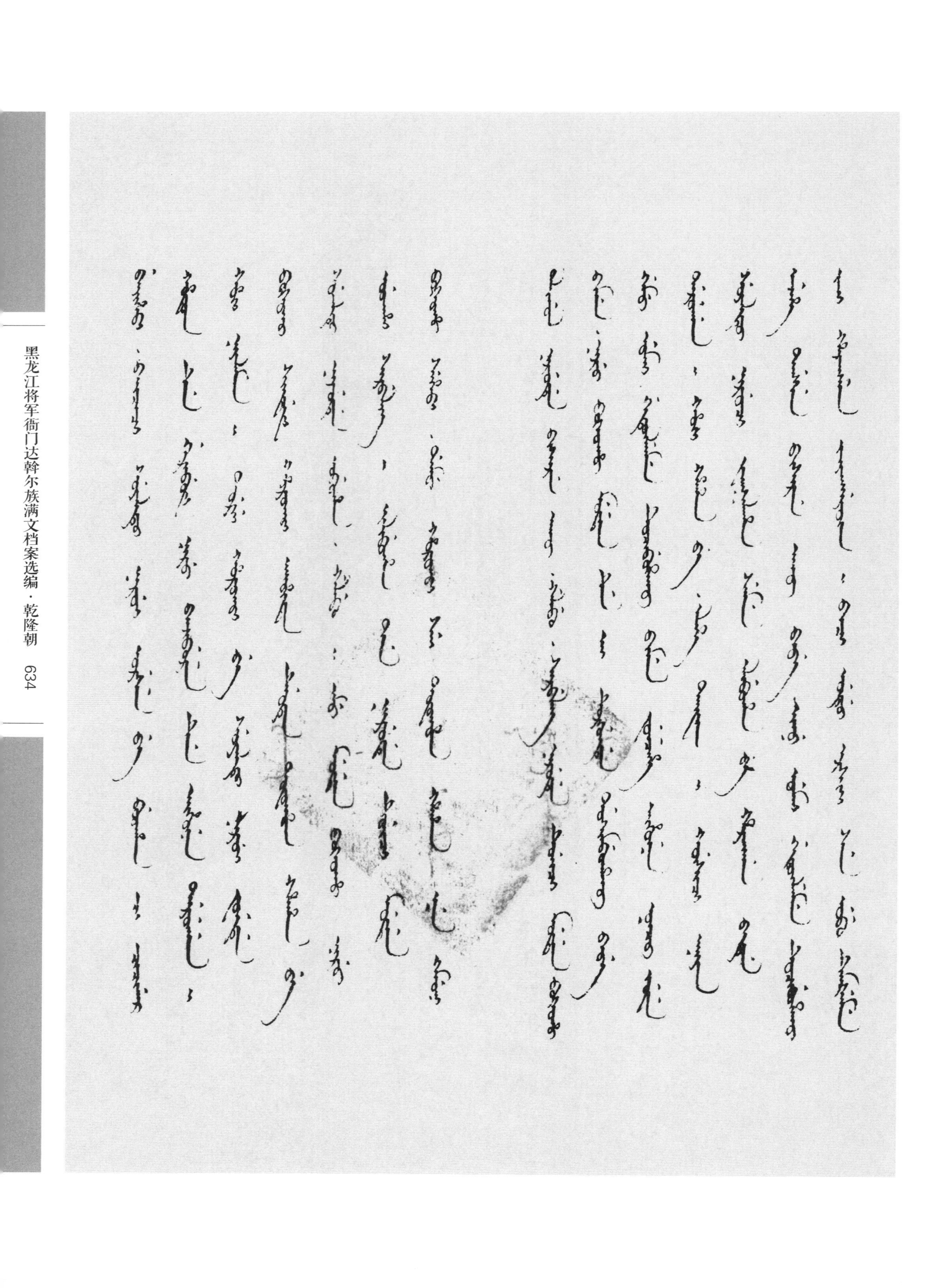

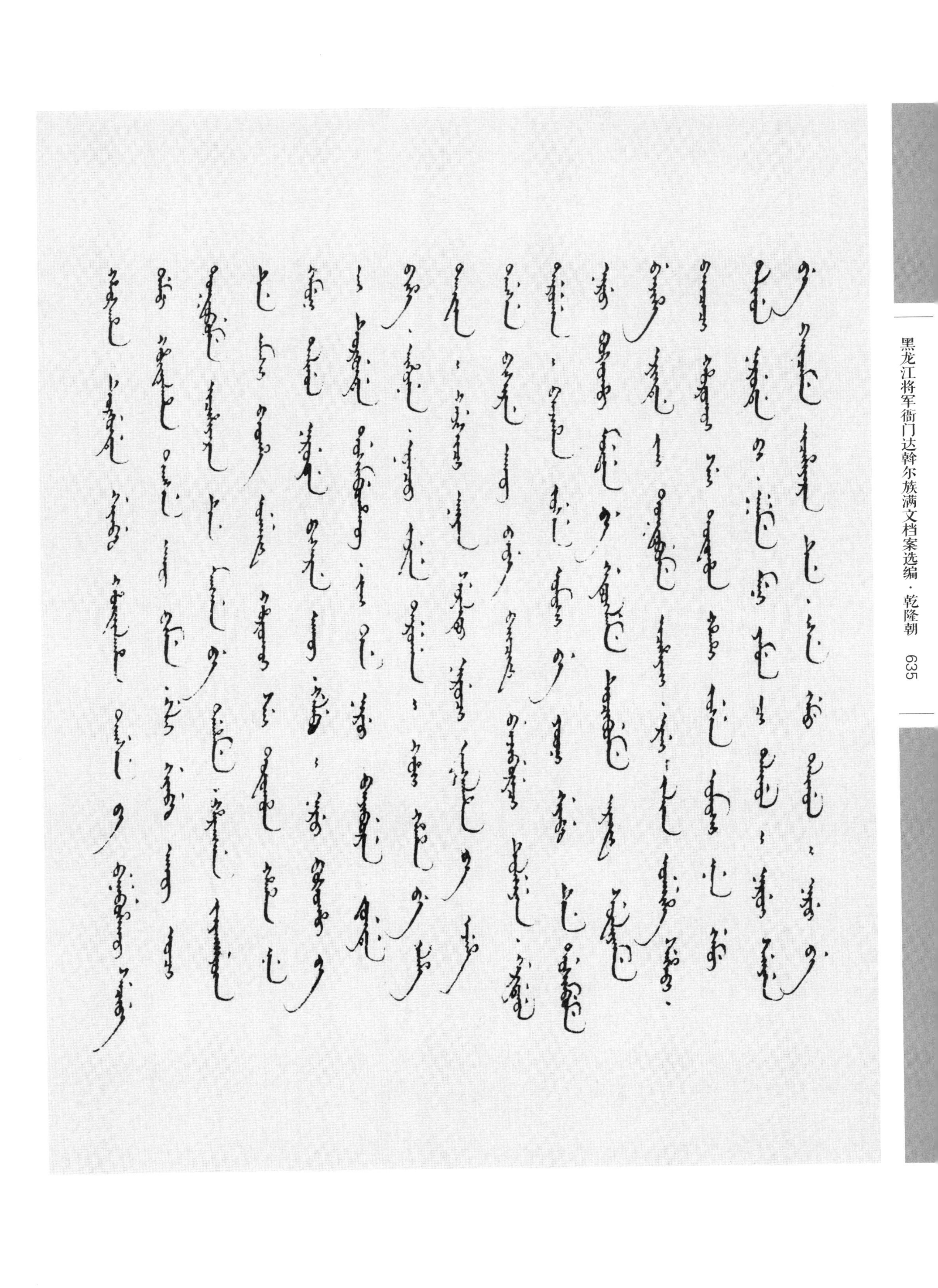

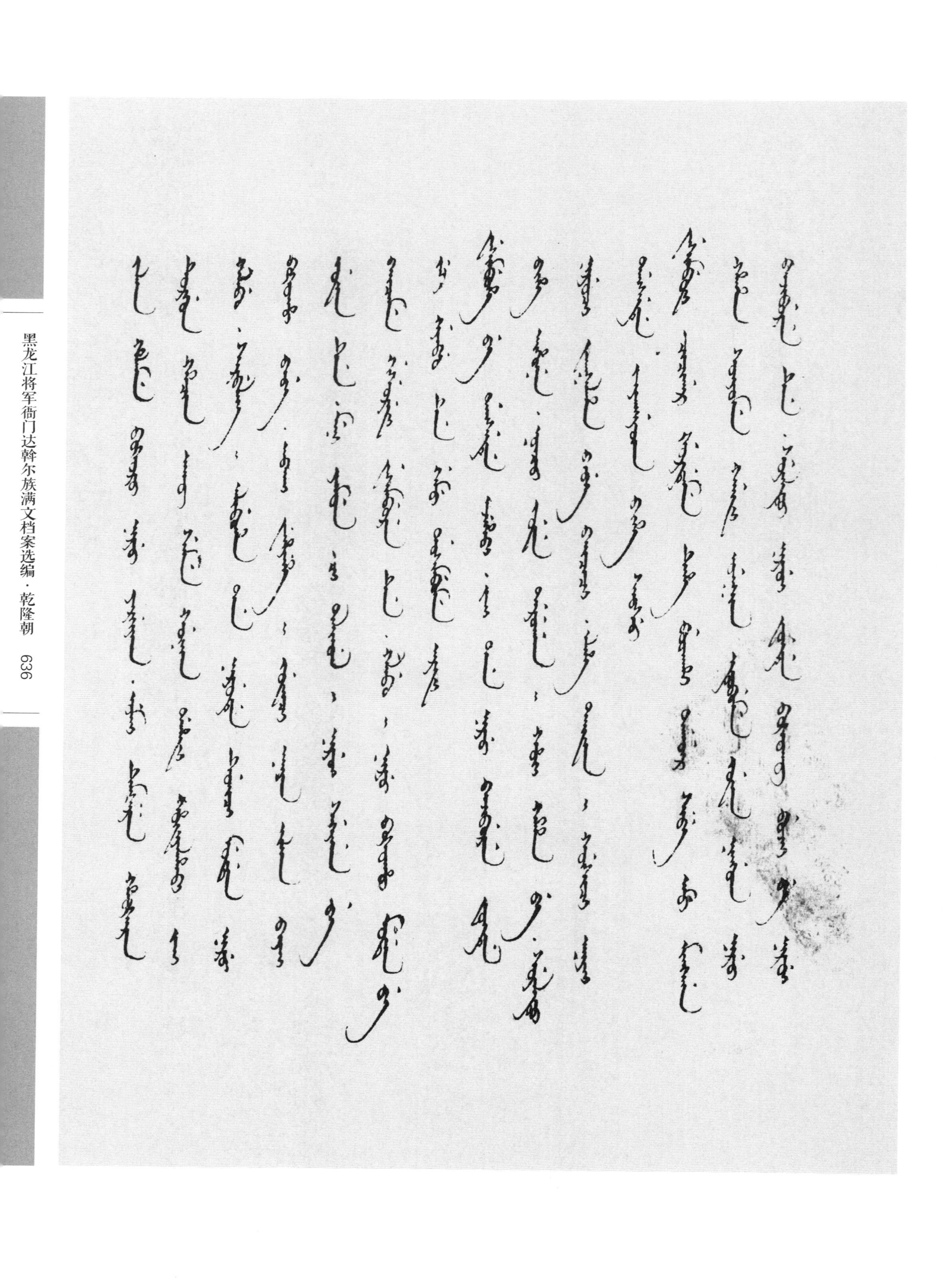

[illegible]

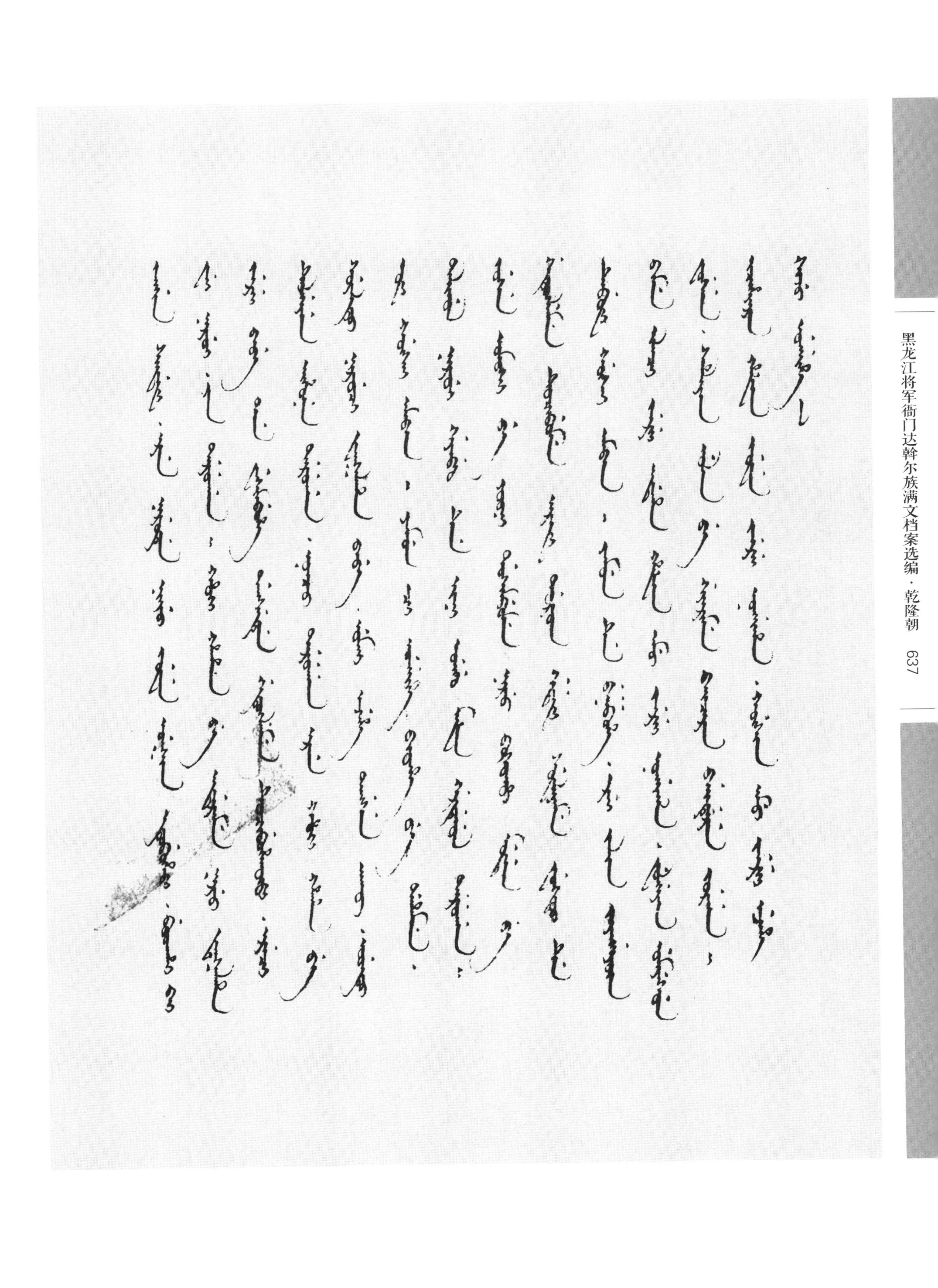

三八七 布特哈索伦达斡尔总管纳木球等为查报布特哈镶黄旗达斡尔托尼逊等佐领源流事呈黑龙江将军衙门文

乾隆十一年闰三月十二日

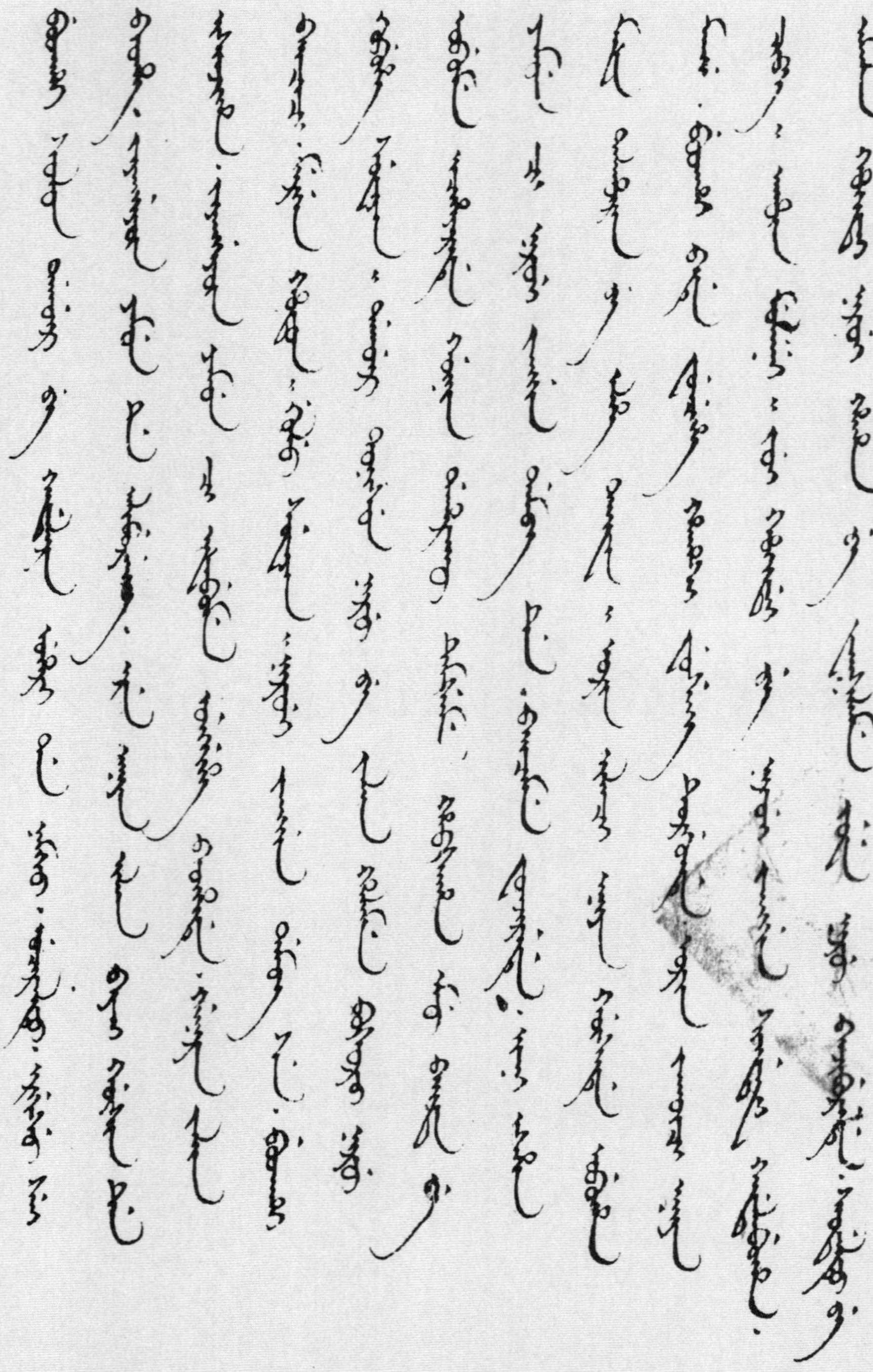

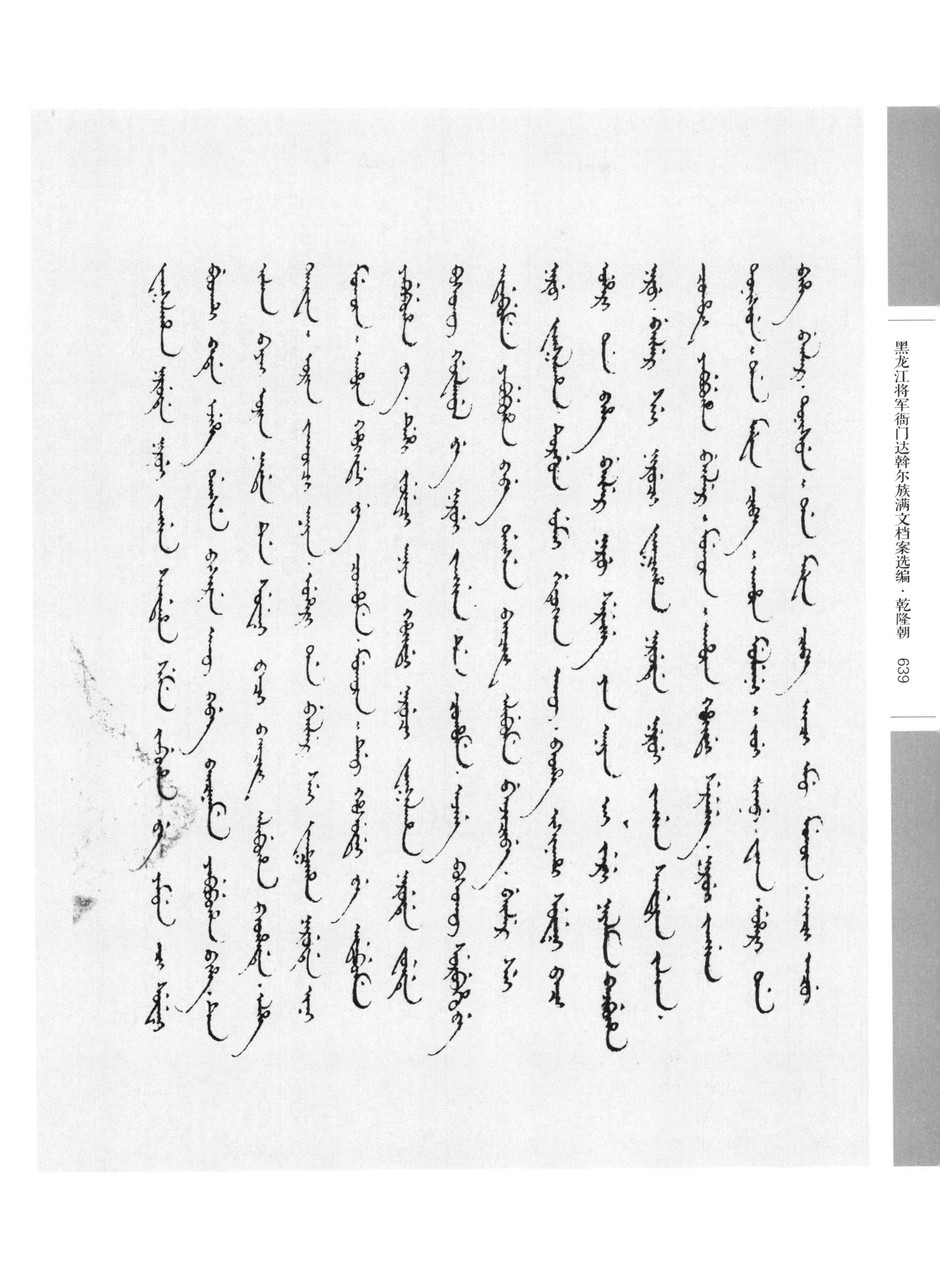

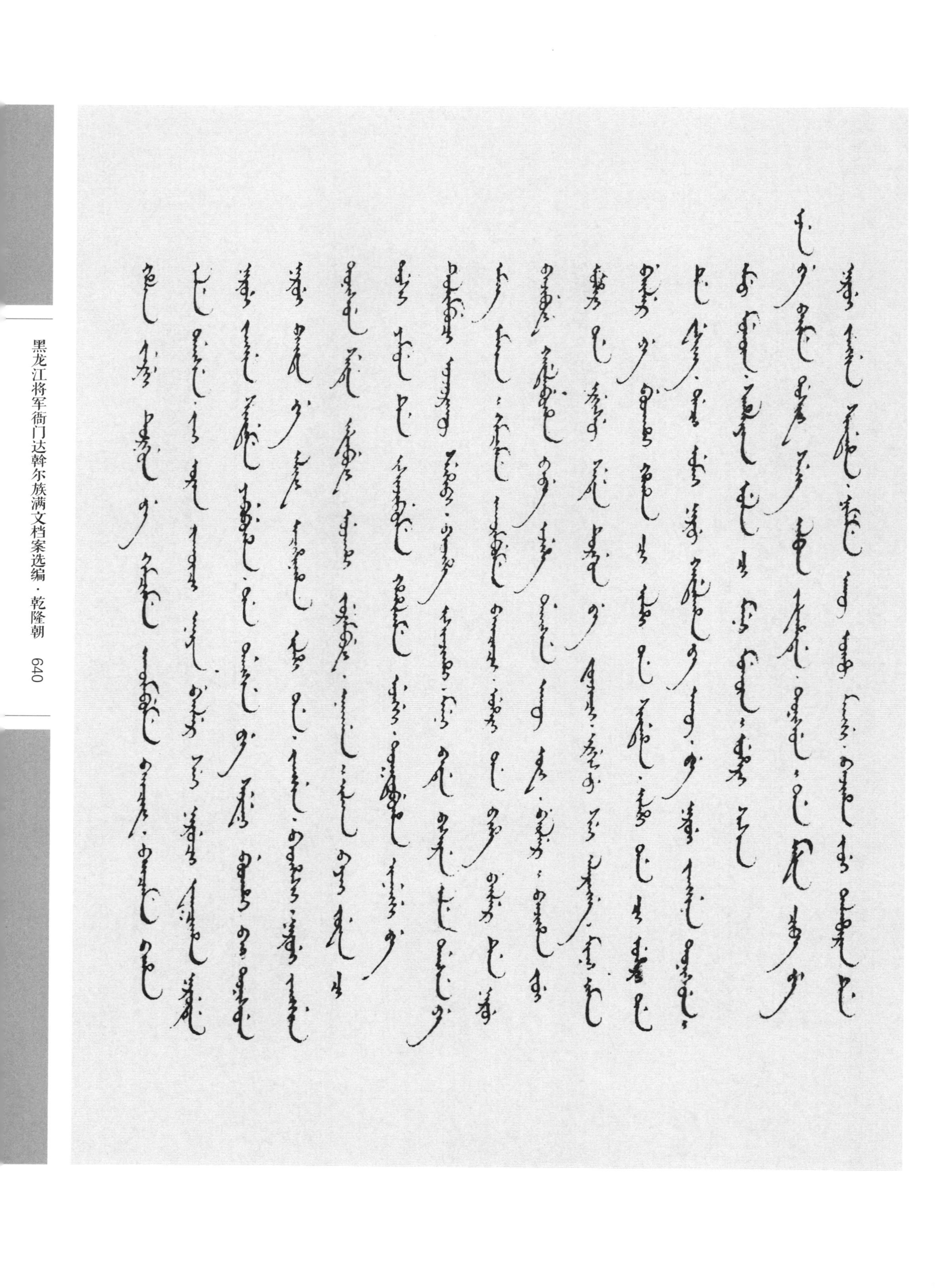

[illegible]

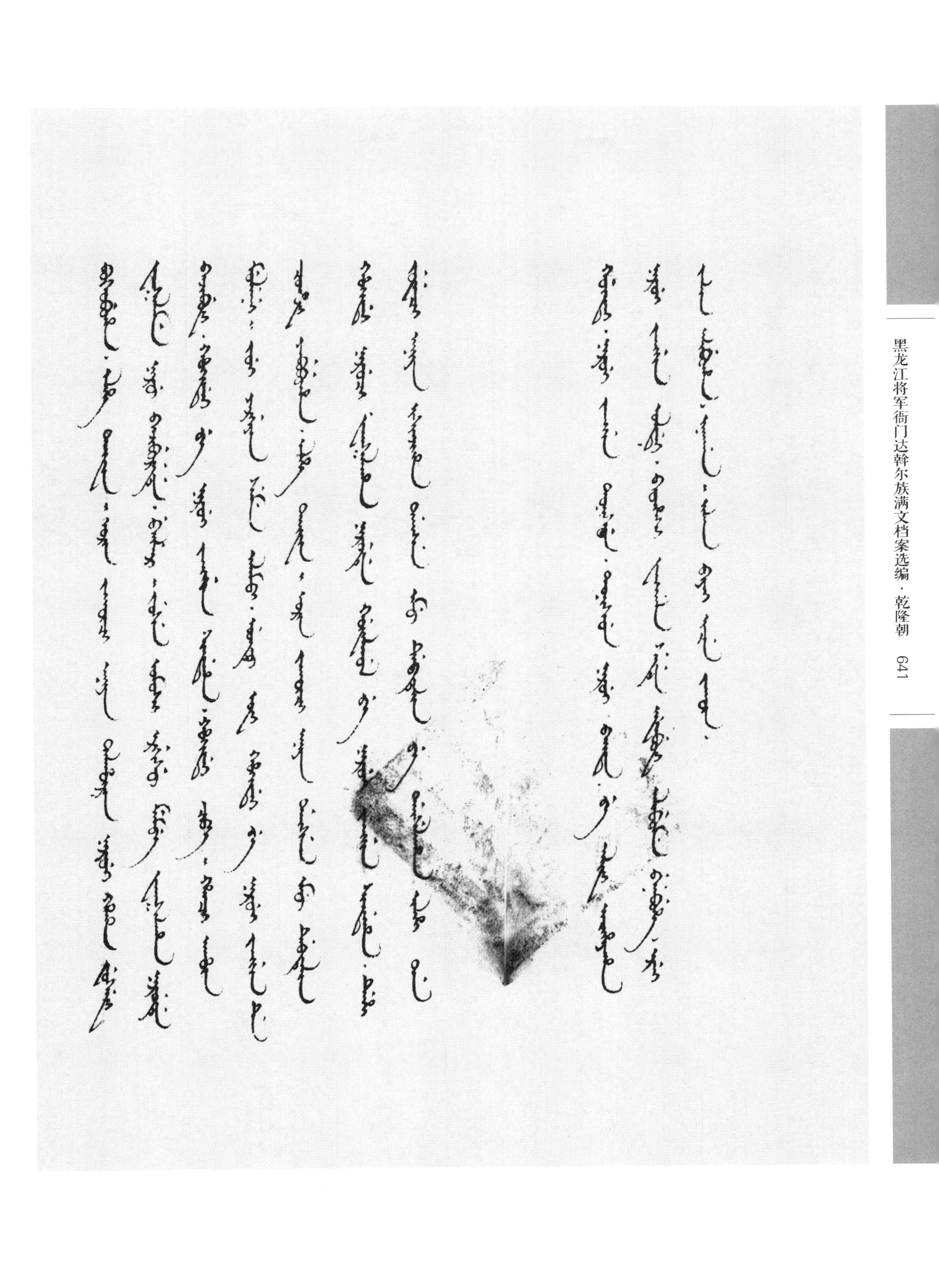

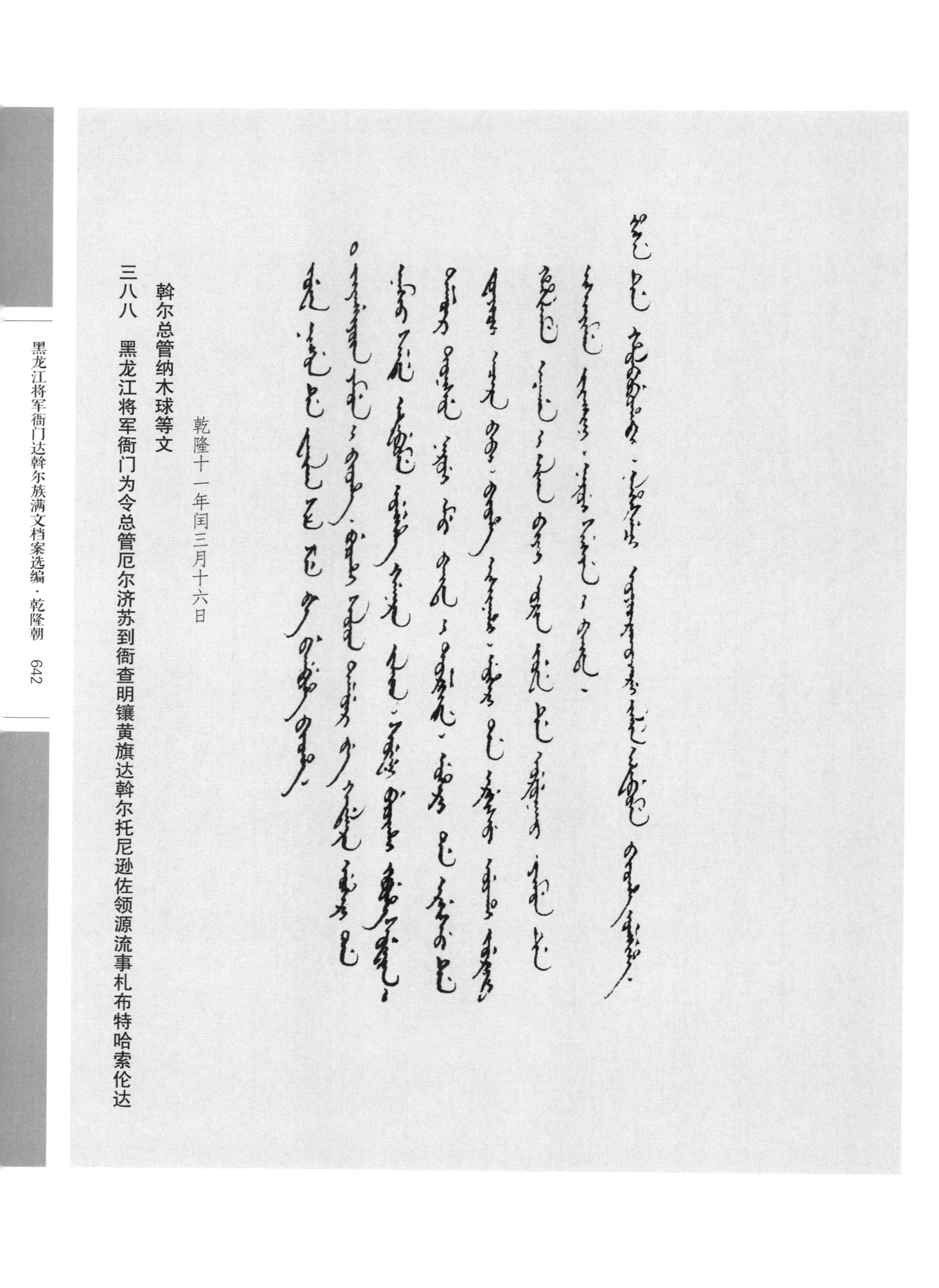

三八八 黑龙江将军衙门为令总管厄尔济苏到衙查明镶黄旗达斡尔托尼逊佐领源流事札布特哈索伦达斡尔总管纳木球等文

乾隆十一年闰三月十六日

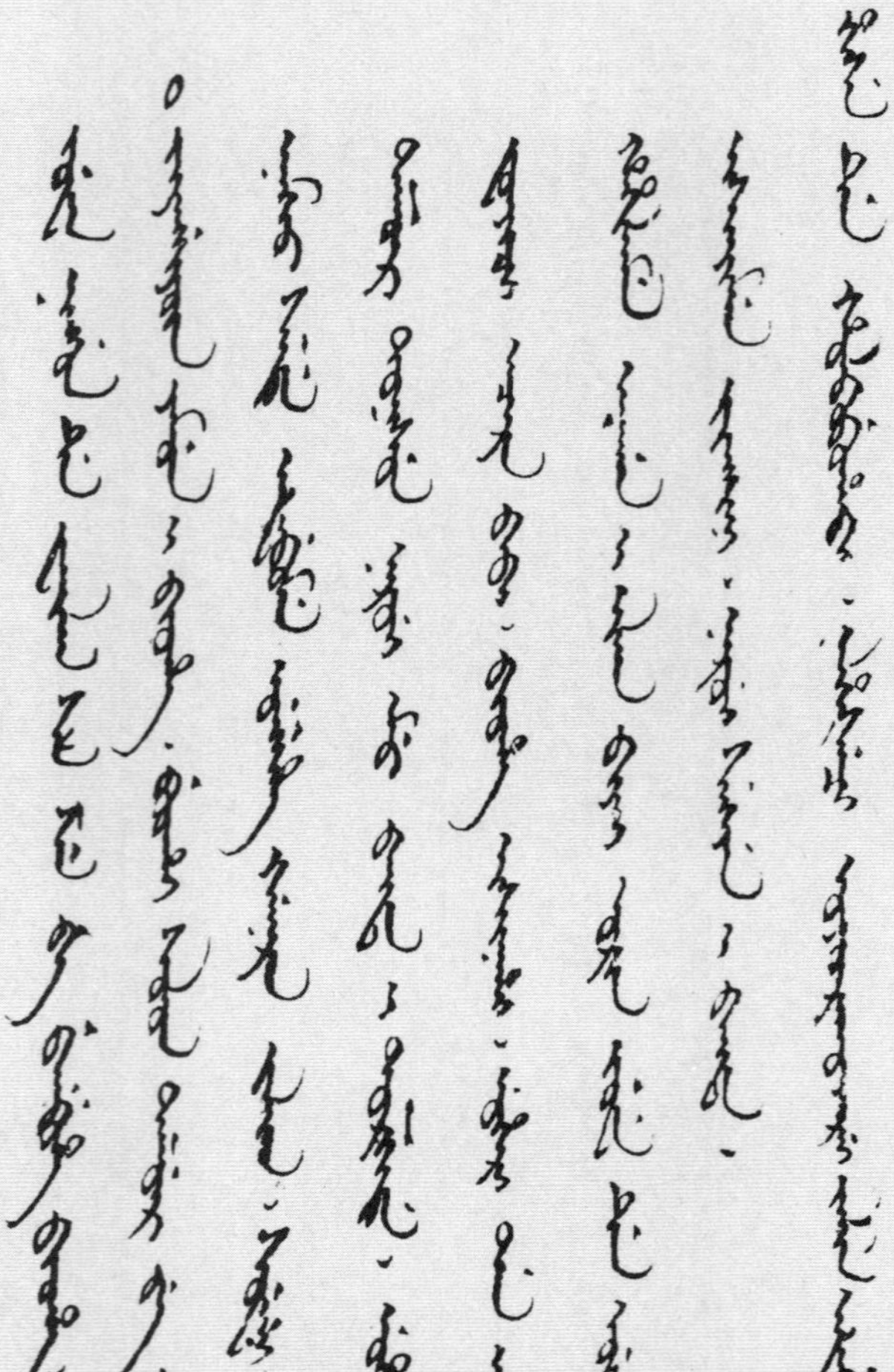

三八九 黑龙江将军衙门为正蓝旗达斡尔喀勒扎佐领源流册不详并令重新造送事咨黑龙江副都统文

乾隆十一年闰三月十七日

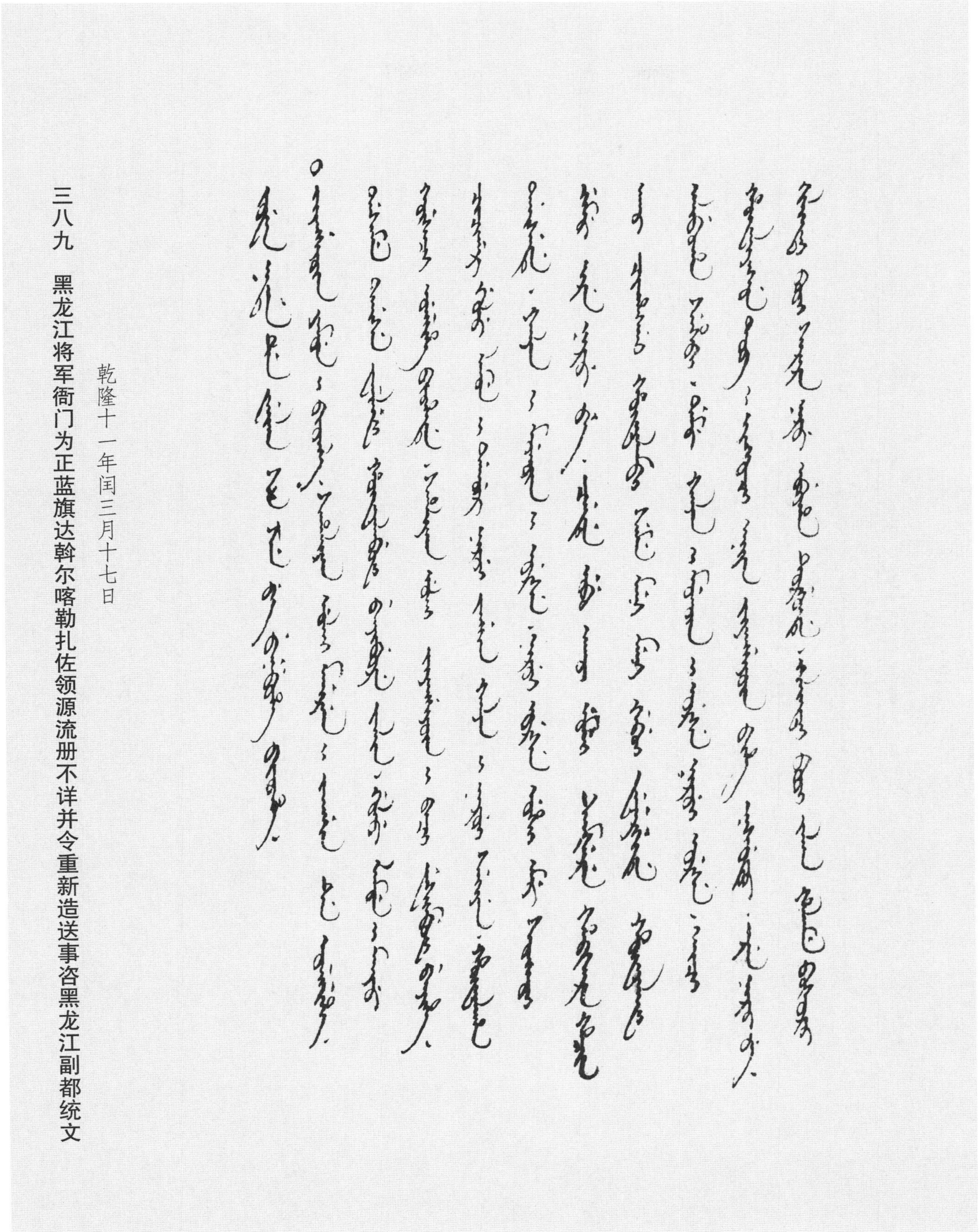

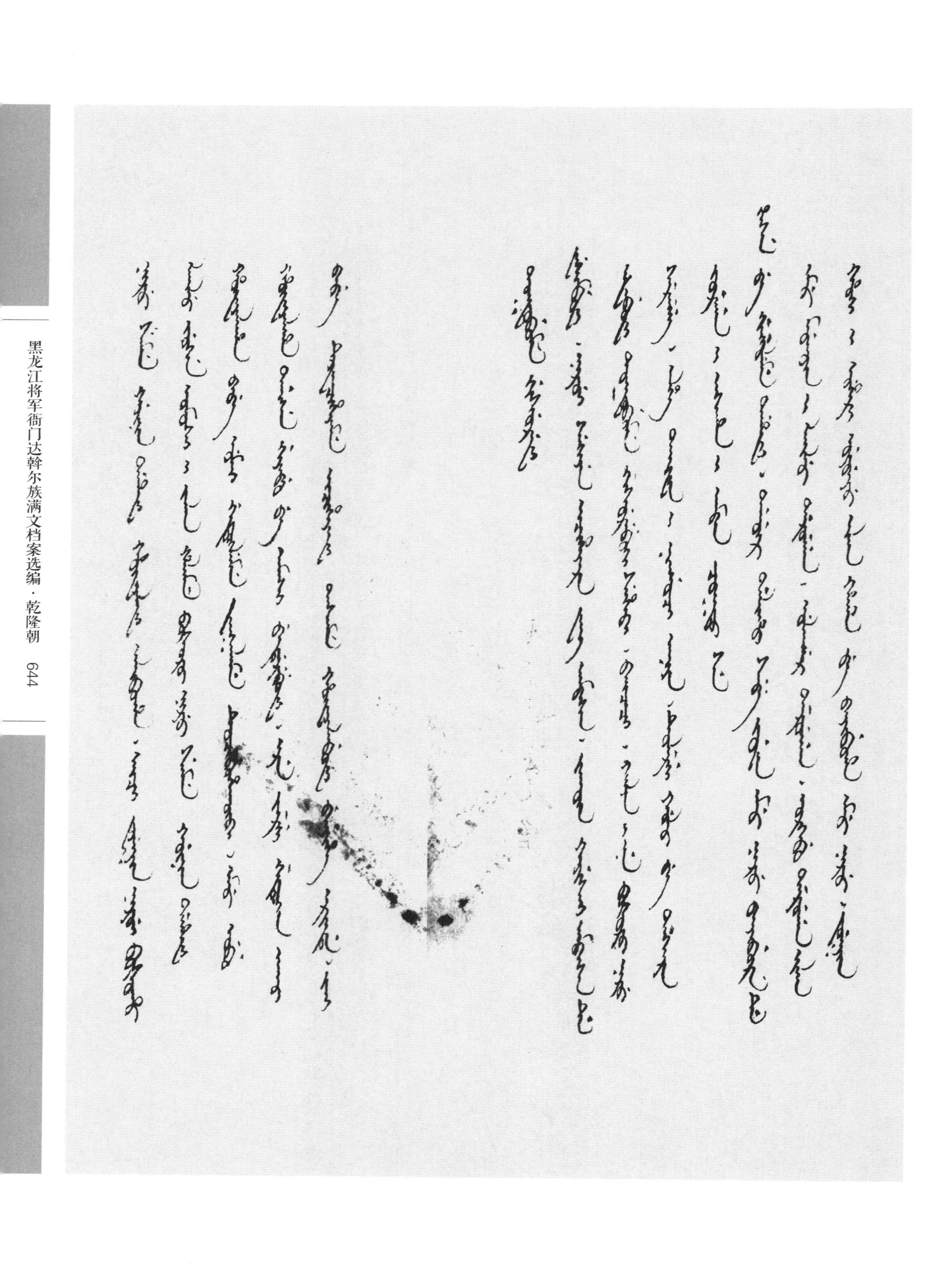

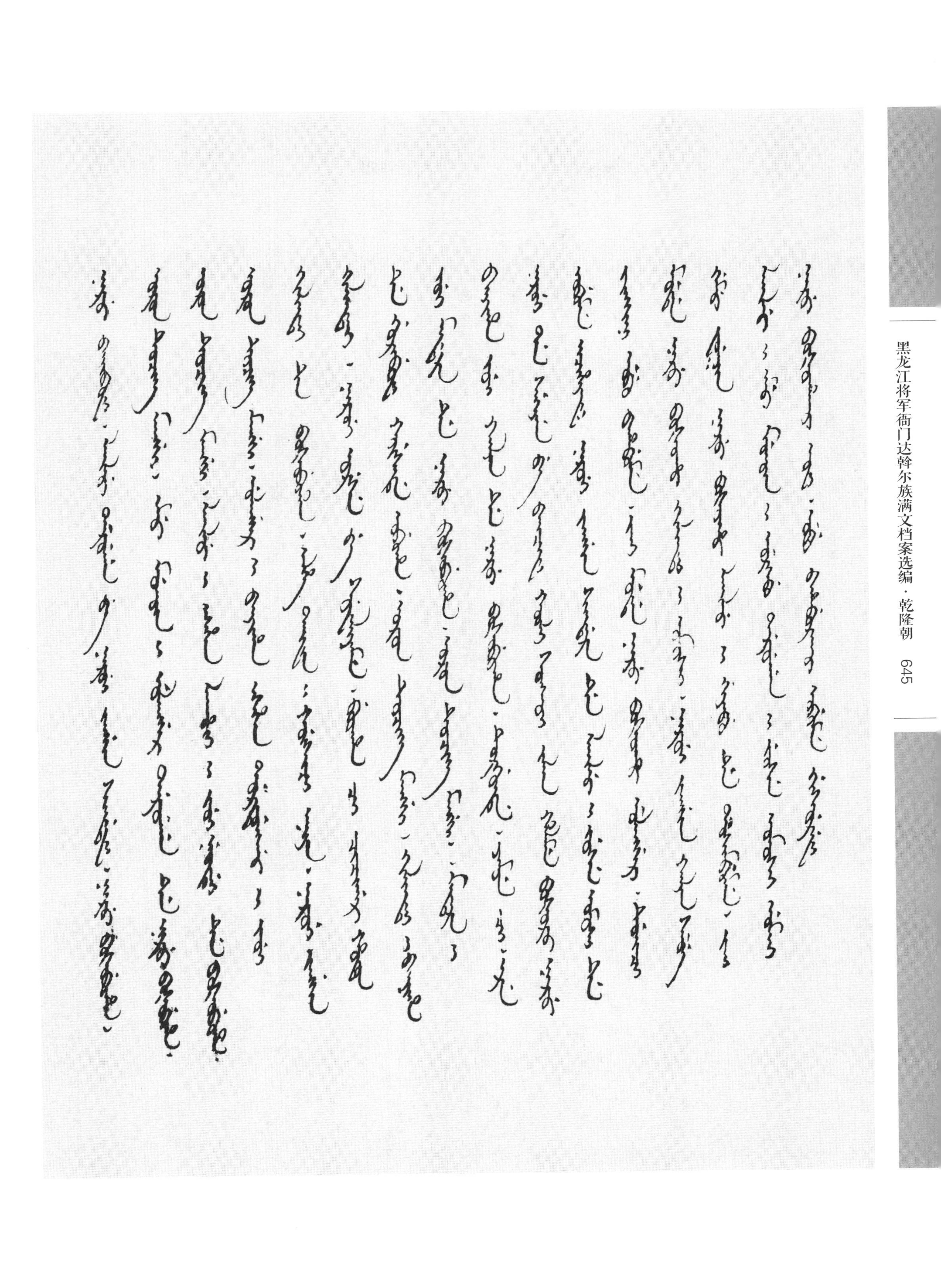

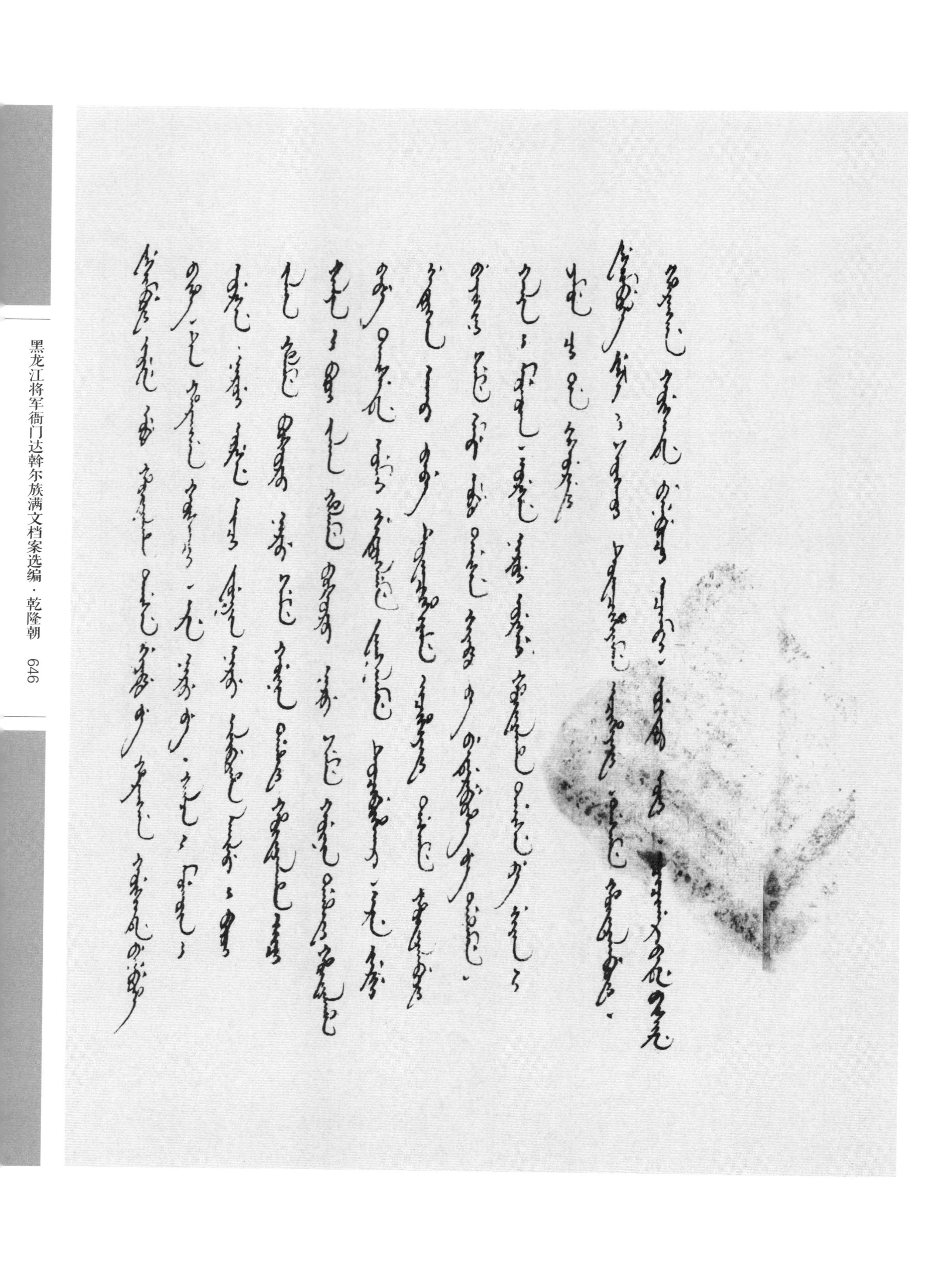

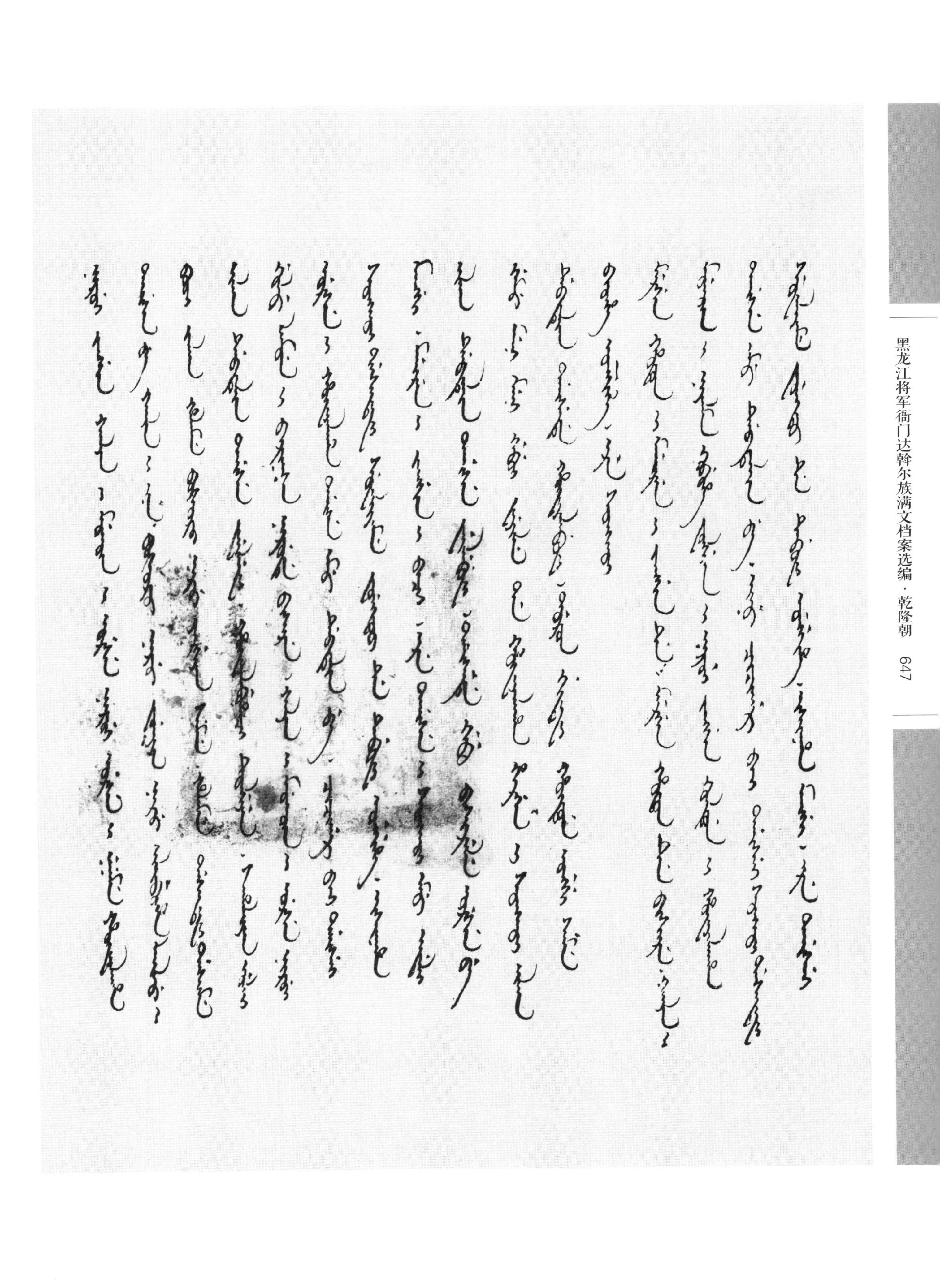

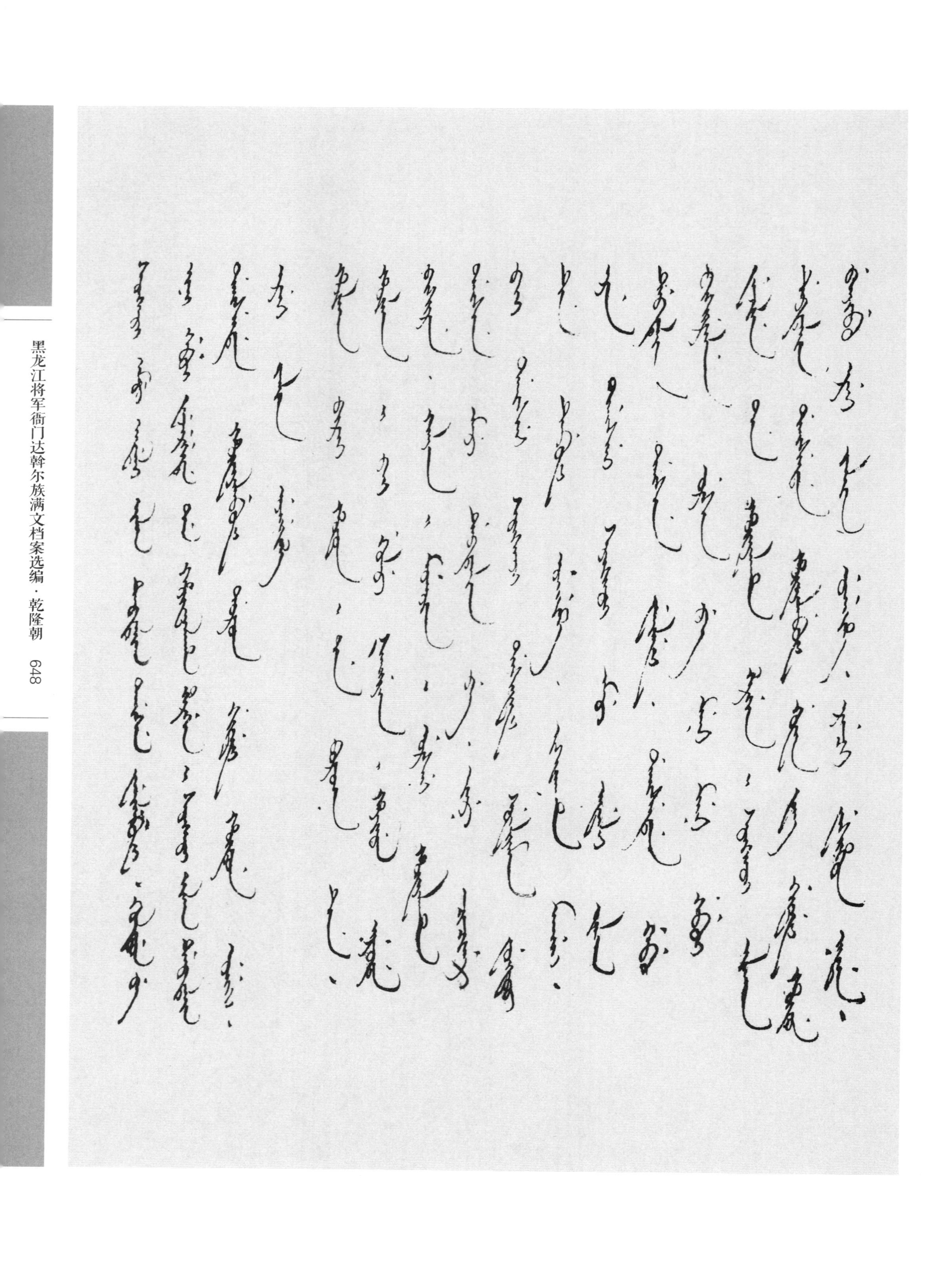

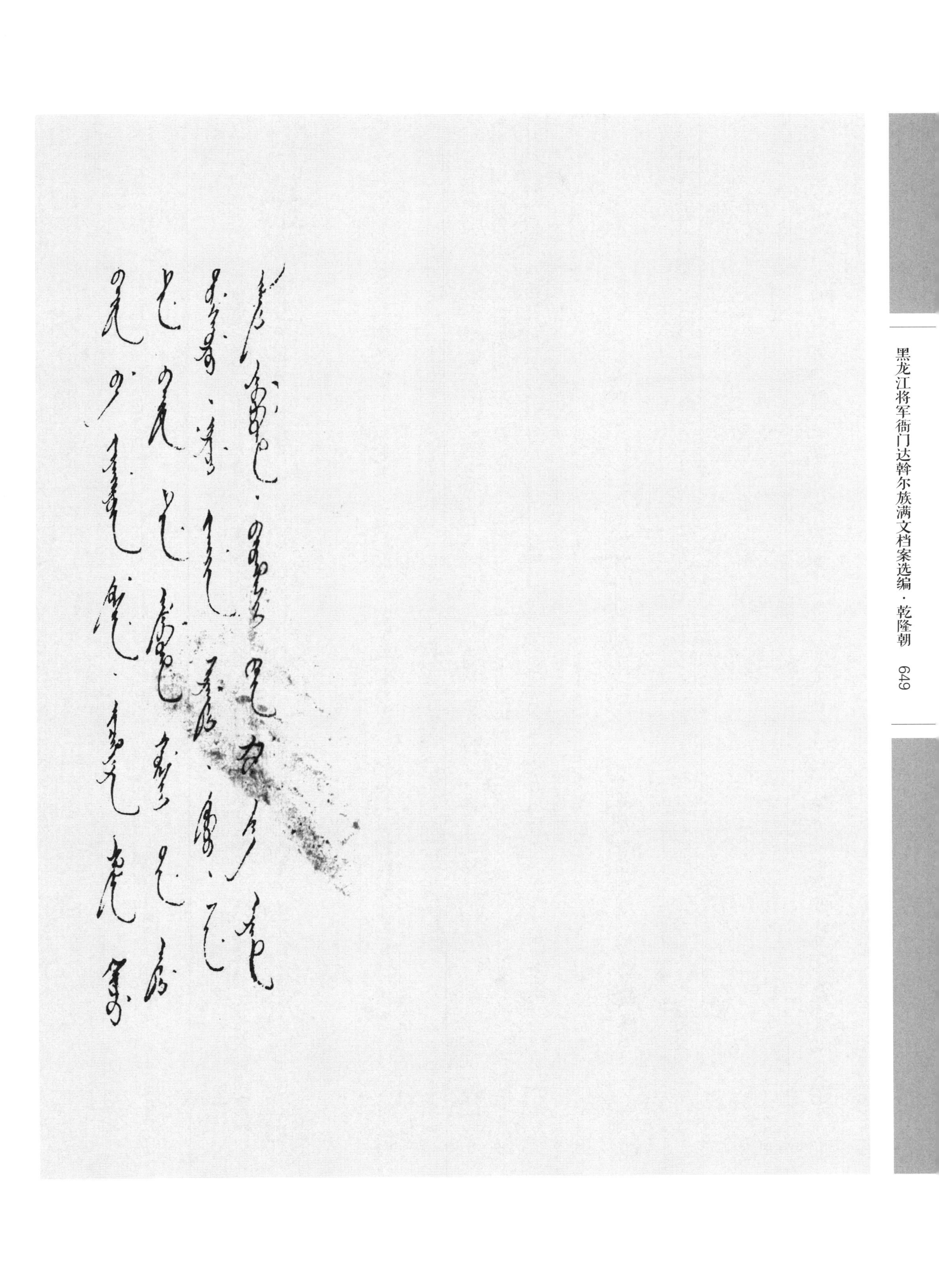

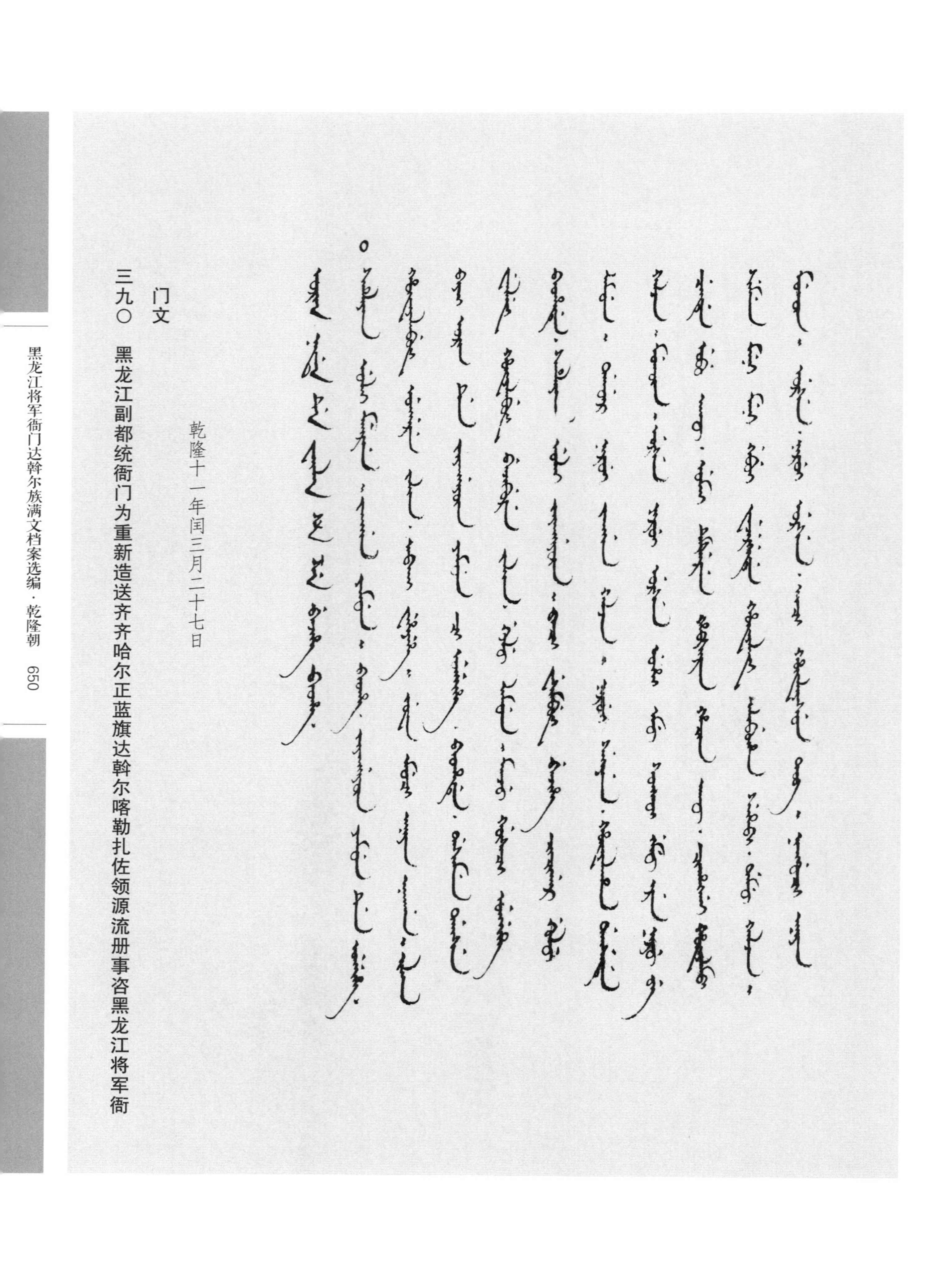

三九〇　黑龙江副都统衙门为重新造送齐齐哈尔正蓝旗达斡尔喀勒扎佐领源流册事咨黑龙江将军衙门文

乾隆十一年闰三月二十七日

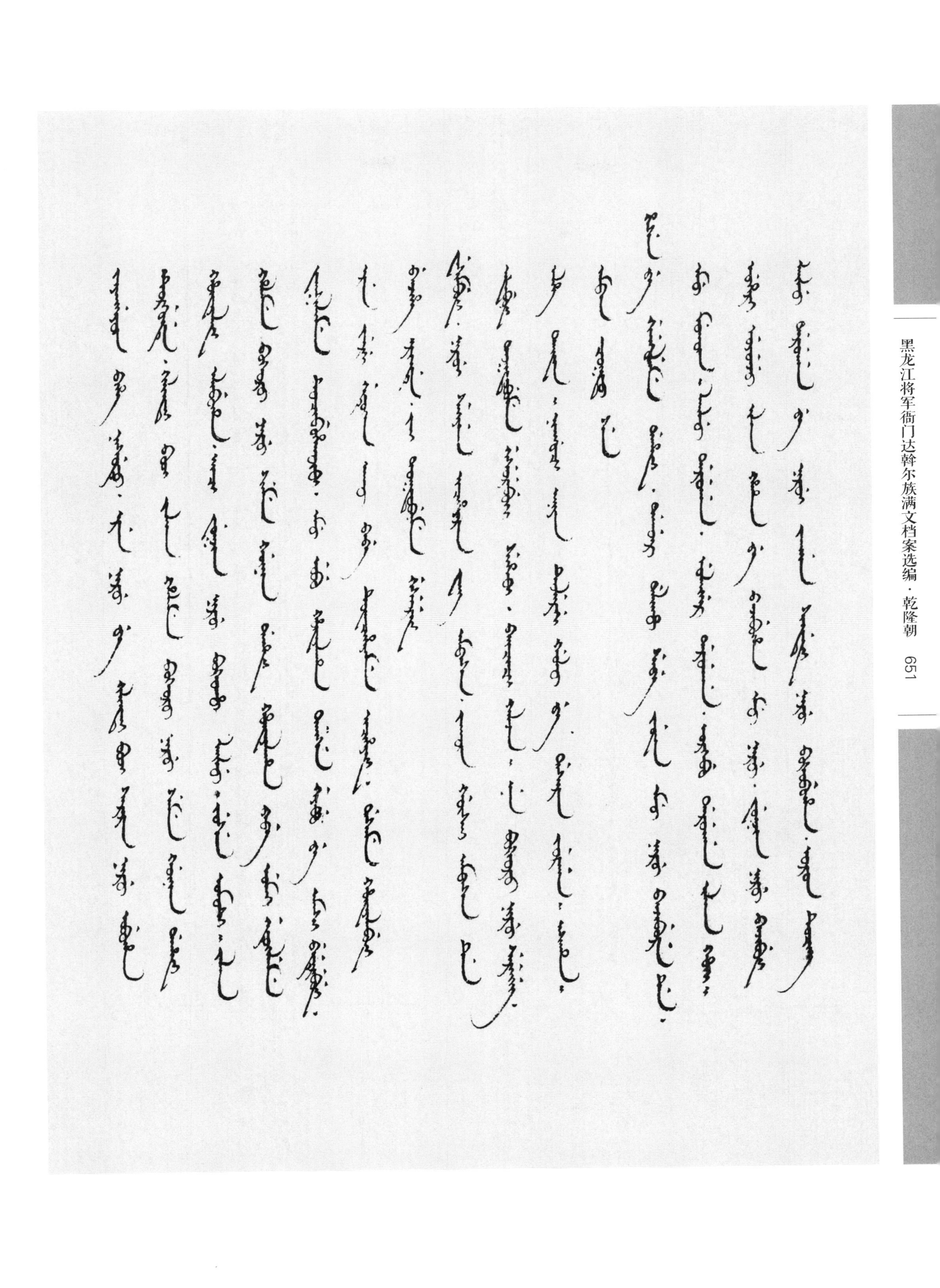

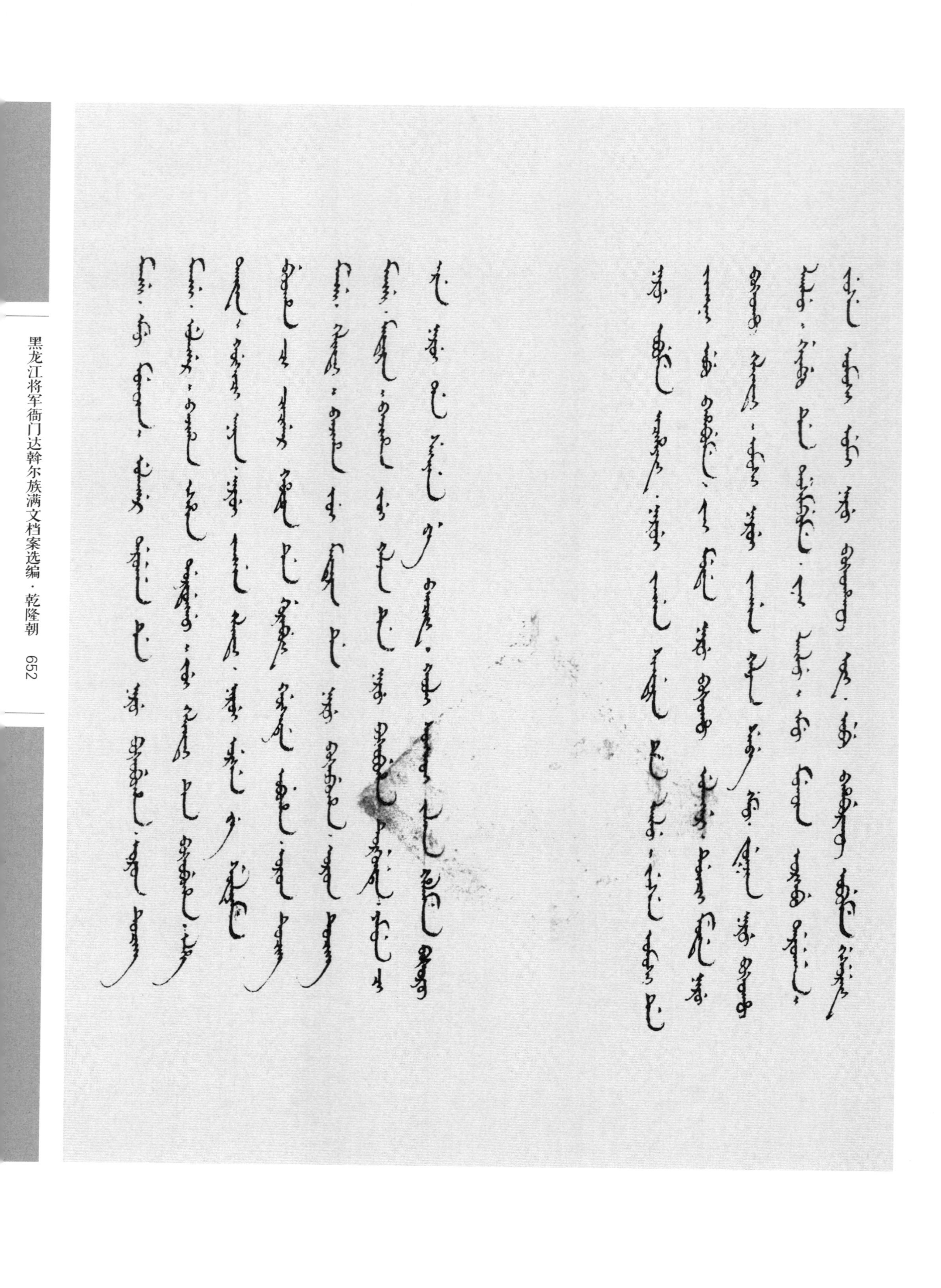

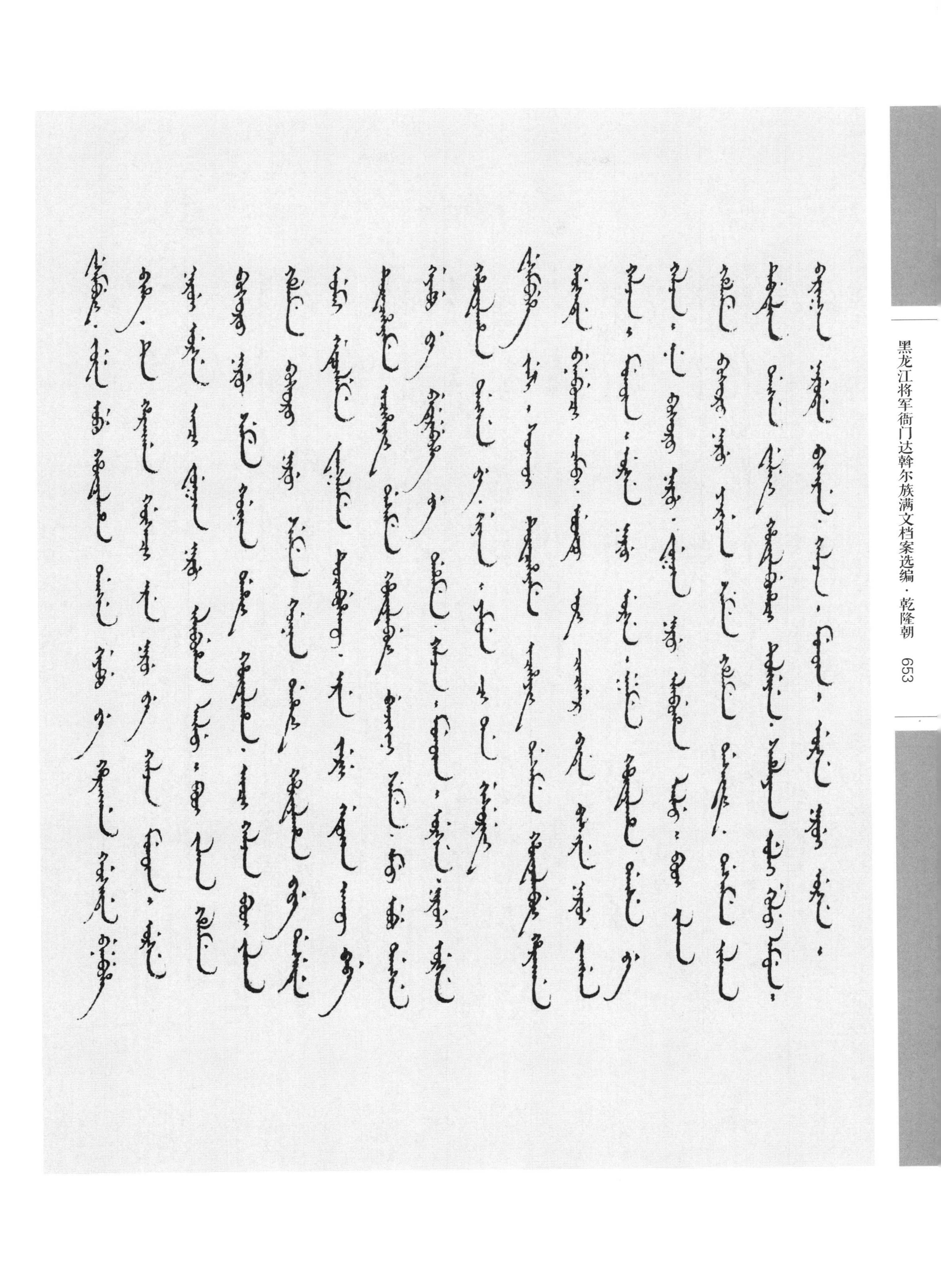

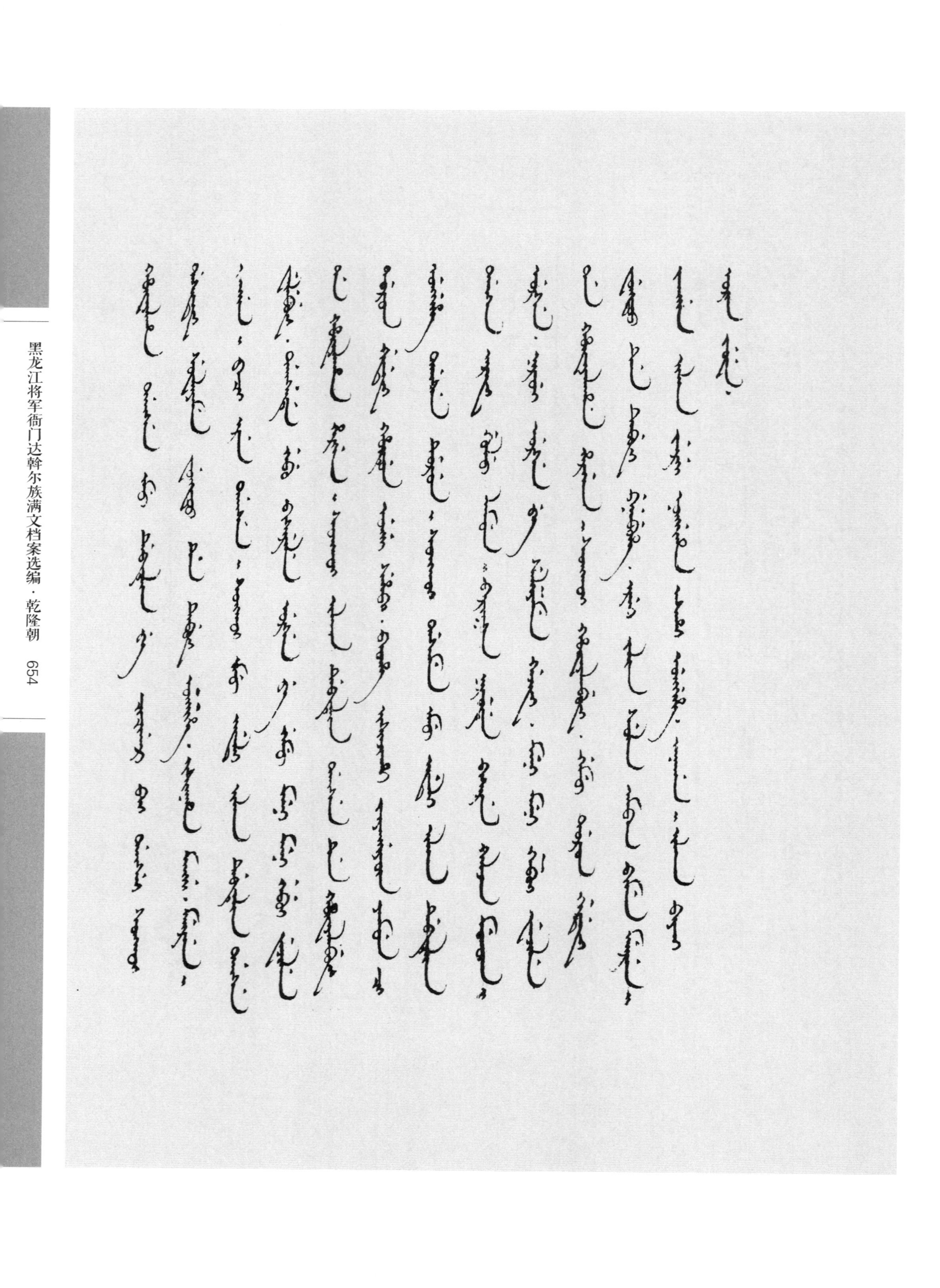

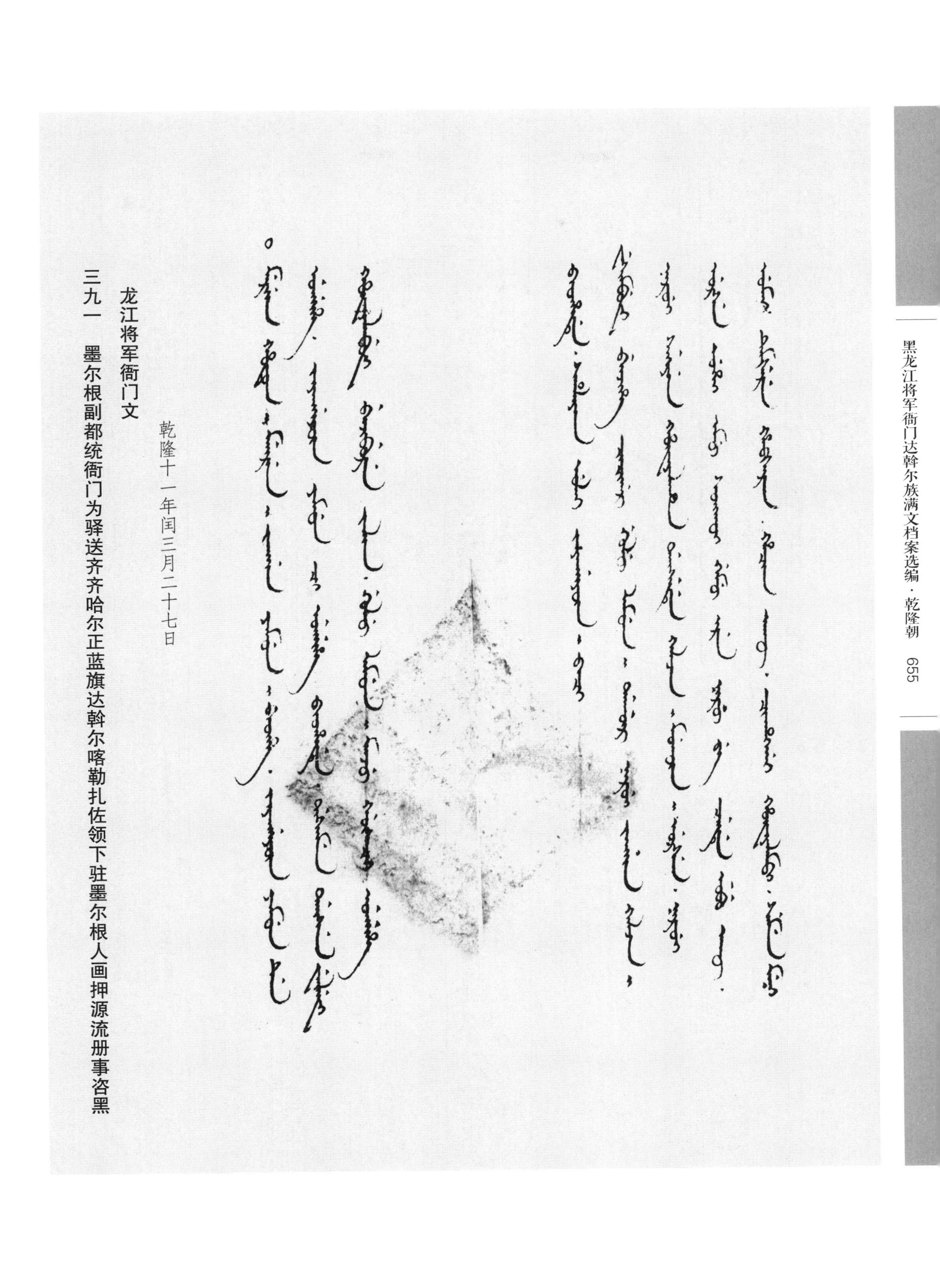

三九一 墨尔根副都统衙门为驿送齐齐哈尔正蓝旗达斡尔喀勒扎佐领下驻墨尔根人画押源流册事咨黑龙江将军衙门文

乾隆十一年闰三月二十七日

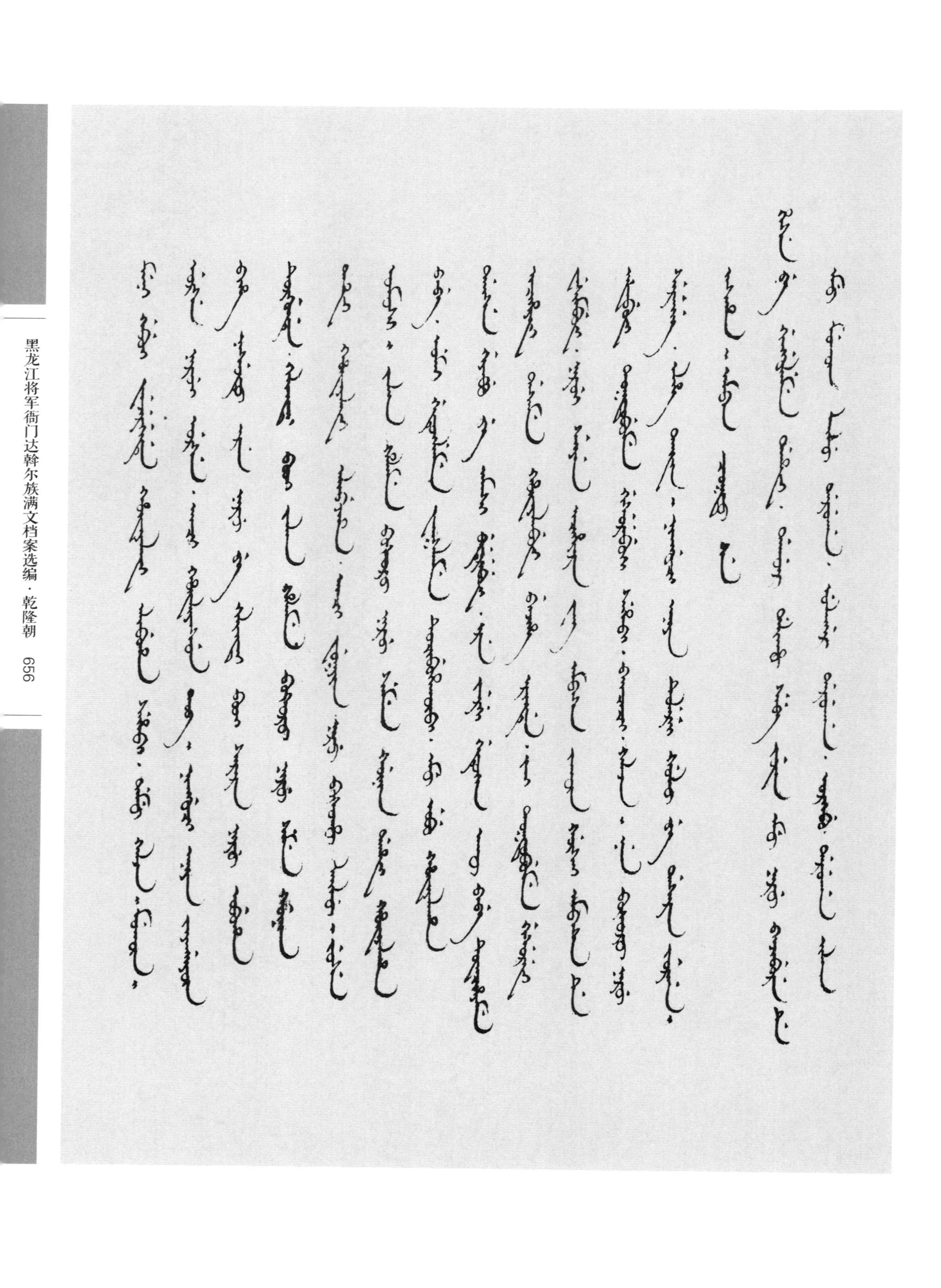

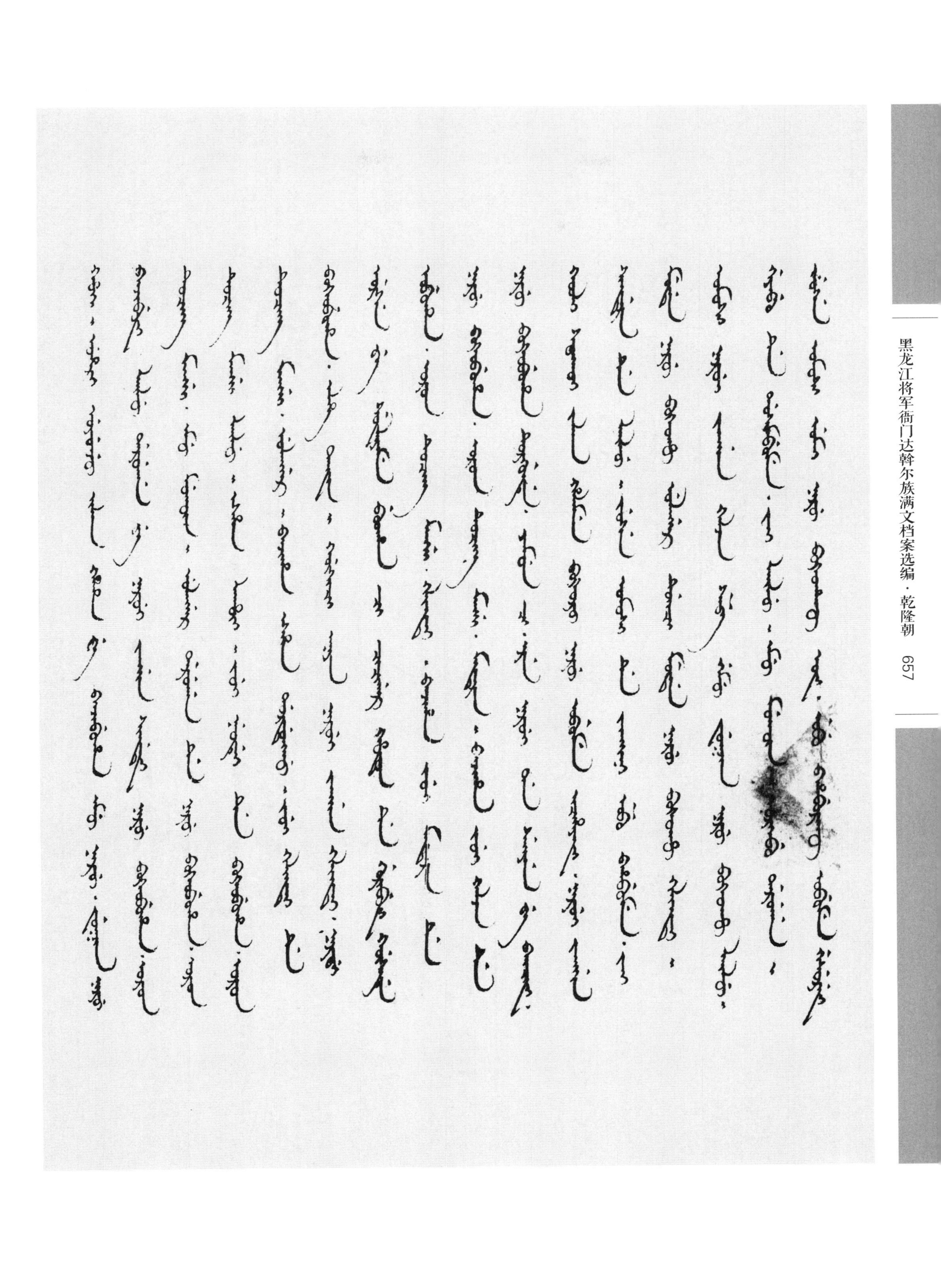

[illegible]

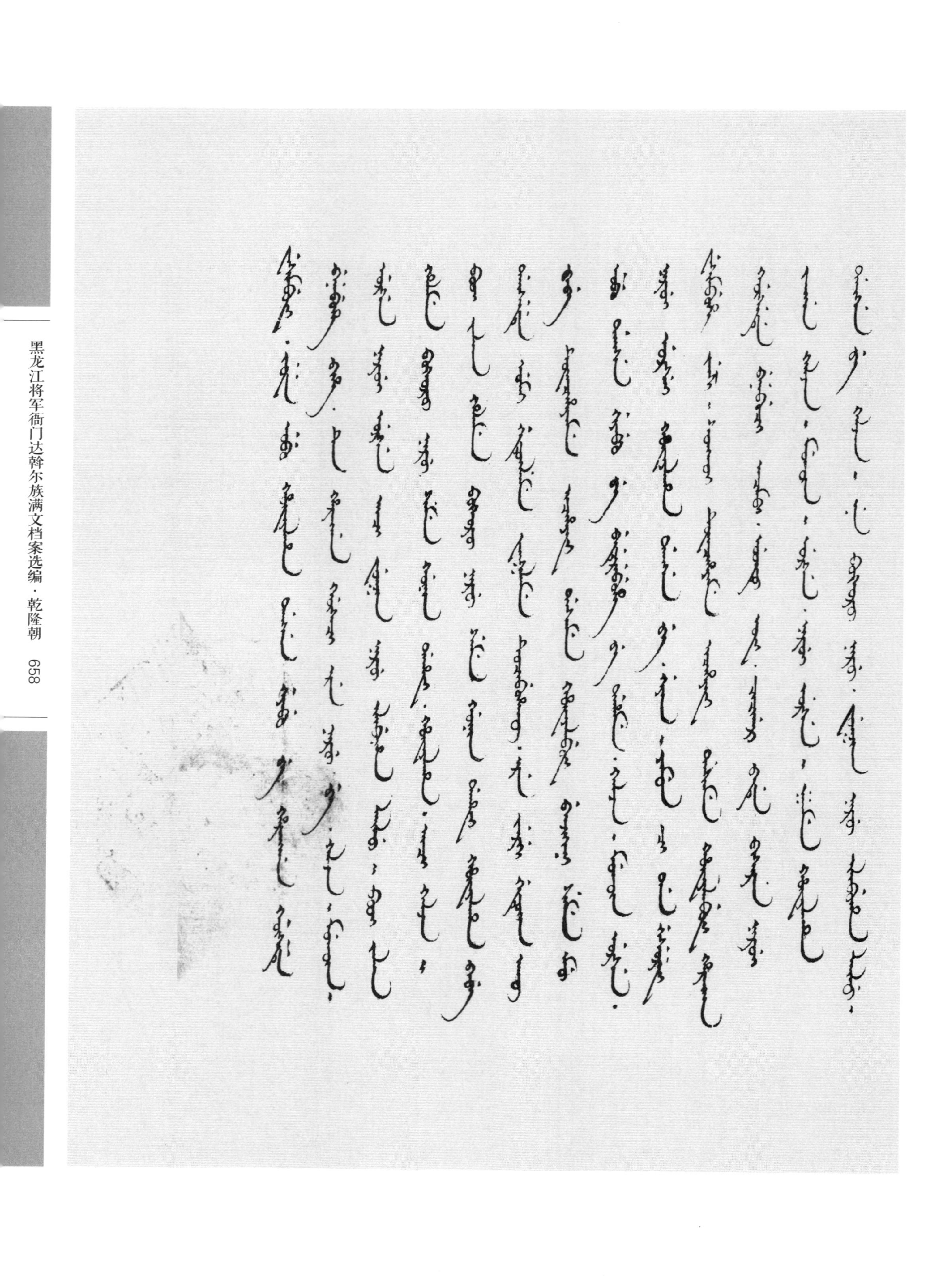

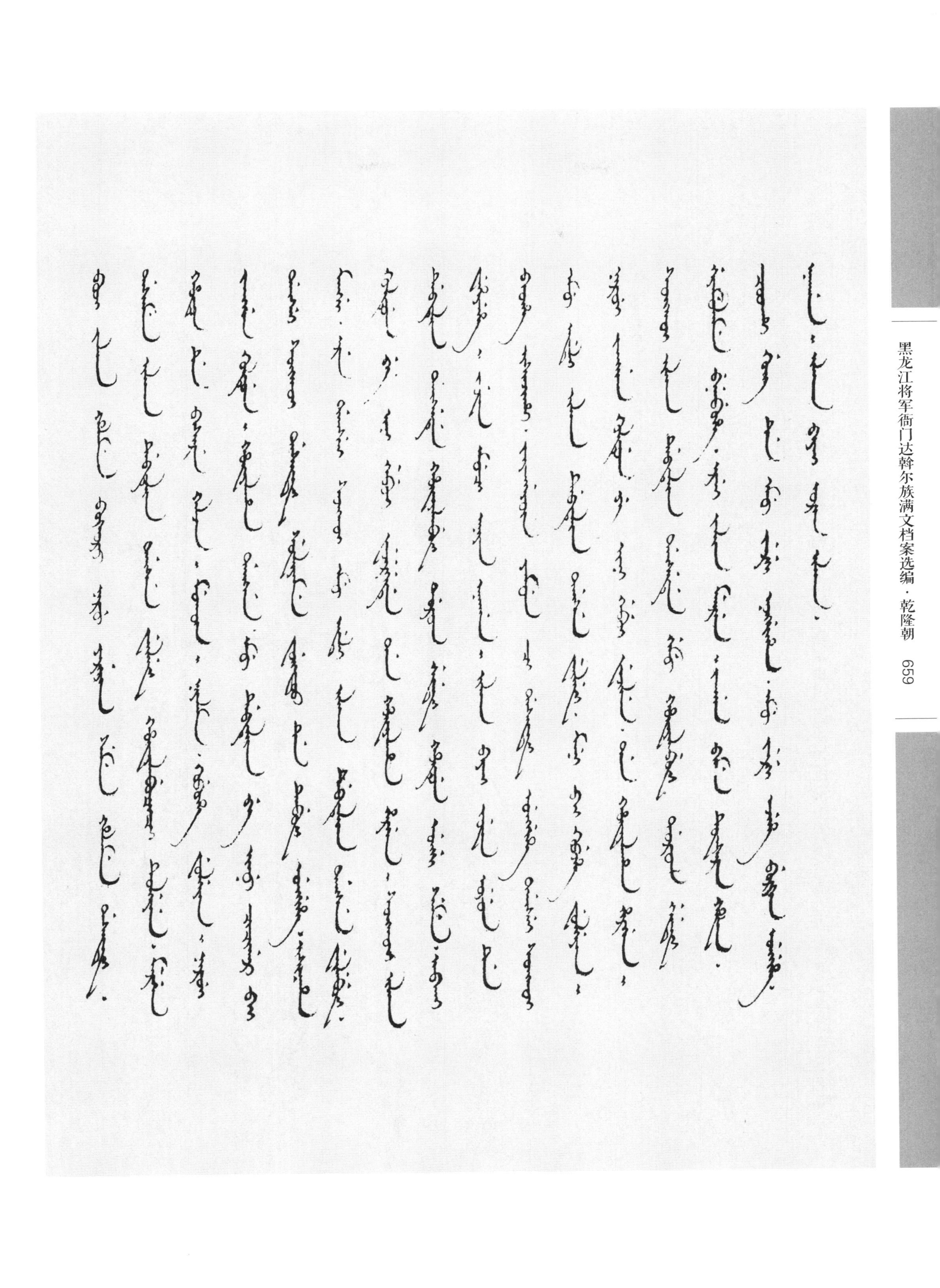

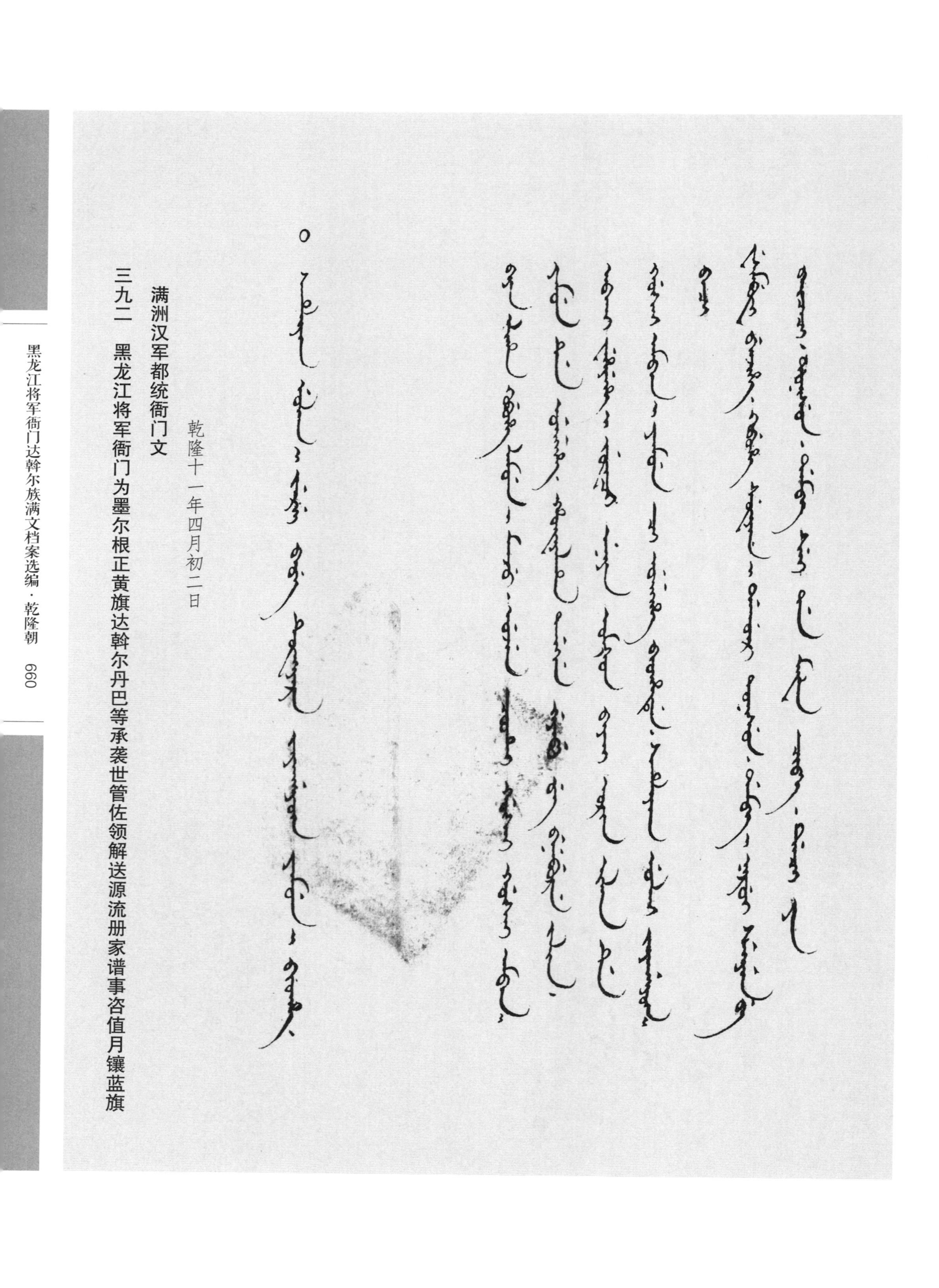

三九二 黑龙江将军衙门为墨尔根正黄旗达斡尔丹巴等承袭世管佐领解送源流册家谱事咨值月镶蓝旗满洲汉军都统衙门文

乾隆十一年四月初二日

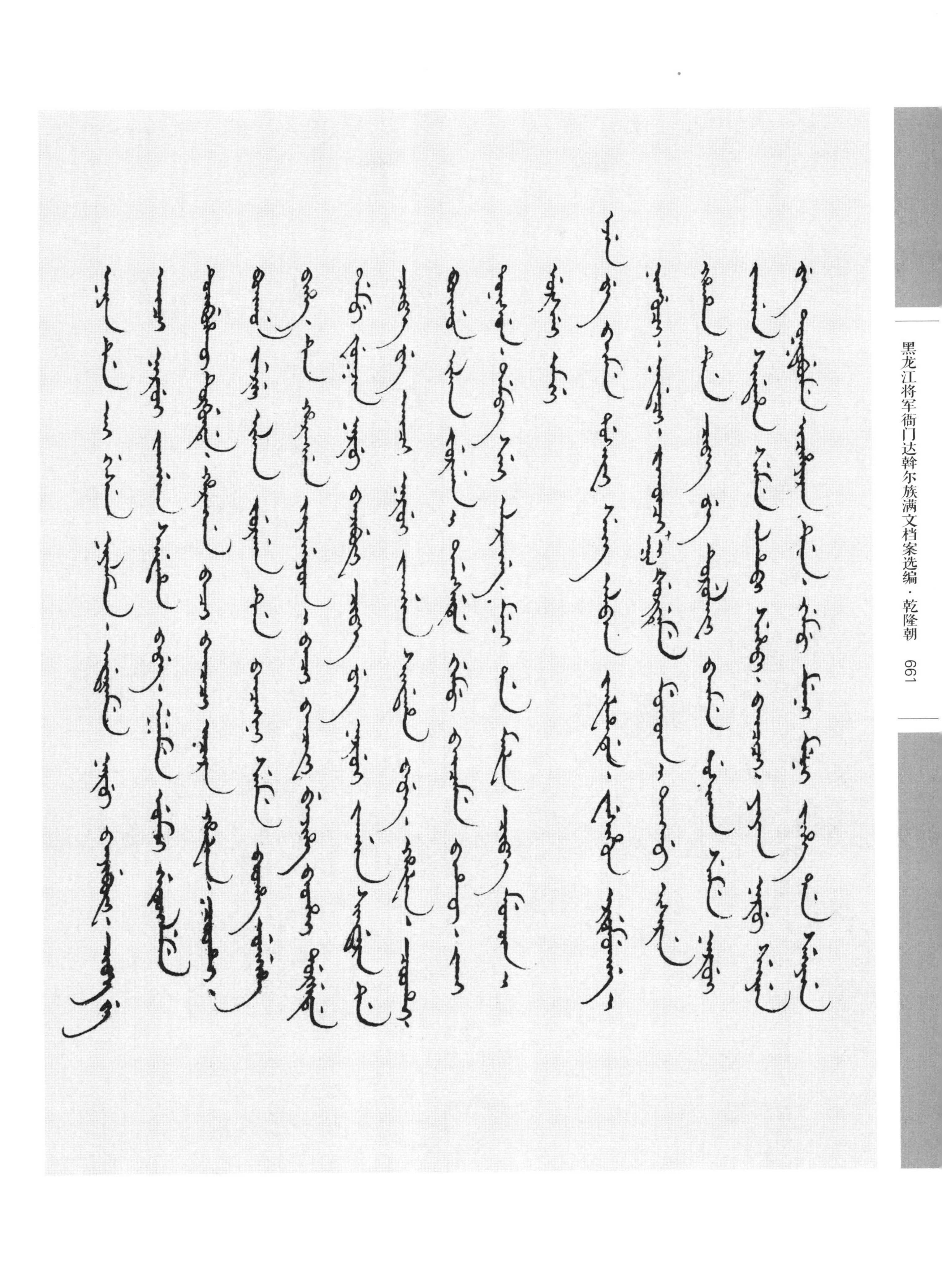

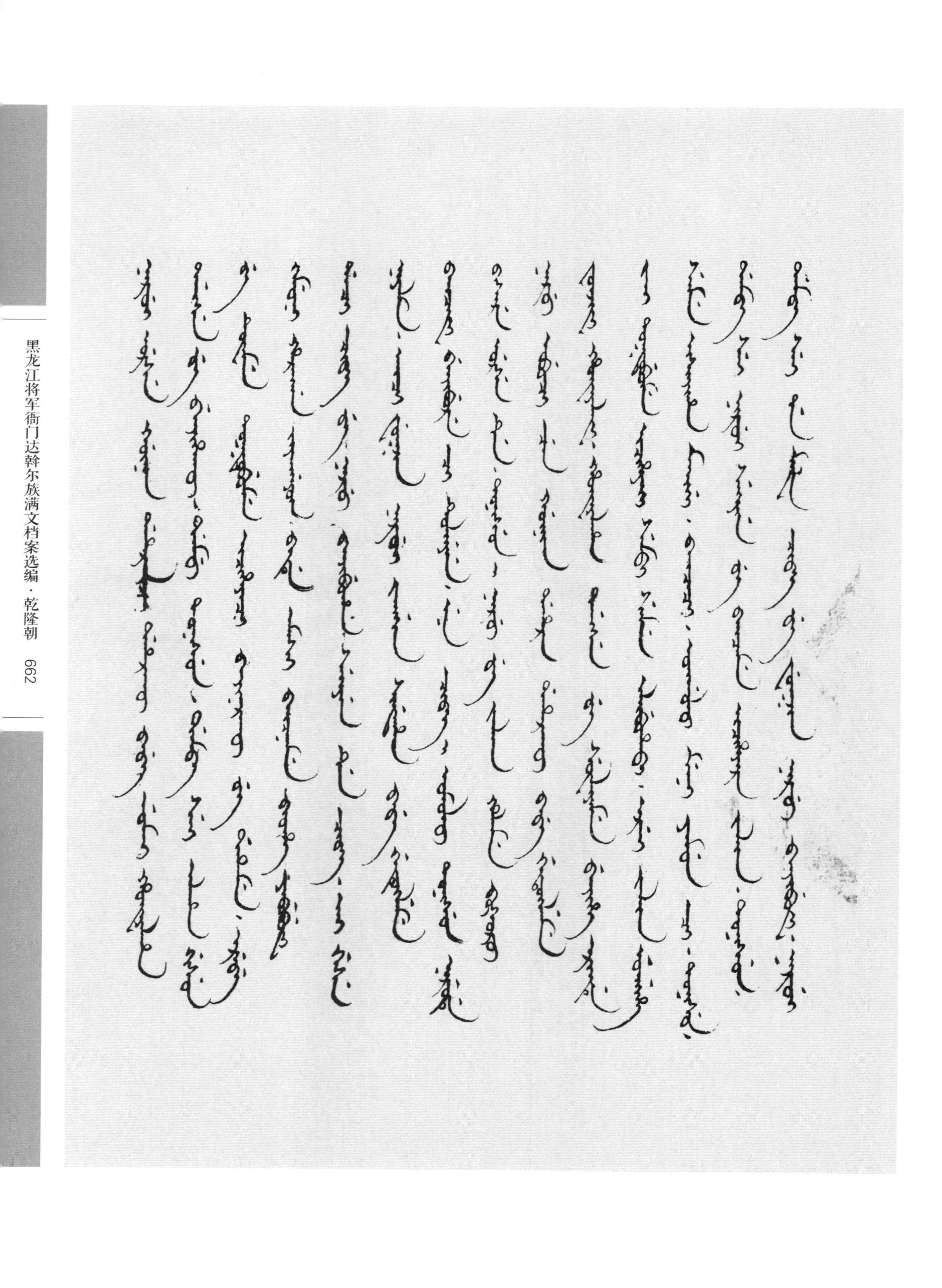

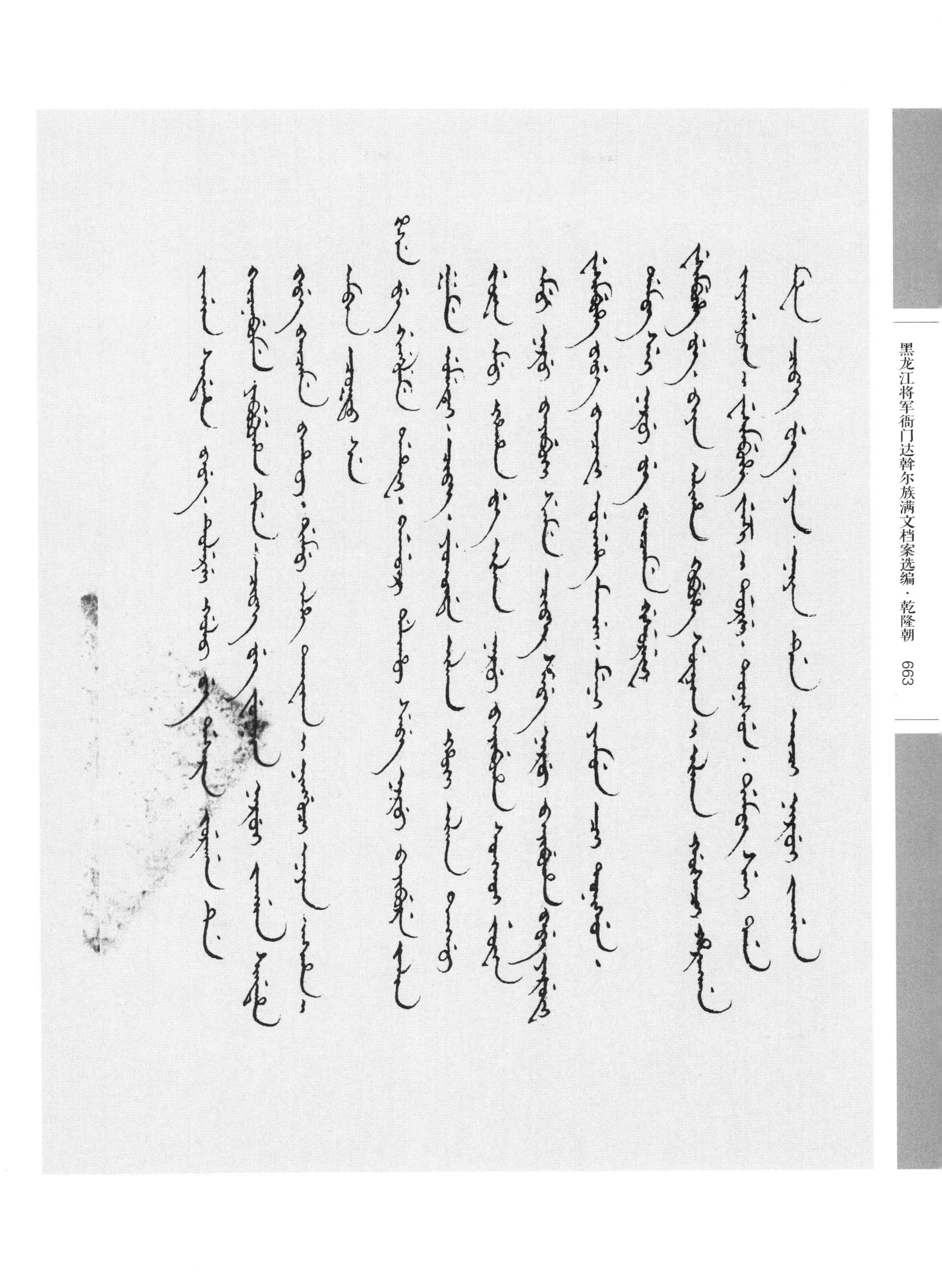

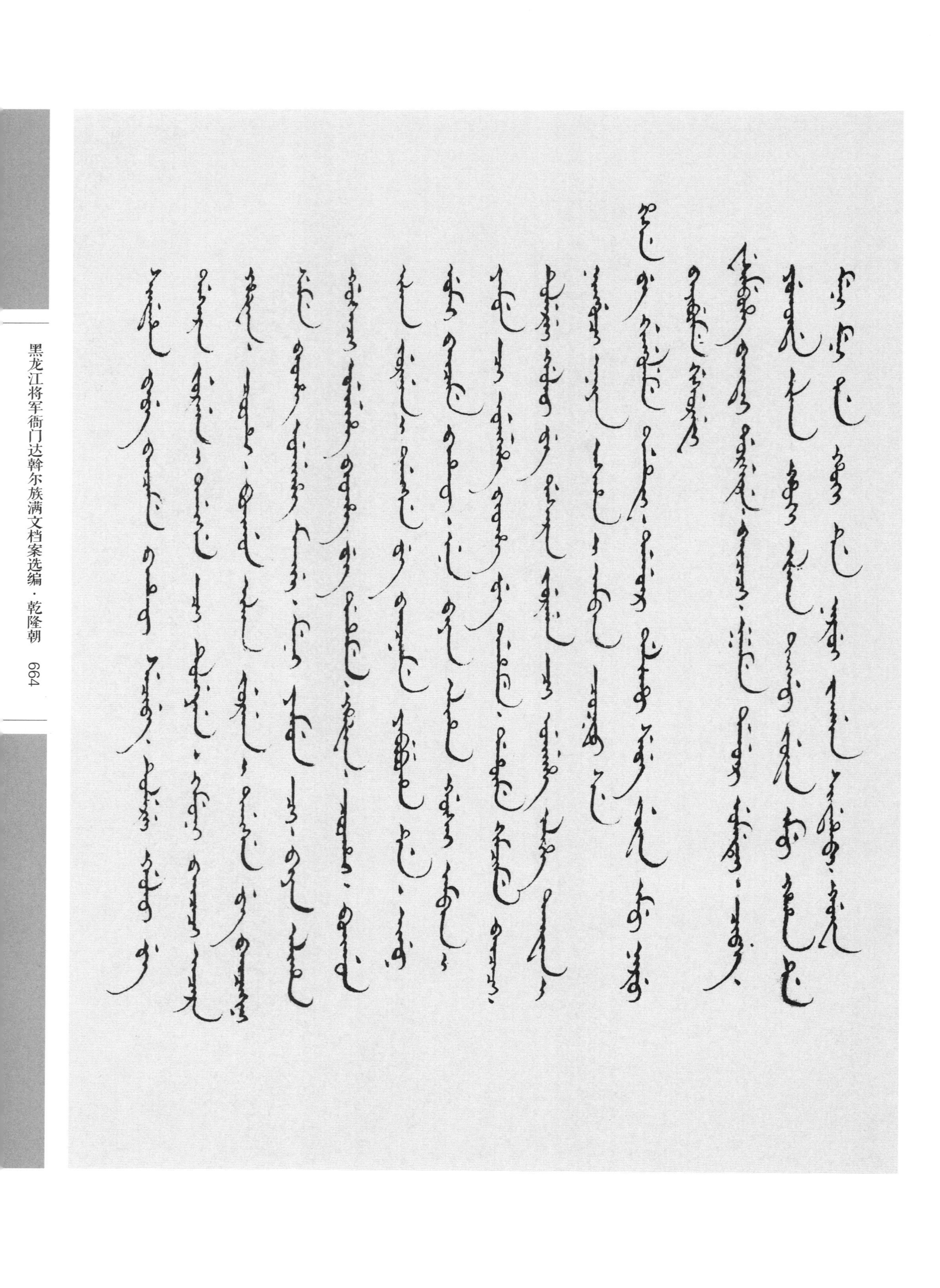

[illegible]

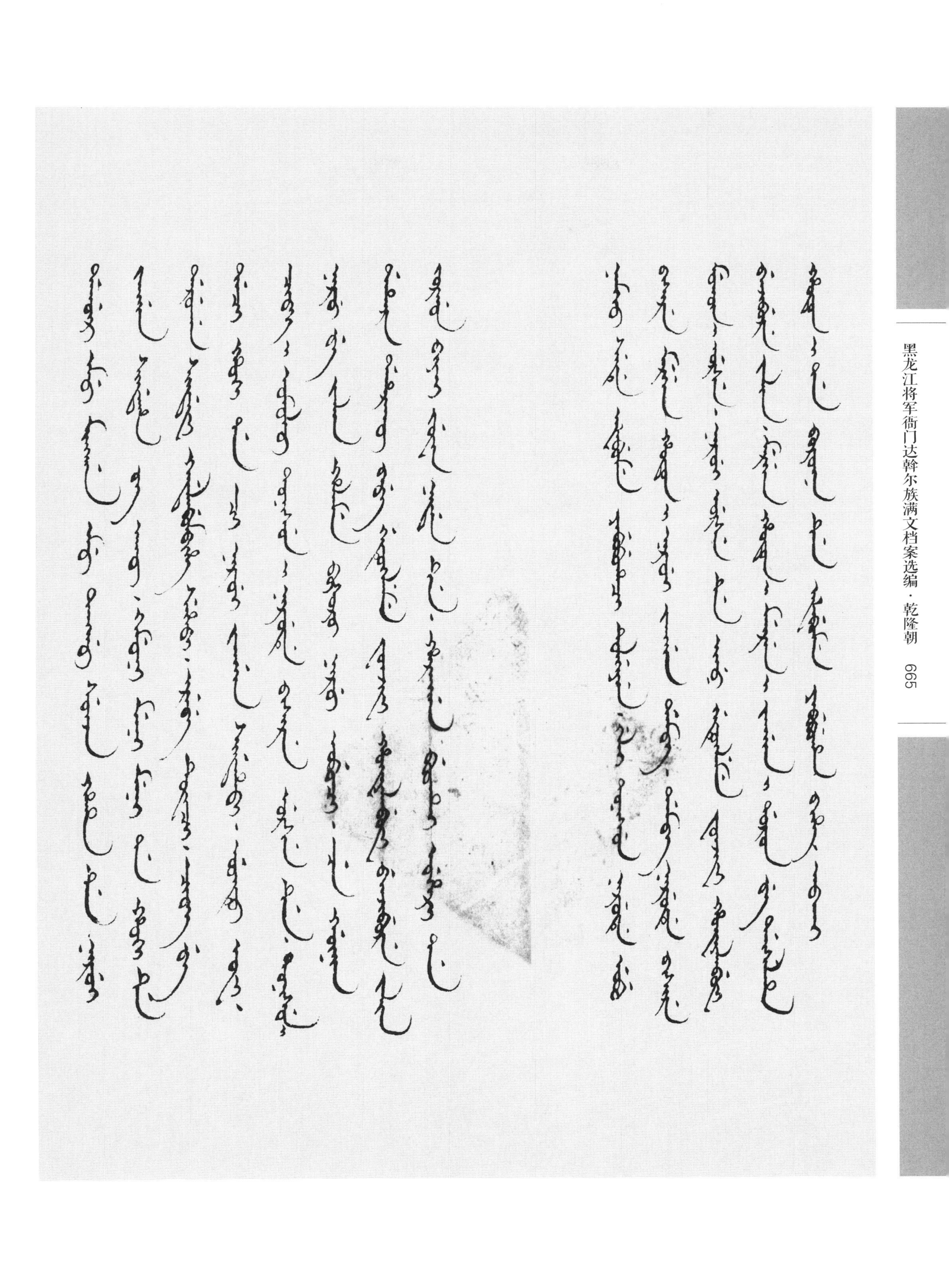

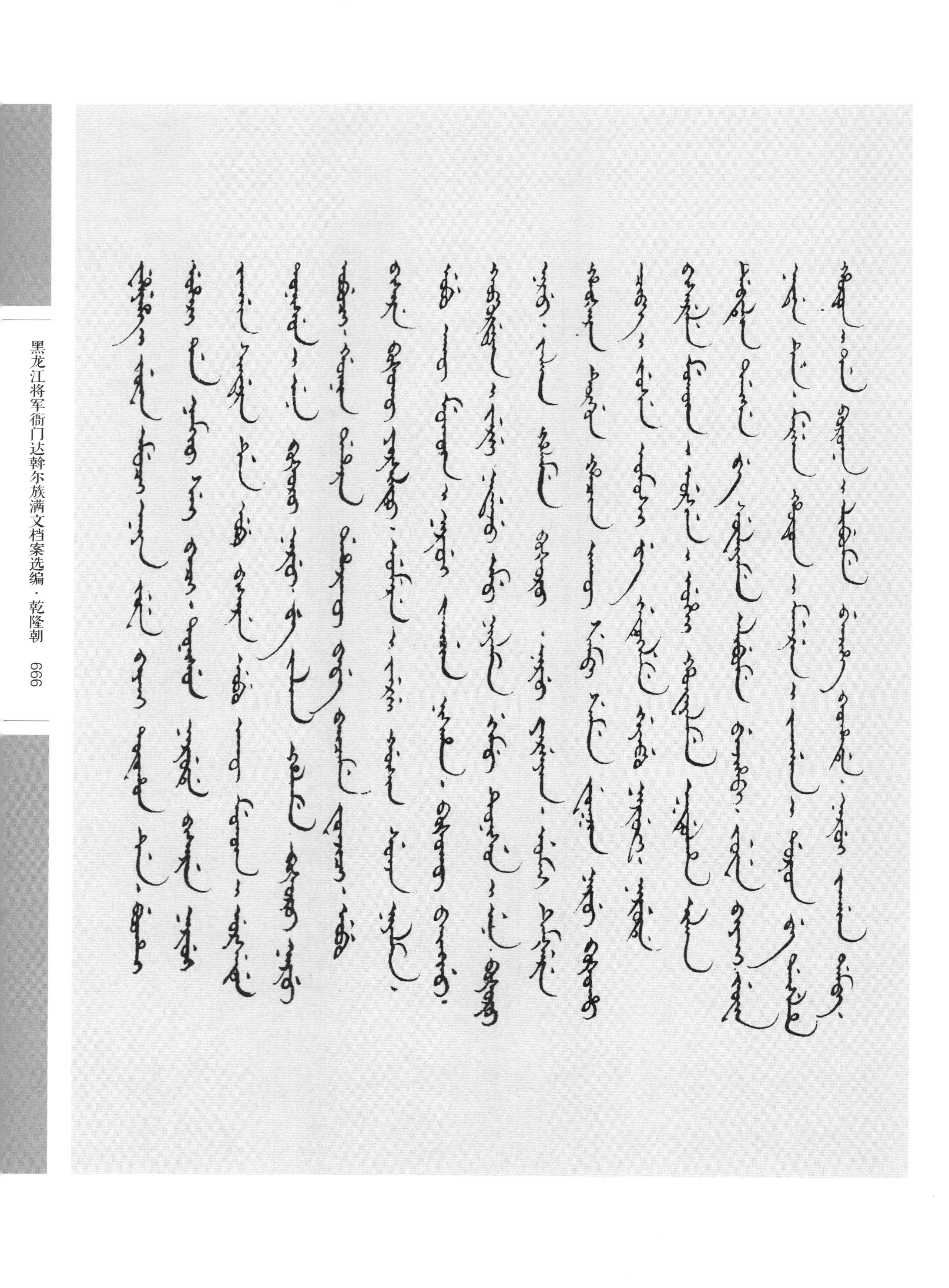

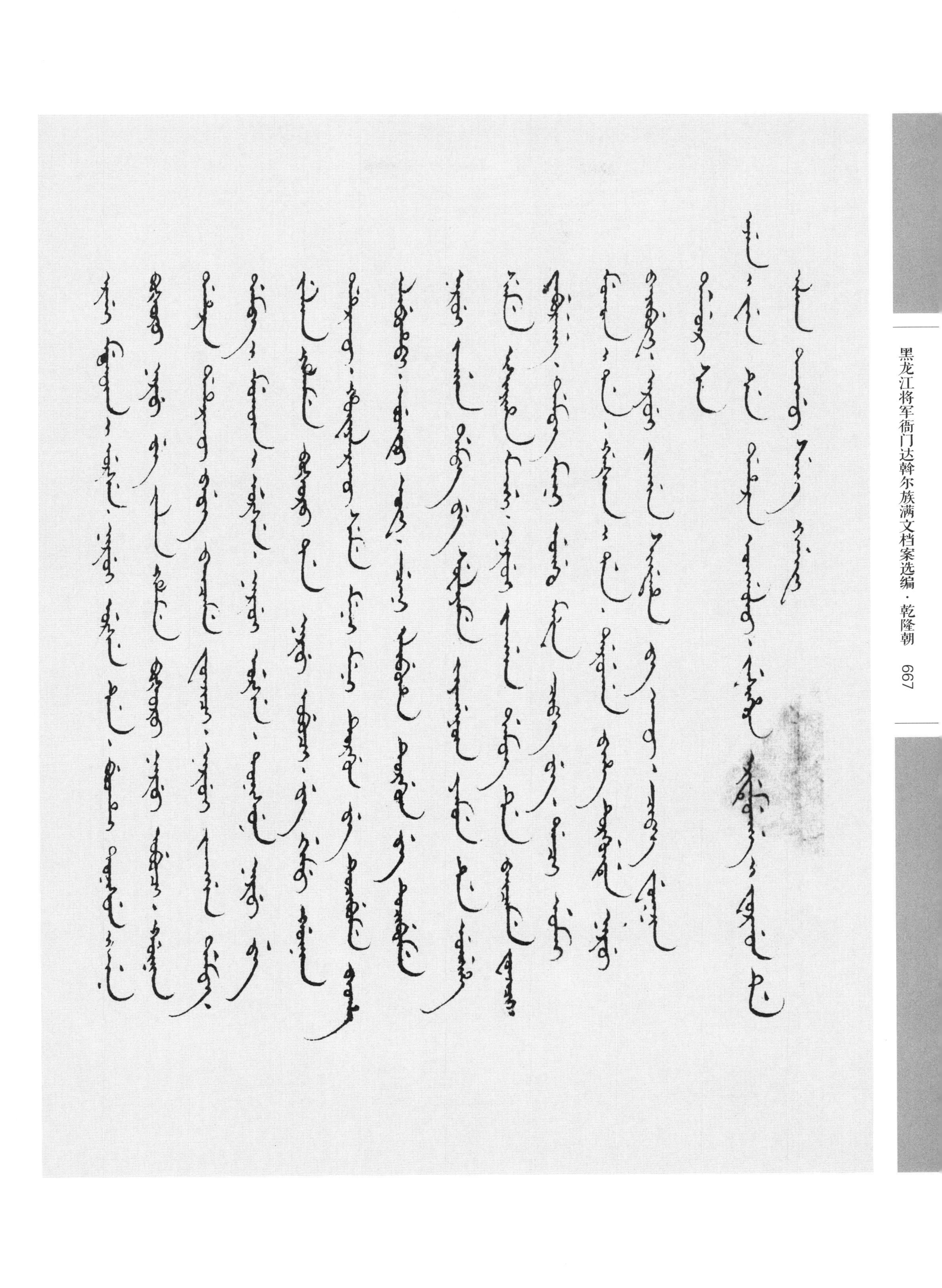

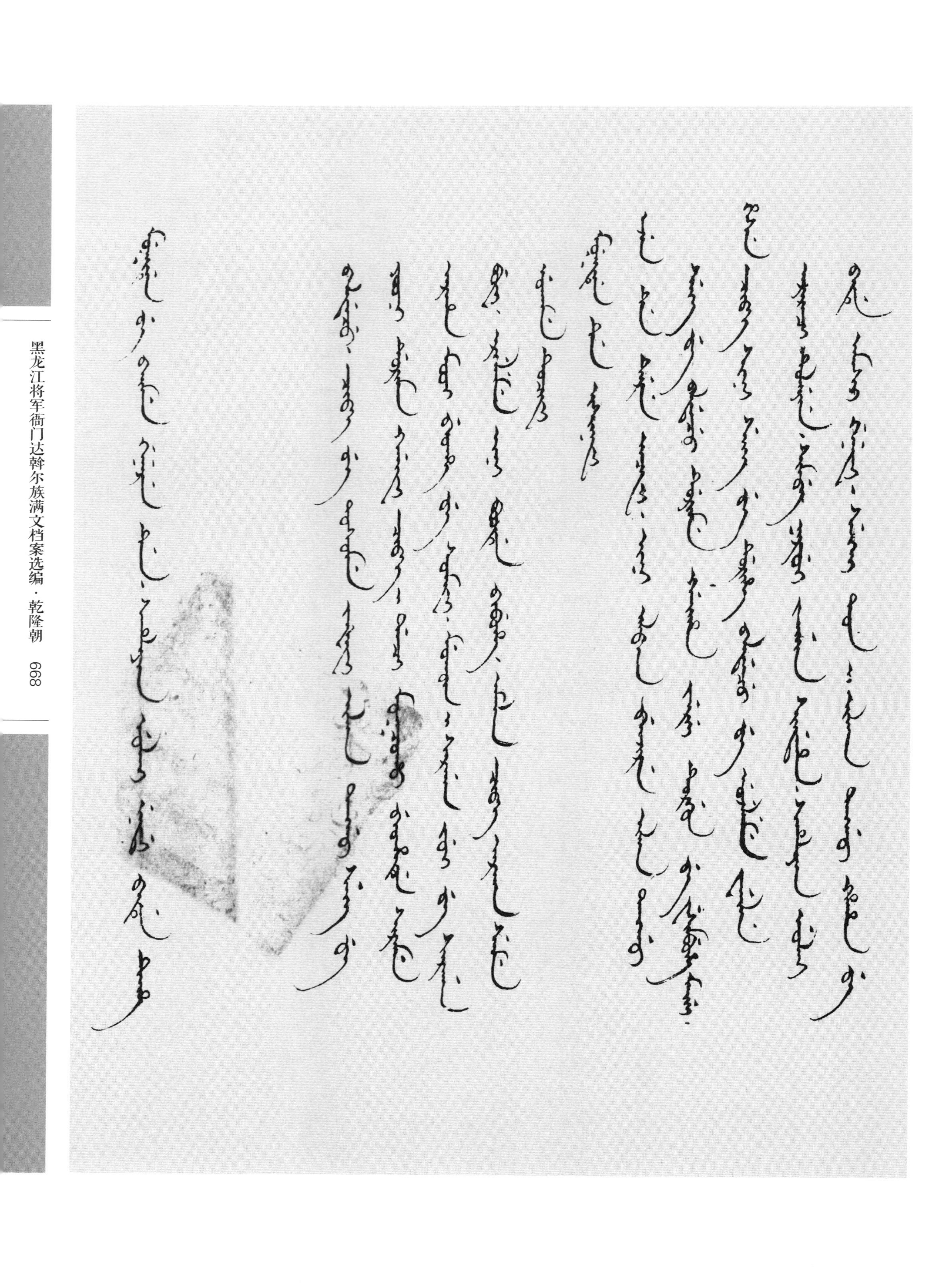

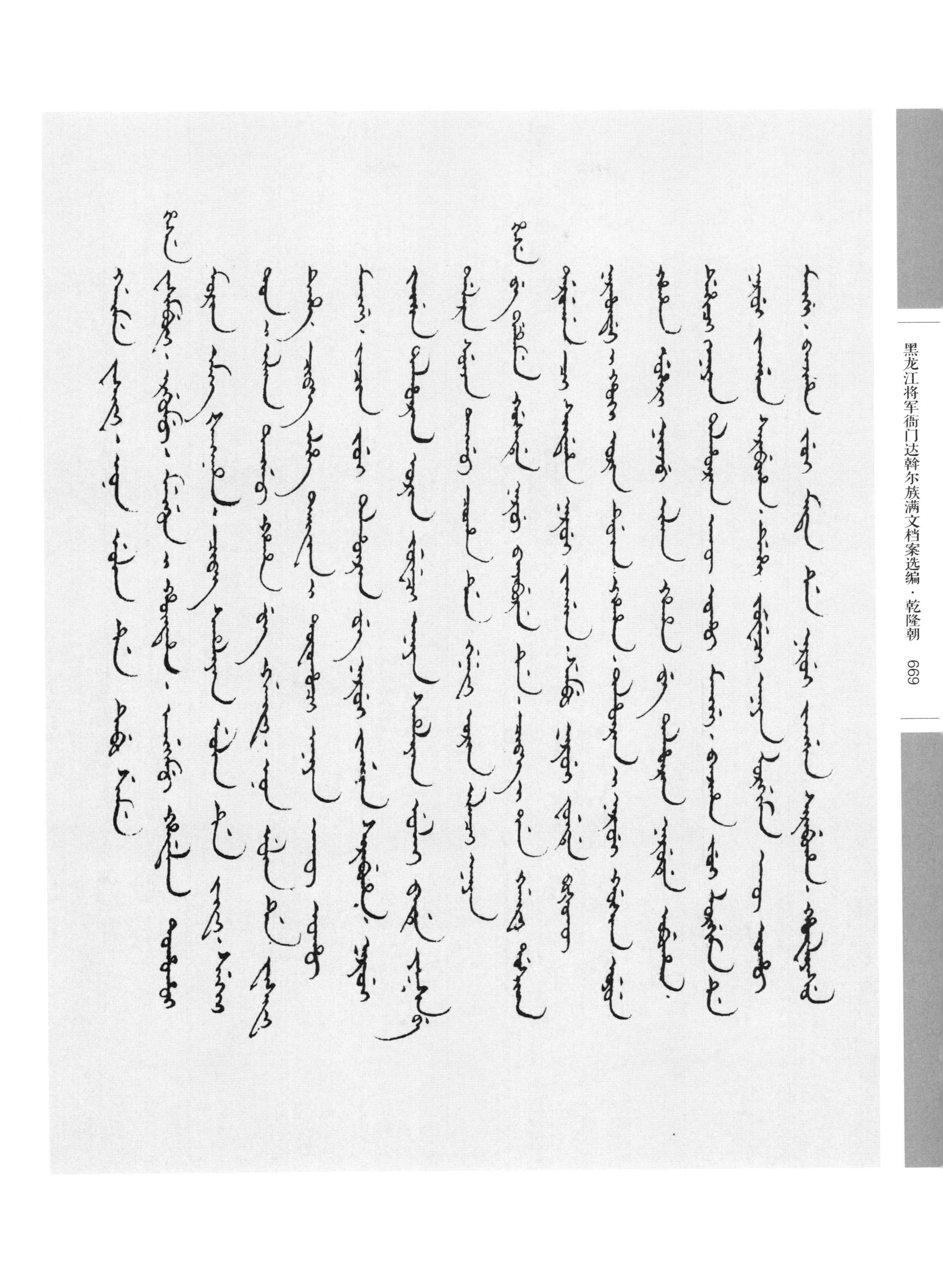

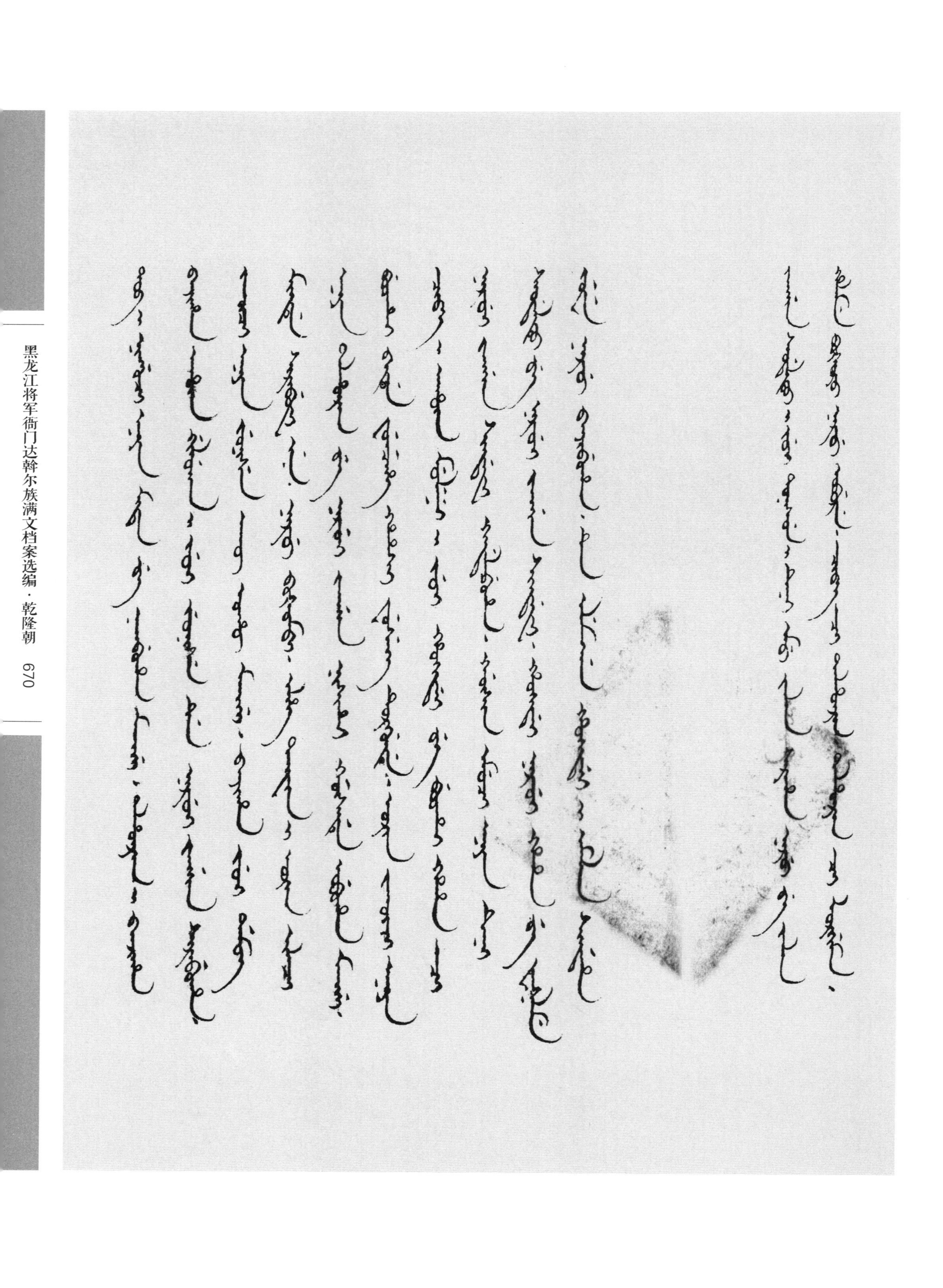

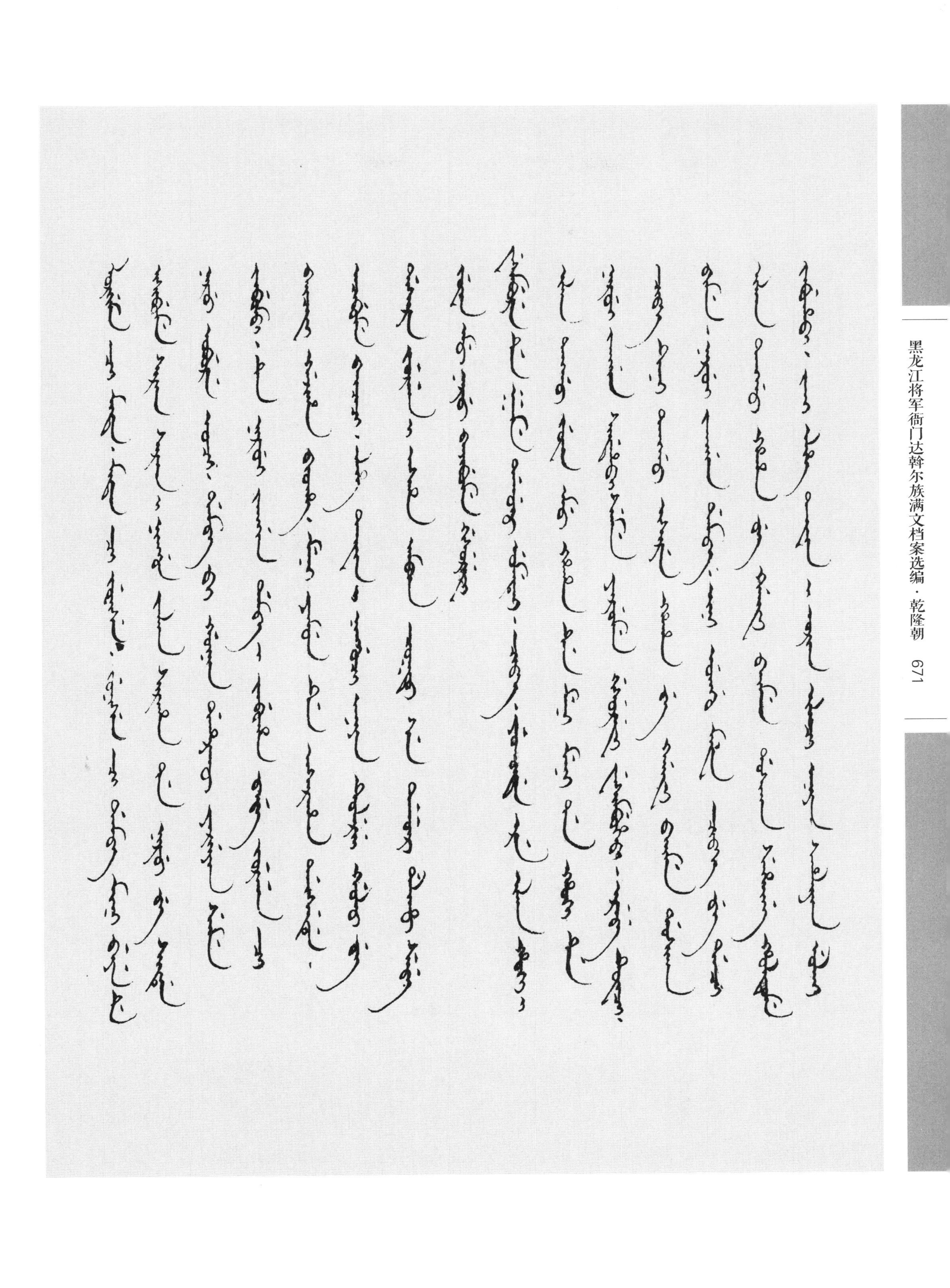

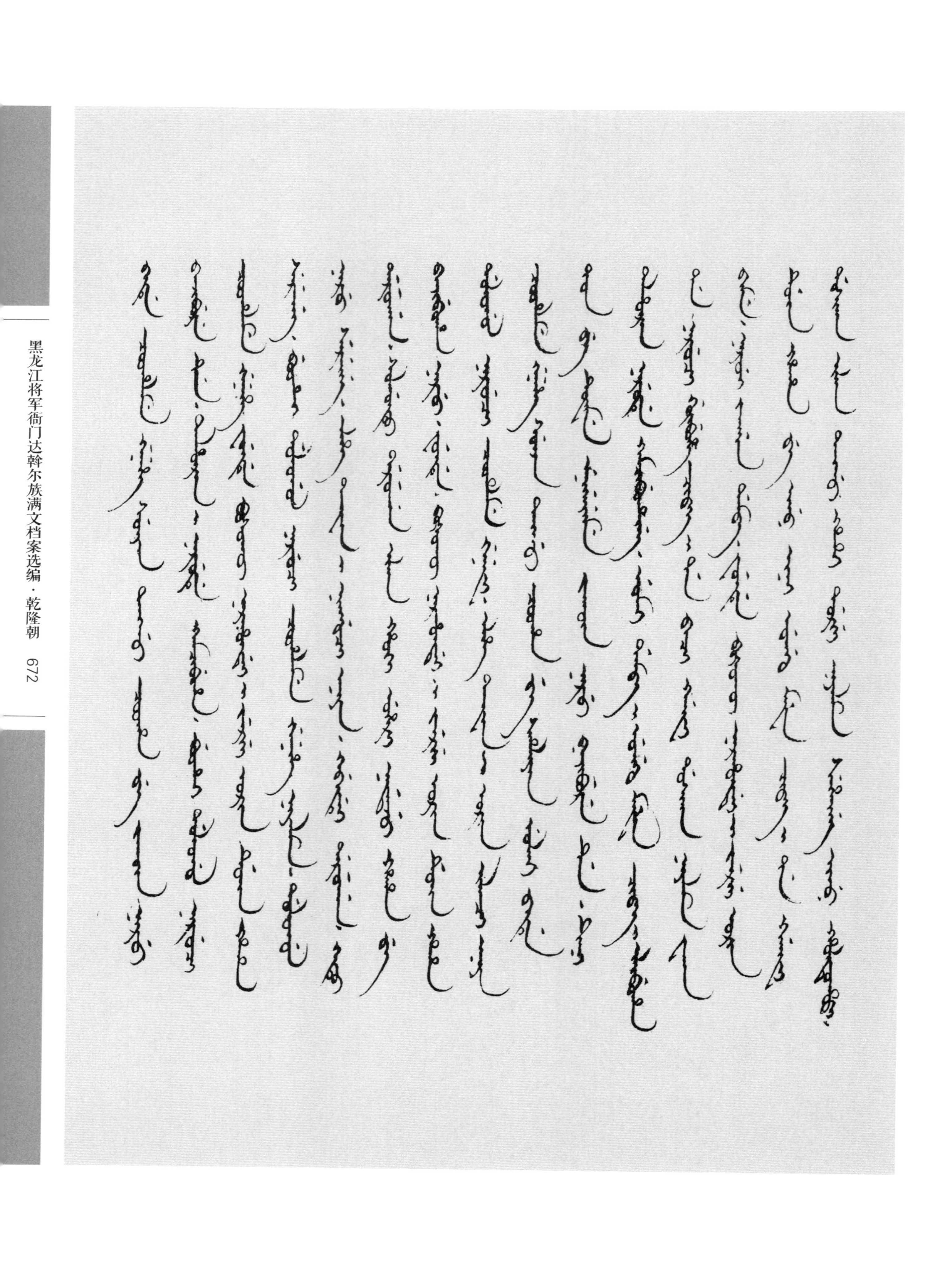

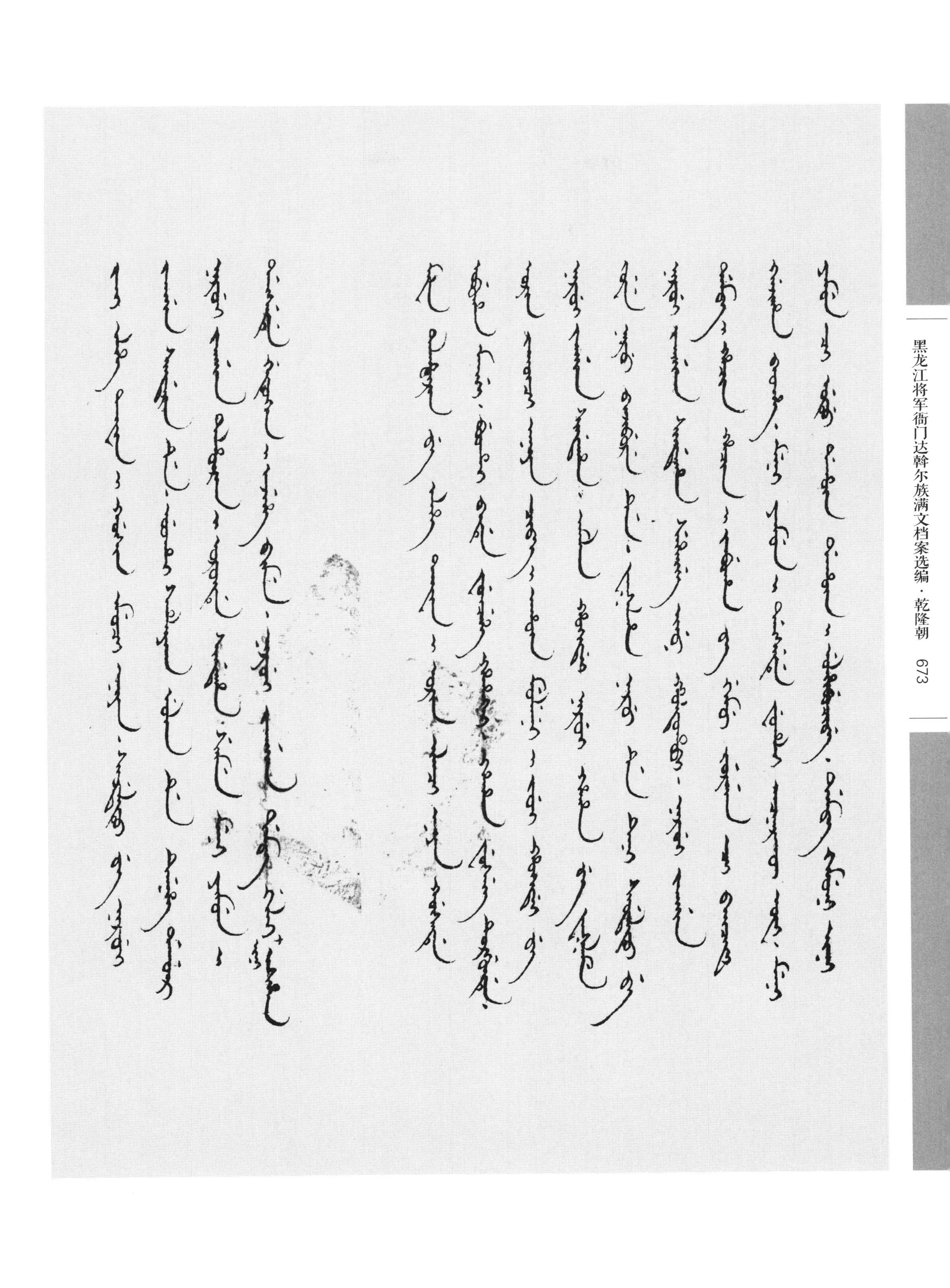

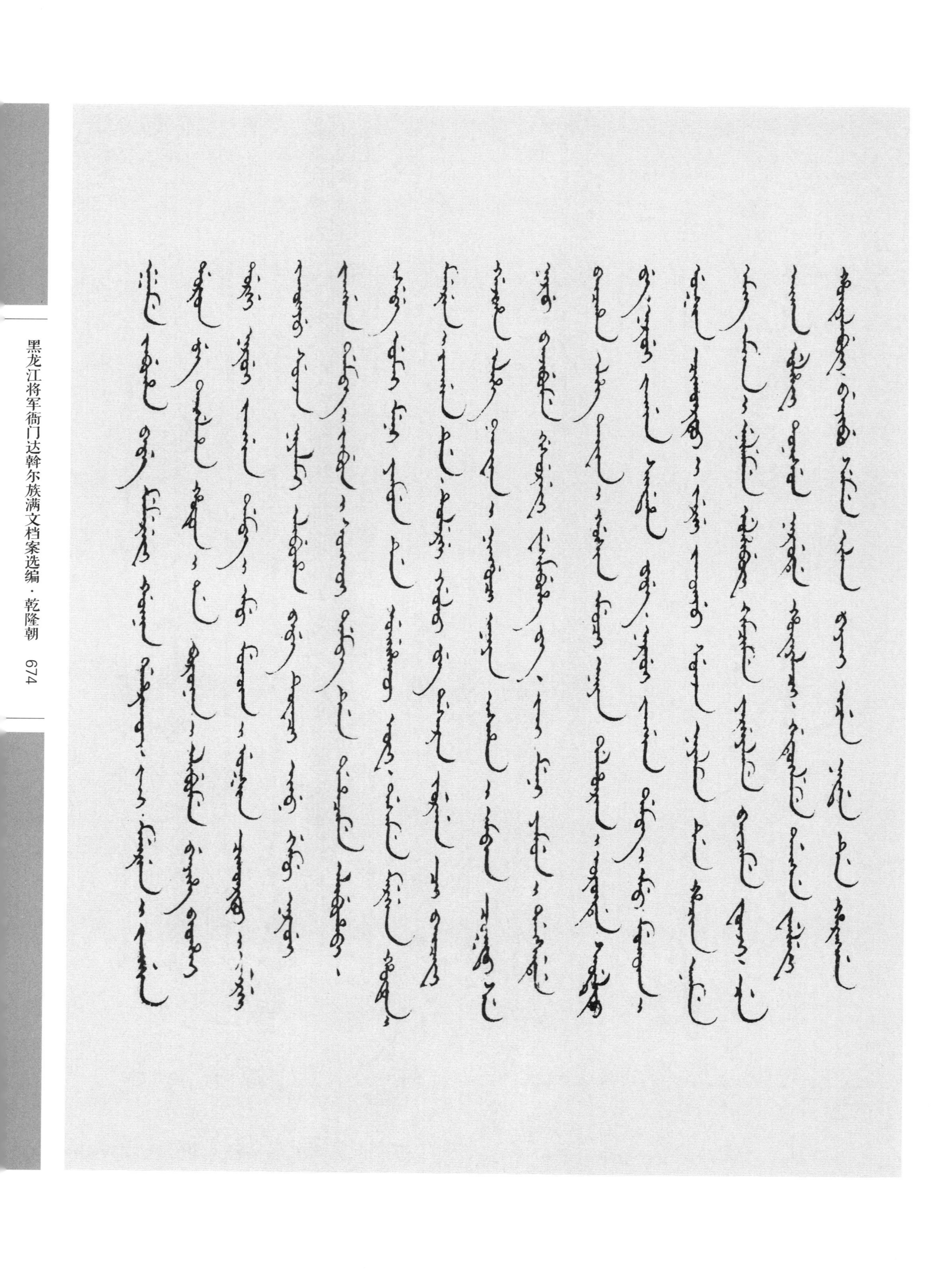

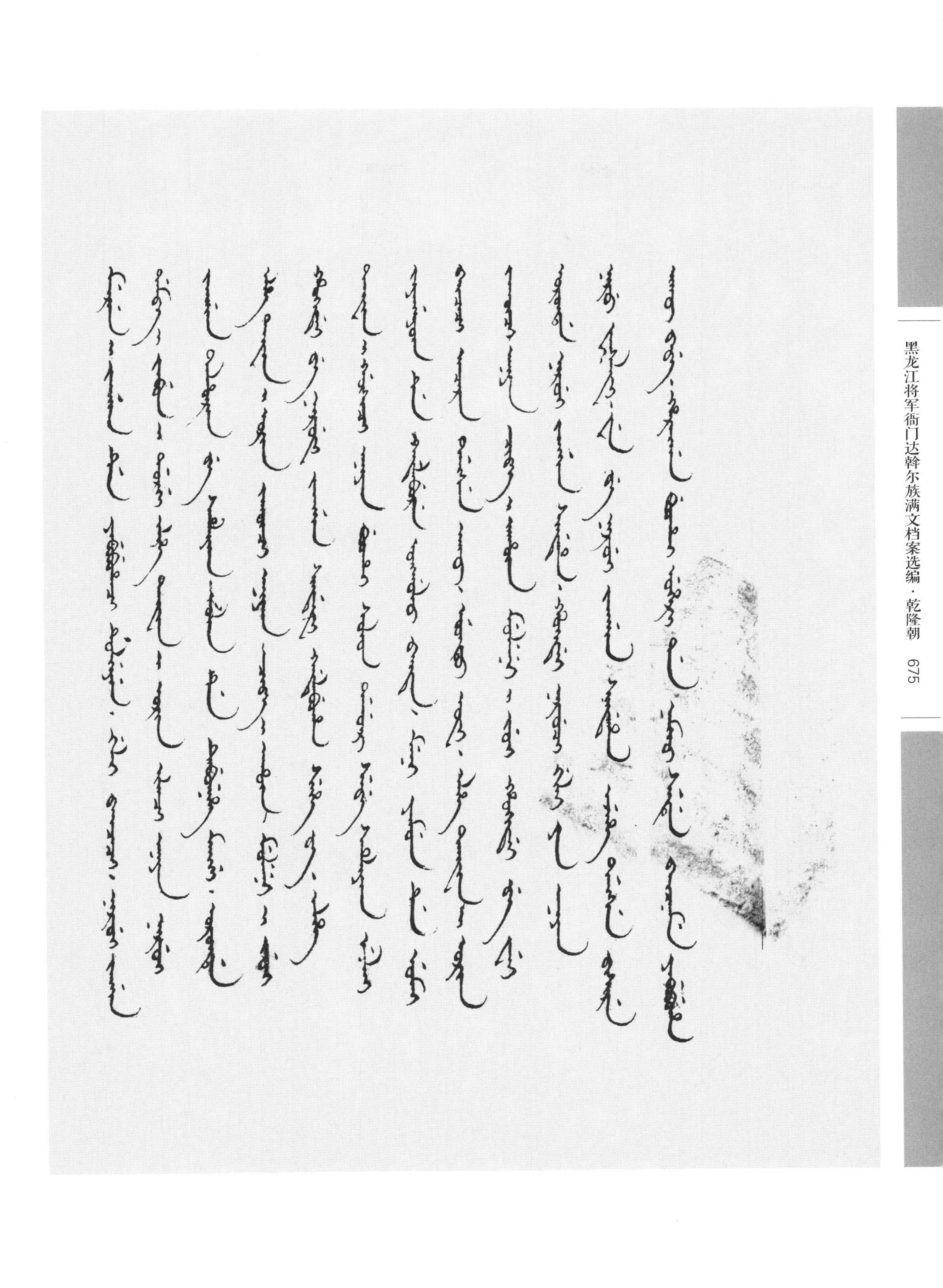

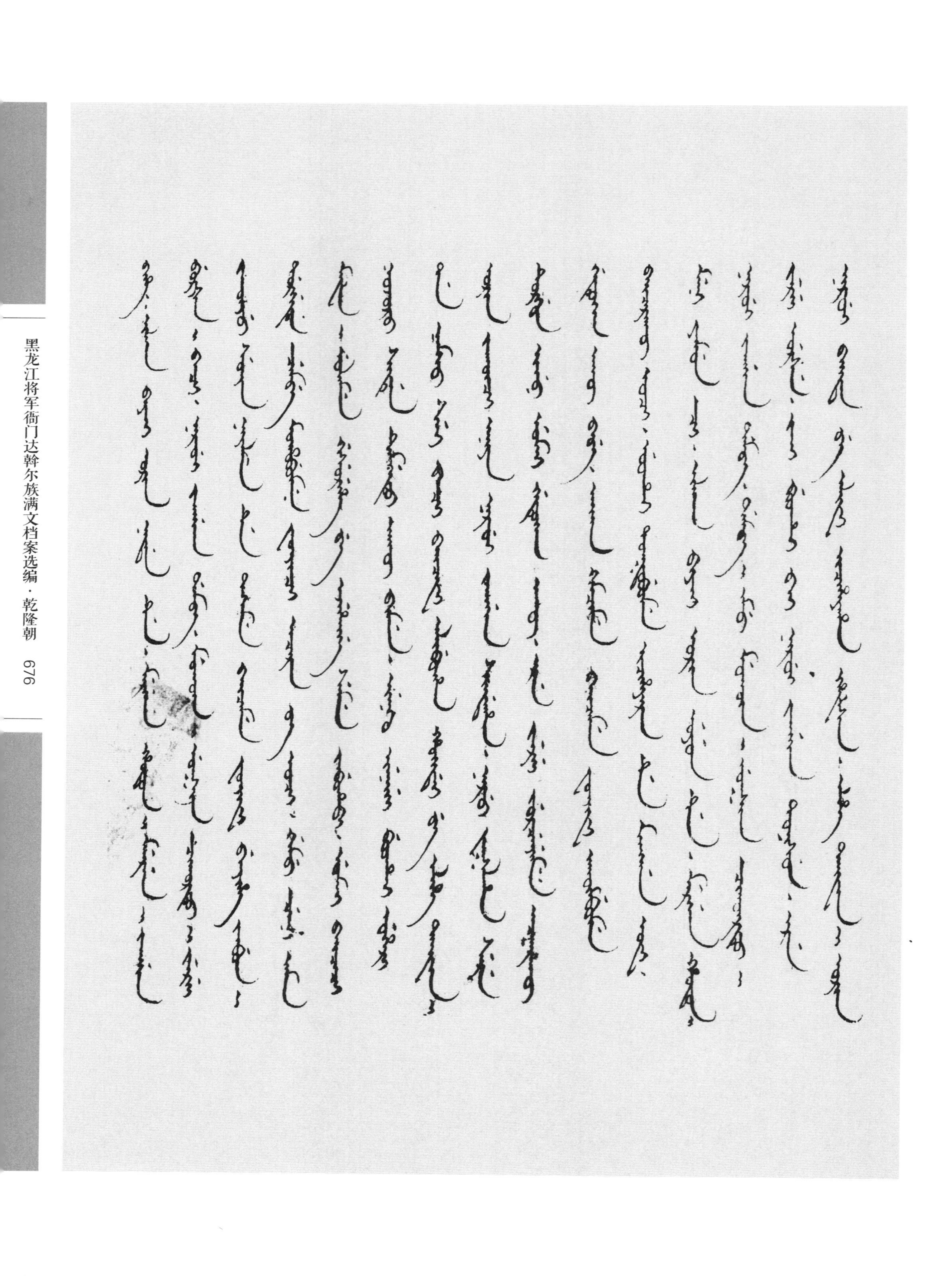

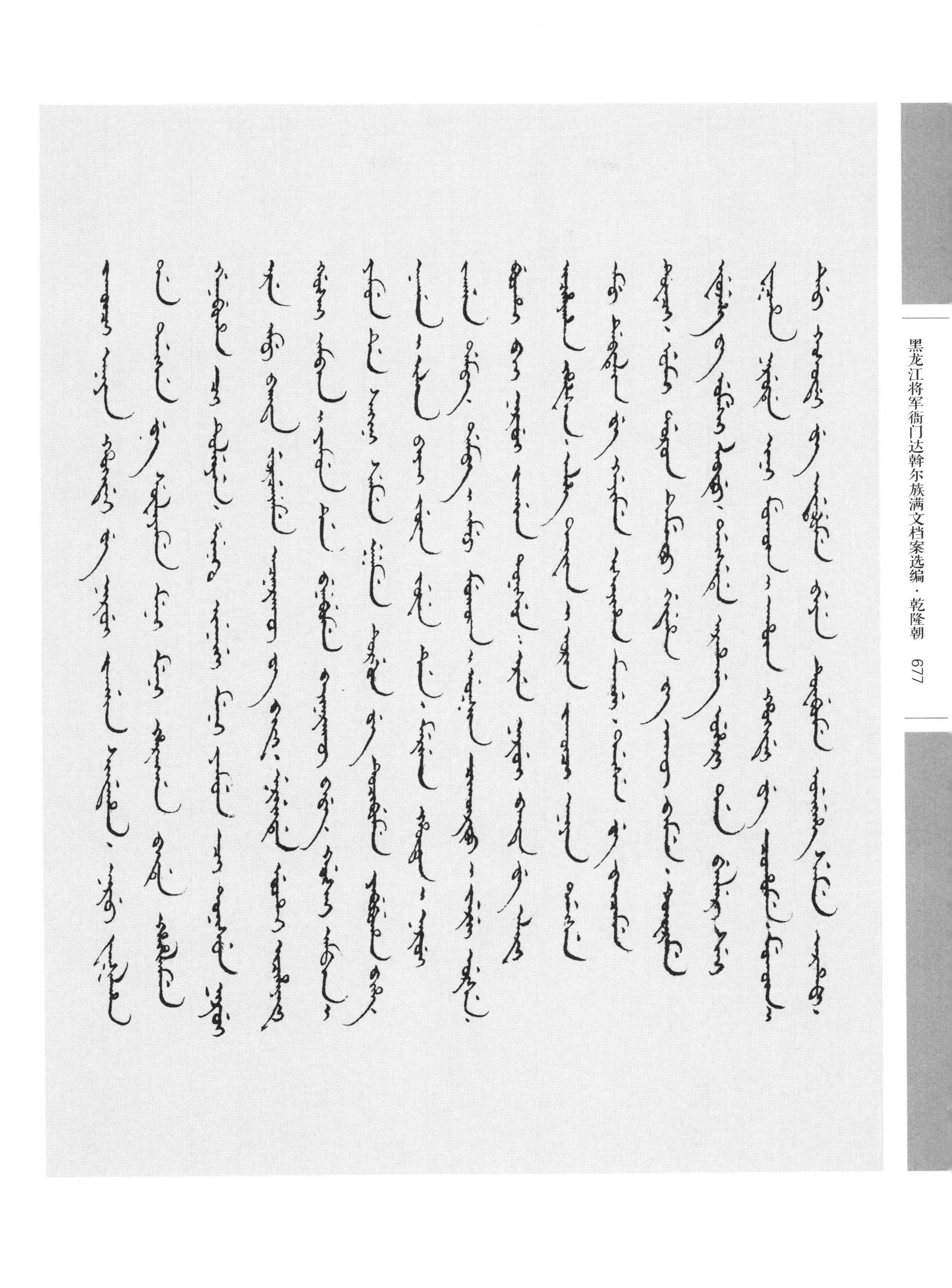

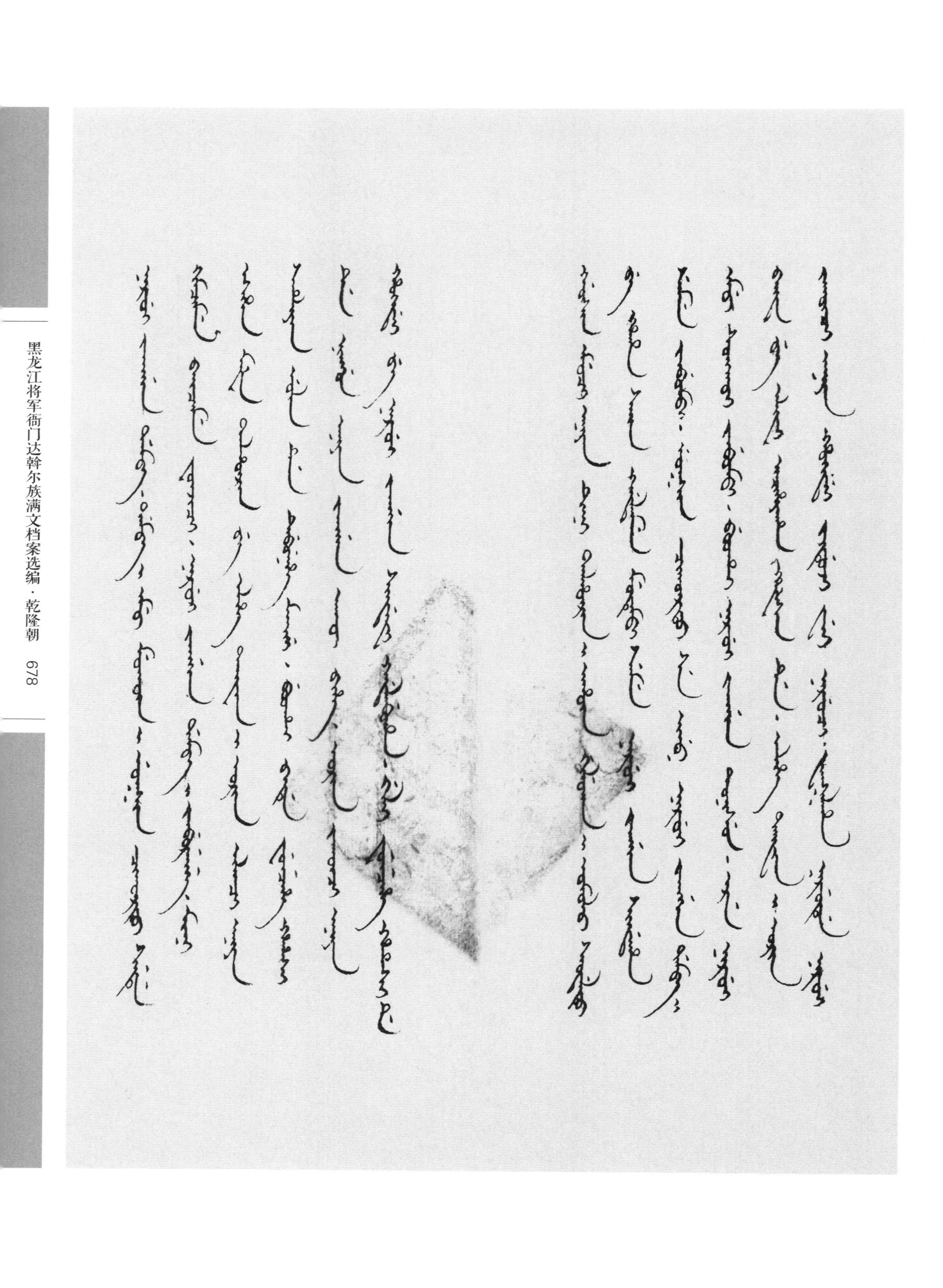

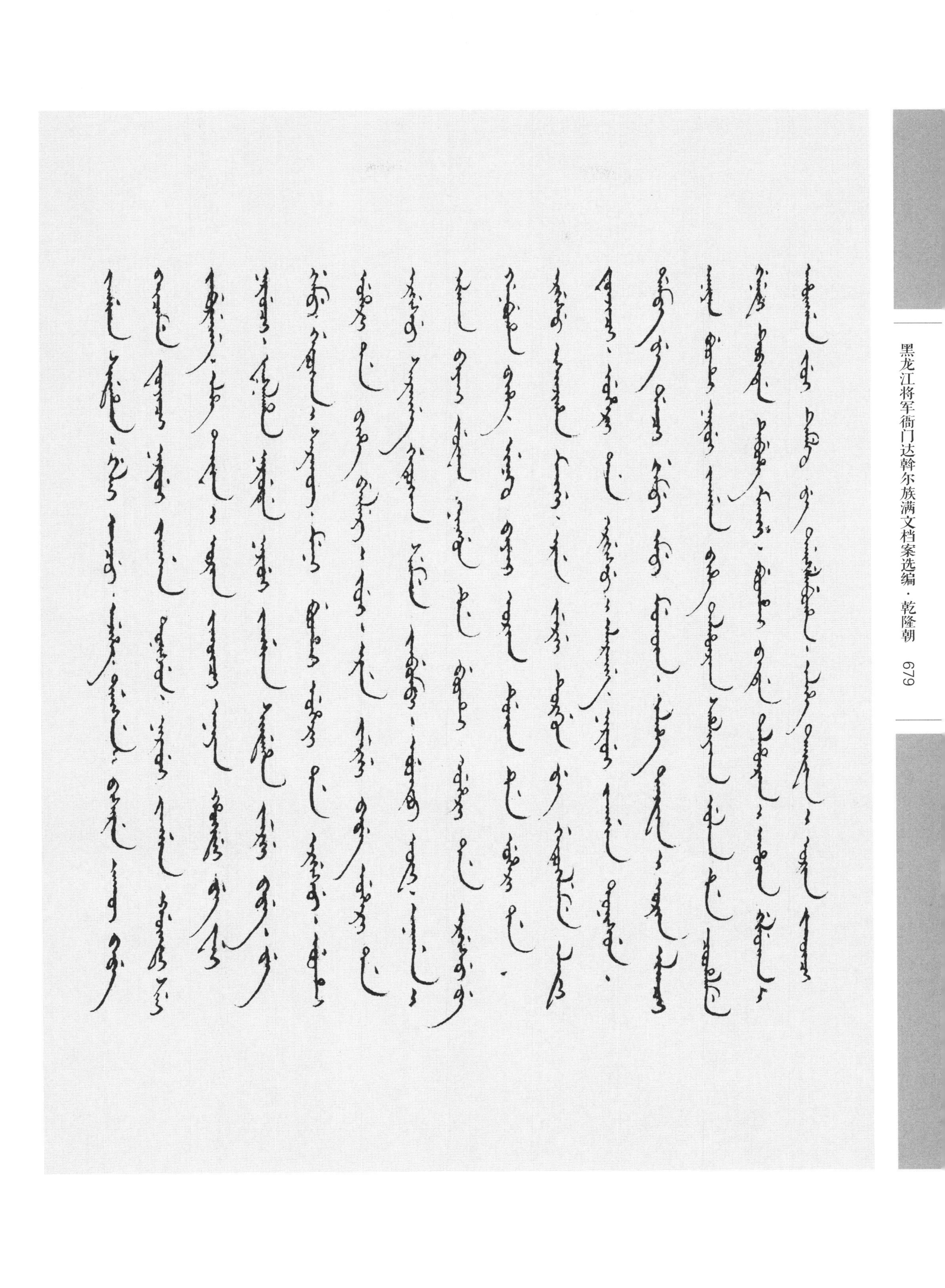

[illegible]

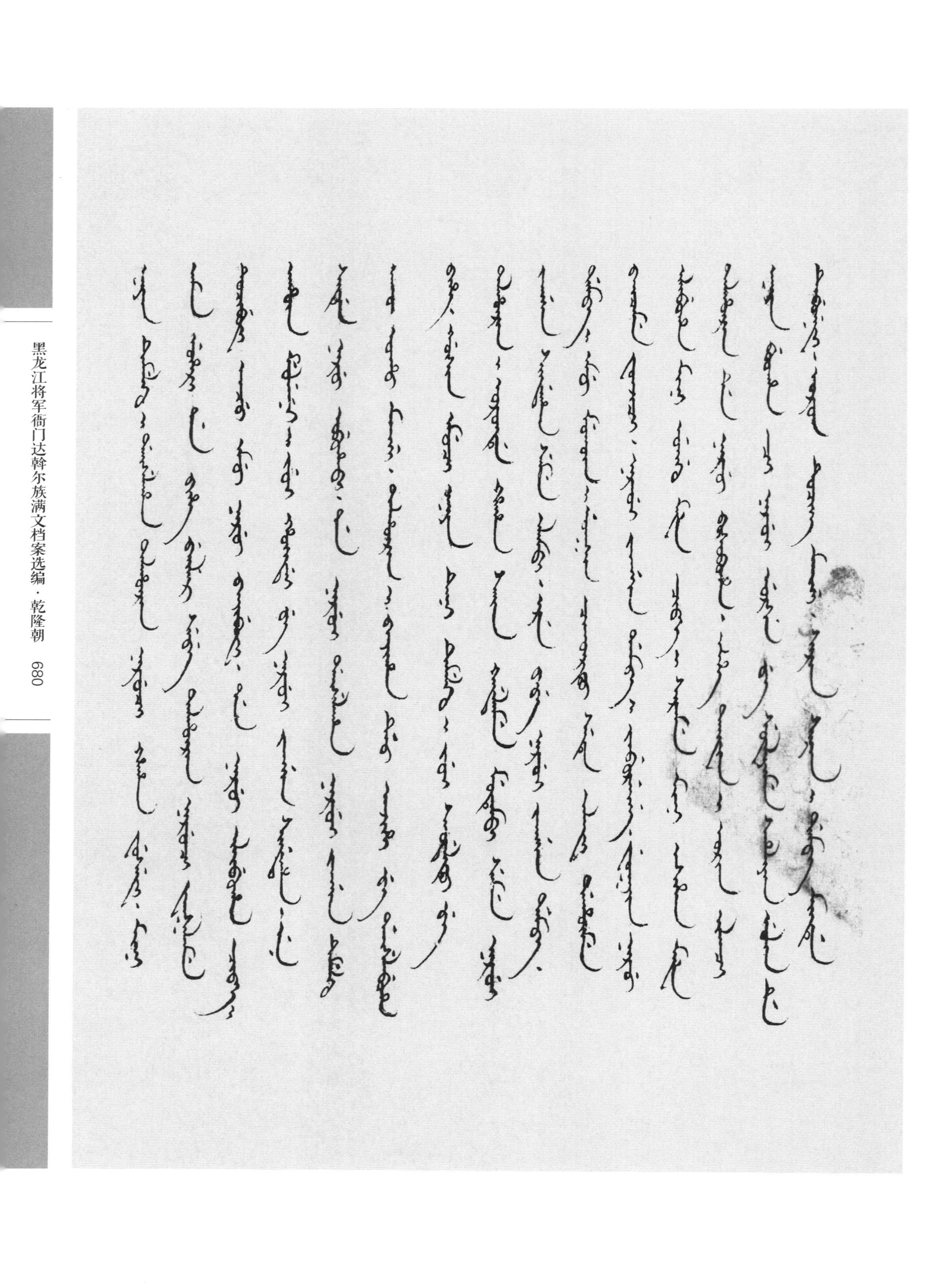

[illegible]

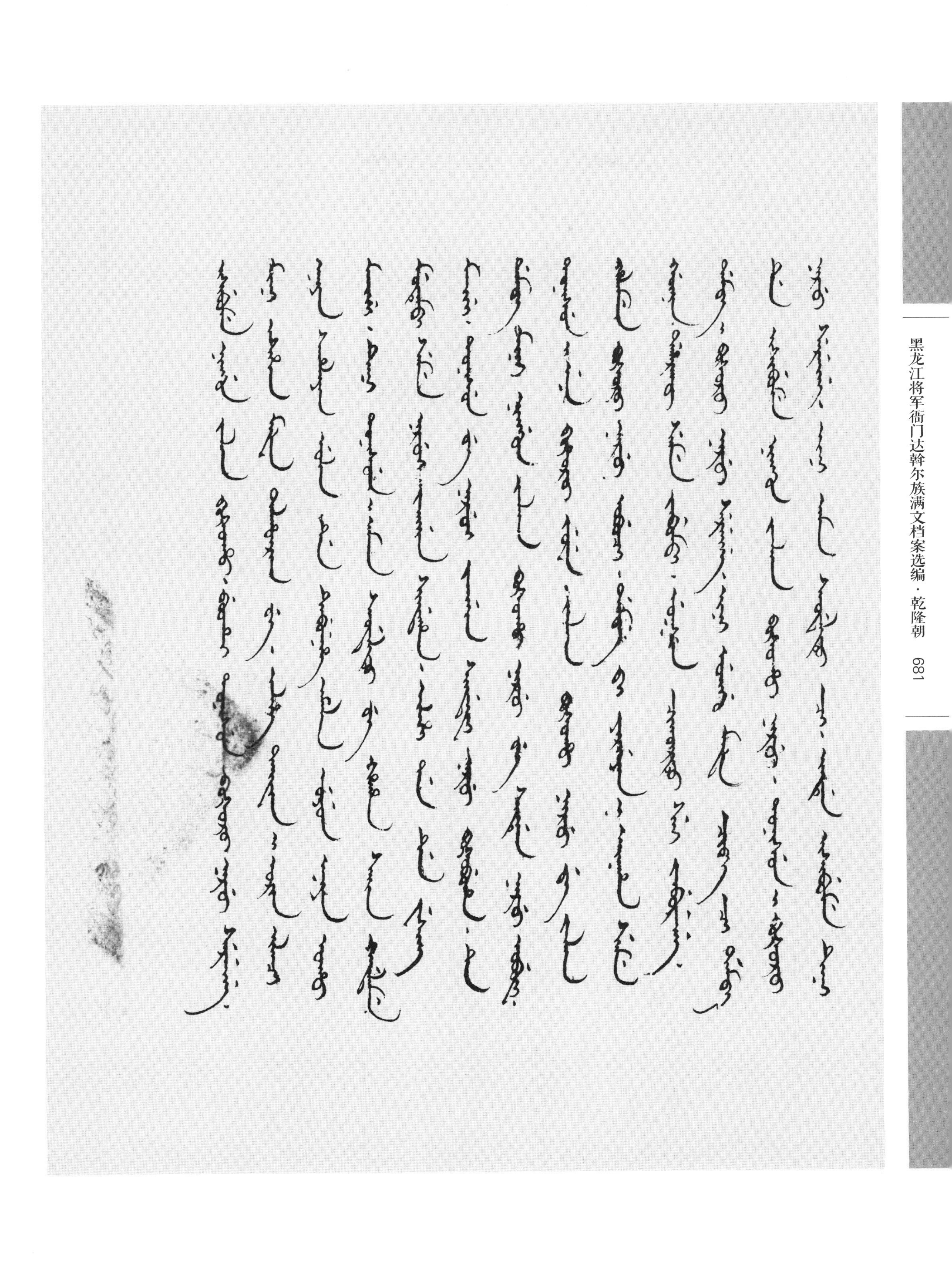

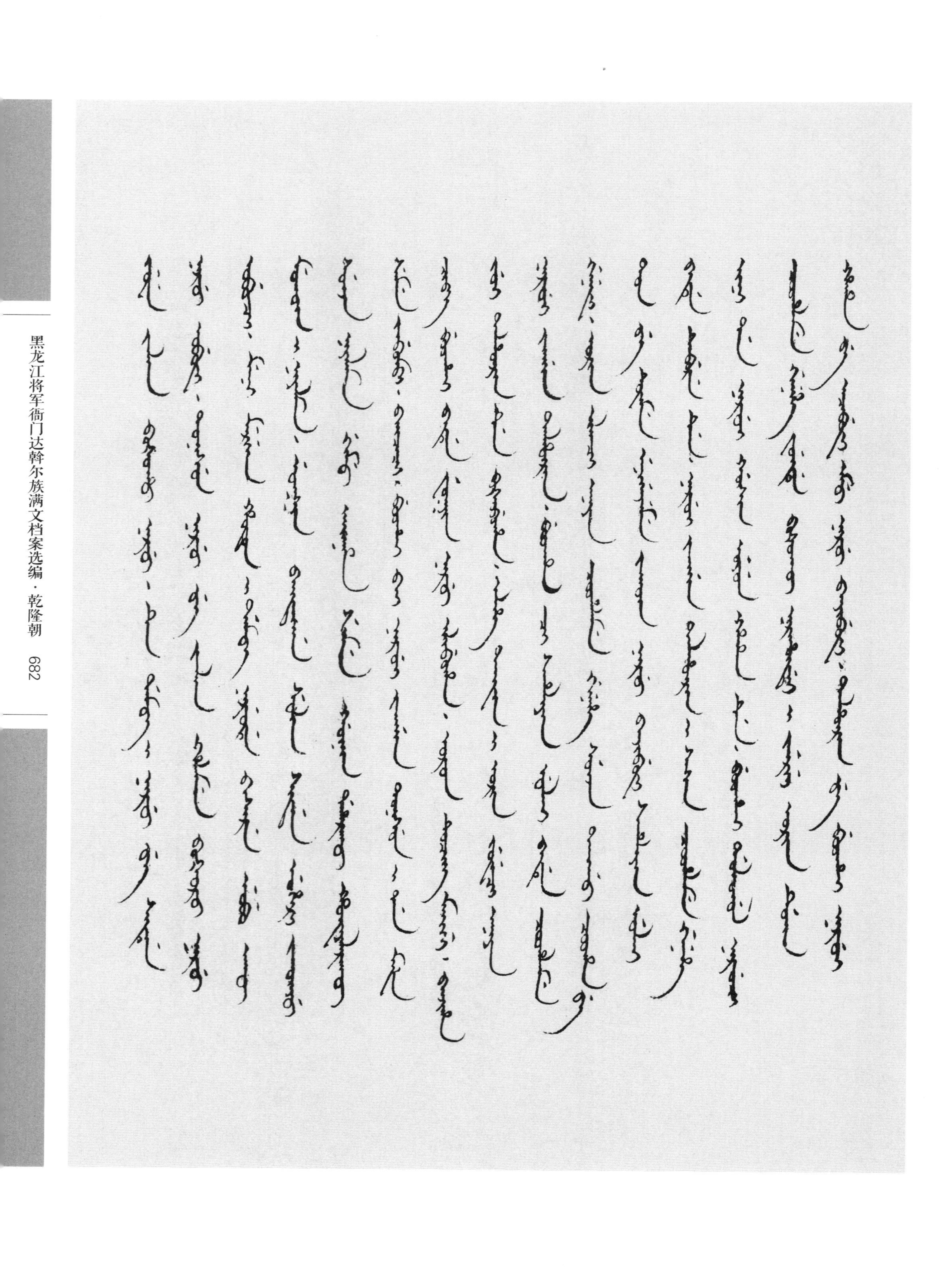

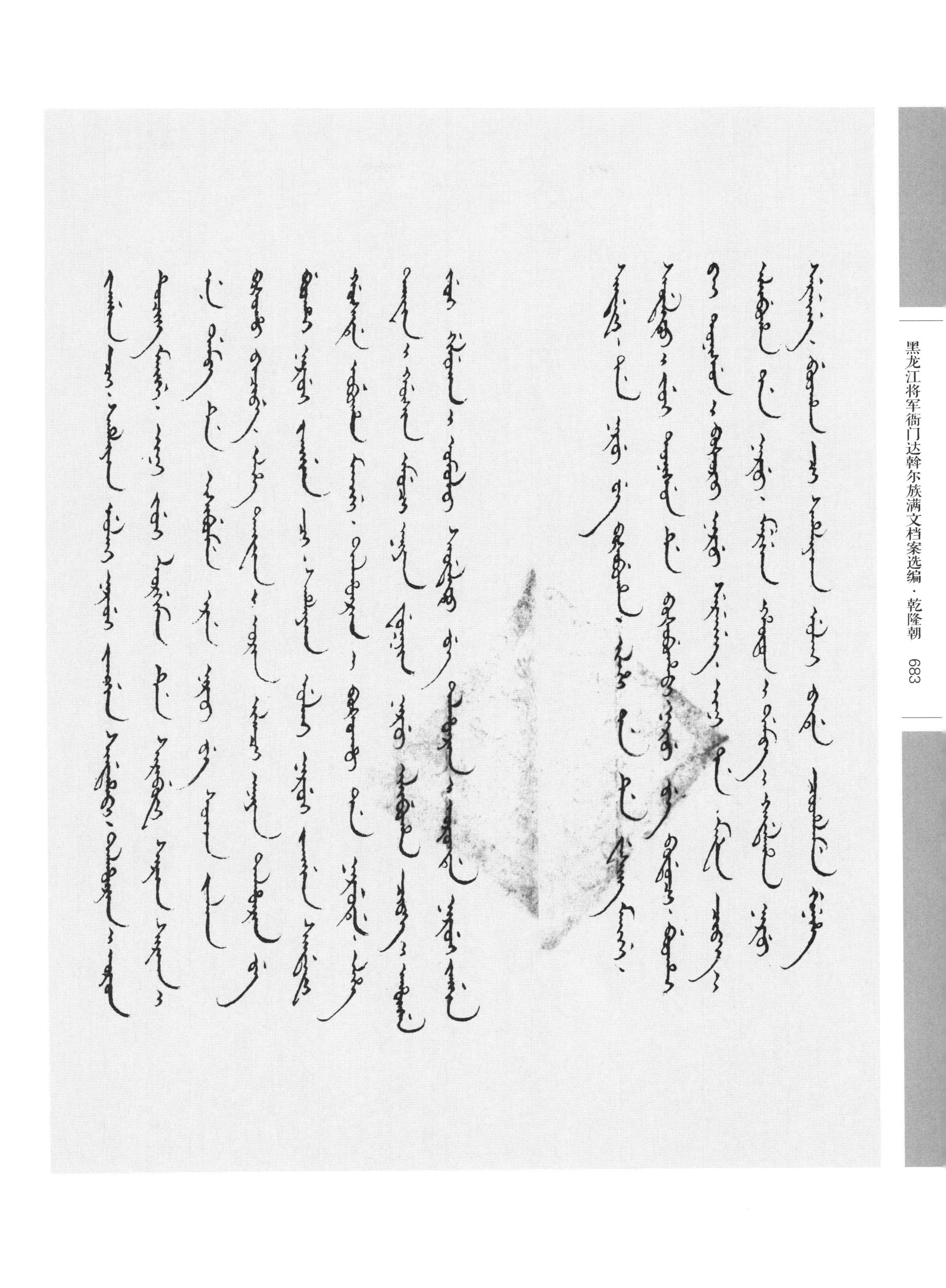

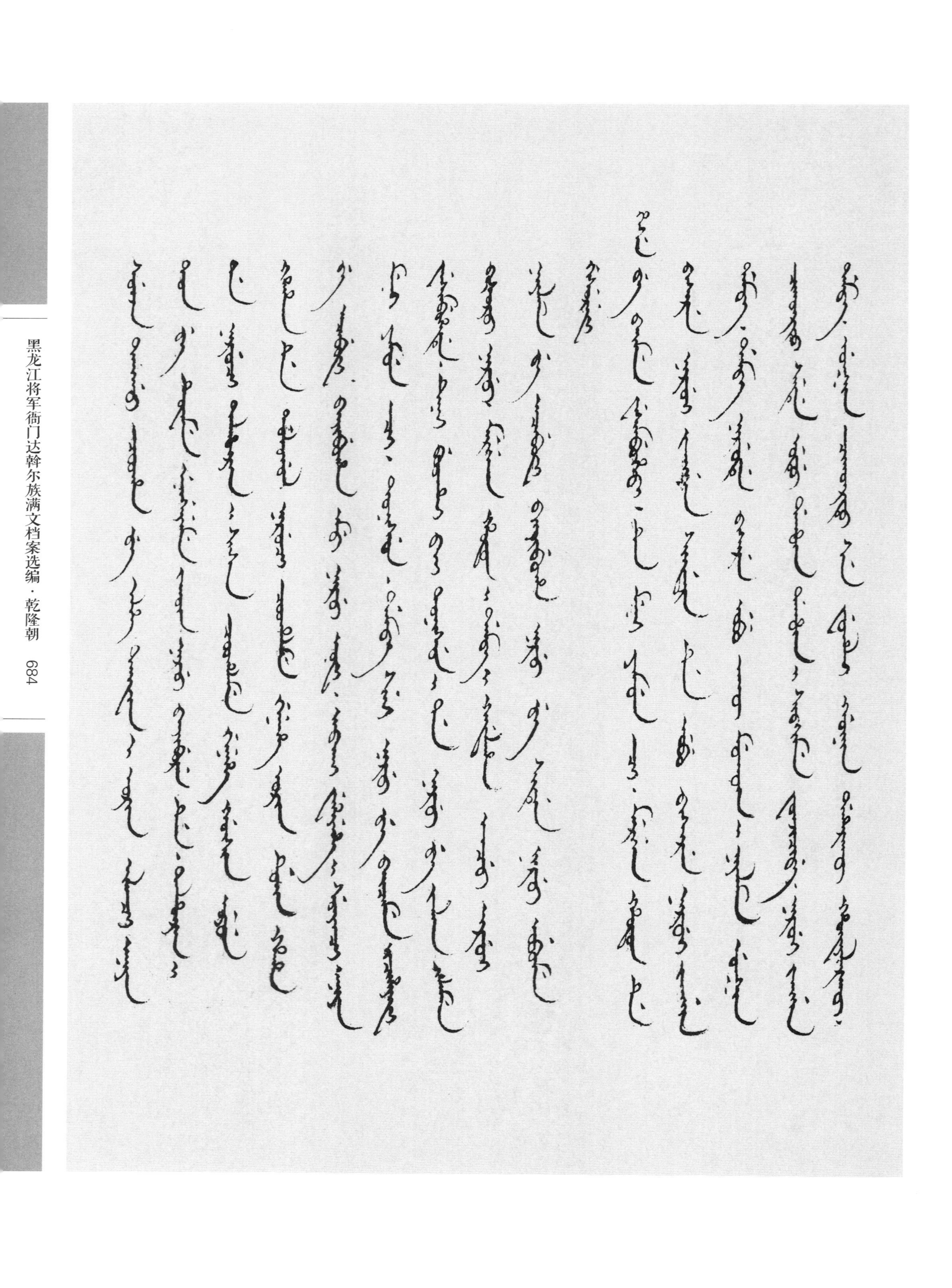

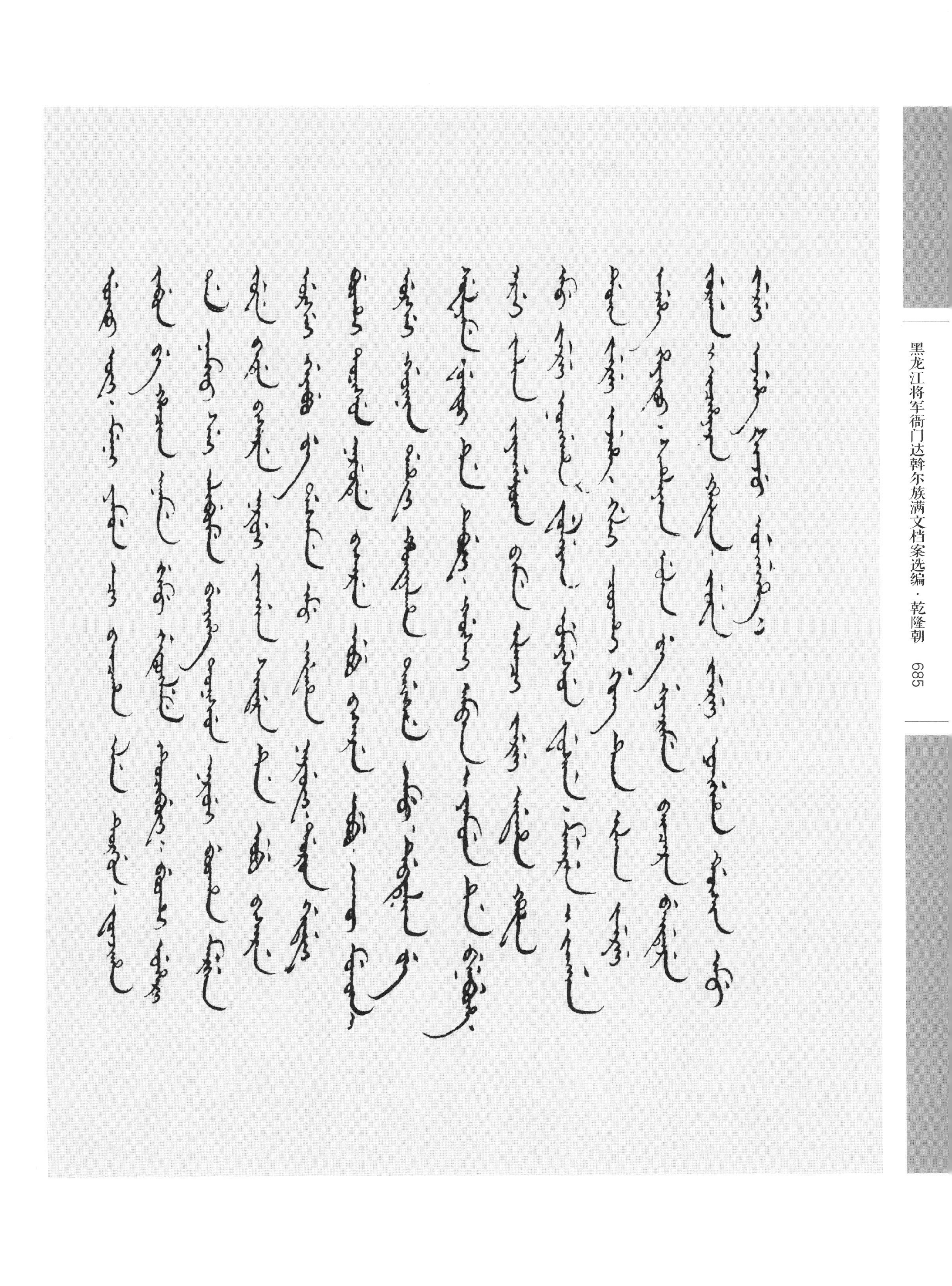

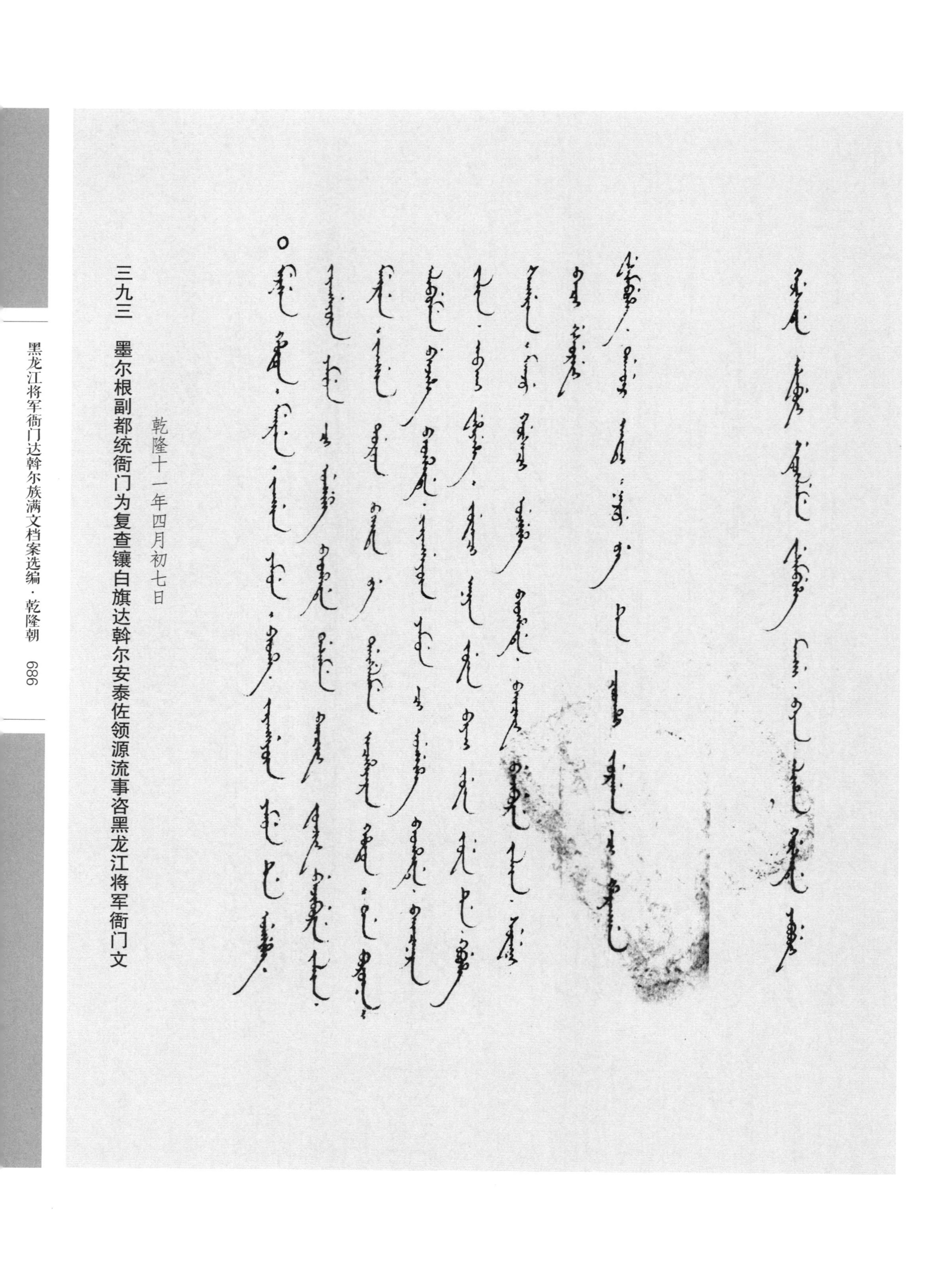

三九三 墨尔根副都统衙门为复查镶白旗达斡尔安泰佐领源流事咨黑龙江将军衙门文

乾隆十一年四月初七日

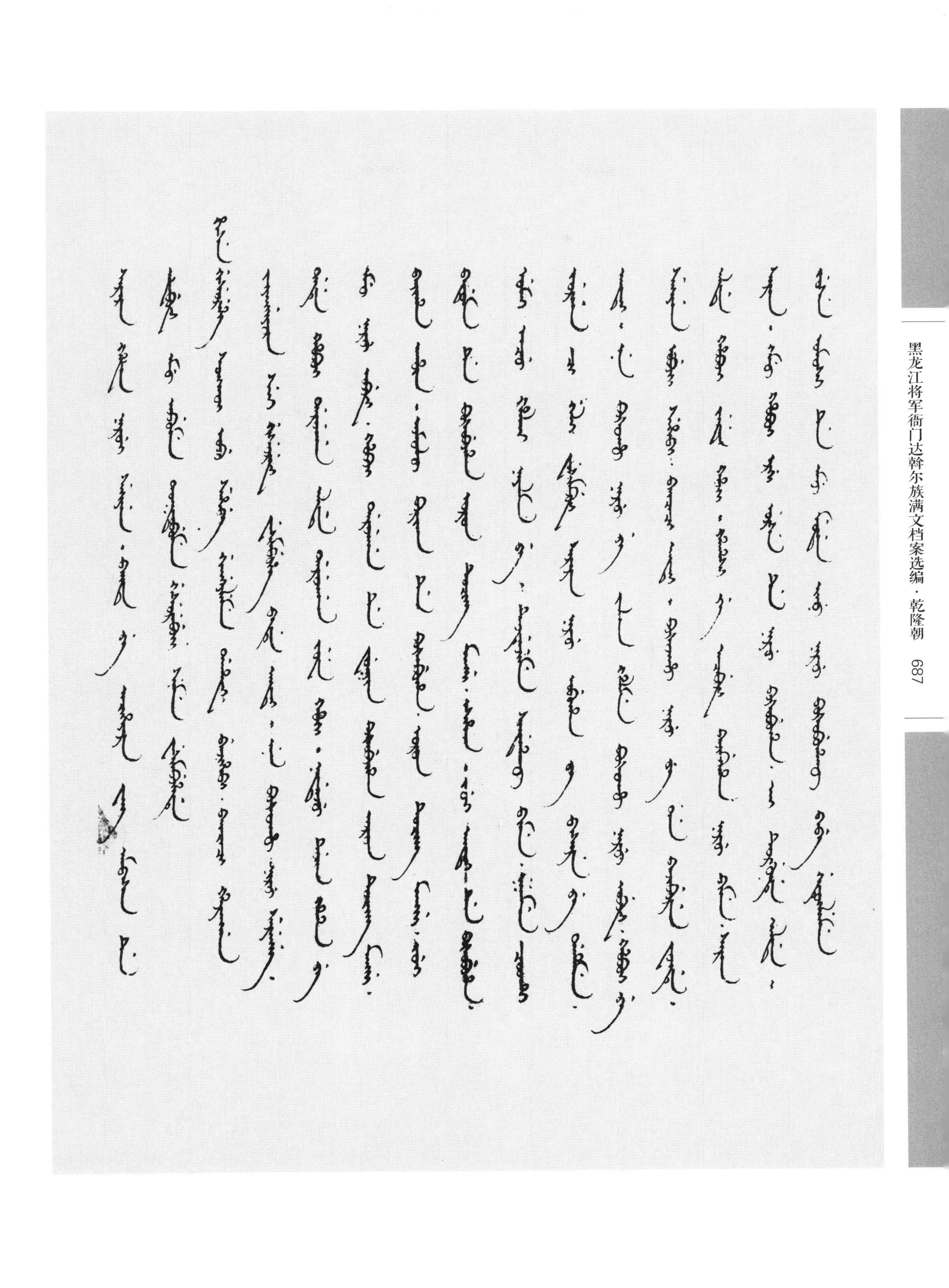

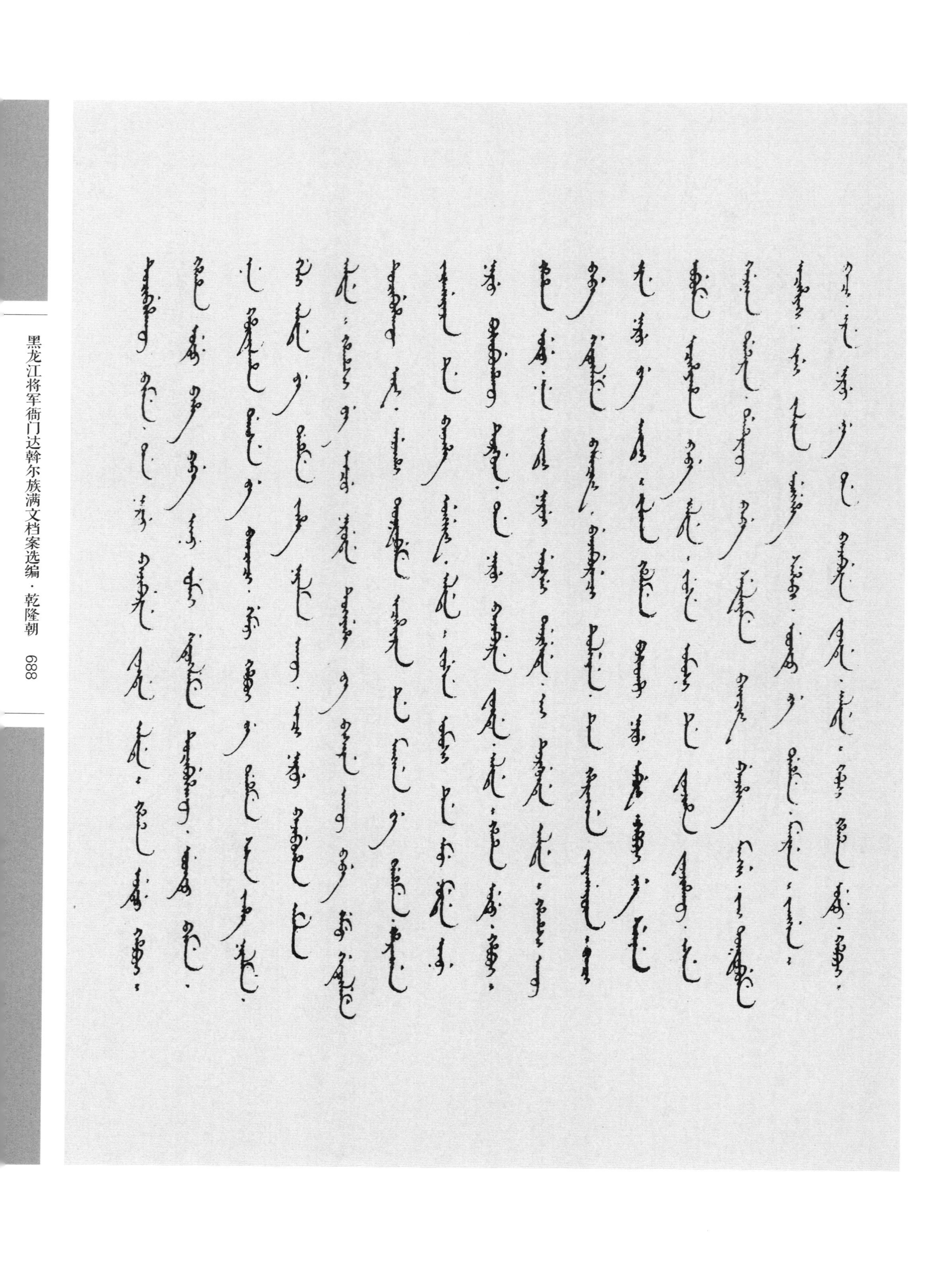

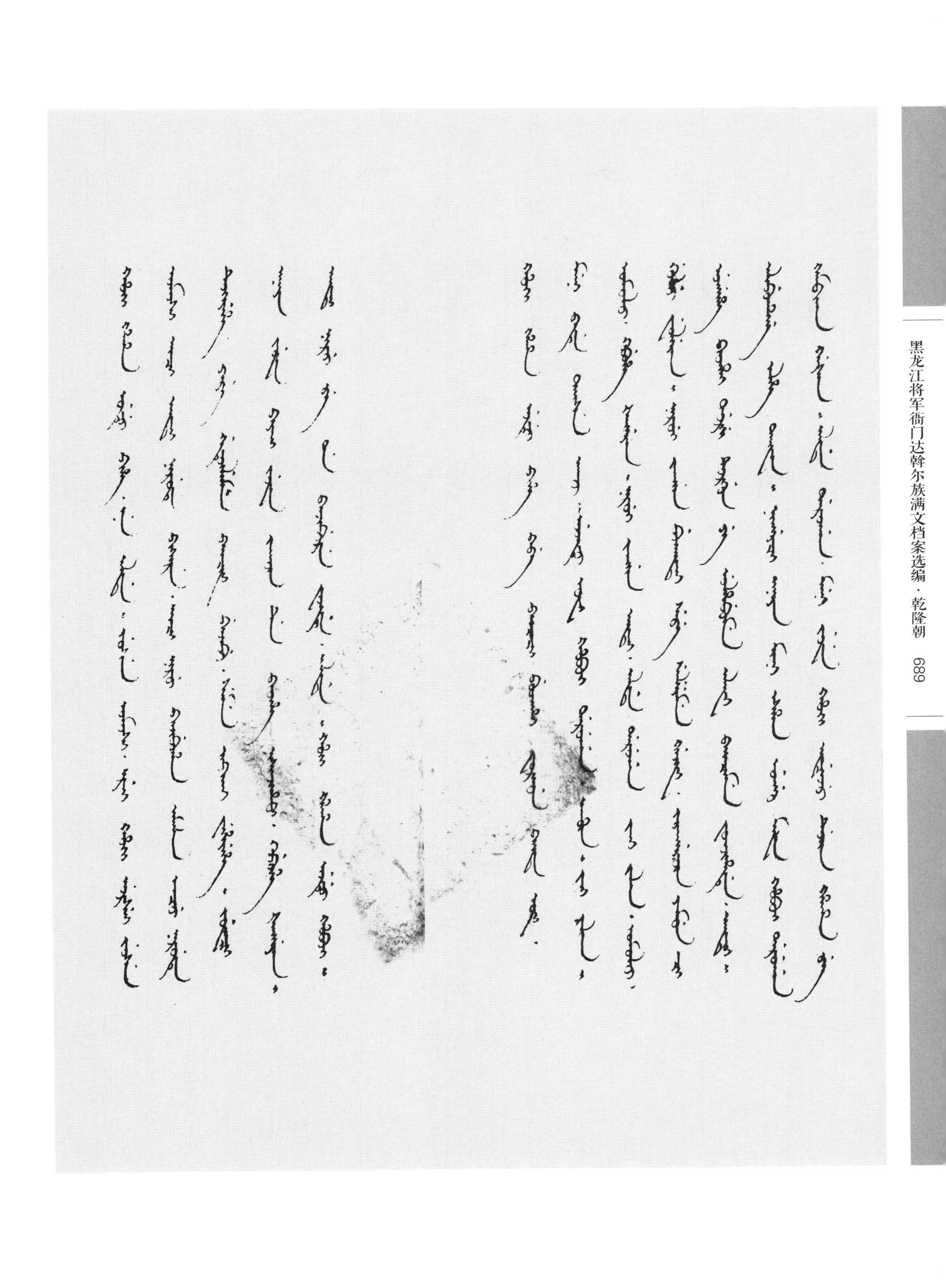

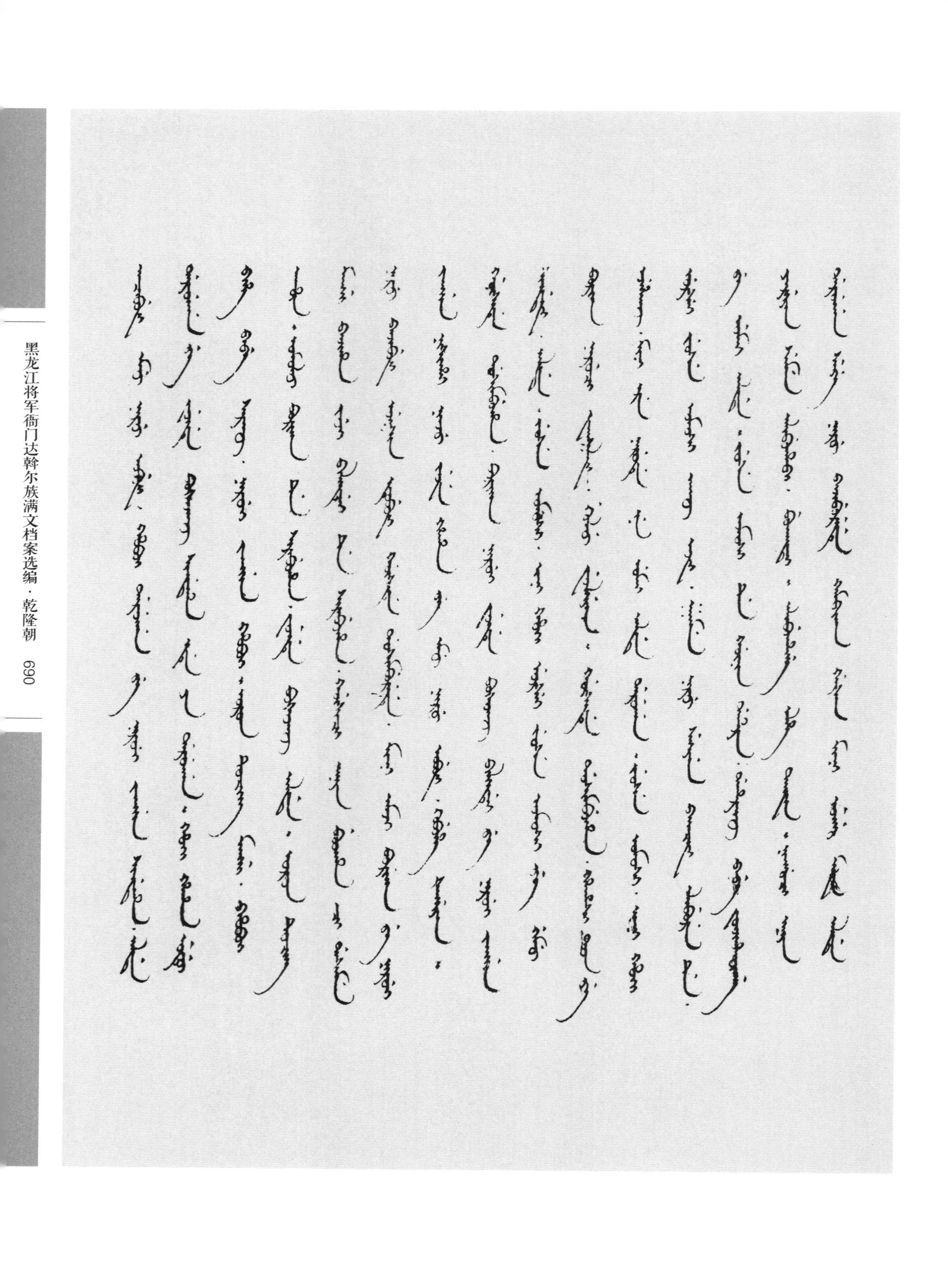

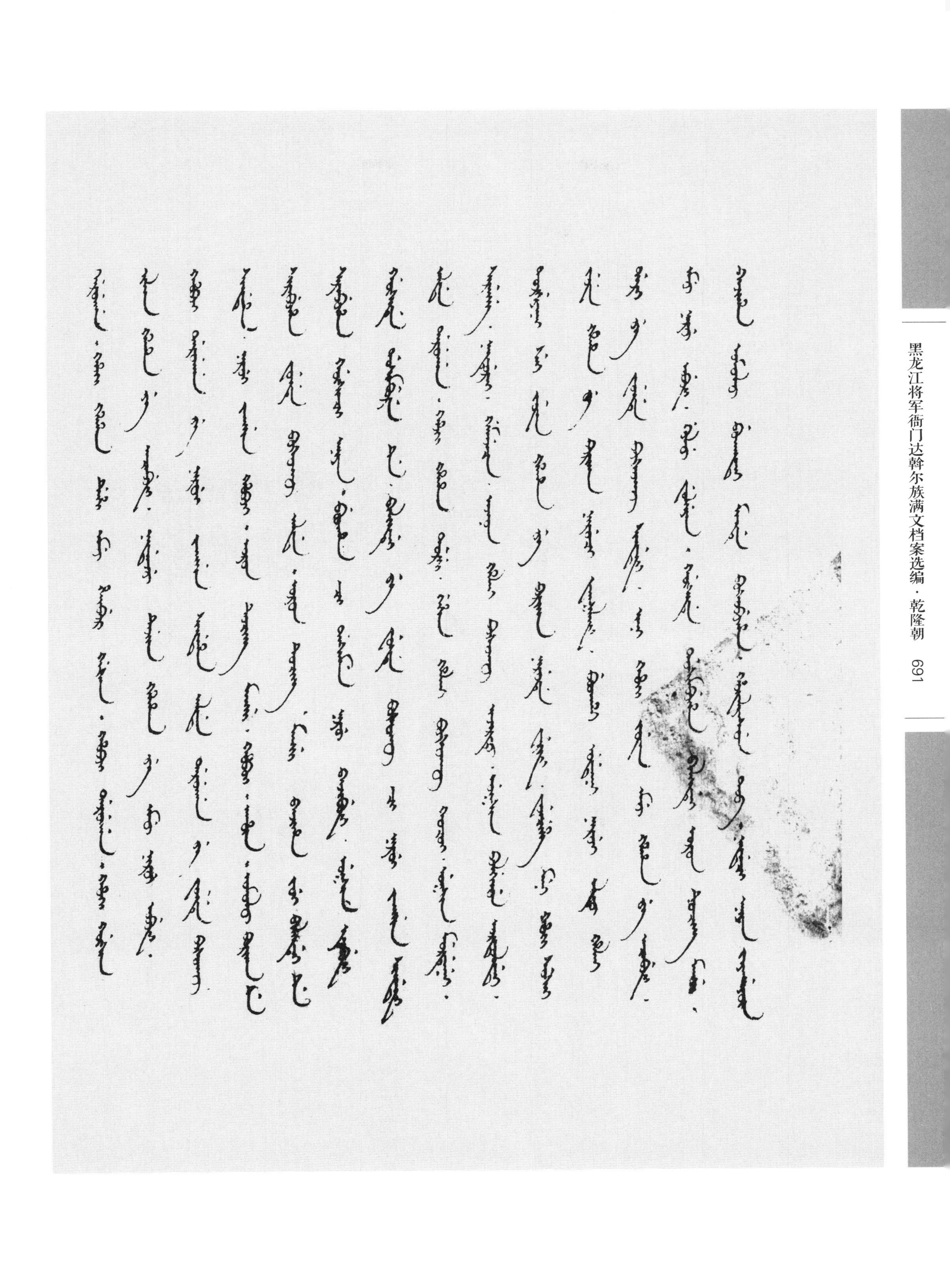

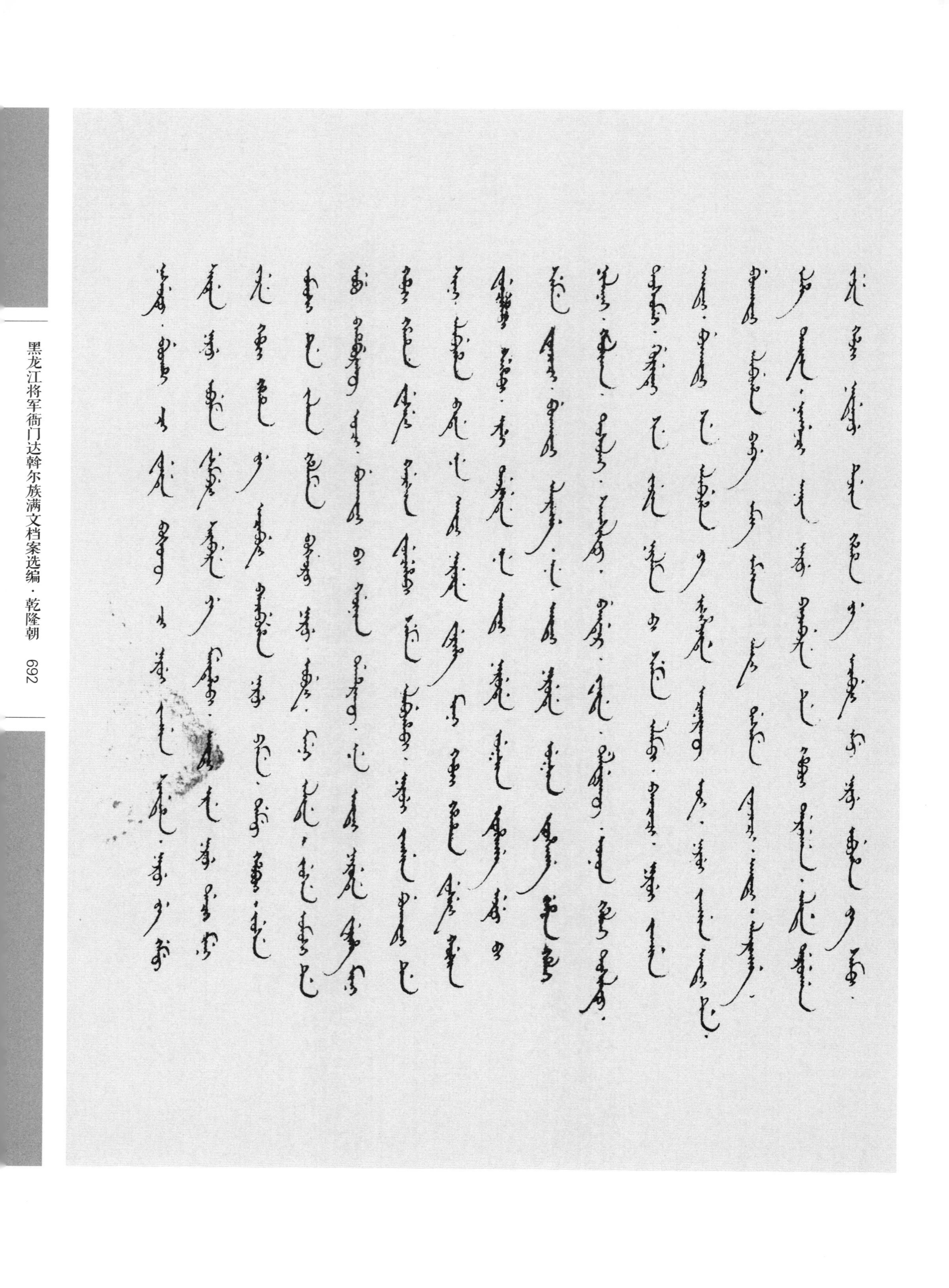

[illegible]

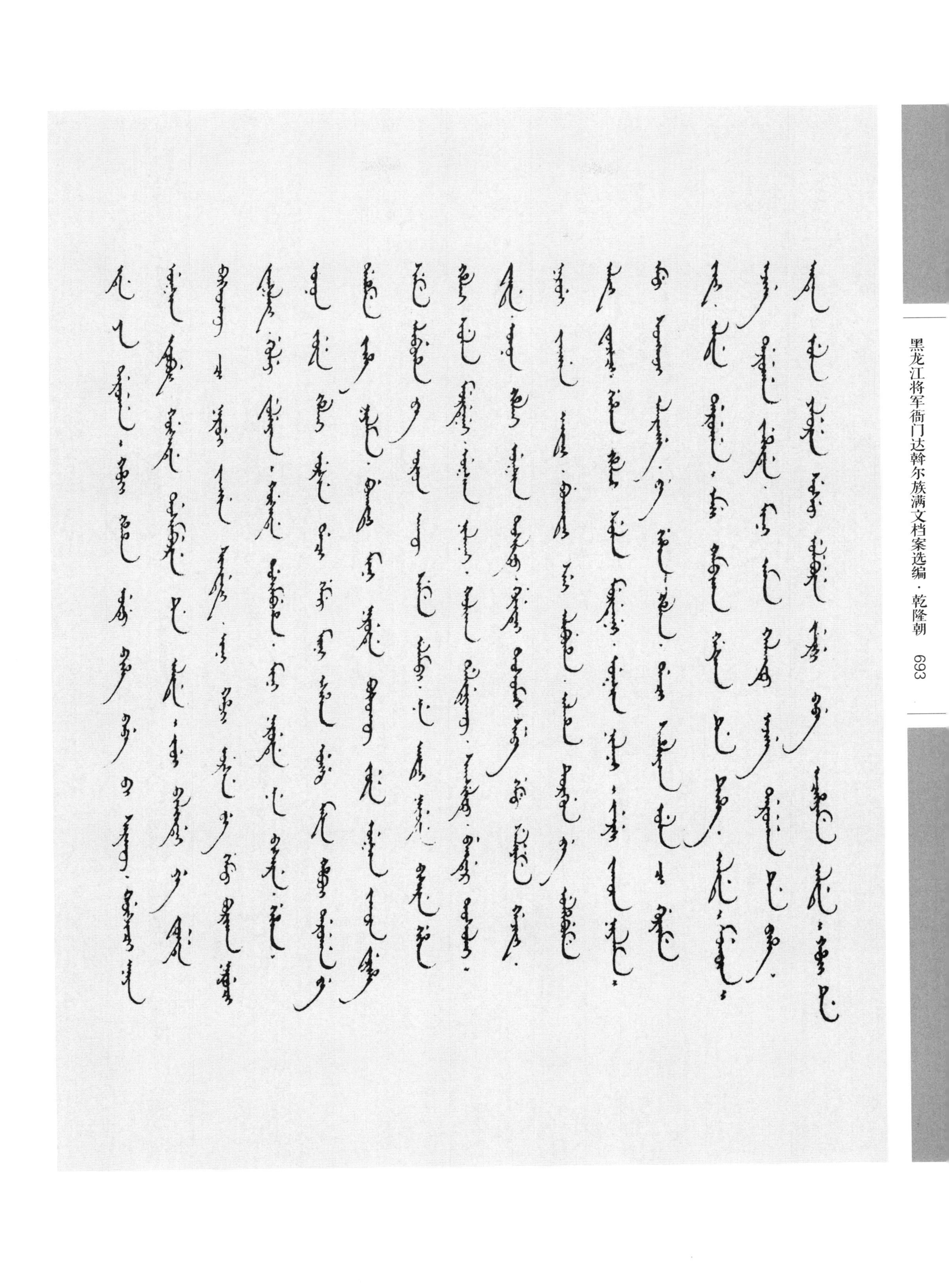

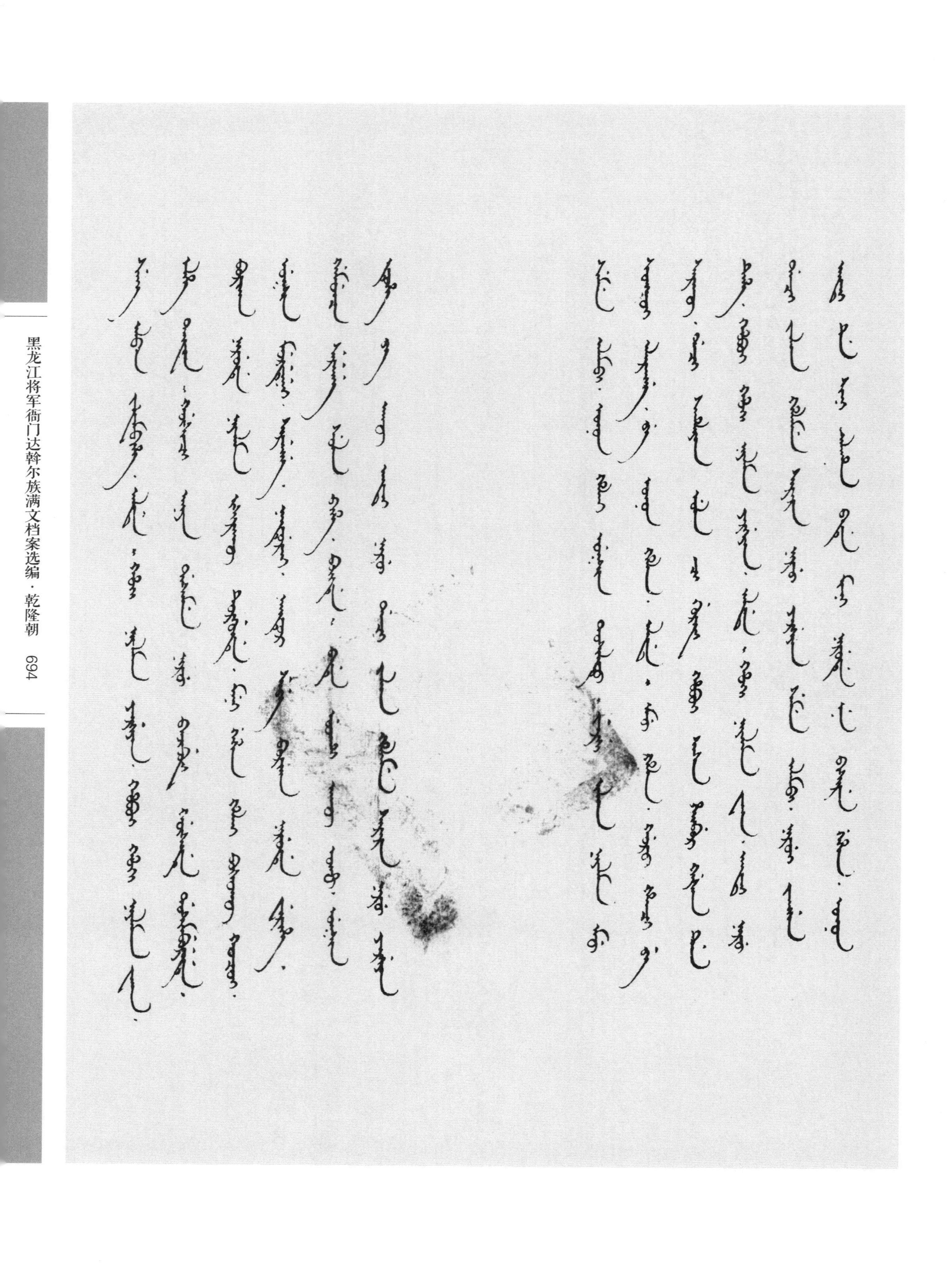

[illegible]

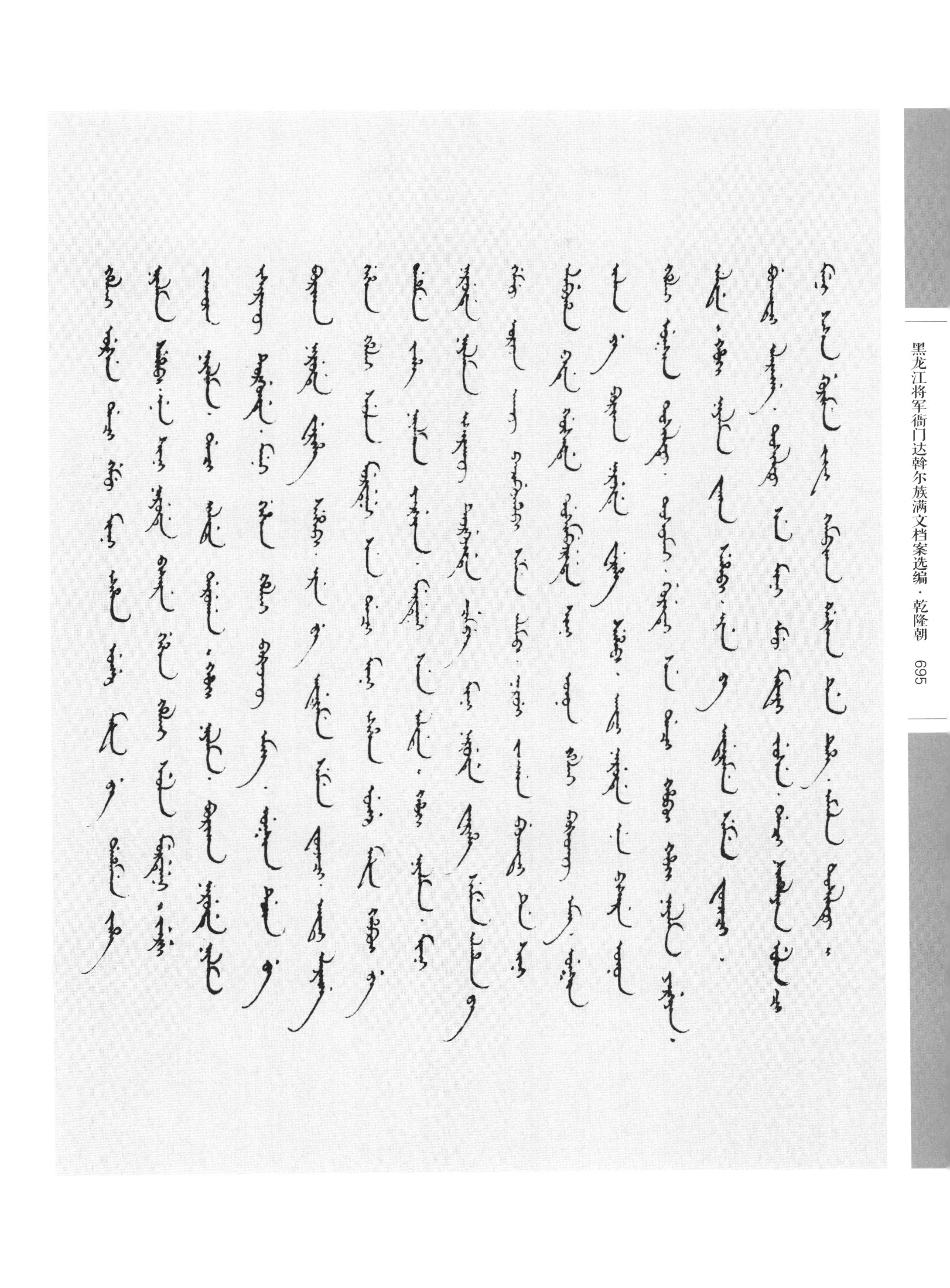

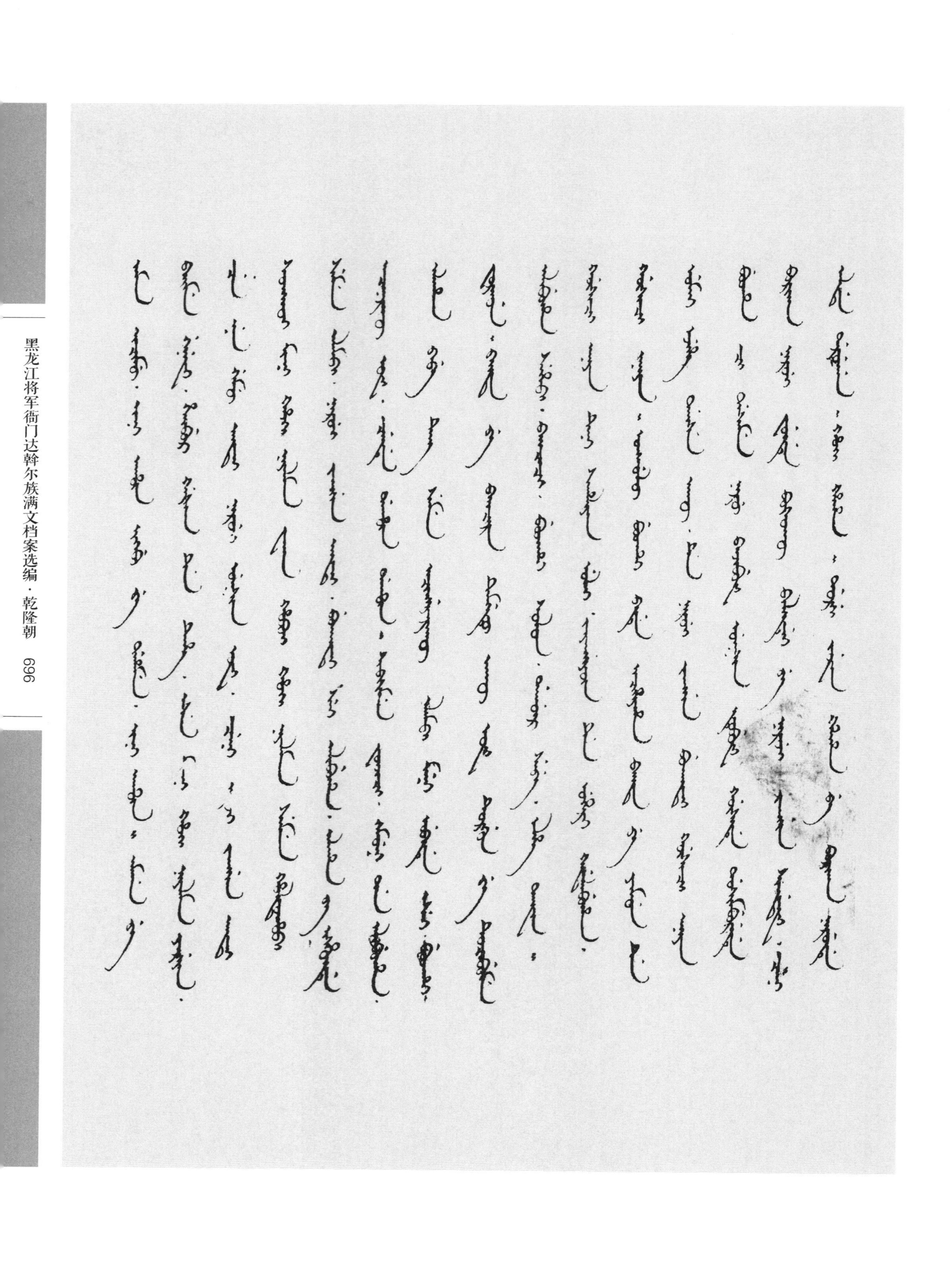

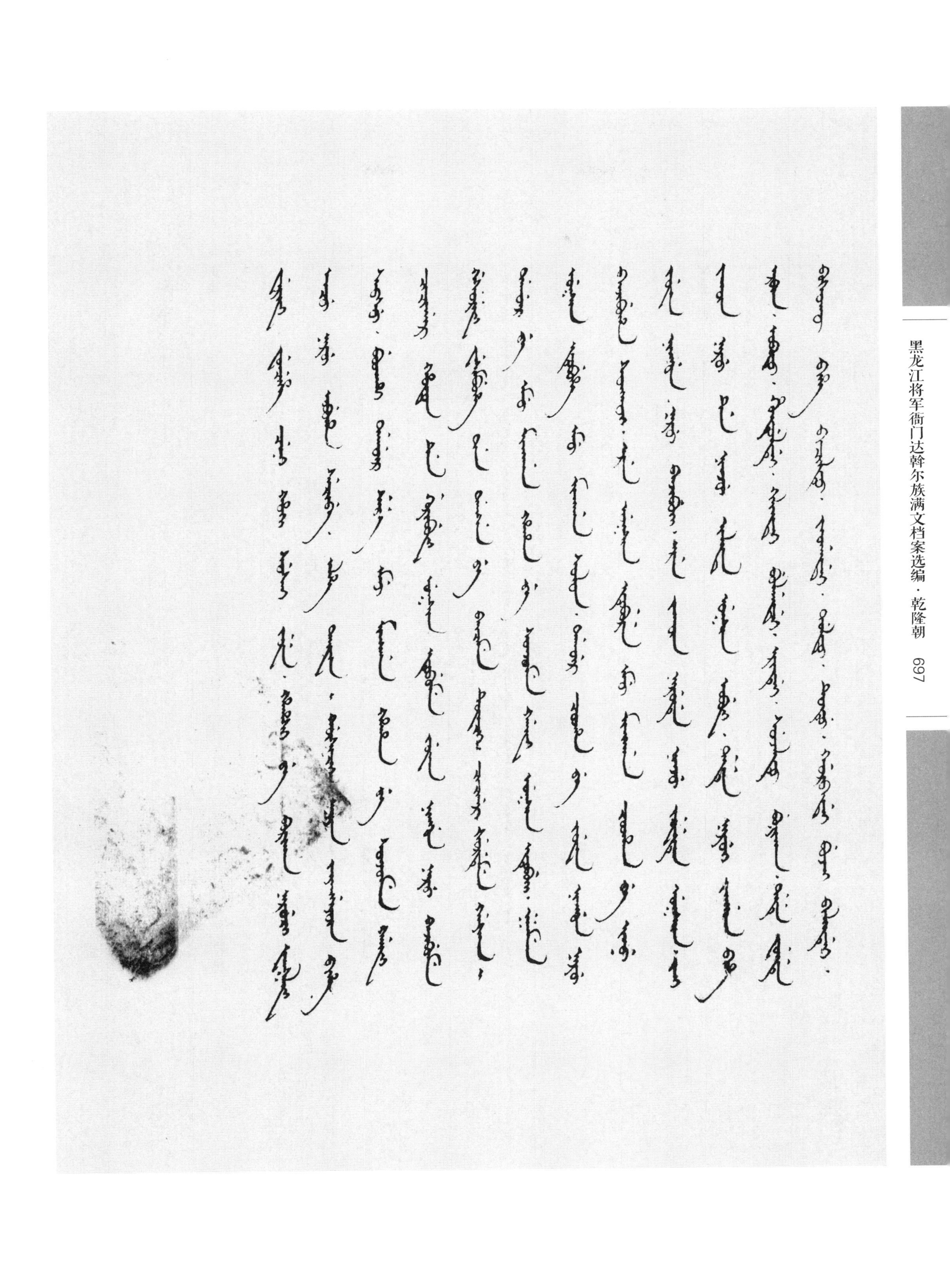

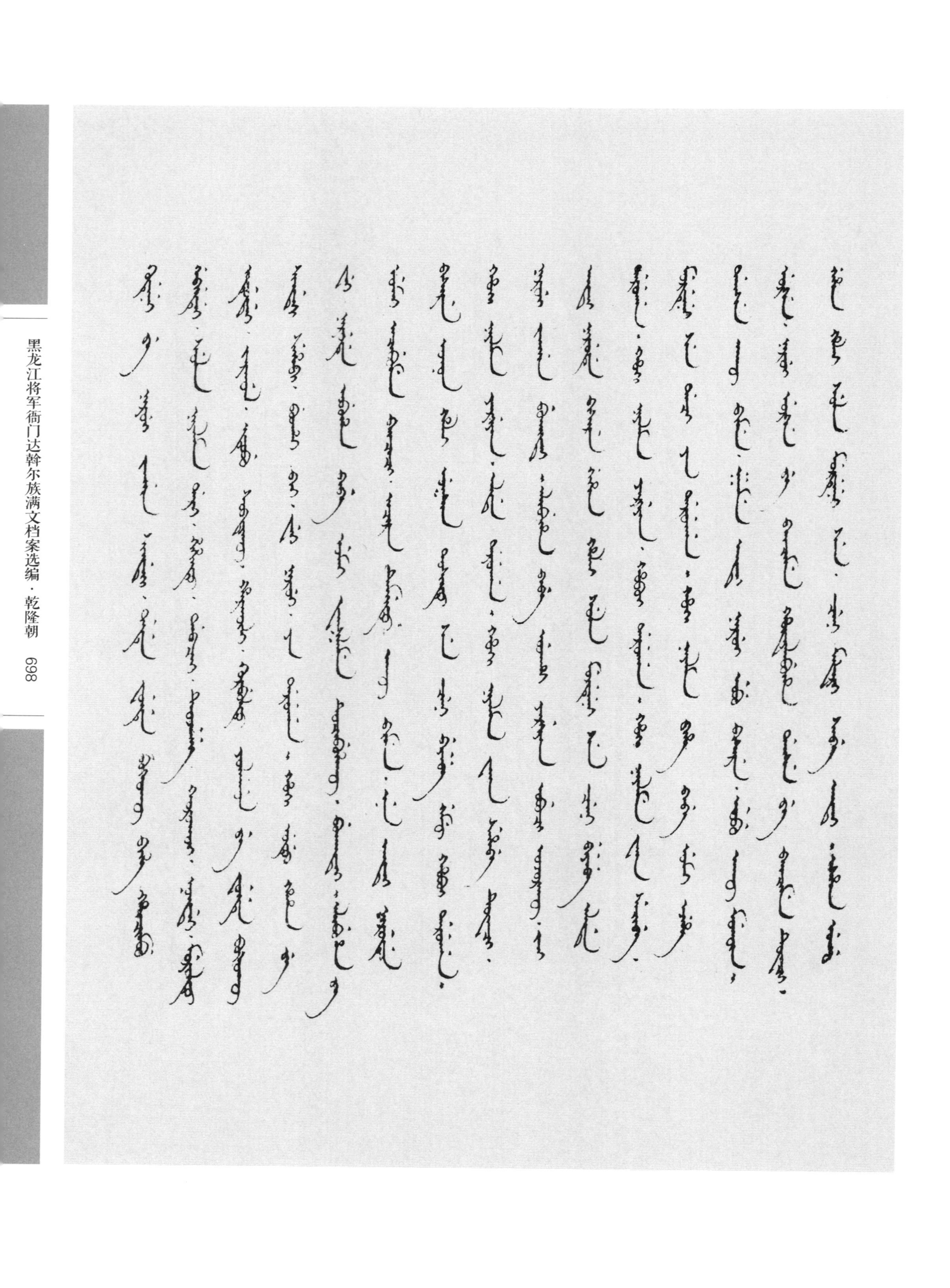

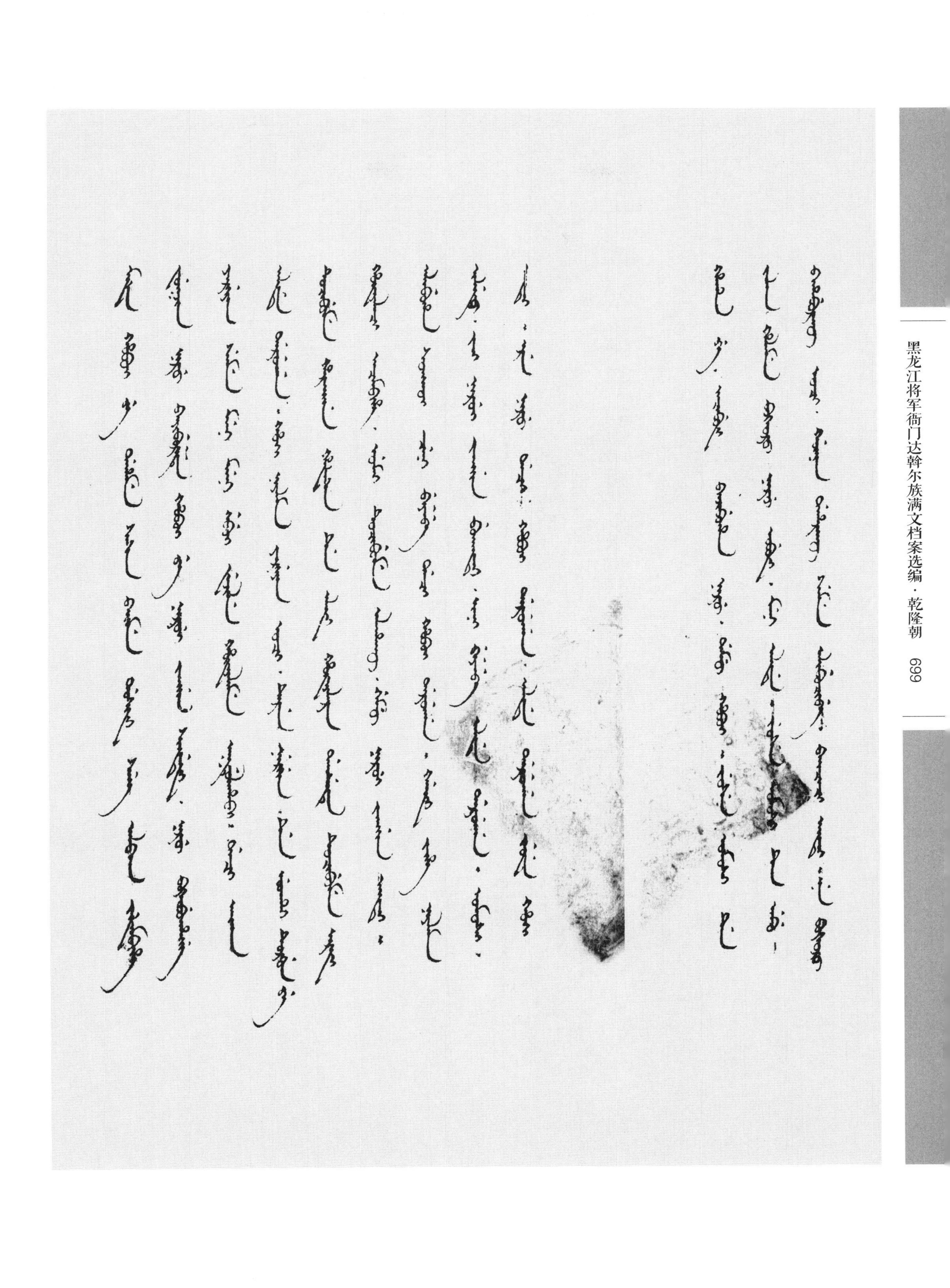

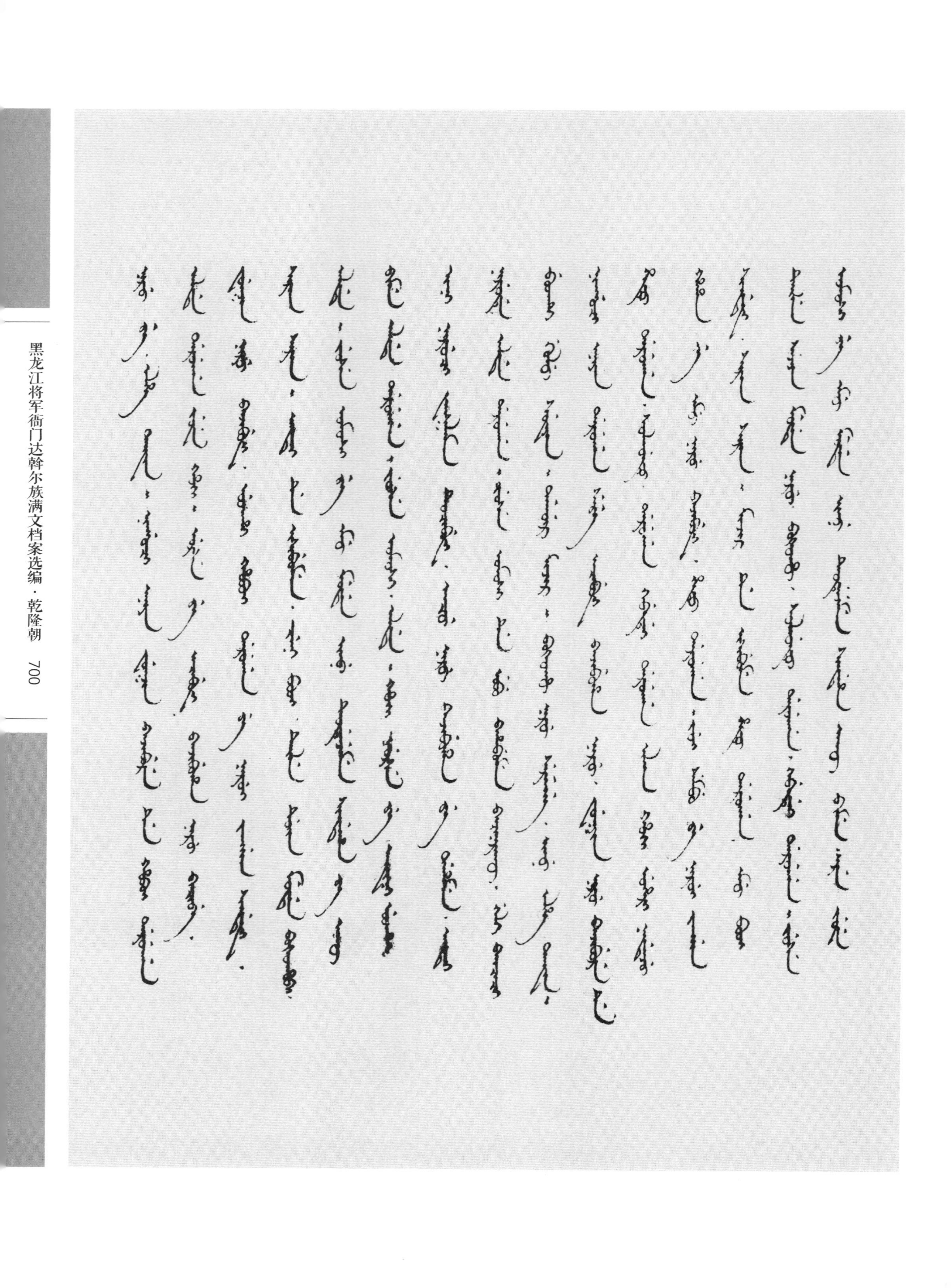

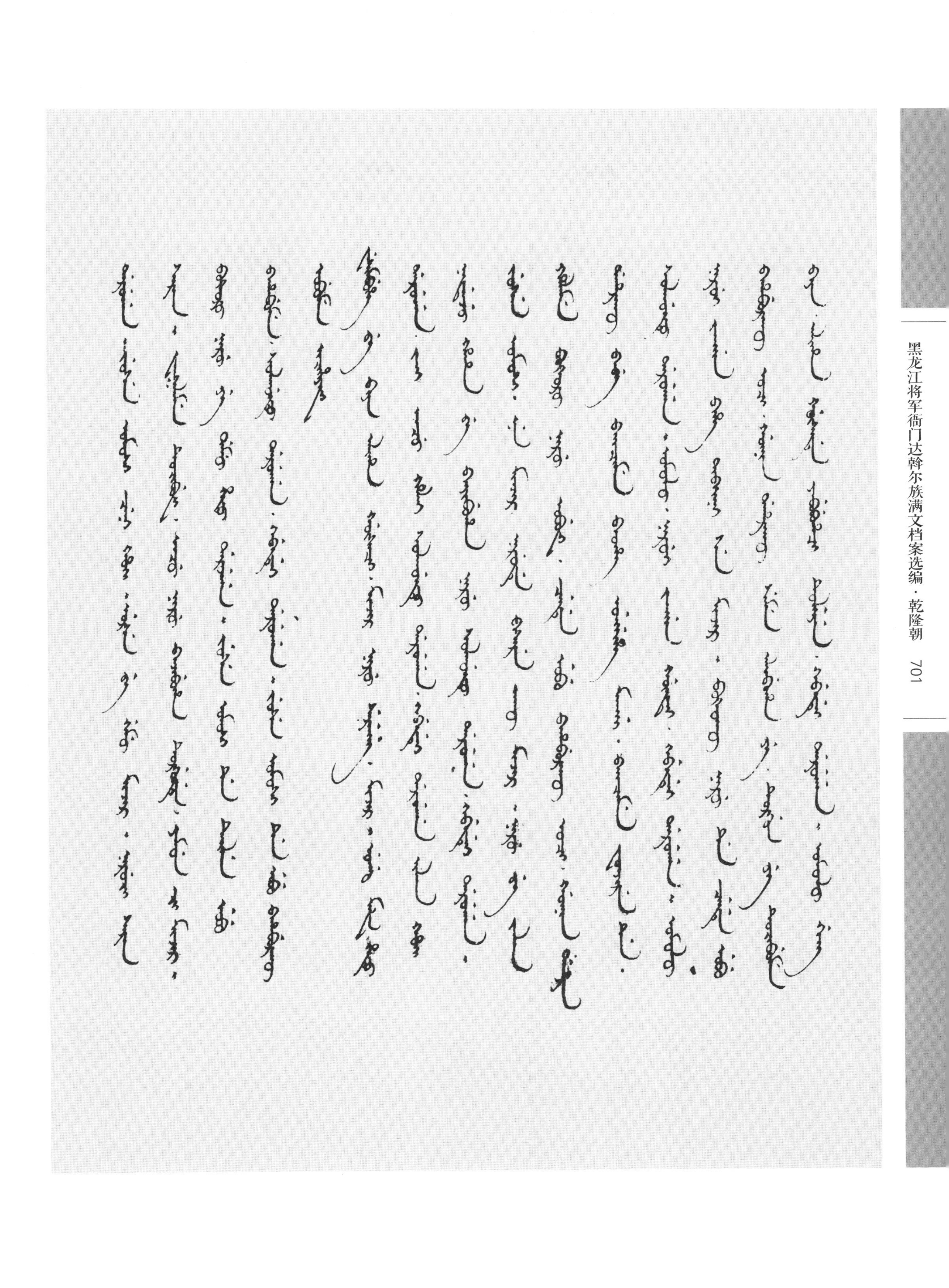

[illegible]

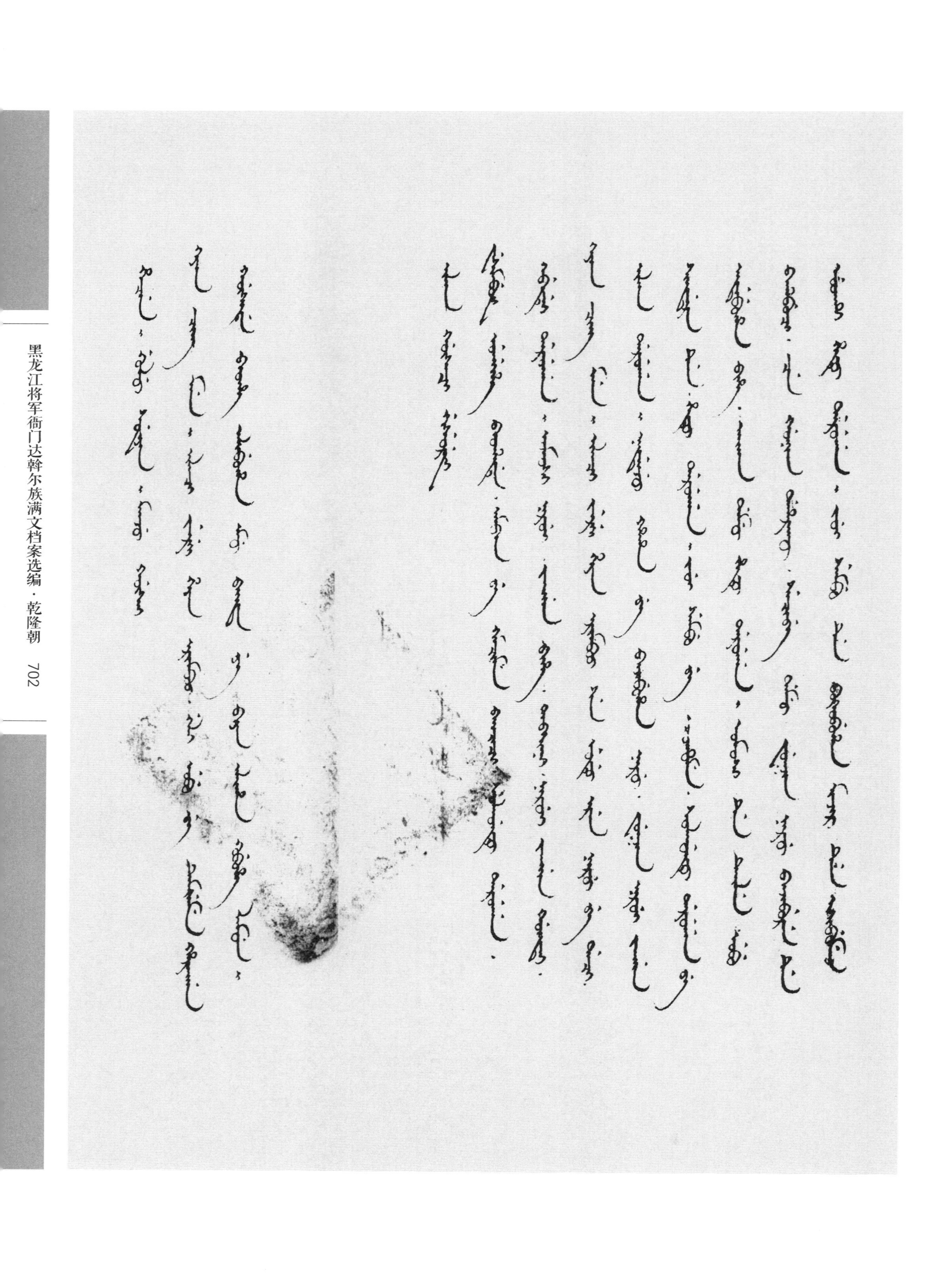

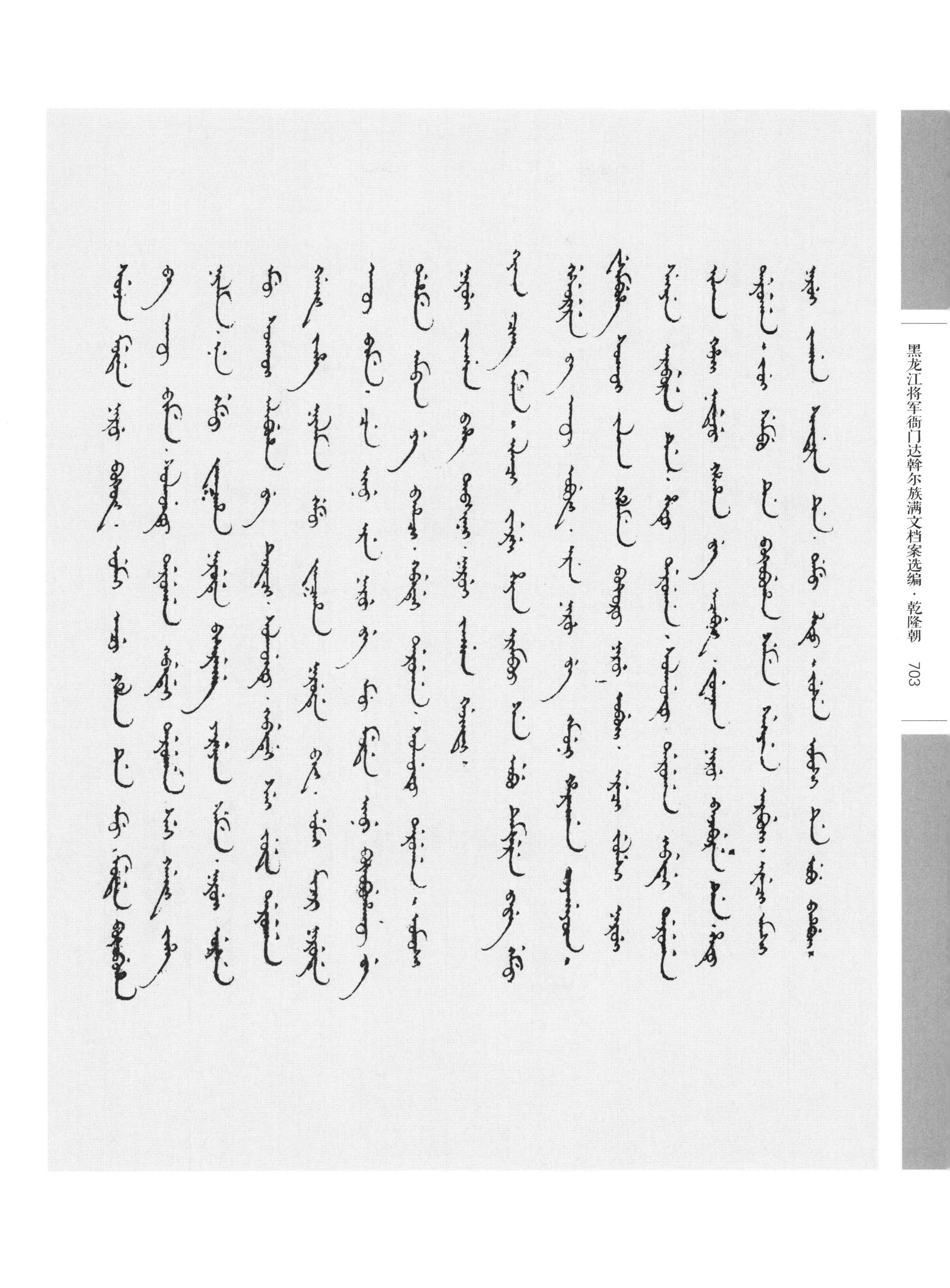

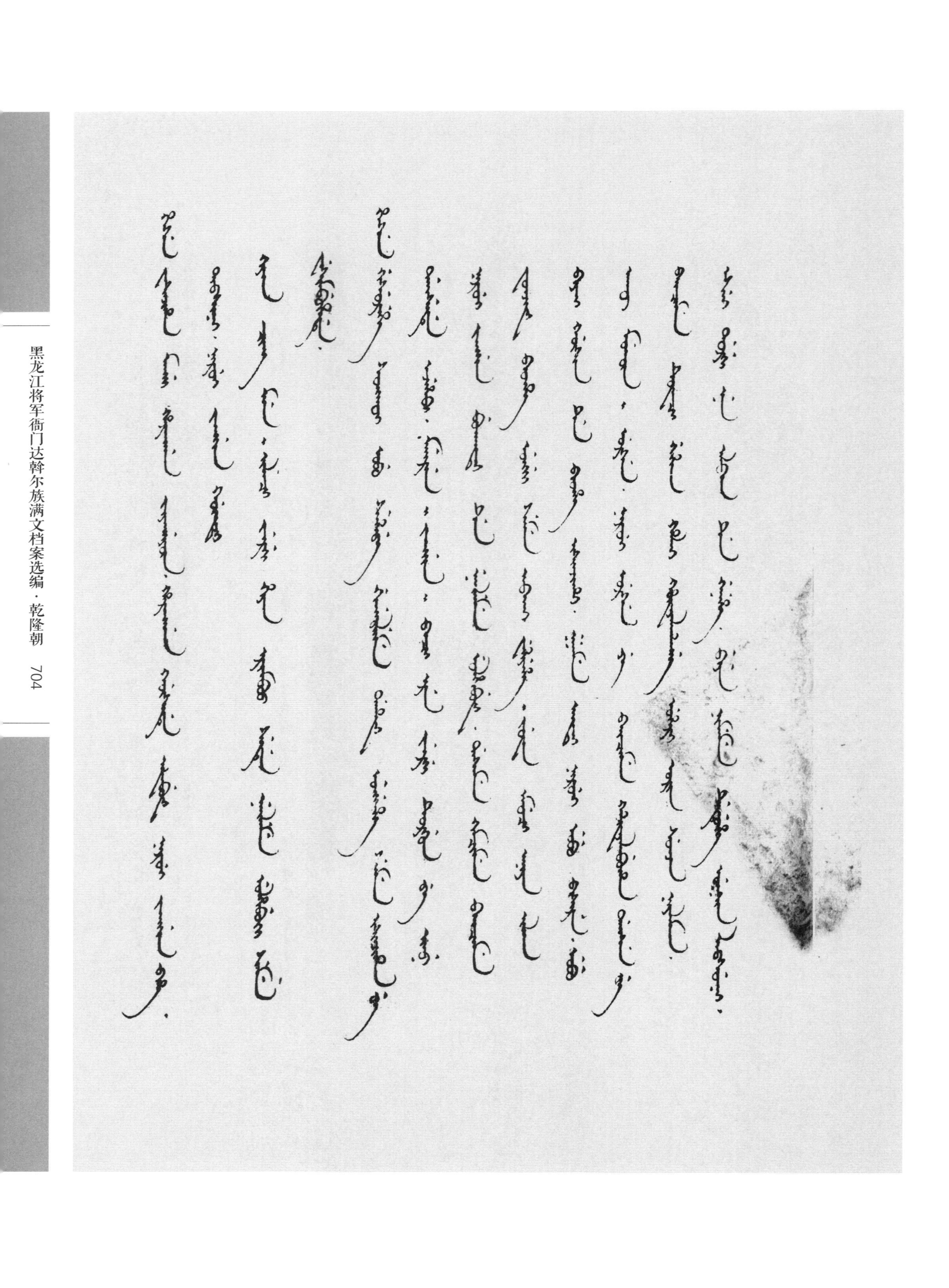

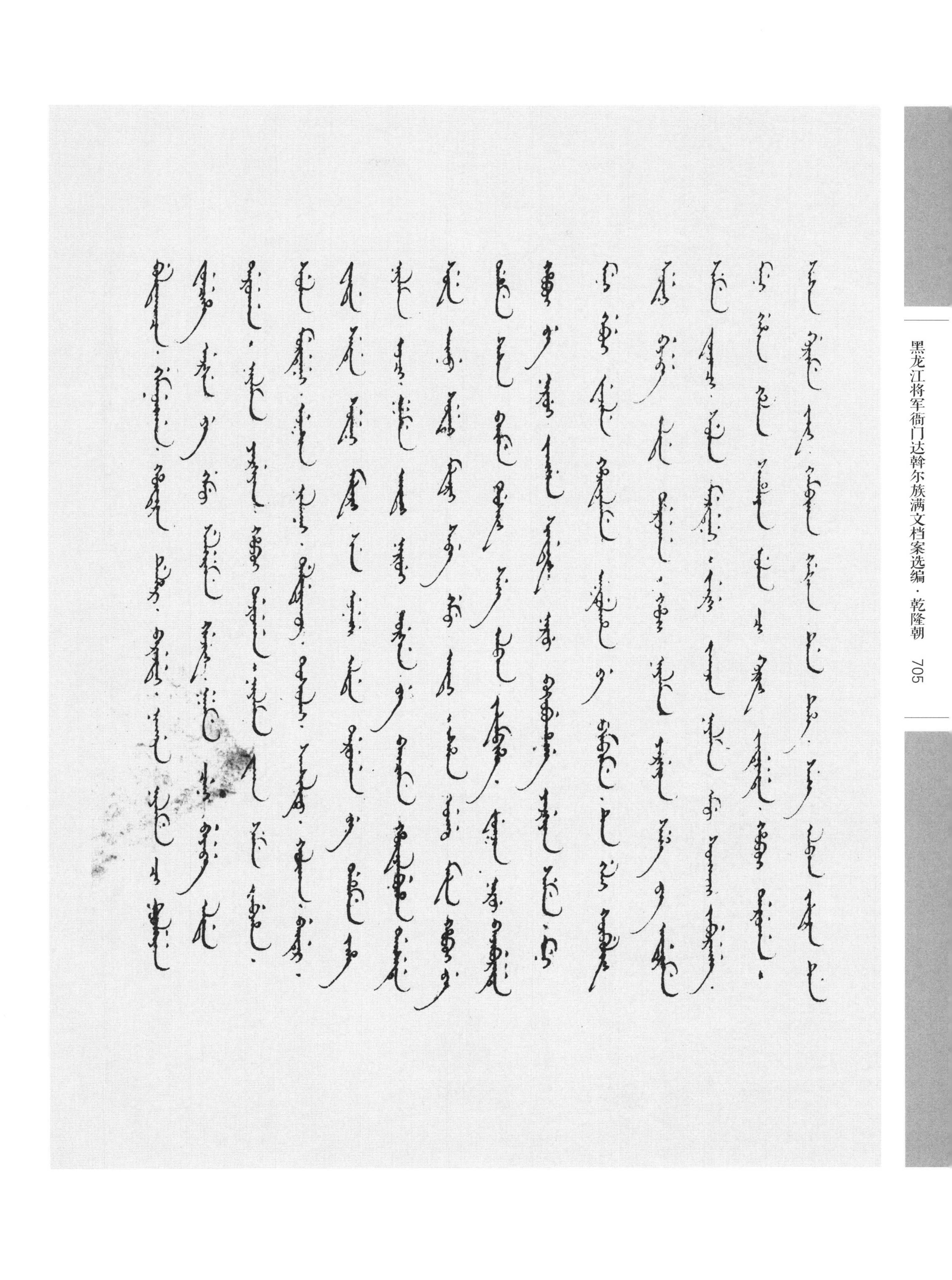

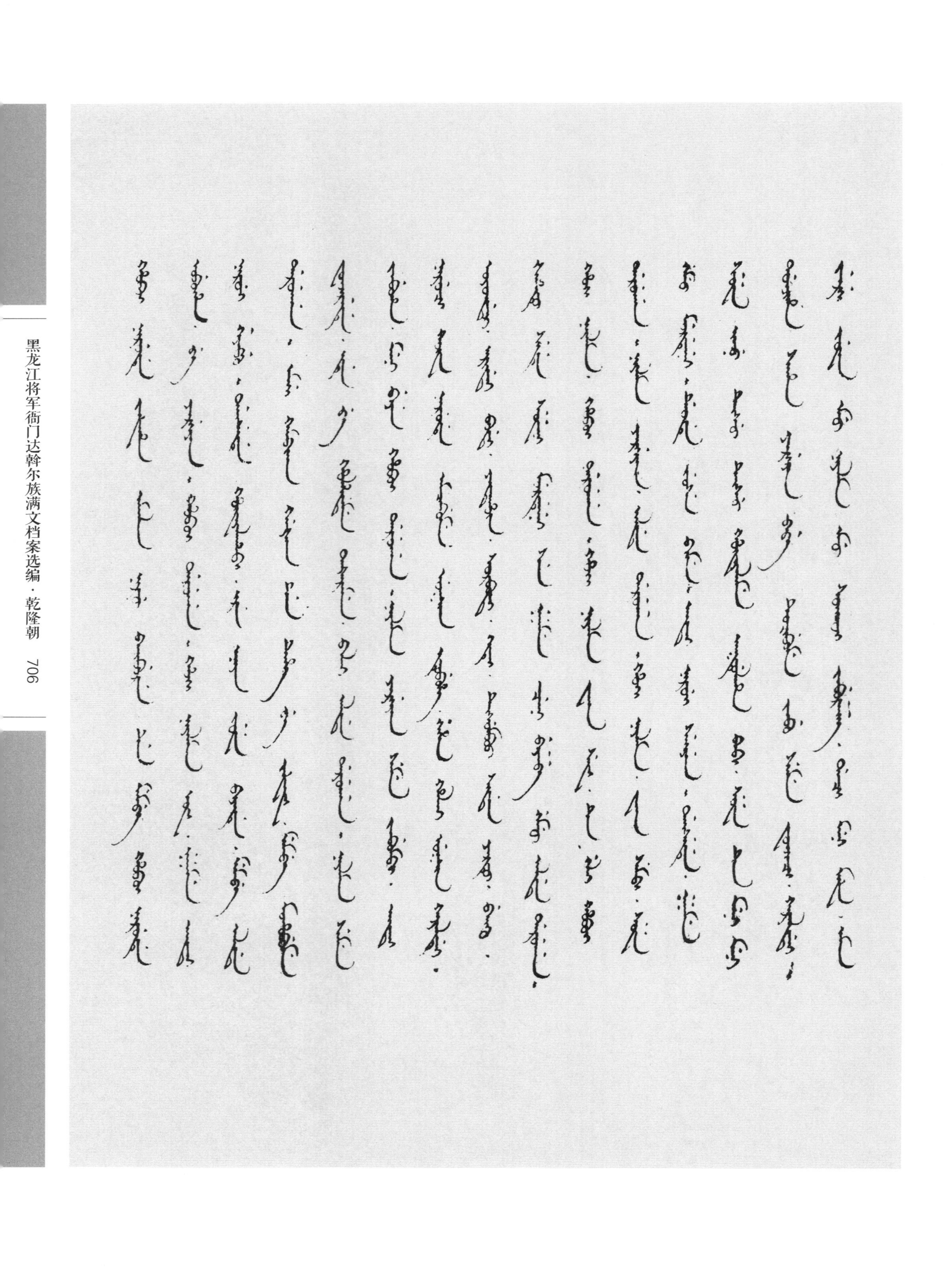

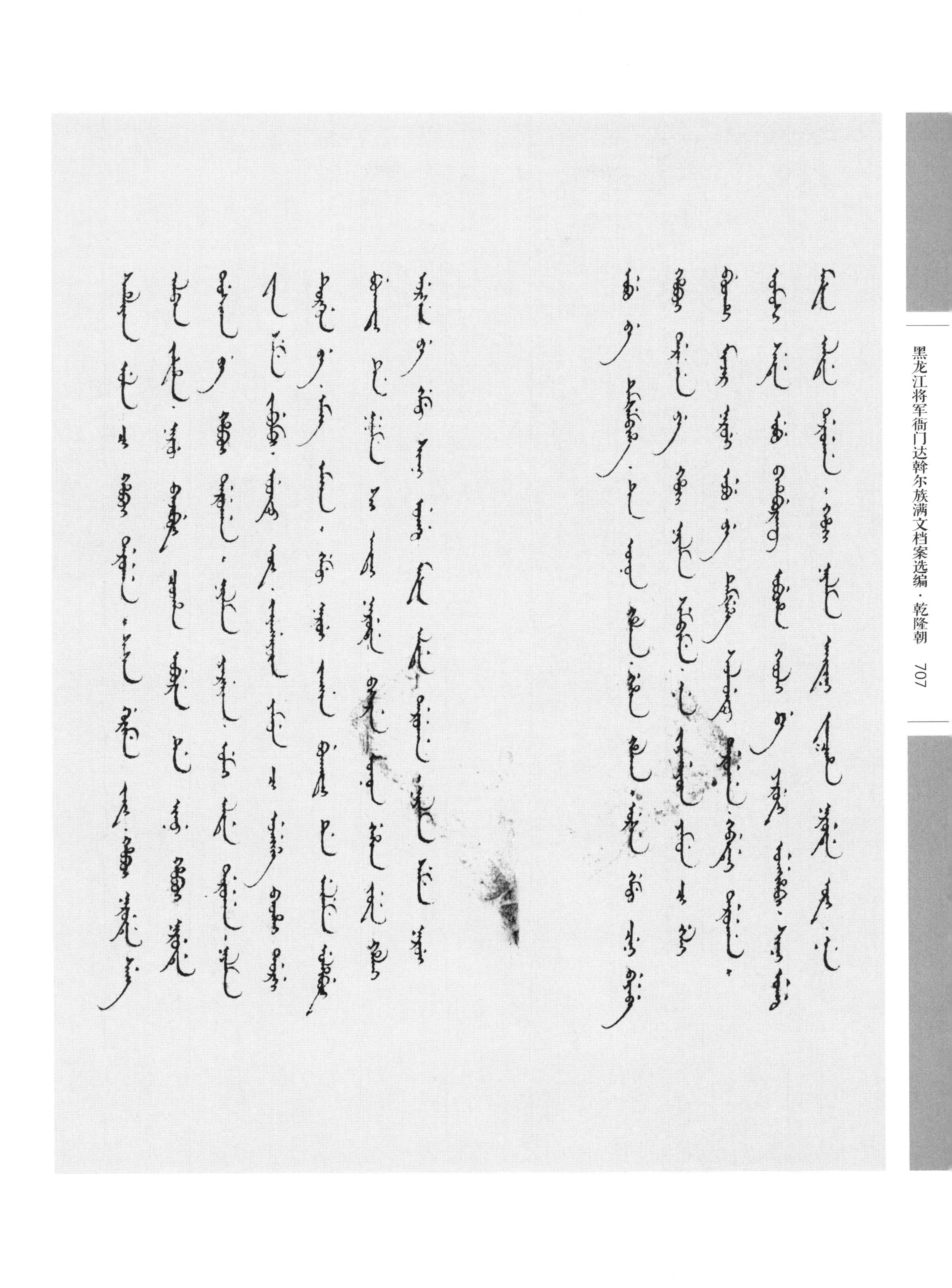

[illegible]

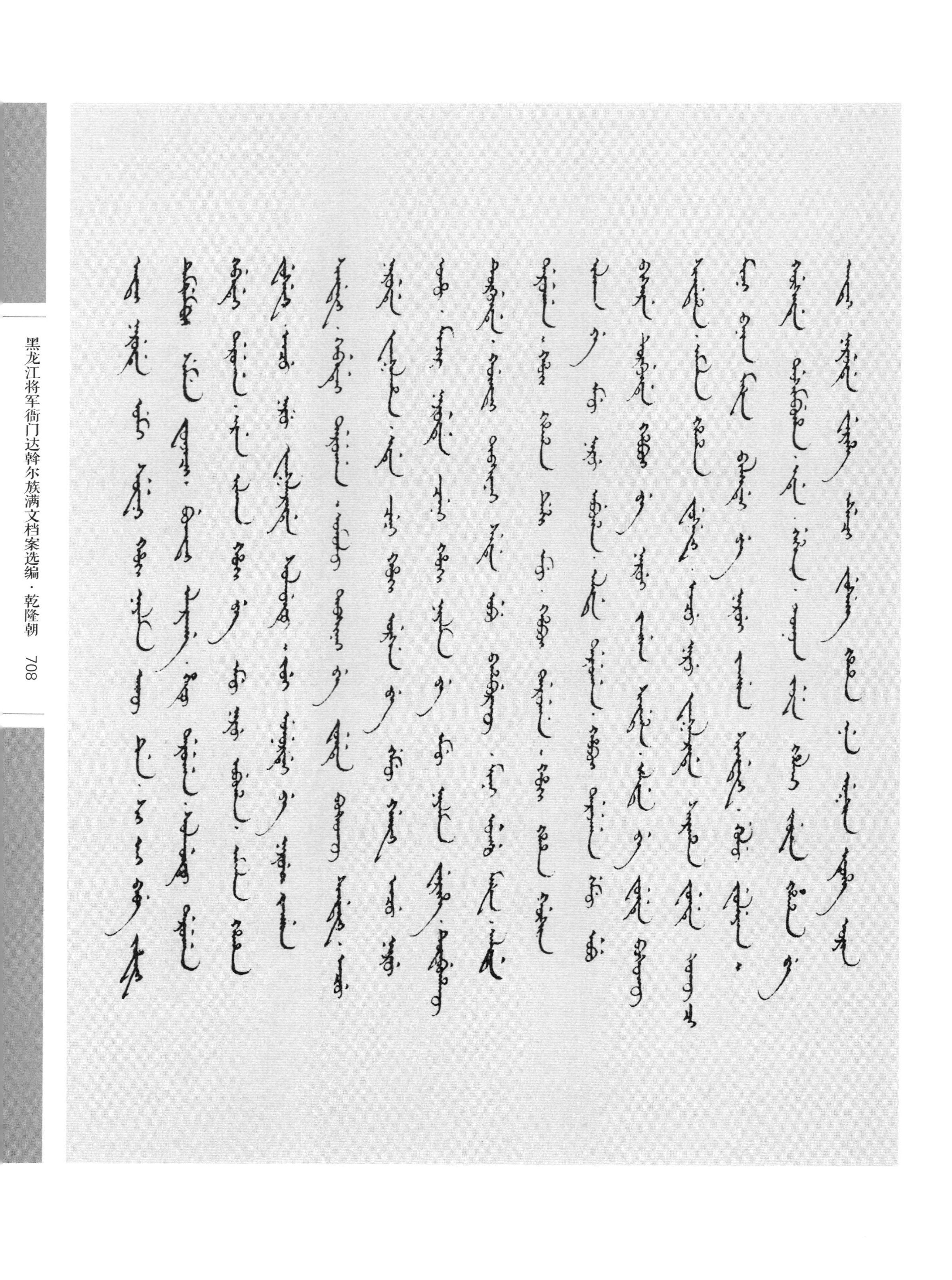

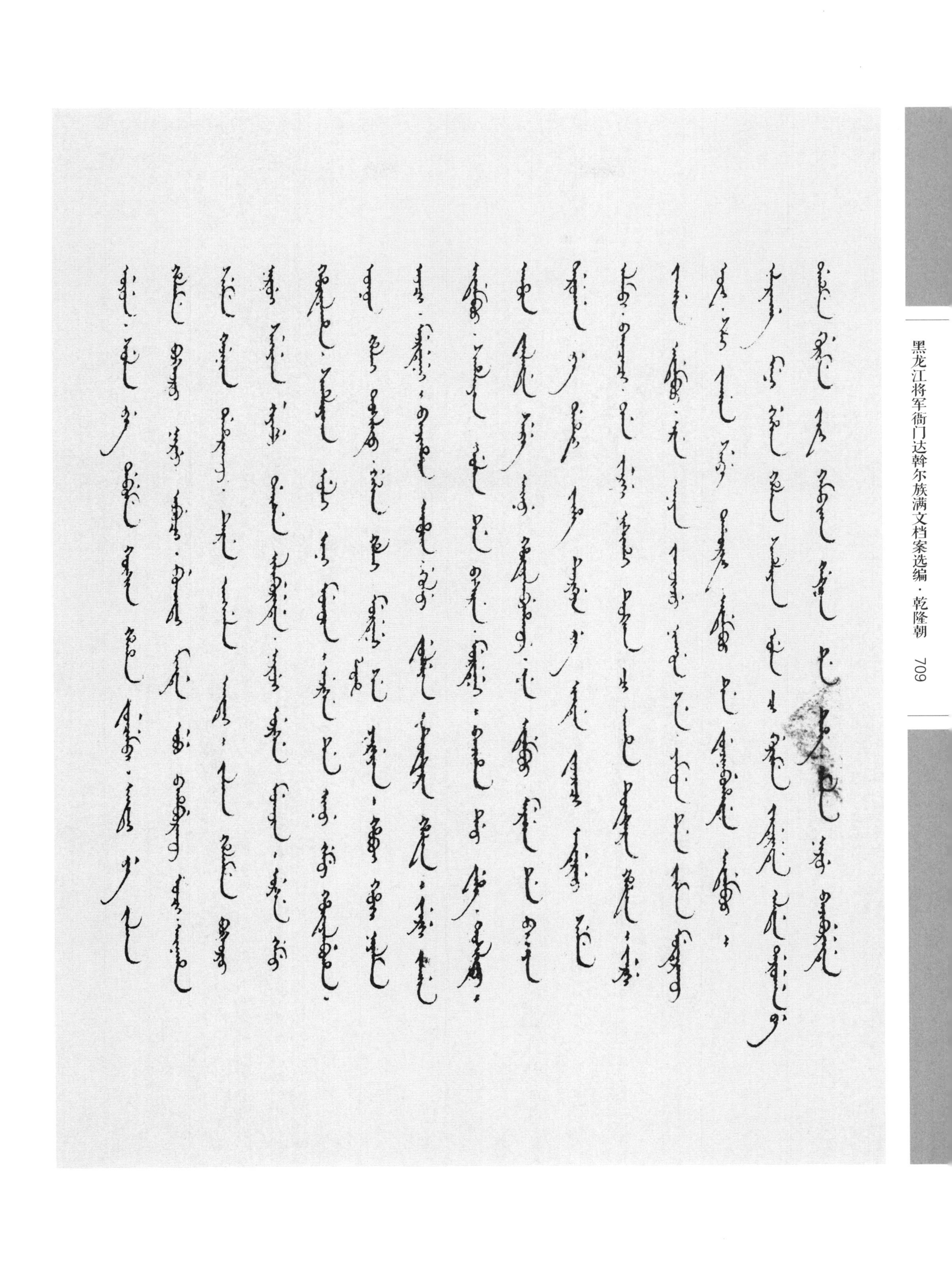

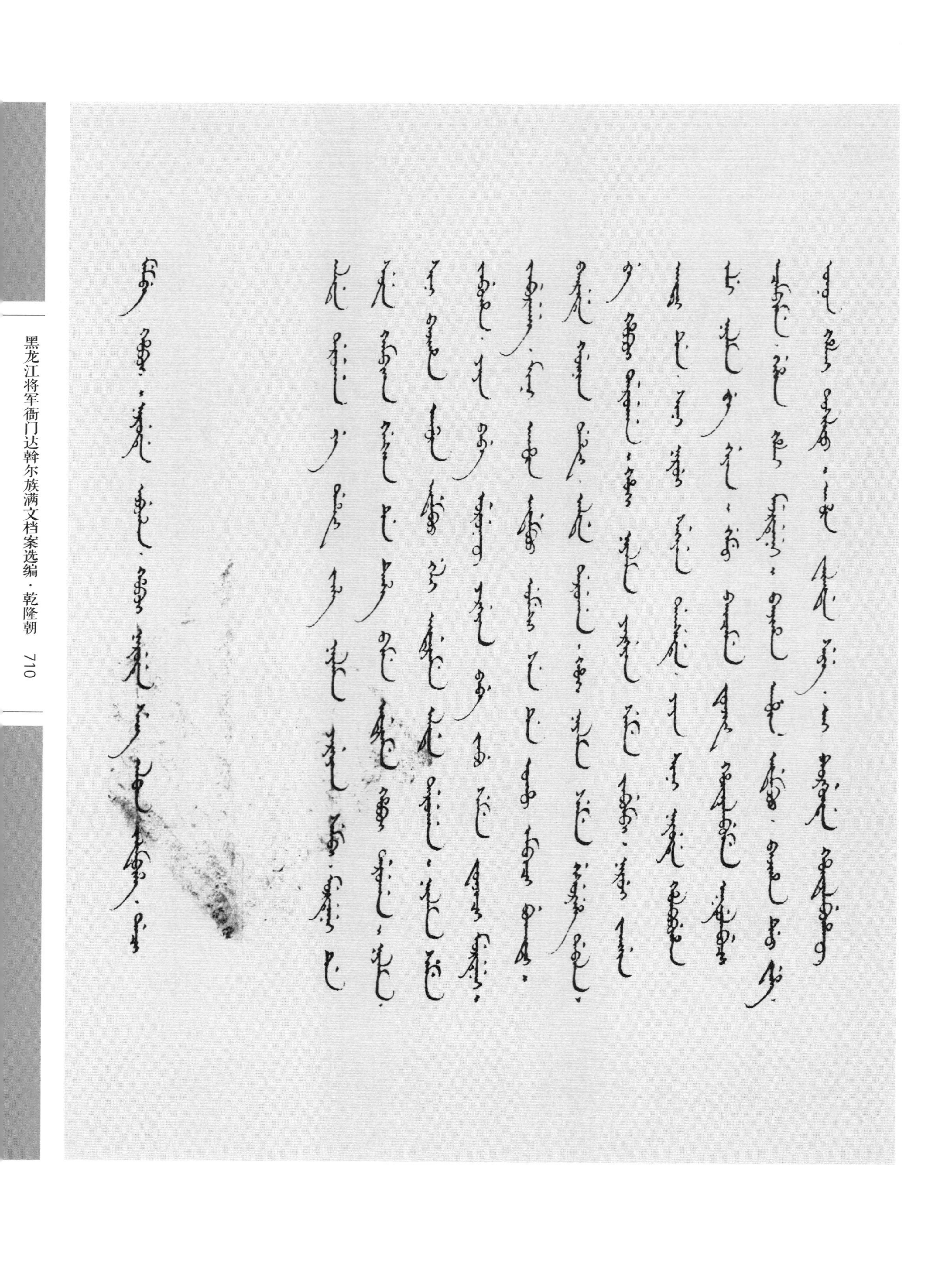

[illegible]

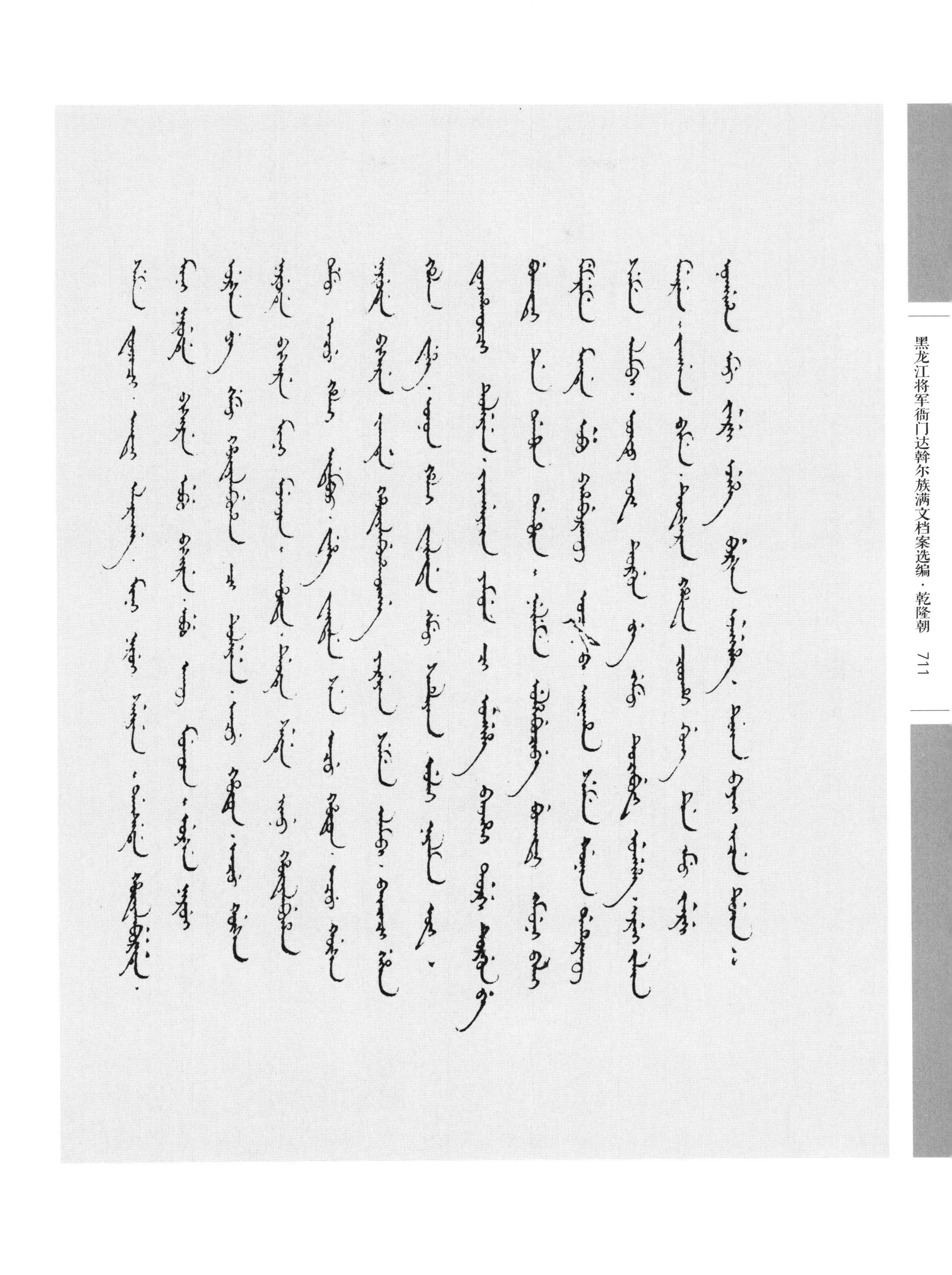

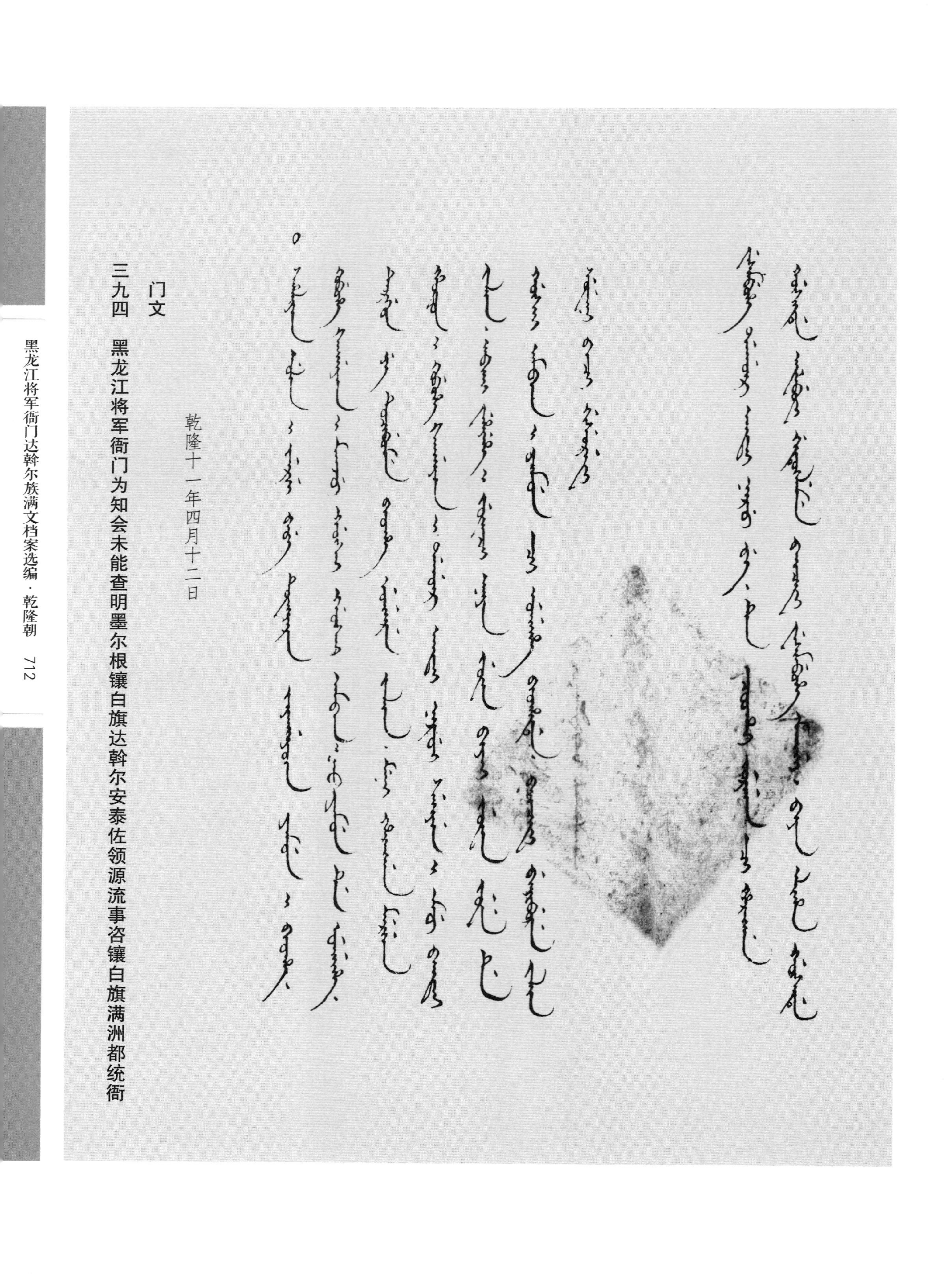

三九四 黑龙江将军衙门为知会未能查明墨尔根镶白旗达斡尔安泰佐领源流事咨镶白旗满洲都统衙门文

乾隆十一年四月十二日

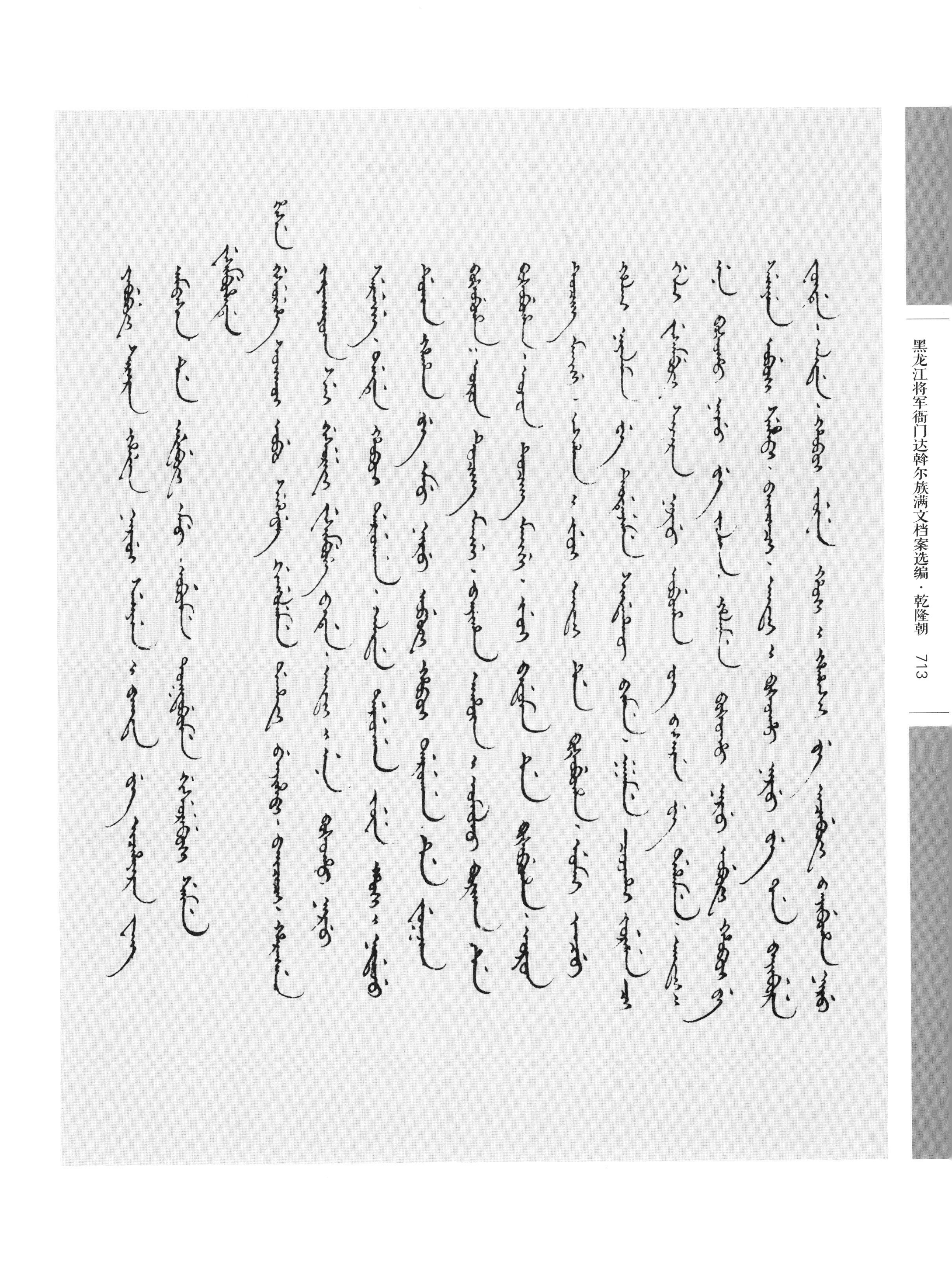

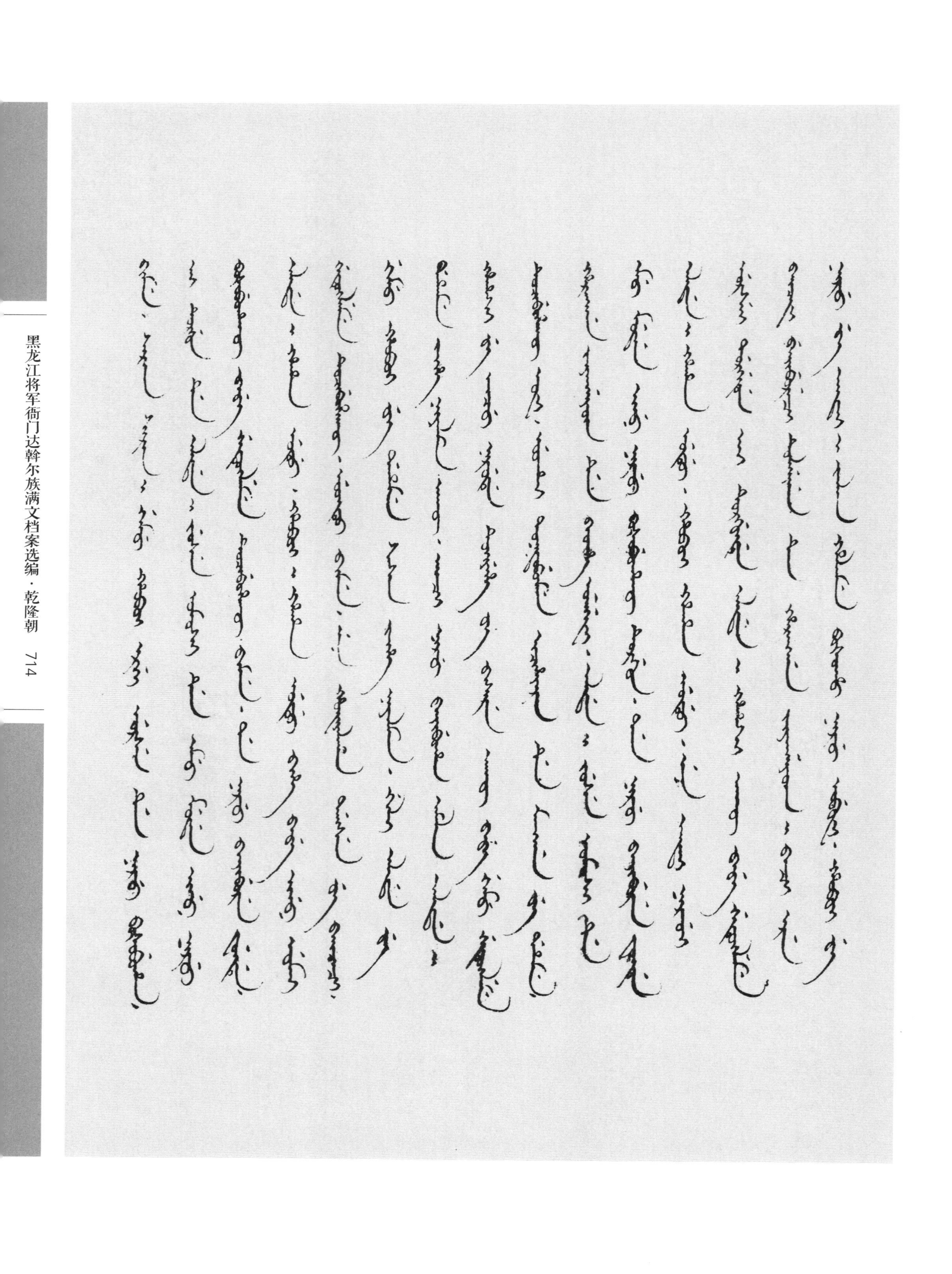

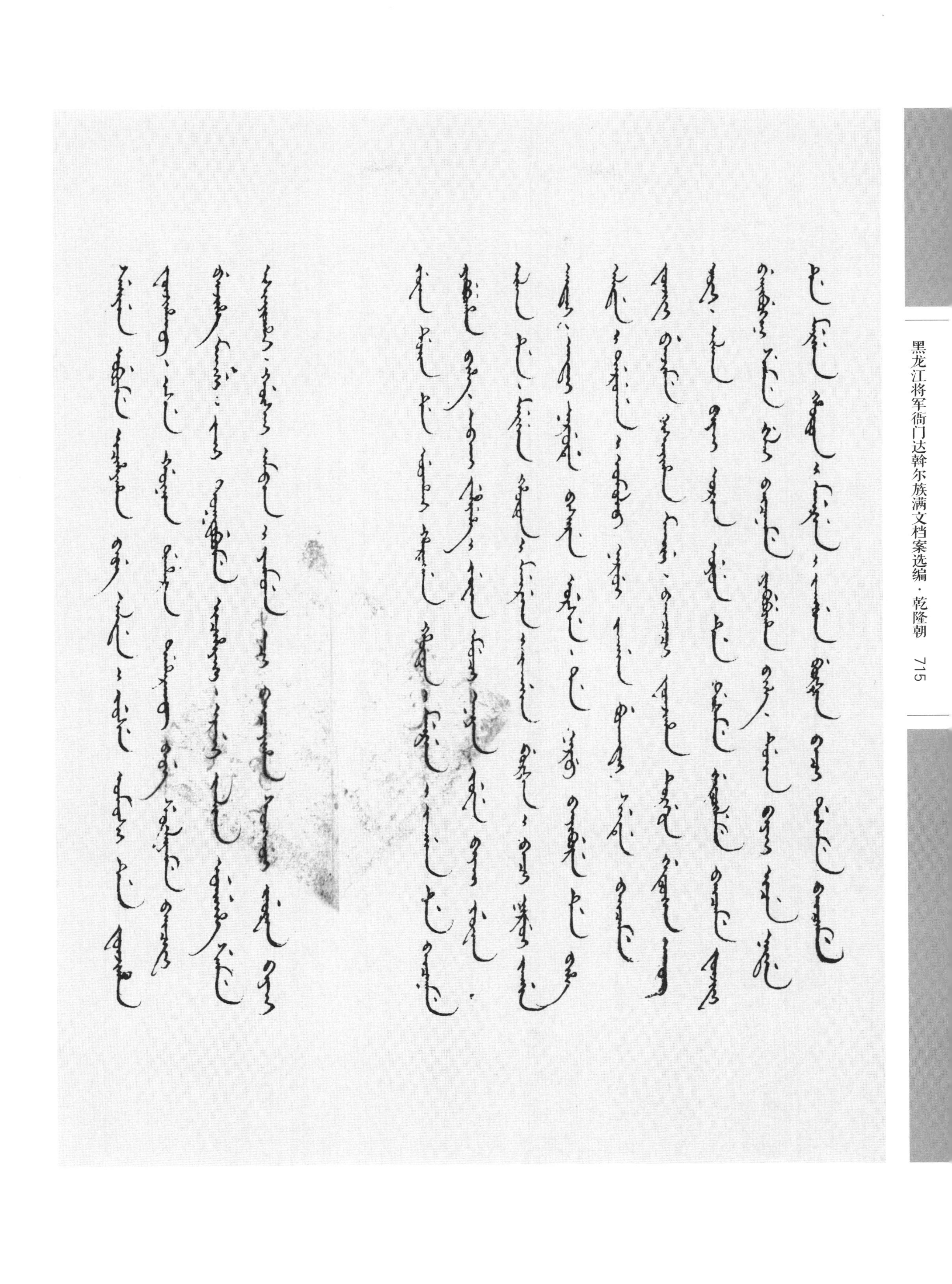

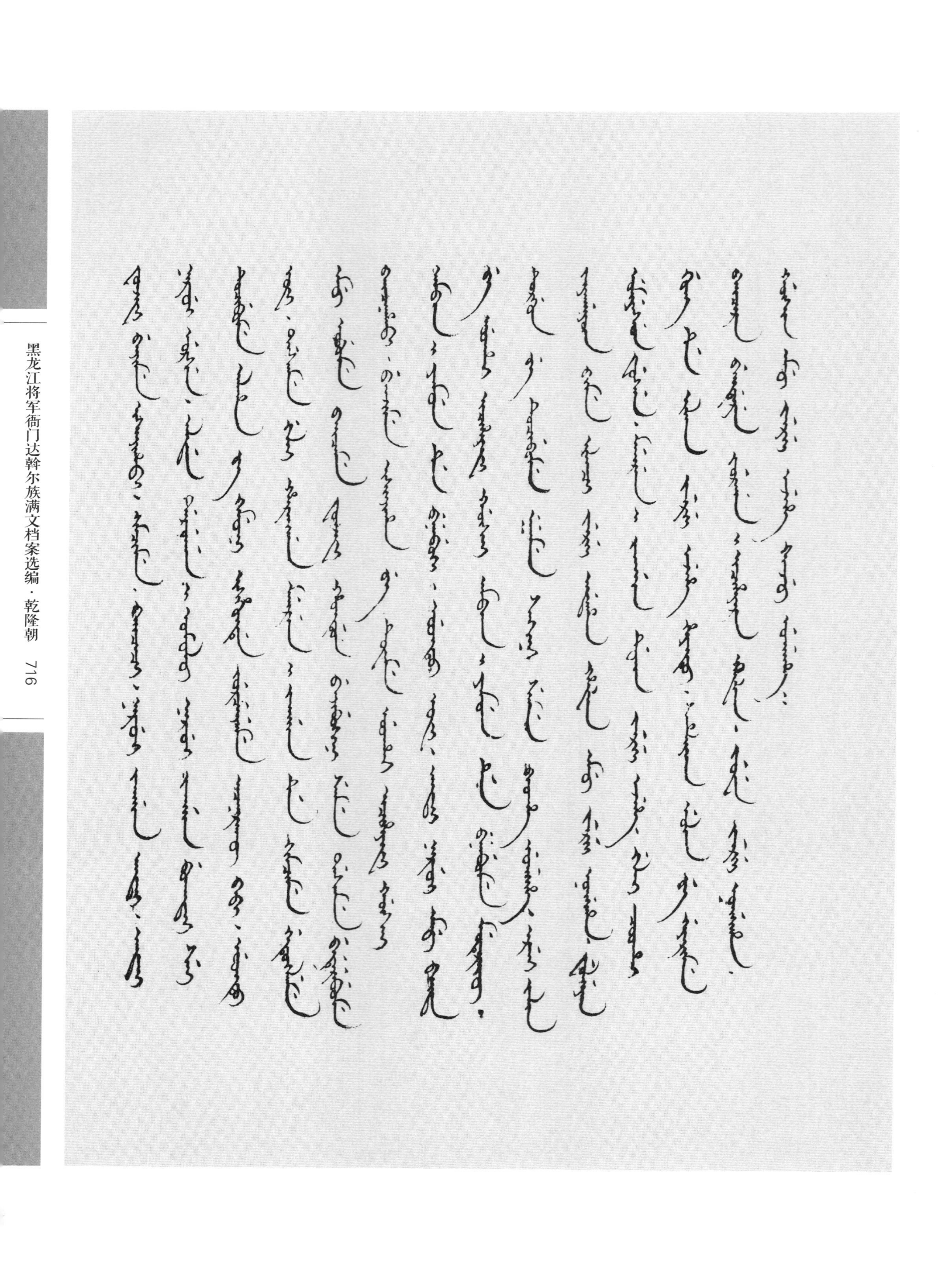